Zivilprozessordnung

dtv

Schnellübersicht

GerichtskostenG (Auszug) 9
GerichtsverfassungsG (Auszug) 3
mit EinführungsG (Auszug) 3 a
G über die Zwangsversteigerung und die Zwangsverwaltung (Auszug) 4
Internationales FamilienrechtsverfahrensG 6 a
Justizvergütungs- und -entschädigungsG 11
MediationsG 1 c
RechtsanwaltsvergütungsG (Auszug) 10
RechtspflegerG 8
SchuldnerverzeichnisabdruckV 2 a
SchuldnerverzeichnisführungsV 2
UnterlassungsklagenG 1 b
VerbraucherstreitbeilegungsG 1 d
VermögensverzeichnisV 2 b
VO (EU) Nr. 1215/2012 über die gerichtliche Zuständigkeit und die Anerkennung und Vollstreckung von Entscheidungen in Zivil- und Handelssachen (Auszug) 5
VO (EG) Nr. 2201/2003 über die Zuständigkeit und die Anerkennung und Vollstreckung von Entscheidungen in Ehesachen (Auszug) 6
VO (EU) Nr. 655/2014 zur Einführung eines Verfahrens für einen Europ. Beschluss zur vorläufigen Kontenpfändung im Hinblick auf die Erleichterung der grenzüberschreitenden Eintreibung von Forderungen in Zivil- und Handelssachen 7
Zivilprozessordnung 1
mit EinführungsG 1 a

Zivilprozessordnung

mit Einführungsgesetz
Unterlassungsklagengesetz
Schuldnerverzeichnisführungsverordnung
Gerichtsverfassungsgesetz mit EinführungsG (Auszug)
Gesetz über die Zwangsversteigerung und die Zwangsverwaltung (Auszug)
Rechtspflegergesetz
Gerichtskostengesetz (Auszug)
Rechtsanwaltsvergütungsgesetz (Auszug)
Justizvergütungs- und -entschädigungsG

Textausgabe mit ausführlichem Sachverzeichnis
und einer Einführung
von Universitätsprofessor Dr. Dr. h. c. Peter Gottwald

62., überarbeitete Auflage
Stand: 10. Januar 2020

dtv

www.dtv.de
www.beck.de

Sonderausgabe
dtv Verlagsgesellschaft mbH & Co. KG,
Tumblingerstraße 21, 80337 München

Gesamtherstellung: Druckerei C. H. Beck, Nördlingen
(Adresse der Druckerei: Wilhelmstraße 9, 80801 München)
Umschlagtypographie auf der Grundlage
der Gestaltung von Celestino Piatti
ISBN 978-3-423-53036-1 (dtv)
ISBN 978-3-406-75323-7 (C. H. Beck)

Inhaltsverzeichnis

Einführung von Universitätsprofessor Dr. Dr. h. c. Peter Gottwald .. VII

1. **Zivilprozessordnung** in der Fassung der Bekanntmachung vom 5. Dezember 2005 1

1 a. **Gesetz, betreffend die Einführung der Zivilprozeßordnung** vom 30. Januar 1877 302

1 b. Gesetz über Unterlassungsklagen bei Verbraucherrechts- und anderen Verstößen **(Unterlassungsklagengesetz – UKlaG)** in der Fassung der Bekanntmachung vom 27. August 2002 317

1 c. **Mediationsgesetz (MediationsG)** vom 21. Juli 2012 328

1 d. Gesetz über die alternative Streitbeilegung in Verbrauchersachen **(Verbraucherstreitbeilegungsgesetz – VSBG)** vom 19. Februar 2016 332

2. Verordnung über die Führung des Schuldnerverzeichnisses **(Schuldnerverzeichnisführungsverordnung – SchuFV)** vom 26. Juli 2012 351

2 a. Verordnung über den Bezug von Abdrucken aus dem Schuldnerverzeichnis **(Schuldnerverzeichnisabdruckverordnung – SchVAbdrV)** vom 26. Juli 2012 357

2 b. Verordnung über das Vermögensverzeichnis **(Vermögensverzeichnisverordnung – VermVV)** vom 26. Juli 2012 365

3. **Gerichtsverfassungsgesetz (GVG)** in der Fassung der Bekanntmachung vom 9. Mai 1975 (Auszug) 371

3 a. **Einführungsgesetz zum Gerichtsverfassungsgesetz** vom 27. Januar 1877 (Auszug) 409

4. **Gesetz über die Zwangsversteigerung und die Zwangsverwaltung** in der Fassung der Bekanntmachung vom 20. Mai 1898 (Auszug) 421

5. **Verordnung (EU) Nr. 1215/2012 des Europäischen Parlaments und des Rates über die gerichtliche Zuständigkeit und die Anerkennung und Vollstreckung von Entscheidungen in Zivil- und Handelssachen** vom 12. Dezember 2012 (Auszug) 465

6. **Verordnung (EG) Nr. 2201/2003 des Rates über die Zuständigkeit und die Anerkennung und Vollstreckung von Entscheidungen in Ehesachen und in Verfahren betreffend die elterliche Verantwortung und zur Aufhebung der Verordnung (EG) Nr. 1347/2000** vom 27. November 2003 (Auszug) 501

6 a. Gesetz zur Aus- und Durchführung bestimmter Rechtsinstrumente auf dem Gebiet des internationalen Familienrechts **(Internationales Familienrechtsverfahrensgesetz – IntFamRVG)** vom 26. Januar 2005 528

7. **Verordnung (EU) Nr. 655/2014 des Europäischen Parlaments und des Rates zur Einführung eines Verfahrens für einen Europäischen Beschluss zur vorläufigen Kontenpfändung im Hinblick auf die Erleichterung der grenzüberschreitenden Eintreibung von Forderungen in Zivil- und Handelssachen** vom 15. Mai 2014 549

8. **Rechtspflegergesetz (RPflG)** in der Fassung der Bekanntmachung vom 14. April 2013 591

9. **Gerichtskostengesetz (GKG)** in der Fassung der Bekanntmachung vom 27. Februar 2014 (Auszug) 617

10. Gesetz über die Vergütung der Rechtsanwältinnen und Rechtsanwälte **(Rechtsanwaltsvergütungsgesetz – RVG)** vom 5. Mai 2004 (Auszug) 697

11. Gesetz über die Vergütung von Sachverständigen, Dolmetscherinnen, Dolmetschern, Übersetzerinnen und Übersetzern sowie die Entschädigung von ehrenamtlichen Richterinnen, ehrenamtlichen Richtern, Zeuginnen, Zeugen und Dritten **(Justizvergütungs- und -entschädigungsgesetz – JVEG)** vom 5. Mai 2004 755

Sachverzeichnis 783

Einführung

von Universitätsprofessor Dr. Dr. h. c. Peter Gottwald

I. Der Zivilprozess

1. Der Zivilprozess ist *das Verfahren der ordentlichen Gerichte in bürgerlichen Rechtsstreitigkeiten.* Er dient dazu, private Konflikte im Rahmen eines förmlichen gerichtlichen Verfahrens zu lösen oder beizulegen. Als gerichtliches Verfahren konkurriert er dabei zum Teil mit außergerichtlichen (formloseren) Streitbeilegungsformen (Verhandlung, Schlichtung, Mediation, Güteverfahren, Gutachterstellen, Schiedsverfahren), teilweise ist das gerichtliche Verfahren zwingend (z. B. zur Ehescheidung). Generell kann jedermann sogleich die Gerichte anrufen. Allerdings sollten Gerichte erst angerufen werden, wenn der Streit außergerichtlich nicht beigelegt werden kann. Aus diesem Grund fördert der Gesetzgeber die außergerichtliche Streitbeilegung. Bei kleineren Streitigkeiten kann jedes Bundesland ein obligatorisches Schlichtungsverfahren vorschalten (§ 15a EGZPO); einige Bundesländer haben dies tatsächlich getan. Zusätzlich wurden 2012 das Gesetz zur Förderung der *Mediation* und anderer Verfahren der außergerichtlichen Streitbeilegung (in Umsetzung der Richtlinie 2008/52/EG) (s. Nr. **1c**) und 2016 das *Verbraucherstreitbeilegungsgesetz* – VSBG (BGBl. I S. 254, in Umsetzung der Richtlinie 2013/11/EU) erlassen (s. Nr. **1d**). Das VSBG will sicherstellen, dass Verbraucher vor dem Gang zu Gericht auf freiwilliger Grundlage stets eine Verbraucherschlichtungsstelle (generell kostenfrei) anrufen können und auch kleinere Streitigkeiten, bei denen kaum jemand vor Gericht klagen würde, geprüft und einer unabhängigen Lösung zugeführt werden.

Bürgerliche Rechtsstreitigkeiten werden vor den ordentlichen Gerichten ausgetragen, ein Teil davon, die arbeitsrechtlichen Streitigkeiten, dagegen vor den Arbeitsgerichten. Auch diese befolgen weitgehend die Zivilprozessordnung (§ 46 II Arbeitsgerichtsgesetz). Für Familiensachen gilt seit 1.9.2009 mit dem „FamFG" eine besondere Verfahrensordnung, die aber für Ehesachen und Familienstreitsachen zum Teil auf die Zivilprozessordnung zurückverweist (§ 113 I 2 FamFG). Für Verwaltungs-, Sozial- und Finanzgerichte bestehen dagegen je eigene vollständige Verfahrensordnungen (Verwaltungsgerichtsordnung von 1960, Sozialgerichtsgesetz von 1953 und Finanzgerichtsordnung von 1965), die nur subsidiär auf die Zivilprozessordnung verweisen.

Im Zivilprozess sind die Parteien nicht nur prozessual gleichberechtigt, sondern sie stehen sich auch materiell auf gleicher rechtlicher Ebene gegenüber. Dagegen entspringen öffentlich-rechtliche Streitigkeiten (in Verwaltungs-, Sozial- und Steuerangelegenheiten) entweder einem Über-/Unterordnungsverhältnis zwischen Bürger und „Staat" oder einem Streit zwischen gleichen Parteien, von denen eine in ihrer Funktion als Hoheitsträger an dem Rechtsverhältnis beteiligt ist.

2. Innerhalb des Zivilprozesses sind Erkenntnis- und Vollstreckungsverfahren zu unterscheiden. Das Erkenntnisverfahren (der Zivilprozess im engeren Sinne) dient der Rechtsfindung und führt, falls vollständig durchgeführt, von der Klageerhebung bis zum rechtskräftigen Urteil. Um seine Rechte durchzusetzen

stehen dem Kläger drei Klagearten zur Verfügung: die Leistungs-, die Feststellungs- und die Gestaltungsklage. Am häufigsten ist die Leistungsklage. Mit ihr begehrt der Kläger, den Beklagten zu einer Geldzahlung oder einem sonstigen Tun oder Unterlassen zu verurteilen. Im Einzelfall kann dem Kläger die Feststellung eines Rechts oder Rechtsverhältnisses genügen (z.B. des Eigentums an einem Grundstück, der Ersatzpflicht für künftige Schäden aus einem Unfall). Schließlich kann der Kläger die Umgestaltung eines Rechtsverhältnisses durch Urteil begehren (z.B. Nichtigerklärung einer Gesellschaft oder Ausschluss eines Gesellschafters).

Der zweite Teil des Zivilprozesses, das Vollstreckungsverfahren, dient der zwangsweisen Durchsetzung der im Erkenntnisverfahren ergangenen Urteile und der anderen Vollstreckungstitel (§ 794), insbesondere der Prozessvergleiche, Vollstreckungsbescheide, vollstreckbaren Urkunden, Kostenfestsetzungsbeschlüsse und der Titel aus anderen EU-Mitgliedstaaten.

Zwischen beiden Teilen steht der einstweilige Rechtsschutz durch Arrest und einstweilige Verfügung (§§ 916ff.), insbes. eine grenzüberschreitende vorläufige Kontopfändung (§§ 946ff.), sowie durch einstweilige Anordnung (§§ 49ff., 246ff. FamFG). Entscheidungen ergehen hier im Rahmen eines summarischen Verfahrens. Sie sollen grundsätzlich sicherstellen, dass eine im Hauptverfahren ergehende Entscheidung tatsächlich realisiert werden kann. Deshalb kann mittels einstweiliger Verfügung nur ausnahmsweise die Erfüllung eines Anspruchs begehrt werden. Für einstweilige Anordnungen in Familiensachen besteht eine solche Beschränkung nicht. In Unterhaltssachen kann das Gericht die Zahlung vollen Unterhalts anordnen (§ 246 I FamFG). Ein Hauptsacheverfahren kann dennoch auf Antrag eines der Beteiligten stattfinden (§ 52 I 1 FamFG).

II. Rechtsquellen des Zivilprozessrechts

1. Das Zivilprozessrecht ist im Wesentlichen in der *Zivilprozessordnung* (ZPO) vom 30.1.1877 (in der Fassung der Bekanntmachung vom 5.12.2005) geregelt. Die ZPO gehört zusammen mit dem Gerichtsverfassungsgesetz (GVG) und der Strafprozessordnung (StPO) zu den sog. Reichsjustizgesetzen, die auf dem Gebiet des Verfahrensrechts schon zwei Jahrzehnte vor dem Inkrafttreten des Bürgerlichen Gesetzbuchs die Rechtseinheit im Deutschen Reich hergestellt haben.

Die Zivilprozessordnung von 1877 war wesentlich vom französischen Prozess beeinflusst, den Hannover bereits 1850 rezipiert hatte. In ihrer ursprünglichen Fassung war die ZPO ganz von der liberalen Staatsauffassung geprägt. Sie sollte den Ablauf eines Streits selbstverantwortlicher Parteien regeln, das Gericht diesem Streit in passiver Zurückhaltung gegenüberstehen und ihn als neutraler Dritter entscheiden. Diese Grundkonzeption hat sich in der Praxis nicht bewährt. Mangelnde Konzentration des Verfahrens und ein schleppender Verfahrensgang waren die Folgen. Seit der österreichischen Zivilprozessordnung von 1895 stehen die deutschen Reformen stärker unter der Idee, dass effektiver Rechtsschutz auch in Zivilsachen eine Gemeinschaftsaufgabe ist und der Richter Mitverantwortung für einen sachgerechten Prozessausgang trägt. Als Folge dieser Ideen wurde die Dispositionsfreiheit der Parteien über den Prozessablauf eingeschränkt, die Prozessleitung des Gerichts verstärkt, der Verfahrensablauf konzentriert und 1933 die Wahrheitspflicht der Parteien statuiert, die Unmittelbarkeit der Beweisaufnahme verstärkt und der Parteieid durch die Parteivernehmung ersetzt.

Nach dem Zweiten Weltkrieg hatten die Reformen lange Zeit zum Ziel, die Gerichte bei steigendem Geschäftsanfall zu entlasten, die außergerichtliche Streitbeilegung zu fördern und die Verfahren einfacher und zweckmäßiger zu gestalten. Dies gilt vor allem für die sog. Vereinfachungsnovelle 1976, das Rechtspflege-Vereinfachungsgesetz von 1990 und das Gesetz zur Entlastung der Rechtspflege von 1993.

1994 wurde der Datenschutz beim Schuldnerverzeichnis verbessert, das Recht der Prozesskostenhilfe an das Sozialhilferecht angeglichen und die Kosten des Verfahrens erhöht.

1997 wurde auch das Schiedsverfahrensrecht vollständig neu geordnet und weitgehend dem UNCITRAL-Modellgesetz von 1985 angepasst.

Das Gesetz zur Förderung der außergerichtlichen Streitbeilegung vom 15.12.1999 ermächtigt die Länder, Klagen bis 750 Euro Wert, private Nachbarstreitigkeiten wegen privater Ehrverletzungen sowie Klagen wegen unzulässiger Benachteiligung nach dem Allgemeinen Gleichbehandlungsgesetz (AGG) von einem erfolglosen Einigungsversuch vor einer Gütestelle abhängig zu machen (§ 15a EGZPO). Hinweise auf die entsprechenden Landesgesetze von Bayern, Brandenburg, Hessen, Mecklenburg-Vorpommern, Niedersachsen, Nordrhein-Westfalen, Rheinland-Pfalz, Saarland, Sachsen, Sachsen-Anhalt, Schleswig-Holstein und Thüringen finden sich in dieser Textausgabe als Anmerkung zu § 15a EGZPO. Die meisten dieser Länder haben das Güteverfahren für Klagen bis 750 Euro inzwischen wieder abgeschafft.

Seit Juli 2012 hat auch Deutschland ein Mediationsgesetz (s. Nr. **1c**). Es enthält Rahmenbedingungen für ein freiwilliges, vertrauliches außergerichtliches Mediationsverfahren zur einvernehmlichen Streitbeilegung. Außerdem sieht es vor, dass das staatliche Gericht die Parteien in geeigneten Fällen an einen außergerichtlichen Mediator oder einen nicht entscheidungsbefugten Güterichter verweisen kann (§ 278 V 1 ZPO). Dieser Güterichter kann alle Methoden der Konfliktbeilegung einschließlich der Mediation einsetzen (§ 278 V 2 ZPO), vor ihm kann ein vollstreckbarer Prozessvergleich geschlossen werden.

Soweit Anwaltszwang besteht, kann sich eine Partei seit 2007 vor dem Familiengericht, dem Landgericht und dem Oberlandesgericht durch jeden zugelassenen Rechtsanwalt vertreten lassen. Vor dem Bundesgerichtshof muss die Partei durch einen Rechtsanwalt beim Bundesgerichtshof vertreten werden; dies gilt auch für die Einlegung einer Nichtzulassungsbeschwerde. Durch das Gesetz zur Neuregelung des Rechtsberatungsrechts vom 12.12.2007 wurde § 79 ZPO neu gefasst und dadurch die Vertretung im Parteiprozess eingeschränkt.

Das Zivilprozessreformgesetz vom 27.7.2001 hat die Zivilprozessordnung wesentlich verändert: Die Rechtsmittel (Berufung, Revision und Beschwerde) wurden umfassend unter Stärkung der ersten Instanz neu gestaltet.

In der Berufungsinstanz wird die Tatfrage nur noch dann neu aufgerollt, wenn und soweit konkrete Zweifel an der Richtigkeit der bisherigen entscheidungserheblichen Feststellungen bestehen oder (ausnahmsweise) neue Tatsachen vorgebracht werden können (§§ 529, 531 ZPO). Bei einer Beschwer über 600 Euro oder bei Zulassung durch das erstinstanzliche Gericht ist die Berufung zulässig (§ 511 II ZPO). Berufungen, die offensichtlich ohne Aussicht auf Erfolg sind, können nach Ankündigung im schriftlichen Verfahren zurückgewiesen werden, wenn sie auch aus sonstigen Gründen keiner mündlichen Verhandlung bedürfen. Gegen die Beschlusszurückweisung gibt es nun das allgemein zulässige Rechtsmittel, also die Nichtzulassungsbeschwerde (§§ 522 II, III, 544 ZPO).

Zugang zum Bundesgerichtshof besteht nur noch mittels Zulassungsrevision wegen grundsätzlicher Bedeutung, zur Fortbildung des Rechts oder zur Sicherung einer einheitlichen Rechtsprechung (§§ 543, 566 ZPO); eine Nichtzulassungsbeschwerde bei einer Beschwer über 20000 Euro oder bei Verwerfung der Berufung als unzulässig ist zulässig (§ 544 II ZPO).

Anders als vor 2002 kennt das Gesetz nur noch die sofortige (befristete) Beschwerde (§ 567 ZPO) sowie eine Rechtsbeschwerde in Fällen grundsätzlicher Bedeutung (§ 574 ZPO). Um unnötige Verfassungsbeschwerden zu vermeiden, darf jedes Gericht Verletzungen des rechtlichen Gehörs in nicht rechtsmittelfähigen Entscheidungen auf Rüge selbst abhelfen (§ 321a ZPO). Seit 1.1.2014 muss das Gericht jede Partei in Verfahren ohne Anwaltszwang (wie im Familienverfahren, § 39 FamFG, und im Verwaltungsgerichtsverfahren, § 117 II Nr. 6 VwGO) über das zulässige Rechtsmittel belehren (§ 232 ZPO n. F.). Wird keine oder eine fehlerhafte Belehrung erteilt, so ist der Partei bei Versäumung einer Rechtsmittelfrist grundsätzlich Wiedereinsetzung in den vorigen Stand zu gewähren (§ 233 II ZPO n. F.). Dies gilt aber idR nicht, wenn die Partei tatsächlich durch einen Anwalt vertreten war. Denn nach der Rechtsprechung darf sich ein Anwalt als Rechtskundiger auf eine fehlerhafte Rechtsmittelbelehrung grundsätzlich nicht verlassen.

Abhilfe gegen richterliche Untätigkeit bietet nunmehr das (durch Gesetz vom 24.11.2011 eingeführte) Recht auf Schadenersatz (nach erfolgloser Untätigkeitsrüge nach sechs Monaten) (§ 198 GVG). Die zuvor praktizierte Untätigkeitsbeschwerde ist nicht mehr zulässig.

In der ersten Instanz wurde die Prozessleitungsbefugnis des Gerichts verstärkt, insbesondere durch die (selten genutzte) Befugnis, von Parteien und Dritten die Vorlage von Urkunden, die Duldung eines Augenscheins zu verlangen oder die Hinzuziehung von Sachverständigen anzuordnen (§§ 139, 142, 144 ZPO). Jeder streitigen Verhandlung hat nunmehr grundsätzlich eine *Güteverhandlung* vorauszugehen (§ 278 ZPO). In geeigneten Fällen kann das Gericht auch eine Videoverhandlung oder eine entsprechende Beweiserhebung gestatten (§ 128a ZPO).

Die Regelung der verbraucherschützenden Verbandsklagen findet sich seit 1.1.2002 im Unterlassungsklagengesetz (s. Nr. **1b**).

Für die Prozesspraxis von erheblicher Bedeutung ist der schrittweise Übergang zum *elektronischen Rechtsverkehr* einschließlich der *elektronischen Aktenführung* bei Gericht.

Das Gesetz zur Anpassung der Formvorschriften des Privatrechts und anderen Vorschriften an den modernen Rechtsgeschäftsverkehr vom 13.7.2001 (BGBl. I S. 1542) bestätigte die Praxis, wonach Schriftsätze per Telekopie (Fax) eingereicht werden können. Erklärungen per signiertem elektronischem Dokument (also per qualifizierter Email) sind seit 1.1.2018 im Zivilprozess generell zugelassen (§ 130a I ZPO). Durch Rechtsverordnung sollen lediglich die technischen Rahmenbedingungen festgelegt werden. Seit 1.1.2018 soll grundsätzlich der elektronische Zugang zu allen Gerichten eröffnet und das Elektronische Gerichts- und Verwaltungspostfach (EGVP) zur Verfügung stehen (§ 130a IV Nr. 2 ZPO n. F.). Die vollständige Umstellung von Gerichten und Rechtsanwälten auf elektronische Dokumente soll bis Ende 2021 abgeschlossen sein. Denn ab 1.1.2022 sind Rechtsanwälte nach § 130d verpflichtet, alle Schriftsätze als elektronisches Dokument zu übermitteln. Umfassende Information über den aktuellen Stand gibt es unter http://www.egvp.de.

In der Praxis der Instanzgerichte werden derzeit dennoch kaum elektronische Dokumente verwendet. Dies wird sich aber in Kürze ändern. Mit dem Gesetz zur Förderung des elektronischen Rechtsverkehrs mit den Gerichten vom 10.10.2013 (BGBl. I S. 3786) hat der Gesetzgeber einen festen Zeitplan für die Einführung elektronischer Zugangswege für die Anwaltschaft zur Justiz aufgestellt. Seit 1.1.2018 kann der Anwalt ein Dokument entweder mit einer qualifizierten elektronischen Signatur (Art. 32 eIDAS-VO) übermitteln, das besondere elektronische Anwaltspostfach (beA) (§ 31a BRAO n.F.) benutzen oder einen Versand über ein DE-Mail-Postfach wählen. Spätestens ab 1.1.2022 wird die elektronische Einreichung von Schriftsätzen und Anlagen Pflicht. Eine Übermittlung in Papierform ist danach nur noch zulässig, wenn der elektronische Versand vorübergehend technisch gestört ist. Das elektronische Anwaltspostfach wird von der Bundesrechtsanwaltskammer organisiert; nach Anlaufproblemen ist es tatsächlich seit 3.9.2018 einsatzbereit. Seit 1.1.2018 muss jeder Rechtsanwalt ein elektronisches Anwaltspostfach besitzen (§ 31a VI BRAO) und für Zustellungen empfangsbereit halten. Es ist geplant, dass die Gerichte die Papierakten durch elektronische Akten ersetzen (§ 298a ZPO). Diese Umstellung soll bis 2026 abgeschlossen sein (§ 298a Ia ZPO).

Von erheblicher praktischer Bedeutung sind weiter die Anhebung der Pfändungsfreigrenzen, die alle zwei Jahre an die Veränderung der Verhältnisse angepasst wird (zuletzt durch Bekanntmachung vom 4.4.2019, BGBl. I S. 443) sowie die Verbesserung des Pfändungsschutzes von Altersrenten (§§ 851a ff. ZPO) durch Gesetz vom 26.3.2007 (BGBl. I S. 368). Durch Gesetze vom 7.7.2009 und 12.4.2011 wurde zudem der Kontopfändungsschutz verbessert. Nunmehr kann jede natürliche Person als Schuldner bei einer Bank ein *Pfändungsschutzkonto* neu einrichten oder ein bestehendes Konto in ein Pfändungsschutzkonto umwandeln lassen (§ 850k VII 1, 2 ZPO). Seit 1.9.2009 können gepfändete Gegenstände auf Antrag auch im Internet versteigert werden (§ 814 ZPO). Schließlich wurde die Sachaufklärung in der Zwangsvollstreckung durch Gesetz vom 29.7.2009 mit Wirkung zum 1.1.2013 verbessert. Seither kann der Gerichtsvollzieher aufgrund eines Vollstreckungsauftrags vom Schuldner sofort eine vollständige *Vermögensauskunft* verlangen (§§ 802a II 1 Nr. 2, 802c ZPO n.F.). Ist der Aufenthalt des Schuldners unbekannt, darf der Gerichtsvollzieher bei der Meldebehörde die gegenwärtige Anschrift von Haupt- und Zweitwohnung erfragen (§ 755 ZPO n.F.).

Das *Kapitalanleger-Musterverfahrensgesetz* (KapMuG) vom 16. 8. 2005 (BGBl. I S. 2437) hat die Grundlage dafür geschaffen, dass auf Vorlage des erstinstanzlichen Gerichts Musterverfahren hinsichtlich gemeinsamer Tat- und Rechtsfragen vor dem Oberlandesgericht mit Bindungswirkung für alle Betroffenen durchgeführt werden können. Das neu gefasste KapMuG vom 19.10.2012 (BGBl. I S. 2182) möchte den Zugang zum Musterverfahren und eine gütliche Streitbeilegung erleichtern. Musterverfahren können jetzt auch bei Ansprüchen wegen fehlerhafter Anlageberatung durchgeführt werden. § 22 KapMuG n.F. sieht sachlich unverändert eine Bindung aller Betroffenen an einen Musterentscheid vor. Ist ein Musterverfahren bereits anhängig, können weitere Betroffene ihre Ansprüche einfach (ohne Klage) beim Gericht des Musterverfahrens (kostenpflichtig!) anmelden (§ 10 II KapMuG n.F.). Sie können dann den Ausgang des Musterverfahrens abwarten und ihre Ansprüche noch drei Monate lang nach dessen Abschluss (ohne Bindung an den Musterentscheid) einklagen (§ 204 I Nr. 6a BGB).

Zur Verbesserung des Verbraucherschutzes hat der Gesetzgeber aus Anlass des sog. Abgas-/Diesel-Skandals zum 1.11.2018 eine allgemeine zivilprozessuale Musterfeststellungsklage eingeführt (§§ 606 ff ZPO). Es handelt sich dabei aber nicht um eine Sammelklage der Geschädigten, sondern um eine Verbandsklage. Musterfeststellungsklagen können eingetragene Verbraucherschutzverbände beim Oberlandesgericht am Sitz des Beklagten, in Bayern beim BayObLG (§ 32c ZPO; § 119 Abs. 3 GVG) erheben, wenn von den begehrten Feststellungen die Ansprüche von mindestens zehn Verbrauchern abhängen (§ 606 Abs. 2 Nr. 2 ZPO). Zulässig ist die Klage aber nur, wenn innerhalb von zwei Monaten nach der öffentlichen Bekanntmachung der Klageerhebung mindestens 50 Verbraucher ihre (von den Feststellungen abhängigen) Ansprüche zur Eintragung in das beim Bundesamt der Justiz geführte Klageregister angemeldet haben (§ 606 Abs. 3 Nr. 3 ZPO). Bereits die Anmeldung zu diesem Klageregister (ohne Anwaltszwang) hemmt die Verjährung der Ansprüche, die mit den Feststellungszielen der Musterfeststellungsklage verfolgt werden (§ 204 Abs. 1 Nr. 1a BGB). Ein angemeldeter Verbraucher kann während der Rechtshängigkeit der Musterfeststellungsklage keine Klage erheben, die denselben Lebenssachverhalt und dieselben Feststellungsziele betrifft (§ 610 Abs. 3 ZPO). Eine vor Rechtshängigkeit der Musterfeststellungsklage erhobene Klage wird von Amts wegen ausgesetzt (§ 613 Abs. 2 ZPO). Eine rechtshängige Musterfeststellungsklage schließt zudem weitere Musterfeststellungsklagen zum gleichen Lebenssachverhalt aus (§ 610 Abs. 1 ZPO). Ein Verbraucher, der seinen Anspruch nicht zum Klageregister anmeldet, ist in seiner individuellen Rechtsverfolgung nicht eingeschränkt.

Wird das Musterfeststellungsverfahren durch Urteil beendet, bindet das rechtskräftige Urteil alle Gerichte in Verfahren zwischen angemeldeten Verbrauchern und dem Beklagten, soweit der Verbraucher seine Anmeldung nicht rechtzeitig zurückgenommen hat (§ 613 Abs. 1 ZPO).

Obwohl es sich um eine Feststellungsklage handelt, kann in dem Verfahren mit Genehmigung des Gerichts ein Vergleich über die Leistungen geschlossen werden, die den Verbrauchern aus dem Lebenssachverhalt zustehen sollen. Jeder Verbraucher kann aber innerhalb eines Monats nach Zustellung den Austritt aus dem Vergleich erklären. Wirksam wird der genehmigte Vergleich, wenn weniger als 30 Prozent der angemeldeten Verbraucher aus dem Vergleich austreten (§ 611 Abs. 1, 4 S. 2 5 ZPO). Er wirkt dann für und gegen alle angemeldeten Verbraucher, die keinen Austritt erklärt haben (§ 611 Abs. 5 S. 4 ZPO).

Unabhängig davon, ob das Musterfeststellungsverfahren durch Urteil oder durch Vergleich abgeschlossen wird, erhält der einzelne Verbraucher einen Vollstreckungstitel nur, wenn er seine Ansprüche anschließend mittels individueller Leistungsklage verfolgt. Der Gesetzgeber erwartet dennoch, dass die Gerichte von Einzelklagen entlastet werden, entweder weil diese nach Abweisung der Musterfeststellungsklage sinnlos sind oder weil der Beklagte die vergleichsweise übernommenen Leistungen auch ohne Leistungstitel erbringt.

Unternehmer als Geschädigte können ihre Ansprüche nicht zu diesem Klageregister anmelden und bereits dadurch deren Verjährung hemmen. Das Gericht kann aber die individuelle Klage des Unternehmers auf Antrag bis zur Entscheidung über eine sachlich einschlägige Musterfeststellungsklage aussetzen (§ 148 Abs. 2 ZPO).

Durch das FGG-Reformgesetz vom 17.12.2008 (BGBl. I S. 2586) wurde das Verfahren in Familiensachen (zu dem jetzt auch Unterhaltssachen und alle vermögensrechtliche Streitigkeiten zwischen Ehegatten sowie Eltern und Kindern gehören) ganz aus der ZPO herausgenommen und in dem FamFG mit Wirkung zum 1.9.2009 vollständig neu geordnet.

2. Ergänzt wird die ZPO durch eine Reihe weiterer Gesetze:

a) Das *Gerichtsverfassungsgesetz* (GVG) vom 27.1.1877 (jetzt in der Fassung der Bekanntmachung vom 9.5.1975 mit späteren Änderungen) regelt den Aufbau der ordentlichen Gerichtsbarkeit (Amtsgericht, Landgericht, Oberlandesgericht und Bundesgerichtshof) und die sachliche und funktionelle Zuständigkeit dieser Gerichte. Seit 1.3.1993 sind die Amtsgerichte für alle Streitigkeiten bis zu einem Streitwert von 5000 Euro zuständig; die Landgerichte entscheiden bei höheren Streitwerten. Familiensachen und Mietstreitigkeiten über Wohnraum sind ganz den Amtsgerichten zugewiesen. Die Landgerichte entscheiden dagegen ausschließlich über Klagen wegen Amtspflichtverletzung (§§ 23, 23a, 71 GVG), auch in Bagatellfällen. Klagen auf Entschädigung wegen überlanger Gerichtsverfahren sind bei dem Oberlandesgericht zu erheben, in dessen Bezirk das unangemessen lange Gerichtsverfahren stattfand (§ 201 GVG).

Beim Amtsgericht entscheidet der Einzelrichter (§ 22 I GVG). Auch die Zivilkammer des Landgerichts entscheidet zumeist durch eines ihrer Mitglieder als Einzelrichter (§ 348 I 1). Die Kammer (mit drei Richtern) entscheidet dagegen, soweit spezialisierte Kammern kraft Gesetzes einzurichten sind (§ 72a GVG). In den gleichen Fällen sind bei den Oberlandesgerichten besondere Zivilsenate zu bilden.

b) Die Zwangsvollstreckung in Grundstücke ist (von der Zwangshypothek abgesehen) nicht in der Zivilprozessordnung, sondern im *Zwangsversteigerungsgesetz* (ZVG) vom 24.3.1897 (mit späteren Änderungen) geregelt. Das ZVG ordnet die Verfahren der Zwangsversteigerung und der Zwangsverwaltung von Grundstücken.

Die *Zwangsversteigerung* eines Grundstücks (oder Wohnungseigentums) (gem. §§ 15–145a ZVG) will den Grundstückswert für den betreibenden Gläubiger realisieren, ohne vorrangige dingliche Gläubiger zu beeinträchtigen. Der Schutz des Schuldners vor der Verschleuderung seines Eigentums ist nur schwach (§§ 30a, 30d; 85a ZVG; § 765a ZPO). Das *geringste Gebot* muss die vorrangigen dinglichen Rechte und die Kosten decken (§ 44 ZVG). Bei der Versteigerung bleiben die vorrangigen Rechte bestehen und sind vom Ersteher erst später abzulösen (*Übernahmeprinzip,* § 52 ZVG). Das dingliche Recht des Vollstreckungsgläubigers und nachrangige Rechte erlöschen und sind aus dem sogleich (nunmehr bar oder unbar) zu zahlenden *Mehrgebot* zu befriedigen (§§ 91, 92 ZVG). Mit dem *Zuschlag* des Grundstücks wird der Ersteher stets Eigentümer des Grundstücks einschließlich des mitversteigerten Zubehörs (§ 90 ZVG). Das Grundbuch wird erst später nach Verteilung des Versteigerungserlöses berichtigt (§ 130 ZVG).

Die *Zwangsverwaltung* (§§ 146–161 ZVG) dient dazu, den Gläubiger aus den laufenden Nutzungen eines Grundstücks (Miete; Pacht; Verkauf landwirtschaftlicher oder gärtnerischer Erzeugnisse) zu befriedigen.

c) Die Gesamtvollstreckung gegen insolvente Schuldner richtet sich seit 1.1.1999 nach der *Insolvenzordnung:* In einem Einheitsverfahren wird geklärt, ob Liquidation oder Sanierung der beste Weg der Gläubigerbefriedigung ist (§ 1 InsO). Das zum 1.3.2012 neu eingeführte sog. *Schutzschirmverfahren* in Eigenverwaltung (§§ 270a, 270b InsO) will die Sanierung gefährdeter Unternehmen weiter erleichtern. Für natürliche Personen wurde eine *Restschuldbefreiung* eingeführt (§§ 286 ff. InsO). Das Gesetz zur Änderung der Insolvenzordnung vom 26.10.2001 hat das Verbraucherinsolvenzverfahren etwas einfacher gestaltet. Das Gesetz zur Verkürzung des Restschuldbefreiungsverfahrens vom 15.7.2013 (BGBl. I S. 2379) hat die sechsjährige Wohlverhaltensperiode zur Erlangung der Restschuldbefreiung auf drei Jahre verkürzt, wenn der Schuldner in dieser Zeit 35% seiner Schulden und die Verfahrenskosten bezahlt, bzw. auf fünf Jahre, wenn er wenigstens die Verfahrenskosten bezahlen kann. Beides gelingt aber nur sehr selten. Eine generelle Verkürzung der Frist auf drei Jahre ist aber geplant.

d) Das *Deutsche Richtergesetz* vom 8.9.1961 (in der Fassung vom 19.4.1972) hat entsprechend Art. 98 des Grundgesetzes ein eigenes Richterberufsrecht eingeführt. Alle Richter stehen danach in einem besonderen Richterverhältnis zum Staate.

e) Das Berufsrecht der Rechtsanwälte ist in der *Bundesrechtsanwaltsordnung* vom 1.8.1959 geregelt; diese wurde seither mehrfach wesentlich modernisiert. Das neue Berufsrecht stellt die Berufspflichten der Anwälte auf eine klare gesetzliche Grundlage und versucht, den Bedürfnissen einer arbeitsteiligen Rechtsberatung und einer modernen Organisation von Anwaltskanzleien gerechter zu werden. (Ergänzend ist die Berufsordnung für Rechtsanwälte idF vom 22.3.1999 [m. zahlreichen Änderungen] zu beachten.) Ein Anwaltszwang besteht im Zivilprozess vom Landgericht an aufwärts, aber auch vor dem Familiengericht beim Amtsgericht (§ 78 ZPO; § 114 FamFG). Vor dem Bundesgerichtshof muss die Partei stets durch einen nur beim Bundesgerichtshof zugelassenen Rechtsanwalt vertreten werden (§ 78 I 4 ZPO; § 114 II FamFG).

f) Das *Rechtspflegergesetz* (RPflG, in der Bek. der Neufassung vom 14.4.2013) will den Richter von Tätigkeiten entlasten, die nicht Streitentscheidung im engeren Sinne sind. Im Zivilprozess sind dem Rechtspfleger etwa das Mahnverfahren, Teile des Verfahrens über die Prozesskostenhilfe, die Erteilung vollstreckbarer Ausfertigungen, die Forderungspfändung und die Kostenfestsetzung übertragen (§§ 20, 21 RPflG). Gegen Entscheidungen des Rechtspflegers gibt es dasselbe Rechtsmittel wie gegen Entscheidungen des Richters; gäbe es danach kein Rechtsmittel, eröffnet § 11 II RPflG die befristete Erinnerung an den Richter.

g) Die Kosten des Zivilprozesses sind tarifmäßig festgelegt (1) im Gerichtskostengesetz (GKG, in der Fassung vom 27.2.2014) und im Gesetz über Gerichtskosten in Familiensachen (FamGKG), (2) im Rechtsanwaltsvergütungsgesetz (RVG), (3) im Justizvergütungs- und -entschädigungsgesetz (JVEG) sowie (4) im Gerichtsvollzieherkostengesetz. Für Gerichtsverfahren richten sich Gerichts- und Anwaltskosten nach festen Gebühreneinheiten, die mit dem Streitwert degressiv ansteigen.

Damit die Klage zugestellt wird, hat der Kläger generell die Gerichtsgebühren der ersten Instanz (drei Einheiten, in Ehesachen und Folgesachen zwei Einheiten, KV FamGKG Nr. 1110) als Vorschuss zu leisten (§§ 6, 12 GKG u. KV Nr. 1210, 1310).

Die Anwaltskosten für eine Prozessvertretung richten sich ebenfalls nach einem gesetzlichen Tarif. In erster Instanz erhält der Anwalt eine Verfahrensgebühr in Höhe einer 1,3 Gebühr (VV Nr. 3100), bei Verhandlung zur Einigung über nichtrechtshängige Ansprüche in Höhe einer 0,8 Gebühr (VV Nr. 3101 Nr. 2 n.F.) und eine Terminsgebühr in Höhe einer 1,2 Gebühr (VV Nr. 3104) sowie ggf. eine Einigungsgebühr in Höhe einer 1,0 Gebühr (VV Nr. 1003), bei nichtrechtshängigen Ansprüchen in Höhe einer 1,5 Gebühr (VV Nr. 1000). Die Terminsgebühr entsteht nicht nur bei der Teilnahme an einer mündlichen Verhandlung, sondern bereits für die Wahrnehmung außergerichtlicher Termine und Besprechungen, die auf die Vermeidung oder Erledigung des Verfahrens gerichtet sind, jedoch nicht für Besprechungen mit dem eigenen Mandanten (VV RVG Vorbem. 3 (3) vor Nr. 3100 n.F.). Hat der Anwalt vorprozessual in der gleichen Sache bereits eine Geschäftsgebühr verdient, so wird diese im Innenverhältnis zum eigenen Mandanten zur Hälfte (maximal zu einem Gebührensatz von 0,75) auf die Verfahrensgebühr des gerichtlichen Verfahrens angerechnet (§ 15a RVG u. Vorbem. 3 (4) S. 1 zum VV RVG). Eine besondere Beweisgebühr gibt es generell nicht. Werden aber zu einem Verfahren Sachverständige oder Zeugen an mindestens drei Terminen vernommen, ist die Beweisaufnahme also besonders umfangreich, erhält der Anwalt eine 0,3 Zusatzgebühr (VV Nr. 1010).

Die (häufig erheblichen) Auslagen für Zeugen und Sachverständige tragen die Parteien zusätzlich in voller Höhe (VV Nr. 9005). Beweis wird grundsätzlich nur erhoben, nachdem der Beweisführer einen Auslagenvorschuss (§ 17 GKG) bezahlt hat.

Die Gesamtkosten des Verfahrens (für Gericht, Anwälte, Zeugen, Sachverständige) haben die Parteien idR im Verhältnis von Obsiegen und Verlieren zu tragen (§§ 91ff. ZPO). In Familiensachen werden die Kosten gegeneinander aufgehoben oder nach billigem Ermessen verteilt (§§ 81, 132, 150, 183, 243 FamFG). Der Staatskasse gegenüber wird sogar der siegreiche Kläger Kostenschuldner, wenn vom kostenpflichtigen Beklagten nichts zu erlangen ist (§§ 22, 29, 31 II GKG; § 26 II FamGKG).

Das 2. Kostenrechtsmodernisierungsgesetz vom 23.7.2013 (BGBl. I 2586) hat alle diese Gerichtskosten und Anwaltsgebühren zum 1.8.2013 erhöht. Vorrangiger Inhalt des Gesetzes war jedoch eine strukturelle Neuordnung der Gerichts- und Notargebühren im „Gesetz über Kosten der freiwilligen Gerichtsbarkeit für Gerichte und Notare“ (*GNotKG*).

3. Für Verfahren mit Auslandsbezug gilt vorrangig vor der Zivilprozessordnung das sog. *Europäische Zivilprozessrecht.*

Auf der Grundlage von Art. 65 EGV (idF von Amsterdam) bzw. Art. 81 AEUV (idF von Lissabon) wurden inzwischen zahlreiche Regeln des Europäischen Zivilprozessrechts erlassen.

Im Einzelnen handelt es sich um folgende Verordnungen und Richtlinien:

(1) Die Verordnung (EU) Nr. 1215/2012 vom 12.12.2012, (ABl. EU Nr. L 351/1) über die *gerichtliche Zuständigkeit* und die Anerkennung und Vollstreckung von Entscheidungen in Zivil- und Handelssachen, die EuGVO n.F. oder *Brüssel Ia-Verordnung* (s. u. Nr. **5**). Sie hat zum 10.1.2015 die zuvor geltende VO (EG) Nr. 44/2001 vom 22.12.2000 (EuGVO; *„Brüssel I“*) abgelöst. Die Regelungen dieser Verordnungen haben Vorrang vor den §§ 12ff., 261, 328, 722f ZPO. Ausführungsvorschriften zur EuGVO n.F. finden sich in den §§ 1110ff ZPO.

Da die Brüssel I-Verordnung als solche nicht für Dänemark galt, wurde durch Staatsvertrag vom 19. 10. 2005 (ABl. EG L 299/62) eine identische vertragliche Geltung der jeweiligen Fassung ab 1. 7. 2007 vereinbart. Diese vertragliche Geltung wurde inzwischen auf die Brüssel Ia-VO erstreckt.

Im Verhältnis zu den EFTA-Staaten (Island, Norwegen, Schweiz) galt das Lugano-Übereinkommen von 1988 (LugÜ), das als Parallelabkommen zum Brüsseler Übereinkommen konzipiert wurde. Inzwischen wurde es durch das neue *Luganer Übereinkommen von 2007* abgelöst, das inhaltlich weitgehend der EuGVO (Brüssel I-Verordnung) entspricht (ABl. EU 2007 L 339/3). Zur Ausführung dient das Anerkennungs- und Vollstreckungsausführungsgesetz (AVAG) idF vom 30.11.2015 (BGBl. I S. 2146). Das neue Lugano-Übereinkommen ist seit 1.1.2010 im Verhältnis zu Norwegen, seit 1.1.2011 im Verhältnis zur Schweiz und seit 1.5.2011 im Verhältnis zu Island anzuwenden.

(2) Die Verordnung Nr. 2201/2003 des Rates vom 27.11.2003 über die Zuständigkeit und die Anerkennung und Vollstreckung von Entscheidungen in Ehesachen und in Verfahren betreffend die elterliche Verantwortung und zur Aufhebung der Verordnung (EG) Nr. 1347/2000 (ABl. EG Nr. L 338/1 vom 23.12.2003; „*Brüssel II a*") (s.u. Nr. **6**). Diese Verordnung wird zum 1.8.2022 durch die Verordnung (EU) 2019/1111 vom 25.6.2019 („*Brüssel II b*") ersetzt. Ihre Regelungen haben im Verhältnis zu den EU-Staaten (ohne Dänemark) Vorrang u.a. vor §§ 98ff. FamFG. Ausführungsvorschriften hierzu enthält das Internationale Familienrechtsverfahrensgesetz vom 26.1.2005 (IntFamRVG) (s.u. Nr. **6a**).

(3) Die Verordnung (EG) Nr. 1348/2000 vom 29.5.2000 über die Zustellung gerichtlicher und außergerichtlicher Schriftstücke in Zivil- und Handelssachen in den Mitgliedstaaten (ABl. EG Nr. L 160/37 vom 30.6.2000). Sie ist zum 31.5.2001 in Kraft getreten und lässt neben der Auslandszustellung im Rechtshilfeverkehr auch die direkte Auslandszustellung durch die Post (per Einschreiben mit Rückschein) zu. Durch den Staatsvertrag vom 19.10.2005 wurde auch die Zustellungsverordnung auf Dänemark erstreckt. Zum 13.11.2008 wurde diese Verordnung im Detail durch die Verordnung (EG) Nr. 1393/2007 (ABl. EU 2007 L 324/79) verbessert und ersetzt.

(4) Die Verordnung (EG) Nr. 1206/2001 vom 28.5.2001 über die Zusammenarbeit zwischen den Gerichten der Mitgliedsstaaten auf dem Gebiet der Beweisaufnahme in Zivil- oder Handelssachen (ABl. EG Nr. L 174/1 vom 27.6.2001). Diese Verordnung gilt seit 1.1.2004. Sie führt die Zusammenarbeit nach Maßgabe des Haager Beweisübereinkommens fort und ermöglicht sogar direkte Beweisaufnahmen des Prozessgerichts in anderen EU-Mitgliedstaaten.

(5) Die Verordnung Nr. 1346/2000 über Insolvenzverfahren vom 29.5.2000 (ABl. EG Nr. L 160/1 vom 30.6.2000). Sie beruht inhaltlich auf der Grundlage des ursprünglich geplanten Europäischen Insolvenzübereinkommens vom 23.11.1995 und ist am 31.5.2002 in Kraft getreten. Eine Neufassung ist mit der Verordnung (EU) 2015/848 vom 20.5.2015 (ABl. EU Nr. L 141/19) erlassen worden. Diese Neufassung ist seit 26.6.2017 anzuwenden.

(6) Die Verordnung (EG) Nr. 805/2004 des Europäischen Parlaments und des Rates vom 21.4.2004 zur Einführung eines Europäischen Vollstreckungstitels für unbestrittene Forderungen (ABl. EG Nr. L 143/15 vom 30.4.2004). Sie gilt seit 21.10.2005. Ausführungsnormen finden sich in den §§ 1079ff. ZPO.

(7) Die Verordnung (EG) Nr. 4/2009 vom 18. 12. 2008 über die Zuständigkeit, das anwendbare Recht, die Anerkennung und Vollstreckung von Entscheidungen und die Zusammenarbeit in *Unterhaltssachen* (ABl. EU L 7/1 vom 10. 1. 2009) ist am 18. 6. 2011 in Kraft getreten. Ausführungsbestimmungen dazu finden sich in dem völlig neugefassten und nunmehr alle Unterhaltssachen erfassenden Auslandsunterhaltsgesetz (AUG) vom 23. 5. 2011 (BGBl. I S. 898) mit spät. Änderungen.

Diese Verordnungen gelten in allen, auch in den am 1.5.2004, am 1.1.2007 und am 1.7.2013 beigetretenen Mitgliedstaaten (ohne Dänemark). Für die Zustellung sind ergänzend zur neuen EuZustVO weiterhin bilaterale Vereinbarungen zur Ergänzung des Haager Übereinkommens über den Zivilprozess von 1954 und im Verhältnis zu den anderen Staaten das Haager Zustellungsübereinkommen von 1965 zu beachten. Für die Beweisaufnahme gilt ergänzend das Haager Beweisübereinkommen von 1970, soweit es nicht durch die EuBewVO ersetzt wurde.

(8) In der Richtlinie 2003/8/EG vom 27. 1. 2003 hat die Europäische Union Richtwerte für die grenzüberschreitende Prozesskostenhilfe vorgegeben. Der deutsche Gesetzgeber hat die nötige Umsetzung u.a. in den §§ 1076ff. ZPO vorgenommen.

(9) Mit der Verordnung (EG) Nr. 1896/2006 vom 12.12.2006 (ABl. EU 2006 Nr. L 399/1) wurde ein *Europäisches Mahnverfahren* (zum 12.12.2008) eingeführt. Ausführungsvorschriften finden sich in den §§ 1087ff ZPO. Durch Art. 2 der Verordnung (EU) Nr. 2015/2421 vom 16.12.2015 (ABl. EU 2015 Nr. L 341/1) wurden vor allem die Regeln über den Einspruch mit Wirkung zum 14.7.2017 geändert.

(10) Mit der Verordnung (EG) Nr. 861/2007 vom 11.7.2007 zur Einführung eines *Europäischen Verfahrens für geringfügige Forderungen* steht (seit 1.1.2009) ein weiteres einheitliches Verfahren in der Europäischen Union zur Verfügung (vgl. §§ 1097ff. ZPO). Durch Art. 1 der Verordnung (EU) Nr. 2015/2421 vom 16.12.2015 (ABl. EU 2015 Nr. L 341/1) wurde das Verfahren verbessert und die Wertgrenze ab 14.7.2017 von 2000 Euro auf 5000 Euro angehoben.

(11) Die Richtlinie 2008/52/EG vom 21.5.2008 über bestimmte Aspekte der Mediation (ABl. EU L 136/13) hat der deutsche Gesetzgeber mit dem Mediationsgesetz vom 26.7.2012 (abgedruckt unter Nr. **1c**) und der Einführung des Güterichters in § 278 V ZPO umgesetzt.

(12) Mit der Verordnung (EU) Nr. 650/2012 vom 4.7.2012 über die Zuständigkeit, das anzuwendende Recht, die Anerkennung und Vollstreckung von Entscheidungen und die Annahme und Vollstreckung öffentlicher Urkunden in *Erbsachen* sowie zur Einführung eines *Europäischen Nachlasszeugnisses* (ABl. EU 2012 Nr. L 201/107) wurde eine erhebliche Lücke des europäischen Zivilprozessrechts geschlossen. Die Verordnung ist seit 17.8.2015 anwendbar. Ausführungsvorschriften finden sich im Internationalen Erbrechtsverfahrensgesetz (IntErbRVG) vom 29.6.2015 (BGBl. I S. 1042).

(13) Mit der Richtlinie 2013/11/EU vom 25.5.2013 über alternative Streitbeilegung in Verbraucherangelegenheiten (ABl. EU L 165/63) will die EU erreichen, dass jedem Verbraucher bei nationalen und grenzüberschreitenden Streitigkeiten aus Kauf- und Dienstleistungsgeschäften eine einfache, schnelle und kostengünstige außergerichtliche Schlichtungsmöglichkeit auf freiwilliger Basis zur Verfügung steht. Zur Umsetzung hat der deutsche Gesetzgeber das *Verbraucherstreitbeilegungsgesetz* vom 19.2.2016 (BGBl. I S. 254) erlassen (Nr. **1d**).

(14) Durch die gleichzeitig erlassene Verordnung (EU) über *Online-Streitbeilegung in Verbraucherangelegenheiten* (Nr. 524/2013) vom 21.5.2013 (ABl. EU L 165/1) wurde ab 9.1.2016 eine OS-Plattform als interaktive Website geschaffen. Darauf kann der Verbraucher ein Formular mit seiner Beschwerde ausfüllen, das dann grenzüberschreitend an die zuständige alternative

Streitbeilegungsstelle in einem anderen EU-Mitgliedstaat weitergeleitet wird. In Deutschland ist das Bundesamt für Justiz zentrale Anlaufstelle.

(15) Die Verordnung (EU) Nr. 606/2013 vom 12.6.2013 über die gegenseitige Anerkennung von *Schutzmaßnahmen in Zivilsachen* (ABl. EU Nr. L 181/4) will sicherstellen, dass Schutzmaßnahmen gegenüber Gewalttaten oder persönlichen Nachstellungen auch dann noch vollstreckt werden können, wenn sich die Beteiligten in einem anderen EU-Mitgliedstaat aufhalten. Die Verordnung ist seit 19.7.2013 anzuwenden (s. auch Durchführungsgesetz vom 5.12.2014, BGBl. I S. 1964).

(16) Die Verordnung (EU) Nr. 655/2014 über den *Beschluss zur vorläufigen Kontopfändung* vom 15. 5. 2014 (ABl. EU Nr. L 189/59) gibt einem Gläubiger seit 18. 1. 2017 die Möglichkeit, ein Auslandskonto seines Schuldners in grenzüberschreitenden Fällen vorläufig pfänden zu lassen, um die spätere Vollstreckung eines Titels zu sichern (Nr. **7**). Ist das Bestehen der Forderung sehr wahrscheinlich, kann die vorläufige Pfändung sogar schon vor Klageerhebung erfolgen. Die deutschen Ausführungsregeln dazu finden sich in §§ 946–959 ZPO.

(17) Aufgrund einer Ermächtigung des Rates vom 9.6.2016 zur Verstärkten Zusammenarbeit (ABl. EU Nr. L 159/16) wurde die Verordnung (EU) 2016/1103 vom 24.6.2016 „im Bereich der Zuständigkeit, des anzuwendenden Rechts und der Anerkennung und Vollstreckung von Entscheidungen in *Fragen des ehelichen Güterstands*“ (ABl. EU Nr. L 183/1) erlassen. Sie regelt die internationale Zuständigkeit für güterrechtliche Verfahren (Art. 4–13), die Anerkennung güterrechtlicher Entscheidungen (Art. 36–41) und deren Vollstreckbarerklärung (Art. 42–57). Die Verordnung ist seit dem 29.1.2019 anwendbar. Zur Ausführung wurde das IntGüRVG vom 17.12.2018 (BGBl. I S. 2573) erlassen.

(18) Auf der Grundlage derselben Ermächtigung wurde die parallele Verordnung (EU) 2016/1104 vom 24.6.2016 „im Bereich der Zuständigkeit, des anzuwendenden Rechts und der Anerkennung und Vollstreckung von Entscheidungen in Fragen *güterrechtlicher Wirkungen eingetragener Partnerschaften*“ erlassen (ABl. EU Nr. L 183/30). Auch sie seit dem 29.1.2019 anzuwenden.

Beide Verordnungen gelten im Verhältnis zu Belgien, Bulgarien, Finnland, Frankreich, Griechenland, Italien, Kroatien, Luxemburg, Malta, den Niederlanden, Österreich, Portugal, Schweden, Slowenien, Spanien, der Tschechischen Republik und Zypern.

(19) Schließlich ist der Beweis der Echtheit ausländischer öffentlicher Urkunden seit 16.2.2019 durch die Verordnung (EU) 2016/1191 vom 6.7.2016 zur Förderung der Freizügigkeit von Bürgern durch die Vereinfachung der Anforderungen an die Vorlage bestimmter öffentlicher Urkunden innerhalb der Europäischen Union (ABl. EU Nr. L 200/1) erleichtert. Betroffen sind Personenstandsurkunden, Meldebescheinigungen und Bescheinigungen über Vorstrafenfreiheit. Die deutschen Ausführungsregeln finden sich in §§ 1118 ff ZPO,

III. Der Aufbau der ZPO

Die ZPO ist ein relativ technisches Verfahrensgesetz, weitgehend ohne Programmsätze. Sie ist in elf Bücher gegliedert. Das Erste Buch enthält ähnlich wie das BGB allgemeine Regeln, die meist für das ganze Verfahren von Bedeutung sind. Der erste Abschnitt enthält Wertvorschriften für die Bestimmung der sachlichen Zuständigkeit und der Kosten, Regeln über den *Gerichtsstand* (die örtliche Zuständigkeit) und über Ausschließung und Ablehnung von Richtern. Seit 1974 sind Vereinbarungen über den Erfüllungsort oder den Gerichtsstand grundsätzlich nur zwischen Kaufleuten zulässig. Nichtkaufleute können Gerichtsstandvereinbarungen nur nach Entstehen der Streitigkeit oder für den Fall schließen, dass eine Partei keinen allgemeinen Gerichtsstand im Inland hat, diesen vor Klageerhebung verliert oder ihr Aufenthalt bei Klageerhebung unbekannt ist (§ 38 ZPO). In internationalen Fällen gelten diese Einschränkungen nicht. Jedoch bedarf (seit 10.1.2015) jede Vereinbarung eines deutschen Gerichts der Schriftform (Art. 25 I EuGVO n. F.). Im Anwendungsbereich des LugÜ 2007 gilt dies nur, wenn wenigstens eine der Parteien ihren Wohnsitz in einem EU- bzw. EFTA-Staat hat (Art. 23 LugÜ).

Der zweite Abschnitt des Ersten Buches enthält grundlegende Regeln über die *Parteien:* Parteifähigkeit (wer rechtsfähig ist), Prozessfähigkeit (nur Vollgeschäftsfähige), Streitgenossenschaft (Mehrheit von Parteien), Streithilfe und Streitverkündung sowie Prozessvollmacht.

Auch die Verteilung der *Prozesskosten* zwischen den Parteien sowie Voraussetzungen und Wirkungen der Bewilligung von *Prozesskostenhilfe* sind in diesem Abschnitt geregelt. Das heutige System wurde 1980 eingeführt. Es soll jedem Bürger die Chance geben, seine Rechte verfolgen oder verteidigen zu können. Dazu werden einkommensschwache Personen ganz oder teilweise von den Gerichtskosten und den Kosten des eigenen Anwalts befreit. Überschreitet das Einkommen die Regelsätze in § 115 ZPO, so hat die Partei Monatsraten auf die entstehenden Kosten zu bezahlen. Die entsprechenden Ecksätze sind 1994 mit den Sozialhilfesätzen gekoppelt worden. Hat die bedürftige Partei Vermögen, ist dieses grundsätzlich einzusetzen. Auch die arme Partei hat das Recht auf freie Anwaltswahl. Der Antrag auf Prozesskostenhilfe ist bei dem für den Prozess zuständigen Gericht zu stellen; dabei sind Angaben zu den Einkommens- und Vermögensverhältnissen auf (vollständig ausgefüllten!) amtlichen Vordrucken zu machen. Durch Gesetz vom 31.8.2013 (BGBl. I S. 3533) sind die Pflicht zur Ratenzahlung und die sonstigen Verhaltenspflichten der hilfebedürftigen Partei verschärft worden. Ändern sich ihre wirtschaftlichen Verhältnisse innerhalb von vier Jahren, so hat die Partei dies dem Gericht mitzuteilen, damit ihre Eigenleistungen entsprechend angepasst werden können. Unterlässt es die Partei, wesentliche Verbesserungen ungefragt zu offenbaren, kann die bewilligte Prozesskostenhilfe sogar rückwirkend aufgehoben werden (§ 124 I Nr. 4 ZPO n. F.). Auch eine durch den Prozess erlangte Geldsumme ist grundsätzlich zur Tilgung der Prozesskosten einzusetzen (§ 120a III ZPO n. F.).

Ein dritter Abschnitt des Ersten Buches befasst sich mit allgemeinen Regeln über den *Gang des Verfahrens* in allen Instanzen, mit dem Ablauf der mündlichen Verhandlung, den Zustellungen, den Ladungen, der Terminsbestimmung, der Regelung von Fristen, insbesondere der Wiedereinsetzung in den vorherigen Stand bei (schuldloser) Fristversäumung, und schließlich mit der Unterbrechung und Aussetzung des Verfahrens.

Das *Zweite Buch* regelt das *Verfahren für den ersten Rechtszug* (die erste Instanz). Die Vorschriften für das Verfahren vor den Landgerichten gelten mit wenigen Ausnahmen auch für das Verfahren vor den Amtsgerichten. Das Gesetz ordnet zunächst das Verfahren von der Klageerhebung über die Vorbereitung des Termins (§§ 272ff.) bis zum Haupttermin einschließlich der Güteverhandlung (§ 278 II) und zum Erlass des Urteils (§§ 300ff.). Idealiter sollte das Verfahren danach in einem umfassend vorbereiteten Haupttermin erledigt werden (s.u. IV 6). Es folgen Regeln über das Versäumnisurteil (§§ 330ff.), das ergeht, wenn eine Seite nicht erscheint oder nicht verhandelt, über den Einsatz des Einzelrichters (§§ 348, 348a), Vorschriften über die Beweisaufnahme (§§ 284ff., 255ff.), die einzelnen Beweismittel (§§ 371ff.) und das selbständige Beweisverfahren (§§ 485ff.) zur Beweissicherung (einschl. der Feststellung von Schaden- oder Mangelursachen und des Aufwandes zur Schaden- oder Mangelbeseitigung).

Das *Dritte Buch* ist den *Rechtsmitteln* gewidmet: der Berufung, der Revision und der Beschwerde. Die Berufung ist seit 1.1.2002 zulässig, wenn der Wert des Beschwerdegegenstandes 600 Euro übersteigt oder das erstinstanzliche Gericht die Berufung zugelassen hat (§ 511 II ZPO). Über die *Berufung* gegen erstinstanzliche Urteile der Landgerichte entscheidet das Oberlandesgericht. War das Amtsgericht erstinstanzlich zuständig, so entscheidet über die Berufung in allgemeinen Streitsachen das Landgericht. Seit 1.9.2009 ist in Familiensachen an die Stelle der Berufung die Beschwerde getreten (§§ 58ff. FamFG); über sie entscheidet das Oberlandesgericht (§ 119 I Nr. 1a GVG).

Die *Revision* ist gegen alle Berufungsurteile vorgesehen, ausnahmsweise auch gegen erstinstanzliche Urteile als sog. *Sprungrevision*. Über die Revision entscheidet der Bundesgerichtshof in Karlsruhe. Seit 1.1.2002 gibt es nur noch die Zulassungsrevision wegen grundsätzlicher Bedeutung, allerdings mit der Möglichkeit der *Nichtzulassungsbeschwerde* (begrenzt auf Fälle mit einer Beschwer über 20000 Euro, § 544 II Nr. 1 ZPO). In Familiensachen nach dem FamFG gibt es keine Nichtzulassungsbeschwerde.

Die *Beschwerde* ist gegen Entscheidungen des Gerichts vorgesehen, die in Beschlussform ergehen. In dieser Form entscheidet das Gericht in allgemeinen Streitsachen nicht über die Klage selbst, sondern über Nebenstreitigkeiten innerhalb eines Prozesses. Bei Prozesskosten muss der Wert des Beschwerdegegenstandes 200 Euro übersteigen. Seit 1.1.2002 gibt es im streitigen Zivilprozess nur noch die *sofortige Beschwerde,* die binnen zwei Wochen einzulegen ist (§§ 567, 569 ZPO) (in Familiensachen die Beschwerde gem. §§ 58ff. FamFG, grundsätzlich innerhalb einer Monatsfrist). Gegen die Beschwerdeentscheidung kann die *Rechtsbeschwerde* an den Bundesgerichtshof in gesetzlich bestimmten Sonderfällen oder allgemein bei Zulassung durch das Beschwerdegericht wegen grundsätzlicher Bedeutung eingelegt werden (§§ 574ff. ZPO bzw. §§ 70ff. FamFG).

Das anschließende *Vierte Buch* regelt mit dem *Wiederaufnahmeverfahren* gegen rechtskräftige Urteile (§§ 578ff. ZPO) gleichsam ein außerordentliches Rechtsmittel.

Das *Fünfte bis Siebente Buch* behandelt sodann besondere Verfahrensarten.

Im *Fünften Buch* findet sich der sog. *Urkunden- und Wechselprozess*. Er bietet ein (wenig genutztes) summarisches Verfahren unter Beschränkung der Beweismittel auf Urkunden bzw. Wechsel oder Scheck, das schnell zu einem vollstreckbaren Urteil führt.

Das *Sechste Buch* enthält nunmehr etwas systemwidrig mit dem (Verbraucher)-Musterfeststellungsverfahren ein Sonderprozessrecht. Bis zum 1.9.2009 waren hier die Vorschriften über das *Verfahren in Familiensachen* zu finden. Das Verfahren in allen, erweiterten Familiensachen ist seither im FamFG vom 17.12.2008 geregelt.

Von großer praktischer Bedeutung ist das im *Siebenten Buch* enthaltene *Mahnverfahren.* Jedes Jahr werden mehrere Millionen Mahnbescheide beantragt. Das Mahnverfahren beginnt mit dem Antrag des Gläubigers, der beim Amtsgericht des eigenen Wohnsitzes/Sitzes (bzw. bei dem zentralen Mahngericht) auf einem amtlichen Vordruck oder in einer für maschinelle Bearbeitung geeigneten Form (für Anwälte seit 1.12.2008 zwingend!) gestellt wird. Der Antrag wird nur formell, nicht sachlich geprüft und dem Schuldner zugestellt. Legt dieser keinen Widerspruch ein, so wird der Mahnbescheid auf weiteren Antrag für vollstreckbar erklärt. Dieser *Vollstreckungsbescheid* steht einem Versäumnisurteil gleich und ist damit ein vollwertiger Vollstreckungstitel gegen den Schuldner. Legt der Schuldner Widerspruch ein, kann der Gläubiger das Verfahren im gewöhnlichen Zivilprozess weiterführen.

In grenzüberschreitenden Fällen zwischen den EU-Mitgliedstaaten kann seit 12.12.2008 auch ein *Europäischer Zahlungsbefehl* nach der Verordnung (EG) Nr. 1896/2006 vom 12.12.2006 (ABl. EU Nr. L 399/1) beantragt werden, in Deutschland beim Amtsgericht Wedding in Berlin (§ 1087 ZPO).

Seit 1.1.2009 steht zusätzlich für alle grenzüberschreitenden Fälle in der EU ein Europäisches Verfahren für geringfügige Forderungen (seit 14.7.2017 bis 5000 Euro) nach der Verordnung (EG) Nr. 861/2007 zur Verfügung (vgl. §§ 1097 ff. ZPO).

Das *Achte Buch* der ZPO regelt die *Einzelzwangsvollstreckung* (mit Ausnahme der Zwangsversteigerung und Zwangsverwaltung von Grundstücken). Nach allgemeinen Vorschriften über die Vollstreckungsvoraussetzungen (Titel, Klausel und Zustellung) sowie die Klagen und Rechtsbehelfe im Vollstreckungsverfahren regelt das Gesetz die Einzelvollstreckung zunächst wegen Geldforderungen. Auf allgemeine Vorschriften (§§ 802a ff. ZPO n. F.) folgen Regeln über die Vollstreckung in bewegliche Sachen (§§ 803 ff. ZPO) (Vollstreckungsorgan: Gerichtsvollzieher) und dann in Forderungen und sonstige Rechte (§§ 828 ff. ZPO) (Vollstreckungsorgan: Vollstreckungsgericht). Anschließend ist die Zwangsvollstreckung zur Herausgabe von Sachen und zur Erwirkung von Handlungen und Unterlassungen geregelt. Das eigentliche Vollstreckungsrecht wird abgeschlossen durch die (zum 1.1.2013 neu gefassten) Regeln über das Schuldnerverzeichnis.

Die 2. Zwangsvollstreckungsnovelle 1997 hat die Befugnisse des Gerichtsvollziehers verstärkt. Sofern nicht vom Gläubiger ausgeschlossen, kann er auf eine gütliche Einigung in Form einer Stundung oder einer *Ratenzahlungsvereinbarung* hinwirken (§ 802b ZPO). Seit 1.1.2013 darf der Gerichtsvollzieher allein aufgrund des Vollstreckungsauftrags sogleich eine *Vermögensauskunft* des Schuldners einholen (§§ 802c, 802f ZPO); einer ergebnislosen Mobiliarvollstreckung bedarf es nicht mehr.

Als Sicherung der Zwangsvollstreckung ist der einstweilige Rechtsschutz konzipiert. Ihm dienen die in der Praxis äußerst wichtigen Rechtsinstitute des Arrests und der einstweiligen Verfügung (§§ 916–945 ZPO). In Wettbewerbssachen hat die Praxis die einstweilige Verfügung auf vertraglicher Grundlage (Vertragsstrafen bewehrte Unterwerfungserklärung unter beiderseitigem Rechtsbehelfsverzicht) zu einem endgültigen Rechtsschutz im summarischen Verfahren ausgeformt. Die in der Praxis beliebte *vorbeugende Schutzschrift* ist seit 1.1.2016 in § 945a gesetzlich geregelt.

In grenzüberschreitenden Fällen kann in der Europäischen Union seit 18.1.2017 auch ein Auslandskonto eines Schuldners nach der Verordnung (EU)

Nr. 655/2014 über den Beschluss zur vorläufigen Kontopfändung vom 15.5.2014 vorläufig gepfändet werden (vgl. §§ 946–959 ZPO).

Die einstweiligen Anordnungen in Familiensachen sind seit 1.9.2009 in den §§ 49ff., 157, 214, 246ff. FamFG geregelt.

Im *Zehnten Buch* regelt die ZPO das *schiedsrichterliche Verfahren* (§§ 1025ff. ZPO), das vor allem in Handel, Wirtschaft und Gesellschaftsrecht beliebt ist. Danach können die Parteien die Zuständigkeit der staatlichen Gerichte ausschließen und ihren Rechtsstreit durch private Richter entscheiden lassen. Verbreitung haben Schiedsverfahren bei Streitigkeiten aus langfristigen Kooperationsverträgen, in den Seehäfen, bei Börsen und Großmärkten, im internationalen Handels- und Dienstleistungsverkehr sowie bei internationalen Investitionsstreitigkeiten. Um Schiedsverfahren zu erleichtern und Deutschland als Schiedsort attraktiver zu machen, wurde das gesamte Buch 1998 nach dem Vorbild des UNCITRAL-Modellgesetzes von 1985 vollständig neu gestaltet.

2004 wurde die ZPO schließlich um ein *Elftes Buch* erweitert (§§ 1067ff. ZPO). Dieses enthält Ausführungsvorschriften zur Justiziellen Zusammenarbeit in der Europäischen Union, wie sie in den Europäischen Verordnungen und Richtlinien vorgesehen ist.

IV. Verfahrensgrundsätze des Erkenntnisverfahrens

1. Der Dispositionsgrundsatz oder die Verfügungsfreiheit der Parteien über den Streitgegenstand

Entsprechend der Verfügungsbefugnis über private Rechte (Privatautonomie) können die Parteien in der Regel auch frei über den Gegenstand eines bürgerlichen Rechtsstreits verfügen. Sie bestimmen selbst über Beginn, Inhalt und Ende eines gerichtlichen Verfahrens:

a) Der Kläger bestimmt mit seiner Klage, ob es überhaupt zum Prozess kommt („wo kein Kläger, da kein Richter") und durch seinen Antrag (§ 253 ZPO), mit welchem Streitgegenstand (Inhalt) das Verfahren geführt wird. Der Kläger muss einen bestimmten Antrag stellen. Das Gericht ist an diesen Antrag gebunden (§ 308 ZPO) und darf weder mehr noch etwas anderes, wohl aber weniger zusprechen. Lediglich in Wohnraummietsachen darf ein Mietverhältnis auch ohne Antrag fortgesetzt werden (§ 308a ZPO).

b) Der Kläger kann seine Klage zurücknehmen (§ 269 ZPO). Er kann auf den erhobenen Anspruch verzichten (§ 306 ZPO), der Beklagte kann ihn anerkennen (§ 307 ZPO). Die Parteien können sich stets vergleichen (§ 779 BGB): außergerichtlich formlos, in einem vollstreckbaren Anwaltsvergleich (§§ 796aff. ZPO) oder vor einer gerichtlichen oder gerichtlich anerkannten Güte- oder Schlichtungsstelle (§ 794 I Nr. 1 ZPO); im Verfahren durch förmlichen Prozessvergleich vor dem Streitgericht (§ 160 III Nr. 1, § 278 VI, § 794 I Nr. 1 ZPO) oder vor dem besonderen Güterichter nach § 278 V 2 ZPO. Der Vergleich vor Gericht kann auch dadurch geschlossen werden, dass die Parteien dem Gericht schriftlich einen Vergleichsvorschlag unterbreiten oder einen Vergleichsvorschlag des Gerichts durch Schriftsatz oder Erklärung zu Protokoll der mündlichen Verhandlung annehmen (§ 278 VI 1 ZPO). Sie können den Rechtsstreit durch beiderseitige Erklärungen der Erledigung der

Hauptsache beenden (§ 91a ZPO). Ferner kann jede Partei säumig bleiben und dadurch dem Gegner die Möglichkeit geben, ein Versäumnisurteil zu beantragen (§§ 330, 331 ZPO).

c) Schließlich entscheidet die unterlegene Partei frei, ob sie ein statthaftes Rechtsmittel einlegen, darauf verzichten oder ein eingelegtes Rechtsmittel zurücknehmen will.

2. Der Beibringungs- und der Untersuchungsgrundsatz

a) Aufgabe der Parteien ist es weiter, den Tatsachenstoff und die Beweise beizubringen, die das Gericht rechtlich würdigen soll. Kern dieser sog. *Verhandlungsmaxime* ist, dass das Gericht nur die von den Parteien vorgebrachten (behaupteten) Tatsachen beachtet. Beweis wird nur erhoben, soweit erhebliche Behauptungen streitig bleiben (vgl. §§ 138 III, 359 Nr. 1 ZPO). Zusätzlich darf das Gericht nur offenkundige Tatsachen (§ 291 ZPO), nicht aber privates Wissen der Richter verwerten. Dieser Beibringungsgrundsatz hat sich praktisch bewährt. Er berücksichtigt, dass der Zivilprozess auf einem Streit der Parteien beruht und diese daher in der Regel im eigenen Interesse alle wichtigen Tatsachen vortragen.

Um sachgerechte Entscheidungen zu gewährleisten und das Verfahren zu vereinfachen, führt das Gesetz den Verhandlungsgrundsatz aber nicht streng durch. Eingeschränkt ist er bei der Anordnung einer Beweisaufnahme: Die Einnahme eines Augenscheins, die amtliche Auskunft, die Vorlegung von Urkunden, die Begutachtung durch Sachverständige und die Vernehmung der Parteien kann das Gericht auch von Amts wegen anordnen. Seit 1.1.2002 kann das Gericht die Vorlage von Urkunden oder sonstigen Unterlagen von Parteien und Dritten verlangen (§ 142 ZPO). In Unterhaltsverfahren bestehen prozessuale Auskunftspflichten seit 1.9.2009 nach den §§ 235, 236 FamFG. Der in der Praxis häufige Zeugenbeweis wird nur auf Antrag einer Partei erhoben. Abgeschwächt werden die Folgen des Verhandlungsgrundsatzes auch durch die richterliche Frage- und Hinweispflicht nach § 139 ZPO (s. u. 3b).

b) Soweit das öffentliche Interesse an einer objektiven Tatsachenfeststellung überwiegt (etwa bei den Prozessvoraussetzungen) oder typischerweise kein Interessengegensatz zwischen den Parteien besteht, gilt im Zivilprozess der Grundsatz der *Amtsprüfung:* Das Gericht kann eigenen Zweifeln Raum geben und Fragen stellen, ermittelt den Sachverhalt aber nicht selbständig.

Ein eingeschränkter *Untersuchungsgrundsatz* gilt gemäß § 127 FamFG in Ehesachen.

3. Die Prozessleitung durch das Gericht

a) Um die Gefahr der Prozessverschleppung auszuschließen und das Verfahren zu vereinfachen, liegt die *formelle Prozessleitung* inzwischen vollständig beim Gericht *(Amtsbetrieb):* Von Amts wegen werden Termine bestimmt (§ 216 ZPO), Ladungen (§ 214 ZPO) und die meisten Zustellungen, seit 1976 auch die der Urteile (§§ 270, 317 ZPO), veranlasst. Nur Arrest und einstweilige Verfügung (§§ 922 IV, 936 ZPO), der Vollstreckungsbescheid auf Antrag (§ 699 IV ZPO) sowie Vollstreckungsentscheidungen müssen im *Parteibetrieb,* d. h. durch den Gerichtsvollzieher (§§ 192 ff. ZPO) oder von Anwalt zu Anwalt (§ 195 ZPO) zugestellt werden.

b) Das Gericht hat Verfahrensablauf und -ergebnis auch sachlich zu fördern *(materielle Prozessleitung)*. Es hat nach den §§ 139, 273 ZPO rechtzeitig und in jeder Lage des Verfahrens darauf hinzuwirken, dass sich die Parteien vollständig erklären und sachgerechte Anträge stellen. Es kann das Verfahren strukturieren und den Streitstoff abschichten. Auch vor rechtlichen Überraschungen sind die Parteien durch Hinweis zu schützen (s. u. 7.). Solche *richterlichen Hinweise* sind so früh wie möglich zu erteilen und aktenkundig zu machen (§ 139 IV ZPO). Sie sollen Härten, die als Folge von Dispositions- und Beibringungsgrundsatz entstehen können, vermeiden. Entsprechend trägt das Gericht Mitverantwortung für eine sachgerechte Erledigung des Rechtsstreits; das Gericht darf freilich nur auf Bedenken hinweisen, den Parteivortrag aber nicht ersetzen. Jede Partei entscheidet frei, ob sie den Hinweisen des Gerichts folgen will oder nicht. Schließlich hat das Gericht durch vorbereitende Maßnahmen, Hinweise und Fristsetzungen alles zu tun, um den Rechtsstreit möglichst rasch und konzentriert zu beenden (s. u. 6.).

4. Mündlichkeit und Schriftlichkeit des Verfahrens

a) Nach § 128 I ZPO wird der Rechtsstreit vor Gericht mündlich verhandelt. Anders als im Strafprozess wird aber nicht der gesamte Prozessstoff mündlich vorgetragen. Vielmehr wird die mündliche Verhandlung durch Schriftsätze vorbereitet. Das tatsächliche Vorbringen (§ 137 III ZPO) und die Verlesung der Anträge (§ 297 II ZPO) werden daher weitgehend durch Bezugnahme auf Schriftsätze ersetzt. Die mündliche Verhandlung dient dann dazu, die eigentlichen Streitpunkte zu erörtern und näher aufzuklären (§§ 278 II 2, 279 III ZPO), die Parteien dazu zu befragen (§§ 141, 278 II 2 ZPO) und Möglichkeiten einer gütlichen Einigung auszuloten (§ 278 ZPO).

b) Die ZPO kennt Ausnahmen vom Grundsatz der Mündlichkeit: Nach § 128 II ZPO ist ein schriftliches Verfahren mit Einverständnis beider Parteien zulässig. Anerkenntnisurteil (§ 307 ZPO) und Versäumnisurteil im schriftlichen Vorverfahren (§ 331 III ZPO) können ohne mündliche Verhandlung erlassen werden. Entscheidungen über die Kosten und Beschlüsse ergehen stets ohne mündliche Verhandlung (§ 128 III, IV ZPO). In Verfahren bis 600 Euro Streitwert kann das Amtsgericht sein Verfahren nach „billigem Ermessen" gestalten (§ 495a ZPO) und damit ebenfalls schriftlich verhandeln. Das Berufungsgericht kann eine offensichtlich aussichtslose Berufung ohne mündliche Verhandlung zurückweisen, wenn der Fall keine grundsätzliche Bedeutung hat und eine mündliche Verhandlung auch sonst nicht geboten ist (§ 522 II ZPO). Das Revisionsgericht weist eine aus seiner Sicht zu Unrecht zugelassene, sachlich aussichtslose Revision durch Beschluss ohne mündliche Verhandlung zurück (§ 552a ZPO).

Der Grundsatz der Mündlichkeit gilt nicht für vorbereitende Maßnahmen des Gerichts, nicht für Beschwerde-, Mahn- und Vollstreckungsverfahren. Zeugen können nach Ermessen des Gerichts (zunächst) schriftlich befragt werden (§ 377 III ZPO). In Verfahren des einstweiligen Rechtsschutzes (Arrest, einstweilige Verfügung und einstweilige Anordnung) steht die Anordnung einer mündlichen Verhandlung im Ermessen des Gerichts (§§ 921, 937 II ZPO; § 51 II 2 FamFG).

5. Die Unmittelbarkeit des Verfahrens

Der Grundsatz der Unmittelbarkeit würde streng genommen verlangen, dass das gesamte Verfahren vor den Richtern stattfindet, die die Entscheidung fällen. Nur wer das gesamte Verfahren miterlebt hat, die Vorträge der Parteien gehört und an der Beweisaufnahme teilgenommen hat, ist auch in der Lage, die volle Verantwortung für eine Entscheidung zu übernehmen. Bei der oft langen Dauer der Zivilprozesse lässt es sich allerdings nicht ausschließen, dass die Besetzung des Gerichts wechselt. Diesem Umstand trägt § 309 ZPO Rechnung, indem er nur verlangt, dass das Urteil von den Richtern gefällt wird, die der letzten mündlichen Tatsachenverhandlung beigewohnt haben. Der Grundsatz der Unmittelbarkeit des Verfahrens wird auch dadurch eingeschränkt, dass Beweisaufnahmen vor einem beauftragten Richter (§§ 361, 375 I a ZPO), einem ersuchten Richter (§ 362 ZPO), vor dem Vorsitzenden der Kammer für Handelssachen (§ 349 I 2 ZPO) oder vor dem vorbereitenden Einzelrichter zweiter Instanz (§ 527 II 2 ZPO) stattfinden können. Voraussetzung ist jeweils, dass anzunehmen ist, das Prozessgericht werde das Beweisergebnis auch ohne unmittelbaren Eindruck sachgerecht würdigen können.

6. Der Konzentrations- und Beschleunigungsgrundsatz

Die Vereinfachungsnovelle 1976 hat den Gerichten stärker als bisher zur Pflicht gemacht, den Rechtsstreit in einer umfassend vorbereiteten mündlichen Verhandlung, dem sog. *Haupttermin,* endgültig zu erledigen (§ 272 I ZPO). Um dieses Ziel zu erreichen und der Prozessverschleppung entgegenzuwirken, stehen dem Gericht folgende (freilich nicht immer genutzte) Möglichkeiten zur Verfügung:

a) Nach § 139 ZPO hat das Gericht in der mündlichen Verhandlung dahin zu wirken, dass sich die Parteien über alle erheblichen Tatsachen vollständig erklären und sachdienliche Anträge stellen. Es hat zu diesem Zweck das Sach- und Streitverhältnis mit den Parteien nach der tatsächlichen und rechtlichen Seite zu erörtern, Fragen zu stellen und darauf hinzuweisen, wenn eine Partei einen Gesichtspunkt erkennbar übersehen oder für unerheblich gehalten hat oder das Gericht einen Gesichtspunkt anders als beide Parteien beurteilt (§ 139 II ZPO). Solche Hinweise sind so früh wie möglich zu erteilen und aktenkundig zu machen (§ 139 IV ZPO). § 139 ZPO bietet damit für verantwortungsbewusste Richter eine ausgezeichnete Handhabe für eine straffe Prozessführung. Er ist eine der wichtigsten Vorschriften der ZPO.

b) Nach § 273 ZPO kann das Gericht Maßnahmen zur Vorbereitung der mündlichen Verhandlung treffen, insbesondere kann es anordnen, dass Parteien und Dritte einschlägige Urkunden und sonstige Unterlagen vorlegen (§ 142 ZPO). Nach § 358a ZPO kann es schon vor der mündlichen Verhandlung einen Beweisbeschluss erlassen und diesen auch schon ausführen, soweit es um amtliche Auskünfte, schriftliche Zeugenaussagen, die Begutachtung durch Sachverständige und die Einnahme eines Augenscheins geht.

c) Auch die Parteien sind zur *Prozessförderung* verpflichtet. Unabhängig von gerichtlichen Anordnungen haben sie ihre Angriffs- und Verteidigungsmittel so rechtzeitig vorzutragen, wie es einer sorgfältigen und auf Förderung des Verfahrens bedachten Prozessführung entspricht (§ 282 ZPO).

Hat das Gericht den Parteien Fristen für ihr Vorbringen gesetzt (dem Beklagten zur Klageerwiderung, dem Kläger zur Stellungnahme auf die Klageerwiderung (§§ 275–277 ZPO), so sind Angriffs- und Verteidigungsmittel, die nicht fristgemäß vorgetragen werden, grundsätzlich präkludiert. Das Gericht lässt sie nur zu, wenn sie nach dessen freier Überzeugung den Abschluss des Verfahrens nicht verzögern oder wenn die Partei die Verzögerung genügend entschuldigt (§ 296 I ZPO).

Auch ohne Fristsetzung können verspätete Angriffs- und Verteidigungsmittel zurückgewiesen werden, wenn sie den Rechtsstreit verzögern würden und die Verspätung auf grober Nachlässigkeit beruht (§ 296 II ZPO).

In der Berufungsinstanz können neue Angriffs- und Verteidigungsmittel nur noch vorgebracht werden, wenn das unterlassene Vorbringen in erster Instanz nicht auf einer Nachlässigkeit der Partei beruht (§ 531 II Nr. 3 ZPO) oder wenn es inzwischen unstreitig geworden ist.

Sanktionen gegen eine Partei sind unzulässig, wenn das Gericht selbst das Verfahren verzögert oder sachlich gebotene Hinweise oder Förderungsmaßnahmen unterlassen hat.

7. Der Anspruch auf rechtliches Gehör

Nach Art. 103 I des Grundgesetzes hat jedermann vor Gericht Anspruch auf rechtliches Gehör. Dieser Anspruch besteht in allen gerichtlichen Verfahren und damit auch im Zivilprozess. Er entspricht dem alten Grundsatz „audiatur et altera pars". Die ZPO regelt den Anspruch auf rechtliches Gehör zwar nicht unmittelbar, doch wollen die Vorschriften über die Prozessleitung, über den Gang der mündlichen Verhandlung und über das Parteivorbringen gewährleisten, dass jede Partei rechtlich gehört wird.

Im Einzelnen umfasst der Anspruch auf rechtliches Gehör die Befugnis, Anträge zu stellen, Tatsachen zu behaupten und dem Gericht Rechtsausführungen zu unterbreiten. Den Parteien muss auch Gelegenheit gegeben werden, die Sach- und Rechtsausführungen der Gegenseite kennenzulernen und zu ihnen Stellung zu nehmen. Das Gebot rechtlichen Gehörs verbietet rechtliche Überraschungsentscheidungen. Nach § 139 II ZPO ist das Gericht daher zum sog. Rechtsgespräch über nicht oder nicht voll erkannte rechtliche Gesichtspunkte verpflichtet. Seine eigene abschließende Ansicht braucht das Gericht aber nicht vorab zu offenbaren (darf dies aber).

Je nach Gestaltung des Verfahrens (s. o. 4.) ist das rechtliche Gehör mündlich oder schriftlich zu gewähren.

Verstöße gegen den Anspruch auf rechtliches Gehör müssen mit den allgemeinen Rechtsmitteln gerügt werden. Bei sonst nicht rechtsmittelfähigen Entscheidungen kann und muss die sog. *Anhörungsrüge* nach § 321a ZPO erhoben werden. Die *Verfassungsbeschwerde* (Art. 93 I Nr. 4a GG; §§ 90ff. BVerfGG) steht nur offen, wenn auf diesen Wegen keine Abhilfe erfolgte.

8. Die Öffentlichkeit des Verfahrens

Nach § 169 GVG wird vor dem erkennenden Gericht einschließlich der Verkündung der Entscheidungen öffentlich verhandelt. Dieser Grundsatz entspricht einem rechtsstaatlichen Postulat, das sich im 19. Jahrhundert entwickelt hat und als Sicherung gegen die Kabinettsjustiz gedacht war. Die Öffentlichkeit des Verfahrens stärkt das Vertrauen zu dem Gericht und führt, vor allem über die Berichterstattung der Medien, zu einer gewissen Kontrolle der Rechtspflege durch die Allgemeinheit.

Von der allgemeinen Öffentlichkeit gibt es sachlich begründete Ausnahmen. Daher ist die Verhandlung in Familiensachen grundsätzlich nicht öffentlich (§ 170 GVG). Im Einzelfall kann die Öffentlichkeit auch in anderen Fällen ausgeschlossen werden, wenn eine Gefährdung der Privatsphäre (§ 171b GVG), der Staatssicherheit, der öffentlichen Ordnung oder Sittlichkeit zu besorgen ist, wenn wichtige Geheimnisse zur Sprache kommen oder eine Person unter 16 Jahren zu vernehmen ist (§ 172 GVG).

Die Medienöffentlichkeit ist jetzt besonders geregelt. Zum Schutz der Beteiligten dürfen Presse, Fernsehen und Film die Verhandlung nicht aufnehmen und öffentlich vorführen. Ausnahmen gibt es aber seit 18.4.2018 für die Verkündung von BGH-Entscheidungen in besonderen Fällen sowie für Aufnahmen zu wissenschaftlichen oder historischen Zwecken (§ 169 II, II GVG).

9. Das Kostenrisiko

Kann der Streit im vorprozessualen Schlichtungsverfahren, im Mahnverfahren oder im Vereinfachten Verfahren zur Festsetzung des Unterhalts Minderjähriger erledigt werden, halten sich die Kosten in Grenzen. Unterhaltspflichten gegenüber Kindern unter 21 Jahren oder gegenüber der nichtehelichen Mutter können nach §§ 59, 60 SGB VIII sogar kostenlos vor dem Jugendamt tituliert werden.

Der gewöhnliche Zivilprozess ist dagegen mit erheblichen Kosten verbunden. Bei Einleitung des Verfahrens hat der Kläger einen Vorschuss auf die Gerichtskosten in Höhe von drei Gebühreneinheiten (§§ 6 I Nr. 1, 12 I GKG iVm KV Nr. 1210) und auf die Kosten seines Anwalts (§ 9 RVG) zu leisten. (In Ehesachen und selbständigen Familienstreitsachen beträgt der Kostenvorschuss zwei Gebühreneinheiten; § 14 I FamGKG iVm KV FamGKG Nr. 1110). Von den Parteien beantragte Beweisaufnahmen werden erst nach Zahlung eines Auslagenvorschusses ausgeführt (§ 17 I GKG; § 16 FamGKG).

In der Berufung steigen die Gerichtskosten auf vier Gebühreneinheiten, in der Revision auf fünf Gebühreneinheiten (KV Nr. 1220 u. 1230). Zu tragen sind auch die Anwaltskosten (s. o. II 2g).

Je nach Obsiegen oder Unterliegen tragen die Parteien die Kosten des Verfahrens einschließlich der Beweisauslagen und der notwendigen Anwaltskosten (§§ 91ff. ZPO). In Familiensachen werden die Kosten dagegen entweder aufgehoben oder nach Billigkeit verteilt (§ 81 FamFG). Bleibt die Vollstreckung gegen den zu den Kosten verurteilten Beklagten erfolglos oder erscheint sie aussichtslos, so haftet der Kläger dem Staat für die Gerichtskosten (§§ 22 I, 29, 31 II GKG; §§ 21 I 1, 24 Nr. 1, 26 II FamGKG).

V. Verfahrensgrundsätze der Zwangsvollstreckung

1. Der Vollstreckungsanspruch

Der vollstreckbare Titel (Urteil, Vergleich, usf.) gibt dem Gläubiger einen Vollstreckungsanspruch gegen den Staat. Dieser Anspruch ist formalisiert. Das Vollstreckungsorgan (Gerichtsvollzieher, Vollstreckungsgericht) prüft nur, ob die Voraussetzungen (Titel, Vollstreckungsklausel und Zustellung des Titels) formell erfüllt sind. Materielle Einwendungen gegen den Titel sind durch Klage (§ 767 ZPO) geltend zu machen. Auch ein Dritter, in dessen Rechte die Vollstreckung eingreift, ist (wenn der Gläubiger den gepfändeten Gegenstand nicht freigibt) auf den Klageweg (§§ 771, 805 ZPO) verwiesen. Notfalls können auf Antrag einstweilige Anordnungen (§§ 769, 771 III, 805 IV 2 ZPO) ergehen.

2. Der Dispositionsgrundsatz

Dieser Grundsatz gilt auch im Vollstreckungsverfahren. Der Gläubiger ist Herr dieses Verfahrens. Er bestimmt durch seinen Antrag über Beginn, Art und Objekt des Vollstreckungsverfahrens (s. § 802a II ZPO n. F.). Er kann seinen Antrag zurücknehmen, das Verfahren ruhen lassen, eine einstweilige Einstellung der Zwangsversteigerung bewilligen (§ 30 ZVG), eine Zahlungsfrist einräumen oder Ratenzahlungen gestatten (§§ 754 I, 802b II ZPO n. F.), die gepfändete Sache freigeben oder auf sein Pfandrecht verzichten (§ 843 ZPO). Schließlich kann er mit dem Schuldner vollstreckungsbeschränkende Vereinbarungen abschließen.

3. Gebot rechtlichen Gehörs

Das Vollstreckungsverfahren beginnt auf einseitigen Antrag des Gläubigers. Vor einer Pfändung ist der Schuldner nicht zu hören (§§ 808 III, 834 ZPO), um zu verhindern, dass er einen Vollstreckungserfolg vereitelt. Dem Gebot rechtlichen Gehörs (Art. 103 I GG) genügt es, dass der Schuldner nachträglich gegen den Vollstreckungsakt vorgehen kann. Nur ausnahmsweise (§ 891 ZPO) ist er vor seinem Erlass zu hören.

4. Rangverhältnis zwischen den Gläubigern

Zwischen konkurrierenden Gläubigern gilt das Prioritätsprinzip (§ 804 III ZPO), im Gegensatz zum Grundsatz gleichmäßiger Befriedigung im Insolvenzrecht. Eine zeitlich vorrangige Pfändung hat daher absoluten Vorrang vor einer nachfolgenden. Notfalls ist die Rangfolge nach Hinterlegung des Erlöses in einem Verteilungsverfahren (§§ 827, 853, 872 ff. ZPO) zu klären.

Bei der Zwangsversteigerung richtet sich der Rang der beteiligten Gläubiger nach §§ 10–12 ZVG.

5. Grundsatz der Verhältnismäßigkeit

Eine Pfändung und Verwertung ist nur zulässig, wenn sie zu einer (teilweisen) Befriedigung des Gläubigers führen kann. Eine nutzlose Pfändung ist unzulässig, ebenso eine unnötige Überpfändung (§ 803 ZPO). Dagegen besteht kein allgemeiner Grundsatz der Verhältnismäßigkeit zwischen dem Vorteil für den Gläubiger und dem Nachteil für den Schuldner. Der Gläubiger darf daher auch wegen einer Bagatellforderung vollstrecken und kann dem Schuldner einen hohen Vollstreckungsschaden zufügen.

6. Die Vermögenshaftung

Der Schuldner haftet dem Gläubiger grundsätzlich mit seinem gesamten Vermögen.

Seit 1.1.2013 ist der Schuldner auf Antrag des Gläubigers sogleich verpflichtet, dem Gerichtsvollzieher eine umfassende Vermögensauskunft zu erteilen (§ 802c ZPO). Abzugeben ist sie grundsätzlich nach Ablauf einer vom Gerichtsvollzieher gesetzten Zweiwochenfrist zur Begleichung der Forderung (§ 802f I ZPO). Verweigert der Schuldner die Durchsuchung seiner Wohnung oder erweist sich ein Pfändungsversuch als unzureichend, kann der Gerichtsvollzieher die Vermögensauskunft auf Antrag des Gläubigers sofort abnehmen (§ 807 ZPO). Zur Erzwingung der Vermögensauskunft kann der Schuldner notfalls verhaftet werden (§ 802g ZPO). Verweigert der Schuldner die Auskunft oder genügt eine Vollstreckung in die angegebenen Vermögenswerte voraussichtlich nicht, um den Gläubiger zu befriedigen, kann der Gerichtsvollzieher (kostenpflichtige) behördliche Auskünfte über den Arbeitgeber, Konten und vom Schuldner gehaltene Fahrzeuge einholen (§ 802l ZPO n. F.).

Erteilt der Schuldner die Auskunft, wird sein Vermögensverzeichnis bei dem zentralen Vollstreckungsgericht des jeweiligen Bundeslandes hinterlegt und kann dort über das Internet eingesehen und abgerufen werden (§ 802k ZPO). Die Befugnis dazu haben Gerichtsvollzieher, Vollstreckungsgerichte, Insolvenzgerichte, Registergerichte und Strafverfolgungsbehörden, nicht aber (direkt) Gläubiger des Schuldners.

Wer die Vermögensauskunft verweigert oder erteilt hat, ist kreditunwürdig. Auf Anordnung des Gerichtsvollziehers wird ein solcher Schuldner daher in das beim zentralen Vollstreckungsgericht geführte Schuldnerverzeichnis aufgenommen (§ 882b ZPO n. F.), wenn er (1) die Abgabe der Vermögensauskunft verweigert, (2) eine Vollstreckung nach der Vermögensauskunft offensichtlich nicht zur vollständigen Befriedigung des Gläubigers führen wird, oder (3) nicht innerhalb eines Monats nach Abgabe der Vermögensauskunft die vollständige Befriedigung des Gläubigers nachweist (sofern nicht ein gültiger Raten-Zahlungsplan besteht (§ 802c ZPO)). Die Einsicht in das Schuldnerverzeichnis steht jedermann für Zwecke der Zwangsvollstreckung, der Prüfung der wirtschaftlichen Zuverlässigkeit, der Gewährung öffentlicher Leistungen und der Strafverfolgung offen (§ 882f ZPO). Die Eintragung in das Schuldnerverzeichnis wird nach drei Jahren gelöscht (§ 882e ZPO n. F.).

7. Schuldnerschutz

Das Sozialstaatsprinzip (Art. 20, 28 GG) sichert dem Schuldner das Existenzminimum und verbietet eine Kahlpfändung. Unpfändbar sind daher Gegenstände, die der Schuldner und seine Familie im konkreten Fall zu einem bescheidenen Leben brauchen (§ 811 ZPO). Gleiches gilt für den zum Leben notwendigen Teil des Einkommens vor und nach der Zahlung (§§ 850 ff. ZPO) sowie für Arbeitsmittel (§ 811 I Nr. 5 ZPO). Die Pfändungsfreigrenzen wurden 2002 deutlich angehoben, um zu vermeiden, dass ein Schuldner nach der Pfändung Sozialhilfe beanspruchen kann. Sie werden jedes zweite Jahr an den Grundfreibetrag bei der Einkommensteuer angepasst, zuletzt durch die Pfändungsfreigrenzenbekanntmachung 2019 (BGBl. I S. 443).

Bewegliche Sachen dürfen nur gegen ein Mindestgebot in Höhe der Hälfte des gewöhnlichen Verkaufswerts versteigert werden (§ 817a ZPO).

Zum 1.7.2010 wurde der Kontopfändungsschutz verbessert. Jeder natürliche Schuldner kann die Einrichtung *eines* sog. *P-Kontos* verlangen, auf dem ein Betrag, der dem pfandfreien Monatseinkommen entspricht, automatisch nicht von einer Kontopfändung erfasst wird. Über Guthaben auf diesem Konto kann der Schuldner trotz Pfändung in Höhe des monatlichen Sockelfreibetrages (seit 1.7.2017 1139,99 Euro) verfügen. Dieser Freibetrag erhöht sich entsprechend den Unterhaltspflichten des Schuldners, wenn diese der Bank durch Bescheinigung, etwa des Arbeitgebers oder der Familienkasse nachgewiesen werden (§ 850k II, V ZPO). Der Pfändungsschutz in Höhe des Freibetrages besteht auch, wenn der Schuldner die Umwandlung seines Konto in ein Pfändungsschutzkonto erst nach der Pfändung beantragt (§ 850k VII 3 ZPO). Die Bank darf an den Gläubiger aus dem Guthaben auf diesem Konto erst vier Wochen nach Pfändung und Überweisung leisten (§ 835 III ZPO); bei Pfändung künftiger Guthaben muss der Schuldner eine entsprechende Auszahlungssperre beantragen (§ 835 III 2 ZPO). Bei Pfändungsschutzkonten darf die Bank ohne gerichtliche Anordnung generell erst nach Ablauf des nächsten auf die Gutschrift folgenden Monats an den Gläubiger leisten (§ 835 IV ZPO). Werden einem Pfändungsschutzkonto Sozialleistungen gutgeschrieben, so darf die Bank innerhalb von vierzehn Tagen gegen das entstandene Guthaben nur mit Kontoführungsgebühren aufrechnen; über das verbleibende Guthaben kann der Berechtigte frei verfügen (§ 850k VI ZPO).

Außerdem kann das Vollstreckungsgericht jede Vollstreckungsmaßnahme aufheben oder einstweilen einstellen, wenn sie wegen besonderer Umstände zu einer sittenwidrigen Härte führen würde (§ 765a ZPO).

Die Zwangsversteigerung eines Grundstücks kann auf Antrag des Schuldners (maximal zweimal, § 30c ZVG) bis zu sechs Monaten eingestellt werden, wenn Aussicht auf Befriedigung des Gläubigers besteht (§ 30a ZVG). Das geringste Gebot (§ 44 ZVG), zu dem ein Grundstück versteigert werden kann, steht in keiner Relation zum Grundstückswert; nur im ersten Termin ist der Zuschlag zu versagen, wenn das Meistgebot die Hälfte des Grundstückswerts nicht erreicht (§ 85a ZVG). (Ergänzend kann ein Gläubiger im ersten Termin die Versagung des Zuschlags beantragen, wenn das Meistgebot unter 7/10 des Grundstückswerts bleibt.) Im zweiten Termin kann der Zuschlag dagegen nur noch versagt werden, wenn das Grundstück in sittenwidriger Weise verschleudert würde (§ 765a ZPO).

Ist der Schuldner eine natürliche Person, so kann er auf Antrag gemäß §§ 286ff. InsO *Restschuldbefreiung* erlangen. War der Schuldner gewerblich tätig, ist zuvor ein Regelinsolvenzverfahren durchzuführen, war er unselbständig tätig ein Verbraucherinsolvenzverfahren (§ 304 InsO). Nach Abschluss des Insolvenzverfahrens muss der Schuldner während einer Wohlverhaltensperiode von grundsätzlich sechs Jahren alle pfändbaren Bezüge zugunsten seiner Gläubiger an einen Treuhänder abtreten (§ 287 II InsO). Seit 1.1.2014 ist diese Periode auf drei Jahre verkürzt, wenn der Schuldner bis dahin 35 % seiner Schulden zuzüglich der Verfahrenskosten getilgt hat, und auf fünf Jahre, wenn er wenigstens die Verfahrenskosten bezahlen konnte (§ 300 InsO).

8. Kosten der Zwangsvollstreckung

Der Schuldner trägt die Kosten der Zwangsvollstreckung. Sie werden bei der Vollstreckung des titulierten Anspruchs ohne weiteres mit beigetrieben, § 788 I ZPO. Der Gerichtsvollzieher berechnet seine Gebühren und Auslagen nach dem Gesetz über Kosten der Gerichtsvollzieher vom 19. 1. 2001 (BGBl. I S. 623). Auf seine voraussichtlichen Kosten kann er vom Gläubiger einen Vorschuss verlangen, § 4 GvKostG. Ein gerichtlicher Pfändungs- und Überweisungsbeschluss (§§ 829, 835 ZPO) kostet 20 Euro (GKG KV Nr. 2111 n. F.). Der Rechtsanwalt des Gläubigers erhält für den Antrag eine 3/10 Gebühr nach dem Betrag der zu vollstreckenden Forderung (§ 25 I RVG u. VV Nr. 3309).

Die Anordnung der Zwangsversteigerung kostet 100 Euro. Für das Versteigerungsverfahren, den Versteigerungstermin, die Erteilung des Zuschlags und das Verteilungsverfahren werden jeweils 0,5 Gebühren entsprechend dem Betrag der zu vollstreckenden Forderung berechnet (GKG KV Nr. 2210 ff. n. F.). Ein Rechtsanwalt, der einen Gläubiger oder den Schuldner im Zwangsversteigerungsverfahren vertritt, erhält jeweils eine 0,4 Gebühr für die Verfahrenseinleitung, die Wahrnehmung eines Versteigerungstermins, für ein Verfahren über die einstweilige Einstellung und für das Verteilungsverfahren (RVG VV Nr. 3311, 3312).

1. Zivilprozessordnung

In der Fassung der Bekanntmachung vom 5. Dezember 2005[1]
(BGBl. I S. 3202, ber. 2006 I S. 431 und 2007 I S. 1781)

FNA 310-4

zuletzt geänd. durch Art. 2 G zur Regelung der Wertgrenze für die Nichtzulassungsbeschwerde in Zivilsachen, zum Ausbau der Spezialisierung bei den Gerichten sowie zur Änd. weiterer prozessrechtlicher Vorschriften v. 12.12.2019 (BGBl. I S. 2633)

Inhaltsübersicht

Buch 1. Allgemeine Vorschriften

Abschnitt 1. Gerichte

Titel 1. Sachliche Zuständigkeit der Gerichte und Wertvorschriften

§ 1 Sachliche Zuständigkeit
§ 2 Bedeutung des Wertes
§ 3 Wertfestsetzung nach freiem Ermessen
§ 4 Wertberechnung; Nebenforderungen
§ 5 Mehrere Ansprüche
§ 6 Besitz; Sicherstellung; Pfandrecht
§ 7 Grunddienstbarkeit
§ 8 Pacht- oder Mietverhältnis
§ 9 Wiederkehrende Nutzungen oder Leistungen
§ 10 (weggefallen)
§ 11 Bindende Entscheidung über Unzuständigkeit

Titel 2. Gerichtsstand

§ 12 Allgemeiner Gerichtsstand; Begriff
§ 13 Allgemeiner Gerichtsstand des Wohnsitzes
§ 14 (weggefallen)
§ 15 Allgemeiner Gerichtsstand für exterritoriale Deutsche
§ 16 Allgemeiner Gerichtsstand wohnsitzloser Personen
§ 17 Allgemeiner Gerichtsstand juristischer Personen
§ 18 Allgemeiner Gerichtsstand des Fiskus
§ 19 Mehrere Gerichtsbezirke am Behördensitz
§ 19a Allgemeiner Gerichtsstand des Insolvenzverwalters
§ 20 Besonderer Gerichtsstand des Aufenthaltsorts
§ 21 Besonderer Gerichtsstand der Niederlassung
§ 22 Besonderer Gerichtsstand der Mitgliedschaft
§ 23 Besonderer Gerichtsstand des Vermögens und des Gegenstands
§ 24 Ausschließlicher dinglicher Gerichtsstand
§ 25 Dinglicher Gerichtsstand des Sachzusammenhanges
§ 26 Dinglicher Gerichtsstand für persönliche Klagen
§ 27 Besonderer Gerichtsstand der Erbschaft
§ 28 Erweiterter Gerichtsstand der Erbschaft
§ 29 Besonderer Gerichtsstand des Erfüllungsorts
§ 29a Ausschließlicher Gerichtsstand bei Miet- oder Pachträumen
§ 29b (weggefallen)
§ 29c Besonderer Gerichtsstand für Haustürgeschäfte
§ 30 Gerichtsstand bei Beförderungen
§ 30a Gerichtsstand bei Bergungsansprüchen
§ 31 Besonderer Gerichtsstand der Vermögensverwaltung
§ 32 Besonderer Gerichtsstand der unerlaubten Handlung

---

[1] Neubekanntmachung der ZPO idF der Bek. v. 12.9.1950 (BGBl. I S. 533) in der ab 21.10.2005 geltenden Fassung.

§ 32a Ausschließlicher Gerichtsstand der Umwelteinwirkung
§ 32b Ausschließlicher Gerichtsstand bei falschen, irreführenden oder unterlassenen öffentlichen Kapitalmarktinformationen
§ 32c [Ausschließlicher Gerichtsstand bei Musterfeststellungsverfahren]
§ 33 Besonderer Gerichtsstand der Widerklage
§ 34 Besonderer Gerichtsstand des Hauptprozesses
§ 35 Wahl unter mehreren Gerichtsständen
§ 36 Gerichtliche Bestimmung der Zuständigkeit
§ 37 Verfahren bei gerichtlicher Bestimmung

Titel 3. Vereinbarung über die Zuständigkeit der Gerichte

§ 38 Zugelassene Gerichtsstandsvereinbarung
§ 39 Zuständigkeit infolge rügeloser Verhandlung
§ 40 Unwirksame und unzulässige Gerichtsstandsvereinbarung

Titel 4. Ausschließung und Ablehnung der Gerichtspersonen

§ 41 Ausschluss von der Ausübung des Richteramtes
§ 42 Ablehnung eines Richters
§ 43 Verlust des Ablehnungsrechts
§ 44 Ablehnungsgesuch
§ 45 Entscheidung über das Ablehnungsgesuch
§ 46 Entscheidung und Rechtsmittel
§ 47 Unaufschiebbare Amtshandlungen
§ 48 Selbstablehnung; Ablehnung von Amts wegen
§ 49 Urkundsbeamte

Abschnitt 2. Parteien

Titel 1. Parteifähigkeit; Prozessfähigkeit

§ 50 Parteifähigkeit
§ 51 Prozessfähigkeit; gesetzliche Vertretung; Prozessführung
§ 52 Umfang der Prozessfähigkeit
§ 53 Prozessunfähigkeit bei Betreuung oder Pflegschaft
§ 54 Besondere Ermächtigung zu Prozesshandlungen
§ 55 Prozessfähigkeit von Ausländern
§ 56 Prüfung von Amts wegen
§ 57 Prozesspfleger
§ 58 Prozesspfleger bei herrenlosem Grundstück oder Schiff

Titel 2. Streitgenossenschaft

§ 59 Streitgenossenschaft bei Rechtsgemeinschaft oder Identität des Grundes
§ 60 Streitgenossenschaft bei Gleichartigkeit der Ansprüche
§ 61 Wirkung der Streitgenossenschaft
§ 62 Notwendige Streitgenossenschaft
§ 63 Prozessbetrieb; Ladungen

Titel 3. Beteiligung Dritter am Rechtsstreit

§ 64 Hauptintervention
§ 65 Aussetzung des Hauptprozesses
§ 66 Nebenintervention
§ 67 Rechtsstellung des Nebenintervenienten
§ 68 Wirkung der Nebenintervention
§ 69 Streitgenössische Nebenintervention
§ 70 Beitritt des Nebenintervenienten
§ 71 Zwischenstreit über Nebenintervention
§ 72 Zulässigkeit der Streitverkündung
§ 73 Form der Streitverkündung
§ 74 Wirkung der Streitverkündung
§ 75 Gläubigerstreit
§ 76 Urheberbenennung bei Besitz
§ 77 Urheberbenennung bei Eigentumsbeeinträchtigung

Titel 4. Prozessbevollmächtigte und Beistände

§ 78 Anwaltsprozess
§ 78a (weggefallen)
§ 78b Notanwalt
§ 78c Auswahl des Rechtsanwalts
§ 79 Parteiprozess
§ 80 Prozessvollmacht
§ 81 Umfang der Prozessvollmacht
§ 82 Geltung für Nebenverfahren
§ 83 Beschränkung der Prozessvollmacht
§ 84 Mehrere Prozessbevollmächtigte
§ 85 Wirkung der Prozessvollmacht
§ 86 Fortbestand der Prozessvollmacht
§ 87 Erlöschen der Vollmacht
§ 88 Mangel der Vollmacht
§ 89 Vollmachtloser Vertreter
§ 90 Beistand

Titel 5. Prozesskosten

§ 91 Grundsatz und Umfang der Kostenpflicht
§ 91a Kosten bei Erledigung der Hauptsache
§ 92 Kosten bei teilweisem Obsiegen
§ 93 Kosten bei sofortigem Anerkenntnis
§ 93a (weggefallen)
§ 93b Kosten bei Räumungsklagen
§ 94 Kosten bei übergegangenem Anspruch
§ 95 Kosten bei Säumnis oder Verschulden
§ 96 Kosten erfolgloser Angriffs- oder Verteidigungsmittel
§ 97 Rechtsmittelkosten
§ 98 Vergleichskosten
§ 99 Anfechtung von Kostenentscheidungen
§ 100 Kosten bei Streitgenossen
§ 101 Kosten einer Nebenintervention
§ 102 (weggefallen)
§ 103 Kostenfestsetzungsgrundlage; Kostenfestsetzungsantrag
§ 104 Kostenfestsetzungsverfahren
§ 105 Vereinfachter Kostenfestsetzungsbeschluss
§ 106 Verteilung nach Quoten
§ 107 Änderung nach Streitwertfestsetzung

Titel 6. Sicherheitsleistung

§ 108 Art und Höhe der Sicherheit
§ 109 Rückgabe der Sicherheit
§ 110 Prozesskostensicherheit
§ 111 Nachträgliche Prozesskostensicherheit
§ 112 Höhe der Prozesskostensicherheit
§ 113 Fristbestimmung für Prozesskostensicherheit

Titel 7. Prozesskostenhilfe und Prozesskostenvorschuss

§ 114 Voraussetzungen
§ 115 Einsatz von Einkommen und Vermögen
§ 116 Partei kraft Amtes; juristische Person; parteifähige Vereinigung
§ 117 Antrag
§ 118 Bewilligungsverfahren
§ 119 Bewilligung
§ 120 Festsetzung von Zahlungen
§ 120a Änderung der Bewilligung
§ 121 Beiordnung eines Rechtsanwalts
§ 122 Wirkung der Prozesskostenhilfe
§ 123 Kostenerstattung
§ 124 Aufhebung der Bewilligung

§ 125 Einziehung der Kosten
§ 126 Beitreibung der Rechtsanwaltskosten
§ 127 Entscheidungen

Abschnitt 3. Verfahren

Titel 1. Mündliche Verhandlung

§ 128 Grundsatz der Mündlichkeit; schriftliches Verfahren
§ 128a Verhandlung im Wege der Bild- und Tonübertragung
§ 129 Vorbereitende Schriftsätze
§ 129a Anträge und Erklärungen zu Protokoll
§ 130 Inhalt der Schriftsätze
§ 130a Elektronisches Dokument
§ 130b Gerichtliches elektronisches Dokument
§ 130c Formulare; Verordnungsermächtigung
[ab 1.1.2022:]
§ 130d Nutzungspflicht für Rechtsanwälte und Behörden
§ 131 Beifügung von Urkunden
§ 132 Fristen für Schriftsätze
§ 133 Abschriften
§ 134 Einsicht von Urkunden
§ 135 Mitteilung von Urkunden unter Rechtsanwälten
§ 136 Prozessleitung durch Vorsitzenden
§ 137 Gang der mündlichen Verhandlung
§ 138 Erklärungspflicht über Tatsachen; Wahrheitspflicht
§ 139 Materielle Prozessleitung
§ 140 Beanstandung von Prozessleitung oder Fragen
§ 141 Anordnung des persönlichen Erscheinens
§ 142 Anordnung der Urkundenvorlegung
§ 143 Anordnung der Aktenübermittlung
§ 144 Augenschein; Sachverständige
§ 145 Prozesstrennung
§ 146 Beschränkung auf einzelne Angriffs- und Verteidigungsmittel
§ 147 Prozessverbindung
§ 148 Aussetzung bei Vorgreiflichkeit
§ 149 Aussetzung bei Verdacht einer Straftat
§ 150 Aufhebung von Trennung, Verbindung oder Aussetzung
§ 151 (weggefallen)
§ 152 Aussetzung bei Eheaufhebungsantrag
§ 153 Aussetzung bei Vaterschaftsanfechtungsklage
§ 154 Aussetzung bei Ehe- oder Kindschaftsstreit
§ 155 Aufhebung der Aussetzung bei Verzögerung
§ 156 Wiedereröffnung der Verhandlung
§ 157 Untervertretung in der Verhandlung
§ 158 Entfernung infolge Prozessleitungsanordnung
§ 159 Protokollaufnahme
§ 160 Inhalt des Protokolls
§ 160a Vorläufige Protokollaufzeichnung
§ 161 Entbehrliche Feststellungen
§ 162 Genehmigung des Protokolls
§ 163 Unterschreiben des Protokolls
§ 164 Protokollberichtigung
§ 165 Beweiskraft des Protokolls

Titel 2. Verfahren bei Zustellungen

Untertitel 1. Zustellungen von Amts wegen

§ 166 Zustellung
§ 167 Rückwirkung der Zustellung
§ 168 Aufgaben der Geschäftsstelle
§ 169 Bescheinigung des Zeitpunktes der Zustellung; Beglaubigung
§ 170 Zustellung an Vertreter
§ 171 Zustellung an Bevollmächtigte

§ 172 Zustellung an Prozessbevollmächtigte
§ 173 Zustellung durch Aushändigung an der Amtsstelle
§ 174 Zustellung gegen Empfangsbekenntnis oder automatisierte Eingangsbestätigung
§ 175 Zustellung durch Einschreiben mit Rückschein
§ 176 Zustellungsauftrag
§ 177 Ort der Zustellung
§ 178 Ersatzzustellung in der Wohnung, in Geschäftsräumen und Einrichtungen
§ 179 Zustellung bei verweigerter Annahme
§ 180 Ersatzzustellung durch Einlegen in den Briefkasten
§ 181 Ersatzzustellung durch Niederlegung
§ 182 Zustellungsurkunde
§ 183 Zustellung im Ausland
§ 184 Zustellungsbevollmächtigter; Zustellung durch Aufgabe zur Post
§ 185 Öffentliche Zustellung
§ 186 Bewilligung und Ausführung der öffentlichen Zustellung
§ 187 Veröffentlichung der Benachrichtigung
§ 188 Zeitpunkt der öffentlichen Zustellung
§ 189 Heilung von Zustellungsmängeln
§ 190 Einheitliche Zustellungsformulare

Untertitel 2. Zustellungen auf Betreiben der Parteien

§ 191 Zustellung
§ 192 Zustellung durch Gerichtsvollzieher
§ 193 Ausführung der Zustellung
§ 194 Zustellungsauftrag
§ 195 Zustellung von Anwalt zu Anwalt
§§ 195a–213a (weggefallen)

Titel 3. Ladungen, Termine und Fristen

§ 214 Ladung zum Termin
§ 215 Notwendiger Inhalt der Ladung zur mündlichen Verhandlung
§ 216 Terminsbestimmung
§ 217 Ladungsfrist
§ 218 Entbehrlichkeit der Ladung
§ 219 Terminsort
§ 220 Aufruf der Sache; versäumter Termin
§ 221 Fristbeginn
§ 222 Fristberechnung
§ 223 (weggefallen)
§ 224 Fristkürzung; Fristverlängerung
§ 225 Verfahren bei Friständerung
§ 226 Abkürzung von Zwischenfristen
§ 227 Terminsänderung
§ 228 (weggefallen)
§ 229 Beauftragter oder ersuchter Richter

Titel 4. Folgen der Versäumung; Rechtsbehelfsbelehrung; Wiedereinsetzung in den vorigen Stand

§ 230 Allgemeine Versäumungsfolge
§ 231 Keine Androhung; Nachholung der Prozesshandlung
§ 232 Rechtsbehelfsbelehrung
§ 233 Wiedereinsetzung in den vorigen Stand
§ 234 Wiedereinsetzungsfrist
§ 235 (weggefallen)
§ 236 Wiedereinsetzungsantrag
§ 237 Zuständigkeit für Wiedereinsetzung
§ 238 Verfahren bei Wiedereinsetzung

Titel 5. Unterbrechung und Aussetzung des Verfahrens

§ 239 Unterbrechung durch Tod der Partei
§ 240 Unterbrechung durch Insolvenzverfahren
§ 241 Unterbrechung durch Prozessunfähigkeit
§ 242 Unterbrechung durch Nacherbfolge

§ 243 Aufnahme bei Nachlasspflegschaft und Testamentsvollstreckung
§ 244 Unterbrechung durch Anwaltsverlust
§ 245 Unterbrechung durch Stillstand der Rechtspflege
§ 246 Aussetzung bei Vertretung durch Prozessbevollmächtigten
§ 247 Aussetzung bei abgeschnittenem Verkehr
§ 248 Verfahren bei Aussetzung
§ 249 Wirkung von Unterbrechung und Aussetzung
§ 250 Form von Aufnahme und Anzeige
§ 251 Ruhen des Verfahrens
§ 251a Säumnis beider Parteien; Entscheidung nach Lage der Akten
§ 252 Rechtsmittel bei Aussetzung

Buch 2. Verfahren im ersten Rechtszug

Abschnitt 1. Verfahren vor den Landgerichten

Titel 1. Verfahren bis zum Urteil

§ 253 Klageschrift
§ 254 Stufenklage
§ 255 Fristbestimmung im Urteil
§ 256 Feststellungsklage
§ 257 Klage auf künftige Zahlung oder Räumung
§ 258 Klage auf wiederkehrende Leistungen
§ 259 Klage wegen Besorgnis nicht rechtzeitiger Leistung
§ 260 Anspruchshäufung
§ 261 Rechtshängigkeit
§ 262 Sonstige Wirkungen der Rechtshängigkeit
§ 263 Klageänderung
§ 264 Keine Klageänderung
§ 265 Veräußerung oder Abtretung der Streitsache
§ 266 Veräußerung eines Grundstücks
§ 267 Vermutete Einwilligung in die Klageänderung
§ 268 Unanfechtbarkeit der Entscheidung
§ 269 Klagerücknahme
§ 270 Zustellung; formlose Mitteilung
§ 271 Zustellung der Klageschrift
§ 272 Bestimmung der Verfahrensweise
§ 273 Vorbereitung des Termins
§ 274 Ladung der Parteien; Einlassungsfrist
§ 275 Früher erster Termin
§ 276 Schriftliches Vorverfahren
§ 277 Klageerwiderung; Replik
§ 278 Gütliche Streitbeilegung, Güteverhandlung, Vergleich
§ 278a Mediation, außergerichtliche Konfliktbeilegung
§ 279 Mündliche Verhandlung
§ 280 Abgesonderte Verhandlung über Zulässigkeit der Klage
§ 281 Verweisung bei Unzuständigkeit
§ 282 Rechtzeitigkeit des Vorbringens
§ 283 Schriftsatzfrist für Erklärungen zum Vorbringen des Gegners
§ 283a Sicherungsanordnung
§ 284 Beweisaufnahme
§ 285 Verhandlung nach Beweisaufnahme
§ 286 Freie Beweiswürdigung
§ 287 Schadensermittlung; Höhe der Forderung
§ 288 Gerichtliches Geständnis
§ 289 Zusätze beim Geständnis
§ 290 Widerruf des Geständnisses
§ 291 Offenkundige Tatsachen
§ 292 Gesetzliche Vermutungen
§ 292a (weggefallen)
§ 293 Fremdes Recht; Gewohnheitsrecht; Statuten
§ 294 Glaubhaftmachung
§ 295 Verfahrensrügen

§ 296 Zurückweisung verspäteten Vorbringens
§ 296a Vorbringen nach Schluss der mündlichen Verhandlung
§ 297 Form der Antragstellung
§ 298 Aktenausdruck
§ 298a Elektronische Akte; Verordnungsermächtigung
§ 299 Akteneinsicht; Abschriften
§ 299a Datenträgerarchiv

Titel 2. Urteil

§ 300 Endurteil
§ 301 Teilurteil
§ 302 Vorbehaltsurteil
§ 303 Zwischenurteil
§ 304 Zwischenurteil über den Grund
§ 305 Urteil unter Vorbehalt erbrechtlich beschränkter Haftung
§ 305a Urteil unter Vorbehalt seerechtlich beschränkter Haftung
§ 306 Verzicht
§ 307 Anerkenntnis
§ 308 Bindung an die Parteianträge
§ 308a Entscheidung ohne Antrag in Mietsachen
§ 309 Erkennende Richter
§ 310 Termin der Urteilsverkündung
§ 311 Form der Urteilsverkündung
§ 312 Anwesenheit der Parteien
§ 313 Form und Inhalt des Urteils
§ 313a Weglassen von Tatbestand und Entscheidungsgründen
§ 313b Versäumnis-, Anerkenntnis- und Verzichtsurteil
§ 314 Beweiskraft des Tatbestandes
§ 315 Unterschrift der Richter
§ 316 (weggefallen)
§ 317 Urteilszustellung und -ausfertigung
§ 318 Bindung des Gerichts
§ 319 Berichtigung des Urteils
§ 320 Berichtigung des Tatbestandes
§ 321 Ergänzung des Urteils
§ 321a Abhilfe bei Verletzung des Anspruchs auf rechtliches Gehör
§ 322 Materielle Rechtskraft
§ 323 Abänderung von Urteilen
§ 323a Abänderung von Vergleichen und Urkunden
§ 323b Verschärfte Haftung
§ 324 Nachforderungsklage zur Sicherheitsleistung
§ 325 Subjektive Rechtskraftwirkung
§ 325a Feststellungswirkung des Musterentscheids
§ 326 Rechtskraft bei Nacherbfolge
§ 327 Rechtskraft bei Testamentsvollstreckung
§ 328 Anerkennung ausländischer Urteile
§ 329 Beschlüsse und Verfügungen

Titel 3. Versäumnisurteil

§ 330 Versäumnisurteil gegen den Kläger
§ 331 Versäumnisurteil gegen den Beklagten
§ 331a Entscheidung nach Aktenlage
§ 332 Begriff des Verhandlungstermins
§ 333 Nichtverhandeln der erschienenen Partei
§ 334 Unvollständiges Verhandeln
§ 335 Unzulässigkeit einer Versäumnisentscheidung
§ 336 Rechtsmittel bei Zurückweisung
§ 337 Vertagung von Amts wegen
§ 338 Einspruch
§ 339 Einspruchsfrist
§ 340 Einspruchsschrift

§ 340a Zustellung der Einspruchsschrift
§ 341 Einspruchsprüfung
§ 341a Einspruchstermin
§ 342 Wirkung des zulässigen Einspruchs
§ 343 Entscheidung nach Einspruch
§ 344 Versäumniskosten
§ 345 Zweites Versäumnisurteil
§ 346 Verzicht und Zurücknahme des Einspruchs
§ 347 Verfahren bei Widerklage und Zwischenstreit

Titel 4. Verfahren vor dem Einzelrichter

§ 348 Originärer Einzelrichter
§ 348a Obligatorischer Einzelrichter
§ 349 Vorsitzender der Kammer für Handelssachen
§ 350 Rechtsmittel
§§ 351–354 (weggefallen)

Titel 5. Allgemeine Vorschriften über die Beweisaufnahme

§ 355 Unmittelbarkeit der Beweisaufnahme
§ 356 Beibringungsfrist
§ 357 Parteiöffentlichkeit
§ 357a (weggefallen)
§ 358 Notwendigkeit eines Beweisbeschlusses
§ 358a Beweisbeschluss und Beweisaufnahme vor mündlicher Verhandlung
§ 359 Inhalt des Beweisbeschlusses
§ 360 Änderung des Beweisbeschlusses
§ 361 Beweisaufnahme durch beauftragten Richter
§ 362 Beweisaufnahme durch ersuchten Richter
§ 363 Beweisaufnahme im Ausland
§ 364 Parteimitwirkung bei Beweisaufnahme im Ausland
§ 365 Abgabe durch beauftragten oder ersuchten Richter
§ 366 Zwischenstreit
§ 367 Ausbleiben der Partei
§ 368 Neuer Beweistermin
§ 369 Ausländische Beweisaufnahme
§ 370 Fortsetzung der mündlichen Verhandlung

Titel 6. Beweis durch Augenschein

§ 371 Beweis durch Augenschein
§ 371a Beweiskraft elektronischer Dokumente
§ 371b Beweiskraft gescannter öffentlicher Urkunden
§ 372 Beweisaufnahme
§ 372a Untersuchungen zur Feststellung der Abstammung

Titel 7. Zeugenbeweis

§ 373 Beweisantritt
§ 374 (weggefallen)
§ 375 Beweisaufnahme durch beauftragten oder ersuchten Richter
§ 376 Vernehmung bei Amtsverschwiegenheit
§ 377 Zeugenladung
§ 378 Aussageerleichternde Unterlagen
§ 379 Auslagenvorschuss
§ 380 Folgen des Ausbleibens des Zeugen
§ 381 Genügende Entschuldigung des Ausbleibens
§ 382 Vernehmung an bestimmten Orten
§ 383 Zeugnisverweigerung aus persönlichen Gründen
§ 384 Zeugnisverweigerung aus sachlichen Gründen
§ 385 Ausnahmen vom Zeugnisverweigerungsrecht
§ 386 Erklärung der Zeugnisverweigerung
§ 387 Zwischenstreit über Zeugnisverweigerung
§ 388 Zwischenstreit über schriftliche Zeugnisverweigerung
§ 389 Zeugnisverweigerung vor beauftragtem oder ersuchtem Richter

§ 390 Folgen der Zeugnisverweigerung
§ 391 Zeugenbeeidigung
§ 392 Nacheid; Eidesnorm
§ 393 Uneidliche Vernehmung
§ 394 Einzelvernehmung
§ 395 Wahrheitsermahnung; Vernehmung zur Person
§ 396 Vernehmung zur Sache
§ 397 Fragerecht der Parteien
§ 398 Wiederholte und nachträgliche Vernehmung
§ 399 Verzicht auf Zeugen
§ 400 Befugnisse des mit der Beweisaufnahme betrauten Richters
§ 401 Zeugenentschädigung

Titel 8. Beweis durch Sachverständige

§ 402 Anwendbarkeit der Vorschriften für Zeugen
§ 403 Beweisantritt
§ 404 Sachverständigenauswahl
§ 404a Leitung der Tätigkeit des Sachverständigen
§ 405 Auswahl durch den mit der Beweisaufnahme betrauten Richter
§ 406 Ablehnung eines Sachverständigen
§ 407 Pflicht zur Erstattung des Gutachtens
§ 407a Weitere Pflichten des Sachverständigen
§ 408 Gutachtenverweigerungsrecht
§ 409 Folgen des Ausbleibens oder der Gutachtenverweigerung
§ 410 Sachverständigenbeeidigung
§ 411 Schriftliches Gutachten
§ 411a Verwertung von Sachverständigengutachten aus anderen Verfahren
§ 412 Neues Gutachten
§ 413 Sachverständigenvergütung
§ 414 Sachverständige Zeugen

Titel 9. Beweis durch Urkunden

§ 415 Beweiskraft öffentlicher Urkunden über Erklärungen
§ 416 Beweiskraft von Privaturkunden
§ 416a Beweiskraft des Ausdrucks eines öffentlichen elektronischen Dokuments
§ 417 Beweiskraft öffentlicher Urkunden über amtliche Anordnung, Verfügung oder Entscheidung
§ 418 Beweiskraft öffentlicher Urkunden mit anderem Inhalt
§ 419 Beweiskraft mangelbehafteter Urkunden
§ 420 Vorlegung durch Beweisführer; Beweisantritt
§ 421 Vorlegung durch den Gegner; Beweisantritt
§ 422 Vorlegungspflicht des Gegners nach bürgerlichem Recht
§ 423 Vorlegungspflicht des Gegners bei Bezugnahme
§ 424 Antrag bei Vorlegung durch Gegner
§ 425 Anordnung der Vorlegung durch Gegner
§ 426 Vernehmung des Gegners über den Verbleib
§ 427 Folgen der Nichtvorlegung durch Gegner
§ 428 Vorlegung durch Dritte; Beweisantritt
§ 429 Vorlegungspflicht Dritter
§ 430 Antrag bei Vorlegung durch Dritte
§ 431 Vorlegungsfrist bei Vorlegung durch Dritte
§ 432 Vorlegung durch Behörden oder Beamte; Beweisantritt
§ 433 (weggefallen)
§ 434 Vorlegung vor beauftragtem oder ersuchtem Richter
§ 435 Vorlegung öffentlicher Urkunden in Urschrift oder beglaubigter Abschrift
§ 436 Verzicht nach Vorlegung
§ 437 Echtheit inländischer öffentlicher Urkunden
§ 438 Echtheit ausländischer öffentlicher Urkunden
§ 439 Erklärung über Echtheit von Privaturkunden
§ 440 Beweis der Echtheit von Privaturkunden
§ 441 Schriftvergleichung
§ 442 Würdigung der Schriftvergleichung

§ 443 Verwahrung verdächtiger Urkunden
§ 444 Folgen der Beseitigung einer Urkunde

Titel 10. Beweis durch Parteivernehmung

§ 445 Vernehmung des Gegners; Beweisantritt
§ 446 Weigerung des Gegners
§ 447 Vernehmung der beweispflichtigen Partei auf Antrag
§ 448 Vernehmung von Amts wegen
§ 449 Vernehmung von Streitgenossen
§ 450 Beweisbeschluss
§ 451 Ausführung der Vernehmung
§ 452 Beeidigung der Partei
§ 453 Beweiswürdigung bei Parteivernehmung
§ 454 Ausbleiben der Partei
§ 455 Prozessunfähige
§§ 456–477 (weggefallen)

Titel 11. Abnahme von Eiden und Bekräftigungen

§ 478 Eidesleistung in Person
§ 479 Eidesleistung vor beauftragtem oder ersuchtem Richter
§ 480 Eidesbelehrung
§ 481 Eidesleistung; Eidesformel
§ 482 (weggefallen)
§ 483 Eidesleistung sprach- oder hörbehinderter Personen
§ 484 Eidesgleiche Bekräftigung

Titel 12. Selbständiges Beweisverfahren

§ 485 Zulässigkeit
§ 486 Zuständiges Gericht
§ 487 Inhalt des Antrages
§§ 488, 489 (weggefallen)
§ 490 Entscheidung über den Antrag
§ 491 Ladung des Gegners
§ 492 Beweisaufnahme
§ 493 Benutzung im Prozess
§ 494 Unbekannter Gegner
§ 494a Frist zur Klageerhebung

Abschnitt 2. Verfahren vor den Amtsgerichten

§ 495 Anzuwendende Vorschriften
§ 495a Verfahren nach billigem Ermessen
§ 496 Einreichung von Schriftsätzen; Erklärungen zu Protokoll
§ 497 Ladungen
§ 498 Zustellung des Protokolls über die Klage
§ 499 Belehrungen
§§ 499a–503 (weggefallen)
§ 504 Hinweis bei Unzuständigkeit des Amtsgerichts
§ 505 (weggefallen)
§ 506 Nachträgliche sachliche Unzuständigkeit
§§ 507–509 (weggefallen)
§ 510 Erklärung über Urkunden
§ 510a Inhalt des Protokolls
§ 510b Urteil auf Vornahme einer Handlung
§ 510c (weggefallen)

Buch 3. Rechtsmittel

Abschnitt 1. Berufung

§ 511 Statthaftigkeit der Berufung
§ 512 Vorentscheidungen im ersten Rechtszug
§ 513 Berufungsgründe
§ 514 Versäumnisurteile

§ 515 Verzicht auf Berufung
§ 516 Zurücknahme der Berufung
§ 517 Berufungsfrist
§ 518 Berufungsfrist bei Urteilsergänzung
§ 519 Berufungsschrift
§ 520 Berufungsbegründung
§ 521 Zustellung der Berufungsschrift und -begründung
§ 522 Zulässigkeitsprüfung; Zurückweisungsbeschluss
§ 523 Terminsbestimmung
§ 524 Anschlussberufung
§ 525 Allgemeine Verfahrensgrundsätze
§ 526 Entscheidender Richter
§ 527 Vorbereitender Einzelrichter
§ 528 Bindung an die Berufungsanträge
§ 529 Prüfungsumfang des Berufungsgerichts
§ 530 Verspätet vorgebrachte Angriffs- und Verteidigungsmittel
§ 531 Zurückgewiesene und neue Angriffs- und Verteidigungsmittel
§ 532 Rügen der Unzulässigkeit der Klage
§ 533 Klageänderung; Aufrechnungserklärung; Widerklage
§ 534 Verlust des Rügerechts
§ 535 Gerichtliches Geständnis
§ 536 Parteivernehmung
§ 537 Vorläufige Vollstreckbarkeit
§ 538 Zurückverweisung
§ 539 Versäumnisverfahren
§ 540 Inhalt des Berufungsurteils
§ 541 Prozessakten

Abschnitt 2. Revision

§ 542 Statthaftigkeit der Revision
§ 543 Zulassungsrevision
§ 544 Nichtzulassungsbeschwerde
§ 545 Revisionsgründe
§ 546 Begriff der Rechtsverletzung
§ 547 Absolute Revisionsgründe
§ 548 Revisionsfrist
§ 549 Revisionseinlegung
§ 550 Zustellung der Revisionsschrift
§ 551 Revisionsbegründung
§ 552 Zulässigkeitsprüfung
§ 552a Zurückweisungsbeschluss
§ 553 Terminsbestimmung; Einlassungsfrist
§ 554 Anschlussrevision
§ 555 Allgemeine Verfahrensgrundsätze
§ 556 Verlust des Rügerechts
§ 557 Umfang der Revisionsprüfung
§ 558 Vorläufige Vollstreckbarkeit
§ 559 Beschränkte Nachprüfung tatsächlicher Feststellungen
§ 560 Nicht revisible Gesetze
§ 561 Revisionszurückweisung
§ 562 Aufhebung des angefochtenen Urteils
§ 563 Zurückverweisung; eigene Sachentscheidung
§ 564 Keine Begründung der Entscheidung bei Rügen von Verfahrensmängeln
§ 565 Anzuwendende Vorschriften des Berufungsverfahrens
§ 566 Sprungrevision

Abschnitt 3. Beschwerde

Titel 1. Sofortige Beschwerde

§ 567 Sofortige Beschwerde; Anschlussbeschwerde
§ 568 Originärer Einzelrichter
§ 569 Frist und Form

§ 570 Aufschiebende Wirkung; einstweilige Anordnungen
§ 571 Begründung, Präklusion, Ausnahmen vom Anwaltszwang
§ 572 Gang des Beschwerdeverfahrens
§ 573 Erinnerung

Titel 2. Rechtsbeschwerde

§ 574 Rechtsbeschwerde; Anschlussrechtsbeschwerde
§ 575 Frist, Form und Begründung der Rechtsbeschwerde
§ 576 Gründe der Rechtsbeschwerde
§ 577 Prüfung und Entscheidung der Rechtsbeschwerde

Buch 4. Wiederaufnahme des Verfahrens

§ 578 Arten der Wiederaufnahme
§ 579 Nichtigkeitsklage
§ 580 Restitutionsklage
§ 581 Besondere Voraussetzungen der Restitutionsklage
§ 582 Hilfsnatur der Restitutionsklage
§ 583 Vorentscheidungen
§ 584 Ausschließliche Zuständigkeit für Nichtigkeits- und Restitutionsklagen
§ 585 Allgemeine Verfahrensgrundsätze
§ 586 Klagefrist
§ 587 Klageschrift
§ 588 Inhalt der Klageschrift
§ 589 Zulässigkeitsprüfung
§ 590 Neue Verhandlung
§ 591 Rechtsmittel

Buch 5. Urkunden- und Wechselprozess

§ 592 Zulässigkeit
§ 593 Klageinhalt; Urkunden
§ 594 (weggefallen)
§ 595 Keine Widerklage; Beweismittel
§ 596 Abstehen vom Urkundenprozess
§ 597 Klageabweisung
§ 598 Zurückweisung von Einwendungen
§ 599 Vorbehaltsurteil
§ 600 Nachverfahren
§ 601 (weggefallen)
§ 602 Wechselprozess
§ 603 Gerichtsstand
§ 604 Klageinhalt; Ladungsfrist
§ 605 Beweisvorschriften
§ 605a Scheckprozess

Buch 6. Musterfeststellungsverfahren

§ 606 Musterfeststellungsklage
§ 607 Bekanntmachung der Musterfeststellungsklage
§ 608 Anmeldung von Ansprüchen oder Rechtsverhältnissen
§ 609 Klageregister; Verordnungsermächtigung
§ 610 Besonderheiten der Musterfeststellungsklage
§ 611 Vergleich
§ 612 Bekanntmachungen zum Musterfeststellungsurteil
§ 613 Bindungswirkung des Musterfeststellungsurteils; Aussetzung
§ 614 Rechtsmittel
§§ 615–687 (weggefallen)

Buch 7. Mahnverfahren

§ 688 Zulässigkeit
§ 689 Zuständigkeit; maschinelle Bearbeitung
§ 690 Mahnantrag
§ 691 Zurückweisung des Mahnantrags
§ 692 Mahnbescheid

§ 693 Zustellung des Mahnbescheids
§ 694 Widerspruch gegen den Mahnbescheid
§ 695 Mitteilung des Widerspruchs; Abschriften
§ 696 Verfahren nach Widerspruch
§ 697 Einleitung des Streitverfahrens
§ 698 Abgabe des Verfahrens am selben Gericht
§ 699 Vollstreckungsbescheid
§ 700 Einspruch gegen den Vollstreckungsbescheid
§ 701 Wegfall der Wirkung des Mahnbescheids
§ 702 Form von Anträgen und Erklärungen
§ 703 Kein Nachweis der Vollmacht
§ 703a Urkunden-, Wechsel- und Scheckmahnverfahren
§ 703b Sonderregelungen für maschinelle Bearbeitung
§ 703c Formulare; Einführung der maschinellen Bearbeitung
§ 703d Antragsgegner ohne allgemeinen inländischen Gerichtsstand

Buch 8. Zwangsvollstreckung

Abschnitt 1. Allgemeine Vorschriften

§ 704 Vollstreckbare Endurteile
§ 705 Formelle Rechtskraft
§ 706 Rechtskraft- und Notfristzeugnis
§ 707 Einstweilige Einstellung der Zwangsvollstreckung
§ 708 Vorläufige Vollstreckbarkeit ohne Sicherheitsleistung
§ 709 Vorläufige Vollstreckbarkeit gegen Sicherheitsleistung
§ 710 Ausnahmen von der Sicherheitsleistung des Gläubigers
§ 711 Abwendungsbefugnis
§ 712 Schutzantrag des Schuldners
§ 713 Unterbleiben von Schuldnerschutzanordnungen
§ 714 Anträge zur vorläufigen Vollstreckbarkeit
§ 715 Rückgabe der Sicherheit
§ 716 Ergänzung des Urteils
§ 717 Wirkungen eines aufhebenden oder abändernden Urteils
§ 718 Vorabentscheidung über vorläufige Vollstreckbarkeit
§ 719 Einstweilige Einstellung bei Rechtsmittel und Einspruch
§ 720 Hinterlegung bei Abwendung der Vollstreckung
§ 720a Sicherungsvollstreckung
§ 721 Räumungsfrist
§ 722 Vollstreckbarkeit ausländischer Urteile
§ 723 Vollstreckungsurteil
§ 724 Vollstreckbare Ausfertigung
§ 725 Vollstreckungsklausel
§ 726 Vollstreckbare Ausfertigung bei bedingten Leistungen
§ 727 Vollstreckbare Ausfertigung für und gegen Rechtsnachfolger
§ 728 Vollstreckbare Ausfertigung bei Nacherbe oder Testamentsvollstrecker
§ 729 Vollstreckbare Ausfertigung gegen Vermögens- und Firmenübernehmer
§ 730 Anhörung des Schuldners
§ 731 Klage auf Erteilung der Vollstreckungsklausel
§ 732 Erinnerung gegen Erteilung der Vollstreckungsklausel
§ 733 Weitere vollstreckbare Ausfertigung
§ 734 Vermerk über Ausfertigungserteilung auf der Urteilsurschrift
§ 735 Zwangsvollstreckung gegen nicht rechtsfähigen Verein
§ 736 Zwangsvollstreckung gegen BGB-Gesellschaft
§ 737 Zwangsvollstreckung bei Vermögens- oder Erbschaftsnießbrauch
§ 738 Vollstreckbare Ausfertigung gegen Nießbraucher
§ 739 Gewahrsamsvermutung bei Zwangsvollstreckung gegen Ehegatten und Lebenspartner
§ 740 Zwangsvollstreckung in das Gesamtgut
§ 741 Zwangsvollstreckung in das Gesamtgut bei Erwerbsgeschäft
§ 742 Vollstreckbare Ausfertigung bei Gütergemeinschaft während des Rechtsstreits
§ 743 Beendete Gütergemeinschaft
§ 744 Vollstreckbare Ausfertigung bei beendeter Gütergemeinschaft
§ 744a Zwangsvollstreckung bei Eigentums- und Vermögensgemeinschaft

§ 745 Zwangsvollstreckung bei fortgesetzter Gütergemeinschaft
§ 746 (weggefallen)
§ 747 Zwangsvollstreckung in ungeteilten Nachlass
§ 748 Zwangsvollstreckung bei Testamentsvollstrecker
§ 749 Vollstreckbare Ausfertigung für und gegen Testamentsvollstrecker
§ 750 Voraussetzungen der Zwangsvollstreckung
§ 751 Bedingungen für Vollstreckungsbeginn
§ 752 Sicherheitsleistung bei Teilvollstreckung
§ 753 Vollstreckung durch Gerichtsvollzieher; Verordnungsermächtigung
§ 754 Vollstreckungsauftrag und vollstreckbare Ausfertigung
§ 754a Vereinfachter Vollstreckungsauftrag bei Vollstreckungsbescheiden
§ 755 Ermittlung des Aufenthaltsorts des Schuldners
§ 756 Zwangsvollstreckung bei Leistung Zug um Zug
§ 757 Übergabe des Titels und Quittung
§ 758 Durchsuchung; Gewaltanwendung
§ 758a Richterliche Durchsuchungsanordnung; Vollstreckung zur Unzeit
§ 759 Zuziehung von Zeugen
§ 760 Akteneinsicht; Aktenabschrift
§ 761 (weggefallen)
§ 762 Protokoll über Vollstreckungshandlungen
§ 763 Aufforderungen und Mitteilungen
§ 764 Vollstreckungsgericht
§ 765 Vollstreckungsgerichtliche Anordnungen bei Leistung Zug um Zug
§ 765a Vollstreckungsschutz
§ 766 Erinnerung gegen Art und Weise der Zwangsvollstreckung
§ 767 Vollstreckungsabwehrklage
§ 768 Klage gegen Vollstreckungsklausel
§ 769 Einstweilige Anordnungen
§ 770 Einstweilige Anordnungen im Urteil
§ 771 Drittwiderspruchsklage
§ 772 Drittwiderspruchsklage bei Veräußerungsverbot
§ 773 Drittwiderspruchsklage des Nacherben
§ 774 Drittwiderspruchsklage des Ehegatten oder Lebenspartners
§ 775 Einstellung oder Beschränkung der Zwangsvollstreckung
§ 776 Aufhebung von Vollstreckungsmaßregeln
§ 777 Erinnerung bei genügender Sicherung des Gläubigers
§ 778 Zwangsvollstreckung vor Erbschaftsannahme
§ 779 Fortsetzung der Zwangsvollstreckung nach dem Tod des Schuldners
§ 780 Vorbehalt der beschränkten Erbenhaftung
§ 781 Beschränkte Erbenhaftung in der Zwangsvollstreckung
§ 782 Einreden des Erben gegen Nachlassgläubiger
§ 783 Einreden des Erben gegen persönliche Gläubiger
§ 784 Zwangsvollstreckung bei Nachlassverwaltung und -insolvenzverfahren
§ 785 Vollstreckungsabwehrklage des Erben
§ 786 Vollstreckungsabwehrklage bei beschränkter Haftung
§ 786a See- und binnenschifffahrtsrechtliche Haftungsbeschränkung
§ 787 Zwangsvollstreckung bei herrenlosem Grundstück oder Schiff
§ 788 Kosten der Zwangsvollstreckung
§ 789 Einschreiten von Behörden
§ 790 (weggefallen)
§ 791 (weggefallen)
§ 792 Erteilung von Urkunden an Gläubiger
§ 793 Sofortige Beschwerde
§ 794 Weitere Vollstreckungstitel
§ 794a Zwangsvollstreckung aus Räumungsvergleich
§ 795 Anwendung der allgemeinen Vorschriften auf die weiteren Vollstreckungstitel
§ 795a Zwangsvollstreckung aus Kostenfestsetzungsbeschluss
§ 795b Vollstreckbarerklärung des gerichtlichen Vergleichs
§ 796 Zwangsvollstreckung aus Vollstreckungsbescheiden
§ 796a Voraussetzungen für die Vollstreckbarerklärung des Anwaltsvergleichs
§ 796b Vollstreckbarerklärung durch das Prozessgericht

§ 796c Vollstreckbarerklärung durch einen Notar
§ 797 Verfahren bei vollstreckbaren Urkunden
§ 797a Verfahren bei Gütestellenvergleichen
§ 798 Wartefrist
§ 798a (weggefallen)
§ 799 Vollstreckbare Urkunde bei Rechtsnachfolge
§ 799a Schadensersatzpflicht bei der Vollstreckung aus Urkunden durch andere Gläubiger
§ 800 Vollstreckbare Urkunde gegen den jeweiligen Grundstückseigentümer
§ 800a Vollstreckbare Urkunde bei Schiffshypothek
§ 801 Landesrechtliche Vollstreckungstitel
§ 802 Ausschließlichkeit der Gerichtsstände

Abschnitt 2. Zwangsvollstreckung wegen Geldforderungen

Titel 1. Allgemeine Vorschriften

§ 802a Grundsätze der Vollstreckung; Regelbefugnisse des Gerichtsvollziehers
§ 802b Gütliche Erledigung; Vollstreckungsaufschub bei Zahlungsvereinbarung
§ 802c Vermögensauskunft des Schuldners
§ 802d Erneute Vermögensauskunft
§ 802e Zuständigkeit
§ 802f Verfahren zur Abnahme der Vermögensauskunft
§ 802g Erzwingungshaft
§ 802h Unzulässigkeit der Haftvollstreckung
§ 802i Vermögensauskunft des verhafteten Schuldners
§ 802j Dauer der Haft; erneute Haft
§ 802k Zentrale Verwaltung der Vermögensverzeichnisse
§ 802l Auskunftsrechte des Gerichtsvollziehers

Titel 2. Zwangsvollstreckung in das bewegliche Vermögen

Untertitel 1. Allgemeine Vorschriften

§ 803 Pfändung
§ 804 Pfändungspfandrecht
§ 805 Klage auf vorzugsweise Befriedigung
§ 806 Keine Gewährleistung bei Pfandveräußerung
§ 806a Mitteilungen und Befragung durch den Gerichtsvollzieher
§ 807 Abnahme der Vermögensauskunft nach Pfändungsversuch

Untertitel 2. Zwangsvollstreckung in körperliche Sachen

§ 808 Pfändung beim Schuldner
§ 809 Pfändung beim Gläubiger oder bei Dritten
§ 810 Pfändung ungetrennter Früchte
§ 811 Unpfändbare Sachen
§ 811a Austauschpfändung
§ 811b Vorläufige Austauschpfändung
§ 811c Unpfändbarkeit von Haustieren
§ 811d Vorwegpfändung
§ 812 Pfändung von Hausrat
§ 813 Schätzung
§ 814 Öffentliche Versteigerung
§ 815 Gepfändetes Geld
§ 816 Zeit und Ort der Versteigerung
§ 817 Zuschlag und Ablieferung
§ 817a Mindestgebot
§ 818 Einstellung der Versteigerung
§ 819 Wirkung des Erlösempfanges
§ 820 (weggefallen)
§ 821 Verwertung von Wertpapieren
§ 822 Umschreibung von Namenspapieren
§ 823 Außer Kurs gesetzte Inhaberpapiere
§ 824 Verwertung ungetrennter Früchte
§ 825 Andere Verwertungsart
§ 826 Anschlusspfändung

§ 827 Verfahren bei mehrfacher Pfändung

Untertitel 3. Zwangsvollstreckung in Forderungen und andere Vermögensrechte

§ 828 Zuständigkeit des Vollstreckungsgerichts
§ 829 Pfändung einer Geldforderung
§ 829a Vereinfachter Vollstreckungsantrag bei Vollstreckungsbescheiden
§ 830 Pfändung einer Hypothekenforderung
§ 830a Pfändung einer Schiffshypothekenforderung
§ 831 Pfändung indossabler Papiere
§ 832 Pfändungsumfang bei fortlaufenden Bezügen
§ 833 Pfändungsumfang bei Arbeits- und Diensteinkommen
§ 833a Pfändungsumfang bei Kontoguthaben
§ 834 Keine Anhörung des Schuldners
§ 835 Überweisung einer Geldforderung
§ 836 Wirkung der Überweisung
§ 837 Überweisung einer Hypothekenforderung
§ 837a Überweisung einer Schiffshypothekenforderung
§ 838 Einrede des Schuldners bei Faustpfand
§ 839 Überweisung bei Abwendungsbefugnis
§ 840 Erklärungspflicht des Drittschuldners
§ 841 Pflicht zur Streitverkündung
§ 842 Schadenersatz bei verzögerter Beitreibung
§ 843 Verzicht des Pfandgläubigers
§ 844 Andere Verwertungsart
§ 845 Vorpfändung
§ 846 Zwangsvollstreckung in Herausgabeansprüche
§ 847 Herausgabeanspruch auf eine bewegliche Sache
§ 847a Herausgabeanspruch auf ein Schiff
§ 848 Herausgabeanspruch auf eine unbewegliche Sache
§ 849 Keine Überweisung an Zahlungs statt
§ 850 Pfändungsschutz für Arbeitseinkommen
§ 850a Unpfändbare Bezüge
§ 850b Bedingt pfändbare Bezüge
§ 850c Pfändungsgrenzen für Arbeitseinkommen
§ 850d Pfändbarkeit bei Unterhaltsansprüchen
§ 850e Berechnung des pfändbaren Arbeitseinkommens
§ 850f Änderung des unpfändbaren Betrages
§ 850g Änderung der Unpfändbarkeitsvoraussetzungen
§ 850h Verschleiertes Arbeitseinkommen
§ 850i Pfändungsschutz für sonstige Einkünfte
§ 850k Pfändungsschutzkonto
§ 850l Anordnung der Unpfändbarkeit von Kontoguthaben auf dem Pfändungsschutzkonto
§ 851 Nicht übertragbare Forderungen
§ 851a Pfändungsschutz für Landwirte
§ 851b Pfändungsschutz bei Miet- und Pachtzinsen
§ 851c Pfändungsschutz bei Altersrenten
§ 851d Pfändungsschutz bei steuerlich gefördertem Altersvorsorgevermögen
§ 852 Beschränkt pfändbare Forderungen
§ 853 Mehrfache Pfändung einer Geldforderung
§ 854 Mehrfache Pfändung eines Anspruchs auf bewegliche Sachen
§ 855 Mehrfache Pfändung eines Anspruchs auf eine unbewegliche Sache
§ 855a Mehrfache Pfändung eines Anspruchs auf ein Schiff
§ 856 Klage bei mehrfacher Pfändung
§ 857 Zwangsvollstreckung in andere Vermögensrechte
§ 858 Zwangsvollstreckung in Schiffspart
§ 859 Pfändung von Gesamthandanteilen
§ 860 Pfändung von Gesamtgutanteilen
§§ 861, 862 (weggefallen)
§ 863 Pfändungsbeschränkungen bei Erbschaftsnutzungen

Titel 3. Zwangsvollstreckung in das unbewegliche Vermögen

§ 864 Gegenstand der Immobiliarvollstreckung
§ 865 Verhältnis zur Mobiliarvollstreckung
§ 866 Arten der Vollstreckung
§ 867 Zwangshypothek
§ 868 Erwerb der Zwangshypothek durch den Eigentümer
§ 869 Zwangsversteigerung und Zwangsverwaltung
§ 870 Grundstücksgleiche Rechte
§ 870a Zwangsvollstreckung in ein Schiff oder Schiffsbauwerk
§ 871 Landesrechtlicher Vorbehalt bei Eisenbahnen

Titel 4. Verteilungsverfahren

§ 872 Voraussetzungen
§ 873 Aufforderung des Verteilungsgerichts
§ 874 Teilungsplan
§ 875 Terminsbestimmung
§ 876 Termin zur Erklärung und Ausführung
§ 877 Säumnisfolgen
§ 878 Widerspruchsklage
§ 879 Zuständigkeit für die Widerspruchsklage
§ 880 Inhalt des Urteils
§ 881 Versäumnisurteil
§ 882 Verfahren nach dem Urteil

Titel 5. Zwangsvollstreckung gegen juristische Personen des öffentlichen Rechts

§ 882a Zwangsvollstreckung wegen einer Geldforderung

Titel 6. Schuldnerverzeichnis

§ 882b Inhalt des Schuldnerverzeichnisses
§ 882c Eintragungsanordnung
§ 882d Vollziehung der Eintragungsanordnung
§ 882e Löschung
§ 882f Einsicht in das Schuldnerverzeichnis
§ 882g Erteilung von Abdrucken
§ 882h Zuständigkeit; Ausgestaltung des Schuldnerverzeichnisses
§ 882i Rechte der Betroffenen

Abschnitt 3. Zwangsvollstreckung zur Erwirkung der Herausgabe von Sachen und zur Erwirkung von Handlungen oder Unterlassungen

§ 883 Herausgabe bestimmter beweglicher Sachen
§ 884 Leistung einer bestimmten Menge vertretbarer Sachen
§ 885 Herausgabe von Grundstücken oder Schiffen
§ 885a Beschränkter Vollstreckungsauftrag
§ 886 Herausgabe bei Gewahrsam eines Dritten
§ 887 Vertretbare Handlungen
§ 888 Nicht vertretbare Handlungen
§ 888a Keine Handlungsvollstreckung bei Entschädigungspflicht
§ 889 Eidesstattliche Versicherung nach bürgerlichem Recht
§ 890 Erzwingung von Unterlassungen und Duldungen
§ 891 Verfahren; Anhörung des Schuldners; Kostenentscheidung
§ 892 Widerstand des Schuldners
§ 893 Klage auf Leistung des Interesses
§ 894 Fiktion der Abgabe einer Willenserklärung
§ 895 Willenserklärung zwecks Eintragung bei vorläufig vollstreckbarem Urteil
§ 896 Erteilung von Urkunden an Gläubiger
§ 897 Übereignung; Verschaffung von Grundpfandrechten
§ 898 Gutgläubiger Erwerb

Abschnitt 4. (weggefallen)

§§ 899–915h *(aufgehoben)*

Abschnitt 5. Arrest und einstweilige Verfügung

§ 916 Arrestanspruch
§ 917 Arrestgrund bei dinglichem Arrest
§ 918 Arrestgrund bei persönlichem Arrest
§ 919 Arrestgericht
§ 920 Arrestgesuch
§ 921 Entscheidung über das Arrestgesuch
§ 922 Arresturteil und Arrestbeschluss
§ 923 Abwendungsbefugnis
§ 924 Widerspruch
§ 925 Entscheidung nach Widerspruch
§ 926 Anordnung der Klageerhebung
§ 927 Aufhebung wegen veränderter Umstände
§ 928 Vollziehung des Arrestes
§ 929 Vollstreckungsklausel; Vollziehungsfrist
§ 930 Vollziehung in bewegliches Vermögen und Forderungen
§ 931 Vollziehung in eingetragenes Schiff oder Schiffsbauwerk
§ 932 Arresthypothek
§ 933 Vollziehung des persönlichen Arrestes
§ 934 Aufhebung der Arrestvollziehung
§ 935 Einstweilige Verfügung bezüglich Streitgegenstand
§ 936 Anwendung der Arrestvorschriften
§ 937 Zuständiges Gericht
§ 938 Inhalt der einstweiligen Verfügung
§ 939 Aufhebung gegen Sicherheitsleistung
§ 940 Einstweilige Verfügung zur Regelung eines einstweiligen Zustandes
§ 940a Räumung von Wohnraum
§ 941 Ersuchen um Eintragungen im Grundbuch usw.
§ 942 Zuständigkeit des Amtsgerichts der belegenen Sache
§ 943 Gericht der Hauptsache
§ 944 Entscheidung des Vorsitzenden bei Dringlichkeit
§ 945 Schadensersatzpflicht
§ 945a Einreichung von Schutzschriften
§ 945b Verordnungsermächtigung

Abschnitt 6. Grenzüberschreitende vorläufige Kontenpfändung

Titel 1. Erlass des Beschlusses zur vorläufigen Kontenpfändung

§ 946 Zuständigkeit
§ 947 Verfahren
§ 948 Ersuchen um Einholung von Kontoinformationen
§ 949 Nicht rechtzeitige Einleitung des Hauptsacheverfahrens

Titel 2. Vollziehung des Beschlusses zur vorläufigen Kontenpfändung

§ 950 Anwendbare Vorschriften
§ 951 Vollziehung von im Inland erlassenen Beschlüssen
§ 952 Vollziehung von in einem anderen Mitgliedstaat erlassenen Beschlüssen

Titel 3. Rechtsbehelfe

§ 953 Rechtsbehelfe des Gläubigers
§ 954 Rechtsbehelfe nach den Artikeln 33 bis 35 der Verordnung (EU) Nr. 655/2014
§ 955 Sicherheitsleistung nach Artikel 38 der Verordnung (EU) Nr. 655/2014
§ 956 Rechtsmittel gegen die Entscheidungen nach § 954 Absatz 1 bis 3 und § 955
§ 957 Ausschluss der Rechtsbeschwerde

Titel 4. Schadensersatz; Verordnungsermächtigung

§ 958 Schadensersatz
§ 959 Verordnungsermächtigung

Buch 9. (weggefallen)

§§ 960–1024 *(aufgehoben)*

Buch 10. Schiedsrichterliches Verfahren

Abschnitt 1. Allgemeine Vorschriften

§ 1025 Anwendungsbereich
§ 1026 Umfang gerichtlicher Tätigkeit
§ 1027 Verlust des Rügerechts
§ 1028 Empfang schriftlicher Mitteilungen bei unbekanntem Aufenthalt

Abschnitt 2. Schiedsvereinbarung

§ 1029 Begriffsbestimmung
§ 1030 Schiedsfähigkeit
§ 1031 Form der Schiedsvereinbarung
§ 1032 Schiedsvereinbarung und Klage vor Gericht
§ 1033 Schiedsvereinbarung und einstweilige gerichtliche Maßnahmen

Abschnitt 3. Bildung des Schiedsgerichts

§ 1034 Zusammensetzung des Schiedsgerichts
§ 1035 Bestellung der Schiedsrichter
§ 1036 Ablehnung eines Schiedsrichters
§ 1037 Ablehnungsverfahren
§ 1038 Untätigkeit oder Unmöglichkeit der Aufgabenerfüllung
§ 1039 Bestellung eines Ersatzschiedsrichters

Abschnitt 4. Zuständigkeit des Schiedsgerichts

§ 1040 Befugnis des Schiedsgerichts zur Entscheidung über die eigene Zuständigkeit
§ 1041 Maßnahmen des einstweiligen Rechtsschutzes

Abschnitt 5. Durchführung des schiedsrichterlichen Verfahrens

§ 1042 Allgemeine Verfahrensregeln
§ 1043 Ort des schiedsrichterlichen Verfahrens
§ 1044 Beginn des schiedsrichterlichen Verfahrens
§ 1045 Verfahrenssprache
§ 1046 Klage und Klagebeantwortung
§ 1047 Mündliche Verhandlung und schriftliches Verfahren
§ 1048 Säumnis einer Partei
§ 1049 Vom Schiedsgericht bestellter Sachverständiger
§ 1050 Gerichtliche Unterstützung bei der Beweisaufnahme und sonstige richterliche Handlungen

Abschnitt 6. Schiedsspruch und Beendigung des Verfahrens

§ 1051 Anwendbares Recht
§ 1052 Entscheidung durch ein Schiedsrichterkollegium
§ 1053 Vergleich
§ 1054 Form und Inhalt des Schiedsspruchs
§ 1055 Wirkungen des Schiedsspruchs
§ 1056 Beendigung des schiedsrichterlichen Verfahrens
§ 1057 Entscheidung über die Kosten
§ 1058 Berichtigung, Auslegung und Ergänzung des Schiedsspruchs

Abschnitt 7. Rechtsbehelf gegen den Schiedsspruch

§ 1059 Aufhebungsantrag

Abschnitt 8. Voraussetzungen der Anerkennung und Vollstreckung von Schiedssprüchen

§ 1060 Inländische Schiedssprüche
§ 1061 Ausländische Schiedssprüche

Abschnitt 9. Gerichtliches Verfahren

§ 1062 Zuständigkeit
§ 1063 Allgemeine Vorschriften
§ 1064 Besonderheiten bei der Vollstreckbarerklärung von Schiedssprüchen
§ 1065 Rechtsmittel

Abschnitt 10. Außervertragliche Schiedsgerichte

§ 1066 Entsprechende Anwendung der Vorschriften des Buches 10

Buch 11. Justizielle Zusammenarbeit in der Europäischen Union

Abschnitt 1. Zustellung nach der Verordnung (EG) Nr. 1393/2007

§ 1067 Zustellung durch diplomatische oder konsularische Vertretungen
§ 1068 Zustellung durch die Post
§ 1069 Zuständigkeiten; Verordnungsermächtigungen
§ 1070 Zustellung nach dem Abkommen zwischen der Europäischen Gemeinschaft und dem Königreich Dänemark vom 19. Oktober 2005 über die Zustellung gerichtlicher und außergerichtlicher Schriftstücke in Zivil- oder Handelssachen
§ 1071 (weggefallen)

Abschnitt 2. Beweisaufnahme nach der Verordnung (EG) Nr. 1206/2001

§ 1072 Beweisaufnahme in den Mitgliedstaaten der Europäischen Union
§ 1073 Teilnahmerechte
§ 1074 Zuständigkeiten nach der Verordnung (EG) Nr. 1206/2001
§ 1075 Sprache eingehender Ersuchen

Abschnitt 3. Prozesskostenhilfe nach der Richtlinie 2003/8/EG

§ 1076 Anwendbare Vorschriften
§ 1077 Ausgehende Ersuchen
§ 1078 Eingehende Ersuchen

Abschnitt 4. Europäische Vollstreckungstitel nach der Verordnung (EG) Nr. 805/2004

Titel 1. Bestätigung inländischer Titel als Europäische Vollstreckungstitel

§ 1079 Zuständigkeit
§ 1080 Entscheidung
§ 1081 Berichtigung und Widerruf

Titel 2. Zwangsvollstreckung aus Europäischen Vollstreckungstiteln im Inland

§ 1082 Vollstreckungstitel
§ 1083 Übersetzung
§ 1084 Anträge nach den Artikeln 21 und 23 der Verordnung (EG) Nr. 805/2004
§ 1085 Einstellung der Zwangsvollstreckung
§ 1086 Vollstreckungsabwehrklage

Abschnitt 5. Europäisches Mahnverfahren nach der Verordnung (EG) Nr. 1896/2006

Titel 1. Allgemeine Vorschriften

§ 1087 Zuständigkeit
§ 1088 Maschinelle Bearbeitung
§ 1089 Zustellung

Titel 2. Einspruch gegen den Europäischen Zahlungsbefehl

§ 1090 Verfahren nach Einspruch
§ 1091 Einleitung des Streitverfahrens

Titel 3. Überprüfung des Europäischen Zahlungsbefehls in Ausnahmefällen

§ 1092 Verfahren
§ 1092a Rechtsbehelf bei Nichtzustellung oder bei nicht ordnungsgemäßer Zustellung des Europäischen Zahlungsbefehls

Titel 4. Zwangsvollstreckung aus dem Europäischen Zahlungsbefehl

§ 1093 Vollstreckungsklausel
§ 1094 Übersetzung
§ 1095 Vollstreckungsschutz und Vollstreckungsabwehrklage gegen den im Inland erlassenen Europäischen Zahlungsbefehl
§ 1096 Anträge nach den Artikeln 22 und 23 der Verordnung (EG) Nr. 1896/2006; Vollstreckungsabwehrklage

Abschnitt 6. Europäisches Verfahren für geringfügige Forderungen nach der Verordnung (EG) Nr. 861/2007

Titel 1. Erkenntnisverfahren

§ 1097 Einleitung und Durchführung des Verfahrens
§ 1098 Annahmeverweigerung auf Grund der verwendeten Sprache
§ 1099 Widerklage
§ 1100 Mündliche Verhandlung
§ 1101 Beweisaufnahme
§ 1102 Urteil
§ 1103 Säumnis
§ 1104 Abhilfe bei unverschuldeter Säumnis des Beklagten
§ 1104a Gemeinsame Gerichte

Titel 2. Zwangsvollstreckung

§ 1105 Zwangsvollstreckung inländischer Titel
§ 1106 Bestätigung inländischer Titel
§ 1107 Ausländische Vollstreckungstitel
§ 1108 Übersetzung
§ 1109 Anträge nach den Artikeln 22 und 23 der Verordnung (EG) Nr. 861/2007; Vollstreckungsabwehrklage

Abschnitt 7. Anerkennung und Vollstreckung nach der Verordnung (EU) Nr. 1215/2012

Titel 1. Bescheinigung über inländische Titel

§ 1110 Zuständigkeit
§ 1111 Verfahren

Titel 2. Anerkennung und Vollstreckung ausländischer Titel im Inland

§ 1112 Entbehrlichkeit der Vollstreckungsklausel
§ 1113 Übersetzung oder Transliteration
§ 1114 Anfechtung der Anpassung eines Titels
§ 1115 Versagung der Anerkennung oder der Vollstreckung
§ 1116 Wegfall oder Beschränkung der Vollstreckbarkeit im Ursprungsmitgliedstaat
§ 1117 Vollstreckungsabwehrklage

Abschnitt 8. Beweis der Echtheit ausländischer öffentlicher Urkunden nach der Verordnung (EU) 2016/1191

§ 1118 Zentralbehörde
§ 1119 Verwaltungszusammenarbeit
§ 1120 Mehrsprachige Formulare

Buch 1. Allgemeine Vorschriften[1)]

Abschnitt 1. Gerichte

Titel 1. Sachliche Zuständigkeit der Gerichte und Wertvorschriften

§ 1 Sachliche Zuständigkeit Die sachliche Zuständigkeit der Gerichte wird durch das Gesetz über die Gerichtsverfassung[2)] bestimmt.

[1)] Für den internationalen Rechtsverkehr vgl. das Haager Übereinkommen v. 1.3.1954 über den Zivilprozess, das durch G v. 18.12.1958 (BGBl. II S. 576) ratifiziert und veröffentlicht wurde. Es regelt: I. Zustellung gerichtlicher und außergerichtlicher Schriftstücke, II. Rechtshilfeersuchen, III. Sicherheitsleistung für die Prozesskosten, IV. Armenrecht, V. Kostenfreie Ausstellung von Personenstandsurkunden, VI. Personalhaft. Bek. über das Inkrafttreten v. 2.12.1959 (BGBl. II S. 1388). Vgl. dazu auch das Ausführungsgesetz v. 18.12.1958 (BGBl. I S. 939).

[2)] Auszugsweise abgedruckt unter Nr. **3**.

§ 2 Bedeutung des Wertes. Kommt es nach den Vorschriften dieses Gesetzes oder des Gerichtsverfassungsgesetzes[1] auf den Wert des Streitgegenstandes, des Beschwerdegegenstandes, der Beschwer oder der Verurteilung an, so gelten die nachfolgenden Vorschriften.

§ 3 Wertfestsetzung nach freiem Ermessen. Der Wert wird von dem Gericht nach freiem Ermessen festgesetzt; es kann eine beantragte Beweisaufnahme sowie von Amts wegen die Einnahme des Augenscheins und die Begutachtung durch Sachverständige anordnen.

§ 4 Wertberechnung; Nebenforderungen. (1) Für die Wertberechnung[2] ist der Zeitpunkt der Einreichung der Klage, in der Rechtsmittelinstanz der Zeitpunkt der Einlegung des Rechtsmittels, bei der Verurteilung der Zeitpunkt des Schlusses der mündlichen Verhandlung, auf die das Urteil ergeht, entscheidend; Früchte, Nutzungen, Zinsen und Kosten bleiben unberücksichtigt, wenn sie als Nebenforderungen geltend gemacht werden.

(2) Bei Ansprüchen aus Wechseln im Sinne des Wechselgesetzes sind Zinsen, Kosten und Provision, die außer der Wechselsumme gefordert werden, als Nebenforderungen anzusehen.

§ 5 Mehrere Ansprüche. Mehrere in einer Klage geltend gemachte Ansprüche werden zusammengerechnet; dies gilt nicht für den Gegenstand der Klage und der Widerklage.

§ 6 Besitz; Sicherstellung; Pfandrecht. [1] Der Wert wird bestimmt: durch den Wert einer Sache, wenn es auf deren Besitz, und durch den Betrag einer Forderung, wenn es auf deren Sicherstellung oder ein Pfandrecht ankommt. [2] Hat der Gegenstand des Pfandrechts einen geringeren Wert, so ist dieser maßgebend.

§ 7 Grunddienstbarkeit. Der Wert einer Grunddienstbarkeit wird durch den Wert, den sie für das herrschende Grundstück hat, und wenn der Betrag, um den sich der Wert des dienenden Grundstücks durch die Dienstbarkeit mindert, größer ist, durch diesen Betrag bestimmt.

§ 8[3] Pacht- oder Mietverhältnis. Ist das Bestehen oder die Dauer eines Pacht- oder Mietverhältnisses streitig, so ist der Betrag der auf die gesamte streitige Zeit entfallenden Pacht oder Miete und, wenn der 25fache Betrag des einjährigen Entgelts geringer ist, dieser Betrag für die Wertberechnung entscheidend.

§ 9[4] Wiederkehrende Nutzungen oder Leistungen. [1] Der Wert des Rechts auf wiederkehrende Nutzungen oder Leistungen wird nach dem dreieinhalbfachen Wert des einjährigen Bezuges berechnet. [2] Bei bestimmter Dauer des Bezugsrechts ist der Gesamtbetrag der künftigen Bezüge maßgebend, wenn er der geringere ist.

---

[1] Auszugsweise abgedruckt unter Nr. **3**.
[2] Vgl. auch §§ 40 und 43 GKG (Nr. **9**) sowie § 23 RVG (Nr. **10**).
[3] Vgl. ferner § 41 GKG (Nr. **9**).
[4] Vgl. auch § 42 GKG (Nr. **9**).

§ 10 (weggefallen)

§ 11 Bindende Entscheidung über Unzuständigkeit. Ist die Unzuständigkeit eines Gerichts auf Grund der Vorschriften über die sachliche Zuständigkeit der Gerichte rechtskräftig ausgesprochen, so ist diese Entscheidung für das Gericht bindend, bei dem die Sache später anhängig wird.

Titel 2. Gerichtsstand

§ 12[1)] **Allgemeiner Gerichtsstand; Begriff.** Das Gericht, bei dem eine Person ihren allgemeinen Gerichtsstand hat, ist für alle gegen sie zu erhebenden Klagen zuständig, sofern nicht für eine Klage ein ausschließlicher Gerichtsstand begründet ist.

§ 13 Allgemeiner Gerichtsstand des Wohnsitzes. Der allgemeine Gerichtsstand einer Person wird durch den Wohnsitz bestimmt.

§ 14 (weggefallen)

§ 15 Allgemeiner Gerichtsstand für exterritoriale Deutsche. (1) [1] Deutsche, die das Recht der Exterritorialität genießen, sowie die im Ausland beschäftigten deutschen Angehörigen des öffentlichen Dienstes behalten den Gerichtsstand ihres letzten inländischen Wohnsitzes. [2] Wenn sie einen solchen Wohnsitz nicht hatten, haben sie ihren allgemeinen Gerichtsstand beim Amtsgericht Schöneberg in Berlin.

(2) Auf Honorarkonsuln ist diese Vorschrift nicht anzuwenden.

§ 16 Allgemeiner Gerichtsstand wohnsitzloser Personen. Der allgemeine Gerichtsstand einer Person, die keinen Wohnsitz hat, wird durch den Aufenthaltsort im Inland und, wenn ein solcher nicht bekannt ist, durch den letzten Wohnsitz bestimmt.

§ 17 Allgemeiner Gerichtsstand juristischer Personen. (1) [1] Der allgemeine Gerichtsstand der Gemeinden, der Korporationen sowie derjenigen Gesellschaften, Genossenschaften oder anderen Vereine und derjenigen Stiftungen, Anstalten und Vermögensmassen, die als solche verklagt werden können, wird durch ihren Sitz bestimmt. [2] Als Sitz gilt, wenn sich nichts anderes ergibt, der Ort, wo die Verwaltung geführt wird.

(2) Gewerkschaften haben den allgemeinen Gerichtsstand bei dem Gericht, in dessen Bezirk das Bergwerk liegt, Behörden, wenn sie als solche verklagt werden können, bei dem Gericht ihres Amtssitzes.

(3) Neben dem durch die Vorschriften dieses Paragraphen bestimmten Gerichtsstand ist ein durch Statut oder in anderer Weise besonders geregelter Gerichtsstand zulässig.

[1)] Beachte für Streitigkeiten aus einem Fernunterrichtsvertrag oder über das Bestehen eines solchen Vertrages § 26 G zum Schutz der Teilnehmer am Fernunterricht (Fernunterrichtsschutzgesetz – FernUSG) idF der Bek. v. 4.12.2000 (BGBl. I S. 1670), zuletzt geänd. durch G v. 29.3.2017 (BGBl. I S. 626).

§ 18 Allgemeiner Gerichtsstand des Fiskus. Der allgemeine Gerichtsstand des Fiskus wird durch den Sitz der Behörde bestimmt, die berufen ist, den Fiskus in dem Rechtsstreit zu vertreten.

§ 19 Mehrere Gerichtsbezirke am Behördensitz. Ist der Ort, an dem eine Behörde ihren Sitz hat, in mehrere Gerichtsbezirke geteilt, so wird der Bezirk, der im Sinne der §§ 17, 18 als Sitz der Behörde gilt, für die Bundesbehörden von dem Bundesministerium der Justiz und für Verbraucherschutz, im Übrigen von der Landesjustizverwaltung durch allgemeine Anordnung bestimmt.

§ 19a Allgemeiner Gerichtsstand des Insolvenzverwalters. Der allgemeine Gerichtsstand eines Insolvenzverwalters für Klagen, die sich auf die Insolvenzmasse beziehen, wird durch den Sitz des Insolvenzgerichts bestimmt.

§ 20 Besonderer Gerichtsstand des Aufenthaltsorts. Wenn Personen an einem Ort unter Verhältnissen, die ihrer Natur nach auf einen Aufenthalt von längerer Dauer hinweisen, insbesondere als Hausgehilfen, Arbeiter, Gewerbegehilfen, Studierende, Schüler oder Lehrlinge sich aufhalten, so ist das Gericht des Aufenthaltsortes für alle Klagen zuständig, die gegen diese Personen wegen vermögensrechtlicher Ansprüche erhoben werden.

§ 21 Besonderer Gerichtsstand der Niederlassung. (1) Hat jemand zum Betrieb einer Fabrik, einer Handlung oder eines anderen Gewerbes eine Niederlassung, von der aus unmittelbar Geschäfte geschlossen werden, so können gegen ihn alle Klagen, die auf den Geschäftsbetrieb der Niederlassung Bezug haben, bei dem Gericht des Ortes erhoben werden, wo die Niederlassung sich befindet.

(2) Der Gerichtsstand der Niederlassung ist auch für Klagen gegen Personen begründet, die ein mit Wohn- und Wirtschaftsgebäuden versehenes Gut als Eigentümer, Nutznießer oder Pächter bewirtschaften, soweit diese Klagen die auf die Bewirtschaftung des Gutes sich beziehenden Rechtsverhältnisse betreffen.

§ 22 Besonderer Gerichtsstand der Mitgliedschaft. Das Gericht, bei dem Gemeinden, Korporationen, Gesellschaften, Genossenschaften oder andere Vereine den allgemeinen Gerichtsstand haben, ist für die Klagen zuständig, die von ihnen oder von dem Insolvenzverwalter gegen die Mitglieder als solche oder von den Mitgliedern in dieser Eigenschaft gegeneinander erhoben werden.

§ 23[1)] Besonderer Gerichtsstand des Vermögens und des Gegenstands.

[1] Für Klagen wegen vermögensrechtlicher Ansprüche gegen eine Person, die im Inland keinen Wohnsitz hat, ist das Gericht zuständig, in dessen Bezirk sich Vermögen derselben oder der mit der Klage in Anspruch genommene Gegenstand befindet. [2] Bei Forderungen gilt als der Ort, wo das Vermögen sich befindet, der Wohnsitz des Schuldners und, wenn für die Forderungen eine Sache zur Sicherheit haftet, auch der Ort, wo die Sache sich befindet.

---

1) Beachte Art. 5 VO (EU) Nr. 1215/2012 über die gerichtliche Zuständigkeit und die Anerkennung und Vollstreckung von Entscheidungen in Zivil- und Handelssachen (Nr. **5**).

§ 23a *(aufgehoben)*

§ 24 Ausschließlicher dinglicher Gerichtsstand. (1) Für Klagen, durch die das Eigentum, eine dingliche Belastung oder die Freiheit von einer solchen geltend gemacht wird, für Grenzscheidungs-, Teilungs- und Besitzklagen ist, sofern es sich um unbewegliche Sachen handelt, das Gericht ausschließlich zuständig, in dessen Bezirk die Sache belegen ist.

(2) Bei den eine Grunddienstbarkeit, eine Reallast oder ein Vorkaufsrecht betreffenden Klagen ist die Lage des dienenden oder belasteten Grundstücks entscheidend.

§ 25 Dinglicher Gerichtsstand des Sachzusammenhanges. In dem dinglichen Gerichtsstand kann mit der Klage aus einer Hypothek, Grundschuld oder Rentenschuld die Schuldklage, mit der Klage auf Umschreibung oder Löschung einer Hypothek, Grundschuld oder Rentenschuld die Klage auf Befreiung von der persönlichen Verbindlichkeit, mit der Klage auf Anerkennung einer Reallast die Klage auf rückständige Leistungen erhoben werden, wenn die verbundenen Klagen gegen denselben Beklagten gerichtet sind.

§ 26 Dinglicher Gerichtsstand für persönliche Klagen. In dem dinglichen Gerichtsstand können persönliche Klagen, die gegen den Eigentümer oder Besitzer einer unbeweglichen Sache als solche gerichtet werden, sowie Klagen wegen Beschädigung eines Grundstücks oder hinsichtlich der Entschädigung wegen Enteignung eines Grundstücks erhoben werden.

§ 27 Besonderer Gerichtsstand der Erbschaft. (1) Klagen, welche die Feststellung des Erbrechts, Ansprüche des Erben gegen einen Erbschaftsbesitzer, Ansprüche aus Vermächtnissen oder sonstigen Verfügungen von Todes wegen, Pflichtteilsansprüche oder die Teilung der Erbschaft zum Gegenstand haben, können vor dem Gericht erhoben werden, bei dem der Erblasser zur Zeit seines Todes den allgemeinen Gerichtsstand gehabt hat.

(2) Ist der Erblasser ein Deutscher und hatte er zur Zeit seines Todes im Inland keinen allgemeinen Gerichtsstand, so können die im Absatz 1 bezeichneten Klagen vor dem Gericht erhoben werden, in dessen Bezirk der Erblasser seinen letzten inländischen Wohnsitz hatte; wenn er einen solchen Wohnsitz nicht hatte, so gilt die Vorschrift des § 15 Abs. 1 Satz 2 entsprechend.

§ 28 Erweiterter Gerichtsstand der Erbschaft. In dem Gerichtsstand der Erbschaft können auch Klagen wegen anderer Nachlassverbindlichkeiten erhoben werden, solange sich der Nachlass noch ganz oder teilweise im Bezirk des Gerichts befindet oder die vorhandenen mehreren Erben noch als Gesamtschuldner haften.

§ 29 Besonderer Gerichtsstand des Erfüllungsorts. (1) Für Streitigkeiten aus einem Vertragsverhältnis und über dessen Bestehen ist das Gericht des Ortes zuständig, an dem die streitige Verpflichtung zu erfüllen ist.

(2) Eine Vereinbarung über den Erfüllungsort begründet die Zuständigkeit nur, wenn die Vertragsparteien Kaufleute, juristische Personen des öffentlichen Rechts oder öffentlich-rechtliche Sondervermögen sind.

§ 29a Ausschließlicher Gerichtsstand bei Miet- oder Pachträumen.

(1) Für Streitigkeiten über Ansprüche aus Miet- oder Pachtverhältnissen über Räume oder über das Bestehen solcher Verhältnisse ist das Gericht ausschließlich zuständig, in dessen Bezirk sich die Räume befinden.

(2) Absatz 1 ist nicht anzuwenden, wenn es sich um Wohnraum der in § 549 Abs. 2 Nr. 1 bis 3 des Bürgerlichen Gesetzbuchs genannten Art handelt.

§ 29b *(aufgehoben)*

§ 29c Besonderer Gerichtsstand für Haustürgeschäfte. (1) [1] Für Klagen aus außerhalb von Geschäftsräumen geschlossenen Verträgen (§ 312b des Bürgerlichen Gesetzbuchs) ist das Gericht zuständig, in dessen Bezirk der Verbraucher zur Zeit der Klageerhebung seinen Wohnsitz, in Ermangelung eines solchen seinen gewöhnlichen Aufenthalt hat. [2] Für Klagen gegen den Verbraucher ist dieses Gericht ausschließlich zuständig.

(2) Verbraucher ist jede natürliche Person, die bei dem Erwerb des Anspruchs oder der Begründung des Rechtsverhältnisses nicht überwiegend im Rahmen ihrer gewerblichen oder selbständigen beruflichen Tätigkeit handelt.

(3) § 33 Abs. 2 findet auf Widerklagen der anderen Vertragspartei keine Anwendung.

(4) Eine von Absatz 1 abweichende Vereinbarung ist zulässig für den Fall, dass der Verbraucher nach Vertragsschluss seinen Wohnsitz oder gewöhnlichen Aufenthalt aus dem Geltungsbereich dieses Gesetzes verlegt oder sein Wohnsitz oder gewöhnlicher Aufenthalt im Zeitpunkt der Klageerhebung nicht bekannt ist.

§ 30 Gerichtsstand bei Beförderungen. (1) [1] Für Rechtsstreitigkeiten aus einer Güterbeförderung ist auch das Gericht zuständig, in dessen Bezirk der Ort der Übernahme des Gutes oder der für die Ablieferung des Gutes vorgesehene Ort liegt. [2] Eine Klage gegen den ausführenden Frachtführer oder ausführenden Verfrachter kann auch in dem Gerichtsstand des Frachtführers oder Verfrachters erhoben werden. [3] Eine Klage gegen den Frachtführer oder Verfrachter kann auch in dem Gerichtsstand des ausführenden Frachtführers oder ausführenden Verfrachters erhoben werden.

(2) [1] Für Rechtsstreitigkeiten wegen einer Beförderung von Fahrgästen und ihrem Gepäck auf Schiffen ist auch das Gericht zuständig, in dessen Bezirk sich der im Beförderungsvertrag bestimmte Abgangs- oder Bestimmungsort befindet. [2] Eine von Satz 1 abweichende Vereinbarung ist unwirksam, wenn sie vor Eintritt des Ereignisses getroffen wird, das den Tod oder die Körperverletzung des Fahrgasts oder den Verlust, die Beschädigung oder die verspätete Aushändigung des Gepäcks verursacht hat.

§ 30a Gerichtsstand bei Bergungsansprüchen. Für Klagen wegen Ansprüchen aus Bergung von Schiffen oder sonstigen Vermögensgegenständen in einem Gewässer gegen eine Person, die im Inland keinen Gerichtsstand hat, ist das Gericht zuständig, bei dem der Kläger im Inland seinen allgemeinen Gerichtsstand hat.

§ 31 Besonderer Gerichtsstand der Vermögensverwaltung. Für Klagen, die aus einer Vermögensverwaltung von dem Geschäftsherrn gegen den Verwalter oder von dem Verwalter gegen den Geschäftsherrn erhoben werden, ist das Gericht des Ortes zuständig, wo die Verwaltung geführt ist.

§ 32 Besonderer Gerichtsstand der unerlaubten Handlung. Für Klagen aus unerlaubten Handlungen ist das Gericht zuständig, in dessen Bezirk die Handlung begangen ist.

§ 32a Ausschließlicher Gerichtsstand der Umwelteinwirkung. [1] Für Klagen gegen den Inhaber einer im Anhang 1 des Umwelthaftungsgesetzes genannten Anlage, mit denen der Ersatz eines durch eine Umwelteinwirkung verursachten Schadens geltend gemacht wird, ist das Gericht ausschließlich zuständig, in dessen Bezirk die Umwelteinwirkung von der Anlage ausgegangen ist. [2] Dies gilt nicht, wenn die Anlage im Ausland belegen ist.

§ 32b[1)] Ausschließlicher Gerichtsstand bei falschen, irreführenden oder unterlassenen öffentlichen Kapitalmarktinformationen. (1) Für Klagen, in denen

1. ein Schadensersatzanspruch wegen falscher, irreführender oder unterlassener öffentlicher Kapitalmarktinformation,
2. ein Schadensersatzanspruch wegen Verwendung einer falschen oder irreführenden öffentlichen Kapitalmarktinformation oder wegen Unterlassung der gebotenen Aufklärung darüber, dass eine öffentliche Kapitalmarktinformation falsch oder irreführend ist, oder
3. ein Erfüllungsanspruch aus Vertrag, der auf einem Angebot nach dem Wertpapiererwerbs- und Übernahmegesetz beruht,

geltend gemacht wird, ist das Gericht ausschließlich am Sitz des betroffenen Emittenten, des betroffenen Anbieters von sonstigen Vermögensanlagen oder der Zielgesellschaft zuständig, wenn sich dieser Sitz im Inland befindet und die Klage zumindest auch gegen den Emittenten, den Anbieter oder die Zielgesellschaft gerichtet wird.

(2) [1] Die Landesregierungen werden ermächtigt, durch Rechtsverordnung die in Absatz 1 genannten Klagen einem Landgericht für die Bezirke mehrerer Landgerichte zuzuweisen, sofern dies der sachlichen Förderung oder schnelleren Erledigung der Verfahren dienlich ist. [2] Die Landesregierungen können diese Ermächtigung auf die Landesjustizverwaltungen übertragen.

§ 32c Ausschließlicher Gerichtsstand bei Musterfeststellungsverfahren. Für Klagen in Musterfeststellungsverfahren nach Buch 6 ist das Gericht des allgemeinen Gerichtsstands des Beklagten ausschließlich zuständig, sofern sich dieser im Inland befindet.

§ 33 Besonderer Gerichtsstand der Widerklage. (1) Bei dem Gericht der Klage kann eine Widerklage erhoben werden, wenn der Gegenanspruch mit dem in der Klage geltend gemachten Anspruch oder mit den gegen ihn vorgebrachten Verteidigungsmitteln in Zusammenhang steht.

[1)] Beachte hierzu Übergangsvorschrift in § 31 EGZPO (Nr. **1a**).

(2) Dies gilt nicht, wenn für eine Klage wegen des Gegenanspruchs die Vereinbarung der Zuständigkeit des Gerichts nach § 40 Abs. 2 unzulässig ist.

§ 34 Besonderer Gerichtsstand des Hauptprozesses. Für Klagen der Prozessbevollmächtigten, der Beistände, der Zustellungsbevollmächtigten und der Gerichtsvollzieher wegen Gebühren und Auslagen ist das Gericht des Hauptprozesses zuständig.

§ 35 Wahl unter mehreren Gerichtsständen. Unter mehreren zuständigen Gerichten hat der Kläger die Wahl.

§ 35a *(aufgehoben)*

§ 36 Gerichtliche Bestimmung der Zuständigkeit. (1) Das zuständige Gericht wird durch das im Rechtszug zunächst höhere Gericht bestimmt:

1. wenn das an sich zuständige Gericht in einem einzelnen Fall an der Ausübung des Richteramtes rechtlich oder tatsächlich verhindert ist;
2. wenn es mit Rücksicht auf die Grenzen verschiedener Gerichtsbezirke ungewiss ist, welches Gericht für den Rechtsstreit zuständig sei;
3. wenn mehrere Personen, die bei verschiedenen Gerichten ihren allgemeinen Gerichtsstand haben, als Streitgenossen im allgemeinen Gerichtsstand verklagt werden sollen und für den Rechtsstreit ein gemeinschaftlicher besonderer Gerichtsstand nicht begründet ist;
4. wenn die Klage in dem dinglichen Gerichtsstand erhoben werden soll und die Sache in den Bezirken verschiedener Gerichte belegen ist;
5. wenn in einem Rechtsstreit verschiedene Gerichte sich rechtskräftig für zuständig erklärt haben;
6. wenn verschiedene Gerichte, von denen eines für den Rechtsstreit zuständig ist, sich rechtskräftig für unzuständig erklärt haben.

(2) Ist das zunächst höhere gemeinschaftliche Gericht der Bundesgerichtshof, so wird das zuständige Gericht durch das Oberlandesgericht bestimmt, zu dessen Bezirk das zuerst mit der Sache befasste Gericht gehört.

(3) [1] Will das Oberlandesgericht bei der Bestimmung des zuständigen Gerichts in einer Rechtsfrage von der Entscheidung eines anderen Oberlandesgerichts oder des Bundesgerichtshofs abweichen, so hat es die Sache unter Begründung seiner Rechtsauffassung dem Bundesgerichtshof vorzulegen. [2] In diesem Fall entscheidet der Bundesgerichtshof.

§ 37 Verfahren bei gerichtlicher Bestimmung. (1) Die Entscheidung über das Gesuch um Bestimmung des zuständigen Gerichts ergeht durch Beschluss.

(2) Der Beschluss, der das zuständige Gericht bestimmt, ist nicht anfechtbar.

Titel 3. Vereinbarung über die Zuständigkeit der Gerichte

§ 38 Zugelassene Gerichtsstandsvereinbarung. (1) Ein an sich unzuständiges Gericht des ersten Rechtszuges wird durch ausdrückliche oder stillschweigende Vereinbarung der Parteien zuständig, wenn die Vertragsparteien

Kaufleute, juristische Personen des öffentlichen Rechts oder öffentlich-rechtliche Sondervermögen sind.

(2)[1] [1]Die Zuständigkeit eines Gerichts des ersten Rechtszuges kann ferner vereinbart werden, wenn mindestens eine der Vertragsparteien keinen allgemeinen Gerichtsstand im Inland hat. [2]Die Vereinbarung muss schriftlich abgeschlossen oder, falls sie mündlich getroffen wird, schriftlich bestätigt werden. [3]Hat eine der Parteien einen inländischen allgemeinen Gerichtsstand, so kann für das Inland nur ein Gericht gewählt werden, bei dem diese Partei ihren allgemeinen Gerichtsstand hat oder ein besonderer Gerichtsstand begründet ist.

(3) Im Übrigen ist eine Gerichtsstandsvereinbarung nur zulässig, wenn sie ausdrücklich und schriftlich

1. nach dem Entstehen der Streitigkeit oder
2. für den Fall geschlossen wird, dass die im Klageweg in Anspruch zu nehmende Partei nach Vertragsschluss ihren Wohnsitz oder gewöhnlichen Aufenthaltsort aus dem Geltungsbereich dieses Gesetzes verlegt oder ihr Wohnsitz oder gewöhnlicher Aufenthalt im Zeitpunkt der Klageerhebung nicht bekannt ist.

§ 39 Zuständigkeit infolge rügeloser Verhandlung. [1]Die Zuständigkeit eines Gerichts des ersten Rechtszuges wird ferner dadurch begründet, dass der Beklagte, ohne die Unzuständigkeit geltend zu machen, zur Hauptsache mündlich verhandelt. [2]Dies gilt nicht, wenn die Belehrung nach § 504 unterblieben ist.

§ 40 Unwirksame und unzulässige Gerichtsstandsvereinbarung.

(1) Die Vereinbarung hat keine rechtliche Wirkung, wenn sie nicht auf ein bestimmtes Rechtsverhältnis und die aus ihm entspringenden Rechtsstreitigkeiten sich bezieht.

(2) [1]Eine Vereinbarung ist unzulässig, wenn

1. der Rechtsstreit nichtvermögensrechtliche Ansprüche betrifft, die den Amtsgerichten ohne Rücksicht auf den Wert des Streitgegenstandes zugewiesen sind, oder
2. für die Klage ein ausschließlicher Gerichtsstand begründet ist.

[2]In diesen Fällen wird die Zuständigkeit eines Gerichts auch nicht durch rügeloses Verhandeln zur Hauptsache begründet.

Titel 4. Ausschließung und Ablehnung der Gerichtspersonen

§ 41 Ausschluss von der Ausübung des Richteramtes. Ein Richter ist von der Ausübung des Richteramtes kraft Gesetzes ausgeschlossen:

1. in Sachen, in denen er selbst Partei ist oder bei denen er zu einer Partei in dem Verhältnis eines Mitberechtigten, Mitverpflichteten oder Regresspflichtigen steht;
2. in Sachen seines Ehegatten, auch wenn die Ehe nicht mehr besteht;

---

[1] Beachte auch Art. 25 VO (EU) Nr. 1215/2012 über die gerichtliche Zuständigkeit und die Anerkennung und Vollstreckung von Entscheidungen in Zivil- und Handelssachen (Nr. **5**).

2a. in Sachen seines Lebenspartners, auch wenn die Lebenspartnerschaft nicht mehr besteht;
3. in Sachen einer Person, mit der er in gerader Linie verwandt oder verschwägert, in der Seitenlinie bis zum dritten Grad verwandt oder bis zum zweiten Grad verschwägert ist oder war;
4. in Sachen, in denen er als Prozessbevollmächtigter oder Beistand einer Partei bestellt oder als gesetzlicher Vertreter einer Partei aufzutreten berechtigt ist oder gewesen ist;
5. in Sachen, in denen er als Zeuge oder Sachverständiger vernommen ist;
6. in Sachen, in denen er in einem früheren Rechtszug oder im schiedsrichterlichen Verfahren bei dem Erlass der angefochtenen Entscheidung mitgewirkt hat, sofern es sich nicht um die Tätigkeit eines beauftragten oder ersuchten Richters handelt;
7. in Sachen wegen überlanger Gerichtsverfahren, wenn er in dem beanstandeten Verfahren in einem Rechtszug mitgewirkt hat, auf dessen Dauer der Entschädigungsanspruch gestützt wird;
8. in Sachen, in denen er an einem Mediationsverfahren oder einem anderen Verfahren der außergerichtlichen Konfliktbeilegung mitgewirkt hat.

§ 42 Ablehnung eines Richters. (1) Ein Richter kann sowohl in den Fällen, in denen er von der Ausübung des Richteramts kraft Gesetzes ausgeschlossen ist, als auch wegen Besorgnis der Befangenheit abgelehnt werden.

(2) Wegen Besorgnis der Befangenheit findet die Ablehnung statt, wenn ein Grund vorliegt, der geeignet ist, Misstrauen gegen die Unparteilichkeit eines Richters zu rechtfertigen.

(3) Das Ablehnungsrecht steht in jedem Fall beiden Parteien zu.

§ 43 Verlust des Ablehnungsrechts. Eine Partei kann einen Richter wegen Besorgnis der Befangenheit nicht mehr ablehnen, wenn sie sich bei ihm, ohne den ihr bekannten Ablehnungsgrund geltend zu machen, in eine Verhandlung eingelassen oder Anträge gestellt hat.

§ 44 Ablehnungsgesuch. (1) Das Ablehnungsgesuch ist bei dem Gericht, dem der Richter angehört, anzubringen; es kann vor der Geschäftsstelle zu Protokoll erklärt werden.

(2) [1] Der Ablehnungsgrund ist glaubhaft zu machen; zur Versicherung an Eides statt darf die Partei nicht zugelassen werden. [2] Zur Glaubhaftmachung kann auf das Zeugnis des abgelehnten Richters Bezug genommen werden.

(3) Der abgelehnte Richter hat sich über den Ablehnungsgrund dienstlich zu äußern.

(4) [1] Wird ein Richter, bei dem die Partei sich in eine Verhandlung eingelassen oder Anträge gestellt hat, wegen Besorgnis der Befangenheit abgelehnt, so ist glaubhaft zu machen, dass der Ablehnungsgrund erst später entstanden oder der Partei bekannt geworden sei. [2] Das Ablehnungsgesuch ist unverzüglich anzubringen.

§ 45 Entscheidung über das Ablehnungsgesuch. (1) Über das Ablehnungsgesuch entscheidet das Gericht, dem der Abgelehnte angehört, ohne dessen Mitwirkung.

(2) [1] Wird ein Richter beim Amtsgericht abgelehnt, so entscheidet ein anderer Richter des Amtsgerichts über das Gesuch. [2] Einer Entscheidung bedarf es nicht, wenn der abgelehnte Richter das Ablehnungsgesuch für begründet hält.

(3) Wird das zur Entscheidung berufene Gericht durch Ausscheiden des abgelehnten Mitglieds beschlussunfähig, so entscheidet das im Rechtszug zunächst höhere Gericht.

§ 46 Entscheidung und Rechtsmittel. (1) Die Entscheidung über das Ablehnungsgesuch ergeht durch Beschluss.

(2) Gegen den Beschluss, durch den das Gesuch für begründet erklärt wird, findet kein Rechtsmittel, gegen den Beschluss, durch den das Gesuch für unbegründet erklärt wird, findet sofortige Beschwerde statt.

§ 47 Unaufschiebbare Amtshandlungen. (1) Ein abgelehnter Richter hat vor Erledigung des Ablehnungsgesuchs nur solche Handlungen vorzunehmen, die keinen Aufschub gestatten.

(2) [1] Wird ein Richter während der Verhandlung abgelehnt und würde die Entscheidung über die Ablehnung eine Vertagung der Verhandlung erfordern, so kann der Termin unter Mitwirkung des abgelehnten Richters fortgesetzt werden. [2] Wird die Ablehnung für begründet erklärt, so ist der nach Anbringung des Ablehnungsgesuchs liegende Teil der Verhandlung zu wiederholen.

§ 48 Selbstablehnung; Ablehnung von Amts wegen. Das für die Erledigung eines Ablehnungsgesuchs zuständige Gericht hat auch dann zu entscheiden, wenn ein solches Gesuch nicht angebracht ist, ein Richter aber von einem Verhältnis Anzeige macht, das seine Ablehnung rechtfertigen könnte, oder wenn aus anderer Veranlassung Zweifel darüber entstehen, ob ein Richter kraft Gesetzes ausgeschlossen sei.

§ 49 Urkundsbeamte. Die Vorschriften dieses Titels sind auf den Urkundsbeamten der Geschäftsstelle entsprechend anzuwenden; die Entscheidung ergeht durch das Gericht, bei dem er angestellt ist.

Abschnitt 2. Parteien

Titel 1. Parteifähigkeit; Prozessfähigkeit

§ 50 Parteifähigkeit. (1) Parteifähig ist, wer rechtsfähig ist.

(2) Ein Verein, der nicht rechtsfähig ist, kann klagen und verklagt werden; in dem Rechtsstreit hat der Verein die Stellung eines rechtsfähigen Vereins.

§ 51 Prozessfähigkeit; gesetzliche Vertretung; Prozessführung.

(1) Die Fähigkeit einer Partei, vor Gericht zu stehen, die Vertretung nicht prozessfähiger Parteien durch andere Personen (gesetzliche Vertreter) und die Notwendigkeit einer besonderen Ermächtigung zur Prozessführung bestimmt sich nach den Vorschriften des bürgerlichen Rechts, soweit nicht die nachfolgenden Paragraphen abweichende Vorschriften enthalten.

(2) Das Verschulden eines gesetzlichen Vertreters steht dem Verschulden der Partei gleich.

(3) Hat eine nicht prozessfähige Partei, die eine volljährige natürliche Person ist, wirksam eine andere natürliche Person schriftlich mit ihrer gerichtlichen Vertretung bevollmächtigt, so steht diese Person einem gesetzlichen Vertreter gleich, wenn die Bevollmächtigung geeignet ist, gemäß § 1896 Abs. 2 Satz 2 des Bürgerlichen Gesetzbuchs die Erforderlichkeit einer Betreuung entfallen zu lassen.

§ 52 Umfang der Prozessfähigkeit. *(1)*[1] Eine Person ist insoweit prozessfähig, als sie sich durch Verträge verpflichten kann.

§ 53 Prozessunfähigkeit bei Betreuung oder Pflegschaft. Wird in einem Rechtsstreit eine prozessfähige Person durch einen Betreuer oder Pfleger vertreten, so steht sie für den Rechtsstreit einer nicht prozessfähigen Person gleich.

§ 53a *(aufgehoben)*

§ 54 Besondere Ermächtigung zu Prozesshandlungen. Einzelne Prozesshandlungen, zu denen nach den Vorschriften des bürgerlichen Rechts eine besondere Ermächtigung erforderlich ist, sind ohne sie gültig, wenn die Ermächtigung zur Prozessführung im Allgemeinen erteilt oder die Prozessführung auch ohne eine solche Ermächtigung im Allgemeinen statthaft ist.

§ 55 Prozessfähigkeit von Ausländern. Ein Ausländer, dem nach dem Recht seines Landes die Prozessfähigkeit mangelt, gilt als prozessfähig, wenn ihm nach dem Recht des Prozessgerichts die Prozessfähigkeit zusteht.

§ 56 Prüfung von Amts wegen. (1) Das Gericht hat den Mangel der Parteifähigkeit, der Prozessfähigkeit, der Legitimation eines gesetzlichen Vertreters und der erforderlichen Ermächtigung zur Prozessführung von Amts wegen zu berücksichtigen.

(2) [1] Die Partei oder deren gesetzlicher Vertreter kann zur Prozessführung mit Vorbehalt der Beseitigung des Mangels zugelassen werden, wenn mit dem Verzug Gefahr für die Partei verbunden ist. [2] Das Endurteil darf erst erlassen werden, nachdem die für die Beseitigung des Mangels zu bestimmende Frist abgelaufen ist.

§ 57 Prozesspfleger. (1) Soll eine nicht prozessfähige Partei verklagt werden, die ohne gesetzlichen Vertreter ist, so hat ihr der Vorsitzende des Prozessgerichts, falls mit dem Verzug Gefahr verbunden ist, auf Antrag bis zu dem Eintritt des gesetzlichen Vertreters einen besonderen Vertreter zu bestellen.

(2) Der Vorsitzende kann einen solchen Vertreter auch bestellen, wenn in den Fällen des § 20 eine nicht prozessfähige Person bei dem Gericht ihres Aufenthaltsortes verklagt werden soll.

§ 58 Prozesspfleger bei herrenlosem Grundstück oder Schiff. (1) Soll ein Recht an einem Grundstück, das von dem bisherigen Eigentümer nach

[1] Absatzzähler amtlich.

§ 928 des Bürgerlichen Gesetzbuchs aufgegeben und von dem Aneignungsberechtigten noch nicht erworben worden ist, im Wege der Klage geltend gemacht werden, so hat der Vorsitzende des Prozessgerichts auf Antrag einen Vertreter zu bestellen, dem bis zur Eintragung eines neuen Eigentümers die Wahrnehmung der sich aus dem Eigentum ergebenden Rechte und Verpflichtungen im Rechtsstreit obliegt.

(2) Absatz 1 gilt entsprechend, wenn im Wege der Klage ein Recht an einem eingetragenen Schiff oder Schiffsbauwerk geltend gemacht werden soll, das von dem bisherigen Eigentümer nach § 7 des Gesetzes über Rechte an eingetragenen Schiffen und Schiffsbauwerken vom 15. November 1940 (RGBl. I S. 1499) aufgegeben und von dem Aneignungsberechtigten noch nicht erworben worden ist.

Titel 2. Streitgenossenschaft

§ 59 Streitgenossenschaft bei Rechtsgemeinschaft oder Identität des Grundes. Mehrere Personen können als Streitgenossen gemeinschaftlich klagen oder verklagt werden, wenn sie hinsichtlich des Streitgegenstandes in Rechtsgemeinschaft stehen oder wenn sie aus demselben tatsächlichen und rechtlichen Grund berechtigt oder verpflichtet sind.

§ 60 Streitgenossenschaft bei Gleichartigkeit der Ansprüche. Mehrere Personen können auch dann als Streitgenossen gemeinschaftlich klagen oder verklagt werden, wenn gleichartige und auf einem im Wesentlichen gleichartigen tatsächlichen und rechtlichen Grund beruhende Ansprüche oder Verpflichtungen den Gegenstand des Rechtsstreits bilden.

§ 61 Wirkung der Streitgenossenschaft. Streitgenossen stehen, soweit nicht aus den Vorschriften des bürgerlichen Rechts oder dieses Gesetzes sich ein anderes ergibt, dem Gegner dergestalt als einzelne gegenüber, dass die Handlungen des einen Streitgenossen dem anderen weder zum Vorteil noch zum Nachteil gereichen.

§ 62 Notwendige Streitgenossenschaft. (1) Kann das streitige Rechtsverhältnis allen Streitgenossen gegenüber nur einheitlich festgestellt werden oder ist die Streitgenossenschaft aus einem sonstigen Grund eine notwendige, so werden, wenn ein Termin oder eine Frist nur von einzelnen Streitgenossen versäumt wird, die säumigen Streitgenossen als durch die nicht säumigen vertreten angesehen.

(2) Die säumigen Streitgenossen sind auch in dem späteren Verfahren zuzuziehen.

§ 63 Prozessbetrieb; Ladungen. Das Recht zur Betreibung des Prozesses steht jedem Streitgenossen zu; zu allen Terminen sind sämtliche Streitgenossen zu laden.

Titel 3. Beteiligung Dritter am Rechtsstreit

§ 64 Hauptintervention. Wer die Sache oder das Recht, worüber zwischen anderen Personen ein Rechtsstreit anhängig geworden ist, ganz oder teilweise für sich in Anspruch nimmt, ist bis zur rechtskräftigen Entscheidung dieses

Rechtsstreits berechtigt, seinen Anspruch durch eine gegen beide Parteien gerichtete Klage bei dem Gericht geltend zu machen, vor dem der Rechtsstreit im ersten Rechtszug anhängig wurde.

§ 65 Aussetzung des Hauptprozesses. Der Hauptprozess kann auf Antrag einer Partei bis zur rechtskräftigen Entscheidung über die Hauptintervention ausgesetzt werden.

§ 66 Nebenintervention. (1) Wer ein rechtliches Interesse daran hat, dass in einem zwischen anderen Personen anhängigen Rechtsstreit die eine Partei obsiege, kann dieser Partei zum Zwecke ihrer Unterstützung beitreten.

(2) Die Nebenintervention kann in jeder Lage des Rechtsstreits bis zur rechtskräftigen Entscheidung, auch in Verbindung mit der Einlegung eines Rechtsmittels, erfolgen.

§ 67 Rechtsstellung des Nebenintervenienten. [1]Der Nebenintervenient muss den Rechtsstreit in der Lage annehmen, in der er sich zur Zeit seines Beitritts befindet; er ist berechtigt, Angriffs- und Verteidigungsmittel geltend zu machen und alle Prozesshandlungen wirksam vorzunehmen, insoweit nicht seine Erklärungen und Handlungen mit Erklärungen und Handlungen der Hauptpartei in Widerspruch stehen. [2]Für ihn gelten die §§ 141 und 278 Absatz 3 entsprechend.

§ 68 Wirkung der Nebenintervention. Der Nebenintervenient wird im Verhältnis zu der Hauptpartei mit der Behauptung nicht gehört, dass der Rechtsstreit, wie er dem Richter vorgelegen habe, unrichtig entschieden sei; er wird mit der Behauptung, dass die Hauptpartei den Rechtsstreit mangelhaft geführt habe, nur insoweit gehört, als er durch die Lage des Rechtsstreits zur Zeit seines Beitritts oder durch Erklärungen und Handlungen der Hauptpartei verhindert worden ist, Angriffs- oder Verteidigungsmittel geltend zu machen, oder als Angriffs- oder Verteidigungsmittel, die ihm unbekannt waren, von der Hauptpartei absichtlich oder durch grobes Verschulden nicht geltend gemacht sind.

§ 69 Streitgenössische Nebenintervention. Insofern nach den Vorschriften des bürgerlichen Rechts die Rechtskraft der in dem Hauptprozess erlassenen Entscheidung auf das Rechtsverhältnis des Nebenintervenienten zu dem Gegner von Wirksamkeit ist, gilt der Nebenintervenient im Sinne des § 61 als Streitgenosse der Hauptpartei.

§ 70 Beitritt des Nebenintervenienten. (1) [1]Der Beitritt des Nebenintervenienten erfolgt durch Einreichung eines Schriftsatzes bei dem Prozessgericht und, wenn er mit der Einlegung eines Rechtsmittels verbunden wird, durch Einreichung eines Schriftsatzes bei dem Rechtsmittelgericht. [2]Der Schriftsatz ist beiden Parteien zuzustellen und muss enthalten:

1. die Bezeichnung der Parteien und des Rechtsstreits;
2. die bestimmte Angabe des Interesses, das der Nebenintervenient hat;
3. die Erklärung des Beitritts.

(2) Außerdem gelten die allgemeinen Vorschriften über die vorbereitenden Schriftsätze.

§ 71 Zwischenstreit über Nebenintervention. (1) [1] Über den Antrag auf Zurückweisung einer Nebenintervention wird nach mündlicher Verhandlung unter den Parteien und dem Nebenintervenienten entschieden. [2] Der Nebenintervenient ist zuzulassen, wenn er sein Interesse glaubhaft macht.

(2) Gegen das Zwischenurteil findet sofortige Beschwerde statt.

(3) Solange nicht die Unzulässigkeit der Intervention rechtskräftig ausgesprochen ist, wird der Intervenient im Hauptverfahren zugezogen.

§ 72 Zulässigkeit der Streitverkündung. (1) Eine Partei, die für den Fall des ihr ungünstigen Ausganges des Rechtsstreits einen Anspruch auf Gewährleistung oder Schadloshaltung gegen einen Dritten erheben zu können glaubt oder den Anspruch eines Dritten besorgt, kann bis zur rechtskräftigen Entscheidung des Rechtsstreits dem Dritten gerichtlich den Streit verkünden.

(2) [1] Das Gericht und ein vom Gericht ernannter Sachverständiger sind nicht Dritter im Sinne dieser Vorschrift. [2] § 73 Satz 2 ist nicht anzuwenden.

(3) Der Dritte ist zu einer weiteren Streitverkündung berechtigt.

§ 73 Form der Streitverkündung. [1] Zum Zwecke der Streitverkündung hat die Partei einen Schriftsatz einzureichen, in dem der Grund der Streitverkündung und die Lage des Rechtsstreits anzugeben ist. [2] Der Schriftsatz ist dem Dritten zuzustellen und dem Gegner des Streitverkünders in Abschrift mitzuteilen. [3] Die Streitverkündung wird erst mit der Zustellung an den Dritten wirksam.

§ 74 Wirkung der Streitverkündung. (1) Wenn der Dritte dem Streitverkünder beitritt, so bestimmt sich sein Verhältnis zu den Parteien nach den Grundsätzen über die Nebenintervention.

(2) Lehnt der Dritte den Beitritt ab oder erklärt er sich nicht, so wird der Rechtsstreit ohne Rücksicht auf ihn fortgesetzt.

(3) In allen Fällen dieses Paragraphen sind gegen den Dritten die Vorschriften des § 68 mit der Abweichung anzuwenden, dass statt der Zeit des Beitritts die Zeit entscheidet, zu welcher der Beitritt infolge der Streitverkündung möglich war.

§ 75 Gläubigerstreit. [1] Wird von dem verklagten Schuldner einem Dritten, der die geltend gemachte Forderung für sich in Anspruch nimmt, der Streit verkündet und tritt der Dritte in den Streit ein, so ist der Beklagte, wenn er den Betrag der Forderung zugunsten der streitenden Gläubiger unter Verzicht auf das Recht zur Rücknahme hinterlegt, auf seinen Antrag aus dem Rechtsstreit unter Verurteilung in die durch seinen unbegründeten Widerspruch veranlassten Kosten zu entlassen und der Rechtsstreit über die Berechtigung an der Forderung zwischen den streitenden Gläubigern allein fortzusetzen. [2] Dem Obsiegenden ist der hinterlegte Betrag zuzusprechen und der Unterliegende auch zur Erstattung der dem Beklagten entstandenen, nicht durch dessen unbegründeten Widerspruch veranlassten Kosten, einschließlich der Kosten der Hinterlegung, zu verurteilen.

§ 76 Urheberbenennung bei Besitz. (1) [1] Wer als Besitzer einer Sache verklagt ist, die er auf Grund eines Rechtsverhältnisses der im § 868 des Bürgerlichen Gesetzbuchs bezeichneten Art zu besitzen behauptet, kann vor der Verhandlung zur Hauptsache unter Einreichung eines Schriftsatzes, in dem er den mittelbaren Besitzer benennt, und einer Streitverkündungsschrift die Ladung des mittelbaren Besitzers zur Erklärung beantragen. [2] Bis zu dieser Erklärung oder bis zum Schluss des Termins, in dem sich der Benannte zu erklären hat, kann der Beklagte die Verhandlung zur Hauptsache verweigern.

(2) Bestreitet der Benannte die Behauptung des Beklagten oder erklärt er sich nicht, so ist der Beklagte berechtigt, dem Klageantrage zu genügen.

(3) [1] Wird die Behauptung des Beklagten von dem Benannten als richtig anerkannt, so ist dieser berechtigt, mit Zustimmung des Beklagten an dessen Stelle den Prozess zu übernehmen. [2] Die Zustimmung des Klägers ist nur insoweit erforderlich, als er Ansprüche geltend macht, die unabhängig davon sind, dass der Beklagte auf Grund eines Rechtsverhältnisses der im Absatz 1 bezeichneten Art besitzt.

(4) [1] Hat der Benannte den Prozess übernommen, so ist der Beklagte auf seinen Antrag von der Klage zu entbinden. [2] Die Entscheidung ist in Ansehung der Sache selbst auch gegen den Beklagten wirksam und vollstreckbar.

§ 77 Urheberbenennung bei Eigentumsbeeinträchtigung. Ist von dem Eigentümer einer Sache oder von demjenigen, dem ein Recht an einer Sache zusteht, wegen einer Beeinträchtigung des Eigentums oder seines Rechts Klage auf Beseitigung der Beeinträchtigung oder auf Unterlassung weiterer Beeinträchtigungen erhoben, so sind die Vorschriften des § 76 entsprechend anzuwenden, sofern der Beklagte die Beeinträchtigung in Ausübung des Rechtes eines Dritten vorgenommen zu haben behauptet.

Titel 4. Prozessbevollmächtigte und Beistände

§ 78 Anwaltsprozess. (1) [1] Vor den Landgerichten und Oberlandesgerichten müssen sich die Parteien durch einen Rechtsanwalt vertreten lassen. [2] Ist in einem Land auf Grund des § 8 des Einführungsgesetzes zum Gerichtsverfassungsgesetz[1)] ein oberstes Landesgericht errichtet, so müssen sich die Parteien vor diesem ebenfalls durch einen Rechtsanwalt vertreten lassen. [3] Vor dem Bundesgerichtshof müssen sich die Parteien durch einen bei dem Bundesgerichtshof zugelassenen Rechtsanwalt vertreten lassen.

(2) Behörden und juristische Personen des öffentlichen Rechts einschließlich der von ihnen zur Erfüllung ihrer öffentlichen Aufgaben gebildeten Zusammenschlüsse können sich als Beteiligte für die Nichtzulassungsbeschwerde durch eigene Beschäftigte mit Befähigung zum Richteramt oder durch Beschäftigte mit Befähigung zum Richteramt anderer Behörden oder juristischer Personen des öffentlichen Rechts einschließlich der von ihnen zur Erfüllung ihrer öffentlichen Aufgaben gebildeten Zusammenschlüsse vertreten lassen.

(3) Diese Vorschriften sind auf das Verfahren vor einem beauftragten oder ersuchten Richter sowie auf Prozesshandlungen, die vor dem Urkundsbeamten der Geschäftsstelle vorgenommen werden können, nicht anzuwenden.

[1)] Nr. **3a**.

(4) Ein Rechtsanwalt, der nach Maßgabe der Absätze 1 und 2 zur Vertretung berechtigt ist, kann sich selbst vertreten.

§ 78a (weggefallen)

§ 78b Notanwalt. (1) Insoweit eine Vertretung durch Anwälte geboten ist, hat das Prozessgericht einer Partei auf ihren Antrag durch Beschluss für den Rechtszug einen Rechtsanwalt zur Wahrnehmung ihrer Rechte beizuordnen, wenn sie einen zu ihrer Vertretung bereiten Rechtsanwalt nicht findet und die Rechtsverfolgung oder Rechtsverteidigung nicht mutwillig oder aussichtslos erscheint.

(2) Gegen den Beschluss, durch den die Beiordnung eines Rechtsanwalts abgelehnt wird, findet die sofortige Beschwerde statt.

§ 78c Auswahl des Rechtsanwalts. (1) Der nach § 78b beizuordnende Rechtsanwalt wird durch den Vorsitzenden des Gerichts aus der Zahl der in dem Bezirk des Prozessgerichts niedergelassenen Rechtsanwälte ausgewählt.

(2) Der beigeordnete Rechtsanwalt kann die Übernahme der Vertretung davon abhängig machen, dass die Partei ihm einen Vorschuss zahlt, der nach dem Rechtsanwaltsvergütungsgesetz[1)] zu bemessen ist.

(3) [1] Gegen eine Verfügung, die nach Absatz 1 getroffen wird, steht der Partei und dem Rechtsanwalt die sofortige Beschwerde zu. [2] Dem Rechtsanwalt steht die sofortige Beschwerde auch zu, wenn der Vorsitzende des Gerichts den Antrag, die Beiordnung aufzuheben (§ 48 Abs. 2 der Bundesrechtsanwaltsordnung), ablehnt.

§ 79 Parteiprozess. (1) [1] Soweit eine Vertretung durch Rechtsanwälte nicht geboten ist, können die Parteien den Rechtsstreit selbst führen. [2] Parteien, die eine fremde oder ihnen zum Zweck der Einziehung auf fremde Rechnung abgetretene Geldforderung geltend machen, müssen sich durch einen Rechtsanwalt als Bevollmächtigten vertreten lassen, soweit sie nicht nach Maßgabe des Absatzes 2 zur Vertretung des Gläubigers befugt wären oder eine Forderung einziehen, deren ursprünglicher Gläubiger sie sind.

(2) [1] Die Parteien können sich durch einen Rechtsanwalt als Bevollmächtigten vertreten lassen. [2] Darüber hinaus sind als Bevollmächtigte vertretungsbefugt nur

1. Beschäftigte der Partei oder eines mit ihr verbundenen Unternehmens (§ 15 des Aktiengesetzes); Behörden und juristische Personen des öffentlichen Rechts einschließlich der von ihnen zur Erfüllung ihrer öffentlichen Aufgaben gebildeten Zusammenschlüsse können sich auch durch Beschäftigte anderer Behörden oder juristischer Personen des öffentlichen Rechts einschließlich der von ihnen zur Erfüllung ihrer öffentlichen Aufgaben gebildeten Zusammenschlüsse vertreten lassen,
2. volljährige Familienangehörige (§ 15 der Abgabenordnung, § 11 des Lebenspartnerschaftsgesetzes), Personen mit Befähigung zum Richteramt und Streitgenossen, wenn die Vertretung nicht im Zusammenhang mit einer entgeltlichen Tätigkeit steht,

---

[1)] Auszugsweise abgedruckt unter Nr. **10**.

3. Verbraucherzentralen und andere mit öffentlichen Mitteln geförderte Verbraucherverbände bei der Einziehung von Forderungen von Verbrauchern im Rahmen ihres Aufgabenbereichs,
4. Personen, die Inkassodienstleistungen erbringen (registrierte Personen nach § 10 Abs. 1 Satz 1 Nr. 1 des Rechtsdienstleistungsgesetzes) im Mahnverfahren bis zur Abgabe an das Streitgericht, bei Vollstreckungsanträgen im Verfahren der Zwangsvollstreckung in das bewegliche Vermögen wegen Geldforderungen einschließlich des Verfahrens zur Abnahme der Vermögensauskunft und der eidesstattlichen Versicherung sowie des Antrags auf Erlass eines Haftbefehls, jeweils mit Ausnahme von Verfahrenshandlungen, die ein streitiges Verfahren einleiten oder innerhalb eines streitigen Verfahrens vorzunehmen sind.

[3] Bevollmächtigte, die keine natürlichen Personen sind, handeln durch ihre Organe und mit der Prozessvertretung beauftragten Vertreter.

(3) [1] Das Gericht weist Bevollmächtigte, die nicht nach Maßgabe des Absatzes 2 vertretungsbefugt sind, durch unanfechtbaren Beschluss zurück. [2] Prozesshandlungen eines nicht vertretungsbefugten Bevollmächtigten und Zustellungen oder Mitteilungen an diesen Bevollmächtigten sind bis zu seiner Zurückweisung wirksam. [3] Das Gericht kann den in Absatz 2 Satz 2 Nr. 1 bis 3 bezeichneten Bevollmächtigten durch unanfechtbaren Beschluss die weitere Vertretung untersagen, wenn sie nicht in der Lage sind, das Sach- und Streitverhältnis sachgerecht darzustellen.

(4) [1] Richter dürfen nicht als Bevollmächtigte vor einem Gericht auftreten, dem sie angehören. [2] Ehrenamtliche Richter dürfen, außer in den Fällen des Absatzes 2 Satz 2 Nr. 1, nicht vor einem Spruchkörper auftreten, dem sie angehören. [3] Absatz 3 Satz 1 und 2 gilt entsprechend.

§ 80 Prozessvollmacht. [1] Die Vollmacht ist schriftlich zu den Gerichtsakten einzureichen. [2] Sie kann nachgereicht werden; hierfür kann das Gericht eine Frist bestimmen.

§ 81 Umfang der Prozessvollmacht. Die Prozessvollmacht ermächtigt zu allen den Rechtsstreit betreffenden Prozesshandlungen, einschließlich derjenigen, die durch eine Widerklage, eine Wiederaufnahme des Verfahrens, eine Rüge nach § 321a und die Zwangsvollstreckung veranlasst werden; zur Bestellung eines Vertreters sowie eines Bevollmächtigten für die höheren Instanzen; zur Beseitigung des Rechtsstreits durch Vergleich, Verzichtleistung auf den Streitgegenstand oder Anerkennung des von dem Gegner geltend gemachten Anspruchs; zur Empfangnahme der von dem Gegner oder aus der Staatskasse zu erstattenden Kosten.

§ 82 Geltung für Nebenverfahren. Die Vollmacht für den Hauptprozess umfasst die Vollmacht für das eine Hauptintervention, einen Arrest oder eine einstweilige Verfügung betreffende Verfahren.

§ 83 Beschränkung der Prozessvollmacht. (1) Eine Beschränkung des gesetzlichen Umfanges der Vollmacht hat dem Gegner gegenüber nur insoweit rechtliche Wirkung, als diese Beschränkung die Beseitigung des Rechtsstreits durch Vergleich, Verzichtleistung auf den Streitgegenstand oder Anerkennung des von dem Gegner geltend gemachten Anspruchs betrifft.

(2) Insoweit eine Vertretung durch Anwälte nicht geboten ist, kann eine Vollmacht für einzelne Prozesshandlungen erteilt werden.

§ 84 Mehrere Prozessbevollmächtigte. [1]Mehrere Bevollmächtigte sind berechtigt, sowohl gemeinschaftlich als einzeln die Partei zu vertreten. [2]Eine abweichende Bestimmung der Vollmacht hat dem Gegner gegenüber keine rechtliche Wirkung.

§ 85 Wirkung der Prozessvollmacht. (1) [1]Die von dem Bevollmächtigten vorgenommenen Prozesshandlungen sind für die Partei in gleicher Art verpflichtend, als wenn sie von der Partei selbst vorgenommen wären. [2]Dies gilt von Geständnissen und anderen tatsächlichen Erklärungen, insoweit sie nicht von der miterschienenen Partei sofort widerrufen oder berichtigt werden.

(2) Das Verschulden des Bevollmächtigten steht dem Verschulden der Partei gleich.

§ 86 Fortbestand der Prozessvollmacht. Die Vollmacht wird weder durch den Tod des Vollmachtgebers noch durch eine Veränderung in seiner Prozessfähigkeit oder seiner gesetzlichen Vertretung aufgehoben; der Bevollmächtigte hat jedoch, wenn er nach Aussetzung des Rechtsstreits für den Nachfolger im Rechtsstreit auftritt, dessen Vollmacht beizubringen.

§ 87 Erlöschen der Vollmacht. (1) Dem Gegner gegenüber erlangt die Kündigung des Vollmachtvertrags erst durch die Anzeige des Erlöschens der Vollmacht, in Anwaltsprozessen erst durch die Anzeige der Bestellung eines anderen Anwalts rechtliche Wirksamkeit.

(2) Der Bevollmächtigte wird durch die von seiner Seite erfolgte Kündigung nicht gehindert, für den Vollmachtgeber so lange zu handeln, bis dieser für Wahrnehmung seiner Rechte in anderer Weise gesorgt hat.

§ 88 Mangel der Vollmacht. (1) Der Mangel der Vollmacht kann von dem Gegner in jeder Lage des Rechtsstreits gerügt werden.

(2) Das Gericht hat den Mangel der Vollmacht von Amts wegen zu berücksichtigen, wenn nicht als Bevollmächtigter ein Rechtsanwalt auftritt.

§ 89 Vollmachtloser Vertreter. (1) [1]Handelt jemand für eine Partei als Geschäftsführer ohne Auftrag oder als Bevollmächtigter ohne Beibringung einer Vollmacht, so kann er gegen oder ohne Sicherheitsleistung für Kosten und Schäden zur Prozessführung einstweilen zugelassen werden. [2]Das Endurteil darf erst erlassen werden, nachdem die für die Beibringung der Genehmigung zu bestimmende Frist abgelaufen ist. [3]Ist zu der Zeit, zu der das Endurteil erlassen wird, die Genehmigung nicht beigebracht, so ist der einstweilen zur Prozessführung Zugelassene zum Ersatz der dem Gegner infolge der Zulassung erwachsenen Kosten zu verurteilen; auch hat er dem Gegner die infolge der Zulassung entstandenen Schäden zu ersetzen.

(2) Die Partei muss die Prozessführung gegen sich gelten lassen, wenn sie auch nur mündlich Vollmacht erteilt oder wenn sie die Prozessführung ausdrücklich oder stillschweigend genehmigt hat.

§ 90 Beistand. (1) [1] In der Verhandlung können die Parteien mit Beiständen erscheinen. [2] Beistand kann sein, wer in Verfahren, in denen die Partei den Rechtsstreit selbst führen kann, als Bevollmächtigter zur Vertretung in der Verhandlung befugt ist. [3] Das Gericht kann andere Personen als Beistand zulassen, wenn dies sachdienlich ist und hierfür nach den Umständen des Einzelfalls ein Bedürfnis besteht. [4] § 79 Abs. 3 Satz 1 und 3 und Abs. 4 gilt entsprechend.

(2) Das von dem Beistand Vorgetragene gilt als von der Partei vorgebracht, insoweit es nicht von dieser sofort widerrufen oder berichtigt wird.

Titel 5. Prozesskosten

§ 91 Grundsatz und Umfang der Kostenpflicht. (1) [1] Die unterliegende Partei hat die Kosten des Rechtsstreits zu tragen, insbesondere die dem Gegner erwachsenen Kosten zu erstatten, soweit sie zur zweckentsprechenden Rechtsverfolgung oder Rechtsverteidigung notwendig waren. [2] Die Kostenerstattung umfasst auch die Entschädigung des Gegners für die durch notwendige Reisen oder durch die notwendige Wahrnehmung von Terminen entstandene Zeitversäumnis; die für die Entschädigung von Zeugen geltenden Vorschriften sind entsprechend anzuwenden.

(2) [1] Die gesetzlichen Gebühren und Auslagen des Rechtsanwalts der obsiegenden Partei sind in allen Prozessen zu erstatten, Reisekosten eines Rechtsanwalts, der nicht in dem Bezirk des Prozessgerichts niedergelassen ist und am Ort des Prozessgerichts auch nicht wohnt, jedoch nur insoweit, als die Zuziehung zur zweckentsprechenden Rechtsverfolgung oder Rechtsverteidigung notwendig war. [2] Die Kosten mehrerer Rechtsanwälte sind nur insoweit zu erstatten, als sie die Kosten eines Rechtsanwalts nicht übersteigen oder als in der Person des Rechtsanwalts ein Wechsel eintreten musste. [3] In eigener Sache sind dem Rechtsanwalt die Gebühren und Auslagen zu erstatten, die er als Gebühren und Auslagen eines bevollmächtigten Rechtsanwalts erstattet verlangen könnte.

(3) Zu den Kosten des Rechtsstreits im Sinne der Absätze 1, 2 gehören auch die Gebühren, die durch ein Güteverfahren vor einer durch die Landesjustizverwaltung eingerichteten oder anerkannten Gütestelle entstanden sind; dies gilt nicht, wenn zwischen der Beendigung des Güteverfahrens und der Klageerhebung mehr als ein Jahr verstrichen ist.

(4) Zu den Kosten des Rechtsstreits im Sinne von Absatz 1 gehören auch Kosten, die die obsiegende Partei der unterlegenen Partei im Verlaufe des Rechtsstreits gezahlt hat.

§ 91a Kosten bei Erledigung der Hauptsache. (1) [1] Haben die Parteien in der mündlichen Verhandlung oder durch Einreichung eines Schriftsatzes oder zu Protokoll der Geschäftsstelle den Rechtsstreit in der Hauptsache für erledigt erklärt, so entscheidet das Gericht über die Kosten unter Berücksichtigung des bisherigen Sach- und Streitstandes nach billigem Ermessen durch Beschluss. [2] Dasselbe gilt, wenn der Beklagte der Erledigungserklärung des Klägers nicht innerhalb einer Notfrist von zwei Wochen seit der Zustellung des Schriftsatzes widerspricht, wenn der Beklagte zuvor auf diese Folge hingewiesen worden ist.

(2) [1] Gegen die Entscheidung findet die sofortige Beschwerde statt. [2] Dies gilt nicht, wenn der Streitwert der Hauptsache den in § 511 genannten Betrag nicht übersteigt. [3] Vor der Entscheidung über die Beschwerde ist der Gegner zu hören.

§ 92 Kosten bei teilweisem Obsiegen. (1) [1] Wenn jede Partei teils obsiegt, teils unterliegt, so sind die Kosten gegeneinander aufzuheben oder verhältnismäßig zu teilen. [2] Sind die Kosten gegeneinander aufgehoben, so fallen die Gerichtskosten jeder Partei zur Hälfte zur Last.

(2) Das Gericht kann der einen Partei die gesamten Prozesskosten auferlegen, wenn

1. die Zuvielforderung der anderen Partei verhältnismäßig geringfügig war und keine oder nur geringfügig höhere Kosten veranlasst hat oder
2. der Betrag der Forderung der anderen Partei von der Festsetzung durch richterliches Ermessen, von der Ermittlung durch Sachverständige oder von einer gegenseitigen Berechnung abhängig war.

§ 93 Kosten bei sofortigem Anerkenntnis. Hat der Beklagte nicht durch sein Verhalten zur Erhebung der Klage Veranlassung gegeben, so fallen dem Kläger die Prozesskosten zur Last, wenn der Beklagte den Anspruch sofort anerkennt.

§ 93a *(aufgehoben)*

§ 93b Kosten bei Räumungsklagen. (1) [1] Wird einer Klage auf Räumung von Wohnraum mit Rücksicht darauf stattgegeben, dass ein Verlangen des Beklagten auf Fortsetzung des Mietverhältnisses auf Grund der §§ 574 bis 574b des Bürgerlichen Gesetzbuchs wegen der berechtigten Interessen des Klägers nicht gerechtfertigt ist, so kann das Gericht die Kosten ganz oder teilweise dem Kläger auferlegen, wenn der Beklagte die Fortsetzung des Mietverhältnisses unter Angabe von Gründen verlangt hatte und der Kläger aus Gründen obsiegt, die erst nachträglich entstanden sind (§ 574 Abs. 3 des Bürgerlichen Gesetzbuchs). [2] Dies gilt in einem Rechtsstreit wegen Fortsetzung des Mietverhältnisses bei Abweisung der Klage entsprechend.

(2) [1] Wird eine Klage auf Räumung von Wohnraum mit Rücksicht darauf abgewiesen, dass auf Verlangen des Beklagten die Fortsetzung des Mietverhältnisses auf Grund der §§ 574 bis 574b des Bürgerlichen Gesetzbuchs bestimmt wird, so kann das Gericht die Kosten ganz oder teilweise dem Beklagten auferlegen, wenn er auf Verlangen des Klägers nicht unverzüglich über die Gründe des Widerspruchs Auskunft erteilt hat. [2] Dies gilt in einem Rechtsstreit wegen Fortsetzung des Mietverhältnisses entsprechend, wenn der Klage stattgegeben wird.

(3) Erkennt der Beklagte den Anspruch auf Räumung von Wohnraum sofort an, wird ihm jedoch eine Räumungsfrist bewilligt, so kann das Gericht die Kosten ganz oder teilweise dem Kläger auferlegen, wenn der Beklagte bereits vor Erhebung der Klage unter Angabe von Gründen die Fortsetzung des Miet-

verhältnisses oder eine den Umständen nach angemessene Räumungsfrist vom Kläger vergeblich begehrt hatte.

§§ 93c, 93d *(aufgehoben)*

§ 94 Kosten bei übergegangenem Anspruch. Macht der Kläger einen auf ihn *übergangenen*[1] Anspruch geltend, ohne dass er vor der Erhebung der Klage dem Beklagten den Übergang mitgeteilt und auf Verlangen nachgewiesen hat, so fallen ihm die Prozesskosten insoweit zur Last, als sie dadurch entstanden sind, dass der Beklagte durch die Unterlassung der Mitteilung oder des Nachweises veranlasst worden ist, den Anspruch zu bestreiten.

§ 95 Kosten bei Säumnis oder Verschulden. Die Partei, die einen Termin oder eine Frist versäumt oder die Verlegung eines Termins, die Vertagung einer Verhandlung, die Anberaumung eines Termins zur Fortsetzung der Verhandlung oder die Verlängerung einer Frist durch ihr Verschulden veranlasst, hat die dadurch verursachten Kosten zu tragen.[2]

§ 96 Kosten erfolgloser Angriffs- oder Verteidigungsmittel. Die Kosten eines ohne Erfolg gebliebenen Angriffs- oder Verteidigungsmittels können der Partei auferlegt werden, die es geltend gemacht hat, auch wenn sie in der Hauptsache obsiegt.

§ 97 Rechtsmittelkosten. (1) Die Kosten eines ohne Erfolg eingelegten Rechtsmittels fallen der Partei zur Last, die es eingelegt hat.

(2) Die Kosten des Rechtsmittelverfahrens sind der obsiegenden Partei ganz oder teilweise aufzuerlegen, wenn sie auf Grund eines neuen Vorbringens obsiegt, das sie in einem früheren Rechtszug geltend zu machen imstande war.

§ 98 Vergleichskosten. [1] Die Kosten eines abgeschlossenen Vergleichs sind als gegeneinander aufgehoben anzusehen, wenn nicht die Parteien ein anderes vereinbart haben. [2] Das Gleiche gilt von den Kosten des durch Vergleich erledigten Rechtsstreits, soweit nicht über sie bereits rechtskräftig erkannt ist.

§ 99 Anfechtung von Kostenentscheidungen. (1) Die Anfechtung der Kostenentscheidung ist unzulässig, wenn nicht gegen die Entscheidung in der Hauptsache ein Rechtsmittel eingelegt wird.

(2) [1] Ist die Hauptsache durch eine auf Grund eines Anerkenntnisses ausgesprochene Verurteilung erledigt, so findet gegen die Kostenentscheidung die sofortige Beschwerde statt. [2] Dies gilt nicht, wenn der Streitwert der Hauptsache den in § 511 genannten Betrag nicht übersteigt. [3] Vor der Entscheidung über die Beschwerde ist der Gegner zu hören.

§ 100 Kosten bei Streitgenossen. (1) Besteht der unterliegende Teil aus mehreren Personen, so haften sie für die Kostenerstattung nach Kopfteilen.

---

[1] Richtig wohl: „übergegangenen".

[2] Vgl. auch § 38 GKG (Nr. **9**).

(2) Bei einer erheblichen Verschiedenheit der Beteiligung am Rechtsstreit kann nach dem Ermessen des Gerichts die Beteiligung zum Maßstab genommen werden.

(3) Hat ein Streitgenosse ein besonderes Angriffs- oder Verteidigungsmittel geltend gemacht, so haften die übrigen Streitgenossen nicht für die dadurch veranlassten Kosten.

(4) [1] Werden mehrere Beklagte als Gesamtschuldner verurteilt, so haften sie auch für die Kostenerstattung, unbeschadet der Vorschrift des Absatzes 3, als Gesamtschuldner. [2] Die Vorschriften des bürgerlichen Rechts, nach denen sich diese Haftung auf die im Absatz 3 bezeichneten Kosten erstreckt, bleiben unberührt.

§ 101 Kosten einer Nebenintervention. (1) Die durch eine Nebenintervention verursachten Kosten sind dem Gegner der Hauptpartei aufzuerlegen, soweit er nach den Vorschriften der §§ 91 bis 98 die Kosten des Rechtsstreits zu tragen hat; soweit dies nicht der Fall ist, sind sie dem Nebenintervenienten aufzuerlegen.

(2) Gilt der Nebenintervenient als Streitgenosse der Hauptpartei (§ 69), so sind die Vorschriften des § 100 maßgebend.

§ 102 (weggefallen)

§ 103 Kostenfestsetzungsgrundlage; Kostenfestsetzungsantrag.

(1) Der Anspruch auf Erstattung der Prozesskosten kann nur auf Grund eines zur Zwangsvollstreckung geeigneten Titels geltend gemacht werden.

(2) [1] Der Antrag auf Festsetzung des zu erstattenden Betrages ist bei dem Gericht des ersten Rechtszuges anzubringen. [2] Die Kostenberechnung, ihre zur Mitteilung an den Gegner bestimmte Abschrift und die zur Rechtfertigung der einzelnen Ansätze dienenden Belege sind beizufügen.

§ 104 Kostenfestsetzungsverfahren. (1) [1] Über den Festsetzungsantrag entscheidet das Gericht des ersten Rechtszuges. [2] Auf Antrag ist auszusprechen, dass die festgesetzten Kosten vom Eingang des Festsetzungsantrags, im Falle des § 105 Abs. 3 von der Verkündung des Urteils ab mit fünf Prozentpunkten über dem Basiszinssatz nach § 247 des Bürgerlichen Gesetzbuchs zu verzinsen sind. [3] Die Entscheidung ist, sofern dem Antrag ganz oder teilweise entsprochen wird, dem Gegner des Antragstellers unter Beifügung einer Abschrift der Kostenrechnung von Amts wegen zuzustellen. [4] Dem Antragsteller ist die Entscheidung nur dann von Amts wegen zuzustellen, wenn der Antrag ganz oder teilweise zurückgewiesen wird; im Übrigen ergeht die Mitteilung formlos.

(2) [1] Zur Berücksichtigung eines Ansatzes genügt, dass er glaubhaft gemacht ist. [2] Hinsichtlich der einem Rechtsanwalt erwachsenden Auslagen für Post- und Telekommunikationsdienstleistungen genügt die Versicherung des Rechtsanwalts, dass diese Auslagen entstanden sind. [3] Zur Berücksichtigung von Umsatzsteuerbeträgen genügt die Erklärung des Antragstellers, dass er die Beträge nicht als Vorsteuer abziehen kann.

(3) [1] Gegen die Entscheidung findet sofortige Beschwerde statt. [2] Das Beschwerdegericht kann das Verfahren aussetzen, bis die Entscheidung, auf die der Festsetzungsantrag gestützt wird, rechtskräftig ist.

§ 105 Vereinfachter Kostenfestsetzungsbeschluss. (1) [1] Der Festsetzungsbeschluss kann auf das Urteil und die Ausfertigungen gesetzt werden, sofern bei Eingang des Antrags eine Ausfertigung des Urteils noch nicht erteilt ist und eine Verzögerung der Ausfertigung nicht eintritt. [2] Erfolgt der Festsetzungsbeschluss in der Form des § 130b, ist er in einem gesonderten elektronischen Dokument festzuhalten. [3] Das Dokument ist mit dem Urteil untrennbar zu verbinden.

(2) [1] Eine besondere Ausfertigung und Zustellung des Festsetzungsbeschlusses findet in den Fällen des Absatzes 1 nicht statt. [2] Den Parteien ist der festgesetzte Betrag mitzuteilen, dem Gegner des Antragstellers unter Beifügung der Abschrift der Kostenberechnung. [3] Die Verbindung des Festsetzungsbeschlusses mit dem Urteil soll unterbleiben, sofern dem Festsetzungsantrag auch nur teilweise nicht entsprochen wird.

(3) Eines Festsetzungsantrags bedarf es nicht, wenn die Partei vor der Verkündung des Urteils die Berechnung ihrer Kosten eingereicht hat; in diesem Fall ist die dem Gegner mitzuteilende Abschrift der Kostenberechnung von Amts wegen anzufertigen.

§ 106 Verteilung nach Quoten. (1) [1] Sind die Prozesskosten ganz oder teilweise nach Quoten verteilt, so hat nach Eingang des Festsetzungsantrags das Gericht den Gegner aufzufordern, die Berechnung seiner Kosten binnen einer Woche bei Gericht einzureichen. [2] Die Vorschriften des § 105 sind nicht anzuwenden.

(2) [1] Nach fruchtlosem Ablauf der einwöchigen Frist ergeht die Entscheidung ohne Rücksicht auf die Kosten des Gegners, unbeschadet des Rechts des letzteren, den Anspruch auf Erstattung nachträglich geltend zu machen. [2] Der Gegner haftet für die Mehrkosten, die durch das nachträgliche Verfahren entstehen.

§ 107 Änderung nach Streitwertfestsetzung. (1) [1] Ergeht nach der Kostenfestsetzung eine Entscheidung, durch die der Wert des Streitgegenstandes festgesetzt wird, so ist, falls diese Entscheidung von der Wertberechnung abweicht, die der Kostenfestsetzung zugrunde liegt, auf Antrag die Kostenfestsetzung entsprechend abzuändern. [2] Über den Antrag entscheidet das Gericht des ersten Rechtszuges.

(2) [1] Der Antrag ist binnen der Frist von einem Monat bei der Geschäftsstelle anzubringen. [2] Die Frist beginnt mit der Zustellung und, wenn es einer solchen nicht bedarf, mit der Verkündung des den Wert des Streitgegenstandes festsetzenden Beschlusses.

(3) Die Vorschriften des § 104 Abs. 3 sind anzuwenden.

Titel 6. Sicherheitsleistung

§ 108 Art und Höhe der Sicherheit. (1) [1] In den Fällen der Bestellung einer prozessualen Sicherheit kann das Gericht nach freiem Ermessen bestimmen, in welcher Art und Höhe die Sicherheit zu leisten ist. [2] Soweit das Gericht eine Bestimmung nicht getroffen hat und die Parteien ein anderes nicht vereinbart haben, ist die Sicherheitsleistung durch die schriftliche, unwiderrufliche, unbedingte und unbefristete Bürgschaft eines im Inland zum Geschäftsbetrieb befugten Kreditinstituts oder durch Hinterlegung von Geld oder solchen Wertpapieren zu bewirken, die nach § 234 Abs. 1 und 3 des Bürgerlichen Gesetzbuchs zur Sicherheitsleistung geeignet sind.

(2) Die Vorschriften des § 234 Abs. 2 und des § 235 des Bürgerlichen Gesetzbuchs sind entsprechend anzuwenden.

§ 109 Rückgabe der Sicherheit. (1) Ist die Veranlassung für eine Sicherheitsleistung weggefallen, so hat auf Antrag das Gericht, das die Bestellung der Sicherheit angeordnet oder zugelassen hat, eine Frist zu bestimmen, binnen der ihm die Partei, zu deren Gunsten die Sicherheit geleistet ist, die Einwilligung in die Rückgabe der Sicherheit zu erklären oder die Erhebung der Klage wegen ihrer Ansprüche nachzuweisen hat.

(2) [1]Nach Ablauf der Frist hat das Gericht auf Antrag die Rückgabe der Sicherheit anzuordnen, wenn nicht inzwischen die Erhebung der Klage nachgewiesen ist; ist die Sicherheit durch eine Bürgschaft bewirkt worden, so ordnet das Gericht das Erlöschen der Bürgschaft an. [2]Die Anordnung wird erst mit der Rechtskraft wirksam.

(3) [1]Die Anträge und die Einwilligung in die Rückgabe der Sicherheit können vor der Geschäftsstelle zu Protokoll erklärt werden. [2]Die Entscheidungen ergehen durch Beschluss.

(4) Gegen den Beschluss, durch den der im Absatz 1 vorgesehene Antrag abgelehnt wird, steht dem Antragsteller, gegen die im Absatz 2 bezeichnete Entscheidung steht beiden Teilen die sofortige Beschwerde zu.

§ 110[1)] Prozesskostensicherheit. (1) Kläger, die ihren gewöhnlichen Aufenthalt nicht in einem Mitgliedstaat der Europäischen Union oder einem Vertragsstaat des Abkommens über den Europäischen Wirtschaftsraum haben, leisten auf Verlangen des Beklagten wegen der Prozesskosten Sicherheit.

(2) Diese Verpflichtung tritt nicht ein:

1. wenn auf Grund völkerrechtlicher Verträge keine Sicherheit verlangt werden kann;
2. wenn die Entscheidung über die Erstattung der Prozesskosten an den Beklagten auf Grund völkerrechtlicher Verträge vollstreckt würde;
3. wenn der Kläger im Inland ein zur Deckung der Prozesskosten hinreichendes Grundvermögen oder dinglich gesicherte Forderungen besitzt;
4. bei Widerklagen;
5. bei Klagen, die auf Grund einer öffentlichen Aufforderung erhoben werden.

§ 111 Nachträgliche Prozesskostensicherheit. Der Beklagte kann auch dann Sicherheit verlangen, wenn die Voraussetzungen für die Verpflichtung zur Sicherheitsleistung erst im Laufe des Rechtsstreits eintreten und nicht ein zur Deckung ausreichender Teil des erhobenen Anspruchs unbestritten ist.

[1)] Vgl. §§ 18 bis 20 GVG (Nr. **3**) und Art. 17 Haager Übereinkommen über den Zivilprozess v. 1.3. 1954 (BGBl. 1958 II S. 576, 577). Siehe ferner § 11 G über die Rechtsstellung heimatloser Ausländer im Bundesgebiet v. 25.4.1951 (BGBl. I S. 269), zuletzt geänd. durch G v. 30.7.2004 (BGBl. I S. 1950) und für Mitglieder der in der Bundesrepublik stationierten ausländischen Truppen vgl. Art. 31 Zusatzabkommen zum NATO-Truppenstatut v. 3.8.1959 (BGBl. 1961 II S. 1218), zuletzt geänd. durch Abk. v. 28.9.1994 (BGBl. II S. 2598).

§ 112 Höhe der Prozesskostensicherheit. (1) Die Höhe der zu leistenden Sicherheit wird von dem Gericht nach freiem Ermessen festgesetzt.

(2) [1] Bei der Festsetzung ist derjenige Betrag der Prozesskosten zugrunde zu legen, den der Beklagte wahrscheinlich aufzuwenden haben wird. [2] Die dem Beklagten durch eine Widerklage erwachsenden Kosten sind hierbei nicht zu berücksichtigen.

(3) Ergibt sich im Laufe des Rechtsstreits, dass die geleistete Sicherheit nicht hinreicht, so kann der Beklagte die Leistung einer weiteren Sicherheit verlangen, sofern nicht ein zur Deckung ausreichender Teil des erhobenen Anspruchs unbestritten ist.

§ 113 Fristbestimmung für Prozesskostensicherheit. [1] Das Gericht hat dem Kläger bei Anordnung der Sicherheitsleistung eine Frist zu bestimmen, binnen der die Sicherheit zu leisten ist. [2] Nach Ablauf der Frist ist auf Antrag des Beklagten, wenn die Sicherheit bis zur Entscheidung nicht geleistet ist, die Klage für zurückgenommen zu erklären oder, wenn über ein Rechtsmittel des Klägers zu verhandeln ist, dieses zu verwerfen.

Titel 7. Prozesskostenhilfe[1)] und Prozesskostenvorschuss

§ 114 Voraussetzungen. (1) [1] Eine Partei, die nach ihren persönlichen und wirtschaftlichen Verhältnissen die Kosten der Prozessführung nicht, nur zum Teil oder nur in Raten aufbringen kann, erhält auf Antrag Prozesskostenhilfe, wenn die beabsichtigte Rechtsverfolgung oder Rechtsverteidigung hinreichende Aussicht auf Erfolg bietet und nicht mutwillig erscheint. [2] Für die grenzüberschreitende Prozesskostenhilfe innerhalb der Europäischen Union gelten ergänzend die §§ 1076 bis 1078.

(2) Mutwillig ist die Rechtsverfolgung oder Rechtsverteidigung, wenn eine Partei, die keine Prozesskostenhilfe beansprucht, bei verständiger Würdigung aller Umstände von der Rechtsverfolgung oder Rechtsverteidigung absehen würde, obwohl eine hinreichende Aussicht auf Erfolg besteht.

§ 115 Einsatz von Einkommen und Vermögen. (1) [1] Die Partei hat ihr Einkommen einzusetzen. [2] Zum Einkommen gehören alle Einkünfte in Geld oder Geldeswert. [3] Von ihm sind abzusetzen:

[1)] Vgl. Art. 20 bis 24 Haager Übereinkommen über den Zivilprozess v. 1.3.1954 (BGBl. 1958 II S. 576, 577). Siehe ferner § 11 G über die Rechtsstellung heimatloser Ausländer im Bundesgebiet v. 25.4.1951 (BGBl. I S. 269), zuletzt geänd. durch G v. 30.7.2004 (BGBl. I S. 1950) und für Mitglieder der in der Bundesrepublik stationierten ausländischen Truppen vgl. Art. 31 Zusatzabkommen zum NATO-Truppenstatut v. 3.8.1959 (BGBl. 1961 II S. 1218), zuletzt geänd. durch Abk. v. 28.9.1994 (BGBl. II S. 2598).

1. a) die in § 82 Abs. 2 des Zwölften Buches Sozialgesetzbuch[1)] bezeichneten Beträge;
   b) bei Parteien, die ein Einkommen aus Erwerbstätigkeit erzielen, ein Betrag in Höhe von 50 vom Hundert des höchsten Regelsatzes, der für den alleinstehenden oder alleinerziehenden Leistungsberechtigten gemäß der Regelbedarfsstufe 1 nach der Anlage zu § 28 des Zwölften Buches Sozialgesetzbuch festgesetzt oder fortgeschrieben worden ist;
2. a) für die Partei und ihren Ehegatten oder ihren Lebenspartner jeweils ein Betrag in Höhe des um 10 vom Hundert erhöhten höchsten Regelsatzes, der für den alleinstehenden oder alleinerziehenden Leistungsberechtigten gemäß der Regelbedarfsstufe 1 nach der Anlage zu § 28 des Zwölften Buches Sozialgesetzbuch festgesetzt oder fortgeschrieben worden ist;
   b) bei weiteren Unterhaltsleistungen auf Grund gesetzlicher Unterhaltspflicht für jede unterhaltsberechtigte Person jeweils ein Betrag in Höhe des um 10 vom Hundert erhöhten höchsten Regelsatzes, der für eine Person ihres Alters gemäß den Regelbedarfsstufen 3 bis 6 nach der Anlage zu § 28 des Zwölften Buches Sozialgesetzbuch festgesetzt oder fortgeschrieben worden ist;
3. die Kosten der Unterkunft und Heizung, soweit sie nicht in einem auffälligen Missverhältnis zu den Lebensverhältnissen der Partei stehen;
4. Mehrbedarfe nach § 21 des Zweiten Buches Sozialgesetzbuch und nach § 30 des Zwölften Buches Sozialgesetzbuch;
5. weitere Beträge, soweit dies mit Rücksicht auf besondere Belastungen angemessen ist; § 1610a des Bürgerlichen Gesetzbuchs gilt entsprechend.

[1)] § 82 Abs. 2 und 3 des Zwölften Buches Sozialgesetzbuch v. 27.12.2003 (BGBl. I S. 3022, 3023), zuletzt geänd. durch G v. 14.12.2019 (BGBl. I S. 2789) lauten:

„(2) [1] Von dem Einkommen sind abzusetzen

1. auf das Einkommen entrichtete Steuern,
2. Pflichtbeiträge zur Sozialversicherung einschließlich der Beiträge zur Arbeitsförderung,
3. Beiträge zu öffentlichen oder privaten Versicherungen oder ähnlichen Einrichtungen, soweit diese Beiträge gesetzlich vorgeschrieben oder nach Grund und Höhe angemessen sind, sowie geförderte Altersvorsorgebeiträge nach § 82 des Einkommensteuergesetzes, soweit sie den Mindesteigenbeitrag nach § 86 des Einkommensteuergesetzes nicht überschreiten, und
4. die mit der Erzielung des Einkommens verbundenen notwendigen Ausgaben.

[2] Erhält eine leistungsberechtigte Person aus einer Tätigkeit Bezüge oder Einnahmen, die nach § 3 Nummer 12, 26, 26a oder 26b des Einkommensteuergesetzes steuerfrei sind oder die als Taschengeld nach § 2 Nummer 4 des Bundesfreiwilligendienstgesetzes oder nach § 2 Absatz 1 Nummer 3 des Jugendfreiwilligendienstegesetzes gezahlt werden, ist abweichend von Satz 1 Nummer 2 bis 4 und den Absätzen 3 und 6 ein Betrag von bis zu 200 Euro monatlich nicht als Einkommen zu berücksichtigen. [3] Soweit ein Betrag nach Satz 2 in Anspruch genommen wird, gelten die Beträge nach Absatz 3 Satz 1 zweiter Halbsatz und nach Absatz 6 Satz 1 zweiter Halbsatz insoweit als ausgeschöpft.

(3) [1] Bei der Hilfe zum Lebensunterhalt und Grundsicherung im Alter und bei Erwerbsminderung ist ferner ein Betrag in Höhe von 30 vom Hundert des Einkommens aus selbständiger und nichtselbständiger Tätigkeit der Leistungsberechtigten abzusetzen, höchstens jedoch 50 vom Hundert der Regelbedarfsstufe 1 nach der Anlage zu § 28. [2] Abweichend von Satz 1 ist bei einer Beschäftigung in einer Werkstatt für behinderte Menschen oder bei einem anderen Leistungsanbieter nach § 60 des Neunten Buches von dem Entgelt ein Achtel der Regelbedarfsstufe 1 nach der Anlage zu § 28 zuzüglich 50 vom Hundert des diesen Betrag übersteigenden Entgelts abzusetzen. [3] Im Übrigen kann in begründeten Fällen ein anderer als in Satz 1 festgelegter Betrag vom Einkommen abgesetzt werden.“

[4] Maßgeblich sind die Beträge, die zum Zeitpunkt der Bewilligung der Prozesskostenhilfe gelten. [5] Das Bundesministerium der Justiz und für Verbraucherschutz gibt bei jeder Neufestsetzung oder jeder Fortschreibung die maßgebenden Beträge nach Satz 3 Nummer 1 Buchstabe b und Nummer 2 im Bundesgesetzblatt bekannt.[1)] [6] Diese Beträge sind, soweit sie nicht volle Euro ergeben, bis zu 0,49 Euro abzurunden und von 0,50 Euro an aufzurunden. [7] Die Unterhaltsfreibeträge nach Satz 3 Nr. 2 vermindern sich um eigenes Einkommen der unterhaltsberechtigten Person. [8] Wird eine Geldrente gezahlt, so ist sie anstelle des Freibetrages abzusetzen, soweit dies angemessen ist.

(2) [1] Von dem nach den Abzügen verbleibenden Teil des monatlichen Einkommens (einzusetzendes Einkommen) sind Monatsraten in Höhe der Hälfte des einzusetzenden Einkommens festzusetzen; die Monatsraten sind auf volle Euro abzurunden. [2] Beträgt die Höhe einer Monatsrate weniger als 10 Euro, ist von der Festsetzung von Monatsraten abzusehen. [3] Bei einem einzusetzenden Einkommen von mehr als 600 Euro beträgt die Monatsrate 300 Euro zuzüglich des Teils des einzusetzenden Einkommens, der 600 Euro übersteigt. [4] Unabhängig von der Zahl der Rechtszüge sind höchstens 48 Monatsraten aufzubringen.

(3) [1] Die Partei hat ihr Vermögen einzusetzen, soweit dies zumutbar ist. [2] § 90 des Zwölften Buches Sozialgesetzbuch gilt entsprechend.

(4) Prozesskostenhilfe wird nicht bewilligt, wenn die Kosten der Prozessführung der Partei vier Monatsraten und die aus dem Vermögen aufzubringenden Teilbeträge voraussichtlich nicht übersteigen.

§ 116 Partei kraft Amtes; juristische Person; parteifähige Vereinigung. [1] Prozesskostenhilfe erhalten auf Antrag

1. eine Partei kraft Amtes, wenn die Kosten aus der verwalteten Vermögensmasse nicht aufgebracht werden können und den am Gegenstand des Rechtsstreits wirtschaftlich Beteiligten nicht zuzumuten ist, die Kosten aufzubringen;
2. eine juristische Person oder parteifähige Vereinigung, die im Inland, in einem anderen Mitgliedstaat der Europäischen Union oder einem anderen Vertragsstaat des Abkommens über den Europäischen Wirtschaftsraum gegründet und dort ansässig ist, wenn die Kosten weder von ihr noch von den am Gegenstand des Rechtsstreits wirtschaftlich Beteiligten aufgebracht wer-

---

[1)] Siehe hierzu Prozesskostenhilfebek. 2020 v. 20.12.2019 (BGBl. I S. 2942):
„Die ab dem 1. Januar 2020 maßgebenden Beträge, die nach § 115 Absatz 1 Satz 3 Nummer 1 Buchstabe b und Nummer 2 der Zivilprozessordnung vom Einkommen der Partei abzusetzen sind, betragen
1. für Parteien, die ein Einkommen aus Erwerbstätigkeit erzielen (§ 115 Absatz 1 Satz 3 Nummer 1 Buchstabe b der Zivilprozessordnung), 228 Euro,
2. für die Partei und ihren Ehegatten oder ihren Lebenspartner (§ 115 Absatz 1 Satz 3 Nummer 2 Buchstabe a der Zivilprozessordnung) 501 Euro,
3. für jede weitere Person, der die Partei auf Grund gesetzlicher Unterhaltspflicht Unterhalt leistet, in Abhängigkeit von deren Alter (§ 115 Absatz 1 Satz 3 Nummer 2 Buchstabe b der Zivilprozessordnung):
   a) Erwachsene 400 Euro,
   b) Jugendliche vom Beginn des 15. bis zur Vollendung des 18. Lebensjahres 381 Euro,
   c) Kinder vom Beginn des siebten bis zur Vollendung des 14. Lebensjahres 358 Euro,
   d) Kinder bis zur Vollendung des sechsten Lebensjahres 289 Euro.“

den können und wenn die Unterlassung der Rechtsverfolgung oder Rechtsverteidigung allgemeinen Interessen zuwiderlaufen würde.

[2] § 114 Absatz 1 Satz 1 letzter Halbsatz und Absatz 2 ist anzuwenden. [3] Können die Kosten nur zum Teil oder nur in Teilbeträgen aufgebracht werden, so sind die entsprechenden Beträge zu zahlen.

§ 117 Antrag. (1) [1] Der Antrag auf Bewilligung der Prozesskostenhilfe ist bei dem Prozessgericht zu stellen; er kann vor der Geschäftsstelle zu Protokoll erklärt werden. [2] In dem Antrag ist das Streitverhältnis unter Angabe der Beweismittel darzustellen. [3] Der Antrag auf Bewilligung von Prozesskostenhilfe für die Zwangsvollstreckung ist bei dem für die Zwangsvollstreckung zuständigen Gericht zu stellen.

(2) [1] Dem Antrag sind eine Erklärung der Partei über ihre persönlichen und wirtschaftlichen Verhältnisse (Familienverhältnisse, Beruf, Vermögen, Einkommen und Lasten) sowie entsprechende Belege beizufügen. [2] Die Erklärung und die Belege dürfen dem Gegner nur mit Zustimmung der Partei zugänglich gemacht werden;[1)] es sei denn, der Gegner hat gegen den Antragsteller nach den Vorschriften des bürgerlichen Rechts einen Anspruch auf Auskunft über Einkünfte und Vermögen des Antragstellers. [3] Dem Antragsteller ist vor der Übermittlung seiner Erklärung an den Gegner Gelegenheit zur Stellungnahme zu geben. [4] Er ist über die Übermittlung seiner Erklärung zu unterrichten.

(3) [1] Das Bundesministerium der Justiz und für Verbraucherschutz wird ermächtigt, zur Vereinfachung und Vereinheitlichung des Verfahrens durch Rechtsverordnung[2)] mit Zustimmung des Bundesrates Formulare für die Erklärung einzuführen. [2] Die Formulare enthalten die nach § 120a Absatz 2 Satz 4 erforderliche Belehrung.

(4) Soweit Formulare für die Erklärung eingeführt sind, muss sich die Partei ihrer bedienen.

§ 118 Bewilligungsverfahren. (1) [1] Dem Gegner ist Gelegenheit zur Stellungnahme zu geben, ob er die Voraussetzungen für die Bewilligung von Prozesskostenhilfe für gegeben hält, soweit dies aus besonderen Gründen nicht unzweckmäßig erscheint. [2] Die Stellungnahme kann vor der Geschäftsstelle zu Protokoll erklärt werden. [3] Das Gericht kann die Parteien zur mündlichen Erörterung laden, wenn eine Einigung zu erwarten ist; ein Vergleich ist zu gerichtlichem Protokoll zu nehmen. [4] Dem Gegner entstandene Kosten werden nicht erstattet. [5] Die durch die Vernehmung von Zeugen und Sachverständigen nach Absatz 2 Satz 3 entstandenen Auslagen sind als Gerichtskosten von der Partei zu tragen, der die Kosten des Rechtsstreits auferlegt sind.

(2) [1] Das Gericht kann verlangen, dass der Antragsteller seine tatsächlichen Angaben glaubhaft macht, es kann insbesondere auch die Abgabe einer Versicherung an Eides statt fordern. [2] Es kann Erhebungen anstellen, insbesondere die Vorlegung von Urkunden anordnen und Auskünfte einholen. [3] Zeugen und Sachverständige werden nicht vernommen, es sei denn, dass auf andere Weise nicht geklärt werden kann, ob die Rechtsverfolgung oder Rechtsverteidigung hinreichende Aussicht auf Erfolg bietet und nicht mutwillig erscheint; eine

---

[1)] Zeichensetzung amtlich.
[2)] Siehe die Prozesskostenhilfeformularverordnung – PKHFV v. 6.1.2014 (BGBl. I S. 34).

Beeidigung findet nicht statt. [4] Hat der Antragsteller innerhalb einer von dem Gericht gesetzten Frist Angaben über seine persönlichen und wirtschaftlichen Verhältnisse nicht glaubhaft gemacht oder bestimmte Fragen nicht oder ungenügend beantwortet, so lehnt das Gericht die Bewilligung von Prozesskostenhilfe insoweit ab.

(3) Die in Absatz 1, 2 bezeichneten Maßnahmen werden von dem Vorsitzenden oder einem von ihm beauftragten Mitglied des Gerichts durchgeführt.

§ 119 Bewilligung. (1) [1] Die Bewilligung der Prozesskostenhilfe erfolgt für jeden Rechtszug besonders. [2] In einem höheren Rechtszug ist nicht zu prüfen, ob die Rechtsverfolgung oder Rechtsverteidigung hinreichende Aussicht auf Erfolg bietet oder mutwillig erscheint, wenn der Gegner das Rechtsmittel eingelegt hat.

(2) Die Bewilligung von Prozesskostenhilfe für die Zwangsvollstreckung in das bewegliche Vermögen umfasst alle Vollstreckungshandlungen im Bezirk des Vollstreckungsgerichts einschließlich des Verfahrens auf Abgabe der Vermögensauskunft und der eidesstattlichen Versicherung.

§ 120[1)] Festsetzung von Zahlungen. (1) [1] Mit der Bewilligung der Prozesskostenhilfe setzt das Gericht zu zahlende Monatsraten und aus dem Vermögen zu zahlende Beträge fest. [2] Setzt das Gericht nach § 115 Absatz 1 Satz 3 Nummer 5 mit Rücksicht auf besondere Belastungen von dem Einkommen Beträge ab und ist anzunehmen, dass die Belastungen bis zum Ablauf von vier Jahren ganz oder teilweise entfallen werden, so setzt das Gericht zugleich diejenigen Zahlungen fest, die sich ergeben, wenn die Belastungen nicht oder nur in verringertem Umfang berücksichtigt werden, und bestimmt den Zeitpunkt, von dem an sie zu erbringen sind.

(2) Die Zahlungen sind an die Landeskasse zu leisten, im Verfahren vor dem Bundesgerichtshof an die Bundeskasse, wenn Prozesskostenhilfe in einem vorherigen Rechtszug nicht bewilligt worden ist.

(3) Das Gericht soll die vorläufige Einstellung der Zahlungen bestimmen,

1. wenn die Zahlungen der Partei die voraussichtlich entstehenden Kosten decken;
2. wenn die Partei, ein ihr beigeordneter Rechtsanwalt oder die Bundes- oder Landeskasse die Kosten gegen einen anderen am Verfahren Beteiligten geltend machen kann.

§ 120a[1)] Änderung der Bewilligung. (1) [1] Das Gericht soll die Entscheidung über die zu leistenden Zahlungen ändern, wenn sich die für die Prozesskostenhilfe maßgebenden persönlichen oder wirtschaftlichen Verhältnisse wesentlich verändert haben. [2] Eine Änderung der nach § 115 Absatz 1 Satz 3 Nummer 1 Buchstabe b und Nummer 2 maßgebenden Beträge ist nur auf Antrag und nur dann zu berücksichtigen, wenn sie dazu führt, dass keine Monatsrate zu zahlen ist. [3] Auf Verlangen des Gerichts muss die Partei jederzeit erklären, ob eine Veränderung der Verhältnisse eingetreten ist. [4] Eine Änderung zum Nachteil der Partei ist ausgeschlossen, wenn seit der rechtskräftigen Ent-

---

[1)] Beachte hierzu Übergangsvorschrift in § 40 EGZPO (Nr. **1a**).

scheidung oder der sonstigen Beendigung des Verfahrens vier Jahre vergangen sind.

(2) [1]Verbessern sich vor dem in Absatz 1 Satz 4 genannten Zeitpunkt die wirtschaftlichen Verhältnisse der Partei wesentlich oder ändert sich ihre Anschrift, hat sie dies dem Gericht unverzüglich mitzuteilen. [2]Bezieht die Partei ein laufendes monatliches Einkommen, ist eine Einkommensverbesserung nur wesentlich, wenn die Differenz zu dem bisher zu Grunde gelegten Bruttoeinkommen nicht nur einmalig 100 Euro übersteigt. [3]Satz 2 gilt entsprechend, soweit abzugsfähige Belastungen entfallen. [4]Hierüber und über die Folgen eines Verstoßes ist die Partei bei der Antragstellung in dem gemäß § 117 Absatz 3 eingeführten Formular zu belehren.

(3) [1]Eine wesentliche Verbesserung der wirtschaftlichen Verhältnisse kann insbesondere dadurch eintreten, dass die Partei durch die Rechtsverfolgung oder Rechtsverteidigung etwas erlangt. [2]Das Gericht soll nach der rechtskräftigen Entscheidung oder der sonstigen Beendigung des Verfahrens prüfen, ob eine Änderung der Entscheidung über die zu leistenden Zahlungen mit Rücksicht auf das durch die Rechtsverfolgung oder Rechtsverteidigung Erlangte geboten ist. [3]Eine Änderung der Entscheidung ist ausgeschlossen, soweit die Partei bei rechtzeitiger Leistung des durch die Rechtsverfolgung oder Rechtsverteidigung Erlangten ratenfreie Prozesskostenhilfe erhalten hätte.

(4) [1]Für die Erklärung über die Änderung der persönlichen oder wirtschaftlichen Verhältnisse nach Absatz 1 Satz 3 muss die Partei das gemäß § 117 Absatz 3 eingeführte Formular benutzen. [2]Für die Überprüfung der persönlichen und wirtschaftlichen Verhältnisse gilt § 118 Absatz 2 entsprechend.

§ 121 Beiordnung eines Rechtsanwalts. (1) Ist eine Vertretung durch Anwälte vorgeschrieben, wird der Partei ein zur Vertretung bereiter Rechtsanwalt ihrer Wahl beigeordnet.

(2) Ist eine Vertretung durch Anwälte nicht vorgeschrieben, wird der Partei auf ihren Antrag ein zur Vertretung bereiter Rechtsanwalt ihrer Wahl beigeordnet, wenn die Vertretung durch einen Rechtsanwalt erforderlich erscheint oder der Gegner durch einen Rechtsanwalt vertreten ist.

(3) Ein nicht in dem Bezirk des Prozessgerichts niedergelassener Rechtsanwalt kann nur beigeordnet werden, wenn dadurch weitere Kosten nicht entstehen.

(4) Wenn besondere Umstände dies erfordern, kann der Partei auf ihren Antrag ein zur Vertretung bereiter Rechtsanwalt ihrer Wahl zur Wahrnehmung eines Termins zur Beweisaufnahme vor dem ersuchten Richter oder zur Vermittlung des Verkehrs mit dem Prozessbevollmächtigten beigeordnet werden.

(5) Findet die Partei keinen zur Vertretung bereiten Anwalt, ordnet der Vorsitzende ihr auf Antrag einen Rechtsanwalt bei.

§ 122 Wirkung der Prozesskostenhilfe. (1) Die Bewilligung der Prozesskostenhilfe bewirkt, dass

1. die Bundes- oder Landeskasse

   a) die rückständigen und die entstehenden Gerichtskosten und Gerichtsvollzieherkosten,

b) die auf sie übergegangenen Ansprüche der beigeordneten Rechtsanwälte gegen die Partei

nur nach den Bestimmungen, die das Gericht trifft, gegen die Partei geltend machen kann,

2. die Partei von der Verpflichtung zur Sicherheitsleistung für die Prozesskosten befreit ist,
3. die beigeordneten Rechtsanwälte Ansprüche auf Vergütung gegen die Partei nicht geltend machen können.

(2) Ist dem Kläger, dem Berufungskläger oder dem Revisionskläger Prozesskostenhilfe bewilligt und ist nicht bestimmt worden, dass Zahlungen an die Bundes- oder Landeskasse zu leisten sind, so hat dies für den Gegner die einstweilige Befreiung von den in Absatz 1 Nr. 1 Buchstabe a bezeichneten Kosten zur Folge.

§ 123 Kostenerstattung. Die Bewilligung der Prozesskostenhilfe hat auf die Verpflichtung, die dem Gegner entstandenen Kosten zu erstatten, keinen Einfluss.

§ 124 Aufhebung der Bewilligung. (1) Das Gericht soll die Bewilligung der Prozesskostenhilfe aufheben, wenn

1. die Partei durch unrichtige Darstellung des Streitverhältnisses die für die Bewilligung der Prozesskostenhilfe maßgebenden Voraussetzungen vorgetäuscht hat;
2. die Partei absichtlich oder aus grober Nachlässigkeit unrichtige Angaben über die persönlichen oder wirtschaftlichen Verhältnisse gemacht oder eine Erklärung nach § 120a Absatz 1 Satz 3 nicht oder ungenügend abgegeben hat;
3. die persönlichen oder wirtschaftlichen Voraussetzungen für die Prozesskostenhilfe nicht vorgelegen haben; in diesem Fall ist die Aufhebung ausgeschlossen, wenn seit der rechtskräftigen Entscheidung oder sonstigen Beendigung des Verfahrens vier Jahre vergangen sind;
4. die Partei entgegen § 120a Absatz 2 Satz 1 bis 3 dem Gericht wesentliche Verbesserungen ihrer Einkommens- und Vermögensverhältnisse oder Änderungen ihrer Anschrift absichtlich oder aus grober Nachlässigkeit unrichtig oder nicht unverzüglich mitgeteilt hat;
5. die Partei länger als drei Monate mit der Zahlung einer Monatsrate oder mit der Zahlung eines sonstigen Betrages im Rückstand ist.

(2) Das Gericht kann die Bewilligung der Prozesskostenhilfe aufheben, soweit die von der Partei beantragte Beweiserhebung auf Grund von Umständen, die im Zeitpunkt der Bewilligung der Prozesskostenhilfe noch nicht berücksichtigt werden konnten, keine hinreichende Aussicht auf Erfolg bietet oder der Beweisantritt mutwillig erscheint.

§ 125 Einziehung der Kosten. (1) Die Gerichtskosten und die Gerichtsvollzieherkosten können von dem Gegner erst eingezogen werden, wenn er rechtskräftig in die Prozesskosten verurteilt ist.

(2) Die Gerichtskosten, von deren Zahlung der Gegner einstweilen befreit ist, sind von ihm einzuziehen, soweit er rechtskräftig in die Prozesskosten verurteilt oder der Rechtsstreit ohne Urteil über die Kosten beendet ist.

§ 126 Beitreibung der Rechtsanwaltskosten. (1) Die für die Partei bestellten Rechtsanwälte sind berechtigt, ihre Gebühren und Auslagen von dem in die Prozesskosten verurteilten Gegner im eigenen Namen beizutreiben.

(2) [1] Eine Einrede aus der Person der Partei ist nicht zulässig. [2] Der Gegner kann mit Kosten aufrechnen, die nach der in demselben Rechtsstreit über die Kosten erlassenen Entscheidung von der Partei zu erstatten sind.

§ 127 Entscheidungen. (1) [1] Entscheidungen im Verfahren über die Prozesskostenhilfe ergehen ohne mündliche Verhandlung. [2] Zuständig ist das Gericht des ersten Rechtszuges; ist das Verfahren in einem höheren Rechtszug anhängig, so ist das Gericht dieses Rechtszuges zuständig. [3] Soweit die Gründe der Entscheidung Angaben über die persönlichen und wirtschaftlichen Verhältnisse der Partei enthalten, dürfen sie dem Gegner nur mit Zustimmung der Partei zugänglich gemacht werden.

(2) [1] Die Bewilligung der Prozesskostenhilfe kann nur nach Maßgabe des Absatzes 3 angefochten werden. [2] Im Übrigen findet die sofortige Beschwerde statt; dies gilt nicht, wenn der Streitwert der Hauptsache den in § 511 genannten Betrag nicht übersteigt, es sei denn, das Gericht hat ausschließlich die persönlichen oder wirtschaftlichen Voraussetzungen für die Prozesskostenhilfe verneint. [3] Die Notfrist beträgt einen Monat.

(3) [1] Gegen die Bewilligung der Prozesskostenhilfe findet die sofortige Beschwerde der Staatskasse statt, wenn weder Monatsraten noch aus dem Vermögen zu zahlende Beträge festgesetzt worden sind. [2] Die Beschwerde kann nur darauf gestützt werden, dass die Partei gemäß § 115 Absatz 1 bis 3 nach ihren persönlichen und wirtschaftlichen Verhältnissen Zahlungen zu leisten oder gemäß § 116 Satz 3 Beträge zu zahlen hat. [3] Die Notfrist beträgt einen Monat und beginnt mit der Bekanntgabe des Beschlusses. [4] Nach Ablauf von drei Monaten seit der Verkündung der Entscheidung ist die Beschwerde unstatthaft. [5] Wird die Entscheidung nicht verkündet, so tritt an die Stelle der Verkündung der Zeitpunkt, in dem die unterschriebene Entscheidung der Geschäftsstelle übermittelt wird. [6] Die Entscheidung wird der Staatskasse nicht von Amts wegen mitgeteilt.

(4) Die Kosten des Beschwerdeverfahrens werden nicht erstattet.

§ 127a *(aufgehoben)*

Abschnitt 3. Verfahren[1)]

Titel 1. Mündliche Verhandlung

§ 128 Grundsatz der Mündlichkeit; schriftliches Verfahren. (1) Die Parteien verhandeln über den Rechtsstreit vor dem erkennenden Gericht mündlich.

[1)] Vgl. §§ 169–197 GVG (Nr. **3**).

(2) [1] Mit Zustimmung der Parteien, die nur bei einer wesentlichen Änderung der Prozesslage widerruflich ist, kann das Gericht eine Entscheidung ohne mündliche Verhandlung treffen. [2] Es bestimmt alsbald den Zeitpunkt, bis zu dem Schriftsätze eingereicht werden können, und den Termin zur Verkündung der Entscheidung. [3] Eine Entscheidung ohne mündliche Verhandlung ist unzulässig, wenn seit der Zustimmung der Parteien mehr als drei Monate verstrichen sind.

(3) Ist nur noch über die Kosten oder Nebenforderungen zu entscheiden, kann die Entscheidung ohne mündliche Verhandlung ergehen.

(4) Entscheidungen des Gerichts, die nicht Urteile sind, können ohne mündliche Verhandlung ergehen, soweit nichts anderes bestimmt ist.

§ 128a Verhandlung im Wege der Bild- und Tonübertragung.

(1) [1] Das Gericht kann den Parteien, ihren Bevollmächtigten und Beiständen auf Antrag oder von Amts wegen gestatten, sich während einer mündlichen Verhandlung an einem anderen Ort aufzuhalten und dort Verfahrenshandlungen vorzunehmen. [2] Die Verhandlung wird zeitgleich in Bild und Ton an diesen Ort und in das Sitzungszimmer übertragen.

(2) [1] Das Gericht kann auf Antrag gestatten, dass sich ein Zeuge, ein Sachverständiger oder eine Partei während einer Vernehmung an einem anderen Ort aufhält. [2] Die Vernehmung wird zeitgleich in Bild und Ton an diesen Ort und in das Sitzungszimmer übertragen. [3] Ist Parteien, Bevollmächtigten und Beiständen nach Absatz 1 Satz 1 gestattet worden, sich an einem anderen Ort aufzuhalten, so wird die Vernehmung auch an diesen Ort übertragen.

(3) [1] Die Übertragung wird nicht aufgezeichnet. [2] Entscheidungen nach Absatz 1 Satz 1 und Absatz 2 Satz 1 sind unanfechtbar.

§ 129 Vorbereitende Schriftsätze. (1) In Anwaltsprozessen wird die mündliche Verhandlung durch Schriftsätze vorbereitet.

(2) In anderen Prozessen kann den Parteien durch richterliche Anordnung aufgegeben werden, die mündliche Verhandlung durch Schriftsätze oder zu Protokoll der Geschäftsstelle abzugebende Erklärungen vorzubereiten.

§ 129a Anträge und Erklärungen zu Protokoll. (1) Anträge und Erklärungen, deren Abgabe vor dem Urkundsbeamten der Geschäftsstelle zulässig ist, können vor der Geschäftsstelle eines jeden Amtsgerichts zu Protokoll abgegeben werden.

(2) [1] Die Geschäftsstelle hat das Protokoll unverzüglich an das Gericht zu übermitteln, an das der Antrag oder die Erklärung gerichtet ist. [2] Die Wirkung einer Prozesshandlung tritt frühestens ein, wenn das Protokoll dort eingeht. [3] Die Übermittlung des Protokolls kann demjenigen, der den Antrag oder die Erklärung zu Protokoll abgegeben hat, mit seiner Zustimmung überlassen werden.

§ 130 Inhalt der Schriftsätze. Die vorbereitenden Schriftsätze sollen enthalten:

1. die Bezeichnung der Parteien und ihrer gesetzlichen Vertreter nach Namen, Stand oder Gewerbe, Wohnort und Parteistellung; die Bezeichnung des Gerichts und des Streitgegenstandes; die Zahl der Anlagen;

1a. die für eine Übermittlung elektronischer Dokumente erforderlichen Angaben, sofern eine solche möglich ist;
2. die Anträge, welche die Partei in der Gerichtssitzung zu stellen beabsichtigt;
3. die Angabe der zur Begründung der Anträge dienenden tatsächlichen Verhältnisse;
4. die Erklärung über die tatsächlichen Behauptungen des Gegners;
5. die Bezeichnung der Beweismittel, deren sich die Partei zum Nachweis oder zur Widerlegung tatsächlicher Behauptungen bedienen will, sowie die Erklärung über die von dem Gegner bezeichneten Beweismittel;
6. die Unterschrift der Person, die den Schriftsatz verantwortet, bei Übermittlung durch einen Telefaxdienst (Telekopie) die Wiedergabe der Unterschrift in der Kopie.

§ 130a Elektronisches Dokument. (1) Vorbereitende Schriftsätze und deren Anlagen, schriftlich einzureichende Anträge und Erklärungen der Parteien sowie schriftlich einzureichende Auskünfte, Aussagen, Gutachten, Übersetzungen und Erklärungen Dritter können nach Maßgabe der folgenden Absätze als elektronische Dokumente bei Gericht eingereicht werden.

(2) [1] Das elektronische Dokument muss für die Bearbeitung durch das Gericht geeignet sein. [2] Die Bundesregierung bestimmt durch Rechtsverordnung mit Zustimmung des Bundesrates die für die Übermittlung und Bearbeitung geeigneten technischen Rahmenbedingungen.

(3) [1] Das elektronische Dokument muss mit einer qualifizierten elektronischen Signatur der verantwortenden Person versehen sein oder von der verantwortenden Person signiert und auf einem sicheren Übermittlungsweg eingereicht werden. [2] Satz 1 gilt nicht für Anlagen, die vorbereitenden Schriftsätzen beigefügt sind.

(4) Sichere Übermittlungswege sind

1. der Postfach- und Versanddienst eines De-Mail-Kontos, wenn der Absender bei Versand der Nachricht sicher im Sinne des § 4 Absatz 1 Satz 2 des De-Mail-Gesetzes angemeldet ist und er sich die sichere Anmeldung gemäß § 5 Absatz 5 des De-Mail-Gesetzes bestätigen lässt,
2. der Übermittlungsweg zwischen dem besonderen elektronischen Anwaltspostfach nach § 31a der Bundesrechtsanwaltsordnung oder einem entsprechenden, auf gesetzlicher Grundlage errichteten elektronischen Postfach und der elektronischen Poststelle des Gerichts,
3. der Übermittlungsweg zwischen einem nach Durchführung eines Identifizierungsverfahrens eingerichteten Postfach einer Behörde oder einer juristischen Person des öffentlichen Rechts und der elektronischen Poststelle des Gerichts; das Nähere regelt die Verordnung nach Absatz 2 Satz 2,
4. sonstige bundeseinheitliche Übermittlungswege, die durch Rechtsverordnung der Bundesregierung mit Zustimmung des Bundesrates festgelegt werden, bei denen die Authentizität und Integrität der Daten sowie die Barrierefreiheit gewährleistet sind.

(5) [1] Ein elektronisches Dokument ist eingegangen, sobald es auf der für den Empfang bestimmten Einrichtung des Gerichts gespeichert ist. [2] Dem Absender

ist eine automatisierte Bestätigung über den Zeitpunkt des Eingangs zu erteilen.

(6) [1] Ist ein elektronisches Dokument für das Gericht zur Bearbeitung nicht geeignet, ist dies dem Absender unter Hinweis auf die Unwirksamkeit des Eingangs und auf die geltenden technischen Rahmenbedingungen unverzüglich mitzuteilen. [2] Das Dokument gilt als zum Zeitpunkt der früheren Einreichung eingegangen, sofern der Absender es unverzüglich in einer für das Gericht zur Bearbeitung geeigneten Form nachreicht und glaubhaft macht, dass es mit dem zuerst eingereichten Dokument inhaltlich übereinstimmt.

§ 130b Gerichtliches elektronisches Dokument. [1] Soweit dieses Gesetz dem Richter, dem Rechtspfleger, dem Urkundsbeamten der Geschäftsstelle oder dem Gerichtsvollzieher die handschriftliche Unterzeichnung vorschreibt, genügt dieser Form die Aufzeichnung als elektronisches Dokument, wenn die verantwortenden Personen am Ende des Dokuments ihren Namen hinzufügen und das Dokument mit einer qualifizierten elektronischen Signatur versehen. [2] Der in Satz 1 genannten Form genügt auch ein elektronisches Dokument, in welches das handschriftlich unterzeichnete Schriftstück gemäß § 298a Absatz 2 übertragen worden ist.

§ 130c Formulare; Verordnungsermächtigung. [1] Das Bundesministerium der Justiz und für Verbraucherschutz kann durch Rechtsverordnung mit Zustimmung des Bundesrates elektronische Formulare einführen. [2] Die Rechtsverordnung kann bestimmen, dass die in den Formularen enthaltenen Angaben ganz oder teilweise in strukturierter maschinenlesbarer Form zu übermitteln sind. [3] Die Formulare sind auf einer in der Rechtsverordnung zu bestimmenden Kommunikationsplattform im Internet zur Nutzung bereitzustellen. [4] Die Rechtsverordnung kann bestimmen, dass eine Identifikation des Formularverwenders abweichend von § 130a Absatz 3 auch durch Nutzung des elektronischen Identitätsnachweises nach § 18 des Personalausweisgesetzes ***[ab 1.11. 2020:** , § 12 des eID-Karte-Gesetzes]* oder § 78 Absatz 5 des Aufenthaltsgesetzes erfolgen kann.

[§ 130d ab 1.1.2022:]
§ 130d Nutzungspflicht für Rechtsanwälte und Behörden. *[1] Vorbereitende Schriftsätze und deren Anlagen sowie schriftlich einzureichende Anträge und Erklärungen, die durch einen Rechtsanwalt, durch eine Behörde oder durch eine juristische Person des öffentlichen Rechts einschließlich der von ihr zur Erfüllung ihrer öffentlichen Aufgaben gebildeten Zusammenschlüsse eingereicht werden, sind als elektronisches Dokument zu übermitteln. [2] Ist dies aus technischen Gründen vorübergehend nicht möglich, bleibt die Übermittlung nach den allgemeinen Vorschriften zulässig. [3] Die vorübergehende Unmöglichkeit ist bei der Ersatzeinreichung oder unverzüglich danach glaubhaft zu machen; auf Anforderung ist ein elektronisches Dokument nachzureichen.*

§ 131 Beifügung von Urkunden. (1) Dem vorbereitenden Schriftsatz sind die in den Händen der Partei befindlichen Urkunden, auf die in dem Schriftsatz Bezug genommen wird, in Abschrift beizufügen.

(2) Kommen nur einzelne Teile einer Urkunde in Betracht, so genügt die Beifügung eines Auszugs, der den Eingang, die zur Sache gehörende Stelle, den Schluss, das Datum und die Unterschrift enthält.

(3) Sind die Urkunden dem Gegner bereits bekannt oder von bedeutendem Umfang, so genügt ihre genaue Bezeichnung mit dem Erbieten, Einsicht zu gewähren.

§ 132 Fristen für Schriftsätze. (1) [1]Der vorbereitende Schriftsatz, der neue Tatsachen oder ein anderes neues Vorbringen enthält, ist so rechtzeitig einzureichen, dass er mindestens eine Woche vor der mündlichen Verhandlung zugestellt werden kann. [2]Das Gleiche gilt für einen Schriftsatz, der einen Zwischenstreit betrifft.

(2) [1]Der vorbereitende Schriftsatz, der eine Gegenerklärung auf neues Vorbringen enthält, ist so rechtzeitig einzureichen, dass er mindestens drei Tage vor der mündlichen Verhandlung zugestellt werden kann. [2]Dies gilt nicht, wenn es sich um eine schriftliche Gegenerklärung in einem Zwischenstreit handelt.

§ 133 Abschriften. (1) [1]Die Parteien sollen den Schriftsätzen, die sie bei dem Gericht einreichen, die für die Zustellung erforderliche Zahl von Abschriften der Schriftsätze und deren Anlagen beifügen. [2]Das gilt nicht für elektronisch übermittelte Dokumente sowie für Anlagen, die dem Gegner in Urschrift oder in Abschrift vorliegen.

(2) Im Falle der Zustellung von Anwalt zu Anwalt (§ 195) haben die Parteien sofort nach der Zustellung eine für das Prozessgericht bestimmte Abschrift ihrer vorbereitenden Schriftsätze und der Anlagen bei dem Gericht einzureichen.

§ 134 Einsicht von Urkunden. (1) Die Partei ist, wenn sie rechtzeitig aufgefordert wird, verpflichtet, die in ihren Händen befindlichen Urkunden, auf die sie in einem vorbereitenden Schriftsatz Bezug genommen hat, vor der mündlichen Verhandlung auf der Geschäftsstelle niederzulegen und den Gegner von der Niederlegung zu benachrichtigen.

(2) [1]Der Gegner hat zur Einsicht der Urkunden eine Frist von drei Tagen. [2]Die Frist kann auf Antrag von dem Vorsitzenden verlängert oder abgekürzt werden.

§ 135 Mitteilung von Urkunden unter Rechtsanwälten. (1) Den Rechtsanwälten steht es frei, die Mitteilung von Urkunden von Hand zu Hand gegen Empfangsbescheinigung zu bewirken.

(2) Gibt ein Rechtsanwalt die ihm eingehändigte Urkunde nicht binnen der bestimmten Frist zurück, so ist er auf Antrag nach mündlicher Verhandlung zur unverzüglichen Rückgabe zu verurteilen.

(3) Gegen das Zwischenurteil findet sofortige Beschwerde statt.

§ 136 Prozessleitung durch Vorsitzenden. (1) Der Vorsitzende eröffnet und leitet die Verhandlung.

(2) [1]Er erteilt das Wort und kann es demjenigen, der seinen Anordnungen nicht Folge leistet, entziehen. [2]Er hat jedem Mitglied des Gerichts auf Verlangen zu gestatten, Fragen zu stellen.

(3) Er hat Sorge zu tragen, dass die Sache erschöpfend erörtert und die Verhandlung ohne Unterbrechung zu Ende geführt wird; erforderlichenfalls hat er die Sitzung zur Fortsetzung der Verhandlung sofort zu bestimmen.

(4) Er schließt die Verhandlung, wenn nach Ansicht des Gerichts die Sache vollständig erörtert ist, und verkündet die Urteile und Beschlüsse des Gerichts.

§ 137 Gang der mündlichen Verhandlung. (1) Die mündliche Verhandlung wird dadurch eingeleitet, dass die Parteien ihre Anträge stellen.

(2) Die Vorträge der Parteien sind in freier Rede zu halten; sie haben das Streitverhältnis in tatsächlicher und rechtlicher Beziehung zu umfassen.

(3) [1] Eine Bezugnahme auf Dokumente ist zulässig, soweit keine der Parteien widerspricht und das Gericht sie für angemessen hält. [2] Die Vorlesung von Dokumenten findet nur insoweit statt, als es auf ihren wörtlichen Inhalt ankommt.

(4) In Anwaltsprozessen ist neben dem Anwalt auch der Partei selbst auf Antrag das Wort zu gestatten.

§ 138 Erklärungspflicht über Tatsachen; Wahrheitspflicht. (1) Die Parteien haben ihre Erklärungen über tatsächliche Umstände vollständig und der Wahrheit gemäß abzugeben.

(2) Jede Partei hat sich über die von dem Gegner behaupteten Tatsachen zu erklären.

(3) Tatsachen, die nicht ausdrücklich bestritten werden, sind als zugestanden anzusehen, wenn nicht die Absicht, sie bestreiten zu wollen, aus den übrigen Erklärungen der Partei hervorgeht.

(4) Eine Erklärung mit Nichtwissen ist nur über Tatsachen zulässig, die weder eigene Handlungen der Partei noch Gegenstand ihrer eigenen Wahrnehmung gewesen sind.

§ 139 Materielle Prozessleitung. (1) [1] Das Gericht hat das Sach- und Streitverhältnis, soweit erforderlich, mit den Parteien nach der tatsächlichen und rechtlichen Seite zu erörtern und Fragen zu stellen. [2] Es hat dahin zu wirken, dass die Parteien sich rechtzeitig und vollständig über alle erheblichen Tatsachen erklären, insbesondere ungenügende Angaben zu den geltend gemachten Tatsachen ergänzen, die Beweismittel bezeichnen und die sachdienlichen Anträge stellen. [3] Das Gericht kann durch Maßnahmen der Prozessleitung das Verfahren strukturieren und den Streitstoff abschichten.

(2) [1] Auf einen Gesichtspunkt, den eine Partei erkennbar übersehen oder für unerheblich gehalten hat, darf das Gericht, soweit nicht nur eine Nebenforderung betroffen ist, seine Entscheidung nur stützen, wenn es darauf hingewiesen und Gelegenheit zur Äußerung dazu gegeben hat. [2] Dasselbe gilt für einen Gesichtspunkt, den das Gericht anders beurteilt als beide Parteien.

(3) Das Gericht hat auf die Bedenken aufmerksam zu machen, die hinsichtlich der von Amts wegen zu berücksichtigenden Punkte bestehen.

(4) [1] Hinweise nach dieser Vorschrift sind so früh wie möglich zu erteilen und aktenkundig zu machen. [2] Ihre Erteilung kann nur durch den Inhalt der Akten bewiesen werden. [3] Gegen den Inhalt der Akten ist nur der Nachweis der Fälschung zulässig.

(5) Ist einer Partei eine sofortige Erklärung zu einem gerichtlichen Hinweis nicht möglich, so soll auf ihren Antrag das Gericht eine Frist bestimmen, in der sie die Erklärung in einem Schriftsatz nachbringen kann.

§ 140 Beanstandung von Prozessleitung oder Fragen. Wird eine auf die Sachleitung bezügliche Anordnung des Vorsitzenden oder eine von dem Vorsitzenden oder einem Gerichtsmitglied gestellte Frage von einer bei der Verhandlung beteiligten Person als unzulässig beanstandet, so entscheidet das Gericht.

§ 141 Anordnung des persönlichen Erscheinens. (1) [1]Das Gericht soll das persönliche Erscheinen beider Parteien anordnen, wenn dies zur Aufklärung des Sachverhalts geboten erscheint. [2]Ist einer Partei wegen großer Entfernung oder aus sonstigem wichtigen Grund die persönliche Wahrnehmung des Termins nicht zuzumuten, so sieht das Gericht von der Anordnung ihres Erscheinens ab.

(2) [1]Wird das Erscheinen angeordnet, so ist die Partei von Amts wegen zu laden. [2]Die Ladung ist der Partei selbst mitzuteilen, auch wenn sie einen Prozessbevollmächtigten bestellt hat; der Zustellung bedarf die Ladung nicht.

(3) [1]Bleibt die Partei im Termin aus, so kann gegen sie Ordnungsgeld wie gegen einen im Vernehmungstermin nicht erschienenen Zeugen festgesetzt werden. [2]Dies gilt nicht, wenn die Partei zur Verhandlung einen Vertreter entsendet, der zur Aufklärung des Tatbestandes in der Lage und zur Abgabe der gebotenen Erklärungen, insbesondere zu einem Vergleichsabschluss, ermächtigt ist. [3]Die Partei ist auf die Folgen ihres Ausbleibens in der Ladung hinzuweisen.

§ 142 Anordnung der Urkundenvorlegung. (1) [1]Das Gericht kann anordnen, dass eine Partei oder ein Dritter die in ihrem oder seinem Besitz befindlichen Urkunden und sonstigen Unterlagen, auf die sich eine Partei bezogen hat, vorlegt. [2]Das Gericht kann hierfür eine Frist setzen sowie anordnen, dass die vorgelegten Unterlagen während einer von ihm zu bestimmenden Zeit auf der Geschäftsstelle verbleiben.

(2) [1]Dritte sind zur Vorlegung nicht verpflichtet, soweit ihnen diese nicht zumutbar ist oder sie zur Zeugnisverweigerung gemäß den §§ 383 bis 385 berechtigt sind. [2]Die §§ 386 bis 390 gelten entsprechend.

(3) [1]Das Gericht kann anordnen, dass von in fremder Sprache abgefassten Urkunden eine Übersetzung beigebracht wird, die ein Übersetzer angefertigt hat, der für Sprachübertragungen der betreffenden Art in einem Land nach den landesrechtlichen Vorschriften ermächtigt oder öffentlich bestellt wurde oder einem solchen Übersetzer jeweils gleichgestellt ist. [2]Eine solche Übersetzung gilt als richtig und vollständig, wenn dies von dem Übersetzer bescheinigt wird. [3]Die Bescheinigung soll auf die Übersetzung gesetzt werden, Ort und Tag der Übersetzung sowie die Stellung des Übersetzers angeben und von ihm unterschrieben werden. [4]Der Beweis der Unrichtigkeit oder Unvollständigkeit der Übersetzung ist zulässig. [5]Die Anordnung nach Satz 1 kann nicht gegenüber dem Dritten ergehen.

§ 143 Anordnung der Aktenübermittlung. Das Gericht kann anordnen, dass die Parteien die in ihrem Besitz befindlichen Akten vorlegen, soweit diese aus Dokumenten bestehen, welche die Verhandlung und Entscheidung der Sache betreffen.

§ 144 Augenschein; Sachverständige. (1) [1]Das Gericht kann die Einnahme des Augenscheins sowie die Hinzuziehung von Sachverständigen anordnen.

[2] Es kann zu diesem Zweck einer Partei oder einem Dritten die Vorlegung eines in ihrem oder seinem Besitz befindlichen Gegenstandes aufgeben und hierfür eine Frist setzen. [3] Es kann auch die Duldung der Maßnahme nach Satz 1 aufgeben, sofern nicht eine Wohnung betroffen ist.

(2) [1] Dritte sind zur Vorlegung oder Duldung nicht verpflichtet, soweit ihnen diese nicht zumutbar ist oder sie zur Zeugnisverweigerung gemäß den §§ 383 bis 385 berechtigt sind. [2] Die §§ 386 bis 390 gelten entsprechend.

(3) Die Vorschriften, die eine auf Antrag angeordnete Einnahme des Augenscheins oder Begutachtung durch Sachverständige zum Gegenstand haben, sind entsprechend anzuwenden.

§ 145 Prozesstrennung. (1) [1] Das Gericht kann anordnen, dass mehrere in einer Klage erhobene Ansprüche in getrennten Prozessen verhandelt werden, wenn dies aus sachlichen Gründen gerechtfertigt ist. [2] Die Entscheidung ergeht durch Beschluss und ist zu begründen.

(2) Das Gleiche gilt, wenn der Beklagte eine Widerklage erhoben hat und der Gegenanspruch mit dem in der Klage geltend gemachten Anspruch nicht in rechtlichem Zusammenhang steht.

(3) Macht der Beklagte die Aufrechnung einer Gegenforderung geltend, die mit der in der Klage geltend gemachten Forderung nicht in rechtlichem Zusammenhang steht, so kann das Gericht anordnen, dass über die Klage und über die Aufrechnung getrennt verhandelt werde; die Vorschriften des § 302 sind anzuwenden.

§ 146 Beschränkung auf einzelne Angriffs- und Verteidigungsmittel. Das Gericht kann anordnen, dass bei mehreren auf denselben Anspruch sich beziehenden selbständigen Angriffs- oder Verteidigungsmitteln (Klagegründen, Einreden, Repliken usw.) die Verhandlung zunächst auf eines oder einige dieser Angriffs- oder Verteidigungsmittel zu beschränken sei.

§ 147 Prozessverbindung. Das Gericht kann die Verbindung mehrerer bei ihm anhängiger Prozesse derselben oder verschiedener Parteien zum Zwecke der gleichzeitigen Verhandlung und Entscheidung anordnen, wenn die Ansprüche, die den Gegenstand dieser Prozesse bilden, in rechtlichem Zusammenhang stehen oder in einer Klage hätten geltend gemacht werden können.

§ 148 Aussetzung bei Vorgreiflichkeit. (1) Das Gericht kann, wenn die Entscheidung des Rechtsstreits ganz oder zum Teil von dem Bestehen oder Nichtbestehen eines Rechtsverhältnisses abhängt, das den Gegenstand eines anderen anhängigen Rechtsstreits bildet oder von einer Verwaltungsbehörde festzustellen ist, anordnen, dass die Verhandlung bis zur Erledigung des anderen Rechtsstreits oder bis zur Entscheidung der Verwaltungsbehörde auszusetzen sei.

(2) Das Gericht kann ferner, wenn die Entscheidung des Rechtsstreits von Feststellungszielen abhängt, die den Gegenstand eines anhängigen Musterfeststellungsverfahrens bilden, auf Antrag des Klägers, der nicht Verbraucher ist, anordnen, dass die Verhandlung bis zur Erledigung des Musterfeststellungsverfahrens auszusetzen sei.

§ 149 Aussetzung bei Verdacht einer Straftat. (1) Das Gericht kann, wenn sich im Laufe eines Rechtsstreits der Verdacht einer Straftat ergibt, deren Ermittlung auf die Entscheidung von Einfluss ist, die Aussetzung der Verhandlung bis zur Erledigung des Strafverfahrens anordnen.

(2) [1] Das Gericht hat die Verhandlung auf Antrag einer Partei fortzusetzen, wenn seit der Aussetzung ein Jahr vergangen ist. [2] Dies gilt nicht, wenn gewichtige Gründe für die Aufrechterhaltung der Aussetzung sprechen.

§ 150 Aufhebung von Trennung, Verbindung oder Aussetzung. [1] Das Gericht kann die von ihm erlassenen, eine Trennung, Verbindung oder Aussetzung betreffenden Anordnungen wieder aufheben. [2] § 149 Abs. 2 bleibt unberührt.

§ 151 (weggefallen)

§ 152 Aussetzung bei Eheaufhebungsantrag. [1] Hängt die Entscheidung eines Rechtsstreits davon ab, ob eine Ehe aufhebbar ist,[1)] und ist die Aufhebung beantragt, so hat das Gericht auf Antrag das Verfahren auszusetzen. [2] Ist das Verfahren über die Aufhebung erledigt, so findet die Aufnahme des ausgesetzten Verfahrens statt.

§ 153 Aussetzung bei Vaterschaftsanfechtungsklage. Hängt die Entscheidung eines Rechtsstreits davon ab, ob ein Mann, dessen Vaterschaft im Wege der Anfechtungsklage angefochten worden ist, der Vater des Kindes ist, so gelten die Vorschriften des § 152 entsprechend.

§ 154 Aussetzung bei Ehe- oder Kindschaftsstreit. (1) Wird im Laufe eines Rechtsstreits streitig, ob zwischen den Parteien eine Ehe oder eine Lebenspartnerschaft bestehe oder nicht bestehe, und hängt von der Entscheidung dieser Frage die Entscheidung des Rechtsstreits ab, so hat das Gericht auf Antrag das Verfahren auszusetzen, bis der Streit über das Bestehen oder Nichtbestehen der Ehe oder der Lebenspartnerschaft im Wege der Feststellungsklage erledigt ist.

(2) Diese Vorschrift gilt entsprechend, wenn im Laufe eines Rechtsstreits streitig wird, ob zwischen den Parteien ein Eltern- und Kindesverhältnis bestehe oder nicht bestehe oder ob der einen Partei die elterliche Sorge für die andere zustehe oder nicht zustehe, und von der Entscheidung dieser Fragen die Entscheidung des Rechtsstreits abhängt.

§ 155 Aufhebung der Aussetzung bei Verzögerung. In den Fällen der §§ 152, 153 kann das Gericht auf Antrag die Anordnung, durch die das Verfahren ausgesetzt ist, aufheben, wenn die Betreibung des Rechtsstreits, der zu der Aussetzung Anlass gegeben hat, verzögert wird.

§ 156 Wiedereröffnung der Verhandlung. (1) Das Gericht kann die Wiedereröffnung einer Verhandlung, die geschlossen war, anordnen.

(2) Das Gericht hat die Wiedereröffnung insbesondere anzuordnen, wenn

---

[1)] Vgl. dazu §§ 1313 ff. BGB idF der Bek. v. 2.1.2002 (BGBl. I S. 42, ber. S. 2909, 2003 S. 738), zuletzt geänd. durch G v. 21.12.2019 (BGBl. I S. 2911).

1. das Gericht einen entscheidungserheblichen und rügbaren Verfahrensfehler (§ 295), insbesondere eine Verletzung der Hinweis- und Aufklärungspflicht (§ 139) oder eine Verletzung des Anspruchs auf rechtliches Gehör, feststellt,
2. nachträglich Tatsachen vorgetragen und glaubhaft gemacht werden, die einen Wiederaufnahmegrund (§§ 579, 580) bilden, oder
3. zwischen dem Schluss der mündlichen Verhandlung und dem Schluss der Beratung und Abstimmung (§§ 192 bis 197 des Gerichtsverfassungsgesetzes[1]) ein Richter ausgeschieden ist.

§ 157 Untervertretung in der Verhandlung. Der bevollmächtigte Rechtsanwalt kann in Verfahren, in denen die Parteien den Rechtsstreit selbst führen können, zur Vertretung in der Verhandlung einen Referendar bevollmächtigen, der im Vorbereitungsdienst bei ihm beschäftigt ist.

§ 158 Entfernung infolge Prozessleitungsanordnung. Ist eine bei der Verhandlung beteiligte Person zur Aufrechterhaltung der Ordnung von dem Ort der Verhandlung entfernt worden, so kann auf Antrag gegen sie in gleicher Weise verfahren werden, als wenn sie freiwillig sich entfernt hätte.

§ 159 Protokollaufnahme. (1) [1]Über die Verhandlung und jede Beweisaufnahme ist ein Protokoll aufzunehmen. [2]Für die Protokollführung kann ein Urkundsbeamter der Geschäftsstelle zugezogen werden, wenn dies auf Grund des zu erwartenden Umfangs des Protokolls, in Anbetracht der besonderen Schwierigkeit der Sache oder aus einem sonstigen wichtigen Grund erforderlich ist.

(2) [1]Absatz 1 gilt entsprechend für Verhandlungen, die außerhalb der Sitzung vor Richtern beim Amtsgericht oder vor beauftragten oder ersuchten Richtern stattfinden. [2]Ein Protokoll über eine Güteverhandlung oder weitere Güteversuche vor einem Güterichter nach § 278 Absatz 5 wird nur auf übereinstimmenden Antrag der Parteien aufgenommen.

§ 160 Inhalt des Protokolls. (1) Das Protokoll enthält

1. den Ort und den Tag der Verhandlung;
2. die Namen der Richter, des Urkundsbeamten der Geschäftsstelle und des etwa zugezogenen Dolmetschers;
3. die Bezeichnung des Rechtsstreits;
4. die Namen der erschienenen Parteien, Nebenintervenienten, Vertreter, Bevollmächtigten, Beistände, Zeugen und Sachverständigen und im Falle des § 128a den Ort, von dem aus sie an der Verhandlung teilnehmen;
5. die Angabe, dass öffentlich verhandelt oder die Öffentlichkeit ausgeschlossen worden ist.

(2) Die wesentlichen Vorgänge der Verhandlung sind aufzunehmen.

(3) Im Protokoll sind festzustellen

1. Anerkenntnis, Anspruchsverzicht und Vergleich;
2. die Anträge;

---

[1] Nr. 3.

3. Geständnis und Erklärung über einen Antrag auf Parteivernehmung sowie sonstige Erklärungen, wenn ihre Feststellung vorgeschrieben ist;
4. die Aussagen der Zeugen, Sachverständigen und vernommenen Parteien; bei einer wiederholten Vernehmung braucht die Aussage nur insoweit in das Protokoll aufgenommen zu werden, als sie von der früheren abweicht;
5. das Ergebnis eines Augenscheins;
6. die Entscheidungen (Urteile, Beschlüsse und Verfügungen) des Gerichts;
7. die Verkündung der Entscheidungen;
8. die Zurücknahme der Klage oder eines Rechtsmittels;
9. der Verzicht auf Rechtsmittel;
10. das Ergebnis der Güteverhandlung.

(4) [1]Die Beteiligten können beantragen, dass bestimmte Vorgänge oder Äußerungen in das Protokoll aufgenommen werden. [2]Das Gericht kann von der Aufnahme absehen, wenn es auf die Feststellung des Vorgangs oder der Äußerung nicht ankommt. [3]Dieser Beschluss ist unanfechtbar; er ist in das Protokoll aufzunehmen.

(5) Der Aufnahme in das Protokoll steht die Aufnahme in eine Schrift gleich, die dem Protokoll als Anlage beigefügt und in ihm als solche bezeichnet ist.

§ 160a Vorläufige Protokollaufzeichnung. (1) Der Inhalt des Protokolls kann in einer gebräuchlichen Kurzschrift, durch verständliche Abkürzungen oder auf einem Ton- oder Datenträger vorläufig aufgezeichnet werden.

(2) [1]Das Protokoll ist in diesem Fall unverzüglich nach der Sitzung herzustellen. [2]Soweit Feststellungen nach § 160 Abs. 3 Nr. 4 und 5 mit einem Tonaufnahmegerät vorläufig aufgezeichnet worden sind, braucht lediglich dies in dem Protokoll vermerkt zu werden. [3]Das Protokoll ist um die Feststellungen zu ergänzen, wenn eine Partei dies bis zum rechtskräftigen Abschluss des Verfahrens beantragt oder das Rechtsmittelgericht die Ergänzung anfordert. [4]Sind Feststellungen nach § 160 Abs. 3 Nr. 4 unmittelbar aufgenommen und ist zugleich das wesentliche Ergebnis der Aussagen vorläufig aufgezeichnet worden, so kann eine Ergänzung des Protokolls nur um das wesentliche Ergebnis der Aussagen verlangt werden.

(3) [1]Die vorläufigen Aufzeichnungen sind zu den Prozessakten zu nehmen oder, wenn sie sich nicht dazu eignen, bei der Geschäftsstelle mit den Prozessakten aufzubewahren. [2]Aufzeichnungen auf Ton- oder Datenträgern können gelöscht werden,

1. soweit das Protokoll nach der Sitzung hergestellt oder um die vorläufig aufgezeichneten Feststellungen ergänzt ist, wenn die Parteien innerhalb eines Monats nach Mitteilung der Abschrift keine Einwendungen erhoben haben;
2. nach rechtskräftigem Abschluss des Verfahrens.

[3]Soweit das Gericht über eine zentrale Datenspeichereinrichtung verfügt, können die vorläufigen Aufzeichnungen an Stelle der Aufbewahrung nach Satz 1 auf der zentralen Datenspeichereinrichtung gespeichert werden.

(4) Die endgültige Herstellung durch Aufzeichnung auf Datenträger in der Form des § 130b ist möglich.

§ 161 Entbehrliche Feststellungen. (1) Feststellungen nach § 160 Abs. 3 Nr. 4 und 5 brauchen nicht in das Protokoll aufgenommen zu werden,

1. wenn das Prozessgericht die Vernehmung oder den Augenschein durchführt und das Endurteil der Berufung oder der Revision nicht unterliegt;
2. soweit die Klage zurückgenommen, der geltend gemachte Anspruch anerkannt oder auf ihn verzichtet wird, auf ein Rechtsmittel verzichtet oder der Rechtsstreit durch einen Vergleich beendet wird.

(2) [1] In dem Protokoll ist zu vermerken, dass die Vernehmung oder der Augenschein durchgeführt worden ist. [2] § 160a Abs. 3 gilt entsprechend.

§ 162 Genehmigung des Protokolls. (1) [1] Das Protokoll ist insoweit, als es Feststellungen nach § 160 Abs. 3 Nr. 1, 3, 4, 5, 8, 9 oder zu Protokoll erklärte Anträge enthält, den Beteiligten vorzulesen oder zur Durchsicht vorzulegen. [2] Ist der Inhalt des Protokolls nur vorläufig aufgezeichnet worden, so genügt es, wenn die Aufzeichnungen vorgelesen oder abgespielt werden. [3] In dem Protokoll ist zu vermerken, dass dies geschehen und die Genehmigung erteilt ist oder welche Einwendungen erhoben worden sind.

(2) [1] Feststellungen nach § 160 Abs. 3 Nr. 4 brauchen nicht abgespielt zu werden, wenn sie in Gegenwart der Beteiligten unmittelbar aufgezeichnet worden sind; der Beteiligte, dessen Aussage aufgezeichnet ist, kann das Abspielen verlangen. [2] Soweit Feststellungen nach § 160 Abs. 3 Nr. 4 und 5 in Gegenwart der Beteiligten diktiert worden sind, kann das Abspielen, das Vorlesen oder die Vorlage zur Durchsicht unterbleiben, wenn die Beteiligten nach der Aufzeichnung darauf verzichten; in dem Protokoll ist zu vermerken, dass der Verzicht ausgesprochen worden ist.

§ 163 Unterschreiben des Protokolls. (1) [1] Das Protokoll ist von dem Vorsitzenden und von dem Urkundsbeamten der Geschäftsstelle zu unterschreiben. [2] Ist der Inhalt des Protokolls ganz oder teilweise mit einem Tonaufnahmegerät vorläufig aufgezeichnet worden, so hat der Urkundsbeamte der Geschäftsstelle die Richtigkeit der Übertragung zu prüfen und durch seine Unterschrift zu bestätigen; dies gilt auch dann, wenn der Urkundsbeamte der Geschäftsstelle zur Sitzung nicht zugezogen war.

(2) [1] Ist der Vorsitzende verhindert, so unterschreibt für ihn der älteste beisitzende Richter; war nur ein Richter tätig und ist dieser verhindert, so genügt die Unterschrift des zur Protokollführung zugezogenen Urkundsbeamten der Geschäftsstelle. [2] Ist dieser verhindert, so genügt die Unterschrift des Richters. [3] Der Grund der Verhinderung soll im Protokoll vermerkt werden.

§ 164 Protokollberichtigung. (1) Unrichtigkeiten des Protokolls können jederzeit berichtigt werden.

(2) Vor der Berichtigung sind die Parteien und, soweit es die in § 160 Abs. 3 Nr. 4 genannten Feststellungen betrifft, auch die anderen Beteiligten zu hören.

(3) [1] Die Berichtigung wird auf dem Protokoll vermerkt; dabei kann auf eine mit dem Protokoll zu verbindende Anlage verwiesen werden. [2] Der Vermerk ist von dem Richter, der das Protokoll unterschrieben hat, oder von dem allein tätig gewesenen Richter, selbst wenn dieser an der Unterschrift verhindert war, und von dem Urkundsbeamten der Geschäftsstelle, soweit er zur Protokollführung zugezogen war, zu unterschreiben.

(4) [1]Erfolgt der Berichtigungsvermerk in der Form des § 130b, ist er in einem gesonderten elektronischen Dokument festzuhalten. [2]Das Dokument ist mit dem Protokoll untrennbar zu verbinden.

§ 165 Beweiskraft des Protokolls. [1]Die Beachtung der für die Verhandlung vorgeschriebenen Förmlichkeiten kann nur durch das Protokoll bewiesen werden. [2]Gegen seinen diese Förmlichkeiten betreffenden Inhalt ist nur der Nachweis der Fälschung zulässig.

Titel 2. Verfahren bei Zustellungen

Untertitel 1. Zustellungen von Amts wegen

§ 166 Zustellung. (1) Zustellung ist die Bekanntgabe eines Dokuments an eine Person in der in diesem Titel bestimmten Form.

(2) Dokumente, deren Zustellung vorgeschrieben oder vom Gericht angeordnet ist, sind von Amts wegen zuzustellen, soweit nicht anderes bestimmt ist.

§ 167 Rückwirkung der Zustellung. Soll durch die Zustellung eine Frist gewahrt werden oder die Verjährung neu beginnen oder nach § 204 des Bürgerlichen Gesetzbuchs gehemmt werden, tritt diese Wirkung bereits mit Eingang des Antrags oder der Erklärung ein, wenn die Zustellung demnächst erfolgt.

§ 168 Aufgaben der Geschäftsstelle. (1) [1]Die Geschäftsstelle führt die Zustellung nach §§ 173 bis 175 aus. [2]Sie kann einen nach § 33 Abs. 1 des Postgesetzes beliehenen Unternehmer (Post) oder einen Justizbediensteten mit der Ausführung der Zustellung beauftragen. [3]Den Auftrag an die Post erteilt die Geschäftsstelle auf dem dafür vorgesehenen Vordruck.

(2) Der Vorsitzende des Prozessgerichts oder ein von ihm bestimmtes Mitglied können einen Gerichtsvollzieher oder eine andere Behörde mit der Ausführung der Zustellung beauftragen, wenn eine Zustellung nach Absatz 1 keinen Erfolg verspricht.

§ 169 Bescheinigung des Zeitpunktes der Zustellung; Beglaubigung.

(1) Die Geschäftsstelle bescheinigt auf Antrag den Zeitpunkt der Zustellung.

(2) [1]Die Beglaubigung der zuzustellenden Schriftstücke wird von der Geschäftsstelle vorgenommen. [2]Dies gilt auch, soweit von einem Anwalt eingereichte Schriftstücke nicht bereits von diesem beglaubigt wurden.

(3) [1]Eine in Papierform zuzustellende Abschrift kann auch durch maschinelle Bearbeitung beglaubigt werden. [2]Anstelle der handschriftlichen Unterzeichnung ist die Abschrift mit dem Gerichtssiegel zu versehen. [3]Dasselbe gilt, wenn eine Abschrift per Telekopie zugestellt wird.

(4) [1]Ein Schriftstück oder ein elektronisches Dokument kann in beglaubigter elektronischer Abschrift zugestellt werden. [2]Die Beglaubigung erfolgt mit einer qualifizierten elektronischen Signatur des Urkundsbeamten der Geschäftsstelle.

(5) Ein elektronisches Dokument kann ohne Beglaubigung elektronisch zugestellt werden, wenn es

1. nach § 130a oder § 130b Satz 1 mit einer qualifizierten elektronischen Signatur der verantwortenden Personen versehen ist,
2. nach § 130a auf einem sicheren Übermittlungsweg eingereicht wurde und mit einem Authentizitäts- und Integritätsnachweis versehen ist oder
3. nach Maßgabe des § 298a errichtet wurde und mit einem Übertragungsnachweis nach § 298a Absatz 2 Satz 3 oder 4 versehen ist.

§ 170 Zustellung an Vertreter. (1) [1]Bei nicht prozessfähigen Personen ist an ihren gesetzlichen Vertreter zuzustellen. [2]Die Zustellung an die nicht prozessfähige Person ist unwirksam.

(2) Ist der Zustellungsadressat keine natürliche Person, genügt die Zustellung an den Leiter.

(3) Bei mehreren gesetzlichen Vertretern oder Leitern genügt die Zustellung an einen von ihnen.

§ 171 Zustellung an Bevollmächtigte. [1]An den rechtsgeschäftlich bestellten Vertreter kann mit gleicher Wirkung wie an den Vertretenen zugestellt werden. [2]Der Vertreter hat eine schriftliche Vollmacht vorzulegen.

§ 172 Zustellung an Prozessbevollmächtigte. (1) [1]In einem anhängigen Verfahren hat die Zustellung an den für den Rechtszug bestellten Prozessbevollmächtigten zu erfolgen. [2]Das gilt auch für die Prozesshandlungen, die das Verfahren vor diesem Gericht infolge eines Einspruchs, einer Aufhebung des Urteils dieses Gerichts, einer Wiederaufnahme des Verfahrens, einer Rüge nach § 321a oder eines neuen Vorbringens in dem Verfahren der Zwangsvollstreckung betreffen. [3]Das Verfahren vor dem Vollstreckungsgericht gehört zum ersten Rechtszug.

(2) [1]Ein Schriftsatz, durch den ein Rechtsmittel eingelegt wird, ist dem Prozessbevollmächtigten des Rechtszuges zuzustellen, dessen Entscheidung angefochten wird. [2]Wenn bereits ein Prozessbevollmächtigter für den höheren Rechtszug bestellt ist, ist der Schriftsatz diesem zuzustellen. [3]Der Partei ist selbst zuzustellen, wenn sie einen Prozessbevollmächtigten nicht bestellt hat.

§ 173 Zustellung durch Aushändigung an der Amtsstelle. [1]Ein Schriftstück kann dem Adressaten oder seinem rechtsgeschäftlich bestellten Vertreter durch Aushändigung an der Amtsstelle zugestellt werden. [2]Zum Nachweis der Zustellung ist auf dem Schriftstück und in den Akten zu vermerken, dass es zum Zwecke der Zustellung ausgehändigt wurde und wann das geschehen ist; bei Aushändigung an den Vertreter ist dies mit dem Zusatz zu vermerken, an wen das Schriftstück ausgehändigt wurde und dass die Vollmacht nach § 171 Satz 2 vorgelegt wurde. [3]Der Vermerk ist von dem Bediensteten zu unterschreiben, der die Aushändigung vorgenommen hat.

§ 174 Zustellung gegen Empfangsbekenntnis oder automatisierte Eingangsbestätigung. (1) Ein Schriftstück kann an einen Anwalt, einen Notar, einen Gerichtsvollzieher, einen Steuerberater oder an eine sonstige Person, bei der auf Grund ihres Berufes von einer erhöhten Zuverlässigkeit ausgegangen werden kann, eine Behörde, eine Körperschaft oder eine Anstalt des öffentlichen Rechts gegen Empfangsbekenntnis zugestellt werden.

(2) [1] An die in Absatz 1 Genannten kann das Schriftstück auch durch Telekopie zugestellt werden. [2] Die Übermittlung soll mit dem Hinweis „Zustellung gegen Empfangsbekenntnis" eingeleitet werden und die absendende Stelle, den Namen und die Anschrift des Zustellungsadressaten sowie den Namen des Justizbediensteten erkennen lassen, der das Dokument zur Übermittlung aufgegeben hat.

(3) [1] An die in Absatz 1 Genannten kann auch ein elektronisches Dokument zugestellt werden. [2] Gleiches gilt für andere Verfahrensbeteiligte, wenn sie der Übermittlung elektronischer Dokumente ausdrücklich zugestimmt haben. [3] Das Dokument ist auf einem sicheren Übermittlungsweg im Sinne des § 130a Absatz 4 zu übermitteln und gegen unbefugte Kenntnisnahme Dritter zu schützen. [4] Die in Absatz 1 Genannten haben einen sicheren Übermittlungsweg für die Zustellung elektronischer Dokumente zu eröffnen.

(4) [1] Zum Nachweis der Zustellung nach den Absätzen 1 und 2 genügt das mit Datum und Unterschrift des Adressaten versehene Empfangsbekenntnis, das an das Gericht zurückzusenden ist. [2] Das Empfangsbekenntnis kann schriftlich, durch Telekopie oder als elektronisches Dokument (§ 130a) zurückgesandt werden. [3] Die Zustellung nach Absatz 3 wird durch ein elektronisches Empfangsbekenntnis nachgewiesen. [4] Das elektronische Empfangsbekenntnis ist in strukturierter maschinenlesbarer Form zu übermitteln. [5] Wird vom Gericht hierfür mit der Zustellung ein strukturierter Datensatz zur Verfügung gestellt, ist dieser zu nutzen. [6] Andernfalls ist das elektronische Empfangsbekenntnis abweichend von Satz 4 als elektronisches Dokument (§ 130a) zu übermitteln.

§ 175 Zustellung durch Einschreiben mit Rückschein. [1] Ein Schriftstück kann durch Einschreiben mit Rückschein zugestellt werden. [2] Zum Nachweis der Zustellung genügt der Rückschein.

§ 176 Zustellungsauftrag. (1) Wird der Post, einem Justizbediensteten oder einem Gerichtsvollzieher ein Zustellungsauftrag erteilt oder wird eine andere Behörde um die Ausführung der Zustellung ersucht, übergibt die Geschäftsstelle das zuzustellende Schriftstück in einem verschlossenen Umschlag und ein vorbereitetes Formular einer Zustellungsurkunde.

(2) Die Ausführung der Zustellung erfolgt nach den §§ 177 bis 181.

§ 177 Ort der Zustellung. Das Schriftstück kann der Person, der zugestellt werden soll, an jedem Ort übergeben werden, an dem sie angetroffen wird.

§ 178 Ersatzzustellung in der Wohnung, in Geschäftsräumen und Einrichtungen. (1) Wird die Person, der zugestellt werden soll, in ihrer Wohnung, in dem Geschäftsraum oder in einer Gemeinschaftseinrichtung, in der sie wohnt, nicht angetroffen, kann das Schriftstück zugestellt werden

1. in der Wohnung einem erwachsenen Familienangehörigen, einer in der Familie beschäftigten Person oder einem erwachsenen ständigen Mitbewohner,
2. in Geschäftsräumen einer dort beschäftigten Person,
3. in Gemeinschaftseinrichtungen dem Leiter der Einrichtung oder einem dazu ermächtigten Vertreter.

(2) Die Zustellung an eine der in Absatz 1 bezeichneten Personen ist unwirksam, wenn diese an dem Rechtsstreit als Gegner der Person, der zugestellt werden soll, beteiligt ist.

§ 179 Zustellung bei verweigerter Annahme. [1] Wird die Annahme des zuzustellenden Schriftstücks unberechtigt verweigert, so ist das Schriftstück in der Wohnung oder in dem Geschäftsraum zurückzulassen. [2] Hat der Zustellungsadressat keine Wohnung oder ist kein Geschäftsraum vorhanden, ist das zuzustellende Schriftstück zurückzusenden. [3] Mit der Annahmeverweigerung gilt das Schriftstück als zugestellt.

§ 180 Ersatzzustellung durch Einlegen in den Briefkasten. [1] Ist die Zustellung nach § 178 Abs. 1 Nr. 1 oder 2 nicht ausführbar, kann das Schriftstück in einen zu der Wohnung oder dem Geschäftsraum gehörenden Briefkasten oder in eine ähnliche Vorrichtung eingelegt werden, die der Adressat für den Postempfang eingerichtet hat und die in der allgemein üblichen Art für eine sichere Aufbewahrung geeignet ist. [2] Mit der Einlegung gilt das Schriftstück als zugestellt. [3] Der Zusteller vermerkt auf dem Umschlag des zuzustellenden Schriftstücks das Datum der Zustellung.

§ 181 Ersatzzustellung durch Niederlegung. (1) [1] Ist die Zustellung nach § 178 Abs. 1 Nr. 3 oder § 180 nicht ausführbar, kann das zuzustellende Schriftstück auf der Geschäftsstelle des Amtsgerichts, in dessen Bezirk der Ort der Zustellung liegt, niedergelegt werden. [2] Wird die Post mit der Ausführung der Zustellung beauftragt, ist das zuzustellende Schriftstück am Ort der Zustellung oder am Ort des Amtsgerichts bei einer von der Post dafür bestimmten Stelle niederzulegen. [3] Über die Niederlegung ist eine schriftliche Mitteilung auf dem vorgesehenen Formular unter der Anschrift der Person, der zugestellt werden soll, in der bei gewöhnlichen Briefen üblichen Weise abzugeben oder, wenn das nicht möglich ist, an der Tür der Wohnung, des Geschäftsraums oder der Gemeinschaftseinrichtung anzuheften. [4] Das Schriftstück gilt mit der Abgabe der schriftlichen Mitteilung als zugestellt. [5] Der Zusteller vermerkt auf dem Umschlag des zuzustellenden Schriftstücks das Datum der Zustellung.

(2) [1] Das niedergelegte Schriftstück ist drei Monate zur Abholung bereitzuhalten. [2] Nicht abgeholte Schriftstücke sind danach an den Absender zurückzusenden.

§ 182 Zustellungsurkunde. (1) [1] Zum Nachweis der Zustellung nach den §§ 171, 177 bis 181 ist eine Urkunde auf dem hierfür vorgesehenen Formular anzufertigen. [2] Für diese Zustellungsurkunde gilt § 418.

(2) Die Zustellungsurkunde muss enthalten:

1. die Bezeichnung der Person, der zugestellt werden soll,
2. die Bezeichnung der Person, an die der Brief oder das Schriftstück übergeben wurde,
3. im Falle des § 171 die Angabe, dass die Vollmachtsurkunde vorgelegen hat,
4. im Falle der §§ 178, 180 die Angabe des Grundes, der diese Zustellung rechtfertigt und wenn nach § 181 verfahren wurde, die Bemerkung, wie die schriftliche Mitteilung abgegeben wurde,

5. im Falle des § 179 die Erwähnung, wer die Annahme verweigert hat und dass der Brief am Ort der Zustellung zurückgelassen oder an den Absender zurückgesandt wurde,
6. die Bemerkung, dass der Tag der Zustellung auf dem Umschlag, der das zuzustellende Schriftstück enthält, vermerkt ist,
7. den Ort, das Datum und auf Anordnung der Geschäftsstelle auch die Uhrzeit der Zustellung,
8. Name, Vorname und Unterschrift des Zustellers sowie die Angabe des beauftragten Unternehmens oder der ersuchten Behörde.

(3) Die Zustellungsurkunde ist der Geschäftsstelle in Urschrift oder als elektronisches Dokument unverzüglich zurückzuleiten.

§ 183 Zustellung im Ausland. (1) [1] Soweit nicht unmittelbar anwendbare Regelungen der Europäischen Union in ihrer jeweils geltenden Fassung, insbesondere

1. die Verordnung (EG) Nr. 1393/2007 des Europäischen Parlaments und des Rates vom 13. November 2007 über die Zustellung gerichtlicher und außergerichtlicher Schriftstücke in Zivil- oder Handelssachen in den Mitgliedstaaten („Zustellung von Schriftstücken") und zur Aufhebung der Verordnung (EG) Nr. 1348/2000 des Rates (ABl. L 324 vom 10.12.2007, S. 79), die durch die Verordnung (EU) Nr. 517/2013 (ABl. L 158 vom 10.6.2013, S. 1) geändert worden ist, sowie
2. das Abkommen zwischen der Europäischen Gemeinschaft und dem Königreich Dänemark vom 19. Oktober 2005 über die Zustellung gerichtlicher und außergerichtlicher Schriftstücke in Zivil- oder Handelssachen (ABl. L 300 vom 17.11.2005, S. 55)

maßgeblich sind, gelten für die Zustellung im Ausland die nachfolgenden Absätze 2 bis 5. [2] Für die Durchführung der in Satz 1 genannten Regelungen gelten § 1067 Absatz 1, § 1068 Absatz 1 und § 1069 Absatz 1.

(2) [1] Eine Zustellung im Ausland ist nach den bestehenden völkerrechtlichen Vereinbarungen vorzunehmen. [2] Wenn Schriftstücke auf Grund völkerrechtlicher Vereinbarungen unmittelbar durch die Post übersandt werden dürfen, so soll durch Einschreiben mit Rückschein zugestellt werden, anderenfalls die Zustellung auf Ersuchen des Vorsitzenden des Prozessgerichts unmittelbar durch die Behörden des fremden Staates erfolgen.

(3) [1] Ist eine Zustellung nach Absatz 2 nicht möglich, ist durch die zuständige diplomatische oder konsularische Vertretung des Bundes oder die sonstige zuständige Behörde zuzustellen. [2] Nach Satz 1 ist insbesondere zu verfahren, wenn völkerrechtliche Vereinbarungen nicht bestehen, die zuständigen Stellen des betreffenden Staates zur Rechtshilfe nicht bereit sind oder besondere Gründe eine solche Zustellung rechtfertigen.

(4) An entsandte Beschäftige einer deutschen Auslandsvertretung und die in ihrer Privatwohnung lebenden Personen erfolgt die Zustellung auf Ersuchen des Vorsitzenden des Prozessgerichts durch die zuständige Auslandsvertretung.

(5) [1] Zum Nachweis der Zustellung nach Absatz 2 Satz 2 erster Halbsatz genügt der Rückschein. [2] Die Zustellung nach Absatz 2 Satz 2 zweiter Halbsatz

und den Absätzen 3 und 4 wird durch das Zeugnis der ersuchten Behörde nachgewiesen.

§ 184 Zustellungsbevollmächtigter; Zustellung durch Aufgabe zur Post. (1) [1] Das Gericht kann bei der Zustellung nach § 183 Absatz 2 bis 5 anordnen, dass die Partei innerhalb einer angemessenen Frist einen Zustellungsbevollmächtigten benennt, der im Inland wohnt oder dort einen Geschäftsraum hat, falls sie nicht einen Prozessbevollmächtigten bestellt hat. [2] Wird kein Zustellungsbevollmächtigter benannt, so können spätere Zustellungen bis zur nachträglichen Benennung dadurch bewirkt werden, dass das Schriftstück unter der Anschrift der Partei zur Post gegeben wird.

(2) [1] Das Schriftstück gilt zwei Wochen nach Aufgabe zur Post als zugestellt. [2] Das Gericht kann eine längere Frist bestimmen. [3] In der Anordnung nach Absatz 1 ist auf diese Rechtsfolgen hinzuweisen. [4] Zum Nachweis der Zustellung ist in den Akten zu vermerken, zu welcher Zeit und unter welcher Anschrift das Schriftstück zur Post gegeben wurde.

§ 185 Öffentliche Zustellung. Die Zustellung kann durch öffentliche Bekanntmachung (öffentliche Zustellung) erfolgen, wenn

1. der Aufenthaltsort einer Person unbekannt und eine Zustellung an einen Vertreter oder Zustellungsbevollmächtigten nicht möglich ist,
2. bei juristischen Personen, die zur Anmeldung einer inländischen Geschäftsanschrift zum Handelsregister verpflichtet sind, eine Zustellung weder unter der eingetragenen Anschrift noch unter einer im Handelsregister eingetragenen Anschrift einer für Zustellungen empfangsberechtigten Person oder einer ohne Ermittlungen bekannten anderen inländischen Anschrift möglich ist,
3. eine Zustellung im Ausland nicht möglich ist oder keinen Erfolg verspricht oder
4. die Zustellung nicht erfolgen kann, weil der Ort der Zustellung die Wohnung einer Person ist, die nach den §§ 18 bis 20 des Gerichtsverfassungsgesetzes[1)] der Gerichtsbarkeit nicht unterliegt.

§ 186 Bewilligung und Ausführung der öffentlichen Zustellung.

(1) [1] Über die Bewilligung der öffentlichen Zustellung entscheidet das Prozessgericht. [2] Die Entscheidung kann ohne mündliche Verhandlung ergehen.

(2) [1] Die öffentliche Zustellung erfolgt durch Aushang einer Benachrichtigung an der Gerichtstafel oder durch Einstellung in ein elektronisches Informationssystem, das im Gericht öffentlich zugänglich ist. [2] Die Benachrichtigung kann zusätzlich in einem von dem Gericht für Bekanntmachungen bestimmten elektronischen Informations- und Kommunikationssystem veröffentlicht werden. [3] Die Benachrichtigung muss erkennen lassen

1. die Person, für die zugestellt wird,
2. den Namen und die letzte bekannte Anschrift des Zustellungsadressaten,
3. das Datum, das Aktenzeichen des Schriftstücks und die Bezeichnung des Prozessgegenstandes sowie

---

1) Nr. 3.

4. die Stelle, wo das Schriftstück eingesehen werden kann.

[4]Die Benachrichtigung muss den Hinweis enthalten, dass ein Schriftstück öffentlich zugestellt wird und Fristen in Gang gesetzt werden können, nach deren Ablauf Rechtsverluste drohen können. [5]Bei der Zustellung einer Ladung muss die Benachrichtigung den Hinweis enthalten, dass das Schriftstück eine Ladung zu einem Termin enthält, dessen Versäumung Rechtsnachteile zur Folge haben kann.

(3) In den Akten ist zu vermerken, wann die Benachrichtigung ausgehängt und wann sie abgenommen wurde.

§ 187 Veröffentlichung der Benachrichtigung. Das Prozessgericht kann zusätzlich anordnen, dass die Benachrichtigung einmal oder mehrfach im Bundesanzeiger oder in anderen Blättern zu veröffentlichen ist.

§ 188 Zeitpunkt der öffentlichen Zustellung. [1]Das Schriftstück gilt als zugestellt, wenn seit dem Aushang der Benachrichtigung ein Monat vergangen ist. [2]Das Prozessgericht kann eine längere Frist bestimmen.

§ 189 Heilung von Zustellungsmängeln. Lässt sich die formgerechte Zustellung eines Dokuments nicht nachweisen oder ist das Dokument unter Verletzung zwingender Zustellungsvorschriften zugegangen, so gilt es in dem Zeitpunkt als zugestellt, in dem das Dokument der Person, an die die Zustellung dem Gesetz gemäß gerichtet war oder gerichtet werden konnte, tatsächlich zugegangen ist.

§ 190 Einheitliche Zustellungsformulare. Das Bundesministerium der Justiz und für Verbraucherschutz wird ermächtigt, durch Rechtsverordnung mit Zustimmung des Bundesrates zur Vereinfachung und Vereinheitlichung der Zustellung Formulare einzuführen.

Untertitel 2. Zustellungen auf Betreiben der Parteien

§ 191 Zustellung. Ist eine Zustellung auf Betreiben der Parteien zugelassen oder vorgeschrieben, finden die Vorschriften über die Zustellung von Amts wegen entsprechende Anwendung, soweit sich nicht aus den nachfolgenden Vorschriften Abweichungen ergeben.

§ 192 Zustellung durch Gerichtsvollzieher. (1) Die von den Parteien zu betreibenden Zustellungen erfolgen unbeschadet der Zustellung im Ausland nach § 183 durch den Gerichtsvollzieher nach Maßgabe der §§ 193 und 194.

(2) [1]Die Partei übergibt dem Gerichtsvollzieher das zuzustellende Schriftstück mit den erforderlichen Abschriften. [2]Der Gerichtsvollzieher beglaubigt die Abschriften; er kann fehlende Abschriften selbst herstellen.

(3) [1]Im Verfahren vor dem Amtsgericht kann die Partei den Gerichtsvollzieher unter Vermittlung der Geschäftsstelle des Prozessgerichts mit der Zustellung beauftragen. [2]Insoweit hat diese den Gerichtsvollzieher mit der Zustellung zu beauftragen.

§ 193 Ausführung der Zustellung. (1) [1]Der Gerichtsvollzieher beurkundet auf der Urschrift des zuzustellenden Schriftstücks oder auf dem mit der Urschrift zu verbindenden hierfür vorgesehenen Formular die Ausführung der Zustellung nach § 182 Abs. 2 und vermerkt die Person, in deren Auftrag er zugestellt hat. [2]Bei Zustellung durch Aufgabe zur Post ist das Datum und die Anschrift, unter der die Aufgabe erfolgte, zu vermerken.

(2) Der Gerichtsvollzieher vermerkt auf dem zu übergebenden Schriftstück den Tag der Zustellung, sofern er nicht eine beglaubigte Abschrift der Zustellungsurkunde übergibt.

(3) Die Zustellungsurkunde ist der Partei zu übermitteln, für die zugestellt wurde.

§ 194 Zustellungsauftrag. (1) [1]Beauftragt der Gerichtsvollzieher die Post mit der Ausführung der Zustellung, vermerkt er auf dem zuzustellenden Schriftstück, im Auftrag welcher Person er es der Post übergibt. [2]Auf der Urschrift des zuzustellenden Schriftstücks oder auf einem mit ihr zu verbindenden Übergabebogen bezeugt er, dass die mit der Anschrift des Zustellungsadressaten, der Bezeichnung des absendenden Gerichtsvollziehers und einem Aktenzeichen versehene Sendung der Post übergeben wurde.

(2) Die Post leitet die Zustellungsurkunde unverzüglich an den Gerichtsvollzieher zurück.

§ 195 Zustellung von Anwalt zu Anwalt. (1) [1]Sind die Parteien durch Anwälte vertreten, so kann ein Dokument auch dadurch zugestellt werden, dass der zustellende Anwalt das Dokument dem anderen Anwalt übermittelt (Zustellung von Anwalt zu Anwalt). [2]Auch Schriftsätze, die nach den Vorschriften dieses Gesetzes von Amts wegen zugestellt werden, können stattdessen von Anwalt zu Anwalt zugestellt werden, wenn nicht gleichzeitig dem Gegner eine gerichtliche Anordnung mitzuteilen ist. [3]In dem Schriftsatz soll die Erklärung enthalten sein, dass von Anwalt zu Anwalt zugestellt werde. [4]Die Zustellung ist dem Gericht, sofern dies für die zu treffende Entscheidung erforderlich ist, nachzuweisen. [5]Für die Zustellung an einen Anwalt gilt § 174 Abs. 2 Satz 1 und Abs. 3 Satz 1, 3 entsprechend.

(2) [1]Zum Nachweis der Zustellung genügt das mit Datum und Unterschrift versehene schriftliche Empfangsbekenntnis des Anwalts, dem zugestellt worden ist. [2]§ 174 Absatz 4 Satz 2 bis 4 gilt entsprechend. [3]Der Anwalt, der zustellt, hat dem anderen Anwalt auf Verlangen eine Bescheinigung über die Zustellung zu erteilen.

§§ 195a bis 213a (weggefallen)

Titel 3. Ladungen, Termine und Fristen

§ 214 Ladung zum Termin. Die Ladung zu einem Termin wird von Amts wegen veranlasst.

§ 215 Notwendiger Inhalt der Ladung zur mündlichen Verhandlung.

(1) [1]In der Ladung zur mündlichen Verhandlung ist über die Folgen einer Versäumung des Termins zu belehren (§§ 330 bis 331a). [2]Die Belehrung hat die Rechtsfolgen aus den §§ 91 und 708 Nr. 2 zu umfassen.

(2) In Anwaltsprozessen muss die Ladung zur mündlichen Verhandlung, sofern die Zustellung nicht an einen Rechtsanwalt erfolgt, die Aufforderung enthalten, einen Anwalt zu bestellen.

§ 216 Terminsbestimmung. (1) Die Termine werden von Amts wegen bestimmt, wenn Anträge oder Erklärungen eingereicht werden, über die nur nach mündlicher Verhandlung entschieden werden kann oder über die mündliche Verhandlung vom Gericht angeordnet ist.

(2) Der Vorsitzende hat die Termine unverzüglich zu bestimmen.

(3) Auf Sonntage, allgemeine Feiertage oder Sonnabende sind Termine nur in Notfällen anzuberaumen.

§ 217 Ladungsfrist. Die Frist, die in einer anhängigen Sache zwischen der Zustellung der Ladung und dem Terminstag liegen soll (Ladungsfrist), beträgt in Anwaltsprozessen mindestens eine Woche, in anderen Prozessen mindestens drei Tage.

§ 218 Entbehrlichkeit der Ladung. Zu Terminen, die in verkündeten Entscheidungen bestimmt sind, ist eine Ladung der Parteien unbeschadet der Vorschriften des § 141 Abs. 2 nicht erforderlich.

§ 219 Terminsort. (1) Die Termine werden an der Gerichtsstelle abgehalten, sofern nicht die Einnahme eines Augenscheins an Ort und Stelle, die Verhandlung mit einer am Erscheinen vor Gericht verhinderten Person oder eine sonstige Handlung erforderlich ist, die an der Gerichtsstelle nicht vorgenommen werden kann.

(2) Der Bundespräsident ist nicht verpflichtet, persönlich an der Gerichtsstelle zu erscheinen.

§ 220 Aufruf der Sache; versäumter Termin. (1) Der Termin beginnt mit dem Aufruf der Sache.

(2) Der Termin ist von einer Partei versäumt, wenn sie bis zum Schluss nicht verhandelt.

§ 221 Fristbeginn. *(1)*[1] Der Lauf einer richterlichen Frist beginnt, sofern nicht bei ihrer Festsetzung ein anderes bestimmt wird, mit der Zustellung des Dokuments, in dem die Frist festgesetzt ist, und, wenn es einer solchen Zustellung nicht bedarf, mit der Verkündung der Frist.

§ 222 Fristberechnung. (1) Für die Berechnung der Fristen gelten die Vorschriften des Bürgerlichen Gesetzbuchs.[2]

(2) Fällt das Ende einer Frist auf einen Sonntag, einen allgemeinen Feiertag oder einen Sonnabend, so endet die Frist mit Ablauf des nächsten Werktages.

(3) Bei der Berechnung einer Frist, die nach Stunden bestimmt ist, werden Sonntage, allgemeine Feiertage und Sonnabende nicht mitgerechnet.

---

[1] Absatzzähler amtlich.

[2] Vgl. §§ 187–193 BGB idF der Bek. v. 2.1.2002 (BGBl. I S. 42, ber. S. 2909, 2003 S. 738), zuletzt geänd. durch G v. 21.12.2019 (BGBl. I S. 2911).

§ 223 (weggefallen)

§ 224 Fristkürzung; Fristverlängerung. (1) [1]Durch Vereinbarung der Parteien können Fristen, mit Ausnahme der Notfristen, abgekürzt werden. [2]Notfristen sind nur diejenigen Fristen, die in diesem Gesetz als solche bezeichnet sind.

(2) Auf Antrag können richterliche und gesetzliche Fristen abgekürzt oder verlängert werden, wenn erhebliche Gründe glaubhaft gemacht sind, gesetzliche Fristen jedoch nur in den besonders bestimmten Fällen.

(3) Im Falle der Verlängerung wird die neue Frist von dem Ablauf der vorigen Frist an berechnet, wenn nicht im einzelnen Fall ein anderes bestimmt ist.

§ 225 Verfahren bei Friständerung. (1) Über das Gesuch um Abkürzung oder Verlängerung einer Frist kann ohne mündliche Verhandlung entschieden werden.

(2) Die Abkürzung oder wiederholte Verlängerung darf nur nach Anhörung des Gegners bewilligt werden.

(3) Eine Anfechtung des Beschlusses, durch den das Gesuch um Verlängerung einer Frist zurückgewiesen ist, findet nicht statt.

§ 226 Abkürzung von Zwischenfristen. (1) Einlassungsfristen, Ladungsfristen sowie diejenigen Fristen, die für die Zustellung vorbereitender Schriftsätze bestimmt sind, können auf Antrag abgekürzt werden.

(2) Die Abkürzung der Einlassungs- und der Ladungsfristen wird dadurch nicht ausgeschlossen, dass infolge der Abkürzung die mündliche Verhandlung durch Schriftsätze nicht vorbereitet werden kann.

(3) Der Vorsitzende kann bei Bestimmung des Termins die Abkürzung ohne Anhörung des Gegners und des sonst Beteiligten verfügen; diese Verfügung ist dem Beteiligten abschriftlich mitzuteilen.

§ 227 Terminsänderung. (1) [1]Aus erheblichen Gründen kann ein Termin aufgehoben oder verlegt sowie eine Verhandlung vertagt werden. [2]Erhebliche Gründe sind insbesondere nicht

1. das Ausbleiben einer Partei oder die Ankündigung, nicht zu erscheinen, wenn nicht das Gericht dafür hält, dass die Partei ohne ihr Verschulden am Erscheinen verhindert ist;
2. die mangelnde Vorbereitung einer Partei, wenn nicht die Partei dies genügend entschuldigt;
3. das Einvernehmen der Parteien allein.

(2) Die erheblichen Gründe sind auf Verlangen des Vorsitzenden, für eine Vertagung auf Verlangen des Gerichts glaubhaft zu machen.

(3) [1]Ein für die Zeit vom 1. Juli bis 31. August bestimmter Termin, mit Ausnahme eines Termins zur Verkündung einer Entscheidung, ist auf Antrag innerhalb einer Woche nach Zugang der Ladung oder Terminsbestimmung zu verlegen. [2]Dies gilt nicht für

1. Arrestsachen oder die eine einstweilige Verfügung oder einstweilige Anordnung betreffenden Sachen,
2. Streitigkeiten wegen Überlassung, Benutzung, Räumung oder Herausgabe von Räumen oder wegen Fortsetzung des Mietverhältnisses über Wohnraum auf Grund der §§ 574 bis 574b des Bürgerlichen Gesetzbuchs,
3. *(aufgehoben)*
4. Wechsel- oder Scheckprozesse,
5. Bausachen, wenn über die Fortsetzung eines angefangenen Baues gestritten wird,
6. Streitigkeiten wegen Überlassung oder Herausgabe einer Sache an eine Person, bei der die Sache nicht der Pfändung unterworfen ist,
7. Zwangsvollstreckungsverfahren oder
8. Verfahren der Vollstreckbarerklärung oder zur Vornahme richterlicher Handlungen im Schiedsverfahren;

dabei genügt es, wenn nur einer von mehreren Ansprüchen die Voraussetzungen erfüllt. [3]Wenn das Verfahren besonderer Beschleunigung bedarf, ist dem Verlegungsantrag nicht zu entsprechen.

(4) [1]Über die Aufhebung sowie Verlegung eines Termins entscheidet der Vorsitzende ohne mündliche Verhandlung; über die Vertagung einer Verhandlung entscheidet das Gericht. [2]Die Entscheidung ist kurz zu begründen. [3]Sie ist unanfechtbar.

§ 228 (weggefallen)

§ 229 Beauftragter oder ersuchter Richter. Die in diesem Titel dem Gericht und dem Vorsitzenden beigelegten Befugnisse stehen dem beauftragten oder ersuchten Richter in Bezug auf die von diesen zu bestimmenden Termine und Fristen zu.

Titel 4. Folgen der Versäumung; Rechtsbehelfsbelehrung; Wiedereinsetzung in den vorigen Stand

§ 230 Allgemeine Versäumungsfolge. Die Versäumung einer Prozesshandlung hat zur allgemeinen Folge, dass die Partei mit der vorzunehmenden Prozesshandlung ausgeschlossen wird.

§ 231 Keine Androhung; Nachholung der Prozesshandlung. (1) Einer Androhung der gesetzlichen Folgen der Versäumung bedarf es nicht; sie treten von selbst ein, sofern nicht dieses Gesetz einen auf Verwirklichung des Rechtsnachteils gerichteten Antrag erfordert.

(2) Im letzteren Fall kann, solange nicht der Antrag gestellt und die mündliche Verhandlung über ihn geschlossen ist, die versäumte Prozesshandlung nachgeholt werden.

§ 232 Rechtsbehelfsbelehrung. [1]Jede anfechtbare gerichtliche Entscheidung hat eine Belehrung über das statthafte Rechtsmittel, den Einspruch, den Widerspruch oder die Erinnerung sowie über das Gericht, bei dem der Rechtsbehelf einzulegen ist, über den Sitz des Gerichts und über die einzuhaltende

Form und Frist zu enthalten. [2]Dies gilt nicht in Verfahren, in denen sich die Parteien durch einen Rechtsanwalt vertreten lassen müssen, es sei denn, es ist über einen Einspruch oder Widerspruch zu belehren oder die Belehrung ist an einen Zeugen oder Sachverständigen zu richten. [3]Über die Möglichkeit der Sprungrevision muss nicht belehrt werden.

§ 233 Wiedereinsetzung in den vorigen Stand. [1]War eine Partei ohne ihr Verschulden verhindert, eine Notfrist oder die Frist zur Begründung der Berufung, der Revision, der Nichtzulassungsbeschwerde oder der Rechtsbeschwerde oder die Frist des § 234 Abs. 1 einzuhalten, so ist ihr auf Antrag Wiedereinsetzung in den vorigen Stand zu gewähren. [2]Ein Fehlen des Verschuldens wird vermutet, wenn eine Rechtsbehelfsbelehrung unterblieben oder fehlerhaft ist.

§ 234 Wiedereinsetzungsfrist. (1) [1]Die Wiedereinsetzung muss innerhalb einer zweiwöchigen Frist beantragt werden. [2]Die Frist beträgt einen Monat, wenn die Partei verhindert ist, die Frist zur Begründung der Berufung, der Revision, der Nichtzulassungsbeschwerde oder der Rechtsbeschwerde einzuhalten.

(2) Die Frist beginnt mit dem Tag, an dem das Hindernis behoben ist.

(3) Nach Ablauf eines Jahres, von dem Ende der versäumten Frist an gerechnet, kann die Wiedereinsetzung nicht mehr beantragt werden.

§ 235 (weggefallen)

§ 236 Wiedereinsetzungsantrag. (1) Die Form des Antrags auf Wiedereinsetzung richtet sich nach den Vorschriften, die für die versäumte Prozesshandlung gelten.

(2) [1]Der Antrag muss die Angabe der die Wiedereinsetzung begründenden Tatsachen enthalten; diese sind bei der Antragstellung oder im Verfahren über den Antrag glaubhaft zu machen. [2]Innerhalb der Antragsfrist ist die versäumte Prozesshandlung nachzuholen; ist dies geschehen, so kann Wiedereinsetzung auch ohne Antrag gewährt werden.

§ 237 Zuständigkeit für Wiedereinsetzung. Über den Antrag auf Wiedereinsetzung entscheidet das Gericht, dem die Entscheidung über die nachgeholte Prozesshandlung zusteht.

§ 238 Verfahren bei Wiedereinsetzung. (1) [1]Das Verfahren über den Antrag auf Wiedereinsetzung ist mit dem Verfahren über die nachgeholte Prozesshandlung zu verbinden. [2]Das Gericht kann jedoch das Verfahren zunächst auf die Verhandlung und Entscheidung über den Antrag beschränken.

(2) [1]Auf die Entscheidung über die Zulässigkeit des Antrags und auf die Anfechtung der Entscheidung sind die Vorschriften anzuwenden, die in diesen Beziehungen für die nachgeholte Prozesshandlung gelten. [2]Der Partei, die den Antrag gestellt hat, steht jedoch der Einspruch nicht zu.

(3) Die Wiedereinsetzung ist unanfechtbar.

(4) Die Kosten der Wiedereinsetzung fallen dem Antragsteller zur Last, soweit sie nicht durch einen unbegründeten Widerspruch des Gegners entstanden sind.

Titel 5. Unterbrechung und Aussetzung des Verfahrens

§ 239 Unterbrechung durch Tod der Partei. (1) Im Falle des Todes einer Partei tritt eine Unterbrechung des Verfahrens bis zu dessen Aufnahme durch die Rechtsnachfolger ein.

(2) Wird die Aufnahme verzögert, so sind auf Antrag des Gegners die Rechtsnachfolger zur Aufnahme und zugleich zur Verhandlung der Hauptsache zu laden.

(3) [1] Die Ladung ist mit dem den Antrag enthaltenden Schriftsatz den Rechtsnachfolgern selbst zuzustellen. [2] Die Ladungsfrist wird von dem Vorsitzenden bestimmt.

(4) Erscheinen die Rechtsnachfolger in dem Termin nicht, so ist auf Antrag die behauptete Rechtsnachfolge als zugestanden anzunehmen und zur Hauptsache zu verhandeln.

(5) Der Erbe ist vor der Annahme der Erbschaft zur Fortsetzung des Rechtsstreits nicht verpflichtet.

§ 240 Unterbrechung durch Insolvenzverfahren. [1] Im Falle der Eröffnung des Insolvenzverfahrens über das Vermögen einer Partei wird das Verfahren, wenn es die Insolvenzmasse betrifft, unterbrochen, bis es nach den für das Insolvenzverfahren geltenden Vorschriften aufgenommen oder das Insolvenzverfahren beendet wird. [2] Entsprechendes gilt, wenn die Verwaltungs- und Verfügungsbefugnis über das Vermögen des Schuldners auf einen vorläufigen Insolvenzverwalter übergeht.

§ 241 Unterbrechung durch Prozessunfähigkeit. (1) Verliert eine Partei die Prozessfähigkeit oder stirbt der gesetzliche Vertreter einer Partei oder hört seine Vertretungsbefugnis auf, ohne dass die Partei prozessfähig geworden ist, so wird das Verfahren unterbrochen, bis der gesetzliche Vertreter oder der neue gesetzliche Vertreter von seiner Bestellung dem Gericht Anzeige macht oder der Gegner seine Absicht, das Verfahren fortzusetzen, dem Gericht angezeigt und das Gericht diese Anzeige von Amts wegen zugestellt hat.

(2) Die Anzeige des gesetzlichen Vertreters ist dem Gegner der durch ihn vertretenen Partei, die Anzeige des Gegners ist dem Vertreter zuzustellen.

(3) Diese Vorschriften sind entsprechend anzuwenden, wenn eine Nachlassverwaltung angeordnet wird.

§ 242 Unterbrechung durch Nacherbfolge. Tritt während des Rechtsstreits zwischen einem Vorerben und einem Dritten über einen der Nacherbfolge unterliegenden Gegenstand der Fall der Nacherbfolge ein, so gelten, sofern der Vorerbe befugt war, ohne Zustimmung des Nacherben über den Gegenstand zu verfügen, hinsichtlich der Unterbrechung und der Aufnahme des Verfahrens die Vorschriften des § 239 entsprechend.

§ 243 Aufnahme bei Nachlasspflegschaft und Testamentsvollstreckung. Wird im Falle der Unterbrechung des Verfahrens durch den Tod einer

Partei ein Nachlasspfleger bestellt oder ist ein zur Führung des Rechtsstreits berechtigter Testamentsvollstrecker vorhanden, so sind die Vorschriften des § 241 und, wenn über den Nachlass das Insolvenzverfahren eröffnet wird, die Vorschriften des § 240 bei der Aufnahme des Verfahrens anzuwenden.

§ 244 Unterbrechung durch Anwaltsverlust. (1) Stirbt in Anwaltsprozessen der Anwalt einer Partei oder wird er unfähig, die Vertretung der Partei fortzuführen, so tritt eine Unterbrechung des Verfahrens ein, bis der bestellte neue Anwalt seine Bestellung dem Gericht angezeigt und das Gericht die Anzeige dem Gegner von Amts wegen zugestellt hat.

(2) [1] Wird diese Anzeige verzögert, so ist auf Antrag des Gegners die Partei selbst zur Verhandlung der Hauptsache zu laden oder zur Bestellung eines neuen Anwalts binnen einer von dem Vorsitzenden zu bestimmenden Frist aufzufordern. [2] Wird dieser Aufforderung nicht Folge geleistet, so ist das Verfahren als aufgenommen anzusehen. [3] Bis zur nachträglichen Anzeige der Bestellung eines neuen Anwalts erfolgen alle Zustellungen an die zur Anzeige verpflichtete Partei.

§ 245[1)] Unterbrechung durch Stillstand der Rechtspflege. Hört infolge eines Krieges oder eines anderen Ereignisses die Tätigkeit des Gerichts auf, so wird für die Dauer dieses Zustandes das Verfahren unterbrochen.

§ 246 Aussetzung bei Vertretung durch Prozessbevollmächtigten.

(1) Fand in den Fällen des Todes, des Verlustes der Prozessfähigkeit, des Wegfalls des gesetzlichen Vertreters, der Anordnung einer Nachlassverwaltung oder des Eintritts der Nacherbfolge (§§ 239, 241, 242) eine Vertretung durch einen Prozessbevollmächtigten statt, so tritt eine Unterbrechung des Verfahrens nicht ein; das Prozessgericht hat jedoch auf Antrag des Bevollmächtigten, in den Fällen des Todes und der Nacherbfolge auch auf Antrag des Gegners die Aussetzung des Verfahrens anzuordnen.

(2) Die Dauer der Aussetzung und die Aufnahme des Verfahrens richten sich nach den Vorschriften der §§ 239, 241 bis 243; in den Fällen des Todes und der Nacherbfolge ist die Ladung mit dem Schriftsatz, in dem sie beantragt ist, auch dem Bevollmächtigten zuzustellen.

§ 247 Aussetzung bei abgeschnittenem Verkehr. Hält sich eine Partei an einem Ort auf, der durch obrigkeitliche Anordnung oder durch Krieg oder durch andere Zufälle von dem Verkehr mit dem Prozessgericht abgeschnitten ist, so kann das Gericht auch von Amts wegen die Aussetzung des Verfahrens bis zur Beseitigung des Hindernisses anordnen.

§ 248 Verfahren bei Aussetzung. (1) Das Gesuch um Aussetzung des Verfahrens ist bei dem Prozessgericht anzubringen; es kann vor der Geschäftsstelle zu Protokoll erklärt werden.

(2) Die Entscheidung kann ohne mündliche Verhandlung ergehen.

[1)] Wegen der Aufnahme von Verfahren, die am 8.5.1945 bei Gerichten anhängig waren, an denen deutsche Gerichtsbarkeit nicht mehr ausgeübt wird, siehe das ZuständigkeitsergänzungsG v. 7.8.1952 (BGBl. I S. 407), geänd. durch G v. 19.4.2006 (BGBl. I S. 866).

§ 249 Wirkung von Unterbrechung und Aussetzung. (1) Die Unterbrechung und Aussetzung des Verfahrens hat die Wirkung, dass der Lauf einer jeden Frist aufhört und nach Beendigung der Unterbrechung oder Aussetzung die volle Frist von neuem zu laufen beginnt.

(2) Die während der Unterbrechung oder Aussetzung von einer Partei in Ansehung der Hauptsache vorgenommenen Prozesshandlungen sind der anderen Partei gegenüber ohne rechtliche Wirkung.

(3) Durch die nach dem Schluss einer mündlichen Verhandlung eintretende Unterbrechung wird die Verkündung der auf Grund dieser Verhandlung zu erlassenden Entscheidung nicht gehindert.

§ 250 Form von Aufnahme und Anzeige. Die Aufnahme eines unterbrochenen oder ausgesetzten Verfahrens und die in diesem Titel erwähnten Anzeigen erfolgen durch Zustellung eines bei Gericht einzureichenden Schriftsatzes.

§ 251 Ruhen des Verfahrens. [1] Das Gericht hat das Ruhen des Verfahrens anzuordnen, wenn beide Parteien dies beantragen und anzunehmen ist, dass wegen Schwebens von Vergleichsverhandlungen oder aus sonstigen wichtigen Gründen diese Anordnung zweckmäßig ist. [2] Die Anordnung hat auf den Lauf der im § 233 bezeichneten Fristen keinen Einfluss.

§ 251a Säumnis beider Parteien; Entscheidung nach Lage der Akten.

(1) Erscheinen oder verhandeln in einem Termin beide Parteien nicht, so kann das Gericht nach Lage der Akten entscheiden.

(2) [1] Ein Urteil nach Lage der Akten darf nur ergehen, wenn in einem früheren Termin mündlich verhandelt worden ist. [2] Es darf frühestens in zwei Wochen verkündet werden. [3] Das Gericht hat der nicht erschienenen Partei den Verkündungstermin formlos mitzuteilen. [4] Es bestimmt neuen Termin zur mündlichen Verhandlung, wenn die Partei dies spätestens am siebenten Tag vor dem zur Verkündung bestimmten Termin beantragt und glaubhaft macht, dass sie ohne ihr Verschulden ausgeblieben ist und die Verlegung des Termins nicht rechtzeitig beantragen konnte.

(3) Wenn das Gericht nicht nach Lage der Akten entscheidet und nicht nach § 227 vertagt, ordnet es das Ruhen des Verfahrens an.

§ 252 Rechtsmittel bei Aussetzung. Gegen die Entscheidung, durch die auf Grund der Vorschriften dieses Titels oder auf Grund anderer gesetzlicher Bestimmungen die Aussetzung des Verfahrens angeordnet oder abgelehnt wird, findet die sofortige Beschwerde statt.

Buch 2. Verfahren im ersten Rechtszug

Abschnitt 1. Verfahren vor den Landgerichten

Titel 1. Verfahren bis zum Urteil

§ 253 Klageschrift. (1) Die Erhebung der Klage erfolgt durch Zustellung eines Schriftsatzes (Klageschrift).

(2) Die Klageschrift muss enthalten:

1. die Bezeichnung der Parteien und des Gerichts;
2. die bestimmte Angabe des Gegenstandes und des Grundes des erhobenen Anspruchs, sowie einen bestimmten Antrag.

(3) Die Klageschrift soll ferner enthalten:

1. die Angabe, ob der Klageerhebung der Versuch einer Mediation oder eines anderen Verfahrens der außergerichtlichen Konfliktbeilegung vorausgegangen ist, sowie eine Äußerung dazu, ob einem solchen Verfahren Gründe entgegenstehen;
2. die Angabe des Wertes des Streitgegenstandes, wenn hiervon die Zuständigkeit des Gerichts abhängt und der Streitgegenstand nicht in einer bestimmten Geldsumme besteht;
3. eine Äußerung dazu, ob einer Entscheidung der Sache durch den Einzelrichter Gründe entgegenstehen.

(4) Außerdem sind die allgemeinen Vorschriften über die vorbereitenden Schriftsätze auch auf die Klageschrift anzuwenden.

(5) [1] Die Klageschrift sowie sonstige Anträge und Erklärungen einer Partei, die zugestellt werden sollen, sind bei dem Gericht schriftlich unter Beifügung der für ihre Zustellung oder Mitteilung erforderlichen Zahl von Abschriften einzureichen. [2] Einer Beifügung von Abschriften bedarf es nicht, soweit die Klageschrift elektronisch eingereicht wird.

§ 254 Stufenklage. Wird mit der Klage auf Rechnungslegung oder auf Vorlegung eines Vermögensverzeichnisses oder auf Abgabe einer eidesstattlichen Versicherung die Klage auf Herausgabe desjenigen verbunden, was der Beklagte aus dem zugrunde liegenden Rechtsverhältnis schuldet, so kann die bestimmte Angabe der Leistungen, die der Kläger beansprucht, vorbehalten werden, bis die Rechnung mitgeteilt, das Vermögensverzeichnis vorgelegt oder die eidesstattliche Versicherung abgegeben ist.

§ 255 Fristbestimmung im Urteil. (1) Hat der Kläger für den Fall, dass der Beklagte nicht vor dem Ablauf einer ihm zu bestimmenden Frist den erhobenen Anspruch befriedigt, das Recht, Schadensersatz wegen Nichterfüllung zu fordern oder die Aufhebung eines Vertrages herbeizuführen, so kann er verlangen, dass die Frist im Urteil bestimmt wird.

(2) Das Gleiche gilt, wenn dem Kläger das Recht, die Anordnung einer Verwaltung zu verlangen, für den Fall zusteht, dass der Beklagte nicht vor dem Ablauf einer ihm zu bestimmenden Frist die beanspruchte Sicherheit leistet, sowie im Falle des § 2193 Abs. 2 des Bürgerlichen Gesetzbuchs für die Bestimmung einer Frist zur Vollziehung der Auflage.

§ 256 Feststellungsklage. (1) Auf Feststellung des Bestehens oder Nichtbestehens eines Rechtsverhältnisses, auf Anerkennung einer Urkunde oder auf Feststellung ihrer Unechtheit kann Klage erhoben werden, wenn der Kläger ein rechtliches Interesse daran hat, dass das Rechtsverhältnis oder die Echtheit oder Unechtheit der Urkunde durch richterliche Entscheidung alsbald festgestellt werde.

(2) Bis zum Schluss derjenigen mündlichen Verhandlung, auf die das Urteil ergeht, kann der Kläger durch Erweiterung des Klageantrags, der Beklagte

durch Erhebung einer Widerklage beantragen, dass ein im Laufe des Prozesses streitig gewordenes Rechtsverhältnis, von dessen Bestehen oder Nichtbestehen die Entscheidung des Rechtsstreits ganz oder zum Teil abhängt, durch richterliche Entscheidung festgestellt werde.

§ 257 Klage auf künftige Zahlung oder Räumung. Ist die Geltendmachung einer nicht von einer Gegenleistung abhängigen Geldforderung oder die Geltendmachung des Anspruchs auf Räumung eines Grundstücks oder eines Raumes, der anderen als Wohnzwecken dient, an den Eintritt eines Kalendertages geknüpft, so kann Klage auf künftige Zahlung oder Räumung erhoben werden.

§ 258 Klage auf wiederkehrende Leistungen. Bei wiederkehrenden Leistungen kann auch wegen der erst nach Erlass des Urteils fällig werdenden Leistungen Klage auf künftige Entrichtung erhoben werden.

§ 259 Klage wegen Besorgnis nicht rechtzeitiger Leistung. Klage auf künftige Leistung kann außer den Fällen der §§ 257, 258 erhoben werden, wenn den Umständen nach die Besorgnis gerechtfertigt ist, dass der Schuldner sich der rechtzeitigen Leistung entziehen werde.

§ 260 Anspruchshäufung. Mehrere Ansprüche des Klägers gegen denselben Beklagten können, auch wenn sie auf verschiedenen Gründen beruhen, in einer Klage verbunden werden, wenn für sämtliche Ansprüche das Prozessgericht zuständig und dieselbe Prozessart zulässig ist.

§ 261 Rechtshängigkeit. (1) Durch die Erhebung der Klage wird die Rechtshängigkeit der Streitsache begründet.

(2) Die Rechtshängigkeit eines erst im Laufe des Prozesses erhobenen Anspruchs tritt mit dem Zeitpunkt ein, in dem der Anspruch in der mündlichen Verhandlung geltend gemacht oder ein den Erfordernissen des § 253 Abs. 2 Nr. 2 entsprechender Schriftsatz zugestellt wird.

(3) Die Rechtshängigkeit hat folgende Wirkungen:

1. während der Dauer der Rechtshängigkeit kann die Streitsache von keiner Partei anderweitig anhängig gemacht werden;
2. die Zuständigkeit des Prozessgerichts wird durch eine Veränderung der sie begründenden Umstände nicht berührt.

§ 262 Sonstige Wirkungen der Rechtshängigkeit. [1] Die Vorschriften des bürgerlichen Rechts über die sonstigen Wirkungen der Rechtshängigkeit bleiben unberührt. [2] Diese Wirkungen sowie alle Wirkungen, die durch die Vorschriften des bürgerlichen Rechts an die Anstellung, Mitteilung oder gerichtliche Anmeldung der Klage, an die Ladung oder Einlassung des Beklagten geknüpft werden, treten unbeschadet der Vorschrift des § 167 mit der Erhebung der Klage ein.

§ 263 Klageänderung. Nach dem Eintritt der Rechtshängigkeit ist eine Änderung der Klage zulässig, wenn der Beklagte einwilligt oder das Gericht sie für sachdienlich erachtet.

§ 264 Keine Klageänderung. Als eine Änderung der Klage ist es nicht anzusehen, wenn ohne Änderung des Klagegrundes

1. die tatsächlichen oder rechtlichen Anführungen ergänzt oder berichtigt werden;
2. der Klageantrag in der Hauptsache oder in Bezug auf Nebenforderungen erweitert oder beschränkt wird;
3. statt des ursprünglich geforderten Gegenstandes wegen einer später eingetretenen Veränderung ein anderer Gegenstand oder das Interesse gefordert wird.

§ 265 Veräußerung oder Abtretung der Streitsache. (1) Die Rechtshängigkeit schließt das Recht der einen oder der anderen Partei nicht aus, die in Streit befangene Sache zu veräußern oder den geltend gemachten Anspruch abzutreten.

(2) [1]Die Veräußerung oder Abtretung hat auf den Prozess keinen Einfluss. [2]Der Rechtsnachfolger ist nicht berechtigt, ohne Zustimmung des Gegners den Prozess als Hauptpartei an Stelle des Rechtsvorgängers zu übernehmen oder eine Hauptintervention zu erheben. [3]Tritt der Rechtsnachfolger als Nebenintervenient auf, so ist § 69 nicht anzuwenden.

(3) Hat der Kläger veräußert oder abgetreten, so kann ihm, sofern das Urteil nach § 325 gegen den Rechtsnachfolger nicht wirksam sein würde, der Einwand entgegengesetzt werden, dass er zur Geltendmachung des Anspruchs nicht mehr befugt sei.

§ 266 Veräußerung eines Grundstücks. (1) [1]Ist über das Bestehen oder Nichtbestehen eines Rechts, das für ein Grundstück in Anspruch genommen wird, oder einer Verpflichtung, die auf einem Grundstück ruhen soll, zwischen dem Besitzer und einem Dritten ein Rechtsstreit anhängig, so ist im Falle der Veräußerung des Grundstücks der Rechtsnachfolger berechtigt und auf Antrag des Gegners verpflichtet, den Rechtsstreit in der Lage, in der er sich befindet, als Hauptpartei zu übernehmen. [2]Entsprechendes gilt für einen Rechtsstreit über das Bestehen oder Nichtbestehen einer Verpflichtung, die auf einem eingetragenen Schiff oder Schiffsbauwerk ruhen soll.

(2) [1]Diese Bestimmung ist insoweit nicht anzuwenden, als ihr Vorschriften des bürgerlichen Rechts zugunsten derjenigen, die Rechte von einem Nichtberechtigten herleiten, entgegenstehen. [2]In einem solchen Fall gilt, wenn der Kläger veräußert hat, die Vorschrift des § 265 Abs. 3

§ 267 Vermutete Einwilligung in die Klageänderung. Die Einwilligung des Beklagten in die Änderung der Klage ist anzunehmen, wenn er, ohne der Änderung zu widersprechen, sich in einer mündlichen Verhandlung auf die abgeänderte Klage eingelassen hat.

§ 268 Unanfechtbarkeit der Entscheidung. Eine Anfechtung der Entscheidung, dass eine Änderung der Klage nicht vorliege oder dass die Änderung zuzulassen sei, findet nicht statt.

§ 269 Klagerücknahme. (1) Die Klage kann ohne Einwilligung des Beklagten nur bis zum Beginn der mündlichen Verhandlung des Beklagten zur Hauptsache zurückgenommen werden.

(2) [1] Die Zurücknahme der Klage und, soweit sie zur Wirksamkeit der Zurücknahme erforderlich ist, auch die Einwilligung des Beklagten sind dem Gericht gegenüber zu erklären. [2] Die Zurücknahme der Klage erfolgt, wenn sie nicht bei der mündlichen Verhandlung erklärt wird, durch Einreichung eines Schriftsatzes. [3] Der Schriftsatz ist dem Beklagten zuzustellen, wenn seine Einwilligung zur Wirksamkeit der Zurücknahme der Klage erforderlich ist. [4] Widerspricht der Beklagte der Zurücknahme der Klage nicht innerhalb einer Notfrist von zwei Wochen seit der Zustellung des Schriftsatzes, so gilt seine Einwilligung als erteilt, wenn der Beklagte zuvor auf diese Folge hingewiesen worden ist.

(3) [1] Wird die Klage zurückgenommen, so ist der Rechtsstreit als nicht anhängig geworden anzusehen; ein bereits ergangenes, noch nicht rechtskräftiges Urteil wird wirkungslos, ohne dass es seiner ausdrücklichen Aufhebung bedarf. [2] Der Kläger ist verpflichtet, die Kosten des Rechtsstreits zu tragen, soweit nicht bereits rechtskräftig über sie erkannt ist oder sie dem Beklagten aus einem anderen Grund aufzuerlegen sind. [3] Ist der Anlass zur Einreichung der Klage vor Rechtshängigkeit weggefallen und wird die Klage daraufhin zurückgenommen, so bestimmt sich die Kostentragungspflicht unter Berücksichtigung des bisherigen Sach- und Streitstandes nach billigem Ermessen; dies gilt auch, wenn die Klage nicht zugestellt wurde.

(4) [1] Das Gericht entscheidet auf Antrag über die nach Absatz 3 eintretenden Wirkungen durch Beschluss. [2] Ist einem Beklagten Prozesskostenhilfe bewilligt worden, hat das Gericht über die Kosten von Amts wegen zu entscheiden.

(5) [1] Gegen den Beschluss findet die sofortige Beschwerde statt, wenn der Streitwert der Hauptsache den in § 511 genannten Betrag übersteigt. [2] Die Beschwerde ist unzulässig, wenn gegen die Entscheidung über den Festsetzungsantrag (§ 104) ein Rechtsmittel nicht mehr zulässig ist.

(6) Wird die Klage von neuem angestellt, so kann der Beklagte die Einlassung verweigern, bis die Kosten erstattet sind.

§ 270 Zustellung; formlose Mitteilung. [1] Mit Ausnahme der Klageschrift und solcher Schriftsätze, die Sachanträge enthalten, sind Schriftsätze und sonstige Erklärungen der Parteien, sofern nicht das Gericht die Zustellung anordnet, ohne besondere Form mitzuteilen. [2] Bei Übersendung durch die Post gilt die Mitteilung, wenn die Wohnung der Partei im Bereich des Ortsbestellverkehrs liegt, an dem folgenden, im Übrigen an dem zweiten Werktag nach der Aufgabe zur Post als bewirkt, sofern nicht die Partei glaubhaft macht, dass ihr die Mitteilung nicht oder erst in einem späteren Zeitpunkt zugegangen ist.

§ 271 Zustellung der Klageschrift. (1) Die Klageschrift ist unverzüglich zuzustellen.

(2) Mit der Zustellung ist der Beklagte aufzufordern, einen Rechtsanwalt zu bestellen, wenn er eine Verteidigung gegen die Klage beabsichtigt.

§ 272 Bestimmung der Verfahrensweise. (1) Der Rechtsstreit ist in der Regel in einem umfassend vorbereiteten Termin zur mündlichen Verhandlung (Haupttermin) zu erledigen.

(2) Der Vorsitzende bestimmt entweder einen frühen ersten Termin zur mündlichen Verhandlung (§ 275) oder veranlasst ein schriftliches Vorverfahren (§ 276).

(3) Die Güteverhandlung und die mündliche Verhandlung sollen so früh wie möglich stattfinden.

(4) Räumungssachen sind vorrangig und beschleunigt durchzuführen.

§ 273 Vorbereitung des Termins. (1) Das Gericht hat erforderliche vorbereitende Maßnahmen rechtzeitig zu veranlassen.

(2) Zur Vorbereitung jedes Termins kann der Vorsitzende oder ein von ihm bestimmtes Mitglied des Prozessgerichts insbesondere

1. den Parteien die Ergänzung oder Erläuterung ihrer vorbereitenden Schriftsätze aufgeben, insbesondere eine Frist zur Erklärung über bestimmte klärungsbedürftige Punkte setzen;
2. Behörden oder Träger eines öffentlichen Amtes um Mitteilung von Urkunden oder um Erteilung amtlicher Auskünfte ersuchen;
3. das persönliche Erscheinen der Parteien anordnen;
4. Zeugen, auf die sich eine Partei bezogen hat, und Sachverständige zur mündlichen Verhandlung laden sowie eine Anordnung nach § 378 treffen;
5. Anordnungen nach den §§ 142, 144 treffen.

(3) [1] Anordnungen nach Absatz 2 Nr. 4 und, soweit die Anordnungen nicht gegenüber einer Partei zu treffen sind, 5 sollen nur ergehen, wenn der Beklagte dem Klageanspruch bereits widersprochen hat. [2] Für die Anordnungen nach Absatz 2 Nr. 4 gilt § 379 entsprechend.

(4) [1] Die Parteien sind von jeder Anordnung zu benachrichtigen. [2] Wird das persönliche Erscheinen der Parteien angeordnet, so gelten die Vorschriften des § 141 Abs. 2, 3.

§ 274 Ladung der Parteien; Einlassungsfrist. (1) Nach der Bestimmung des Termins zur mündlichen Verhandlung ist die Ladung der Parteien durch die Geschäftsstelle zu veranlassen.

(2) Die Ladung ist dem Beklagten mit der Klageschrift zuzustellen, wenn das Gericht einen frühen ersten Verhandlungstermin bestimmt.

(3) [1] Zwischen der Zustellung der Klageschrift und dem Termin zur mündlichen Verhandlung muss ein Zeitraum von mindestens zwei Wochen liegen (Einlassungsfrist). [2] Ist die Zustellung im Ausland vorzunehmen, so beträgt die Einlassungsfrist einen Monat. [3] Der Vorsitzende kann auch eine längere Frist bestimmen.

§ 275 Früher erster Termin. (1) [1] Zur Vorbereitung des frühen ersten Termins zur mündlichen Verhandlung kann der Vorsitzende oder ein von ihm bestimmtes Mitglied des Prozessgerichts dem Beklagten eine Frist zur schriftlichen Klageerwiderung setzen. [2] Andernfalls ist der Beklagte aufzufordern, etwa vorzubringende Verteidigungsmittel unverzüglich durch den zu bestellenden

Rechtsanwalt in einem Schriftsatz dem Gericht mitzuteilen; § 277 Abs. 1 Satz 2 gilt entsprechend.

(2) Wird das Verfahren in dem frühen ersten Termin zur mündlichen Verhandlung nicht abgeschlossen, so trifft das Gericht alle Anordnungen, die zur Vorbereitung des Haupttermins noch erforderlich sind.

(3) Das Gericht setzt in dem Termin eine Frist zur schriftlichen Klageerwiderung, wenn der Beklagte noch nicht oder nicht ausreichend auf die Klage erwidert hat und ihm noch keine Frist nach Absatz 1 Satz 1 gesetzt war.

(4) [1] Das Gericht kann dem Kläger in dem Termin oder nach Eingang der Klageerwiderung eine Frist zur schriftlichen Stellungnahme auf die Klageerwiderung setzen. [2] Außerhalb der mündlichen Verhandlung kann der Vorsitzende die Frist setzen.

§ 276 Schriftliches Vorverfahren. (1) [1] Bestimmt der Vorsitzende keinen frühen ersten Termin zur mündlichen Verhandlung, so fordert er den Beklagten mit der Zustellung der Klage auf, wenn er sich gegen die Klage verteidigen wolle, dies binnen einer Notfrist von zwei Wochen nach Zustellung der Klageschrift dem Gericht schriftlich anzuzeigen; der Kläger ist von der Aufforderung zu unterrichten. [2] Zugleich ist dem Beklagten eine Frist von mindestens zwei weiteren Wochen zur schriftlichen Klageerwiderung zu setzen. [3] Ist die Zustellung der Klage im Ausland vorzunehmen, so beträgt die Frist nach Satz 1 einen Monat. [4] Der Vorsitzende kann in diesem Fall auch eine längere Frist bestimmen.

(2) [1] Mit der Aufforderung ist der Beklagte über die Folgen einer Versäumung der ihm nach Absatz 1 Satz 1 gesetzten Frist sowie darüber zu belehren, dass er die Erklärung, der Klage entgegentreten zu wollen, nur durch den zu bestellenden Rechtsanwalt abgeben kann. [2] Die Belehrung über die Möglichkeit des Erlasses eines Versäumnisurteils nach § 331 Abs. 3 hat die Rechtsfolgen aus den §§ 91 und 708 Nr. 2 zu umfassen.

(3) Der Vorsitzende kann dem Kläger eine Frist zur schriftlichen Stellungnahme auf die Klageerwiderung setzen.

§ 277 Klageerwiderung; Replik. (1) [1] In der Klageerwiderung hat der Beklagte seine Verteidigungsmittel vorzubringen, soweit es nach der Prozesslage einer sorgfältigen und auf Förderung des Verfahrens bedachten Prozessführung entspricht. [2] Die Klageerwiderung soll ferner eine Äußerung dazu enthalten, ob einer Entscheidung der Sache durch den Einzelrichter Gründe entgegenstehen.

(2) Der Beklagte ist darüber, dass die Klageerwiderung durch den zu bestellenden Rechtsanwalt bei Gericht einzureichen ist, und über die Folgen einer Fristversäumung zu belehren.

(3) Die Frist zur schriftlichen Klageerwiderung nach § 275 Abs. 1 Satz 1, Abs. 3 beträgt mindestens zwei Wochen.

(4) Für die schriftliche Stellungnahme auf die Klageerwiderung gelten Absatz 1 Satz 1 und Absätze 2 und 3 entsprechend.

§ 278 Gütliche Streitbeilegung, Güteverhandlung, Vergleich.

(1) Das Gericht soll in jeder Lage des Verfahrens auf eine gütliche Beilegung des Rechtsstreits oder einzelner Streitpunkte bedacht sein.

(2) [1]Der mündlichen Verhandlung geht zum Zwecke der gütlichen Beilegung des Rechtsstreits eine Güteverhandlung voraus, es sei denn, es hat bereits ein Einigungsversuch vor einer außergerichtlichen Gütestelle stattgefunden oder die Güteverhandlung erscheint erkennbar aussichtslos. [2]Das Gericht hat in der Güteverhandlung den Sach- und Streitstand mit den Parteien unter freier Würdigung aller Umstände zu erörtern und, soweit erforderlich, Fragen zu stellen. [3]Die erschienenen Parteien sollen hierzu persönlich gehört werden.

(3) [1]Für die Güteverhandlung sowie für weitere Güteversuche soll das persönliche Erscheinen der Parteien angeordnet werden. [2]§ 141 Abs. 1 Satz 2, Abs. 2 und 3 gilt entsprechend.

(4) Erscheinen beide Parteien in der Güteverhandlung nicht, ist das Ruhen des Verfahrens anzuordnen.

(5) [1]Das Gericht kann die Parteien für die Güteverhandlung sowie für weitere Güteversuche vor einen hierfür bestimmten und nicht entscheidungsbefugten Richter (Güterichter) verweisen. [2]Der Güterichter kann alle Methoden der Konfliktbeilegung einschließlich der Mediation einsetzen.

(6) [1]Ein gerichtlicher Vergleich kann auch dadurch geschlossen werden, dass die Parteien dem Gericht einen schriftlichen Vergleichsvorschlag unterbreiten oder einen schriftlichen oder zu Protokoll der mündlichen Verhandlung erklärten Vergleichsvorschlag des Gerichts durch Schriftsatz oder durch Erklärung zu Protokoll der mündlichen Verhandlung gegenüber dem Gericht annehmen. [2]Das Gericht stellt das Zustandekommen und den Inhalt eines nach Satz 1 geschlossenen Vergleichs durch Beschluss fest. [3]§ 164 gilt entsprechend.

§ 278a Mediation, außergerichtliche Konfliktbeilegung. (1) Das Gericht kann den Parteien eine Mediation oder ein anderes Verfahren der außergerichtlichen Konfliktbeilegung vorschlagen.

(2) Entscheiden sich die Parteien zur Durchführung einer Mediation oder eines anderen Verfahrens der außergerichtlichen Konfliktbeilegung, ordnet das Gericht das Ruhen des Verfahrens an.

§ 279 Mündliche Verhandlung. (1) [1]Erscheint eine Partei in der Güteverhandlung nicht oder ist die Güteverhandlung erfolglos, soll sich die mündliche Verhandlung (früher erster Termin oder Haupttermin) unmittelbar anschließen. [2]Andernfalls ist unverzüglich Termin zur mündlichen Verhandlung zu bestimmen.

(2) Im Haupttermin soll der streitigen Verhandlung die Beweisaufnahme unmittelbar folgen.

(3) Im Anschluss an die Beweisaufnahme hat das Gericht erneut den Sach- und Streitstand und, soweit bereits möglich, das Ergebnis der Beweisaufnahme mit den Parteien zu erörtern.

§ 280 Abgesonderte Verhandlung über Zulässigkeit der Klage.

(1) Das Gericht kann anordnen, dass über die Zulässigkeit der Klage abgesondert verhandelt wird.

(2) [1]Ergeht ein Zwischenurteil, so ist es in Betreff der Rechtsmittel als Endurteil anzusehen. [2]Das Gericht kann jedoch auf Antrag anordnen, dass zur Hauptsache zu verhandeln ist.

§ 281[1)] Verweisung bei Unzuständigkeit. (1) [1] Ist auf Grund der Vorschriften über die örtliche oder sachliche Zuständigkeit der Gerichte die Unzuständigkeit des Gerichts auszusprechen, so hat das angegangene Gericht, sofern das zuständige Gericht bestimmt werden kann, auf Antrag des Klägers durch Beschluss sich für unzuständig zu erklären und den Rechtsstreit an das zuständige Gericht zu verweisen. [2] Sind mehrere Gerichte zuständig, so erfolgt die Verweisung an das vom Kläger gewählte Gericht.

(2) [1] Anträge und Erklärungen zur Zuständigkeit des Gerichts können vor dem Urkundsbeamten der Geschäftsstelle abgegeben werden. [2] Der Beschluss ist unanfechtbar. [3] Der Rechtsstreit wird bei dem im Beschluss bezeichneten Gericht mit Eingang der Akten anhängig. [4] Der Beschluss ist für dieses Gericht bindend.

(3) [1] Die im Verfahren vor dem angegangenen Gericht erwachsenen Kosten werden als Teil der Kosten behandelt, die bei dem im Beschluss bezeichneten Gericht erwachsen. [2] Dem Kläger sind die entstandenen Mehrkosten auch dann aufzuerlegen, wenn er in der Hauptsache obsiegt.

§ 282 Rechtzeitigkeit des Vorbringens. (1) Jede Partei hat in der mündlichen Verhandlung ihre Angriffs- und Verteidigungsmittel, insbesondere Behauptungen, Bestreiten, Einwendungen, Einreden, Beweismittel und Beweiseinreden, so zeitig vorzubringen, wie es nach der Prozesslage einer sorgfältigen und auf Förderung des Verfahrens bedachten Prozessführung entspricht.

(2) Anträge sowie Angriffs- und Verteidigungsmittel, auf die der Gegner voraussichtlich ohne vorhergehende Erkundigung keine Erklärung abgeben kann, sind vor der mündlichen Verhandlung durch vorbereitenden Schriftsatz so zeitig mitzuteilen, dass der Gegner die erforderliche Erkundigung noch einzuziehen vermag.

(3) [1] Rügen, die die Zulässigkeit der Klage betreffen, hat der Beklagte gleichzeitig und vor seiner Verhandlung zur Hauptsache vorzubringen. [2] Ist ihm vor der mündlichen Verhandlung eine Frist zur Klageerwiderung gesetzt, so hat er die Rügen schon innerhalb der Frist geltend zu machen.

§ 283 Schriftsatzfrist für Erklärungen zum Vorbringen des Gegners.
[1] Kann sich eine Partei in der mündlichen Verhandlung auf ein Vorbringen des Gegners nicht erklären, weil es ihr nicht rechtzeitig vor dem Termin mitgeteilt worden ist, so kann auf ihren Antrag das Gericht eine Frist bestimmen, in der sie die Erklärung in einem Schriftsatz nachbringen kann; gleichzeitig wird ein Termin zur Verkündung einer Entscheidung anberaumt. [2] Eine fristgemäß eingereichte Erklärung muss, eine verspätet eingereichte Erklärung kann das Gericht bei der Entscheidung berücksichtigen.

§ 283a Sicherungsanordnung. (1) [1] Wird eine Räumungsklage mit einer Zahlungsklage aus demselben Rechtsverhältnis verbunden, ordnet das Prozess-

---

[1)] Über die Abgabe in Ehesachen bei Ansprüchen hinsichtlich der Ehewohnung oder des Hausrats vgl. § 202 G über das Verfahren in Familiensachen und in den Angelegenheiten der freiwilligen Gerichtsbarkeit (FamFG) v. 17.12.2008 (BGBl. I S. 2586, 2587), zuletzt geänd. durch G v. 12.12.2019 (BGBl. I S. 2633), über die Abgabe in Landwirtschaftssachen vgl. § 12 G über das gerichtliche Verfahren in Landwirtschaftssachen v. 21.7.1953 (BGBl. I S. 667), zuletzt geänd. durch G v. 27.8.2017 (BGBl. I S. 3295).

gericht auf Antrag des Klägers an, dass der Beklagte wegen der Geldforderungen, die nach Rechtshängigkeit der Klage fällig geworden sind, Sicherheit zu leisten hat, soweit

1. die Klage auf diese Forderungen hohe Aussicht auf Erfolg hat und
2. die Anordnung nach Abwägung der beiderseitigen Interessen zur Abwendung besonderer Nachteile für den Kläger gerechtfertigt ist. Hinsichtlich der abzuwägenden Interessen genügt deren Glaubhaftmachung.

[2] Streiten die Parteien um das Recht des Klägers, die Geldforderung zu erhöhen, erfasst die Sicherungsanordnung den Erhöhungsbetrag nicht. [3] Gegen die Entscheidung über die Sicherungsanordnung findet die sofortige Beschwerde statt.

(2) Der Beklagte hat die Sicherheitsleistung binnen einer vom Gericht zu bestimmenden Frist nachzuweisen.

(3) Soweit der Kläger obsiegt, ist in einem Endurteil oder einer anderweitigen den Rechtsstreit beendenden Regelung auszusprechen, dass er berechtigt ist, sich aus der Sicherheit zu befriedigen.

(4) [1] Soweit dem Kläger nach dem Endurteil oder nach der anderweitigen Regelung ein Anspruch in Höhe der Sicherheitsleistung nicht zusteht, hat er den Schaden zu ersetzen, der dem Beklagten durch die Sicherheitsleistung entstanden ist. [2] § 717 Absatz 2 Satz 2 gilt entsprechend.

§ 284 Beweisaufnahme. [1] Die Beweisaufnahme und die Anordnung eines besonderen Beweisaufnahmeverfahrens durch Beweisbeschluss wird durch die Vorschriften des fünften bis elften Titels bestimmt. [2] Mit Einverständnis der Parteien kann das Gericht die Beweise in der ihm geeignet erscheinenden Art aufnehmen. [3] Das Einverständnis kann auf einzelne Beweiserhebungen beschränkt werden. [4] Es kann nur bei einer wesentlichen Änderung der Prozesslage vor Beginn der Beweiserhebung, auf die es sich bezieht, widerrufen werden.

§ 285 Verhandlung nach Beweisaufnahme. (1) Über das Ergebnis der Beweisaufnahme haben die Parteien unter Darlegung des Streitverhältnisses zu verhandeln.

(2) Ist die Beweisaufnahme nicht vor dem Prozessgericht erfolgt, so haben die Parteien ihr Ergebnis auf Grund der Beweisverhandlungen vorzutragen.

§ 286 Freie Beweiswürdigung. (1) [1] Das Gericht hat unter Berücksichtigung des gesamten Inhalts der Verhandlungen und des Ergebnisses einer etwaigen Beweisaufnahme nach freier Überzeugung zu entscheiden, ob eine tatsächliche Behauptung für wahr oder für nicht wahr zu erachten sei. [2] In dem Urteil sind die Gründe anzugeben, die für die richterliche Überzeugung leitend gewesen sind.

(2) An gesetzliche Beweisregeln ist das Gericht nur in den durch dieses Gesetz bezeichneten Fällen gebunden.

§ 287 Schadensermittlung; Höhe der Forderung. (1) [1] Ist unter den Parteien streitig, ob ein Schaden entstanden sei und wie hoch sich der Schaden oder ein zu ersetzendes Interesse belaufe, so entscheidet hierüber das Gericht unter Würdigung aller Umstände nach freier Überzeugung. [2] Ob und inwieweit eine beantragte Beweisaufnahme oder von Amts wegen die Begutachtung durch Sachverständige anzuordnen sei, bleibt dem Ermessen des Gerichts überlassen. [3] Das Gericht kann den Beweisführer über den Schaden oder das Interesse vernehmen; die Vorschriften des § 452 Abs. 1 Satz 1, Abs. 2 bis 4 gelten entsprechend.

(2) Die Vorschriften des Absatzes 1 Satz 1, 2 sind bei vermögensrechtlichen Streitigkeiten auch in anderen Fällen entsprechend anzuwenden, soweit unter den Parteien die Höhe einer Forderung streitig ist und die vollständige Aufklärung aller hierfür maßgebenden Umstände mit Schwierigkeiten verbunden ist, die zu der Bedeutung des streitigen Teiles der Forderung in keinem Verhältnis stehen.

§ 288 Gerichtliches Geständnis. (1) Die von einer Partei behaupteten Tatsachen bedürfen insoweit keines Beweises, als sie im Laufe des Rechtsstreits von dem Gegner bei einer mündlichen Verhandlung oder zum Protokoll eines beauftragten oder ersuchten Richters zugestanden sind.

(2) Zur Wirksamkeit des gerichtlichen Geständnisses ist dessen Annahme nicht erforderlich.

§ 289 Zusätze beim Geständnis. (1) Die Wirksamkeit des gerichtlichen Geständnisses wird dadurch nicht beeinträchtigt, dass ihm eine Behauptung hinzugefügt wird, die ein selbständiges Angriffs- oder Verteidigungsmittel enthält.

(2) Inwiefern eine vor Gericht erfolgte einräumende Erklärung ungeachtet anderer zusätzlicher oder einschränkender Behauptungen als ein Geständnis anzusehen sei, bestimmt sich nach der Beschaffenheit des einzelnen Falles.

§ 290 Widerruf des Geständnisses. [1] Der Widerruf hat auf die Wirksamkeit des gerichtlichen Geständnisses nur dann Einfluss, wenn die widerrufende Partei beweist, dass das Geständnis der Wahrheit nicht entspreche und durch einen Irrtum veranlasst sei. [2] In diesem Fall verliert das Geständnis seine Wirksamkeit.

§ 291 Offenkundige Tatsachen. Tatsachen, die bei dem Gericht offenkundig sind, bedürfen keines Beweises.

§ 292 Gesetzliche Vermutungen. [1] Stellt das Gesetz für das Vorhandensein einer Tatsache eine Vermutung auf, so ist der Beweis des Gegenteils zulässig, sofern nicht das Gesetz ein anderes vorschreibt. [2] Dieser Beweis kann auch durch den Antrag auf Parteivernehmung nach § 445 geführt werden.

§ 292a (weggefallen)

§ 293 Fremdes Recht; Gewohnheitsrecht; Statuten. [1] Das in einem anderen Staat geltende Recht, die Gewohnheitsrechte und Statuten bedürfen des Beweises nur insofern, als sie dem Gericht unbekannt sind. [2] Bei Ermittlung dieser Rechtsnormen ist das Gericht auf die von den Parteien beigebrachten Nachweise nicht beschränkt; es ist befugt, auch andere Erkenntnisquellen zu benutzen und zum Zwecke einer solchen Benutzung das Erforderliche anzuordnen.

§ 294 Glaubhaftmachung. (1) Wer eine tatsächliche Behauptung glaubhaft zu machen hat, kann sich aller Beweismittel bedienen, auch zur Versicherung an Eides statt zugelassen werden.

(2) Eine Beweisaufnahme, die nicht sofort erfolgen kann, ist unstatthaft.

§ 295 Verfahrensrügen. (1) Die Verletzung einer das Verfahren und insbesondere die Form einer Prozesshandlung betreffenden Vorschrift kann nicht mehr gerügt werden, wenn die Partei auf die Befolgung der Vorschrift verzichtet, oder wenn sie bei der nächsten mündlichen Verhandlung, die auf Grund des betreffenden Verfahrens stattgefunden hat oder in der darauf Bezug genommen ist, den Mangel nicht gerügt hat, obgleich sie erschienen und ihr der Mangel bekannt war oder bekannt sein musste.

(2) Die vorstehende Bestimmung ist nicht anzuwenden, wenn Vorschriften verletzt sind, auf deren Befolgung eine Partei wirksam nicht verzichten kann.

§ 296 Zurückweisung verspäteten Vorbringens. (1) Angriffs- und Verteidigungsmittel, die erst nach Ablauf einer hierfür gesetzten Frist (§ 273 Abs. 2 Nr. 1 und, soweit die Fristsetzung gegenüber einer Partei ergeht, 5, § 275 Abs. 1 Satz 1, Abs. 3, 4, § 276 Abs. 1 Satz 2, Abs. 3, § 277) vorgebracht werden, sind nur zuzulassen, wenn nach der freien Überzeugung des Gerichts ihre Zulassung die Erledigung des Rechtsstreits nicht verzögern würde oder wenn die Partei die Verspätung genügend entschuldigt.

(2) Angriffs- und Verteidigungsmittel, die entgegen § 282 Abs. 1 nicht rechtzeitig vorgebracht oder entgegen § 282 Abs. 2 nicht rechtzeitig mitgeteilt werden, können zurückgewiesen werden, wenn ihre Zulassung nach der freien Überzeugung des Gerichts die Erledigung des Rechtsstreits verzögern würde und die Verspätung auf grober Nachlässigkeit beruht.

(3) Verspätete Rügen, die die Zulässigkeit der Klage betreffen und auf die der Beklagte verzichten kann, sind nur zuzulassen, wenn der Beklagte die Verspätung genügend entschuldigt.

(4) In den Fällen der Absätze 1 und 3 ist der Entschuldigungsgrund auf Verlangen des Gerichts glaubhaft zu machen.

§ 296a Vorbringen nach Schluss der mündlichen Verhandlung. [1] Nach Schluss der mündlichen Verhandlung, auf die das Urteil ergeht, können Angriffs- und Verteidigungsmittel nicht mehr vorgebracht werden. [2] § 139 Abs. 5, §§ 156, 283 bleiben unberührt.

§ 297 Form der Antragstellung. (1) [1] Die Anträge sind aus den vorbereitenden Schriftsätzen zu verlesen. [2] Soweit sie darin nicht enthalten sind, müssen sie aus einer dem Protokoll als Anlage beizufügenden Schrift verlesen werden. [3] Der Vorsitzende kann auch gestatten, dass die Anträge zu Protokoll erklärt werden.

(2) Die Verlesung kann dadurch ersetzt werden, dass die Parteien auf die Schriftsätze Bezug nehmen, die die Anträge enthalten.

§ 298 Aktenausdruck. (1) [1] Werden die Akten in Papierform geführt, ist von einem elektronischen Dokument ein Ausdruck für die Akten zu fertigen. [2] Kann dies bei Anlagen zu vorbereitenden Schriftsätzen nicht oder nur mit unverhältnismäßigem Aufwand erfolgen, so kann ein Ausdruck unterbleiben. [3] Die Daten sind in diesem Fall dauerhaft zu speichern; der Speicherort ist aktenkundig zu machen.

(2) Wird das elektronische Dokument auf einem sicheren Übermittlungsweg eingereicht, so ist dies aktenkundig zu machen.

(3) Ist das elektronische Dokument mit einer qualifizierten elektronischen Signatur versehen und nicht auf einem sicheren Übermittlungsweg eingereicht, muss der Ausdruck einen Vermerk darüber enthalten,

1. welches Ergebnis die Integritätsprüfung des Dokumentes ausweist,
2. wen die Signaturprüfung als Inhaber der Signatur ausweist,
3. welchen Zeitpunkt die Signaturprüfung für die Anbringung der Signatur ausweist.

(4) Ein eingereichtes elektronisches Dokument kann nach Ablauf von sechs Monaten gelöscht werden.

§ 298a Elektronische Akte; Verordnungsermächtigung.

[Abs. 1 bis 31.12.2025:]

(1) [1] Die Prozessakten können elektronisch geführt werden. [2] Die Bundesregierung und die Landesregierungen bestimmen für ihren Bereich durch Rechtsverordnung den Zeitpunkt, von dem an elektronische Akten geführt werden sowie die hierfür geltenden organisatorisch-technischen Rahmenbedingungen für die Bildung, Führung und Aufbewahrung der elektronischen Akten. [3] Die Landesregierungen können die Ermächtigung durch Rechtsverordnung auf die Landesjustizverwaltungen übertragen. [4] Die Zulassung der elektronischen Akte kann auf einzelne Gerichte oder Verfahren beschränkt werden; wird von dieser Möglichkeit Gebrauch gemacht, kann in der Rechtsverordnung bestimmt werden, dass durch Verwaltungsvorschrift, die öffentlich bekanntzumachen ist, geregelt wird, in welchen Verfahren die Akten elektronisch zu führen sind.

(1a)***[ab 1.1.2026: (1)]*** [1] Die Prozessakten werden ***[bis 31.12.2025:** ab dem 1. Januar 2026**]*** elektronisch geführt. [2] Die Bundesregierung und die Landesregierungen bestimmen jeweils für ihren Bereich durch Rechtsverordnung die organisatorischen und dem Stand der Technik entsprechenden technischen Rahmenbedingungen für die Bildung, Führung und Aufbewahrung der elektronischen Akten einschließlich der einzuhaltenden Anforderungen der Barrierefreiheit. [3] Die Bundesregierung und die Landesregierungen können jeweils für ihren Bereich durch Rechtsverordnung bestimmen, dass Akten, die in Papierform angelegt wurden, in Papierform weitergeführt werden. [4] Die Landesregierungen können die Ermächtigungen nach den Sätzen 2 und 3 durch Rechtsverordnung auf die für die Zivilgerichtsbarkeit zuständigen obersten Landesbehörden übertragen. [5] Die Rechtsverordnungen der Bundesregierung bedürfen nicht der Zustimmung des Bundesrates.

(2) [1] Werden die Prozessakten elektronisch geführt, sind in Papierform vorliegende Schriftstücke und sonstige Unterlagen nach dem Stand der Technik zur Ersetzung der Urschrift in ein elektronisches Dokument zu übertragen.

[2]Es ist sicherzustellen, dass das elektronische Dokument mit den vorliegenden Schriftstücken und sonstigen Unterlagen bildlich und inhaltlich übereinstimmt. [3]Das elektronische Dokument ist mit einem Übertragungsnachweis zu versehen, der das bei der Übertragung angewandte Verfahren und die bildliche und inhaltliche Übereinstimmung dokumentiert. [4]Wird ein von den verantwortenden Personen handschriftlich unterzeichnetes gerichtliches Schriftstück übertragen, ist der Übertragungsnachweis mit einer qualifizierten elektronischen Signatur des Urkundsbeamten der Geschäftsstelle zu versehen. [5]Die in Papierform vorliegenden Schriftstücke und sonstigen Unterlagen können sechs Monate nach der Übertragung vernichtet werden, sofern sie nicht rückgabepflichtig sind.

§ 299 Akteneinsicht; Abschriften. (1) Die Parteien können die Prozessakten einsehen und sich aus ihnen durch die Geschäftsstelle Ausfertigungen, Auszüge und Abschriften erteilen lassen.

(2) Dritten Personen kann der Vorstand des Gerichts ohne Einwilligung der Parteien die Einsicht der Akten nur gestatten, wenn ein rechtliches Interesse glaubhaft gemacht wird.

(3) [1]Werden die Prozessakten elektronisch geführt, gewährt die Geschäftsstelle Akteneinsicht durch Bereitstellung des Inhalts der Akten zum Abruf. [2]Auf besonderen Antrag wird Akteneinsicht durch Einsichtnahme in die Akten in Diensträumen gewährt. [3]Ein Aktenausdruck oder ein Datenträger mit dem Inhalt der Akte wird auf besonders zu begründenden Antrag nur übermittelt, wenn der Antragsteller hieran ein berechtigtes Interesse darlegt. [4]Stehen der Akteneinsicht in der nach Satz 1 vorgesehenen Form wichtige Gründe entgegen, kann die Akteneinsicht in der nach den Sätzen 2 und 3 vorgesehenen Form auch ohne Antrag gewährt werden. [5]Eine Entscheidung über einen Antrag nach Satz 3 ist nicht anfechtbar.

(4) Die Entwürfe zu Urteilen, Beschlüssen und Verfügungen, die zu ihrer Vorbereitung gelieferten Arbeiten sowie die Dokumente, die Abstimmungen betreffen, werden weder vorgelegt noch abschriftlich mitgeteilt.

§ 299a Datenträgerarchiv. [1]Sind die Prozessakten nach ordnungsgemäßen Grundsätzen zur Ersetzung der Urschrift auf einen Bild- oder anderen Datenträger übertragen worden und liegt der schriftliche Nachweis darüber vor, dass die Wiedergabe mit der Urschrift übereinstimmt, so können Ausfertigungen, Auszüge und Abschriften von dem Bild- oder dem Datenträger erteilt werden. [2]Auf der Urschrift anzubringende Vermerke werden in diesem Fall bei dem Nachweis angebracht.

Titel 2. Urteil

§ 300 Endurteil. (1) Ist der Rechtsstreit zur Endentscheidung reif, so hat das Gericht sie durch Endurteil zu erlassen.

(2) Das Gleiche gilt, wenn von mehreren zum Zwecke gleichzeitiger Verhandlung und Entscheidung verbundenen Prozessen nur der eine zur Endentscheidung reif ist.

§ 301 Teilurteil. (1) [1]Ist von mehreren in einer Klage geltend gemachten Ansprüchen nur der eine oder ist nur ein Teil eines Anspruchs oder bei erhobener Widerklage nur die Klage oder die Widerklage zur Endentscheidung reif, so hat das Gericht sie durch Endurteil (Teilurteil) zu erlassen. [2] Über einen Teil eines einheitlichen Anspruchs, der nach Grund und Höhe streitig ist, kann durch Teilurteil nur entschieden werden, wenn zugleich ein Grundurteil über den restlichen Teil des Anspruchs ergeht.

(2) Der Erlass eines Teilurteils kann unterbleiben, wenn es das Gericht nach Lage der Sache nicht für angemessen erachtet.

§ 302 Vorbehaltsurteil. (1) Hat der Beklagte die Aufrechnung einer Gegenforderung geltend gemacht, so kann, wenn nur die Verhandlung über die Forderung zur Entscheidung reif ist, diese unter Vorbehalt der Entscheidung über die Aufrechnung ergehen.

(2) Enthält das Urteil keinen Vorbehalt, so kann die Ergänzung des Urteils nach Vorschrift des § 321 beantragt werden.

(3) Das Urteil, das unter Vorbehalt der Entscheidung über die Aufrechnung ergeht, ist in Betreff der Rechtsmittel und der Zwangsvollstreckung als Endurteil anzusehen.

(4) [1] In Betreff der Aufrechnung, über welche die Entscheidung vorbehalten ist, bleibt der Rechtsstreit anhängig. [2] Soweit sich in dem weiteren Verfahren ergibt, dass der Anspruch des Klägers unbegründet war, ist das frühere Urteil aufzuheben, der Kläger mit dem Anspruch abzuweisen und über die Kosten anderweit zu entscheiden. [3] Der Kläger ist zum Ersatz des Schadens verpflichtet, der dem Beklagten durch die Vollstreckung des Urteils oder durch eine zur Abwendung der Vollstreckung gemachte Leistung entstanden ist. [4] Der Beklagte kann den Anspruch auf Schadensersatz in dem anhängigen Rechtsstreit geltend machen; wird der Anspruch geltend gemacht, so ist er als zur Zeit der Zahlung oder Leistung rechtshängig geworden anzusehen.

§ 303 Zwischenurteil. Ist ein Zwischenstreit zur Entscheidung reif, so kann die Entscheidung durch Zwischenurteil ergehen.

§ 304 Zwischenurteil über den Grund. (1) Ist ein Anspruch nach Grund und Betrag streitig, so kann das Gericht über den Grund vorab entscheiden.

(2) Das Urteil ist in Betreff der Rechtsmittel als Endurteil anzusehen; das Gericht kann jedoch, wenn der Anspruch für begründet erklärt ist, auf Antrag anordnen, dass über den Betrag zu verhandeln sei.

§ 305 Urteil unter Vorbehalt erbrechtlich beschränkter Haftung.

(1) Durch die Geltendmachung der dem Erben nach den §§ 2014, 2015 des Bürgerlichen Gesetzbuchs zustehenden Einreden wird eine unter dem Vorbehalt der beschränkten Haftung ergehende Verurteilung des Erben nicht ausgeschlossen.

(2) Das Gleiche gilt für die Geltendmachung der Einreden, die im Falle der fortgesetzten Gütergemeinschaft dem überlebenden Ehegatten oder Lebenspartner nach dem § 1489 Abs. 2 und den §§ 2014, 2015 des Bürgerlichen Gesetzbuchs zustehen.

§ 305a Urteil unter Vorbehalt seerechtlich beschränkter Haftung.

(1) [1] Unterliegt der in der Klage geltend gemachte Anspruch der Haftungsbeschränkung nach § 611 Absatz 1 oder 3, §§ 612 bis 616 des Handelsgesetzbuchs und macht der Beklagte geltend, dass

1. aus demselben Ereignis weitere Ansprüche, für die er die Haftung beschränken kann, entstanden sind und
2. die Summe der Ansprüche die Haftungshöchstbeträge übersteigt, die für diese Ansprüche in Artikel 6 oder 7 des Haftungsbeschränkungsübereinkommens (§ 611 Absatz 1 Satz 1 des Handelsgesetzbuchs) oder in den §§ 612, 613 oder 615 des Handelsgesetzbuchs bestimmt sind,

so kann das Gericht das Recht auf Beschränkung der Haftung bei der Entscheidung unberücksichtigt lassen, wenn die Erledigung des Rechtsstreits wegen Ungewissheit über Grund oder Betrag der weiteren Ansprüche nach der freien Überzeugung des Gerichts nicht unwesentlich erschwert wäre. [2] Das Gleiche gilt, wenn der in der Klage geltend gemachte Anspruch der Haftungsbeschränkung nach den §§ 4 bis 5n des Binnenschifffahrtsgesetzes unterliegt und der Beklagte geltend macht, dass aus demselben Ereignis weitere Ansprüche entstanden sind, für die er die Haftung beschränken kann und die in ihrer Summe die für sie in den §§ 5e bis 5k des Binnenschifffahrtsgesetzes bestimmten Haftungshöchstbeträge übersteigen.

(2) Lässt das Gericht das Recht auf Beschränkung der Haftung unberücksichtigt, so ergeht das Urteil

1. im Falle des Absatzes 1 Satz 1 unter dem Vorbehalt, dass der Beklagte das Recht auf Beschränkung der Haftung geltend machen kann, wenn ein Fonds nach dem Haftungsbeschränkungsübereinkommen errichtet worden ist oder bei Geltendmachung des Rechts auf Beschränkung der Haftung errichtet wird,
2. im Falle des Absatzes 1 Satz 2 unter dem Vorbehalt, dass der Beklagte das Recht auf Beschränkung der Haftung geltend machen kann, wenn ein Fonds nach § 5d des Binnenschifffahrtsgesetzes errichtet worden ist oder bei Geltendmachung des Rechts auf Beschränkung der Haftung errichtet wird.

§ 306 Verzicht. Verzichtet der Kläger bei der mündlichen Verhandlung auf den geltend gemachten Anspruch, so ist er auf Grund des Verzichts mit dem Anspruch abzuweisen, wenn der Beklagte die Abweisung beantragt.

§ 307 Anerkenntnis. [1] Erkennt eine Partei den gegen sie geltend gemachten Anspruch ganz oder zum Teil an, so ist sie dem Anerkenntnis gemäß zu verurteilen. [2] Einer mündlichen Verhandlung bedarf es insoweit nicht.

§ 308 Bindung an die Parteianträge. (1) [1] Das Gericht ist nicht befugt, einer Partei etwas zuzusprechen, was nicht beantragt ist. [2] Dies gilt insbesondere von Früchten, Zinsen und anderen Nebenforderungen.

(2) Über die Verpflichtung, die Prozesskosten zu tragen, hat das Gericht auch ohne Antrag zu erkennen.

§ 308a Entscheidung ohne Antrag in Mietsachen. (1) [1] Erachtet das Gericht in einer Streitigkeit zwischen dem Vermieter und dem Mieter oder dem

Mieter und dem Untermieter wegen Räumung von Wohnraum den Räumungsanspruch für unbegründet, weil der Mieter nach den §§ 574 bis 574b des Bürgerlichen Gesetzbuchs eine Fortsetzung des Mietverhältnisses verlangen kann, so hat es in dem Urteil auch ohne Antrag auszusprechen, für welche Dauer und unter welchen Änderungen der Vertragsbedingungen das Mietverhältnis fortgesetzt wird. [2] Vor dem Ausspruch sind die Parteien zu hören.

(2) Der Ausspruch ist selbständig anfechtbar.

§ 309 Erkennende Richter. Das Urteil kann nur von denjenigen Richtern gefällt werden, welche der dem Urteil zugrunde liegenden Verhandlung beigewohnt haben.

§ 310 Termin der Urteilsverkündung. (1) [1] Das Urteil wird in dem Termin, in dem die mündliche Verhandlung geschlossen wird, oder in einem sofort anzuberaumenden Termin verkündet. [2] Dieser wird nur dann über drei Wochen hinaus angesetzt, wenn wichtige Gründe, insbesondere der Umfang oder die Schwierigkeit der Sache, dies erfordern.

(2) Wird das Urteil nicht in dem Termin, in dem die mündliche Verhandlung geschlossen wird, verkündet, so muss es bei der Verkündung in vollständiger Form abgefasst sein.

(3) [1] Bei einem Anerkenntnisurteil und einem Versäumnisurteil, die nach §§ 307, 331 Abs. 3 ohne mündliche Verhandlung ergehen, wird die Verkündung durch die Zustellung des Urteils ersetzt. [2] Dasselbe gilt bei einem Urteil, das den Einspruch gegen ein Versäumnisurteil verwirft (§ 341 Abs. 2).

§ 311 Form der Urteilsverkündung. (1) Das Urteil ergeht im Namen des Volkes.

(2) [1] Das Urteil wird durch Vorlesung der Urteilsformel verkündet. [2] Die Vorlesung der Urteilsformel kann durch eine Bezugnahme auf die Urteilsformel ersetzt werden, wenn bei der Verkündung von den Parteien niemand erschienen ist. [3] Versäumnisurteile, Urteile, die auf Grund eines Anerkenntnisses erlassen werden, sowie Urteile, welche die Folge der Zurücknahme der Klage oder des Verzichts auf den Klageanspruch aussprechen, können verkündet werden, auch wenn die Urteilsformel noch nicht schriftlich abgefasst ist.

(3) Die Entscheidungsgründe werden, wenn es für angemessen erachtet wird, durch Vorlesung der Gründe oder durch mündliche Mitteilung des wesentlichen Inhalts verkündet.

(4) Wird das Urteil nicht in dem Termin verkündet, in dem die mündliche Verhandlung geschlossen wird, so kann es der Vorsitzende in Abwesenheit der anderen Mitglieder des Prozessgerichts verkünden.

§ 312 Anwesenheit der Parteien. (1) [1] Die Wirksamkeit der Verkündung eines Urteils ist von der Anwesenheit der Parteien nicht abhängig. [2] Die Verkündung gilt auch derjenigen Partei gegenüber als bewirkt, die den Termin versäumt hat.

(2) Die Befugnis einer Partei, auf Grund eines verkündeten Urteils das Verfahren fortzusetzen oder von dem Urteil in anderer Weise Gebrauch zu machen, ist von der Zustellung an den Gegner nicht abhängig, soweit nicht dieses Gesetz ein anderes bestimmt.

§ 313 Form und Inhalt des Urteils. (1) Das Urteil enthält:
1. die Bezeichnung der Parteien, ihrer gesetzlichen Vertreter und der Prozessbevollmächtigten;
2. die Bezeichnung des Gerichts und die Namen der Richter, die bei der Entscheidung mitgewirkt haben;
3. den Tag, an dem die mündliche Verhandlung geschlossen worden ist;
4. die Urteilsformel;
5. den Tatbestand;
6. die Entscheidungsgründe.

(2) [1] Im Tatbestand sollen die erhobenen Ansprüche und die dazu vorgebrachten Angriffs- und Verteidigungsmittel unter Hervorhebung der gestellten Anträge nur ihrem wesentlichen Inhalt nach knapp dargestellt werden. [2] Wegen der Einzelheiten des Sach- und Streitstandes soll auf Schriftsätze, Protokolle und andere Unterlagen verwiesen werden.

(3) Die Entscheidungsgründe enthalten eine kurze Zusammenfassung der Erwägungen, auf denen die Entscheidung in tatsächlicher und rechtlicher Hinsicht beruht.

§ 313a Weglassen von Tatbestand und Entscheidungsgründen.

(1) [1] Des Tatbestandes bedarf es nicht, wenn ein Rechtsmittel gegen das Urteil unzweifelhaft nicht zulässig ist. [2] In diesem Fall bedarf es auch keiner Entscheidungsgründe, wenn die Parteien auf sie verzichten oder wenn ihr wesentlicher Inhalt in das Protokoll aufgenommen worden ist.

(2) [1] Wird das Urteil in dem Termin, in dem die mündliche Verhandlung geschlossen worden ist, verkündet, so bedarf es des Tatbestands und der Entscheidungsgründe nicht, wenn beide Parteien auf Rechtsmittel gegen das Urteil verzichten. [2] Ist das Urteil nur für eine Partei anfechtbar, so genügt es, wenn diese verzichtet.

(3) Der Verzicht nach Absatz 1 oder 2 kann bereits vor der Verkündung des Urteils erfolgen; er muss spätestens binnen einer Woche nach dem Schluss der mündlichen Verhandlung gegenüber dem Gericht erklärt sein.

(4) Die Absätze 1 bis 3 sind nicht anzuwenden im Fall der Verurteilung zu künftig fällig werdenden wiederkehrenden Leistungen oder wenn zu erwarten ist, dass das Urteil im Ausland geltend gemacht werden wird.

(5) Soll ein ohne Tatbestand und Entscheidungsgründe hergestelltes Urteil im Ausland geltend gemacht werden, so gelten die Vorschriften über die Vervollständigung von Versäumnis- und Anerkenntnisurteilen entsprechend.

§ 313b Versäumnis-, Anerkenntnis- und Verzichtsurteil. (1) [1] Wird durch Versäumnisurteil, Anerkenntnisurteil oder Verzichtsurteil erkannt, so bedarf es nicht des Tatbestandes und der Entscheidungsgründe. [2] Das Urteil ist als Versäumnis-, Anerkenntnis- oder Verzichtsurteil zu bezeichnen.

(2) [1] Das Urteil kann in abgekürzter Form nach Absatz 1 auf die bei den Akten befindliche Urschrift oder Abschrift der Klage oder auf ein damit zu verbindendes Blatt gesetzt werden. [2] Die Namen der Richter braucht das Urteil nicht zu enthalten. [3] Die Bezeichnung der Parteien, ihrer gesetzlichen Vertreter und der Prozessbevollmächtigten sind in das Urteil nur aufzunehmen, soweit

von den Angaben der Klageschrift abgewichen wird. [4] Wird nach dem Antrag des Klägers erkannt, so kann in der Urteilsformel auf die Klageschrift Bezug genommen werden. [5] Wird das Urteil auf ein Blatt gesetzt, das mit der Klageschrift verbunden wird, so soll die Verbindungsstelle mit dem Gerichtssiegel versehen oder die Verbindung mit Schnur und Siegel bewirkt werden.

(3) Absatz 1 ist nicht anzuwenden, wenn zu erwarten ist, dass das Versäumnisurteil oder das Anerkenntnisurteil im Ausland geltend gemacht werden soll.

(4) Absatz 2 ist nicht anzuwenden, wenn die Prozessakten elektronisch geführt werden.

§ 314 Beweiskraft des Tatbestandes. [1] Der Tatbestand des Urteils liefert Beweis für das mündliche Parteivorbringen. [2] Der Beweis kann nur durch das Sitzungsprotokoll entkräftet werden.

§ 315 Unterschrift der Richter. (1) [1] Das Urteil ist von den Richtern, die bei der Entscheidung mitgewirkt haben, zu unterschreiben. [2] Ist ein Richter verhindert, seine Unterschrift beizufügen, so wird dies unter Angabe des Verhinderungsgrundes von dem Vorsitzenden und bei dessen Verhinderung von dem ältesten beisitzenden Richter unter dem Urteil vermerkt.

(2) [1] Ein Urteil, das in dem Termin, in dem die mündliche Verhandlung geschlossen wird, verkündet wird, ist vor Ablauf von drei Wochen, vom Tage der Verkündung an gerechnet, vollständig abgefasst der Geschäftsstelle zu übermitteln. [2] Kann dies ausnahmsweise nicht geschehen, so ist innerhalb dieser Frist das von den Richtern unterschriebene Urteil ohne Tatbestand und Entscheidungsgründe der Geschäftsstelle zu übermitteln. [3] In diesem Fall sind Tatbestand und Entscheidungsgründe alsbald nachträglich anzufertigen, von den Richtern besonders zu unterschreiben und der Geschäftsstelle zu übermitteln.

(3) [1] Der Urkundsbeamte der Geschäftsstelle hat auf dem Urteil den Tag der Verkündung oder der Zustellung nach § 310 Abs. 3 zu vermerken und diesen Vermerk zu unterschreiben. [2] Werden die Prozessakten elektronisch geführt, hat der Urkundsbeamte der Geschäftsstelle den Vermerk in einem gesonderten Dokument festzuhalten. [3] Das Dokument ist mit dem Urteil untrennbar zu verbinden.

§ 316 (weggefallen)

§ 317 Urteilszustellung und -ausfertigung. (1) [1] Die Urteile werden den Parteien, verkündete Versäumnisurteile nur der unterliegenden Partei in Abschrift zugestellt. [2] Eine Zustellung nach § 310 Abs. 3 genügt. [3] Auf übereinstimmenden Antrag der Parteien kann der Vorsitzende die Zustellung verkündeter Urteile bis zum Ablauf von fünf Monaten nach der Verkündung hinausschieben.

(2) [1] Ausfertigungen werden nur auf Antrag und nur in Papierform erteilt. [2] Solange das Urteil nicht verkündet und nicht unterschrieben ist, dürfen von ihm Ausfertigungen, Auszüge und Abschriften nicht erteilt werden. [3] Die von einer Partei beantragte Ausfertigung eines Urteils erfolgt ohne Tatbestand und Entscheidungsgründe; dies gilt nicht, wenn die Partei eine vollständige Ausfertigung beantragt.

(3) Ausfertigungen, Auszüge und Abschriften eines als elektronisches Dokument (§ 130b) vorliegenden Urteils können von einem Urteilsausdruck mit einem Vermerk gemäß § 298 Absatz 3 erteilt werden.

(4) Die Ausfertigung und Auszüge der Urteile sind von dem Urkundsbeamten der Geschäftsstelle zu unterschreiben und mit dem Gerichtssiegel zu versehen.

(5) [1] Ist das Urteil nach § 313b Abs. 2 in abgekürzter Form hergestellt, so erfolgt die Ausfertigung in gleicher Weise unter Benutzung einer beglaubigten Abschrift der Klageschrift oder in der Weise, dass das Urteil durch Aufnahme der in § 313 Abs. 1 Nr. 1 bis 4 bezeichneten Angaben vervollständigt wird. [2] Die Abschrift der Klageschrift kann durch den Urkundsbeamten der Geschäftsstelle oder durch den Rechtsanwalt des Klägers beglaubigt werden.

§ 318 Bindung des Gerichts. Das Gericht ist an die Entscheidung, die in den von ihm erlassenen End- und Zwischenurteilen enthalten ist, gebunden.

§ 319 Berichtigung des Urteils. (1) Schreibfehler, Rechnungsfehler und ähnliche offenbare Unrichtigkeiten, die in dem Urteil vorkommen, sind jederzeit von dem Gericht auch von Amts wegen zu berichtigen.

(2) [1] Der Beschluss, der eine Berichtigung ausspricht, wird auf dem Urteil und den Ausfertigungen vermerkt. [2] Erfolgt der Berichtigungsbeschluss in der Form des § 130b, ist er in einem gesonderten elektronischen Dokument festzuhalten. [3] Das Dokument ist mit dem Urteil untrennbar zu verbinden.

(3) Gegen den Beschluss, durch den der Antrag auf Berichtigung zurückgewiesen wird, findet kein Rechtsmittel, gegen den Beschluss, der eine Berichtigung ausspricht, findet sofortige Beschwerde statt.

§ 320 Berichtigung des Tatbestandes. (1) Enthält der Tatbestand des Urteils Unrichtigkeiten, die nicht unter die Vorschriften des vorstehenden Paragraphen fallen, Auslassungen, Dunkelheiten oder Widersprüche, so kann die Berichtigung binnen einer zweiwöchigen Frist durch Einreichung eines Schriftsatzes beantragt werden.

(2) [1] Die Frist beginnt mit der Zustellung des in vollständiger Form abgefassten Urteils. [2] Der Antrag kann schon vor dem Beginn der Frist gestellt werden. [3] Die Berichtigung des Tatbestandes ist ausgeschlossen, wenn sie nicht binnen drei Monaten seit der Verkündung des Urteils beantragt wird.

(3) [1] Das Gericht entscheidet ohne Beweisaufnahme. [2] Bei der Entscheidung wirken nur diejenigen Richter mit, die bei dem Urteil mitgewirkt haben. [3] Ist ein Richter verhindert, so gibt bei Stimmengleichheit die Stimme des Vorsitzenden und bei dessen Verhinderung die Stimme des ältesten Richters den Ausschlag. [4] Eine Anfechtung des Beschlusses findet nicht statt. [5] Der Beschluss, der eine Berichtigung ausspricht, wird auf dem Urteil und den Ausfertigungen vermerkt. [6] Erfolgt der Berichtigungsbeschluss in der Form des § 130b, ist er in einem gesonderten elektronischen Dokument festzuhalten. [7] Das Dokument ist mit dem Urteil untrennbar zu verbinden.

(4) Die Berichtigung des Tatbestandes hat eine Änderung des übrigen Teils des Urteils nicht zur Folge.

§ 321 Ergänzung des Urteils. (1) Wenn ein nach dem ursprünglich festgestellten oder nachträglich berichtigten Tatbestand von einer Partei geltend gemachter Haupt- oder Nebenanspruch oder wenn der Kostenpunkt bei der Endentscheidung ganz oder teilweise übergangen ist, so ist auf Antrag das Urteil durch nachträgliche Entscheidung zu ergänzen.

(2) Die nachträgliche Entscheidung muss binnen einer zweiwöchigen Frist, die mit der Zustellung des Urteils beginnt, durch Einreichung eines Schriftsatzes beantragt werden.

(3) [1] Auf einen Antrag, der die Ergänzung des Urteils um einen Hauptanspruch zum Gegenstand hat, ist ein Termin zur mündlichen Verhandlung anzuberaumen. [2] Dem Gegner des Antragstellers ist mit der Ladung zu diesem Termin der den Antrag enthaltende Schriftsatz zuzustellen. [3] Über einen Antrag, der die Ergänzung des Urteils um einen Nebenanspruch oder den Kostenpunkt zum Gegenstand hat, kann ohne mündliche Verhandlung entschieden werden, wenn die Bedeutung der Sache keine mündliche Verhandlung erfordert; § 128 Absatz 2 Satz 2 gilt entsprechend.

(4) Eine mündliche Verhandlung hat nur den nicht erledigten Teil des Rechtsstreits zum Gegenstand.

§ 321a Abhilfe bei Verletzung des Anspruchs auf rechtliches Gehör.

(1) [1] Auf die Rüge der durch die Entscheidung beschwerten Partei ist das Verfahren fortzuführen, wenn

1. ein Rechtsmittel oder ein anderer Rechtsbehelf gegen die Entscheidung nicht gegeben ist und
2. das Gericht den Anspruch dieser Partei auf rechtliches Gehör in entscheidungserheblicher Weise verletzt hat.

[2] Gegen eine der Endentscheidung vorausgehende Entscheidung findet die Rüge nicht statt.

(2) [1] Die Rüge ist innerhalb einer Notfrist von zwei Wochen nach Kenntnis von der Verletzung des rechtlichen Gehörs zu erheben; der Zeitpunkt der Kenntniserlangung ist glaubhaft zu machen. [2] Nach Ablauf eines Jahres seit Bekanntgabe der angegriffenen Entscheidung kann die Rüge nicht mehr erhoben werden. [3] Formlos mitgeteilte Entscheidungen gelten mit dem dritten Tage nach Aufgabe zur Post als bekannt gegeben. [4] Die Rüge ist schriftlich bei dem Gericht zu erheben, dessen Entscheidung angegriffen wird. [5] Die Rüge muss die angegriffene Entscheidung bezeichnen und das Vorliegen der in Absatz 1 Satz 1 Nr. 2 genannten Voraussetzungen darlegen.

(3) Dem Gegner ist, soweit erforderlich, Gelegenheit zur Stellungnahme zu geben.

(4) [1] Das Gericht hat von Amts wegen zu prüfen, ob die Rüge an sich statthaft und ob sie in der gesetzlichen Form und Frist erhoben ist. [2] Mangelt es an einem dieser Erfordernisse, so ist die Rüge als unzulässig zu verwerfen. [3] Ist die Rüge unbegründet, weist das Gericht sie zurück. [4] Die Entscheidung ergeht durch unanfechtbaren Beschluss. [5] Der Beschluss soll kurz begründet werden.

(5) [1] Ist die Rüge begründet, so hilft ihr das Gericht ab, indem es das Verfahren fortführt, soweit dies auf Grund der Rüge geboten ist. [2] Das Verfahren wird in die Lage zurückversetzt, in der es sich vor dem Schluss der mündlichen Verhandlung befand. [3] § 343 gilt entsprechend. [4] In schriftlichen Verfahren tritt

an die Stelle des Schlusses der mündlichen Verhandlung der Zeitpunkt, bis zu dem Schriftsätze eingereicht werden können.

§ 322 Materielle Rechtskraft. (1) Urteile sind der Rechtskraft nur insoweit fähig, als über den durch die Klage oder durch die Widerklage erhobenen Anspruch entschieden ist.

(2) Hat der Beklagte die Aufrechnung einer Gegenforderung geltend gemacht, so ist die Entscheidung, dass die Gegenforderung nicht besteht, bis zur Höhe des Betrages, für den die Aufrechnung geltend gemacht worden ist, der Rechtskraft fähig.

§ 323 Abänderung von Urteilen. (1) [1] Enthält ein Urteil eine Verpflichtung zu künftig fällig werdenden wiederkehrenden Leistungen, kann jeder Teil die Abänderung beantragen. [2] Die Klage ist nur zulässig, wenn der Kläger Tatsachen vorträgt, aus denen sich eine wesentliche Veränderung der der Entscheidung zugrunde liegenden tatsächlichen oder rechtlichen Verhältnisse ergibt.

(2) Die Klage kann nur auf Gründe gestützt werden, die nach Schluss der Tatsachenverhandlung des vorausgegangenen Verfahrens entstanden sind und deren Geltendmachung durch Einspruch nicht möglich ist oder war.

(3) Die Abänderung ist zulässig für die Zeit ab Rechtshängigkeit der Klage.

(4) Liegt eine wesentliche Veränderung der tatsächlichen oder rechtlichen Verhältnisse vor, ist die Entscheidung unter Wahrung ihrer Grundlagen anzupassen.

§ 323a Abänderung von Vergleichen und Urkunden. (1) [1] Enthält ein Vergleich nach § 794 Abs. 1 Nr. 1 oder eine vollstreckbare Urkunde eine Verpflichtung zu künftig fällig werdenden wiederkehrenden Leistungen, kann jeder Teil auf Abänderung des Titels klagen. [2] Die Klage ist nur zulässig, wenn der Kläger Tatsachen vorträgt, die die Abänderung rechtfertigen.

(2) Die weiteren Voraussetzungen und der Umfang der Abänderung richten sich nach den Vorschriften des bürgerlichen Rechts.

§ 323b Verschärfte Haftung. Die Rechtshängigkeit einer auf Herabsetzung gerichteten Abänderungsklage steht bei der Anwendung des § 818 Abs. 4 des Bürgerlichen Gesetzbuchs der Rechtshängigkeit einer Klage auf Rückzahlung der geleisteten Beträge gleich.

§ 324 Nachforderungsklage zur Sicherheitsleistung. Ist bei einer nach den §§ 843 bis 845 oder §§ 1569 bis 1586b des Bürgerlichen Gesetzbuchs erfolgten Verurteilung zur Entrichtung einer Geldrente nicht auf Sicherheitsleistung erkannt, so kann der Berechtigte gleichwohl Sicherheitsleistung verlangen, wenn sich die Vermögensverhältnisse des Verpflichteten erheblich verschlechtert haben; unter der gleichen Voraussetzung kann er eine Erhöhung der in dem Urteil bestimmten Sicherheit verlangen.

§ 325 Subjektive Rechtskraftwirkung. (1) Das rechtskräftige Urteil wirkt für und gegen die Parteien und die Personen, die nach dem Eintritt der Rechtshängigkeit Rechtsnachfolger der Parteien geworden sind oder den Besitz der in Streit befangenen Sache in solcher Weise erlangt haben, dass eine der Parteien oder ihr Rechtsnachfolger mittelbarer Besitzer geworden ist.

(2) Die Vorschriften des bürgerlichen Rechts zugunsten derjenigen, die Rechte von einem Nichtberechtigten herleiten, gelten entsprechend.

(3) [1] Betrifft das Urteil einen Anspruch aus einer eingetragenen Reallast, Hypothek, Grundschuld oder Rentenschuld, so wirkt es im Falle einer Veräußerung des belasteten Grundstücks in Ansehung des Grundstücks gegen den Rechtsnachfolger auch dann, wenn dieser die Rechtshängigkeit nicht gekannt hat. [2] Gegen den Ersteher eines im Wege der Zwangsversteigerung veräußerten Grundstücks wirkt das Urteil nur dann, wenn die Rechtshängigkeit spätestens im Versteigerungstermin vor der Aufforderung zur Abgabe von Geboten angemeldet worden ist.

(4) Betrifft das Urteil einen Anspruch aus einer eingetragenen Schiffshypothek, so gilt Absatz 3 Satz 1 entsprechend.

§ 325a[1)] Feststellungswirkung des Musterentscheids. Für die weitergehenden Wirkungen des Musterentscheids gelten die Vorschriften des Kapitalanleger-Musterverfahrensgesetzes.

§ 326 Rechtskraft bei Nacherbfolge. (1) Ein Urteil, das zwischen einem Vorerben und einem Dritten über einen gegen den Vorerben als Erben gerichteten Anspruch oder über einen der Nacherbfolge unterliegenden Gegenstand ergeht, wirkt, sofern es vor dem Eintritt der Nacherbfolge rechtskräftig wird, für den Nacherben.

(2) Ein Urteil, das zwischen einem Vorerben und einem Dritten über einen der Nacherbfolge unterliegenden Gegenstand ergeht, wirkt auch gegen den Nacherben, sofern der Vorerbe befugt ist, ohne Zustimmung des Nacherben über den Gegenstand zu verfügen.

§ 327 Rechtskraft bei Testamentsvollstreckung. (1) Ein Urteil, das zwischen einem Testamentsvollstrecker und einem Dritten über ein der Verwaltung des Testamentsvollstreckers unterliegendes Recht ergeht, wirkt für und gegen den Erben.

(2) Das Gleiche gilt von einem Urteil, das zwischen einem Testamentsvollstrecker und einem Dritten über einen gegen den Nachlass gerichteten Anspruch ergeht, wenn der Testamentsvollstrecker zur Führung des Rechtsstreits berechtigt ist.

[1)] **Amtl. Anm.:** § 325a gilt gemäß Artikel 2 in Verbindung mit Artikel 9 des Gesetzes vom 16. August 2005 (BGBl. I S. 2437) erst seit dem 1. November 2005.

§ 328[1)] **Anerkennung ausländischer Urteile.** (1) Die Anerkennung des Urteils eines ausländischen Gerichts ist ausgeschlossen:

1. wenn die Gerichte des Staates, dem das ausländische Gericht angehört, nach den deutschen Gesetzen nicht zuständig sind;
2. wenn dem Beklagten, der sich auf das Verfahren nicht eingelassen hat und sich hierauf beruft, das verfahrenseinleitende Dokument nicht ordnungsmäßig oder nicht so rechtzeitig zugestellt worden ist, dass er sich verteidigen konnte;
3. wenn das Urteil mit einem hier erlassenen oder einem anzuerkennenden früheren ausländischen Urteil oder wenn das ihm zugrunde liegende Verfahren mit einem früher hier rechtshängig gewordenen Verfahren unvereinbar ist;
4. wenn die Anerkennung des Urteils zu einem Ergebnis führt, das mit wesentlichen Grundsätzen des deutschen Rechts offensichtlich unvereinbar ist, insbesondere wenn die Anerkennung mit den Grundrechten unvereinbar ist;
5. wenn die Gegenseitigkeit nicht verbürgt ist.

(2) Die Vorschrift der Nummer 5 steht der Anerkennung des Urteils nicht entgegen, wenn das Urteil einen nichtvermögensrechtlichen Anspruch betrifft und nach den deutschen Gesetzen ein Gerichtsstand im Inland nicht begründet war.

§ 329 Beschlüsse und Verfügungen. (1) [1]Die auf Grund einer mündlichen Verhandlung ergehenden Beschlüsse des Gerichts müssen verkündet werden. [2]Die Vorschriften der §§ 309, 310 Abs. 1 und des § 311 Abs. 4 sind auf Beschlüsse des Gerichts, die Vorschriften des § 312 und des § 317 Abs. 2 Satz 1, 2, Absatz 3 und 4 auf Beschlüsse des Gerichts und auf Verfügungen des Vorsitzenden sowie eines beauftragten oder ersuchten Richters entsprechend anzuwenden.

(2) [1]Nicht verkündete Beschlüsse des Gerichts und nicht verkündete Verfügungen des Vorsitzenden oder eines beauftragten oder ersuchten Richters sind den Parteien formlos mitzuteilen. [2]Enthält die Entscheidung eine Terminsbestimmung oder setzt sie eine Frist in Lauf, so ist sie zuzustellen.

(3) Entscheidungen, die einen Vollstreckungstitel bilden oder die der sofortigen Beschwerde oder der Erinnerung nach § 573 Abs. 1 unterliegen, sind zuzustellen.

[1)] Die Anerkennung ausländischer Entscheidungen in Ehesachen ist in Art. 21 Brüssel IIa-VO / VO (EG) Nr. 2201/2003 (Nr. **6**) bzw. in § 107 FamFG v. 17.12.2008 (BGBl. I S. 2586, 2587), zuletzt geänd. durch G v. 12.12.2019 (BGBl. I S. 2633) geregelt.
Vgl. auch: G zu dem Übereinkommen vom 15. April 1958 über die Anerkennung und Vollstreckung von Entscheidungen auf dem Gebiet der Unterhaltspflicht gegenüber Kindern v. 18.7.1961 (BGBl. II S. 1005); AusführungsG zum Unterhaltsvollstreckungsübereinkommen v. 18.7.1961 (BGBl. I S. 1033), zuletzt geänd. durch G v. 27.7.2001 (BGBl. I S. 1887); G zu den Haager Übereinkommen vom 2. Oktober 1973 über die Anerkennung und Vollstreckung von Unterhaltsentscheidungen sowie über das auf Unterhaltspflichten anzuwendende Recht v. 25.7.1986 (BGBl. II S. 825) und das Unterhaltsvollstreckungs-Übereinkommens-AusführungsG v. 25.7.1986 (BGBl. I S. 1156).

Titel 3. Versäumnisurteil

§ 330 Versäumnisurteil gegen den Kläger. Erscheint der Kläger im Termin zur mündlichen Verhandlung nicht, so ist auf Antrag das Versäumnisurteil dahin zu erlassen, dass der Kläger mit der Klage abzuweisen sei.

§ 331 Versäumnisurteil gegen den Beklagten. (1) [1] Beantragt der Kläger gegen den im Termin zur mündlichen Verhandlung nicht erschienenen Beklagten das Versäumnisurteil, so ist das tatsächliche mündliche Vorbringen des Klägers als zugestanden anzunehmen. [2] Dies gilt nicht für Vorbringen zur Zuständigkeit des Gerichts nach § 29 Abs. 2, § 38.

(2) Soweit es den Klageantrag rechtfertigt, ist nach dem Antrag zu erkennen; soweit dies nicht der Fall, ist die Klage abzuweisen.

(3) [1] Hat der Beklagte entgegen § 276 Abs. 1 Satz 1, Abs. 2 nicht rechtzeitig angezeigt, dass er sich gegen die Klage verteidigen wolle, so trifft auf Antrag des Klägers das Gericht die Entscheidung ohne mündliche Verhandlung; dies gilt nicht, wenn die Erklärung des Beklagten noch eingeht, bevor das von den Richtern unterschriebene Urteil der Geschäftsstelle übermittelt ist. [2] Der Antrag kann schon in der Klageschrift gestellt werden. [3] Eine Entscheidung ohne mündliche Verhandlung ist auch insoweit zulässig, als das Vorbringen des Klägers den Klageantrag in einer Nebenforderung nicht rechtfertigt, sofern der Kläger vor der Entscheidung auf diese Möglichkeit hingewiesen worden ist.

§ 331a Entscheidung nach Aktenlage. [1] Beim Ausbleiben einer Partei im Termin zur mündlichen Verhandlung kann der Gegner statt eines Versäumnisurteils eine Entscheidung nach Lage der Akten beantragen; dem Antrag ist zu entsprechen, wenn der Sachverhalt für eine derartige Entscheidung hinreichend geklärt erscheint. [2] § 251a Abs. 2 gilt entsprechend.

§ 332 Begriff des Verhandlungstermins. Als Verhandlungstermine im Sinne der vorstehenden Paragraphen sind auch diejenigen Termine anzusehen, auf welche die mündliche Verhandlung vertagt ist oder die zu ihrer Fortsetzung vor oder nach dem Erlass eines Beweisbeschlusses bestimmt sind.

§ 333 Nichtverhandeln der erschienenen Partei. Als nicht erschienen ist auch die Partei anzusehen, die in dem Termin zwar erscheint, aber nicht verhandelt.

§ 334 Unvollständiges Verhandeln. Wenn eine Partei in dem Termin verhandelt, sich jedoch über Tatsachen, Urkunden oder Anträge auf Parteivernehmung nicht erklärt, so sind die Vorschriften dieses Titels nicht anzuwenden.

§ 335 Unzulässigkeit einer Versäumnisentscheidung. (1) Der Antrag auf Erlass eines Versäumnisurteils oder einer Entscheidung nach Lage der Akten ist zurückzuweisen:

1. wenn die erschienene Partei die vom Gericht wegen eines von Amts wegen zu berücksichtigenden Umstandes erforderte Nachweisung nicht zu beschaffen vermag;
2. wenn die nicht erschienene Partei nicht ordnungsmäßig, insbesondere nicht rechtzeitig geladen war;

3. wenn der nicht erschienenen Partei ein tatsächliches mündliches Vorbringen oder ein Antrag nicht rechtzeitig mittels Schriftsatzes mitgeteilt war;
4. wenn im Falle des § 331 Abs. 3 dem Beklagten die Frist des § 276 Abs. 1 Satz 1 nicht mitgeteilt oder er nicht gemäß § 276 Abs. 2 belehrt worden ist;
5. wenn in den Fällen des § 79 Abs. 3 die Zurückweisung des Bevollmächtigten oder die Untersagung der weiteren Vertretung erst in dem Termin erfolgt oder der nicht erschienenen Partei nicht rechtzeitig mitgeteilt worden ist.

(2) Wird die Verhandlung vertagt, so ist die nicht erschienene Partei zu dem neuen Termin zu laden.

§ 336 Rechtsmittel bei Zurückweisung. (1) [1] Gegen den Beschluss, durch den der Antrag auf Erlass des Versäumnisurteils zurückgewiesen wird, findet sofortige Beschwerde statt. [2] Wird der Beschluss aufgehoben, so ist die nicht erschienene Partei zu dem neuen Termin nicht zu laden.

(2) Die Ablehnung eines Antrages auf Entscheidung nach Lage der Akten ist unanfechtbar.

§ 337 Vertagung von Amts wegen. [1] Das Gericht vertagt die Verhandlung über den Antrag auf Erlass des Versäumnisurteils oder einer Entscheidung nach Lage der Akten, wenn es dafür hält, dass die von dem Vorsitzenden bestimmte Einlassungs- oder Ladungsfrist zu kurz bemessen oder dass die Partei ohne ihr Verschulden am Erscheinen verhindert ist. [2] Die nicht erschienene Partei ist zu dem neuen Termin zu laden.

§ 338 Einspruch. Der Partei, gegen die ein Versäumnisurteil erlassen ist, steht gegen das Urteil der Einspruch zu.

§ 339 Einspruchsfrist. (1) Die Einspruchsfrist beträgt zwei Wochen; sie ist eine Notfrist und beginnt mit der Zustellung des Versäumnisurteils.

(2) [1] Muss die Zustellung im Ausland erfolgen, so beträgt die Einspruchsfrist einen Monat. [2] Das Gericht kann im Versäumnisurteil auch eine längere Frist bestimmen.

(3) Muss die Zustellung durch öffentliche Bekanntmachung erfolgen, so hat das Gericht die Einspruchsfrist im Versäumnisurteil oder nachträglich durch besonderen Beschluss zu bestimmen.

§ 340 Einspruchsschrift. (1) Der Einspruch wird durch Einreichung der Einspruchsschrift bei dem Prozessgericht eingelegt.

(2) [1] Die Einspruchsschrift muss enthalten:

1. die Bezeichnung des Urteils, gegen das der Einspruch gerichtet wird;
2. die Erklärung, dass gegen dieses Urteil Einspruch eingelegt werde.

[2] Soll das Urteil nur zum Teil angefochten werden, so ist der Umfang der Anfechtung zu bezeichnen.

(3) [1] In der Einspruchsschrift hat die Partei ihre Angriffs- und Verteidigungsmittel, soweit es nach der Prozesslage einer sorgfältigen und auf Förderung des Verfahrens bedachten Prozessführung entspricht, sowie Rügen, die die Zulässigkeit der Klage betreffen, vorzubringen. [2] Auf Antrag kann der Vorsitzende

für die Begründung die Frist verlängern, wenn nach seiner freien Überzeugung der Rechtsstreit durch die Verlängerung nicht verzögert wird oder wenn die Partei erhebliche Gründe darlegt. [3] § 296 Abs. 1, 3, 4 ist entsprechend anzuwenden. [4] Auf die Folgen einer Fristversäumung ist bei der Zustellung des Versäumnisurteils hinzuweisen.

§ 340a Zustellung der Einspruchsschrift. [1] Die Einspruchsschrift ist der Gegenpartei zuzustellen. [2] Dabei ist mitzuteilen, wann das Versäumnisurteil zugestellt und Einspruch eingelegt worden ist. [3] Die erforderliche Zahl von Abschriften soll die Partei mit der Einspruchsschrift einreichen. [4] Dies gilt nicht, wenn die Einspruchsschrift als elektronisches Dokument übermittelt wird.

§ 341 Einspruchsprüfung. (1) [1] Das Gericht hat von Amts wegen zu prüfen, ob der Einspruch an sich statthaft und ob er in der gesetzlichen Form und Frist eingelegt ist. [2] Fehlt es an einem dieser Erfordernisse, so ist der Einspruch als unzulässig zu verwerfen.

(2) Das Urteil kann ohne mündliche Verhandlung ergehen.

§ 341a Einspruchstermin. Wird der Einspruch nicht als unzulässig verworfen, so ist der Termin zur mündlichen Verhandlung über den Einspruch und die Hauptsache zu bestimmen und den Parteien bekannt zu machen.

§ 342 Wirkung des zulässigen Einspruchs. Ist der Einspruch zulässig, so wird der Prozess, soweit der Einspruch reicht, in die Lage zurückversetzt, in der er sich vor Eintritt der Versäumnis befand.

§ 343 Entscheidung nach Einspruch. [1] Insoweit die Entscheidung, die auf Grund der neuen Verhandlung zu erlassen ist, mit der in dem Versäumnisurteil enthaltenen Entscheidung übereinstimmt, ist auszusprechen, dass diese Entscheidung aufrechtzuerhalten sei. [2] Insoweit diese Voraussetzung nicht zutrifft, wird das Versäumnisurteil in dem neuen Urteil aufgehoben.

§ 344 Versäumniskosten. Ist das Versäumnisurteil in gesetzlicher Weise ergangen, so sind die durch die Versäumnis veranlassten Kosten, soweit sie nicht durch einen unbegründeten Widerspruch des Gegners entstanden sind, der säumigen Partei auch dann aufzuerlegen, wenn infolge des Einspruchs eine abändernde Entscheidung erlassen wird.

§ 345 Zweites Versäumnisurteil. Einer Partei, die den Einspruch eingelegt hat, aber in der zur mündlichen Verhandlung bestimmten Sitzung oder in derjenigen Sitzung, auf welche die Verhandlung vertagt ist, nicht erscheint oder nicht zur Hauptsache verhandelt, steht gegen das Versäumnisurteil, durch das der Einspruch verworfen wird, ein weiterer Einspruch nicht zu.

§ 346 Verzicht und Zurücknahme des Einspruchs. Für den Verzicht auf den Einspruch und seine Zurücknahme gelten die Vorschriften über den Verzicht auf die Berufung und über ihre Zurücknahme entsprechend.

§ 347 Verfahren bei Widerklage und Zwischenstreit. (1) Die Vorschriften dieses Titels gelten für das Verfahren, das eine Widerklage oder die Bestimmung des Betrages eines dem Grunde nach bereits festgestellten Anspruchs zum Gegenstand hat, entsprechend.

(2) [1] War ein Termin lediglich zur Verhandlung über einen Zwischenstreit bestimmt, so beschränkt sich das Versäumnisverfahren und das Versäumnisurteil auf die Erledigung dieses Zwischenstreits. [2] Die Vorschriften dieses Titels gelten entsprechend.

Titel 4. Verfahren vor dem Einzelrichter

§ 348 Originärer Einzelrichter. (1) [1] Die Zivilkammer entscheidet durch eines ihrer Mitglieder als Einzelrichter. [2] Dies gilt nicht, wenn

1. das Mitglied Richter auf Probe ist und noch nicht über einen Zeitraum von einem Jahr geschäftsverteilungsplanmäßig Rechtsprechungsaufgaben in bürgerlichen Rechtsstreitigkeiten wahrzunehmen hatte oder
2. die Zuständigkeit der Kammer nach § 72a Absatz 1 und 2 des Gerichtsverfassungsgesetzes[1)] oder nach dem Geschäftsverteilungsplan des Gerichts wegen der Zuordnung des Rechtsstreits zu den nachfolgenden Sachgebieten begründet ist:
   a) Streitigkeiten über Ansprüche aus Veröffentlichungen durch Druckerzeugnisse, Bild- und Tonträger jeder Art, insbesondere in Presse, Rundfunk, Film und Fernsehen;
   b) Streitigkeiten aus Bank- und Finanzgeschäften;
   c) Streitigkeiten aus Bau- und Architektenverträgen sowie aus Ingenieurverträgen, soweit sie im Zusammenhang mit Bauleistungen stehen;
   d) Streitigkeiten aus der Berufstätigkeit der Rechtsanwälte, Patentanwälte, Notare, Steuerberater, Steuerbevollmächtigten, Wirtschaftsprüfer und vereidigten Buchprüfer;
   e) Streitigkeiten über Ansprüche aus Heilbehandlungen;
   f) Streitigkeiten aus Handelssachen im Sinne des § 95 des Gerichtsverfassungsgesetzes;
   g) Streitigkeiten über Ansprüche aus Fracht-, Speditions- und Lagergeschäften;
   h) Streitigkeiten aus Versicherungsvertragsverhältnissen;
   i) Streitigkeiten aus den Bereichen des Urheber- und Verlagsrechts;
   j) Streitigkeiten aus den Bereichen der Kommunikations- und Informationstechnologie;
   k) Streitigkeiten, die dem Landgericht ohne Rücksicht auf den Streitwert zugewiesen sind.

(2) Bei Zweifeln über das Vorliegen der Voraussetzungen des Absatzes 1 entscheidet die Kammer durch unanfechtbaren Beschluss.

(3) [1] Der Einzelrichter legt den Rechtsstreit der Zivilkammer zur Entscheidung über eine Übernahme vor, wenn

---

[1)] Nr. 3.

1. die Sache besondere Schwierigkeiten tatsächlicher oder rechtlicher Art aufweist,
2. die Rechtssache grundsätzliche Bedeutung hat oder
3. die Parteien dies übereinstimmend beantragen.

[2]Die Kammer übernimmt den Rechtsstreit, wenn die Voraussetzungen nach Satz 1 Nr. 1 oder 2 vorliegen. [3]Sie entscheidet hierüber durch Beschluss. [4]Eine Zurückübertragung auf den Einzelrichter ist ausgeschlossen.

(4) Auf eine erfolgte oder unterlassene Vorlage oder Übernahme kann ein Rechtsmittel nicht gestützt werden.

§ 348a Obligatorischer Einzelrichter. (1) Ist eine originäre Einzelrichterzuständigkeit nach § 348 Abs. 1 nicht begründet, überträgt die Zivilkammer die Sache durch Beschluss einem ihrer Mitglieder als Einzelrichter zur Entscheidung, wenn

1. die Sache keine besonderen Schwierigkeiten tatsächlicher oder rechtlicher Art aufweist,
2. die Rechtssache keine grundsätzliche Bedeutung hat und
3. nicht bereits im Haupttermin vor der Zivilkammer zur Hauptsache verhandelt worden ist, es sei denn, dass inzwischen ein Vorbehalts-, Teil- oder Zwischenurteil ergangen ist.

(2) [1]Der Einzelrichter legt den Rechtsstreit der Zivilkammer zur Entscheidung über eine Übernahme vor, wenn

1. sich aus einer wesentlichen Änderung der Prozesslage besondere tatsächliche oder rechtliche Schwierigkeiten der Sache oder die grundsätzliche Bedeutung der Rechtssache ergeben oder
2. die Parteien dies übereinstimmend beantragen.

[2]Die Kammer übernimmt den Rechtsstreit, wenn die Voraussetzungen nach Satz 1 Nr. 1 vorliegen. [3]Sie entscheidet hierüber nach Anhörung der Parteien durch Beschluss. [4]Eine erneute Übertragung auf den Einzelrichter ist ausgeschlossen.

(3) Auf eine erfolgte oder unterlassene Übertragung, Vorlage oder Übernahme kann ein Rechtsmittel nicht gestützt werden.

§ 349 Vorsitzender der Kammer für Handelssachen. (1) [1]In der Kammer für Handelssachen hat der Vorsitzende die Sache so weit zu fördern, dass sie in einer mündlichen Verhandlung vor der Kammer erledigt werden kann. [2]Beweise darf er nur insoweit erheben, als anzunehmen ist, dass es für die Beweiserhebung auf die besondere Sachkunde der ehrenamtlichen Richter nicht ankommt und die Kammer das Beweisergebnis auch ohne unmittelbaren Eindruck von dem Verlauf der Beweisaufnahme sachgemäß zu würdigen vermag.

(2) Der Vorsitzende entscheidet

1. über die Verweisung des Rechtsstreits;
2. über Rügen, die die Zulässigkeit der Klage betreffen, soweit über sie abgesondert verhandelt wird;
3. über die Aussetzung des Verfahrens;

4. bei Zurücknahme der Klage, Verzicht auf den geltend gemachten Anspruch oder Anerkenntnis des Anspruchs;
5. bei Säumnis einer Partei oder beider Parteien;
6. über die Kosten des Rechtsstreits nach § 91a;
7. im Verfahren über die Bewilligung der Prozesskostenhilfe;
8. in Wechsel- und Scheckprozessen;
9. über die Art einer angeordneten Sicherheitsleistung;
10. über die einstweilige Einstellung der Zwangsvollstreckung;
11. über den Wert des Streitgegenstandes;
12. über Kosten, Gebühren und Auslagen.

(3) Im Einverständnis der Parteien kann der Vorsitzende auch im Übrigen an Stelle der Kammer entscheiden.

(4) Die §§ 348 und 348a sind nicht anzuwenden.

§ 350 Rechtsmittel. Für die Anfechtung der Entscheidungen des Einzelrichters (§§ 348, 348a) und des Vorsitzenden der Kammer für Handelssachen (§ 349) gelten dieselben Vorschriften wie für die Anfechtung entsprechender Entscheidungen der Kammer.

§§ 351 bis 354 (weggefallen)

Titel 5. Allgemeine Vorschriften über die Beweisaufnahme

§ 355 Unmittelbarkeit der Beweisaufnahme. (1) [1] Die Beweisaufnahme erfolgt vor dem Prozessgericht. [2] Sie ist nur in den durch dieses Gesetz bestimmten Fällen einem Mitglied des Prozessgerichts oder einem anderen Gericht zu übertragen.

(2) Eine Anfechtung des Beschlusses, durch den die eine oder die andere Art der Beweisaufnahme angeordnet wird, findet nicht statt.

§ 356 Beibringungsfrist. Steht der Aufnahme des Beweises ein Hindernis von ungewisser Dauer entgegen, so ist durch Beschluss eine Frist zu bestimmen, nach deren fruchtlosem Ablauf das Beweismittel nur benutzt werden kann, wenn nach der freien Überzeugung des Gerichts dadurch das Verfahren nicht verzögert wird.

§ 357 Parteiöffentlichkeit. (1) Den Parteien ist gestattet, der Beweisaufnahme beizuwohnen.

(2) [1] Wird die Beweisaufnahme einem Mitglied des Prozessgerichts oder einem anderen Gericht übertragen, so ist die Terminsbestimmung den Parteien ohne besondere Form mitzuteilen, sofern nicht das Gericht die Zustellung anordnet. [2] Bei Übersendung durch die Post gilt die Mitteilung, wenn die Wohnung der Partei im Bereich des Ortsbestellverkehrs liegt, an dem folgenden, im Übrigen an dem zweiten Werktage nach der Aufgabe zur Post als bewirkt, sofern nicht die Partei glaubhaft macht, dass ihr die Mitteilung nicht oder erst in einem späteren Zeitpunkt zugegangen ist.

§ 357a (weggefallen)

§ 358 Notwendigkeit eines Beweisbeschlusses. Erfordert die Beweisaufnahme ein besonderes Verfahren, so ist es durch Beweisbeschluss anzuordnen.

§ 358a Beweisbeschluss und Beweisaufnahme vor mündlicher Verhandlung. [1]Das Gericht kann schon vor der mündlichen Verhandlung einen Beweisbeschluss erlassen. [2]Der Beschluss kann vor der mündlichen Verhandlung ausgeführt werden, soweit er anordnet

1. eine Beweisaufnahme vor dem beauftragten oder ersuchten Richter,
2. die Einholung amtlicher Auskünfte,
3. eine schriftliche Beantwortung der Beweisfrage nach § 377 Abs. 3,
4. die Begutachtung durch Sachverständige,
5. die Einnahme eines Augenscheins.

§ 359 Inhalt des Beweisbeschlusses. Der Beweisbeschluss enthält:

1. die Bezeichnung der streitigen Tatsachen, über die der Beweis zu erheben ist;
2. die Bezeichnung der Beweismittel unter Benennung der zu vernehmenden Zeugen und Sachverständigen oder der zu vernehmenden Partei;
3. die Bezeichnung der Partei, die sich auf das Beweismittel berufen hat.

§ 360 Änderung des Beweisbeschlusses. [1]Vor der Erledigung des Beweisbeschlusses kann keine Partei dessen Änderung auf Grund der früheren Verhandlungen verlangen. [2]Das Gericht kann jedoch auf Antrag einer Partei oder von Amts wegen den Beweisbeschluss auch ohne erneute mündliche Verhandlung insoweit ändern, als der Gegner zustimmt oder es sich nur um die Berichtigung oder Ergänzung der im Beschluss angegebenen Beweistatsachen oder um die Vernehmung anderer als der im Beschluss angegebenen Zeugen oder Sachverständigen handelt. [3]Die gleiche Befugnis hat der beauftragte oder ersuchte Richter. [4]Die Parteien sind tunlichst vorher zu hören und in jedem Fall von der Änderung unverzüglich zu benachrichtigen.

§ 361 Beweisaufnahme durch beauftragten Richter. (1) Soll die Beweisaufnahme durch ein Mitglied des Prozessgerichts erfolgen, so wird bei der Verkündung des Beweisbeschlusses durch den Vorsitzenden der beauftragte Richter bezeichnet und der Termin zur Beweisaufnahme bestimmt.

(2) Ist die Terminsbestimmung unterblieben, so erfolgt sie durch den beauftragten Richter, wird er verhindert, den Auftrag zu vollziehen, so ernennt der Vorsitzende ein anderes Mitglied.

§ 362[1)] Beweisaufnahme durch ersuchten Richter. (1) Soll die Beweisaufnahme durch ein anderes Gericht erfolgen, so ist das Ersuchungsschreiben von dem Vorsitzenden zu erlassen.

[1)] Vgl. §§ 156 ff. GVG (Nr. **3**).

(2) Die auf die Beweisaufnahme sich beziehenden Verhandlungen übermittelt der ersuchte Richter der Geschäftsstelle des Prozessgerichts in Urschrift; die Geschäftsstelle benachrichtigt die Parteien von dem Eingang.

§ 363 Beweisaufnahme im Ausland. (1) Soll die Beweisaufnahme im Ausland erfolgen, so hat der Vorsitzende die zuständige Behörde[1)] um Aufnahme des Beweises zu ersuchen.

(2) Kann die Beweisaufnahme durch einen Konsularbeamten erfolgen, so ist das Ersuchen an diesen zu richten.

(3) [1] Die Vorschriften der Verordnung (EG) Nr. 1206/2001 des Rates vom 28. Mai 2001 über die Zusammenarbeit zwischen den Gerichten der Mitgliedstaaten auf dem Gebiet der Beweisaufnahme in Zivil- oder Handelssachen bleiben unberührt. [2] Für die Durchführung gelten die §§ 1072 und 1073.

§ 364 Parteimitwirkung bei Beweisaufnahme im Ausland. (1) Wird eine ausländische Behörde ersucht, den Beweis aufzunehmen, so kann das Gericht anordnen, dass der Beweisführer das Ersuchungsschreiben zu besorgen und die Erledigung des Ersuchens zu betreiben habe.

(2) Das Gericht kann sich auf die Anordnung beschränken, dass der Beweisführer eine den Gesetzen des fremden Staates entsprechende öffentliche Urkunde über die Beweisaufnahme beizubringen habe.

(3) [1] In beiden Fällen ist in dem Beweisbeschluss eine Frist zu bestimmen, binnen der von dem Beweisführer die Urkunde auf der Geschäftsstelle niederzulegen ist. [2] Nach fruchtlosem Ablauf dieser Frist kann die Urkunde nur benutzt werden, wenn dadurch das Verfahren nicht verzögert wird.

(4) [1] Der Beweisführer hat den Gegner, wenn möglich, von dem Ort und der Zeit der Beweisaufnahme so zeitig in Kenntnis zu setzen, dass dieser seine Rechte in geeigneter Weise wahrzunehmen vermag. [2] Ist die Benachrichtigung unterblieben, so hat das Gericht zu ermessen, ob und inwieweit der Beweisführer zur Benutzung der Beweisverhandlung berechtigt ist.

§ 365 Abgabe durch beauftragten oder ersuchten Richter. [1] Der beauftragte oder ersuchte Richter ist ermächtigt, falls sich später Gründe ergeben, welche die Beweisaufnahme durch ein anderes Gericht sachgemäß erscheinen lassen, dieses Gericht um die Aufnahme des Beweises zu ersuchen. [2] Die Parteien sind von dieser Verfügung in Kenntnis zu setzen.

§ 366 Zwischenstreit. (1) Erhebt sich bei der Beweisaufnahme vor einem beauftragten oder ersuchten Richter ein Streit, von dessen Erledigung die Fortsetzung der Beweisaufnahme abhängig und zu dessen Entscheidung der Richter nicht berechtigt ist, so erfolgt die Erledigung durch das Prozessgericht.

(2) Der Termin zur mündlichen Verhandlung über den Zwischenstreit ist von Amts wegen zu bestimmen und den Parteien bekannt zu machen.

§ 367 Ausbleiben der Partei. (1) Erscheint eine Partei oder erscheinen beide Parteien in dem Termin zur Beweisaufnahme nicht, so ist die Beweis-

---

[1)] Vgl. hierzu das Haager Übereinkommen über die Beweisaufnahme im Ausland in Zivil- oder Handelssachen v. 18.3.1970 (BGBl. 1977 II S. 1452, 1472).

aufnahme gleichwohl insoweit zu bewirken, als dies nach Lage der Sache geschehen kann.

(2) Eine nachträgliche Beweisaufnahme oder eine Vervollständigung der Beweisaufnahme ist bis zum Schluss derjenigen mündlichen Verhandlung, auf die das Urteil ergeht, auf Antrag anzuordnen, wenn das Verfahren dadurch nicht verzögert wird oder wenn die Partei glaubhaft macht, dass sie ohne ihr Verschulden außerstande gewesen sei, in dem früheren Termin zu erscheinen, und im Falle des Antrags auf Vervollständigung, dass durch ihr Nichterscheinen eine wesentliche Unvollständigkeit der Beweisaufnahme veranlasst sei.

§ 368 Neuer Beweistermin. Wird ein neuer Termin zur Beweisaufnahme oder zu ihrer Fortsetzung erforderlich, so ist dieser Termin, auch wenn der Beweisführer oder beide Parteien in dem früheren Termin nicht erschienen waren, von Amts wegen zu bestimmen.

§ 369 Ausländische Beweisaufnahme. Entspricht die von einer ausländischen Behörde vorgenommene Beweisaufnahme den für das Prozessgericht geltenden Gesetzen, so kann daraus, dass sie nach den ausländischen Gesetzen mangelhaft ist, kein Einwand entnommen werden.

§ 370 Fortsetzung der mündlichen Verhandlung. (1) Erfolgt die Beweisaufnahme vor dem Prozessgericht, so ist der Termin, in dem die Beweisaufnahme stattfindet, zugleich zur Fortsetzung der mündlichen Verhandlung bestimmt.

(2) [1] In dem Beweisbeschluss, der anordnet, dass die Beweisaufnahme vor einem beauftragten oder ersuchten Richter erfolgen solle, kann zugleich der Termin zur Fortsetzung der mündlichen Verhandlung vor dem Prozessgericht bestimmt werden. [2] Ist dies nicht geschehen, so wird nach Beendigung der Beweisaufnahme dieser Termin von Amts wegen bestimmt und den Parteien bekannt gemacht.

Titel 6. Beweis durch Augenschein

§ 371 Beweis durch Augenschein. (1) [1] Der Beweis durch Augenschein wird durch Bezeichnung des Gegenstandes des Augenscheins und durch die Angabe der zu beweisenden Tatsachen angetreten. [2] Ist ein elektronisches Dokument Gegenstand des Beweises, wird der Beweis durch Vorlegung oder Übermittlung der Datei angetreten.

(2) [1] Befindet sich der Gegenstand nach der Behauptung des Beweisführers nicht in seinem Besitz, so wird der Beweis außerdem durch den Antrag angetreten, zur Herbeischaffung des Gegenstandes eine Frist zu setzen oder eine Anordnung nach § 144 zu erlassen. [2] Die §§ 422 bis 432 gelten entsprechend.

(3) Vereitelt eine Partei die ihr zumutbare Einnahme des Augenscheins, so können die Behauptungen des Gegners über die Beschaffenheit des Gegenstandes als bewiesen angesehen werden.

§ 371a Beweiskraft elektronischer Dokumente. (1) [1] Auf private elektronische Dokumente, die mit einer qualifizierten elektronischen Signatur versehen sind, finden die Vorschriften über die Beweiskraft privater Urkunden entsprechende Anwendung. [2]Der Anschein der Echtheit einer in elektronischer Form vorliegenden Erklärung, der sich auf Grund der Prüfung der qualifizierten elektronischen Signatur nach Artikel 32 der Verordnung (EU) Nr. 910/2014 des Europäischen Parlaments und des Rates vom 23. Juli 2014 über elektronische Identifizierung und Vertrauensdienste für elektronische Transaktionen im Binnenmarkt und zur Aufhebung der Richtlinie 1999/93/EG (ABl. L 257 vom 28.8.2014, S. 73) ergibt, kann nur durch Tatsachen erschüttert werden, die ernstliche Zweifel daran begründen, dass die Erklärung von der verantwortenden Person abgegeben worden ist.

(2) Hat sich eine natürliche Person bei einem ihr allein zugeordneten De-Mail-Konto sicher angemeldet (§ 4 Absatz 1 Satz 2 des De-Mail-Gesetzes), so kann für eine von diesem De-Mail-Konto versandte elektronische Nachricht der Anschein der Echtheit, der sich aus der Überprüfung der Absenderbestätigung gemäß § 5 Absatz 5 des De-Mail-Gesetzes ergibt, nur durch Tatsachen erschüttert werden, die ernstliche Zweifel daran begründen, dass die Nachricht von dieser Person mit diesem Inhalt versandt wurde.

(3) [1]Auf elektronische Dokumente, die von einer öffentlichen Behörde innerhalb der Grenzen ihrer Amtsbefugnisse oder von einer mit öffentlichem Glauben versehenen Person innerhalb des ihr zugewiesenen Geschäftskreises in der vorgeschriebenen Form erstellt worden sind (öffentliche elektronische Dokumente), finden die Vorschriften über die Beweiskraft öffentlicher Urkunden entsprechende Anwendung. [2]Ist das Dokument von der erstellenden öffentlichen Behörde oder von der mit öffentlichem Glauben versehenen Person mit einer qualifizierten elektronischen Signatur versehen, gilt § 437 entsprechend. [3]Das Gleiche gilt, wenn das Dokument im Auftrag der erstellenden öffentlichen Behörde oder der mit öffentlichem Glauben versehenen Person durch einen akkreditierten Diensteanbieter mit seiner qualifizierten elektronischen Signatur gemäß § 5 Absatz 5 des De-Mail-Gesetzes versehen ist und die Absenderbestätigung die erstellende öffentliche Behörde oder die mit öffentlichem Glauben versehene Person als Nutzer des De-Mail-Kontos ausweist.

§ 371b Beweiskraft gescannter öffentlicher Urkunden. [1]Wird eine öffentliche Urkunde nach dem Stand der Technik von einer öffentlichen Behörde oder von einer mit öffentlichem Glauben versehenen Person in ein elektronisches Dokument übertragen und liegt die Bestätigung vor, dass das elektronische Dokument mit der Urschrift bildlich und inhaltlich übereinstimmt, finden auf das elektronische Dokument die Vorschriften über die Beweiskraft öffentlicher Urkunden entsprechende Anwendung. [2]Sind das Dokument und die Bestätigung mit einer qualifizierten elektronischen Signatur versehen, gilt § 437 entsprechend.

§ 372 Beweisaufnahme. (1) Das Prozessgericht kann anordnen, dass bei der Einnahme des Augenscheins ein oder mehrere Sachverständige zuzuziehen seien.

(2) Es kann einem Mitglied des Prozessgerichts oder einem anderen Gericht die Einnahme des Augenscheins übertragen, auch die Ernennung der zuzuziehenden Sachverständigen überlassen.

§ 372a Untersuchungen zur Feststellung der Abstammung. (1) Soweit es zur Feststellung der Abstammung erforderlich ist, hat jede Person Untersuchungen, insbesondere die Entnahme von Blutproben, zu dulden, es sei denn, dass die Untersuchung dem zu Untersuchenden nicht zugemutet werden kann.

(2) [1] Die §§ 386 bis 390 gelten entsprechend. [2] Bei wiederholter unberechtigter Verweigerung der Untersuchung kann auch unmittelbarer Zwang angewendet, insbesondere die zwangsweise Vorführung zur Untersuchung angeordnet werden.

Titel 7. Zeugenbeweis

§ 373 Beweisantritt. Der Zeugenbeweis wird durch die Benennung der Zeugen und die Bezeichnung der Tatsachen, über welche die Vernehmung der Zeugen stattfinden soll, angetreten.

§ 374 (weggefallen)

§ 375 Beweisaufnahme durch beauftragten oder ersuchten Richter.

(1) Die Aufnahme des Zeugenbeweises darf einem Mitglied des Prozessgerichts oder einem anderen Gericht nur übertragen werden, wenn von vornherein anzunehmen ist, dass das Prozessgericht das Beweisergebnis auch ohne unmittelbaren Eindruck von dem Verlauf der Beweisaufnahme sachgemäß zu würdigen vermag, und

1. wenn zur Ausmittlung der Wahrheit die Vernehmung des Zeugen an Ort und Stelle dienlich erscheint oder nach gesetzlicher Vorschrift der Zeuge nicht an der Gerichtsstelle, sondern an einem anderen Ort zu vernehmen ist;
2. wenn der Zeuge verhindert ist, vor dem Prozessgericht zu erscheinen und eine Zeugenvernehmung nach § 128a Abs. 2 nicht stattfindet;
3. wenn dem Zeugen das Erscheinen vor dem Prozessgericht wegen großer Entfernung unter Berücksichtigung der Bedeutung seiner Aussage nicht zugemutet werden kann und eine Zeugenvernehmung nach § 128a Abs. 2 nicht stattfindet.

(1a) Einem Mitglied des Prozessgerichts darf die Aufnahme des Zeugenbeweises auch dann übertragen werden, wenn dies zur Vereinfachung der Verhandlung vor dem Prozessgericht zweckmäßig erscheint und wenn von vornherein anzunehmen ist, dass das Prozessgericht das Beweisergebnis auch ohne unmittelbaren Eindruck von dem Verlauf der Beweisaufnahme sachgemäß zu würdigen vermag.

(2) Der Bundespräsident ist in seiner Wohnung zu vernehmen.

§ 376 Vernehmung bei Amtsverschwiegenheit. (1) Für die Vernehmung von Richtern, Beamten und anderen Personen des öffentlichen Dienstes als Zeugen über Umstände, auf die sich ihre Pflicht zur Amtsverschwiegenheit bezieht, und für die Genehmigung zur Aussage gelten die besonderen beamtenrechtlichen Vorschriften.[1)]

(2) Für die Mitglieder des Bundestages, eines Landtages, der Bundes- oder einer Landesregierung sowie für die Angestellten einer Fraktion des Bundestages oder eines Landtages gelten die für sie maßgebenden besonderen Vorschriften.[2)]

(3) Eine Genehmigung in den Fällen der Absätze 1, 2 ist durch das Prozessgericht einzuholen und dem Zeugen bekannt zu machen.

(4) Der Bundespräsident kann das Zeugnis verweigern, wenn die Ablegung des Zeugnisses dem Wohl des Bundes oder eines deutschen Landes Nachteile bereiten würde.

(5) Diese Vorschriften gelten auch, wenn die vorgenannten Personen nicht mehr im öffentlichen Dienst oder Angestellte einer Fraktion sind oder ihre Mandate beendet sind, soweit es sich um Tatsachen handelt, die sich während ihrer Dienst-, Beschäftigungs- oder Mandatszeit ereignet haben oder ihnen während ihrer Dienst-, Beschäftigungs- oder Mandatszeit zur Kenntnis gelangt sind.

§ 377 Zeugenladung. (1) [1] Die Ladung der Zeugen ist von der Geschäftsstelle unter Bezugnahme auf den Beweisbeschluss auszufertigen und von Amts wegen mitzuteilen. [2] Sie wird, sofern nicht das Gericht die Zustellung anordnet, formlos übermittelt.

(2) Die Ladung muss enthalten:
1. die Bezeichnung der Parteien;
2. den Gegenstand der Vernehmung;
3. die Anweisung, zur Ablegung des Zeugnisses bei Vermeidung der durch das Gesetz angedrohten Ordnungsmittel in dem nach Zeit und Ort zu bezeichnenden Termin zu erscheinen.

(3) [1] Das Gericht kann eine schriftliche Beantwortung der Beweisfrage anordnen, wenn es dies im Hinblick auf den Inhalt der Beweisfrage und die Person des Zeugen für ausreichend erachtet. [2] Der Zeuge ist darauf hinzuweisen, dass er zur Vernehmung geladen werden kann. [3] Das Gericht ordnet die Ladung des Zeugen an, wenn es dies zur weiteren Klärung der Beweisfrage für notwendig erachtet.

§ 378 Aussageerleichternde Unterlagen. (1) [1] Soweit es die Aussage über seine Wahrnehmungen erleichtert, hat der Zeuge Aufzeichnungen und andere Unterlagen einzusehen und zu dem Termin mitzubringen, wenn ihm dies gestattet und zumutbar ist. [2] Die §§ 142 und 429 bleiben unberührt.

(2) Kommt der Zeuge auf eine bestimmte Anordnung des Gerichts der Verpflichtung nach Absatz 1 nicht nach, so kann das Gericht die in § 390 bezeichneten Maßnahmen treffen; hierauf ist der Zeuge vorher hinzuweisen.

[1)] Vgl. §§ 67–69 BundesbeamtenG v. 5.2.2009 (BGBl. I S. 160), zuletzt geänd. durch G v. 20.11. 2019 (BGBl. I S. 1626) und die entsprechenden Vorschriften der Beamtengesetze der Länder sowie § 37 BeamtenstatusG v. 17.6.2008 (BGBl. I S. 1010), zuletzt geänd. durch G v. 20.11.2019 (BGBl. I S. 1626).

[2)] Vgl. §§ 6 und 7 BundesministerG idF der Bek. v. 27.7.1971 (BGBl. I S. 1166), zuletzt geänd. durch G v. 17.7.2015 (BGBl. I S. 1322).

§ 379 Auslagenvorschuss. [1]Das Gericht kann die Ladung des Zeugen davon abhängig machen, dass der Beweisführer einen hinreichenden Vorschuss zur Deckung der Auslagen zahlt, die der Staatskasse durch die Vernehmung des Zeugen erwachsen. [2]Wird der Vorschuss nicht innerhalb der bestimmten Frist gezahlt, so unterbleibt die Ladung, wenn die Zahlung nicht so zeitig nachgeholt wird, dass die Vernehmung durchgeführt werden kann, ohne dass dadurch nach der freien Überzeugung des Gerichts das Verfahren verzögert wird.

§ 380 Folgen des Ausbleibens des Zeugen. (1) [1]Einem ordnungsgemäß geladenen Zeugen, der nicht erscheint, werden, ohne dass es eines Antrages bedarf, die durch das Ausbleiben verursachten Kosten auferlegt. [2]Zugleich wird gegen ihn ein Ordnungsgeld und für den Fall, dass dieses nicht beigetrieben werden kann, Ordnungshaft festgesetzt.

(2) Im Falle wiederholten Ausbleibens wird das Ordnungsmittel noch einmal festgesetzt; auch kann die zwangsweise Vorführung des Zeugen angeordnet werden.

(3) Gegen diese Beschlüsse findet die sofortige Beschwerde statt.

§ 381 Genügende Entschuldigung des Ausbleibens. (1) [1]Die Auferlegung der Kosten und die Festsetzung eines Ordnungsmittels unterbleiben, wenn das Ausbleiben des Zeugen rechtzeitig genügend entschuldigt wird. [2]Erfolgt die Entschuldigung nach Satz 1 nicht rechtzeitig, so unterbleiben die Auferlegung der Kosten und die Festsetzung eines Ordnungsmittels nur dann, wenn glaubhaft gemacht wird, dass den Zeugen an der Verspätung der Entschuldigung kein Verschulden trifft. [3]Erfolgt die genügende Entschuldigung oder die Glaubhaftmachung nachträglich, so werden die getroffenen Anordnungen unter den Voraussetzungen des Satzes 2 aufgehoben.

(2) Die Anzeigen und Gesuche des Zeugen können schriftlich oder zum Protokoll der Geschäftsstelle oder mündlich in dem zur Vernehmung bestimmten neuen Termin angebracht werden.

§ 382 Vernehmung an bestimmten Orten. (1) Die Mitglieder der Bundesregierung oder einer Landesregierung sind an ihrem Amtssitz oder, wenn sie sich außerhalb ihres Amtssitzes aufhalten, an ihrem Aufenthaltsort zu vernehmen.

(2) Die Mitglieder des Bundestages, des Bundesrates, eines Landtages oder einer zweiten Kammer sind während ihres Aufenthaltes am Sitz der Versammlung dort zu vernehmen.

(3) Zu einer Abweichung von den vorstehenden Vorschriften bedarf es:

für die Mitglieder der Bundesregierung der Genehmigung der Bundesregierung,

für die Mitglieder einer Landesregierung der Genehmigung der Landesregierung,

für die Mitglieder einer der im Absatz 2 genannten Versammlungen der Genehmigung dieser Versammlung.

§ 383 Zeugnisverweigerung aus persönlichen Gründen. (1) Zur Verweigerung des Zeugnisses sind berechtigt:

1. der Verlobte einer Partei;
2. der Ehegatte einer Partei, auch wenn die Ehe nicht mehr besteht;

2a. der Lebenspartner einer Partei, auch wenn die Lebenspartnerschaft nicht mehr besteht;

3. diejenigen, die mit einer Partei in gerader Linie verwandt oder verschwägert, in der Seitenlinie bis zum dritten Grad verwandt oder bis zum zweiten Grad verschwägert sind oder waren;
4. Geistliche in Ansehung desjenigen, was ihnen bei der Ausübung der Seelsorge anvertraut ist;
5. Personen, die bei der Vorbereitung, Herstellung oder Verbreitung von periodischen Druckwerken oder Rundfunksendungen berufsmäßig mitwirken oder mitgewirkt haben, über die Person des Verfassers, Einsenders oder Gewährsmanns von Beiträgen und Unterlagen sowie über die ihnen im Hinblick auf ihre Tätigkeit gemachten Mitteilungen, soweit es sich um Beiträge, Unterlagen und Mitteilungen für den redaktionellen Teil handelt;
6. Personen, denen kraft ihres Amtes, Standes oder Gewerbes Tatsachen anvertraut sind, deren Geheimhaltung durch ihre Natur oder durch gesetzliche Vorschrift geboten ist, in Betreff der Tatsachen, auf welche die Verpflichtung zur Verschwiegenheit sich bezieht.[1]

(2) Die unter Nummern 1 bis 3 bezeichneten Personen sind vor der Vernehmung über ihr Recht zur Verweigerung des Zeugnisses zu belehren.

(3) Die Vernehmung der unter Nummern 4 bis 6 bezeichneten Personen ist, auch wenn das Zeugnis nicht verweigert wird, auf Tatsachen nicht zu richten, in Ansehung welcher erhellt, dass ohne Verletzung der Verpflichtung zur Verschwiegenheit ein Zeugnis nicht abgelegt werden kann.

§ 384 Zeugnisverweigerung aus sachlichen Gründen. Das Zeugnis kann verweigert werden:

1. über Fragen, deren Beantwortung dem Zeugen oder einer Person, zu der er in einem der im § 383 Nr. 1 bis 3 bezeichneten Verhältnisse steht, einen unmittelbaren vermögensrechtlichen Schaden verursachen würde;
2. über Fragen, deren Beantwortung dem Zeugen oder einem seiner im § 383 Nr. 1 bis 3 bezeichneten Angehörigen zur Unehre gereichen oder die Gefahr zuziehen würde, wegen einer Straftat oder einer Ordnungswidrigkeit verfolgt zu werden;
3. über Fragen, die der Zeuge nicht würde beantworten können, ohne ein Kunst- oder Gewerbegeheimnis zu offenbaren.

§ 385 Ausnahmen vom Zeugnisverweigerungsrecht. (1) In den Fällen des § 383 Nr. 1 bis 3 und des § 384 Nr. 1 darf der Zeuge das Zeugnis nicht verweigern:

1. über die Errichtung und den Inhalt eines Rechtsgeschäfts, bei dessen Errichtung er als Zeuge zugezogen war;

---

[1] Ferner die Mitglieder des Deutschen Bundestages sowie der Landtage nach Art. 47 Grundgesetz v. 23.5.1949 (BGBl. I S. 1), zuletzt geänd. durch G v. 15.11.2019 (BGBl. I S. 1546) und den entsprechenden Bestimmungen der Landesverfassungen.

2. über Geburten, Verheiratungen oder Sterbefälle von Familienmitgliedern;
3. über Tatsachen, welche die durch das Familienverhältnis bedingten Vermögensangelegenheiten betreffen;
4. über die auf das streitige Rechtsverhältnis sich beziehenden Handlungen, die von ihm selbst als Rechtsvorgänger oder Vertreter einer Partei vorgenommen sein sollen.

(2) Die im § 383 Nr. 4, 6 bezeichneten Personen dürfen das Zeugnis nicht verweigern, wenn sie von der Verpflichtung zur Verschwiegenheit entbunden sind.

§ 386 Erklärung der Zeugnisverweigerung. (1) Der Zeuge, der das Zeugnis verweigert, hat vor dem zu seiner Vernehmung bestimmten Termin schriftlich oder zum Protokoll der Geschäftsstelle oder in diesem Termin die Tatsachen, auf die er die Weigerung gründet, anzugeben und glaubhaft zu machen.

(2) Zur Glaubhaftmachung genügt in den Fällen des § 383 Nr. 4, 6 die mit Berufung auf einen geleisteten Diensteid abgegebene Versicherung.

(3) Hat der Zeuge seine Weigerung schriftlich oder zum Protokoll der Geschäftsstelle erklärt, so ist er nicht verpflichtet, in dem zu seiner Vernehmung bestimmten Termin zu erscheinen.

(4) Von dem Eingang einer Erklärung des Zeugen oder von der Aufnahme einer solchen zum Protokoll hat die Geschäftsstelle die Parteien zu benachrichtigen.

§ 387 Zwischenstreit über Zeugnisverweigerung. (1) Über die Rechtmäßigkeit der Weigerung wird von dem Prozessgericht nach Anhörung der Parteien entschieden.

(2) Der Zeuge ist nicht verpflichtet, sich durch einen Anwalt vertreten zu lassen.

(3) Gegen das Zwischenurteil findet sofortige Beschwerde statt.

§ 388 Zwischenstreit über schriftliche Zeugnisverweigerung. Hat der Zeuge seine Weigerung schriftlich oder zum Protokoll der Geschäftsstelle erklärt und ist er in dem Termin nicht erschienen, so hat auf Grund seiner Erklärungen ein Mitglied des Prozessgerichts Bericht zu erstatten.

§ 389 Zeugnisverweigerung vor beauftragtem oder ersuchtem Richter. (1) Erfolgt die Weigerung vor einem beauftragten oder ersuchten Richter, so sind die Erklärungen des Zeugen, wenn sie nicht schriftlich oder zum Protokoll der Geschäftsstelle abgegeben sind, nebst den Erklärungen der Parteien in das Protokoll aufzunehmen.

(2) Zur mündlichen Verhandlung vor dem Prozessgericht werden der Zeuge und die Parteien von Amts wegen geladen.

(3) [1] Auf Grund der von dem Zeugen und den Parteien abgegebenen Erklärungen hat ein Mitglied des Prozessgerichts Bericht zu erstatten. [2] Nach dem Vortrag des Berichterstatters können der Zeuge und die Parteien zur Begrün-

dung ihrer Anträge das Wort nehmen; neue Tatsachen oder Beweismittel dürfen nicht geltend gemacht werden.

§ 390 Folgen der Zeugnisverweigerung. (1) [1] Wird das Zeugnis oder die Eidesleistung ohne Angabe eines Grundes oder aus einem rechtskräftig für unerheblich erklärten Grund verweigert, so werden dem Zeugen, ohne dass es eines Antrages bedarf, die durch die Weigerung verursachten Kosten auferlegt. [2] Zugleich wird gegen ihn ein Ordnungsgeld und für den Fall, dass dieses nicht beigetrieben werden kann, Ordnungshaft festgesetzt.

(2) [1] Im Falle wiederholter Weigerung ist auf Antrag zur Erzwingung des Zeugnisses die Haft anzuordnen, jedoch nicht über den Zeitpunkt der Beendigung des Prozesses in dem Rechtszug hinaus. [2] Die Vorschriften über die Haft im Zwangsvollstreckungsverfahren[1)] gelten entsprechend.

(3) Gegen die Beschlüsse findet die sofortige Beschwerde statt.

§ 391 Zeugenbeeidigung. Ein Zeuge ist, vorbehaltlich der sich aus § 393 ergebenden Ausnahmen, zu beeidigen, wenn das Gericht dies mit Rücksicht auf die Bedeutung der Aussage oder zur Herbeiführung einer wahrheitsgemäßen Aussage für geboten erachtet und die Parteien auf die Beeidigung nicht verzichten.

§ 392 Nacheid; Eidesnorm. [1] Die Beeidigung erfolgt nach der Vernehmung. [2] Mehrere Zeugen können gleichzeitig beeidigt werden. [3] Die Eidesnorm geht dahin, dass der Zeuge nach bestem Wissen die reine Wahrheit gesagt und nichts verschwiegen habe.

§ 393 Uneidliche Vernehmung. Personen, die zur Zeit der Vernehmung das 16. Lebensjahr noch nicht vollendet oder wegen mangelnder Verstandesreife oder wegen Verstandesschwäche von dem Wesen und der Bedeutung des Eides keine genügende Vorstellung haben, sind unbeeidigt zu vernehmen.

§ 394 Einzelvernehmung. (1) Jeder Zeuge ist einzeln und in Abwesenheit der später abzuhörenden Zeugen zu vernehmen.

(2) Zeugen, deren Aussagen sich widersprechen, können einander gegenübergestellt werden.

§ 395 Wahrheitsermahnung; Vernehmung zur Person. (1) Vor der Vernehmung wird der Zeuge zur Wahrheit ermahnt und darauf hingewiesen, dass er in den vom Gesetz vorgesehenen Fällen unter Umständen seine Aussage zu beeidigen habe.

(2) [1] Die Vernehmung beginnt damit, dass der Zeuge über Vornamen und Zunamen, Alter, Stand oder Gewerbe und Wohnort befragt wird. [2] Erforderlichenfalls sind ihm Fragen über solche Umstände, die seine Glaubwürdigkeit in der vorliegenden Sache betreffen, insbesondere über seine Beziehungen zu den Parteien vorzulegen.

[1)] Vgl. §§ 802a ff.

§ 396 Vernehmung zur Sache. (1) Der Zeuge ist zu veranlassen, dasjenige, was ihm von dem Gegenstand seiner Vernehmung bekannt ist, im Zusammenhang anzugeben.

(2) Zur Aufklärung und zur Vervollständigung der Aussage sowie zur Erforschung des Grundes, auf dem die Wissenschaft des Zeugen beruht, sind nötigenfalls weitere Fragen zu stellen.

(3) Der Vorsitzende hat jedem Mitglied des Gerichts auf Verlangen zu gestatten, Fragen zu stellen.

§ 397 Fragerecht der Parteien. (1) Die Parteien sind berechtigt, dem Zeugen diejenigen Fragen vorlegen zu lassen, die sie zur Aufklärung der Sache oder der Verhältnisse des Zeugen für dienlich erachten.

(2) Der Vorsitzende kann den Parteien gestatten und hat ihren Anwälten auf Verlangen zu gestatten, an den Zeugen unmittelbar Fragen zu richten.

(3) Zweifel über die Zulässigkeit einer Frage entscheidet das Gericht.

§ 398 Wiederholte und nachträgliche Vernehmung. (1) Das Prozessgericht kann nach seinem Ermessen die wiederholte Vernehmung eines Zeugen anordnen.

(2) Hat ein beauftragter oder ersuchter Richter bei der Vernehmung die Stellung der von einer Partei angeregten Frage verweigert, so kann das Prozessgericht die nachträgliche Vernehmung des Zeugen über diese Frage anordnen.

(3) Bei der wiederholten oder der nachträglichen Vernehmung kann der Richter statt der nochmaligen Beeidigung den Zeugen die Richtigkeit seiner Aussage unter Berufung auf den früher geleisteten Eid versichern lassen.

§ 399 Verzicht auf Zeugen. Die Partei kann auf einen Zeugen, den sie vorgeschlagen hat, verzichten; der Gegner kann aber verlangen, dass der erschienene Zeuge vernommen und, wenn die Vernehmung bereits begonnen hat, dass sie fortgesetzt werde.

§ 400 Befugnisse des mit der Beweisaufnahme betrauten Richters.

Der mit der Beweisaufnahme betraute Richter ist ermächtigt, im Falle des Nichterscheinens oder der Zeugnisverweigerung die gesetzlichen Verfügungen zu treffen, auch sie, soweit dies überhaupt zulässig ist, selbst nach Erledigung des Auftrages wieder aufzuheben, über die Zulässigkeit einer dem Zeugen vorgelegten Frage vorläufig zu entscheiden und die nochmalige Vernehmung eines Zeugen vorzunehmen.

§ 401 Zeugenentschädigung. Der Zeuge wird nach dem Justizvergütungs- und -entschädigungsgesetz[1)] entschädigt.

Titel 8. Beweis durch Sachverständige

§ 402 Anwendbarkeit der Vorschriften für Zeugen. Für den Beweis durch Sachverständige gelten die Vorschriften über den Beweis durch Zeugen

---

[1)] Nr. **11**.

entsprechend, insoweit nicht in den nachfolgenden Paragraphen abweichende Vorschriften enthalten sind.

§ 403 Beweisantritt. Der Beweis wird durch die Bezeichnung der zu begutachtenden Punkte angetreten.

§ 404 Sachverständigenauswahl. (1) [1] Die Auswahl der zuzuziehenden Sachverständigen und die Bestimmung ihrer Anzahl erfolgt durch das Prozessgericht. [2] Es kann sich auf die Ernennung eines einzigen Sachverständigen beschränken. [3] An Stelle der zuerst ernannten Sachverständigen kann es andere ernennen.

(2) Vor der Ernennung können die Parteien zur Person des Sachverständigen gehört werden.

(3) Sind für gewisse Arten von Gutachten Sachverständige öffentlich bestellt, so sollen andere Personen nur dann gewählt werden, wenn besondere Umstände es erfordern.

(4) Das Gericht kann die Parteien auffordern, Personen zu bezeichnen, die geeignet sind, als Sachverständige vernommen zu werden.

(5) Einigen sich die Parteien über bestimmte Personen als Sachverständige, so hat das Gericht dieser Einigung Folge zu geben; das Gericht kann jedoch die Wahl der Parteien auf eine bestimmte Anzahl beschränken.

§ 404a Leitung der Tätigkeit des Sachverständigen. (1) Das Gericht hat die Tätigkeit des Sachverständigen zu leiten und kann ihm für Art und Umfang seiner Tätigkeit Weisungen erteilen.

(2) Soweit es die Besonderheit des Falles erfordert, soll das Gericht den Sachverständigen vor Abfassung der Beweisfrage hören, ihn in seine Aufgabe einweisen und ihm auf Verlangen den Auftrag erläutern.

(3) Bei streitigem Sachverhalt bestimmt das Gericht, welche Tatsachen der Sachverständige der Begutachtung zugrunde legen soll.

(4) Soweit es erforderlich ist, bestimmt das Gericht, in welchem Umfang der Sachverständige zur Aufklärung der Beweisfrage befugt ist, inwieweit er mit den Parteien in Verbindung treten darf und wann er ihnen die Teilnahme an seinen Ermittlungen zu gestatten hat.

(5) [1] Weisungen an den Sachverständigen sind den Parteien mitzuteilen. [2] Findet ein besonderer Termin zur Einweisung des Sachverständigen statt, so ist den Parteien die Teilnahme zu gestatten.

§ 405 Auswahl durch den mit der Beweisaufnahme betrauten Richter. [1] Das Prozessgericht kann den mit der Beweisaufnahme betrauten Richter zur Ernennung der Sachverständigen ermächtigen. [2] Er hat in diesem Falle die Befugnisse und Pflichten des Prozessgerichts nach den §§ 404, 404a.

§ 406 Ablehnung eines Sachverständigen. (1) [1] Ein Sachverständiger kann aus denselben Gründen, die zur Ablehnung eines Richters berechtigen, abgelehnt werden. [2] Ein Ablehnungsgrund kann jedoch nicht daraus entnommen werden, dass der Sachverständige als Zeuge vernommen worden ist.

(2) [1]Der Ablehnungsantrag ist bei dem Gericht oder Richter, von dem der Sachverständige ernannt ist, vor seiner Vernehmung zu stellen, spätestens jedoch binnen zwei Wochen nach Verkündung oder Zustellung des Beschlusses über die Ernennung. [2]Zu einem späteren Zeitpunkt ist die Ablehnung nur zulässig, wenn der Antragsteller glaubhaft macht, dass er ohne sein Verschulden verhindert war, den Ablehnungsgrund früher geltend zu machen. [3]Der Antrag kann vor der Geschäftsstelle zu Protokoll erklärt werden.

(3) Der Ablehnungsgrund ist glaubhaft zu machen; zur Versicherung an Eides statt darf die Partei nicht zugelassen werden.

(4) Die Entscheidung ergeht von dem im zweiten Absatz bezeichneten Gericht oder Richter durch Beschluss.

(5) Gegen den Beschluss, durch den die Ablehnung für begründet erklärt wird, findet kein Rechtsmittel, gegen den Beschluss, durch den sie für unbegründet erklärt wird, findet sofortige Beschwerde statt.

§ 407 Pflicht zur Erstattung des Gutachtens. (1) Der zum Sachverständigen Ernannte hat der Ernennung Folge zu leisten, wenn er zur Erstattung von Gutachten der erforderten Art öffentlich bestellt ist oder wenn er die Wissenschaft, die Kunst oder das Gewerbe, deren Kenntnis Voraussetzung der Begutachtung ist, öffentlich zum Erwerb ausübt oder wenn er zur Ausübung derselben öffentlich bestellt oder ermächtigt ist.

(2) Zur Erstattung des Gutachtens ist auch derjenige verpflichtet, der sich hierzu vor Gericht bereit erklärt hat.

§ 407a Weitere Pflichten des Sachverständigen. (1) [1]Der Sachverständige hat unverzüglich zu prüfen, ob der Auftrag in sein Fachgebiet fällt und ohne die Hinzuziehung weiterer Sachverständiger sowie innerhalb der vom Gericht gesetzten Frist erledigt werden kann. [2]Ist das nicht der Fall, so hat der Sachverständige das Gericht unverzüglich zu verständigen.

(2) [1]Der Sachverständige hat unverzüglich zu prüfen, ob ein Grund vorliegt, der geeignet ist, Misstrauen gegen seine Unparteilichkeit zu rechtfertigen. [2]Der Sachverständige hat dem Gericht solche Gründe unverzüglich mitzuteilen. [3]Unterlässt er dies, kann gegen ihn ein Ordnungsgeld festgesetzt werden.

(3) [1]Der Sachverständige ist nicht befugt, den Auftrag auf einen anderen zu übertragen. [2]Soweit er sich der Mitarbeit einer anderen Person bedient, hat er diese namhaft zu machen und den Umfang ihrer Tätigkeit anzugeben, falls es sich nicht um Hilfsdienste von untergeordneter Bedeutung handelt.

(4) [1]Hat der Sachverständige Zweifel an Inhalt und Umfang des Auftrages, so hat er unverzüglich eine Klärung durch das Gericht herbeizuführen. [2]Erwachsen voraussichtlich Kosten, die erkennbar außer Verhältnis zum Wert des Streitgegenstandes stehen oder einen angeforderten Kostenvorschuss erheblich übersteigen, so hat der Sachverständige rechtzeitig hierauf hinzuweisen.

(5) [1]Der Sachverständige hat auf Verlangen des Gerichts die Akten und sonstige für die Begutachtung beigezogene Unterlagen sowie Untersuchungsergebnisse unverzüglich herauszugeben oder mitzuteilen. [2]Kommt er dieser Pflicht nicht nach, so ordnet das Gericht die Herausgabe an.

(6) Das Gericht soll den Sachverständigen auf seine Pflichten hinweisen.

§ 408 Gutachtenverweigerungsrecht. (1) [1]Dieselben Gründe, die einen Zeugen berechtigen, das Zeugnis zu verweigern, berechtigen einen Sachverständigen zur Verweigerung des Gutachtens. [2]Das Gericht kann auch aus anderen Gründen einen Sachverständigen von der Verpflichtung zur Erstattung des Gutachtens entbinden.

(2)[1)] [1]Für die Vernehmung eines Richters, Beamten oder einer anderen Person des öffentlichen Dienstes als Sachverständigen gelten die besonderen beamtenrechtlichen Vorschriften. [2]Für die Mitglieder der Bundes- oder einer Landesregierung gelten die für sie maßgebenden besonderen Vorschriften.

(3) Wer bei einer richterlichen Entscheidung mitgewirkt hat, soll über Fragen, die den Gegenstand der Entscheidung gebildet haben, nicht als Sachverständiger vernommen werden.

§ 409 Folgen des Ausbleibens oder der Gutachtenverweigerung.

(1) [1]Wenn ein Sachverständiger nicht erscheint oder sich weigert, ein Gutachten zu erstatten, obgleich er dazu verpflichtet ist, oder wenn er Akten oder sonstige Unterlagen zurückbehält, werden ihm die dadurch verursachten Kosten auferlegt. [2]Zugleich wird gegen ihn ein Ordnungsgeld festgesetzt. [3]Im Falle wiederholten Ungehorsams kann das Ordnungsgeld noch einmal festgesetzt werden.

(2) Gegen den Beschluss findet sofortige Beschwerde statt.

§ 410 Sachverständigenbeeidigung. (1) [1]Der Sachverständige wird vor oder nach Erstattung des Gutachtens beeidigt. [2]Die Eidesnorm geht dahin, dass der Sachverständige das von ihm erforderte Gutachten unparteiisch und nach bestem Wissen und Gewissen erstatten werde oder erstattet habe.

(2) Ist der Sachverständige für die Erstattung von Gutachten der betreffenden Art im allgemeinen beeidigt, so genügt die Berufung auf den geleisteten Eid; sie kann auch in einem schriftlichen Gutachten erklärt werden.

§ 411 Schriftliches Gutachten. (1)[2)] Wird schriftliche Begutachtung angeordnet, setzt das Gericht dem Sachverständigen eine Frist, innerhalb derer er das von ihm unterschriebene Gutachten zu übermitteln hat.

(2)[2)] [1]Versäumt ein zur Erstattung des Gutachtens verpflichteter Sachverständiger die Frist, so soll gegen ihn ein Ordnungsgeld festgesetzt werden. [2]Das Ordnungsgeld muss vorher unter Setzung einer Nachfrist angedroht werden. [3]Im Falle wiederholter Fristversäumnis kann das Ordnungsgeld in der gleichen Weise noch einmal festgesetzt werden. [4]Das einzelne Ordnungsgeld darf 3 000 Euro nicht übersteigen. [5]§ 409 Abs. 2 gilt entsprechend.

(3) [1]Das Gericht kann das Erscheinen des Sachverständigen anordnen, damit er das schriftliche Gutachten erläutere. [2]Das Gericht kann auch eine schriftliche Erläuterung oder Ergänzung des Gutachtens anordnen.

(4) [1]Die Parteien haben dem Gericht innerhalb eines angemessenen Zeitraums ihre Einwendungen gegen das Gutachten, die Begutachtung betreffende Anträge und Ergänzungsfragen zu dem schriftlichen Gutachten mitzuteilen.

[1)] Vgl. hierzu die Anmerkungen zu § 376.
[2)] Beachte hierzu Übergangsvorschrift in § 41 EGZPO (Nr. **1a**).

[2]Das Gericht kann ihnen hierfür eine Frist setzen; § 296 Abs. 1, 4 gilt entsprechend.

§ 411a Verwertung von Sachverständigengutachten aus anderen Verfahren. Die schriftliche Begutachtung kann durch die Verwertung eines gerichtlich oder staatsanwaltschaftlich eingeholten Sachverständigengutachtens aus einem anderen Verfahren ersetzt werden.

§ 412 Neues Gutachten. (1) Das Gericht kann eine neue Begutachtung durch dieselben oder durch andere Sachverständige anordnen, wenn es das Gutachten für ungenügend erachtet.

(2) Das Gericht kann die Begutachtung durch einen anderen Sachverständigen anordnen, wenn ein Sachverständiger nach Erstattung des Gutachtens mit Erfolg abgelehnt ist.

§ 413 Sachverständigenvergütung. Der Sachverständige erhält eine Vergütung nach dem Justizvergütungs- und -entschädigungsgesetz[1)].

§ 414 Sachverständige Zeugen. Insoweit zum Beweis vergangener Tatsachen oder Zustände, zu deren Wahrnehmung eine besondere Sachkunde erforderlich war, sachkundige Personen zu vernehmen sind, kommen die Vorschriften über den Zeugenbeweis zur Anwendung.

Titel 9. Beweis durch Urkunden

§ 415 Beweiskraft öffentlicher Urkunden über Erklärungen. (1) Urkunden, die von einer öffentlichen Behörde innerhalb der Grenzen ihrer Amtsbefugnisse oder von einer mit öffentlichem Glauben versehenen Person innerhalb des ihr zugewiesenen Geschäftskreises in der vorgeschriebenen Form aufgenommen sind (öffentliche Urkunden), begründen, wenn sie über eine vor der Behörde oder der Urkundsperson abgegebene Erklärung errichtet sind, vollen Beweis des durch die Behörde oder die Urkundsperson beurkundeten Vorganges.

(2) Der Beweis, dass der Vorgang unrichtig beurkundet sei, ist zulässig.

§ 416 Beweiskraft von Privaturkunden. Privaturkunden begründen, sofern sie von den Ausstellern unterschrieben oder mittels notariell beglaubigten Handzeichens unterzeichnet sind, vollen Beweis dafür, dass die in ihnen enthaltenen Erklärungen von den Ausstellern abgegeben sind.

§ 416a Beweiskraft des Ausdrucks eines öffentlichen elektronischen Dokuments. Der mit einem Beglaubigungsvermerk versehene Ausdruck eines öffentlichen elektronischen Dokuments gemäß § 371a Absatz 3, den eine öffentliche Behörde innerhalb der Grenzen ihrer Amtsbefugnisse oder eine mit öffentlichem Glauben versehene Person innerhalb des ihr zugewiesenen Geschäftskreises in der vorgeschriebenen Form erstellt hat, sowie der Ausdruck eines gerichtlichen elektronischen Dokuments, der einen Vermerk des zustän-

---

[1)] Nr. **11**.

digen Gerichts gemäß § 298 Absatz 3 enthält, stehen einer öffentlichen Urkunde in beglaubigter Abschrift gleich.

§ 417 Beweiskraft öffentlicher Urkunden über amtliche Anordnung, Verfügung oder Entscheidung. Die von einer Behörde ausgestellten, eine amtliche Anordnung, Verfügung oder Entscheidung enthaltenden öffentlichen Urkunden begründen vollen Beweis ihres Inhalts.

§ 418 Beweiskraft öffentlicher Urkunden mit anderem Inhalt.

(1) Öffentliche Urkunden, die einen anderen als den in den §§ 415, 417 bezeichneten Inhalt haben, begründen vollen Beweis der darin bezeugten Tatsachen.

(2) Der Beweis der Unrichtigkeit der bezeugten Tatsachen ist zulässig, sofern nicht die Landesgesetze diesen Beweis ausschließen oder beschränken.

(3) Beruht das Zeugnis nicht auf eigener Wahrnehmung der Behörde oder der Urkundsperson, so ist die Vorschrift des ersten Absatzes nur dann anzuwenden, wenn sich aus den Landesgesetzen ergibt, dass die Beweiskraft des Zeugnisses von der eigenen Wahrnehmung unabhängig ist.

§ 419 Beweiskraft mangelbehafteter Urkunden. Inwiefern Durchstreichungen, Radierungen, Einschaltungen oder sonstige äußere Mängel die Beweiskraft einer Urkunde ganz oder teilweise aufheben oder mindern, entscheidet das Gericht nach freier Überzeugung.

§ 420 Vorlegung durch Beweisführer; Beweisantritt. Der Beweis wird durch die Vorlegung der Urkunde angetreten.

§ 421 Vorlegung durch den Gegner; Beweisantritt. Befindet sich die Urkunde nach der Behauptung des Beweisführers in den Händen des Gegners, so wird der Beweis durch den Antrag angetreten, dem Gegner die Vorlegung der Urkunde aufzugeben.

§ 422 Vorlegungspflicht des Gegners nach bürgerlichem Recht. Der Gegner ist zur Vorlegung der Urkunde verpflichtet, wenn der Beweisführer nach den Vorschriften des bürgerlichen Rechts[1)] die Herausgabe oder die Vorlegung der Urkunde verlangen kann.

§ 423 Vorlegungspflicht des Gegners bei Bezugnahme. Der Gegner ist auch zur Vorlegung der in seinen Händen befindlichen Urkunden verpflichtet, auf die er im Prozess zur Beweisführung Bezug genommen hat, selbst wenn es nur in einem vorbereitenden Schriftsatz geschehen ist.

§ 424 Antrag bei Vorlegung durch Gegner. Der Antrag soll enthalten:

1. die Bezeichnung der Urkunde;

[1)] Vgl. z.B. §§ 259, 371, 402, 666, 667, 716, 810 BGB idF der Bek. v. 2.1.2002 (BGBl. I S. 42, ber. S. 2909, 2003 S. 738), zuletzt geänd. durch G v. 21.12.2019 (BGBl. I S. 2911); §§ 118, 157 HGB v. 10.5.1897 (RGBl. S. 219, ber. 1999 S. 42), zuletzt geänd. durch G v. 12.12.2019 (BGBl. I S. 2637).

2. die Bezeichnung der Tatsachen, die durch die Urkunde bewiesen werden sollen;
3. die möglichst vollständige Bezeichnung des Inhalts der Urkunde;
4. die Angabe der Umstände, auf welche die Behauptung sich stützt, dass die Urkunde sich in dem Besitz des Gegners befindet;
5. die Bezeichnung des Grundes, der die Verpflichtung zur Vorlegung der Urkunde ergibt. Der Grund ist glaubhaft zu machen.

§ 425 Anordnung der Vorlegung durch Gegner. Erachtet das Gericht die Tatsache, die durch die Urkunde bewiesen werden soll, für erheblich und den Antrag für begründet, so ordnet es, wenn der Gegner zugesteht, dass die Urkunde sich in seinen Händen befinde, oder wenn der Gegner sich über den Antrag nicht erklärt, die Vorlegung der Urkunde an.

§ 426 Vernehmung des Gegners über den Verbleib. [1]Bestreitet der Gegner, dass die Urkunde sich in seinem Besitz befinde, so ist er über ihren Verbleib zu vernehmen. [2]In der Ladung zum Vernehmungstermin ist ihm aufzugeben, nach dem Verbleib der Urkunde sorgfältig zu forschen. [3]Im Übrigen gelten die Vorschriften der §§ 449 bis 454 entsprechend. [4]Gelangt das Gericht zu der Überzeugung, dass sich die Urkunde im Besitz des Gegners befindet, so ordnet es die Vorlegung an.

§ 427 Folgen der Nichtvorlegung durch Gegner. [1]Kommt der Gegner der Anordnung, die Urkunde vorzulegen, nicht nach oder gelangt das Gericht im Falle des § 426 zu der Überzeugung, dass er nach dem Verbleib der Urkunde nicht sorgfältig geforscht habe, so kann eine vom Beweisführer beigebrachte Abschrift der Urkunde als richtig angesehen werden. [2]Ist eine Abschrift der Urkunde nicht beigebracht, so können die Behauptungen des Beweisführers über die Beschaffenheit und den Inhalt der Urkunde als bewiesen angenommen werden.

§ 428 Vorlegung durch Dritte; Beweisantritt. Befindet sich die Urkunde nach der Behauptung des Beweisführers im Besitz eines Dritten, so wird der Beweis durch den Antrag angetreten, zur Herbeischaffung der Urkunde eine Frist zu bestimmen oder eine Anordnung nach § 142 zu erlassen.

§ 429 Vorlegungspflicht Dritter. [1]Der Dritte ist aus denselben Gründen wie der Gegner des Beweisführers zur Vorlegung einer Urkunde verpflichtet; er kann zur Vorlegung nur im Wege der Klage genötigt werden. [2]§ 142 bleibt unberührt.

§ 430 Antrag bei Vorlegung durch Dritte. Zur Begründung des nach § 428 zu stellenden Antrages hat der Beweisführer den Erfordernissen des § 424 Nr. 1 bis 3, 5 zu genügen und außerdem glaubhaft zu machen, dass die Urkunde sich in den Händen des Dritten befinde.

§ 431 Vorlegungsfrist bei Vorlegung durch Dritte. (1) Ist die Tatsache, die durch die Urkunde bewiesen werden soll, erheblich und entspricht der

Antrag den Vorschriften des vorstehenden Paragraphen, so hat das Gericht durch Beschluss eine Frist zur Vorlegung der Urkunde zu bestimmen.

(2) Der Gegner kann die Fortsetzung des Verfahrens vor dem Ablauf der Frist beantragen, wenn die Klage gegen den Dritten erledigt ist oder wenn der Beweisführer die Erhebung der Klage oder die Betreibung des Prozesses oder der Zwangsvollstreckung verzögert.

§ 432 Vorlegung durch Behörden oder Beamte; Beweisantritt.

(1) Befindet sich die Urkunde nach der Behauptung des Beweisführers in den Händen einer öffentlichen Behörde oder eines öffentlichen Beamten, so wird der Beweis durch den Antrag angetreten, die Behörde oder den Beamten um die Mitteilung der Urkunde zu ersuchen.

(2) Diese Vorschrift ist auf Urkunden, welche die Parteien nach den gesetzlichen Vorschriften ohne Mitwirkung des Gerichts zu beschaffen imstande sind, nicht anzuwenden.

(3) Verweigert die Behörde oder der Beamte die Mitteilung der Urkunde in Fällen, in denen eine Verpflichtung zur Vorlegung auf § 422 gestützt wird, so gelten die Vorschriften der §§ 428 bis 431.

§ 433 (weggefallen)

§ 434 Vorlegung vor beauftragtem oder ersuchtem Richter. Wenn eine Urkunde bei der mündlichen Verhandlung wegen erheblicher Hindernisse nicht vorgelegt werden kann oder wenn es bedenklich erscheint, sie wegen ihrer Wichtigkeit und der Besorgnis ihres Verlustes oder ihrer Beschädigung vorzulegen, so kann das Prozessgericht anordnen, dass sie vor einem seiner Mitglieder oder vor einem anderen Gericht vorgelegt werde.

§ 435 Vorlegung öffentlicher Urkunden in Urschrift oder beglaubigter Abschrift. [1] Eine öffentliche Urkunde kann in Urschrift oder in einer beglaubigten Abschrift, die hinsichtlich der Beglaubigung die Erfordernisse einer öffentlichen Urkunde an sich trägt, vorgelegt werden; das Gericht kann jedoch anordnen, dass der Beweisführer die Urschrift vorlege oder die Tatsachen angebe und glaubhaft mache, die ihn an der Vorlegung der Urschrift verhindern. [2] Bleibt die Anordnung erfolglos, so entscheidet das Gericht nach freier Überzeugung, welche Beweiskraft der beglaubigten Abschrift beizulegen sei.

§ 436 Verzicht nach Vorlegung. Der Beweisführer kann nach der Vorlegung einer Urkunde nur mit Zustimmung des Gegners auf dieses Beweismittel verzichten.

§ 437 Echtheit inländischer öffentlicher Urkunden. (1) Urkunden, die nach Form und Inhalt als von einer öffentlichen Behörde oder von einer mit öffentlichem Glauben versehenen Person errichtet sich darstellen, haben die Vermutung der Echtheit für sich.

(2) Das Gericht kann, wenn es die Echtheit für zweifelhaft hält, auch von Amts wegen die Behörde oder die Person, von der die Urkunde errichtet sein soll, zu einer Erklärung über die Echtheit veranlassen.

§ 438 Echtheit ausländischer öffentlicher Urkunden. (1) Ob eine Urkunde, die als von einer ausländischen Behörde oder von einer mit öffentlichem Glauben versehenen Person des Auslandes errichtet sich darstellt, ohne näheren Nachweis als echt anzusehen sei, hat das Gericht nach den Umständen des Falles zu ermessen.

(2) Zum Beweis der Echtheit einer solchen Urkunde genügt die Legalisation durch einen Konsul oder Gesandten des Bundes.

§ 439 Erklärung über Echtheit von Privaturkunden. (1) Über die Echtheit einer Privaturkunde hat sich der Gegner des Beweisführers nach der Vorschrift des § 138 zu erklären.

(2) Befindet sich unter der Urkunde eine Namensunterschrift, so ist die Erklärung auf die Echtheit der Unterschrift zu richten.

(3) Wird die Erklärung nicht abgegeben, so ist die Urkunde als anerkannt anzusehen, wenn nicht die Absicht, die Echtheit bestreiten zu wollen, aus den übrigen Erklärungen der Partei hervorgeht.

§ 440 Beweis der Echtheit von Privaturkunden. (1) Die Echtheit einer nicht anerkannten Privaturkunde ist zu beweisen.

(2) Steht die Echtheit der Namensunterschrift fest oder ist das unter einer Urkunde befindliche Handzeichen notariell beglaubigt, so hat die über der Unterschrift oder dem Handzeichen stehende Schrift die Vermutung der Echtheit für sich.

§ 441 Schriftvergleichung. (1) Der Beweis der Echtheit oder Unechtheit einer Urkunde kann auch durch Schriftvergleichung geführt werden.

(2) In diesem Fall hat der Beweisführer zur Vergleichung geeignete Schriften vorzulegen oder ihre Mitteilung nach der Vorschrift des § 432 zu beantragen und erforderlichenfalls den Beweis ihrer Echtheit anzutreten.

(3) [1] Befinden sich zur Vergleichung geeignete Schriften in den Händen des Gegners, so ist dieser auf Antrag des Beweisführers zur Vorlegung verpflichtet. [2] Die Vorschriften der §§ 421 bis 426 gelten entsprechend. [3] Kommt der Gegner der Anordnung, die zur Vergleichung geeigneten Schriften vorzulegen, nicht nach oder gelangt das Gericht im Falle des § 426 zu der Überzeugung, dass der Gegner nach dem Verbleib der Schriften nicht sorgfältig geforscht habe, so kann die Urkunde als echt angesehen werden.

(4) Macht der Beweisführer glaubhaft, dass in den Händen eines Dritten geeignete Vergleichungsschriften sich befinden, deren Vorlegung er im Wege der Klage zu erwirken imstande sei, so gelten die Vorschriften des § 431 entsprechend.

§ 442 Würdigung der Schriftvergleichung. Über das Ergebnis der Schriftvergleichung hat das Gericht nach freier Überzeugung, geeignetenfalls nach Anhörung von Sachverständigen, zu entscheiden.

§ 443 Verwahrung verdächtiger Urkunden. Urkunden, deren Echtheit bestritten ist oder deren Inhalt verändert sein soll, werden bis zur Erledigung des Rechtsstreits auf der Geschäftsstelle verwahrt, sofern nicht ihre Auslieferung an eine andere Behörde im Interesse der öffentlichen Ordnung erforderlich ist.

§ 444 Folgen der Beseitigung einer Urkunde. Ist eine Urkunde von einer Partei in der Absicht, ihre Benutzung dem Gegner zu entziehen, beseitigt oder zur Benutzung untauglich gemacht, so können die Behauptungen des Gegners über die Beschaffenheit und den Inhalt der Urkunde als bewiesen angesehen werden.

Titel 10. Beweis durch Parteivernehmung

§ 445 Vernehmung des Gegners; Beweisantritt. (1) Eine Partei, die den ihr obliegenden Beweis mit anderen Beweismitteln nicht vollständig geführt oder andere Beweismittel nicht vorgebracht hat, kann den Beweis dadurch antreten, dass sie beantragt, den Gegner über die zu beweisenden Tatsachen zu vernehmen.

(2) Der Antrag ist nicht zu berücksichtigen, wenn er Tatsachen betrifft, deren Gegenteil das Gericht für erwiesen erachtet.

§ 446 Weigerung des Gegners. Lehnt der Gegner ab, sich vernehmen zu lassen, oder gibt er auf Verlangen des Gerichts keine Erklärung ab, so hat das Gericht unter Berücksichtigung der gesamten Sachlage, insbesondere der für die Weigerung vorgebrachten Gründe, nach freier Überzeugung zu entscheiden, ob es die behauptete Tatsache als erwiesen ansehen will.

§ 447 Vernehmung der beweispflichtigen Partei auf Antrag. Das Gericht kann über eine streitige Tatsache auch die beweispflichtige Partei vernehmen, wenn eine Partei es beantragt und die andere damit einverstanden ist.

§ 448 Vernehmung von Amts wegen. Auch ohne Antrag einer Partei und ohne Rücksicht auf die Beweislast kann das Gericht, wenn das Ergebnis der Verhandlungen und einer etwaigen Beweisaufnahme nicht ausreicht, um seine Überzeugung von der Wahrheit oder Unwahrheit einer zu erweisenden Tatsache zu begründen, die Vernehmung einer Partei oder beider Parteien über die Tatsache anordnen.

§ 449 Vernehmung von Streitgenossen. Besteht die zu vernehmende Partei aus mehreren Streitgenossen, so bestimmt das Gericht nach Lage des Falles, ob alle oder nur einzelne Streitgenossen zu vernehmen sind.

§ 450 Beweisbeschluss. (1) [1] Die Vernehmung einer Partei wird durch Beweisbeschluss angeordnet. [2] Die Partei ist, wenn sie bei der Verkündung des Beschlusses nicht persönlich anwesend ist, zu der Vernehmung unter Mitteilung des Beweisbeschlusses von Amts wegen zu laden. [3] Die Ladung ist der Partei selbst mitzuteilen, auch wenn sie einen Prozessbevollmächtigten bestellt hat; der Zustellung bedarf die Ladung nicht.

(2) [1] Die Ausführung des Beschlusses kann ausgesetzt werden, wenn nach seinem Erlass über die zu beweisende Tatsache neue Beweismittel vorgebracht werden. [2] Nach Erhebung der neuen Beweise ist von der Parteivernehmung abzusehen, wenn das Gericht die Beweisfrage für geklärt erachtet.

§ 451 Ausführung der Vernehmung. Für die Vernehmung einer Partei gelten die Vorschriften der §§ 375, 376, 395 Abs. 1, Abs. 2 Satz 1 und der §§ 396, 397, 398 entsprechend.

§ 452 Beeidigung der Partei. (1) [1]Reicht das Ergebnis der unbeeidigten Aussage einer Partei nicht aus, um das Gericht von der Wahrheit oder Unwahrheit der zu erweisenden Tatsache zu überzeugen, so kann es anordnen, dass die Partei ihre Aussage zu beeidigen habe. [2]Waren beide Parteien vernommen, so kann die Beeidigung der Aussage über dieselben Tatsachen nur von einer Partei gefordert werden.

(2) Die Eidesnorm geht dahin, dass die Partei nach bestem Wissen die reine Wahrheit gesagt und nichts verschwiegen habe.

(3) Der Gegner kann auf die Beeidigung verzichten.

(4) Die Beeidigung einer Partei, die wegen wissentlicher Verletzung der Eidespflicht rechtskräftig verurteilt ist, ist unzulässig.

§ 453 Beweiswürdigung bei Parteivernehmung. (1) Das Gericht hat die Aussage der Partei nach § 286 frei zu würdigen.

(2) Verweigert die Partei die Aussage oder den Eid, so gilt § 446 entsprechend.

§ 454 Ausbleiben der Partei. (1) Bleibt die Partei in dem zu ihrer Vernehmung oder Beeidigung bestimmten Termin aus, so entscheidet das Gericht unter Berücksichtigung aller Umstände, insbesondere auch etwaiger von der Partei für ihr Ausbleiben angegebener Gründe, nach freiem Ermessen, ob die Aussage als verweigert anzusehen ist.

(2) War der Termin zur Vernehmung oder Beeidigung der Partei vor dem Prozessgericht bestimmt, so ist im Falle ihres Ausbleibens, wenn nicht das Gericht die Anberaumung eines neuen Vernehmungstermins für geboten erachtet, zur Hauptsache zu verhandeln.

§ 455 Prozessunfähige. (1) [1]Ist eine Partei nicht prozessfähig, so ist vorbehaltlich der Vorschrift im Absatz 2 ihr gesetzlicher Vertreter zu vernehmen. [2]Sind mehrere gesetzliche Vertreter vorhanden, so gilt § 449 entsprechend.

(2) [1]Minderjährige, die das 16. Lebensjahr vollendet haben, können über Tatsachen, die in ihren eigenen Handlungen bestehen oder Gegenstand ihrer Wahrnehmung gewesen sind, vernommen und auch nach § 452 beeidigt werden, wenn das Gericht dies nach den Umständen des Falles für angemessen erachtet. [2]Das Gleiche gilt von einer prozessfähigen Person, die in dem Rechtsstreit durch einen Betreuer oder Pfleger vertreten wird.

§§ 456 bis 477 (weggefallen)

Titel 11. Abnahme von Eiden und Bekräftigungen

§ 478 Eidesleistung in Person. Der Eid muss von dem Schwurpflichtigen in Person geleistet werden.

§ 479 Eidesleistung vor beauftragtem oder ersuchtem Richter.

(1) Das Prozessgericht kann anordnen, dass der Eid vor einem seiner Mitglieder oder vor einem anderen Gericht geleistet werde, wenn der Schwurpflichtige am Erscheinen vor dem Prozessgericht verhindert ist oder sich in

großer Entfernung von dessen Sitz aufhält und die Leistung des Eides nach § 128a Abs. 2 nicht stattfindet.

(2) Der Bundespräsident leistet den Eid in seiner Wohnung vor einem Mitglied des Prozessgerichts oder vor einem anderen Gericht.

§ 480 Eidesbelehrung. Vor der Leistung des Eides hat der Richter den Schwurpflichtigen in angemessener Weise über die Bedeutung des Eides sowie darüber zu belehren, dass er den Eid mit religiöser oder ohne religiöse Beteuerung leisten kann.

§ 481 Eidesleistung; Eidesformel. (1) Der Eid mit religiöser Beteuerung wird in der Weise geleistet, dass der Richter die Eidesnorm mit der Eingangsformel:
„Sie schwören bei Gott dem Allmächtigen und Allwissenden“vorspricht und der Schwurpflichtige darauf die Worte spricht (Eidesformel):
„Ich schwöre es, so wahr mir Gott helfe.“

(2) Der Eid ohne religiöse Beteuerung wird in der Weise geleistet, dass der Richter die Eidesnorm mit der Eingangsformel:
„Sie schwören“vorspricht und der Schwurpflichtige darauf die Worte spricht (Eidesformel):
„Ich schwöre es.“

(3) Gibt der Schwurpflichtige an, dass er als Mitglied einer Religions- oder Bekenntnisgemeinschaft eine Beteuerungsformel dieser Gemeinschaft verwenden wolle, so kann er diese dem Eid anfügen.

(4) Der Schwörende soll bei der Eidesleistung die rechte Hand erheben.

(5) Sollen mehrere Personen gleichzeitig einen Eid leisten, so wird die Eidesformel von jedem Schwurpflichtigen einzeln gesprochen.

§ 482 (weggefallen)

§ 483 Eidesleistung sprach- oder hörbehinderter Personen. (1) [1] Eine hör- oder sprachbehinderte Person leistet den Eid nach ihrer Wahl mittels Nachsprechens der Eidesformel, mittels Abschreibens und Unterschreibens der Eidesformel oder mit Hilfe einer die Verständigung ermöglichenden Person, die vom Gericht hinzuzuziehen ist. [2] Das Gericht hat die geeigneten technischen Hilfsmittel bereitzustellen. [3] Die hör- oder sprachbehinderte Person ist auf ihr Wahlrecht hinzuweisen.

(2) Das Gericht kann eine schriftliche Eidesleistung verlangen oder die Hinzuziehung einer die Verständigung ermöglichenden Person anordnen, wenn die hör- oder sprachbehinderte Person von ihrem Wahlrecht nach Absatz 1 keinen Gebrauch gemacht hat oder eine Eidesleistung in der nach Absatz 1 gewählten Form nicht oder nur mit unverhältnismäßigem Aufwand möglich ist.

§ 484 Eidesgleiche Bekräftigung. (1) [1] Gibt der Schwurpflichtige an, dass er aus Glaubens- oder Gewissensgründen keinen Eid leisten wolle, so hat er eine Bekräftigung abzugeben. [2] Diese Bekräftigung steht dem Eid gleich; hierauf ist der Verpflichtete hinzuweisen.

(2) Die Bekräftigung wird in der Weise abgegeben, dass der Richter die Eidesnorm als Bekräftigungsnorm mit der Eingangsformel:
„Sie bekräftigen im Bewusstsein Ihrer Verantwortung vor Gericht"vorspricht und der Verpflichtete darauf spricht:
„Ja".

(3) § 481 Abs. 3, 5, § 483 gelten entsprechend.

Titel 12. Selbständiges Beweisverfahren

§ 485 Zulässigkeit. (1) Während oder außerhalb eines Streitverfahrens kann auf Antrag einer Partei die Einnahme des Augenscheins, die Vernehmung von Zeugen oder die Begutachtung durch einen Sachverständigen angeordnet werden, wenn der Gegner zustimmt oder zu besorgen ist, dass das Beweismittel verloren geht oder seine Benutzung erschwert wird.

(2) [1] Ist ein Rechtsstreit noch nicht anhängig, kann eine Partei die schriftliche Begutachtung durch einen Sachverständigen beantragen, wenn sie ein rechtliches Interesse daran hat, dass

1. der Zustand einer Person oder der Zustand oder Wert einer Sache,
2. die Ursache eines Personenschadens, Sachschadens oder Sachmangels,
3. der Aufwand für die Beseitigung eines Personenschadens, Sachschadens oder Sachmangels

festgestellt wird. [2] Ein rechtliches Interesse ist anzunehmen, wenn die Feststellung der Vermeidung eines Rechtsstreits dienen kann.

(3) Soweit eine Begutachtung bereits gerichtlich angeordnet worden ist, findet eine neue Begutachtung nur statt, wenn die Voraussetzungen des § 412 erfüllt sind.

§ 486 Zuständiges Gericht. (1) Ist ein Rechtsstreit anhängig, so ist der Antrag bei dem Prozessgericht zu stellen.

(2) [1] Ist ein Rechtsstreit noch nicht anhängig, so ist der Antrag bei dem Gericht zu stellen, das nach dem Vortrag des Antragstellers zur Entscheidung in der Hauptsache berufen wäre. [2] In dem nachfolgenden Streitverfahren kann sich der Antragsteller auf die Unzuständigkeit des Gerichts nicht berufen.

(3) In Fällen dringender Gefahr kann der Antrag auch bei dem Amtsgericht gestellt werden, in dessen Bezirk die zu vernehmende oder zu begutachtende Person sich aufhält oder die in Augenschein zu nehmende oder zu begutachtende Sache sich befindet.

(4) Der Antrag kann vor der Geschäftsstelle zu Protokoll erklärt werden.

§ 487 Inhalt des Antrages. Der Antrag muss enthalten:

1. die Bezeichnung des Gegners;
2. die Bezeichnung der Tatsachen, über die Beweis erhoben werden soll;
3. die Benennung der Zeugen oder die Bezeichnung der übrigen nach § 485 zulässigen Beweismittel;
4. die Glaubhaftmachung der Tatsachen, die die Zulässigkeit des selbständigen Beweisverfahrens und die Zuständigkeit des Gerichts begründen sollen.

§§ 488 und 489 (weggefallen)

§ 490 Entscheidung über den Antrag. (1) Über den Antrag entscheidet das Gericht durch Beschluss.

(2) [1] In dem Beschluss, durch welchen dem Antrag stattgegeben wird, sind die Tatsachen, über die der Beweis zu erheben ist, und die Beweismittel unter Benennung der zu vernehmenden Zeugen und Sachverständigen zu bezeichnen. [2] Der Beschluss ist nicht anfechtbar.

§ 491 Ladung des Gegners. (1) Der Gegner ist, sofern es nach den Umständen des Falles geschehen kann, unter Zustellung des Beschlusses und einer Abschrift des Antrags zu dem für die Beweisaufnahme bestimmten Termin so zeitig zu laden, dass er in diesem Termin seine Rechte wahrzunehmen vermag.

(2) Die Nichtbefolgung dieser Vorschrift steht der Beweisaufnahme nicht entgegen.

§ 492 Beweisaufnahme. (1) Die Beweisaufnahme erfolgt nach den für die Aufnahme des betreffenden Beweismittels überhaupt geltenden Vorschriften.

(2) Das Protokoll über die Beweisaufnahme ist bei dem Gericht, das sie angeordnet hat, aufzubewahren.

(3) Das Gericht kann die Parteien zur mündlichen Erörterung laden, wenn eine Einigung zu erwarten ist; ein Vergleich ist zu gerichtlichem Protokoll zu nehmen.

§ 493 Benutzung im Prozess. (1) Beruft sich eine Partei im Prozess auf Tatsachen, über die selbständig Beweis erhoben worden ist, so steht die selbständige Beweiserhebung einer Beweisaufnahme vor dem Prozessgericht gleich.

(2) War der Gegner in einem Termin im selbständigen Beweisverfahren nicht erschienen, so kann das Ergebnis nur benutzt werden, wenn der Gegner rechtzeitig geladen war.

§ 494 Unbekannter Gegner. (1) Wird von dem Beweisführer ein Gegner nicht bezeichnet, so ist der Antrag nur dann zulässig, wenn der Beweisführer glaubhaft macht, dass er ohne sein Verschulden außerstande sei, den Gegner zu bezeichnen.

(2) Wird dem Antrag stattgegeben, so kann das Gericht dem unbekannten Gegner zur Wahrnehmung seiner Rechte bei der Beweisaufnahme einen Vertreter bestellen.

§ 494a Frist zur Klageerhebung. (1) Ist ein Rechtsstreit nicht anhängig, hat das Gericht nach Beendigung der Beweiserhebung auf Antrag ohne mündliche Verhandlung anzuordnen, dass der Antragsteller binnen einer zu bestimmenden Frist Klage zu erheben hat.

(2) [1] Kommt der Antragsteller dieser Anordnung nicht nach, hat das Gericht auf Antrag durch Beschluss auszusprechen, dass er die dem Gegner entstandenen Kosten zu tragen hat. [2] Die Entscheidung unterliegt der sofortigen Beschwerde.

Abschnitt 2. Verfahren vor den Amtsgerichten

§ 495 Anzuwendende Vorschriften. *(1)*[1] Für das Verfahren vor den Amtsgerichten gelten die Vorschriften über das Verfahren vor den Landgerichten, soweit nicht aus den allgemeinen Vorschriften des Buches 1, aus den nachfolgenden besonderen Bestimmungen und aus der Verfassung der Amtsgerichte sich Abweichungen ergeben.

§ 495a Verfahren nach billigem Ermessen. [1] Das Gericht kann sein Verfahren nach billigem Ermessen bestimmen, wenn der Streitwert 600 Euro nicht übersteigt. [2] Auf Antrag muss mündlich verhandelt werden.

§ 496 Einreichung von Schriftsätzen; Erklärungen zu Protokoll.

Die Klage, die Klageerwiderung sowie sonstige Anträge und Erklärungen einer Partei, die zugestellt werden sollen, sind bei dem Gericht schriftlich einzureichen oder mündlich zum Protokoll der Geschäftsstelle anzubringen.

§ 497 Ladungen. (1) [1] Die Ladung des Klägers zu dem auf die Klage bestimmten Termin ist, sofern nicht das Gericht die Zustellung anordnet, ohne besondere Form mitzuteilen. [2] § 270 Satz 2 gilt entsprechend.

(2) [1] Die Ladung einer Partei ist nicht erforderlich, wenn der Termin der Partei bei Einreichung oder Anbringung der Klage oder des Antrages, auf Grund dessen die Terminsbestimmung stattfindet, mitgeteilt worden ist. [2] Die Mitteilung ist zu den Akten zu vermerken.

§ 498 Zustellung des Protokolls über die Klage. Ist die Klage zum Protokoll der Geschäftsstelle angebracht worden, so wird an Stelle der Klageschrift das Protokoll zugestellt.

§ 499 Belehrungen. (1) Mit der Zustellung der Klageschrift oder des Protokolls über die Klage ist der Beklagte darüber zu belehren, dass eine Vertretung durch einen Rechtsanwalt nicht vorgeschrieben ist.

(2) Mit der Aufforderung nach § 276 ist der Beklagte auch über die Folgen eines schriftlich abgegebenen Anerkenntnisses zu belehren.

§§ 499a bis 503 (weggefallen)

§ 504 Hinweis bei Unzuständigkeit des Amtsgerichts. Ist das Amtsgericht sachlich oder örtlich unzuständig, so hat es den Beklagten vor der Verhandlung zur Hauptsache darauf und auf die Folgen einer rügelosen Einlassung zur Hauptsache hinzuweisen.

§ 505 (weggefallen)

§ 506 Nachträgliche sachliche Unzuständigkeit. (1) Wird durch Widerklage oder durch Erweiterung des Klageantrages (§ 264 Nr. 2, 3) ein Anspruch erhoben, der zur Zuständigkeit der Landgerichte gehört, oder wird nach § 256 Abs. 2 die Feststellung eines Rechtsverhältnisses beantragt, für das die Land-

---

[1] Absatzzähler amtlich.

gerichte zuständig sind, so hat das Amtsgericht, sofern eine Partei vor weiterer Verhandlung zur Hauptsache darauf anträgt, durch Beschluss sich für unzuständig zu erklären und den Rechtsstreit an das Landgericht zu verweisen.

(2) Die Vorschriften des § 281 Abs. 2, Abs. 3 Satz 1 gelten entsprechend.

§§ 507 bis 509 (weggefallen)

§ 510 Erklärung über Urkunden. Wegen unterbliebener Erklärung ist eine Urkunde nur dann als anerkannt anzusehen, wenn die Partei durch das Gericht zur Erklärung über die Echtheit der Urkunde aufgefordert ist.

§ 510a Inhalt des Protokolls. Andere Erklärungen einer Partei als Geständnisse und Erklärungen über einen Antrag auf Parteivernehmung sind im Protokoll festzustellen, soweit das Gericht es für erforderlich hält.

§ 510b Urteil auf Vornahme einer Handlung. Erfolgt die Verurteilung zur Vornahme einer Handlung, so kann der Beklagte zugleich auf Antrag des Klägers für den Fall, dass die Handlung nicht binnen einer zu bestimmenden Frist vorgenommen ist, zur Zahlung einer Entschädigung verurteilt werden; das Gericht hat die Entschädigung nach freiem Ermessen festzusetzen.

§ 510c (weggefallen)

Buch 3. Rechtsmittel

Abschnitt 1. Berufung

§ 511 Statthaftigkeit der Berufung. (1) Die Berufung findet gegen die im ersten Rechtszug erlassenen Endurteile statt.

(2) Die Berufung ist nur zulässig, wenn

1. der Wert des Beschwerdegegenstandes 600 Euro[1)] übersteigt oder
2. das Gericht des ersten Rechtszuges die Berufung im Urteil zugelassen hat.

(3) Der Berufungskläger hat den Wert nach Absatz 2 Nr. 1 glaubhaft zu machen; zur Versicherung an Eides statt darf er nicht zugelassen werden.

(4) [1] Das Gericht des ersten Rechtszuges lässt die Berufung zu, wenn

1. die Rechtssache grundsätzliche Bedeutung hat oder die Fortbildung des Rechts oder die Sicherung einer einheitlichen Rechtsprechung eine Entscheidung des Berufungsgerichts erfordert und
2. die Partei durch das Urteil mit nicht mehr als 600 Euro beschwert ist.

[2] Das Berufungsgericht ist an die Zulassung gebunden.

§ 512 Vorentscheidungen im ersten Rechtszug. Der Beurteilung des Berufungsgerichts unterliegen auch diejenigen Entscheidungen, die dem Endurteil vorausgegangen sind, sofern sie nicht nach den Vorschriften dieses Gesetzes unanfechtbar oder mit der sofortigen Beschwerde anfechtbar sind.

[1)] Beachte hierzu § 9 G über das gerichtliche Verfahren in Binnenschiffahrtssachen v. 27.9.1952 (BGBl. I S. 641), zuletzt geänd. durch G v. 20.4.2013 (BGBl. I S. 831).

§ 513 Berufungsgründe. (1) Die Berufung kann nur darauf gestützt werden, dass die Entscheidung auf einer Rechtsverletzung (§ 546) beruht oder nach § 529 zugrunde zu legende Tatsachen eine andere Entscheidung rechtfertigen.

(2) Die Berufung kann nicht darauf gestützt werden, dass das Gericht des ersten Rechtszuges seine Zuständigkeit zu Unrecht angenommen hat.

§ 514 Versäumnisurteile. (1) Ein Versäumnisurteil kann von der Partei, gegen die es erlassen ist, mit der Berufung oder Anschlussberufung nicht angefochten werden.

(2) [1] Ein Versäumnisurteil, gegen das der Einspruch an sich nicht statthaft ist, unterliegt der Berufung oder Anschlussberufung insoweit, als sie darauf gestützt wird, dass der Fall der schuldhaften Versäumung nicht vorgelegen habe. [2] § 511 Abs. 2 ist nicht anzuwenden.

§ 515 Verzicht auf Berufung. Die Wirksamkeit eines Verzichts auf das Recht der Berufung ist nicht davon abhängig, dass der Gegner die Verzichtsleistung angenommen hat.

§ 516 Zurücknahme der Berufung. (1) Der Berufungskläger kann die Berufung bis zur Verkündung des Berufungsurteils zurücknehmen.

(2) [1] Die Zurücknahme ist dem Gericht gegenüber zu erklären. [2] Sie erfolgt, wenn sie nicht bei der mündlichen Verhandlung erklärt wird, durch Einreichung eines Schriftsatzes.

(3) [1] Die Zurücknahme hat den Verlust des eingelegten Rechtsmittels und die Verpflichtung zur Folge, die durch das Rechtsmittel entstandenen Kosten zu tragen. [2] Diese Wirkungen sind durch Beschluss auszusprechen.

§ 517 Berufungsfrist. Die Berufungsfrist beträgt einen Monat; sie ist eine Notfrist und beginnt mit der Zustellung des in vollständiger Form abgefassten Urteils, spätestens aber mit dem Ablauf von fünf Monaten nach der Verkündung.

§ 518 Berufungsfrist bei Urteilsergänzung. [1] Wird innerhalb der Berufungsfrist ein Urteil durch eine nachträgliche Entscheidung ergänzt (§ 321), so beginnt mit der Zustellung der nachträglichen Entscheidung der Lauf der Berufungsfrist auch für die Berufung gegen das zuerst ergangene Urteil von neuem. [2] Wird gegen beide Urteile von derselben Partei Berufung eingelegt, so sind beide Berufungen miteinander zu verbinden.

§ 519 Berufungsschrift. (1) Die Berufung wird durch Einreichung der Berufungsschrift bei dem Berufungsgericht eingelegt.

(2) Die Berufungsschrift muss enthalten:

1. die Bezeichnung des Urteils, gegen das die Berufung gerichtet wird;
2. die Erklärung, dass gegen dieses Urteil Berufung eingelegt werde.

(3) Mit der Berufungsschrift soll eine Ausfertigung oder beglaubigte Abschrift des angefochtenen Urteils vorgelegt werden.

(4) Die allgemeinen Vorschriften über die vorbereitenden Schriftsätze sind auch auf die Berufungsschrift anzuwenden.

§ 520 Berufungsbegründung. (1) Der Berufungskläger muss die Berufung begründen.

(2) [1] Die Frist für die Berufungsbegründung beträgt zwei Monate und beginnt mit der Zustellung des in vollständiger Form abgefassten Urteils, spätestens aber mit Ablauf von fünf Monaten nach der Verkündung. [2] Die Frist kann auf Antrag von dem Vorsitzenden verlängert werden, wenn der Gegner einwilligt. [3] Ohne Einwilligung kann die Frist um bis zu einem Monat verlängert werden, wenn nach freier Überzeugung des Vorsitzenden der Rechtsstreit durch die Verlängerung nicht verzögert wird oder wenn der Berufungskläger erhebliche Gründe darlegt.

(3) [1] Die Berufungsbegründung ist, sofern sie nicht bereits in der Berufungsschrift enthalten ist, in einem Schriftsatz bei dem Berufungsgericht einzureichen. [2] Die Berufungsbegründung muss enthalten:

1. die Erklärung, inwieweit das Urteil angefochten wird und welche Abänderungen des Urteils beantragt werden (Berufungsanträge);
2. die Bezeichnung der Umstände, aus denen sich die Rechtsverletzung und deren Erheblichkeit für die angefochtene Entscheidung ergibt;
3. die Bezeichnung konkreter Anhaltspunkte, die Zweifel an der Richtigkeit oder Vollständigkeit der Tatsachenfeststellungen im angefochtenen Urteil begründen und deshalb eine erneute Feststellung gebieten;
4. die Bezeichnung der neuen Angriffs- und Verteidigungsmittel sowie der Tatsachen, auf Grund derer die neuen Angriffs- und Verteidigungsmittel nach § 531 Abs. 2 zuzulassen sind.

(4) Die Berufungsbegründung soll ferner enthalten:

1. die Angabe des Wertes des nicht in einer bestimmten Geldsumme bestehenden Beschwerdegegenstandes, wenn von ihm die Zulässigkeit der Berufung abhängt;
2. eine Äußerung dazu, ob einer Entscheidung der Sache durch den Einzelrichter Gründe entgegenstehen.

(5) Die allgemeinen Vorschriften über die vorbereitenden Schriftsätze sind auch auf die Berufungsbegründung anzuwenden.

§ 521 Zustellung der Berufungsschrift und -begründung. (1) Die Berufungsschrift und die Berufungsbegründung sind der Gegenpartei zuzustellen.

(2) [1] Der Vorsitzende oder das Berufungsgericht kann der Gegenpartei eine Frist zur schriftlichen Berufungserwiderung und dem Berufungskläger eine Frist zur schriftlichen Stellungnahme auf die Berufungserwiderung setzen. [2] § 277 gilt entsprechend.

§ 522 Zulässigkeitsprüfung; Zurückweisungsbeschluss. (1) [1] Das Berufungsgericht hat von Amts wegen zu prüfen, ob die Berufung an sich statthaft und ob sie in der gesetzlichen Form und Frist eingelegt und begründet ist. [2] Mangelt es an einem dieser Erfordernisse, so ist die Berufung als unzulässig zu verwerfen. [3]Die Entscheidung kann durch Beschluss ergehen. [4]Gegen den Beschluss findet die Rechtsbeschwerde statt.

(2) [1]Das Berufungsgericht soll die Berufung durch Beschluss unverzüglich zurückweisen, wenn es einstimmig davon überzeugt ist, dass

1. die Berufung offensichtlich keine Aussicht auf Erfolg hat,
2. die Rechtssache keine grundsätzliche Bedeutung hat,
3. die Fortbildung des Rechts oder die Sicherung einer einheitlichen Rechtsprechung eine Entscheidung des Berufungsgerichts nicht erfordert und
4. eine mündliche Verhandlung nicht geboten ist.

[2]Das Berufungsgericht oder der Vorsitzende hat zuvor die Parteien auf die beabsichtigte Zurückweisung der Berufung und die Gründe hierfür hinzuweisen und dem Berufungsführer binnen einer zu bestimmenden Frist Gelegenheit zur Stellungnahme zu geben. [3]Der Beschluss nach Satz 1 ist zu begründen, soweit die Gründe für die Zurückweisung nicht bereits in dem Hinweis nach Satz 2 enthalten sind. [4]Ein anfechtbarer Beschluss hat darüber hinaus eine Bezugnahme auf die tatsächlichen Feststellungen im angefochtenen Urteil mit Darstellung etwaiger Änderungen oder Ergänzungen zu enthalten.

(3) Gegen den Beschluss nach Absatz 2 Satz 1 steht dem Berufungsführer das Rechtsmittel zu, das bei einer Entscheidung durch Urteil zulässig wäre.

§ 523 Terminsbestimmung. (1) [1]Wird die Berufung nicht nach § 522 durch Beschluss verworfen oder zurückgewiesen, so entscheidet das Berufungsgericht über die Übertragung des Rechtsstreits auf den Einzelrichter. [2]Sodann ist unverzüglich Termin zur mündlichen Verhandlung zu bestimmen.

(2) Auf die Frist, die zwischen dem Zeitpunkt der Bekanntmachung des Termins und der mündlichen Verhandlung liegen muss, ist § 274 Abs. 3 entsprechend anzuwenden.

§ 524 Anschlussberufung. (1) [1]Der Berufungsbeklagte kann sich der Berufung anschließen. [2]Die Anschließung erfolgt durch Einreichung der Berufungsanschlussschrift bei dem Berufungsgericht.

(2) [1]Die Anschließung ist auch statthaft, wenn der Berufungsbeklagte auf die Berufung verzichtet hat oder die Berufungsfrist verstrichen ist. [2]Sie ist zulässig bis zum Ablauf der dem Berufungsbeklagten gesetzten Frist zur Berufungserwiderung. [3]Diese Frist gilt nicht, wenn die Anschließung eine Verurteilung zu künftig fällig werdenden wiederkehrenden Leistungen (§ 323) zum Gegenstand hat.

(3) [1]Die Anschlussberufung muss in der Anschlussschrift begründet werden. [2]Die Vorschriften des § 519 Abs. 2, 4 und des § 520 Abs. 3 sowie des § 521 gelten entsprechend.

(4) Die Anschließung verliert ihre Wirkung, wenn die Berufung zurückgenommen, verworfen oder durch Beschluss zurückgewiesen wird.

§ 525 Allgemeine Verfahrensgrundsätze. [1]Auf das weitere Verfahren sind die im ersten Rechtszuge für das Verfahren vor den Landgerichten geltenden Vorschriften entsprechend anzuwenden, soweit sich nicht Abweichungen aus den Vorschriften dieses Abschnitts ergeben. [2]Einer Güteverhandlung bedarf es nicht.

§ 526 Entscheidender Richter. (1) Das Berufungsgericht kann durch Beschluss den Rechtsstreit einem seiner Mitglieder als Einzelrichter zur Entscheidung übertragen, wenn

1. die angefochtene Entscheidung von einem Einzelrichter erlassen wurde,
2. die Sache keine besonderen Schwierigkeiten tatsächlicher oder rechtlicher Art aufweist,
3. die Rechtssache keine grundsätzliche Bedeutung hat und
4. nicht bereits im Haupttermin zur Hauptsache verhandelt worden ist, es sei denn, dass inzwischen ein Vorbehalts-, Teil- oder Zwischenurteil ergangen ist.

(2) [1] Der Einzelrichter legt den Rechtsstreit dem Berufungsgericht zur Entscheidung über eine Übernahme vor, wenn

1. sich aus einer wesentlichen Änderung der Prozesslage besondere tatsächliche oder rechtliche Schwierigkeiten der Sache oder die grundsätzliche Bedeutung der Rechtssache ergeben oder
2. die Parteien dies übereinstimmend beantragen.

[2] Das Berufungsgericht übernimmt den Rechtsstreit, wenn die Voraussetzungen nach Satz 1 Nr. 1 vorliegen. [3] Es entscheidet hierüber nach Anhörung der Parteien durch Beschluss. [4] Eine erneute Übertragung auf den Einzelrichter ist ausgeschlossen.

(3) Auf eine erfolgte oder unterlassene Übertragung, Vorlage oder Übernahme kann ein Rechtsmittel nicht gestützt werden.

(4) In Sachen der Kammer für Handelssachen kann Einzelrichter nur der Vorsitzende sein.

§ 527 Vorbereitender Einzelrichter. (1) [1] Wird der Rechtsstreit nicht nach § 526 dem Einzelrichter übertragen, kann das Berufungsgericht die Sache einem seiner Mitglieder als Einzelrichter zur Vorbereitung der Entscheidung zuweisen. [2] In der Kammer für Handelssachen ist Einzelrichter der Vorsitzende; außerhalb der mündlichen Verhandlung bedarf es einer Zuweisung nicht.

(2) [1] Der Einzelrichter hat die Sache so weit zu fördern, dass sie in einer mündlichen Verhandlung vor dem Berufungsgericht erledigt werden kann. [2] Er kann zu diesem Zweck einzelne Beweise erheben, soweit dies zur Vereinfachung der Verhandlung vor dem Berufungsgericht wünschenswert und von vornherein anzunehmen ist, dass das Berufungsgericht das Beweisergebnis auch ohne unmittelbaren Eindruck von dem Verlauf der Beweisaufnahme sachgemäß zu würdigen vermag.

(3) Der Einzelrichter entscheidet

1. über die Verweisung nach § 100 in Verbindung mit den §§ 97 bis 99 des Gerichtsverfassungsgesetzes[1)];
2. bei Zurücknahme der Klage oder der Berufung, Verzicht auf den geltend gemachten Anspruch oder Anerkenntnis des Anspruchs;
3. bei Säumnis einer Partei oder beider Parteien;

[1)] Nr. 3.

4. über die Verpflichtung, die Prozesskosten zu tragen, sofern nicht das Berufungsgericht gleichzeitig mit der Hauptsache hierüber entscheidet;
5. über den Wert des Streitgegenstandes;
6. über Kosten, Gebühren und Auslagen.

(4) Im Einverständnis der Parteien kann der Einzelrichter auch im Übrigen entscheiden.

§ 528 Bindung an die Berufungsanträge. [1]Der Prüfung und Entscheidung des Berufungsgerichts unterliegen nur die Berufungsanträge. [2]Das Urteil des ersten Rechtszuges darf nur insoweit abgeändert werden, als eine Abänderung beantragt ist.

§ 529 Prüfungsumfang des Berufungsgerichts. (1) Das Berufungsgericht hat seiner Verhandlung und Entscheidung zugrunde zu legen:
1. die vom Gericht des ersten Rechtszuges festgestellten Tatsachen, soweit nicht konkrete Anhaltspunkte Zweifel an der Richtigkeit oder Vollständigkeit der entscheidungserheblichen Feststellungen begründen und deshalb eine erneute Feststellung gebieten;
2. neue Tatsachen, soweit deren Berücksichtigung zulässig ist.

(2) [1]Auf einen Mangel des Verfahrens, der nicht von Amts wegen zu berücksichtigen ist, wird das angefochtene Urteil nur geprüft, wenn dieser nach § 520 Abs. 3 geltend gemacht worden ist. [2]Im Übrigen ist das Berufungsgericht an die geltend gemachten Berufungsgründe nicht gebunden.

§ 530 Verspätet vorgebrachte Angriffs- und Verteidigungsmittel.

Werden Angriffs- oder Verteidigungsmittel entgegen den §§ 520 und 521 Abs. 2 nicht rechtzeitig vorgebracht, so gilt § 296 Abs. 1 und 4 entsprechend.

§ 531 Zurückgewiesene und neue Angriffs- und Verteidigungsmittel.

(1) Angriffs- und Verteidigungsmittel, die im ersten Rechtszuge zu Recht zurückgewiesen worden sind, bleiben ausgeschlossen.

(2) [1]Neue Angriffs- und Verteidigungsmittel sind nur zuzulassen, wenn sie
1. einen Gesichtspunkt betreffen, der vom Gericht des ersten Rechtszuges erkennbar übersehen oder für unerheblich gehalten worden ist,
2. infolge eines Verfahrensmangels im ersten Rechtszug nicht geltend gemacht wurden oder
3. im ersten Rechtszug nicht geltend gemacht worden sind, ohne dass dies auf einer Nachlässigkeit der Partei beruht.

[2]Das Berufungsgericht kann die Glaubhaftmachung der Tatsachen verlangen, aus denen sich die Zulässigkeit der neuen Angriffs- und Verteidigungsmittel ergibt.

§ 532 Rügen der Unzulässigkeit der Klage. [1]Verzichtbare Rügen, die die Zulässigkeit der Klage betreffen und die entgegen den §§ 520 und 521 Abs. 2 nicht rechtzeitig vorgebracht werden, sind nur zuzulassen, wenn die Partei die Verspätung genügend entschuldigt. [2]Dasselbe gilt für verzichtbare neue Rügen, die die Zulässigkeit der Klage betreffen, wenn die Partei sie im ersten Rechtszug hätte vorbringen können. [3]Der Entschuldigungsgrund ist auf Verlangen des Gerichts glaubhaft zu machen.

§ 533 Klageänderung; Aufrechnungserklärung; Widerklage. Klageänderung, Aufrechnungserklärung und Widerklage sind nur zulässig, wenn

1. der Gegner einwilligt oder das Gericht dies für sachdienlich hält und
2. diese auf Tatsachen gestützt werden können, die das Berufungsgericht seiner Verhandlung und Entscheidung über die Berufung ohnehin nach § 529 zugrunde zu legen hat.

§ 534 Verlust des Rügerechts. Die Verletzung einer das Verfahren des ersten Rechtszuges betreffenden Vorschrift kann in der Berufungsinstanz nicht mehr gerügt werden, wenn die Partei das Rügerecht bereits im ersten Rechtszuge nach der Vorschrift des § 295 verloren hat.

§ 535 Gerichtliches Geständnis. Das im ersten Rechtszuge abgelegte gerichtliche Geständnis behält seine Wirksamkeit auch für die Berufungsinstanz.

§ 536 Parteivernehmung. (1) Das Berufungsgericht darf die Vernehmung oder Beeidigung einer Partei, die im ersten Rechtszuge die Vernehmung abgelehnt oder die Aussage oder den Eid verweigert hatte, nur anordnen, wenn es der Überzeugung ist, dass die Partei zu der Ablehnung oder Weigerung genügende Gründe hatte und diese Gründe seitdem weggefallen sind.

(2) War eine Partei im ersten Rechtszuge vernommen und auf ihre Aussage beeidigt, so darf das Berufungsgericht die eidliche Vernehmung des Gegners nur anordnen, wenn die Vernehmung oder Beeidigung im ersten Rechtszuge unzulässig war.

§ 537 Vorläufige Vollstreckbarkeit. (1) [1]Ein nicht oder nicht unbedingt für vorläufig vollstreckbar erklärtes Urteil des ersten Rechtszuges ist, soweit es durch die Berufungsanträge nicht angefochten wird, auf Antrag von dem Berufungsgericht durch Beschluss für vorläufig vollstreckbar zu erklären. [2]Die Entscheidung ist erst nach Ablauf der Berufungsbegründungsfrist zulässig.

(2) Eine Anfechtung des Beschlusses findet nicht statt.

§ 538 Zurückverweisung. (1) Das Berufungsgericht hat die notwendigen Beweise zu erheben und in der Sache selbst zu entscheiden.

(2) [1]Das Berufungsgericht darf die Sache, soweit ihre weitere Verhandlung erforderlich ist, unter Aufhebung des Urteils und des Verfahrens an das Gericht des ersten Rechtszuges nur zurückverweisen,

1. soweit das Verfahren im ersten Rechtszuge an einem wesentlichen Mangel leidet und auf Grund dieses Mangels eine umfangreiche oder aufwändige Beweisaufnahme notwendig ist,
2. wenn durch das angefochtene Urteil ein Einspruch als unzulässig verworfen ist,
3. wenn durch das angefochtene Urteil nur über die Zulässigkeit der Klage entschieden ist,

4. wenn im Falle eines nach Grund und Betrag streitigen Anspruchs durch das angefochtene Urteil über den Grund des Anspruchs vorab entschieden oder die Klage abgewiesen ist, es sei denn, dass der Streit über den Betrag des Anspruchs zur Entscheidung reif ist,
5. wenn das angefochtene Urteil im Urkunden- oder Wechselprozess unter Vorbehalt der Rechte erlassen ist,
6. wenn das angefochtene Urteil ein Versäumnisurteil ist oder
7. wenn das angefochtene Urteil ein entgegen den Voraussetzungen des § 301 erlassenes Teilurteil ist

und eine Partei die Zurückverweisung beantragt. [2] Im Fall der Nummer 3 hat das Berufungsgericht sämtliche Rügen zu erledigen. [3] Im Fall der Nummer 7 bedarf es eines Antrags nicht.

§ 539 Versäumnisverfahren. (1) Erscheint der Berufungskläger im Termin zur mündlichen Verhandlung nicht, so ist seine Berufung auf Antrag durch Versäumnisurteil zurückzuweisen.

(2) [1] Erscheint der Berufungsbeklagte nicht und beantragt der Berufungskläger gegen ihn das Versäumnisurteil, so ist das zulässige tatsächliche Vorbringen des Berufungsklägers als zugestanden anzunehmen. [2] Soweit es den Berufungsantrag rechtfertigt, ist nach dem Antrag zu erkennen; soweit dies nicht der Fall ist, ist die Berufung zurückzuweisen.

(3) Im Übrigen gelten die Vorschriften über das Versäumnisverfahren im ersten Rechtszug sinngemäß.

§ 540 Inhalt des Berufungsurteils. (1) [1] Anstelle von Tatbestand und Entscheidungsgründen enthält das Urteil

1. die Bezugnahme auf die tatsächlichen Feststellungen im angefochtenen Urteil mit Darstellung etwaiger Änderungen oder Ergänzungen,
2. eine kurze Begründung für die Abänderung, Aufhebung oder Bestätigung der angefochtenen Entscheidung.

[2] Wird das Urteil in dem Termin, in dem die mündliche Verhandlung geschlossen worden ist, verkündet, so können die nach Satz 1 erforderlichen Darlegungen auch in das Protokoll aufgenommen werden.

(2) Die §§ 313a, 313b gelten entsprechend.

§ 541 Prozessakten. (1) [1] Die Geschäftsstelle des Berufungsgerichts hat, nachdem die Berufungsschrift eingereicht ist, unverzüglich von der Geschäftsstelle des Gerichts des ersten Rechtszuges die Prozessakten einzufordern. [2] Die Akten sind unverzüglich an das Berufungsgericht zu übersenden.

(2) Nach Erledigung der Berufung sind die Akten der Geschäftsstelle des Gerichts des ersten Rechtszuges nebst einer beglaubigten Abschrift der in der Berufungsinstanz ergangenen Entscheidung zurückzusenden.

Abschnitt 2. Revision

§ 542 Statthaftigkeit der Revision. (1) Die Revision findet gegen die in der Berufungsinstanz erlassenen Endurteile nach Maßgabe der folgenden Vorschriften statt.

(2) [1] Gegen Urteile, durch die über die Anordnung, Abänderung oder Aufhebung eines Arrestes oder einer einstweiligen Verfügung entschieden worden ist, findet die Revision nicht statt. [2] Dasselbe gilt für Urteile über die vorzeitige Besitzeinweisung im Enteignungsverfahren oder im Umlegungsverfahren.

§ 543 Zulassungsrevision. (1) Die Revision findet nur statt, wenn sie

1. das Berufungsgericht in dem Urteil oder
2. das Revisionsgericht auf Beschwerde gegen die Nichtzulassung

zugelassen hat.

(2) [1] Die Revision ist zuzulassen, wenn

1. die Rechtssache grundsätzliche Bedeutung hat oder
2. die Fortbildung des Rechts oder die Sicherung einer einheitlichen Rechtsprechung eine Entscheidung des Revisionsgerichts erfordert.

[2] Das Revisionsgericht ist an die Zulassung durch das Berufungsgericht gebunden.

§ 544 Nichtzulassungsbeschwerde. (1) Die Nichtzulassung der Revision durch das Berufungsgericht unterliegt der Beschwerde (Nichtzulassungsbeschwerde).

(2) Die Nichtzulassungsbeschwerde ist nur zulässig, wenn

1. der Wert der mit der Revision geltend zu machenden Beschwer 20 000 Euro übersteigt oder
2. das Berufungsgericht die Berufung als unzulässig verworfen hat.

(3) [1] Die Nichtzulassungsbeschwerde ist innerhalb einer Notfrist von einem Monat nach Zustellung des in vollständiger Form abgefassten Urteils, spätestens aber bis zum Ablauf von sechs Monaten nach der Verkündung des Urteils bei dem Revisionsgericht einzulegen. [2] Mit der Beschwerdeschrift soll eine Ausfertigung oder beglaubigte Abschrift des Urteils, gegen das die Revision eingelegt werden soll, vorgelegt werden.

(4) [1] Die Beschwerde ist innerhalb von zwei Monaten nach Zustellung des in vollständiger Form abgefassten Urteils, spätestens aber bis zum Ablauf von sieben Monaten nach der Verkündung des Urteils zu begründen. [2] § 551 Abs. 2 Satz 5 und 6 gilt entsprechend. [3] In der Begründung müssen die Zulassungsgründe (§ 543 Abs. 2) dargelegt werden.

(5) Das Revisionsgericht gibt dem Gegner des Beschwerdeführers Gelegenheit zur Stellungnahme.

(6) [1] Das Revisionsgericht entscheidet über die Beschwerde durch Beschluss. [2] Der Beschluss soll kurz begründet werden; von einer Begründung kann abgesehen werden, wenn sie nicht geeignet wäre, zur Klärung der Voraussetzungen beizutragen, unter denen eine Revision zuzulassen ist, oder wenn der Beschwerde stattgegeben wird. [3] Die Entscheidung über die Beschwerde ist den Parteien zuzustellen.

(7) [1] Die Einlegung der Beschwerde hemmt die Rechtskraft des Urteils. [2] § 719 Abs. 2 und 3 ist entsprechend anzuwenden. [3] Mit der Ablehnung der Beschwerde durch das Revisionsgericht wird das Urteil rechtskräftig.

(8) [1] Wird der Beschwerde gegen die Nichtzulassung der Revision stattgegeben, so wird das Beschwerdeverfahren als Revisionsverfahren fortgesetzt. [2] In diesem Fall gilt die form- und fristgerechte Einlegung der Nichtzulassungsbeschwerde als Einlegung der Revision. [3] Mit der Zustellung der Entscheidung beginnt die Revisionsbegründungsfrist.

(9) Hat das Berufungsgericht den Anspruch des Beschwerdeführers auf rechtliches Gehör in entscheidungserheblicher Weise verletzt, so kann das Revisionsgericht abweichend von Absatz 8 in dem der Beschwerde stattgebenden Beschluss das angefochtene Urteil aufheben und den Rechtsstreit zur neuen Verhandlung und Entscheidung an das Berufungsgericht zurückverweisen.

§ 545 Revisionsgründe. (1) Die Revision kann nur darauf gestützt werden, dass die Entscheidung auf einer Verletzung des Rechts beruht.

(2) Die Revision kann nicht darauf gestützt werden, dass das Gericht des ersten Rechtszuges seine Zuständigkeit zu Unrecht angenommen oder verneint hat.

§ 546 Begriff der Rechtsverletzung. Das Recht ist verletzt, wenn eine Rechtsnorm nicht oder nicht richtig angewendet worden ist.

§ 547 Absolute Revisionsgründe. Eine Entscheidung ist stets als auf einer Verletzung des Rechts beruhend anzusehen,

1. wenn das erkennende Gericht nicht vorschriftsmäßig besetzt war;
2. wenn bei der Entscheidung ein Richter mitgewirkt hat, der von der Ausübung des Richteramts kraft Gesetzes ausgeschlossen war, sofern nicht dieses Hindernis mittels eines Ablehnungsgesuchs ohne Erfolg geltend gemacht ist;
3. wenn bei der Entscheidung ein Richter mitgewirkt hat, obgleich er wegen Besorgnis der Befangenheit abgelehnt und das Ablehnungsgesuch für begründet erklärt war;
4. wenn eine Partei in dem Verfahren nicht nach Vorschrift der Gesetze vertreten war, sofern sie nicht die Prozessführung ausdrücklich oder stillschweigend genehmigt hat;
5. wenn die Entscheidung auf Grund einer mündlichen Verhandlung ergangen ist, bei der die Vorschriften über die Öffentlichkeit des Verfahrens verletzt sind;
6. wenn die Entscheidung entgegen den Bestimmungen dieses Gesetzes nicht mit Gründen versehen ist.

§ 548 Revisionsfrist. Die Frist für die Einlegung der Revision (Revisionsfrist) beträgt einen Monat; sie ist eine Notfrist und beginnt mit der Zustellung des in vollständiger Form abgefassten Berufungsurteils, spätestens aber mit dem Ablauf von fünf Monaten nach der Verkündung.

§ 549 Revisionseinlegung. (1) [1] Die Revision wird durch Einreichung der Revisionsschrift bei dem Revisionsgericht eingelegt. [2] Die Revisionsschrift muss enthalten:

1. die Bezeichnung des Urteils, gegen das die Revision gerichtet wird;

2. die Erklärung, dass gegen dieses Urteil Revision eingelegt werde.

[3] § 544 Absatz 8 Satz 2 bleibt unberührt.

(2) Die allgemeinen Vorschriften über die vorbereitenden Schriftsätze sind auch auf die Revisionsschrift anzuwenden.

§ 550 Zustellung der Revisionsschrift. (1) Mit der Revisionsschrift soll eine Ausfertigung oder beglaubigte Abschrift des angefochtenen Urteils vorgelegt werden, soweit dies nicht bereits nach § 544 Absatz 3 Satz 2 geschehen ist.

(2) Die Revisionsschrift ist der Gegenpartei zuzustellen.

§ 551 Revisionsbegründung. (1) Der Revisionskläger muss die Revision begründen.

(2) [1] Die Revisionsbegründung ist, sofern sie nicht bereits in der Revisionsschrift enthalten ist, in einem Schriftsatz bei dem Revisionsgericht einzureichen. [2] Die Frist für die Revisionsbegründung beträgt zwei Monate. [3] Sie beginnt mit der Zustellung des in vollständiger Form abgefassten Urteils, spätestens aber mit Ablauf von fünf Monaten nach der Verkündung. [4] § 544 Absatz 8 Satz 3 bleibt unberührt. [5] Die Frist kann auf Antrag von dem Vorsitzenden verlängert werden, wenn der Gegner einwilligt. [6] Ohne Einwilligung kann die Frist um bis zu zwei Monate verlängert werden, wenn nach freier Überzeugung des Vorsitzenden der Rechtsstreit durch die Verlängerung nicht verzögert wird oder wenn der Revisionskläger erhebliche Gründe darlegt; kann dem Revisionskläger innerhalb dieser Frist Einsicht in die Prozessakten nicht für einen angemessenen Zeitraum gewährt werden, kann der Vorsitzende auf Antrag die Frist um bis zu zwei Monate nach Übersendung der Prozessakten verlängern.

(3) [1] Die Revisionsbegründung muss enthalten:

1. die Erklärung, inwieweit das Urteil angefochten und dessen Aufhebung beantragt werde (Revisionsanträge);
2. die Angabe der Revisionsgründe, und zwar:
   a) die bestimmte Bezeichnung der Umstände, aus denen sich die Rechtsverletzung ergibt;
   b) soweit die Revision darauf gestützt wird, dass das Gesetz in Bezug auf das Verfahren verletzt sei, die Bezeichnung der Tatsachen, die den Mangel ergeben.

[2] Ist die Revision auf Grund einer Nichtzulassungsbeschwerde zugelassen worden, kann zur Begründung der Revision auf die Begründung der Nichtzulassungsbeschwerde Bezug genommen werden.

(4) § 549 Abs. 2 und § 550 Abs. 2 sind auf die Revisionsbegründung entsprechend anzuwenden.

§ 552 Zulässigkeitsprüfung. (1) [1] Das Revisionsgericht hat von Amts wegen zu prüfen, ob die Revision an sich statthaft und ob sie in der gesetzlichen Form und Frist eingelegt und begründet ist. [2] Mangelt es an einem dieser Erfordernisse, so ist die Revision als unzulässig zu verwerfen.

(2) Die Entscheidung kann durch Beschluss ergehen.

§ 552a Zurückweisungsbeschluss. [1]Das Revisionsgericht weist die von dem Berufungsgericht zugelassene Revision durch einstimmigen Beschluss zurück, wenn es davon überzeugt ist, dass die Voraussetzungen für die Zulassung der Revision nicht vorliegen und die Revision keine Aussicht auf Erfolg hat. [2]§ 522 Abs. 2 Satz 2 und 3 gilt entsprechend.

§ 553 Terminsbestimmung; Einlassungsfrist. (1) Wird die Revision nicht durch Beschluss als unzulässig verworfen oder gemäß § 552a zurückgewiesen, so ist Termin zur mündlichen Verhandlung zu bestimmen und den Parteien bekannt zu machen.

(2) Auf die Frist, die zwischen dem Zeitpunkt der Bekanntmachung des Termins und der mündlichen Verhandlung liegen muss, ist § 274 Abs. 3 entsprechend anzuwenden.

§ 554 Anschlussrevision. (1) [1]Der Revisionsbeklagte kann sich der Revision anschließen. [2]Die Anschließung erfolgt durch Einreichung der Revisionsanschlussschrift bei dem Revisionsgericht.

(2) [1]Die Anschließung ist auch statthaft, wenn der Revisionsbeklagte auf die Revision verzichtet hat, die Revisionsfrist verstrichen oder die Revision nicht zugelassen worden ist. [2]Die Anschließung ist bis zum Ablauf eines Monats nach der Zustellung der Revisionsbegründung zu erklären.

(3) [1]Die Anschlussrevision muss in der Anschlussschrift begründet werden. [2]§ 549 Abs. 1 Satz 2 und Abs. 2 und die §§ 550 und 551 Abs. 3 gelten entsprechend.

(4) Die Anschließung verliert ihre Wirkung, wenn die Revision zurückgenommen, verworfen oder durch Beschluss zurückgewiesen wird.

§ 555 Allgemeine Verfahrensgrundsätze. (1) [1]Auf das weitere Verfahren sind, soweit sich nicht Abweichungen aus den Vorschriften dieses Abschnitts ergeben, die im ersten Rechtszuge für das Verfahren vor den Landgerichten geltenden Vorschriften entsprechend anzuwenden. [2]Einer Güteverhandlung bedarf es nicht.

(2) Die Vorschriften der §§ 348 bis 350 sind nicht anzuwenden.

(3) Ein Anerkenntnisurteil ergeht nur auf gesonderten Antrag des Klägers.

§ 556 Verlust des Rügerechts. Die Verletzung einer das Verfahren der Berufungsinstanz betreffenden Vorschrift kann in der Revisionsinstanz nicht mehr gerügt werden, wenn die Partei das Rügerecht bereits in der Berufungsinstanz nach der Vorschrift des § 295 verloren hat.

§ 557 Umfang der Revisionsprüfung. (1) Der Prüfung des Revisionsgerichts unterliegen nur die von den Parteien gestellten Anträge.

(2) Der Beurteilung des Revisionsgerichts unterliegen auch diejenigen Entscheidungen, die dem Endurteil vorausgegangen sind, sofern sie nicht nach den Vorschriften dieses Gesetzes unanfechtbar sind.

(3) [1]Das Revisionsgericht ist an die geltend gemachten Revisionsgründe nicht gebunden. [2]Auf Verfahrensmängel, die nicht von Amts wegen zu berücksichtigen sind, darf das angefochtene Urteil nur geprüft werden, wenn die Mängel nach den §§ 551 und 554 Abs. 3 gerügt worden sind.

§ 558 Vorläufige Vollstreckbarkeit. [1]Ein nicht oder nicht unbedingt für vorläufig vollstreckbar erklärtes Urteil des Berufungsgerichts ist, soweit es durch die Revisionsanträge nicht angefochten wird, auf Antrag von dem Revisionsgericht durch Beschluss für vorläufig vollstreckbar zu erklären. [2]Die Entscheidung ist erst nach Ablauf der Revisionsbegründungsfrist zulässig.

§ 559 Beschränkte Nachprüfung tatsächlicher Feststellungen.

(1) [1]Der Beurteilung des Revisionsgerichts unterliegt nur dasjenige Parteivorbringen, das aus dem Berufungsurteil oder dem Sitzungsprotokoll ersichtlich ist. [2]Außerdem können nur die im § 551 Abs. 3 Nr. 2 Buchstabe b erwähnten Tatsachen berücksichtigt werden.

(2) Hat das Berufungsgericht festgestellt, dass eine tatsächliche Behauptung wahr oder nicht wahr sei, so ist diese Feststellung für das Revisionsgericht bindend, es sei denn, dass in Bezug auf die Feststellung ein zulässiger und begründeter Revisionsangriff erhoben ist.

§ 560 Nicht revisible Gesetze. Die Entscheidung des Berufungsgerichts über das Bestehen und den Inhalt von Gesetzen, auf deren Verletzung die Revision nach § 545 nicht gestützt werden kann, ist für die auf die Revision ergehende Entscheidung maßgebend.

§ 561 Revisionszurückweisung. Ergibt die Begründung des Berufungsurteils zwar eine Rechtsverletzung, stellt die Entscheidung selbst aber aus anderen Gründen sich als richtig dar, so ist die Revision zurückzuweisen.

§ 562 Aufhebung des angefochtenen Urteils. (1) Insoweit die Revision für begründet erachtet wird, ist das angefochtene Urteil aufzuheben.

(2) Wird das Urteil wegen eines Mangels des Verfahrens aufgehoben, so ist zugleich das Verfahren insoweit aufzuheben, als es durch den Mangel betroffen wird.

§ 563 Zurückverweisung; eigene Sachentscheidung. (1) [1]Im Falle der Aufhebung des Urteils ist die Sache zur neuen Verhandlung und Entscheidung an das Berufungsgericht zurückzuverweisen. [2]Die Zurückverweisung kann an einen anderen Spruchkörper des Berufungsgerichts erfolgen.

(2) Das Berufungsgericht hat die rechtliche Beurteilung, die der Aufhebung zugrunde gelegt ist, auch seiner Entscheidung zugrunde zu legen.

(3) Das Revisionsgericht hat jedoch in der Sache selbst zu entscheiden, wenn die Aufhebung des Urteils nur wegen Rechtsverletzung bei Anwendung des Gesetzes auf das festgestellte Sachverhältnis erfolgt und nach letzterem die Sache zur Endentscheidung reif ist.

(4) Kommt im Fall des Absatzes 3 für die in der Sache selbst zu erlassende Entscheidung die Anwendbarkeit von Gesetzen, auf deren Verletzung die Revision nach § 545 nicht gestützt werden kann, in Frage, so kann die Sache zur Verhandlung und Entscheidung an das Berufungsgericht zurückverwiesen werden.

§ 564 Keine Begründung der Entscheidung bei Rügen von Verfahrensmängeln. [1]Die Entscheidung braucht nicht begründet zu werden, soweit das Revisionsgericht Rügen von Verfahrensmängeln nicht für durchgreifend erachtet. [2]Dies gilt nicht für Rügen nach § 547.

§ 565 Anzuwendende Vorschriften des Berufungsverfahrens. [1]Die für die Berufung geltenden Vorschriften über die Anfechtbarkeit der Versäumnisurteile, über die Verzichtsleistung auf das Rechtsmittel und seine Zurücknahme, über die Rügen der Unzulässigkeit der Klage und über die Einforderung, Übersendung und Zurücksendung der Prozessakten sind auf die Revision entsprechend anzuwenden. [2]Die Revision kann ohne Einwilligung des Revisionsbeklagten nur bis zum Beginn der mündlichen Verhandlung des Revisionsbeklagten zur Hauptsache zurückgenommen werden.

§ 566 Sprungrevision. (1) [1]Gegen die im ersten Rechtszug erlassenen Endurteile, die ohne Zulassung der Berufung unterliegen, findet auf Antrag unter Übergehung der Berufungsinstanz unmittelbar die Revision (Sprungrevision) statt, wenn

1. der Gegner in die Übergehung der Berufungsinstanz einwilligt und
2. das Revisionsgericht die Sprungrevision zulässt.

[2]Der Antrag auf Zulassung der Sprungrevision sowie die Erklärung der Einwilligung gelten als Verzicht auf das Rechtsmittel der Berufung.

(2) [1]Die Zulassung ist durch Einreichung eines Schriftsatzes (Zulassungsschrift) bei dem Revisionsgericht zu beantragen. [2]Die §§ 548 bis 550 gelten entsprechend. [3]In dem Antrag müssen die Voraussetzungen für die Zulassung der Sprungrevision (Absatz 4) dargelegt werden. [4]Die schriftliche Erklärung der Einwilligung des Antragsgegners ist dem Zulassungsantrag beizufügen; sie kann auch von dem Prozessbevollmächtigten des ersten Rechtszuges oder, wenn der Rechtsstreit im ersten Rechtszug nicht als Anwaltsprozess zu führen gewesen ist, zu Protokoll der Geschäftsstelle abgegeben werden.

(3) [1]Der Antrag auf Zulassung der Sprungrevision hemmt die Rechtskraft des Urteils. [2]§ 719 Abs. 2 und 3 ist entsprechend anzuwenden. [3]Die Geschäftsstelle des Revisionsgerichts hat, nachdem der Antrag eingereicht ist, unverzüglich von der Geschäftsstelle des Gerichts des ersten Rechtszuges die Prozessakten einzufordern.

(4) [1]Die Sprungrevision ist nur zuzulassen, wenn

1. die Rechtssache grundsätzliche Bedeutung hat oder
2. die Fortbildung des Rechts oder die Sicherung einer einheitlichen Rechtsprechung eine Entscheidung des Revisionsgerichts erfordert.

[2]Die Sprungrevision kann nicht auf einen Mangel des Verfahrens gestützt werden.

(5) [1]Das Revisionsgericht entscheidet über den Antrag auf Zulassung der Sprungrevision durch Beschluss. [2]Der Beschluss ist den Parteien zuzustellen.

(6) Wird der Antrag auf Zulassung der Revision abgelehnt, so wird das Urteil rechtskräftig.

(7) [1]Wird die Revision zugelassen, so wird das Verfahren als Revisionsverfahren fortgesetzt. [2]In diesem Fall gilt der form- und fristgerechte Antrag auf Zulassung als Einlegung der Revision. [3]Mit der Zustellung der Entscheidung beginnt die Revisionsbegründungsfrist.

(8) [1] Das weitere Verfahren bestimmt sich nach den für die Revision geltenden Bestimmungen. [2] § 563 ist mit der Maßgabe anzuwenden, dass die Zurückverweisung an das erstinstanzliche Gericht erfolgt. [3] Wird gegen die nachfolgende Entscheidung des erstinstanzlichen Gerichts Berufung eingelegt, so hat das Berufungsgericht die rechtliche Beurteilung, die der Aufhebung durch das Revisionsgericht zugrunde gelegt ist, auch seiner Entscheidung zugrunde zu legen.

Abschnitt 3. Beschwerde

Titel 1. Sofortige Beschwerde

§ 567 Sofortige Beschwerde; Anschlussbeschwerde. (1) Die sofortige Beschwerde findet statt gegen die im ersten Rechtszug ergangenen Entscheidungen der Amtsgerichte und Landgerichte, wenn

1. dies im Gesetz ausdrücklich bestimmt ist oder
2. es sich um solche eine mündliche Verhandlung nicht erfordernde Entscheidungen handelt, durch die ein das Verfahren betreffendes Gesuch zurückgewiesen worden ist.

(2) Gegen Entscheidungen über Kosten ist die Beschwerde nur zulässig, wenn der Wert des Beschwerdegegenstands 200 Euro übersteigt.

(3) [1] Der Beschwerdegegner kann sich der Beschwerde anschließen, selbst wenn er auf die Beschwerde verzichtet hat oder die Beschwerdefrist verstrichen ist. [2] Die Anschließung verliert ihre Wirkung, wenn die Beschwerde zurückgenommen oder als unzulässig verworfen wird.

§ 568 Originärer Einzelrichter. [1] Das Beschwerdegericht entscheidet durch eines seiner Mitglieder als Einzelrichter, wenn die angefochtene Entscheidung von einem Einzelrichter oder einem Rechtspfleger erlassen wurde. [2] Der Einzelrichter überträgt das Verfahren dem Beschwerdegericht zur Entscheidung in der im Gerichtsverfassungsgesetz[1)] vorgeschriebenen Besetzung, wenn

1. die Sache besondere Schwierigkeiten tatsächlicher oder rechtlicher Art aufweist oder
2. die Rechtssache grundsätzliche Bedeutung hat.

[3] Auf eine erfolgte oder unterlassene Übertragung kann ein Rechtsmittel nicht gestützt werden.

§ 569 Frist und Form. (1) [1] Die sofortige Beschwerde ist, soweit keine andere Frist bestimmt ist, binnen einer Notfrist von zwei Wochen bei dem Gericht, dessen Entscheidung angefochten wird, oder bei dem Beschwerdegericht einzulegen. [2] Die Notfrist beginnt, soweit nichts anderes bestimmt ist, mit der Zustellung der Entscheidung, spätestens mit dem Ablauf von fünf Monaten nach der Verkündung des Beschlusses. [3] Liegen die Erfordernisse der Nichtigkeits- oder der Restitutionsklage vor, so kann die Beschwerde auch nach Ablauf der Notfrist innerhalb der für diese Klagen geltenden Notfristen erhoben werden.

[1)] Auszugsweise abgedruckt unter Nr. **3**.

(2) [1]Die Beschwerde wird durch Einreichung einer Beschwerdeschrift eingelegt. [2]Die Beschwerdeschrift muss die Bezeichnung der angefochtenen Entscheidung sowie die Erklärung enthalten, dass Beschwerde gegen diese Entscheidung eingelegt werde.

(3) Die Beschwerde kann auch durch Erklärung zu Protokoll der Geschäftsstelle eingelegt werden, wenn

1. der Rechtsstreit im ersten Rechtszug nicht als Anwaltsprozess zu führen ist oder war,
2. die Beschwerde die Prozesskostenhilfe betrifft oder
3. sie von einem Zeugen, Sachverständigen oder Dritten im Sinne der §§ 142, 144 erhoben wird.

§ 570 Aufschiebende Wirkung; einstweilige Anordnungen. (1) Die Beschwerde hat nur dann aufschiebende Wirkung, wenn sie die Festsetzung eines Ordnungs- oder Zwangsmittels zum Gegenstand hat.

(2) Das Gericht oder der Vorsitzende, dessen Entscheidung angefochten wird, kann die Vollziehung der Entscheidung aussetzen.

(3) Das Beschwerdegericht kann vor der Entscheidung eine einstweilige Anordnung erlassen; es kann insbesondere die Vollziehung der angefochtenen Entscheidung aussetzen.

§ 571 Begründung, Präklusion, Ausnahmen vom Anwaltszwang.

(1) Die Beschwerde soll begründet werden.

(2) [1]Die Beschwerde kann auf neue Angriffs- und Verteidigungsmittel gestützt werden. [2]Sie kann nicht darauf gestützt werden, dass das Gericht des ersten Rechtszuges seine Zuständigkeit zu Unrecht angenommen hat.

(3) [1]Der Vorsitzende oder das Beschwerdegericht kann für das Vorbringen von Angriffs- und Verteidigungsmitteln eine Frist setzen. [2]Werden Angriffs- und Verteidigungsmittel nicht innerhalb der Frist vorgebracht, so sind sie nur zuzulassen, wenn nach der freien Überzeugung des Gerichts ihre Zulassung die Erledigung des Verfahrens nicht verzögern würde oder wenn die Partei die Verspätung genügend entschuldigt. [3]Der Entschuldigungsgrund ist auf Verlangen des Gerichts glaubhaft zu machen.

(4) Ordnet das Gericht eine schriftliche Erklärung an, so kann diese zu Protokoll der Geschäftsstelle abgegeben werden, wenn die Beschwerde zu Protokoll der Geschäftsstelle eingelegt werden darf (§ 569 Abs. 3).

§ 572 Gang des Beschwerdeverfahrens. (1) [1]Erachtet das Gericht oder der Vorsitzende, dessen Entscheidung angefochten wird, die Beschwerde für begründet, so haben sie ihr abzuhelfen; andernfalls ist die Beschwerde unverzüglich dem Beschwerdegericht vorzulegen. [2]§ 318 bleibt unberührt.

(2) [1]Das Beschwerdegericht hat von Amts wegen zu prüfen, ob die Beschwerde an sich statthaft und ob sie in der gesetzlichen Form und Frist eingelegt ist. [2]Mangelt es an einem dieser Erfordernisse, so ist die Beschwerde als unzulässig zu verwerfen.

(3) Erachtet das Beschwerdegericht die Beschwerde für begründet, so kann es dem Gericht oder Vorsitzenden, von dem die beschwerende Entscheidung erlassen war, die erforderliche Anordnung übertragen.

(4) Die Entscheidung über die Beschwerde ergeht durch Beschluss.

§ 573 Erinnerung. (1) [1] Gegen die Entscheidungen des beauftragten oder ersuchten Richters oder des Urkundsbeamten der Geschäftsstelle kann binnen einer Notfrist von zwei Wochen die Entscheidung des Gerichts beantragt werden (Erinnerung). [2] Die Erinnerung ist schriftlich oder zu Protokoll der Geschäftsstelle einzulegen. [3] § 569 Abs. 1 Satz 1 und 2, Abs. 2 und die §§ 570 und 572 gelten entsprechend.

(2) Gegen die im ersten Rechtszug ergangene Entscheidung des Gerichts über die Erinnerung findet die sofortige Beschwerde statt.

(3) Die Vorschrift des Absatzes 1 gilt auch für die Oberlandesgerichte und den Bundesgerichtshof.

Titel 2. Rechtsbeschwerde

§ 574 Rechtsbeschwerde; Anschlussrechtsbeschwerde. (1) [1] Gegen einen Beschluss ist die Rechtsbeschwerde statthaft, wenn

1. dies im Gesetz ausdrücklich bestimmt ist oder
2. das Beschwerdegericht, das Berufungsgericht oder das Oberlandesgericht im ersten Rechtszug sie in dem Beschluss zugelassen hat.

[2] § 542 Abs. 2 gilt entsprechend.

(2) In den Fällen des Absatzes 1 Nr. 1 ist die Rechtsbeschwerde nur zulässig, wenn

1. die Rechtssache grundsätzliche Bedeutung hat oder
2. die Fortbildung des Rechts oder die Sicherung einer einheitlichen Rechtsprechung eine Entscheidung des Rechtsbeschwerdegerichts erfordert.

(3) [1] In den Fällen des Absatzes 1 Nr. 2 ist die Rechtsbeschwerde zuzulassen, wenn die Voraussetzungen des Absatzes 2 vorliegen. [2] Das Rechtsbeschwerdegericht ist an die Zulassung gebunden.

(4) [1] Der Rechtsbeschwerdegegner kann sich bis zum Ablauf einer Notfrist von einem Monat nach der Zustellung der Begründungsschrift der Rechtsbeschwerde durch Einreichen der Rechtsbeschwerdeanschlussschrift beim Rechtsbeschwerdegericht anschließen, auch wenn er auf die Rechtsbeschwerde verzichtet hat, die Rechtsbeschwerdefrist verstrichen oder die Rechtsbeschwerde nicht zugelassen worden ist. [2] Die Anschlussbeschwerde ist in der Anschlussschrift zu begründen. [3] Die Anschließung verliert ihre Wirkung, wenn die Rechtsbeschwerde zurückgenommen oder als unzulässig verworfen wird.

§ 575 Frist, Form und Begründung der Rechtsbeschwerde. (1) [1] Die Rechtsbeschwerde ist binnen einer Notfrist von einem Monat nach Zustellung des Beschlusses durch Einreichen einer Beschwerdeschrift bei dem Rechtsbeschwerdegericht einzulegen. [2] Die Rechtsbeschwerdeschrift muss enthalten:

1. die Bezeichnung der Entscheidung, gegen die die Rechtsbeschwerde gerichtet wird und

2. die Erklärung, dass gegen diese Entscheidung Rechtsbeschwerde eingelegt werde.

[3]Mit der Rechtsbeschwerdeschrift soll eine Ausfertigung oder beglaubigte Abschrift der angefochtenen Entscheidung vorgelegt werden.

(2) [1]Die Rechtsbeschwerde ist, sofern die Beschwerdeschrift keine Begründung enthält, binnen einer Frist von einem Monat zu begründen. [2]Die Frist beginnt mit der Zustellung der angefochtenen Entscheidung. [3]§ 551 Abs. 2 Satz 5 und 6 gilt entsprechend.

(3) Die Begründung der Rechtsbeschwerde muss enthalten:

1. die Erklärung, inwieweit die Entscheidung des Beschwerdegerichts oder des Berufungsgerichts angefochten und deren Aufhebung beantragt werde (Rechtsbeschwerdeanträge),
2. in den Fällen des § 574 Abs. 1 Nr. 1 eine Darlegung zu den Zulässigkeitsvoraussetzungen des § 574 Abs. 2,
3. die Angabe der Rechtsbeschwerdegründe, und zwar
   a) die bestimmte Bezeichnung der Umstände, aus denen sich die Rechtsverletzung ergibt;
   b) soweit die Rechtsbeschwerde darauf gestützt wird, dass das Gesetz in Bezug auf das Verfahren verletzt sei, die Bezeichnung der Tatsachen, die den Mangel ergeben.

(4) [1]Die allgemeinen Vorschriften über die vorbereitenden Schriftsätze sind auch auf die Beschwerde- und die Begründungsschrift anzuwenden. [2]Die Beschwerde- und die Begründungsschrift sind der Gegenpartei zuzustellen.

(5) Die §§ 541 und 570 Abs. 1, 3 gelten entsprechend.

§ 576 Gründe der Rechtsbeschwerde. (1) Die Rechtsbeschwerde kann nur darauf gestützt werden, dass die Entscheidung auf der Verletzung des Bundesrechts oder einer Vorschrift beruht, deren Geltungsbereich sich über den Bezirk eines Oberlandesgerichts hinaus erstreckt.

(2) Die Rechtsbeschwerde kann nicht darauf gestützt werden, dass das Gericht des ersten Rechtszuges seine Zuständigkeit zu Unrecht angenommen oder verneint hat.

(3) Die §§ 546, 547, 556 und 560 gelten entsprechend.

§ 577 Prüfung und Entscheidung der Rechtsbeschwerde. (1) [1]Das Rechtsbeschwerdegericht hat von Amts wegen zu prüfen, ob die Rechtsbeschwerde an sich statthaft und ob sie in der gesetzlichen Form und Frist eingelegt und begründet ist. [2]Mangelt es an einem dieser Erfordernisse, so ist die Rechtsbeschwerde als unzulässig zu verwerfen.

(2) [1]Der Prüfung des Rechtsbeschwerdegerichts unterliegen nur die von den Parteien gestellten Anträge. [2]Das Rechtsbeschwerdegericht ist an die geltend gemachten Rechtsbeschwerdegründe nicht gebunden. [3]Auf Verfahrensmängel, die nicht von Amts wegen zu berücksichtigen sind, darf die angefochtene Entscheidung nur geprüft werden, wenn die Mängel nach § 575 Abs. 3 und § 574 Abs. 4 Satz 2 gerügt worden sind. [4]§ 559 gilt entsprechend.

(3) Ergibt die Begründung der angefochtenen Entscheidung zwar eine Rechtsverletzung, stellt die Entscheidung selbst aber aus anderen Gründen sich als richtig dar, so ist die Rechtsbeschwerde zurückzuweisen.

(4) [1] Wird die Rechtsbeschwerde für begründet erachtet, ist die angefochtene Entscheidung aufzuheben und die Sache zur erneuten Entscheidung zurückzuverweisen. [2] § 562 Abs. 2 gilt entsprechend. [3] Die Zurückverweisung kann an einen anderen Spruchkörper des Gerichts erfolgen, das die angefochtene Entscheidung erlassen hat. [4] Das Gericht, an das die Sache zurückverwiesen ist, hat die rechtliche Beurteilung, die der Aufhebung zugrunde liegt, auch seiner Entscheidung zugrunde zu legen.

(5) [1] Das Rechtsbeschwerdegericht hat in der Sache selbst zu entscheiden, wenn die Aufhebung der Entscheidung nur wegen Rechtsverletzung bei Anwendung des Rechts auf das festgestellte Sachverhältnis erfolgt und nach letzterem die Sache zur Endentscheidung reif ist. [2] § 563 Abs. 4 gilt entsprechend.

(6) [1] Die Entscheidung über die Rechtsbeschwerde ergeht durch Beschluss. [2] § 564 gilt entsprechend. [3] Im Übrigen kann von einer Begründung abgesehen werden, wenn sie nicht geeignet wäre, zur Klärung von Rechtsfragen grundsätzlicher Bedeutung, zur Fortbildung des Rechts oder zur Sicherung einer einheitlichen Rechtsprechung beizutragen.

Buch 4. Wiederaufnahme des Verfahrens

§ 578 Arten der Wiederaufnahme. (1) Die Wiederaufnahme eines durch rechtskräftiges Endurteil geschlossenen Verfahrens kann durch Nichtigkeitsklage und durch Restitutionsklage erfolgen.

(2) Werden beide Klagen von derselben Partei oder von verschiedenen Parteien erhoben, so ist die Verhandlung und Entscheidung über die Restitutionsklage bis zur rechtskräftigen Entscheidung über die Nichtigkeitsklage auszusetzen.

§ 579 Nichtigkeitsklage. (1) Die Nichtigkeitsklage findet statt:

1. wenn das erkennende Gericht nicht vorschriftsmäßig besetzt war;
2. wenn ein Richter bei der Entscheidung mitgewirkt hat, der von der Ausübung des Richteramts kraft Gesetzes ausgeschlossen war, sofern nicht dieses Hindernis mittels eines Ablehnungsgesuchs oder eines Rechtsmittels ohne Erfolg geltend gemacht ist;
3. wenn bei der Entscheidung ein Richter mitgewirkt hat, obgleich er wegen Besorgnis der Befangenheit abgelehnt und das Ablehnungsgesuch für begründet erklärt war;
4. wenn eine Partei in dem Verfahren nicht nach Vorschrift der Gesetze vertreten war, sofern sie nicht die Prozessführung ausdrücklich oder stillschweigend genehmigt hat.

(2) In den Fällen der Nummern 1, 3 findet die Klage nicht statt, wenn die Nichtigkeit mittels eines Rechtsmittels geltend gemacht werden konnte.

§ 580 Restitutionsklage. Die Restitutionsklage findet statt:

1. wenn der Gegner durch Beeidigung einer Aussage, auf die das Urteil gegründet ist, sich einer vorsätzlichen oder fahrlässigen Verletzung der Eidespflicht schuldig gemacht hat;
2. wenn eine Urkunde, auf die das Urteil gegründet ist, fälschlich angefertigt oder verfälscht war;
3. wenn bei einem Zeugnis oder Gutachten, auf welches das Urteil gegründet ist, der Zeuge oder Sachverständige sich einer strafbaren Verletzung der Wahrheitspflicht schuldig gemacht hat;
4. wenn das Urteil von dem Vertreter der Partei oder von dem Gegner oder dessen Vertreter durch eine in Beziehung auf den Rechtsstreit verübte Straftat erwirkt ist;
5. wenn ein Richter bei dem Urteil mitgewirkt hat, der sich in Beziehung auf den Rechtsstreit einer strafbaren Verletzung seiner Amtspflichten gegen die Partei schuldig gemacht hat;
6. wenn das Urteil eines ordentlichen Gerichts, eines früheren Sondergerichts oder eines Verwaltungsgerichts, auf welches das Urteil gegründet ist, durch ein anderes rechtskräftiges Urteil aufgehoben ist;
7. wenn die Partei
   a) ein in derselben Sache erlassenes, früher rechtskräftig gewordenes Urteil oder
   b) eine andere Urkunde auffindet oder zu benutzen in den Stand gesetzt wird, die eine ihr günstigere Entscheidung herbeigeführt haben würde;
8. wenn der Europäische Gerichtshof für Menschenrechte eine Verletzung der Europäischen Konvention zum Schutz der Menschenrechte und Grundfreiheiten oder ihrer Protokolle festgestellt hat und das Urteil auf dieser Verletzung beruht.

§ 581 Besondere Voraussetzungen der Restitutionsklage. (1) In den Fällen des vorhergehenden Paragraphen Nummern 1 bis 5 findet die Restitutionsklage nur statt, wenn wegen der Straftat eine rechtskräftige Verurteilung ergangen ist oder wenn die Einleitung oder Durchführung eines Strafverfahrens aus anderen Gründen als wegen Mangels an Beweis nicht erfolgen kann.

(2) Der Beweis der Tatsachen, welche die Restitutionsklage begründen, kann durch den Antrag auf Parteivernehmung nicht geführt werden.

§ 582 Hilfsnatur der Restitutionsklage. Die Restitutionsklage ist nur zulässig, wenn die Partei ohne ihr Verschulden außerstande war, den Restitutionsgrund in dem früheren Verfahren, insbesondere durch Einspruch oder Berufung oder mittels Anschließung an eine Berufung, geltend zu machen.

§ 583 Vorentscheidungen. Mit den Klagen können Anfechtungsgründe, durch die eine dem angefochtenen Urteil vorausgegangene Entscheidung derselben oder einer unteren Instanz betroffen wird, geltend gemacht werden, sofern das angefochtene Urteil auf dieser Entscheidung beruht.

§ 584 Ausschließliche Zuständigkeit für Nichtigkeits- und Restitutionsklagen. (1) Für die Klagen ist ausschließlich zuständig: das Gericht, das im ersten Rechtszug erkannt hat; wenn das angefochtene Urteil oder auch nur eines von mehreren angefochtenen Urteilen von dem Berufungsgericht erlassen wurde oder wenn ein in der Revisionsinstanz erlassenes Urteil auf Grund des § 580 Nr. 1 bis 3, 6, 7 angefochten wird, das Berufungsgericht; wenn ein in der Revisionsinstanz erlassenes Urteil auf Grund der §§ 579, 580 Nr. 4, 5 angefochten wird, das Revisionsgericht.

(2) Sind die Klagen gegen einen Vollstreckungsbescheid gerichtet, so gehören sie ausschließlich vor das Gericht, das für eine Entscheidung im Streitverfahren zuständig gewesen wäre.

§ 585 Allgemeine Verfahrensgrundsätze. Für die Erhebung der Klagen und das weitere Verfahren gelten die allgemeinen Vorschriften entsprechend, sofern nicht aus den Vorschriften dieses Gesetzes sich eine Abweichung ergibt.

§ 586 Klagefrist. (1) Die Klagen sind vor Ablauf der Notfrist eines Monats zu erheben.

(2) [1] Die Frist beginnt mit dem Tag, an dem die Partei von dem Anfechtungsgrund Kenntnis erhalten hat, jedoch nicht vor eingetretener Rechtskraft des Urteils. [2] Nach Ablauf von fünf Jahren, von dem Tag der Rechtskraft des Urteils an gerechnet, sind die Klagen unstatthaft.

(3) Die Vorschriften des vorstehenden Absatzes sind auf die Nichtigkeitsklage wegen mangelnder Vertretung nicht anzuwenden; die Frist für die Erhebung der Klage läuft von dem Tag, an dem der Partei und bei mangelnder Prozessfähigkeit ihrem gesetzlichen Vertreter das Urteil zugestellt ist.

(4) Die Vorschrift des Absatzes 2 Satz 2 ist auf die Restitutionsklage nach § 580 Nummer 8 nicht anzuwenden.

§ 587 Klageschrift. In der Klage muss die Bezeichnung des Urteils, gegen das die Nichtigkeits- oder Restitutionsklage gerichtet wird, und die Erklärung, welche dieser Klagen erhoben wird, enthalten sein.

§ 588 Inhalt der Klageschrift. (1) Als vorbereitender Schriftsatz soll die Klage enthalten:

1. die Bezeichnung des Anfechtungsgrundes;
2. die Angabe der Beweismittel für die Tatsachen, die den Grund und die Einhaltung der Notfrist ergeben;
3. die Erklärung, inwieweit die Beseitigung des angefochtenen Urteils und welche andere Entscheidung in der Hauptsache beantragt werde.

(2) [1] Dem Schriftsatz, durch den eine Restitutionsklage erhoben wird, sind die Urkunden, auf die sie gestützt wird, in Urschrift oder in Abschrift beizufügen. [2] Befinden sich die Urkunden nicht in den Händen des Klägers, so hat er zu erklären, welchen Antrag er wegen ihrer Herbeischaffung zu stellen beabsichtigt.

§ 589 Zulässigkeitsprüfung. (1) [1] Das Gericht hat von Amts wegen zu prüfen, ob die Klage an sich statthaft und ob sie in der gesetzlichen Form und Frist erhoben sei. [2] Mangelt es an einem dieser Erfordernisse, so ist die Klage als unzulässig zu verwerfen.

(2) Die Tatsachen, die ergeben, dass die Klage vor Ablauf der Notfrist erhoben ist, sind glaubhaft zu machen.

§ 590 Neue Verhandlung. (1) Die Hauptsache wird, insoweit sie von dem Anfechtungsgrunde betroffen ist, von neuem verhandelt.

(2) [1] Das Gericht kann anordnen, dass die Verhandlung und Entscheidung über Grund und Zulässigkeit der Wiederaufnahme des Verfahrens vor der Verhandlung über die Hauptsache erfolge. [2] In diesem Fall ist die Verhandlung über die Hauptsache als Fortsetzung der Verhandlung über Grund und Zulässigkeit der Wiederaufnahme des Verfahrens anzusehen.

(3) Das für die Klagen zuständige Revisionsgericht hat die Verhandlung über Grund und Zulässigkeit der Wiederaufnahme des Verfahrens zu erledigen, auch wenn diese Erledigung von der Feststellung und Würdigung bestrittener Tatsachen abhängig ist.

§ 591 Rechtsmittel. Rechtsmittel sind insoweit zulässig, als sie gegen die Entscheidungen der mit den Klagen befassten Gerichte überhaupt stattfinden.

Buch 5. Urkunden- und Wechselprozess

§ 592 Zulässigkeit. [1] Ein Anspruch, welcher die Zahlung einer bestimmten Geldsumme oder die Leistung einer bestimmten Menge anderer vertretbarer Sachen oder Wertpapiere zum Gegenstand hat, kann im Urkundenprozess geltend gemacht werden, wenn die sämtlichen zur Begründung des Anspruchs erforderlichen Tatsachen durch Urkunden bewiesen werden können. [2] Als ein Anspruch, welcher die Zahlung einer Geldsumme zum Gegenstand hat, gilt auch der Anspruch aus einer Hypothek, einer Grundschuld, einer Rentenschuld oder einer Schiffshypothek.

§ 593 Klageinhalt; Urkunden. (1) Die Klage muss die Erklärung enthalten, dass im Urkundenprozess geklagt werde.

(2) [1] Die Urkunden müssen in Abschrift der Klage oder einem vorbereitenden Schriftsatz beigefügt werden. [2] Im letzteren Fall muss zwischen der Zustellung des Schriftsatzes und dem Termin zur mündlichen Verhandlung ein der Einlassungsfrist gleicher Zeitraum liegen.

§ 594 (weggefallen)

§ 595 Keine Widerklage; Beweismittel. (1) Widerklagen sind nicht statthaft.

(2) Als Beweismittel sind bezüglich der Echtheit oder Unechtheit einer Urkunde sowie bezüglich anderer als der im § 592 erwähnten Tatsachen nur Urkunden und Antrag auf Parteivernehmung zulässig.

(3) Der Urkundenbeweis kann nur durch Vorlegung der Urkunden angetreten werden.

§ 596 Abstehen vom Urkundenprozess. Der Kläger kann, ohne dass es der Einwilligung des Beklagten bedarf, bis zum Schluss der mündlichen Verhandlung von dem Urkundenprozess in der Weise abstehen, dass der Rechtsstreit im ordentlichen Verfahren anhängig bleibt.

§ 597 Klageabweisung. (1) Insoweit der in der Klage geltend gemachte Anspruch an sich oder infolge einer Einrede des Beklagten als unbegründet sich darstellt, ist der Kläger mit dem Anspruch abzuweisen.

(2) Ist der Urkundenprozess unstatthaft, ist insbesondere ein dem Kläger obliegender Beweis nicht mit den im Urkundenprozess zulässigen Beweismitteln angetreten oder mit solchen Beweismitteln nicht vollständig geführt, so wird die Klage als in der gewählten Prozessart unstatthaft abgewiesen, selbst wenn in dem Termin zur mündlichen Verhandlung der Beklagte nicht erschienen ist oder der Klage nur auf Grund von Einwendungen widersprochen hat, die rechtlich unbegründet oder im Urkundenprozess unstatthaft sind.

§ 598 Zurückweisung von Einwendungen. Einwendungen des Beklagten sind, wenn der dem Beklagten obliegende Beweis nicht mit den im Urkundenprozess zulässigen Beweismitteln angetreten oder mit solchen Beweismitteln nicht vollständig geführt ist, als im Urkundenprozess unstatthaft zurückzuweisen.

§ 599 Vorbehaltsurteil. (1) Dem Beklagten, welcher dem geltend gemachten Anspruch widersprochen hat, ist in allen Fällen, in denen er verurteilt wird, die Ausführung seiner Rechte vorzubehalten.

(2) Enthält das Urteil keinen Vorbehalt, so kann die Ergänzung des Urteils nach der Vorschrift des § 321 beantragt werden.

(3) Das Urteil, das unter Vorbehalt der Rechte ergeht, ist für die Rechtsmittel und die Zwangsvollstreckung als Endurteil anzusehen.

§ 600 Nachverfahren. (1) Wird dem Beklagten die Ausführung seiner Rechte vorbehalten, so bleibt der Rechtsstreit im ordentlichen Verfahren anhängig.

(2) Soweit sich in diesem Verfahren ergibt, dass der Anspruch des Klägers unbegründet war, gelten die Vorschriften des § 302 Abs. 4 Satz 2 bis 4.

(3) Erscheint in diesem Verfahren eine Partei nicht, so sind die Vorschriften über das Versäumnisurteil entsprechend anzuwenden.

§ 601 (weggefallen)

§ 602 Wechselprozess. Werden im Urkundenprozess Ansprüche aus Wechseln im Sinne des Wechselgesetzes geltend gemacht (Wechselprozess), so sind die nachfolgenden besonderen Vorschriften anzuwenden.

§ 603 Gerichtsstand. (1) Wechselklagen können sowohl bei dem Gericht des Zahlungsortes als bei dem Gericht angestellt werden, bei dem der Beklagte seinen allgemeinen Gerichtsstand hat.

(2) Wenn mehrere Wechselverpflichtete gemeinschaftlich verklagt werden, so ist außer dem Gericht des Zahlungsortes jedes Gericht zuständig, bei dem einer der Beklagten seinen allgemeinen Gerichtsstand hat.

§ 604 Klageinhalt; Ladungsfrist. (1) Die Klage muss die Erklärung enthalten, dass im Wechselprozess geklagt werde.

(2) [1] Die Ladungsfrist beträgt mindestens 24 Stunden, wenn die Ladung an dem Ort, der Sitz des Prozessgerichts ist, zugestellt wird. [2] In Anwaltsprozessen beträgt sie mindestens drei Tage, wenn die Ladung an einem anderen Ort zugestellt wird, der im Bezirk des Prozessgerichts liegt oder von dem ein Teil zu dessen Bezirk gehört.

(3) In den höheren Instanzen beträgt die Ladungsfrist mindestens 24 Stunden, wenn die Zustellung der Berufungs- oder Revisionsschrift oder der Ladung an dem Ort erfolgt, der Sitz des höheren Gerichts ist; mindestens drei Tage, wenn die Zustellung an einem anderen Ort erfolgt, der ganz oder zum Teil in dem Landgerichtsbezirk liegt, in dem das höhere Gericht seinen Sitz hat; mindestens eine Woche, wenn die Zustellung sonst im Inland erfolgt.

§ 605 Beweisvorschriften. (1) Soweit es zur Erhaltung des wechselmäßigen Anspruchs der rechtzeitigen Protesterhebung nicht bedarf, ist als Beweismittel bezüglich der Vorlegung des Wechsels der Antrag auf Parteivernehmung zulässig.

(2) Zur Berücksichtigung einer Nebenforderung genügt, dass sie glaubhaft gemacht ist.

§ 605a Scheckprozess. Werden im Urkundenprozess Ansprüche aus Schecks im Sinne des Scheckgesetzes geltend gemacht (Scheckprozess), so sind die §§ 602 bis 605 entsprechend anzuwenden.

Buch 6. Musterfeststellungsverfahren

§ 606 Musterfeststellungsklage. (1) [1] Mit der Musterfeststellungsklage können qualifizierte Einrichtungen die Feststellung des Vorliegens oder Nichtvorliegens von tatsächlichen und rechtlichen Voraussetzungen für das Bestehen oder Nichtbestehen von Ansprüchen oder Rechtsverhältnissen (Feststellungsziele) zwischen Verbrauchern und einem Unternehmer begehren. [2] Qualifizierte Einrichtungen im Sinne von Satz 1 sind die in § 3 Absatz 1 Satz 1 Nummer 1 des Unterlassungsklagengesetzes[1)] bezeichneten Stellen, die

1. als Mitglieder mindestens zehn Verbände, die im gleichen Aufgabenbereich tätig sind, oder mindestens 350 natürliche Personen haben,
2. mindestens vier Jahre in der Liste nach § 4 des Unterlassungsklagengesetzes oder dem Verzeichnis der Europäischen Kommission nach Artikel 4 der Richtlinie 2009/22/EG des Europäischen Parlaments und des Rates vom 23. April 2009 über Unterlassungsklagen zum Schutz der Verbraucherinteressen (ABl. L 110 vom 1.5.2009, S. 30) eingetragen sind,
3. in Erfüllung ihrer satzungsmäßigen Aufgaben Verbraucherinteressen weitgehend durch nicht gewerbsmäßige aufklärende oder beratende Tätigkeiten wahrnehmen,
4. Musterfeststellungsklagen nicht zum Zwecke der Gewinnerzielung erheben und

---

1) Nr. **1b**.

5. nicht mehr als 5 Prozent ihrer finanziellen Mittel durch Zuwendungen von Unternehmen beziehen.

[3]Bestehen ernsthafte Zweifel daran, dass die Voraussetzungen nach Satz 2 Nummer 4 oder 5 vorliegen, verlangt das Gericht vom Kläger die Offenlegung seiner finanziellen Mittel. [4]Es wird unwiderleglich vermutet, dass Verbraucherzentralen und andere Verbraucherverbände, die überwiegend mit öffentlichen Mitteln gefördert werden, die Voraussetzungen des Satzes 2 erfüllen.

(2) [1]Die Klageschrift muss Angaben und Nachweise darüber enthalten, dass

1. die in Absatz 1 Satz 2 genannten Voraussetzungen vorliegen;
2. von den Feststellungszielen die Ansprüche oder Rechtsverhältnisse von mindestens zehn Verbrauchern abhängen.

[2]Die Klageschrift soll darüber hinaus für den Zweck der Bekanntmachung im Klageregister eine kurze Darstellung des vorgetragenen Lebenssachverhaltes enthalten. [3]§ 253 Absatz 2 bleibt unberührt.

(3) Die Musterfeststellungsklage ist nur zulässig, wenn

1. sie von einer qualifizierten Einrichtung im Sinne des Absatzes 1 Satz 2 erhoben wird,
2. glaubhaft gemacht wird, dass von den Feststellungszielen die Ansprüche oder Rechtsverhältnisse von mindestens zehn Verbrauchern abhängen und
3. zwei Monate nach öffentlicher Bekanntmachung der Musterfeststellungsklage mindestens 50 Verbraucher ihre Ansprüche oder Rechtsverhältnisse zur Eintragung in das Klageregister wirksam angemeldet haben.

§ 607 Bekanntmachung der Musterfeststellungsklage. (1) Die Musterfeststellungsklage ist im Klageregister mit folgenden Angaben öffentlich bekannt zu machen:

1. Bezeichnung der Parteien,
2. Bezeichnung des Gerichts und des Aktenzeichens der Musterfeststellungsklage,
3. Feststellungsziele,
4. kurze Darstellung des vorgetragenen Lebenssachverhaltes,
5. Zeitpunkt der Bekanntmachung im Klageregister,
6. Befugnis der Verbraucher, Ansprüche oder Rechtsverhältnisse, die von den Feststellungszielen abhängen, zur Eintragung in das Klageregister anzumelden, Form, Frist und Wirkung der Anmeldung sowie ihrer Rücknahme,
7. Wirkung eines Vergleichs, Befugnis der angemeldeten Verbraucher zum Austritt aus dem Vergleich sowie Form, Frist und Wirkung des Austritts,
8. Verpflichtung des Bundesamts für Justiz, nach rechtskräftigem Abschluss des Musterfeststellungsverfahrens jedem angemeldeten Verbraucher auf dessen Verlangen einen schriftlichen Auszug über die Angaben zu überlassen, die im Klageregister zu ihm und seiner Anmeldung erfasst sind.

(2) Das Gericht veranlasst innerhalb von 14 Tagen nach Erhebung der Musterfeststellungklage deren öffentliche Bekanntmachung, wenn die Klageschrift die nach § 606 Absatz 2 Satz 1 vorgeschriebenen Anforderungen erfüllt.

(3) [1]Das Gericht veranlasst unverzüglich die öffentliche Bekanntmachung seiner Terminbestimmungen, Hinweise und Zwischenentscheidungen im Klageregister, wenn dies zur Information der Verbraucher über den Fortgang des Verfahrens erforderlich ist. [2]Die öffentliche Bekanntmachung von Terminen muss spätestens eine Woche vor dem jeweiligen Terminstag erfolgen. [3]Das Gericht veranlasst ferner unverzüglich die öffentliche Bekanntmachung einer Beendigung des Musterfeststellungsverfahrens; die Vorschriften der §§ 611, 612 bleiben hiervon unberührt.

§ 608 Anmeldung von Ansprüchen oder Rechtsverhältnissen.

(1) Bis zum Ablauf des Tages vor Beginn des ersten Termins können Verbraucher Ansprüche oder Rechtsverhältnisse, die von den Feststellungszielen abhängen, zur Eintragung in das Klageregister anmelden.

(2) [1]Die Anmeldung ist nur wirksam, wenn sie frist- und formgerecht erfolgt und folgende Angaben enthält:

1. Name und Anschrift des Verbrauchers,
2. Bezeichnung des Gerichts und Aktenzeichen der Musterfeststellungsklage,
3. Bezeichnung des Beklagten der Musterfeststellungsklage,
4. Gegenstand und Grund des Anspruchs oder des Rechtsverhältnisses des Verbrauchers,
5. Versicherung der Richtigkeit und Vollständigkeit der Angaben.

[2]Die Anmeldung soll ferner Angaben zum Betrag der Forderung enthalten. [3]Die Angaben der Anmeldung werden ohne inhaltliche Prüfung in das Klageregister eingetragen.

(3) Die Anmeldung kann bis zum Ablauf des Tages des Beginns der mündlichen Verhandlung in der ersten Instanz zurückgenommen werden.

(4) Anmeldung und Rücknahme sind in Textform gegenüber dem Bundesamt für Justiz zu erklären.

§ 609 Klageregister; Verordnungsermächtigung. (1) [1]Klageregister ist das Register für Musterfeststellungsklagen. [2]Es wird vom Bundesamt für Justiz geführt und kann elektronisch betrieben werden.

(2) [1]Bekanntmachungen und Eintragungen nach den §§ 607 und 608 sind unverzüglich vorzunehmen. [2]Die im Klageregister zu einer Musterfeststellungsklage erfassten Angaben sind bis zum Schluss des dritten Jahres nach rechtskräftigem Abschluss des Verfahrens aufzubewahren.

(3) Öffentliche Bekanntmachungen können von jedermann unentgeltlich im Klageregister eingesehen werden.

(4) [1]Nach § 608 angemeldete Verbraucher können vom Bundesamt für Justiz Auskunft über die zu ihrer Anmeldung im Klageregister erfassten Angaben verlangen. [2]Nach rechtskräftigem Abschluss des Musterfeststellungsverfahrens hat das Bundesamt für Justiz einem angemeldeten Verbraucher auf dessen Verlangen einen schriftlichen Auszug über die Angaben zu überlassen, die im Klageregister zu ihm und seiner Anmeldung erfasst sind.

(5) [1]Das Bundesamt für Justiz hat dem Gericht der Musterfeststellungsklage auf dessen Anforderung einen Auszug aller im Klageregister zu der Musterfeststellungsklage erfassten Angaben über die Personen zu übersenden, die bis zum

Ablauf des in § 606 Absatz 3 Nummer 3 genannten Tages zur Eintragung in das Klageregister angemeldet sind. [2]Das Gericht übermittelt den Parteien formlos eine Abschrift des Auszugs.

(6) Das Bundesamt für Justiz hat den Parteien auf deren Anforderung einen schriftlichen Auszug aller im Klageregister zu der Musterfeststellungsklage erfassten Angaben über die Personen zu überlassen, die sich bis zu dem in § 608 Absatz 1 genannten Tag zur Eintragung in das Klageregister angemeldet haben.

(7) Das Bundesministerium der Justiz und für Verbraucherschutz wird ermächtigt, durch Rechtsverordnung ohne Zustimmung des Bundesrates die näheren Bestimmungen über Inhalt, Aufbau und Führung des Klageregisters, die Einreichung, Eintragung, Änderung und Vernichtung der im Klageregister erfassten Angaben, die Erteilung von Auszügen aus dem Klageregister sowie die Datensicherheit und Barrierefreiheit zu treffen.

§ 610 Besonderheiten der Musterfeststellungsklage. (1) [1]Ab dem Tag der Rechtshängigkeit der Musterfeststellungsklage kann gegen den Beklagten keine andere Musterfeststellungsklage erhoben werden, soweit deren Streitgegenstand denselben Lebenssachverhalt und dieselben Feststellungsziele betrifft. [2]Die Wirkung von Satz 1 entfällt, sobald die Musterfeststellungsklage ohne Entscheidung in der Sache beendet wird.

(2) Werden am selben Tag mehrere Musterfeststellungsklagen, deren Streitgegenstand denselben Lebenssachverhalt und dieselben Feststellungsziele betrifft, bei Gericht eingereicht, findet § 147 Anwendung.

(3) Während der Rechtshängigkeit der Musterfeststellungsklage kann ein angemeldeter Verbraucher gegen den Beklagten keine Klage erheben, deren Streitgegenstand denselben Lebenssachverhalt und dieselben Feststellungsziele betrifft.

(4) Das Gericht hat spätestens im ersten Termin zur mündlichen Verhandlung auf sachdienliche Klageanträge hinzuwirken.

(5) [1]Auf die Musterfeststellungsklage sind die im ersten Rechtszug für das Verfahren vor den Landgerichten geltenden Vorschriften entsprechend anzuwenden, soweit sich aus den Vorschriften dieses Buches nicht Abweichungen ergeben. [2]Nicht anzuwenden sind § 128 Absatz 2, § 278 Absatz 2 bis 5 sowie die §§ 306 und 348 bis 350.

(6) Die §§ 66 bis 74 finden keine Anwendung im Verhältnis zwischen den Parteien der Musterfeststellungsklage und Verbrauchern, die

1. einen Anspruch oder ein Rechtsverhältnis angemeldet haben oder
2. behaupten, entweder einen Anspruch gegen den Beklagten zu haben oder vom Beklagten in Anspruch genommen zu werden oder in einem Rechtsverhältnis zum Beklagten zu stehen.

§ 611 Vergleich. (1) Ein gerichtlicher Vergleich kann auch mit Wirkung für und gegen die angemeldeten Verbraucher geschlossen werden.

(2) Der Vergleich soll Regelungen enthalten über

1. die auf die angemeldeten Verbraucher entfallenden Leistungen,
2. den von den angemeldeten Verbrauchern zu erbringenden Nachweis der Leistungsberechtigung,

3. die Fälligkeit der Leistungen und
4. die Aufteilung der Kosten zwischen den Parteien.

(3) [1]Der Vergleich bedarf der Genehmigung durch das Gericht. [2]Das Gericht genehmigt den Vergleich, wenn es ihn unter Berücksichtigung des bisherigen Sach- und Streitstandes als angemessene gütliche Beilegung des Streits oder der Ungewissheit über die angemeldeten Ansprüche oder Rechtsverhältnisse erachtet. [3]Die Genehmigung ergeht durch unanfechtbaren Beschluss.

(4) [1]Den zum Zeitpunkt der Genehmigung angemeldeten Verbrauchern wird der genehmigte Vergleich mit einer Belehrung über dessen Wirkung, über ihr Recht zum Austritt aus dem Vergleich sowie über die einzuhaltende Form und Frist zugestellt. [2]Jeder Verbraucher kann innerhalb einer Frist von einem Monat nach Zustellung des genehmigten Vergleichs seinen Austritt aus dem Vergleich erklären. [3]Der Austritt muss bei dem Gericht schriftlich oder zu Protokoll der Geschäftsstelle erklärt werden. [4]Durch den Austritt wird die Wirksamkeit der Anmeldung nicht berührt.

(5) [1]Der genehmigte Vergleich wird wirksam, wenn weniger als 30 Prozent der angemeldeten Verbraucher ihren Austritt aus dem Vergleich erklärt haben. [2]Das Gericht stellt durch unanfechtbaren Beschluss den Inhalt und die Wirksamkeit des genehmigten Vergleichs fest. [3]Der Beschluss ist im Klageregister öffentlich bekannt zu machen. [4]Mit der Bekanntmachung des Beschlusses wirkt der Vergleich für und gegen diejenigen angemeldeten Verbraucher, die nicht ihren Austritt erklärt haben.

(6) Der Abschluss eines gerichtlichen Vergleichs vor dem ersten Termin ist unzulässig.

§ 612 Bekanntmachungen zum Musterfeststellungsurteil. (1) Das Musterfeststellungsurteil ist nach seiner Verkündung im Klageregister öffentlich bekannt zu machen.

(2) [1]Die Einlegung eines Rechtsmittels gegen das Musterfeststellungsurteil ist im Klageregister öffentlich bekannt zu machen. [2]Dasselbe gilt für den Eintritt der Rechtskraft des Musterfeststellungsurteils.

§ 613 Bindungswirkung des Musterfeststellungsurteils; Aussetzung.

(1) [1]Das rechtskräftige Musterfeststellungsurteil bindet das zur Entscheidung eines Rechtsstreits zwischen einem angemeldeten Verbraucher und dem Beklagten berufene Gericht, soweit dessen Entscheidung die Feststellungsziele und den Lebenssachverhalt der Musterfeststellungsklage betrifft. [2]Dies gilt nicht, wenn der angemeldete Verbraucher seine Anmeldung wirksam zurückgenommen hat.

(2) Hat ein Verbraucher vor der Bekanntmachung der Angaben zur Musterfeststellungsklage im Klageregister eine Klage gegen den Beklagten erhoben, die die Feststellungsziele und den Lebenssachverhalt der Musterfeststellungsklage betrifft, und meldet er seinen Anspruch oder sein Rechtsverhältnis zum Klageregister an, so setzt das Gericht das Verfahren bis zur rechtskräftigen Entscheidung oder sonstigen Erledigung der Musterfeststellungsklage oder wirksamen Rücknahme der Anmeldung aus.

§ 614 Rechtsmittel. [1] Gegen Musterfeststellungsurteile findet die Revision statt. [2] Die Sache hat stets grundsätzliche Bedeutung im Sinne des § 543 Absatz 2 Nummer 1.

§§ 615–687[1)] *(aufgehoben)*

Buch 7. Mahnverfahren

§ 688 Zulässigkeit. (1) Wegen eines Anspruchs, der die Zahlung einer bestimmten Geldsumme in Euro zum Gegenstand hat, ist auf Antrag des Antragstellers ein Mahnbescheid zu erlassen.

(2) Das Mahnverfahren findet nicht statt:

1. für Ansprüche eines Unternehmers aus einem Vertrag gemäß den §§ 491 bis 508 des Bürgerlichen Gesetzbuchs, wenn der gemäß § 492 Abs. 2 des Bürgerlichen Gesetzbuchs anzugebende effektive Jahreszins den bei Vertragsschluss geltenden Basiszinssatz nach § 247 des Bürgerlichen Gesetzbuchs um mehr als zwölf Prozentpunkte übersteigt;
2. wenn die Geltendmachung des Anspruchs von einer noch nicht erbrachten Gegenleistung abhängig ist;
3. wenn die Zustellung des Mahnbescheids durch öffentliche Bekanntmachung erfolgen müsste.

(3) Müsste der Mahnbescheid im Ausland zugestellt werden, so findet das Mahnverfahren nur insoweit statt, als das Anerkennungs- und Vollstreckungsausführungsgesetz in der Fassung der Bekanntmachung vom 30. November 2015 (BGBl. I S. 2146) und das Auslandsunterhaltsgesetz vom 23. Mai 2011 (BGBl. I S. 898), das zuletzt durch Artikel 5 des Gesetzes vom 20. November 2015 (BGBl. I S. 2018) geändert worden ist, dies vorsehen oder die Zustellung in einem Mitgliedstaat der Europäischen Union erfolgen soll.

(4) [1] Die Vorschriften der Verordnung (EG) Nr. 1896/2006 des Europäischen Parlaments und des Rates vom 12. Dezember 2006 zur Einführung eines Europäischen Mahnverfahrens (ABl. L 399 vom 30.12.2006, S. 1; L 46 vom 21.2.2008, S. 52; L 333 vom 11.12.2008, S. 17), die zuletzt durch die Verordnung (EU) 2015/2421 (ABl. L 341 vom 24.12.2015, S. 1) geändert worden ist, bleiben unberührt. [2] Für die Durchführung gelten die §§ 1087 bis 1096.

§ 689 Zuständigkeit; maschinelle Bearbeitung. (1) [1] Das Mahnverfahren wird von den Amtsgerichten durchgeführt.[2)] [2] Eine maschinelle Bearbeitung ist zulässig. [3] Bei dieser Bearbeitung sollen Eingänge spätestens an dem Arbeitstag erledigt sein, der dem Tag des Eingangs folgt. ***[Satz 4 bis 31.12.2025:]*** [4] Die Akten können elektronisch geführt werden (§ 298a). ***[Satz 4 ab 1.1.2026:]*** *[4] Die Akten werden elektronisch geführt (§ 298a).*

(2) [1] Ausschließlich zuständig ist das Amtsgericht, bei dem der Antragsteller seinen allgemeinen Gerichtsstand hat. [2] Hat der Antragsteller im Inland keinen

---

[1)] Siehe nunmehr das G über das Verfahren in Familiensachen und in den Angelegenheiten der freiwilligen Gerichtsbarkeit (FamFG) v. 17.12.2008 (BGBl. I S. 2586, 2587), zuletzt geänd. durch G v. 12.12.2019 (BGBl. I S. 2633).

[2)] Die Geschäfte im Mahnverfahren sind grundsätzlich dem Rechtspfleger übertragen; vgl. § 20 Nr. 1 RechtspflegerG (Nr. **8**).

allgemeinen Gerichtsstand, so ist das Amtsgericht Wedding in Berlin ausschließlich zuständig. [3]Sätze 1 und 2 gelten auch, soweit in anderen Vorschriften eine andere ausschließliche Zuständigkeit bestimmt ist.

(3)[1)] [1]Die Landesregierungen werden ermächtigt, durch Rechtsverordnung Mahnverfahren einem Amtsgericht für die Bezirke mehrerer Amtsgerichte zuzuweisen, wenn dies ihrer schnelleren und rationelleren Erledigung dient. [2]Die Zuweisung kann auf Mahnverfahren beschränkt werden, die maschinell bearbeitet werden. [3]Die Landesregierungen können die Ermächtigung durch Rechtsverordnung auf die Landesjustizverwaltungen übertragen. [4]Mehrere Länder können die Zuständigkeit eines Amtsgerichts über die Landesgrenzen hinaus vereinbaren.

§ 690 Mahnantrag. (1) Der Antrag muss auf den Erlass eines Mahnbescheids gerichtet sein und enthalten:

1. die Bezeichnung der Parteien, ihrer gesetzlichen Vertreter und der Prozessbevollmächtigten;

[1)] Siehe hierzu folgende Vorschriften:
- **Baden-Württemberg:** § 2 ZuständigkeitsVO Justiz v. 20.11.1998 (GBl. S. 680), zuletzt geänd. durch VO v. 9.10.2019 (GBl. S. 426)
- **Bayern:** § 3 Nr. 45 DelegationsVO v. 28.1.2014 (GVBl. S. 22), zuletzt geänd. durch V v. 30.7.2019 (GVBl. S. 541); § 5 Gerichtliche ZuständigkeitsVO Justiz v. 11.6.2012 (GVBl. S. 295), zuletzt geänd. durch V v. 28.12.2018 (GVBl. 2019 S. 2)
- **Berlin:** VO zur Übertragung von Ermächtigungen zum Erlaß von Rechtsverordnungen für das Mahnverfahren nach der Zivilprozeßordnung v. 20.10.1993 (GVBl. S. 540); Mahngerichtsvertrag v. 13.12.2005
- **Brandenburg:** Mahngerichtsvertrag v. 13.12.2005
- **Bremen:** § 3 VO über Zuständigkeiten von Amtsgerichten v. 18.12.2018 (Brem.GBl. 2019 S. 1)
- **Hamburg:** § 1 Abs. 2 ZuständigkeitsVO v. 1.9.1987 (HmbGVBl. S. 172), zuletzt geänd. durch VO v. 15.7.2016 (HmbGVBl. S. 304); VO über die Einführung der maschinellen Bearbeitung der Mahnverfahren v. 2.4.1996 (HmbGVBl. S. 43), geänd. durch VO v. 20.1.1998 (HmbGVBl. S. 22); Staatsvertrag zwischen der Freien und Hansestadt Hamburg und dem Land Mecklenburg-Vorpommern über die Errichtung eines gemeinsamen Mahngerichts v. 17.8.2005
- **Hessen:** § 5 JustizdelegationsVO v. 21.12.2015 (GVBl. 2016 S. 2), zuletzt geänd. durch VO v. 7.8. 2018 (GVBl. S. 350); § 48 JustizzuständigkeitsVO v. 3.6.2013 (GVBl. S. 386), zuletzt geänd. durch VO v. 5.9.2019 (GVBl. S. 235)
- **Mecklenburg-Vorpommern:** Staatsvertrag zwischen der Freien und Hansestadt Hamburg und dem Land Mecklenburg-Vorpommern über die Errichtung eines gemeinsamen Mahngerichts v. 17.8.2005
- **Niedersachsen:** § 1 Nr. 48 SubdelegationsVO-Justiz v. 6.7.2007 (Nds. GVBl. S. 244), zuletzt geänd. durch VO v. 26.7.2019 (Nds. GVBl. S. 217); § 15 VO zur Regelung von Zuständigkeiten in der Gerichtsbarkeit und der Justizverwaltung v. 18.12.2009 (Nds. GVBl. S. 506, ber. S. 283), zuletzt geänd. durch VO v. 18.11.2019 (Nds. GVBl. S. 351)
- **Nordrhein-Westfalen:** VO über die maschinelle Bearbeitung der Mahnverfahren und Zuweisung an die Amtsgerichte Euskirchen und Hagen v. 28.1.1999 (GV. NRW. S. 43), zuletzt geänd. durch VO v. 24.9.2014 (GV. NRW. S. 647)
- **Rheinland-Pfalz:** Staatsvertrag zwischen dem Land Rheinland-Pfalz und dem Saarland über die Errichtung eines gemeinsamen Mahngerichts v. 10.12.2004
- **Saarland:** Staatsvertrag zwischen dem Land Rheinland-Pfalz und dem Saarland über die Errichtung eines gemeinsamen Mahngerichts v. 10.12.2004
- **Sachsen:** Staatsvertrag über die Errichtung eines gemeinsamen Mahngerichts v. 19.12.2006
- **Sachsen-Anhalt:** VO über die maschinelle Bearbeitung der Mahnverfahren bei dem Amtsgericht Aschersleben v. 12.9.2005 (GVBl. LSA S. 630); Staatsvertrag über die Errichtung eines gemeinsamen Mahngerichts v. 19.12.2006
- **Schleswig-Holstein:** LandesVO zur Einführung des maschinellen Mahnverfahrens v. 25.9.2006 (GVOBl. Schl.-H. S. 222), geänd. durch VO v. 15.11.2019 (GVOBl. Schl.-H. S. 546)
- **Thüringen:** Staatsvertrag über die Errichtung eines gemeinsamen Mahngerichts v. 19.12.2006

2. die Bezeichnung des Gerichts, bei dem der Antrag gestellt wird;
3. die Bezeichnung des Anspruchs unter bestimmter Angabe der verlangten Leistung; Haupt- und Nebenforderungen sind gesondert und einzeln zu bezeichnen, Ansprüche aus Verträgen gemäß den §§ 491 bis 508 des Bürgerlichen Gesetzbuchs, auch unter Angabe des Datums des Vertragsabschlusses und des gemäß § 492 Abs. 2 des Bürgerlichen Gesetzbuchs anzugebenden effektiven Jahreszinses;
4. die Erklärung, dass der Anspruch nicht von einer Gegenleistung abhängt oder dass die Gegenleistung erbracht ist;
5. die Bezeichnung des Gerichts, das für ein streitiges Verfahren zuständig ist.

(2) Der Antrag bedarf der handschriftlichen Unterzeichnung.

§ 691 Zurückweisung des Mahnantrags. (1) [1] Der Antrag wird zurückgewiesen:
1. wenn er den Vorschriften der §§ 688, 689, 690, 702 Absatz 2, § 703c Abs. 2 nicht entspricht;
2. wenn der Mahnbescheid nur wegen eines Teiles des Anspruchs nicht erlassen werden kann.

[2] Vor der Zurückweisung ist der Antragsteller zu hören.

(2) Sollte durch die Zustellung des Mahnbescheids eine Frist gewahrt werden oder die Verjährung neu beginnen oder nach § 204 des Bürgerlichen Gesetzbuchs gehemmt werden, so tritt die Wirkung mit der Einreichung oder Anbringung des Antrags auf Erlass des Mahnbescheids ein, wenn innerhalb eines Monats seit der Zustellung der Zurückweisung des Antrags Klage eingereicht und diese demnächst zugestellt wird.

(3) [1] Gegen die Zurückweisung findet die sofortige Beschwerde statt, wenn der Antrag in einer nur maschinell lesbaren Form übermittelt und mit der Begründung zurückgewiesen worden ist, dass diese Form dem Gericht für seine maschinelle Bearbeitung nicht geeignet erscheine. [2] Im Übrigen sind Entscheidungen nach Absatz 1 unanfechtbar.

§ 692 Mahnbescheid. (1) Der Mahnbescheid enthält:
1. die in § 690 Abs. 1 Nr. 1 bis 5 bezeichneten Erfordernisse des Antrags;
2. den Hinweis, dass das Gericht nicht geprüft hat, ob dem Antragsteller der geltend gemachte Anspruch zusteht;
3. die Aufforderung, innerhalb von zwei Wochen seit der Zustellung des Mahnbescheids, soweit der geltend gemachte Anspruch als begründet angesehen wird, die behauptete Schuld nebst den geforderten Zinsen und der dem Betrag nach bezeichneten Kosten zu begleichen oder dem Gericht mitzuteilen, ob und in welchem Umfang dem geltend gemachten Anspruch widersprochen wird;
4. den Hinweis, dass ein dem Mahnbescheid entsprechender Vollstreckungsbescheid ergehen kann, aus dem der Antragsteller die Zwangsvollstreckung betreiben kann, falls der Antragsgegner nicht bis zum Fristablauf Widerspruch erhoben hat;

5. für den Fall, dass Formulare eingeführt sind, den Hinweis, dass der Widerspruch mit einem Formular der beigefügten Art erhoben werden soll, das auch bei jedem Amtsgericht erhältlich ist und ausgefüllt werden kann, und dass für Rechtsanwälte und registrierte Personen nach § 10 Absatz 1 Satz 1 Nummer 1 des Rechtsdienstleistungsgesetzes § 702 Absatz 2 Satz 2 gilt;
6. für den Fall des Widerspruchs die Ankündigung, an welches Gericht die Sache abgegeben wird, mit dem Hinweis, dass diesem Gericht die Prüfung seiner Zuständigkeit vorbehalten bleibt.

(2) An Stelle einer handschriftlichen Unterzeichnung genügt ein entsprechender Stempelabdruck oder eine elektronische Signatur.

§ 693 Zustellung des Mahnbescheids. (1) Der Mahnbescheid wird dem Antragsgegner zugestellt.

(2) Die Geschäftsstelle setzt den Antragsteller von der Zustellung des Mahnbescheids in Kenntnis.

§ 694 Widerspruch gegen den Mahnbescheid. (1) Der Antragsgegner kann gegen den Anspruch oder einen Teil des Anspruchs bei dem Gericht, das den Mahnbescheid erlassen hat, schriftlich Widerspruch erheben, solange der Vollstreckungsbescheid nicht verfügt ist.

(2) [1] Ein verspäteter Widerspruch wird als Einspruch behandelt. [2] Dies ist dem Antragsgegner, der den Widerspruch erhoben hat, mitzuteilen.

§ 695 Mitteilung des Widerspruchs; Abschriften. [1] Das Gericht hat den Antragsteller von dem Widerspruch und dem Zeitpunkt seiner Erhebung in Kenntnis zu setzen. [2] Gleichzeitig belehrt es ihn über die Folgen des § 697 Absatz 2 Satz 2. [3] Wird das Mahnverfahren nicht maschinell bearbeitet, so soll der Antragsgegner die erforderliche Zahl von Abschriften mit dem Widerspruch einreichen.

§ 696 Verfahren nach Widerspruch. (1) [1] Wird rechtzeitig Widerspruch erhoben und beantragt eine Partei die Durchführung des streitigen Verfahrens, so gibt das Gericht, das den Mahnbescheid erlassen hat, den Rechtsstreit von Amts wegen an das Gericht ab, das in dem Mahnbescheid gemäß § 692 Abs. 1 Nr. 1 bezeichnet worden ist, wenn die Parteien übereinstimmend die Abgabe an ein anderes Gericht verlangen, an dieses. [2] Der Antrag kann in den Antrag auf Erlass des Mahnbescheids aufgenommen werden. [3] Die Abgabe ist den Parteien mitzuteilen; sie ist nicht anfechtbar. [4] Mit Eingang der Akten bei dem Gericht, an das er abgegeben wird, gilt der Rechtsstreit als dort anhängig. [5] § 281 Abs. 3 Satz 1 gilt entsprechend.

(2) [1] Ist das Mahnverfahren maschinell bearbeitet worden, so tritt, sofern die Akte nicht elektronisch übermittelt wird, an die Stelle der Akten ein maschinell erstellter Aktenausdruck. [2] Für diesen gelten die Vorschriften über die Beweiskraft öffentlicher Urkunden entsprechend. [3] § 298 findet keine Anwendung.

(3) Die Streitsache gilt als mit Zustellung des Mahnbescheids rechtshängig geworden, wenn sie alsbald nach der Erhebung des Widerspruchs abgegeben wird.

(4) [1]Der Antrag auf Durchführung des streitigen Verfahrens kann bis zum Beginn der mündlichen Verhandlung des Antragsgegners zur Hauptsache zurückgenommen werden. [2]Die Zurücknahme kann vor der Geschäftsstelle zu Protokoll erklärt werden. [3]Mit der Zurücknahme ist die Streitsache als nicht rechtshängig geworden anzusehen.

(5) Das Gericht, an das der Rechtsstreit abgegeben ist, ist hierdurch in seiner Zuständigkeit nicht gebunden.

§ 697 Einleitung des Streitverfahrens. (1) [1]Die Geschäftsstelle des Gerichts, an das die Streitsache abgegeben wird, hat dem Antragsteller unverzüglich aufzugeben, seinen Anspruch binnen zwei Wochen in einer der Klageschrift entsprechenden Form zu begründen. [2]§ 270 Satz 2 gilt entsprechend.

(2) [1]Bei Eingang der Anspruchsbegründung ist wie nach Eingang einer Klage weiter zu verfahren. [2]Soweit der Antrag in der Anspruchsbegründung hinter dem Mahnantrag zurückbleibt, gilt die Klage als zurückgenommen, wenn der Antragsteller zuvor durch das Mahngericht über diese Folge belehrt oder durch das Streitgericht auf diese Folge hingewiesen worden ist. [3]Zur schriftlichen Klageerwiderung im Vorverfahren nach § 276 kann auch eine mit der Zustellung der Anspruchsbegründung beginnende Frist gesetzt werden.

(3) [1]Geht die Anspruchsbegründung nicht rechtzeitig ein, so wird bis zu ihrem Eingang Termin zur mündlichen Verhandlung nur auf Antrag des Antragsgegners bestimmt. [2]Mit der Terminsbestimmung setzt der Vorsitzende dem Antragsteller eine Frist zur Begründung des Anspruchs; § 296 Abs. 1, 4 gilt entsprechend.

(4) [1]Der Antragsgegner kann den Widerspruch bis zum Beginn seiner mündlichen Verhandlung zur Hauptsache zurücknehmen, jedoch nicht nach Erlass eines Versäumnisurteils gegen ihn. [2]Die Zurücknahme kann zu Protokoll der Geschäftsstelle erklärt werden.

(5) [1]Zur Herstellung eines Urteils in abgekürzter Form nach § 313b Absatz 2, § 317 Absatz 5 kann der Mahnbescheid an Stelle der Klageschrift benutzt werden. [2]Ist das Mahnverfahren maschinell bearbeitet worden, so tritt an die Stelle der Klageschrift der maschinell erstellte Aktenausdruck.

§ 698 Abgabe des Verfahrens am selben Gericht. Die Vorschriften über die Abgabe des Verfahrens gelten sinngemäß, wenn Mahnverfahren und streitiges Verfahren bei demselben Gericht durchgeführt werden.

§ 699 Vollstreckungsbescheid. (1) [1]Auf der Grundlage des Mahnbescheids erlässt das Gericht auf Antrag einen Vollstreckungsbescheid, wenn der Antragsgegner nicht rechtzeitig Widerspruch erhoben hat. [2]Der Antrag kann nicht vor Ablauf der Widerspruchsfrist gestellt werden; er hat die Erklärung zu enthalten, ob und welche Zahlungen auf den Mahnbescheid geleistet worden sind. [3]Ist der Rechtsstreit bereits an ein anderes Gericht abgegeben, so erlässt dieses den Vollstreckungsbescheid.

(2) Soweit das Mahnverfahren nicht maschinell bearbeitet wird, kann der Vollstreckungsbescheid auf den Mahnbescheid gesetzt werden.

(3) [1]In den Vollstreckungsbescheid sind die bisher entstandenen Kosten des Verfahrens aufzunehmen. [2]Der Antragsteller braucht die Kosten nur zu berech-

nen, wenn das Mahnverfahren nicht maschinell bearbeitet wird; im Übrigen genügen die zur maschinellen Berechnung erforderlichen Angaben.

(4) [1]Der Vollstreckungsbescheid wird dem Antragsgegner von Amts wegen zugestellt, wenn nicht der Antragsteller die Übermittlung an sich zur Zustellung im Parteibetrieb beantragt hat. [2]In diesen Fällen wird der Vollstreckungsbescheid dem Antragsteller zur Zustellung übermittelt; die Geschäftsstelle des Gerichts vermittelt diese Zustellung nicht. [3]Bewilligt das mit dem Mahnverfahren befasste Gericht die öffentliche Zustellung, so wird die Benachrichtigung nach § 186 Abs. 2 Satz 2 und 3 an die Gerichtstafel des Gerichts angeheftet oder in das Informationssystem des Gerichts eingestellt, das in dem Mahnbescheid gemäß § 692 Abs. 1 Nr. 1 bezeichnet worden ist.

(5) Die Belehrung gemäß § 232 ist dem Antragsgegner zusammen mit der Zustellung des Vollstreckungsbescheids schriftlich mitzuteilen.

§ 700 Einspruch gegen den Vollstreckungsbescheid. (1) Der Vollstreckungsbescheid steht einem für vorläufig vollstreckbar erklärten Versäumnisurteil gleich.

(2) Die Streitsache gilt als mit der Zustellung des Mahnbescheids rechtshängig geworden.

(3) [1]Wird Einspruch eingelegt, so gibt das Gericht, das den Vollstreckungsbescheid erlassen hat, den Rechtsstreit von Amts wegen an das Gericht ab, das in dem Mahnbescheid gemäß § 692 Abs. 1 Nr. 1 bezeichnet worden ist, wenn die Parteien übereinstimmend die Abgabe an ein anderes Gericht verlangen, an dieses. [2]§ 696 Abs. 1 Satz 3 bis 5, Abs. 2, 5, § 697 Abs. 1, 4, § 698 gelten entsprechend. [3]§ 340 Abs. 3 ist nicht anzuwenden.

(4) [1]Bei Eingang der Anspruchsbegründung ist wie nach Eingang einer Klage weiter zu verfahren, wenn der Einspruch nicht als unzulässig verworfen wird. [2]§ 276 Abs. 1 Satz 1, 3, Abs. 2 ist nicht anzuwenden.

(5) Geht die Anspruchsbegründung innerhalb der von der Geschäftsstelle gesetzten Frist nicht ein und wird der Einspruch auch nicht als unzulässig verworfen, bestimmt der Vorsitzende unverzüglich Termin; § 697 Abs. 3 Satz 2 gilt entsprechend.

(6) Der Einspruch darf nach § 345 nur verworfen werden, soweit die Voraussetzungen des § 331 Abs. 1, 2 erster Halbsatz für ein Versäumnisurteil vorliegen; soweit die Voraussetzungen nicht vorliegen, wird der Vollstreckungsbescheid aufgehoben.

§ 701 Wegfall der Wirkung des Mahnbescheids. [1]Ist Widerspruch nicht erhoben und beantragt der Antragsteller den Erlass des Vollstreckungsbescheids nicht binnen einer sechsmonatigen Frist, die mit der Zustellung des Mahnbescheids beginnt, so fällt die Wirkung des Mahnbescheids weg. [2]Dasselbe gilt, wenn der Vollstreckungsbescheid rechtzeitig beantragt ist, der Antrag aber zurückgewiesen wird.

§ 702 Form von Anträgen und Erklärungen. (1) [1]Im Mahnverfahren können die Anträge und Erklärungen vor dem Urkundsbeamten der Geschäftsstelle abgegeben werden. [2]Soweit Formulare eingeführt sind, werden diese ausgefüllt; der Urkundsbeamte vermerkt unter Angabe des Gerichts und des Datums, dass er den Antrag oder die Erklärung aufgenommen hat. [3]Auch soweit Formulare nicht eingeführt sind, ist für den Antrag auf Erlass eines Mahnbescheids oder eines Vollstreckungsbescheids bei dem für das Mahnverfahren zuständigen Gericht die Aufnahme eines Protokolls nicht erforderlich.

(2) [1] Anträge und Erklärungen können in einer nur maschinell lesbaren Form übermittelt werden, wenn diese dem Gericht für seine maschinelle Bearbeitung geeignet erscheint. [2] Werden Anträge und Erklärungen, für die maschinell bearbeitbare Formulare nach § 703c Absatz 1 Satz 2 Nummer 1 eingeführt sind, von einem Rechtsanwalt oder einer registrierten Person nach § 10 Absatz 1 Satz 1 Nummer 1 des Rechtsdienstleistungsgesetzes übermittelt, ist nur diese Form der Übermittlung zulässig. [3] Anträge und Erklärungen können unter Nutzung des elektronischen Identitätsnachweises nach § 18 des Personalausweisgesetzes*[ab 1.11.2020: , § 12 des eID-Karte-Gesetzes]* oder § 78 Absatz 5 des Aufenthaltsgesetzes gestellt werden. [4] Der handschriftlichen Unterzeichnung bedarf es nicht, wenn in anderer Weise gewährleistet ist, dass die Anträge oder Erklärungen nicht ohne den Willen des Antragstellers oder Erklärenden übermittelt werden.

(3) Der Antrag auf Erlass eines Mahnbescheids oder eines Vollstreckungsbescheids wird dem Antragsgegner nicht mitgeteilt.

§ 703 Kein Nachweis der Vollmacht. [1] Im Mahnverfahren bedarf es des Nachweises einer Vollmacht nicht. [2] Wer als Bevollmächtigter einen Antrag einreicht oder einen Rechtsbehelf einlegt, hat seine ordnungsgemäße Bevollmächtigung zu versichern.

§ 703a Urkunden-, Wechsel- und Scheckmahnverfahren. (1) Ist der Antrag des Antragstellers auf den Erlass eines Urkunden-, Wechsel- oder Scheckmahnbescheids gerichtet, so wird der Mahnbescheid als Urkunden-, Wechsel- oder Scheckmahnbescheid bezeichnet.

(2) Für das Urkunden-, Wechsel- und Scheckmahnverfahren gelten folgende besondere Vorschriften:

1. die Bezeichnung als Urkunden-, Wechsel- oder Scheckmahnbescheid hat die Wirkung, dass die Streitsache, wenn rechtzeitig Widerspruch erhoben wird, im Urkunden-, Wechsel- oder Scheckprozess anhängig wird;
2. die Urkunden sollen in dem Antrag auf Erlass des Mahnbescheids und in dem Mahnbescheid bezeichnet werden; ist die Sache an das Streitgericht abzugeben, so müssen die Urkunden in Urschrift oder in Abschrift der Anspruchsbegründung beigefügt werden;
3. im Mahnverfahren ist nicht zu prüfen, ob die gewählte Prozessart statthaft ist;
4. beschränkt sich der Widerspruch auf den Antrag, dem Beklagten die Ausführung seiner Rechte vorzubehalten, so ist der Vollstreckungsbescheid unter diesem Vorbehalt zu erlassen. Auf das weitere Verfahren ist die Vorschrift des § 600 entsprechend anzuwenden.

§ 703b Sonderregelungen für maschinelle Bearbeitung. (1) Bei maschineller Bearbeitung werden Beschlüsse, Verfügungen, Ausfertigungen und Vollstreckungsklauseln mit dem Gerichtssiegel versehen; einer Unterschrift bedarf es nicht.

(2) Das Bundesministerium der Justiz und für Verbraucherschutz wird ermächtigt, durch Rechtsverordnung mit Zustimmung des Bundesrates den Verfahrensablauf zu regeln, soweit dies für eine einheitliche maschinelle Bearbeitung der Mahnverfahren erforderlich ist (Verfahrensablaufplan).

§ 703c Formulare; Einführung der maschinellen Bearbeitung.

(1) [1] Das Bundesministerium der Justiz und für Verbraucherschutz wird ermächtigt, durch Rechtsverordnung[1)] mit Zustimmung des Bundesrates zur Vereinfachung des Mahnverfahrens und zum Schutze der in Anspruch genommenen Partei Formulare einzuführen. [2] Für

1. Mahnverfahren bei Gerichten, die die Verfahren maschinell bearbeiten,
2. Mahnverfahren bei Gerichten, die die Verfahren nicht maschinell bearbeiten,
3. Mahnverfahren, in denen der Mahnbescheid im Ausland zuzustellen ist,
4. Mahnverfahren, in denen der Mahnbescheid nach Artikel 32 des Zusatzabkommens zum NATO-Truppenstatut vom 3. August 1959 (BGBl. 1961 II S. 1183, 1218) zuzustellen ist,

können unterschiedliche Formulare eingeführt werden.

(2) Soweit nach Absatz 1 Formulare für Anträge und Erklärungen der Parteien eingeführt sind, müssen sich die Parteien ihrer bedienen.

(3) Die Landesregierungen bestimmen durch Rechtsverordnung den Zeitpunkt, in dem bei einem Amtsgericht die maschinelle Bearbeitung der Mahnverfahren eingeführt wird; sie können die Ermächtigung durch Rechtsverordnung auf die Landesjustizverwaltungen übertragen.

§ 703d Antragsgegner ohne allgemeinen inländischen Gerichtsstand.

(1) Hat der Antragsgegner keinen allgemeinen Gerichtsstand im Inland, so gelten die nachfolgenden besonderen Vorschriften.

(2) [1] Zuständig für das Mahnverfahren ist das Amtsgericht, das für das streitige Verfahren zuständig sein würde, wenn die Amtsgerichte im ersten Rechtszug sachlich unbeschränkt zuständig wären. [2] § 689 Abs. 3 gilt entsprechend.

Buch 8. Zwangsvollstreckung

Abschnitt 1. Allgemeine Vorschriften

§ 704 Vollstreckbare Endurteile. Die Zwangsvollstreckung findet statt aus Endurteilen, die rechtskräftig oder für vorläufig vollstreckbar erklärt sind.

§ 705 Formelle Rechtskraft. [1] Die Rechtskraft der Urteile tritt vor Ablauf der für die Einlegung des zulässigen Rechtsmittels oder des zulässigen Einspruchs bestimmten Frist nicht ein. [2] Der Eintritt der Rechtskraft wird durch rechtzeitige Einlegung des Rechtsmittels oder des Einspruchs gehemmt.

---

1) Siehe die VO zur Einführung von Vordrucken für das Mahnverfahren v. 6.5.1977 (BGBl. I S. 693), zuletzt geänd. durch G v. 11.3.2016 (BGBl. I S. 396) und die VO zur Einführung von Vordrucken für das Mahnverfahren bei Gerichten, die das Verfahren maschinell bearbeiten v. 6.6.1978 (BGBl. I S. 705, ber. S. 1185), zuletzt geänd. durch Bek. v. 29.1.2018 (BAnz AT 01.02.2018 B1).

§ 706 Rechtskraft- und Notfristzeugnis. (1) Zeugnisse über die Rechtskraft der Urteile sind auf Grund der Prozessakten von der Geschäftsstelle des Gerichts des ersten Rechtszuges und, solange der Rechtsstreit in einem höheren Rechtszug anhängig ist, von der Geschäftsstelle des Gerichts dieses Rechtszuges zu erteilen.

(2) [1]Soweit die Erteilung des Zeugnisses davon abhängt, dass gegen das Urteil ein Rechtsmittel nicht eingelegt ist, holt die Geschäftsstelle des Gerichts des ersten Rechtszuges bei der Geschäftsstelle des für das Rechtsmittel zuständigen Gerichts eine Mitteilung in Textform ein, dass bis zum Ablauf der Notfrist eine Rechtsmittelschrift nicht eingereicht sei. [2]Einer Mitteilung durch die Geschäftsstelle des Revisionsgerichts, dass ein Antrag auf Zulassung der Revision nach § 566 nicht eingereicht sei, bedarf es nicht.

§ 707 Einstweilige Einstellung der Zwangsvollstreckung. (1) [1]Wird die Wiedereinsetzung in den vorigen Stand oder eine Wiederaufnahme des Verfahrens beantragt oder die Rüge nach § 321a erhoben oder wird der Rechtsstreit nach der Verkündung eines Vorbehaltsurteils fortgesetzt, so kann das Gericht auf Antrag anordnen, dass die Zwangsvollstreckung gegen oder ohne Sicherheitsleistung einstweilen eingestellt werde oder nur gegen Sicherheitsleistung stattfinde und dass die Vollstreckungsmaßregeln gegen Sicherheitsleistung aufzuheben seien. [2]Die Einstellung der Zwangsvollstreckung ohne Sicherheitsleistung ist nur zulässig, wenn glaubhaft gemacht wird, dass der Schuldner zur Sicherheitsleistung nicht in der Lage ist und die Vollstreckung einen nicht zu ersetzenden Nachteil bringen würde.

(2) [1]Die Entscheidung ergeht durch Beschluss. [2]Eine Anfechtung des Beschlusses findet nicht statt.

§ 708 Vorläufige Vollstreckbarkeit ohne Sicherheitsleistung. Für vorläufig vollstreckbar ohne Sicherheitsleistung sind zu erklären:

1. Urteile, die auf Grund eines Anerkenntnisses oder eines Verzichts ergehen;
2. Versäumnisurteile und Urteile nach Lage der Akten gegen die säumige Partei gemäß § 331a;
3. Urteile, durch die gemäß § 341 der Einspruch als unzulässig verworfen wird;
4. Urteile, die im Urkunden-, Wechsel- oder Scheckprozess erlassen werden;
5. Urteile, die ein Vorbehaltsurteil, das im Urkunden-, Wechsel- oder Scheckprozess erlassen wurde, für vorbehaltlos erklären;
6. Urteile, durch die Arreste oder einstweilige Verfügungen abgelehnt oder aufgehoben werden;
7. Urteile in Streitigkeiten zwischen dem Vermieter und dem Mieter oder Untermieter von Wohnräumen oder anderen Räumen oder zwischen dem Mieter und dem Untermieter solcher Räume wegen Überlassung, Benutzung oder Räumung, wegen Fortsetzung des Mietverhältnisses über Wohnraum auf Grund der §§ 574 bis 574b des Bürgerlichen Gesetzbuchs sowie wegen Zurückhaltung der von dem Mieter oder dem Untermieter in die Mieträume eingebrachten Sachen;
8. Urteile, die die Verpflichtung aussprechen, Unterhalt, Renten wegen Entziehung einer Unterhaltsforderung oder Renten wegen einer Verletzung

des Körpers oder der Gesundheit zu entrichten, soweit sich die Verpflichtung auf die Zeit nach der Klageerhebung und auf das ihr vorausgehende letzte Vierteljahr bezieht;

9. Urteile nach §§ 861, 862 des Bürgerlichen Gesetzbuchs auf Wiedereinräumung des Besitzes oder auf Beseitigung oder Unterlassung einer Besitzstörung;
10. Berufungsurteile in vermögensrechtlichen Streitigkeiten. Wird die Berufung durch Urteil oder Beschluss gemäß § 522 Absatz 2 zurückgewiesen, ist auszusprechen, dass das angefochtene Urteil ohne Sicherheitsleistung vorläufig vollstreckbar ist;
11. andere Urteile in vermögensrechtlichen Streitigkeiten, wenn der Gegenstand der Verurteilung in der Hauptsache 1 250 Euro nicht übersteigt oder wenn nur die Entscheidung über die Kosten vollstreckbar ist und eine Vollstreckung im Wert von nicht mehr als 1 500 Euro ermöglicht.

§ 709 Vorläufige Vollstreckbarkeit gegen Sicherheitsleistung. [1] Andere Urteile sind gegen eine der Höhe nach zu bestimmende Sicherheit für vorläufig vollstreckbar zu erklären. [2] Soweit wegen einer Geldforderung zu vollstrecken ist, genügt es, wenn die Höhe der Sicherheitsleistung in einem bestimmten Verhältnis zur Höhe des jeweils zu vollstreckenden Betrages angegeben wird. [3] Handelt es sich um ein Urteil, das ein Versäumnisurteil aufrechterhält, so ist auszusprechen, dass die Vollstreckung aus dem Versäumnisurteil nur gegen Leistung der Sicherheit fortgesetzt werden darf.

§ 710 Ausnahmen von der Sicherheitsleistung des Gläubigers. Kann der Gläubiger die Sicherheit nach § 709 nicht oder nur unter erheblichen Schwierigkeiten leisten, so ist das Urteil auf Antrag auch ohne Sicherheitsleistung für vorläufig vollstreckbar zu erklären, wenn die Aussetzung der Vollstreckung dem Gläubiger einen schwer zu ersetzenden oder schwer abzusehenden Nachteil bringen würde oder aus einem sonstigen Grund für den Gläubiger unbillig wäre, insbesondere weil er die Leistung für seine Lebenshaltung oder seine Erwerbstätigkeit dringend benötigt.

§ 711 Abwendungsbefugnis. [1] In den Fällen des § 708 Nr. 4 bis 11 hat das Gericht auszusprechen, dass der Schuldner die Vollstreckung durch Sicherheitsleistung oder Hinterlegung abwenden darf, wenn nicht der Gläubiger vor der Vollstreckung Sicherheit leistet. [2] § 709 Satz 2 gilt entsprechend, für den Schuldner jedoch mit der Maßgabe, dass Sicherheit in einem bestimmten Verhältnis zur Höhe des auf Grund des Urteils vollstreckbaren Betrages zu leisten ist. [3] Für den Gläubiger gilt § 710 entsprechend.

§ 712 Schutzantrag des Schuldners. (1) [1] Würde die Vollstreckung dem Schuldner einen nicht zu ersetzenden Nachteil bringen, so hat ihm das Gericht auf Antrag zu gestatten, die Vollstreckung durch Sicherheitsleistung oder Hinterlegung ohne Rücksicht auf eine Sicherheitsleistung des Gläubigers abzuwenden; § 709 Satz 2 gilt in den Fällen des § 709 Satz 1 entsprechend. [2] Ist der Schuldner dazu nicht in der Lage, so ist das Urteil nicht für vorläufig vollstreckbar zu erklären oder die Vollstreckung auf die in § 720a Abs. 1, 2 bezeichneten Maßregeln zu beschränken.

(2) [1]Dem Antrag des Schuldners ist nicht zu entsprechen, wenn ein überwiegendes Interesse des Gläubigers entgegensteht. [2]In den Fällen des § 708 kann das Gericht anordnen, dass das Urteil nur gegen Sicherheitsleistung vorläufig vollstreckbar ist.

§ 713 Unterbleiben von Schuldnerschutzanordnungen. Die in den §§ 711, 712 zugunsten des Schuldners zugelassenen Anordnungen sollen nicht ergehen, wenn die Voraussetzungen, unter denen ein Rechtsmittel gegen das Urteil stattfindet, unzweifelhaft nicht vorliegen.

§ 714 Anträge zur vorläufigen Vollstreckbarkeit. (1) Anträge nach den §§ 710, 711 Satz 3, § 712 sind vor Schluss der mündlichen Verhandlung zu stellen, auf die das Urteil ergeht.

(2) Die tatsächlichen Voraussetzungen sind glaubhaft zu machen.

§ 715 Rückgabe der Sicherheit. (1) [1]Das Gericht, das eine Sicherheitsleistung des Gläubigers angeordnet oder zugelassen hat, ordnet auf Antrag die Rückgabe der Sicherheit an, wenn ein Zeugnis über die Rechtskraft des für vorläufig vollstreckbar erklärten Urteils vorgelegt wird. [2]Ist die Sicherheit durch eine Bürgschaft bewirkt worden, so ordnet das Gericht das Erlöschen der Bürgschaft an.

(2) § 109 Abs. 3 gilt entsprechend.

§ 716 Ergänzung des Urteils. Ist über die vorläufige Vollstreckbarkeit nicht entschieden, so sind wegen Ergänzung des Urteils die Vorschriften des § 321 anzuwenden.

§ 717 Wirkungen eines aufhebenden oder abändernden Urteils.

(1) Die vorläufige Vollstreckbarkeit tritt mit der Verkündung eines Urteils, das die Entscheidung in der Hauptsache oder die Vollstreckbarkeitserklärung aufhebt oder abändert, insoweit außer Kraft, als die Aufhebung oder Abänderung ergeht.

(2) [1]Wird ein für vorläufig vollstreckbar erklärtes Urteil aufgehoben oder abgeändert, so ist der Kläger zum Ersatz des Schadens verpflichtet, der dem Beklagten durch die Vollstreckung des Urteils oder durch eine zur Abwendung der Vollstreckung gemachte Leistung entstanden ist. [2]Der Beklagte kann den Anspruch auf Schadensersatz in dem anhängigen Rechtsstreit geltend machen; wird der Anspruch geltend gemacht, so ist er als zur Zeit der Zahlung oder Leistung rechtshängig geworden anzusehen.

(3) [1]Die Vorschriften des Absatzes 2 sind auf die im § 708 Nr. 10 bezeichneten Berufungsurteile, mit Ausnahme der Versäumnisurteile, nicht anzuwenden. [2]Soweit ein solches Urteil aufgehoben oder abgeändert wird, ist der Kläger auf Antrag des Beklagten zur Erstattung des von diesem auf Grund des Urteils Gezahlten oder Geleisteten zu verurteilen. [3]Die Erstattungspflicht des Klägers bestimmt sich nach den Vorschriften über die Herausgabe einer ungerechtfertigten Bereicherung. [4]Wird der Antrag gestellt, so ist der Anspruch auf Erstattung als zur Zeit der Zahlung oder Leistung rechtshängig geworden anzusehen; die mit der Rechtshängigkeit nach den Vorschriften des bürgerli-

chen Rechts verbundenen Wirkungen treten mit der Zahlung oder Leistung auch dann ein, wenn der Antrag nicht gestellt wird.

§ 718 Vorabentscheidung über vorläufige Vollstreckbarkeit. (1) [1] In der Berufungsinstanz ist über die vorläufige Vollstreckbarkeit auf Antrag vorab zu entscheiden. [2] Die Entscheidung kann ohne mündliche Verhandlung ergehen; § 128 Absatz 2 Satz 2 gilt entsprechend.

(2) Eine Anfechtung der in der Berufungsinstanz über die vorläufige Vollstreckbarkeit erlassenen Entscheidung findet nicht statt.

§ 719 Einstweilige Einstellung bei Rechtsmittel und Einspruch.

(1) [1] Wird gegen ein für vorläufig vollstreckbar erklärtes Urteil der Einspruch oder die Berufung eingelegt, so gelten die Vorschriften des § 707 entsprechend. [2] Die Zwangsvollstreckung aus einem Versäumnisurteil darf nur gegen Sicherheitsleistung eingestellt werden, es sei denn, dass das Versäumnisurteil nicht in gesetzlicher Weise ergangen ist oder die säumige Partei glaubhaft macht, dass ihre Säumnis unverschuldet war.

(2) [1] Wird Revision gegen ein für vorläufig vollstreckbar erklärtes Urteil eingelegt, so ordnet das Revisionsgericht auf Antrag an, dass die Zwangsvollstreckung einstweilen eingestellt wird, wenn die Vollstreckung dem Schuldner einen nicht zu ersetzenden Nachteil bringen würde und nicht ein überwiegendes Interesse des Gläubigers entgegensteht. [2] Die Parteien haben die tatsächlichen Voraussetzungen glaubhaft zu machen.

(3) Die Entscheidung ergeht durch Beschluss.

§ 720 Hinterlegung bei Abwendung der Vollstreckung. Darf der Schuldner nach § 711 Satz 1, § 712 Abs. 1 Satz 1 die Vollstreckung durch Sicherheitsleistung oder Hinterlegung abwenden, so ist gepfändetes Geld oder der Erlös gepfändeter Gegenstände zu hinterlegen.

§ 720a Sicherungsvollstreckung. (1) [1] Aus einem nur gegen Sicherheit vorläufig vollstreckbaren Urteil, durch das der Schuldner zur Leistung von Geld verurteilt worden ist, darf der Gläubiger ohne Sicherheitsleistung die Zwangsvollstreckung insoweit betreiben, als

a) bewegliches Vermögen gepfändet wird,

b) im Wege der Zwangsvollstreckung in das unbewegliche Vermögen eine Sicherungshypothek oder Schiffshypothek eingetragen wird.

[2] Der Gläubiger kann sich aus dem belasteten Gegenstand nur nach Leistung der Sicherheit befriedigen.

(2) Für die Zwangsvollstreckung in das bewegliche Vermögen gilt § 930 Abs. 2, 3 entsprechend.

(3) Der Schuldner ist befugt, die Zwangsvollstreckung nach Absatz 1 durch Leistung einer Sicherheit in Höhe des Hauptanspruchs abzuwenden, wegen dessen der Gläubiger vollstrecken kann, wenn nicht der Gläubiger vorher die ihm obliegende Sicherheit geleistet hat.

§ 721 Räumungsfrist. (1) [1] Wird auf Räumung von Wohnraum erkannt, so kann das Gericht auf Antrag oder von Amts wegen dem Schuldner eine den

Umständen nach angemessene Räumungsfrist gewähren. [2]Der Antrag ist vor dem Schluss der mündlichen Verhandlung zu stellen, auf die das Urteil ergeht. [3]Ist der Antrag bei der Entscheidung übergangen, so gilt § 321; bis zur Entscheidung kann das Gericht auf Antrag die Zwangsvollstreckung wegen des Räumungsanspruchs einstweilen einstellen.

(2) [1]Ist auf künftige Räumung erkannt und über eine Räumungsfrist noch nicht entschieden, so kann dem Schuldner eine den Umständen nach angemessene Räumungsfrist gewährt werden, wenn er spätestens zwei Wochen vor dem Tag, an dem nach dem Urteil zu räumen ist, einen Antrag stellt. [2]§§ 233 bis 238 gelten sinngemäß.

(3) [1]Die Räumungsfrist kann auf Antrag verlängert oder verkürzt werden. [2]Der Antrag auf Verlängerung ist spätestens zwei Wochen vor Ablauf der Räumungsfrist zu stellen. [3]§§ 233 bis 238 gelten sinngemäß.

(4) [1]Über Anträge nach den Absätzen 2 oder 3 entscheidet das Gericht erster Instanz, solange die Sache in der Berufungsinstanz anhängig ist, das Berufungsgericht. [2]Die Entscheidung ergeht durch Beschluss. [3]Vor der Entscheidung ist der Gegner zu hören. [4]Das Gericht ist befugt, die im § 732 Abs. 2 bezeichneten Anordnungen zu erlassen.

(5) [1]Die Räumungsfrist darf insgesamt nicht mehr als ein Jahr betragen. [2]Die Jahresfrist rechnet vom Tage der Rechtskraft des Urteils oder, wenn nach einem Urteil auf künftige Räumung an einem späteren Tage zu räumen ist, von diesem Tage an.

(6) Die sofortige Beschwerde findet statt

1. gegen Urteile, durch die auf Räumung von Wohnraum erkannt ist, wenn sich das Rechtsmittel lediglich gegen die Versagung, Gewährung oder Bemessung einer Räumungsfrist richtet;
2. gegen Beschlüsse über Anträge nach den Absätzen 2 oder 3.

(7) [1]Die Absätze 1 bis 6 gelten nicht für Mietverhältnisse über Wohnraum im Sinne des § 549 Abs. 2 Nr. 3 sowie in den Fällen des § 575 des Bürgerlichen Gesetzbuchs. [2]Endet ein Mietverhältnis im Sinne des § 575 des Bürgerlichen Gesetzbuchs durch außerordentliche Kündigung, kann eine Räumungsfrist höchstens bis zum vertraglich bestimmten Zeitpunkt der Beendigung gewährt werden.

§ 722 Vollstreckbarkeit ausländischer Urteile. (1) Aus dem Urteil eines ausländischen Gerichts findet die Zwangsvollstreckung nur statt, wenn ihre Zulässigkeit durch ein Vollstreckungsurteil ausgesprochen ist.

(2) Für die Klage auf Erlass des Urteils ist das Amtsgericht oder Landgericht, bei dem der Schuldner seinen allgemeinen Gerichtsstand hat, und sonst das Amtsgericht oder Landgericht zuständig, bei dem nach § 23 gegen den Schuldner Klage erhoben werden kann.

§ 723 Vollstreckungsurteil. (1) Das Vollstreckungsurteil ist ohne Prüfung der Gesetzmäßigkeit der Entscheidung zu erlassen.

(2) [1]Das Vollstreckungsurteil ist erst zu erlassen, wenn das Urteil des ausländischen Gerichts nach dem für dieses Gericht geltenden Recht die Rechtskraft erlangt hat. [2]Es ist nicht zu erlassen, wenn die Anerkennung des Urteils nach § 328 ausgeschlossen ist.

§ 724[1] **Vollstreckbare Ausfertigung.** (1) Die Zwangsvollstreckung wird auf Grund einer mit der Vollstreckungsklausel versehenen Ausfertigung des Urteils (vollstreckbare Ausfertigung) durchgeführt.

(2) Die vollstreckbare Ausfertigung wird von dem Urkundsbeamten der Geschäftsstelle des Gerichts des ersten Rechtszuges und, wenn der Rechtsstreit bei einem höheren Gericht anhängig ist, von dem Urkundsbeamten der Geschäftsstelle dieses Gerichts erteilt.

§ 725[1] **Vollstreckungsklausel.** Die Vollstreckungsklausel:
„Vorstehende Ausfertigung wird dem usw. (Bezeichnung der Partei) zum Zwecke der Zwangsvollstreckung erteilt"
ist der Ausfertigung des Urteils am Schluss beizufügen, von dem Urkundsbeamten der Geschäftsstelle zu unterschreiben und mit dem Gerichtssiegel zu versehen.

§ 726 Vollstreckbare Ausfertigung bei bedingten Leistungen. (1) Von Urteilen, deren Vollstreckung nach ihrem Inhalt von dem durch den Gläubiger zu beweisenden Eintritt einer anderen Tatsache als einer dem Gläubiger obliegenden Sicherheitsleistung abhängt, darf eine vollstreckbare Ausfertigung nur erteilt werden, wenn der Beweis durch öffentliche oder öffentlich beglaubigte Urkunden geführt wird.

(2) Hängt die Vollstreckung von einer Zug um Zug zu bewirkenden Leistung des Gläubigers an den Schuldner ab, so ist der Beweis, dass der Schuldner befriedigt oder im Verzug der Annahme ist, nur dann erforderlich, wenn die dem Schuldner obliegende Leistung in der Abgabe einer Willenserklärung besteht.

§ 727[2] **Vollstreckbare Ausfertigung für und gegen Rechtsnachfolger.**

(1) Eine vollstreckbare Ausfertigung kann für den Rechtsnachfolger des in dem Urteil bezeichneten Gläubigers sowie gegen denjenigen Rechtsnachfolger des in dem Urteil bezeichneten Schuldners und denjenigen Besitzer der in Streit befangenen Sache, gegen die das Urteil nach § 325 wirksam ist, erteilt werden, sofern die Rechtsnachfolge oder das Besitzverhältnis bei dem Gericht offenkundig ist oder durch öffentliche oder öffentlich beglaubigte Urkunden nachgewiesen wird.

(2) Ist die Rechtsnachfolge oder das Besitzverhältnis bei dem Gericht offenkundig, so ist dies in der Vollstreckungsklausel zu erwähnen.

§ 728 Vollstreckbare Ausfertigung bei Nacherbe oder Testamentsvollstrecker. (1) Ist gegenüber dem Vorerben ein nach § 326 dem Nacherben gegenüber wirksames Urteil ergangen, so sind auf die Erteilung einer vollstreckbaren Ausfertigung für und gegen den Nacherben die Vorschriften des § 727 entsprechend anzuwenden.

---

[1] Nach dem EVertr. v. 31.8.1990 (BGBl. II S. 885, 889), zuletzt geänd. durch G v. 8.7.2016 (BGBl. I S. 1594) können Entscheidungen der gesellschaftlichen Gerichte nicht für vollstreckbar erklärt werden.

[2] Beachte auch §§ 93 und 94 SGB XII – Sozialhilfe – v. 27.12.2003 (BGBl. I S. 3022, 3023), zuletzt geänd. durch G v. 14.12.2019 (BGBl. I S. 2789).

(2) [1]Das Gleiche gilt, wenn gegenüber einem Testamentsvollstrecker ein nach § 327 dem Erben gegenüber wirksames Urteil ergangen ist, für die Erteilung einer vollstreckbaren Ausfertigung für und gegen den Erben. [2]Eine vollstreckbare Ausfertigung kann gegen den Erben erteilt werden, auch wenn die Verwaltung des Testamentsvollstreckers noch besteht.

§ 729 Vollstreckbare Ausfertigung gegen Vermögens- und Firmenübernehmer. (1) Hat jemand das Vermögen eines anderen durch Vertrag mit diesem nach der rechtskräftigen Feststellung einer Schuld des anderen übernommen, so sind auf die Erteilung einer vollstreckbaren Ausfertigung des Urteils gegen den Übernehmer die Vorschriften des § 727 entsprechend anzuwenden.

(2) Das Gleiche gilt für die Erteilung einer vollstreckbaren Ausfertigung gegen denjenigen, der ein unter Lebenden erworbenes Handelsgeschäft unter der bisherigen Firma fortführt, in Ansehung der Verbindlichkeiten, für die er nach § 25 Abs. 1 Satz 1, Abs. 2 des Handelsgesetzbuchs haftet, sofern sie vor dem Erwerb des Geschäfts gegen den früheren Inhaber rechtskräftig festgestellt worden sind.

§ 730 Anhörung des Schuldners. In den Fällen des § 726 Abs. 1 und der §§ 727 bis 729 kann der Schuldner vor der Erteilung der vollstreckbaren Ausfertigung gehört werden.

§ 731 Klage auf Erteilung der Vollstreckungsklausel. Kann der nach dem § 726 Abs. 1 und den §§ 727 bis 729 erforderliche Nachweis durch öffentliche oder öffentlich beglaubigte Urkunden nicht geführt werden, so hat der Gläubiger bei dem Prozessgericht des ersten Rechtszuges aus dem Urteil auf Erteilung der Vollstreckungsklausel Klage zu erheben.

§ 732 Erinnerung gegen Erteilung der Vollstreckungsklausel.

(1) [1]Über Einwendungen des Schuldners, welche die Zulässigkeit der Vollstreckungsklausel betreffen, entscheidet das Gericht, von dessen Geschäftsstelle die Vollstreckungsklausel erteilt ist. [2]Die Entscheidung ergeht durch Beschluss.

(2) Das Gericht kann vor der Entscheidung eine einstweilige Anordnung erlassen; es kann insbesondere anordnen, dass die Zwangsvollstreckung gegen oder ohne Sicherheitsleistung einstweilen einzustellen oder nur gegen Sicherheitsleistung fortzusetzen sei.

§ 733 Weitere vollstreckbare Ausfertigung. (1) Vor der Erteilung einer weiteren vollstreckbaren Ausfertigung kann der Schuldner gehört werden, sofern nicht die zuerst erteilte Ausfertigung zurückgegeben wird.

(2) Die Geschäftsstelle hat von der Erteilung der weiteren Ausfertigung den Gegner in Kenntnis zu setzen.

(3) Die weitere Ausfertigung ist als solche ausdrücklich zu bezeichnen.

§ 734 Vermerk über Ausfertigungserteilung auf der Urteilsurschrift.

[1]Vor der Aushändigung einer vollstreckbaren Ausfertigung ist auf der Urschrift des Urteils zu vermerken, für welche Partei und zu welcher Zeit die Ausfertigung erteilt ist. [2]Werden die Prozessakten elektronisch geführt, so ist

der Vermerk in einem gesonderten elektronischen Dokument festzuhalten. [3] Das Dokument ist mit dem Urteil untrennbar zu verbinden.

§ 735 Zwangsvollstreckung gegen nicht rechtsfähigen Verein. Zur Zwangsvollstreckung in das Vermögen eines nicht rechtsfähigen Vereins genügt ein gegen den Verein ergangenes Urteil.

§ 736 Zwangsvollstreckung gegen BGB-Gesellschaft. Zur Zwangsvollstreckung in das Gesellschaftsvermögen einer nach § 705 des Bürgerlichen Gesetzbuchs eingegangenen Gesellschaft ist ein gegen alle Gesellschafter ergangenes Urteil erforderlich.[1)]

§ 737 Zwangsvollstreckung bei Vermögens- oder Erbschaftsnießbrauch. (1) Bei dem Nießbrauch an einem Vermögen ist wegen der vor der Bestellung des Nießbrauchs entstandenen Verbindlichkeiten des Bestellers die Zwangsvollstreckung in die dem Nießbrauch unterliegenden Gegenstände ohne Rücksicht auf den Nießbrauch zulässig, wenn der Besteller zu der Leistung und der Nießbraucher zur Duldung der Zwangsvollstreckung verurteilt ist.

(2) Das Gleiche gilt bei dem Nießbrauch an einer Erbschaft für die Nachlassverbindlichkeiten.

§ 738 Vollstreckbare Ausfertigung gegen Nießbraucher. (1) Ist die Bestellung des Nießbrauchs an einem Vermögen nach der rechtskräftigen Feststellung einer Schuld des Bestellers erfolgt, so sind auf die Erteilung einer in Ansehung der dem Nießbrauch unterliegenden Gegenstände vollstreckbaren Ausfertigung des Urteils gegen den Nießbraucher die Vorschriften der §§ 727, 730 bis 732 entsprechend anzuwenden.

(2) Das Gleiche gilt bei dem Nießbrauch an einer Erbschaft für die Erteilung einer vollstreckbaren Ausfertigung des gegen den Erblasser ergangenen Urteils.

§ 739 Gewahrsamsvermutung bei Zwangsvollstreckung gegen Ehegatten und Lebenspartner. (1) Wird zugunsten der Gläubiger eines der Ehegatten gemäß § 1362 des Bürgerlichen Gesetzbuchs vermutet, dass der Schuldner Eigentümer beweglicher Sachen ist, so gilt, unbeschadet der Rechte Dritter, für die Durchführung der Zwangsvollstreckung nur der Schuldner als Gewahrsamsinhaber und Besitzer.

(2) Absatz 1 gilt entsprechend für die Vermutung des § 8 Abs. 1 des Lebenspartnerschaftsgesetzes zugunsten der Gläubiger eines der Lebenspartner.

§ 740 Zwangsvollstreckung in das Gesamtgut. (1) Leben die Ehegatten oder Lebenspartner in Gütergemeinschaft und verwaltet einer von ihnen das Gesamtgut allein, so ist zur Zwangsvollstreckung in das Gesamtgut ein Urteil gegen diesen Ehegatten oder Lebenspartner erforderlich und genügend.

(2) Verwalten die Ehegatten oder Lebenspartner das Gesamtgut gemeinschaftlich, so ist die Zwangsvollstreckung in das Gesamtgut nur zulässig, wenn beide Ehegatten oder Lebenspartner zur Leistung verurteilt sind.

[1)] Für die OHG vgl. § 124 Abs. 2 und § 129 Abs. 4 HGB v. 10.5.1897 (RGBl. S. 219, ber. 1999 S. 42), zuletzt geänd. durch G v. 12.12.2019 (BGBl. I S. 2637).

§ 741 Zwangsvollstreckung in das Gesamtgut bei Erwerbsgeschäft. Betreibt ein Ehegatte oder Lebenspartner, der in Gütergemeinschaft lebt und das Gesamtgut nicht oder nicht allein verwaltet, selbständig ein Erwerbsgeschäft, so ist zur Zwangsvollstreckung in das Gesamtgut ein gegen ihn ergangenes Urteil genügend, es sei denn, dass zur Zeit des Eintritts der Rechtshängigkeit der Einspruch des anderen Ehegatten oder Lebenspartners gegen den Betrieb des Erwerbsgeschäfts oder der Widerruf seiner Einwilligung zu dem Betrieb im Güterrechtsregister eingetragen war.

§ 742 Vollstreckbare Ausfertigung bei Gütergemeinschaft während des Rechtsstreits. Ist die Gütergemeinschaft erst eingetreten, nachdem ein von einem Ehegatten oder Lebenspartner oder gegen einen Ehegatten oder Lebenspartner geführter Rechtsstreit rechtshängig geworden ist, und verwaltet dieser Ehegatte oder Lebenspartner das Gesamtgut nicht oder nicht allein, so sind auf die Erteilung einer in Ansehung des Gesamtgutes vollstreckbaren Ausfertigung des Urteils für oder gegen den anderen Ehegatten oder Lebenspartner die Vorschriften der §§ 727, 730 bis 732 entsprechend anzuwenden.

§ 743 Beendete Gütergemeinschaft. Nach der Beendigung der Gütergemeinschaft ist vor der Auseinandersetzung die Zwangsvollstreckung in das Gesamtgut nur zulässig, wenn

1. beide Ehegatten oder Lebenspartner zu der Leistung verurteilt sind oder
2. der eine Ehegatte oder Lebenspartner zu der Leistung verurteilt ist und der andere zur Duldung der Zwangsvollstreckung.

§ 744 Vollstreckbare Ausfertigung bei beendeter Gütergemeinschaft. Ist die Beendigung der Gütergemeinschaft nach der Beendigung eines Rechtsstreits des Ehegatten oder Lebenspartners eingetreten, der das Gesamtgut allein verwaltet, so sind auf die Erteilung einer in Ansehung des Gesamtgutes vollstreckbaren Ausfertigung des Urteils gegen den anderen Ehegatten oder Lebenspartner die Vorschriften der §§ 727, 730 bis 732 entsprechend anzuwenden.

§ 744a Zwangsvollstreckung bei Eigentums- und Vermögensgemeinschaft. Leben die Ehegatten gemäß Artikel 234 § 4 Abs. 2 des Einführungsgesetzes zum Bürgerlichen Gesetzbuch im Güterstand der Eigentums- und Vermögensgemeinschaft, sind für die Zwangsvollstreckung in Gegenstände des gemeinschaftlichen Eigentums und Vermögens die §§ 740 bis 744, 774 und 860 entsprechend anzuwenden.

§ 745 Zwangsvollstreckung bei fortgesetzter Gütergemeinschaft. (1) Im Falle der fortgesetzten Gütergemeinschaft ist zur Zwangsvollstreckung in das Gesamtgut ein gegen den überlebenden Ehegatten oder Lebenspartner ergangenes Urteil erforderlich und genügend.

(2) Nach der Beendigung der fortgesetzten Gütergemeinschaft gelten die §§ 743 und 744 mit der Maßgabe, dass

1. an die Stelle desjenigen Ehegatten oder Lebenspartners, der das Gesamtgut allein verwaltet, der überlebende Ehegatte oder Lebenspartner tritt und

2. an die Stelle des anderen Ehegatten oder Lebenspartners die anteilsberechtigten Abkömmlinge treten.

§ 746 (weggefallen)

§ 747 Zwangsvollstreckung in ungeteilten Nachlass. Zur Zwangsvollstreckung in einen Nachlass ist, wenn mehrere Erben vorhanden sind, bis zur Teilung ein gegen alle Erben ergangenes Urteil erforderlich.

§ 748 Zwangsvollstreckung bei Testamentsvollstrecker. (1) Unterliegt ein Nachlass der Verwaltung eines Testamentsvollstreckers, so ist zur Zwangsvollstreckung in den Nachlass ein gegen den Testamentsvollstrecker ergangenes Urteil erforderlich und genügend.

(2) Steht dem Testamentsvollstrecker nur die Verwaltung einzelner Nachlassgegenstände zu, so ist die Zwangsvollstreckung in diese Gegenstände nur zulässig, wenn der Erbe zu der Leistung, der Testamentsvollstrecker zur Duldung der Zwangsvollstreckung verurteilt ist.

(3) Zur Zwangsvollstreckung wegen eines Pflichtteilanspruchs ist im Falle des Absatzes 1 wie im Falle des Absatzes 2 ein sowohl gegen den Erben als gegen den Testamentsvollstrecker ergangenes Urteil erforderlich.

§ 749 Vollstreckbare Ausfertigung für und gegen Testamentsvollstrecker. [1] Auf die Erteilung einer vollstreckbaren Ausfertigung eines für oder gegen den Erblasser ergangenen Urteils für oder gegen den Testamentsvollstrecker sind die Vorschriften der §§ 727, 730 bis 732 entsprechend anzuwenden. [2] Auf Grund einer solchen Ausfertigung ist die Zwangsvollstreckung nur in die der Verwaltung des Testamentsvollstreckers unterliegenden Nachlassgegenstände zulässig.

§ 750 Voraussetzungen der Zwangsvollstreckung. (1) [1] Die Zwangsvollstreckung darf nur beginnen, wenn die Personen, für und gegen die sie stattfinden soll, in dem Urteil oder in der ihm beigefügten Vollstreckungsklausel namentlich bezeichnet sind und das Urteil bereits zugestellt ist oder gleichzeitig zugestellt wird. [2] Eine Zustellung durch den Gläubiger genügt; in diesem Fall braucht die Ausfertigung des Urteils Tatbestand und Entscheidungsgründe nicht zu enthalten.

(2) Handelt es sich um die Vollstreckung eines Urteils, dessen vollstreckbare Ausfertigung nach § 726 Abs. 1 erteilt worden ist, oder soll ein Urteil, das nach den §§ 727 bis 729, 738, 742, 744, dem § 745 Abs. 2 und dem § 749 für oder gegen eine der dort bezeichneten Personen wirksam ist, für oder gegen eine dieser Personen vollstreckt werden, so muss außer dem zu vollstreckenden Urteil auch die ihm beigefügte Vollstreckungsklausel und, sofern die Vollstreckungsklausel auf Grund öffentlicher oder öffentlich beglaubigter Urkunden erteilt ist, auch eine Abschrift dieser Urkunden vor Beginn der Zwangsvollstreckung zugestellt sein oder gleichzeitig mit ihrem Beginn zugestellt werden.

(3) Eine Zwangsvollstreckung nach § 720a darf nur beginnen, wenn das Urteil und die Vollstreckungsklausel mindestens zwei Wochen vorher zugestellt sind.

§ 751 Bedingungen für Vollstreckungsbeginn. (1) Ist die Geltendmachung des Anspruchs von dem Eintritt eines Kalendertages abhängig, so darf die Zwangsvollstreckung nur beginnen, wenn der Kalendertag abgelaufen ist.

(2) Hängt die Vollstreckung von einer dem Gläubiger obliegenden Sicherheitsleistung ab, so darf mit der Zwangsvollstreckung nur begonnen oder sie nur fortgesetzt werden, wenn die Sicherheitsleistung durch eine öffentliche oder öffentlich beglaubigte Urkunde nachgewiesen und eine Abschrift dieser Urkunde bereits zugestellt ist oder gleichzeitig zugestellt wird.

§ 752 Sicherheitsleistung bei Teilvollstreckung. [1] Vollstreckt der Gläubiger im Fall des § 751 Abs. 2 nur wegen eines Teilbetrages, so bemisst sich die Höhe der Sicherheitsleistung nach dem Verhältnis des Teilbetrages zum Gesamtbetrag. [2] Darf der Schuldner in den Fällen des § 709 die Vollstreckung gemäß § 712 Abs. 1 Satz 1 abwenden, so gilt für ihn Satz 1 entsprechend.

§ 753[1)] Vollstreckung durch Gerichtsvollzieher; Verordnungsermächtigung. (1) Die Zwangsvollstreckung wird, soweit sie nicht den Gerichten zugewiesen ist, durch Gerichtsvollzieher durchgeführt, die sie im Auftrag des Gläubigers zu bewirken haben.

(2) [1] Der Gläubiger kann wegen Erteilung des Auftrags zur Zwangsvollstreckung die Mitwirkung der Geschäftsstelle in Anspruch nehmen. [2] Der von der Geschäftsstelle beauftragte Gerichtsvollzieher gilt als von dem Gläubiger beauftragt.

(3) [1] Das Bundesministerium der Justiz und für Verbraucherschutz wird ermächtigt, durch Rechtsverordnung mit Zustimmung des Bundesrates verbindliche Formulare für den Auftrag einzuführen. [2] Für elektronisch eingereichte Aufträge können besondere Formulare vorgesehen werden.

(4) [1] Schriftlich einzureichende Anträge und Erklärungen der Parteien sowie schriftlich einzureichende Auskünfte, Aussagen, Gutachten, Übersetzungen und Erklärungen Dritter können als elektronisches Dokument beim Gerichtsvollzieher eingereicht werden. [2] Für das elektronische Dokument gelten § 130a, auf dieser Grundlage erlassene Rechtsverordnungen sowie § 298 entsprechend. [3] Die Bundesregierung kann in der Rechtsverordnung nach § 130a Absatz 2 Satz 2 besondere technische Rahmenbedingungen für die Übermittlung und Bearbeitung elektronischer Dokumente in Zwangsvollstreckungsverfahren durch Gerichtsvollzieher bestimmen. [4] Im Übrigen gilt § 174 Absatz 3 und 4 entsprechend.

[Abs. 5 ab 1.1.2022:]
(5) § 130d gilt entsprechend.

§ 754[2)] Vollstreckungsauftrag und vollstreckbare Ausfertigung.

(1) Durch den Vollstreckungsauftrag und die Übergabe der vollstreckbaren Ausfertigung wird der Gerichtsvollzieher ermächtigt, Leistungen des Schuldners entgegenzunehmen und diese zu quittieren sowie mit Wirkung für den Gläubiger Zahlungsvereinbarungen nach Maßgabe des § 802b zu treffen.

---

1) Beachte hierzu Übergangsvorschrift in § 43 EGZPO (Nr. **1a**).
2) Beachte hierzu Übergangsvorschrift in § 39 EGZPO (Nr. **1a**).

(2) [1] Dem Schuldner und Dritten gegenüber wird der Gerichtsvollzieher zur Vornahme der Zwangsvollstreckung und der in Absatz 1 bezeichneten Handlungen durch den Besitz der vollstreckbaren Ausfertigung ermächtigt. [2] Der Mangel oder die Beschränkung des Auftrags kann diesen Personen gegenüber von dem Gläubiger nicht geltend gemacht werden.

§ 754a Vereinfachter Vollstreckungsauftrag bei Vollstreckungsbescheiden. (1) [1] Im Fall eines elektronisch eingereichten Auftrags zur Zwangsvollstreckung aus einem Vollstreckungsbescheid, der einer Vollstreckungsklausel nicht bedarf, ist bei der Zwangsvollstreckung wegen Geldforderungen die Übermittlung der Ausfertigung des Vollstreckungsbescheides entbehrlich, wenn

1. die sich aus dem Vollstreckungsbescheid ergebende fällige Geldforderung einschließlich titulierter Nebenforderungen und Kosten nicht mehr als 5 000 Euro beträgt; Kosten der Zwangsvollstreckung sind bei der Berechnung der Forderungshöhe nur zu berücksichtigen, wenn sie allein Gegenstand des Vollstreckungsauftrags sind;
2. die Vorlage anderer Urkunden als der Ausfertigung des Vollstreckungsbescheides nicht vorgeschrieben ist;
3. der Gläubiger dem Auftrag eine Abschrift des Vollstreckungsbescheides nebst Zustellungsbescheinigung als elektronisches Dokument beifügt und
4. der Gläubiger versichert, dass ihm eine Ausfertigung des Vollstreckungsbescheides und eine Zustellungsbescheinigung vorliegen und die Forderung in Höhe des Vollstreckungsauftrags noch besteht.

[2] Sollen Kosten der Zwangsvollstreckung vollstreckt werden, sind dem Auftrag zusätzlich zu den in Satz 1 Nummer 3 genannten Dokumenten eine nachprüfbare Aufstellung der Kosten und entsprechende Belege als elektronisches Dokument beizufügen.

(2) Hat der Gerichtsvollzieher Zweifel an dem Vorliegen einer Ausfertigung des Vollstreckungsbescheides oder der übrigen Vollstreckungsvoraussetzungen, teilt er dies dem Gläubiger mit und führt die Zwangsvollstreckung erst durch, nachdem der Gläubiger die Ausfertigung des Vollstreckungsbescheides übermittelt oder die übrigen Vollstreckungsvoraussetzungen nachgewiesen hat.

§ 755[1)] Ermittlung des Aufenthaltsorts des Schuldners. (1) [1] Ist der Wohnsitz oder gewöhnliche Aufenthaltsort des Schuldners nicht bekannt, darf der Gerichtsvollzieher auf Grund des Vollstreckungsauftrags und der Übergabe der vollstreckbaren Ausfertigung zur Ermittlung des Aufenthaltsorts des Schuldners bei der Meldebehörde die gegenwärtigen Anschriften sowie Angaben zur Haupt- und Nebenwohnung des Schuldners erheben. [2] Der Gerichtsvollzieher darf auch beauftragt werden, die gegenwärtigen Anschriften, den Ort der Hauptniederlassung oder den Sitz des Schuldners zu erheben

1. durch Einsicht in das Handels-, Genossenschafts-, Partnerschafts-, Unternehmens- oder Vereinsregister oder

---

1) Beachte hierzu Übergangsvorschrift in § 39 EGZPO (Nr. **1a**).

2. durch Einholung einer Auskunft bei den nach Landesrecht für die Durchführung der Aufgaben nach § 14 Absatz 1 der Gewerbeordnung zuständigen Behörden.

(2) [1] Soweit der Aufenthaltsort des Schuldners nach Absatz 1 nicht zu ermitteln ist, darf der Gerichtsvollzieher

1. zunächst beim Ausländerzentralregister die Angaben zur aktenführenden Ausländerbehörde sowie zum Zuzug oder Fortzug des Schuldners und anschließend bei der gemäß der Auskunft aus dem Ausländerzentralregister aktenführenden Ausländerbehörde den Aufenthaltsort des Schuldners,
2. bei den Trägern der gesetzlichen Rentenversicherung die dort bekannte derzeitige Anschrift, den derzeitigen oder zukünftigen Aufenthaltsort des Schuldners sowie
3. bei dem Kraftfahrt-Bundesamt die Halterdaten nach § 33 Abs. 1 Satz 1 Nr. 2 des Straßenverkehrsgesetzes

erheben. [2] Ist der Schuldner Unionsbürger, darf der Gerichtsvollzieher die Daten nach Satz 1 Nummer 1 nur erheben, wenn ihm tatsächliche Anhaltspunkte für die Vermutung der Feststellung des Nichtbestehens oder des Verlusts des Freizügigkeitsrechts vorliegen. [3] Eine Übermittlung der Daten nach Satz 1 Nummer 1 an den Gerichtsvollzieher ist ausgeschlossen, wenn der Schuldner Unionsbürger ist, für den eine Feststellung des Nichtbestehens oder des Verlusts des Freizügigkeitsrechts nicht vorliegt.

(3) Nach Absatz 1 oder Absatz 2 erhobene Daten, die innerhalb der letzten drei Monate bei dem Gerichtsvollzieher eingegangen sind, darf dieser auch in einem Zwangsvollstreckungsverfahren eines weiteren Gläubigers gegen denselben Schuldner verarbeiten, wenn die Voraussetzungen für die Datenerhebung auch bei diesem Gläubiger vorliegen.

§ 756 Zwangsvollstreckung bei Leistung Zug um Zug. (1) Hängt die Vollstreckung von einer Zug um Zug zu bewirkenden Leistung des Gläubigers an den Schuldner ab, so darf der Gerichtsvollzieher die Zwangsvollstreckung nicht beginnen, bevor er dem Schuldner die diesem gebührende Leistung in einer den Verzug der Annahme begründenden Weise angeboten hat, sofern nicht der Beweis, dass der Schuldner befriedigt oder im Verzug der Annahme ist, durch öffentliche oder öffentlich beglaubigte Urkunden geführt wird und eine Abschrift dieser Urkunden bereits zugestellt ist oder gleichzeitig zugestellt wird.

(2) Der Gerichtsvollzieher darf mit der Zwangsvollstreckung beginnen, wenn der Schuldner auf das wörtliche Angebot des Gerichtsvollziehers erklärt, dass er die Leistung nicht annehmen werde.

§ 757 Übergabe des Titels und Quittung. (1) Der Gerichtsvollzieher hat nach Empfang der Leistungen dem Schuldner die vollstreckbare Ausfertigung nebst einer Quittung auszuliefern, bei teilweiser Leistung diese auf der vollstreckbaren Ausfertigung zu vermerken und dem Schuldner Quittung zu erteilen.

(2) Das Recht des Schuldners, nachträglich eine Quittung des Gläubigers selbst zu fordern, wird durch diese Vorschriften nicht berührt.

§ 758 Durchsuchung; Gewaltanwendung. (1) Der Gerichtsvollzieher ist befugt, die Wohnung und die Behältnisse des Schuldners zu durchsuchen, soweit der Zweck der Vollstreckung dies erfordert.

(2) Er ist befugt, die verschlossenen Haustüren, Zimmertüren und Behältnisse öffnen zu lassen.

(3) Er ist, wenn er Widerstand findet, zur Anwendung von Gewalt befugt und kann zu diesem Zweck die Unterstützung der polizeilichen Vollzugsorgane nachsuchen.

§ 758a[1] Richterliche Durchsuchungsanordnung; Vollstreckung zur Unzeit. (1) [1]Die Wohnung des Schuldners darf ohne dessen Einwilligung nur auf Grund einer Anordnung des Richters bei dem Amtsgericht durchsucht werden, in dessen Bezirk die Durchsuchung erfolgen soll. [2]Dies gilt nicht, wenn die Einholung der Anordnung den Erfolg der Durchsuchung gefährden würde.

(2) Auf die Vollstreckung eines Titels auf Räumung oder Herausgabe von Räumen und auf die Vollstreckung eines Haftbefehls nach § 802g ist Absatz 1 nicht anzuwenden.

(3) [1]Willigt der Schuldner in die Durchsuchung ein oder ist eine Anordnung gegen ihn nach Absatz 1 Satz 1 ergangen oder nach Absatz 1 Satz 2 entbehrlich, so haben Personen, die Mitgewahrsam an der Wohnung des Schuldners haben, die Durchsuchung zu dulden. [2]Unbillige Härten gegenüber Mitgewahrsamsinhabern sind zu vermeiden.

(4) [1]Der Gerichtsvollzieher nimmt eine Vollstreckungshandlung zur Nachtzeit und an Sonn- und Feiertagen nicht vor, wenn dies für den Schuldner und die Mitgewahrsamsinhaber eine unbillige Härte darstellt oder der zu erwartende Erfolg in einem Missverhältnis zu dem Eingriff steht, in Wohnungen nur auf Grund einer besonderen Anordnung des Richters bei dem Amtsgericht. [2]Die Nachtzeit umfasst die Stunden von 21 bis 6 Uhr.

(5) Die Anordnung nach Absatz 1 ist bei der Zwangsvollstreckung vorzuzeigen.

(6) [1]Das Bundesministerium der Justiz und für Verbraucherschutz wird ermächtigt, durch Rechtsverordnung[2] mit Zustimmung des Bundesrates Formulare für den Antrag auf Erlass einer richterlichen Durchsuchungsanordnung nach Absatz 1 einzuführen. [2]Soweit nach Satz 1 Formulare eingeführt sind, muss sich der Antragsteller ihrer bedienen. [3]Für Verfahren bei Gerichten, die die Verfahren elektronisch bearbeiten, und für Verfahren bei Gerichten, die die Verfahren nicht elektronisch bearbeiten, können unterschiedliche Formulare eingeführt werden.

§ 759 Zuziehung von Zeugen. Wird bei einer Vollstreckungshandlung Widerstand geleistet oder ist bei einer in der Wohnung des Schuldners vorzunehmenden Vollstreckungshandlung weder der Schuldner noch ein erwachsener Familienangehöriger, eine in der Familie beschäftigte Person oder ein erwachsener ständiger Mitbewohner anwesend, so hat der Gerichtsvollzieher

---

[1] Beachte hierzu Übergangsvorschrift in § 39 EGZPO (Nr. **1a**).

[2] VO über Formulare für die Zwangsvollstreckung (Zwangsvollstreckungsformular-Verordnung – ZVFV) v. 23.8.2012 (BGBl. I S. 1822), geänd. durch VO v. 16.6.2014 (BGBl. I S. 754)

zwei erwachsene Personen oder einen Gemeinde- oder Polizeibeamten als Zeugen zuzuziehen.

§ 760 Akteneinsicht; Aktenabschrift. [1] Jeder Person, die bei dem Vollstreckungsverfahren beteiligt ist, muss auf Begehren Einsicht der Akten des Gerichtsvollziehers gestattet und Abschrift einzelner Aktenstücke erteilt werden. [2] Werden die Akten des Gerichtsvollziehers elektronisch geführt, erfolgt die Gewährung von Akteneinsicht durch Erteilung von Ausdrucken, durch Übermittlung von elektronischen Dokumenten oder durch Wiedergabe auf einem Bildschirm; dies gilt auch für die nach § 885a Absatz 2 Satz 2 elektronisch gespeicherten Dateien.

§ 761 (weggefallen)

§ 762 Protokoll über Vollstreckungshandlungen. (1) Der Gerichtsvollzieher hat über jede Vollstreckungshandlung ein Protokoll aufzunehmen.

(2) Das Protokoll muss enthalten:

1. Ort und Zeit der Aufnahme;
2. den Gegenstand der Vollstreckungshandlung unter kurzer Erwähnung der wesentlichen Vorgänge;
3. die Namen der Personen, mit denen verhandelt ist;
4. die Unterschrift dieser Personen und den Vermerk, dass die Unterzeichnung nach Vorlesung oder Vorlegung zur Durchsicht und nach Genehmigung erfolgt sei;
5. die Unterschrift des Gerichtsvollziehers.

(3) Hat einem der unter Nummer 4 bezeichneten Erfordernisse nicht genügt werden können, so ist der Grund anzugeben.

§ 763 Aufforderungen und Mitteilungen. (1) [1] Die Aufforderungen und sonstigen Mitteilungen, die zu den Vollstreckungshandlungen gehören, sind von dem Gerichtsvollzieher mündlich zu erlassen und vollständig in das Protokoll aufzunehmen.

(2) [1] Kann dies mündlich nicht ausgeführt werden, so hat der Gerichtsvollzieher eine Abschrift des Protokolls zuzustellen oder durch die Post zu übersenden. [2] Es muss im Protokoll vermerkt werden, dass diese Vorschrift befolgt ist. [3] Eine öffentliche Zustellung findet nicht statt.

§ 764 Vollstreckungsgericht. (1) Die den Gerichten zugewiesene Anordnung von Vollstreckungshandlungen und Mitwirkung bei solchen gehört zur Zuständigkeit der Amtsgerichte als Vollstreckungsgerichte.

(2) Als Vollstreckungsgericht ist, sofern nicht das Gesetz ein anderes Amtsgericht bezeichnet, das Amtsgericht anzusehen, in dessen Bezirk das Vollstreckungsverfahren stattfinden soll oder stattgefunden hat.

(3) Die Entscheidungen des Vollstreckungsgerichts ergehen durch Beschluss.

§ 765 Vollstreckungsgerichtliche Anordnungen bei Leistung Zug um Zug. [1] Hängt die Vollstreckung von einer Zug um Zug zu bewirkenden

Leistung des Gläubigers an den Schuldner ab, so darf das Vollstreckungsgericht eine Vollstreckungsmaßregel nur anordnen, wenn

1. der Beweis, dass der Schuldner befriedigt oder im Verzug der Annahme ist, durch öffentliche oder öffentlich beglaubigte Urkunden geführt wird und eine Abschrift dieser Urkunden bereits zugestellt ist; der Zustellung bedarf es nicht, wenn bereits der Gerichtsvollzieher die Zwangsvollstreckung nach § 756 Abs. 1 begonnen hatte und der Beweis durch das Protokoll des Gerichtsvollziehers geführt wird; oder
2. der Gerichtsvollzieher eine Vollstreckungsmaßnahme nach § 756 Abs. 2 durchgeführt hat und diese durch das Protokoll des Gerichtsvollziehers nachgewiesen ist.

§ 765a Vollstreckungsschutz. (1) [1] Auf Antrag des Schuldners kann das Vollstreckungsgericht eine Maßnahme der Zwangsvollstreckung ganz oder teilweise aufheben, untersagen oder einstweilen einstellen, wenn die Maßnahme unter voller Würdigung des Schutzbedürfnisses des Gläubigers wegen ganz besonderer Umstände eine Härte bedeutet, die mit den guten Sitten nicht vereinbar ist. [2] Es ist befugt, die in § 732 Abs. 2 bezeichneten Anordnungen zu erlassen. [3] Betrifft die Maßnahme ein Tier, so hat das Vollstreckungsgericht bei der von ihm vorzunehmenden Abwägung die Verantwortung des Menschen für das Tier zu berücksichtigen.

(2) Eine Maßnahme zur Erwirkung der Herausgabe von Sachen kann der Gerichtsvollzieher bis zur Entscheidung des Vollstreckungsgerichts, jedoch nicht länger als eine Woche, aufschieben, wenn ihm die Voraussetzungen des Absatzes 1 Satz 1 glaubhaft gemacht werden und dem Schuldner die rechtzeitige Anrufung des Vollstreckungsgerichts nicht möglich war.

(3) In Räumungssachen ist der Antrag nach Absatz 1 spätestens zwei Wochen vor dem festgesetzten Räumungstermin zu stellen, es sei denn, dass die Gründe, auf denen der Antrag beruht, erst nach diesem Zeitpunkt entstanden sind oder der Schuldner ohne sein Verschulden an einer rechtzeitigen Antragstellung gehindert war.

(4) Das Vollstreckungsgericht hebt seinen Beschluss auf Antrag auf oder ändert ihn, wenn dies mit Rücksicht auf eine Änderung der Sachlage geboten ist.

(5) Die Aufhebung von Vollstreckungsmaßregeln erfolgt in den Fällen des Absatzes 1 Satz 1 und des Absatzes 4 erst nach Rechtskraft des Beschlusses.

§ 766 Erinnerung gegen Art und Weise der Zwangsvollstreckung.

(1) [1] Über Anträge, Einwendungen und Erinnerungen, welche die Art und Weise der Zwangsvollstreckung oder das vom Gerichtsvollzieher bei ihr zu beobachtende Verfahren betreffen, entscheidet das Vollstreckungsgericht. [2] Es ist befugt, die im § 732 Abs. 2 bezeichneten Anordnungen zu erlassen.

(2) Dem Vollstreckungsgericht steht auch die Entscheidung zu, wenn ein Gerichtsvollzieher sich weigert, einen Vollstreckungsauftrag zu übernehmen oder eine Vollstreckungshandlung dem Auftrag gemäß auszuführen, oder wenn wegen der von dem Gerichtsvollzieher in Ansatz gebrachten Kosten Erinnerungen erhoben werden.

§ 767 Vollstreckungsabwehrklage. (1) Einwendungen, die den durch das Urteil festgestellten Anspruch selbst betreffen, sind von dem Schuldner im Wege der Klage bei dem Prozessgericht des ersten Rechtszuges geltend zu machen.

(2) Sie sind nur insoweit zulässig, als die Gründe, auf denen sie beruhen, erst nach dem Schluss der mündlichen Verhandlung, in der Einwendungen nach den Vorschriften dieses Gesetzes spätestens hätten geltend gemacht werden müssen, entstanden sind und durch Einspruch nicht mehr geltend gemacht werden können.

(3) Der Schuldner muss in der von ihm zu erhebenden Klage alle Einwendungen geltend machen, die er zur Zeit der Erhebung der Klage geltend zu machen imstande war.

§ 768 Klage gegen Vollstreckungsklausel. Die Vorschriften des § 767 Abs. 1, 3 gelten entsprechend, wenn in den Fällen des § 726 Abs. 1, der §§ 727 bis 729, 738, 742, 744, des § 745 Abs. 2 und des § 749 der Schuldner den bei der Erteilung der Vollstreckungsklausel als bewiesen angenommenen Eintritt der Voraussetzung für die Erteilung der Vollstreckungsklausel bestreitet, unbeschadet der Befugnis des Schuldners, in diesen Fällen Einwendungen gegen die Zulässigkeit der Vollstreckungsklausel nach § 732 zu erheben.

§ 769 Einstweilige Anordnungen. (1) [1] Das Prozessgericht kann auf Antrag anordnen, dass bis zum Erlass des Urteils über die in den §§ 767, 768 bezeichneten Einwendungen die Zwangsvollstreckung gegen oder ohne Sicherheitsleistung eingestellt oder nur gegen Sicherheitsleistung fortgesetzt werde und dass Vollstreckungsmaßregeln gegen Sicherheitsleistung aufzuheben seien. [2] Es setzt eine Sicherheitsleistung für die Einstellung der Zwangsvollstreckung nicht fest, wenn der Schuldner zur Sicherheitsleistung nicht in der Lage ist und die Rechtsverfolgung durch ihn hinreichende Aussicht auf Erfolg bietet. [3] Die tatsächlichen Behauptungen, die den Antrag begründen, sind glaubhaft zu machen.

(2) [1] In dringenden Fällen kann das Vollstreckungsgericht eine solche Anordnung erlassen, unter Bestimmung einer Frist, innerhalb der die Entscheidung des Prozessgerichts beizubringen sei. [2] Nach fruchtlosem Ablauf der Frist wird die Zwangsvollstreckung fortgesetzt.

(3) Die Entscheidung über diese Anträge ergeht durch Beschluss.

(4) Im Fall der Anhängigkeit einer auf Herabsetzung gerichteten Abänderungsklage gelten die Absätze 1 bis 3 entsprechend.

§ 770 Einstweilige Anordnungen im Urteil. [1] Das Prozessgericht kann in dem Urteil, durch das über die Einwendungen entschieden wird, die in dem vorstehenden Paragraphen bezeichneten Anordnungen erlassen oder die bereits erlassenen Anordnungen aufheben, abändern oder bestätigen. [2] Für die Anfechtung einer solchen Entscheidung gelten die Vorschriften des § 718 entsprechend.

§ 771 Drittwiderspruchsklage. (1) Behauptet ein Dritter, dass ihm an dem Gegenstand der Zwangsvollstreckung ein die Veräußerung hinderndes Recht zustehe, so ist der Widerspruch gegen die Zwangsvollstreckung im Wege der

Klage bei dem Gericht geltend zu machen, in dessen Bezirk die Zwangsvollstreckung erfolgt.

(2) Wird die Klage gegen den Gläubiger und den Schuldner gerichtet, so sind diese als Streitgenossen anzusehen.

(3) [1] Auf die Einstellung der Zwangsvollstreckung und die Aufhebung der bereits getroffenen Vollstreckungsmaßregeln sind die Vorschriften der §§ 769, 770 entsprechend anzuwenden. [2] Die Aufhebung einer Vollstreckungsmaßregel ist auch ohne Sicherheitsleistung zulässig.

§ 772 Drittwiderspruchsklage bei Veräußerungsverbot. [1] Solange ein Veräußerungsverbot der in den §§ 135, 136 des Bürgerlichen Gesetzbuchs bezeichneten Art besteht, soll der Gegenstand, auf den es sich bezieht, wegen eines persönlichen Anspruchs oder auf Grund eines infolge des Verbots unwirksamen Rechts nicht im Wege der Zwangsvollstreckung veräußert oder überwiesen werden. [2] Auf Grund des Veräußerungsverbots kann nach Maßgabe des § 771 Widerspruch erhoben werden.

§ 773 Drittwiderspruchsklage des Nacherben. [1] Ein Gegenstand, der zu einer Vorerbschaft gehört, soll nicht im Wege der Zwangsvollstreckung veräußert oder überwiesen werden, wenn die Veräußerung oder die Überweisung im Falle des Eintritts der Nacherbfolge nach § 2115 des Bürgerlichen Gesetzbuchs dem Nacherben gegenüber unwirksam ist. [2] Der Nacherbe kann nach Maßgabe des § 771 Widerspruch erheben.

§ 774 Drittwiderspruchsklage des Ehegatten oder Lebenspartners.

Findet nach § 741 die Zwangsvollstreckung in das Gesamtgut statt, so kann ein Ehegatte oder Lebenspartner nach Maßgabe des § 771 Widerspruch erheben, wenn das gegen den anderen Ehegatten oder Lebenspartner ergangene Urteil in Ansehung des Gesamtgutes ihm gegenüber unwirksam ist.

§ 775 Einstellung oder Beschränkung der Zwangsvollstreckung.

Die Zwangsvollstreckung ist einzustellen oder zu beschränken:

1. wenn die Ausfertigung einer vollstreckbaren Entscheidung vorgelegt wird, aus der sich ergibt, dass das zu vollstreckende Urteil oder seine vorläufige Vollstreckbarkeit aufgehoben oder dass die Zwangsvollstreckung für unzulässig erklärt oder ihre Einstellung angeordnet ist;
2. wenn die Ausfertigung einer gerichtlichen Entscheidung vorgelegt wird, aus der sich ergibt, dass die einstweilige Einstellung der Vollstreckung oder einer Vollstreckungsmaßregel angeordnet ist oder dass die Vollstreckung nur gegen Sicherheitsleistung fortgesetzt werden darf;
3. wenn eine öffentliche Urkunde vorgelegt wird, aus der sich ergibt, dass die zur Abwendung der Vollstreckung erforderliche Sicherheitsleistung oder Hinterlegung erfolgt ist;
4. wenn eine öffentliche Urkunde oder eine von dem Gläubiger ausgestellte Privaturkunde vorgelegt wird, aus der sich ergibt, dass der Gläubiger nach Erlass des zu vollstreckenden Urteils befriedigt ist oder Stundung bewilligt hat;

5. wenn der Einzahlungs- oder Überweisungsnachweis einer Bank oder Sparkasse vorgelegt wird, aus dem sich ergibt, dass der zur Befriedigung des Gläubigers erforderliche Betrag zur Auszahlung an den Gläubiger oder auf dessen Konto eingezahlt oder überwiesen worden ist.

§ 776 Aufhebung von Vollstreckungsmaßregeln. [1]In den Fällen des § 775 Nr. 1, 3 sind zugleich die bereits getroffenen Vollstreckungsmaßregeln aufzuheben. [2]In den Fällen der Nummern 4, 5 bleiben diese Maßregeln einstweilen bestehen; dasselbe gilt in den Fällen der Nummer 2, sofern nicht durch die Entscheidung auch die Aufhebung der bisherigen Vollstreckungshandlungen angeordnet ist.

§ 777 Erinnerung bei genügender Sicherung des Gläubigers. [1]Hat der Gläubiger eine bewegliche Sache des Schuldners im Besitz, in Ansehung deren ihm ein Pfandrecht oder ein Zurückbehaltungsrecht für seine Forderung zusteht, so kann der Schuldner der Zwangsvollstreckung in sein übriges Vermögen nach § 766 widersprechen, soweit die Forderung durch den Wert der Sache gedeckt ist. [2]Steht dem Gläubiger ein solches Recht in Ansehung der Sache auch für eine andere Forderung zu, so ist der Widerspruch nur zulässig, wenn auch diese Forderung durch den Wert der Sache gedeckt ist.

§ 778 Zwangsvollstreckung vor Erbschaftsannahme. (1) Solange der Erbe die Erbschaft nicht angenommen hat, ist eine Zwangsvollstreckung wegen eines Anspruchs, der sich gegen den Nachlass richtet, nur in den Nachlass zulässig.

(2) Wegen eigener Verbindlichkeiten des Erben ist eine Zwangsvollstreckung in den Nachlass vor der Annahme der Erbschaft nicht zulässig.

§ 779 Fortsetzung der Zwangsvollstreckung nach dem Tod des Schuldners. (1) Eine Zwangsvollstreckung, die zur Zeit des Todes des Schuldners gegen ihn bereits begonnen hatte, wird in seinen Nachlass fortgesetzt.

(2) [1]Ist bei einer Vollstreckungshandlung die Zuziehung des Schuldners nötig, so hat, wenn die Erbschaft noch nicht angenommen oder wenn der Erbe unbekannt oder es ungewiss ist, ob er die Erbschaft angenommen hat, das Vollstreckungsgericht auf Antrag des Gläubigers dem Erben einen einstweiligen besonderen Vertreter zu bestellen. [2]Die Bestellung hat zu unterbleiben, wenn ein Nachlasspfleger bestellt ist oder wenn die Verwaltung des Nachlasses einem Testamentsvollstrecker zusteht.

§ 780 Vorbehalt der beschränkten Erbenhaftung. (1) Der als Erbe des Schuldners verurteilte Beklagte kann die Beschränkung seiner Haftung nur geltend machen, wenn sie ihm im Urteil vorbehalten ist.

(2) Der Vorbehalt ist nicht erforderlich, wenn der Fiskus als gesetzlicher Erbe verurteilt wird oder wenn das Urteil über eine Nachlassverbindlichkeit gegen einen Nachlassverwalter oder einen anderen Nachlasspfleger oder gegen einen Testamentsvollstrecker, dem die Verwaltung des Nachlasses zusteht, erlassen wird.

§ 781 Beschränkte Erbenhaftung in der Zwangsvollstreckung. Bei der Zwangsvollstreckung gegen den Erben des Schuldners bleibt die Beschränkung der Haftung unberücksichtigt, bis auf Grund derselben gegen die Zwangsvollstreckung von dem Erben Einwendungen erhoben werden.

§ 782 Einreden des Erben gegen Nachlassgläubiger. [1] Der Erbe kann auf Grund der ihm nach den §§ 2014, 2015 des Bürgerlichen Gesetzbuchs zustehenden Einreden nur verlangen, dass die Zwangsvollstreckung für die Dauer der dort bestimmten Fristen auf solche Maßregeln beschränkt wird, die zur Vollziehung eines Arrestes zulässig sind. [2] Wird vor dem Ablauf der Frist die Eröffnung des Nachlassinsolvenzverfahrens beantragt, so ist auf Antrag die Beschränkung der Zwangsvollstreckung auch nach dem Ablauf der Frist aufrechtzuerhalten, bis über die Eröffnung des Insolvenzverfahrens rechtskräftig entschieden ist.

§ 783 Einreden des Erben gegen persönliche Gläubiger. In Ansehung der Nachlassgegenstände kann der Erbe die Beschränkung der Zwangsvollstreckung nach § 782 auch gegenüber den Gläubigern verlangen, die nicht Nachlassgläubiger sind, es sei denn, dass er für die Nachlassverbindlichkeiten unbeschränkt haftet.

§ 784 Zwangsvollstreckung bei Nachlassverwaltung und -insolvenzverfahren. (1) Ist eine Nachlassverwaltung angeordnet oder das Nachlassinsolvenzverfahren eröffnet, so kann der Erbe verlangen, dass Maßregeln der Zwangsvollstreckung, die zugunsten eines Nachlassgläubigers in sein nicht zum Nachlass gehörendes Vermögen erfolgt sind, aufgehoben werden, es sei denn, dass er für die Nachlassverbindlichkeiten unbeschränkt haftet.

(2) Im Falle der Nachlassverwaltung steht dem Nachlassverwalter das gleiche Recht gegenüber Maßregeln der Zwangsvollstreckung zu, die zugunsten eines anderen Gläubigers als eines Nachlassgläubigers in den Nachlass erfolgt sind.

§ 785 Vollstreckungsabwehrklage des Erben. Die auf Grund der §§ 781 bis 784 erhobenen Einwendungen werden nach den Vorschriften der §§ 767, 769, 770 erledigt.

§ 786 Vollstreckungsabwehrklage bei beschränkter Haftung. (1) Die Vorschriften des § 780 Abs. 1 und der §§ 781 bis 785 sind auf die nach § 1489 des Bürgerlichen Gesetzbuchs eintretende beschränkte Haftung, die Vorschriften des § 780 Abs. 1 und der §§ 781, 785 sind auf die nach den §§ 1480, 1504, 1629a, 2187 des Bürgerlichen Gesetzbuchs eintretende beschränkte Haftung entsprechend anzuwenden.

(2) Bei der Zwangsvollstreckung aus Urteilen, die bis zum Inkrafttreten des Minderjährigenhaftungsbeschränkungsgesetzes vom 25. August 1998 (BGBl. I S. 2487) am 1. Juli 1999 ergangen sind, kann die Haftungsbeschränkung nach § 1629a des Bürgerlichen Gesetzbuchs auch dann geltend gemacht werden, wenn sie nicht gemäß § 780 Abs. 1 dieses Gesetzes im Urteil vorbehalten ist.

§ 786a See- und binnenschifffahrtsrechtliche Haftungsbeschränkung.

(1) Die Vorschriften des § 780 Abs. 1 und des § 781 sind auf die nach § 611 Absatz 1 oder 3, §§ 612 bis 616 des Handelsgesetzbuchs oder nach den §§ 4 bis

5n des Binnenschifffahrtsgesetzes eintretende beschränkte Haftung entsprechend anzuwenden.

(2) Ist das Urteil nach § 305a unter Vorbehalt ergangen, so gelten für die Zwangsvollstreckung die folgenden Vorschriften:

1. Wird die Eröffnung eines Seerechtlichen oder eines Binnenschifffahrtsrechtlichen Verteilungsverfahrens nach der Schifffahrtsrechtlichen Verteilungsordnung beantragt, an dem der Gläubiger mit dem Anspruch teilnimmt, so entscheidet das Gericht nach § 5 Abs. 3 der Schifffahrtsrechtlichen Verteilungsordnung über die Einstellung der Zwangsvollstreckung; nach Eröffnung des Seerechtlichen Verteilungsverfahrens sind die Vorschriften des § 8 Abs. 4 und 5 der Schifffahrtsrechtlichen Verteilungsordnung, nach Eröffnung des Binnenschifffahrtsrechtlichen Verteilungsverfahrens die Vorschriften des § 8 Abs. 4 und 5 in Verbindung mit § 41 der Schifffahrtsrechtlichen Verteilungsordnung anzuwenden.
2. [1] Ist nach Artikel 11 des Haftungsbeschränkungsübereinkommens (§ 611 Absatz 1 Satz 1 des Handelsgesetzbuchs) von dem Schuldner oder für ihn ein Fonds in einem anderen Vertragsstaat des Übereinkommens errichtet worden, so sind, sofern der Gläubiger den Anspruch gegen den Fonds geltend gemacht hat, die Vorschriften des § 50 der Schifffahrtsrechtlichen Verteilungsordnung anzuwenden. [2] Hat der Gläubiger den Anspruch nicht gegen den Fonds geltend gemacht oder sind die Voraussetzungen des § 50 Abs. 2 der Schifffahrtsrechtlichen Verteilungsordnung nicht gegeben, so werden Einwendungen, die auf Grund des Rechts auf Beschränkung der Haftung erhoben werden, nach den Vorschriften der §§ 767, 769, 770 erledigt; das Gleiche gilt, wenn der Fonds in dem anderen Vertragsstaat erst bei Geltendmachung des Rechts auf Beschränkung der Haftung errichtet wird.
3. [1] Ist von dem Schuldner oder für diesen ein Fonds in einem anderen Vertragsstaat des Straßburger Übereinkommens vom 27. September 2012 über die Beschränkung der Haftung in der Binnenschifffahrt (CLNI 2012) (BGBl. 2016 II S. 738, 739) errichtet worden, so ist, sofern der Gläubiger den Anspruch gegen den Fonds geltend machen kann, § 52 der Schifffahrtsrechtlichen Verteilungsordnung anzuwenden. [2] Sind die Voraussetzungen des § 52 Absatz 3 der Schifffahrtsrechtlichen Verteilungsordnung nicht gegeben, so werden Einwendungen, die auf Grund des Rechts auf Beschränkung der Haftung nach den §§ 4 bis 5n des Binnenschifffahrtsgesetzes erhoben werden, nach den §§ 767, 769, 770 erledigt; das Gleiche gilt, wenn der Fonds in dem anderen Vertragsstaat erst bei Geltendmachung des Rechts auf Beschränkung der Haftung errichtet wird.

(3) Ist das Urteil eines ausländischen Gerichts unter dem Vorbehalt ergangen, dass der Beklagte das Recht auf Beschränkung der Haftung geltend machen kann, wenn ein Fonds nach Artikel 11 des Haftungsbeschränkungsübereinkommens oder nach Artikel 12 des Straßburger Übereinkommens vom 27. September 2012 über die Beschränkung der Haftung in der Binnenschifffahrt (CLNI 2012) errichtet worden ist oder bei Geltendmachung des Rechts auf Beschränkung der Haftung errichtet wird, so gelten für die Zwangsvollstreckung wegen des durch das Urteil festgestellten Anspruchs die Vorschriften des Absatzes 2 entsprechend.

§ 787 Zwangsvollstreckung bei herrenlosem Grundstück oder Schiff.

(1) Soll durch die Zwangsvollstreckung ein Recht an einem Grundstück, das von dem bisherigen Eigentümer nach § 928 des Bürgerlichen Gesetzbuchs aufgegeben und von dem Aneignungsberechtigten noch nicht erworben worden ist, geltend gemacht werden, so hat das Vollstreckungsgericht auf Antrag einen Vertreter zu bestellen, dem bis zur Eintragung eines neuen Eigentümers die Wahrnehmung der sich aus dem Eigentum ergebenden Rechte und Verpflichtungen im Zwangsvollstreckungsverfahren obliegt.

(2) Absatz 1 gilt entsprechend, wenn durch die Zwangsvollstreckung ein Recht an einem eingetragenen Schiff oder Schiffsbauwerk geltend gemacht werden soll, das von dem bisherigen Eigentümer nach § 7 des Gesetzes über Rechte an eingetragenen Schiffen und Schiffsbauwerken vom 15. November 1940 (RGBl. I S. 1499) aufgegeben und von dem Aneignungsberechtigten noch nicht erworben worden ist.

§ 788[1] Kosten der Zwangsvollstreckung. (1) [1]Die Kosten der Zwangsvollstreckung fallen, soweit sie notwendig waren (§ 91), dem Schuldner zur Last; sie sind zugleich mit dem zur Zwangsvollstreckung stehenden Anspruch beizutreiben. [2]Als Kosten der Zwangsvollstreckung gelten auch die Kosten der Ausfertigung und der Zustellung des Urteils. [3]Soweit mehrere Schuldner als Gesamtschuldner verurteilt worden sind, haften sie auch für die Kosten der Zwangsvollstreckung als Gesamtschuldner; § 100 Abs. 3 und 4 gilt entsprechend.

(2) [1]Auf Antrag setzt das Vollstreckungsgericht, bei dem zum Zeitpunkt der Antragstellung eine Vollstreckungshandlung anhängig ist, und nach Beendigung der Zwangsvollstreckung das Gericht, in dessen Bezirk die letzte Vollstreckungshandlung erfolgt ist, die Kosten gemäß § 103 Abs. 2, den §§ 104, 107 fest. [2]Im Falle einer Vollstreckung nach den Vorschriften der §§ 887, 888 und 890 entscheidet das Prozessgericht des ersten Rechtszuges.

(3) Die Kosten der Zwangsvollstreckung sind dem Schuldner zu erstatten, wenn das Urteil, aus dem die Zwangsvollstreckung erfolgt ist, aufgehoben wird.

(4) Die Kosten eines Verfahrens nach den §§ 765a, 811a, 811b, 829, 850k, 850l, 851a und 851b kann das Gericht ganz oder teilweise dem Gläubiger auferlegen, wenn dies aus besonderen, in dem Verhalten des Gläubigers liegenden Gründen der Billigkeit entspricht.

§ 789 Einschreiten von Behörden. Wird zum Zwecke der Vollstreckung das Einschreiten einer Behörde erforderlich, so hat das Gericht die Behörde um ihr Einschreiten zu ersuchen.

§ 790 *(aufgehoben)*

§ 791 (weggefallen)

§ 792 Erteilung von Urkunden an Gläubiger. Bedarf der Gläubiger zum Zwecke der Zwangsvollstreckung eines Erbscheins oder einer anderen Urkun-

[1] Beachte hierzu Übergangsvorschrift in § 39 EGZPO (Nr. **1a**).

de, die dem Schuldner auf Antrag von einer Behörde, einem Beamten oder einem Notar zu erteilen ist, so kann er die Erteilung an Stelle des Schuldners verlangen.

§ 793 Sofortige Beschwerde. Gegen Entscheidungen, die im Zwangsvollstreckungsverfahren ohne mündliche Verhandlung ergehen können, findet sofortige Beschwerde statt.

§ 794[1)] Weitere Vollstreckungstitel. (1) Die Zwangsvollstreckung findet ferner statt:

1. aus Vergleichen, die zwischen den Parteien oder zwischen einer Partei und einem Dritten zur Beilegung des Rechtsstreits seinem ganzen Umfang nach oder in Betreff eines Teiles des Streitgegenstandes vor einem deutschen Gericht oder vor einer durch die Landesjustizverwaltung eingerichteten oder anerkannten Gütestelle abgeschlossen sind, sowie aus Vergleichen, die gemäß § 118 Abs. 1 Satz 3 oder § 492 Abs. 3 zu richterlichem Protokoll genommen sind;
2. aus Kostenfestsetzungsbeschlüssen;

2a. *(aufgehoben)*

2b. (weggefallen)

3. aus Entscheidungen, gegen die das Rechtsmittel der Beschwerde stattfindet;

3a. *(aufgehoben)*

4. aus Vollstreckungsbescheiden;

4a. aus Entscheidungen, die Schiedssprüche für vollstreckbar erklären, sofern die Entscheidungen rechtskräftig oder für vorläufig vollstreckbar erklärt sind;

4b. aus Beschlüssen nach § 796b oder § 796c;

5. aus Urkunden, die von einem deutschen Gericht oder von einem deutschen Notar innerhalb der Grenzen seiner Amtsbefugnisse in der vorgeschriebenen Form aufgenommen sind, sofern die Urkunde über einen Anspruch errichtet ist, der einer vergleichsweisen Regelung zugänglich, nicht auf Abgabe einer Willenserklärung gerichtet ist und nicht den Bestand eines Mietverhältnisses über Wohnraum betrifft, und der Schuldner sich in der Urkunde wegen des zu bezeichnenden Anspruchs der sofortigen Zwangsvollstreckung unterworfen hat;
6. aus für vollstreckbar erklärten Europäischen Zahlungsbefehlen nach der Verordnung (EG) Nr. 1896/2006;
7. aus Titeln, die in einem anderen Mitgliedstaat der Europäischen Union nach der Verordnung (EG) Nr. 805/2004 des Europäischen Parlaments und

---

[1)] Beachte hierzu § 66 Abs. 4 SGB X idF der Bek. v. 18.1.2001 (BGBl. I S. 130), zuletzt geänd. durch G v. 14.12.2019 (BGBl. I S. 2789):
„**§ 66 Vollstreckung.** (4) [1]Aus einem Verwaltungsakt kann auch die Zwangsvollstreckung in entsprechender Anwendung der Zivilprozessordnung stattfinden. [2]Der Vollstreckungsschuldner soll vor Beginn der Vollstreckung mit einer Zahlungsfrist von einer Woche gemahnt werden. [3]Die vollstreckbare Ausfertigung erteilt der Behördenleiter, sein allgemeiner Vertreter oder ein anderer auf Antrag eines Leistungsträgers von der Aufsichtsbehörde ermächtigter Angehöriger des öffentlichen Dienstes. [4]Bei den Versicherungsträgern und der Bundesagentur für Arbeit tritt in Satz 3 an die Stelle der Aufsichtsbehörden der Vorstand.“

des Rates vom 21. April 2004 zur Einführung eines Europäischen Vollstreckungstitels für unbestrittene Forderungen als Europäische Vollstreckungstitel bestätigt worden sind;

8. aus Titeln, die in einem anderen Mitgliedstaat der Europäischen Union im Verfahren nach der Verordnung (EG) Nr. 861/2007 des Europäischen Parlaments und des Rates vom 11. Juli 2007 zur Einführung eines europäischen Verfahrens für geringfügige Forderungen (ABl. L 199 vom 31.7.2007, S. 1; L 141 vom 5.6.2015, S. 118), die zuletzt durch die Verordnung (EU) 2015/2421 (ABl. L 341 vom 24.12.2015, S. 1) geändert worden ist, ergangen sind;
9. aus Titeln eines anderen Mitgliedstaats der Europäischen Union, die nach der Verordnung (EU) Nr. 1215/2012[1)] des Europäischen Parlaments und des Rates vom 12. Dezember 2012 über die gerichtliche Zuständigkeit und die Anerkennung und Vollstreckung von Entscheidungen in Zivil- und Handelssachen zu vollstrecken sind.

(2) Soweit nach den Vorschriften der §§ 737, 743, des § 745 Abs. 2 und des § 748 Abs. 2 die Verurteilung eines Beteiligten zur Duldung der Zwangsvollstreckung erforderlich ist, wird sie dadurch ersetzt, dass der Beteiligte in einer nach Absatz 1 Nr. 5 aufgenommenen Urkunde die sofortige Zwangsvollstreckung in die seinem Recht unterworfenen Gegenstände bewilligt.

§ 794a Zwangsvollstreckung aus Räumungsvergleich. (1) [1]Hat sich der Schuldner in einem Vergleich, aus dem die Zwangsvollstreckung stattfindet, zur Räumung von Wohnraum verpflichtet, so kann ihm das Amtsgericht, in dessen Bezirk der Wohnraum belegen ist, auf Antrag eine den Umständen nach angemessene Räumungsfrist bewilligen. [2]Der Antrag ist spätestens zwei Wochen vor dem Tag, an dem nach dem Vergleich zu räumen ist, zu stellen; §§ 233 bis 238 gelten sinngemäß. [3]Die Entscheidung ergeht durch Beschluss. [4]Vor der Entscheidung ist der Gläubiger zu hören. [5]Das Gericht ist befugt, die im § 732 Abs. 2 bezeichneten Anordnungen zu erlassen.

(2) [1]Die Räumungsfrist kann auf Antrag verlängert oder verkürzt werden. [2]Absatz 1 Satz 2 bis 5 gilt entsprechend.

(3) [1]Die Räumungsfrist darf insgesamt nicht mehr als ein Jahr, gerechnet vom Tag des Abschlusses des Vergleichs, betragen. [2]Ist nach dem Vergleich an einem späteren Tag zu räumen, so rechnet die Frist von diesem Tag an.

(4) Gegen die Entscheidung des Amtsgerichts findet die sofortige Beschwerde statt.

(5) [1]Die Absätze 1 bis 4 gelten nicht für Mietverhältnisse über Wohnraum im Sinne des § 549 Abs. 2 Nr. 3 sowie in den Fällen des § 575 des Bürgerlichen Gesetzbuchs. [2]Endet ein Mietverhältnis im Sinne des § 575 des Bürgerlichen Gesetzbuchs durch außerordentliche Kündigung, kann eine Räumungsfrist höchstens bis zum vertraglich bestimmten Zeitpunkt der Beendigung gewährt werden.

§ 795 Anwendung der allgemeinen Vorschriften auf die weiteren Vollstreckungstitel. [1]Auf die Zwangsvollstreckung aus den in § 794 erwähnten

---

[1)] Auszugsweise abgedruckt unter Nr. **5**.

Schuldtiteln sind die Vorschriften der §§ 724 bis 793 entsprechend anzuwenden, soweit nicht in den §§ 795a bis 800, 1079 bis 1086, 1093 bis 1096 und 1107 bis 1117 abweichende Vorschriften enthalten sind. [2]Auf die Zwangsvollstreckung aus den in § 794 Abs. 1 Nr. 2 erwähnten Schuldtiteln ist § 720a entsprechend anzuwenden, wenn die Schuldtitel auf Urteilen beruhen, die nur gegen Sicherheitsleistung vorläufig vollstreckbar sind. [3]Die Vorschriften der in § 794 Absatz 1 Nummer 6 bis 9 genannten Verordnungen bleiben unberührt.

§ 795a Zwangsvollstreckung aus Kostenfestsetzungsbeschluss. Die Zwangsvollstreckung aus einem Kostenfestsetzungsbeschluss, der nach § 105 auf das Urteil gesetzt ist, erfolgt auf Grund einer vollstreckbaren Ausfertigung des Urteils; einer besonderen Vollstreckungsklausel für den Festsetzungsbeschluss bedarf es nicht.

§ 795b Vollstreckbarerklärung des gerichtlichen Vergleichs. Bei Vergleichen, die vor einem deutschen Gericht geschlossen sind (§ 794 Abs. 1 Nr. 1) und deren Wirksamkeit ausschließlich vom Eintritt einer sich aus der Verfahrensakte ergebenden Tatsache abhängig ist, wird die Vollstreckungsklausel von dem Urkundsbeamten der Geschäftsstelle des Gerichts des ersten Rechtszugs und, wenn der Rechtsstreit bei einem höheren Gericht anhängig ist, von dem Urkundsbeamten der Geschäftsstelle dieses Gerichts erteilt.

§ 796 Zwangsvollstreckung aus Vollstreckungsbescheiden. (1) Vollstreckungsbescheide bedürfen der Vollstreckungsklausel nur, wenn die Zwangsvollstreckung für einen anderen als den in dem Bescheid bezeichneten Gläubiger oder gegen einen anderen als den in dem Bescheid bezeichneten Schuldner erfolgen soll.

(2) Einwendungen, die den Anspruch selbst betreffen, sind nur insoweit zulässig, als die Gründe, auf denen sie beruhen, nach Zustellung des Vollstreckungsbescheids entstanden sind und durch Einspruch nicht mehr geltend gemacht werden können.

(3) Für Klagen auf Erteilung der Vollstreckungsklausel sowie für Klagen, durch welche die den Anspruch selbst betreffenden Einwendungen geltend gemacht werden oder der bei der Erteilung der Vollstreckungsklausel als bewiesen angenommene Eintritt der Voraussetzung für die Erteilung der Vollstreckungsklausel bestritten wird, ist das Gericht zuständig, das für eine Entscheidung im Streitverfahren zuständig gewesen wäre.

§ 796a Voraussetzungen für die Vollstreckbarerklärung des Anwaltsvergleichs. (1) Ein von Rechtsanwälten im Namen und mit Vollmacht der von ihnen vertretenen Parteien abgeschlossener Vergleich wird auf Antrag einer Partei für vollstreckbar erklärt, wenn sich der Schuldner darin der sofortigen Zwangsvollstreckung unterworfen hat und der Vergleich unter Angabe des Tages seines Zustandekommens bei einem Amtsgericht niedergelegt ist, bei dem eine der Parteien zur Zeit des Vergleichsabschlusses ihren allgemeinen Gerichtsstand hat.

(2) Absatz 1 gilt nicht, wenn der Vergleich auf die Abgabe einer Willenserklärung gerichtet ist oder den Bestand eines Mietverhältnisses über Wohnraum betrifft.

(3) Die Vollstreckbarerklärung ist abzulehnen, wenn der Vergleich unwirksam ist oder seine Anerkennung gegen die öffentliche Ordnung verstoßen würde.

§ 796b Vollstreckbarerklärung durch das Prozessgericht. (1) Für die Vollstreckbarerklärung nach § 796a Abs. 1 ist das Gericht als Prozessgericht zuständig, das für die gerichtliche Geltendmachung des zu vollstreckenden Anspruchs zuständig wäre.

(2) [1] Vor der Entscheidung über den Antrag auf Vollstreckbarerklärung ist der Gegner zu hören. [2] Die Entscheidung ergeht durch Beschluss. [3] Eine Anfechtung findet nicht statt.

§ 796c Vollstreckbarerklärung durch einen Notar. (1) [1] Mit Zustimmung der Parteien kann ein Vergleich ferner von einem Notar, der seinen Amtssitz im Bezirk eines nach § 796a Abs. 1 zuständigen Gerichts hat, in Verwahrung genommen und für vollstreckbar erklärt werden. [2] Die §§ 796a und 796b gelten entsprechend.

(2) [1] Lehnt der Notar die Vollstreckbarerklärung ab, ist dies zu begründen. [2] Die Ablehnung durch den Notar kann mit dem Antrag auf gerichtliche Entscheidung bei dem nach § 796b Abs. 1 zuständigen Gericht angefochten werden.

§ 797[1)] Verfahren bei vollstreckbaren Urkunden. (1) Die vollstreckbare Ausfertigung gerichtlicher Urkunden wird von dem Urkundsbeamten der Geschäftsstelle des Gerichts erteilt, das die Urkunde verwahrt.

(2) [1] Die vollstreckbare Ausfertigung notarieller Urkunden wird von dem Notar erteilt, der die Urkunde verwahrt. [2] Befindet sich die Urkunde in der Verwahrung einer Behörde, so hat diese die vollstreckbare Ausfertigung zu erteilen.

(3) [1] Die Entscheidung über Einwendungen, welche die Zulässigkeit der Vollstreckungsklausel und die Zulässigkeit der Erteilung einer weiteren vollstreckbaren Ausfertigung betreffen, wird bei gerichtlichen Urkunden von dem die Urkunde verwahrenden Gericht, bei notariellen Urkunden von dem Amtsgericht getroffen, in dessen Bezirk der die Urkunde verwahrende Notar oder die verwahrende Behörde den Amtssitz hat. [2] Die Entscheidung über die Erteilung einer weiteren vollstreckbaren Ausfertigung wird bei gerichtlichen Urkunden von dem die Urkunde verwahrenden Gericht getroffen, bei einer notariellen Urkunde von dem die Urkunde verwahrenden Notar oder, wenn die Urkunde von einer Behörde verwahrt wird, von dem Amtsgericht, in dessen Bezirk diese Behörde ihren Amtssitz hat.

(4) Auf die Geltendmachung von Einwendungen, die den Anspruch selbst betreffen, ist die beschränkende Vorschrift des § 767 Abs. 2 nicht anzuwenden.

(5) Für Klagen auf Erteilung der Vollstreckungsklausel sowie für Klagen, durch welche die den Anspruch selbst betreffenden Einwendungen geltend gemacht werden oder der bei der Erteilung der Vollstreckungsklausel als bewie-

---

[1)] Vgl. hierzu § 60 SGB VIII idF der Bek. v. 11.9.2012 (BGBl. I S. 2022), zuletzt geänd. durch G v. 12.12.2019 (BGBl. I S. 2652) und §§ 52 und 54 BeurkundungsG v. 28.8.1969 (BGBl. I S. 1513), zuletzt geänd. durch G v. 30.11.2019 (BGBl. I S. 1942).

sen angenommene Eintritt der Voraussetzung für die Erteilung der Vollstreckungsklausel bestritten wird, ist das Gericht, bei dem der Schuldner im Inland seinen allgemeinen Gerichtsstand hat, und sonst das Gericht zuständig, bei dem nach § 23 gegen den Schuldner Klage erhoben werden kann.

(6) Auf Beschlüsse nach § 796c sind die Absätze 2 bis 5 entsprechend anzuwenden.

§ 797a Verfahren bei Gütestellenvergleichen. (1) Bei Vergleichen, die vor Gütestellen der im § 794 Abs. 1 Nr. 1 bezeichneten Art geschlossen sind, wird die Vollstreckungsklausel von dem Urkundsbeamten der Geschäftsstelle desjenigen Amtsgerichts erteilt, in dessen Bezirk die Gütestelle ihren Sitz hat.

(2) Über Einwendungen, welche die Zulässigkeit der Vollstreckungsklausel betreffen, entscheidet das im Absatz 1 bezeichnete Gericht.

(3) § 797 Abs. 5 gilt entsprechend.

(4) [1] Die Landesjustizverwaltung kann Vorsteher von Gütestellen ermächtigen, die Vollstreckungsklausel für Vergleiche zu erteilen, die vor der Gütestelle geschlossen sind. [2] Die Ermächtigung erstreckt sich nicht auf die Fälle des § 726 Abs. 1, der §§ 727 bis 729 und des § 733. [3] Über Einwendungen, welche die Zulässigkeit der Vollstreckungsklausel betreffen, entscheidet das im Absatz 1 bezeichnete Gericht.

§ 798 Wartefrist. Aus einem Kostenfestsetzungsbeschluss, der nicht auf das Urteil gesetzt ist, aus Beschlüssen nach § 794 Abs. 1 Nr. 4b sowie aus den nach § 794 Abs. 1 Nr. 5 aufgenommenen Urkunden darf die Zwangsvollstreckung nur beginnen, wenn der Schuldtitel mindestens zwei Wochen vorher zugestellt ist.

§ 798a *(aufgehoben)*

§ 799 Vollstreckbare Urkunde bei Rechtsnachfolge. Hat sich der Eigentümer eines mit einer Hypothek, einer Grundschuld oder einer Rentenschuld belasteten Grundstücks in einer nach § 794 Abs. 1 Nr. 5 aufgenommenen Urkunde der sofortigen Zwangsvollstreckung unterworfen und ist dem Rechtsnachfolger des Gläubigers eine vollstreckbare Ausfertigung erteilt, so ist die Zustellung der die Rechtsnachfolge nachweisenden öffentlichen oder öffentlich beglaubigten Urkunde nicht erforderlich, wenn der Rechtsnachfolger als Gläubiger im Grundbuch eingetragen ist.

§ 799a Schadensersatzpflicht bei der Vollstreckung aus Urkunden durch andere Gläubiger. [1] Hat sich der Eigentümer eines Grundstücks in Ansehung einer Hypothek oder Grundschuld in einer Urkunde nach § 794 Abs. 1 Nr. 5 der sofortigen Zwangsvollstreckung in das Grundstück unterworfen und betreibt ein anderer als der in der Urkunde bezeichnete Gläubiger die Vollstreckung, so ist dieser, soweit die Vollstreckung aus der Urkunde für unzulässig erklärt wird, dem Schuldner zum Ersatz des Schadens verpflichtet, der diesem durch die Vollstreckung aus der Urkunde oder durch eine zur Abwendung der Vollstreckung erbrachte Leistung entsteht. [2] Satz 1 gilt entsprechend, wenn sich der Schuldner wegen der Forderungen, zu deren Sicherung das Grundpfandrecht bestellt worden ist, oder wegen der Forderung aus einem demselben Zweck dienenden Schuldanerkenntnis der sofortigen Vollstreckung in sein Vermögen unterworfen hat.

§ 800 Vollstreckbare Urkunde gegen den jeweiligen Grundstückseigentümer. (1) [1] Der Eigentümer kann sich in einer nach § 794 Abs. 1 Nr. 5 aufgenommenen Urkunde in Ansehung einer Hypothek, einer Grundschuld oder einer Rentenschuld der sofortigen Zwangsvollstreckung in der Weise unterwerfen, dass die Zwangsvollstreckung aus der Urkunde gegen den jeweiligen Eigentümer des Grundstücks zulässig sein soll. [2] Die Unterwerfung bedarf in diesem Fall der Eintragung in das Grundbuch.

(2) Bei der Zwangsvollstreckung gegen einen späteren Eigentümer, der im Grundbuch eingetragen ist, bedarf es nicht der Zustellung der den Erwerb des Eigentums nachweisenden öffentlichen oder öffentlich beglaubigten Urkunde.

(3) Ist die sofortige Zwangsvollstreckung gegen den jeweiligen Eigentümer zulässig, so ist für die im § 797 Abs. 5 bezeichneten Klagen das Gericht zuständig, in dessen Bezirk das Grundstück belegen ist.

§ 800a Vollstreckbare Urkunde bei Schiffshypothek. (1) Die Vorschriften der §§ 799, 800 gelten für eingetragene Schiffe und Schiffsbauwerke, die mit einer Schiffshypothek belastet sind, entsprechend.

(2) Ist die sofortige Zwangsvollstreckung gegen den jeweiligen Eigentümer zulässig, so ist für die im § 797 Abs. 5 bezeichneten Klagen das Gericht zuständig, in dessen Bezirk das Register für das Schiff oder das Schiffsbauwerk geführt wird.

§ 801 Landesrechtliche Vollstreckungstitel. (1) Die Landesgesetzgebung ist nicht gehindert, auf Grund anderer als der in den §§ 704, 794 bezeichneten Schuldtitel die gerichtliche Zwangsvollstreckung zuzulassen und insoweit von diesem Gesetz abweichende Vorschriften über die Zwangsvollstreckung zu treffen.[1)]

(2) Aus landesrechtlichen Schuldtiteln im Sinne des Absatzes 1 kann im gesamten Bundesgebiet vollstreckt werden.

§ 802 Ausschließlichkeit der Gerichtsstände. Die in diesem Buche angeordneten Gerichtsstände sind ausschließliche.

Abschnitt 2. Zwangsvollstreckung wegen Geldforderungen

Titel 1.[2)] Allgemeine Vorschriften

§ 802a[2)] Grundsätze der Vollstreckung; Regelbefugnisse des Gerichtsvollziehers. (1) Der Gerichtsvollzieher wirkt auf eine zügige, vollständige und Kosten sparende Beitreibung von Geldforderungen hin.

(2) [1] Auf Grund eines entsprechenden Vollstreckungsauftrags und der Übergabe der vollstreckbaren Ausfertigung ist der Gerichtsvollzieher unbeschadet weiterer Zuständigkeiten befugt,

---

[1)] VO über die Vollstreckung landesrechtlicher Schuldtitel vom 15.4.1937 (RGBl. I S. 466): „Aus Schuldtiteln, die nach Landesrecht im Gebiet eines deutschen Landes nach den Vorschriften der Zivilprozeßordnung vollstreckbar sind, kann auch im übrigen *Reichs*gebiet vollstreckt werden."

[2)] Beachte hierzu Übergangsvorschrift in § 39 EGZPO (Nr. **1a**).

1. eine gütliche Erledigung der Sache (§ 802b) zu versuchen,
2. eine Vermögensauskunft des Schuldners (§ 802c) einzuholen,
3. Auskünfte Dritter über das Vermögen des Schuldners (§ 802l) einzuholen,
4. die Pfändung und Verwertung körperlicher Sachen zu betreiben,
5. eine Vorpfändung (§ 845) durchzuführen; hierfür bedarf es nicht der vorherigen Erteilung einer vollstreckbaren Ausfertigung und der Zustellung des Schuldtitels.

[2] Die Maßnahmen sind in dem Vollstreckungsauftrag zu bezeichnen, die Maßnahme nach Satz 1 Nr. 1 jedoch nur dann, wenn sich der Auftrag hierauf beschränkt.

§ 802b[1] Gütliche Erledigung; Vollstreckungsaufschub bei Zahlungsvereinbarung. (1) Der Gerichtsvollzieher soll in jeder Lage des Verfahrens auf eine gütliche Erledigung bedacht sein.

(2) [1] Hat der Gläubiger eine Zahlungsvereinbarung nicht ausgeschlossen, so kann der Gerichtsvollzieher dem Schuldner eine Zahlungsfrist einräumen oder eine Tilgung durch Teilleistungen (Ratenzahlung) gestatten, sofern der Schuldner glaubhaft darlegt, die nach Höhe und Zeitpunkt festzusetzenden Zahlungen erbringen zu können. [2] Soweit ein Zahlungsplan nach Satz 1 festgesetzt wird, ist die Vollstreckung aufgeschoben. [3] Die Tilgung soll binnen zwölf Monaten abgeschlossen sein.

(3) [1] Der Gerichtsvollzieher unterrichtet den Gläubiger unverzüglich über den gemäß Absatz 2 festgesetzten Zahlungsplan und den Vollstreckungsaufschub. [2] Widerspricht der Gläubiger unverzüglich, so wird der Zahlungsplan mit der Unterrichtung des Schuldners hinfällig; zugleich endet der Vollstreckungsaufschub. [3] Dieselben Wirkungen treten ein, wenn der Schuldner mit einer festgesetzten Zahlung ganz oder teilweise länger als zwei Wochen in Rückstand gerät.

§ 802c[1] Vermögensauskunft des Schuldners. (1) [1] Der Schuldner ist verpflichtet, zum Zwecke der Vollstreckung einer Geldforderung auf Verlangen des Gerichtsvollziehers Auskunft über sein Vermögen nach Maßgabe der folgenden Vorschriften zu erteilen sowie seinen Geburtsnamen, sein Geburtsdatum und seinen Geburtsort anzugeben. [2] Handelt es sich bei dem Vollstreckungsschuldner um eine juristische Person oder um eine Personenvereinigung, so hat er seine Firma, die Nummer des Registerblatts im Handelsregister und seinen Sitz anzugeben.

(2) [1] Zur Auskunftserteilung hat der Schuldner alle ihm gehörenden Vermögensgegenstände anzugeben. [2] Bei Forderungen sind Grund und Beweismittel zu bezeichnen. [3] Ferner sind anzugeben:

1. die entgeltlichen Veräußerungen des Schuldners an eine nahestehende Person (§ 138 der Insolvenzordnung), die dieser in den letzten zwei Jahren vor dem Termin nach § 802f Abs. 1 und bis zur Abgabe der Vermögensauskunft vorgenommen hat;

---

[1] Beachte hierzu Übergangsvorschrift in § 39 EGZPO (Nr. **1a**).

2. die unentgeltlichen Leistungen des Schuldners, die dieser in den letzten vier Jahren vor dem Termin nach § 802f Abs. 1 und bis zur Abgabe der Vermögensauskunft vorgenommen hat, sofern sie sich nicht auf gebräuchliche Gelegenheitsgeschenke geringen Wertes richteten.

[4] Sachen, die nach § 811 Abs. 1 Nr. 1 und 2 der Pfändung offensichtlich nicht unterworfen sind, brauchen nicht angegeben zu werden, es sei denn, dass eine Austauschpfändung in Betracht kommt.

(3) [1] Der Schuldner hat zu Protokoll an Eides statt zu versichern, dass er die Angaben nach den Absätzen 1 und 2 nach bestem Wissen und Gewissen richtig und vollständig gemacht habe. [2] Die Vorschriften der §§ 478 bis 480, 483 gelten entsprechend.

§ 802d[1)] Erneute Vermögensauskunft. (1) [1] Ein Schuldner, der die Vermögensauskunft nach § 802c dieses Gesetzes oder nach § 284 der Abgabenordnung innerhalb der letzten zwei Jahre abgegeben hat, ist zur erneuten Abgabe nur verpflichtet, wenn ein Gläubiger Tatsachen glaubhaft macht, die auf eine wesentliche Veränderung der Vermögensverhältnisse des Schuldners schließen lassen. [2] Andernfalls leitet der Gerichtsvollzieher dem Gläubiger einen Ausdruck des letzten abgegebenen Vermögensverzeichnisses zu; ein Verzicht des Gläubigers auf die Zuleitung ist unbeachtlich. [3] Der Gläubiger darf die erlangten Daten nur zu Vollstreckungszwecken verarbeiten und hat die Daten nach Zweckerreichung zu löschen; hierauf ist er vom Gerichtsvollzieher hinzuweisen. [4] Von der Zuleitung eines Ausdrucks nach Satz 2 setzt der Gerichtsvollzieher den Schuldner in Kenntnis und belehrt ihn über die Möglichkeit der Eintragung in das Schuldnerverzeichnis (§ 882c).

(2) Anstelle der Zuleitung eines Ausdrucks kann dem Gläubiger auf Antrag das Vermögensverzeichnis als elektronisches Dokument übermittelt werden, wenn dieses mit einer qualifizierten elektronischen Signatur versehen und gegen unbefugte Kenntnisnahme geschützt ist.

§ 802e[1)] Zuständigkeit. (1) Für die Abnahme der Vermögensauskunft und der eidesstattlichen Versicherung ist der Gerichtsvollzieher bei dem Amtsgericht zuständig, in dessen Bezirk der Schuldner im Zeitpunkt der Auftragserteilung seinen Wohnsitz oder in Ermangelung eines solchen seinen Aufenthaltsort hat.

(2) Ist der angegangene Gerichtsvollzieher nicht zuständig, so leitet er die Sache auf Antrag des Gläubigers an den zuständigen Gerichtsvollzieher weiter.

§ 802f[1)] Verfahren zur Abnahme der Vermögensauskunft. (1) [1] Zur Abnahme der Vermögensauskunft setzt der Gerichtsvollzieher dem Schuldner für die Begleichung der Forderung eine Frist von zwei Wochen. [2] Zugleich bestimmt er für den Fall, dass die Forderung nach Fristablauf nicht vollständig beglichen ist, einen Termin zur Abgabe der Vermögensauskunft alsbald nach Fristablauf und lädt den Schuldner zu diesem Termin in seine Geschäftsräume. [3] Der Schuldner hat die zur Abgabe der Vermögensauskunft erforderlichen Unterlagen im Termin beizubringen. [4] Der Fristsetzung nach Satz 1 bedarf es nicht, wenn der Gerichtsvollzieher den Schuldner bereits zuvor zur Zahlung

---

[1)] Beachte hierzu Übergangsvorschrift in § 39 EGZPO (Nr. **1a**).

aufgefordert hat und seit dieser Aufforderung zwei Wochen verstrichen sind, ohne dass die Aufforderung Erfolg hatte.

(2) [1] Abweichend von Absatz 1 kann der Gerichtsvollzieher bestimmen, dass die Abgabe der Vermögensauskunft in der Wohnung des Schuldners stattfindet. [2] Der Schuldner kann dieser Bestimmung binnen einer Woche gegenüber dem Gerichtsvollzieher widersprechen. [3] Andernfalls gilt der Termin als pflichtwidrig versäumt, wenn der Schuldner in diesem Termin aus Gründen, die er zu vertreten hat, die Vermögensauskunft nicht abgibt.

(3) [1] Mit der Terminsladung ist der Schuldner über die nach § 802c Abs. 2 erforderlichen Angaben zu belehren. [2] Der Schuldner ist über seine Rechte und Pflichten nach den Absätzen 1 und 2, über die Folgen einer unentschuldigten Terminssäumnis oder einer Verletzung seiner Auskunftspflichten sowie über die Möglichkeit der Einholung von Auskünften Dritter nach § 802l und der Eintragung in das Schuldnerverzeichnis bei Abgabe der Vermögensauskunft nach § 882c zu belehren.

(4) [1] Zahlungsaufforderungen, Ladungen, Bestimmungen und Belehrungen nach den Absätzen 1 bis 3 sind dem Schuldner zuzustellen, auch wenn dieser einen Prozessbevollmächtigten bestellt hat; einer Mitteilung an den Prozessbevollmächtigten bedarf es nicht. [2] Dem Gläubiger ist die Terminsbestimmung nach Maßgabe des § 357 Abs. 2 mitzuteilen.

(5) [1] Der Gerichtsvollzieher errichtet in einem elektronischen Dokument eine Aufstellung mit den nach § 802c Absatz 1 und 2 erforderlichen Angaben (Vermögensverzeichnis). [2] Diese Angaben sind dem Schuldner vor Abgabe der Versicherung nach § 802c Abs. 3 vorzulesen oder zur Durchsicht auf einem Bildschirm wiederzugeben. [3] Dem Schuldner ist auf Verlangen ein Ausdruck zu erteilen.

(6) [1] Der Gerichtsvollzieher hinterlegt das Vermögensverzeichnis bei dem zentralen Vollstreckungsgericht nach § 802k Abs. 1 und leitet dem Gläubiger unverzüglich einen Ausdruck zu. [2] Der Ausdruck muss den Vermerk enthalten, dass er mit dem Inhalt des Vermögensverzeichnisses übereinstimmt; § 802d Abs. 1 Satz 3 und Abs. 2 gilt entsprechend.

§ 802g[1)] Erzwingungshaft. (1) [1] Auf Antrag des Gläubigers erlässt das Gericht gegen den Schuldner, der dem Termin zur Abgabe der Vermögensauskunft unentschuldigt fernbleibt oder die Abgabe der Vermögensauskunft gemäß § 802c ohne Grund verweigert, zur Erzwingung der Abgabe einen Haftbefehl. [2] In dem Haftbefehl sind der Gläubiger, der Schuldner und der Grund der Verhaftung zu bezeichnen. [3] Einer Zustellung des Haftbefehls vor seiner Vollziehung bedarf es nicht.

(2) [1] Die Verhaftung des Schuldners erfolgt durch einen Gerichtsvollzieher. [2] Der Gerichtsvollzieher händigt dem Schuldner von Amts wegen bei der Verhaftung eine beglaubigte Abschrift des Haftbefehls aus.

§ 802h[1)] Unzulässigkeit der Haftvollstreckung. (1) Die Vollziehung des Haftbefehls ist unstatthaft, wenn seit dem Tag, an dem der Haftbefehl erlassen wurde, zwei Jahre vergangen sind.

[1)] Beachte hierzu Übergangsvorschrift in § 39 EGZPO (Nr. **1a**).

(2) Gegen einen Schuldner, dessen Gesundheit durch die Vollstreckung der Haft einer nahen und erheblichen Gefahr ausgesetzt würde, darf, solange dieser Zustand dauert, die Haft nicht vollstreckt werden.

§ 802i[1] Vermögensauskunft des verhafteten Schuldners. (1) [1] Der verhaftete Schuldner kann zu jeder Zeit bei dem Gerichtsvollzieher des Amtsgerichts des Haftortes verlangen, ihm die Vermögensauskunft abzunehmen. [2] Dem Verlangen ist unverzüglich stattzugeben; § 802f Abs. 5 gilt entsprechend. [3] Dem Gläubiger wird die Teilnahme ermöglicht, wenn er dies beantragt hat und seine Teilnahme nicht zu einer Verzögerung der Abnahme führt.

(2) [1] Nach Abgabe der Vermögensauskunft wird der Schuldner aus der Haft entlassen. [2] § 802f Abs. 5 und 6 gilt entsprechend.

(3) [1] Kann der Schuldner vollständige Angaben nicht machen, weil er die erforderlichen Unterlagen nicht bei sich hat, so kann der Gerichtsvollzieher einen neuen Termin bestimmen und die Vollziehung des Haftbefehls bis zu diesem Termin aussetzen. [2] § 802f gilt entsprechend; der Setzung einer Zahlungsfrist bedarf es nicht.

§ 802j[1] Dauer der Haft; erneute Haft. (1) [1] Die Haft darf die Dauer von sechs Monaten nicht übersteigen. [2] Nach Ablauf der sechs Monate wird der Schuldner von Amts wegen aus der Haft entlassen.

(2) Gegen den Schuldner, der ohne sein Zutun auf Antrag des Gläubigers aus der Haft entlassen ist, findet auf Antrag desselben Gläubigers eine Erneuerung der Haft nicht statt.

(3) Ein Schuldner, gegen den wegen Verweigerung der Abgabe der Vermögensauskunft eine Haft von sechs Monaten vollstreckt ist, kann innerhalb der folgenden zwei Jahre auch auf Antrag eines anderen Gläubigers nur unter den Voraussetzungen des § 802d von neuem zur Abgabe einer solchen Vermögensauskunft durch Haft angehalten werden.

§ 802k[1] Zentrale Verwaltung der Vermögensverzeichnisse. (1) [1] Nach § 802f Abs. 6 dieses Gesetzes oder nach § 284 Abs. 7 Satz 4 der Abgabenordnung zu hinterlegende Vermögensverzeichnisse werden landesweit von einem zentralen Vollstreckungsgericht in elektronischer Form verwaltet. [2] Die Vermögensverzeichnisse können über eine zentrale und länderübergreifende Abfrage im Internet eingesehen und abgerufen werden. [3] Gleiches gilt für Vermögensverzeichnisse, die auf Grund einer § 284 Abs. 1 bis 7 der Abgabenordnung gleichwertigen bundesgesetzlichen oder landesgesetzlichen Regelung errichtet wurden, soweit diese Regelung die Hinterlegung anordnet. [4] Ein Vermögensverzeichnis nach Satz 1 oder Satz 2 ist nach Ablauf von zwei Jahren seit Abgabe der Auskunft oder bei Eingang eines neuen Vermögensverzeichnisses zu löschen.

(2) [1] Die Gerichtsvollzieher können die von den zentralen Vollstreckungsgerichten nach Absatz 1 verwalteten Vermögensverzeichnisse zu Vollstreckungszwecken abrufen. [2] Den Gerichtsvollziehern stehen Vollstreckungsbehörden gleich, die

1. Vermögensauskünfte nach § 284 der Abgabenordnung verlangen können,

---

[1] Beachte hierzu Übergangsvorschrift in § 39 EGZPO (Nr. **1a**).

2. durch Bundesgesetz oder durch Landesgesetz dazu befugt sind, vom Schuldner Auskunft über sein Vermögen zu verlangen, wenn diese Auskunftsbefugnis durch die Errichtung eines nach Absatz 1 zu hinterlegenden Vermögensverzeichnisses ausgeschlossen wird, oder
3. durch Bundesgesetz oder durch Landesgesetz dazu befugt sind, vom Schuldner die Abgabe einer Vermögensauskunft nach § 802c gegenüber dem Gerichtsvollzieher zu verlangen.

[3] Zur Einsicht befugt sind ferner Vollstreckungsgerichte, Insolvenzgerichte und Registergerichte sowie Strafverfolgungsbehörden, soweit dies zur Erfüllung der ihnen obliegenden Aufgaben erforderlich ist.

(3) [1] Die Landesregierungen bestimmen durch Rechtsverordnung, welches Gericht die Aufgaben des zentralen Vollstreckungsgerichts nach Absatz 1 wahrzunehmen hat. [2] Sie können diese Befugnis auf die Landesjustizverwaltungen übertragen. [3] Das zentrale Vollstreckungsgericht nach Absatz 1 kann andere Stellen mit der Datenverarbeitung beauftragen; die datenschutzrechtlichen Vorschriften über die Verarbeitung personenbezogener Daten im Auftrag sind zu beachten.

(4) [1] Das Bundesministerium der Justiz und für Verbraucherschutz wird ermächtigt, durch Rechtsverordnung[1)] mit Zustimmung des Bundesrates die Einzelheiten des Inhalts, der Form, Aufnahme, Übermittlung, Verwaltung und Löschung der Vermögensverzeichnisse nach § 802f Abs. 5 dieses Gesetzes und nach § 284 Abs. 7 der Abgabenordnung oder gleichwertigen Regelungen im Sinne von Absatz 1 Satz 2 sowie der Einsichtnahme, insbesondere durch ein automatisiertes Abrufverfahren, zu regeln. [2] Die Rechtsverordnung hat geeignete Regelungen zur Sicherung des Datenschutzes und der Datensicherheit vorzusehen. [3] Insbesondere ist sicherzustellen, dass die Vermögensverzeichnisse

1. bei der Übermittlung an das zentrale Vollstreckungsgericht nach Absatz 1 sowie bei der Weitergabe an die anderen Stellen nach Absatz 3 Satz 3 gegen unbefugte Kenntnisnahme geschützt sind,
2. unversehrt und vollständig wiedergegeben werden,
3. jederzeit ihrem Ursprung nach zugeordnet werden können und
4. nur von registrierten Nutzern abgerufen werden können und jeder Abrufvorgang protokolliert wird.

(5) [1] Macht eine betroffene Person das Auskunftsrecht nach Artikel 15 Absatz 1 der Verordnung (EU) 2016/679 des Europäischen Parlaments und des Rates vom 27. April 2016 zum Schutz natürlicher Personen bei der Verarbeitung personenbezogener Daten, zum freien Datenverkehr und zur Aufhebung der Richtlinie 95/46/EG (Datenschutz-Grundverordnung) (ABl. L 119 vom 4.5.2016, S. 1; L 314 vom 22.11.2016, S. 72; L 127 vom 23.5.2018, S. 2) in Bezug auf personenbezogene Daten geltend, die in den von den zentralen Vollstreckungsgerichten nach Absatz 1 verwalteten Vermögensverzeichnissen enthalten sind, so sind der betroffenen Person im Hinblick auf die Empfänger, denen die personenbezogenen Daten offengelegt worden sind oder noch offengelegt werden, nur die Kategorien berechtigter Empfänger mitzuteilen. [2] Das Widerspruchsrecht gemäß Artikel 21 der Verordnung (EU) 2016/679

---

1) Siehe hierzu die VermögensverzeichnisVO (Nr. **2b**).

findet in Bezug auf die personenbezogenen Daten, die in den von den zentralen Vollstreckungsgerichten nach Absatz 1 verwalteten Vermögensverzeichnissen enthalten sind, keine Anwendung.

§ 802l[1] Auskunftsrechte des Gerichtsvollziehers. (1) [1] Kommt der Schuldner seiner Pflicht zur Abgabe der Vermögensauskunft nicht nach oder ist bei einer Vollstreckung in die dort aufgeführten Vermögensgegenstände eine vollständige Befriedigung des Gläubigers voraussichtlich nicht zu erwarten, so darf der Gerichtsvollzieher

1. bei den Trägern der gesetzlichen Rentenversicherung den Namen, die Vornamen oder die Firma sowie die Anschriften der derzeitigen Arbeitgeber eines versicherungspflichtigen Beschäftigungsverhältnisses des Schuldners erheben;
2. das Bundeszentralamt für Steuern ersuchen, bei den Kreditinstituten die in § 93b Abs. 1 der Abgabenordnung bezeichneten Daten abzurufen (§ 93 Abs. 8 Abgabenordnung);
3. beim Kraftfahrt-Bundesamt die Fahrzeug- und Halterdaten nach § 33 Abs. 1 des Straßenverkehrsgesetzes zu einem Fahrzeug, als dessen Halter der Schuldner eingetragen ist, erheben.

[2] Die Erhebung oder das Ersuchen ist nur zulässig, soweit dies zur Vollstreckung erforderlich ist.

(2) [1] Daten, die für die Zwecke der Vollstreckung nicht erforderlich sind, hat der Gerichtsvollzieher unverzüglich zu löschen oder deren Verarbeitung einzuschränken. [2] Die Löschung ist zu protokollieren.

(3) [1] Über das Ergebnis einer Erhebung oder eines Ersuchens nach Absatz 1 setzt der Gerichtsvollzieher den Gläubiger unter Beachtung des Absatzes 2 unverzüglich und den Schuldner innerhalb von vier Wochen nach Erhalt in Kenntnis. [2] § 802d Abs. 1 Satz 3 und Abs. 2 gilt entsprechend.

(4) [1] Nach Absatz 1 Satz 1 erhobene Daten, die innerhalb der letzten drei Monate bei dem Gerichtsvollzieher eingegangen sind, darf dieser auch einem weiteren Gläubiger übermitteln, wenn die Voraussetzungen für die Datenerhebung auch bei diesem Gläubiger vorliegen. [2] Der Gerichtsvollzieher hat dem weiteren Gläubiger die Tatsache, dass die Daten in einem anderen Verfahren erhoben wurden, und den Zeitpunkt ihres Eingangs bei ihm mitzuteilen. [3] Eine erneute Auskunft ist auf Antrag des weiteren Gläubigers einzuholen, wenn Anhaltspunkte dafür vorliegen, dass seit dem Eingang der Auskunft eine Änderung der Vermögensverhältnisse, über die nach Absatz 1 Satz 1 Auskunft eingeholt wurde, eingetreten ist.

(5) Übermittelt der Gerichtsvollzieher Daten nach Absatz 4 Satz 1 an einen weiteren Gläubiger, so hat er den Schuldner davon innerhalb von vier Wochen nach der Übermittlung in Kenntnis zu setzen; § 802d Absatz 1 Satz 3 und Absatz 2 gilt entsprechend.

---

[1] Beachte hierzu Übergangsvorschrift in § 39 EGZPO (Nr. **1a**).

Titel 2. Zwangsvollstreckung in das bewegliche Vermögen

Untertitel 1. Allgemeine Vorschriften

§ 803 Pfändung. (1) [1] Die Zwangsvollstreckung in das bewegliche Vermögen erfolgt durch Pfändung. [2] Sie darf nicht weiter ausgedehnt werden, als es zur Befriedigung des Gläubigers und zur Deckung der Kosten der Zwangsvollstreckung erforderlich ist.

(2) Die Pfändung hat zu unterbleiben, wenn sich von der Verwertung der zu pfändenden Gegenstände ein Überschuss über die Kosten der Zwangsvollstreckung nicht erwarten lässt.

§ 804 Pfändungspfandrecht. (1) Durch die Pfändung erwirbt der Gläubiger ein Pfandrecht an dem gepfändeten Gegenstande.

(2) Das Pfandrecht gewährt dem Gläubiger im Verhältnis zu anderen Gläubigern dieselben Rechte wie ein durch Vertrag erworbenes Faustpfandrecht; es geht Pfand- und Vorzugsrechten vor, die für den Fall eines Insolvenzverfahrens den Faustpfandrechten nicht gleichgestellt sind.[1)]

(3) Das durch eine frühere Pfändung begründete Pfandrecht geht demjenigen vor, das durch eine spätere Pfändung begründet wird.

§ 805 Klage auf vorzugsweise Befriedigung. (1) Der Pfändung einer Sache kann ein Dritter, der sich nicht im Besitz der Sache befindet, auf Grund eines Pfand- oder Vorzugsrechts nicht widersprechen; er kann jedoch seinen Anspruch auf vorzugsweise Befriedigung aus dem Erlös im Wege der Klage geltend machen, ohne Rücksicht darauf, ob seine Forderung fällig ist oder nicht.

(2) Die Klage ist bei dem Vollstreckungsgericht und, wenn der Streitgegenstand zur Zuständigkeit der Amtsgerichte nicht gehört, bei dem Landgericht zu erheben, in dessen Bezirk das Vollstreckungsgericht seinen Sitz hat.

(3) Wird die Klage gegen den Gläubiger und den Schuldner gerichtet, so sind diese als Streitgenossen anzusehen.

(4) [1] Wird der Anspruch glaubhaft gemacht, so hat das Gericht die Hinterlegung des Erlöses anzuordnen. [2] Die Vorschriften der §§ 769, 770 sind hierbei entsprechend anzuwenden.

§ 806 Keine Gewährleistung bei Pfandveräußerung. Wird ein Gegenstand auf Grund der Pfändung veräußert, so steht dem Erwerber wegen eines Mangels im Recht oder wegen eines Mangels der veräußerten Sache ein Anspruch auf Gewährleistung nicht zu.

§ 806a Mitteilungen und Befragung durch den Gerichtsvollzieher.

(1) Erhält der Gerichtsvollzieher anlässlich der Zwangsvollstreckung durch Befragung des Schuldners oder durch Einsicht in Dokumente Kenntnis von Geldforderungen des Schuldners gegen Dritte und konnte eine Pfändung nicht bewirkt werden oder wird eine bewirkte Pfändung voraussichtlich nicht zur vollständigen Befriedigung des Gläubigers führen, so teilt er Namen und An-

---

1) Vgl. §§ 49 ff. InsO v. 5.10.1994 (BGBl. I S. 2866), zuletzt geänd. durch G v. 23.6.2017 (BGBl. I S. 1693).

schriften der Drittschuldner sowie den Grund der Forderungen und für diese bestehende Sicherheiten dem Gläubiger mit.

(2) [1] Trifft der Gerichtsvollzieher den Schuldner in der Wohnung nicht an und konnte eine Pfändung nicht bewirkt werden oder wird eine bewirkte Pfändung voraussichtlich nicht zur vollständigen Befriedigung des Gläubigers führen, so kann der Gerichtsvollzieher die zum Hausstand des Schuldners gehörenden erwachsenen Personen nach dem Arbeitgeber des Schuldners befragen. [2] Diese sind zu einer Auskunft nicht verpflichtet und vom Gerichtsvollzieher auf die Freiwilligkeit ihrer Angaben hinzuweisen. [3] Seine Erkenntnisse teilt der Gerichtsvollzieher dem Gläubiger mit.

§ 806b[1)] *(aufgehoben)*

§ 807[1)] **Abnahme der Vermögensauskunft nach Pfändungsversuch.**

(1) [1] Hat der Gläubiger die Vornahme der Pfändung beim Schuldner beantragt und

1. hat der Schuldner die Durchsuchung (§ 758) verweigert oder
2. ergibt der Pfändungsversuch, dass eine Pfändung voraussichtlich nicht zu einer vollständigen Befriedigung des Gläubigers führen wird,

so kann der Gerichtsvollzieher dem Schuldner die Vermögensauskunft auf Antrag des Gläubigers abweichend von § 802f sofort abnehmen. [2] § 802f Abs. 5 und 6 findet Anwendung.

(2) [1] Der Schuldner kann einer sofortigen Abnahme widersprechen. [2] In diesem Fall verfährt der Gerichtsvollzieher nach § 802f; der Setzung einer Zahlungsfrist bedarf es nicht.

Untertitel 2. Zwangsvollstreckung in körperliche Sachen

§ 808 Pfändung beim Schuldner. (1) Die Pfändung der im Gewahrsam des Schuldners befindlichen körperlichen Sachen wird dadurch bewirkt, dass der Gerichtsvollzieher sie in Besitz nimmt.

(2) [1] Andere Sachen als Geld, Kostbarkeiten und Wertpapiere sind im Gewahrsam des Schuldners zu belassen, sofern nicht hierdurch die Befriedigung des Gläubigers gefährdet wird. [2] Werden die Sachen im Gewahrsam des Schuldners belassen, so ist die Wirksamkeit der Pfändung dadurch bedingt, dass durch Anlegung von Siegeln oder auf sonstige Weise die Pfändung ersichtlich gemacht ist.

(3) Der Gerichtsvollzieher hat den Schuldner von der erfolgten Pfändung in Kenntnis zu setzen.

§ 809 Pfändung beim Gläubiger oder bei Dritten. Die vorstehenden Vorschriften sind auf die Pfändung von Sachen, die sich im Gewahrsam des Gläubigers oder eines zur Herausgabe bereiten Dritten befinden, entsprechend anzuwenden.

§ 810 Pfändung ungetrennter Früchte. (1) [1] Früchte, die von dem Boden noch nicht getrennt sind, können gepfändet werden, solange nicht ihre Be-

---

[1)] Beachte hierzu Übergangsvorschrift in § 39 EGZPO (Nr. **1a**).

schlagnahme im Wege der Zwangsvollstreckung in das unbewegliche Vermögen erfolgt ist. [2]Die Pfändung darf nicht früher als einen Monat vor der gewöhnlichen Zeit der Reife erfolgen.

(2) Ein Gläubiger, der ein Recht auf Befriedigung aus dem Grundstück hat, kann der Pfändung nach Maßgabe des § 771 widersprechen, sofern nicht die Pfändung für einen im Falle der Zwangsvollstreckung in das Grundstück vorgehenden Anspruch erfolgt ist.

§ 811[1)] Unpfändbare Sachen. (1) Folgende Sachen sind der Pfändung nicht unterworfen:

1. die dem persönlichen Gebrauch oder dem Haushalt dienenden Sachen, insbesondere Kleidungsstücke, Wäsche, Betten, Haus- und Küchengerät, soweit der Schuldner ihrer zu einer seiner Berufstätigkeit und seiner Verschuldung angemessenen, bescheidenen Lebens- und Haushaltsführung bedarf; ferner Gartenhäuser, Wohnlauben und ähnliche Wohnzwecken dienende Einrichtungen, die der Zwangsvollstreckung in das bewegliche Vermögen unterliegen und deren der Schuldner oder seine Familie zur ständigen Unterkunft bedarf;
2. die für den Schuldner, seine Familie und seine Hausangehörigen, die ihm im Haushalt helfen, auf vier Wochen erforderlichen Nahrungs-, Feuerungs- und Beleuchtungsmittel oder, soweit für diesen Zeitraum solche Vorräte nicht vorhanden und ihre Beschaffung auf anderem Wege nicht gesichert ist, der zur Beschaffung erforderliche Geldbetrag;
3. Kleintiere in beschränkter Zahl sowie eine Milchkuh oder nach Wahl des Schuldners statt einer solchen insgesamt zwei Schweine, Ziegen oder Schafe, wenn diese Tiere für die Ernährung des Schuldners, seiner Familie oder Hausangehörigen, die ihm im Haushalt, in der Landwirtschaft oder im Gewerbe helfen, erforderlich sind; ferner die zur Fütterung und zur Streu auf vier Wochen erforderlichen Vorräte oder, soweit solche Vorräte nicht vorhanden sind und ihre Beschaffung für diesen Zeitraum auf anderem Wege nicht gesichert ist, der zu ihrer Beschaffung erforderliche Geldbetrag;
4. bei Personen, die Landwirtschaft betreiben, das zum Wirtschaftsbetrieb erforderliche Gerät und Vieh nebst dem nötigen Dünger sowie die landwirtschaftlichen Erzeugnisse, soweit sie zur Sicherung des Unterhalts des Schuldners, seiner Familie und seiner Arbeitnehmer oder zur Fortführung der Wirtschaft bis zur nächsten Ernte gleicher oder ähnlicher Erzeugnisse erforderlich sind;

4a. bei Arbeitnehmern in landwirtschaftlichen Betrieben die ihnen als Vergütung gelieferten Naturalien, soweit der Schuldner ihrer zu seinem und seiner Familie Unterhalt bedarf;

[1)] **Weitere Fälle der Unpfändbarkeit** (außer den in § 811 aufgeführten Fällen):
1. die Fahrbetriebsmittel der Eisenbahn: G betreffend die Unzulässigkeit der Pfändung von Eisenbahnfahrbetriebsmitteln v. 3.5.1886 (RGBl. S. 131), geänd. durch G v. 5.10.1994 (BGBl. I S. 2911);
2. in das Deckungsregister nach § 5 PfandbriefG eingetragene Werte: § 29 PfandbriefG v. 22.5.2005 (BGBl. I S. 1373), zuletzt geänd. durch G v. 20.11.2019 (BGBl. I S. 1626).

5. bei Personen, die aus ihrer körperlichen oder geistigen Arbeit oder sonstigen persönlichen Leistungen ihren Erwerb ziehen, die zur Fortsetzung dieser Erwerbstätigkeit erforderlichen Gegenstände;[1)]
6. bei den Witwen und minderjährigen Erben der unter Nummer 5 bezeichneten Personen, wenn sie die Erwerbstätigkeit für ihre Rechnung durch einen Stellvertreter fortführen, die zur Fortführung dieser Erwerbstätigkeit erforderlichen Gegenstände;
7. Dienstkleidungsstücke sowie Dienstausrüstungsgegenstände, soweit sie zum Gebrauch des Schuldners bestimmt sind, sowie bei Beamten, Geistlichen, Rechtsanwälten, Notaren, Ärzten und Hebammen die zur Ausübung des Berufes erforderlichen Gegenstände einschließlich angemessener Kleidung;
8. bei Personen, die wiederkehrende Einkünfte der in den §§ 850 bis 850b dieses Gesetzes oder der in § 54 Abs. 3 bis 5 des Ersten Buches Sozialgesetzbuch bezeichneten Art oder laufende Kindergeldleistungen beziehen, ein Geldbetrag, der dem der Pfändung nicht unterworfenen Teil der Einkünfte für die Zeit von der Pfändung bis zu dem nächsten Zahlungstermin entspricht;
9. die zum Betrieb einer Apotheke unentbehrlichen Geräte, Gefäße und Waren;
10. die Bücher, die zum Gebrauch des Schuldners und seiner Familie in der Kirche oder Schule oder einer sonstigen Unterrichtsanstalt oder bei der häuslichen Andacht bestimmt sind;
11. die in Gebrauch genommenen Haushaltungs- und Geschäftsbücher, die Familienpapiere sowie die Trauringe, Orden und Ehrenzeichen;
12. künstliche Gliedmaßen, Brillen und andere wegen körperlicher Gebrechen notwendige Hilfsmittel, soweit diese Gegenstände zum Gebrauch des Schuldners und seiner Familie bestimmt sind;
13. die zur unmittelbaren Verwendung für die Bestattung bestimmten Gegenstände.

(2) [1] Eine in Absatz 1 Nr. 1, 4, 5 bis 7 bezeichnete Sache kann gepfändet werden, wenn der Verkäufer wegen einer durch Eigentumsvorbehalt gesicherten Geldforderung aus ihrem Verkauf vollstreckt. [2] Die Vereinbarung des Eigentumsvorbehaltes ist durch Urkunden nachzuweisen.

§ 811a Austauschpfändung. (1) Die Pfändung einer nach § 811 Abs. 1 Nr. 1, 5 und 6 unpfändbaren Sache kann zugelassen werden, wenn der Gläubiger dem Schuldner vor der Wegnahme der Sache ein Ersatzstück, das dem geschützten Verwendungszweck genügt, oder den zur Beschaffung eines solchen Ersatzstückes erforderlichen Geldbetrag überlässt; ist dem Gläubiger die rechtzeitige Ersatzbeschaffung nicht möglich oder nicht zuzumuten, so kann die Pfändung mit der Maßgabe zugelassen werden, dass dem Schuldner der zur Ersatzbeschaffung erforderliche Geldbetrag aus dem Vollstreckungserlös überlassen wird (Austauschpfändung).

[1)] Ferner Originale eines urheberschutzfähigen Werkes sowie Vorrichtungen, die ausschließlich zur Vervielfältigung oder Funksendung eines Werkes bestimmt sind, nach Maßgabe der §§ 112–119 UrheberrechtsG v. 9.9.1965 (BGBl. I S. 1273), zuletzt geänd. durch G v. 28.11.2018 (BGBl. I S. 2014).

(2) [1]Über die Zulässigkeit der Austauschpfändung entscheidet das Vollstreckungsgericht auf Antrag des Gläubigers durch Beschluss. [2]Das Gericht soll die Austauschpfändung nur zulassen, wenn sie nach Lage der Verhältnisse angemessen ist, insbesondere wenn zu erwarten ist, dass der Vollstreckungserlös den Wert des Ersatzstückes erheblich übersteigen werde. [3]Das Gericht setzt den Wert eines vom Gläubiger angebotenen Ersatzstückes oder den zur Ersatzbeschaffung erforderlichen Betrag fest. [4]Bei der Austauschpfändung nach Absatz 1 Halbsatz 1 ist der festgesetzte Betrag dem Gläubiger aus dem Vollstreckungserlös zu erstatten; er gehört zu den Kosten der Zwangsvollstreckung.

(3) Der dem Schuldner überlassene Geldbetrag ist unpfändbar.

(4) Bei der Austauschpfändung nach Absatz 1 Halbsatz 2 ist die Wegnahme der gepfändeten Sache erst nach Rechtskraft des Zulassungsbeschlusses zulässig.

§ 811b Vorläufige Austauschpfändung. (1) [1]Ohne vorgängige Entscheidung des Gerichts ist eine vorläufige Austauschpfändung zulässig, wenn eine Zulassung durch das Gericht zu erwarten ist. [2]Der Gerichtsvollzieher soll die Austauschpfändung nur vornehmen, wenn zu erwarten ist, dass der Vollstreckungserlös den Wert des Ersatzstückes erheblich übersteigen wird.

(2) Die Pfändung ist aufzuheben, wenn der Gläubiger nicht binnen einer Frist von zwei Wochen nach Benachrichtigung von der Pfändung einen Antrag nach § 811a Abs. 2 bei dem Vollstreckungsgericht gestellt hat oder wenn ein solcher Antrag rechtskräftig zurückgewiesen ist.

(3) Bei der Benachrichtigung ist dem Gläubiger unter Hinweis auf die Antragsfrist und die Folgen ihrer Versäumung mitzuteilen, dass die Pfändung als Austauschpfändung erfolgt ist.

(4) [1]Die Übergabe des Ersatzstückes oder des zu seiner Beschaffung erforderlichen Geldbetrages an den Schuldner und die Fortsetzung der Zwangsvollstreckung erfolgen erst nach Erlass des Beschlusses gemäß § 811a Abs. 2 auf Anweisung des Gläubigers. [2]§ 811a Abs. 4 gilt entsprechend.

§ 811c Unpfändbarkeit von Haustieren. (1) Tiere, die im häuslichen Bereich und nicht zu Erwerbszwecken gehalten werden, sind der Pfändung nicht unterworfen.

(2) Auf Antrag des Gläubigers lässt das Vollstreckungsgericht eine Pfändung wegen des hohen Wertes des Tieres zu, wenn die Unpfändbarkeit für den Gläubiger eine Härte bedeuten würde, die auch unter Würdigung der Belange des Tierschutzes und der berechtigten Interessen des Schuldners nicht zu rechtfertigen ist.

§ 811d Vorwegpfändung. (1) [1]Ist zu erwarten, dass eine Sache demnächst pfändbar wird, so kann sie gepfändet werden, ist aber im Gewahrsam des Schuldners zu belassen. [2]Die Vollstreckung darf erst fortgesetzt werden, wenn die Sache pfändbar geworden ist.

(2) Die Pfändung ist aufzuheben, wenn die Sache nicht binnen eines Jahres pfändbar geworden ist.

§ 812 Pfändung von Hausrat. Gegenstände, die zum gewöhnlichen Hausrat gehören und im Haushalt des Schuldners gebraucht werden, sollen nicht gepfändet werden, wenn ohne weiteres ersichtlich ist, dass durch ihre Verwertung nur ein Erlös erzielt werden würde, der zu dem Wert außer allem Verhältnis steht.

§ 813 Schätzung. (1) [1] Die gepfändeten Sachen sollen bei der Pfändung auf ihren gewöhnlichen Verkaufswert geschätzt werden. [2] Die Schätzung des Wertes von Kostbarkeiten soll einem Sachverständigen übertragen werden. [3] In anderen Fällen kann das Vollstreckungsgericht auf Antrag des Gläubigers oder des Schuldners die Schätzung durch einen Sachverständigen anordnen.

(2) [1] Ist die Schätzung des Wertes bei der Pfändung nicht möglich, so soll sie unverzüglich nachgeholt und ihr Ergebnis nachträglich in dem Pfändungsprotokoll vermerkt werden. [2] Werden die Akten des Gerichtsvollziehers elektronisch geführt, so ist das Ergebnis der Schätzung in einem gesonderten elektronischen Dokument zu vermerken. [3] Das Dokument ist mit dem Pfändungsprotokoll untrennbar zu verbinden.

(3) Zur Pfändung von Früchten, die von dem Boden noch nicht getrennt sind, und zur Pfändung von Gegenständen der in § 811 Abs. 1 Nr. 4 bezeichneten Art bei Personen, die Landwirtschaft betreiben, soll ein landwirtschaftlicher Sachverständiger zugezogen werden, sofern anzunehmen ist, dass der Wert der zu pfändenden Gegenstände den Betrag von 500 Euro übersteigt.

(4) Die Landesjustizverwaltung kann bestimmen, dass auch in anderen Fällen ein Sachverständiger zugezogen werden soll.

§§ 813a, 813b[1)] *(aufgehoben)*

§ 814 Öffentliche Versteigerung. (1) Die gepfändeten Sachen sind von dem Gerichtsvollzieher öffentlich zu versteigern; Kostbarkeiten sind vor der Versteigerung durch einen Sachverständigen abzuschätzen.[2)]

(2) Eine öffentliche Versteigerung kann nach Wahl des Gerichtsvollziehers

1. als Versteigerung vor Ort oder
2. als allgemein zugängliche Versteigerung im Internet über eine Versteigerungsplattform

erfolgen.

(3) [1] Die Landesregierungen bestimmen für die Versteigerung im Internet nach Absatz 2 Nummer 2 durch Rechtsverordnung

1. den Zeitpunkt, von dem an die Versteigerung zugelassen ist,
2. die Versteigerungsplattform,
3. die Zulassung zur und den Ausschluss von der Teilnahme an der Versteigerung; soweit die Zulassung zur Teilnahme oder der Ausschluss von einer Versteigerung einen Identitätsnachweis natürlicher Personen vorsieht, ist spätestens ab dem 1. Januar 2013 auch die Nutzung des elektronischen Identitätsnachweises (§ 18 des Personalausweisgesetzes ***[ab 1.11.2020:** , § 12 des eID-Karte-Gesetzes oder § 78 Absatz 5 des Aufenthaltsgesetzes**]***) zu diesem Zweck zu ermöglichen,
4. Beginn, Ende und Abbruch der Versteigerung,

---

1) Beachte hierzu Übergangsvorschrift in § 39 EGZPO (Nr. **1a**).

2) **Amtl. Anm.:** § 814 Halbsatz 2 gemäß Artikel 5 Nr. 1 des Gesetzes vom 20. August 1953 (BGBl. I S. 952) außer Kraft, soweit er sich nicht auf das Verwaltungszwangsverfahren bezieht.

5. die Versteigerungsbedingungen und die sonstigen rechtlichen Folgen der Versteigerung einschließlich der Belehrung der Teilnehmer über den Gewährleistungsausschluss nach § 806,
6. die Anonymisierung der Angaben zur Person des Schuldners vor ihrer Veröffentlichung und die Möglichkeit der Anonymisierung der Daten der Bieter,
7. das sonstige zu beachtende besondere Verfahren.

[2] Sie können die Ermächtigung durch Rechtsverordnung auf die Landesjustizverwaltungen übertragen.

§ 815 Gepfändetes Geld. (1) Gepfändetes Geld ist dem Gläubiger abzuliefern.

(2) [1] Wird dem Gerichtsvollzieher glaubhaft gemacht, dass an gepfändetem Geld ein die Veräußerung hinderndes Recht eines Dritten bestehe, so ist das Geld zu hinterlegen. [2] Die Zwangsvollstreckung ist fortzusetzen, wenn nicht binnen einer Frist von zwei Wochen seit dem Tag der Pfändung eine Entscheidung des nach § 771 Abs. 1 zuständigen Gerichts über die Einstellung der Zwangsvollstreckung beigebracht wird.

(3) Die Wegnahme des Geldes durch den Gerichtsvollzieher gilt als Zahlung von Seiten des Schuldners, sofern nicht nach Absatz 2 oder nach § 720 die Hinterlegung zu erfolgen hat.

§ 816 Zeit und Ort der Versteigerung. (1) Die Versteigerung der gepfändeten Sachen darf nicht vor Ablauf einer Woche seit dem Tag der Pfändung geschehen, sofern nicht der Gläubiger und der Schuldner über eine frühere Versteigerung sich einigen oder diese erforderlich ist, um die Gefahr einer beträchtlichen Wertverringerung der zu versteigernden Sache abzuwenden oder um unverhältnismäßige Kosten einer längeren Aufbewahrung zu vermeiden.

(2) Die Versteigerung erfolgt in der Gemeinde, in der die Pfändung geschehen ist, oder an einem anderen Ort im Bezirk des Vollstreckungsgerichts, sofern nicht der Gläubiger und der Schuldner über einen dritten Ort sich einigen.

(3) Zeit und Ort der Versteigerung sind unter allgemeiner Bezeichnung der zu versteigernden Sachen öffentlich bekannt zu machen.

(4) Bei der Versteigerung gilt die Vorschrift des § 1239 Absatz 1 Satz 1 des Bürgerlichen Gesetzbuchs entsprechend; bei der Versteigerung vor Ort ist auch § 1239 Absatz 2 des Bürgerlichen Gesetzbuchs entsprechend anzuwenden.

(5) Die Absätze 2 und 3 gelten nicht bei einer Versteigerung im Internet.

§ 817 Zuschlag und Ablieferung. (1) [1] Bei der Versteigerung vor Ort soll dem Zuschlag an den Meistbietenden ein dreimaliger Aufruf vorausgehen. [2] Bei einer Versteigerung im Internet ist der Zuschlag der Person erteilt, die am Ende der Versteigerung das höchste, wenigstens das nach § 817a Absatz 1 Satz 1 zu erreichende Mindestgebot abgegeben hat; sie ist von dem Zuschlag zu benachrichtigen. [3] § 156 des Bürgerlichen Gesetzbuchs gilt entsprechend.

(2) Die zugeschlagene Sache darf nur abgeliefert werden, wenn das Kaufgeld gezahlt worden ist oder bei Ablieferung gezahlt wird.

(3) [1]Hat der Meistbietende nicht zu der in den Versteigerungsbedingungen bestimmten Zeit oder in Ermangelung einer solchen Bestimmung nicht vor dem Schluss des Versteigerungstermins die Ablieferung gegen Zahlung des Kaufgeldes verlangt, so wird die Sache anderweit versteigert. [2]Der Meistbietende wird zu einem weiteren Gebot nicht zugelassen; er haftet für den Ausfall, auf den Mehrerlös hat er keinen Anspruch.

(4) [1]Wird der Zuschlag dem Gläubiger erteilt, so ist dieser von der Verpflichtung zur baren Zahlung so weit befreit, als der Erlös nach Abzug der Kosten der Zwangsvollstreckung zu seiner Befriedigung zu verwenden ist, sofern nicht dem Schuldner nachgelassen ist, durch Sicherheitsleistung oder durch Hinterlegung die Vollstreckung abzuwenden. [2]Soweit der Gläubiger von der Verpflichtung zur baren Zahlung befreit ist, gilt der Betrag als von dem Schuldner an den Gläubiger gezahlt.

§ 817a Mindestgebot. (1) [1]Der Zuschlag darf nur auf ein Gebot erteilt werden, das mindestens die Hälfte des gewöhnlichen Verkaufswertes der Sache erreicht (Mindestgebot). [2]Der gewöhnliche Verkaufswert und das Mindestgebot sollen bei dem Ausbieten bekannt gegeben werden.

(2) [1]Wird der Zuschlag nicht erteilt, weil ein das Mindestgebot erreichendes Gebot nicht abgegeben ist, so bleibt das Pfandrecht des Gläubigers bestehen. [2]Er kann jederzeit die Anberaumung eines neuen Versteigerungstermins oder die Anordnung anderweitiger Verwertung der gepfändeten Sache nach § 825 beantragen. [3]Wird die anderweitige Verwertung angeordnet, so gilt Absatz 1 entsprechend.

(3) [1]Gold- und Silbersachen dürfen auch nicht unter ihrem Gold- oder Silberwert zugeschlagen werden. [2]Wird ein den Zuschlag gestattendes Gebot nicht abgegeben, so kann der Gerichtsvollzieher den Verkauf aus freier Hand zu dem Preise bewirken, der den Gold- oder Silberwert erreicht, jedoch nicht unter der Hälfte des gewöhnlichen Verkaufswertes.

§ 818 Einstellung der Versteigerung. Die Versteigerung wird eingestellt, sobald der Erlös zur Befriedigung des Gläubigers und zur Deckung der Kosten der Zwangsvollstreckung hinreicht.

§ 819 Wirkung des Erlösempfanges. Die Empfangnahme des Erlöses durch den Gerichtsvollzieher gilt als Zahlung von Seiten des Schuldners, sofern nicht dem Schuldner nachgelassen ist, durch Sicherheitsleistung oder durch Hinterlegung die Vollstreckung abzuwenden.

§ 820 (weggefallen)

§ 821 Verwertung von Wertpapieren. Gepfändete Wertpapiere sind, wenn sie einen Börsen- oder Marktpreis haben, von dem Gerichtsvollzieher aus freier Hand zum Tageskurs zu verkaufen und, wenn sie einen solchen Preis nicht haben, nach den allgemeinen Bestimmungen zu versteigern.

§ 822 Umschreibung von Namenspapieren. Lautet ein Wertpapier auf Namen, so kann der Gerichtsvollzieher durch das Vollstreckungsgericht ermächtigt werden, die Umschreibung auf den Namen des Käufers zu erwirken und die hierzu erforderlichen Erklärungen an Stelle des Schuldners abzugeben.

§ 823 Außer Kurs gesetzte Inhaberpapiere. Ist ein Inhaberpapier durch Einschreibung auf den Namen oder in anderer Weise außer Kurs gesetzt, so kann der Gerichtsvollzieher durch das Vollstreckungsgericht ermächtigt werden, die Wiederinkurssetzung zu erwirken und die hierzu erforderlichen Erklärungen an Stelle des Schuldners abzugeben.

§ 824 Verwertung ungetrennter Früchte. [1]Die Versteigerung gepfändeter, von dem Boden noch nicht getrennter Früchte ist erst nach der Reife zulässig. [2]Sie kann vor oder nach der Trennung der Früchte erfolgen; im letzteren Fall hat der Gerichtsvollzieher die Aberntung bewirken zu lassen.

§ 825 Andere Verwertungsart. (1) [1]Auf Antrag des Gläubigers oder des Schuldners kann der Gerichtsvollzieher eine gepfändete Sache in anderer Weise oder an einem anderen Ort verwerten, als in den vorstehenden Paragraphen bestimmt ist. [2]Über die beabsichtigte Verwertung hat der Gerichtsvollzieher den Antragsgegner zu unterrichten. [3]Ohne Zustimmung des Antragsgegners darf er die Sache nicht vor Ablauf von zwei Wochen nach Zustellung der Unterrichtung verwerten.

(2) Die Versteigerung einer gepfändeten Sache durch eine andere Person als den Gerichtsvollzieher kann das Vollstreckungsgericht auf Antrag des Gläubigers oder des Schuldners anordnen.

§ 826 Anschlusspfändung. (1) Zur Pfändung bereits gepfändeter Sachen genügt die in das Protokoll aufzunehmende Erklärung des Gerichtsvollziehers, dass er die Sachen für seinen Auftraggeber pfände.

(2) Ist die erste Pfändung durch einen anderen Gerichtsvollzieher bewirkt, so ist diesem eine Abschrift des Protokolls zuzustellen.

(3) Der Schuldner ist von den weiteren Pfändungen in Kenntnis zu setzen.

§ 827 Verfahren bei mehrfacher Pfändung. (1) [1]Auf den Gerichtsvollzieher, von dem die erste Pfändung bewirkt ist, geht der Auftrag des zweiten Gläubigers kraft Gesetzes über, sofern nicht das Vollstreckungsgericht auf Antrag eines beteiligten Gläubigers oder des Schuldners anordnet, dass die Verrichtungen jenes Gerichtsvollziehers von einem anderen zu übernehmen seien. [2]Die Versteigerung erfolgt für alle beteiligten Gläubiger.

(2) [1]Ist der Erlös zur Deckung der Forderungen nicht ausreichend und verlangt der Gläubiger, für den die zweite oder eine spätere Pfändung erfolgt ist, ohne Zustimmung der übrigen beteiligten Gläubiger eine andere Verteilung als nach der Reihenfolge der Pfändungen, so hat der Gerichtsvollzieher die Sachlage unter Hinterlegung des Erlöses dem Vollstreckungsgericht anzuzeigen. [2]Dieser Anzeige sind die auf das Verfahren sich beziehenden Dokumente beizufügen.

(3) In gleicher Weise ist zu verfahren, wenn die Pfändung für mehrere Gläubiger gleichzeitig bewirkt ist.

Untertitel 3. Zwangsvollstreckung in Forderungen und andere Vermögensrechte

§ 828 Zuständigkeit des Vollstreckungsgerichts. (1) Die gerichtlichen Handlungen, welche die Zwangsvollstreckung in Forderungen und andere Vermögensrechte zum Gegenstand haben, erfolgen durch das Vollstreckungsgericht.

(2) Als Vollstreckungsgericht ist das Amtsgericht, bei dem der Schuldner im Inland seinen allgemeinen Gerichtsstand hat, und sonst das Amtsgericht zuständig, bei dem nach § 23 gegen den Schuldner Klage erhoben werden kann.

(3) [1] Ist das angegangene Gericht nicht zuständig, gibt es die Sache auf Antrag des Gläubigers an das zuständige Gericht ab. [2] Die Abgabe ist nicht bindend.

§ 829 Pfändung einer Geldforderung. (1) [1] Soll eine Geldforderung gepfändet werden, so hat das Gericht dem Drittschuldner zu verbieten, an den Schuldner zu zahlen. [2] Zugleich hat das Gericht an den Schuldner das Gebot zu erlassen, sich jeder Verfügung über die Forderung, insbesondere ihrer Einziehung, zu enthalten. [3] Die Pfändung mehrerer Geldforderungen gegen verschiedene Drittschuldner soll auf Antrag des Gläubigers durch einheitlichen Beschluss ausgesprochen werden, soweit dies für Zwecke der Vollstreckung geboten erscheint und kein Grund zu der Annahme besteht, dass schutzwürdige Interessen der Drittschuldner entgegenstehen.

(2) [1] Der Gläubiger hat den Beschluss dem Drittschuldner zustellen zu lassen. [2] Der Gerichtsvollzieher hat den Beschluss mit einer Abschrift der Zustellungsurkunde dem Schuldner sofort zuzustellen, sofern nicht eine öffentliche Zustellung erforderlich wird. [3] An Stelle einer an den Schuldner im Ausland zu bewirkenden Zustellung erfolgt die Zustellung durch Aufgabe zur Post, sofern die Zustellung weder nach der Verordnung (EG) Nr. 1393/2007 noch nach dem Abkommen zwischen der Europäischen Gemeinschaft und dem Königreich Dänemark über die Zustellung gerichtlicher und außergerichtlicher Schriftstücke in Zivil- und Handelssachen vom 19. Oktober 2005 (ABl. L 300 vom 17.11.2005, S. 55, L 120 vom 5.5.2006, S. 23) zu bewirken ist.

(3) Mit der Zustellung des Beschlusses an den Drittschuldner ist die Pfändung als bewirkt anzusehen.

(4) [1] Das Bundesministerium der Justiz und für Verbraucherschutz wird ermächtigt, durch Rechtsverordnung[1)] mit Zustimmung des Bundesrates Formulare für den Antrag auf Erlass eines Pfändungs- und Überweisungsbeschlusses einzuführen. [2] Soweit nach Satz 1 Formulare eingeführt sind, muss sich der Antragsteller ihrer bedienen. [3] Für Verfahren bei Gerichten, die die Verfahren elektronisch bearbeiten, und für Verfahren bei Gerichten, die die Verfahren nicht elektronisch bearbeiten, können unterschiedliche Formulare eingeführt werden.

§ 829a Vereinfachter Vollstreckungsantrag bei Vollstreckungsbescheiden. (1) [1] Im Fall eines elektronischen Antrags zur Zwangsvollstreckung aus einem Vollstreckungsbescheid, der einer Vollstreckungsklausel nicht bedarf, ist bei Pfändung und Überweisung einer Geldforderung (§§ 829, 835) die Übermittlung der Ausfertigung des Vollstreckungsbescheides entbehrlich, wenn

---

[1)] Siehe hierzu die VO über Formulare für die Zwangsvollstreckung (Zwangsvollstreckungsformular-Verordnung – ZVFV) v. 23.8.2012 (BGBl. I S. 1822), geänd. durch VO v. 16.6.2014 (BGBl. I S. 754).

1. die sich aus dem Vollstreckungsbescheid ergebende fällige Geldforderung einschließlich titulierter Nebenforderungen und Kosten nicht mehr als 5 000 Euro beträgt; Kosten der Zwangsvollstreckung sind bei der Berechnung der Forderungshöhe nur zu berücksichtigen, wenn sie allein Gegenstand des Vollstreckungsantrags sind;
2. die Vorlage anderer Urkunden als der Ausfertigung des Vollstreckungsbescheides nicht vorgeschrieben ist;
3. der Gläubiger eine Abschrift des Vollstreckungsbescheides nebst Zustellungsbescheinigung als elektronisches Dokument dem Antrag beifügt und
4. der Gläubiger versichert, dass ihm eine Ausfertigung des Vollstreckungsbescheides und eine Zustellungsbescheinigung vorliegen und die Forderung in Höhe des Vollstreckungsantrags noch besteht.

[2] Sollen Kosten der Zwangsvollstreckung vollstreckt werden, sind zusätzlich zu den in Satz 1 Nr. 3 genannten Dokumenten eine nachprüfbare Aufstellung der Kosten und entsprechende Belege als elektronisches Dokument dem Antrag beizufügen.

(2) Hat das Gericht an dem Vorliegen einer Ausfertigung des Vollstreckungsbescheides oder der übrigen Vollstreckungsvoraussetzungen Zweifel, teilt es dies dem Gläubiger mit und führt die Zwangsvollstreckung erst durch, nachdem der Gläubiger die Ausfertigung des Vollstreckungsbescheides übermittelt oder die übrigen Vollstreckungsvoraussetzungen nachgewiesen hat.

§ 830 Pfändung einer Hypothekenforderung. (1) [1] Zur Pfändung einer Forderung, für die eine Hypothek besteht, ist außer dem Pfändungsbeschluss die Übergabe des Hypothekenbriefes an den Gläubiger erforderlich. [2] Wird die Übergabe im Wege der Zwangsvollstreckung erwirkt, so gilt sie als erfolgt, wenn der Gerichtsvollzieher den Brief zum Zwecke der Ablieferung an den Gläubiger wegnimmt. [3] Ist die Erteilung des Hypothekenbriefes ausgeschlossen, so ist die Eintragung der Pfändung in das Grundbuch erforderlich; die Eintragung erfolgt auf Grund des Pfändungsbeschlusses.

(2) Wird der Pfändungsbeschluss vor der Übergabe des Hypothekenbriefes oder der Eintragung der Pfändung dem Drittschuldner zugestellt, so gilt die Pfändung diesem gegenüber mit der Zustellung als bewirkt.

(3) [1] Diese Vorschriften sind nicht anzuwenden, soweit es sich um die Pfändung der Ansprüche auf die im § 1159 des Bürgerlichen Gesetzbuchs bezeichneten Leistungen handelt. [2] Das Gleiche gilt bei einer Sicherungshypothek im Falle des § 1187 des Bürgerlichen Gesetzbuchs von der Pfändung der Hauptforderung.

§ 830a Pfändung einer Schiffshypothekenforderung. (1) Zur Pfändung einer Forderung, für die eine Schiffshypothek besteht, ist die Eintragung der Pfändung in das Schiffsregister oder in das Schiffsbauregister erforderlich; die Eintragung erfolgt auf Grund des Pfändungsbeschlusses.

(2) Wird der Pfändungsbeschluss vor der Eintragung der Pfändung dem Drittschuldner zugestellt, so gilt die Pfändung diesem gegenüber mit der Zustellung als bewirkt.

(3) [1] Diese Vorschriften sind nicht anzuwenden, soweit es sich um die Pfändung der Ansprüche auf die im § 53 des Gesetzes über Rechte an einge-

tragenen Schiffen und Schiffsbauwerken vom 15. November 1940 (RGBl. I S. 1499) bezeichneten Leistungen handelt. [2]Das Gleiche gilt, wenn bei einer Schiffshypothek für eine Forderung aus einer Schuldverschreibung auf den Inhaber, aus einem Wechsel oder aus einem anderen durch Indossament übertragbaren Papier die Hauptforderung gepfändet wird.

§ 831 Pfändung indossabler Papiere. Die Pfändung von Forderungen aus Wechseln und anderen Papieren, die durch Indossament übertragen werden können, wird dadurch bewirkt, dass der Gerichtsvollzieher diese Papiere in Besitz nimmt.

§ 832 Pfändungsumfang bei fortlaufenden Bezügen. Das Pfandrecht, das durch die Pfändung einer Gehaltsforderung oder einer ähnlichen in fortlaufenden Bezügen bestehenden Forderung erworben wird, erstreckt sich auch auf die nach der Pfändung fällig werdenden Beträge.

§ 833 Pfändungsumfang bei Arbeits- und Diensteinkommen.

(1) [1]Durch die Pfändung eines Diensteinkommens wird auch das Einkommen betroffen, das der Schuldner infolge der Versetzung in ein anderes Amt, der Übertragung eines neuen Amtes oder einer Gehaltserhöhung zu beziehen hat. [2]Diese Vorschrift ist auf den Fall der Änderung des Dienstherrn nicht anzuwenden.

(2) Endet das Arbeits- oder Dienstverhältnis und begründen Schuldner und Drittschuldner innerhalb von neun Monaten ein solches neu, so erstreckt sich die Pfändung auf die Forderung aus dem neuen Arbeits- oder Dienstverhältnis.

§ 833a Pfändungsumfang bei Kontoguthaben. Die Pfändung des Guthabens eines Kontos bei einem Kreditinstitut umfasst das am Tag der Zustellung des Pfändungsbeschlusses bei dem Kreditinstitut bestehende Guthaben sowie die Tagesguthaben der auf die Pfändung folgenden Tage.

§ 834 Keine Anhörung des Schuldners. Vor der Pfändung ist der Schuldner über das Pfändungsgesuch nicht zu hören.

§ 835 Überweisung einer Geldforderung. (1) Die gepfändete Geldforderung ist dem Gläubiger nach seiner Wahl zur Einziehung oder an Zahlungs statt zum Nennwert zu überweisen.

(2) Im letzteren Fall geht die Forderung auf den Gläubiger mit der Wirkung über, dass er, soweit die Forderung besteht, wegen seiner Forderung an den Schuldner als befriedigt anzusehen ist.

(3) [1]Die Vorschriften des § 829 Abs. 2, 3 sind auf die Überweisung entsprechend anzuwenden. [2]Wird ein bei einem Kreditinstitut gepfändetes Guthaben eines Schuldners, der eine natürliche Person ist, dem Gläubiger überwiesen, so darf erst vier Wochen nach der Zustellung des Überweisungsbeschlusses an den Drittschuldner aus dem Guthaben an den Gläubiger geleistet oder der Betrag hinterlegt werden; ist künftiges Guthaben gepfändet worden, ordnet das Vollstreckungsgericht auf Antrag zusätzlich an, dass erst vier Wochen nach der Gutschrift von eingehenden Zahlungen an den Gläubiger geleistet oder der Betrag hinterlegt werden darf.

(4) [1]Wird künftiges Guthaben auf einem Pfändungsschutzkonto im Sinne von § 850k Absatz 7 gepfändet und dem Gläubiger überwiesen, darf der Drittschuldner erst nach Ablauf des nächsten auf die jeweilige Gutschrift von eingehenden Zahlungen folgenden Kalendermonats an den Gläubiger leisten oder den Betrag hinterlegen. [2]Das Vollstreckungsgericht kann auf Antrag des Gläubigers eine abweichende Anordnung treffen, wenn die Regelung des Satzes 1 unter voller Würdigung des Schutzbedürfnisses des Schuldners für den Gläubiger eine unzumutbare Härte verursacht.

(5) Wenn nicht wiederkehrend zahlbare Vergütungen eines Schuldners, der eine natürliche Person ist, für persönlich geleistete Arbeiten oder Dienste oder sonstige Einkünfte, die kein Arbeitseinkommen sind, dem Gläubiger überwiesen werden, so darf der Drittschuldner erst vier Wochen nach der Zustellung des Überweisungsbeschlusses an den Gläubiger leisten oder den Betrag hinterlegen.

§ 836[1)] Wirkung der Überweisung. (1) Die Überweisung ersetzt die förmlichen Erklärungen des Schuldners, von denen nach den Vorschriften des bürgerlichen Rechts die Berechtigung zur Einziehung der Forderung abhängig ist.

(2) Der Überweisungsbeschluss gilt, auch wenn er mit Unrecht erlassen ist, zugunsten des Drittschuldners dem Schuldner gegenüber so lange als rechtsbeständig, bis er aufgehoben wird und die Aufhebung zur Kenntnis des Drittschuldners gelangt.

(3) [1]Der Schuldner ist verpflichtet, dem Gläubiger die zur Geltendmachung der Forderung nötige Auskunft zu erteilen und ihm die über die Forderung vorhandenen Urkunden herauszugeben. [2]Erteilt der Schuldner die Auskunft nicht, so ist er auf Antrag des Gläubigers verpflichtet, sie zu Protokoll zu geben und seine Angaben an Eides statt zu versichern. [3]Der gemäß § 802e zuständige Gerichtsvollzieher lädt den Schuldner zur Abgabe der Auskunft und eidesstattlichen Versicherung. [4]Die Vorschriften des § 802f Abs. 4 und der §§ 802g bis 802i, 802j Abs. 1 und 2 gelten entsprechend. [5]Die Herausgabe der Urkunden kann von dem Gläubiger im Wege der Zwangsvollstreckung erwirkt werden.

§ 837 Überweisung einer Hypothekenforderung. (1) [1]Zur Überweisung einer gepfändeten Forderung, für die eine Hypothek besteht, genügt die Aushändigung des Überweisungsbeschlusses an den Gläubiger. [2]Ist die Erteilung des Hypothekenbriefes ausgeschlossen, so ist zur Überweisung an Zahlungs statt die Eintragung der Überweisung in das Grundbuch erforderlich; die Eintragung erfolgt auf Grund des Überweisungsbeschlusses.

(2) [1]Diese Vorschriften sind nicht anzuwenden, soweit es sich um die Überweisung der Ansprüche auf die im § 1159 des Bürgerlichen Gesetzbuchs bezeichneten Leistungen handelt. [2]Das Gleiche gilt bei einer Sicherungshypothek im Falle des § 1187 des Bürgerlichen Gesetzbuchs von der Überweisung der Hauptforderung.

(3) Bei einer Sicherungshypothek der im § 1190 des Bürgerlichen Gesetzbuchs bezeichneten Art kann die Hauptforderung nach den allgemeinen Vor-

---

[1)] Beachte hierzu Übergangsvorschrift in § 39 EGZPO (Nr. **1a**).

schriften gepfändet und überwiesen werden, wenn der Gläubiger die Überweisung der Forderung ohne die Hypothek an Zahlungs statt beantragt.

§ 837a Überweisung einer Schiffshypothekenforderung. (1) [1] Zur Überweisung einer gepfändeten Forderung, für die eine Schiffshypothek besteht, genügt, wenn die Forderung zur Einziehung überwiesen wird, die Aushändigung des Überweisungsbeschlusses an den Gläubiger. [2] Zur Überweisung an Zahlungs statt ist die Eintragung der Überweisung in das Schiffsregister oder in das Schiffsbauregister erforderlich; die Eintragung erfolgt auf Grund des Überweisungsbeschlusses.

(2) [1] Diese Vorschriften sind nicht anzuwenden, soweit es sich um die Überweisung der Ansprüche auf die im § 53 des Gesetzes über Rechte an eingetragenen Schiffen und Schiffsbauwerken vom 15. November 1940 (RGBl. I S. 1499) bezeichneten Leistungen handelt. [2] Das Gleiche gilt, wenn bei einer Schiffshypothek für eine Forderung aus einer Schuldverschreibung auf den Inhaber, aus einem Wechsel oder aus einem anderen durch Indossament übertragbaren Papier die Hauptforderung überwiesen wird.

(3) Bei einer Schiffshypothek für einen Höchstbetrag (§ 75 des im Absatz 2 genannten Gesetzes) gilt § 837 Abs. 3 entsprechend.

§ 838 Einrede des Schuldners bei Faustpfand. Wird eine durch ein Pfandrecht an einer beweglichen Sache gesicherte Forderung überwiesen, so kann der Schuldner die Herausgabe des Pfandes an den Gläubiger verweigern, bis ihm Sicherheit für die Haftung geleistet wird, die für ihn aus einer Verletzung der dem Gläubiger dem Verpfänder gegenüber obliegenden Verpflichtungen entstehen kann.

§ 839 Überweisung bei Abwendungsbefugnis. Darf der Schuldner nach § 711 Satz 1, § 712 Abs. 1 Satz 1 die Vollstreckung durch Sicherheitsleistung oder Hinterlegung abwenden, so findet die Überweisung gepfändeter Geldforderungen nur zur Einziehung und nur mit der Wirkung statt, dass der Drittschuldner den Schuldbetrag zu hinterlegen hat.

§ 840 Erklärungspflicht des Drittschuldners. (1) Auf Verlangen des Gläubigers hat der Drittschuldner binnen zwei Wochen, von der Zustellung des Pfändungsbeschlusses an gerechnet, dem Gläubiger zu erklären:

1. ob und inwieweit er die Forderung als begründet anerkenne und Zahlung zu leisten bereit sei;
2. ob und welche Ansprüche andere Personen an die Forderung machen;
3. ob und wegen welcher Ansprüche die Forderung bereits für andere Gläubiger gepfändet sei;
4. ob innerhalb der letzten zwölf Monate im Hinblick auf das Konto, dessen Guthaben gepfändet worden ist, nach § 850l die Unpfändbarkeit des Guthabens angeordnet worden ist, und
5. ob es sich bei dem Konto, dessen Guthaben gepfändet worden ist, um ein Pfändungsschutzkonto im Sinne von § 850k Abs. 7 handelt.

(2) [1]Die Aufforderung zur Abgabe dieser Erklärungen muss in die Zustellungsurkunde aufgenommen werden. [2]Der Drittschuldner haftet dem Gläubiger für den aus der Nichterfüllung seiner Verpflichtung entstehenden Schaden.

(3) [1]Die Erklärungen des Drittschuldners können bei Zustellung des Pfändungsbeschlusses oder innerhalb der im ersten Absatz bestimmten Frist an den Gerichtsvollzieher erfolgen. [2]Im ersteren Fall sind sie in die Zustellungsurkunde aufzunehmen und von dem Drittschuldner zu unterschreiben.

§ 841 Pflicht zur Streitverkündung. Der Gläubiger, der die Forderung einklagt, ist verpflichtet, dem Schuldner gerichtlich den Streit zu verkünden, sofern nicht eine Zustellung im Ausland oder eine öffentliche Zustellung erforderlich wird.

§ 842 Schadenersatz bei verzögerter Beitreibung. Der Gläubiger, der die Beitreibung einer ihm zur Einziehung überwiesenen Forderung verzögert, haftet dem Schuldner für den daraus entstehenden Schaden.

§ 843 Verzicht des Pfandgläubigers. [1]Der Gläubiger kann auf die durch Pfändung und Überweisung zur Einziehung erworbenen Rechte unbeschadet seines Anspruchs verzichten. [2]Die Verzichtleistung erfolgt durch eine dem Schuldner zuzustellende Erklärung. [3]Die Erklärung ist auch dem Drittschuldner zuzustellen.

§ 844 Andere Verwertungsart. (1) Ist die gepfändete Forderung bedingt oder betagt oder ist ihre Einziehung wegen der Abhängigkeit von einer Gegenleistung oder aus anderen Gründen mit Schwierigkeiten verbunden, so kann das Gericht auf Antrag an Stelle der Überweisung eine andere Art der Verwertung anordnen.

(2) Vor dem Beschluss, durch welchen dem Antrag stattgegeben wird, ist der Gegner zu hören, sofern nicht eine Zustellung im Ausland oder eine öffentliche Zustellung erforderlich wird.

§ 845[1)] Vorpfändung. (1) [1]Schon vor der Pfändung kann der Gläubiger auf Grund eines vollstreckbaren Schuldtitels durch den Gerichtsvollzieher dem Drittschuldner und dem Schuldner die Benachrichtigung, dass die Pfändung bevorstehe, zustellen lassen mit der Aufforderung an den Drittschuldner, nicht an den Schuldner zu zahlen, und mit der Aufforderung an den Schuldner, sich jeder Verfügung über die Forderung, insbesondere ihrer Einziehung, zu enthalten. [2]Der Gerichtsvollzieher hat die Benachrichtigung mit den Aufforderungen selbst anzufertigen, wenn er von dem Gläubiger hierzu ausdrücklich beauftragt worden ist. [3]An Stelle einer an den Schuldner im Ausland zu bewirkenden Zustellung erfolgt die Zustellung durch Aufgabe zur Post, sofern die Zustellung weder nach der Verordnung (EG) Nr. 1393/2007 noch nach dem Abkommen zwischen der Europäischen Gemeinschaft und dem Königreich Dänemark über die Zustellung gerichtlicher und außergerichtlicher Schriftstücke in Zivil- und Handelssachen zu bewirken ist.

(2) [1]Die Benachrichtigung an den Drittschuldner hat die Wirkung eines Arrestes (§ 930), sofern die Pfändung der Forderung innerhalb eines Monats

---

[1)] Beachte hierzu Übergangsvorschrift in § 39 EGZPO (Nr. **1a**).

bewirkt wird. [2]Die Frist beginnt mit dem Tag, an dem die Benachrichtigung zugestellt ist.

§ 846 Zwangsvollstreckung in Herausgabeansprüche. Die Zwangsvollstreckung in Ansprüche, welche die Herausgabe oder Leistung körperlicher Sachen zum Gegenstand haben, erfolgt nach den §§ 829 bis 845 unter Berücksichtigung der nachstehenden Vorschriften.

§ 847 Herausgabeanspruch auf eine bewegliche Sache. (1) Bei der Pfändung eines Anspruchs, der eine bewegliche körperliche Sache betrifft, ist anzuordnen, dass die Sache an einen vom Gläubiger zu beauftragenden Gerichtsvollzieher herauszugeben sei.

(2) Auf die Verwertung der Sache sind die Vorschriften über die Verwertung gepfändeter Sachen anzuwenden.

§ 847a Herausgabeanspruch auf ein Schiff. (1) Bei der Pfändung eines Anspruchs, der ein eingetragenes Schiff betrifft, ist anzuordnen, dass das Schiff an einen vom Vollstreckungsgericht zu bestellenden Treuhänder herauszugeben ist.

(2) [1]Ist der Anspruch auf Übertragung des Eigentums gerichtet, so vertritt der Treuhänder den Schuldner bei der Übertragung des Eigentums. [2]Mit dem Übergang des Eigentums auf den Schuldner erlangt der Gläubiger eine Schiffshypothek für seine Forderung. [3]Der Treuhänder hat die Eintragung der Schiffshypothek in das Schiffsregister zu bewilligen.

(3) Die Zwangsvollstreckung in das Schiff wird nach den für die Zwangsvollstreckung in unbewegliche Sachen geltenden Vorschriften bewirkt.

(4) Die vorstehenden Vorschriften gelten entsprechend, wenn der Anspruch ein Schiffsbauwerk betrifft, das im Schiffsbauregister eingetragen ist oder in dieses Register eingetragen werden kann.

§ 848 Herausgabeanspruch auf eine unbewegliche Sache. (1) Bei Pfändung eines Anspruchs, der eine unbewegliche Sache betrifft, ist anzuordnen, dass die Sache an einen auf Antrag des Gläubigers vom Amtsgericht der belegenen Sache zu bestellenden Sequester herauszugeben sei.

(2) [1]Ist der Anspruch auf Übertragung des Eigentums gerichtet, so hat die Auflassung an den Sequester als Vertreter des Schuldners zu erfolgen. [2]Mit dem Übergang des Eigentums auf den Schuldner erlangt der Gläubiger eine Sicherungshypothek für seine Forderung. [3]Der Sequester hat die Eintragung der Sicherungshypothek zu bewilligen.

(3) Die Zwangsvollstreckung in die herausgegebene Sache wird nach den für die Zwangsvollstreckung in unbewegliche Sachen geltenden Vorschriften bewirkt.

§ 849 Keine Überweisung an Zahlungs statt. Eine Überweisung der im § 846 bezeichneten Ansprüche an Zahlungs statt ist unzulässig.

§ 850 Pfändungsschutz für Arbeitseinkommen. (1) Arbeitseinkommen, das in Geld zahlbar ist, kann nur nach Maßgabe der §§ 850a bis 850i gepfändet werden.

(2) Arbeitseinkommen im Sinne dieser Vorschrift sind die Dienst- und Versorgungsbezüge der Beamten, Arbeits- und Dienstlöhne, Ruhegelder und ähnliche nach dem einstweiligen oder dauernden Ausscheiden aus dem Dienst- oder Arbeitsverhältnis gewährte fortlaufende Einkünfte, ferner Hinterbliebenenbezüge sowie sonstige Vergütungen für Dienstleistungen aller Art, die die Erwerbstätigkeit des Schuldners vollständig oder zu einem wesentlichen Teil in Anspruch nehmen.

(3) Arbeitseinkommen sind auch die folgenden Bezüge, soweit sie in Geld zahlbar sind:

a) Bezüge, die ein Arbeitnehmer zum Ausgleich für Wettbewerbsbeschränkungen für die Zeit nach Beendigung seines Dienstverhältnisses beanspruchen kann;

b) Renten, die auf Grund von Versicherungsverträgen gewährt werden, wenn diese Verträge zur Versorgung des Versicherungsnehmers oder seiner unterhaltsberechtigten Angehörigen eingegangen sind.

(4) Die Pfändung des in Geld zahlbaren Arbeitseinkommens erfasst alle Vergütungen, die dem Schuldner aus der Arbeits- oder Dienstleistung zustehen, ohne Rücksicht auf ihre Benennung oder Berechnungsart.

§ 850a Unpfändbare Bezüge. Unpfändbar sind

1. zur Hälfte die für die Leistung von Mehrarbeitsstunden gezahlten Teile des Arbeitseinkommens;
2. die für die Dauer eines Urlaubs über das Arbeitseinkommen hinaus gewährten Bezüge, Zuwendungen aus Anlass eines besonderen Betriebsereignisses und Treugelder, soweit sie den Rahmen des Üblichen nicht übersteigen;
3. Aufwandsentschädigungen, Auslösungsgelder und sonstige soziale Zulagen für auswärtige Beschäftigungen, das Entgelt für selbstgestelltes Arbeitsmaterial, Gefahrenzulagen sowie Schmutz- und Erschwerniszulagen, soweit diese Bezüge den Rahmen des Üblichen nicht übersteigen;
4. Weihnachtsvergütungen bis zum Betrag der Hälfte des monatlichen Arbeitseinkommens, höchstens aber bis zum Betrag von 500 Euro;
5. Geburtsbeihilfen sowie Beihilfen aus Anlass der Eingehung einer Ehe oder Begründung einer Lebenspartnerschaft, sofern die Vollstreckung wegen anderer als der aus Anlass der Geburt, der Eingehung einer Ehe oder der Begründung einer Lebenspartnerschaft entstandenen Ansprüche betrieben wird;
6. Erziehungsgelder, Studienbeihilfen und ähnliche Bezüge;
7. Sterbe- und Gnadenbezüge aus Arbeits- oder Dienstverhältnissen;
8. Blindenzulagen.

§ 850b Bedingt pfändbare Bezüge. (1) Unpfändbar sind ferner

1. Renten, die wegen einer Verletzung des Körpers oder der Gesundheit zu entrichten sind;
2. Unterhaltsrenten, die auf gesetzlicher Vorschrift beruhen, sowie die wegen Entziehung einer solchen Forderung zu entrichtenden Renten;

3. fortlaufende Einkünfte, die ein Schuldner aus Stiftungen oder sonst auf Grund der Fürsorge und Freigebigkeit eines Dritten oder auf Grund eines Altenteils oder Auszugsvertrags bezieht;
4. Bezüge aus Witwen-, Waisen-, Hilfs- und Krankenkassen, die ausschließlich oder zu einem wesentlichen Teil zu Unterstützungszwecken gewährt werden, ferner Ansprüche aus Lebensversicherungen, die nur auf den Todesfall des Versicherungsnehmers abgeschlossen sind, wenn die Versicherungssumme 3 579 Euro nicht übersteigt.

(2) Diese Bezüge können nach den für Arbeitseinkommen geltenden Vorschriften gepfändet werden, wenn die Vollstreckung in das sonstige bewegliche Vermögen des Schuldners zu einer vollständigen Befriedigung des Gläubigers nicht geführt hat oder voraussichtlich nicht führen wird und wenn nach den Umständen des Falles, insbesondere nach der Art des beizutreibenden Anspruchs und der Höhe der Bezüge, die Pfändung der Billigkeit entspricht.

(3) Das Vollstreckungsgericht soll vor seiner Entscheidung die Beteiligten hören.

§ 850c[1)] Pfändungsgrenzen für Arbeitseinkommen. (1) [1] Arbeitseinkommen ist unpfändbar, wenn es, je nach dem Zeitraum, für den es gezahlt wird, nicht mehr als

930 Euro monatlich,
217,50 Euro wöchentlich oder
43,50 Euro täglich,

beträgt. [2] Gewährt der Schuldner auf Grund einer gesetzlichen Verpflichtung seinem Ehegatten, einem früheren Ehegatten, seinem Lebenspartner, einem früheren Lebenspartner oder einem Verwandten oder nach §§ 1615l, 1615n des Bürgerlichen Gesetzbuchs einem Elternteil Unterhalt, so erhöht sich der Betrag, bis zu dessen Höhe Arbeitseinkommen unpfändbar ist, auf bis zu

2 060 Euro monatlich,
478,50 Euro wöchentlich oder
96,50 Euro täglich,

und zwar um

350 Euro monatlich,
81 Euro wöchentlich oder
17 Euro täglich,

für die erste Person, der Unterhalt gewährt wird, und um je

195 Euro monatlich,
45 Euro wöchentlich oder
9 Euro täglich

[1)] Die in der Neubekanntmachung v. 5.12.2005 (BGBl. I S. 3202) enthaltenen amtlichen Anmerkungen zu den ab 1.7.2005 maßgeblichen Beträgen sind nicht mehr wiedergegeben.

für die zweite bis fünfte Person.[1)]

(2) [1]Übersteigt das Arbeitseinkommen den Betrag, bis zu dessen Höhe es je nach der Zahl der Personen, denen der Schuldner Unterhalt gewährt, nach Absatz 1 unpfändbar ist, so ist es hinsichtlich des überschießenden Betrages zu einem Teil unpfändbar, und zwar in Höhe von drei Zehnteln, wenn der Schuldner keiner der in Absatz 1 genannten Personen Unterhalt gewährt, zwei weiteren Zehnteln für die erste Person, der Unterhalt gewährt wird, und je einem weiteren Zehntel für die zweite bis fünfte Person. [2]Der Teil des Arbeitseinkommens, der *2 851 Euro* monatlich (*658 Euro* wöchentlich, *131,58 Euro* täglich)[2)] übersteigt, bleibt bei der Berechnung des unpfändbaren Betrages unberücksichtigt.

(2a) [1]Die unpfändbaren Beträge nach Absatz 1 und Absatz 2 Satz 2 ändern sich jeweils zum 1. Juli eines jeden zweiten Jahres, erstmalig zum 1. Juli 2003, entsprechend der im Vergleich zum jeweiligen Vorjahreszeitraum sich ergebenden prozentualen Entwicklung des Grundfreibetrages nach § 32a Abs. 1 Nr. 1 des Einkommensteuergesetzes; der Berechnung ist die am 1. Januar des jeweiligen Jahres geltende Fassung des § 32a Abs. 1 Nr. 1 des Einkommensteuergesetzes zugrunde zu legen. [2]Das Bundesministerium der Justiz und für Verbraucherschutz gibt die maßgebenden Beträge rechtzeitig im Bundesgesetzblatt bekannt.[3)]

(3) [1]Bei der Berechnung des nach Absatz 2 pfändbaren Teils des Arbeitseinkommens ist das Arbeitseinkommen, gegebenenfalls nach Abzug des nach Absatz 2 Satz 2 pfändbaren Betrages, wie aus der Tabelle ersichtlich, die diesem Gesetz als Anlage beigefügt ist, nach unten abzurunden, und zwar bei Auszahlung für Monate auf einen durch 10 Euro, bei Auszahlung für Wochen auf einen durch 2,50 Euro oder bei Auszahlung für Tage auf einen durch 50 Cent teilbaren Betrag. [2]Im Pfändungsbeschluss genügt die Bezugnahme auf die Tabelle.

(4) Hat eine Person, welcher der Schuldner auf Grund gesetzlicher Verpflichtung Unterhalt gewährt, eigene Einkünfte, so kann das Vollstreckungsgericht auf Antrag des Gläubigers nach billigem Ermessen bestimmen, dass diese Person bei der Berechnung des unpfändbaren Teils des Arbeitseinkommens ganz oder teilweise unberücksichtigt bleibt; soll die Person nur teilweise berücksichtigt werden, so ist Absatz 3 Satz 2 nicht anzuwenden.

§ 850d Pfändbarkeit bei Unterhaltsansprüchen. (1) [1]Wegen der Unterhaltsansprüche, die kraft Gesetzes einem Verwandten, dem Ehegatten, einem

---

[1)] Ab 1.7.2019 geltende Beträge gem. Abs. 2a iVm der Pfändungsfreigrenzenbekanntmachung 2019 v. 4.4.2019 (BGBl. I S. 443, auszugsweise wiedergegeben als nichtamtlicher Anhang zur ZPO):

unpfändbar gem. Abs. 1 Satz 1:	Höchstbetrag gem. Abs. 1 Satz 2:	Erhöhungsbetrag für die 1. Person:	Erhöhungsbetrag für die 2.–5. Person:	
1 178,59 Euro	2 610,63 Euro	443,57 Euro	247,12 Euro	monatlich
271,24 Euro	600,80 Euro	102,08 Euro	56,87 Euro	wöchentlich
54,25 Euro	120,16 Euro	20,42 Euro	11,37 Euro	täglich

[2)] Ab 1.7.2019: **3 613,08 Euro** monatlich, **831,50 Euro** wöchentlich, **166,30 Euro** täglich gem. Abs. 2a iVm der Pfändungsfreigrenzenbekanntmachung 2019 v. 4.4.2019 (BGBl. I S. 443, auszugsweise wiedergegeben als nichtamtlicher Anhang zur ZPO).

[3)] Siehe die Pfändungsfreigrenzenbekanntmachung 2019 v. 4.4.2019 (BGBl. I S. 443), auszugsweise wiedergegeben als nichtamtlicher Anhang zur ZPO.

früheren Ehegatten, dem Lebenspartner, einem früheren Lebenspartner oder nach §§ 1615l, 1615n des Bürgerlichen Gesetzbuchs einem Elternteil zustehen, sind das Arbeitseinkommen und die in § 850a Nr. 1, 2 und 4 genannten Bezüge ohne die in § 850c bezeichneten Beschränkungen pfändbar. [2]Dem Schuldner ist jedoch so viel zu belassen, als er für seinen notwendigen Unterhalt und zur Erfüllung seiner laufenden gesetzlichen Unterhaltspflichten gegenüber den dem Gläubiger vorgehenden Berechtigten oder zur gleichmäßigen Befriedigung der dem Gläubiger gleichstehenden Berechtigten bedarf; von den in § 850a Nr. 1, 2 und 4 genannten Bezügen hat ihm mindestens die Hälfte des nach § 850a unpfändbaren Betrages zu verbleiben. [3]Der dem Schuldner hiernach verbleibende Teil seines Arbeitseinkommens darf den Betrag nicht übersteigen, der ihm nach den Vorschriften des § 850c gegenüber nicht bevorrechtigten Gläubigern zu verbleiben hätte. [4]Für die Pfändung wegen der Rückstände, die länger als ein Jahr vor dem Antrag auf Erlass des Pfändungsbeschlusses fällig geworden sind, gelten die Vorschriften dieses Absatzes insoweit nicht, als nach Lage der Verhältnisse nicht anzunehmen ist, dass der Schuldner sich seiner Zahlungspflicht absichtlich entzogen hat.

(2) Mehrere nach Absatz 1 Berechtigte sind mit ihren Ansprüchen in der Reihenfolge nach § 1609 des Bürgerlichen Gesetzbuchs und § 16 des Lebenspartnerschaftsgesetzes zu berücksichtigen, wobei mehrere gleich nahe Berechtigte untereinander den gleichen Rang haben.

(3) Bei der Vollstreckung wegen der in Absatz 1 bezeichneten Ansprüche sowie wegen der aus Anlass einer Verletzung des Körpers oder der Gesundheit zu zahlenden Renten kann zugleich mit der Pfändung wegen fälliger Ansprüche auch künftig fällig werdendes Arbeitseinkommen wegen der dann jeweils fällig werdenden Ansprüche gepfändet und überwiesen werden.

§ 850e[1)] Berechnung des pfändbaren Arbeitseinkommens. Für die Berechnung des pfändbaren Arbeitseinkommens gilt Folgendes:

1. [1]Nicht mitzurechnen sind die nach § 850a der Pfändung entzogenen Bezüge, ferner Beträge, die unmittelbar auf Grund steuerrechtlicher oder sozialrechtlicher Vorschriften zur Erfüllung gesetzlicher Verpflichtungen des Schuldners abzuführen sind. [2]Diesen Beträgen stehen gleich die auf den Auszahlungszeitraum entfallenden Beträge, die der Schuldner
   a) nach den Vorschriften der Sozialversicherungsgesetze zur Weiterversicherung entrichtet oder
   b) an eine Ersatzkasse oder an ein Unternehmen der privaten Krankenversicherung leistet, soweit sie den Rahmen des Üblichen nicht übersteigen.
2. [1]Mehrere Arbeitseinkommen sind auf Antrag vom Vollstreckungsgericht bei der Pfändung zusammenzurechnen. [2]Der unpfändbare Grundbetrag ist in erster Linie dem Arbeitseinkommen zu entnehmen, das die wesentliche Grundlage der Lebenshaltung des Schuldners bildet.

2a. [1]Mit Arbeitseinkommen sind auf Antrag auch Ansprüche auf laufende Geldleistungen nach dem Sozialgesetzbuch zusammenzurechnen, soweit diese der Pfändung unterworfen sind. [2]Der unpfändbare Grundbetrag ist, soweit die Pfändung nicht wegen gesetzlicher Unterhaltsansprüche erfolgt,

---

[1)] Siehe hierzu ua das BMI-Rundschreiben v. 25.9.2013 (GMBl S. 1148).

in erster Linie den laufenden Geldleistungen nach dem Sozialgesetzbuch zu entnehmen. [3] Ansprüche auf Geldleistungen für Kinder dürfen mit Arbeitseinkommen nur zusammengerechnet werden, soweit sie nach § 76 des Einkommensteuergesetzes oder nach § 54 Abs. 5 des Ersten Buches Sozialgesetzbuch gepfändet werden können.

3. [1] Erhält der Schuldner neben seinem in Geld zahlbaren Einkommen auch Naturalleistungen, so sind Geld- und Naturalleistungen zusammenzurechnen. [2] In diesem Fall ist der in Geld zahlbare Betrag insoweit pfändbar, als der nach § 850c unpfändbare Teil des Gesamteinkommens durch den Wert der dem Schuldner verbleibenden Naturalleistungen gedeckt ist.

4. [1] Trifft eine Pfändung, eine Abtretung oder eine sonstige Verfügung wegen eines der in § 850d bezeichneten Ansprüche mit einer Pfändung wegen eines sonstigen Anspruchs zusammen, so sind auf die Unterhaltsansprüche zunächst die gemäß § 850d der Pfändung in erweitertem Umfang unterliegenden Teile des Arbeitseinkommens zu verrechnen. [2] Die Verrechnung nimmt auf Antrag eines Beteiligten das Vollstreckungsgericht vor. [3] Der Drittschuldner kann, solange ihm eine Entscheidung des Vollstreckungsgerichts nicht zugestellt ist, nach dem Inhalt der ihm bekannten Pfändungsbeschlüsse, Abtretungen und sonstigen Verfügungen mit befreiender Wirkung leisten.

§ 850f[1)] Änderung des unpfändbaren Betrages. (1) Das Vollstreckungsgericht kann dem Schuldner auf Antrag von dem nach den Bestimmungen der §§ 850c, 850d und 850i pfändbaren Teil seines Arbeitseinkommens einen Teil belassen, wenn

a) der Schuldner nachweist, dass bei Anwendung der Pfändungsfreigrenzen entsprechend der Anlage zu diesem Gesetz (zu § 850c) der notwendige Lebensunterhalt im Sinne des Dritten, Vierten und Elften Kapitels des Zwölften Buches Sozialgesetzbuch oder nach Kapitel 3 Abschnitt 2 des Zweiten Buches Sozialgesetzbuch für sich und für die Personen, denen er Unterhalt zu gewähren hat, nicht gedeckt ist,

b) besondere Bedürfnisse des Schuldners aus persönlichen oder beruflichen Gründen oder

c) der besondere Umfang der gesetzlichen Unterhaltspflichten des Schuldners, insbesondere die Zahl der Unterhaltsberechtigten, dies erfordern

und überwiegende Belange des Gläubigers nicht entgegenstehen.

(2) Wird die Zwangsvollstreckung wegen einer Forderung aus einer vorsätzlich begangenen unerlaubten Handlung betrieben, so kann das Vollstreckungsgericht auf Antrag des Gläubigers den pfändbaren Teil des Arbeitseinkommens ohne Rücksicht auf die in § 850c vorgesehenen Beschränkungen bestimmen; dem Schuldner ist jedoch so viel zu belassen, wie er für seinen notwendigen Unterhalt und zur Erfüllung seiner laufenden gesetzlichen Unterhaltspflichten bedarf.

(3) [1] Wird die Zwangsvollstreckung wegen anderer als der in Absatz 2 und in § 850d bezeichneten Forderungen betrieben, so kann das Vollstreckungsgericht

---

[1)] Die in der Neubekanntmachung v. 5.12.2005 (BGBl. I S. 3202) enthaltenen amtlichen Anmerkungen zu den ab 1.7.2005 maßgeblichen Beträgen sind nicht mehr wiedergegeben.

in den Fällen, in denen sich das Arbeitseinkommen des Schuldners auf mehr als monatlich *2 815 Euro* (wöchentlich *641 Euro*, täglich *123,50 Euro*)[1] beläuft, über die Beträge hinaus, die nach § 850c pfändbar wären, auf Antrag des Gläubigers die Pfändbarkeit unter Berücksichtigung der Belange des Gläubigers und des Schuldners nach freiem Ermessen festsetzen. [2]Dem Schuldner ist jedoch mindestens so viel zu belassen, wie sich bei einem Arbeitseinkommen von monatlich *2 815 Euro* (wöchentlich *641 Euro*, täglich *123,50 Euro*)[1] aus § 850c ergeben würde. [3]Die Beträge nach den Sätzen 1 und 2 werden entsprechend der in § 850c Abs. 2a getroffenen Regelung jeweils zum 1. Juli eines jeden zweiten Jahres, erstmalig zum 1. Juli 2003, geändert. [4]Das Bundesministerium der Justiz und für Verbraucherschutz gibt die maßgebenden Beträge rechtzeitig im Bundesgesetzblatt bekannt.[2]

§ 850g Änderung der Unpfändbarkeitsvoraussetzungen. [1]Ändern sich die Voraussetzungen für die Bemessung des unpfändbaren Teils des Arbeitseinkommens, so hat das Vollstreckungsgericht auf Antrag des Schuldners oder des Gläubigers den Pfändungsbeschluss entsprechend zu ändern. [2]Antragsberechtigt ist auch ein Dritter, dem der Schuldner kraft Gesetzes Unterhalt zu gewähren hat. [3]Der Drittschuldner kann nach dem Inhalt des früheren Pfändungsbeschlusses mit befreiender Wirkung leisten, bis ihm der Änderungsbeschluss zugestellt wird.

§ 850h Verschleiertes Arbeitseinkommen. (1) [1]Hat sich der Empfänger der vom Schuldner geleisteten Arbeiten oder Dienste verpflichtet, Leistungen an einen Dritten zu bewirken, die nach Lage der Verhältnisse ganz oder teilweise eine Vergütung für die Leistung des Schuldners darstellen, so kann der Anspruch des Drittberechtigten insoweit auf Grund des Schuldtitels gegen den Schuldner gepfändet werden, wie wenn der Anspruch dem Schuldner zustände. [2]Die Pfändung des Vergütungsanspruchs des Schuldners umfasst ohne weiteres den Anspruch des Drittberechtigten. [3]Der Pfändungsbeschluss ist dem Drittberechtigten ebenso wie dem Schuldner zuzustellen.

(2) [1]Leistet der Schuldner einem Dritten in einem ständigen Verhältnis Arbeiten oder Dienste, die nach Art und Umfang üblicherweise vergütet werden, unentgeltlich oder gegen eine unverhältnismäßig geringe Vergütung, so gilt im Verhältnis des Gläubigers zu dem Empfänger der Arbeits- und Dienstleistungen eine angemessene Vergütung als geschuldet. [2]Bei der Prüfung, ob diese Voraussetzungen vorliegen, sowie bei der Bemessung der Vergütung ist auf alle Umstände des Einzelfalles, insbesondere die Art der Arbeits- und Dienstleistung, die verwandtschaftlichen oder sonstigen Beziehungen zwischen dem Dienstberechtigten und dem Dienstverpflichteten und die wirtschaftliche Leistungsfähigkeit des Dienstberechtigten Rücksicht zu nehmen.

§ 850i Pfändungsschutz für sonstige Einkünfte. (1) [1]Werden nicht wiederkehrend zahlbare Vergütungen für persönlich geleistete Arbeiten oder

---

[1] Ab 1.7.2019: **3 571,14 Euro** monatlich, **811,96 Euro** wöchentlich, **157,02 Euro** täglich gem. Satz 3 iVm der Pfändungsfreigrenzenbekanntmachung 2019 v. 4.4.2019 (BGBl. I S. 443, auszugsweise wiedergegeben als nichtamtlicher Anhang zur ZPO).

[2] Siehe die Pfändungsfreigrenzenbekanntmachung 2019 v. 4.4.2019 (BGBl. I S. 443), auszugsweise wiedergegeben als nichtamtlicher Anhang zur ZPO.

Dienste oder sonstige Einkünfte, die kein Arbeitseinkommen sind, gepfändet, so hat das Gericht dem Schuldner auf Antrag während eines angemessenen Zeitraums so viel zu belassen, als ihm nach freier Schätzung des Gerichts verbleiben würde, wenn sein Einkommen aus laufendem Arbeits- oder Dienstlohn bestünde. [2] Bei der Entscheidung sind die wirtschaftlichen Verhältnisse des Schuldners, insbesondere seine sonstigen Verdienstmöglichkeiten, frei zu würdigen. [3] Der Antrag des Schuldners ist insoweit abzulehnen, als überwiegende Belange des Gläubigers entgegenstehen.

(2) Die Vorschriften des § 27 des Heimarbeitsgesetzes vom 14. März 1951 (BGBl. I S. 191) bleiben unberührt.[1)]

(3) Die Bestimmungen der Versicherungs-, Versorgungs- und sonstigen gesetzlichen Vorschriften über die Pfändung von Ansprüchen bestimmter Art bleiben unberührt.[2)]

[1)] § 27 HeimarbeitsG lautet:

„**§ 27. Pfändungsschutz.** Für das Entgelt, das den in Heimarbeit Beschäftigten oder den Gleichgestellten gewährt wird, gelten die Vorschriften über den Pfändungsschutz für Vergütungen, die auf Grund eines Arbeits- oder Dienstverhältnisses geschuldet werden, entsprechend."

[2)] Beachte hierzu § 54 Sozialgesetzbuch (SGB I) – Allgemeiner Teil – v. 11.12.1975 (BGBl. I S. 3015), zuletzt geänd. durch G v. 12.12.2019 (BGBl. I S. 2652) mit späteren Änderungen:

„**§ 54 Pfändung.** (1) Ansprüche auf Dienst- und Sachleistungen können nicht gepfändet werden.

(2) Ansprüche auf einmalige Geldleistungen können nur gepfändet werden, soweit nach den Umständen des Falles, insbesondere nach den Einkommens- und Vermögensverhältnissen des Leistungsberechtigten, der Art des beizutreibenden Anspruchs sowie der Höhe und der Zweckbestimmung der Geldleistung, die Pfändung der Billigkeit entspricht.

(3) Unpfändbar sind Ansprüche auf

1. Elterngeld und Betreuungsgeld bis zur Höhe der nach § 10 des Bundeselterngeld- und Elternzeitgesetzes anrechnungsfreien Beträge sowie dem Erziehungsgeld vergleichbare Leistungen der Länder,
2. Mutterschaftsgeld nach § 19 Absatz 1 des Mutterschutzgesetzes v. 23.5.2017 (BGBl. I S. 1228), geänd. durch G v. 12.12.2019 (BGBl. I S. 2652), soweit das Mutterschaftsgeld nicht aus einer Teilzeitbeschäftigung während der Elternzeit herrührt, bis zur Höhe des Elterngeldes nach § 2 des Bundeselterngeld- und Elternzeitgesetzes, soweit es die anrechnungsfreien Beträge nach § 10 des Bundeselterngeld- und Elternzeitgesetzes nicht übersteigt,

2a. Wohngeld, soweit nicht die Pfändung wegen Ansprüchen erfolgt, die Gegenstand der §§ 9 und 10 des Wohngeldgesetzes sind,

3. Geldleistungen, die dafür bestimmt sind, den durch einen Körper- oder Gesundheitsschaden bedingten Mehraufwand auszugleichen.

(4) Im übrigen können Ansprüche auf laufende Geldleistungen wie Arbeitseinkommen gepfändet werden.

(5) [1] Ein Anspruch des Leistungsberechtigten auf Geldleistungen für Kinder (§ 48 Abs. 1 Satz 2) kann nur wegen gesetzlicher Unterhaltsansprüche eines Kindes, das bei der Festsetzung der Geldleistungen berücksichtigt wird, gepfändet werden. [2] Für die Höhe des pfändbaren Betrages bei Kindergeld gilt:

1. Gehört das unterhaltsberechtigte Kind zum Kreis der Kinder, für die dem Leistungsberechtigten Kindergeld gezahlt wird, so ist eine Pfändung bis zu dem Betrag möglich, der bei gleichmäßiger Verteilung des Kindergeldes auf jedes dieser Kinder entfällt. Ist das Kindergeld durch die Berücksichtigung eines weiteren Kindes erhöht, für das einer dritten Person Kindergeld oder dieser oder dem Leistungsberechtigten eine andere Geldleistung für Kinder zusteht, so bleibt der Erhöhungsbetrag bei der Bestimmung des pfändbaren Betrages des Kindergeldes nach Satz 1 außer Betracht.
2. Der Erhöhungsbetrag (Nummer 1 Satz 2) ist zugunsten jedes bei der Festsetzung des Kindergeldes berücksichtigten unterhaltsberechtigten Kindes zu dem Anteil pfändbar, der sich bei gleichmäßiger Verteilung auf alle Kinder, die bei der Festsetzung des Kindergeldes zugunsten des Leistungsberechtigten berücksichtigt werden, ergibt.

(6) In den Fällen der Absätze 2, 4 und 5 gilt § 53 Abs. 6 entsprechend."

§ 850k Pfändungsschutzkonto. (1) [1]Wird das Guthaben auf dem Pfändungsschutzkonto des Schuldners bei einem Kreditinstitut gepfändet, kann der Schuldner jeweils bis zum Ende des Kalendermonats über Guthaben in Höhe des monatlichen Freibetrages nach § 850c Abs. 1 Satz 1 in Verbindung mit § 850c Abs. 2a verfügen; insoweit wird es nicht von der Pfändung erfasst. [2]Zum Guthaben im Sinne des Satzes 1 gehört auch das Guthaben, das bis zum Ablauf der Frist des § 835 Absatz 4 nicht an den Gläubiger geleistet oder hinterlegt werden darf. [3]Soweit der Schuldner in dem jeweiligen Kalendermonat nicht über Guthaben in Höhe des nach Satz 1 pfändungsfreien Betrages verfügt hat, wird dieses Guthaben in dem folgenden Kalendermonat zusätzlich zu dem nach Satz 1 geschützten Guthaben nicht von der Pfändung erfasst. [4]Die Sätze 1 bis 3 gelten entsprechend, wenn das Guthaben auf einem Girokonto des Schuldners gepfändet ist, das vor Ablauf von vier Wochen seit der Zustellung des Überweisungsbeschlusses an den Drittschuldner in ein Pfändungsschutzkonto umgewandelt wird.

(2) [1]Die Pfändung des Guthabens gilt im Übrigen als mit der Maßgabe ausgesprochen, dass in Erhöhung des Freibetrages nach Absatz 1 folgende Beträge nicht von der Pfändung erfasst sind:

1. die pfändungsfreien Beträge nach § 850c Abs. 1 Satz 2 in Verbindung mit § 850c Abs. 2a Satz 1, wenn
   a) der Schuldner einer oder mehreren Personen aufgrund gesetzlicher Verpflichtung Unterhalt gewährt oder
   b) der Schuldner Geldleistungen nach dem Zweiten oder Zwölften Buch Sozialgesetzbuch für mit ihm in einer Gemeinschaft im Sinne des § 7 Abs. 3 des Zweiten Buches Sozialgesetzbuch oder der §§ 19, 20, 39 Satz 1 oder 43 des Zwölften Buches Sozialgesetzbuch lebende Personen, denen er nicht aufgrund gesetzlicher Vorschriften zum Unterhalt verpflichtet ist, entgegennimmt;
2. einmalige Geldleistungen im Sinne des § 54 Abs. 2 des Ersten Buches Sozialgesetzbuch und Geldleistungen zum Ausgleich des durch einen Körper- oder Gesundheitsschaden bedingten Mehraufwandes im Sinne des § 54 Abs. 3 Nr. 3 des Ersten Buches Sozialgesetzbuch;
3. das Kindergeld oder andere Geldleistungen für Kinder, es sei denn, dass wegen einer Unterhaltsforderung eines Kindes, für das die Leistungen gewährt oder bei dem es berücksichtigt wird, gepfändet wird.

[2]Für die Beträge nach Satz 1 gilt Absatz 1 Satz 3 entsprechend.

(3) An die Stelle der nach Absatz 1 und Absatz 2 Satz 1 Nr. 1 pfändungsfreien Beträge tritt der vom Vollstreckungsgericht im Pfändungsbeschluss belassene Betrag, wenn das Guthaben wegen der in § 850d bezeichneten Forderungen gepfändet wird.

(4) [1]Das Vollstreckungsgericht kann auf Antrag einen von den Absätzen 1, 2 Satz 1 Nr. 1 und Absatz 3 abweichenden pfändungsfreien Betrag festsetzen. [2]Die §§ 850a, 850b, 850c, 850d Abs. 1 und 2, die §§ 850e, 850f, 850g und 850i sowie die §§ 851c und 851d dieses Gesetzes sowie § 54 Abs. 2, Abs. 3 Nr. 1, 2 und 3, Abs. 4 und 5 des Ersten Buches Sozialgesetzbuch, § 17 Abs. 1 Satz 2 des Zwölften Buches Sozialgesetzbuch und § 76 des Einkommensteuergesetzes sind entsprechend anzuwenden. [3]Im Übrigen ist das Vollstreckungsgericht befugt, die in § 732 Abs. 2 bezeichneten Anordnungen zu erlassen.

(5) 1 Das Kreditinstitut ist dem Schuldner zur Leistung aus dem nach Absatz 1 und 3 nicht von der Pfändung erfassten Guthaben im Rahmen des vertraglich Vereinbarten verpflichtet. 2 Dies gilt für die nach Absatz 2 nicht von der Pfändung erfassten Beträge nur insoweit, als der Schuldner durch eine Bescheinigung des Arbeitgebers, der Familienkasse, des Sozialleistungsträgers oder einer geeigneten Person oder Stelle im Sinne von § 305 Abs. 1 Nr. 1 der Insolvenzordnung nachweist, dass das Guthaben nicht von der Pfändung erfasst ist. 3 Die Leistung des Kreditinstituts an den Schuldner hat befreiende Wirkung, wenn ihm die Unrichtigkeit einer Bescheinigung nach Satz 2 weder bekannt noch infolge grober Fahrlässigkeit unbekannt ist. 4 Kann der Schuldner den Nachweis nach Satz 2 nicht führen, so hat das Vollstreckungsgericht auf Antrag die Beträge nach Absatz 2 zu bestimmen. 5 Die Sätze 1 bis 4 gelten auch für eine Hinterlegung.

(6) 1 Wird einem Pfändungsschutzkonto eine Geldleistung nach dem Sozialgesetzbuch oder Kindergeld gutgeschrieben, darf das Kreditinstitut die Forderung, die durch die Gutschrift entsteht, für die Dauer von 14 Tagen seit der Gutschrift nur mit solchen Forderungen verrechnen und hiergegen nur mit solchen Forderungen aufrechnen, die ihm als Entgelt für die Kontoführung oder aufgrund von Kontoverfügungen des Berechtigten innerhalb dieses Zeitraums zustehen. 2 Bis zur Höhe des danach verbleibenden Betrages der Gutschrift ist das Kreditinstitut innerhalb von 14 Tagen seit der Gutschrift nicht berechtigt, die Ausführung von Zahlungsvorgängen wegen fehlender Deckung abzulehnen, wenn der Berechtigte nachweist oder dem Kreditinstitut sonst bekannt ist, dass es sich um die Gutschrift einer Geldleistung nach dem Sozialgesetzbuch oder von Kindergeld handelt. 3 Das Entgelt des Kreditinstituts für die Kontoführung kann auch mit Beträgen nach den Absätzen 1 bis 4 verrechnet werden.

(7) 1 In einem der Führung eines Girokontos zugrunde liegenden Vertrag können der Kunde, der eine natürliche Person ist, oder dessen gesetzlicher Vertreter und das Kreditinstitut vereinbaren, dass das Girokonto als Pfändungsschutzkonto geführt wird. 2 Der Kunde kann jederzeit verlangen, dass das Kreditinstitut sein Girokonto als Pfändungsschutzkonto führt. 3 Ist das Guthaben des Girokontos bereits gepfändet worden, so kann der Schuldner die Führung als Pfändungsschutzkonto zum Beginn des vierten auf seine Erklärung folgenden Geschäftstages verlangen.

(8) 1 Jede Person darf nur ein Pfändungsschutzkonto unterhalten. 2 Bei der Abrede hat der Kunde gegenüber dem Kreditinstitut zu versichern, dass er kein weiteres Pfändungsschutzkonto unterhält. 3 Das Kreditinstitut darf Auskunfteien mitteilen, dass es für den Kunden ein Pfändungsschutzkonto führt. 4 Die Auskunfteien dürfen diese Angabe nur verwenden, um Kreditinstituten auf Anfrage zum Zwecke der Überprüfung der Richtigkeit der Versicherung nach Satz 2 Auskunft darüber zu erteilen, ob die betroffene Person ein Pfändungsschutzkonto unterhält. 5 Die Verarbeitung zu einem anderen als dem in Satz 4 genannten Zweck ist auch mit Einwilligung der betroffenen Person unzulässig.

(9) 1 Unterhält ein Schuldner entgegen Absatz 8 Satz 1 mehrere Girokonten als Pfändungsschutzkonten, ordnet das Vollstreckungsgericht auf Antrag eines Gläubigers an, dass nur das von dem Gläubiger in dem Antrag bezeichnete Girokonto dem Schuldner als Pfändungsschutzkonto verbleibt. 2 Der Gläubiger hat die Voraussetzungen nach Satz 1 durch Vorlage entsprechender Erklärungen der Drittschuldner glaubhaft zu machen. 3 Eine Anhörung des Schuldners

unterbleibt. [4]Die Entscheidung ist allen Drittschuldnern zuzustellen. [5]Mit der Zustellung der Entscheidung an diejenigen Kreditinstitute, deren Girokonten nicht zum Pfändungsschutzkonto bestimmt sind, entfallen die Wirkungen nach den Absätzen 1 bis 6.

§ 850l Anordnung der Unpfändbarkeit von Kontoguthaben auf dem Pfändungsschutzkonto. [1]Auf Antrag des Schuldners kann das Vollstreckungsgericht anordnen, dass das Guthaben auf dem Pfändungsschutzkonto für die Dauer von bis zu zwölf Monaten der Pfändung nicht unterworfen ist, wenn der Schuldner nachweist, dass dem Konto in den letzten sechs Monaten vor Antragstellung ganz überwiegend nur unpfändbare Beträge gutgeschrieben worden sind, und er glaubhaft macht, dass auch innerhalb der nächsten zwölf Monate nur ganz überwiegend nicht pfändbare Beträge zu erwarten sind. [2]Die Anordnung kann versagt werden, wenn überwiegende Belange des Gläubigers entgegenstehen. [3]Sie ist auf Antrag eines Gläubigers aufzuheben, wenn ihre Voraussetzungen nicht mehr vorliegen oder die Anordnung den überwiegenden Belangen dieses Gläubigers entgegensteht.

§ 851 Nicht übertragbare Forderungen. (1) Eine Forderung ist in Ermangelung besonderer Vorschriften der Pfändung nur insoweit unterworfen, als sie übertragbar ist.

(2) Eine nach § 399 des Bürgerlichen Gesetzbuchs nicht übertragbare Forderung kann insoweit gepfändet und zur Einziehung überwiesen werden, als der geschuldete Gegenstand der Pfändung unterworfen ist.

§ 851a Pfändungsschutz für Landwirte. (1) Die Pfändung von Forderungen, die einem die Landwirtschaft betreibenden Schuldner aus dem Verkauf von landwirtschaftlichen Erzeugnissen zustehen, ist auf seinen Antrag vom Vollstreckungsgericht insoweit aufzuheben, als die Einkünfte zum Unterhalt des Schuldners, seiner Familie und seiner Arbeitnehmer oder zur Aufrechterhaltung einer geordneten Wirtschaftsführung unentbehrlich sind.

(2) Die Pfändung soll unterbleiben, wenn offenkundig ist, dass die Voraussetzungen für die Aufhebung der Zwangsvollstreckung nach Absatz 1 vorliegen.

§ 851b[1)] Pfändungsschutz bei Miet- und Pachtzinsen. (1) [1]Die Pfändung von Miete und Pacht ist auf Antrag des Schuldners vom Vollstreckungsgericht insoweit aufzuheben, als diese Einkünfte für den Schuldner zur laufenden Unterhaltung des Grundstücks, zur Vornahme notwendiger Instandsetzungsarbeiten und zur Befriedigung von Ansprüchen unentbehrlich sind, die bei einer Zwangsvollstreckung in das Grundstück dem Anspruch des Gläubigers nach § 10 des Gesetzes über die Zwangsversteigerung und die Zwangsverwaltung[2)] vorgehen würden. [2]Das Gleiche gilt von der Pfändung von Barmitteln und Guthaben, die aus Miet- oder Pachtzahlungen herrühren und zu den in Satz 1 bezeichneten Zwecken unentbehrlich sind.

(2) [1]Wird der Antrag nicht binnen einer Frist von zwei Wochen gestellt, so ist er ohne sachliche Prüfung zurückzuweisen, wenn das Vollstreckungsgericht

---

[1)] Beachte hierzu Übergangsvorschrift in § 39 EGZPO (Nr. **1a**).
[2)] Nr. **4**.

der Überzeugung ist, dass der Schuldner den Antrag in der Absicht der Verschleppung oder aus grober Nachlässigkeit nicht früher gestellt hat. [2]Die Frist beginnt mit der Pfändung.

(3) Anordnungen nach Absatz 1 können mehrmals ergehen und, soweit es nach Lage der Verhältnisse geboten ist, auf Antrag aufgehoben oder abgeändert werden.

(4) [1]Vor den in den Absätzen 1 und 3 bezeichneten Entscheidungen ist, soweit dies ohne erhebliche Verzögerung möglich ist, der Gläubiger zu hören. [2]Die für die Entscheidung wesentlichen tatsächlichen Verhältnisse sind glaubhaft zu machen. [3]Die Pfändung soll unterbleiben, wenn offenkundig ist, dass die Voraussetzungen für die Aufhebung der Zwangsvollstreckung nach Absatz 1 vorliegen.

§ 851c Pfändungsschutz bei Altersrenten. (1) Ansprüche auf Leistungen, die auf Grund von Verträgen gewährt werden, dürfen nur wie Arbeitseinkommen gepfändet werden, wenn

1. die Leistung in regelmäßigen Zeitabständen lebenslang und nicht vor Vollendung des 60. Lebensjahres oder nur bei Eintritt der Berufsunfähigkeit gewährt wird,
2. über die Ansprüche aus dem Vertrag nicht verfügt werden darf,
3. die Bestimmung von Dritten mit Ausnahme von Hinterbliebenen als Berechtigte ausgeschlossen ist und
4. die Zahlung einer Kapitalleistung, ausgenommen eine Zahlung für den Todesfall, nicht vereinbart wurde.

(2) [1]Um dem Schuldner den Aufbau einer angemessenen Alterssicherung zu ermöglichen, kann er unter Berücksichtigung der Entwicklung auf dem Kapitalmarkt, des Sterblichkeitsrisikos und der Höhe der Pfändungsfreigrenze, nach seinem Lebensalter gestaffelt, jährlich einen bestimmten Betrag unpfändbar auf der Grundlage eines in Absatz 1 bezeichneten Vertrags bis zu einer Gesamtsumme von 256 000 Euro ansammeln. [2]Der Schuldner darf vom 18. bis zum vollendeten 29. Lebensjahr 2 000 Euro, vom 30. bis zum vollendeten 39. Lebensjahr 4 000 Euro, vom 40. bis zum vollendeten 47. Lebensjahr 4 500 Euro, vom 48. bis zum vollendeten 53. Lebensjahr 6 000 Euro, vom 54. bis zum vollendeten 59. Lebensjahr 8 000 Euro und vom 60. bis zum vollendeten 67. Lebensjahr 9 000 Euro jährlich ansammeln. [3]Übersteigt der Rückkaufwert der Alterssicherung den unpfändbaren Betrag, sind drei Zehntel des überschießenden Betrags unpfändbar. [4]Satz 3 gilt nicht für den Teil des Rückkaufwerts, der den dreifachen Wert des in Satz 1 genannten Betrags übersteigt.

(3) § 850e Nr. 2 und 2a gilt entsprechend.

§ 851d Pfändungsschutz bei steuerlich gefördertem Altersvorsorgevermögen. Monatliche Leistungen in Form einer lebenslangen Rente oder monatlicher Ratenzahlungen im Rahmen eines Auszahlungsplans nach § 1 Abs. 1 Satz 1 Nr. 4 des Altersvorsorgeverträge-Zertifizierungsgesetzes aus steuerlich gefördertem Altersvorsorgevermögen sind wie Arbeitseinkommen pfändbar.

§ 852 Beschränkt pfändbare Forderungen. (1) Der Pflichtteilsanspruch ist der Pfändung nur unterworfen, wenn er durch Vertrag anerkannt oder rechtshängig geworden ist.

(2) Das Gleiche gilt für den nach § 528 des Bürgerlichen Gesetzbuchs dem Schenker zustehenden Anspruch auf Herausgabe des Geschenkes sowie für den Anspruch eines Ehegatten oder Lebenspartners auf den Ausgleich des Zugewinns.

§ 853 Mehrfache Pfändung einer Geldforderung. Ist eine Geldforderung für mehrere Gläubiger gepfändet, so ist der Drittschuldner berechtigt und auf Verlangen eines Gläubigers, dem die Forderung überwiesen wurde, verpflichtet, unter Anzeige der Sachlage und unter Aushändigung der ihm zugestellten Beschlüsse an das Amtsgericht, dessen Beschluss ihm zuerst zugestellt ist, den Schuldbetrag zu hinterlegen.

§ 854 Mehrfache Pfändung eines Anspruchs auf bewegliche Sachen.

(1) [1] Ist ein Anspruch, der eine bewegliche körperliche Sache betrifft, für mehrere Gläubiger gepfändet, so ist der Drittschuldner berechtigt und auf Verlangen eines Gläubigers, dem der Anspruch überwiesen wurde, verpflichtet, die Sache unter Anzeige der Sachlage und unter Aushändigung der ihm zugestellten Beschlüsse dem Gerichtsvollzieher herauszugeben, der nach dem ihm zuerst zugestellten Beschluss zur Empfangnahme der Sache ermächtigt ist. [2] Hat der Gläubiger einen solchen Gerichtsvollzieher nicht bezeichnet, so wird dieser auf Antrag des Drittschuldners von dem Amtsgericht des Ortes ernannt, wo die Sache herauszugeben ist.

(2) [1] Ist der Erlös zur Deckung der Forderungen nicht ausreichend und verlangt der Gläubiger, für den die zweite oder eine spätere Pfändung erfolgt ist, ohne Zustimmung der übrigen beteiligten Gläubiger eine andere Verteilung als nach der Reihenfolge der Pfändungen, so hat der Gerichtsvollzieher die Sachlage unter Hinterlegung des Erlöses dem Amtsgericht anzuzeigen, dessen Beschluss dem Drittschuldner zuerst zugestellt ist. [2] Dieser Anzeige sind die Dokumente beizufügen, die sich auf das Verfahren beziehen.

(3) In gleicher Weise ist zu verfahren, wenn die Pfändung für mehrere Gläubiger gleichzeitig bewirkt ist.

§ 855 Mehrfache Pfändung eines Anspruchs auf eine unbewegliche Sache. Betrifft der Anspruch eine unbewegliche Sache, so ist der Drittschuldner berechtigt und auf Verlangen eines Gläubigers, dem der Anspruch überwiesen wurde, verpflichtet, die Sache unter Anzeige der Sachlage und unter Aushändigung der ihm zugestellten Beschlüsse an den von dem Amtsgericht der belegenen Sache ernannten oder auf seinen Antrag zu ernennenden Sequester herauszugeben.

§ 855a Mehrfache Pfändung eines Anspruchs auf ein Schiff. (1) Betrifft der Anspruch ein eingetragenes Schiff, so ist der Drittschuldner berechtigt und auf Verlangen eines Gläubigers, dem der Anspruch überwiesen wurde, verpflichtet, das Schiff unter Anzeige der Sachlage und unter Aushändigung der Beschlüsse dem Treuhänder herauszugeben, der in dem ihm zuerst zugestellten Beschluss bestellt ist.

(2) Absatz 1 gilt sinngemäß, wenn der Anspruch ein Schiffsbauwerk betrifft, das im Schiffsbauregister eingetragen ist oder in dieses Register eingetragen werden kann.

§ 856 Klage bei mehrfacher Pfändung. (1) Jeder Gläubiger, dem der Anspruch überwiesen wurde, ist berechtigt, gegen den Drittschuldner Klage auf Erfüllung der nach den Vorschriften der §§ 853 bis 855 diesem obliegenden Verpflichtungen zu erheben.

(2) Jeder Gläubiger, für den der Anspruch gepfändet ist, kann sich dem Kläger in jeder Lage des Rechtsstreits als Streitgenosse anschließen.

(3) Der Drittschuldner hat bei dem Prozessgericht zu beantragen, dass die Gläubiger, welche die Klage nicht erhoben und dem Kläger sich nicht angeschlossen haben, zum Termin zur mündlichen Verhandlung geladen werden.

(4) Die Entscheidung, die in dem Rechtsstreit über den in der Klage erhobenen Anspruch erlassen wird, ist für und gegen sämtliche Gläubiger wirksam.

(5) Der Drittschuldner kann sich gegenüber einem Gläubiger auf die ihm günstige Entscheidung nicht berufen, wenn der Gläubiger zum Termin zur mündlichen Verhandlung nicht geladen worden ist.

§ 857 Zwangsvollstreckung in andere Vermögensrechte. (1) Für die Zwangsvollstreckung in andere Vermögensrechte, die nicht Gegenstand der Zwangsvollstreckung in das unbewegliche Vermögen sind, gelten die vorstehenden Vorschriften entsprechend.

(2) Ist ein Drittschuldner nicht vorhanden, so ist die Pfändung mit dem Zeitpunkt als bewirkt anzusehen, in welchem dem Schuldner das Gebot, sich jeder Verfügung über das Recht zu enthalten, zugestellt ist.

(3) Ein unveräußerliches Recht ist in Ermangelung besonderer Vorschriften der Pfändung insoweit unterworfen, als die Ausübung einem anderen überlassen werden kann.

(4) [1] Das Gericht kann bei der Zwangsvollstreckung in unveräußerliche Rechte, deren Ausübung einem anderen überlassen werden kann, besondere Anordnungen erlassen. [2] Es kann insbesondere bei der Zwangsvollstreckung in Nutzungsrechte eine Verwaltung anordnen; in diesem Fall wird die Pfändung durch Übergabe der zu benutzenden Sache an den Verwalter bewirkt, sofern sie nicht durch Zustellung des Beschlusses bereits vorher bewirkt ist.

(5) Ist die Veräußerung des Rechts selbst zulässig, so kann auch diese Veräußerung von dem Gericht angeordnet werden.

(6) Auf die Zwangsvollstreckung in eine Reallast, eine Grundschuld oder eine Rentenschuld sind die Vorschriften über die Zwangsvollstreckung in eine Forderung, für die eine Hypothek besteht, entsprechend anzuwenden.

(7) Die Vorschrift des § 845 Abs. 1 Satz 2 ist nicht anzuwenden.

§ 858 Zwangsvollstreckung in Schiffspart. (1) Für die Zwangsvollstreckung in die Schiffspart (§§ 489 ff. des Handelsgesetzbuchs) gilt § 857 mit folgenden Abweichungen.

(2) Als Vollstreckungsgericht ist das Amtsgericht zuständig, bei dem das Register für das Schiff geführt wird.

(3) [1]Die Pfändung bedarf der Eintragung in das Schiffsregister; die Eintragung erfolgt auf Grund des Pfändungsbeschlusses. [2]Der Pfändungsbeschluss soll dem Korrespondentreeder zugestellt werden; wird der Beschluss diesem vor der Eintragung zugestellt, so gilt die Pfändung ihm gegenüber mit der Zustellung als bewirkt.

(4) [1]Verwertet wird die gepfändete Schiffspart im Wege der Veräußerung. [2]Dem Antrag auf Anordnung der Veräußerung ist ein Auszug aus dem Schiffsregister beizufügen, der alle das Schiff und die Schiffspart betreffenden Eintragungen enthält; der Auszug darf nicht älter als eine Woche sein.

(5) [1]Ergibt der Auszug aus dem Schiffsregister, dass die Schiffspart mit einem Pfandrecht belastet ist, das einem andern als dem betreibenden Gläubiger zusteht, so ist die Hinterlegung des Erlöses anzuordnen. [2]Der Erlös wird in diesem Fall nach den Vorschriften der §§ 873 bis 882 verteilt; Forderungen, für die ein Pfandrecht an der Schiffspart eingetragen ist, sind nach dem Inhalt des Schiffsregisters in den Teilungsplan aufzunehmen.

§ 859 Pfändung von Gesamthandanteilen. (1) [1]Der Anteil eines Gesellschafters an dem Gesellschaftsvermögen einer nach § 705 des Bürgerlichen Gesetzbuchs eingegangenen Gesellschaft ist der Pfändung unterworfen. [2]Der Anteil eines Gesellschafters an den einzelnen zu dem Gesellschaftsvermögen gehörenden Gegenständen ist der Pfändung nicht unterworfen.

(2) Die gleichen Vorschriften gelten für den Anteil eines Miterben an dem Nachlass und an den einzelnen Nachlassgegenständen.

§ 860 Pfändung von Gesamtgutanteilen. (1) [1]Bei dem Güterstand der Gütergemeinschaft ist der Anteil eines Ehegatten oder Lebenspartners an dem Gesamtgut und an den einzelnen dazu gehörenden Gegenständen der Pfändung nicht unterworfen. [2]Das Gleiche gilt bei der fortgesetzten Gütergemeinschaft von den Anteilen des überlebenden Ehegatten oder Lebenspartners und der Abkömmlinge.

(2) Nach der Beendigung der Gemeinschaft ist der Anteil an dem Gesamtgut zugunsten der Gläubiger des Anteilsberechtigten der Pfändung unterworfen.

§§ 861 und 862 (weggefallen)

§ 863 Pfändungsbeschränkungen bei Erbschaftsnutzungen. (1) [1]Ist der Schuldner als Erbe nach § 2338 des Bürgerlichen Gesetzbuchs durch die Einsetzung eines Nacherben beschränkt, so sind die Nutzungen der Erbschaft der Pfändung nicht unterworfen, soweit sie zur Erfüllung der dem Schuldner seinem Ehegatten, seinem früheren Ehegatten, seinem Lebenspartner, einem früheren Lebenspartner oder seinen Verwandten gegenüber gesetzlich obliegenden Unterhaltspflicht und zur Bestreitung seines standesmäßigen Unterhalts erforderlich sind. [2]Das Gleiche gilt, wenn der Schuldner nach § 2338 des Bürgerlichen Gesetzbuchs durch die Ernennung eines Testamentsvollstreckers beschränkt ist, für seinen Anspruch auf den jährlichen Reinertrag.

(2) Die Pfändung ist unbeschränkt zulässig, wenn der Anspruch eines Nachlassgläubigers oder ein auch dem Nacherben oder dem Testamentsvollstrecker gegenüber wirksames Recht geltend gemacht wird.

(3) Diese Vorschriften gelten entsprechend, wenn der Anteil eines Abkömmlings an dem Gesamtgut der fortgesetzten Gütergemeinschaft nach § 1513 Abs. 2 des Bürgerlichen Gesetzbuchs einer Beschränkung der im Absatz 1 bezeichneten Art unterliegt.

Titel 3. Zwangsvollstreckung in das unbewegliche Vermögen

§ 864 Gegenstand der Immobiliarvollstreckung. (1) Der Zwangsvollstreckung in das unbewegliche Vermögen unterliegen außer den Grundstücken die Berechtigungen, für welche die sich auf Grundstücke beziehenden Vorschriften gelten, die im Schiffsregister eingetragenen Schiffe und die Schiffsbauwerke, die im Schiffsbauregister eingetragen sind oder in dieses Register eingetragen werden können.

(2) Die Zwangsvollstreckung in den Bruchteil eines Grundstücks, einer Berechtigung der im Absatz 1 bezeichneten Art oder eines Schiffes oder Schiffsbauwerks ist nur zulässig, wenn der Bruchteil in dem Anteil eines Miteigentümers besteht oder wenn sich der Anspruch des Gläubigers auf ein Recht gründet, mit dem der Bruchteil als solcher belastet ist.

§ 865 Verhältnis zur Mobiliarvollstreckung. (1) Die Zwangsvollstreckung in das unbewegliche Vermögen umfasst auch die Gegenstände, auf die sich bei Grundstücken und Berechtigungen die Hypothek, bei Schiffen oder Schiffsbauwerken die Schiffshypothek erstreckt.

(2) [1]Diese Gegenstände können, soweit sie Zubehör sind, nicht gepfändet werden. [2]Im Übrigen unterliegen sie der Zwangsvollstreckung in das bewegliche Vermögen, solange nicht ihre Beschlagnahme im Wege der Zwangsvollstreckung in das unbewegliche Vermögen erfolgt ist.

§ 866[1)] Arten der Vollstreckung. (1) Die Zwangsvollstreckung in ein Grundstück erfolgt durch Eintragung einer Sicherungshypothek für die Forderung, durch Zwangsversteigerung und durch Zwangsverwaltung.

(2) Der Gläubiger kann verlangen, dass eine dieser Maßregeln allein oder neben den übrigen ausgeführt werde.

(3) [1]Eine Sicherungshypothek (Absatz 1) darf nur für einen Betrag von mehr als 750 Euro eingetragen werden; Zinsen bleiben dabei unberücksichtigt, soweit sie als Nebenforderung geltend gemacht sind. [2]Auf Grund mehrerer demselben Gläubiger zustehender Schuldtitel kann eine einheitliche Sicherungshypothek eingetragen werden.

§ 867 Zwangshypothek. (1) [1]Die Sicherungshypothek wird auf Antrag des Gläubigers in das Grundbuch eingetragen; die Eintragung ist auf dem vollstreckbaren Titel zu vermerken. [2]Mit der Eintragung entsteht die Hypothek. [3]Das Grundstück haftet auch für die dem Schuldner zur Last fallenden Kosten der Eintragung.

(2) [1]Sollen mehrere Grundstücke des Schuldners mit der Hypothek belastet werden, so ist der Betrag der Forderung auf die einzelnen Grundstücke zu

[1)] Vgl. hierzu § 8 ErbbaurechtsG v. 15.1.1919 (RGBl. S. 72), zuletzt geänd. durch G v. 1.10.2013 (BGBl. I S. 3719).

verteilen. [2]Die Größe der Teile bestimmt der Gläubiger; für die Teile gilt § 866 Abs. 3 Satz 1 entsprechend.

(3) Zur Befriedigung aus dem Grundstück durch Zwangsversteigerung genügt der vollstreckbare Titel, auf dem die Eintragung vermerkt ist.

§ 868 Erwerb der Zwangshypothek durch den Eigentümer. (1) Wird durch eine vollstreckbare Entscheidung die zu vollstreckende Entscheidung oder ihre vorläufige Vollstreckbarkeit aufgehoben oder die Zwangsvollstreckung für unzulässig erklärt oder deren Einstellung angeordnet, so erwirbt der Eigentümer des Grundstücks die Hypothek.

(2) Das Gleiche gilt, wenn durch eine gerichtliche Entscheidung die einstweilige Einstellung der Vollstreckung und zugleich die Aufhebung der erfolgten Vollstreckungsmaßregeln angeordnet wird oder wenn die zur Abwendung der Vollstreckung nachgelassene Sicherheitsleistung oder Hinterlegung erfolgt.

§ 869 Zwangsversteigerung und Zwangsverwaltung. Die Zwangsversteigerung und die Zwangsverwaltung werden durch ein besonderes Gesetz geregelt.

§ 870 Grundstücksgleiche Rechte. Auf die Zwangsvollstreckung in eine Berechtigung, für welche die sich auf Grundstücke beziehenden Vorschriften gelten, sind die Vorschriften über die Zwangsvollstreckung in Grundstücke entsprechend anzuwenden.

§ 870a Zwangsvollstreckung in ein Schiff oder Schiffsbauwerk.

(1) [1]Die Zwangsvollstreckung in ein eingetragenes Schiff oder in ein Schiffsbauwerk, das im Schiffsbauregister eingetragen ist oder in dieses Register eingetragen werden kann, erfolgt durch Eintragung einer Schiffshypothek für die Forderung oder durch Zwangsversteigerung. [2]Die Anordnung einer Zwangsversteigerung eines Seeschiffs ist unzulässig, wenn sich das Schiff auf der Reise befindet und nicht in einem Hafen liegt.

(2) § 866 Abs. 2, 3, § 867 gelten entsprechend.

(3) [1]Wird durch eine vollstreckbare Entscheidung die zu vollstreckende Entscheidung oder ihre vorläufige Vollstreckbarkeit aufgehoben oder die Zwangsvollstreckung für unzulässig erklärt oder deren Einstellung angeordnet, so erlischt die Schiffshypothek; § 57 Abs. 3 des Gesetzes über Rechte an eingetragenen Schiffen und Schiffsbauwerken vom 15. November 1940 (RGBl. I S. 1499) ist anzuwenden. [2]Das Gleiche gilt, wenn durch eine gerichtliche Entscheidung die einstweilige Einstellung der Zwangsvollstreckung und zugleich die Aufhebung der erfolgten Vollstreckungsmaßregeln angeordnet wird oder wenn die zur Abwendung der Vollstreckung nachgelassene Sicherheitsleistung oder Hinterlegung erfolgt.

§ 871 Landesrechtlicher Vorbehalt bei Eisenbahnen. Unberührt bleiben die landesgesetzlichen Vorschriften, nach denen, wenn ein anderer als der Eigentümer einer Eisenbahn oder Kleinbahn den Betrieb der Bahn kraft eigenen Nutzungsrechts ausübt, das Nutzungsrecht und gewisse dem Betriebe gewidmete Gegenstände in Ansehung der Zwangsvollstreckung zum unbeweglichen Vermögen gehören und die Zwangsvollstreckung abweichend von den Vorschriften des Bundesrechts geregelt ist.

Titel 4. Verteilungsverfahren

§ 872 Voraussetzungen. Das Verteilungsverfahren tritt ein, wenn bei der Zwangsvollstreckung in das bewegliche Vermögen ein Geldbetrag hinterlegt ist, der zur Befriedigung der beteiligten Gläubiger nicht hinreicht.

§ 873 Aufforderung des Verteilungsgerichts. Das zuständige Amtsgericht (§§ 827, 853, 854) hat nach Eingang der Anzeige über die Sachlage an jeden der beteiligten Gläubiger die Aufforderung zu erlassen, binnen zwei Wochen eine Berechnung der Forderung an Kapital, Zinsen, Kosten und sonstigen Nebenforderungen einzureichen.

§ 874 Teilungsplan. (1) Nach Ablauf der zweiwöchigen Fristen wird von dem Gericht ein Teilungsplan angefertigt.

(2) Der Betrag der Kosten des Verfahrens ist von dem Bestand der Masse vorweg in Abzug zu bringen.

(3) [1] Die Forderung eines Gläubigers, der bis zur Anfertigung des Teilungsplanes der an ihn gerichteten Aufforderung nicht nachgekommen ist, wird nach der Anzeige und deren Unterlagen berechnet. [2] Eine nachträgliche Ergänzung der Forderung findet nicht statt.

§ 875 Terminsbestimmung. (1) [1] Das Gericht hat zur Erklärung über den Teilungsplan sowie zur Ausführung der Verteilung einen Termin zu bestimmen. [2] Der Teilungsplan muss spätestens drei Tage vor dem Termin auf der Geschäftsstelle zur Einsicht der Beteiligten niedergelegt werden.

(2) Die Ladung des Schuldners zu dem Termin ist nicht erforderlich, wenn sie durch Zustellung im Ausland oder durch öffentliche Zustellung erfolgen müsste.

§ 876 Termin zur Erklärung und Ausführung. [1] Wird in dem Termin ein Widerspruch gegen den Plan nicht erhoben, so ist dieser zur Ausführung zu bringen. [2] Erfolgt ein Widerspruch, so hat sich jeder dabei beteiligte Gläubiger sofort zu erklären. [3] Wird der Widerspruch von den Beteiligten als begründet anerkannt oder kommt anderweit eine Einigung zustande, so ist der Plan demgemäß zu berichtigen. [4] Wenn ein Widerspruch sich nicht erledigt, so wird der Plan insoweit ausgeführt, als er durch den Widerspruch nicht betroffen wird.

§ 877 Säumnisfolgen. (1) Gegen einen Gläubiger, der in dem Termin weder erschienen ist noch vor dem Termin bei dem Gericht Widerspruch erhoben hat, wird angenommen, dass er mit der Ausführung des Planes einverstanden sei.

(2) Ist ein in dem Termin nicht erschienener Gläubiger bei dem Widerspruch beteiligt, den ein anderer Gläubiger erhoben hat, so wird angenommen, dass er diesen Widerspruch nicht als begründet anerkenne.

§ 878 Widerspruchsklage. (1) [1] Der widersprechende Gläubiger muss ohne vorherige Aufforderung binnen einer Frist von einem Monat, die mit dem Terminstag beginnt, dem Gericht nachweisen, dass er gegen die beteiligten Gläubiger Klage erhoben habe. [2] Nach fruchtlosem Ablauf dieser Frist wird die Ausführung des Planes ohne Rücksicht auf den Widerspruch angeordnet.

(2) Die Befugnis des Gläubigers, der dem Plan widersprochen hat, ein besseres Recht gegen den Gläubiger, der einen Geldbetrag nach dem Plan erhalten hat, im Wege der Klage geltend zu machen, wird durch die Versäumung der Frist und durch die Ausführung des Planes nicht ausgeschlossen.

§ 879 Zuständigkeit für die Widerspruchsklage. (1) Die Klage ist bei dem Verteilungsgericht und, wenn der Streitgegenstand zur Zuständigkeit der Amtsgerichte nicht gehört, bei dem Landgericht zu erheben, in dessen Bezirk das Verteilungsgericht seinen Sitz hat.

(2) Das Landgericht ist für sämtliche Klagen zuständig, wenn seine Zuständigkeit nach dem Inhalt der erhobenen und in dem Termin nicht zur Erledigung gelangten Widersprüche auch nur bei einer Klage begründet ist, sofern nicht die sämtlichen beteiligten Gläubiger vereinbaren, dass das Verteilungsgericht über alle Widersprüche entscheiden solle.

§ 880 Inhalt des Urteils. [1] In dem Urteil, durch das über einen erhobenen Widerspruch entschieden wird, ist zugleich zu bestimmen, an welche Gläubiger und in welchen Beträgen der streitige Teil der Masse auszuzahlen sei. [2] Wird dies nicht für angemessen erachtet, so ist die Anfertigung eines neuen Planes und ein anderweites Verteilungsverfahren in dem Urteil anzuordnen.

§ 881 Versäumnisurteil. Das Versäumnisurteil gegen einen widersprechenden Gläubiger ist dahin zu erlassen, dass der Widerspruch als zurückgenommen anzusehen sei.

§ 882 Verfahren nach dem Urteil. Auf Grund des erlassenen Urteils wird die Auszahlung oder das anderweite Verteilungsverfahren von dem Verteilungsgericht angeordnet.

Titel 5. Zwangsvollstreckung gegen juristische Personen des öffentlichen Rechts

§ 882a Zwangsvollstreckung wegen einer Geldforderung. (1) [1] Die Zwangsvollstreckung gegen den Bund oder ein Land wegen einer Geldforderung darf, soweit nicht dingliche Rechte verfolgt werden, erst vier Wochen nach dem Zeitpunkt beginnen, in dem der Gläubiger seine Absicht, die Zwangsvollstreckung zu betreiben, der zur Vertretung des Schuldners berufenen Behörde und, sofern die Zwangsvollstreckung in ein von einer anderen Behörde verwaltetes Vermögen erfolgen soll, auch dem zuständigen Minister der Finanzen angezeigt hat. [2] Dem Gläubiger ist auf Verlangen der Empfang der Anzeige zu bescheinigen. [3] Soweit in solchen Fällen die Zwangsvollstreckung durch den Gerichtsvollzieher zu erfolgen hat, ist der Gerichtsvollzieher auf Antrag des Gläubigers vom Vollstreckungsgericht zu bestimmen.

(2) [1] Die Zwangsvollstreckung ist unzulässig in Sachen, die für die Erfüllung öffentlicher Aufgaben des Schuldners unentbehrlich sind oder deren Veräuße-

rung ein öffentliches Interesse entgegensteht. [2]Darüber, ob die Voraussetzungen des Satzes 1 vorliegen, ist im Streitfall nach § 766 zu entscheiden. [3]Vor der Entscheidung ist der zuständige Minister zu hören.

(3) [1]Die Vorschriften der Absätze 1 und 2 sind auf die Zwangsvollstreckung gegen Körperschaften, Anstalten und Stiftungen des öffentlichen Rechtes mit der Maßgabe anzuwenden, dass an die Stelle der Behörde im Sinne des Absatzes 1 die gesetzlichen Vertreter treten. [2]Für öffentlich-rechtliche Bank- und Kreditanstalten gelten die Beschränkungen der Absätze 1 und 2 nicht.

(4) (weggefallen)

(5) Der Ankündigung der Zwangsvollstreckung und der Einhaltung einer Wartefrist nach Maßgabe der Absätze 1 und 3 bedarf es nicht, wenn es sich um den Vollzug einer einstweiligen Verfügung handelt.

Titel 6.[1] Schuldnerverzeichnis

§ 882b[1] Inhalt des Schuldnerverzeichnisses. (1) Das zentrale Vollstreckungsgericht nach § 882h Abs. 1 führt ein Verzeichnis (Schuldnerverzeichnis) derjenigen Personen,

1. deren Eintragung der Gerichtsvollzieher nach Maßgabe des § 882c angeordnet hat;
2. deren Eintragung die Vollstreckungsbehörde nach Maßgabe des § 284 Abs. 9 der Abgabenordnung angeordnet hat; einer Eintragungsanordnung nach § 284 Abs. 9 der Abgabenordnung steht die Anordnung der Eintragung in das Schuldnerverzeichnis durch eine Vollstreckungsbehörde gleich, die auf Grund einer gleichwertigen Regelung durch Bundesgesetz oder durch Landesgesetz ergangen ist;
3. deren Eintragung das Insolvenzgericht nach Maßgabe des § 26 Absatz 2 oder des § 303a der Insolvenzordnung angeordnet hat.

(2) Im Schuldnerverzeichnis werden angegeben:

1. Name, Vorname und Geburtsname des Schuldners sowie die Firma und deren Nummer des Registerblatts im Handelsregister,
2. Geburtsdatum und Geburtsort des Schuldners,
3. Wohnsitze des Schuldners oder Sitz des Schuldners,

einschließlich abweichender Personendaten.

(3) Im Schuldnerverzeichnis werden weiter angegeben:

1. Aktenzeichen und Gericht oder Vollstreckungsbehörde der Vollstreckungssache oder des Insolvenzverfahrens,
2. im Fall des Absatzes 1 Nr. 1 das Datum der Eintragungsanordnung und der gemäß § 882c zur Eintragung führende Grund,
3. im Fall des Absatzes 1 Nr. 2 das Datum der Eintragungsanordnung und der gemäß § 284 Abs. 9 der Abgabenordnung oder einer gleichwertigen Regelung im Sinne von Absatz 1 Nr. 2 Halbsatz 2 zur Eintragung führende Grund,
4. im Fall des Absatzes 1 Nummer 3 das Datum der Eintragungsanordnung sowie die Feststellung, dass ein Antrag auf Eröffnung des Insolvenzverfahrens

---

[1] Beachte hierzu Übergangsvorschrift in § 39 EGZPO (Nr. **1a**).

über das Vermögen des Schuldners mangels Masse gemäß § 26 Absatz 1 Satz 1 der Insolvenzordnung abgewiesen wurde, oder bei einer Eintragung gemäß § 303a der Insolvenzordnung der zur Eintragung führende Grund und das Datum der Entscheidung des Insolvenzgerichts.

§ 882c[1)] Eintragungsanordnung. (1) [1]Der zuständige Gerichtsvollzieher ordnet von Amts wegen die Eintragung des Schuldners in das Schuldnerverzeichnis an, wenn

1. der Schuldner seiner Pflicht zur Abgabe der Vermögensauskunft nicht nachgekommen ist;
2. eine Vollstreckung nach dem Inhalt des Vermögensverzeichnisses offensichtlich nicht geeignet wäre, zu einer vollständigen Befriedigung des Gläubigers zu führen, auf dessen Antrag die Vermögensauskunft erteilt oder dem die erteilte Auskunft zugeleitet wurde, oder
3. der Schuldner dem Gerichtsvollzieher nicht innerhalb eines Monats nach Abgabe der Vermögensauskunft oder Bekanntgabe der Zuleitung nach § 802d Abs. 1 Satz 2 die vollständige Befriedigung des Gläubigers nachweist, auf dessen Antrag die Vermögensauskunft erteilt oder dem die erteilte Auskunft zugeleitet wurde. Dies gilt nicht, solange ein Zahlungsplan nach § 802b festgesetzt und nicht hinfällig ist.

[2]Die Anordnung der Eintragung des Schuldners in das Schuldnerverzeichnis ist Teil des Vollstreckungsverfahrens.

(2) [1]Die Eintragungsanordnung soll kurz begründet werden. [2]Der Gerichtsvollzieher stellt sie dem Schuldner von Amts wegen zu, soweit sie ihm nicht mündlich bekannt gegeben und in das Protokoll aufgenommen wird (§ 763 Absatz 1). [3]Über die Bewilligung der öffentlichen Zustellung entscheidet abweichend von § 186 Absatz 1 Satz 1 der Gerichtsvollzieher.

(3) [1]Die Eintragungsanordnung hat die in § 882b Abs. 2 und 3 genannten Daten zu enthalten. [2]Sind dem Gerichtsvollzieher die nach § 882b Abs. 2 Nr. 1 bis 3 im Schuldnerverzeichnis anzugebenden Daten nicht bekannt, holt er Auskünfte bei den in § 755 Abs. 1 und 2 Satz 1 Nr. 1 genannten Stellen ein, um die erforderlichen Daten zu beschaffen. [3]Hat der Gerichtsvollzieher Anhaltspunkte dafür, dass zugunsten des Schuldners eine Auskunftssperre gemäß § 51 des Bundesmeldegesetzes eingetragen oder ein bedingter Sperrvermerk gemäß § 52 des Bundesmeldegesetzes eingerichtet wurde, hat der Gerichtsvollzieher den Schuldner auf die Möglichkeit eines Vorgehens nach § 882f Absatz 2 hinzuweisen.

§ 882d[1)] Vollziehung der Eintragungsanordnung. (1) [1]Gegen die Eintragungsanordnung nach § 882c kann der Schuldner binnen zwei Wochen seit Bekanntgabe Widerspruch beim zuständigen Vollstreckungsgericht einlegen. [2]Der Widerspruch hemmt nicht die Vollziehung. [3]Nach Ablauf der Frist des Satzes 1 übermittelt der Gerichtsvollzieher die Anordnung unverzüglich elektronisch dem zentralen Vollstreckungsgericht nach § 882h Abs. 1. [4]Dieses veranlasst die Eintragung des Schuldners. [5]Wird dem Gerichtsvollzieher vor der Übermittlung der Anordnung nach Satz 3 bekannt, dass die Voraussetzun-

---

[1)] Beachte hierzu Übergangsvorschrift in § 39 EGZPO (Nr. **1a**).

gen für die Eintragung nicht oder nicht mehr vorliegen, hebt er die Anordnung auf und unterrichtet den Schuldner hierüber.

(2) [1] Auf Antrag des Schuldners kann das Vollstreckungsgericht anordnen, dass die Eintragung einstweilen ausgesetzt wird. [2] Das zentrale Vollstreckungsgericht nach § 882h Abs. 1 hat von einer Eintragung abzusehen, wenn ihm die Ausfertigung einer vollstreckbaren Entscheidung vorgelegt wird, aus der sich ergibt, dass die Eintragungsanordnung einstweilen ausgesetzt ist.

(3) [1] Über die Rechtsbehelfe nach den Absätzen 1 und 2 ist der Schuldner mit der Bekanntgabe der Eintragungsanordnung zu belehren. [2] Das Gericht, das über die Rechtsbehelfe entschieden hat, übermittelt seine Entscheidung dem zentralen Vollstreckungsgericht nach § 882h Abs. 1 elektronisch.

§ 882e[1)] Löschung. (1) Eine Eintragung im Schuldnerverzeichnis wird nach Ablauf von drei Jahren seit dem Tag der Eintragungsanordnung von dem zentralen Vollstreckungsgericht nach § 882h Abs. 1 gelöscht.

(2) [1] Über Einwendungen gegen die Löschung nach Absatz 1 oder ihre Versagung entscheidet der Urkundsbeamte der Geschäftsstelle. [2] Gegen seine Entscheidung findet die Erinnerung nach § 573 statt.

(3) Abweichend von Absatz 1 wird eine Eintragung auf Anordnung des zentralen Vollstreckungsgerichts nach § 882h Abs. 1 gelöscht, wenn diesem

1. die vollständige Befriedigung des Gläubigers nachgewiesen worden ist;
2. das Fehlen oder der Wegfall des Eintragungsgrundes bekannt geworden ist oder
3. die Ausfertigung einer vollstreckbaren Entscheidung vorgelegt wird, aus der sich ergibt, dass die Eintragungsanordnung aufgehoben oder einstweilen ausgesetzt ist.

(4) [1] Wird dem zentralen Vollstreckungsgericht nach § 882h Abs. 1 bekannt, dass der Inhalt einer Eintragung von Beginn an fehlerhaft war, wird die Eintragung durch den Urkundsbeamten der Geschäftsstelle geändert. [2] Wird der Schuldner oder ein Dritter durch die Änderung der Eintragung beschwert, findet die Erinnerung nach § 573 statt.

§ 882f[1)] Einsicht in das Schuldnerverzeichnis. (1) [1] Die Einsicht in das Schuldnerverzeichnis ist jedem gestattet, der darlegt, Angaben nach § 882b zu benötigen:

1. für Zwecke der Zwangsvollstreckung;
2. um gesetzliche Pflichten zur Prüfung der wirtschaftlichen Zuverlässigkeit zu erfüllen;
3. um Voraussetzungen für die Gewährung von öffentlichen Leistungen zu prüfen;
4. um wirtschaftliche Nachteile abzuwenden, die daraus entstehen können, dass Schuldner ihren Zahlungsverpflichtungen nicht nachkommen;
5. für Zwecke der Strafverfolgung und der Strafvollstreckung;
6. zur Auskunft über ihn selbst betreffende Eintragungen;

[1)] Beachte hierzu Übergangsvorschrift in § 39 EGZPO (Nr. **1a**).

7. für Zwecke der Dienstaufsicht über Justizbedienstete, die mit dem Schuldnerverzeichnis befasst sind.

[2] Die Informationen dürfen nur für den Zweck verarbeitet werden, für den sie übermittelt worden sind; sie sind nach Zweckerreichung zu löschen. [3] Nichtöffentliche Stellen sind darauf bei der Übermittlung hinzuweisen.

(2) [1] Das Recht auf Einsichtnahme durch Dritte erstreckt sich nicht auf Angaben nach § 882b Absatz 2 Nummer 3, wenn glaubhaft gemacht wird, dass zugunsten des Schuldners eine Auskunftssperre gemäß § 51 des Bundesmeldegesetzes eingetragen oder ein bedingter Sperrvermerk gemäß § 52 des Bundesmeldegesetzes eingerichtet wurde. [2] Der Schuldner hat das Bestehen einer solchen Auskunftssperre oder eines solchen Sperrvermerks gegenüber dem Gerichtsvollzieher glaubhaft zu machen. [3] Satz 2 gilt entsprechend gegenüber dem zentralen Vollstreckungsgericht, wenn die Eintragungsanordnung an dieses gemäß § 882d Absatz 1 Satz 3 übermittelt worden ist. [4] Satz 1 ist nicht anzuwenden auf die Einsichtnahme in das Schuldnerverzeichnis durch Gerichte und Behörden für die in Absatz 1 Satz 1 Nummer 2 und 5 bezeichneten Zwecke.

§ 882g[1)] Erteilung von Abdrucken. (1) [1] Aus dem Schuldnerverzeichnis können auf Antrag Abdrucke zum laufenden Bezug erteilt werden, auch durch Übermittlung in einer nur maschinell lesbaren Form. [2] Bei der Übermittlung in einer nur maschinell lesbaren Form gelten die von der Landesjustizverwaltung festgelegten Datenübertragungsregeln. [3] Liegen die Voraussetzungen des § 882f Absatz 2 vor, dürfen Abdrucke insoweit nicht erteilt werden.

(2) Abdrucke erhalten:

1. Industrie- und Handelskammern sowie Körperschaften des öffentlichen Rechts, in denen Angehörige eines Berufes kraft Gesetzes zusammengeschlossen sind (Kammern),
2. Antragsteller, die Abdrucke zur Errichtung und Führung nichtöffentlicher zentraler Schuldnerverzeichnisse verwenden, oder
3. Antragsteller, deren berechtigtem Interesse durch Einzeleinsicht in die Länderschuldnerverzeichnisse oder durch den Bezug von Listen nach Absatz 5 nicht hinreichend Rechnung getragen werden kann.

(3) [1] Die Abdrucke sind vertraulich zu behandeln und dürfen Dritten nicht zugänglich gemacht werden. [2] Nach der Beendigung des laufenden Bezugs sind die Abdrucke unverzüglich zu vernichten; Auskünfte dürfen nicht mehr erteilt werden.

(4) [1] Die Kammern dürfen ihren Mitgliedern oder den Mitgliedern einer anderen Kammer Auskünfte erteilen. [2] Andere Bezieher von Abdrucken dürfen Auskünfte erteilen, soweit dies zu ihrer ordnungsgemäßen Tätigkeit gehört. [3] Absatz 3 gilt entsprechend. [4] Die Auskünfte dürfen auch im automatisierten Abrufverfahren erteilt werden, soweit dieses Verfahren unter Berücksichtigung der schutzwürdigen Interessen der Betroffenen und der Geschäftszwecke der zum Abruf berechtigten Stellen angemessen ist.

---

1) Beachte hierzu Übergangsvorschrift in § 39 EGZPO (Nr. **1a**).

(5) [1]Die Kammern dürfen die Abdrucke in Listen zusammenfassen oder hiermit Dritte beauftragen; sie haben diese bei der Durchführung des Auftrags zu beaufsichtigen. [2]Die Listen dürfen den Mitgliedern von Kammern auf Antrag zum laufenden Bezug überlassen werden. [3]Für den Bezug der Listen gelten Absatz 2 Nr. 3 und Absatz 3 entsprechend. [4]Die Bezieher der Listen dürfen Auskünfte nur jemandem erteilen, dessen Belange sie kraft Gesetzes oder Vertrages wahrzunehmen haben.

(6) [1]Für Abdrucke, Listen und Aufzeichnungen über eine Eintragung im Schuldnerverzeichnis, die auf der Verarbeitung von Abdrucken oder Listen oder auf Auskünften über Eintragungen im Schuldnerverzeichnis beruhen, gilt § 882e Abs. 1 entsprechend. [2]Über vorzeitige Löschungen (§ 882e Abs. 3) sind die Bezieher von Abdrucken innerhalb eines Monats zu unterrichten. [3]Sie unterrichten unverzüglich die Bezieher von Listen (Absatz 5 Satz 2). [4]In den auf Grund der Abdrucke und Listen erstellten Aufzeichnungen sind die Eintragungen unverzüglich zu löschen. [5]Listen sind auch unverzüglich zu vernichten, soweit sie durch neue ersetzt werden.

(7) [1]In den Fällen des Absatzes 2 Nr. 2 und 3 sowie des Absatzes 5 gilt für nichtöffentliche Stellen § 40 des Bundesdatenschutzgesetzes mit der Maßgabe, dass die Aufsichtsbehörde auch die Verarbeitung dieser personenbezogenen Daten in oder aus Akten überwacht. [2]Entsprechendes gilt für nichtöffentliche Stellen, die von den in Absatz 2 genannten Stellen Auskünfte erhalten haben.

(8) Das Bundesministerium der Justiz und für Verbraucherschutz wird ermächtigt, durch Rechtsverordnung mit Zustimmung des Bundesrates

1. Vorschriften über den Bezug von Abdrucken nach den Absätzen 1 und 2 und das Bewilligungsverfahren sowie den Bezug von Listen nach Absatz 5 zu erlassen;
2. Einzelheiten der Einrichtung und Ausgestaltung automatisierter Abrufverfahren nach Absatz 4 Satz 4, insbesondere der Protokollierung der Abrufe für Zwecke der Datenschutzkontrolle, zu regeln;
3. die Erteilung und Aufbewahrung von Abdrucken aus dem Schuldnerverzeichnis, die Anfertigung, Verwendung und Weitergabe von Listen, die Mitteilung und den Vollzug von Löschungen und den Ausschluss vom Bezug von Abdrucken und Listen näher zu regeln, um die ordnungsgemäße Behandlung der Mitteilungen, den Schutz vor unbefugter Verwendung und die rechtzeitige Löschung von Eintragungen sicherzustellen;
4. zur Durchsetzung der Vernichtungs- und Löschungspflichten im Fall des Widerrufs der Bewilligung die Verhängung von Zwangsgeldern vorzusehen; das einzelne Zwangsgeld darf den Betrag von 25 000 Euro nicht übersteigen.

§ 882h[1)] Zuständigkeit; Ausgestaltung des Schuldnerverzeichnisses.

(1) [1]Das Schuldnerverzeichnis wird für jedes Land von einem zentralen Vollstreckungsgericht geführt. [2]Der Inhalt des Schuldnerverzeichnisses kann über eine zentrale und länderübergreifende Abfrage im Internet eingesehen werden. [3]Die Länder können Einzug und Verteilung der Gebühren sowie weitere Abwicklungsaufgaben im Zusammenhang mit der Abfrage nach Satz 2 auf die zuständige Stelle eines Landes übertragen.

[1)] Beachte hierzu Übergangsvorschrift in § 39 EGZPO (Nr. **1a**).

(2) [1]Die Landesregierungen bestimmen durch Rechtsverordnung, welches Gericht die Aufgaben des zentralen Vollstreckungsgerichts nach Absatz 1 wahrzunehmen hat. [2]§ 802k Abs. 3 Satz 2 und 3 gilt entsprechend. [3]Die Führung des Schuldnerverzeichnisses stellt eine Angelegenheit der Justizverwaltung dar.

(3)[1)] [1]Das Bundesministerium der Justiz und für Verbraucherschutz wird ermächtigt, durch Rechtsverordnung mit Zustimmung des Bundesrates die Einzelheiten zu Form und Übermittlung der Eintragungsanordnungen nach § 882b Abs. 1 und der Entscheidungen nach § 882d Abs. 3 Satz 2 dieses Gesetzes und § 284 Abs. 10 Satz 2 der Abgabenordnung oder gleichwertigen Regelungen im Sinne von § 882b Abs. 1 Nr. 2 Halbsatz 2 dieses Gesetzes sowie zum Inhalt des Schuldnerverzeichnisses und zur Ausgestaltung der Einsicht insbesondere durch ein automatisiertes Abrufverfahren zu regeln. [2]Die Rechtsverordnung hat geeignete Regelungen zur Sicherung des Datenschutzes und der Datensicherheit vorzusehen. [3]Insbesondere ist sicherzustellen, dass die Daten

1. bei der elektronischen Übermittlung an das zentrale Vollstreckungsgericht nach Absatz 1 sowie bei der Weitergabe an eine andere Stelle nach Absatz 2 Satz 2 gegen unbefugte Kenntnisnahme geschützt sind,
2. unversehrt und vollständig wiedergegeben werden,
3. jederzeit ihrem Ursprung nach zugeordnet werden können und
4. nur von registrierten Nutzern nach Angabe des Verwendungszwecks abgerufen werden können, jeder Abrufvorgang protokolliert wird und Nutzer im Fall des missbräuchlichen Datenabrufs oder einer missbräuchlichen Datenverarbeitung von der Einsichtnahme ausgeschlossen werden können.

[4]Die Daten der Nutzer dürfen nur für die in Satz 3 Nr. 4 genannten Zwecke verarbeitet werden.

§ 882i Rechte der Betroffenen. (1) [1]Das Auskunftsrecht nach Artikel 15 Absatz 1 und das Recht auf Erhalt einer Kopie nach Artikel 15 Absatz 3 der Verordnung (EU) 2016/679 wird in Bezug auf die personenbezogenen Daten, die im Schuldnerverzeichnis und in den an das zentrale Vollstreckungsgericht übermittelten Anordnungen der Eintragung in das Schuldnerverzeichnis enthalten sind, dadurch gewährt, dass die betroffene Person Einsicht in das Schuldnerverzeichnis über die zentrale und länderübergreifende Abfrage im Internet nach § 882h Absatz 1 Satz 2 nehmen kann. [2]Eine Information der betroffenen Person über konkrete Empfänger, gegenüber denen die in Satz 1 genannten personenbezogenen Daten offengelegt werden, erfolgt nur insoweit, als Daten zu diesen Empfängern nach den Vorschriften für Zwecke der Datenschutzkontrolle zu speichern sind.

(2) Hinsichtlich der im Schuldnerverzeichnis enthaltenen personenbezogenen Daten kann das Recht auf Berichtigung nach Artikel 16 der Verordnung (EU) 2016/679 nur unter den Voraussetzungen ausgeübt werden, die in § 882e für Löschungen von Eintragungen oder die Änderung fehlerhafter Eintragungen vorgesehen sind.

[1)] Siehe hierzu auch die VO über den Bezug von Abdrucken aus dem Schuldnerverzeichnis (Schuldnerverzeichnisabdruckverordnung – SchuVAbdrV) (Nr. **2a**) und die VO über die Führung des Schuldnerverzeichnisses (Schuldnerverzeichnisführungsverordnung – SchuFV) (Nr. **2**).

(3) Das Widerspruchsrecht gemäß Artikel 21 der Verordnung (EU) 2016/679 gilt nicht in Bezug auf die personenbezogenen Daten, die im Schuldnerverzeichnis und in den an das zentrale Vollstreckungsgericht übermittelten Anordnungen der Eintragung in das Schuldnerverzeichnis enthalten sind.

Abschnitt 3. Zwangsvollstreckung zur Erwirkung der Herausgabe von Sachen und zur Erwirkung von Handlungen oder Unterlassungen

§ 883[1]) Herausgabe bestimmter beweglicher Sachen. (1) Hat der Schuldner eine bewegliche Sache oder eine Menge bestimmter beweglicher Sachen herauszugeben, so sind sie von dem Gerichtsvollzieher ihm wegzunehmen und dem Gläubiger zu übergeben.

(2) [1] Wird die herauszugebende Sache nicht vorgefunden, so ist der Schuldner verpflichtet, auf Antrag des Gläubigers zu Protokoll an Eides statt zu versichern, dass er die Sache nicht besitze, auch nicht wisse, wo die Sache sich befinde. [2] Der gemäß § 802e zuständige Gerichtsvollzieher lädt den Schuldner zur Abgabe der eidesstattlichen Versicherung. [3] Die Vorschriften der §§ 478 bis 480, 483, 802f Abs. 4, §§ 802g bis 802i und 802j Abs. 1 und 2 gelten entsprechend.

(3) Das Gericht kann eine der Sachlage entsprechende Änderung der eidesstattlichen Versicherung beschließen.

§ 884 Leistung einer bestimmten Menge vertretbarer Sachen. Hat der Schuldner eine bestimmte Menge vertretbarer Sachen oder Wertpapiere zu leisten, so gilt die Vorschrift des § 883 Abs. 1 entsprechend.

§ 885 Herausgabe von Grundstücken oder Schiffen. (1) [1] Hat der Schuldner eine unbewegliche Sache oder ein eingetragenes Schiff oder Schiffsbauwerk herauszugeben, zu überlassen oder zu räumen, so hat der Gerichtsvollzieher den Schuldner aus dem Besitz zu setzen und den Gläubiger in den Besitz einzuweisen. [2] Der Gerichtsvollzieher hat den Schuldner aufzufordern, eine Anschrift zum Zweck von Zustellungen oder einen Zustellungsbevollmächtigten zu benennen.

(2) Bewegliche Sachen, die nicht Gegenstand der Zwangsvollstreckung sind, werden von dem Gerichtsvollzieher weggeschafft und dem Schuldner oder, wenn dieser abwesend ist, einem Bevollmächtigten des Schuldners, einem erwachsenen Familienangehörigen, einer in der Familie beschäftigten Person oder einem erwachsenen ständigen Mitbewohner übergeben oder zur Verfügung gestellt.

(3) [1] Ist weder der Schuldner noch eine der bezeichneten Personen anwesend oder wird die Entgegennahme verweigert, hat der Gerichtsvollzieher die in Absatz 2 bezeichneten Sachen auf Kosten des Schuldners in die Pfandkammer zu schaffen oder anderweitig in Verwahrung zu bringen. [2] Bewegliche Sachen, an deren Aufbewahrung offensichtlich kein Interesse besteht, sollen unverzüglich vernichtet werden.

(4) [1] Fordert der Schuldner die Sachen nicht binnen einer Frist von einem Monat nach der Räumung ab, veräußert der Gerichtsvollzieher die Sachen und hinterlegt den Erlös. [2] Der Gerichtsvollzieher veräußert die Sachen und hin-

---

[1]) Beachte hierzu Übergangsvorschrift in § 39 EGZPO (Nr. **1a**).

terlegt den Erlös auch dann, wenn der Schuldner die Sachen binnen einer Frist von einem Monat abfordert, ohne binnen einer Frist von zwei Monaten nach der Räumung die Kosten zu zahlen. [3]Die §§ 806, 814 und 817 sind entsprechend anzuwenden. [4]Sachen, die nicht verwertet werden können, sollen vernichtet werden.

(5) Unpfändbare Sachen und solche Sachen, bei denen ein Verwertungserlös nicht zu erwarten ist, sind auf Verlangen des Schuldners jederzeit ohne Weiteres herauszugeben.

§ 885a Beschränkter Vollstreckungsauftrag. (1) Der Vollstreckungsauftrag kann auf die Maßnahmen nach § 885 Absatz 1 beschränkt werden.

(2) [1]Der Gerichtsvollzieher hat in dem Protokoll (§ 762) die frei ersichtlichen beweglichen Sachen zu dokumentieren, die er bei der Vornahme der Vollstreckungshandlung vorfindet. [2]Er kann bei der Dokumentation Bildaufnahmen in elektronischer Form herstellen.

(3) [1]Der Gläubiger kann bewegliche Sachen, die nicht Gegenstand der Zwangsvollstreckung sind, jederzeit wegschaffen und hat sie zu verwahren. [2]Bewegliche Sachen, an deren Aufbewahrung offensichtlich kein Interesse besteht, kann er jederzeit vernichten. [3]Der Gläubiger hat hinsichtlich der Maßnahmen nach den Sätzen 1 und 2 nur Vorsatz und grobe Fahrlässigkeit zu vertreten.

(4) [1]Fordert der Schuldner die Sachen beim Gläubiger nicht binnen einer Frist von einem Monat nach der Einweisung des Gläubigers in den Besitz ab, kann der Gläubiger die Sachen verwerten. [2]Die §§ 372 bis 380, 382, 383 und 385 des Bürgerlichen Gesetzbuchs sind entsprechend anzuwenden. [3]Eine Androhung der Versteigerung findet nicht statt. [4]Sachen, die nicht verwertet werden können, können vernichtet werden.

(5) Unpfändbare Sachen und solche Sachen, bei denen ein Verwertungserlös nicht zu erwarten ist, sind auf Verlangen des Schuldners jederzeit ohne Weiteres herauszugeben.

(6) Mit der Mitteilung des Räumungstermins weist der Gerichtsvollzieher den Gläubiger und den Schuldner auf die Bestimmungen der Absätze 2 bis 5 hin.

(7) Die Kosten nach den Absätzen 3 und 4 gelten als Kosten der Zwangsvollstreckung.

§ 886 Herausgabe bei Gewahrsam eines Dritten. Befindet sich eine herauszugebende Sache im Gewahrsam eines Dritten, so ist dem Gläubiger auf dessen Antrag der Anspruch des Schuldners auf Herausgabe der Sache nach den Vorschriften zu überweisen, welche die Pfändung und Überweisung einer Geldforderung betreffen.

§ 887 Vertretbare Handlungen. (1) Erfüllt der Schuldner die Verpflichtung nicht, eine Handlung vorzunehmen, deren Vornahme durch einen Dritten erfolgen kann, so ist der Gläubiger von dem Prozessgericht des ersten Rechtszuges auf Antrag zu ermächtigen, auf Kosten des Schuldners die Handlung vornehmen zu lassen.

(2) Der Gläubiger kann zugleich beantragen, den Schuldner zur Vorauszahlung der Kosten zu verurteilen, die durch die Vornahme der Handlung

entstehen werden, unbeschadet des Rechts auf eine Nachforderung, wenn die Vornahme der Handlung einen größeren Kostenaufwand verursacht.

(3) Auf die Zwangsvollstreckung zur Erwirkung der Herausgabe oder Leistung von Sachen sind die vorstehenden Vorschriften nicht anzuwenden.

§ 888[1)] Nicht vertretbare Handlungen. (1) [1]Kann eine Handlung durch einen Dritten nicht vorgenommen werden, so ist, wenn sie ausschließlich von dem Willen des Schuldners abhängt, auf Antrag von dem Prozessgericht des ersten Rechtszuges zu erkennen, dass der Schuldner zur Vornahme der Handlung durch Zwangsgeld und für den Fall, dass dieses nicht beigetrieben werden kann, durch Zwangshaft oder durch Zwangshaft anzuhalten sei. [2]Das einzelne Zwangsgeld darf den Betrag von 25 000 Euro nicht übersteigen. [3]Für die Zwangshaft gelten die Vorschriften des Zweiten Abschnitts über die Haft entsprechend.

(2) Eine Androhung der Zwangsmittel findet nicht statt.

(3) Diese Vorschriften kommen im Falle der Verurteilung zur Leistung von Diensten aus einem Dienstvertrag nicht zur Anwendung.

§ 888a Keine Handlungsvollstreckung bei Entschädigungspflicht.

Ist im Falle des § 510b der Beklagte zur Zahlung einer Entschädigung verurteilt, so ist die Zwangsvollstreckung auf Grund der Vorschriften der §§ 887, 888 ausgeschlossen.

§ 889 Eidesstattliche Versicherung nach bürgerlichem Recht.

(1) [1]Ist der Schuldner auf Grund der Vorschriften des bürgerlichen Rechts zur Abgabe einer eidesstattlichen Versicherung verurteilt, so wird die Versicherung vor dem Amtsgericht als Vollstreckungsgericht abgegeben, in dessen Bezirk der Schuldner im Inland seinen Wohnsitz oder in Ermangelung eines solchen seinen Aufenthaltsort hat, sonst vor dem Amtsgericht als Vollstreckungsgericht, in dessen Bezirk das Prozessgericht des ersten Rechtszuges seinen Sitz hat. [2]Die Vorschriften der §§ 478 bis 480, 483 gelten entsprechend.

(2) Erscheint der Schuldner in dem zur Abgabe der eidesstattlichen Versicherung bestimmten Termin nicht oder verweigert er die Abgabe der eidesstattlichen Versicherung, so verfährt das Vollstreckungsgericht nach § 888.

§ 890 Erzwingung von Unterlassungen und Duldungen. (1) [1]Handelt der Schuldner der Verpflichtung zuwider, eine Handlung zu unterlassen oder die Vornahme einer Handlung zu dulden, so ist er wegen einer jeden Zuwiderhandlung auf Antrag des Gläubigers von dem Prozessgericht des ersten Rechtszuges zu einem Ordnungsgeld und für den Fall, dass dieses nicht beigetrieben werden kann, zur Ordnungshaft oder zur Ordnungshaft bis zu sechs Monaten zu verurteilen. [2]Das einzelne Ordnungsgeld darf den Betrag von 250 000 Euro, die Ordnungshaft insgesamt zwei Jahre nicht übersteigen.

(2) Der Verurteilung muss eine entsprechende Androhung vorausgehen, die, wenn sie in dem die Verpflichtung aussprechenden Urteil nicht enthalten ist, auf Antrag von dem Prozessgericht des ersten Rechtszuges erlassen wird.

[1)] Beachte hierzu Übergangsvorschrift in § 39 EGZPO (Nr. **1a**).

(3) Auch kann der Schuldner auf Antrag des Gläubigers zur Bestellung einer Sicherheit für den durch fernere Zuwiderhandlungen entstehenden Schaden auf bestimmte Zeit verurteilt werden.

§ 891 Verfahren; Anhörung des Schuldners; Kostenentscheidung.

[1]Die nach den §§ 887 bis 890 zu erlassenden Entscheidungen ergehen durch Beschluss. [2]Vor der Entscheidung ist der Schuldner zu hören. [3]Für die Kostenentscheidung gelten die §§ 91 bis 93, 95 bis 100, 106, 107 entsprechend.

§ 892 Widerstand des Schuldners. Leistet der Schuldner Widerstand gegen die Vornahme einer Handlung, die er nach den Vorschriften der §§ 887, 890 zu dulden hat, so kann der Gläubiger zur Beseitigung des Widerstandes einen Gerichtsvollzieher zuziehen, der nach den Vorschriften des § 758 Abs. 3 und des § 759 zu verfahren hat.

§ 892a *(aufgehoben)*

§ 893 Klage auf Leistung des Interesses. (1) Durch die Vorschriften dieses Abschnitts wird das Recht des Gläubigers nicht berührt, die Leistung des Interesses zu verlangen.

(2) Den Anspruch auf Leistung des Interesses hat der Gläubiger im Wege der Klage bei dem Prozessgericht des ersten Rechtszuges geltend zu machen.

§ 894 Fiktion der Abgabe einer Willenserklärung. [1]Ist der Schuldner zur Abgabe einer Willenserklärung verurteilt, so gilt die Erklärung als abgegeben, sobald das Urteil die Rechtskraft erlangt hat. [2]Ist die Willenserklärung von einer Gegenleistung abhängig gemacht, so tritt diese Wirkung ein, sobald nach den Vorschriften der §§ 726, 730 eine vollstreckbare Ausfertigung des rechtskräftigen Urteils erteilt ist.

§ 895 Willenserklärung zwecks Eintragung bei vorläufig vollstreckbarem Urteil. [1]Ist durch ein vorläufig vollstreckbares Urteil der Schuldner zur Abgabe einer Willenserklärung verurteilt, auf Grund deren eine Eintragung in das Grundbuch, das Schiffsregister oder das Schiffsbauregister erfolgen soll, so gilt die Eintragung einer Vormerkung oder eines Widerspruchs als bewilligt. [2]Die Vormerkung oder der Widerspruch erlischt, wenn das Urteil durch eine vollstreckbare Entscheidung aufgehoben wird.

§ 896 Erteilung von Urkunden an Gläubiger. Soll auf Grund eines Urteils, das eine Willenserklärung des Schuldners ersetzt, eine Eintragung in ein öffentliches Buch oder Register vorgenommen werden, so kann der Gläubiger an Stelle des Schuldners die Erteilung der im § 792 bezeichneten Urkunden verlangen, soweit er dieser Urkunden zur Herbeiführung der Eintragung bedarf.

§ 897 Übereignung; Verschaffung von Grundpfandrechten. (1) Ist der Schuldner zur Übertragung des Eigentums oder zur Bestellung eines Rechts an einer beweglichen Sache verurteilt, so gilt die Übergabe der Sache als erfolgt, wenn der Gerichtsvollzieher die Sache zum Zwecke der Ablieferung an den Gläubiger wegnimmt.

(2) Das Gleiche gilt, wenn der Schuldner zur Bestellung einer Hypothek, Grundschuld oder Rentenschuld oder zur Abtretung oder Belastung einer Hypothekenforderung, Grundschuld oder Rentenschuld verurteilt ist, für die Übergabe des Hypotheken-, Grundschuld- oder Rentenschuldbriefs.

§ 898 Gutgläubiger Erwerb. Auf einen Erwerb, der sich nach den §§ 894, 897 vollzieht, sind die Vorschriften des bürgerlichen Rechts zugunsten derjenigen, die Rechte von einem Nichtberechtigten herleiten, anzuwenden.

Abschnitt 4.[1] *(aufgehoben)*

§§ 899–915h[1] *(aufgehoben)*

Abschnitt 5. Arrest und einstweilige Verfügung

§ 916 Arrestanspruch. (1) Der Arrest findet zur Sicherung der Zwangsvollstreckung in das bewegliche oder unbewegliche Vermögen wegen einer Geldforderung oder wegen eines Anspruchs statt, der in eine Geldforderung übergehen kann.

(2) Die Zulässigkeit des Arrestes wird nicht dadurch ausgeschlossen, dass der Anspruch betagt oder bedingt ist, es sei denn, dass der bedingte Anspruch wegen der entfernten Möglichkeit des Eintritts der Bedingung einen gegenwärtigen Vermögenswert nicht hat.

§ 917 Arrestgrund bei dinglichem Arrest. (1) Der dingliche Arrest findet statt, wenn zu besorgen ist, dass ohne dessen Verhängung die Vollstreckung des Urteils vereitelt oder wesentlich erschwert werden würde.

(2) [1] Als ein zureichender Arrestgrund ist es anzusehen, wenn das Urteil im Ausland vollstreckt werden müsste und die Gegenseitigkeit nicht verbürgt ist. [2] Eines Arrestgrundes bedarf es nicht, wenn der Arrest nur zur Sicherung der Zwangsvollstreckung in ein Schiff stattfindet.

§ 918 Arrestgrund bei persönlichem Arrest. Der persönliche Sicherheitsarrest findet nur statt, wenn er erforderlich ist, um die gefährdete Zwangsvollstreckung in das Vermögen des Schuldners zu sichern.[2]

§ 919 Arrestgericht. Für die Anordnung des Arrestes ist sowohl das Gericht der Hauptsache als das Amtsgericht zuständig, in dessen Bezirk der mit Arrest zu belegende Gegenstand oder die in ihrer persönlichen Freiheit zu beschränkende Person sich befindet.

§ 920 Arrestgesuch. (1) Das Gesuch soll die Bezeichnung des Anspruchs unter Angabe des Geldbetrages oder des Geldwertes sowie die Bezeichnung des Arrestgrundes enthalten.

(2) Der Anspruch und der Arrestgrund sind glaubhaft zu machen.

(3) Das Gesuch kann vor der Geschäftsstelle zu Protokoll erklärt werden.

---

[1] Beachte hierzu Übergangsvorschrift in § 39 EGZPO (Nr. **1a**).

[2] Vgl. dazu Art. 26 Haager Übereinkommen über den Zivilprozeß v. 1.3.1954 (BGBl. 1958 II S. 576, 577): Gleichstellung der Angehörigen eines Vertragsstaates mit den eigenen Staatsangehörigen.

§ 921 Entscheidung über das Arrestgesuch. [1]Das Gericht kann, auch wenn der Anspruch oder der Arrestgrund nicht glaubhaft gemacht ist, den Arrest anordnen, sofern wegen der dem Gegner drohenden Nachteile Sicherheit geleistet wird. [2]Es kann die Anordnung des Arrestes von einer Sicherheitsleistung abhängig machen, selbst wenn der Anspruch und der Arrestgrund glaubhaft gemacht sind.

§ 922 Arresturteil und Arrestbeschluss. (1) [1]Die Entscheidung über das Gesuch ergeht im Falle einer mündlichen Verhandlung durch Endurteil, andernfalls durch Beschluss. [2]Die Entscheidung, durch die der Arrest angeordnet wird, ist zu begründen, wenn sie im Ausland geltend gemacht werden soll.

(2) Den Beschluss, durch den ein Arrest angeordnet wird, hat die Partei, die den Arrest erwirkt hat, zustellen zu lassen.

(3) Der Beschluss, durch den das Arrestgesuch zurückgewiesen oder vorherige Sicherheitsleistung für erforderlich erklärt wird, ist dem Gegner nicht mitzuteilen.

§ 923 Abwendungsbefugnis. In dem Arrestbefehl ist ein Geldbetrag festzustellen, durch dessen Hinterlegung die Vollziehung des Arrestes gehemmt und der Schuldner zu dem Antrag auf Aufhebung des vollzogenen Arrestes berechtigt wird.

§ 924 Widerspruch. (1) Gegen den Beschluss, durch den ein Arrest angeordnet wird, findet Widerspruch statt.

(2) [1]Die widersprechende Partei hat in dem Widerspruch die Gründe darzulegen, die sie für die Aufhebung des Arrestes geltend machen will. [2]Das Gericht hat Termin zur mündlichen Verhandlung von Amts wegen zu bestimmen. [3]Ist das Arrestgericht ein Amtsgericht, so ist der Widerspruch unter Angabe der Gründe, die für die Aufhebung des Arrestes geltend gemacht werden sollen, schriftlich oder zum Protokoll der Geschäftsstelle zu erheben.

(3) [1]Durch Erhebung des Widerspruchs wird die Vollziehung des Arrestes nicht gehemmt. [2]Das Gericht kann aber eine einstweilige Anordnung nach § 707 treffen; § 707 Abs. 1 Satz 2 ist nicht anzuwenden.

§ 925 Entscheidung nach Widerspruch. (1) Wird Widerspruch erhoben, so ist über die Rechtmäßigkeit des Arrestes durch Endurteil zu entscheiden.

(2) Das Gericht kann den Arrest ganz oder teilweise bestätigen, abändern oder aufheben, auch die Bestätigung, Abänderung oder Aufhebung von einer Sicherheitsleistung abhängig machen.

§ 926 Anordnung der Klageerhebung. (1) Ist die Hauptsache nicht anhängig, so hat das Arrestgericht[1)] auf Antrag ohne mündliche Verhandlung anzuordnen, dass die Partei, die den Arrestbefehl erwirkt hat, binnen einer zu bestimmenden Frist Klage zu erheben habe.

(2) Wird dieser Anordnung nicht Folge geleistet, so ist auf Antrag die Aufhebung des Arrestes durch Endurteil auszusprechen.

[1)] Vgl. hierzu § 20 Nr. 14 RechtspflegerG (Nr. **8**).

§ 927 Aufhebung wegen veränderter Umstände. (1) Auch nach der Bestätigung des Arrestes kann wegen veränderter Umstände, insbesondere wegen Erledigung des Arrestgrundes oder auf Grund des Erbietens zur Sicherheitsleistung die Aufhebung des Arrestes beantragt werden.

(2) Die Entscheidung ist durch Endurteil zu erlassen; sie ergeht durch das Gericht, das den Arrest angeordnet hat, und wenn die Hauptsache anhängig ist, durch das Gericht der Hauptsache.

§ 928 Vollziehung des Arrestes. Auf die Vollziehung des Arrestes sind die Vorschriften über die Zwangsvollstreckung entsprechend anzuwenden, soweit nicht die nachfolgenden Paragraphen abweichende Vorschriften enthalten.

§ 929 Vollstreckungsklausel; Vollziehungsfrist. (1) Arrestbefehle bedürfen der Vollstreckungsklausel nur, wenn die Vollziehung für einen anderen als den in dem Befehl bezeichneten Gläubiger oder gegen einen anderen als den in dem Befehl bezeichneten Schuldner erfolgen soll.

(2) Die Vollziehung des Arrestbefehls ist unstatthaft, wenn seit dem Tag, an dem der Befehl verkündet oder der Partei, auf deren Gesuch er erging, zugestellt ist, ein Monat verstrichen ist.

(3) [1] Die Vollziehung ist vor der Zustellung des Arrestbefehls an den Schuldner zulässig. [2] Sie ist jedoch ohne Wirkung, wenn die Zustellung nicht innerhalb einer Woche nach der Vollziehung und vor Ablauf der für diese im vorhergehenden Absatz bestimmten Frist erfolgt.

§ 930 Vollziehung in bewegliches Vermögen und Forderungen.

(1) [1] Die Vollziehung des Arrestes in bewegliches Vermögen wird durch Pfändung bewirkt. [2] Die Pfändung erfolgt nach denselben Grundsätzen wie jede andere Pfändung und begründet ein Pfandrecht mit den im § 804 bestimmten Wirkungen. [3] Für die Pfändung einer Forderung ist das Arrestgericht als Vollstreckungsgericht zuständig.

(2) Gepfändetes Geld und ein im Verteilungsverfahren auf den Gläubiger fallender Betrag des Erlöses werden hinterlegt.

(3) Das Vollstreckungsgericht kann auf Antrag anordnen, dass eine bewegliche körperliche Sache, wenn sie der Gefahr einer beträchtlichen Wertverringerung ausgesetzt ist oder wenn ihre Aufbewahrung unverhältnismäßige Kosten verursachen würde, versteigert und der Erlös hinterlegt werde.

(4) Die Vollziehung des Arrestes in ein nicht eingetragenes Seeschiff ist unzulässig, wenn sich das Schiff auf der Reise befindet und nicht in einem Hafen liegt.

§ 931 Vollziehung in eingetragenes Schiff oder Schiffsbauwerk.

(1) Die Vollziehung des Arrestes in ein eingetragenes Schiff oder Schiffsbauwerk wird durch Pfändung nach den Vorschriften über die Pfändung beweglicher Sachen mit folgenden Abweichungen bewirkt.

(2) Die Pfändung begründet ein Pfandrecht an dem gepfändeten Schiff oder Schiffsbauwerk; das Pfandrecht gewährt dem Gläubiger im Verhältnis zu anderen Rechten dieselben Rechte wie eine Schiffshypothek.

(3) Die Pfändung wird auf Antrag des Gläubigers vom Arrestgericht als Vollstreckungsgericht angeordnet; das Gericht hat zugleich das Registergericht um die Eintragung einer Vormerkung zur Sicherung des Arrestpfandrechts in das Schiffsregister oder Schiffsbauregister zu ersuchen; die Vormerkung erlischt, wenn die Vollziehung des Arrestes unstatthaft wird.

(4) Der Gerichtsvollzieher hat bei der Vornahme der Pfändung das Schiff oder Schiffsbauwerk in Bewachung und Verwahrung zu nehmen.

(5) Ist zur Zeit der Arrestvollziehung die Zwangsversteigerung des Schiffes oder Schiffsbauwerks eingeleitet, so gilt die in diesem Verfahren erfolgte Beschlagnahme des Schiffes oder Schiffsbauwerks als erste Pfändung im Sinne des § 826; die Abschrift des Pfändungsprotokolls ist dem Vollstreckungsgericht einzureichen.

(6) [1]Das Arrestpfandrecht wird auf Antrag des Gläubigers in das Schiffsregister oder Schiffsbauregister eingetragen; der nach § 923 festgestellte Geldbetrag ist als der Höchstbetrag zu bezeichnen, für den das Schiff oder Schiffsbauwerk haftet. [2]Im Übrigen gelten der § 867 Abs.1 und 2 und der § 870a Abs. 3 entsprechend, soweit nicht vorstehend etwas anderes bestimmt ist.

(7) Die Vollziehung des Arrestes in ein eingetragenes Seeschiff ist unzulässig, wenn sich das Schiff auf der Reise befindet und nicht in einem Hafen liegt.

§ 932 Arresthypothek. (1) [1]Die Vollziehung des Arrestes in ein Grundstück oder in eine Berechtigung, für welche die sich auf Grundstücke beziehenden Vorschriften gelten, erfolgt durch Eintragung einer Sicherungshypothek für die Forderung; der nach § 923 festgestellte Geldbetrag ist als der Höchstbetrag zu bezeichnen, für den das Grundstück oder die Berechtigung haftet. [2]Ein Anspruch nach § 1179a oder § 1179b des Bürgerlichen Gesetzbuchs steht dem Gläubiger oder im Grundbuch eingetragenen Gläubiger der Sicherungshypothek nicht zu.

(2) Im Übrigen gelten die Vorschriften des § 866 Abs. 3 Satz 1, des § 867 Abs. 1 und 2 und des § 868.

(3) Der Antrag auf Eintragung der Hypothek gilt im Sinne des § 929 Abs. 2, 3 als Vollziehung des Arrestbefehls.

§ 933[1)] Vollziehung des persönlichen Arrestes. [1]Die Vollziehung des persönlichen Sicherheitsarrestes richtet sich, wenn sie durch Haft erfolgt, nach den Vorschriften der §§ 802g, 802h und 802j Abs. 1 und 2 und, wenn sie durch sonstige Beschränkung der persönlichen Freiheit erfolgt, nach den vom Arrestgericht zu treffenden besonderen Anordnungen, für welche die Beschränkungen der Haft maßgebend sind. [2]In den Haftbefehl ist der nach § 923 festgestellte Geldbetrag aufzunehmen.

§ 934 Aufhebung der Arrestvollziehung. (1) Wird der in dem Arrestbefehl festgestellte Geldbetrag hinterlegt, so wird der vollzogene Arrest von dem Vollstreckungsgericht[2)] aufgehoben.

(2) Das Vollstreckungsgericht kann die Aufhebung des Arrestes auch anordnen, wenn die Fortdauer besondere Aufwendungen erfordert und die Partei,

---

[1)] Beachte hierzu Übergangsvorschrift in § 39 EGZPO (Nr. **1a**).

[2)] Vgl. hierzu § 20 Nr. 15 RechtspflegerG (Nr. **8**).

auf deren Gesuch der Arrest verhängt wurde, den nötigen Geldbetrag nicht vorschießt.

(3) Die in diesem Paragraphen erwähnten Entscheidungen ergehen durch Beschluss.

(4) Gegen den Beschluss, durch den der Arrest aufgehoben wird, findet sofortige Beschwerde statt.

§ 935 Einstweilige Verfügung bezüglich Streitgegenstand. Einstweilige Verfügungen in Bezug auf den Streitgegenstand sind zulässig, wenn zu besorgen ist, dass durch eine Veränderung des bestehenden Zustandes die Verwirklichung des Rechts einer Partei vereitelt oder wesentlich erschwert werden könnte.

§ 936 Anwendung der Arrestvorschriften. Auf die Anordnung einstweiliger Verfügungen und das weitere Verfahren sind die Vorschriften über die Anordnung von Arresten und über das Arrestverfahren entsprechend anzuwenden, soweit nicht die nachfolgenden Paragraphen abweichende Vorschriften enthalten.

§ 937 Zuständiges Gericht. (1) Für den Erlass einstweiliger Verfügungen ist das Gericht der Hauptsache zuständig.

(2) Die Entscheidung kann in dringenden Fällen sowie dann, wenn der Antrag auf Erlass einer einstweiligen Verfügung zurückzuweisen ist, ohne mündliche Verhandlung ergehen.

§ 938 Inhalt der einstweiligen Verfügung. (1) Das Gericht bestimmt nach freiem Ermessen, welche Anordnungen zur Erreichung des Zweckes erforderlich sind.

(2) Die einstweilige Verfügung kann auch in einer Sequestration sowie darin bestehen, dass dem Gegner eine Handlung geboten oder verboten, insbesondere die Veräußerung, Belastung oder Verpfändung eines Grundstücks oder eines eingetragenen Schiffes oder Schiffsbauwerks untersagt wird.

§ 939 Aufhebung gegen Sicherheitsleistung. Nur unter besonderen Umständen kann die Aufhebung einer einstweiligen Verfügung gegen Sicherheitsleistung gestattet werden.

§ 940 Einstweilige Verfügung zur Regelung eines einstweiligen Zustandes. Einstweilige Verfügungen sind auch zum Zwecke der Regelung eines einstweiligen Zustandes in Bezug auf ein streitiges Rechtsverhältnis zulässig, sofern diese Regelung, insbesondere bei dauernden Rechtsverhältnissen zur Abwendung wesentlicher Nachteile oder zur Verhinderung drohender Gewalt oder aus anderen Gründen nötig erscheint.

§ 940a Räumung von Wohnraum. (1) Die Räumung von Wohnraum darf durch einstweilige Verfügung nur wegen verbotener Eigenmacht oder bei einer konkreten Gefahr für Leib oder Leben angeordnet werden.

(2) Die Räumung von Wohnraum darf durch einstweilige Verfügung auch gegen einen Dritten angeordnet werden, der im Besitz der Mietsache ist, wenn gegen den Mieter ein vollstreckbarer Räumungstitel vorliegt und der Vermieter

vom Besitzerwerb des Dritten erst nach dem Schluss der mündlichen Verhandlung Kenntnis erlangt hat.

(3) Ist Räumungsklage wegen Zahlungsverzugs erhoben, darf die Räumung von Wohnraum durch einstweilige Verfügung auch angeordnet werden, wenn der Beklagte einer Sicherungsanordnung (§ 283a) im Hauptsacheverfahren nicht Folge leistet.

(4) In den Fällen der Absätze 2 und 3 hat das Gericht den Gegner vor Erlass einer Räumungsverfügung anzuhören.

§ 941 Ersuchen um Eintragungen im Grundbuch usw. Hat auf Grund der einstweiligen Verfügung eine Eintragung in das Grundbuch, das Schiffsregister oder das Schiffsbauregister zu erfolgen, so ist das Gericht befugt, das Grundbuchamt oder die Registerbehörde um die Eintragung zu ersuchen.

§ 942 Zuständigkeit des Amtsgerichts der belegenen Sache. (1) In dringenden Fällen kann das Amtsgericht, in dessen Bezirk sich der Streitgegenstand befindet, eine einstweilige Verfügung erlassen unter Bestimmung einer Frist, innerhalb der die Ladung des Gegners zur mündlichen Verhandlung über die Rechtmäßigkeit der einstweiligen Verfügung bei dem Gericht der Hauptsache zu beantragen ist.

(2) [1] Die einstweilige Verfügung, auf Grund deren eine Vormerkung oder ein Widerspruch gegen die Richtigkeit des Grundbuchs, des Schiffsregisters oder des Schiffsbauregisters eingetragen werden soll, kann von dem Amtsgericht erlassen werden, in dessen Bezirk das Grundstück belegen ist oder der Heimathafen oder der Heimatort des Schiffes oder der Bauort des Schiffsbauwerks sich befindet, auch wenn der Fall nicht für dringlich erachtet wird; liegt der Heimathafen des Schiffes nicht im Inland, so kann die einstweilige Verfügung vom Amtsgericht in Hamburg erlassen werden. [2] Die Bestimmung der im Absatz 1 bezeichneten Frist hat nur auf Antrag des Gegners zu erfolgen.

(3) Nach fruchtlosem Ablauf der Frist hat das Amtsgericht auf Antrag die erlassene Verfügung aufzuheben.

(4) Die in diesem Paragraphen erwähnten Entscheidungen des Amtsgerichts ergehen durch Beschluss.

§ 943 Gericht der Hauptsache. (1) Als Gericht der Hauptsache im Sinne der Vorschriften dieses Abschnitts ist das Gericht des ersten Rechtszuges und, wenn die Hauptsache in der Berufungsinstanz anhängig ist, das Berufungsgericht anzusehen.

(2) Das Gericht der Hauptsache ist für die nach § 109 zu treffenden Anordnungen ausschließlich zuständig, wenn die Hauptsache anhängig ist oder anhängig gewesen ist.

§ 944 Entscheidung des Vorsitzenden bei Dringlichkeit. In dringenden Fällen kann der Vorsitzende über die in diesem Abschnitt erwähnten Gesuche, sofern deren Erledigung eine mündliche Verhandlung nicht erfordert, anstatt des Gerichts entscheiden.

§ 945 Schadensersatzpflicht. Erweist sich die Anordnung eines Arrestes oder einer einstweiligen Verfügung als von Anfang an ungerechtfertigt oder wird die angeordnete Maßregel auf Grund des § 926 Abs. 2 oder des § 942 Abs. 3 aufgehoben, so ist die Partei, welche die Anordnung erwirkt hat, verpflichtet, dem Gegner den Schaden zu ersetzen, der ihm aus der Vollziehung der angeordneten Maßregel oder dadurch entsteht, dass er Sicherheit leistet, um die Vollziehung abzuwenden oder die Aufhebung der Maßregel zu erwirken.

§ 945a Einreichung von Schutzschriften. (1) [1]Die Landesjustizverwaltung Hessen führt für die Länder ein zentrales, länderübergreifendes elektronisches Register für Schutzschriften (Schutzschriftenregister). [2]Schutzschriften sind vorbeugende Verteidigungsschriftsätze gegen erwartete Anträge auf Arrest oder einstweilige Verfügung.

(2) [1]Eine Schutzschrift gilt als bei allen ordentlichen Gerichten der Länder eingereicht, sobald sie in das Schutzschriftenregister eingestellt ist. [2]Schutzschriften sind sechs Monate nach ihrer Einstellung zu löschen.

(3) [1]Die Gerichte erhalten Zugriff auf das Register über ein automatisiertes Abrufverfahren. [2]Die Verwendung der Daten ist auf das für die Erfüllung der gesetzlichen Aufgaben Erforderliche zu beschränken. [3]Abrufvorgänge sind zu protokollieren.

§ 945b Verordnungsermächtigung. Das Bundesministerium der Justiz und für Verbraucherschutz hat durch Rechtsverordnung mit Zustimmung des Bundesrates die näheren Bestimmungen über die Einrichtung und Führung des Registers, über die Einreichung von Schutzschriften zum Register, über den Abruf von Schutzschriften aus dem Register sowie über die Einzelheiten der Datenübermittlung und -speicherung sowie der Datensicherheit und der Barrierefreiheit zu treffen.

Abschnitt 6. Grenzüberschreitende vorläufige Kontenpfändung

Titel 1. Erlass des Beschlusses zur vorläufigen Kontenpfändung

§ 946 Zuständigkeit. (1) [1]Für den Erlass des Beschlusses zur vorläufigen Kontenpfändung nach der Verordnung (EU) Nr. 655/2014[1)] des Europäischen Parlaments und des Rates vom 15. Mai 2014 zur Einführung eines Verfahrens für einen Europäischen Beschluss zur vorläufigen Kontenpfändung im Hinblick auf die Erleichterung der grenzüberschreitenden Eintreibung von Forderungen in Zivil- und Handelssachen (ABl. L 189 vom 27.6.2014, S. 59) ist das Gericht der Hauptsache zuständig. [2]Die §§ 943 und 944 gelten entsprechend.

(2) Hat der Gläubiger bereits eine öffentliche Urkunde (Artikel 4 Nummer 10 der Verordnung (EU) Nr. 655/2014) erwirkt, in der der Schuldner verpflichtet wird, die Forderung zu erfüllen, ist das Gericht zuständig, in dessen Bezirk die Urkunde errichtet worden ist.

§ 947 Verfahren. (1) [1]Der Gläubiger kann sich in dem Verfahren auf Erlass des Beschlusses zur vorläufigen Kontenpfändung aller Beweismittel sowie der Versicherung an Eides statt bedienen. [2]Nur eine Beweisaufnahme, die sofort erfolgen kann, ist statthaft.

[1)] Nr. 7.

(2) [1] Das Gericht darf die ihm nach Artikel 14 Absatz 6 der Verordnung (EU) Nr. 655/2014[1)] übermittelten Kontoinformationen für die Zwecke des jeweiligen Verfahrens auf Erlass eines Beschlusses zur vorläufigen Kontenpfändung speichern, übermitteln und nutzen. [2] Soweit übermittelte Kontoinformationen für den Erlass des Beschlusses zur vorläufigen Kontenpfändung nicht erforderlich sind, sind sie unverzüglich zu löschen oder ist deren Verarbeitung einzuschränken. [3] Die Löschung ist zu protokollieren. [4] § 802d Absatz 1 Satz 3 gilt entsprechend.

§ 948 Ersuchen um Einholung von Kontoinformationen. (1) Zuständige Auskunftsbehörde gemäß Artikel 14 der Verordnung (EU) Nr. 655/2014[1)] für die Einholung von Kontoinformationen ist das Bundesamt für Justiz.

(2) Zum Zweck der Einholung von Kontoinformationen nach Artikel 14 der Verordnung (EU) Nr. 655/2014 darf das Bundesamt für Justiz das Bundeszentralamt für Steuern ersuchen, bei den Kreditinstituten die in § 93b Absatz 1 der Abgabenordnung bezeichneten Daten abzurufen (§ 93 Absatz 8 der Abgabenordnung).

(3) [1] Das Bundesamt für Justiz protokolliert die eingehenden Ersuchen um Einholung von Kontoinformationen gemäß Artikel 14 der Verordnung (EU) Nr. 655/2014. [2] Zu protokollieren sind ebenfalls die Bezeichnung der ersuchenden Stelle eines anderen Mitgliedstaates der Europäischen Union, der Abruf der in § 93b Absatz 1 der Abgabenordnung bezeichneten Daten und der Zeitpunkt des Eingangs dieser Daten sowie die Weiterleitung der eingegangenen Daten an die ersuchende Stelle. [3] Das Bundesamt für Justiz löscht den Inhalt der eingeholten Kontoinformationen unverzüglich nach deren Übermittlung an die ersuchende Stelle; die Löschung ist zu protokollieren.

§ 949 Nicht rechtzeitige Einleitung des Hauptsacheverfahrens.

(1) Ein im Inland erlassener Beschluss zur vorläufigen Kontenpfändung wird nach Artikel 10 Absatz 2 Unterabsatz 1 der Verordnung (EU) Nr. 655/2014[1)] durch Beschluss widerrufen.

(2) [1] Zuständige Stelle, an die gemäß Artikel 10 Absatz 2Unterabsatz 3 der Verordnung (EU) Nr. 655/2014 das Widerrufsformblatt zu übermitteln ist, ist das Amtsgericht, in dessen Bezirk das Vollstreckungsverfahren stattfinden soll oder stattgefunden hat. [2] Ist ein in einem anderen Mitgliedstaat der Europäischen Union erlassener Beschluss zur vorläufigen Kontenpfändung im Inland zu vollziehen, hat das Amtsgericht nach Satz 1 den Beschluss, durch den das Gericht den Beschluss zur vorläufigen Kontenpfändung widerrufen hat, der Bank im Sinne des Artikels 4 Nummer 2 der Verordnung (EU) Nr. 655/2014 zuzustellen.

Titel 2. Vollziehung des Beschlusses zur vorläufigen Kontenpfändung

§ 950 Anwendbare Vorschriften. Auf die Vollziehung des Beschlusses zur vorläufigen Kontenpfändung sind die Vorschriften des Achten Buchs über die Zwangsvollstreckung sowie § 930 Absatz 1 Satz 2 entsprechend anzuwenden, soweit die Verordnung (EU) Nr. 655/2014[1)] und die §§ 951 bis 957 keine abweichenden Vorschriften enthalten.

[1)] Nr. 7.

§ 951 Vollziehung von im Inland erlassenen Beschlüssen. (1) [1] Ist ein im Inland erlassener Beschluss zur vorläufigen Kontenpfändung im Inland zu vollziehen, hat der Gläubiger, der seinen Wohnsitz in einem anderen Mitgliedstaat der Europäischen Union hat, den Beschluss der Bank zustellen zu lassen. [2] Ist der Beschluss in einem anderen Mitgliedstaat der Europäischen Union zu vollziehen, hat der Gläubiger die Zustellung gemäß Artikel 23 Absatz 3 Unterabsatz 1 der Verordnung (EU) Nr. 655/2014[1)] an die Bank zu veranlassen.

(2) [1] Das Gericht, das den Beschluss erlassen hat, lässt dem Schuldner den Beschluss nach Artikel 28 der Verordnung (EU) Nr. 655/2014 zustellen; diese Zustellung gilt als Zustellung auf Betreiben des Gläubigers (§ 191). [2] Eine Übersetzung oder Transliteration, die nach Artikel 28 Absatz 5 in Verbindung mit Artikel 49 Absatz 1 der Verordnung (EU) Nr. 655/2014 erforderlich ist, hat der Gläubiger bereitzustellen.

§ 952 Vollziehung von in einem anderen Mitgliedstaat erlassenen Beschlüssen. (1) Zuständige Stelle ist

1. in den in Artikel 23 Absatz 3, 5 und 6, Artikel 25 Absatz 3 und Artikel 27 Absatz 2 der Verordnung (EU) Nr. 655/2014[1)] bezeichneten Fällen das Amtsgericht, in dessen Bezirk das Vollstreckungsverfahren stattfinden soll oder stattgefunden hat,
2. in den in Artikel 28 Absatz 3 der Verordnung (EU) Nr. 655/2014 bezeichneten Fällen das Amtsgericht, in dessen Bezirk der Schuldner seinen Wohnsitz hat.

(2) Das nach Absatz 1 Nummer 1 zuständige Amtsgericht hat

1. in den in Artikel 23 Absatz 3 der Verordnung (EU) Nr. 655/2014 bezeichneten Fällen der Bank den Beschluss zur vorläufigen Kontenpfändung zuzustellen,
2. in den in Artikel 27 Absatz 2 der Verordnung (EU) Nr. 655/2014 bezeichneten Fällen der Bank die Freigabeerklärung des Gläubigers zuzustellen.

Titel 3. Rechtsbehelfe

§ 953 Rechtsbehelfe des Gläubigers. (1) Gegen die Ablehnung des Antrags auf Erlass eines Beschlusses zur vorläufigen Kontenpfändung und gegen den Widerruf des Beschlusses zur vorläufigen Kontenpfändung (§ 949 Absatz 1), soweit sie durch das Gericht des ersten Rechtszuges erfolgt sind, findet die sofortige Beschwerde statt.

(2) [1] Die in Artikel 21 Absatz 2 Satz 1 der Verordnung (EU) Nr. 655/2014[1)] bezeichnete Frist von 30 Tagen für die Einlegung des Rechtsbehelfs beginnt mit der Zustellung der Entscheidung an den Gläubiger. [2] Dies gilt auch in den Fällen des § 321a Absatz 2 für die Ablehnung des Antrags auf Erlass des Beschlusses durch das Berufungsgericht.

(3) Die sofortige Beschwerde gegen den Widerruf des Beschlusses zur vorläufigen Kontenpfändung ist innerhalb einer Notfrist von einem Monat ab Zustellung einzulegen.

[1)] Nr. 7.

§ 954 Rechtsbehelfe nach den Artikeln 33 bis 35 der Verordnung (EU) Nr. 655/2014. (1) [1]Über den Rechtsbehelf des Schuldners gegen einen im Inland erlassenen Beschluss zur vorläufigen Kontenpfändung nach Artikel 33 Absatz 1 der Verordnung (EU) Nr. 655/2014[1)] (Widerspruch) entscheidet das Gericht, das den Beschluss erlassen hat. [2]Die Entscheidung ergeht durch Beschluss. [3]Die Sätze 1 und 2 gelten entsprechend für den Widerspruch des Schuldners gemäß Artikel 33 Absatz 2 der Verordnung (EU) Nr. 655/2014 gegen die Entscheidung nach Artikel 12 der Verordnung (EU) Nr. 655/2014.

(2) [1]Über den Rechtsbehelf des Schuldners wegen Einwendungen gegen die Vollziehung eines Beschlusses zur vorläufigen Kontenpfändung im Inland nach Artikel 34 der Verordnung (EU) Nr. 655/2014 entscheidet das Vollstreckungsgericht (§ 764 Absatz 2). [2]Für den Antrag nach Artikel 34 Absatz 1 Buchstabe a der Verordnung (EU) Nr. 655/2014 gelten § 850k Absatz 4 und § 850l entsprechend.

(3) [1]Über Rechtsbehelfe, die nach Artikel 35 Absatz 3 und 4 der Verordnung (EU) Nr. 655/2014 im Vollstreckungsmitgliedstaat eingelegt werden, entscheidet ebenfalls das Vollstreckungsgericht. [2]Sofern nach Artikel 35 der Verordnung (EU) Nr. 655/2014 das Gericht zuständig ist, das den Beschluss zur vorläufigen Kontenpfändung erlassen hat, ergeht die Entscheidung durch Beschluss.

(4) [1]Zuständige Stelle ist in den Fällen des Artikels 36 Absatz 5 Unterabsatz 2 der Verordnung (EU) Nr. 655/2014 das Amtsgericht, in dessen Bezirk das Vollstreckungsverfahren stattfinden soll oder stattgefunden hat. [2]Dieses hat den Beschluss der Bank zuzustellen.

§ 955 Sicherheitsleistung nach Artikel 38 der Verordnung (EU) Nr. 655/2014. [1]Für die Entscheidung über Anträge des Schuldners auf Beendigung der Vollstreckung wegen erbrachter Sicherheitsleistung nach Artikel 38 Absatz 1 Buchstabe b der Verordnung (EU) Nr. 655/2014[1)] ist das Vollstreckungsgericht zuständig. [2]Die Entscheidung nach Artikel 38 Absatz 1 der Verordnung (EU) Nr. 655/2014 ergeht durch Beschluss.

§ 956 Rechtsmittel gegen die Entscheidungen nach § 954 Absatz 1 bis 3 und § 955. (1) [1]Gegen die Entscheidungen des Vollstreckungsgerichts nach § 954 Absatz 2 und 3 Satz 1 sowie nach § 955 Satz 1 findet die sofortige Beschwerde statt. [2]Dies gilt auch für Entscheidungen des Gerichts des ersten Rechtszugs in den Fällen des § 954 Absatz 1 und 3 Satz 2 sowie des § 955 Satz 2.

(2) Die sofortige Beschwerde ist innerhalb einer Notfrist von einem Monat ab Zustellung der Entscheidung einzulegen.

§ 957 Ausschluss der Rechtsbeschwerde. In Verfahren zur grenzüberschreitenden vorläufigen Kontenpfändung nach der Verordnung (EU) Nr. 655/2014[1)] findet die Rechtsbeschwerde nicht statt.

Titel 4. Schadensersatz; Verordnungsermächtigung

§ 958 Schadensersatz. [1]Erweist sich die Anordnung eines Beschlusses zur vorläufigen Kontenpfändung, der im Inland vollzogen worden ist, als von

---

[1)] Nr. 7.

Anfang an ungerechtfertigt, so ist der Gläubiger verpflichtet, dem Schuldner den Schaden zu ersetzen, der ihm aus der Vollziehung des Beschlusses oder dadurch entsteht, dass er Sicherheit leistet, um die Freigabe der vorläufig gepfändeten Gelder oder die Beendigung der Vollstreckung zu erwirken. [2] Im Übrigen richtet sich die Haftung des Gläubigers gegenüber dem Schuldner nach Artikel 13 Absatz 1 und 2 der Verordnung (EU) Nr. 655/2014[1)].

§ 959 Verordnungsermächtigung. (1) Die Landesregierungen können die Aufgaben nach Artikel 10 Absatz 2, Artikel 23 Absatz 3, 5 und 6, Artikel 25 Absatz 3, Artikel 27 Absatz 2, Artikel 28 Absatz 3 sowie Artikel 36 Absatz 5 Unterabsatz 2 und 3 der Verordnung (EU) Nr. 655/2014[1)] einem Amtsgericht für die Bezirke mehrerer Amtsgerichte durch Rechtsverordnung zuweisen.

(2) Die Landesregierungen können die Ermächtigung nach Absatz 1 durch Rechtsverordnung einer obersten Landesbehörde übertragen.

Buch 9. *(aufgehoben)*

§§ 960–1024 *(aufgehoben)*

Buch 10.[2)] Schiedsrichterliches Verfahren

Abschnitt 1. Allgemeine Vorschriften

§ 1025 Anwendungsbereich. (1) Die Vorschriften dieses Buches sind anzuwenden, wenn der Ort des schiedsrichterlichen Verfahrens im Sinne des § 1043 Abs. 1 in Deutschland liegt.

(2) Die Bestimmungen der §§ 1032, 1033 und 1050 sind auch dann anzuwenden, wenn der Ort des schiedsrichterlichen Verfahrens im Ausland liegt oder noch nicht bestimmt ist.

(3) Solange der Ort des schiedsrichterlichen Verfahrens noch nicht bestimmt ist, sind die deutschen Gerichte für die Ausübung der in den §§ 1034, 1035, 1037 und 1038 bezeichneten gerichtlichen Aufgaben zuständig, wenn der Beklagte oder der Kläger seinen Sitz oder seinen gewöhnlichen Aufenthalt in Deutschland hat.

(4) Für die Anerkennung und Vollstreckung ausländischer Schiedssprüche gelten die §§ 1061 bis 1065.

§ 1026 Umfang gerichtlicher Tätigkeit. Ein Gericht darf in den in den §§ 1025 bis 1061 geregelten Angelegenheiten nur tätig werden, soweit dieses Buch es vorsieht.

§ 1027 Verlust des Rügerechts. [1] Ist einer Bestimmung dieses Buches, von der die Parteien abweichen können, oder einem vereinbarten Erfordernis des schiedsrichterlichen Verfahrens nicht entsprochen worden, so kann eine Partei, die den Mangel nicht unverzüglich oder innerhalb einer dafür vorgesehenen

---

[1)] Nr. 7.

[2)] Vgl. das G zu dem Übereinkommen v. 10.6.1958 über die Anerkennung und Vollstreckung ausländischer Schiedssprüche v. 15.3.1961 (BGBl. II S. 121), geänd. durch G v. 22.12.1997 (BGBl. I S. 3224).

Frist rügt, diesen später nicht mehr geltend machen. [2]Dies gilt nicht, wenn der Partei der Mangel nicht bekannt war.

§ 1028 Empfang schriftlicher Mitteilungen bei unbekanntem Aufenthalt. (1) Ist der Aufenthalt einer Partei oder einer zur Entgegennahme berechtigten Person unbekannt, gelten, sofern die Parteien nichts anderes vereinbart haben, schriftliche Mitteilungen an dem Tag als empfangen, an dem sie bei ordnungsgemäßer Übermittlung durch Einschreiben gegen Rückschein oder auf eine andere Weise, welche den Zugang an der letztbekannten Postanschrift oder Niederlassung oder dem letztbekannten gewöhnlichen Aufenthalt des Adressaten belegt, dort hätten empfangen werden können.

(2) Absatz 1 ist auf Mitteilungen in gerichtlichen Verfahren nicht anzuwenden.

Abschnitt 2. Schiedsvereinbarung

§ 1029 Begriffsbestimmung. (1) Schiedsvereinbarung ist eine Vereinbarung der Parteien, alle oder einzelne Streitigkeiten, die zwischen ihnen in Bezug auf ein bestimmtes Rechtsverhältnis vertraglicher oder nichtvertraglicher Art entstanden sind oder künftig entstehen, der Entscheidung durch ein Schiedsgericht zu unterwerfen.

(2) Eine Schiedsvereinbarung kann in Form einer selbständigen Vereinbarung (Schiedsabrede) oder in Form einer Klausel in einem Vertrag (Schiedsklausel) geschlossen werden.

§ 1030 Schiedsfähigkeit. (1) [1]Jeder vermögensrechtliche Anspruch kann Gegenstand einer Schiedsvereinbarung sein. [2]Eine Schiedsvereinbarung über nichtvermögensrechtliche Ansprüche hat insoweit rechtliche Wirkung, als die Parteien berechtigt sind, über den Gegenstand des Streites einen Vergleich zu schließen.

(2) [1]Eine Schiedsvereinbarung über Rechtsstreitigkeiten, die den Bestand eines Mietverhältnisses über Wohnraum im Inland betreffen, ist unwirksam. [2]Dies gilt nicht, soweit es sich um Wohnraum der in § 549 Abs. 2 Nr. 1 bis 3 des Bürgerlichen Gesetzbuchs bestimmten Art handelt.

(3) Gesetzliche Vorschriften außerhalb dieses Buches, nach denen Streitigkeiten einem schiedsrichterlichen Verfahren nicht oder nur unter bestimmten Voraussetzungen unterworfen werden dürfen, bleiben unberührt.

§ 1031 Form der Schiedsvereinbarung. (1) Die Schiedsvereinbarung muss entweder in einem von den Parteien unterzeichneten Dokument oder in zwischen ihnen gewechselten Schreiben, Fernkopien, Telegrammen oder anderen Formen der Nachrichtenübermittlung, die einen Nachweis der Vereinbarung sicherstellen, enthalten sein.

(2) Die Form des Absatzes 1 gilt auch dann als erfüllt, wenn die Schiedsvereinbarung in einem von der einen Partei der anderen Partei oder von einem Dritten beiden Parteien übermittelten Dokument enthalten ist und der Inhalt des Dokuments im Falle eines nicht rechtzeitig erfolgten Widerspruchs nach der Verkehrssitte als Vertragsinhalt angesehen wird.

(3) Nimmt ein den Formerfordernissen des Absatzes 1 oder 2 entsprechender Vertrag auf ein Dokument Bezug, das eine Schiedsklausel enthält, so

begründet dies eine Schiedsvereinbarung, wenn die Bezugnahme dergestalt ist, dass sie diese Klausel zu einem Bestandteil des Vertrages macht.

(4) *(aufgehoben)*

(5) [1] Schiedsvereinbarungen, an denen ein Verbraucher beteiligt ist, müssen in einer von den Parteien eigenhändig unterzeichneten Urkunde enthalten sein. [2] Die schriftliche Form nach Satz 1 kann durch die elektronische Form nach § 126a des Bürgerlichen Gesetzbuchs ersetzt werden. [3] Andere Vereinbarungen als solche, die sich auf das schiedsrichterliche Verfahren beziehen, darf die Urkunde oder das elektronische Dokument nicht enthalten; dies gilt nicht bei notarieller Beurkundung.

(6) Der Mangel der Form wird durch die Einlassung auf die schiedsgerichtliche Verhandlung zur Hauptsache geheilt.

§ 1032 Schiedsvereinbarung und Klage vor Gericht. (1) Wird vor einem Gericht Klage in einer Angelegenheit erhoben, die Gegenstand einer Schiedsvereinbarung ist, so hat das Gericht die Klage als unzulässig abzuweisen, sofern der Beklagte dies vor Beginn der mündlichen Verhandlung zur Hauptsache rügt, es sei denn, das Gericht stellt fest, dass die Schiedsvereinbarung nichtig, unwirksam oder undurchführbar ist.

(2) Bei Gericht kann bis zur Bildung des Schiedsgerichts Antrag auf Feststellung der Zulässigkeit oder Unzulässigkeit eines schiedsrichterlichen Verfahrens gestellt werden.

(3) Ist ein Verfahren im Sinne des Absatzes 1 oder 2 anhängig, kann ein schiedsrichterliches Verfahren gleichwohl eingeleitet oder fortgesetzt werden und ein Schiedsspruch ergehen.

§ 1033 Schiedsvereinbarung und einstweilige gerichtliche Maßnahmen. Eine Schiedsvereinbarung schließt nicht aus, dass ein Gericht vor oder nach Beginn des schiedsrichterlichen Verfahrens auf Antrag einer Partei eine vorläufige oder sichernde Maßnahme in Bezug auf den Streitgegenstand des schiedsrichterlichen Verfahrens anordnet.

Abschnitt 3. Bildung des Schiedsgerichts

§ 1034 Zusammensetzung des Schiedsgerichts. (1) [1] Die Parteien können die Anzahl der Schiedsrichter vereinbaren. [2] Fehlt eine solche Vereinbarung, so ist die Zahl der Schiedsrichter drei.

(2) [1] Gibt die Schiedsvereinbarung einer Partei bei der Zusammensetzung des Schiedsgerichts ein Übergewicht, das die andere Partei benachteiligt, so kann diese Partei bei Gericht beantragen, den oder die Schiedsrichter abweichend von der erfolgten Ernennung oder der vereinbarten Ernennungsregelung zu bestellen. [2] Der Antrag ist spätestens bis zum Ablauf von zwei Wochen, nachdem der Partei die Zusammensetzung des Schiedsgerichts bekannt geworden ist, zu stellen. [3] § 1032 Abs. 3 gilt entsprechend.

§ 1035 Bestellung der Schiedsrichter. (1) Die Parteien können das Verfahren zur Bestellung des Schiedsrichters oder der Schiedsrichter vereinbaren.

(2) Sofern die Parteien nichts anderes vereinbart haben, ist eine Partei an die durch sie erfolgte Bestellung eines Schiedsrichters gebunden, sobald die andere Partei die Mitteilung über die Bestellung empfangen hat.

(3) [1] Fehlt eine Vereinbarung der Parteien über die Bestellung der Schiedsrichter, wird ein Einzelschiedsrichter, wenn die Parteien sich über seine Bestellung nicht einigen können, auf Antrag einer Partei durch das Gericht bestellt. [2] In schiedsrichterlichen Verfahren mit drei Schiedsrichtern bestellt jede Partei einen Schiedsrichter; diese beiden Schiedsrichter bestellen den dritten Schiedsrichter, der als Vorsitzender des Schiedsgerichts tätig wird. [3] Hat eine Partei den Schiedsrichter nicht innerhalb eines Monats nach Empfang einer entsprechenden Aufforderung durch die andere Partei bestellt oder können sich die beiden Schiedsrichter nicht binnen eines Monats nach ihrer Bestellung über den dritten Schiedsrichter einigen, so ist der Schiedsrichter auf Antrag einer Partei durch das Gericht zu bestellen.

(4) Haben die Parteien ein Verfahren für die Bestellung vereinbart und handelt eine Partei nicht entsprechend diesem Verfahren oder können die Parteien oder die beiden Schiedsrichter eine Einigung entsprechend diesem Verfahren nicht erzielen oder erfüllt ein Dritter eine ihm nach diesem Verfahren übertragene Aufgabe nicht, so kann jede Partei bei Gericht die Anordnung der erforderlichen Maßnahmen beantragen, sofern das vereinbarte Bestellungsverfahren zur Sicherung der Bestellung nichts anderes vorsieht.

(5) [1] Das Gericht hat bei der Bestellung eines Schiedsrichters alle nach der Parteivereinbarung für den Schiedsrichter vorgeschriebenen Voraussetzungen zu berücksichtigen und allen Gesichtspunkten Rechnung zu tragen, die die Bestellung eines unabhängigen und unparteiischen Schiedsrichters sicherstellen. [2] Bei der Bestellung eines Einzelschiedsrichters oder eines dritten Schiedsrichters hat das Gericht auch die Zweckmäßigkeit der Bestellung eines Schiedsrichters mit einer anderen Staatsangehörigkeit als derjenigen der Parteien in Erwägung zu ziehen.

§ 1036 Ablehnung eines Schiedsrichters. (1) [1] Eine Person, der ein Schiedsrichteramt angetragen wird, hat alle Umstände offen zu legen, die Zweifel an ihrer Unparteilichkeit oder Unabhängigkeit wecken können. [2] Ein Schiedsrichter ist auch nach seiner Bestellung bis zum Ende des schiedsrichterlichen Verfahrens verpflichtet, solche Umstände den Parteien unverzüglich offen zu legen, wenn er sie ihnen nicht schon vorher mitgeteilt hat.

(2) [1] Ein Schiedsrichter kann nur abgelehnt werden, wenn Umstände vorliegen, die berechtigte Zweifel an seiner Unparteilichkeit oder Unabhängigkeit aufkommen lassen, oder wenn er die zwischen den Parteien vereinbarten Voraussetzungen nicht erfüllt. [2] Eine Partei kann einen Schiedsrichter, den sie bestellt oder an dessen Bestellung sie mitgewirkt hat, nur aus Gründen ablehnen, die ihr erst nach der Bestellung bekannt geworden sind.

§ 1037 Ablehnungsverfahren. (1) Die Parteien können vorbehaltlich des Absatzes 3 ein Verfahren für die Ablehnung eines Schiedsrichters vereinbaren.

(2) [1] Fehlt eine solche Vereinbarung, so hat die Partei, die einen Schiedsrichter ablehnen will, innerhalb von zwei Wochen, nachdem ihr die Zusammensetzung des Schiedsgerichts oder ein Umstand im Sinne des § 1036 Abs. 2 bekannt geworden ist, dem Schiedsgericht schriftlich die Ablehnungsgründe darzulegen. [2] Tritt der abgelehnte Schiedsrichter von seinem Amt nicht zurück oder stimmt die andere Partei der Ablehnung nicht zu, so entscheidet das Schiedsgericht über die Ablehnung.

(3) [1] Bleibt die Ablehnung nach dem von den Parteien vereinbarten Verfahren oder nach dem in Absatz 2 vorgesehenen Verfahren erfolglos, so kann die ablehnende Partei innerhalb eines Monats, nachdem sie von der Entscheidung, mit der die Ablehnung verweigert wurde, Kenntnis erlangt hat, bei Gericht eine Entscheidung über die Ablehnung beantragen; die Parteien können eine andere Frist vereinbaren. [2] Während ein solcher Antrag anhängig ist, kann das Schiedsgericht einschließlich des abgelehnten Schiedsrichters das schiedsrichterliche Verfahren fortsetzen und einen Schiedsspruch erlassen.

§ 1038 Untätigkeit oder Unmöglichkeit der Aufgabenerfüllung.

(1) [1] Ist ein Schiedsrichter rechtlich oder tatsächlich außerstande, seine Aufgaben zu erfüllen, oder kommt er aus anderen Gründen seinen Aufgaben in angemessener Frist nicht nach, so endet sein Amt, wenn er zurücktritt oder wenn die Parteien die Beendigung seines Amtes vereinbaren. [2] Tritt der Schiedsrichter von seinem Amt nicht zurück oder können sich die Parteien über dessen Beendigung nicht einigen, kann jede Partei bei Gericht eine Entscheidung über die Beendigung des Amtes beantragen.

(2) Tritt ein Schiedsrichter in den Fällen des Absatzes 1 oder des § 1037 Abs. 2 zurück oder stimmt eine Partei der Beendigung des Schiedsrichteramtes zu, so bedeutet dies nicht die Anerkennung der in Absatz 1 oder § 1036 Abs. 2 genannten Rücktrittsgründe.

§ 1039 Bestellung eines Ersatzschiedsrichters. (1) [1] Endet das Amt eines Schiedsrichters nach den §§ 1037, 1038 oder wegen seines Rücktritts vom Amt aus einem anderen Grund oder wegen der Aufhebung seines Amtes durch Vereinbarung der Parteien, so ist ein Ersatzschiedsrichter zu bestellen. [2] Die Bestellung erfolgt nach den Regeln, die auf die Bestellung des zu ersetzenden Schiedsrichters anzuwenden waren.

(2) Die Parteien können eine abweichende Vereinbarung treffen.

Abschnitt 4. Zuständigkeit des Schiedsgerichts

§ 1040 Befugnis des Schiedsgerichts zur Entscheidung über die eigene Zuständigkeit. (1) [1] Das Schiedsgericht kann über die eigene Zuständigkeit und im Zusammenhang hiermit über das Bestehen oder die Gültigkeit der Schiedsvereinbarung entscheiden. [2] Hierbei ist eine Schiedsklausel als eine von den übrigen Vertragsbestimmungen unabhängige Vereinbarung zu behandeln.

(2) [1] Die Rüge der Unzuständigkeit des Schiedsgerichts ist spätestens mit der Klagebeantwortung vorzubringen. [2] Von der Erhebung einer solchen Rüge ist eine Partei nicht dadurch ausgeschlossen, dass sie einen Schiedsrichter bestellt oder an der Bestellung eines Schiedsrichters mitgewirkt hat. [3] Die Rüge, das Schiedsgericht überschreite seine Befugnisse, ist zu erheben, sobald die Angelegenheit, von der dies behauptet wird, im schiedsrichterlichen Verfahren zur Erörterung kommt. [4] Das Schiedsgericht kann in beiden Fällen eine spätere Rüge zulassen, wenn die Partei die Verspätung genügend entschuldigt.

(3) [1] Hält das Schiedsgericht sich für zuständig, so entscheidet es über eine Rüge nach Absatz 2 in der Regel durch Zwischenentscheid. [2] In diesem Fall kann jede Partei innerhalb eines Monats nach schriftlicher Mitteilung des Entscheids eine gerichtliche Entscheidung beantragen. [3] Während ein solcher An-

trag anhängig ist, kann das Schiedsgericht das schiedsrichterliche Verfahren fortsetzen und einen Schiedsspruch erlassen.

§ 1041 Maßnahmen des einstweiligen Rechtsschutzes. (1) [1]Haben die Parteien nichts anderes vereinbart, so kann das Schiedsgericht auf Antrag einer Partei vorläufige oder sichernde Maßnahmen anordnen, die es in Bezug auf den Streitgegenstand für erforderlich hält. [2]Das Schiedsgericht kann von jeder Partei im Zusammenhang mit einer solchen Maßnahme angemessene Sicherheit verlangen.

(2) [1]Das Gericht kann auf Antrag einer Partei die Vollziehung einer Maßnahme nach Absatz 1 zulassen, sofern nicht schon eine entsprechende Maßnahme des einstweiligen Rechtsschutzes bei einem Gericht beantragt worden ist. [2]Es kann die Anordnung abweichend fassen, wenn dies zur Vollziehung der Maßnahme notwendig ist.

(3) Auf Antrag kann das Gericht den Beschluss nach Absatz 2 aufheben oder ändern.

(4) [1]Erweist sich die Anordnung einer Maßnahme nach Absatz 1 als von Anfang an ungerechtfertigt, so ist die Partei, welche ihre Vollziehung erwirkt hat, verpflichtet, dem Gegner den Schaden zu ersetzten, der ihm aus der Vollziehung der Maßnahme oder dadurch entsteht, dass er Sicherheit leistet, um die Vollziehung abzuwenden. [2]Der Anspruch kann im anhängigen schiedsrichterlichen Verfahren geltend gemacht werden.

Abschnitt 5. Durchführung des schiedsrichterlichen Verfahrens

§ 1042 Allgemeine Verfahrensregeln. (1) [1]Die Parteien sind gleich zu behandeln. [2]Jeder Partei ist rechtliches Gehör zu gewähren.

(2) Rechtsanwälte dürfen als Bevollmächtigte nicht ausgeschlossen werden.

(3) Im Übrigen können die Parteien vorbehaltlich der zwingenden Vorschriften dieses Buches das Verfahren selbst oder durch Bezugnahme auf eine schiedsrichterliche Verfahrensordnung regeln.

(4) [1]Soweit eine Vereinbarung der Parteien nicht vorliegt und dieses Buch keine Regelung enthält, werden die Verfahrensregeln vom Schiedsgericht nach freiem Ermessen bestimmt. [2]Das Schiedsgericht ist berechtigt, über die Zulässigkeit einer Beweiserhebung zu entscheiden, diese durchzuführen und das Ergebnis frei zu würdigen.

§ 1043 Ort des schiedsrichterlichen Verfahrens. (1) [1]Die Parteien können eine Vereinbarung über den Ort des schiedsrichterlichen Verfahrens treffen. [2]Fehlt eine solche Vereinbarung, so wird der Ort des schiedsrichterlichen Verfahrens vom Schiedsgericht bestimmt. [3]Dabei sind die Umstände des Falles einschließlich der Eignung des Ortes für die Parteien zu berücksichtigen.

(2) Haben die Parteien nichts anderes vereinbart, so kann das Schiedsgericht ungeachtet des Absatzes 1 an jedem ihm geeignet erscheinenden Ort zu einer mündlichen Verhandlung, zur Vernehmung von Zeugen, Sachverständigen oder der Parteien, zur Beratung zwischen seinen Mitgliedern, zur Besichtigung von Sachen oder zur Einsichtnahme in Dokumente zusammentreten.

§ 1044 Beginn des schiedsrichterlichen Verfahrens. [1]Haben die Parteien nichts anderes vereinbart, so beginnt das schiedsrichterliche Verfahren über eine bestimmte Streitigkeit mit dem Tag, an dem der Beklagte den Antrag, die Streitigkeit einem Schiedsgericht vorzulegen, empfangen hat. [2]Der Antrag muss die Bezeichnung der Parteien, die Angabe des Streitgegenstandes und einen Hinweis auf die Schiedsvereinbarung enthalten.

§ 1045 Verfahrenssprache. (1) [1]Die Parteien können die Sprache oder die Sprachen, die im schiedsrichterlichen Verfahren zu verwenden sind, vereinbaren. [2]Fehlt eine solche Vereinbarung, so bestimmt hierüber das Schiedsgericht. [3]Die Vereinbarung der Parteien oder die Bestimmung des Schiedsgerichts ist, sofern darin nichts anderes vorgesehen wird, für schriftliche Erklärungen einer Partei, mündliche Verhandlungen, Schiedssprüche, sonstige Entscheidungen und andere Mitteilungen des Schiedsgerichts maßgebend.

(2) Das Schiedsgericht kann anordnen, dass schriftliche Beweismittel mit einer Übersetzung in die Sprache oder die Sprachen versehen sein müssen, die zwischen den Parteien vereinbart oder vom Schiedsgericht bestimmt worden sind.

§ 1046 Klage und Klagebeantwortung. (1) [1]Innerhalb der von den Parteien vereinbarten oder vom Schiedsgericht bestimmten Frist hat der Kläger seinen Anspruch und die Tatsachen, auf die sich dieser Anspruch stützt, darzulegen und der Beklagte hierzu Stellung zu nehmen. [2]Die Parteien können dabei alle ihnen erheblich erscheinenden Dokumente vorlegen oder andere Beweismittel bezeichnen, derer sie sich bedienen wollen.

(2) Haben die Parteien nichts anderes vereinbart, so kann jede Partei im Laufe des schiedsrichterlichen Verfahrens ihre Klage oder ihre Angriffs- und Verteidigungsmittel ändern oder ergänzen, es sei denn, das Schiedsgericht lässt dies wegen Verspätung, die nicht genügend entschuldigt wird, nicht zu.

(3) Die Absätze 1 und 2 gelten für die Widerklage entsprechend.

§ 1047 Mündliche Verhandlung und schriftliches Verfahren. (1) [1]Vorbehaltlich einer Vereinbarung der Parteien entscheidet das Schiedsgericht, ob mündlich verhandelt werden soll oder ob das Verfahren auf der Grundlage von Dokumenten und anderen Unterlagen durchzuführen ist. [2]Haben die Parteien die mündliche Verhandlung nicht ausgeschlossen, hat das Schiedsgericht eine solche Verhandlung in einem geeigneten Abschnitt des Verfahrens durchzuführen, wenn eine Partei es beantragt.

(2) Die Parteien sind von jeder Verhandlung und jedem Zusammentreffen des Schiedsgerichts zu Zwecken der Beweisaufnahme rechtzeitig in Kenntnis zu setzen.

(3) Alle Schriftsätze, Dokumente und sonstigen Mitteilungen, die dem Schiedsgericht von einer Partei vorgelegt werden, sind der anderen Partei, Gutachten und andere schriftliche Beweismittel, auf die sich das Schiedsgericht bei seiner Entscheidung stützen kann, sind beiden Parteien zur Kenntnis zu bringen.

§ 1048 Säumnis einer Partei. (1) Versäumt es der Kläger, seine Klage nach § 1046 Abs. 1 einzureichen, so beendet das Schiedsgericht das Verfahren.

(2) Versäumt es der Beklagte, die Klage nach § 1046 Abs. 1 zu beantworten, so setzt das Schiedsgericht das Verfahren fort, ohne die Säumnis als solche als Zugeständnis der Behauptungen des Klägers zu behandeln.

(3) Versäumt es eine Partei, zu einer mündlichen Verhandlung zu erscheinen oder innerhalb einer festgelegten Frist ein Dokument zum Beweis vorzulegen, so kann das Schiedsgericht das Verfahren fortsetzen und den Schiedsspruch nach den vorliegenden Erkenntnissen erlassen.

(4) [1] Wird die Säumnis nach Überzeugung des Schiedsgerichts genügend entschuldigt, bleibt sie außer Betracht. [2] Im Übrigen können die Parteien über die Folgen der Säumnis etwas anderes vereinbaren.

§ 1049 Vom Schiedsgericht bestellter Sachverständiger. (1) [1] Haben die Parteien nichts anderes vereinbart, so kann das Schiedsgericht einen oder mehrere Sachverständige zur Erstattung eines Gutachtens über bestimmte vom Schiedsgericht festzulegende Fragen bestellen. [2] Es kann ferner eine Partei auffordern, dem Sachverständigen jede sachdienliche Auskunft zu erteilen oder alle für das Verfahren erheblichen Dokumente oder Sachen zur Besichtigung vorzulegen oder zugänglich zu machen.

(2) [1] Haben die Parteien nichts anderes vereinbart, so hat der Sachverständige, wenn eine Partei dies beantragt oder das Schiedsgericht es für erforderlich hält, nach Erstattung seines schriftlichen oder mündlichen Gutachtens an einer mündlichen Verhandlung teilzunehmen. [2] Bei der Verhandlung können die Parteien dem Sachverständigen Fragen stellen und eigene Sachverständige zu den streitigen Fragen aussagen lassen.

(3) Auf den vom Schiedsgericht bestellten Sachverständigen sind die §§ 1036, 1037 Abs. 1 und 2 entsprechend anzuwenden.

§ 1050 Gerichtliche Unterstützung bei der Beweisaufnahme und sonstige richterliche Handlungen. [1] Das Schiedsgericht oder eine Partei mit Zustimmung des Schiedsgerichts kann bei Gericht Unterstützung bei der Beweisaufnahme oder die Vornahme sonstiger richterlicher Handlungen, zu denen das Schiedsgericht nicht befugt ist, beantragen. [2] Das Gericht erledigt den Antrag, sofern es ihn nicht für unzulässig hält, nach seinen für die Beweisaufnahme oder die sonstige richterliche Handlung geltenden Verfahrensvorschriften. [3] Die Schiedsrichter sind berechtigt, an einer gerichtlichen Beweisaufnahme teilzunehmen und Fragen zu stellen.

Abschnitt 6. Schiedsspruch und Beendigung des Verfahrens

§ 1051 Anwendbares Recht. (1) [1] Das Schiedsgericht hat die Streitigkeit in Übereinstimmung mit den Rechtsvorschriften zu entscheiden, die von den Parteien als auf den Inhalt des Rechtsstreits anwendbar bezeichnet worden sind. [2] Die Bezeichnung des Rechts oder der Rechtsordnung eines bestimmten Staates ist, sofern die Parteien nicht ausdrücklich etwas anderes vereinbart haben, als unmittelbare Verweisung auf die Sachvorschriften dieses Staates und nicht auf sein Kollisionsrecht zu verstehen.

(2) Haben die Parteien die anzuwendenden Rechtsvorschriften nicht bestimmt, so hat das Schiedsgericht das Recht des Staates anzuwenden, mit dem der Gegenstand des Verfahrens die engsten Verbindungen aufweist.

(3) [1] Das Schiedsgericht hat nur dann nach Billigkeit zu entscheiden, wenn die Parteien es ausdrücklich dazu ermächtigt haben. [2] Die Ermächtigung kann bis zur Entscheidung des Schiedsgerichts erteilt werden.

(4) In allen Fällen hat das Schiedsgericht in Übereinstimmung mit den Bestimmungen des Vertrages zu entscheiden und dabei bestehende Handelsbräuche zu berücksichtigen.

§ 1052 Entscheidung durch ein Schiedsrichterkollegium. (1) Haben die Parteien nichts anderes vereinbart, so ist in schiedsrichterlichen Verfahren mit mehr als einem Schiedsrichter jede Entscheidung des Schiedsgerichts mit Mehrheit der Stimmen aller Mitglieder zu treffen.

(2) [1] Verweigert ein Schiedsrichter die Teilnahme an einer Abstimmung, können die übrigen Schiedsrichter ohne ihn entscheiden, sofern die Parteien nichts anderes vereinbart haben. [2] Die Absicht, ohne den verweigernden Schiedsrichter über den Schiedsspruch abzustimmen, ist den Parteien vorher mitzuteilen. [3] Bei anderen Entscheidungen sind die Parteien von der Abstimmungsverweigerung nachträglich in Kenntnis zu setzen.

(3) Über einzelne Verfahrensfragen kann der vorsitzende Schiedsrichter allein entscheiden, wenn die Parteien oder die anderen Mitglieder des Schiedsgerichts ihn dazu ermächtigt haben.

§ 1053 Vergleich. (1) [1] Vergleichen sich die Parteien während des schiedsrichterlichen Verfahrens über die Streitigkeit, so beendet das Schiedsgericht das Verfahren. [2] Auf Antrag der Parteien hält es den Vergleich in der Form eines Schiedsspruchs mit vereinbartem Wortlaut fest, sofern der Inhalt des Vergleichs nicht gegen die öffentliche Ordnung (ordre public) verstößt.

(2) [1] Ein Schiedsspruch mit vereinbartem Wortlaut ist gemäß § 1054 zu erlassen und muss angeben, dass es sich um einen Schiedsspruch handelt. [2] Ein solcher Schiedsspruch hat dieselbe Wirkung wie jeder andere Schiedsspruch zur Sache.

(3) Soweit die Wirksamkeit von Erklärungen eine notarielle Beurkundung erfordert, wird diese bei einem Schiedsspruch mit vereinbartem Wortlaut durch die Aufnahme der Erklärungen der Parteien in den Schiedsspruch ersetzt.

(4) [1] Mit Zustimmung der Parteien kann ein Schiedsspruch mit vereinbartem Wortlaut auch von einem Notar, der seinen Amtssitz im Bezirk des nach § 1062 Abs. 1, 2 für die Vollstreckbarerklärung zuständigen Gerichts hat, für vollstreckbar erklärt werden. [2] Der Notar lehnt die Vollstreckbarerklärung ab, wenn die Voraussetzungen des Absatzes 1 Satz 2 nicht vorliegen.

§ 1054 Form und Inhalt des Schiedsspruchs. (1) [1] Der Schiedsspruch ist schriftlich zu erlassen und durch den Schiedsrichter oder die Schiedsrichter zu unterschreiben. [2] In schiedsrichterlichen Verfahren mit mehr als einem Schiedsrichter genügen die Unterschriften der Mehrheit aller Mitglieder des Schiedsgerichts, sofern der Grund für eine fehlende Unterschrift angegeben wird.

(2) Der Schiedsspruch ist zu begründen, es sei denn, die Parteien haben vereinbart, dass keine Begründung gegeben werden muss, oder es handelt sich um einen Schiedsspruch mit vereinbartem Wortlaut im Sinne des § 1053.

(3) [1] Im Schiedsspruch sind der Tag, an dem er erlassen wurde, und der nach § 1043 Abs. 1 bestimmte Ort des schiedsrichterlichen Verfahrens anzugeben. [2] Der Schiedsspruch gilt als an diesem Tag und diesem Ort erlassen.

(4) Jeder Partei ist ein von den Schiedsrichtern unterschriebener Schiedsspruch zu übermitteln.

§ 1055 Wirkungen des Schiedsspruchs. Der Schiedsspruch hat unter den Parteien die Wirkungen eines rechtskräftigen gerichtlichen Urteils.

§ 1056 Beendigung des schiedsrichterlichen Verfahrens. (1) Das schiedsrichterliche Verfahren wird mit dem endgültigen Schiedsspruch oder mit einem Beschluss des Schiedsgerichts nach Absatz 2 beendet.

(2) Das Schiedsgericht stellt durch Beschluss die Beendigung des schiedsrichterlichen Verfahrens fest, wenn

1. der Kläger
   a) es versäumt, seine Klage nach § 1046 Abs. 1 einzureichen und kein Fall des § 1048 Abs. 4 vorliegt, oder
   b) seine Klage zurücknimmt, es sei denn, dass der Beklagte dem widerspricht und das Schiedsgericht ein berechtigtes Interesse des Beklagten an der endgültigen Beilegung der Streitigkeit anerkennt; oder
2. die Parteien die Beendigung des Verfahrens vereinbaren; oder
3. die Parteien das schiedsrichterliche Verfahren trotz Aufforderung des Schiedsgerichts nicht weiter betreiben oder die Fortsetzung des Verfahrens aus einem anderen Grund unmöglich geworden ist.

(3) Vorbehaltlich des § 1057 Abs. 2 und der §§ 1058, 1059 Abs. 4 endet das Amt des Schiedsgerichts mit der Beendigung des schiedsrichterlichen Verfahrens.

§ 1057 Entscheidung über die Kosten. (1) [1] Sofern die Parteien nichts anderes vereinbart haben, hat das Schiedsgericht in einem Schiedsspruch darüber zu entscheiden, zu welchem Anteil die Parteien die Kosten des schiedsrichterlichen Verfahrens einschließlich der den Parteien erwachsenen und zur zweckentsprechenden Rechtsverfolgung notwendigen Kosten zu tragen haben. [2] Hierbei entscheidet das Schiedsgericht nach pflichtgemäßem Ermessen unter Berücksichtigung der Umstände des Einzelfalles, insbesondere des Ausgangs des Verfahrens.

(2) [1] Soweit die Kosten des schiedsrichterlichen Verfahrens feststehen, hat das Schiedsgericht auch darüber zu entscheiden, in welcher Höhe die Parteien diese zu tragen haben. [2] Ist die Festsetzung der Kosten unterblieben oder erst nach Beendigung des schiedsrichterlichen Verfahrens möglich, wird hierüber in einem gesonderten Schiedsspruch entschieden.

§ 1058 Berichtigung, Auslegung und Ergänzung des Schiedsspruchs.

(1) Jede Partei kann beim Schiedsgericht beantragen,

1. Rechen-, Schreib- und Druckfehler oder Fehler ähnlicher Art im Schiedsspruch zu berichtigen;
2. bestimmte Teile des Schiedsspruchs auszulegen;

3. einen ergänzenden Schiedsspruch über solche Ansprüche zu erlassen, die im schiedsrichterlichen Verfahren zwar geltend gemacht, im Schiedsspruch aber nicht behandelt worden sind.

(2) Sofern die Parteien keine andere Frist vereinbart haben, ist der Antrag innerhalb eines Monats nach Empfang des Schiedsspruchs zu stellen.

(3) Das Schiedsgericht soll über die Berichtigung oder Auslegung des Schiedsspruchs innerhalb eines Monats und über die Ergänzung des Schiedsspruchs innerhalb von zwei Monaten entscheiden.

(4) Eine Berichtigung des Schiedsspruchs kann das Schiedsgericht auch ohne Antrag vornehmen.

(5) § 1054 ist auf die Berichtigung, Auslegung oder Ergänzung des Schiedsspruchs anzuwenden.

Abschnitt 7. Rechtsbehelf gegen den Schiedsspruch

§ 1059 Aufhebungsantrag. (1) Gegen einen Schiedsspruch kann nur der Antrag auf gerichtliche Aufhebung nach den Absätzen 2 und 3 gestellt werden.

(2) Ein Schiedsspruch kann nur aufgehoben werden,

1. wenn der Antragsteller begründet geltend macht, dass
   a) eine der Parteien, die eine Schiedsvereinbarung nach den §§ 1029, 1031 geschlossen haben, nach dem Recht, das für sie persönlich maßgebend ist, hierzu nicht fähig war, oder dass die Schiedsvereinbarung nach dem Recht, dem die Parteien sie unterstellt haben oder, falls die Parteien hierüber nichts bestimmt haben, nach deutschem Recht ungültig ist oder
   b) er von der Bestellung eines Schiedsrichters oder von dem schiedsrichterlichen Verfahren nicht gehörig in Kenntnis gesetzt worden ist oder dass er aus einem anderen Grund seine Angriffs- oder Verteidigungsmittel nicht hat geltend machen können oder
   c) der Schiedsspruch eine Streitigkeit betrifft, die in der Schiedsabrede nicht erwähnt ist oder nicht unter die Bestimmungen der Schiedsklausel fällt, oder dass er Entscheidungen enthält, welche die Grenzen der Schiedsvereinbarung überschreiten; kann jedoch der Teil des Schiedsspruchs, der sich auf Streitpunkte bezieht, die dem schiedsrichterlichen Verfahren unterworfen waren, von dem Teil, der Streitpunkte betrifft, die ihm nicht unterworfen waren, getrennt werden, so kann nur der letztgenannte Teil des Schiedsspruchs aufgehoben werden; oder
   d) die Bildung des Schiedsgerichts oder das schiedsrichterliche Verfahren einer Bestimmung dieses Buches oder einer zulässigen Vereinbarung der Parteien nicht entsprochen hat und anzunehmen ist, dass sich dies auf den Schiedsspruch ausgewirkt hat; oder
2. wenn das Gericht feststellt, dass
   a) der Gegenstand des Streites nach deutschem Recht nicht schiedsfähig ist oder
   b) die Anerkennung oder Vollstreckung des Schiedsspruchs zu einem Ergebnis führt, das der öffentlichen Ordnung (ordre public) widerspricht.

(3) [1] Sofern die Parteien nichts anderes vereinbaren, muss der Aufhebungsantrag innerhalb einer Frist von drei Monaten bei Gericht eingereicht werden.

[2] Die Frist beginnt mit dem Tag, an dem der Antragsteller den Schiedsspruch empfangen hat. [3] Ist ein Antrag nach § 1058 gestellt worden, verlängert sich die Frist um höchstens einen Monat nach Empfang der Entscheidung über diesen Antrag. [4] Der Antrag auf Aufhebung des Schiedsspruchs kann nicht mehr gestellt werden, wenn der Schiedsspruch von einem deutschen Gericht für vollstreckbar erklärt worden ist.

(4) Ist die Aufhebung beantragt worden, so kann das Gericht in geeigneten Fällen auf Antrag einer Partei unter Aufhebung des Schiedsspruchs die Sache an das Schiedsgericht zurückverweisen.

(5) Die Aufhebung des Schiedsspruchs hat im Zweifel zur Folge, dass wegen des Streitgegenstandes die Schiedsvereinbarung wiederauflebt.

Abschnitt 8. Voraussetzungen der Anerkennung und Vollstreckung von Schiedssprüchen

§ 1060 Inländische Schiedssprüche. (1) Die Zwangsvollstreckung findet statt, wenn der Schiedsspruch für vollstreckbar erklärt ist.

(2) [1] Der Antrag auf Vollstreckbarerklärung ist unter Aufhebung des Schiedsspruchs abzulehnen, wenn einer der in § 1059 Abs. 2 bezeichneten Aufhebungsgründe vorliegt. [2] Aufhebungsgründe sind nicht zu berücksichtigen, soweit im Zeitpunkt der Zustellung des Antrags auf Vollstreckbarerklärung ein auf sie gestützter Aufhebungsantrag rechtskräftig abgewiesen ist. [3] Aufhebungsgründe nach § 1059 Abs. 2 Nr. 1 sind auch dann nicht zu berücksichtigen, wenn die in § 1059 Abs. 3 bestimmten Fristen abgelaufen sind, ohne dass der Antragsgegner einen Antrag auf Aufhebung des Schiedsspruchs gestellt hat.

§ 1061 Ausländische Schiedssprüche. (1) [1] Die Anerkennung und Vollstreckung ausländischer Schiedssprüche richtet sich nach dem Übereinkommen vom 10. Juni 1958 über die Anerkennung und Vollstreckung ausländischer Schiedssprüche (BGBl. 1961 II S. 121). [2] Die Vorschriften in anderen Staatsverträgen über die Anerkennung und Vollstreckung von Schiedssprüchen bleiben unberührt.

(2) Ist die Vollstreckbarerklärung abzulehnen, stellt das Gericht fest, dass der Schiedsspruch im Inland nicht anzuerkennen ist.

(3) Wird der Schiedsspruch, nachdem er für vollstreckbar erklärt worden ist, im Ausland aufgehoben, so kann die Aufhebung der Vollstreckbarerklärung beantragt werden.

Abschnitt 9. Gerichtliches Verfahren

§ 1062 Zuständigkeit. (1) Das Oberlandesgericht, das in der Schiedsvereinbarung bezeichnet ist oder, wenn eine solche Bezeichnung fehlt, in dessen Bezirk der Ort des schiedsrichterlichen Verfahrens liegt, ist zuständig für Entscheidungen über Anträge betreffend

1. die Bestellung eines Schiedsrichters (§§ 1034, 1035), die Ablehnung eines Schiedsrichters (§ 1037) oder die Beendigung des Schiedsrichteramtes (§ 1038);
2. die Feststellung der Zulässigkeit oder Unzulässigkeit eines schiedsrichterlichen Verfahrens (§ 1032) oder die Entscheidung eines Schiedsgerichts, in der dieses seine Zuständigkeit in einem Zwischenentscheid bejaht hat (§ 1040);

3. die Vollziehung, Aufhebung oder Änderung der Anordnung vorläufiger oder sichernder Maßnahmen des Schiedsgerichts (§ 1041);
4. die Aufhebung (§ 1059) oder die Vollstreckbarerklärung des Schiedsspruchs (§§ 1060 ff.) oder die Aufhebung der Vollstreckbarerklärung (§ 1061).

(2) Besteht in den Fällen des Absatzes 1 Nr. 2 erste Alternative, Nr. 3 oder Nr. 4 kein deutscher Schiedsort, so ist für die Entscheidungen das Oberlandesgericht zuständig, in dessen Bezirk der Antragsgegner seinen Sitz oder gewöhnlichen Aufenthalt hat oder sich Vermögen des Antragsgegners oder der mit der Schiedsklage in Anspruch genommene oder von der Maßnahme betroffene Gegenstand befindet, hilfsweise das Kammergericht.

(3) In den Fällen des § 1025 Abs. 3 ist für die Entscheidung das Oberlandesgericht zuständig, in dessen Bezirk der Kläger oder der Beklagte seinen Sitz oder seinen gewöhnlichen Aufenthalt hat.

(4) Für die Unterstützung bei der Beweisaufnahme und sonstige richterliche Handlungen (§ 1050) ist das Amtsgericht zuständig, in dessen Bezirk die richterliche Handlung vorzunehmen ist.

(5) [1] Sind in einem Land mehrere Oberlandesgerichte errichtet, so kann die Zuständigkeit von der Landesregierung durch Rechtsverordnung einem Oberlandesgericht oder dem obersten Landesgericht übertragen werden; die Landesregierung kann die Ermächtigung durch Rechtsverordnung auf die Landesjustizverwaltung übertragen. [2] Mehrere Länder können die Zuständigkeit eines Oberlandesgerichts über die Ländergrenzen hinaus vereinbaren.

§ 1063 Allgemeine Vorschriften. (1) [1] Das Gericht entscheidet durch Beschluss. [2] Vor der Entscheidung ist der Gegner zu hören.

(2) Das Gericht hat die mündliche Verhandlung anzuordnen, wenn die Aufhebung des Schiedsspruchs beantragt wird oder wenn bei einem Antrag auf Anerkennung oder Vollstreckbarerklärung des Schiedsspruchs Aufhebungsgründe nach § 1059 Abs. 2 in Betracht kommen.

(3) [1] Der Vorsitzende des Zivilsenats kann ohne vorherige Anhörung des Gegners anordnen, dass der Antragsteller bis zur Entscheidung über den Antrag die Zwangsvollstreckung aus dem Schiedsspruch betreiben oder die vorläufige oder sichernde Maßnahme des Schiedsgerichts nach § 1041 vollziehen darf. [2] Die Zwangsvollstreckung aus dem Schiedsspruch darf nicht über Maßnahmen zur Sicherung hinausgehen. [3] Der Antragsgegner ist befugt, die Zwangsvollstreckung durch Leistung einer Sicherheit in Höhe des Betrages, wegen dessen der Antragsteller vollstrecken kann, abzuwenden.

(4) Solange eine mündliche Verhandlung nicht angeordnet ist, können zu Protokoll der Geschäftsstelle Anträge gestellt und Erklärungen abgegeben werden.

§ 1064 Besonderheiten bei der Vollstreckbarerklärung von Schiedssprüchen. (1) [1] Mit dem Antrag auf Vollstreckbarerklärung eines Schiedsspruchs ist der Schiedsspruch oder eine beglaubigte Abschrift des Schiedsspruchs vorzulegen. [2] Die Beglaubigung kann auch von dem für das gerichtliche Verfahren bevollmächtigten Rechtsanwalt vorgenommen werden.

(2) Der Beschluss, durch den ein Schiedsspruch für vollstreckbar erklärt wird, ist für vorläufig vollstreckbar zu erklären.

(3) Auf ausländische Schiedssprüche sind die Absätze 1 und 2 anzuwenden, soweit Staatsverträge nicht ein anderes bestimmen.

§ 1065 Rechtsmittel. (1) [1] Gegen die in § 1062 Abs. 1 Nr. 2 und 4 genannten Entscheidungen findet die Rechtsbeschwerde statt. [2] Im Übrigen sind die Entscheidungen in den in § 1062 Abs. 1 bezeichneten Verfahren unanfechtbar.

(2) [1] Die Rechtsbeschwerde kann auch darauf gestützt werden, dass die Entscheidung auf einer Verletzung eines Staatsvertrages beruht. [2] Die §§ 707, 717 sind entsprechend anzuwenden.

Abschnitt 10. Außervertragliche Schiedsgerichte

§ 1066 Entsprechende Anwendung der Vorschriften des Buches 10.

Für Schiedsgerichte, die in gesetzlich statthafter Weise durch letztwillige oder andere nicht auf Vereinbarung beruhende Verfügungen angeordnet werden, gelten die Vorschriften dieses Buches entsprechend.

Buch 11. Justizielle Zusammenarbeit in der Europäischen Union

Abschnitt 1. Zustellung nach der Verordnung (EG) Nr. 1393/2007

§ 1067 Zustellung durch diplomatische oder konsularische Vertretungen. (1) Eine Zustellung nach Artikel 13 der Verordnung (EG) Nr. 1393/2007 durch eine deutsche Auslandsvertretung an eine Person, die nicht die deutsche Staatsangehörigkeit besitzt, wird nur vorgenommen, sofern der Mitgliedstaat, in dem die Zustellung erfolgen soll, dies nicht durch eine Erklärung nach Artikel 23 Absatz 1 der Verordnung (EG) Nr. 1393/2007 ausgeschlossen hat.

(2) Eine Zustellung nach Artikel 13 der Verordnung (EG) Nr. 1393/2007, die in der Bundesrepublik Deutschland bewirkt werden soll, ist nur zulässig, wenn der Adressat des zuzustellenden Schriftstücks Staatsangehöriger des Übermittlungsstaats ist.

§ 1068 Zustellung durch die Post. (1) Zum Nachweis der Zustellung nach Artikel 14 der Verordnung (EG) Nr. 1393/2007 genügt der Rückschein oder der gleichwertige Beleg.

(2) Sofern die ausländische Übermittlungsstelle keine besondere, im deutschen Recht vorgesehene Form der Zustellung wünscht, kann ein Schriftstück, dessen Zustellung eine deutsche Empfangsstelle im Rahmen von Artikel 7 Absatz 1 der Verordnung (EG) Nr. 1393/2007 zu bewirken oder zu veranlassen hat, ebenfalls durch Einschreiben mit Rückschein zugestellt werden.

§ 1069 Zuständigkeiten; Verordnungsermächtigungen. (1) Für Zustellungen im Ausland sind als deutsche Übermittlungsstelle im Sinne von Artikel 2 Abs. 1 der Verordnung (EG) Nr. 1393/2007 zuständig:

1. für gerichtliche Schriftstücke das die Zustellung betreibende Gericht und
2. für außergerichtliche Schriftstücke dasjenige Amtsgericht, in dessen Bezirk die Person, welche die Zustellung betreibt, ihren Wohnsitz oder gewöhnlichen Aufenthalt hat; bei notariellen Urkunden auch dasjenige Amtsgericht, in dessen Bezirk der beurkundende Notar seinen Amtssitz hat; bei juristi-

schen Personen tritt an die Stelle des Wohnsitzes oder des gewöhnlichen Aufenthalts der Sitz; die Landesregierungen können die Aufgaben der Übermittlungsstelle einem Amtsgericht für die Bezirke mehrerer Amtsgerichte durch Rechtsverordnung zuweisen.

(2) [1] Für Zustellungen in der Bundesrepublik Deutschland ist als deutsche Empfangsstelle im Sinne von Artikel 2 Abs. 2 der Verordnung (EG) Nr. 1393/2007 die Geschäftsstelle desjenigen Amtsgerichts zuständig, in dessen Bezirk das Schriftstück zugestellt werden soll. [2] Die Landesregierungen können die Aufgaben der Empfangsstelle einem Amtsgericht für die Bezirke mehrerer Amtsgerichte durch Rechtsverordnung zuweisen.

(3) [1] Die Landesregierungen bestimmen durch Rechtsverordnung die Stelle, die in dem jeweiligen Land als deutsche Zentralstelle im Sinne von Artikel 3 Satz 1 der Verordnung (EG) Nr. 1393/2007 zuständig ist. [2] Die Aufgaben der Zentralstelle können in jedem Land nur einer Stelle zugewiesen werden.

(4) Die Landesregierungen können die Befugnis zum Erlass einer Rechtsverordnung nach Absatz 1 Nr. 2, Absatz 2 Satz 2 und Absatz 3 Satz 1 einer obersten Landesbehörde übertragen.

§ 1070 Zustellung nach dem Abkommen zwischen der Europäischen Gemeinschaft und dem Königreich Dänemark vom 19. Oktober 2005 über die Zustellung gerichtlicher und außergerichtlicher Schriftstücke in Zivil- oder Handelssachen. Wenn die Verordnung (EG) Nr. 1393/2007 im Verhältnis zu Dänemark auf Grund des Artikels 2 Absatz 1 des Abkommens zwischen der Europäischen Gemeinschaft und dem Königreich Dänemark vom 19. Oktober 2005 über die Zustellung gerichtlicher und außergerichtlicher Schriftstücke in Zivil- oder Handelssachen anwendbar ist, gelten die Vorschriften der §§ 1067 bis 1069 entsprechend.

§ 1071 *(aufgehoben)*

Abschnitt 2. Beweisaufnahme nach der Verordnung (EG) Nr. 1206/2001

§ 1072 Beweisaufnahme in den Mitgliedstaaten der Europäischen Union. Soll die Beweisaufnahme nach der Verordnung (EG) Nr. 1206/2001 erfolgen, so kann das Gericht

1. unmittelbar das zuständige Gericht eines anderen Mitgliedstaats um Aufnahme des Beweises ersuchen oder
2. unter den Voraussetzungen des Artikels 17 der Verordnung (EG) Nr. 1206/2001 eine unmittelbare Beweisaufnahme in einem anderen Mitgliedstaat beantragen.

§ 1073 Teilnahmerechte. (1) [1] Das ersuchende deutsche Gericht oder ein von diesem beauftragtes Mitglied darf im Geltungsbereich der Verordnung (EG) Nr. 1206/2001 bei der Erledigung des Ersuchens auf Beweisaufnahme durch das ersuchte ausländische Gericht anwesend und beteiligt sein. [2] Parteien, deren Vertreter sowie Sachverständige können sich hierbei in dem Umfang beteiligen, in dem sie in dem betreffenden Verfahren an einer inländischen Beweisaufnahme beteiligt werden dürfen.

(2) Eine unmittelbare Beweisaufnahme im Ausland nach Artikel 17 Abs. 3 der Verordnung (EG) Nr. 1206/2001 dürfen Mitglieder des Gerichts sowie von diesem beauftragte Sachverständige durchführen.

§ 1074 Zuständigkeiten nach der Verordnung (EG) Nr. 1206/2001.

(1) Für Beweisaufnahmen in der Bundesrepublik Deutschland ist als ersuchtes Gericht im Sinne von Artikel 2 Abs. 1 der Verordnung (EG) Nr. 1206/2001 dasjenige Amtsgericht zuständig, in dessen Bezirk die Verfahrenshandlung durchgeführt werden soll.

(2) Die Landesregierungen können die Aufgaben des ersuchten Gerichts einem Amtsgericht für die Bezirke mehrerer Amtsgerichte durch Rechtsverordnung zuweisen.

(3) [1]Die Landesregierungen bestimmen durch Rechtsverordnung die Stelle, die in dem jeweiligen Land

1. als deutsche Zentralstelle im Sinne von Artikel 3 Abs. 1 der Verordnung (EG) Nr. 1206/2001 zuständig ist,
2. als zuständige Stelle Ersuchen auf unmittelbare Beweisaufnahme im Sinne von Artikel 17 Abs. 1 der Verordnung (EG) Nr. 1206/2001 entgegennimmt.

[2]Die Aufgaben nach den Nummern 1 und 2 können in jedem Land nur jeweils einer Stelle zugewiesen werden.

(4) Die Landesregierungen können die Befugnis zum Erlass einer Rechtsverordnung nach den Absätzen 2 und 3 Satz 1 einer obersten Landesbehörde übertragen.

§ 1075 Sprache eingehender Ersuchen. Aus dem Ausland eingehende Ersuchen auf Beweisaufnahme sowie Mitteilungen nach der Verordnung (EG) Nr. 1206/2001 müssen in deutscher Sprache abgefasst oder von einer Übersetzung in die deutsche Sprache begleitet sein.

Abschnitt 3. Prozesskostenhilfe nach der Richtlinie 2003/8/EG

§ 1076 Anwendbare Vorschriften. Für die grenzüberschreitende Prozesskostenhilfe innerhalb der Europäischen Union nach der Richtlinie 2003/8/EG des Rates vom 27. Januar 2003 zur Verbesserung des Zugangs zum Recht bei Streitsachen mit grenzüberschreitendem Bezug durch Festlegung gemeinsamer Mindestvorschriften für die Prozesskostenhilfe in derartigen Streitsachen (ABl. EG Nr. L 26 S. 41, ABl. EU Nr. L 32 S. 15) gelten die §§ 114 bis 127a, soweit nachfolgend nichts Abweichendes bestimmt ist.

§ 1077 Ausgehende Ersuchen. (1) [1]Für die Entgegennahme und Übermittlung von Anträgen natürlicher Personen auf grenzüberschreitende Prozesskostenhilfe ist das Amtsgericht zuständig, in dessen Bezirk der Antragsteller seinen Wohnsitz oder gewöhnlichen Aufenthalt hat (Übermittlungsstelle). [2]Die Landesregierungen können die Aufgaben der Übermittlungsstelle einem Amtsgericht für die Bezirke mehrerer Amtsgerichte durch Rechtsverordnung zuweisen. [3]Sie können die Ermächtigung durch Rechtsverordnung auf die Landesjustizverwaltungen übertragen. [4]§ 21 Satz 1 des Auslandsunterhaltsgesetzes bleibt unberührt.

(2) [1]Das Bundesministerium der Justiz und für Verbraucherschutz wird ermächtigt, durch Rechtsverordnung[1)] mit Zustimmung des Bundesrates die in Artikel 16 Abs. 1 der Richtlinie 2003/8/EG vorgesehenen Standardformulare für Anträge auf grenzüberschreitende Prozesskostenhilfe und für deren Übermittlung einzuführen. [2]Soweit Standardformulare für Anträge auf grenzüberschreitende Prozesskostenhilfe und für deren Übermittlung eingeführt sind, müssen sich der Antragsteller und die Übermittlungsstelle ihrer bedienen.

(3) [1]Die Übermittlungsstelle kann die Übermittlung durch Beschluss vollständig oder teilweise ablehnen, wenn der Antrag offensichtlich unbegründet ist oder offensichtlich nicht in den Anwendungsbereich der Richtlinie 2003/8/EG fällt. [2]Sie kann von Amts wegen Übersetzungen von dem Antrag beigefügten fremdsprachigen Anlagen fertigen, soweit dies zur Vorbereitung einer Entscheidung nach Satz 1 erforderlich ist. [3]Gegen die ablehnende Entscheidung findet die sofortige Beschwerde nach Maßgabe des § 127 Abs. 2 Satz 2 und 3 statt.

(4) [1]Die Übermittlungsstelle fertigt von Amts wegen Übersetzungen der Eintragungen im Standardformular für Anträge auf Prozesskostenhilfe sowie der beizufügenden Anlagen

a) in eine der Amtssprachen des Mitgliedstaats der zuständigen Empfangsstelle, die zugleich einer der Amtssprachen der Europäischen Union entspricht, oder

b) in eine andere von diesem Mitgliedstaat zugelassene Sprache.

[2]Die Übermittlungsstelle prüft die Vollständigkeit des Antrags und wirkt darauf hin, dass Anlagen, die nach ihrer Kenntnis zur Entscheidung über den Antrag erforderlich sind, beigefügt werden.

(5) [1]Die Übermittlungsstelle übersendet den Antrag und die beizufügenden Anlagen ohne Legalisation oder gleichwertige Förmlichkeiten an die zuständige Empfangsstelle des Mitgliedstaats des Gerichtsstands oder des Vollstreckungsmitgliedstaats. [2]Die Übermittlung erfolgt innerhalb von 14 Tagen nach Vorliegen der gemäß Absatz 4 zu fertigenden Übersetzungen.

(6) [1]Hat die zuständige Stelle des anderen Mitgliedstaats das Ersuchen um Prozesskostenhilfe auf Grund der persönlichen und wirtschaftlichen Verhältnisse des Antragstellers abgelehnt oder eine Ablehnung angekündigt, so stellt die Übermittlungsstelle auf Antrag eine Bescheinigung der Bedürftigkeit aus, wenn der Antragsteller in einem entsprechenden deutschen Verfahren nach § 115 Abs. 1 und 2 als bedürftig anzusehen wäre. [2]Absatz 4 Satz 1 gilt für die Übersetzung der Bescheinigung entsprechend. [3]Die Übermittlungsstelle übersendet der Empfangsstelle des anderen Mitgliedstaats die Bescheinigung der Bedürftigkeit zwecks Ergänzung des ursprünglichen Ersuchens um grenzüberschreitende Prozesskostenhilfe.

§ 1078 Eingehende Ersuchen. (1) [1]Für eingehende Ersuchen um grenzüberschreitende Prozesskostenhilfe ist das Prozessgericht oder das Vollstreckungsgericht zuständig. [2]Die Anträge müssen in deutscher Sprache ausgefüllt und die Anlagen von einer Übersetzung in die deutsche Sprache begleitet sein.

[1)] Siehe die EG-ProzesskostenhilfevordruckVO v. 21.12.2004 (BGBl. I S. 3538).

[3] Eine Legalisation oder gleichwertige Förmlichkeiten dürfen nicht verlangt werden.

(2) [1] Das Gericht entscheidet über das Ersuchen nach Maßgabe der §§ 114 bis 116. [2] Es übersendet der übermittelnden Stelle eine Abschrift seiner Entscheidung.

(3) Der Antragsteller erhält auch dann grenzüberschreitende Prozesskostenhilfe, wenn er nachweist, dass er wegen unterschiedlich hoher Lebenshaltungskosten im Mitgliedstaat seines Wohnsitzes oder gewöhnlichen Aufenthalts einerseits und im Geltungsbereich dieses Gesetzes andererseits die Kosten der Prozessführung nicht, nur zum Teil oder nur in Raten aufbringen kann.

(4) [1] Wurde grenzüberschreitende Prozesskostenhilfe bewilligt, so gilt für jeden weiteren Rechtszug, der von dem Antragsteller oder dem Gegner eingeleitet wird, ein neuerliches Ersuchen um grenzüberschreitende Prozesskostenhilfe als gestellt. [2] Das Gericht hat dahin zu wirken, dass der Antragsteller die Voraussetzungen für die Bewilligung der grenzüberschreitenden Prozesskostenhilfe für den jeweiligen Rechtszug darlegt.

Abschnitt 4. Europäische Vollstreckungstitel nach der Verordnung (EG) Nr. 805/2004

Titel 1. Bestätigung inländischer Titel als Europäische Vollstreckungstitel

§ 1079 Zuständigkeit. Für die Ausstellung der Bestätigungen nach

1. Artikel 9 Abs. 1, Artikel 24 Abs. 1, Artikel 25 Abs. 1 und
2. Artikel 6 Abs. 2 und 3

der Verordnung (EG) Nr. 805/2004 sind die Gerichte, Behörden oder Notare zuständig, denen die Erteilung einer vollstreckbaren Ausfertigung des Titels obliegt.

§ 1080 Entscheidung. (1) [1] Bestätigungen nach Artikel 9 Abs. 1, Artikel 24 Abs. 1, Artikel 25 Abs. 1 und Artikel 6 Abs. 3 der Verordnung (EG) Nr. 805/2004 sind ohne Anhörung des Schuldners auszustellen. [2] Eine Ausfertigung der Bestätigung ist dem Schuldner von Amts wegen zuzustellen.

(2) Wird der Antrag auf Ausstellung einer Bestätigung zurückgewiesen, so sind die Vorschriften über die Anfechtung der Entscheidung über die Erteilung einer Vollstreckungsklausel entsprechend anzuwenden.

§ 1081 Berichtigung und Widerruf. (1) [1] Ein Antrag nach Artikel 10 Abs. 1 der Verordnung (EG) Nr. 805/2004 auf Berichtigung oder Widerruf einer gerichtlichen Bestätigung ist bei dem Gericht zu stellen, das die Bestätigung ausgestellt hat. [2] Über den Antrag entscheidet dieses Gericht. [3] Ein Antrag auf Berichtigung oder Widerruf einer notariellen oder behördlichen Bestätigung ist an die Stelle zu richten, die die Bestätigung ausgestellt hat. [4] Die Notare oder Behörden leiten den Antrag unverzüglich dem Amtsgericht, in dessen Bezirk sie ihren Sitz haben, zur Entscheidung zu.

(2) [1] Der Antrag auf Widerruf durch den Schuldner ist nur binnen einer Frist von einem Monat zulässig. [2] Ist die Bestätigung im Ausland zuzustellen, beträgt die Frist zwei Monate. [3] Sie ist eine Notfrist und beginnt mit der Zustellung der Bestätigung, jedoch frühestens mit der Zustellung des Titels, auf den sich die

Bestätigung bezieht. [4] In dem Antrag auf Widerruf sind die Gründe darzulegen, weshalb die Bestätigung eindeutig zu Unrecht erteilt worden ist.

(3) § 319 Abs. 2 und 3 ist auf die Berichtigung und den Widerruf entsprechend anzuwenden.

Titel 2. Zwangsvollstreckung aus Europäischen Vollstreckungstiteln im Inland

§ 1082 Vollstreckungstitel. Aus einem Titel, der in einem anderen Mitgliedstaat der Europäischen Union nach der Verordnung (EG) Nr. 805/2004 als Europäischer Vollstreckungstitel bestätigt worden ist, findet die Zwangsvollstreckung im Inland statt, ohne dass es einer Vollstreckungsklausel bedarf.

§ 1083 Übersetzung. Hat der Gläubiger nach Artikel 20 Abs. 2 Buchstabe c der Verordnung (EG) Nr. 805/2004 eine Übersetzung vorzulegen, so ist diese in deutscher Sprache zu verfassen und von einer hierzu in einem der Mitgliedstaaten der Europäischen Union befugten Person zu beglaubigen.

§ 1084 Anträge nach den Artikeln 21 und 23 der Verordnung (EG) Nr. 805/2004. (1) [1] Für Anträge auf Verweigerung, Aussetzung oder Beschränkung der Zwangsvollstreckung nach den Artikeln 21 und 23 der Verordnung (EG) Nr. 805/2004 ist das Amtsgericht als Vollstreckungsgericht zuständig. [2] Die Vorschriften des Buches 8 über die örtliche Zuständigkeit des Vollstreckungsgerichts sind entsprechend anzuwenden. [3] Die Zuständigkeit nach den Sätzen 1 und 2 ist ausschließlich.

(2) [1] Die Entscheidung über den Antrag nach Artikel 21 der Verordnung (EG) Nr. 805/2004 ergeht durch Beschluss. [2] Auf die Einstellung der Zwangsvollstreckung und die Aufhebung der bereits getroffenen Vollstreckungsmaßregeln sind § 769 Abs. 1 und 3 sowie § 770 entsprechend anzuwenden. [3] Die Aufhebung einer Vollstreckungsmaßregel ist auch ohne Sicherheitsleistung zulässig.

(3) [1] Über den Antrag auf Aussetzung oder Beschränkung der Vollstreckung nach Artikel 23 der Verordnung (EG) Nr. 805/2004 wird durch einstweilige Anordnung entschieden. [2] Die Entscheidung ist unanfechtbar.

§ 1085 Einstellung der Zwangsvollstreckung. Die Zwangsvollstreckung ist entsprechend den §§ 775 und 776 auch dann einzustellen oder zu beschränken, wenn die Ausfertigung einer Bestätigung über die Nichtvollstreckbarkeit oder über die Beschränkung der Vollstreckbarkeit nach Artikel 6 Abs. 2 der Verordnung (EG) Nr. 805/2004 vorgelegt wird.

§ 1086 Vollstreckungsabwehrklage. (1) [1] Für Klagen nach § 795 Satz 1 in Verbindung mit § 767 ist das Gericht ausschließlich örtlich zuständig, in dessen Bezirk der Schuldner seinen Wohnsitz hat, oder, wenn er im Inland keinen Wohnsitz hat, das Gericht, in dessen Bezirk die Zwangsvollstreckung stattfinden soll oder stattgefunden hat. [2] Der Sitz von Gesellschaften oder juristischen Personen steht dem Wohnsitz gleich.

(2) § 767 Abs. 2 ist entsprechend auf gerichtliche Vergleiche und öffentliche Urkunden anzuwenden.

Abschnitt 5. Europäisches Mahnverfahren nach der Verordnung (EG) Nr. 1896/2006

Titel 1. Allgemeine Vorschriften

§ 1087 Zuständigkeit. Für die Bearbeitung von Anträgen auf Erlass und Überprüfung sowie die Vollstreckbarerklärung eines Europäischen Zahlungsbefehls nach der Verordnung (EG) Nr. 1896/2006 ist das Amtsgericht Wedding in Berlin ausschließlich zuständig.

§ 1088 Maschinelle Bearbeitung. (1) [1]Der Antrag auf Erlass des Europäischen Zahlungsbefehls und der Einspruch können in einer nur maschinell lesbaren Form bei Gericht eingereicht werden, wenn diese dem Gericht für seine maschinelle Bearbeitung geeignet erscheint. [2]§ 130a Absatz 5 Satz 1 gilt entsprechend.

(2) Der Senat des Landes Berlin bestimmt durch Rechtsverordnung, die nicht der Zustimmung des Bundesrates bedarf, den Zeitpunkt, in dem beim Amtsgericht Wedding die maschinelle Bearbeitung der Mahnverfahren eingeführt wird; er kann die Ermächtigung durch Rechtsverordnung auf die Senatsverwaltung für Justiz des Landes Berlin übertragen.

§ 1089 Zustellung. (1) [1]Ist der Europäische Zahlungsbefehl im Inland zuzustellen, gelten die Vorschriften über das Verfahren bei Zustellungen von Amts wegen entsprechend. [2]Die §§ 185 bis 188 sind nicht anzuwenden.

(2) Ist der Europäische Zahlungsbefehl in einem anderen Mitgliedstaat der Europäischen Union zuzustellen, gelten die Vorschriften der Verordnung (EG) Nr. 1393/2007 sowie für die Durchführung § 1068 Abs. 1 und § 1069 Abs. 1 entsprechend.

Titel 2. Einspruch gegen den Europäischen Zahlungsbefehl

§ 1090 Verfahren nach Einspruch. (1) [1]Im Fall des Artikels 17 Abs. 1 der Verordnung (EG) Nr. 1896/2006 fordert das Gericht den Antragsteller mit der Mitteilung nach Artikel 17 Abs. 3 der Verordnung (EG) Nr. 1896/2006 auf, das Gericht zu bezeichnen, das für die Durchführung des streitigen Verfahrens zuständig ist. [2]Das Gericht setzt dem Antragsteller hierfür eine nach den Umständen angemessene Frist und weist ihn darauf hin, dass dem für die Durchführung des streitigen Verfahrens bezeichneten Gericht die Prüfung seiner Zuständigkeit vorbehalten bleibt. [3]Die Aufforderung ist dem Antragsgegner mitzuteilen. [4]Für den Fall, dass der Antragsteller nicht innerhalb der ihm hierfür nach Satz 2 gesetzten Frist das für die Durchführung des streitigen Verfahrens zuständige Gericht benennt, ist der Europäische Zahlungsbefehl aufzuheben. [5]Hierdurch endet das Verfahren nach der Verordnung (EG) Nr. 1896/2006.

(2) [1]Nach Eingang der Mitteilung des Antragstellers nach Absatz 1 Satz 1 gibt das Gericht, das den Europäischen Zahlungsbefehl erlassen hat, das Verfahren von Amts wegen an das vom Antragsteller bezeichnete Gericht ab. [2]§ 696 Abs. 1 Satz 3 bis 5, Abs. 2, 4 und 5 sowie § 698 gelten entsprechend.

(3) Die Streitsache gilt als mit Zustellung des Europäischen Zahlungsbefehls rechtshängig geworden, wenn sie nach Übersendung der Aufforderung nach

Absatz 1 Satz 1 und unter Berücksichtigung der Frist nach Absatz 1 Satz 2 alsbald abgegeben wird.

§ 1091 Einleitung des Streitverfahrens. § 697 Abs. 1 bis 3 gilt entsprechend.

Titel 3. Überprüfung des Europäischen Zahlungsbefehls in Ausnahmefällen

§ 1092 Verfahren. (1) [1] Die Entscheidung über einen Antrag auf Überprüfung des Europäischen Zahlungsbefehls nach Artikel 20 Abs. 1 oder Abs. 2 der Verordnung (EG) Nr. 1896/2006 ergeht durch Beschluss. [2] Der Beschluss ist unanfechtbar.

(2) Der Antragsgegner hat die Tatsachen, die eine Aufhebung des Europäischen Zahlungsbefehls begründen, glaubhaft zu machen.

(3) Erklärt das Gericht den Europäischen Zahlungsbefehl für nichtig, endet das Verfahren nach der Verordnung (EG) Nr. 1896/2006.

(4) Eine Wiedereinsetzung in die Frist nach Artikel 16 Abs. 2 der Verordnung (EG) Nr. 1896/2006 findet nicht statt.

§ 1092a Rechtsbehelf bei Nichtzustellung oder bei nicht ordnungsgemäßer Zustellung des Europäischen Zahlungsbefehls. (1) [1] Der Antragsgegner kann die Aufhebung des Europäischen Zahlungsbefehls beantragen, wenn ihm der Europäische Zahlungsbefehl

1. nicht zugestellt wurde oder
2. in einer nicht den Anforderungen der Artikel 13 bis 15 der Verordnung (EG) Nr. 1896/2006 genügenden Weise zugestellt wurde.

[2] Der Antrag muss innerhalb eines Monats ab dem Zeitpunkt gestellt werden, zu dem der Antragsgegner Kenntnis vom Erlass des Europäischen Zahlungsbefehls oder des Zustellungsmangels gehabt hat oder hätte haben können. [3] Gibt das Gericht dem Antrag aus einem der in Satz 1 genannten Gründe statt, wird der Europäische Zahlungsbefehl für nichtig erklärt.

(2) [1] Hat das Gericht zum Zeitpunkt der Antragstellung nach Absatz 1 Satz 1 den Europäischen Zahlungsbefehl bereits nach Artikel 18 der Verordnung (EG) Nr. 1896/2006 für vollstreckbar erklärt und gibt es dem Antrag nunmehr statt, so erklärt es die Zwangsvollstreckung aus dem Zahlungsbefehl für unzulässig. [2] Absatz 1 Satz 3 gilt entsprechend.

(3) [1] Die Entscheidung ergeht durch Beschluss. [2] Der Beschluss ist unanfechtbar. [3] § 1092 Absatz 2 bis 4 findet entsprechende Anwendung.

Titel 4. Zwangsvollstreckung aus dem Europäischen Zahlungsbefehl

§ 1093 Vollstreckungsklausel. Aus einem nach der Verordnung (EG) Nr. 1896/2006 erlassenen und für vollstreckbar erklärten Europäischen Zahlungsbefehl findet die Zwangsvollstreckung im Inland statt, ohne dass es einer Vollstreckungsklausel bedarf.

§ 1094 Übersetzung. Hat der Gläubiger nach Artikel 21 Abs. 2 Buchstabe b der Verordnung (EG) Nr. 1896/2006 eine Übersetzung vorzulegen, so ist diese in deutscher Sprache zu verfassen und von einer in einem der Mitgliedstaaten der Europäischen Union hierzu befugten Person zu beglaubigen.

§ 1095 Vollstreckungsschutz und Vollstreckungsabwehrklage gegen den im Inland erlassenen Europäischen Zahlungsbefehl. (1) [1] Wird die Überprüfung eines im Inland erlassenen Europäischen Zahlungsbefehls nach Artikel 20 der Verordnung (EG) Nr. 1896/2006 oder dessen Aufhebung nach § 1092a beantragt, gilt § 707 entsprechend. [2] Für die Entscheidung über den Antrag nach § 707 ist das Gericht zuständig, das über den Antrag nach Artikel 20 der Verordnung (EG) Nr. 1896/2006 entscheidet.

(2) Einwendungen, die den Anspruch selbst betreffen, sind nur insoweit zulässig, als die Gründe, auf denen sie beruhen, nach Zustellung des Europäischen Zahlungsbefehls entstanden sind und durch Einspruch nach Artikel 16 der Verordnung (EG) Nr. 1896/2006 nicht mehr geltend gemacht werden können.

§ 1096 Anträge nach den Artikeln 22 und 23 der Verordnung (EG) Nr. 1896/2006; Vollstreckungsabwehrklage. (1) [1] Für Anträge auf Verweigerung der Zwangsvollstreckung nach Artikel 22 Abs. 1 der Verordnung (EG) Nr. 1896/2006 gilt § 1084 Abs. 1 und 2 entsprechend. [2] Für Anträge auf Aussetzung oder Beschränkung der Zwangsvollstreckung nach Artikel 23 der Verordnung (EG) Nr. 1896/2006 ist § 1084 Abs. 1 und 3 entsprechend anzuwenden.

(2) [1] Für Anträge auf Verweigerung der Zwangsvollstreckung nach Artikel 22 Abs. 2 der Verordnung (EG) Nr. 1896/2006 gilt § 1086 Abs. 1 entsprechend. [2] Für Klagen nach § 795 Satz 1 in Verbindung mit § 767 sind § 1086 Abs. 1 und § 1095 Abs. 2 entsprechend anzuwenden.

Abschnitt 6. Europäisches Verfahren für geringfügige Forderungen nach der Verordnung (EG) Nr. 861/2007

Titel 1. Erkenntnisverfahren

§ 1097 Einleitung und Durchführung des Verfahrens. (1) Die Formblätter gemäß der Verordnung (EG) Nr. 861/2007 und andere Anträge oder Erklärungen können als Schriftsatz, als Telekopie oder nach Maßgabe des § 130a als elektronisches Dokument bei Gericht eingereicht werden.

(2) Im Fall des Artikels 4 Abs. 3 der Verordnung (EG) Nr. 861/2007 wird das Verfahren über die Klage ohne Anwendung der Vorschriften der Verordnung (EG) Nr. 861/2007 fortgeführt.

§ 1098 Annahmeverweigerung auf Grund der verwendeten Sprache.

[1] Die Frist zur Erklärung der Annahmeverweigerung nach Artikel 6 Abs. 3 der Verordnung (EG) Nr. 861/2007 beträgt eine Woche. [2] Sie ist eine Notfrist und beginnt mit der Zustellung des Schriftstücks. [3] Der Empfänger ist über die Folgen einer Versäumung der Frist zu belehren.

§ 1099 Widerklage. (1) Eine Widerklage, die nicht den Vorschriften der Verordnung (EG) Nr. 861/2007 entspricht, ist außer im Fall des Artikels 5 Abs. 7 Satz 1 der Verordnung (EG) Nr. 861/2007 als unzulässig abzuweisen.

(2) [1]Im Fall des Artikels 5 Abs. 7 Satz 1 der Verordnung (EG) Nr. 861/2007 wird das Verfahren über die Klage und die Widerklage ohne Anwendung der Vorschriften der Verordnung (EG) Nr. 861/2007 fortgeführt. [2]Das Verfahren wird in der Lage übernommen, in der es sich zur Zeit der Erhebung der Widerklage befunden hat.

§ 1100 Mündliche Verhandlung. (1) [1]Das Gericht kann den Parteien sowie ihren Bevollmächtigten und Beiständen gestatten, sich während einer Verhandlung an einem anderen Ort aufzuhalten und dort Verfahrenshandlungen vorzunehmen. [2]§ 128a Abs. 1 Satz 2 und Abs. 3 Satz 1 bleibt unberührt.

(2) Die Bestimmung eines frühen ersten Termins zur mündlichen Verhandlung (§ 275) ist ausgeschlossen.

§ 1101 Beweisaufnahme. (1) Das Gericht kann die Beweise in der ihm geeignet erscheinenden Art aufnehmen, soweit Artikel 9 Abs. 2 bis 4 der Verordnung (EG) Nr. 861/2007 nichts anderes bestimmt.

(2) [1]Das Gericht kann einem Zeugen, Sachverständigen oder einer Partei gestatten, sich während einer Vernehmung an einem anderen Ort aufzuhalten.. [2]§ 128a Abs. 2 Satz 2, 3 und Abs. 3 Satz 1 bleibt unberührt.

§ 1102 Urteil. [1]Urteile bedürfen keiner Verkündung. [2]Die Verkündung eines Urteils wird durch die Zustellung ersetzt.

§ 1103 Säumnis. [1]Äußert sich eine Partei binnen der für sie geltenden Frist nicht oder erscheint sie nicht zur mündlichen Verhandlung, kann das Gericht eine Entscheidung nach Lage der Akten erlassen. [2]§ 251a ist nicht anzuwenden.

§ 1104 Abhilfe bei unverschuldeter Säumnis des Beklagten. (1) [1]Liegen die Voraussetzungen des Artikels 18 Abs. 1 und 2 der Verordnung (EG) Nr. 861/2007 vor, wird das Verfahren fortgeführt; es wird in die Lage zurückversetzt, in der es sich vor Erlass des Urteils befand. [2]Auf Antrag stellt das Gericht die Nichtigkeit des Urteils durch Beschluss fest.

(2) Der Beklagte hat die tatsächlichen Voraussetzungen des Artikels 18 Abs. 1 und 2 der Verordnung (EG) Nr. 861/2007 glaubhaft zu machen.

§ 1104a Gemeinsame Gerichte. [1]Die Landesregierungen werden ermächtigt, durch Rechtsverordnung einem Amtsgericht für die Bezirke mehrerer Amtsgerichte und einem Landgericht für die Bezirke mehrerer Landgerichte die Angelegenheiten in europäischen Verfahren für geringfügige Forderungen nach der Verordnung (EG) Nr. 861/2007 zuzuweisen, wenn dies der sachlichen Förderung der Verfahren dient. [2]Die Landesregierungen können die Ermächtigung auf die Landesjustizverwaltungen übertragen.

Titel 2. Zwangsvollstreckung

§ 1105 Zwangsvollstreckung inländischer Titel. (1) [1]Urteile sind für vorläufig vollstreckbar ohne Sicherheitsleistung zu erklären. [2]Die §§ 712 und 719 Abs. 1 Satz 1 in Verbindung mit § 707 sind nicht anzuwenden.

(2) [1] Für Anträge auf Beschränkung der Zwangsvollstreckung nach Artikel 15 Abs. 2 in Verbindung mit Artikel 23 der Verordnung (EG) Nr. 861/2007 ist das Gericht der Hauptsache zuständig. [2] Die Entscheidung ergeht im Wege einstweiliger Anordnung. [3] Sie ist unanfechtbar. [4] Die tatsächlichen Voraussetzungen des Artikels 23 der Verordnung (EG) Nr. 861/2007 sind glaubhaft zu machen.

§ 1106 Bestätigung inländischer Titel. (1) Für die Ausstellung der Bestätigung nach Artikel 20 Abs. 2 der Verordnung (EG) Nr. 861/2007 ist das Gericht zuständig, dem die Erteilung einer vollstreckbaren Ausfertigung des Titels obliegt.

(2) [1] Vor Ausfertigung der Bestätigung ist der Schuldner anzuhören. [2] Wird der Antrag auf Ausstellung einer Bestätigung zurückgewiesen, so sind die Vorschriften über die Anfechtung der Entscheidung über die Erteilung einer Vollstreckungsklausel entsprechend anzuwenden.

§ 1107 Ausländische Vollstreckungstitel. Aus einem Titel, der in einem Mitgliedstaat der Europäischen Union nach der Verordnung (EG) Nr. 861/2007 ergangen ist, findet die Zwangsvollstreckung im Inland statt, ohne dass es einer Vollstreckungsklausel bedarf.

§ 1108 Übersetzung. Hat der Gläubiger nach Artikel 21 Abs. 2 Buchstabe b der Verordnung (EG) Nr. 861/2007 eine Übersetzung vorzulegen, so ist diese in deutscher Sprache zu verfassen und von einer in einem der Mitgliedstaaten der Europäischen Union hierzu befugten Person zu erstellen.

§ 1109 Anträge nach den Artikeln 22 und 23 der Verordnung (EG) Nr. 861/2007; Vollstreckungsabwehrklage. (1) [1] Auf Anträge nach Artikel 22 der Verordnung (EG) Nr. 861/2007 ist § 1084 Abs. 1 und 2 entsprechend anzuwenden. [2] Auf Anträge nach Artikel 23 der Verordnung (EG) Nr. 861/2007 ist § 1084 Abs. 1 und 3 entsprechend anzuwenden.

(2) § 1086 gilt entsprechend.

Abschnitt 7. Anerkennung und Vollstreckung nach der Verordnung (EU) Nr. 1215/2012

Titel 1. Bescheinigung über inländische Titel

§ 1110 Zuständigkeit. Für die Ausstellung der Bescheinigung nach den Artikeln 53 und 60 der Verordnung (EU) Nr. 1215/2012[1)] sind die Gerichte oder Notare zuständig, denen die Erteilung einer vollstreckbaren Ausfertigung des Titels obliegt.

§ 1111 Verfahren. (1) [1] Bescheinigungen nach den Artikeln 53 und 60 der Verordnung (EU) Nr. 1215/2012[1)] sind ohne Anhörung des Schuldners auszustellen. [2] In den Fällen des § 726 Absatz 1 und der §§ 727 bis 729 kann der Schuldner vor der Ausstellung der Bescheinigung gehört werden. [3] Eine Ausfertigung der Bescheinigung ist dem Schuldner von Amts wegen zuzustellen.

[1)] Nr. **5**.

(2) Für die Anfechtbarkeit der Entscheidung über die Ausstellung der Bescheinigung nach Absatz 1 gelten die Vorschriften über die Anfechtbarkeit der Entscheidung über die Erteilung der Vollstreckungsklausel entsprechend.

Titel 2. Anerkennung und Vollstreckung ausländischer Titel im Inland

§ 1112 Entbehrlichkeit der Vollstreckungsklausel. Aus einem Titel, der in einem anderen Mitgliedstaat der Europäischen Union vollstreckbar ist, findet die Zwangsvollstreckung im Inland statt, ohne dass es einer Vollstreckungsklausel bedarf.

§ 1113 Übersetzung oder Transliteration. Hat eine Partei nach Artikel 57 der Verordnung (EU) Nr. 1215/2012[1)] eine Übersetzung oder eine Transliteration vorzulegen, so ist diese in deutscher Sprache abzufassen und von einer in einem Mitgliedstaat der Europäischen Union hierzu befugten Person zu erstellen.

§ 1114 Anfechtung der Anpassung eines Titels. Für die Anfechtung der Anpassung eines Titels (Artikel 54 der Verordnung (EU) Nr. 1215/2012)[1)] sind folgende Rechtsgrundlagen entsprechend anzuwenden:

1. im Fall von Maßnahmen des Gerichtsvollziehers oder des Vollstreckungsgerichts § 766,
2. im Fall von Entscheidungen des Vollstreckungsgerichts oder von Vollstreckungsmaßnahmen des Prozessgerichts § 793 und
3. im Fall von Vollstreckungsmaßnahmen des Grundbuchamts § 71 der Grundbuchordnung.

§ 1115 Versagung der Anerkennung oder der Vollstreckung. (1) Für Anträge auf Versagung der Anerkennung oder der Vollstreckung (Artikel 45 Absatz 4 und Artikel 47 Absatz 1 der Verordnung (EU) Nr. 1215/2012)[1)] ist das Landgericht ausschließlich zuständig.

(2) [1] Örtlich zuständig ist ausschließlich das Landgericht, in dessen Bezirk der Schuldner seinen Wohnsitz hat. [2] Hat der Schuldner im Inland keinen Wohnsitz, ist ausschließlich das Landgericht zuständig, in dessen Bezirk die Zwangsvollstreckung durchgeführt werden soll. [3] Der Sitz von Gesellschaften und juristischen Personen steht dem Wohnsitz gleich.

(3) Der Antrag auf Versagung kann bei dem zuständigen Landgericht schriftlich eingereicht oder mündlich zu Protokoll der Geschäftsstelle erklärt werden.

(4) [1] Über den Antrag auf Versagung entscheidet der Vorsitzende einer Zivilkammer durch Beschluss. [2] Der Beschluss ist zu begründen und kann ohne mündliche Verhandlung ergehen. [3] Der Antragsgegner ist vor der Entscheidung zu hören.

(5) [1] Gegen die Entscheidung findet die sofortige Beschwerde statt. [2] Die Notfrist des § 569 Absatz 1 Satz 1 beträgt einen Monat und beginnt mit der Zustellung der Entscheidung. [3] Gegen den Beschluss des Beschwerdegerichts findet die Rechtsbeschwerde statt.

---

1) Nr. 5.

(6) [1] Über den Antrag auf Aussetzung oder Beschränkung der Vollstreckung und den Antrag, die Vollstreckung von der Leistung einer Sicherheit abhängig zu machen (Artikel 44 Absatz 1 der Verordnung (EU) Nr. 1215/2012), wird durch einstweilige Anordnung entschieden. [2] Die Entscheidung ist unanfechtbar.

§ 1116 Wegfall oder Beschränkung der Vollstreckbarkeit im Ursprungsmitgliedstaat. [1] Auf Antrag des Schuldners (Artikel 44 Absatz 2 der Verordnung (EU) Nr. 1215/2012)[1)] ist die Zwangsvollstreckung entsprechend § 775 Nummer 1 und 2 und § 776 auch dann einzustellen oder zu beschränken, wenn der Schuldner eine Entscheidung eines Gerichts des Ursprungsmitgliedstaats über die Nichtvollstreckbarkeit oder über die Beschränkung der Vollstreckbarkeit vorlegt. [2] Auf Verlangen des Vollstreckungsorgans ist eine Übersetzung der Entscheidung vorzulegen. [3] § 1108 gilt entsprechend.

§ 1117 Vollstreckungsabwehrklage. (1) Für Klagen nach § 795 Satz 1 in Verbindung mit § 767 gilt § 1086 Absatz 1 entsprechend.

(2) Richtet sich die Klage gegen die Vollstreckung aus einem gerichtlichen Vergleich oder einer öffentlichen Urkunde, ist § 767 Absatz 2 nicht anzuwenden.

Abschnitt 8. Beweis der Echtheit ausländischer öffentlicher Urkunden nach der Verordnung (EU) 2016/1191

§ 1118 Zentralbehörde. [1] Das Bundesamt für Justiz ist Zentralbehörde nach Artikel 15 Absatz 1 der Verordnung (EU) 2016/1191 des Europäischen Parlaments und des Rates vom 6. Juli 2016 zur Förderung der Freizügigkeit von Bürgern durch die Vereinfachung der Anforderungen an die Vorlage bestimmter öffentlicher Urkunden innerhalb der Europäischen Union und zur Änderung der Verordnung (EU) Nr. 1024/2012 (ABl. L 200 vom 26.7.2016, S. 1). [2] Die Verfahren nach diesem Gesetz vor dem Bundesamt für Justiz sind Justizverwaltungsverfahren. [3] Informationen nach Artikel 22 Absatz 2 der Verordnung werden durch das Bundesamt für Justiz mitgeteilt.

§ 1119 Verwaltungszusammenarbeit. (1) [1] Soweit bei der Überprüfung der Echtheit einer öffentlichen Urkunde oder einer beglaubigten Kopie eine Nachfrage bei der ausstellenden deutschen Behörde erforderlich ist, kann sich das Bundesamt unmittelbar an diese Behörde wenden. [2] Dazu nutzt es das Binnenmarkt-Informationssystem unter Beachtung bereits vorhandener Verfahrensstrukturen. [3] Diese Behörden sind im Rahmen ihrer Zuständigkeit neben dem Bundesamt für Justiz auch zuständig für die Beantwortung von Auskunftsersuchen der Mitgliedstaaten der Europäischen Union.

(2) Über Änderungen bei den gemäß Artikel 22 Absatz 1 Buchstabe b der Verordnung einzustellenden Urkunden unterrichtet das Bundesministerium des Innern, für Bau und Heimat das Bundesamt für Justiz, soweit diese in seine Zuständigkeit fallen.

§ 1120 Mehrsprachige Formulare. [1] Mehrsprachige Formulare gemäß Artikel 7 der Verordnung (EU) 2016/1191 werden durch die Behörden aus-

---

[1)] Nr. **5**.

gestellt, die für die Erteilung der Urkunden zuständig sind. [2] Das Bundesamt für Justiz ist für das Ausstellen der Formulare zuständig, soweit Urkunden des Geschäftsbereichs des Bundesministeriums der Justiz und für Verbraucherschutz oder gerichtliche Urkunden betroffen sind.

Nichtamtlicher Anhang[1)]
(zu § 850c)

[Pfändungsfreibeträge ab 1.7.2019]

Auszahlung für Monate

	Pfändbarer Betrag bei Unterhaltspflicht für … Personen					
Nettolohn monatlich	0	1	2	3	4	5 und mehr
in Euro						
bis 1 179,99	–	–	–	–	–	–
1 180,00 bis 1 189,99	0,99	–	–	–	–	–
1 190,00 bis 1 199,99	7,99	–	–	–	–	–
1 200,00 bis 1 209,99	14,99	–	–	–	–	–
1 210,00 bis 1 219,99	21,99	–	–	–	–	–
1 220,00 bis 1 229,99	28,99	–	–	–	–	–
1 230,00 bis 1 239,99	35,99	–	–	–	–	–
1 240,00 bis 1 249,99	42,99	–	–	–	–	–
1 250,00 bis 1 259,99	49,99	–	–	–	–	–
1 260,00 bis 1 269,99	56,99	–	–	–	–	–
1 270,00 bis 1 279,99	63,99	–	–	–	–	–
1 280,00 bis 1 289,99	70,99	–	–	–	–	–
1 290,00 bis 1 299,99	77,99	–	–	–	–	–
1 300,00 bis 1 309,99	84,99	–	–	–	–	–
1 310,00 bis 1 319,99	91,99	–	–	–	–	–
1 320,00 bis 1 329,99	98,99	–	–	–	–	–
1 330,00 bis 1 339,99	105,99	–	–	–	–	–
1 340,00 bis 1 349,99	112,99	–	–	–	–	–
1 350,00 bis 1 359,99	119,99	–	–	–	–	–
1 360,00 bis 1 369,99	126,99	–	–	–	–	–
1 370,00 bis 1 379,99	133,99	–	–	–	–	–
1 380,00 bis 1 389,99	140,99	–	–	–	–	–
1 390,00 bis 1 399,99	147,99	–	–	–	–	–
1 400,00 bis 1 409,99	154,99	–	–	–	–	–
1 410,00 bis 1 419,99	161,99	–	–	–	–	–
1 420,00 bis 1 429,99	168,99	–	–	–	–	–
1 430,00 bis 1 439,99	175,99	–	–	–	–	–

[1)] Pfändungsfreibeträge in der **ab 1.7.2019** geltenden Fassung gem. dem Anhang der Pfändungsfreigrenzenbekanntmachung 2019 v. 4.4.2019 (BGBl. I S. 443).

	Pfändbarer Betrag bei Unterhaltspflicht für … Personen					
Nettolohn monatlich	0	1	2	3	4	5 und mehr
in Euro						
1 440,00 bis 1 449,99	182,99	–	–	–	–	–
1 450,00 bis 1 459,99	189,99	–	–	–	–	–
1 460,00 bis 1 469,99	196,99	–	–	–	–	–
1 470,00 bis 1 479,99	203,99	–	–	–	–	–
1 480,00 bis 1 489,99	210,99	–	–	–	–	–
1 490,00 bis 1 499,99	217,99	–	–	–	–	–
1 500,00 bis 1 509,99	224,99	–	–	–	–	–
1 510,00 bis 1 519,99	231,99	–	–	–	–	–
1 520,00 bis 1 529,99	238,99	–	–	–	–	–
1 530,00 bis 1 539,99	245,99	–	–	–	–	–
1 540,00 bis 1 549,99	252,99	–	–	–	–	–
1 550,00 bis 1 559,99	259,99	–	–	–	–	–
1 560,00 bis 1 569,99	266,99	–	–	–	–	–
1 570,00 bis 1 579,99	273,99	–	–	–	–	–
1 580,00 bis 1 589,99	280,99	–	–	–	–	–
1 590,00 bis 1 599,99	287,99	–	–	–	–	–
1 600,00 bis 1 609,99	294,99	–	–	–	–	–
1 610,00 bis 1 619,99	301,99	–	–	–	–	–
1 620,00 bis 1 629,99	308,99	–	–	–	–	–
1 630,00 bis 1 639,99	315,99	3,92	–	–	–	–
1 640,00 bis 1 649,99	322,99	8,92	–	–	–	–
1 650,00 bis 1 659,99	329,99	13,92	–	–	–	–
1 660,00 bis 1 669,99	336,99	18,92	–	–	–	–
1 670,00 bis 1 679,99	343,99	23,92	–	–	–	–
1 680,00 bis 1 689,99	350,99	28,92	–	–	–	–
1 690,00 bis 1 699,99	357,99	33,92	–	–	–	–
1 700,00 bis 1 709,99	364,99	38,92	–	–	–	–
1 710,00 bis 1 719,99	371,99	43,92	–	–	–	–
1 720,00 bis 1 729,99	378,99	48,92	–	–	–	–
1 730,00 bis 1 739,99	385,99	53,92	–	–	–	–
1 740,00 bis 1 749,99	392,99	58,92	–	–	–	–
1 750,00 bis 1 759,99	399,99	63,92	–	–	–	–
1 760,00 bis 1 769,99	406,99	68,92	–	–	–	–
1 770,00 bis 1 779,99	413,99	73,92	–	–	–	–
1 780,00 bis 1 789,99	420,99	78,92	–	–	–	–
1 790,00 bis 1 799,99	427,99	83,92	–	–	–	–
1 800,00 bis 1 809,99	434,99	88,92	–	–	–	–
1 810,00 bis 1 819,99	441,99	93,92	–	–	–	–
1 820,00 bis 1 829,99	448,99	98,92	–	–	–	–
1 830,00 bis 1 839,99	455,99	103,92	–	–	–	–
1 840,00 bis 1 849,99	462,99	108,92	–	–	–	–
1 850,00 bis 1 859,99	469,99	113,92	–	–	–	–

	Pfändbarer Betrag bei Unterhaltspflicht für … Personen					
Nettolohn monatlich	0	1	2	3	4	5 und mehr
in Euro						
1 860,00 bis 1 869,99	476,99	118,92	–	–	–	–
1 870,00 bis 1 879,99	483,99	123,92	0,29	–	–	–
1 880,00 bis 1 889,99	490,99	128,92	4,29	–	–	–
1 890,00 bis 1 899,99	497,99	133,92	8,29	–	–	–
1 900,00 bis 1 909,99	504,99	138,92	12,29	–	–	–
1 910,00 bis 1 919,99	511,99	143,92	16,29	–	–	–
1 920,00 bis 1 929,99	518,99	148,92	20,29	–	–	–
1 930,00 bis 1 939,99	525,99	153,92	24,29	–	–	–
1 940,00 bis 1 949,99	532,99	158,92	28,29	–	–	–
1 950,00 bis 1 959,99	539,99	163,92	32,29	–	–	–
1 960,00 bis 1 969,99	546,99	168,92	36,29	–	–	–
1 970,00 bis 1 979,99	553,99	173,92	40,29	–	–	–
1 980,00 bis 1 989,99	560,99	178,92	44,29	–	–	–
1 990,00 bis 1 999,99	567,99	183,92	48,29	–	–	–
2 000,00 bis 2 009,99	574,99	188,92	52,29	–	–	–
2 010,00 bis 2 019,99	581,99	193,92	56,29	–	–	–
2 020,00 bis 2 029,99	588,99	198,92	60,29	–	–	–
2 030,00 bis 2 039,99	595,99	203,92	64,29	–	–	–
2 040,00 bis 2 049,99	602,99	208,92	68,29	–	–	–
2 050,00 bis 2 059,99	609,99	213,92	72,29	–	–	–
2 060,00 bis 2 069,99	616,99	218,92	76,29	–	–	–
2 070,00 bis 2 079,99	623,99	223,92	80,29	–	–	–
2 080,00 bis 2 089,99	630,99	228,92	84,29	–	–	–
2 090,00 bis 2 099,99	637,99	233,92	88,29	–	–	–
2 100,00 bis 2 109,99	644,99	238,92	92,29	–	–	–
2 110,00 bis 2 119,99	651,99	243,92	96,29	–	–	–
2 120,00 bis 2 129,99	658,99	248,92	100,29	1,08	–	–
2 130,00 bis 2 139,99	665,99	253,92	104,29	4,08	–	–
2 140,00 bis 2 149,99	672,99	258,92	108,29	7,08	–	–
2 150,00 bis 2 159,99	679,99	263,92	112,29	10,08	–	–
2 160,00 bis 2 169,99	686,99	268,92	116,29	13,08	–	–
2 170,00 bis 2 179,99	693,99	273,92	120,29	16,08	–	–
2 180,00 bis 2 189,99	700,99	278,92	124,29	19,08	–	–
2 190,00 bis 2 199,99	707,99	283,92	128,29	22,08	–	–
2 200,00 bis 2 209,99	714,99	288,92	132,29	25,08	–	–
2 210,00 bis 2 219,99	721,99	293,92	136,29	28,08	–	–
2 220,00 bis 2 229,99	728,99	298,92	140,29	31,08	–	–
2 230,00 bis 2 239,99	735,99	303,92	144,29	34,08	–	–
2 240,00 bis 2 249,99	742,99	308,92	148,29	37,08	–	–
2 250,00 bis 2 259,99	749,99	313,92	152,29	40,08	–	–
2 260,00 bis 2 269,99	756,99	318,92	156,29	43,08	–	–
2 270,00 bis 2 279,99	763,99	323,92	160,29	46,08	–	–

	Pfändbarer Betrag bei Unterhaltspflicht für … Personen					
Nettolohn monatlich	0	1	2	3	4	5 und mehr
in Euro						
2 280,00 bis 2 289,99	770,99	328,92	164,29	49,08	–	–
2 290,00 bis 2 299,99	777,99	333,92	168,29	52,08	–	–
2 300,00 bis 2 309,99	784,99	338,92	172,29	55,08	–	–
2 310,00 bis 2 319,99	791,99	343,92	176,29	58,08	–	–
2 320,00 bis 2 329,99	798,99	348,92	180,29	61,08	–	–
2 330,00 bis 2 339,99	805,99	353,92	184,29	64,08	–	–
2 340,00 bis 2 349,99	812,99	358,92	188,29	67,08	–	–
2 350,00 bis 2 359,99	819,99	363,92	192,29	70,08	–	–
2 360,00 bis 2 369,99	826,99	368,92	196,29	73,08	–	–
2 370,00 bis 2 379,99	833,99	373,92	200,29	76,08	1,30	–
2 380,00 bis 2 389,99	840,99	378,92	204,29	79,08	3,30	–
2 390,00 bis 2 399,99	847,99	383,92	208,29	82,08	5,30	–
2 400,00 bis 2 409,99	854,99	388,92	212,29	85,08	7,30	–
2 410,00 bis 2 419,99	861,99	393,92	216,29	88,08	9,30	–
2 420,00 bis 2 429,99	868,99	398,92	220,29	91,08	11,30	–
2 430,00 bis 2 439,99	875,99	403,92	224,29	94,08	13,30	–
2 440,00 bis 2 449,99	882,99	408,92	228,29	97,08	15,30	–
2 450,00 bis 2 459,99	889,99	413,92	232,29	100,08	17,30	–
2 460,00 bis 2 469,99	896,99	418,92	236,29	103,08	19,30	–
2 470,00 bis 2 479,99	903,99	423,92	240,29	106,08	21,30	–
2 480,00 bis 2 489,99	910,99	428,92	244,29	109,08	23,30	–
2 490,00 bis 2 499,99	917,99	433,92	248,29	112,08	25,30	–
2 500,00 bis 2 509,99	924,99	438,92	252,29	115,08	27,30	–
2 510,00 bis 2 519,99	931,99	443,92	256,29	118,08	29,30	–
2 520,00 bis 2 529,99	938,99	448,92	260,29	121,08	31,30	–
2 530,00 bis 2 539,99	945,99	453,92	264,29	124,08	33,30	–
2 540,00 bis 2 549,99	952,99	458,92	268,29	127,08	35,30	–
2 550,00 bis 2 559,99	959,99	463,92	272,29	130,08	37,30	–
2 560,00 bis 2 569,99	966,99	468,92	276,29	133,08	39,30	–
2 570,00 bis 2 579,99	973,99	473,92	280,29	136,08	41,30	–
2 580,00 bis 2 589,99	980,99	478,92	284,29	139,08	43,30	–
2 590,00 bis 2 599,99	987,99	483,92	288,29	142,08	45,30	–
2 600,00 bis 2 609,99	994,99	488,92	292,29	145,08	47,30	–
2 610,00 bis 2 619,99	1 001,99	493,92	296,29	148,08	49,30	–
2 620,00 bis 2 629,99	1 008,99	498,92	300,29	151,08	51,30	0,94
2 630,00 bis 2 639,99	1 015,99	503,92	304,29	154,08	53,30	1,94
2 640,00 bis 2 649,99	1 022,99	508,92	308,29	157,08	55,30	2,94
2 650,00 bis 2 659,99	1 029,99	513,92	312,29	160,08	57,30	3,94
2 660,00 bis 2 669,99	1 036,99	518,92	316,29	163,08	59,30	4,94
2 670,00 bis 2 679,99	1 043,99	523,92	320,29	166,08	61,30	5,94
2 680,00 bis 2 689,99	1 050,99	528,92	324,29	169,08	63,30	6,94
2 690,00 bis 2 699,99	1 057,99	533,92	328,29	172,08	65,30	7,94

	Pfändbarer Betrag bei Unterhaltspflicht für … Personen					
Nettolohn monatlich	0	1	2	3	4	5 und mehr
	in Euro					
2 700,00 bis 2 709,99	1 064,99	538,92	332,29	175,08	67,30	8,94
2 710,00 bis 2 719,99	1 071,99	543,92	336,29	178,08	69,30	9,94
2 720,00 bis 2 729,99	1 078,99	548,92	340,29	181,08	71,30	10,94
2 730,00 bis 2 739,99	1 085,99	553,92	344,29	184,08	73,30	11,94
2 740,00 bis 2 749,99	1 092,99	558,92	348,29	187,08	75,30	12,94
2 750,00 bis 2 759,99	1 099,99	563,92	352,29	190,08	77,30	13,94
2 760,00 bis 2 769,99	1 106,99	568,92	356,29	193,08	79,30	14,94
2 770,00 bis 2 779,99	1 113,99	573,92	360,29	196,08	81,30	15,94
2 780,00 bis 2 789,99	1 120,99	578,92	364,29	199,08	83,30	16,94
2 790,00 bis 2 799,99	1 127,99	583,92	368,29	202,08	85,30	17,94
2 800,00 bis 2 809,99	1 134,99	588,92	372,29	205,08	87,30	18,94
2 810,00 bis 2 819,99	1 141,99	593,92	376,29	208,08	89,30	19,94
2 820,00 bis 2 829,99	1 148,99	598,92	380,29	211,08	91,30	20,94
2 830,00 bis 2 839,99	1 155,99	603,92	384,29	214,08	93,30	21,94
2 840,00 bis 2 849,99	1 162,99	608,92	388,29	217,08	95,30	22,94
2 850,00 bis 2 859,99	1 169,99	613,92	392,29	220,08	97,30	23,94
2 860,00 bis 2 869,99	1 176,99	618,92	396,29	223,08	99,30	24,94
2 870,00 bis 2 879,99	1 183,99	623,92	400,29	226,08	101,30	25,94
2 880,00 bis 2 889,99	1 190,99	628,92	404,29	229,08	103,30	26,94
2 890,00 bis 2 899,99	1 197,99	633,92	408,29	232,08	105,30	27,94
2 900,00 bis 2 909,99	1 204,99	638,92	412,29	235,08	107,30	28,94
2 910,00 bis 2 919,99	1 211,99	643,92	416,29	238,08	109,30	29,94
2 920,00 bis 2 929,99	1 218,99	648,92	420,29	241,08	111,30	30,94
2 930,00 bis 2 939,99	1 225,99	653,92	424,29	244,08	113,30	31,94
2 940,00 bis 2 949,99	1 232,99	658,92	428,29	247,08	115,30	32,94
2 950,00 bis 2 959,99	1 239,99	663,92	432,29	250,08	117,30	33,94
2 960,00 bis 2 969,99	1 246,99	668,92	436,29	253,08	119,30	34,94
2 970,00 bis 2 979,99	1 253,99	673,92	440,29	256,08	121,30	35,94
2 980,00 bis 2 989,99	1 260,99	678,92	444,29	259,08	123,30	36,94
2 990,00 bis 2 999,99	1 267,99	683,92	448,29	262,08	125,30	37,94
3 000,00 bis 3 009,99	1 274,99	688,92	452,29	265,08	127,30	38,94
3 010,00 bis 3 019,99	1 281,99	693,92	456,29	268,08	129,30	39,94
3 020,00 bis 3 029,99	1 288,99	698,92	460,29	271,08	131,30	40,94
3 030,00 bis 3 039,99	1 295,99	703,92	464,29	274,08	133,30	41,94
3 040,00 bis 3 049,99	1 302,99	708,92	468,29	277,08	135,30	42,94
3 050,00 bis 3 059,99	1 309,99	713,92	472,29	280,08	137,30	43,94
3 060,00 bis 3 069,99	1 316,99	718,92	476,29	283,08	139,30	44,94
3 070,00 bis 3 079,99	1 323,99	723,92	480,29	286,08	141,30	45,94
3 080,00 bis 3 089,99	1 330,99	728,92	484,29	289,08	143,30	46,94
3 090,00 bis 3 099,99	1 337,99	733,92	488,29	292,08	145,30	47,94
3 100,00 bis 3 109,99	1 344,99	738,92	492,29	295,08	147,30	48,94
3 110,00 bis 3 119,99	1 351,99	743,92	496,29	298,08	149,30	49,94

	Pfändbarer Betrag bei Unterhaltspflicht für … Personen					
Nettolohn monatlich	0	1	2	3	4	5 und mehr
in Euro						
3 120,00 bis 3 129,99	1 358,99	748,92	500,29	301,08	151,30	50,94
3 130,00 bis 3 139,99	1 365,99	753,92	504,29	304,08	153,30	51,94
3 140,00 bis 3 149,99	1 372,99	758,92	508,29	307,08	155,30	52,94
3 150,00 bis 3 159,99	1 379,99	763,92	512,29	310,08	157,30	53,94
3 160,00 bis 3 169,99	1 386,99	768,92	516,29	313,08	159,30	54,94
3 170,00 bis 3 179,99	1 393,99	773,92	520,29	316,08	161,30	55,94
3 180,00 bis 3 189,99	1 400,99	778,92	524,29	319,08	163,30	56,94
3 190,00 bis 3 199,99	1 407,99	783,92	528,29	322,08	165,30	57,94
3 200,00 bis 3 209,99	1 414,99	788,92	532,29	325,08	167,30	58,94
3 210,00 bis 3 219,99	1 421,99	793,92	536,29	328,08	169,30	59,94
3 220,00 bis 3 229,99	1 428,99	798,92	540,29	331,08	171,30	60,94
3 230,00 bis 3 239,99	1 435,99	803,92	544,29	334,08	173,30	61,94
3 240,00 bis 3 249,99	1 442,99	808,92	548,29	337,08	175,30	62,94
3 250,00 bis 3 259,99	1 449,99	813,92	552,29	340,08	177,30	63,94
3 260,00 bis 3 269,99	1 456,99	818,92	556,29	343,08	179,30	64,94
3 270,00 bis 3 279,99	1 463,99	823,92	560,29	346,08	181,30	65,94
3 280,00 bis 3 289,99	1 470,99	828,92	564,29	349,08	183,30	66,94
3 290,00 bis 3 299,99	1 477,99	833,92	568,29	352,08	185,30	67,94
3 300,00 bis 3 309,99	1 484,99	838,92	572,29	355,08	187,30	68,94
3 310,00 bis 3 319,99	1 491,99	843,92	576,29	358,08	189,30	69,94
3 320,00 bis 3 329,99	1 498,99	848,92	580,29	361,08	191,30	70,94
3 330,00 bis 3 339,99	1 505,99	853,92	584,29	364,08	193,30	71,94
3 340,00 bis 3 349,99	1 512,99	858,92	588,29	367,08	195,30	72,94
3 350,00 bis 3 359,99	1 519,99	863,92	592,29	370,08	197,30	73,94
3 360,00 bis 3 369,99	1 526,99	868,92	596,29	373,08	199,30	74,94
3 370,00 bis 3 379,99	1 533,99	873,92	600,29	376,08	201,30	75,94
3 380,00 bis 3 389,99	1 540,99	878,92	604,29	379,08	203,30	76,94
3 390,00 bis 3 399,99	1 547,99	883,92	608,29	382,08	205,30	77,94
3 400,00 bis 3 409,99	1 554,99	888,92	612,29	385,08	207,30	78,94
3 410,00 bis 3 419,99	1 561,99	893,92	616,29	388,08	209,30	79,94
3 420,00 bis 3 429,99	1 568,99	898,92	620,29	391,08	211,30	80,94
3 430,00 bis 3 439,99	1 575,99	903,92	624,29	394,08	213,30	81,94
3 440,00 bis 3 449,99	1 582,99	908,92	628,29	397,08	215,30	82,94
3 450,00 bis 3 459,99	1 589,99	913,92	632,29	400,08	217,30	83,94
3 460,00 bis 3 469,99	1 596,99	918,92	636,29	403,08	219,30	84,94
3 470,00 bis 3 479,99	1 603,99	923,92	640,29	406,08	221,30	85,94
3 480,00 bis 3 489,99	1 610,99	928,92	644,29	409,08	223,30	86,94
3 490,00 bis 3 499,99	1 617,99	933,92	648,29	412,08	225,30	87,94
3 500,00 bis 3 509,99	1 624,99	938,92	652,29	415,08	227,30	88,94
3 510,00 bis 3 519,99	1 631,99	943,92	656,29	418,08	229,30	89,94
3 520,00 bis 3 529,99	1 638,99	948,92	660,29	421,08	231,30	90,94
3 530,00 bis 3 539,99	1 645,99	953,92	664,29	424,08	233,30	91,94

	Pfändbarer Betrag bei Unterhaltspflicht für … Personen					
Nettolohn monatlich	0	1	2	3	4	5 und mehr
	in Euro					
3 540,00 bis 3 549,99	1 652,99	958,92	668,29	427,08	235,30	92,94
3 550,00 bis 3 559,99	1 659,99	963,92	672,29	430,08	237,30	93,94
3 560,00 bis 3 569,99	1 666,99	968,92	676,29	433,08	239,30	94,94
3 570,00 bis 3 579,99	1 673,99	973,92	680,29	436,08	241,30	95,94
3 580,00 bis 3 589,99	1 680,99	978,92	684,29	439,08	243,30	96,94
3 590,00 bis 3 599,99	1 687,99	983,92	688,29	442,08	245,30	97,94
3 600,00 bis 3 609,99	1 694,99	988,92	692,29	445,08	247,30	98,94
3 610,00 bis 3 613,08	1 701,99	993,92	696,29	448,08	249,30	99,94
Der Mehrbetrag über 3 613,08 EURO ist voll pfändbar						

Auszahlung für Wochen

	Pfändbarer Betrag bei Unterhaltspflicht für … Personen					
Nettolohn wöchentlich	0	1	2	3	4	5 und mehr
	in Euro					
bis 272,49	–	–	–	–	–	–
272,50 bis 274,99	0,88	–	–	–	–	–
275,00 bis 277,49	2,63	–	–	–	–	–
277,50 bis 279,99	4,38	–	–	–	–	–
280,00 bis 282,49	6,13	–	–	–	–	–
282,50 bis 284,99	7,88	–	–	–	–	–
285,00 bis 287,49	9,63	–	–	–	–	–
287,50 bis 289,99	11,38	–	–	–	–	–
290,00 bis 292,49	13,13	–	–	–	–	–
292,50 bis 294,99	14,88	–	–	–	–	–
295,00 bis 297,49	16,63	–	–	–	–	–
297,50 bis 299,99	18,38	–	–	–	–	–
300,00 bis 302,49	20,13	–	–	–	–	–
302,50 bis 304,99	21,88	–	–	–	–	–
305,00 bis 307,49	23,63	–	–	–	–	–
307,50 bis 309,99	25,38	–	–	–	–	–
310,00 bis 312,49	27,13	–	–	–	–	–
312,50 bis 314,99	28,88	–	–	–	–	–
315,00 bis 317,49	30,63	–	–	–	–	–
317,50 bis 319,99	32,38	–	–	–	–	–
320,00 bis 322,49	34,13	–	–	–	–	–
322,50 bis 324,99	35,88	–	–	–	–	–
325,00 bis 327,49	37,63	–	–	–	–	–
327,50 bis 329,99	39,38	–	–	–	–	–
330,00 bis 332,49	41,13	–	–	–	–	–

	Pfändbarer Betrag bei Unterhaltspflicht für … Personen					
Nettolohn wöchentlich	0	1	2	3	4	5 und mehr
in Euro						
332,50 bis 334,99	42,88	–	–	–	–	–
335,00 bis 337,49	44,63	–	–	–	–	–
337,50 bis 339,99	46,38	–	–	–	–	–
340,00 bis 342,49	48,13	–	–	–	–	–
342,50 bis 344,99	49,88	–	–	–	–	–
345,00 bis 347,49	51,63	–	–	–	–	–
347,50 bis 349,99	53,38	–	–	–	–	–
350,00 bis 352,49	55,13	–	–	–	–	–
352,50 bis 354,99	56,88	–	–	–	–	–
355,00 bis 357,49	58,63	–	–	–	–	–
357,50 bis 359,99	60,38	–	–	–	–	–
360,00 bis 362,49	62,13	–	–	–	–	–
362,50 bis 364,99	63,88	–	–	–	–	–
365,00 bis 367,49	65,63	–	–	–	–	–
367,50 bis 369,99	67,38	–	–	–	–	–
370,00 bis 372,49	69,13	–	–	–	–	–
372,50 bis 374,99	70,88	–	–	–	–	–
375,00 bis 377,49	72,63	0,84	–	–	–	–
377,50 bis 379,99	74,38	2,09	–	–	–	–
380,00 bis 382,49	76,13	3,34	–	–	–	–
382,50 bis 384,99	77,88	4,59	–	–	–	–
385,00 bis 387,49	79,63	5,84	–	–	–	–
387,50 bis 389,99	81,38	7,09	–	–	–	–
390,00 bis 392,49	83,13	8,34	–	–	–	–
392,50 bis 394,99	84,88	9,59	–	–	–	–
395,00 bis 397,49	86,63	10,84	–	–	–	–
397,50 bis 399,99	88,38	12,09	–	–	–	–
400,00 bis 402,49	90,13	13,34	–	–	–	–
402,50 bis 404,99	91,88	14,59	–	–	–	–
405,00 bis 407,49	93,63	15,84	–	–	–	–
407,50 bis 409,99	95,38	17,09	–	–	–	–
410,00 bis 412,49	97,13	18,34	–	–	–	–
412,50 bis 414,99	98,88	19,59	–	–	–	–
415,00 bis 417,49	100,63	20,84	–	–	–	–
417,50 bis 419,99	102,38	22,09	–	–	–	–
420,00 bis 422,49	104,13	23,34	–	–	–	–
422,50 bis 424,99	105,88	24,59	–	–	–	–
425,00 bis 427,49	107,63	25,84	–	–	–	–
427,50 bis 429,99	109,38	27,09	–	–	–	–
430,00 bis 432,49	111,13	28,34	–	–	–	–
432,50 bis 434,99	112,88	29,59	0,92	–	–	–
435,00 bis 437,49	114,63	30,84	1,92	–	–	–

	Pfändbarer Betrag bei Unterhaltspflicht für … Personen					
Nettolohn wöchentlich	0	1	2	3	4	5 und mehr
in Euro						
437,50 bis 439,99	116,38	32,09	2,92	–	–	–
440,00 bis 442,49	118,13	33,34	3,92	–	–	–
442,50 bis 444,99	119,88	34,59	4,92	–	–	–
445,00 bis 447,49	121,63	35,84	5,92	–	–	–
447,50 bis 449,99	123,38	37,09	6,92	–	–	–
450,00 bis 452,49	125,13	38,34	7,92	–	–	–
452,50 bis 454,99	126,88	39,59	8,92	–	–	–
455,00 bis 457,49	128,63	40,84	9,92	–	–	–
457,50 bis 459,99	130,38	42,09	10,92	–	–	–
460,00 bis 462,49	132,13	43,34	11,92	–	–	–
462,50 bis 464,99	133,88	44,59	12,92	–	–	–
465,00 bis 467,49	135,63	45,84	13,92	–	–	–
467,50 bis 469,99	137,38	47,09	14,92	–	–	–
470,00 bis 472,49	139,13	48,34	15,92	–	–	–
472,50 bis 474,99	140,88	49,59	16,92	–	–	–
475,00 bis 477,49	142,63	50,84	17,92	–	–	–
477,50 bis 479,99	144,38	52,09	18,92	–	–	–
480,00 bis 482,49	146,13	53,34	19,92	–	–	–
482,50 bis 484,99	147,88	54,59	20,92	–	–	–
485,00 bis 487,49	149,63	55,84	21,92	–	–	–
487,50 bis 489,99	151,38	57,09	22,92	0,13	–	–
490,00 bis 492,49	153,13	58,34	23,92	0,88	–	–
492,50 bis 494,99	154,88	59,59	24,92	1,63	–	–
495,00 bis 497,49	156,63	60,84	25,92	2,38	–	–
497,50 bis 499,99	158,38	62,09	26,92	3,13	–	–
500,00 bis 502,49	160,13	63,34	27,92	3,88	–	–
502,50 bis 504,99	161,88	64,59	28,92	4,63	–	–
505,00 bis 507,49	163,63	65,84	29,92	5,38	–	–
507,50 bis 509,99	165,38	67,09	30,92	6,13	–	–
510,00 bis 512,49	167,13	68,34	31,92	6,88	–	–
512,50 bis 514,99	168,88	69,59	32,92	7,63	–	–
515,00 bis 517,49	170,63	70,84	33,92	8,38	–	–
517,50 bis 519,99	172,38	72,09	34,92	9,13	–	–
520,00 bis 522,49	174,13	73,34	35,92	9,88	–	–
522,50 bis 524,99	175,88	74,59	36,92	10,63	–	–
525,00 bis 527,49	177,63	75,84	37,92	11,38	–	–
527,50 bis 529,99	179,38	77,09	38,92	12,13	–	–
530,00 bis 532,49	181,13	78,34	39,92	12,88	–	–
532,50 bis 534,99	182,88	79,59	40,92	13,63	–	–
535,00 bis 537,49	184,63	80,84	41,92	14,38	–	–
537,50 bis 539,99	186,38	82,09	42,92	15,13	–	–
540,00 bis 542,49	188,13	83,34	43,92	15,88	–	–

	Pfändbarer Betrag bei Unterhaltspflicht für … Personen					
Nettolohn wöchentlich	0	1	2	3	4	5 und mehr
in Euro						
542,50 bis 544,99	189,88	84,59	44,92	16,63	–	–
545,00 bis 547,49	191,63	85,84	45,92	17,38	0,21	–
547,50 bis 549,99	193,38	87,09	46,92	18,13	0,71	–
550,00 bis 552,49	195,13	88,34	47,92	18,88	1,21	–
552,50 bis 554,99	196,88	89,59	48,92	19,63	1,71	–
555,00 bis 557,49	198,63	90,84	49,92	20,38	2,21	–
557,50 bis 559,99	200,38	92,09	50,92	21,13	2,71	–
560,00 bis 562,49	202,13	93,34	51,92	21,88	3,21	–
562,50 bis 564,99	203,88	94,59	52,92	22,63	3,71	–
565,00 bis 567,49	205,63	95,84	53,92	23,38	4,21	–
567,50 bis 569,99	207,38	97,09	54,92	24,13	4,71	–
570,00 bis 572,49	209,13	98,34	55,92	24,88	5,21	–
572,50 bis 574,99	210,88	99,59	56,92	25,63	5,71	–
575,00 bis 577,49	212,63	100,84	57,92	26,38	6,21	–
577,50 bis 579,99	214,38	102,09	58,92	27,13	6,71	–
580,00 bis 582,49	216,13	103,34	59,92	27,88	7,21	–
582,50 bis 584,99	217,88	104,59	60,92	28,63	7,71	–
585,00 bis 587,49	219,63	105,84	61,92	29,38	8,21	–
587,50 bis 589,99	221,38	107,09	62,92	30,13	8,71	–
590,00 bis 592,49	223,13	108,34	63,92	30,88	9,21	–
592,50 bis 594,99	224,88	109,59	64,92	31,63	9,71	–
595,00 bis 597,49	226,63	110,84	65,92	32,38	10,21	–
597,50 bis 599,99	228,38	112,09	66,92	33,13	10,71	–
600,00 bis 602,49	230,13	113,34	67,92	33,88	11,21	–
602,50 bis 604,99	231,88	114,59	68,92	34,63	11,71	0,17
605,00 bis 607,49	233,63	115,84	69,92	35,38	12,21	0,42
607,50 bis 609,99	235,38	117,09	70,92	36,13	12,71	0,67
610,00 bis 612,49	237,13	118,34	71,92	36,88	13,21	0,92
612,50 bis 614,99	238,88	119,59	72,92	37,63	13,71	1,17
615,00 bis 617,49	240,63	120,84	73,92	38,38	14,21	1,42
617,50 bis 619,99	242,38	122,09	74,92	39,13	14,71	1,67
620,00 bis 622,49	244,13	123,34	75,92	39,88	15,21	1,92
622,50 bis 624,99	245,88	124,59	76,92	40,63	15,71	2,17
625,00 bis 627,49	247,63	125,84	77,92	41,38	16,21	2,42
627,50 bis 629,99	249,38	127,09	78,92	42,13	16,71	2,67
630,00 bis 632,49	251,13	128,34	79,92	42,88	17,21	2,92
632,50 bis 634,99	252,88	129,59	80,92	43,63	17,71	3,17
635,00 bis 637,49	254,63	130,84	81,92	44,38	18,21	3,42
637,50 bis 639,99	256,38	132,09	82,92	45,13	18,71	3,67
640,00 bis 642,49	258,13	133,34	83,92	45,88	19,21	3,92
642,50 bis 644,99	259,88	134,59	84,92	46,63	19,71	4,17
645,00 bis 647,49	261,63	135,84	85,92	47,38	20,21	4,42

	Pfändbarer Betrag bei Unterhaltspflicht für … Personen					
Nettolohn wöchentlich	0	1	2	3	4	5 und mehr
	in Euro					
647,50 bis 649,99	263,38	137,09	86,92	48,13	20,71	4,67
650,00 bis 652,49	265,13	138,34	87,92	48,88	21,21	4,92
652,50 bis 654,99	266,88	139,59	88,92	49,63	21,71	5,17
655,00 bis 657,49	268,63	140,84	89,92	50,38	22,21	5,42
657,50 bis 659,99	270,38	142,09	90,92	51,13	22,71	5,67
660,00 bis 662,49	272,13	143,34	91,92	51,88	23,21	5,92
662,50 bis 664,99	273,88	144,59	92,92	52,63	23,71	6,17
665,00 bis 667,49	275,63	145,84	93,92	53,38	24,21	6,42
667,50 bis 669,99	277,38	147,09	94,92	54,13	24,71	6,67
670,00 bis 672,49	279,13	148,34	95,92	54,88	25,21	6,92
672,50 bis 674,99	280,88	149,59	96,92	55,63	25,71	7,17
675,00 bis 677,49	282,63	150,84	97,92	56,38	26,21	7,42
677,50 bis 679,99	284,38	152,09	98,92	57,13	26,71	7,67
680,00 bis 682,49	286,13	153,34	99,92	57,88	27,21	7,92
682,50 bis 684,99	287,88	154,59	100,92	58,63	27,71	8,17
685,00 bis 687,49	289,63	155,84	101,92	59,38	28,21	8,42
687,50 bis 689,99	291,38	157,09	102,92	60,13	28,71	8,67
690,00 bis 692,49	293,13	158,34	103,92	60,88	29,21	8,92
692,50 bis 694,99	294,88	159,59	104,92	61,63	29,71	9,17
695,00 bis 697,49	296,63	160,84	105,92	62,38	30,21	9,42
697,50 bis 699,99	298,38	162,09	106,92	63,13	30,71	9,67
700,00 bis 702,49	300,13	163,34	107,92	63,88	31,21	9,92
702,50 bis 704,99	301,88	164,59	108,92	64,63	31,71	10,17
705,00 bis 707,49	303,63	165,84	109,92	65,38	32,21	10,42
707,50 bis 709,99	305,38	167,09	110,92	66,13	32,71	10,67
710,00 bis 712,49	307,13	168,34	111,92	66,88	33,21	10,92
712,50 bis 714,99	308,88	169,59	112,92	67,63	33,71	11,17
715,00 bis 717,49	310,63	170,84	113,92	68,38	34,21	11,42
717,50 bis 719,99	312,38	172,09	114,92	69,13	34,71	11,67
720,00 bis 722,49	314,13	173,34	115,92	69,88	35,21	11,92
722,50 bis 724,99	315,88	174,59	116,92	70,63	35,71	12,17
725,00 bis 727,49	317,63	175,84	117,92	71,38	36,21	12,42
727,50 bis 729,99	319,38	177,09	118,92	72,13	36,71	12,67
730,00 bis 732,49	321,13	178,34	119,92	72,88	37,21	12,92
732,50 bis 734,99	322,88	179,59	120,92	73,63	37,71	13,17
735,00 bis 737,49	324,63	180,84	121,92	74,38	38,21	13,42
737,50 bis 739,99	326,38	182,09	122,92	75,13	38,71	13,67
740,00 bis 742,49	328,13	183,34	123,92	75,88	39,21	13,92
742,50 bis 744,99	329,88	184,59	124,92	76,63	39,71	14,17
745,00 bis 747,49	331,63	185,84	125,92	77,38	40,21	14,42
747,50 bis 749,99	333,38	187,09	126,92	78,13	40,71	14,67
750,00 bis 752,49	335,13	188,34	127,92	78,88	41,21	14,92

	Pfändbarer Betrag bei Unterhaltspflicht für … Personen					
Nettolohn wöchentlich	0	1	2	3	4	5 und mehr
in Euro						
752,50 bis 754,99	336,88	189,59	128,92	79,63	41,71	15,17
755,00 bis 757,49	338,63	190,84	129,92	80,38	42,21	15,42
757,50 bis 759,99	340,38	192,09	130,92	81,13	42,71	15,67
760,00 bis 762,49	342,13	193,34	131,92	81,88	43,21	15,92
762,50 bis 764,99	343,88	194,59	132,92	82,63	43,71	16,17
765,00 bis 767,49	345,63	195,84	133,92	83,38	44,21	16,42
767,50 bis 769,99	347,38	197,09	134,92	84,13	44,71	16,67
770,00 bis 772,49	349,13	198,34	135,92	84,88	45,21	16,92
772,50 bis 774,99	350,88	199,59	136,92	85,63	45,71	17,17
775,00 bis 777,49	352,63	200,84	137,92	86,38	46,21	17,42
777,50 bis 779,99	354,38	202,09	138,92	87,13	46,71	17,67
780,00 bis 782,49	356,13	203,34	139,92	87,88	47,21	17,92
782,50 bis 784,99	357,88	204,59	140,92	88,63	47,71	18,17
785,00 bis 787,49	359,63	205,84	141,92	89,38	48,21	18,42
787,50 bis 789,99	361,38	207,09	142,92	90,13	48,71	18,67
790,00 bis 792,49	363,13	208,34	143,92	90,88	49,21	18,92
792,50 bis 794,99	364,88	209,59	144,92	91,63	49,71	19,17
795,00 bis 797,49	366,63	210,84	145,92	92,38	50,21	19,42
797,50 bis 799,99	368,38	212,09	146,92	93,13	50,71	19,67
800,00 bis 802,49	370,13	213,34	147,92	93,88	51,21	19,92
802,50 bis 804,99	371,88	214,59	148,92	94,63	51,71	20,17
805,00 bis 807,49	373,63	215,84	149,92	95,38	52,21	20,42
807,50 bis 809,99	375,38	217,09	150,92	96,13	52,71	20,67
810,00 bis 812,49	377,13	218,34	151,92	96,88	53,21	20,92
812,50 bis 814,99	378,88	219,59	152,92	97,63	53,71	21,17
815,00 bis 817,49	380,63	220,84	153,92	98,38	54,21	21,42
817,50 bis 819,99	382,38	222,09	154,92	99,13	54,71	21,67
820,00 bis 822,49	384,13	223,34	155,92	99,88	55,21	21,92
822,50 bis 824,99	385,88	224,59	156,92	100,63	55,71	22,17
825,00 bis 827,49	387,63	225,84	157,92	101,38	56,21	22,42
827,50 bis 829,99	389,38	227,09	158,92	102,13	56,71	22,67
830,00 bis 831,50	391,13	228,34	159,92	102,88	57,21	22,92
Der Mehrbetrag über 831,50 EURO ist voll pfändbar.						

Auszahlung für Tage

	Pfändbarer Betrag bei Unterhaltspflicht für … Personen					
Nettolohn täglich	0	1	2	3	4	5 und mehr
in Euro						
bis 54,49	–	–	–	–	–	–

	Pfändbarer Betrag bei Unterhaltspflicht für … Personen					
Nettolohn täglich	0	1	2	3	4	5 und mehr
	in Euro					
54,50 bis 54,99	0,17	–	–	–	–	–
55,00 bis 55,49	0,52	–	–	–	–	–
55,50 bis 55,99	0,87	–	–	–	–	–
56,00 bis 56,49	1,22	–	–	–	–	–
56,50 bis 56,99	1,57	–	–	–	–	–
57,00 bis 57,49	1,92	–	–	–	–	–
57,50 bis 57,99	2,27	–	–	–	–	–
58,00 bis 58,49	2,62	–	–	–	–	–
58,50 bis 58,99	2,97	–	–	–	–	–
59,00 bis 59,49	3,32	–	–	–	–	–
59,50 bis 59,99	3,67	–	–	–	–	–
60,00 bis 60,49	4,02	–	–	–	–	–
60,50 bis 60,99	4,37	–	–	–	–	–
61,00 bis 61,49	4,72	–	–	–	–	–
61,50 bis 61,99	5,07	–	–	–	–	–
62,00 bis 62,49	5,42	–	–	–	–	–
62,50 bis 62,99	5,77	–	–	–	–	–
63,00 bis 63,49	6,12	–	–	–	–	–
63,50 bis 63,99	6,47	–	–	–	–	–
64,00 bis 64,49	6,82	–	–	–	–	–
64,50 bis 64,99	7,17	–	–	–	–	–
65,00 bis 65,49	7,52	–	–	–	–	–
65,50 bis 65,99	7,87	–	–	–	–	–
66,00 bis 66,49	8,22	–	–	–	–	–
66,50 bis 66,99	8,57	–	–	–	–	–
67,00 bis 67,49	8,92	–	–	–	–	–
67,50 bis 67,99	9,27	–	–	–	–	–
68,00 bis 68,49	9,62	–	–	–	–	–
68,50 bis 68,99	9,97	–	–	–	–	–
69,00 bis 69,49	10,32	–	–	–	–	–
69,50 bis 69,99	10,67	–	–	–	–	–
70,00 bis 70,49	11,02	–	–	–	–	–
70,50 bis 70,99	11,37	–	–	–	–	–
71,00 bis 71,49	11,72	–	–	–	–	–
71,50 bis 71,99	12,07	–	–	–	–	–
72,00 bis 72,49	12,42	–	–	–	–	–
72,50 bis 72,99	12,77	–	–	–	–	–
73,00 bis 73,49	13,12	–	–	–	–	–
73,50 bis 73,99	13,47	–	–	–	–	–
74,00 bis 74,49	13,82	–	–	–	–	–
74,50 bis 74,99	14,17	–	–	–	–	–
75,00 bis 75,49	14,52	0,16	–	–	–	–

	Pfändbarer Betrag bei Unterhaltspflicht für … Personen					
Nettolohn täglich	0	1	2	3	4	5 und mehr
in Euro						
75,50 bis 75,99	14,87	0,41	–	–	–	–
76,00 bis 76,49	15,22	0,66	–	–	–	–
76,50 bis 76,99	15,57	0,91	–	–	–	–
77,00 bis 77,49	15,92	1,16	–	–	–	–
77,50 bis 77,99	16,27	1,41	–	–	–	–
78,00 bis 78,49	16,62	1,66	–	–	–	–
78,50 bis 78,99	16,97	1,91	–	–	–	–
79,00 bis 79,49	17,32	2,16	–	–	–	–
79,50 bis 79,99	17,67	2,41	–	–	–	–
80,00 bis 80,49	18,02	2,66	–	–	–	–
80,50 bis 80,99	18,37	2,91	–	–	–	–
81,00 bis 81,49	18,72	3,16	–	–	–	–
81,50 bis 81,99	19,07	3,41	–	–	–	–
82,00 bis 82,49	19,42	3,66	–	–	–	–
82,50 bis 82,99	19,77	3,91	–	–	–	–
83,00 bis 83,49	20,12	4,16	–	–	–	–
83,50 bis 83,99	20,47	4,41	–	–	–	–
84,00 bis 84,49	20,82	4,66	–	–	–	–
84,50 bis 84,99	21,17	4,91	–	–	–	–
85,00 bis 85,49	21,52	5,16	–	–	–	–
85,50 bis 85,99	21,87	5,41	–	–	–	–
86,00 bis 86,49	22,22	5,66	–	–	–	–
86,50 bis 86,99	22,57	5,91	0,18	–	–	–
87,00 bis 87,49	22,92	6,16	0,38	–	–	–
87,50 bis 87,99	23,27	6,41	0,58	–	–	–
88,00 bis 88,49	23,62	6,66	0,78	–	–	–
88,50 bis 88,99	23,97	6,91	0,98	–	–	–
89,00 bis 89,49	24,32	7,16	1,18	–	–	–
89,50 bis 89,99	24,67	7,41	1,38	–	–	–
90,00 bis 90,49	25,02	7,66	1,58	–	–	–
90,50 bis 90,99	25,37	7,91	1,78	–	–	–
91,00 bis 91,49	25,72	8,16	1,98	–	–	–
91,50 bis 91,99	26,07	8,41	2,18	–	–	–
92,00 bis 92,49	26,42	8,66	2,38	–	–	–
92,50 bis 92,99	26,77	8,91	2,58	–	–	–
93,00 bis 93,49	27,12	9,16	2,78	–	–	–
93,50 bis 93,99	27,47	9,41	2,98	–	–	–
94,00 bis 94,49	27,82	9,66	3,18	–	–	–
94,50 bis 94,99	28,17	9,91	3,38	–	–	–
95,00 bis 95,49	28,52	10,16	3,58	–	–	–
95,50 bis 95,99	28,87	10,41	3,78	–	–	–
96,00 bis 96,49	29,22	10,66	3,98	–	–	–

	Pfändbarer Betrag bei Unterhaltspflicht für … Personen					
Nettolohn täglich	0	1	2	3	4	5 und mehr
	in Euro					
96,50 bis 96,99	29,57	10,91	4,18	–	–	–
97,00 bis 97,49	29,92	11,16	4,38	–	–	–
97,50 bis 97,99	30,27	11,41	4,58	0,02	–	–
98,00 bis 98,49	30,62	11,66	4,78	0,17	–	–
98,50 bis 98,99	30,97	11,91	4,98	0,32	–	–
99,00 bis 99,49	31,32	12,16	5,18	0,47	–	–
99,50 bis 99,99	31,67	12,41	5,38	0,62	–	–
100,00 bis 100,49	32,02	12,66	5,58	0,77	–	–
100,50 bis 100,99	32,37	12,91	5,78	0,92	–	–
101,00 bis 101,49	32,72	13,16	5,98	1,07	–	–
101,50 bis 101,99	33,07	13,41	6,18	1,22	–	–
102,00 bis 102,49	33,42	13,66	6,38	1,37	–	–
102,50 bis 102,99	33,77	13,91	6,58	1,52	–	–
103,00 bis 103,49	34,12	14,16	6,78	1,67	–	–
103,50 bis 103,99	34,47	14,41	6,98	1,82	–	–
104,00 bis 104,49	34,82	14,66	7,18	1,97	–	–
104,50 bis 104,99	35,17	14,91	7,38	2,12	–	–
105,00 bis 105,49	35,52	15,16	7,58	2,27	–	–
105,50 bis 105,99	35,87	15,41	7,78	2,42	–	–
106,00 bis 106,49	36,22	15,66	7,98	2,57	–	–
106,50 bis 106,99	36,57	15,91	8,18	2,72	–	–
107,00 bis 107,49	36,92	16,16	8,38	2,87	–	–
107,50 bis 107,99	37,27	16,41	8,58	3,02	–	–
108,00 bis 108,49	37,62	16,66	8,78	3,17	–	–
108,50 bis 108,99	37,97	16,91	8,98	3,32	–	–
109,00 bis 109,49	38,32	17,16	9,18	3,47	0,04	–
109,50 bis 109,99	38,67	17,41	9,38	3,62	0,14	–
110,00 bis 110,49	39,02	17,66	9,58	3,77	0,24	–
110,50 bis 110,99	39,37	17,91	9,78	3,92	0,34	–
111,00 bis 111,49	39,72	18,16	9,98	4,07	0,44	–
111,50 bis 111,99	40,07	18,41	10,18	4,22	0,54	–
112,00 bis 112,49	40,42	18,66	10,38	4,37	0,64	–
112,50 bis 112,99	40,77	18,91	10,58	4,52	0,74	–
113,00 bis 113,49	41,12	19,16	10,78	4,67	0,84	–
113,50 bis 113,99	41,47	19,41	10,98	4,82	0,94	–
114,00 bis 114,49	41,82	19,66	11,18	4,97	1,04	–
114,50 bis 114,99	42,17	19,91	11,38	5,12	1,14	–
115,00 bis 115,49	42,52	20,16	11,58	5,27	1,24	–
115,50 bis 115,99	42,87	20,41	11,78	5,42	1,34	–
116,00 bis 116,49	43,22	20,66	11,98	5,57	1,44	–
116,50 bis 116,99	43,57	20,91	12,18	5,72	1,54	–
117,00 bis 117,49	43,92	21,16	12,38	5,87	1,64	–

Nettolohn täglich	Pfändbarer Betrag bei Unterhaltspflicht für … Personen 0	1	2	3	4	5 und mehr
	in Euro					
117,50 bis 117,99	44,27	21,41	12,58	6,02	1,74	–
118,00 bis 118,49	44,62	21,66	12,78	6,17	1,84	–
118,50 bis 118,99	44,97	21,91	12,98	6,32	1,94	–
119,00 bis 119,49	45,32	22,16	13,18	6,47	2,04	–
119,50 bis 119,99	45,67	22,41	13,38	6,62	2,14	–
120,00 bis 120,49	46,02	22,66	13,58	6,77	2,24	–
120,50 bis 120,99	46,37	22,91	13,78	6,92	2,34	0,03
121,00 bis 121,49	46,72	23,16	13,98	7,07	2,44	0,08
121,50 bis 121,99	47,07	23,41	14,18	7,22	2,54	0,13
122,00 bis 122,49	47,42	23,66	14,38	7,37	2,64	0,18
122,50 bis 122,99	47,77	23,91	14,58	7,52	2,74	0,23
123,00 bis 123,49	48,12	24,16	14,78	7,67	2,84	0,28
123,50 bis 123,99	48,47	24,41	14,98	7,82	2,94	0,33
124,00 bis 124,49	48,82	24,66	15,18	7,97	3,04	0,38
124,50 bis 124,99	49,17	24,91	15,38	8,12	3,14	0,43
125,00 bis 125,49	49,52	25,16	15,58	8,27	3,24	0,48
125,50 bis 125,99	49,87	25,41	15,78	8,42	3,34	0,53
126,00 bis 126,49	50,22	25,66	15,98	8,57	3,44	0,58
126,50 bis 126,99	50,57	25,91	16,18	8,72	3,54	0,63
127,00 bis 127,49	50,92	26,16	16,38	8,87	3,64	0,68
127,50 bis 127,99	51,27	26,41	16,58	9,02	3,74	0,73
128,00 bis 128,49	51,62	26,66	16,78	9,17	3,84	0,78
128,50 bis 128,99	51,97	26,91	16,98	9,32	3,94	0,83
129,00 bis 129,49	52,32	27,16	17,18	9,47	4,04	0,88
129,50 bis 129,99	52,67	27,41	17,38	9,62	4,14	0,93
130,00 bis 130,49	53,02	27,66	17,58	9,77	4,24	0,98
130,50 bis 130,99	53,37	27,91	17,78	9,92	4,34	1,03
131,00 bis 131,49	53,72	28,16	17,98	10,07	4,44	1,08
131,50 bis 131,99	54,07	28,41	18,18	10,22	4,54	1,13
132,00 bis 132,49	54,42	28,66	18,38	10,37	4,64	1,18
132,50 bis 132,99	54,77	28,91	18,58	10,52	4,74	1,23
133,00 bis 133,49	55,12	29,16	18,78	10,67	4,84	1,28
133,50 bis 133,99	55,47	29,41	18,98	10,82	4,94	1,33
134,00 bis 134,49	55,82	29,66	19,18	10,97	5,04	1,38
134,50 bis 134,99	56,17	29,91	19,38	11,12	5,14	1,43
135,00 bis 135,49	56,52	30,16	19,58	11,27	5,24	1,48
135,50 bis 135,99	56,87	30,41	19,78	11,42	5,34	1,53
136,00 bis 136,49	57,22	30,66	19,98	11,57	5,44	1,58
136,50 bis 136,99	57,57	30,91	20,18	11,72	5,54	1,63
137,00 bis 137,49	57,92	31,16	20,38	11,87	5,64	1,68
137,50 bis 137,99	58,27	31,41	20,58	12,02	5,74	1,73
138,00 bis 138,49	58,62	31,66	20,78	12,17	5,84	1,78

	Pfändbarer Betrag bei Unterhaltspflicht für … Personen					
Nettolohn täglich	0	1	2	3	4	5 und mehr
	in Euro					
138,50 bis 138,99	58,97	31,91	20,98	12,32	5,94	1,83
139,00 bis 139,49	59,32	32,16	21,18	12,47	6,04	1,88
139,50 bis 139,99	59,67	32,41	21,38	12,62	6,14	1,93
140,00 bis 140,49	60,02	32,66	21,58	12,77	6,24	1,98
140,50 bis 140,99	60,37	32,91	21,78	12,92	6,34	2,03
141,00 bis 141,49	60,72	33,16	21,98	13,07	6,44	2,08
141,50 bis 141,99	61,07	33,41	22,18	13,22	6,54	2,13
142,00 bis 142,49	61,42	33,66	22,38	13,37	6,64	2,18
142,50 bis 142,99	61,77	33,91	22,58	13,52	6,74	2,23
143,00 bis 143,49	62,12	34,16	22,78	13,67	6,84	2,28
143,50 bis 143,99	62,47	34,41	22,98	13,82	6,94	2,33
144,00 bis 144,49	62,82	34,66	23,18	13,97	7,04	2,38
144,50 bis 144,99	63,17	34,91	23,38	14,12	7,14	2,43
145,00 bis 145,49	63,52	35,16	23,58	14,27	7,24	2,48
145,50 bis 145,99	63,87	35,41	23,78	14,42	7,34	2,53
146,00 bis 146,49	64,22	35,66	23,98	14,57	7,44	2,58
146,50 bis 146,99	64,57	35,91	24,18	14,72	7,54	2,63
147,00 bis 147,49	64,92	36,16	24,38	14,87	7,64	2,68
147,50 bis 147,99	65,27	36,41	24,58	15,02	7,74	2,73
148,00 bis 148,49	65,62	36,66	24,78	15,17	7,84	2,78
148,50 bis 148,99	65,97	36,91	24,98	15,32	7,94	2,83
149,00 bis 149,49	66,32	37,16	25,18	15,47	8,04	2,88
149,50 bis 149,99	66,67	37,41	25,38	15,62	8,14	2,93
150,00 bis 150,49	67,02	37,66	25,58	15,77	8,24	2,98
150,50 bis 150,99	67,37	37,91	25,78	15,92	8,34	3,03
151,00 bis 151,49	67,72	38,16	25,98	16,07	8,44	3,08
151,50 bis 151,99	68,07	38,41	26,18	16,22	8,54	3,13
152,00 bis 152,49	68,42	38,66	26,38	16,37	8,64	3,18
152,50 bis 152,99	68,77	38,91	26,58	16,52	8,74	3,23
153,00 bis 153,49	69,12	39,16	26,78	16,67	8,84	3,28
153,50 bis 153,99	69,47	39,41	26,98	16,82	8,94	3,33
154,00 bis 154,49	69,82	39,66	27,18	16,97	9,04	3,38
154,50 bis 154,99	70,17	39,91	27,38	17,12	9,14	3,43
155,00 bis 155,49	70,52	40,16	27,58	17,27	9,24	3,48
155,50 bis 155,99	70,87	40,41	27,78	17,42	9,34	3,53
156,00 bis 156,49	71,22	40,66	27,98	17,57	9,44	3,58
156,50 bis 156,99	71,57	40,91	28,18	17,72	9,54	3,63
157,00 bis 157,49	71,92	41,16	28,38	17,87	9,64	3,68
157,50 bis 157,99	72,27	41,41	28,58	18,02	9,74	3,73
158,00 bis 158,49	72,62	41,66	28,78	18,17	9,84	3,78
158,50 bis 158,99	72,97	41,91	28,98	18,32	9,94	3,83
159,00 bis 159,49	73,32	42,16	29,18	18,47	10,04	3,88

	Pfändbarer Betrag bei Unterhaltspflicht für … Personen					
Nettolohn täglich	0	1	2	3	4	5 und mehr
in Euro						
159,50 bis 159,99	73,67	42,41	29,38	18,62	10,14	3,93
160,00 bis 160,49	74,02	42,66	29,58	18,77	10,24	3,98
160,50 bis 160,99	74,37	42,91	29,78	18,92	10,34	4,03
161,00 bis 161,49	74,72	43,16	29,98	19,07	10,44	4,08
161,50 bis 161,99	75,07	43,41	30,18	19,22	10,54	4,13
162,00 bis 162,49	75,42	43,66	30,38	19,37	10,64	4,18
162,50 bis 162,99	75,77	43,91	30,58	19,52	10,74	4,23
163,00 bis 163,49	76,12	44,16	30,78	19,67	10,84	4,28
163,50 bis 163,99	76,47	44,41	30,98	19,82	10,94	4,33
164,00 bis 164,49	76,82	44,66	31,18	19,97	11,04	4,38
164,50 bis 164,99	77,17	44,91	31,38	20,12	11,14	4,43
165,00 bis 165,49	77,52	45,16	31,58	20,27	11,24	4,48
165,50 bis 165,99	77,87	45,41	31,78	20,42	11,34	4,53
166,00 bis 166,30	78,22	45,66	31,98	20,57	11,44	4,58
Der Mehrbetrag über 166,30 EURO ist voll pfändbar.						

1a. Gesetz, betreffend die Einführung der Zivilprozeßordnung

Vom 30. Januar 1877
(RGBl. S. 244)

BGBl. III/FNA 310-2

zuletzt geänd. durch Art. 1 G zur Regelung der Wertgrenze für die Nichtzulassungsbeschwerde in Zivilsachen, zum Ausbau der Spezialisierung bei den Gerichten sowie zur Änd. weiterer prozessrechtlicher Vorschriften v. 12.12.2019 (BGBl. I S. 2633)

§§ 1, 2 *(aufgehoben)*

§ 3 [Geltungsbereich der ZPO] (1) Die Zivilprozeßordnung[1] findet auf alle bürgerlichen Rechtsstreitigkeiten Anwendung, welche vor die ordentlichen Gerichte gehören.

(2) Insoweit die Gerichtsbarkeit in bürgerlichen Rechtsstreitigkeiten, für welche besondere Gerichte zugelassen sind, durch die Landesgesetzgebung den ordentlichen Gerichten übertragen wird, kann dieselbe ein abweichendes Verfahren gestatten.

§ 4 [Kein Ausschluss des Rechtsweges] Für bürgerliche Rechtsstreitigkeiten, für welche nach dem Gegenstand oder der Art des Anspruchs der Rechtsweg zulässig ist, darf aus dem Grunde, weil als Partei der Fiskus, eine Gemeinde oder eine andere öffentliche Korporation beteiligt ist, der Rechtsweg durch die Landesgesetzgebung nicht ausgeschlossen werden.

§§ 5, 6 *(gegenstandslos)*

§ 7 [Entscheidung über die Verhandlungszuständigkeit durch Berufungsgericht im Falle des § 8 EGGVG] (1) [1]Ist in einem Land auf Grund des § 8 des Einführungsgesetzes zum Gerichtsverfassungsgesetz[2] für bürgerliche Rechtsstreitigkeiten ein oberstes Landesgericht eingerichtet, so entscheidet das Berufungsgericht, wenn es die Revision zulässt, oder das Gericht, das die Rechtsbeschwerde zulässt, gleichzeitig über die Zuständigkeit für die Verhandlung und Entscheidung über das Rechtsmittel. [2]Die Entscheidung ist für das oberste Landesgericht und den Bundesgerichtshof bindend.

(2) [1]Die Nichtzulassungsbeschwerde, der Antrag auf Zulassung der Sprungrevision oder die Rechtsbeschwerde im Falle des § 574 Abs. 1 Nr. 1 der Zivilprozessordnung[1] ist bei dem Bundesgerichtshof einzureichen. [2]Betreffen die Gründe für die Zulassung der Revision oder der Rechtsbeschwerde im Wesentlichen Rechtsnormen, die in den Landesgesetzen enthalten sind, so erklärt sich der Bundesgerichtshof durch Beschluss zur Entscheidung über die Beschwerde oder den Antrag für unzuständig und übersendet dem obersten Landesgericht die Prozessakten. [3]Das oberste Landesgericht ist an die Entscheidung des Bundesgerichtshofes über die Zuständigkeit gebunden. [4]Es gibt

---

[1] Nr. **1**.
[2] Nr. **3a**.

Gelegenheit zu einer Änderung oder Ergänzung der Begründung der Beschwerde oder des Antrags.

§ 8 *(aufgehoben)*

§ 9 [Bestimmung des zuständigen Gerichts] Das oberste Landesgericht für bürgerliche Rechtsstreitigkeiten bestimmt das zuständige Gericht auch dann, wenn nach § 36 Abs. 2 der Zivilprozeßordnung[1] ein in seinem Bezirk gelegenes Oberlandesgericht zu entscheiden hätte.

§ 10 *(gegenstandslos)*

§ 11 *(aufgehoben)*

§ 12 [Gesetz im Sinne der ZPO] Gesetz im Sinne der Zivilprozeßordnung[1] und dieses Gesetzes ist jede Rechtsnorm.

§ 13 *(aufgehoben)*

§ 14 [Verhältnis zu den Landesgesetzen] (1) Die prozeßrechtlichen Vorschriften der Landesgesetze treten für alle bürgerlichen Rechtsstreitigkeiten, deren Entscheidung in Gemäßheit des § 3 nach den Vorschriften der Zivilprozeßordnung[1] zu erfolgen hat, außer Kraft, soweit nicht in der Zivilprozeßordnung auf sie verwiesen oder soweit nicht bestimmt ist, daß sie nicht berührt werden.

(2) *(gegenstandslos)*

§ 15 [Landesrechtliche Vorbehalte] Unberührt bleiben:

1. die landesgesetzlichen Vorschriften über die Einstellung des Verfahrens für den Fall, daß ein Kompetenzkonflikt zwischen den Gerichten und den Verwaltungsbehörden oder Verwaltungsgerichten entsteht;
2. die landesgesetzlichen Vorschriften über das Verfahren bei Streitigkeiten, welche die Zwangsenteignung und die Entschädigung wegen derselben betreffen;
3. die landesgesetzlichen Vorschriften über die Zwangsvollstreckung wegen Geldforderungen gegen einen Gemeindeverband oder eine Gemeinde, soweit nicht dingliche Rechte verfolgt werden;
4. die landesgesetzlichen Vorschriften, nach welchen auf die Zwangsvollstreckung gegen einen Rechtsnachfolger des Schuldners, soweit sie in das zu einem Lehen, mit Einschluß eines allodifizierten Lehens, zu einem Stammgute, Familienfideikommiß oder Anerbengute gehörende Vermögen stattfinden soll, die Vorschriften über die Zwangsvollstreckung gegen einen Erben des Schuldners entsprechende Anwendung finden.

---

[1] Nr. **1**.

§ 15a [Einigungsversuch vor Gütestelle] (1) [1]Durch Landesgesetz[1)] kann bestimmt werden, dass die Erhebung der Klage erst zulässig ist, nachdem von einer durch die Landesjustizverwaltung eingerichteten oder anerkannten Gütestelle versucht worden ist, die Streitigkeit einvernehmlich beizulegen

1. in vermögensrechtlichen Streitigkeiten vor dem Amtsgericht über Ansprüche, deren Gegenstand an Geld oder Geldeswert die Summe von 750 Euro nicht übersteigt,
2. in Streitigkeiten über Ansprüche aus dem Nachbarrecht nach den §§ 910, 911, 923 des Bürgerlichen Gesetzbuchs und nach § 906 des Bürgerlichen Gesetzbuchs sowie nach den landesgesetzlichen Vorschriften im Sinne des Artikels 124 des Einführungsgesetzes zum Bürgerlichen Gesetzbuche, sofern es sich nicht um Einwirkungen von einem gewerblichen Betrieb handelt,
3. in Streitigkeiten über Ansprüche wegen Verletzung der persönlichen Ehre, die nicht in Presse oder Rundfunk begangen worden sind,
4. in Streitigkeiten über Ansprüche nach Abschnitt 3 des Allgemeinen Gleichbehandlungsgesetzes.

[2]Der Kläger hat eine von der Gütestelle ausgestellte Bescheinigung über einen erfolglosen Einigungsversuch mit der Klage einzureichen. [3]Diese Bescheinigung ist ihm auf Antrag auch auszustellen, wenn binnen einer Frist von drei

---

[1)] Bislang sind folgende Landesgesetze verkündet:
- **Bayern:** Bayerisches Gesetz zur obligatorischen außergerichtlichen Streitschlichtung in Zivilsachen und zur Änderung gerichtsverfassungsrechtlicher Vorschriften (Bayerisches Schlichtungsgesetz – BaySchlG) v. 25.4.2000 (GVBl. S. 268), zuletzt geänd. durch G v. 8.4.2013 (GVBl S. 174)
- **Brandenburg:** Gesetz zur Einführung einer obligatorischen außergerichtlichen Streitschlichtung im Land Brandenburg (Brandenburgisches Schlichtungsgesetz – BbgSchlG) v. 5.10.2000 (GVBl. I S. 134), zuletzt geänd. durch G v. 8.3.2018 (GVBl. I Nr. 4)
- **Hessen:** Gesetz zur Regelung der außergerichtlichen Streitschlichtung v. 6.2.2001 (GVBl. I S. 98), zuletzt geänd. durch G v. 22.8.2018 (GVBl. S. 362)
- **Mecklenburg-Vorpommern:** Schiedsstellen- und Schlichtungsgesetz – SchStG M-V v. 13.9.1990 (GBl. DDR I S. 1527, BGBl. II 1990 S. 1153), zuletzt geänd. durch G v. 11.11.2015 (GVOBl. M-V S. 462)
- **Niedersachsen:** Niedersächsisches Gesetz zur obligatorischen außergerichtlichen Streitschlichtung (Niedersächsisches Schlichtungsgesetz – NSchlG) v. 17.12.2009 (Nds. GVBl. S. 482), geänd. durch G v. 16.12.2014 (Nds. GVBl. S. 436)
- **Nordrhein-Westfalen:** Gesetz über die Justiz im Land Nordrhein-Westfalen (Justizgesetz Nordrhein-Westfalen – JustG NRW) v. 26.1.2010 (GV. NRW. S. 30), zuletzt geänd. durch G v. 19.12.2019 (GV. NRW. S. 1004)
- **Rheinland-Pfalz:** Landesgesetz zur Ausführung des § 15a des Gesetzes betreffend die Einführung der Zivilprozessordnung (Landesschlichtungsgesetz – LSchlG –) v. 10.9.2008 (GVBl. S. 204)
- **Saarland:** Gesetz zur Ausführung des § 15a des Gesetzes betreffend die Einführung der Zivilprozessordnung und zur Änderung von Rechtsvorschriften (Landesschlichtungsgesetz – LSchlG) v. 21.2.2001 (Amtsbl. S. 532), zuletzt geänd. durch G v. 26.10.2010 (Amtsbl. I S. 1406)
- **Sachsen:** Gesetz über die Schiedsstellen in den Gemeinden des Freistaates Sachsen und über die Anerkennung von Gütestellen im Sinne des § 794 Abs. 1 Nr. 1 der Zivilprozessordnung (Sächsisches Schieds- und Gütestellengesetz – SächsSchiedsGütStG) v. 27.5.1999 (SächsGVBl. S. 247), zuletzt geänd. durch G v. 5.4.2019 (SächsGVBl. S. 245)
- **Sachsen-Anhalt:** Schiedsstellen- und Schlichtungsgesetz (SchStG) idF der Bek. v. 22.6.2001 (GVBl. LSA S. 214), zuletzt geänd. durch G v. 5.12.2014 (GVBl. LSA S. 512)
- **Schleswig-Holstein:** Gesetz zur Ausführung von § 15a des Gesetzes betreffend die Einführung der Zivilprozessordnung (Landesschlichtungsgesetz – LSchliG) v. 11.12.2001 (GVOBl. Schl.-H. S. 361, ber. 2002 S. 218), zuletzt geänd. durch G v. 16.12.2008 (GVOBl. Schl.-H. S. 831)
- **Thüringen:** Thüringer Gesetz über die Schiedsstellen in den Gemeinden (Thüringer Schiedsstellengesetz – ThürSchStG –) idF der Bek. v. 17.5.1996 (GVBl. S. 61), zuletzt geänd. durch G v. 9.9.2010 (GVBl. S. 291)

Monaten das von ihm beantragte Einigungsverfahren nicht durchgeführt worden ist.

(2) [1] Absatz 1 findet keine Anwendung auf

1. Klagen nach den §§ 323, 323a, 324, 328 der Zivilprozessordnung[1)], Widerklagen und Klagen, die binnen einer gesetzlichen oder gerichtlich angeordneten Frist zu erheben sind,
2. *(aufgehoben)*
3. Wiederaufnahmeverfahren,
4. Ansprüche, die im Urkunden- oder Wechselprozess geltend gemacht werden,
5. die Durchführung des streitigen Verfahrens, wenn ein Anspruch im Mahnverfahren geltend gemacht worden ist,
6. Klagen wegen vollstreckungsrechtlicher Maßnahmen, insbesondere nach dem Achten Buch der Zivilprozessordnung.

[2] Das Gleiche gilt, wenn die Parteien nicht in demselben Land wohnen oder ihren Sitz oder eine Niederlassung haben.

(3) [1] Das Erfordernis eines Einigungsversuchs vor einer von der Landesjustizverwaltung eingerichteten oder anerkannten Gütestelle entfällt, wenn die Parteien einvernehmlich einen Einigungsversuch vor einer sonstigen Gütestelle, die Streitbeilegungen betreibt, unternommen haben. [2] Das Einvernehmen nach Satz 1 wird unwiderleglich vermutet, wenn ein Verbraucher eine Verbraucherschlichtungsstelle, eine branchengebundene andere Gütestelle oder eine andere Gütestelle der Industrie- und Handelskammer, der Handwerkskammer oder der Innung angerufen hat. [3] Absatz 1 Satz 2 gilt entsprechend.

(4) Zu den Kosten des Rechtsstreits im Sinne des § 91 Abs. 1, 2 der Zivilprozessordnung gehören die Kosten der Gütestelle, die durch das Einigungsverfahren nach Absatz 1 entstanden sind.

(5) Das Nähere regelt das Landesrecht; es kann auch den Anwendungsbereich des Absatzes 1 einschränken, die Ausschlussgründe des Absatzes 2 erweitern und bestimmen, dass die Gütestelle ihre Tätigkeit von der Einzahlung eines angemessenen Kostenvorschusses abhängig machen und gegen eine im Gütetermin nicht erschienene Partei ein Ordnungsgeld festsetzen darf.

(6) [1] Gütestellen im Sinne dieser Bestimmung können auch durch Landesrecht anerkannt werden. [2] Die vor diesen Gütestellen geschlossenen Vergleiche gelten als Vergleiche im Sinne des § 794 Abs. 1 Nr. 1 der Zivilprozessordnung.

§§ 16, 17 *(aufgehoben)*

§ 18 *(gegenstandslos)*

§ 19 [Begriff der Rechtskraft] (1) Rechtskräftig im Sinne dieses Gesetzes sind Endurteile, welche mit einem ordentlichen Rechtsmittel nicht mehr angefochten werden können.

---

1) Nr. **1**.

(2) Als ordentliche Rechtsmittel im Sinne des vorstehenden Absatzes sind diejenigen Rechtsmittel anzusehen, welche an eine von dem Tage der Verkündung oder Zustellung des Urteils laufende Notfrist gebunden sind.

§ 20 Übergangsvorschriften zum Sechsten Gesetz zur Änderung der Pfändungsfreigrenzen. (1) [1] Eine vor dem Inkrafttreten des Sechsten Gesetzes zur Änderung der Pfändungsfreigrenzen vom 1. April 1992 (BGBl. I S. 745) am 1. Juli 1992 ausgebrachte Pfändung, die nach den Pfändungsfreigrenzen des bis zu diesem Zeitpunkt geltenden Rechts bemessen worden ist, richtet sich hinsichtlich der Leistungen, die nach dem 1. Juli 1992 fällig werden, nach den seit diesem Zeitpunkt geltenden Vorschriften. [2] Auf Antrag des Gläubigers, des Schuldners oder des Drittschuldners hat das Vollstreckungsgericht den Pfändungsbeschluss entsprechend zu berichtigen. [3] Der Drittschuldner kann nach dem Inhalt des früheren Pfändungsbeschlusses mit befreiender Wirkung leisten, bis ihm der Berichtigungsbeschluss zugestellt wird.

(2) [1] Soweit die Wirksamkeit einer Verfügung über Arbeitseinkommen davon abhängt, dass die Forderung der Pfändung unterworfen ist, sind die Vorschriften des Artikels 1 des Sechsten Gesetzes zur Änderung der Pfändungsfreigrenzen vom 1. April 1992 (BGBl. I S. 745) auch dann anzuwenden, wenn die Verfügung vor dem 1. Juli 1992 erfolgt ist. [2] Der Schuldner der Forderung kann nach Maßgabe der bis zu diesem Zeitpunkt geltenden Vorschriften so lange mit befreiender Wirkung leisten, bis ihm eine entgegenstehende vollstreckbare gerichtliche Entscheidung zugestellt wird oder eine Verzichtserklärung desjenigen zugeht, an den der Schuldner auf Grund dieses Gesetzes weniger als bisher zu leisten hat.

(3) Die Absätze 1 und 2 gelten entsprechend, wenn sich die unpfändbaren Beträge zum 1. Juli des jeweiligen Jahres ändern.

§ 21 Übergangsvorschriften zum Siebten Gesetz zur Änderung der Pfändungsfreigrenzen. (1) [1] Für eine vor dem 1. Januar 2002 ausgebrachte Pfändung sind hinsichtlich der nach diesem Zeitpunkt fälligen Leistungen die Vorschriften des § 850a Nr. 4, § 850b Abs. 1 Nr. 4, § 850c und § 850f Abs. 3 der Zivilprozessordnung[1)] in der ab diesem Zeitpunkt geltenden Fassung anzuwenden. [2] Auf Antrag des Gläubigers, des Schuldners oder des Drittschuldners hat das Vollstreckungsgericht den Pfändungsbeschluss entsprechend zu berichtigen. [3] Der Drittschuldner kann nach dem Inhalt des früheren Pfändungsbeschlusses mit befreiender Wirkung leisten, bis ihm der Berichtigungsbeschluss zugestellt wird.

(2) [1] Soweit die Wirksamkeit einer Verfügung über Arbeitseinkommen davon abhängt, dass die Forderung der Pfändung unterworfen ist, sind die Vorschriften des § 850a Nr. 4, § 850b Abs. 1 Nr. 4, § 850c und § 850f Abs. 3 der Zivilprozessordnung in der ab dem 1. Januar 2002 geltenden Fassung hinsichtlich der Leistungen, die nach diesem Zeitpunkt fällig werden, auch anzuwenden, wenn die Verfügung vor diesem Zeitpunkt erfolgt ist. [2] Der Drittschuldner kann nach den bis zum 1. Januar 2002 geltenden Vorschriften so lange mit befreiender Wirkung leisten, bis ihm eine entgegenstehende vollstreckbare gerichtliche Entscheidung zugestellt wird oder eine Verzichtserklärung desjeni-

---

1) Nr. **1**.

gen zugeht, an den der Schuldner nach den ab diesem Zeitpunkt geltenden Vorschriften weniger zu leisten hat.

§ 22 Überleitungsvorschriften zum Zweiten Gesetz zur Änderung zwangsvollstreckungsrechtlicher Vorschriften (2. Zwangsvollstreckungsnovelle) (1) [1] § 708 Nr. 11 der Zivilprozessordnung ist in seiner bis zum 1. Januar 1999 geltenden Fassung (Inkrafttreten der 2. Zwangsvollstreckungsnovelle vom 17. Dezember 1997 (BGBl. I S. 3039, 1998 I S. 583), die durch Artikel 8 des Gesetzes vom 19. Dezember 1998 (BGBl. I S. 3836) geändert worden ist) anzuwenden, wenn die mündliche Verhandlung, auf die das Urteil ergeht, vor dem 1. Januar 1999 geschlossen worden ist. [2] Im schriftlichen Verfahren tritt an die Stelle des Schlusses der mündlichen Verhandlung der Zeitpunkt, bis zu dem Schriftsätze eingereicht werden können.

(2) § 765a Abs. 3 der Zivilprozessordnung in der Fassung des Artikels 1 Nr. 9 Buchstabe c der 2. Zwangsvollstreckungsnovelle gilt nicht, wenn die Räumung binnen einem Monat seit Inkrafttreten der 2. Zwangsvollstreckungsnovelle am 1. Januar 1999 stattfinden soll.

(3) § 788 Abs. 1 Satz 3 der Zivilprozessordnung in der Fassung des Artikels 1 Nr. 11 Buchstabe a der 2. Zwangsvollstreckungsnovelle gilt nur für Kosten, die nach Inkrafttreten der 2. Zwangsvollstreckungsnovelle am 1. Januar 1999 entstehen.

(4) § 794 Abs. 1 Nr. 5 der Zivilprozessordnung ist in seiner bis zum 1. Januar 1999 geltenden Fassung anzuwenden, wenn die Urkunde vor dem Inkrafttreten der 2. Zwangsvollstreckungsnovelle am 1. Januar 1999 errichtet wurde.

(5) § 807 Abs. 1 Nr. 3 und 4 der Zivilprozessordnung in der Fassung des Artikels 1 Nr. 14 Buchstabe a der 2. Zwangsvollstreckungsnovelle gilt nicht für die Verfahren, in denen der Gerichtsvollzieher die Vollstreckung vor dem Inkrafttreten der 2. Zwangsvollstreckungsnovelle am 1. Januar 1999 versucht hatte.

(6) § 833 Abs. 2 der Zivilprozessordnung in der Fassung des Artikels 1 Nr. 23 Buchstabe a der 2. Zwangsvollstreckungsnovelle gilt nicht für Arbeits- oder Dienstverhältnisse, die vor dem Inkrafttreten der 2. Zwangsvollstreckungsnovelle am 1. Januar 1999 beendet waren.

(7) § 866 Abs. 3 Satz 1 und § 867 Abs. 2 der Zivilprozessordnung in der Fassung des Artikels 1 Nr. 26 und 27 Buchstabe a der 2. Zwangsvollstreckungsnovelle gelten nicht für Eintragungen, die vor dem Inkrafttreten der 2. Zwangsvollstreckungsnovelle am 1. Januar 1999 beantragt worden sind.

(8) *(aufgehoben)*

(9) Auf Anträge auf Bestimmung eines Termins zur Abnahme der eidesstattlichen Versicherung, die vor dem 1. Januar 1999 gestellt worden sind, finden die §§ 807, 899, 900 der Zivilprozessordnung und § 20 Nr. 17 des Rechtspflegergesetzes in der jeweils bis zum 1. Januar 1999 geltenden Fassung Anwendung.

§ 23 *(gegenstandslos)*

§ 24 [Übergangsvorschrift zum Gesetz zur Neugliederung, Vereinfachung und Reform des Mietrechts vom 19. Juni 2001] Auf einen Räumungsrechtsstreit, der vor dem 1. September 2001 rechtshängig geworden ist, finden § 93b Abs. 1 und 2, § 721 Abs. 7 sowie § 794a Abs. 5 der Zivilprozessordnung in der bis zu diesem Zeitpunkt geltenden Fassung Anwendung.

§§ 24a, 25 *(aufgehoben)*

§ 26 [Übergangsvorschriften zum Gesetz zur Reform des Zivilprozesses vom 27. Juli 2001] Für das Gesetz zur Reform des Zivilprozesses vom 27. Juli 2001 gelten folgende Übergangsvorschriften:

1. *(aufgehoben)*
2. [1] Für am 1. Januar 2002 anhängige Verfahren finden die §§ 23, 105 Abs. 3 des Gerichtsverfassungsgesetzes und § 92 Abs. 2, §§ 128, 269 Abs. 3, §§ 278, 313a, 495a der Zivilprozessordnung sowie die Vorschriften über das Verfahren im ersten Rechtszug vor dem Einzelrichter in der am 31. Dezember 2001 geltenden Fassung weiter Anwendung. [2] Für das Ordnungsgeld gilt § 178 des Gerichtsverfassungsgesetzes in der am 31. Dezember 2001 geltenden Fassung, wenn der Beschluss, der es festsetzt, vor dem 1. Januar 2002 verkündet oder, soweit eine Verkündung nicht stattgefunden hat, der Geschäftsstelle übergeben worden ist.
3. [1] Das Bundesministerium der Justiz gibt die nach § 115 Abs. 3 Nr. 2 Satz 1 vom Einkommen abzusetzenden Beträge für die Zeit vom 1. Januar 2002 bis zum 30. Juni 2002 neu bekannt. [2] Die Prozesskostenhilfebekanntmachung 2001 ist insoweit nicht mehr anzuwenden.
4. Ist die Prozesskostenhilfe vor dem 1. Januar 2002 bewilligt worden, gilt § 115 Abs. 1 Satz 4 der Zivilprozessordnung für den Rechtszug in der im Zeitpunkt der Bewilligung geltenden Fassung weiter.
5. [1] Für die Berufung gelten die am 31. Dezember 2001 geltenden Vorschriften weiter, wenn die mündliche Verhandlung, auf die das anzufechtende Urteil ergeht, vor dem 1. Januar 2002 geschlossen worden ist. [2] In schriftlichen Verfahren tritt an die Stelle des Schlusses der mündlichen Verhandlung der Zeitpunkt, bis zu dem Schriftsätze eingereicht werden können.
6. § 541 der Zivilprozessordnung in der am 31. Dezember 2001 geltenden Fassung ist nur noch anzuwenden, soweit nach Nummer 5 Satz 1 über die Berufung nach den bisherigen Vorschriften zu entscheiden ist, am 1. Januar 2002 Rechtsfragen zur Vorabentscheidung dem übergeordneten Oberlandesgericht oder dem Bundesgerichtshof vorliegen oder nach diesem Zeitpunkt noch vorzulegen sind.
7. [1] Für die Revision gelten die am 31. Dezember 2001 geltenden Vorschriften weiter, wenn die mündliche Verhandlung auf die das anzufechtende Urteil ergeht, vor dem 1. Januar 2002 geschlossen worden ist. [2] In schriftlichen Verfahren tritt an die Stelle des Schlusses der mündlichen Verhandlung der Zeitpunkt, bis zu dem Schriftsätze eingereicht werden können.

8., 9. *(aufgehoben)*

10. Für Beschwerden und für die Erinnerung finden die am 31. Dezember 2001 geltenden Vorschriften weiter Anwendung, wenn die anzufechtende Entscheidung vor dem 1. Januar 2002 verkündet oder, soweit eine Ver-

kündung nicht stattgefunden hat, der Geschäftsstelle übergeben worden ist.

11. Soweit nach den Nummern 2 bis 5, 7 und 9 in der vor dem 1. Januar 2002 geltenden Fassung Vorschriften weiter anzuwenden sind, die auf Geldbeträge in Deutscher Mark Bezug nehmen, sind diese Vorschriften vom 1. Januar 2002 an mit der Maßgabe anzuwenden, dass die Beträge nach dem Umrechnungskurs 1 Euro = 1,95583 Deutsche Mark und den Rundungsregeln der Verordnung (EG) Nr. 1103/97 des Rates vom 17. Juni 1997 über bestimmte Vorschriften im Zusammenhang mit der Einführung des Euro (ABl. EG Nr. L 162 S. 1) in die Euro-Einheit umgerechnet werden.

§ 27 [Übergangsvorschrift zum Gesetz zur Einführung des Euro in Rechtspflegegesetzen und in Gesetzen des Straf- und Ordnungswidrigkeitenrechts, zur Änderung der Mahnvordruckverordnungen sowie zur Änderung weiterer Gesetze vom 13. Dezember 2001] Auf vereinfachte Verfahren über den Unterhalt Minderjähriger (§§ 645 bis 660 der Zivilprozessordnung[1]), in denen der Antrag auf Festsetzung von Unterhalt vor dem 1. Januar 2002 eingereicht wurde, finden die Vorschriften über das vereinfachte Verfahren über den Unterhalt Minderjähriger in der am 31. Dezember 2001 geltenden Fassung weiter Anwendung.

§ 28 [Übergangsvorschrift zum Gesetz zur Modernisierung des Schuldrechts vom 26. November 2001] (1) Das Mahnverfahren findet nicht statt für Ansprüche eines Unternehmers aus einem Vertrag, für den das Verbraucherkreditgesetz gilt, wenn der nach dem Verbraucherkreditgesetz anzugebende effektive oder anfängliche effektive Jahreszins den bei Vertragsschluss geltenden Basiszinssatz nach § 247 des Bürgerlichen Gesetzbuchs um mehr als zwölf Prozentpunkte übersteigt.

(2) § 690 Abs. 1 Nr. 3 der Zivilprozessordnung[1] findet auf Verträge, für die das Verbraucherkreditgesetz gilt, mit der Maßgabe Anwendung, dass an die Stelle der Angabe des nach den §§ 492, 502 des Bürgerlichen Gesetzbuchs anzugebenden effektiven oder anfänglichen effektiven Jahreszinses die Angabe des nach dem Verbraucherkreditgesetz anzugebenden effektiven oder anfänglichen effektiven Jahreszinses tritt.

§ 29 [Übergangsvorschriften zum 1. Justizmodernisierungsgesetz]

Für das 1. Justizmodernisierungsgesetz vom 24. August 2004 (BGBl. I S. 2198) gelten folgende Übergangsvorschriften:

1. Auf Verfahren, die am 1. September 2004 anhängig sind, findet § 91a der Zivilprozessordnung in der vor dem 1. September 2004 geltenden Fassung Anwendung.
2. [1] § 91 in der seit dem 1. September 2004 geltenden Fassung ist auch auf Verfahren anzuwenden, die zu diesem Zeitpunkt anhängig oder rechtskräftig abgeschlossen worden sind; einer Kostenrückfestsetzung steht nicht entgegen, dass sie vor dem 1. September 2004 abgelehnt worden ist. [2] Haben die Parteien etwas anderes vereinbart, bleibt es dabei.

---

[1] Nr. **1**.

3. Auf Verfahren, die am 1. September 2004 anhängig sind, findet § 411a der Zivilprozessordnung[1)] keine Anwendung.

§ 30 [Übergangsvorschrift zum Justizkommunikationsgesetz] [1] Für Artikel 1 Nr. 2a und 3a des Justizkommunikationsgesetzes vom 22. März 2005 (BGBl. I S. 837) gilt folgende Übergangsvorschrift:
[2] Ist einer Partei vor dem Inkrafttreten dieses Gesetzes für einen Rechtszug Prozesskostenhilfe bewilligt worden, so ist für diesen Rechtszug insoweit das bisherige Recht anzuwenden. [3] Maßgebend ist das Datum des Bewilligungsbeschlusses. [4] Eine Maßnahme der Zwangsvollstreckung gilt als besonderer Rechtszug.

§ 31 [Übergangsvorschrift zum Kapitalanleger-Musterverfahren-Einführungsgesetz] [1] Für das Gesetz zur Einführung von Kapitalanleger-Musterverfahren vom 16. August 2005 (BGBl. I S. 2437) gilt folgende Übergangsvorschrift:
[2] Auf Verfahren, die nach dem 31. Oktober 2005 anhängig werden, findet § 32b der Zivilprozessordnung[1)] keine Anwendung, wenn zu diesem Zeitpunkt bereits bei einem anderen Gericht mindestens zehn Verfahren anhängig sind, in denen die Voraussetzungen für ein Musterverfahren ebenso wie bei dem neu anhängig werdenden Verfahren vorliegen. [3] In den Verfahren nach Satz 1 richtet sich die Zuständigkeit der Gerichte nach den bisher geltenden Vorschriften.

§ 32 Überleitungsvorschriften zum Gesetz zur Entlastung der Rechtspflege. (1) [1] Wenn vor dem Inkrafttreten des Gesetzes zur Entlastung der Rechtspflege vom 11. Januar 1993 (BGBl. I S. 50) am 1. März 1993 die mündliche Verhandlung, auf die das anzufechtende Urteil ergeht, geschlossen worden ist, gelten für die Zulässigkeit der Berufungen die bis dahin geltenden Vorschriften. [2] Im schriftlichen Verfahren tritt an die Stelle des Schlusses der mündlichen Verhandlung in den Fällen des § 128 Abs. 2 der Zivilprozessordnung[1)] der Zeitpunkt, bis zu dem Schriftsätze eingereicht werden können, im Übrigen der Zeitpunkt, zu dem die Geschäftsstelle zum Zwecke der Zustellung die anzufechtende Entscheidung an die Parteien hinausgegeben hat.

(2) Für anhängige Verfahren in der Zivilgerichtsbarkeit gelten die Vorschriften über das Verfahren vor dem Einzelrichter, die §§ 9, 29a Abs. 1, § 128 Abs. 3 Satz 1 und § 495a Abs. 1 Satz 1 der Zivilprozessordnung, § 23 Nr. 1 und 2 Buchstabe a und § 23b Abs. 3 Satz 2 des Gerichtsverfassungsgesetzes in der bis zum 1. März 1993 geltenden Fassung.

§ 33 Überleitungsvorschriften zum Schiedsverfahrens-Neuregelungsgesetz. (1) Die Wirksamkeit von Schiedsvereinbarungen, die vor dem Inkrafttreten des Schiedsverfahrens-Neuregelungsgesetzes vom 22. Dezember 1997 (BGBl. I S. 3224) am 1. Januar 1998 geschlossen worden sind, beurteilt sich nach dem bis zu diesem Zeitpunkt geltenden Recht.

(2) [1] Für schiedsrichterliche Verfahren, die am 1. Januar 1998 noch nicht beendet waren, ist das bis zu diesem Zeitpunkt geltende Recht mit der Maßgabe anzuwenden, dass an die Stelle des schiedsrichterlichen Vergleichs der

---

[1)] Nr. 1.

Schiedsspruch mit vereinbartem Wortlaut tritt. [2]Die Parteien können jedoch die Anwendung des neuen Rechts vereinbaren.

(3) Für gerichtliche Verfahren, die bis zum 1. Januar 1998 anhängig geworden sind, ist das bis zu diesem Zeitpunkt geltende Recht weiter anzuwenden.

(4) [1]Aus für vollstreckbar erklärten schiedsrichterlichen Vergleichen, die vor dem 1. Januar 1998 geschlossen worden sind, findet die Zwangsvollstreckung statt, sofern die Entscheidung über die Vollstreckbarkeit rechtskräftig oder für vorläufig vollstreckbar erklärt worden ist. [2]Für die Entscheidung über die Vollstreckbarkeit gilt das bis zum Inkrafttreten des Schiedsverfahrens-Neuregelungsgesetzes vom 22. Dezember 1997 (BGBl. I S. 3224) geltende Recht.

§ 34 Überleitungsvorschriften zum Gesetz zur Vereinfachung und Beschleunigung gerichtlicher Verfahren. In ihrer bis zum Inkrafttreten des Gesetzes zur Vereinfachung und Beschleunigung gerichtlicher Verfahren vom 3. Dezember 1976 (BGBl. I S. 3281) geltenden Fassung sind weiter anzuwenden:

1. Vorschriften über die Aufforderung an den Beklagten, es dem Gericht anzuzeigen, wenn er sich gegen die Klage verteidigen wolle, über die Fristen zur schriftlichen Klageerwiderung, zur schriftlichen Berufungserwiderung und zur schriftlichen Stellungnahme auf diese, über die Begründung des Einspruchs gegen ein Versäumnisurteil sowie über die Folgen einer Verletzung dieser Vorschriften durch die Parteien, wenn vor dem 1. Juli 1977 die Klage oder das Versäumnisurteil zugestellt oder die Berufung eingelegt wurde;
2. sonstige Vorschriften über die Nichtzulassung nicht rechtzeitig vorgebrachter Angriffs- und Verteidigungsmittel, wenn das Angriffs- oder Verteidigungsmittel in einer vor dem 1. Juli 1977 abgehaltenen mündlichen Verhandlung vorgebracht wurde;
3. Vorschriften über die Nichtzulassung neuer Angriffs- und Verteidigungsmittel im Berufungsrechtszug, die bereits in der ersten Instanz vorzubringen waren, wenn die mündliche Verhandlung im ersten Rechtszug vor dem 1. Juli 1977 geschlossen wurde;
4. Vorschriften über das Urteil, wenn der Termin, in dem die mündliche Verhandlung geschlossen wurde, vor dem 1. Juli 1977 stattgefunden hat;
5. Vorschriften über die Zustellung und Ausfertigung der Urteile, wenn das Urteil vor dem 1. Juli 1977 verkündet worden ist oder, wenn es ohne mündliche Verhandlung ergangen ist, der Geschäftsstelle übergeben wurde;
6. Vorschriften über die Fristen zur Einlegung von Rechtsmitteln und des Einspruchs, wenn die anzufechtende Entscheidung vor dem 1. Juli 1977 verkündet oder statt einer Verkündung zugestellt worden ist;
7. Vorschriften über das Mahnverfahren, wenn der Mahnantrag vor dem 1. Juli 1977 gestellt wurde.

§ 35 [Übergangsvorschrift zum 2. Justizmodernisierungsgesetz]

Auf Verfahren, die vor dem 31. Dezember 2006 rechtskräftig abgeschlossen worden sind, ist § 580 Nr. 8 der Zivilprozessordnung[1] nicht anzuwenden.

§ 36 [Übergangsvorschriften zum Gesetz zur Änderung des Unterhaltsrechts] Für das Gesetz zur Änderung des Unterhaltsrechts vom 21. Dezember 2007 (BGBl. I S. 3189) gelten folgende Übergangsvorschriften:

1. Ist über den Unterhaltsanspruch vor dem 1. Januar 2008 rechtskräftig entschieden, ein vollstreckbarer Titel errichtet oder eine Unterhaltsvereinbarung getroffen worden, sind Umstände, die vor diesem Tag entstanden und durch das Gesetz zur Änderung des Unterhaltsrechts erheblich geworden sind, nur zu berücksichtigen, soweit eine wesentliche Änderung der Unterhaltsverpflichtung eintritt und die Änderung dem anderen Teil unter Berücksichtigung seines Vertrauens in die getroffene Regelung zumutbar ist.
2. Die in Nummer 1 genannten Umstände können bei der erstmaligen Änderung eines vollstreckbaren Unterhaltstitels nach dem 1. Januar 2008 ohne die Beschränkungen des § 323 Abs. 2 und des § 767 Abs. 2 der Zivilprozessordnung[1] geltend gemacht werden.
3. [1] Ist einem Kind der Unterhalt aufgrund eines vollstreckbaren Titels oder einer Unterhaltsvereinbarung als Prozentsatz des jeweiligen Regelbetrags nach der Regelbetrag-Verordnung zu leisten, gilt der Titel oder die Unterhaltsvereinbarung fort. [2] An die Stelle des Regelbetrags tritt der Mindestunterhalt. [3] An die Stelle des bisherigen Prozentsatzes tritt ein neuer Prozentsatz. [4] Hierbei gilt:
   a) Sieht der Titel oder die Vereinbarung die Anrechnung des hälftigen oder eines Teils des hälftigen Kindergelds vor, ergibt sich der neue Prozentsatz, indem dem bisher zu zahlenden Unterhaltsbetrag das hälftige Kindergeld hinzugerechnet wird und der sich so ergebende Betrag in Verhältnis zu dem bei Inkrafttreten des Gesetzes zur Änderung des Unterhaltsrechts geltenden Mindestunterhalt gesetzt wird; der zukünftig zu zahlende Unterhaltsbetrag ergibt sich, indem der neue Prozentsatz mit dem Mindestunterhalt vervielfältigt und von dem Ergebnis das hälftige Kindergeld abgezogen wird.
   b) Sieht der Titel oder die Vereinbarung die Hinzurechnung des hälftigen Kindergelds vor, ergibt sich der neue Prozentsatz, indem vom bisher zu zahlenden Unterhaltsbetrag das hälftige Kindergeld abgezogen wird und der sich so ergebende Betrag in Verhältnis zu dem bei Inkrafttreten des Gesetzes zur Änderung des Unterhaltsrechts geltenden Mindestunterhalt gesetzt wird; der zukünftig zu zahlende Unterhaltsbetrag ergibt sich, indem der neue Prozentsatz mit dem Mindestunterhalt vervielfältigt und dem Ergebnis das hälftige Kindergeld hinzugerechnet wird.
   c) Sieht der Titel oder die Vereinbarung die Anrechnung des vollen Kindergelds vor, ist Buchstabe a anzuwenden, wobei an die Stelle des hälftigen Kindergelds das volle Kindergeld tritt.

---

[1] Nr. 1.

d) Sieht der Titel oder die Vereinbarung weder eine Anrechnung noch eine Hinzurechnung des Kindergelds oder eines Teils des Kindergelds vor, ist Buchstabe a anzuwenden.

5 Der sich ergebende Prozentsatz ist auf eine Dezimalstelle zu begrenzen. 6 Die Nummern 1 und 2 bleiben unberührt.

4. Der Mindestunterhalt minderjähriger Kinder im Sinne des § 1612a Abs. 1 des Bürgerlichen Gesetzbuchs beträgt
   a) für die Zeit bis zur Vollendung des sechsten Lebensjahrs (erste Altersstufe) 279 Euro,
   b) für die Zeit vom siebten bis zur Vollendung des zwölften Lebensjahrs (zweite Altersstufe) 322 Euro,
   c) für die Zeit vom 13. Lebensjahr an (dritte Altersstufe) 365 Euro

   jeweils bis zu dem Zeitpunkt, in dem der Mindestunterhalt nach Maßgabe des § 1612a Abs. 1 des Bürgerlichen Gesetzbuchs den hier festgelegten Betrag übersteigt.
5. 1 In einem Verfahren nach § 621 Abs. 1 Nr. 4, 5 oder Nr. 11 der Zivilprozessordnung können die in Nummer 1 genannten Umstände noch in der Revisionsinstanz vorgebracht werden. 2 Das Revisionsgericht kann die Sache an das Berufungsgericht zurückverweisen, wenn bezüglich der neuen Tatsachen eine Beweisaufnahme erforderlich wird.
6. In den in Nummer 5 genannten Verfahren ist eine vor dem 1. Januar 2008 geschlossene mündliche Verhandlung auf Antrag wieder zu eröffnen.
7. Unterhaltsleistungen, die vor dem 1. Januar 2008 fällig geworden sind oder den Unterhalt für Ehegatten betreffen, die nach dem bis zum 30. Juni 1977 geltenden Recht geschieden worden sind, bleiben unberührt.

§ 37 Übergangsvorschrift zum Risikobegrenzungsgesetz. § 799a der Zivilprozessordnung[1)] ist nicht anzuwenden, wenn die Vollstreckung aus der Urkunde vor dem 19. August 2008 für unzulässig erklärt worden ist.

§ 37a Übergangsbestimmung zur Prozesskostenhilfe. Führt die Änderung der nach § 115 Absatz 1 Satz 3 der Zivilprozessordnung[1)] maßgebenden Beträge durch Artikel 6 des Gesetzes zur Ermittlung von Regelbedarfen und zur Änderung des Zweiten und Zwölften Buches Sozialgesetzbuch vom 24. März 2011 (BGBl. I S. 453) dazu, dass keine Monatsrate zu zahlen ist, so ist dies auf Antrag bereits ab dem 1. Januar 2011 zu berücksichtigen.

§ 38 Informationspflicht aus Anlass des Gesetzes zur Reform des Kontopfändungsschutzes. 1 Die Kreditinstitute haben die Inhaber der bei ihnen geführten Konten darüber zu unterrichten, dass Pfändungsschutz für Kontoguthaben und Verrechnungsschutz für Sozialleistungen und Kindergeld ab dem 1. Januar 2012 nur für Pfändungsschutzkonten nach § 850k der Zivilprozessordnung[1)] in der Fassung des Gesetzes zur Reform des Kontopfändungsschutzes vom 7. Juli 2009 (BGBl. I S. 1707) gewährt wird. 2 Die Unterrichtung hat in Textform spätestens bis zum 30. November 2011 zu erfolgen.

[1)] Nr. **1**.

§ 38a [Übergangsvorschrift zum Gesetz zur Änderung des § 522 der Zivilprozessordnung] (1) Für Zurückweisungsbeschlüsse, die vor dem 27. Oktober 2011 erlassen wurden, ist *§ 522 Absatz 3*[1] in der vor dem 27. Oktober 2011 geltenden Fassung weiter anzuwenden.

(2) Auf Urteile, bei denen die Frist des § 586 Absatz 2 Satz 2 der Zivilprozessordnung[2] am 27. Oktober 2011 abgelaufen ist, ist § 586 Absatz 4 der Zivilprozessordnung nicht anzuwenden.

§ 39 [Übergangsvorschriften zum Gesetz zur Reform der Sachaufklärung in der Zwangsvollstreckung] Für das Gesetz zur Reform der Sachaufklärung in der Zwangsvollstreckung vom 29. Juli 2009 (BGBl. I S. 2258) gelten folgende Übergangsvorschriften:

1. Für Vollstreckungsaufträge, die vor dem 1. Januar 2013 beim Gerichtsvollzieher eingegangen sind, sind anstelle der §§ 754, 755, 758a Abs. 2, von § 788 Abs. 4, der §§ 802a bis 802l, 807, 836 Abs. 3, der §§ 851b, 882b bis 882h, 883 Abs. 2 und von § 933 Satz 1 der Zivilprozessordnung[2] die §§ 754, 806b, 807, 813a, 813b, 836 Abs. 3, der § 845 Abs. 1 Satz 3, die §§ 851b, 883 Abs. 2 und 4, der § 888 Abs. 1 Satz 3, die §§ 899 bis 915h und § 933 Satz 1 der Zivilprozessordnung in der bis zum 31. Dezember 2012 geltenden Fassung weiter anzuwenden.
2. Für Vollstreckungsaufträge, die vor dem 1. Januar 2013 beim Vollziehungsbeamten eingegangen sind, sind die §§ 6 und 7 der Justizbeitreibungsordnung und die darin genannten Bestimmungen der Zivilprozessordnung in der bis zum 31. Dezember 2012 geltenden Fassung weiter anzuwenden.
3. § 16 Abs. 3 des Verwaltungs-Vollstreckungsgesetzes, § 15 Satz 1 des Ausführungsgesetzes zum deutsch-österreichischen Konkursvertrag, § 98 Abs. 3 der Insolvenzordnung, § 463b Abs. 3 der Strafprozessordnung, § 35 Abs. 3, § 89 Abs. 3, § 91 Abs. 2 und § 94 des Gesetzes über das Verfahren in Familiensachen und in den Angelegenheiten der freiwilligen Gerichtsbarkeit, § 90 Abs. 3 des Gesetzes über Ordnungswidrigkeiten, §§ 284, 326 Abs. 3, § 334 Abs. 3 der Abgabenordnung und § 25 Abs. 4 des Straßenverkehrsgesetzes sowie die darin genannten Bestimmungen der Zivilprozessordnung sind in der bis zum 31. Dezember 2012 geltenden Fassung weiter anzuwenden, wenn die Auskunftserteilung oder die Haft vor dem 1. Januar 2013 angeordnet worden ist.
4. [1]Im Rahmen des § 802d Abs. 1 Satz 1 der Zivilprozessordnung und des § 284 Abs. 4 Satz 1 der Abgabenordnung steht die Abgabe einer eidesstattlichen Versicherung nach § 807 der Zivilprozessordnung oder nach § 284 der Abgabenordnung in der bis zum 31. Dezember 2012 geltenden Fassung der Abgabe einer Vermögensauskunft nach § 802c der Zivilprozessordnung oder nach § 284 der Abgabenordnung in der ab dem 1. Januar 2013 geltenden Fassung gleich. [2]Kann ein Gläubiger aus diesem Grund keine Vermögensauskunft verlangen, ist er nach Maßgabe des § 299 Abs. 1 der Zivilprozessordnung dazu befugt, das beim Vollstreckungsgericht verwahrte Vermögensverzeichnis einzusehen, das der eidesstattlichen Versicherung zu Grunde liegt, und sich aus ihm Abschriften erteilen zu lassen. [3]Insoweit sind

---

[1] Richtig wohl: „§ 522 Absatz 3 der Zivilprozessordnung".
[2] Nr. **1**.

die bis zum 31. Dezember 2012 geltenden Vorschriften des Gerichtskostengesetzes[1] über die Erteilung einer Ablichtung oder eines Ausdrucks des mit eidesstattlicher Versicherung abgegebenen Vermögensverzeichnisses oder den Antrag auf Gewährung der Einsicht in dieses Vermögensverzeichnis weiter anzuwenden.

5. [1]Das Schuldnerverzeichnis nach § 915 der Zivilprozessordnung in der bis zum 31. Dezember 2012 geltenden Fassung wird hinsichtlich der Eintragungen fortgeführt, die vor dem 1. Januar 2013 vorzunehmen waren oder die nach den Nummern 1 bis 3 nach dem 31. Dezember 2012 vorzunehmen sind. [2]Die §§ 915 bis 915h der Zivilprozessordnung sowie § 26 Absatz 2 der Insolvenzordnung jeweils in der bis zum 31. Dezember 2012 geltenden Fassung sind insoweit weiter anzuwenden. [3]Unbeschadet des § 915a Abs. 2 der Zivilprozessordnung in der bis zum 31. Dezember 2012 geltenden Fassung ist eine Eintragung in dem nach Satz 1 fortgeführten Schuldnerverzeichnis vorzeitig zu löschen, wenn der Schuldner in das Schuldnerverzeichnis nach § 882b der Zivilprozessordnung in der ab dem 1. Januar 2013 geltenden Fassung eingetragen wird.
6. Soweit eine gesetzliche Bestimmung die Eintragung in das Schuldnerverzeichnis nach § 882b der Zivilprozessordnung in der ab dem 1. Januar 2013 geltenden Fassung voraussetzt, steht dem die Eintragung in das nach Nummer 5 fortgeführte Schuldnerverzeichnis gleich.

§ 40 Übergangsvorschrift zum Gesetz zur Änderung des Prozesskostenhilfe- und Beratungshilferechts. [1]Hat eine Partei vor dem 1. Januar 2014 für einen Rechtszug Prozesskostenhilfe beantragt, so sind für diesen Rechtszug die §§ 114 bis 127 der Zivilprozessordnung[2], § 48 Absatz 1 Nummer 1 der Bundesrechtsanwaltsordnung, § 4b der Insolvenzordnung, § 11a des Arbeitsgerichtsgesetzes, § 397a der Strafprozessordnung, § 77 Absatz 1 Satz 2 und § 168 Absatz 2 Satz 2 des Gesetzes über das Verfahren in Familiensachen und in Angelegenheiten der freiwilligen Gerichtsbarkeit, § 12 Satz 1 des Rechtsanwaltsvergütungsgesetzes[3] sowie die §§ 136 und 137 des Patentgesetzes in der bis zum 31. Dezember 2013 geltenden Fassung anzuwenden. [2]Eine Maßnahme der Zwangsvollstreckung gilt als besonderer Rechtszug.

§ 41 Übergangsvorschrift zum Gesetz zur Änderung des Sachverständigenrechts und zur weiteren Änderung des Gesetzes über das Verfahren in Familiensachen und in den Angelegenheiten der freiwilligen Gerichtsbarkeit sowie zur Änderung des Sozialgerichtsgesetzes, der Verwaltungsgerichtsordnung, der Finanzgerichtsordnung und des Gerichtskostengesetzes. Wurde der Sachverständige vor dem 15. Oktober 2016 ernannt, ist § 411 Absatz 1 und 2 der Zivilprozessordnung[2] in der bis zum 15. Oktober 2016 geltenden Fassung anzuwenden.

---

[1] Auszugsweise abgedruckt unter Nr. **9**.
[2] Nr. **1**.
[3] Nr. **10**.

§ 42 Informationspflichten aus Anlass des Gesetzes zur Durchführung der Verordnung (EU) Nr. 655/2014 sowie zur Änderung sonstiger zivilprozessualer, grundbuchrechtlicher und vermögensrechtlicher Vorschriften und zur Änderung der Justizbeitreibungsordnung. Die Länder übermitteln dem Bundesministerium der Justiz und für Verbraucherschutz auf Anfrage die Informationen nach Artikel 53 Absatz 2 der Verordnung (EU) Nr. 655/2014[1] des Europäischen Parlaments und des Rates vom 15. Mai 2014 zur Einführung eines Verfahrens für einen Europäischen Beschluss zur vorläufigen Kontenpfändung im Hinblick auf die Erleichterung der grenzüberschreitenden Eintreibung von Forderungen in Zivil- und Handelssachen (ABl. L 189 vom 27.6.2014, S. 59).

[§ 43 bis 31.12.2021:]
§ 43 Verordnungsermächtigung für die Länder aus Anlass des Gesetzes zur Durchführung der Verordnung (EU) Nr. 655/2014 sowie zur Änderung sonstiger zivilprozessualer, grundbuchrechtlicher und vermögensrechtlicher Vorschriften und zur Änderung der Justizbeitreibungsordnung. (1) Die Landesregierungen können für ihren Bereich durch Rechtsverordnung bestimmen, dass § 753 Absatz 4, § 754a Absatz 3 und § 829a Absatz 3 der Zivilprozessordnung[2] in der bis zum 31. Dezember 2017 geltenden Fassung bis zum 31. Dezember entweder des Jahres 2018 oder des Jahres 2019 weiterhin Anwendung finden und die in den Artikeln 2 und 14 Nummer 4 des Gesetzes zur Durchführung der Verordnung (EU) Nr. 655/2014 sowie zur Änderung sonstiger zivilprozessualer, grundbuchrechtlicher und vermögensrechtlicher Vorschriften und zur Änderung der Justizbeitreibungsordnung genannten Bestimmungen ganz oder teilweise erst am 1. Januar entweder des Jahres 2019 oder des Jahres 2020 in Kraft treten.

(2) [1] Die Landesregierungen können für ihren Bereich durch Rechtsverordnung bestimmen, dass die in den Artikeln 3 und 14 Nummer 5 des Gesetzes zur Durchführung der Verordnung (EU) Nr. 655/2014 sowie zur Änderung sonstiger zivilprozessualer, grundbuchrechtlicher und vermögensrechtlicher Vorschriften und zur Änderung der Justizbeitreibungsordnung genannten Bestimmungen ganz oder teilweise bereits am 1. Januar entweder des Jahres 2020 oder des Jahres 2021 in Kraft treten. [2] Sofern die Landesregierung von der Ermächtigung in Absatz 1 Gebrauch gemacht hat, kommt nur ein Inkrafttreten am 1. Januar 2021 in Betracht.

(3) Die Landesregierungen können die Ermächtigungen nach den Absätzen 1 und 2 durch Rechtsverordnung auf die Landesjustizverwaltung übertragen.

[§ 43 ab 1.1.2022:]
§ 43 *(aufgehoben)*

---

[1] Nr. 7.
[2] Nr. 1.

1b. Gesetz über Unterlassungsklagen bei Verbraucherrechts- und anderen Verstößen (Unterlassungsklagengesetz – UKlaG)

In der Fassung der Bekanntmachung vom 27. August 2002[1)]
(BGBl. I S. 3422, ber. S. 4346)

FNA 402-37

zuletzt geänd. durch Art. 4 G zur Umsetzung der Zweiten ZahlungsdiensteRL v. 17.7.2017 (BGBl. I S. 2446)

Abschnitt 1. Ansprüche bei Verbraucherrechts- und anderen Verstößen

§ 1 Unterlassungs- und Widerrufsanspruch bei Allgemeinen Geschäftsbedingungen. Wer in Allgemeinen Geschäftsbedingungen Bestimmungen, die nach den §§ 307 bis 309 des Bürgerlichen Gesetzbuchs unwirksam sind, verwendet oder für den rechtsgeschäftlichen Verkehr empfiehlt, kann auf Unterlassung und im Fall des Empfehlens auch auf Widerruf in Anspruch genommen werden.

§ 1a Unterlassungsanspruch wegen der Beschränkung der Haftung bei Zahlungsverzug. Wer in anderer Weise als durch Verwendung oder Empfehlung von Allgemeinen Geschäftsbedingungen den Vorschriften des § 271a Absatz 1 bis 3, des § 286 Absatz 5 oder des § 288 Absatz 6 des Bürgerlichen Gesetzbuchs zuwiderhandelt, kann auf Unterlassung in Anspruch genommen werden.

§ 2 Ansprüche bei verbraucherschutzgesetzwidrigen Praktiken.

(1) [1] Wer in anderer Weise als durch Verwendung oder Empfehlung von Allgemeinen Geschäftsbedingungen Vorschriften zuwiderhandelt, die dem Schutz der Verbraucher dienen (Verbraucherschutzgesetze), kann im Interesse des Verbraucherschutzes auf Unterlassung und Beseitigung in Anspruch genommen werden. [2] Werden die Zuwiderhandlungen in einem Unternehmen von einem Mitarbeiter oder Beauftragten begangen, so ist der Unterlassungsanspruch oder der Beseitigungsanspruch auch gegen den Inhaber des Unternehmens begründet. [3] Bei Zuwiderhandlungen gegen die in Absatz 2 Satz 1 Nummer 11 genannten Vorschriften richtet sich der Beseitigungsanspruch nach den entsprechenden datenschutzrechtlichen Vorschriften.

(2) [1] Verbraucherschutzgesetze im Sinne dieser Vorschrift sind insbesondere

1. die Vorschriften des Bürgerlichen Rechts, die für
   a) außerhalb von Geschäftsräumen geschlossene Verträge,
   b) Fernabsatzverträge,
   c) Verbrauchsgüterkäufe,

[1)] Neubekanntmachung des UKlaG v. 26.11.2001 (BGBl. I S. 3138, 3173) in der ab 21.8.2002 geltenden Fassung.

d) Teilzeit-Wohnrechteverträge, Verträge über langfristige Urlaubsprodukte sowie Vermittlungsverträge und Tauschsystemverträge,

e) Verbraucherdarlehensverträge, Finanzierungshilfen und Ratenlieferungsverträge,

f) Bauverträge,

g) Pauschalreiseverträge, die Reisevermittlung und die Vermittlung verbundener Reiseleistungen,

h) Darlehensvermittlungsverträge sowie

i) Zahlungsdiensteverträge

zwischen einem Unternehmer und einem Verbraucher gelten,

2. die Vorschriften zur Umsetzung der Artikel 5, 10 und 11 der Richtlinie 2000/31/EG des Europäischen Parlaments und des Rates vom 8. Juni 2000 über bestimmte rechtliche Aspekte der Dienste der Informationsgesellschaft, insbesondere des elektronischen Geschäftsverkehrs, im Binnenmarkt („Richtlinie über den elektronischen Geschäftsverkehr“, ABl. EG Nr. L 178 S. 1),

3. das Fernunterrichtsschutzgesetz,

4. die Vorschriften zur Umsetzung der Artikel 19 bis 26 der Richtlinie 2010/13/EU des Europäischen Parlaments und des Rates vom 10. März 2010 zur Koordinierung bestimmter Rechts- und Verwaltungsvorschriften der Mitgliedstaaten über die Bereitstellung audiovisueller Mediendienste (ABl. L 95 vom 15.4.2010, S. 1),

5. die entsprechenden Vorschriften des Arzneimittelgesetzes sowie Artikel 1 §§ 3 bis 13 des Gesetzes über die Werbung auf dem Gebiete des Heilwesens,

6. § 126 des Investmentgesetzes oder § 305 des Kapitalanlagegesetzbuchs,

7. die Vorschriften des Abschnitts 11 des Wertpapierhandelsgesetzes, die das Verhältnis zwischen einem Wertpapierdienstleistungsunternehmen und einem Kunden regeln,

8. das Rechtsdienstleistungsgesetz,

9. die §§ 59 und 60 Absatz 1, die §§ 78, 79 Absatz 2 und 3 sowie § 80 des Erneuerbare-Energien-Gesetzes,

10. das Wohn- und Betreuungsvertragsgesetz,

11.[1] die Vorschriften, welche die Zulässigkeit regeln

a) der Erhebung personenbezogener Daten eines Verbrauchers durch einen Unternehmer oder

b) der Verarbeitung oder der Nutzung personenbezogener Daten, die über einen Verbraucher erhoben wurden, durch einen Unternehmer,

wenn die Daten zu Zwecken der Werbung, der Markt- und Meinungsforschung, des Betreibens einer Auskunftei, des Erstellens von Persönlichkeits- und Nutzungsprofilen, des Adresshandels, des sonstigen Datenhandels oder zu vergleichbaren kommerziellen Zwecken erhoben, verarbeitet oder genutzt werden,

---

[1] Beachte die Überleitungsvorschrift in § 17.

12. § 2 Absatz 2 sowie die §§ 36 und 37 des Verbraucherstreitbeilegungsgesetzes[1] vom 19. Februar 2016 (BGBl. I S. 254) und Artikel 14 Absatz 1 und 2 der Verordnung (EU) Nr. 524/2013 des Europäischen Parlaments und des Rates vom 21. Mai 2013 über die Online-Beilegung verbraucherrechtlicher Streitigkeiten und zur Änderung der Verordnung (EG) Nr. 2006/2004 und der Richtlinie 2009/22/EG (ABl. L 165 vom 18.6. 2013, S. 1) und
13. die Vorschriften des Zahlungskontengesetzes, die das Verhältnis zwischen einem Zahlungsdienstleister und einem Verbraucher regeln.

[2] Eine Datenerhebung, Datenverarbeitung oder Datennutzung zu einem vergleichbaren kommerziellen Zweck im Sinne des Satzes 1 Nummer 11 liegt insbesondere nicht vor, wenn personenbezogene Daten eines Verbrauchers von einem Unternehmer ausschließlich für die Begründung, Durchführung oder Beendigung eines rechtsgeschäftlichen oder rechtsgeschäftsähnlichen Schuldverhältnisses mit dem Verbraucher erhoben, verarbeitet oder genutzt werden.

§ 2a Unterlassungsanspruch nach dem Urheberrechtsgesetz. (1) Wer gegen § 95b Abs. 1 des Urheberrechtsgesetzes verstößt, kann auf Unterlassung in Anspruch genommen werden.

(2) Absatz 1 gilt nicht, soweit Werke und sonstige Schutzgegenstände der Öffentlichkeit auf Grund einer vertraglichen Vereinbarung in einer Weise zugänglich gemacht werden, dass sie Mitgliedern der Öffentlichkeit von Orten und zu Zeiten ihrer Wahl zugänglich sind.

§ 2b Missbräuchliche Geltendmachung von Ansprüchen. [1] Die Geltendmachung eines Anspruchs nach den §§ 1 bis 2a ist unzulässig, wenn sie unter Berücksichtigung der gesamten Umstände missbräuchlich ist, insbesondere wenn sie vorwiegend dazu dient, gegen den Anspruchsgegner einen Anspruch auf Ersatz von Aufwendungen oder Kosten der Rechtsverfolgung entstehen zu lassen. [2] In diesen Fällen kann der Anspruchsgegner Ersatz der für seine Rechtsverteidigung erforderlichen Aufwendungen verlangen. [3] Weitergehende Ersatzansprüche bleiben unberührt.

§ 3 Anspruchsberechtigte Stellen. (1) [1] Die in den §§ 1 bis 2 bezeichneten Ansprüche auf Unterlassung, auf Widerruf und auf Beseitigung stehen zu:

1. qualifizierten Einrichtungen, die nachweisen, dass sie in der Liste qualifizierter Einrichtungen nach § 4 oder in dem Verzeichnis der Europäischen Kommission nach Artikel 4 Absatz 3 der Richtlinie 2009/22/EG des Europäischen Parlaments und des Rates vom 23. April 2009 über Unterlassungsklagen zum Schutz der Verbraucherinteressen (ABl. L 110 vom 1.5.2009, S. 30) eingetragen sind,
2. rechtsfähigen Verbänden zur Förderung gewerblicher oder selbständiger beruflicher Interessen, soweit ihnen eine erhebliche Zahl von Unternehmen angehört, die Waren oder Dienstleistungen gleicher oder verwandter Art auf demselben Markt vertreiben, wenn sie insbesondere nach ihrer personellen, sachlichen und finanziellen Ausstattung imstande sind, ihre satzungsmäßigen

---

[1] Nr. **1d**.

Aufgaben der Verfolgung gewerblicher oder selbständiger beruflicher Interessen tatsächlich wahrzunehmen, und soweit die Zuwiderhandlung die Interessen ihrer Mitglieder berührt,

3. den Industrie- und Handelskammern oder den Handwerkskammern.

[2] Der Anspruch kann nur an Stellen im Sinne des Satzes 1 abgetreten werden.

(2) Die in Absatz 1 Satz 1 Nummer 1 bezeichneten Stellen können die folgenden Ansprüche nicht geltend machen:

1. Ansprüche nach § 1, wenn Allgemeine Geschäftsbedingungen gegenüber einem Unternehmer (§ 14 des Bürgerlichen Gesetzbuchs) oder einem öffentlichen Auftraggeber (§ 99 Nummer 1 bis 3 des Gesetzes gegen Wettbewerbsbeschränkungen) verwendet oder wenn Allgemeine Geschäftsbedingungen zur ausschließlichen Verwendung zwischen Unternehmern oder zwischen Unternehmern und öffentlichen Auftraggebern empfohlen werden,
2. Ansprüche nach § 1a, es sei denn, eine Zuwiderhandlung gegen § 288 Absatz 6 des Bürgerlichen Gesetzbuchs betrifft einen Anspruch eines Verbrauchers.

§ 3a Anspruchsberechtigte Verbände nach § 2a. [1] Der in § 2a Abs. 1 bezeichnete Anspruch auf Unterlassung steht rechtsfähigen Verbänden zur nicht gewerbsmäßigen und nicht nur vorübergehenden Förderung der Interessen derjenigen zu, die durch § 95b Abs. 1 Satz 1 des Urheberrechtsgesetzes begünstigt werden. [2] Der Anspruch kann nur an Verbände im Sinne des Satzes 1 abgetreten werden.

§ 4 Qualifizierte Einrichtungen. (1) [1] Das Bundesamt für Justiz führt die Liste der qualifizierten Einrichtungen, die es auf seiner Internetseite in der jeweils aktuellen Fassung veröffentlicht und mit Stand 1. Januar eines jeden Jahres im Bundesanzeiger bekannt macht.[1)] [2] Es übermittelt die Liste mit Stand zum 1. Januar und zum 1. Juli eines jeden Jahres an die Europäische Kommission unter Hinweis auf Artikel 4 Absatz 2 der Richtlinie 2009/22/EG.

(2) [1] In die Liste werden auf Antrag rechtsfähige Vereine eingetragen, zu deren satzungsmäßigen Aufgaben es gehört, Interessen der Verbraucher durch nicht gewerbsmäßige Aufklärung und Beratung wahrzunehmen, wenn

1. sie mindestens drei Verbände, die im gleichen Aufgabenbereich tätig sind, oder mindestens 75 natürliche Personen als Mitglieder haben,
2. sie mindestens ein Jahr bestanden haben und
3. auf Grund ihrer bisherigen Tätigkeit gesichert erscheint, dass sie ihre satzungsmäßigen Aufgaben auch künftig dauerhaft wirksam und sachgerecht erfüllen werden.

[2] Es wird unwiderleglich vermutet, dass Verbraucherzentralen und andere Verbraucherverbände, die mit öffentlichen Mitteln gefördert werden, diese Voraussetzungen erfüllen. [3] Die Eintragung in die Liste erfolgt unter Angabe von Namen, Anschrift, Registergericht, Registernummer und satzungsmäßigem Zweck. [4] Sie ist mit Wirkung für die Zukunft aufzuheben, wenn

---

[1)] Siehe die Bek. der Liste qualifizierter Einrichtungen gem. § 4 UKlaG v. 2.1.2019 (BAnz AT 09.01.2019 B4).

1. der Verband dies beantragt oder
2. die Voraussetzungen für die Eintragung nicht vorlagen oder weggefallen sind.

[5] Ist auf Grund tatsächlicher Anhaltspunkte damit zu rechnen, dass die Eintragung nach Satz 4 zurückzunehmen oder zu widerrufen ist, so soll das Bundesamt für Justiz das Ruhen der Eintragung für einen bestimmten Zeitraum von längstens drei Monaten anordnen. [6] Widerspruch und Anfechtungsklage haben im Fall des Satzes 5 keine aufschiebende Wirkung.

(2a) [1] Qualifizierte Einrichtungen, die Ansprüche nach § 2 Absatz 1 wegen Zuwiderhandlungen gegen Verbraucherschutzgesetze nach § 2 Absatz 2 Satz 1 Nummer 11 durch Abmahnung oder Klage geltend gemacht haben, sind verpflichtet, dem Bundesamt für Justiz jährlich die Anzahl dieser Abmahnungen und erhobenen Klagen mitzuteilen und über die Ergebnisse der Abmahnungen und Klagen zu berichten. [2] Das Bundesamt für Justiz berücksichtigt diese Berichte bei der Beurteilung, ob bei der qualifizierten Einrichtung die sachgerechte Aufgabenerfüllung im Sinne des Absatzes 2 Satz 1 Nummer 3 gesichert erscheint.

(3) [1] Entscheidungen über Eintragungen erfolgen durch einen Bescheid, der dem Antragsteller zuzustellen ist. [2] Das Bundesamt für Justiz erteilt den Verbänden auf Antrag eine Bescheinigung über ihre Eintragung in die Liste. [3] Es bescheinigt auf Antrag Dritten, die daran ein rechtliches Interesse haben, dass die Eintragung eines Verbands in die Liste aufgehoben worden ist.

(4) Ergeben sich in einem Rechtsstreit begründete Zweifel an dem Vorliegen der Voraussetzungen nach Absatz 2 bei einer eingetragenen Einrichtung, so kann das Gericht das Bundesamt für Justiz zur Überprüfung der Eintragung auffordern und die Verhandlung bis zu dessen Entscheidung aussetzen.

(5) Das Bundesministerium der Justiz und für Verbraucherschutz wird ermächtigt, durch Rechtsverordnung, die der Zustimmung des Bundesrates nicht bedarf, die Einzelheiten des Eintragungsverfahrens, insbesondere die zur Prüfung der Eintragungsvoraussetzungen erforderlichen Ermittlungen, sowie die Einzelheiten der Führung der Liste zu regeln.

§ 4a Unterlassungsanspruch bei innergemeinschaftlichen Verstößen.

(1) [1] Wer innergemeinschaftlich gegen Gesetze zum Schutz der Verbraucherinteressen im Sinne von Artikel 3 Buchstabe b der Verordnung (EG) Nr. 2006/2004 des Europäischen Parlaments und des Rates vom 27. Oktober 2004 über die Zusammenarbeit zwischen den für die Durchsetzung der Verbraucherschutzgesetze zuständigen nationalen Behörden (ABl. EU Nr. L 364 S. 1) verstößt, kann auf Unterlassung in Anspruch genommen werden. [2] § 2b ist entsprechend anzuwenden.

(2) [1] Die Ansprüche stehen den Stellen nach § 3 Absatz 1 Satz 1 zu. [2] Es wird unwiderleglich vermutet, dass ein nach § 7 Absatz 1 des EG-Verbraucherschutzdurchsetzungsgesetzes beauftragter Dritter eine Stelle nach Satz 1 ist. [3] § 3 Absatz 1 Satz 2 ist entsprechend anzuwenden.

Abschnitt 2. Verfahrensvorschriften

Unterabschnitt 1. Allgemeine Vorschriften

§ 5 Anwendung der Zivilprozessordnung und anderer Vorschriften. Auf das Verfahren sind die Vorschriften der Zivilprozessordnung[1] und § 12 Abs. 1, 2, 4 und 5 des Gesetzes gegen den unlauteren Wettbewerb anzuwenden, soweit sich aus diesem Gesetz nicht etwas anderes ergibt.

§ 6 Zuständigkeit. (1) [1] Für Klagen nach diesem Gesetz ist das Landgericht ausschließlich zuständig, in dessen Bezirk der Beklagte seine gewerbliche Niederlassung oder in Ermangelung einer solchen seinen Wohnsitz hat. [2] Hat der Beklagte im Inland weder eine gewerbliche Niederlassung noch einen Wohnsitz, so ist das Gericht des inländischen Aufenthaltsorts zuständig, in Ermangelung eines solchen das Gericht, in dessen Bezirk

1. die nach den §§ 307 bis 309 des Bürgerlichen Gesetzbuchs unwirksamen Bestimmungen in Allgemeinen Geschäftsbedingungen verwendet wurden,
2. gegen Verbraucherschutzgesetze verstoßen wurde oder
3. gegen § 95b Abs. 1 des Urheberrechtsgesetzes verstoßen wurde.

(2) [1] Die Landesregierungen werden ermächtigt, zur sachdienlichen Förderung oder schnelleren Erledigung der Verfahren durch Rechtsverordnung einem Landgericht für die Bezirke mehrerer Landgerichte Rechtsstreitigkeiten nach diesem Gesetz zuzuweisen. [2] Die Landesregierungen können die Ermächtigung durch Rechtsverordnung auf die Landesjustizverwaltungen übertragen.

(3) Die vorstehenden Absätze gelten nicht für Klagen, die einen Anspruch der in § 13 bezeichneten Art zum Gegenstand haben.

§ 7 Veröffentlichungsbefugnis. [1] Wird der Klage stattgegeben, so kann dem Kläger auf Antrag die Befugnis zugesprochen werden, die Urteilsformel mit der Bezeichnung des verurteilten Beklagten auf dessen Kosten im Bundesanzeiger, im Übrigen auf eigene Kosten bekannt zu machen. [2] Das Gericht kann die Befugnis zeitlich begrenzen.

Unterabschnitt 2. Besondere Vorschriften für Klagen nach § 1

§ 8 Klageantrag und Anhörung. (1) Der Klageantrag muss bei Klagen nach § 1 auch enthalten:

1. den Wortlaut der beanstandeten Bestimmungen in Allgemeinen Geschäftsbedingungen,
2. die Bezeichnung der Art der Rechtsgeschäfte, für die die Bestimmungen beanstandet werden.

(2) Das Gericht hat vor der Entscheidung über eine Klage nach § 1 die Bundesanstalt für Finanzdienstleistungsaufsicht zu hören, wenn Gegenstand der Klage

1. Bestimmungen in Allgemeinen Versicherungsbedingungen sind oder

---

[1] Nr. 1.

2. Bestimmungen in Allgemeinen Geschäftsbedingungen sind, für die nach dem Bausparkassengesetz oder dem Kapitalanlagegesetzbuch eine Genehmigung vorgesehen ist.

§ 9 Besonderheiten der Urteilsformel. Erachtet das Gericht die Klage nach § 1 für begründet, so enthält die Urteilsformel auch:

1. die beanstandeten Bestimmungen der Allgemeinen Geschäftsbedingungen im Wortlaut,
2. die Bezeichnung der Art der Rechtsgeschäfte, für welche die den Unterlassungsanspruch begründenden Bestimmungen der Allgemeinen Geschäftsbedingungen nicht verwendet oder empfohlen werden dürfen,
3. das Gebot, die Verwendung oder Empfehlung inhaltsgleicher Bestimmungen in Allgemeinen Geschäftsbedingungen zu unterlassen,
4. für den Fall der Verurteilung zum Widerruf das Gebot, das Urteil in gleicher Weise bekannt zu geben, wie die Empfehlung verbreitet wurde.

§ 10 Einwendung wegen abweichender Entscheidung. Der Verwender, dem die Verwendung einer Bestimmung untersagt worden ist, kann im Wege der Klage nach § 767 der Zivilprozessordnung[1)] einwenden, dass nachträglich eine Entscheidung des Bundesgerichtshofs oder des Gemeinsamen Senats der Obersten Gerichtshöfe des Bundes ergangen ist, welche die Verwendung dieser Bestimmung für dieselbe Art von Rechtsgeschäften nicht untersagt, und dass die Zwangsvollstreckung aus dem Urteil gegen ihn in unzumutbarer Weise seinen Geschäftsbetrieb beeinträchtigen würde.

§ 11 Wirkungen des Urteils. [1] Handelt der verurteilte Verwender einem auf § 1 beruhenden Unterlassungsgebot zuwider, so ist die Bestimmung in den Allgemeinen Geschäftsbedingungen als unwirksam anzusehen, soweit sich der betroffene Vertragsteil auf die Wirkung des Unterlassungsurteils beruft. [2] Er kann sich jedoch auf die Wirkung des Unterlassungsurteils nicht berufen, wenn der verurteilte Verwender gegen das Urteil die Klage nach § 10 erheben könnte.

Unterabschnitt 3. Besondere Vorschriften für Klagen nach § 2

§ 12 Einigungsstelle. Für Klagen nach § 2 gelten § 15 des Gesetzes gegen den unlauteren Wettbewerb und die darin enthaltene Verordnungsermächtigung entsprechend.

§ 12a Anhörung der Datenschutzbehörden in Verfahren über Ansprüche nach § 2. [1] Das Gericht hat vor einer Entscheidung in einem Verfahren über einen Anspruch nach § 2, das eine Zuwiderhandlung gegen ein Verbraucherschutzgesetz nach § 2 Absatz 2 Satz 1 Nummer 11 zum Gegenstand hat, die zuständige inländische Datenschutzbehörde zu hören. [2] Satz 1 ist nicht anzuwenden, wenn über einen Antrag auf Erlass einer einstweiligen Verfügung ohne mündliche Verhandlung entschieden wird.

---

1) Nr. 1.

Abschnitt 3. Auskunft zur Durchsetzung von Ansprüchen

§ 13 Auskunftsanspruch der anspruchsberechtigten Stellen. (1) Wer geschäftsmäßig Post-, Telekommunikations- oder Telemediendienste erbringt oder an der Erbringung solcher Dienste mitwirkt, hat

1. qualifizierten Einrichtungen, die nachweisen, dass sie in die Liste gemäß § 4 oder in das Verzeichnis der Kommission der Europäischen Gemeinschaften gemäß Artikel 4 Absatz 3 der Richtlinie 2009/22/EG eingetragen sind,
2. rechtsfähigen Verbänden zur Förderung gewerblicher oder selbständiger beruflicher Interessen und
3. Industrie- und Handelskammern oder den Handwerkskammern

auf deren Verlangen den Namen und die zustellungsfähige Anschrift eines Beteiligten an Post-, Telekommunikations- oder Telemediendiensten mitzuteilen, wenn diese Stellen schriftlich versichern, dass sie die Angaben zur Durchsetzung ihrer Ansprüche nach den §§ 1 bis 2a oder nach § 4a benötigen und nicht anderweitig beschaffen können.

(2) [1] Der Anspruch besteht nur, soweit die Auskunft ausschließlich anhand der bei dem Auskunftspflichtigen vorhandenen Bestandsdaten erteilt werden kann. [2] Die Auskunft darf nicht deshalb verweigert werden, weil der Beteiligte, dessen Angaben mitgeteilt werden sollen, in die Übermittlung nicht einwilligt.

(3) [1] Der Auskunftspflichtige kann von dem Auskunftsberechtigten einen angemessenen Ausgleich für die Erteilung der Auskunft verlangen. [2] Der Auskunftsberechtigte kann von dem Beteiligten, dessen Angaben mitgeteilt worden sind, Erstattung des gezahlten Ausgleichs verlangen, wenn er gegen diesen Beteiligten einen Anspruch nach den §§ 1 bis 2a oder nach § 4a hat.

§ 13a Auskunftsanspruch sonstiger Betroffener. Wer von einem anderen Unterlassung der Lieferung unbestellter Sachen, der Erbringung unbestellter sonstiger Leistungen oder der Zusendung oder sonstiger Übermittlung unverlangter Werbung verlangen kann, hat die Ansprüche gemäß § 13 mit der Maßgabe, dass an die Stelle eines Anspruchs nach den §§ 1 bis 2a oder nach § 4a sein Anspruch auf Unterlassung nach allgemeinen Vorschriften tritt.

Abschnitt 4. Außergerichtliche Schlichtung

§ 14[1] Schlichtungsverfahren und Verordnungsermächtigung.

(1) [1] Bei Streitigkeiten aus der Anwendung

1. der Vorschriften des Bürgerlichen Gesetzbuchs betreffend Fernabsatzverträge über Finanzdienstleistungen,
2. der §§ 491 bis 508, 511 und 655a bis 655d des Bürgerlichen Gesetzbuchs sowie Artikel 247a § 1 des Einführungsgesetzes zum Bürgerlichen Gesetzbuche,
3. der Vorschriften betreffend Zahlungsdiensteverträge in
   a) den §§ 675c bis 676c des Bürgerlichen Gesetzbuchs,

---

[1] Beachte die Überleitungsvorschrift in § 16.

b) der Verordnung (EG) Nr. 924/2009 des Europäischen Parlaments und des Rates vom 16. September 2009 über grenzüberschreitende Zahlungen in der Gemeinschaft und zur Aufhebung der Verordnung (EG) Nr. 2560/2001 (ABl. L 266 vom 9.10.2009, S. 11), die zuletzt durch Artikel 17 der Verordnung (EU) Nr. 260/2012 (ABl. L 94 vom 30.3.2012, S. 22) geändert worden ist, und

c) der Verordnung (EU) Nr. 260/2012 des Europäischen Parlaments und des Rates vom 14. März 2012 zur Festlegung der technischen Vorschriften und der Geschäftsanforderungen für Überweisungen und Lastschriften in Euro und zur Änderung der Verordnung (EG) Nr. 924/2009 (ABl. L 94 vom 30.3.2012, S. 22), die durch die Verordnung (EU) Nr. 248/2014 (ABl. L 84 vom 20.3.2014, S. 1) geändert worden ist,

d) der Verordnung (EU) 2015/751 des Europäischen Parlaments und des Rates vom 29. April 2015 über Interbankenentgelte für kartengebundene Zahlungsvorgänge (ABl. L 123 vom 19.5.2015, S. 1),

4. der Vorschriften des Zahlungsdiensteaufsichtsgesetzes, soweit sie Pflichten von E-Geld-Emittenten oder Zahlungsdienstleistern gegenüber ihren Kunden begründen,

5. der Vorschriften des Zahlungskontengesetzes, die das Verhältnis zwischen einem Zahlungsdienstleister und einem Verbraucher regeln,

6. der Vorschriften des Kapitalanlagegesetzbuchs, wenn an der Streitigkeit Verbraucher beteiligt sind, oder

7. sonstiger Vorschriften im Zusammenhang mit Verträgen, die Bankgeschäfte nach § 1 Absatz 1 Satz 2 des Kreditwesengesetzes oder Finanzdienstleistungen nach § 1 Absatz 1a Satz 2 des Kreditwesengesetzes betreffen, zwischen Verbrauchern und nach dem Kreditwesengesetz beaufsichtigten Unternehmen

können die Beteiligten unbeschadet ihres Rechts, die Gerichte anzurufen, eine vom Bundesamt für Justiz für diese Streitigkeiten anerkannte private Verbraucherschlichtungsstelle oder die bei der Deutschen Bundesbank oder die bei der Bundesanstalt für Finanzdienstleistungsaufsicht eingerichtete Verbraucherschlichtungsstelle anrufen. [2] Die bei der Deutschen Bundesbank eingerichtete Verbraucherschlichtungsstelle ist für die Streitigkeiten nach Satz 1 Nummer 1 bis 5 zuständig; die bei der Bundesanstalt für Finanzdienstleistungsaufsicht eingerichtete Verbraucherschlichtungsstelle ist für die Streitigkeiten nach Satz 1 Nummer 6 und 7 zuständig. [3] Diese behördlichen Verbraucherschlichtungsstellen sind nur zuständig, wenn es für die Streitigkeit keine zuständige anerkannte Verbraucherschlichtungsstelle gibt.

(2) [1] Jede Verbraucherschlichtungsstelle nach Absatz 1 muss mit mindestens zwei Schlichtern besetzt sein, die die Befähigung zum Richteramt haben. [2] Die Schlichter müssen unabhängig sein und das Schlichtungsverfahren fair und unparteiisch führen. [3] Sie sollen ihre Schlichtungsvorschläge am geltenden Recht ausrichten und sie sollen insbesondere die zwingenden Verbraucherschutzgesetze beachten. [4] Für das Schlichtungsverfahren kann von einem Verbraucher kein Entgelt verlangt werden.

(3) [1] Das Bundesamt für Justiz erkennt auf Antrag eine Schlichtungsstelle als private Verbraucherschlichtungsstelle nach Absatz 1 Satz 1 an, wenn

1. der Träger der Schlichtungsstelle ein eingetragener Verein ist,

2. die Schlichtungsstelle für die Streitigkeiten nach Absatz 1 Satz 1 zuständig ist und
3. die Organisation, Finanzierung und Verfahrensordnung der Schlichtungsstelle den Anforderungen dieses Gesetzes und der Rechtsverordnung entspricht, die auf Grund dieses Gesetzes erlassen wurde.

[2]Die Verfahrensordnung einer anerkannten Schlichtungsstelle kann nur mit Zustimmung des Bundesamts für Justiz geändert werden.

(4) Das Bundesamt für Justiz nimmt die Verbraucherschlichtungsstellen nach Absatz 1 in die Liste nach § 33 Absatz 1 des Verbraucherstreitbeilegungsgesetzes[1] auf und macht die Anerkennung und den Widerruf oder die Rücknahme der Anerkennung im Bundesanzeiger bekannt.

(5) Das Bundesministerium der Justiz und für Verbraucherschutz regelt im Einvernehmen mit dem Bundesministerium der Finanzen durch Rechtsverordnung, die nicht der Zustimmung des Bundesrates bedarf, entsprechend den Anforderungen der Richtlinie 2013/11/EU des Europäischen Parlaments und des Rates vom 21. Mai 2013 über die alternative Beilegung verbraucherrechtlicher Streitigkeiten und zur Änderung der Verordnung (EG) Nr. 2006/2004 und der Richtlinie 2009/22/EG (ABl. L 165 vom 18.6.2013, S. 63)

1. die näheren Einzelheiten der Organisation und des Verfahrens der bei der Deutschen Bundesbank und der bei der Bundesanstalt für Finanzdienstleistungsaufsicht nach diesem Gesetz eingerichteten Verbraucherschlichtungsstellen, insbesondere auch die Kosten des Schlichtungsverfahrens für einen am Schlichtungsverfahren beteiligten Unternehmer,
2. die Voraussetzungen und das Verfahren für die Anerkennung einer privaten Verbraucherschlichtungsstelle und für die Aufhebung dieser Anerkennung sowie die Voraussetzungen und das Verfahren für die Zustimmung zur Änderung der Verfahrensordnung,
3. die Zusammenarbeit der behördlichen Verbraucherschlichtungsstellen und der privaten Verbraucherschlichtungsstellen mit
   a) staatlichen Stellen, insbesondere der Bundesanstalt für Finanzdienstleistungsaufsicht, und
   b) vergleichbaren Stellen zur außergerichtlichen Streitbeilegung in anderen Vertragsstaaten des Abkommens über den Europäischen Wirtschaftsraum.

Abschnitt 5. Anwendungsbereich

§ 15 Ausnahme für das Arbeitsrecht. Dieses Gesetz findet auf das Arbeitsrecht keine Anwendung.

---

[1] Nr. **1d**.

Abschnitt 6. Überleitungsvorschriften

§ 16 Überleitungsvorschrift zum Gesetz zur Umsetzung der Richtlinie über alternative Streitbeilegung in Verbraucherangelegenheiten und zur Durchführung der Verordnung über Online-Streitbeilegung in Verbraucherangelegenheiten. (1) [1] Bis zum Inkrafttreten der Rechtsverordnung nach § 14 Absatz 5 gelten ergänzend

1. für die Verbraucherschlichtungsstelle bei der Deutschen Bundesbank und für deren Verfahren die Schlichtungsstellenverfahrensverordnung,
2. für die Verbraucherschlichtungsstelle bei der Bundesanstalt für Finanzdienstleistungsaufsicht und für deren Verfahren die Kapitalanlageschlichtungsstellenverordnung.

[2] Bei ergänzender Anwendung der Kapitalanlageschlichtungsstellenverordnung nach Satz 1 Nummer 2 treten an die Stelle der Streitigkeiten nach dem Kapitalanlagegesetzbuch die Streitigkeiten nach § 14 Absatz 1 Satz 1 Nummer 6 und 7. [3] Schlichter, die für die Schlichtung von Streitigkeiten nach § 14 Absatz 1 Satz 1 Nummer 6 bestellt sind, dürfen nicht zugleich die Aufsicht über Unternehmen wahrnehmen, die den Vorschriften des Kreditwesengesetzes unterliegen. [4] Vor der Bestellung von Schlichtern für Streitigkeiten nach § 14 Absatz 1 Satz 1 Nummer 6 sind abweichend von § 2 Absatz 2 Satz 1 der Kapitalanlageschlichtungsstellenverordnung der BVI Bundesverband Investment und Asset Management e.V. sowie die Ombudsstelle Geschlossene Fonds e.V. nicht zu beteiligen.

(2) Die Schlichtungsstellen der Verbände, denen die Schlichtungsaufgabe nach § 7 Absatz 1 und 2 der Schlichtungsstellenverfahrensverordnung oder nach § 11 Absatz 1 der Kapitalanlageschlichtungsstellenverordnung jeweils in der vor dem 26. Februar 2016 geltenden Fassung wirksam übertragen worden ist, gelten bis zum 1. Februar 2017 als anerkannte private Verbraucherschlichtungsstellen nach § 14 Absatz 1.

§ 17 Überleitungsvorschrift zum Gesetz zur Verbesserung der zivilrechtlichen Durchsetzung von verbraucherschützenden Vorschriften des Datenschutzrechts. § 2 Absatz 2 Satz 1 Nummer 11 in der ab dem 24. Februar 2016 geltenden Fassung findet bis zum Ablauf des 30. September 2016 keine Anwendung auf Zuwiderhandlungen gegen § 4b des Bundesdatenschutzgesetzes, soweit die Datenübermittlung bis zum 6. Oktober 2015 auf der Grundlage der Entscheidung 2000/520/EG der Kommission vom 26. Juli 2000 gemäß der Richtlinie 95/46/EG des Europäischen Parlaments und des Rates über die Angemessenheit des von den Grundsätzen des „sicheren Hafens“ und der diesbezüglichen „Häufig gestellten Fragen“ (FAQ) gewährleisteten Schutzes, vorgelegt vom Handelsministerium der USA (ABl. L 215 vom 25.8.2000, S. 7) erfolgt ist.

1c. Mediationsgesetz (MediationsG)[1)]

Vom 21. Juli 2012
(BGBl. I S. 1577)

FNA 302-7

geänd. durch Art. 135 Zehnte ZuständigkeitsanpassungsVO v. 31.8.2015 (BGBl. I S. 1474)

§ 1 Begriffsbestimmungen. (1) Mediation ist ein vertrauliches und strukturiertes Verfahren, bei dem Parteien mithilfe eines oder mehrerer Mediatoren freiwillig und eigenverantwortlich eine einvernehmliche Beilegung ihres Konflikts anstreben.

(2) Ein Mediator ist eine unabhängige und neutrale Person ohne Entscheidungsbefugnis, die die Parteien durch die Mediation führt.

§ 2 Verfahren; Aufgaben des Mediators. (1) Die Parteien wählen den Mediator aus.

(2) Der Mediator vergewissert sich, dass die Parteien die Grundsätze und den Ablauf des Mediationsverfahrens verstanden haben und freiwillig an der Mediation teilnehmen.

(3) [1] Der Mediator ist allen Parteien gleichermaßen verpflichtet. [2] Er fördert die Kommunikation der Parteien und gewährleistet, dass die Parteien in angemessener und fairer Weise in die Mediation eingebunden sind. [3] Er kann im allseitigen Einverständnis getrennte Gespräche mit den Parteien führen.

(4) Dritte können nur mit Zustimmung aller Parteien in die Mediation einbezogen werden.

(5) [1] Die Parteien können die Mediation jederzeit beenden. [2] Der Mediator kann die Mediation beenden, insbesondere wenn er der Auffassung ist, dass eine eigenverantwortliche Kommunikation oder eine Einigung der Parteien nicht zu erwarten ist.

(6) [1] Der Mediator wirkt im Falle einer Einigung darauf hin, dass die Parteien die Vereinbarung in Kenntnis der Sachlage treffen und ihren Inhalt verstehen. [2] Er hat die Parteien, die ohne fachliche Beratung an der Mediation teilnehmen, auf die Möglichkeit hinzuweisen, die Vereinbarung bei Bedarf durch externe Berater überprüfen zu lassen. [3] Mit Zustimmung der Parteien kann die erzielte Einigung in einer Abschlussvereinbarung dokumentiert werden.

§ 3 Offenbarungspflichten; Tätigkeitsbeschränkungen. (1) [1] Der Mediator hat den Parteien alle Umstände offenzulegen, die seine Unabhängigkeit und Neutralität beeinträchtigen können. [2] Er darf bei Vorliegen solcher Umstände nur als Mediator tätig werden, wenn die Parteien dem ausdrücklich zustimmen.

(2) [1] Als Mediator darf nicht tätig werden, wer vor der Mediation in derselben Sache für eine Partei tätig gewesen ist. [2] Der Mediator darf auch nicht während oder nach der Mediation für eine Partei in derselben Sache tätig werden.

[1)] Verkündet als Art. 1 G v. 21.7.2012 (BGBl. S. 1577); Inkrafttreten gem. Art. 9 dieses G am 26.7. 2012.

(3) [1] Eine Person darf nicht als Mediator tätig werden, wenn eine mit ihr in derselben Berufsausübungs- oder Bürogemeinschaft verbundene andere Person vor der Mediation in derselben Sache für eine Partei tätig gewesen ist. [2] Eine solche andere Person darf auch nicht während oder nach der Mediation für eine Partei in derselben Sache tätig werden.

(4) Die Beschränkungen des Absatzes 3 gelten nicht, wenn sich die betroffenen Parteien im Einzelfall nach umfassender Information damit einverstanden erklärt haben und Belange der Rechtspflege dem nicht entgegenstehen.

(5) Der Mediator ist verpflichtet, die Parteien auf deren Verlangen über seinen fachlichen Hintergrund, seine Ausbildung und seine Erfahrung auf dem Gebiet der Mediation zu informieren.

§ 4 Verschwiegenheitspflicht. [1] Der Mediator und die in die Durchführung des Mediationsverfahrens eingebundenen Personen sind zur Verschwiegenheit verpflichtet, soweit gesetzlich nichts anderes geregelt ist. [2] Diese Pflicht bezieht sich auf alles, was ihnen in Ausübung ihrer Tätigkeit bekannt geworden ist. [3] Ungeachtet anderer gesetzlicher Regelungen über die Verschwiegenheitspflicht gilt sie nicht, soweit

1. die Offenlegung des Inhalts der im Mediationsverfahren erzielten Vereinbarung zur Umsetzung oder Vollstreckung dieser Vereinbarung erforderlich ist,
2. die Offenlegung aus vorrangigen Gründen der öffentlichen Ordnung (ordre public) geboten ist, insbesondere um eine Gefährdung des Wohles eines Kindes oder eine schwerwiegende Beeinträchtigung der physischen oder psychischen Integrität einer Person abzuwenden, oder
3. es sich um Tatsachen handelt, die offenkundig sind oder ihrer Bedeutung nach keiner Geheimhaltung bedürfen.

[4] Der Mediator hat die Parteien über den Umfang seiner Verschwiegenheitspflicht zu informieren.

§ 5 Aus- und Fortbildung des Mediators; zertifizierter Mediator.

(1) [1] Der Mediator stellt in eigener Verantwortung durch eine geeignete Ausbildung und eine regelmäßige Fortbildung sicher, dass er über theoretische Kenntnisse sowie praktische Erfahrungen verfügt, um die Parteien in sachkundiger Weise durch die Mediation führen zu können. [2] Eine geeignete Ausbildung soll insbesondere vermitteln:

1. Kenntnisse über Grundlagen der Mediation sowie deren Ablauf und Rahmenbedingungen,
2. Verhandlungs- und Kommunikationstechniken,
3. Konfliktkompetenz,
4. Kenntnisse über das Recht der Mediation sowie über die Rolle des Rechts in der Mediation sowie
5. praktische Übungen, Rollenspiele und Supervision.

(2) Als zertifizierter Mediator darf sich bezeichnen, wer eine Ausbildung zum Mediator abgeschlossen hat, die den Anforderungen der Rechtsverordnung nach § 6 entspricht.

(3) Der zertifizierte Mediator hat sich entsprechend den Anforderungen der Rechtsverordnung nach § 6 fortzubilden.

§ 6 Verordnungsermächtigung. [1]Das Bundesministerium der Justiz und für Verbraucherschutz wird ermächtigt, durch Rechtsverordnung ohne Zustimmung des Bundesrates nähere Bestimmungen über die Ausbildung zum zertifizierten Mediator und über die Fortbildung des zertifizierten Mediators sowie Anforderungen an Aus- und Fortbildungseinrichtungen zu erlassen. [2]In der Rechtsverordnung nach Satz 1 können insbesondere festgelegt werden:

1. nähere Bestimmungen über die Inhalte der Ausbildung, wobei eine Ausbildung zum zertifizierten Mediator die in § 5 Absatz 1 Satz 2 aufgeführten Ausbildungsinhalte zu vermitteln hat, und über die erforderliche Praxiserfahrung;
2. nähere Bestimmungen über die Inhalte der Fortbildung;
3. Mindeststundenzahlen für die Aus- und Fortbildung;
4. zeitliche Abstände, in denen eine Fortbildung zu erfolgen hat;
5. Anforderungen an die in den Aus- und Fortbildungseinrichtungen eingesetzten Lehrkräfte;
6. Bestimmungen darüber, dass und in welcher Weise eine Aus- und Fortbildungseinrichtung die Teilnahme an einer Aus- und Fortbildungsveranstaltung zu zertifizieren hat;
7. Regelungen über den Abschluss der Ausbildung;
8. Übergangsbestimmungen für Personen, die bereits vor Inkrafttreten dieses Gesetzes als Mediatoren tätig sind.

§ 7 Wissenschaftliche Forschungsvorhaben; finanzielle Förderung der Mediation. (1) Bund und Länder können wissenschaftliche Forschungsvorhaben vereinbaren, um die Folgen einer finanziellen Förderung der Mediation für die Länder zu ermitteln.

(2) [1]Die Förderung kann im Rahmen der Forschungsvorhaben auf Antrag einer rechtsuchenden Person bewilligt werden, wenn diese nach ihren persönlichen und wirtschaftlichen Verhältnissen die Kosten einer Mediation nicht, nur zum Teil oder nur in Raten aufbringen kann und die beabsichtigte Rechtsverfolgung oder Rechtsverteidigung nicht mutwillig erscheint. [2]Über den Antrag entscheidet das für das Verfahren zuständige Gericht, sofern an diesem Gericht ein Forschungsvorhaben durchgeführt wird. [3]Die Entscheidung ist unanfechtbar. [4]Die Einzelheiten regeln die nach Absatz 1 zustande gekommenen Vereinbarungen zwischen Bund und Ländern.

(3) Die Bundesregierung unterrichtet den Deutschen Bundestag nach Abschluss der wissenschaftlichen Forschungsvorhaben über die gesammelten Erfahrungen und die gewonnenen Erkenntnisse.

§ 8 Evaluierung. (1) [1]Die Bundesregierung berichtet dem Deutschen Bundestag bis zum 26. Juli 2017, auch unter Berücksichtigung der kostenrechtlichen Länderöffnungsklauseln, über die Auswirkungen dieses Gesetzes auf die Entwicklung der Mediation in Deutschland und über die Situation der Aus- und Fortbildung der Mediatoren. [2]In dem Bericht ist insbesondere zu untersuchen und zu bewerten, ob aus Gründen der Qualitätssicherung und des

Verbraucherschutzes weitere gesetzgeberische Maßnahmen auf dem Gebiet der Aus- und Fortbildung von Mediatoren notwendig sind.

(2) Sofern sich aus dem Bericht die Notwendigkeit gesetzgeberischer Maßnahmen ergibt, soll die Bundesregierung diese vorschlagen.

§ 9 Übergangsbestimmung. (1) Die Mediation in Zivilsachen durch einen nicht entscheidungsbefugten Richter während eines Gerichtsverfahrens, die vor dem 26. Juli 2012 an einem Gericht angeboten wird, kann unter Fortführung der bisher verwendeten Bezeichnung (gerichtlicher Mediator) bis zum 1. August 2013 weiterhin durchgeführt werden.

(2) Absatz 1 gilt entsprechend für die Mediation in der Verwaltungsgerichtsbarkeit, der Sozialgerichtsbarkeit, der Finanzgerichtsbarkeit und der Arbeitsgerichtsbarkeit.

1d. Gesetz über die alternative Streitbeilegung in Verbrauchersachen (Verbraucherstreitbeilegungsgesetz – VSBG)[1)2)]

Vom 19. Februar 2016

(BGBl. I S. 254, ber. S. 1039)

FNA 302-8

geänd. durch Art. 1 G zur Änd. von Vorschriften über die außergerichtl. Streitbeilegung in Verbrauchersachen und zur Änd. weiterer Gesetze v. 30.11.2019 (BGBl. I S. 1942)

Abschnitt 1. Allgemeine Vorschriften

§ 1 Anwendungsbereich. (1) [1]Dieses Gesetz gilt für die außergerichtliche Beilegung von Streitigkeiten durch eine nach diesem Gesetz anerkannte private Verbraucherschlichtungsstelle oder durch eine nach diesem Gesetz eingerichtete behördliche Verbraucherschlichtungsstelle unabhängig von dem angewendeten Konfliktbeilegungsverfahren. [2]Dieses Gesetz gilt auch für Verbraucherschlichtungsstellen, die auf Grund anderer Rechtsvorschriften anerkannt, beauftragt oder eingerichtet wurden, soweit diese anderen Rechtsvorschriften keine abweichende Regelung treffen; von den §§ 2 und 41 darf nicht abgewichen werden.

(2) Dieses Gesetz ist nicht anwendbar auf Kundenbeschwerdestellen oder auf sonstige Einrichtungen zur Beilegung von Streitigkeiten, die nur von einem einzigen Unternehmer oder von mit ihm verbundenen Unternehmen getragen oder finanziert werden oder die nur im Auftrag eines solchen Unternehmers oder von mit ihm verbundenen Unternehmen tätig werden.

§ 2 Verbraucherschlichtungsstelle. (1) Verbraucherschlichtungsstelle ist eine Einrichtung, die

1. Verfahren zur außergerichtlichen Beilegung zivilrechtlicher Streitigkeiten durchführt, an denen Verbraucher oder Unternehmer als Antragsteller oder Antragsgegner beteiligt sind, und
2. nach diesem Gesetz oder auf Grund anderer Rechtsvorschriften als Verbraucherschlichtungsstelle anerkannt, beauftragt oder eingerichtet worden ist.

(2) [1]Eine Einrichtung, die nicht nach diesem Gesetz oder auf Grund anderer Rechtsvorschriften als Verbraucherschlichtungsstelle anerkannt, beauftragt oder eingerichtet ist, darf sich nicht als Verbraucherschlichtungsstelle bezeichnen. [2]Sie darf von ihrem Träger nicht als Verbraucherschlichtungsstelle bezeichnet

---

1) **Amtl. Anm.:** Dieses Gesetz dient der Umsetzung der Richtlinie 2013/11/EU des Europäischen Parlaments und des Rates vom 21. Mai 2013 über die alternative Beilegung verbraucherrechtlicher Streitigkeiten und zur Änderung der Verordnung (EG) Nr. 2006/2004 und der Richtlinie 2009/22/EG (Richtlinie über alternative Streitbeilegung in Verbraucherangelegenheiten) (ABl. L 165 vom 18.6.2013, S. 63).

2) Verkündet als Art. 1 G v. 19.2.2016 (BGBl. I S. 254, ber. S. 1039); Inkrafttreten gem. Art. 24 dieses G am 1.4.2016; § 40 Absatz 2 bis 5 und § 42 sind gem. Art. 24 Abs. 1 Satz 1 am 26.2.2016 und die §§ 36 und 37 gem. Art. 24 Abs. 1 Satz 2 am 1.2.2017 in Kraft getreten.

werden. [3] Das Verbot in den Sätzen 1 und 2 gilt nicht, wenn die Einrichtung in einem anderen Vertragsstaat des Abkommens über den Europäischen Wirtschaftsraum nach der Richtlinie 2013/11/EU des Europäischen Parlaments und des Rates vom 21. Mai 2013 über die alternative Beilegung verbraucherrechtlicher Streitigkeiten und zur Änderung der Verordnung (EG) Nr. 2006/2004 und der Richtlinie 2009/22/EG (ABl. L 165 vom 18.6.2013, S. 63) anerkannt und in die von der Europäischen Kommission geführte Liste aller im Europäischen Wirtschaftsraum anerkannten Streitbeilegungsstellen aufgenommen worden ist.

Abschnitt 2. Private Verbraucherschlichtungsstellen

§ 3 Träger der Verbraucherschlichtungsstelle. [1] Träger der Verbraucherschlichtungsstelle muss ein eingetragener Verein sein. [2] Für den Betrieb der Verbraucherschlichtungsstelle muss ein vom Haushalt des Trägers getrennter, zweckgebundener und ausreichender Haushalt zur Verfügung stehen, wenn der Träger

1. Unternehmerinteressen oder Verbraucherinteressen wahrnimmt oder
2. ausschließlich oder überwiegend wie folgt finanziert wird:
   a) von einem eingetragenen Verein, der Unternehmerinteressen wahrnimmt (Unternehmerverband), oder
   b) von einem eingetragenen Verein, der Verbraucherinteressen wahrnimmt (Verbraucherverband), oder
   c) von einem Unternehmer oder mehreren Unternehmern.

§ 4 Zuständigkeit von Verbraucherschlichtungsstellen. (1) Die Verbraucherschlichtungsstelle führt auf Antrag eines Verbrauchers Verfahren zur außergerichtlichen Beilegung von Streitigkeiten aus einem Verbrauchervertrag nach § 310 Absatz 3 des Bürgerlichen Gesetzbuchs oder über das Bestehen eines solchen Vertragsverhältnisses durch; arbeitsvertragliche Streitigkeiten sind ausgenommen.

(1a) Die Verbraucherschlichtungsstelle kann ihre Zuständigkeit beschränken

1. auf bestimmte Wirtschaftsbereiche,
2. auf bestimmte Vertragstypen,
3. auf bestimmte Unternehmer oder
4. auf Unternehmer, deren Niederlassung sich in einem bestimmten Land befindet.

(2) [1] Hat die Verbraucherschlichtungsstelle keine einschränkende Zuständigkeitsregelung getroffen, führt sie die Bezeichnung „Allgemeine Verbraucherschlichtungsstelle“ und ist für Anträge nach Absatz 1 zuständig, mit Ausnahme von

1. Streitigkeiten aus Verträgen über
   a) nichtwirtschaftliche Dienstleistungen von allgemeinem Interesse,
   b) Gesundheitsdienstleistungen,
   c) Weiter- und Hochschulbildung durch staatliche Einrichtungen,

2. Streitigkeiten, für deren Beilegung Verbraucherschlichtungsstellen nach anderen Rechtsvorschriften anerkannt, beauftragt oder eingerichtet werden.

[2] Die Allgemeine Verbraucherschlichtungsstelle kann ihre Zuständigkeit auf in einem Land niedergelassene Unternehmer beschränken; in diesem Fall führt sie die Bezeichnung „Allgemeine Verbraucherschlichtungsstelle" mit einem Zusatz, der das Land angibt, für das sie zuständig ist. [3] Eine solche Zuständigkeitsbeschränkung kann sich auch auf mehrere Länder beziehen und muss dann dementsprechend angegeben werden.

(3) Die Verbraucherschlichtungsstelle kann ihre Tätigkeit auf die Beilegung sonstiger zivilrechtlicher Streitigkeiten, an denen Verbraucher oder Unternehmer als Antragsteller oder Antragsgegner beteiligt sind, erstrecken; arbeitsvertragliche Streitigkeiten sind ausgenommen.

(4) Die Verbraucherschlichtungsstelle kann ihre Zuständigkeit ausschließen für Verbraucher, die ihren Wohnsitz oder gewöhnlichen Aufenthalt nicht in einem Mitgliedstaat der Europäischen Union oder in einem anderen Vertragsstaat des Abkommens über den Europäischen Wirtschaftsraum haben, oder für Unternehmer, die nicht im Inland niedergelassen sind.

§ 5 Verfahrensordnung. (1) [1] Die Verbraucherschlichtungsstelle muss eine Verfahrensordnung haben. [2] Die Verfahrensordnung bestimmt das Konfliktbeilegungsverfahren und regelt die Einzelheiten seiner Durchführung.

(2) Die Verbraucherschlichtungsstelle darf keine Konfliktbeilegungsverfahren durchführen, die dem Verbraucher eine verbindliche Lösung auferlegen oder die das Recht des Verbrauchers ausschließen, die Gerichte anzurufen.

§ 6 Streitmittler. (1) [1] Die Verbraucherschlichtungsstelle ist mit mindestens einer Person zu besetzen, die mit der außergerichtlichen Streitbeilegung betraut und für die unparteiische und faire Verfahrensführung verantwortlich ist (Streitmittler). [2] Ist nur ein Streitmittler bestellt, muss er einen Vertreter haben; auf den Vertreter des Streitmittlers sind Satz 1, die Absätze 2 und 3 sowie die §§ 7 bis 9 entsprechend anzuwenden.

(2) [1] Der Streitmittler muss über die Rechtskenntnisse, insbesondere im Verbraucherrecht, das Fachwissen und die Fähigkeiten verfügen, die für die Beilegung von Streitigkeiten in der Zuständigkeit der Verbraucherschlichtungsstelle erforderlich sind. [2] Der Streitmittler muss die Befähigung zum Richteramt besitzen oder zertifizierter Mediator sein.

(3) [1] Der Streitmittler darf in den letzten drei Jahren vor seiner Bestellung nicht tätig gewesen sein

1. für einen Unternehmer, der sich zur Teilnahme an Streitbeilegungsverfahren der Verbraucherschlichtungsstelle verpflichtet hat oder auf Grund von Rechtsvorschriften zur Teilnahme verpflichtet ist,
2. für ein mit einem Unternehmer nach Nummer 1 verbundenes Unternehmen,
3. für einen Verband, dem ein Unternehmer nach Nummer 1 angehört und der Unternehmerinteressen in dem Wirtschaftsbereich wahrnimmt, für den die Verbraucherschlichtungsstelle zuständig ist,

4. für einen Verband, der Verbraucherinteressen in dem Wirtschaftsbereich wahrnimmt, für den die Verbraucherschlichtungsstelle zuständig ist.

[2] Die Tätigkeit als Streitmittler für einen Verband nach Satz 1 Nummer 3 oder 4 steht einer erneuten Bestellung als Streitmittler nicht entgegen.

§ 7 Unabhängigkeit und Unparteilichkeit des Streitmittlers. (1) [1] Der Streitmittler ist unabhängig und an Weisungen nicht gebunden. [2] Er muss Gewähr für eine unparteiische Streitbeilegung bieten.

(2) [1] Der Streitmittler darf nicht nur von einem Unternehmer oder von nur mit einem Unternehmer verbundenen Unternehmen vergütet oder beschäftigt werden. [2] Die Vergütung des Streitmittlers darf nicht mit dem Ergebnis von Streitbeilegungsverfahren in Zusammenhang stehen.

(3) Der Streitmittler ist verpflichtet, Umstände, die seine Unabhängigkeit oder Unparteilichkeit beeinträchtigen können, dem Träger der Verbraucherschlichtungsstelle unverzüglich offenzulegen.

(4) [1] Der Streitmittler hat den Parteien alle Umstände offenzulegen, die seine Unabhängigkeit oder Unparteilichkeit beeinträchtigen können. [2] Der Streitmittler darf bei Vorliegen solcher Umstände nur dann tätig werden, wenn die Parteien seiner Tätigkeit als Streitmittler ausdrücklich zustimmen.

(5) [1] Ist die Aufgabe des Streitmittlers einem Gremium übertragen worden, dem sowohl Vertreter von Verbraucherinteressen als auch von Unternehmerinteressen angehören, so müssen beide Seiten in gleicher Anzahl vertreten sein. [2] § 6 Absatz 3 ist auf Mitglieder des Gremiums, die Unternehmerinteressen oder Verbraucherinteressen vertreten, nicht anzuwenden.

§ 8 Amtsdauer und Abberufung des Streitmittlers. (1) [1] Der Streitmittler muss für eine angemessene Dauer bestellt werden. [2] Die Amtsdauer soll drei Jahre nicht unterschreiten. [3] Wiederbestellung ist zulässig.

(2) Der Streitmittler kann nur abberufen werden, wenn

1. Tatsachen vorliegen, die eine unabhängige und unparteiische Ausübung der Tätigkeit als Streitmittler nicht mehr erwarten lassen,
2. er nicht nur vorübergehend an der Ausübung der Tätigkeit als Streitmittler gehindert ist oder
3. ein anderer wichtiger Grund vorliegt.

§ 9 Beteiligung von Verbraucherverbänden und Unternehmerverbänden. (1) [1] Die Festlegung und die Änderung der Zuständigkeit der Verbraucherschlichtungsstelle, die Aufstellung und Änderung der Verfahrensordnung sowie die Bestellung und Abberufung eines Streitmittlers bedürfen der Beteiligung eines Verbraucherverbands, wenn der Träger der Verbraucherschlichtungsstelle

1. ein Unternehmerverband ist oder
2. ausschließlich oder überwiegend finanziert wird
   a) von einem Unternehmerverband oder
   b) von einem Unternehmer oder mehreren Unternehmern.

²Der Verbraucherverband muss eine qualifizierte Einrichtung nach § 3 Absatz 1 Satz 1 Nummer 1 des Unterlassungsklagengesetzes[1] sein und sich für die Vertretung von Verbraucherinteressen im Zuständigkeitsbereich der Verbraucherschlichtungsstelle fachlich eignen. ³Die Beteiligung ist in den Regeln über die Organisation der Verbraucherschlichtungsstelle vorzusehen.

(2) ¹Ist der Träger der Verbraucherschlichtungsstelle ein Verbraucherverband oder wird der Träger der Verbraucherschlichtungsstelle von einem Verbraucherverband ausschließlich oder überwiegend finanziert, ist Absatz 1 Satz 1 und 3 mit der Maßgabe anzuwenden, dass an Stelle des Verbraucherverbands ein Unternehmerverband tritt. ²Der Unternehmerverband muss sich für die Vertretung von Unternehmerinteressen im Zuständigkeitsbereich der Verbraucherschlichtungsstelle fachlich eignen.

§ 10 Informationspflichten der Verbraucherschlichtungsstelle.

(1) Die Verbraucherschlichtungsstelle unterhält eine Webseite, auf der die Verfahrensordnung und klare und verständliche Informationen zur Erreichbarkeit und zur Zuständigkeit der Verbraucherschlichtungsstelle sowie zu den Streitmittlern, zur Anerkennung als Verbraucherschlichtungsstelle sowie zum Ablauf und zu den Kosten des Streitbeilegungsverfahrens veröffentlicht sind.

(2) Auf Anfrage werden die Informationen nach Absatz 1 in Textform übermittelt.

Abschnitt 3. Streitbeilegungsverfahren

§ 11 Form von Mitteilungen. Der Antrag auf Durchführung eines Streitbeilegungsverfahrens, Stellungnahmen, Belege und sonstige Mitteilungen können der Verbraucherschlichtungsstelle in Textform übermittelt werden.

§ 12 Verfahrenssprache. (1) Verfahrenssprache ist Deutsch.

(2) ¹Die Verfahrensordnung kann weitere Sprachen vorsehen, in denen ein Streitbeilegungsverfahren durchgeführt werden kann, wenn eine Partei dies beantragt und die andere Partei sich darauf einlässt. ²Der Streitmittler kann mit den Parteien durch Individualabrede auch eine nicht in der Verfahrensordnung vorgesehene Verfahrenssprache vereinbaren.

§ 13 Vertretung. (1) Die Parteien können sich im Streitbeilegungsverfahren durch einen Rechtsanwalt oder durch eine andere Person, soweit diese zur Erbringung außergerichtlicher Rechtsdienstleistungen befugt ist, vertreten lassen.

(2) Die Parteien dürfen nicht verpflichtet werden, sich im Streitbeilegungsverfahren vertreten zu lassen.

§ 14 Ablehnungsgründe. (1) Der Streitmittler lehnt die Durchführung eines Streitbeilegungsverfahrens ab, wenn

1. die Streitigkeit nicht in die Zuständigkeit der Verbraucherschlichtungsstelle fällt,

---

[1] Nr. **1b**.

2. der streitige Anspruch nicht zuvor gegenüber dem Antragsgegner geltend gemacht worden ist,
3. der streitige Anspruch oder das Rechtsverhältnis des Verbrauchers, das den Gegenstand des Streitbeilegungsverfahrens bildet, zum Klageregister nach § 608 Absatz 1 der Zivilprozessordnung[1)] angemeldet ist und die Musterfeststellungsklage noch rechtshängig ist, oder
4. der Antrag offensichtlich ohne Aussicht auf Erfolg ist oder mutwillig erscheint, insbesondere weil
   a) der streitige Anspruch bei Antragstellung bereits verjährt war und der Unternehmer sich auf die Verjährung beruft,
   b) die Streitigkeit bereits beigelegt ist,
   c) zu der Streitigkeit ein Antrag auf Prozesskostenhilfe bereits mit der Begründung zurückgewiesen worden ist, dass die beabsichtigte Rechtsverfolgung keine hinreichende Aussicht auf Erfolg bietet oder mutwillig erscheint.

(2) [1] Die Verfahrensordnung kann vorsehen, dass der Streitmittler die Durchführung eines von einem Verbraucher eingeleiteten Streitbeilegungsverfahrens nach § 4 Absatz 1 in folgenden Fällen ablehnt:

1. eine Verbraucherschlichtungsstelle hat bereits ein Verfahren zur Beilegung der Streitigkeit durchgeführt oder die Streitigkeit ist bei einer anderen Verbraucherschlichtungsstelle anhängig,
2. ein Gericht hat zu der Streitigkeit bereits eine Sachentscheidung getroffen oder die Streitigkeit ist bei einem Gericht rechtshängig, es sei denn, das Gericht ordnet nach § 278a Absatz 2 der Zivilprozessordnung im Hinblick auf das Verfahren vor der Verbraucherschlichtungsstelle das Ruhen des Verfahrens an,
3. der Streitwert überschreitet oder unterschreitet eine bestimmte Höhe,
4. die Behandlung der Streitigkeit würde den effektiven Betrieb der Verbraucherschlichtungsstelle ernsthaft beeinträchtigen, insbesondere weil
   a) die Verbraucherschlichtungsstelle den Sachverhalt oder rechtliche Fragen nur mit einem unangemessenen Aufwand klären kann,
   b) eine grundsätzliche Rechtsfrage, die für die Bewertung der Streitigkeit erheblich ist, nicht geklärt ist.

[2] Die Ablehnungsgründe dürfen den Zugang von Verbrauchern zu dem Streitbeilegungsverfahren nicht erheblich beeinträchtigen. [3] Für Anträge nach § 4 Absatz 3 gelten die in den Sätzen 1 und 2 vorgesehenen Beschränkungen der zulässigen Ablehnungsgründe nicht.

(3) [1] Die Verbraucherschlichtungsstelle teilt dem Antragsteller und, sofern der Antrag bereits an den Antragsgegner übermittelt worden ist, auch dem Antragsgegner die Ablehnung in Textform und unter Angabe der Gründe mit. [2] Sie übermittelt die Ablehnungsentscheidung innerhalb von drei Wochen nach Eingang des Antrags.

(4) [1] Der Streitmittler kann die weitere Durchführung eines Streitbeilegungsverfahrens aus den in den Absätzen 1 und 2 aufgeführten Gründen ablehnen,

---

[1)] Nr. **1**.

wenn der Ablehnungsgrund erst während des Verfahrens eintritt oder bekannt wird. [2]Der Ablehnungsgrund nach Absatz 1 Nummer 2 greift nicht, wenn der Antragsgegner in die Durchführung des Streitbeilegungsverfahrens einwilligt oder Erklärungen zur Sache abgibt. [3]Absatz 3 Satz 1 ist anzuwenden.

(5) [1]Der Streitmittler setzt das Streitbeilegungsverfahren aus, wenn der Antragsgegner geltend macht, dass seit der Geltendmachung des streitigen Anspruchs durch den Antragsteller gegenüber dem Antragsgegner nicht mehr als zwei Monate vergangen sind, und der Antragsgegner den streitigen Anspruch in dieser Zeit weder anerkannt noch abgelehnt hat. [2]Der Streitmittler lehnt die weitere Durchführung des Streitbeilegungsverfahrens ab, wenn der Antragsgegner den streitigen Anspruch innerhalb von zwei Monaten seit dessen Geltendmachung vollständig anerkennt; Absatz 3 Satz 1 ist anzuwenden. [3]Erkennt der Antragsgegner den streitigen Anspruch nicht innerhalb von zwei Monaten seit dessen Geltendmachung vollständig an, so setzt der Streitmittler das Verfahren nach Ablauf von zwei Monaten ab Geltendmachung des streitigen Anspruchs fort.

§ 15 Beendigung des Verfahrens auf Wunsch der Parteien. (1) Das Streitbeilegungsverfahren endet, wenn der Antragsteller seinen Antrag zurücknimmt oder der weiteren Durchführung des Verfahrens widerspricht.

(2) Erklärt der Antragsgegner, an dem Streitbeilegungsverfahren nicht teilnehmen oder es nicht fortsetzen zu wollen, so beendet der Streitmittler das Verfahren, es sei denn, Rechtsvorschriften, Satzungen oder vertragliche Abreden bestimmen etwas anderes.

(3) Das Recht einer Partei, das Streitbeilegungsverfahren bei Vorliegen eines erheblichen Verfahrensmangels zu beenden, darf nicht beschränkt werden.

§ 16 Unterrichtung der Parteien. (1) Die Verbraucherschlichtungsstelle muss den Antragsteller unverzüglich nach Eingang des Antrags auf Durchführung eines Streitbeilegungsverfahrens und den Antragsgegner zugleich mit der Übersendung des Antrags über Folgendes unterrichten:

1. dass das Verfahren nach der Verfahrensordnung durchgeführt wird und dass deren Wortlaut auf der Webseite der Verbraucherschlichtungsstelle verfügbar ist und auf Anfrage in Textform übermittelt wird,
2. dass die Parteien mit ihrer Teilnahme am Streitbeilegungsverfahren der Verfahrensordnung der Verbraucherschlichtungsstelle zustimmen,
3. dass das Ergebnis des Streitbeilegungsverfahrens von dem Ergebnis eines gerichtlichen Verfahrens abweichen kann,
4. dass sich die Parteien im Streitbeilegungsverfahren von einem Rechtsanwalt oder einer anderen Person, soweit diese zur Erbringung von Rechtsdienstleistungen befugt ist, beraten oder vertreten lassen können,
5. dass die Parteien im Streitbeilegungsverfahren nicht durch einen Rechtsanwalt oder durch eine andere Person vertreten sein müssen,
6. über die Möglichkeit einer Beendigung des Streitbeilegungsverfahrens nach § 15,
7. über die Kosten des Verfahrens und

8. über den Umfang der Verschwiegenheitspflicht des Streitmittlers und der weiteren in die Durchführung des Streitbeilegungsverfahrens eingebundenen Personen.

(2) Von der wiederholten Unterrichtung eines Unternehmers, der regelmäßig an Streitbeilegungsverfahren der Verbraucherschlichtungsstelle teilnimmt und auf weitere Unterrichtungen verzichtet hat, kann abgesehen werden.

§ 17 Rechtliches Gehör. (1) [1] Die Parteien erhalten rechtliches Gehör und können Tatsachen und Bewertungen vorbringen. [2] Die Verbraucherschlichtungsstelle kann den Parteien eine angemessene Frist zur Stellungnahme setzen. [3] Die Frist beträgt in der Regel drei Wochen und kann auf Antrag verlängert werden.

(2) Der Streitmittler kann die Streitigkeit mit den Parteien mündlich erörtern, wenn diese Möglichkeit in der Verfahrensordnung der Verbraucherschlichtungsstelle vorgesehen ist und die Parteien zustimmen.

§ 18 Mediation. Führt der Streitmittler nach der Verfahrensordnung der Verbraucherschlichtungsstelle eine Mediation durch, so sind die Vorschriften des Mediationsgesetzes mit Ausnahme des § 2 Absatz 1 des Mediationsgesetzes[1)] ergänzend anzuwenden.

§ 19 Schlichtungsvorschlag. (1) [1] Hat der Streitmittler nach der Verfahrensordnung den Parteien einen Vorschlag zur Beilegung der Streitigkeit (Schlichtungsvorschlag) zu unterbreiten, so beruht dieser auf der sich aus dem Streitbeilegungsverfahren ergebenden Sachlage. [2] Der Schlichtungsvorschlag soll am geltenden Recht ausgerichtet sein und soll insbesondere die zwingenden Verbraucherschutzgesetze beachten. [3] Der Schlichtungsvorschlag ist mit einer Begründung zu versehen, aus der sich der zugrunde gelegte Sachverhalt und die rechtliche Bewertung des Streitmittlers ergeben.

(2) Die Verbraucherschlichtungsstelle übermittelt den Parteien den Schlichtungsvorschlag in Textform.

(3) [1] Die Verbraucherschlichtungsstelle unterrichtet die Parteien mit der Übermittlung des Schlichtungsvorschlags über die rechtlichen Folgen einer Annahme des Vorschlags und darüber, dass der Vorschlag von dem Ergebnis eines gerichtlichen Verfahrens abweichen kann. [2] Sie weist auf die Möglichkeit hin, den Vorschlag nicht anzunehmen und die Gerichte anzurufen. [3] Die Verbraucherschlichtungsstelle setzt den Parteien eine angemessene Frist zur Annahme des Vorschlags.

(4) Von einer Unterrichtung des Unternehmers nach Absatz 3 ist abzusehen, wenn sich dieser dem Schlichtungsvorschlag bereits vorab unterworfen hat.

§ 20 Verfahrensdauer. (1) [1] Die Verbraucherschlichtungsstelle benachrichtigt die Parteien, sobald sie keine weiteren Unterlagen und Informationen mehr benötigt (Eingang der vollständigen Beschwerdeakte). [2] Der Eingang der vollständigen Beschwerdeakte ist in der Regel anzunehmen, wenn die Parteien nach § 17 Absatz 1 Gelegenheit zur Stellungnahme hatten.

[1)] Nr. **1c**.

(2) Die Verbraucherschlichtungsstelle übermittelt den Parteien den Schlichtungsvorschlag oder, sofern kein Schlichtungsvorschlag zu unterbreiten ist, den Inhalt der Einigung über die Beilegung der Streitigkeit oder den Hinweis auf die Nichteinigung innerhalb von 90 Tagen nach Eingang der vollständigen Beschwerdeakte.

(3) [1] Die Verbraucherschlichtungsstelle kann die Frist von 90 Tagen bei besonders schwierigen Streitigkeiten oder mit Zustimmung der Parteien verlängern. [2] Sie unterrichtet die Parteien über die Verlängerung der Frist.

§ 21 Abschluss des Verfahrens. (1) [1] Die Verbraucherschlichtungsstelle übermittelt den Parteien das Ergebnis des Streitbeilegungsverfahrens in Textform mit den erforderlichen Erläuterungen. [2] Mit dieser Mitteilung ist das Streitbeilegungsverfahren beendet.

(2) Kommt es nicht zu einer Einigung, ist die Mitteilung nach Absatz 1 als Bescheinigung über einen erfolglosen Einigungsversuch nach § 15a Absatz 3 Satz 3 des Gesetzes betreffend die Einführung der Zivilprozessordnung[1)] in der im Bundesgesetzblatt Teil III, Gliederungsnummer 310-2, veröffentlichten bereinigten Fassung, das zuletzt durch Artikel 3 des Gesetzes vom 5. Dezember 2014 (BGBl. I S. 1962) geändert worden ist, in der jeweils geltenden Fassung zu bezeichnen.

§ 22 Verschwiegenheit. [1] Der Streitmittler und die weiteren in die Durchführung des Streitbeilegungsverfahrens eingebundenen Personen sind zur Verschwiegenheit verpflichtet, soweit durch Rechtsvorschrift nichts anderes geregelt ist. [2] Die Pflicht bezieht sich auf alles, was ihnen in Ausübung ihrer Tätigkeit bekannt geworden ist. [3] § 4 Satz 3 des Mediationsgesetzes[2)] gilt entsprechend.

§ 23 Entgelt. (1) [1] Ist ein Unternehmer an dem Streitbeilegungsverfahren beteiligt, so kann von dem Verbraucher ein Entgelt nur erhoben werden, wenn der Antrag des Verbrauchers unter Berücksichtigung der gesamten Umstände als missbräuchlich anzusehen ist; in diesem Fall beträgt das Entgelt höchstens 30 Euro. [2] In sonstigen Fällen kann die Verbraucherschlichtungsstelle vom Verbraucher ein angemessenes Entgelt verlangen, wenn

1. sie diesen unverzüglich nachdem ihr bekannt wurde, dass an dem Verfahren kein Unternehmer beteiligt ist, auf diese Kosten hingewiesen hat, und
2. der Verbraucher an dem Verfahren weiterhin teilnehmen wollte.

(2) Die Verbraucherschlichtungsstelle kann vom Unternehmer, der zur Teilnahme an dem Streitbeilegungsverfahren bereit ist oder verpflichtet ist, ein angemessenes Entgelt verlangen.

Abschnitt 4. Anerkennung privater Verbraucherschlichtungsstellen

§ 24 Anerkennung. [1] Die zuständige Behörde erkennt auf Antrag eine Einrichtung als Verbraucherschlichtungsstelle an, wenn die Einrichtung die organisatorischen und fachlichen Anforderungen an die Streitbeilegung in Verbrau-

---

1) Nr. **1a**.
2) Nr. **1c**.

chersachen nach den Abschnitten 2 und 3 erfüllt, die Einrichtung ihren Sitz im Inland hat, auf Dauer angelegt ist und ihre Finanzierung tragfähig erscheint. [2]Weitergehende Anforderungen an die Einrichtung, die sich aus anderen Rechtsvorschriften ergeben, bleiben unberührt.

§ 25 Antrag auf Anerkennung und Mitteilung von Änderungen.

(1) [1]Der Antrag auf Anerkennung als Verbraucherschlichtungsstelle ist zu begründen. [2]Dem Antrag sind beizufügen:

1. die Verfahrensordnung der Einrichtung und
2. die Regeln über die Organisation und die Finanzierung der Einrichtung, einschließlich der Regeln über die Verfahrenskosten.

(2) Die Verbraucherschlichtungsstelle unterrichtet die zuständige Behörde unverzüglich über Änderungen der für die Anerkennung relevanten Umstände und sonstiger im Antrag mitgeteilter Angaben.

(3) [1]Das Ergebnis einer nach § 9 erforderlichen Beteiligung eines Verbraucherverbands oder eines Unternehmerverbands ist der zuständigen Behörde zusammen mit den Angaben nach den Absätzen 1 oder 2 zu übermitteln. [2]Abweichungen von Empfehlungen des beteiligten Verbands sind zu begründen, es sei denn, der Verband hat als Mitglied eines paritätisch besetzten Gremiums an der Entscheidung mitgewirkt.

§ 26 Widerruf der Anerkennung. (1) Erfüllt die Verbraucherschlichtungsstelle die für ihre Anerkennung notwendigen Voraussetzungen nicht mehr oder verstößt sie bei ihrer Tätigkeit systematisch gegen gesetzliche Vorschriften oder ihre eigene Verfahrensordnung, so hat die zuständige Behörde den Träger der Verbraucherschlichtungsstelle in Textform aufzufordern, die notwendigen Maßnahmen zu treffen, um die Widerrufsgründe innerhalb von drei Monaten nach Zugang der Aufforderung zu beseitigen.

(2) Die zuständige Behörde hat die Anerkennung zu widerrufen, wenn der Träger die Widerrufsgründe innerhalb der gesetzten Frist nicht beseitigt.

(3) Wird die Anerkennung widerrufen, ist die Eintragung der Verbraucherschlichtungsstelle in der Liste der Verbraucherschlichtungsstellen nach § 33 des Verbraucherstreitbeilegungsgesetzes zu löschen.

§ 27 Zuständige Behörde. (1) Zuständige Behörde ist, soweit nicht durch Bundesgesetz etwas anderes bestimmt ist, das Bundesamt für Justiz.

(2) [1]Ist durch Bundesgesetz bestimmt, dass eine andere Behörde als das Bundesamt für Justiz für die Anerkennung einer Einrichtung als Verbraucherschlichtungsstelle zuständig ist, so ist diese andere Behörde im Verhältnis zum Bundesamt für Justiz ausschließlich zuständig. [2]Die Anerkennung richtet sich nach den für die Anerkennung durch diese andere Behörde maßgeblichen Vorschriften, auch wenn die Zuständigkeit der Verbraucherschlichtungsstelle über den Anwendungsbereich der Vorschrift hinausgeht, der die Zuständigkeit dieser anderen Behörde begründet.

Abschnitt 5. Behördliche Verbraucherschlichtungsstellen

§ 28 Behördliche Verbraucherschlichtungsstellen. [1] Für behördliche Verbraucherschlichtungsstellen gelten die §§ 4 bis 7 Absatz 1 und 3 bis 5, die §§ 8, 10 und 11 sowie 13 bis 22 sinngemäß. [2] § 9 Absatz 1 ist nur anzuwenden, wenn die Verbraucherschlichtungsstelle bei einer Kammer eingerichtet ist. [3] Anforderungen an behördliche Verbraucherschlichtungsstellen, die sich aus anderen Rechtsvorschriften ergeben, bleiben unberührt.

Abschnitt 6. Universalschlichtungsstelle des Bundes

§ 29 Errichtung der Universalschlichtungsstelle des Bundes. (1) Der Bund errichtet eine ergänzende Verbraucherschlichtungsstelle (Universalschlichtungsstelle des Bundes).

(2) [1] Der Bund kann

1. selbst eine behördliche Universalschlichtungsstelle errichten,
2. eine geeignete anerkannte Verbraucherschlichtungsstelle mit der Aufgabe der Universalschlichtungsstelle einschließlich der Befugnis, für die Durchführung des Streitbeilegungsverfahrens Gebühren zu erheben, beleihen oder
3. eine geeignete anerkannte Verbraucherschlichtungsstelle mit der Aufgabe der Universalschlichtungsstelle beauftragen.

[2] Ist eine anerkannte Verbraucherschlichtungsstelle mit der Aufgabe der Universalschlichtungsstelle beauftragt, handelt sie als private Verbraucherschlichtungsstelle nach den Abschnitten 2 und 3. [3] Für ihre Tätigkeit als Universalschlichtungsstelle gelten die besonderen Bestimmungen des § 30.

(3) [1] Das Bundesamt für Justiz ist für die Beleihung und die Beauftragung einer geeigneten anerkannten Verbraucherschlichtungsstelle mit der Aufgabe einer bundesweiten Universalschlichtung zuständig. [2] Es hat die Rechts- und Fachaufsicht über die behördliche Universalschlichtungsstelle des Bundes oder die nach Absatz 2 Satz 1 Nummer 2 beliehene Verbraucherschlichtungsstelle.

§ 30 Zuständigkeit und Verfahren der Universalschlichtungsstelle des Bundes. (1) [1] Die Universalschlichtungsstelle des Bundes führt auf Antrag eines Verbrauchers Verfahren zur außergerichtlichen Beilegung folgender Streitigkeiten durch:

1. Streitigkeiten aus einem Verbrauchervertrag nach § 310 Absatz 3 des Bürgerlichen Gesetzbuchs oder über das Bestehen eines solchen Vertragsverhältnisses;
2. Streitigkeiten, zu welchen in einem rechtskräftigen Urteil über eine Musterfeststellungsklage nach § 613 Absatz 1 Satz 1 der Zivilprozessordnung[1] oder einem Vergleich nach § 611 Absatz 1 der Zivilprozessordnung bindende Feststellungen getroffen wurden und zu denen die streitgegenständlichen Ansprüche oder Rechtsverhältnisse des Verbrauchers nach § 608 Absatz 1 der Zivilprozessordnung zum Klageregister wirksam angemeldet waren.

---

[1] Nr. 1.

[2] Dies gilt nicht, wenn es sich um arbeitsvertragliche Streitigkeiten oder um Streitigkeiten, für deren Beilegung Verbraucherschlichtungsstellen nach anderen Rechtsvorschriften anerkannt, beauftragt oder eingerichtet werden, handelt oder wenn eine Verbraucherschlichtungsstelle, die eine einschränkende Zuständigkeitsregelung gemäß § 4 Absatz 1a Nummer 1 bis 3 getroffen hat, für die außergerichtliche Beilegung der in Satz 1 genannten Streitigkeiten zuständig ist.

(2) Die Universalschlichtungsstelle des Bundes lehnt die Durchführung eines Streitbeilegungsverfahrens ab, wenn

1. eine andere Verbraucherschlichtungsstelle mit einer einschränkenden Zuständigkeitsregelung gemäß § 4 Absatz 1a Nummer 1 bis 3 oder einer vorrangigen Zuständigkeit gemäß § 4 Absatz 2 Satz 1 Nummer 2 für die Beilegung der Streitigkeit zuständig ist,
2. sich die Niederlassung des Unternehmers nicht im Inland befindet,
3. es sich um eine Streitigkeit aus einem in § 4 Absatz 2 Satz 1 Nummer 1 genannten Vertrag handelt,
4. der Wert des Streitgegenstands weniger als 10 Euro oder mehr als 50 000 Euro beträgt,
5. der streitige Anspruch oder das Rechtsverhältnis des Verbrauchers, das den Gegenstand des Streitbeilegungsverfahrens bildet, zum Klageregister einer Musterfeststellungsklage nach § 608 der Zivilprozessordnung angemeldet ist oder während des Streitbeilegungsverfahrens wirksam angemeldet wird und die Musterfeststellungsklage noch rechtshängig ist,
6. der streitige Anspruch nicht zuvor gegenüber dem Unternehmer geltend gemacht worden ist oder
7. der Antrag offensichtlich ohne Aussicht auf Erfolg ist oder mutwillig erscheint, insbesondere weil
   a) der streitige Anspruch bei Antragstellung bereits verjährt war und der Unternehmer sich auf die Verjährung beruft,
   b) die Streitigkeit bereits beigelegt ist,
   c) zu der Streitigkeit ein Antrag auf Prozesskostenhilfe bereits mit der Begründung zurückgewiesen worden ist, dass die beabsichtigte Rechtsverfolgung keine hinreichende Aussicht auf Erfolg bietet oder mutwillig erscheint.

(3) Die Verfahrensordnung der Universalschlichtungsstelle des Bundes kann weitere nach § 14 Absatz 2 Satz 1 Nummer 1, 2 und 4 und Satz 2 zulässige Ablehnungsgründe vorsehen.

(4) Die Universalschlichtungsstelle des Bundes teilt dem Verbraucher im Fall des Absatzes 2 Nummer 1 mit der Ablehnungsentscheidung eine zuständige Verbraucherschlichtungsstelle mit, an die er sich wenden kann.

(5) Die Universalschlichtungsstelle des Bundes kann einen Schlichtungsvorschlag nach Aktenlage unterbreiten, wenn der Unternehmer, der zur Teilnahme am Verfahren der Universalschlichtungsstelle bereit oder verpflichtet ist, zu dem Antrag des Verbrauchers keine Stellungnahme abgibt.

(6) [1] Von der Bereitschaft des Unternehmers zur Teilnahme am Streitbeilegungsverfahren ist auszugehen, wenn er gegenüber dem Verbraucher, auf seiner

Webseite oder in seinen Allgemeinen Geschäftsbedingungen erklärt hat, an Streitbeilegungsverfahren vor der Universalschlichtungsstelle des Bundes teilzunehmen. [2] Von der Bereitschaft des Unternehmers ist auch dann auszugehen, wenn er zwar keine Teilnahmebereitschaft nach Satz 1 erklärt hat, aber die Teilnahme am Verfahren nicht innerhalb von drei Wochen ablehnt, nachdem ihm der Antrag des Verbrauchers von der Universalschlichtungsstelle des Bundes übermittelt worden ist. [3] Die Universalschlichtungsstelle des Bundes muss den Unternehmer zugleich mit der Übermittlung des Antrags auf die in Satz 2 geregelte Rechtsfolge hinweisen und ferner darauf hinweisen, dass für die Durchführung des Streitbeilegungsverfahrens eine Gebühr nach § 31 oder im Fall der beauftragten Universalschlichtungsstelle des Bundes ein Entgelt nach § 23 erhoben werden kann.

§ 31 Gebühr. (1) [1] Die Universalschlichtungsstelle des Bundes nach § 29 Absatz 2 Satz 1 Nummer 1 und 2 erhebt für die Durchführung des Streitbeilegungsverfahrens vom Unternehmer, der zur Teilnahme am Streitbeilegungsverfahren bereit oder verpflichtet ist, eine Gebühr. [2] Die Höhe der Gebühr richtet sich nach der Höhe des Streitwerts oder dem tatsächlichen Aufwand des Schlichtungsverfahrens.

(2) Erkennt der Unternehmer den geltend gemachten Anspruch sofort vollständig an, kann die Gebühr ermäßigt werden; die Gebühr entfällt im Fall der Ablehnung der weiteren Durchführung des Streitbeilegungsverfahrens nach § 14 Absatz 5 Satz 2.

(3) Vom Verbraucher, der die Durchführung eines Streitbeilegungsverfahrens beantragt hat, kann eine Gebühr nur erhoben werden, wenn der Antrag unter Berücksichtigung der gesamten Umstände als missbräuchlich anzusehen ist.

Abschnitt 7. Zentrale Anlaufstelle für Verbraucherschlichtung, Liste der Verbraucherschlichtungsstellen und Berichtspflichten

§ 32 Zentrale Anlaufstelle für Verbraucherschlichtung und Mitteilungspflichten der zuständigen Behörden und Aufsichtsbehörden.

(1) Das Bundesamt für Justiz ist zentrale Anlaufstelle für die Europäische Kommission (Zentrale Anlaufstelle für Verbraucherschlichtung).

(2) Die zuständige Behörde teilt der Zentralen Anlaufstelle für Verbraucherschlichtung mit:

1. die Anerkennung sowie den Widerruf und die Rücknahme der Anerkennung einer privaten Verbraucherschlichtungsstelle; eine private Verbraucherschlichtungsstelle nach § 4 Absatz 2 Satz 1 und 2 ist entsprechend auszuweisen;
2. die Angaben, die für die Eintragung der privaten Verbraucherschlichtungsstelle in die Liste nach § 33 Absatz 1 erforderlich sind.

(3) Die für die Aufsicht einer behördlichen Verbraucherschlichtungsstelle zuständige Behörde (Aufsichtsbehörde) teilt der Zentralen Anlaufstelle für Verbraucherschlichtung mit:

1. die Errichtung und die Auflösung einer behördlichen Verbraucherschlichtungsstelle;

2. die für die Eintragung der behördlichen Verbraucherschlichtungsstelle in die Liste der Verbraucherschlichtungsstellen (§ 33 Absatz 1) erforderlichen Angaben.

(4) Änderungen der Angaben nach den Absätzen 2 und 3 sind der Zentralen Anlaufstelle für Verbraucherschlichtung unverzüglich mitzuteilen.

§ 33 Liste der Verbraucherschlichtungsstellen sowie Zugang zur Liste der Europäischen Kommission und zur Europäischen Plattform zur Online-Streitbeilegung. (1) [1] Die Zentrale Anlaufstelle für Verbraucherschlichtung führt eine Liste der Verbraucherschlichtungsstellen. [2] Diese Liste wird der Europäischen Kommission unter Hinweis auf Artikel 20 Absatz 2 der Richtlinie 2013/11/EU übermittelt und regelmäßig aktualisiert. [3] Die Zentrale Anlaufstelle für Verbraucherschlichtung macht die jeweils aktuelle Fassung der Liste auf ihrer Webseite zugänglich und macht die Liste mit Stand 1. Januar jeden Jahres im Bundesanzeiger bekannt.

(2) [1] Die zuständigen Behörden und die Zentrale Anlaufstelle für Verbraucherschlichtung machen die von der Europäischen Kommission erstellte Liste aller im Europäischen Wirtschaftsraum anerkannten Streitbeilegungsstellen auf ihren Webseiten zugänglich, indem sie einen Link zur Webseite der Europäischen Kommission einstellen. [2] Auf Anfrage stellen sie diese Liste in Textform zur Verfügung.

§ 34 Berichtspflichten und Auskunftspflichten der Verbraucherschlichtungsstelle. (1) [1] Die Verbraucherschlichtungsstelle erstellt jährlich einen Tätigkeitsbericht. [2] Sie veröffentlicht den Tätigkeitsbericht auf ihrer Webseite und übermittelt ihn auf Anfrage in Textform. [3] Für die Übermittlung eines Berichts auf Papier kann sie vom Empfänger Ersatz der dafür notwendigen Auslagen verlangen.

(2) [1] Die Verbraucherschlichtungsstelle erstellt alle zwei Jahre einen Bericht mit einer umfassenden Darstellung und Bewertung ihrer Tätigkeit (Evaluationsbericht). [2] Die private Verbraucherschlichtungsstelle übermittelt den Evaluationsbericht der zuständigen Behörde und die behördliche Verbraucherschlichtungsstelle übermittelt den Evaluationsbericht der Aufsichtsbehörde. [3] Die Universalschlichtungsstelle des Bundes übermittelt ihren Bericht an die Zentrale Anlaufstelle für Verbraucherschlichtung.

(3) Die Verbraucherschlichtungsstelle berichtet insbesondere über Geschäftspraktiken, die auffällig häufig Anlass für Anträge auf Durchführung von Streitbeilegungsverfahren waren.

(4) Die Verbraucherschlichtungsstelle gibt über Geschäftspraktiken nach Absatz 3 auch außerhalb der Berichte nach Absatz 1 oder Absatz 2 eine aktuelle Auskunft, wenn eine nach § 2 des EG-Verbraucherschutzdurchsetzungsgesetzes vom 21. Dezember 2006 (BGBl. I S. 3367), das zuletzt durch Artikel 2 Absatz 4 des Gesetzes vom 1. April 2015 (BGBl. I S. 434) geändert worden ist, zuständige Behörde sie im Rahmen ihrer Zuständigkeit darum ersucht.

§ 35 Verbraucherschlichtungsbericht. (1) Die Zentrale Anlaufstelle für Verbraucherschlichtung veröffentlicht zum 9. Juli 2018 und danach alle vier Jahre einen Bericht über die Tätigkeit der Verbraucherschlichtungsstellen im

Bundesgebiet (Verbraucherschlichtungsbericht) und übermittelt diesen der Europäischen Kommission.

(2) Für den Verbraucherschlichtungsbericht übermitteln die zuständigen Behörden und die Aufsichtsbehörden der Zentralen Anlaufstelle für Verbraucherschlichtung erstmals zum 31. März 2018 und danach alle zwei Jahre eine Auswertung der ihnen nach § 34 Absatz 2 übermittelten Evaluationsberichte.

Abschnitt 8. Informationspflichten des Unternehmers

§ 36 Allgemeine Informationspflicht. (1) Ein Unternehmer, der eine Webseite unterhält oder Allgemeine Geschäftsbedingungen verwendet, hat den Verbraucher leicht zugänglich, klar und verständlich

1. in Kenntnis zu setzen davon, inwieweit er bereit ist oder verpflichtet ist, an Streitbeilegungsverfahren vor einer Verbraucherschlichtungsstelle teilzunehmen, und
2. auf die zuständige Verbraucherschlichtungsstelle hinzuweisen, wenn sich der Unternehmer zur Teilnahme an einem Streitbeilegungsverfahren vor einer Verbraucherschlichtungsstelle verpflichtet hat oder wenn er auf Grund von Rechtsvorschriften zur Teilnahme verpflichtet ist; der Hinweis muss Angaben zu Anschrift und Webseite der Verbraucherschlichtungsstelle sowie eine Erklärung des Unternehmers, an einem Streitbeilegungsverfahren vor dieser Verbraucherschlichtungsstelle teilzunehmen, enthalten.

(2) Die Informationen nach Absatz 1 müssen

1. auf der Webseite des Unternehmers erscheinen, wenn der Unternehmer eine Webseite unterhält,
2. zusammen mit seinen Allgemeinen Geschäftsbedingungen gegeben werden, wenn der Unternehmer Allgemeine Geschäftsbedingungen verwendet.

(3) Von der Informationspflicht nach Absatz 1 Nummer 1 ausgenommen ist ein Unternehmer, der am 31. Dezember des vorangegangenen Jahres zehn oder weniger Personen beschäftigt hat.

§ 37 Informationen nach Entstehen der Streitigkeit. (1) [1] Der Unternehmer hat den Verbraucher auf eine für ihn zuständige Verbraucherschlichtungsstelle unter Angabe von deren Anschrift und Webseite hinzuweisen, wenn die Streitigkeit über einen Verbrauchervertrag durch den Unternehmer und den Verbraucher nicht beigelegt werden konnte. [2] Der Unternehmer gibt zugleich an, ob er zur Teilnahme an einem Streitbeilegungsverfahren bei dieser Verbraucherschlichtungsstelle bereit ist oder verpflichtet ist. [3] Ist der Unternehmer zur Teilnahme am Streitbeilegungsverfahren einer oder mehrerer Verbraucherschlichtungsstellen bereit oder verpflichtet, so hat er diese Stelle oder diese Stellen anzugeben.

(2) Der Hinweis muss in Textform gegeben werden.

Abschnitt 9. Grenzübergreifende Zusammenarbeit

§ 38 Zusammenarbeit mit ausländischen Streitbeilegungsstellen. Die Verbraucherschlichtungsstelle arbeitet mit Streitbeilegungsstellen zusammen, die in Umsetzung der Richtlinie 2013/11/EU in einem anderen Mitgliedstaat der Europäischen Union oder in einem sonstigen Vertragsstaat des Abkommens über den Europäischen Wirtschaftsraum für die außergerichtliche Beilegung vergleichbarer Streitigkeiten zuständig sind.

§ 39 Zusammenarbeit mit der Europäischen Plattform zur Online-Streitbeilegung. Die Verbraucherschlichtungsstelle ist Stelle für alternative Streitbeilegung im Sinne der Verordnung (EU) Nr. 524/2013 des Europäischen Parlaments und des Rates vom 21. Mai 2013 über die Online-Beilegung verbraucherrechtlicher Streitigkeiten und zur Änderung der Verordnung (EG) Nr. 2006/2004 und der Richtlinie 2009/22/EG (ABl. L 165 vom 18.6.2013, S. 1).

§ 40 Unterstützung von Verbrauchern bei grenzübergreifenden Streitigkeiten; Kontaktstelle für die Europäische Plattform zur Online-Streitbeilegung. (1) Das Bundesamt für Justiz

1. unterstützt Verbraucher bei der Ermittlung der zuständigen Streitbeilegungsstelle in einem anderen Mitgliedstaat der Europäischen Union oder in einem sonstigen Vertragsstaat des Abkommens über den Europäischen Wirtschaftsraum,
2. erfüllt die Aufgaben der Kontaktstelle für die Europäische Plattform zur Online-Streitbeilegung nach Artikel 7 Absatz 2 und 4 der Verordnung (EU) Nr. 524/2013.

(2) [1] Das Bundesamt für Justiz wird ermächtigt, eine juristische Person des Privatrechts, eine rechtsfähige Personengesellschaft oder eine andere geeignete Stelle mit den Aufgaben nach Absatz 1 zu beleihen. [2] Der Beliehene hat die notwendige Gewähr für die ordnungsgemäße Erfüllung der ihm übertragenen Aufgaben zu bieten. [3] Er bietet die notwendige Gewähr, wenn

1. er über die zur Erfüllung der ihm übertragenen Aufgaben notwendige Ausstattung und Organisation verfügt, und
2. die Personen, die seine Geschäftsführung oder Vertretung wahrnehmen, zuverlässig und fachlich geeignet sind.

[4] Der Beliehene untersteht der Rechts- und Fachaufsicht des Bundesamts für Justiz.

(3) Erfüllt der Beliehene die ihm nach Absatz 2 Satz 1 übertragenen Aufgaben nicht sachgerecht, so kann das Bundesamt für Justiz unbeschadet des § 49 des Verwaltungsverfahrensgesetzes die Beleihung ohne Entschädigung beenden.

(4) [1] Der Beliehene kann die Beendigung der Beleihung jederzeit schriftlich verlangen. [2] Dem Begehren ist innerhalb einer angemessenen Frist, die zur Fortführung der Aufgabenerfüllung erforderlich ist, zu entsprechen.

(5) Das Bundesamt für Justiz macht die Beleihung im Bundesanzeiger bekannt.

Abschnitt 10. Schlussvorschriften

§ 41 Bußgeldvorschriften. (1) Ordnungswidrig handelt, wer vorsätzlich oder fahrlässig

1. entgegen § 2 Absatz 2 Satz 1 sich als Verbraucherschlichtungsstelle bezeichnet oder

2. entgegen § 2 Absatz 2 Satz 2 eine Einrichtung als Verbraucherschlichtungsstelle bezeichnet.

(2) Die Ordnungswidrigkeit kann mit einer Geldbuße bis zu fünfzigtausend Euro geahndet werden.

(3) Verwaltungsbehörde im Sinne des § 36 Absatz 1 Nummer 1 des Gesetzes über Ordnungswidrigkeiten ist das Bundesamt für Justiz.

§ 42 Verordnungsermächtigung. (1) Das Bundesministerium der Justiz und für Verbraucherschutz wird ermächtigt, im Einvernehmen mit dem Bundesministerium für Wirtschaft und Energie durch Rechtsverordnung mit Zustimmung des Bundesrates

1. die Anforderungen an Inhalt und Form des Antrags auf Anerkennung als Verbraucherschlichtungsstelle nach § 25 Absatz 1 und an die beizufügenden Unterlagen und Belege näher zu bestimmen,
2. die Angaben zu einer Verbraucherschlichtungsstelle, die die zuständige Behörde nach § 32 Absatz 2 und 4 oder die Aufsichtsbehörde nach § 32 Absatz 3 und 4 der Zentralen Anlaufstelle für Verbraucherschlichtung mitzuteilen hat, näher zu bestimmen,
3. die Inhalte der Informationen, die die Verbraucherschlichtungsstelle auf ihrer Webseite nach § 10 Absatz 1 bereitzustellen hat, näher zu bestimmen und weitere Informationen für die Webseite vorzusehen,
4. Einzelheiten zu Inhalt und Form des Tätigkeitsberichts und des Evaluationsberichts der Verbraucherschlichtungsstelle nach § 34 Absatz 1 und 2, zu Inhalt und Form des Verbraucherschlichtungsberichts der Zentralen Anlaufstelle für Verbraucherschlichtung nach § 35 Absatz 1 und der Auswertungen der zuständigen Behörden und Aufsichtsbehörden nach § 35 Absatz 2 näher zu bestimmen,
5. die Zusammenarbeit der Verbraucherschlichtungsstellen zu regeln
   a) nach § 34 Absatz 4 mit den nach § 2 des EG-Verbraucherschutzdurchsetzungsgesetzes zuständigen Behörden,
   b) nach § 38 mit Streitbeilegungsstellen anderer Mitgliedstaaten der Europäischen Union oder eines sonstigen Vertragsstaats des Abkommens über den Europäischen Wirtschaftsraum.

(2) Das Bundesministerium der Justiz und für Verbraucherschutz wird ermächtigt, durch Rechtsverordnung, die nicht der Zustimmung des Bundesrates bedarf, Folgendes zu regeln:

1. die Einzelheiten der Organisation und des Verfahrens der Universalschlichtung, insbesondere die Höhe der Gebühr, die von dem an einem Schlichtungsverfahren beteiligten Unternehmer durch eine behördliche Universalschlichtungsstelle des Bundes oder eine mit der Aufgabe der Universalschlichtungsstelle des Bundes einschließlich der Befugnis, für die Durchführung des Streitbeilegungsverfahrens Gebühren zu erheben, beliehene geeignete anerkannte Verbraucherschlichtungsstelle zu erheben ist, sowie die weiteren Voraussetzungen für eine Gebührenerhebung durch eine solche Stelle,

2. die Voraussetzungen für eine Beendigung der Beleihung oder der Beauftragung einer geeigneten anerkannten Verbraucherschlichtungsstelle mit der Aufgabe der Universalschlichtungsstelle durch den Bund.

§ 43 Projektförderung, Forschungsvorhaben, Bericht. (1) Das Bundesministerium der Justiz und für Verbraucherschutz fördert bis zum 31. Dezember 2019 die Arbeit einer ausgewählten Allgemeinen Verbraucherschlichtungsstelle (§ 4 Absatz 2 Satz 1), die bundesweit tätig ist.

(2) [1] Begleitend untersucht das Bundesministerium der Justiz und für Verbraucherschutz in einem wissenschaftlichen Forschungsvorhaben die Funktionsweise dieser Allgemeinen Verbraucherschlichtungsstelle, um Erkenntnisse in Bezug auf Inanspruchnahme, Fallzahlen, Arbeitsweise, Verfahrensdauer, Erfolgsquoten, Kosten und Entgelte zu sammeln und auszuwerten. [2] Das Forschungsvorhaben muss bis zum 31. Dezember 2020 abgeschlossen sein.

(3) Das Bundesministerium der Justiz und für Verbraucherschutz berichtet dem Deutschen Bundestag und dem Bundesrat nach Abschluss des wissenschaftlichen Forschungsvorhabens über die Ergebnisse; ein Zwischenbericht ist bis zum 31. Dezember 2018 vorzulegen.

2. Verordnung über die Führung des Schuldnerverzeichnisses (Schuldnerverzeichnisführungsverordnung – SchuFV)

Vom 26. Juli 2012
(BGBl. I S. 1654)

FNA 310-4-13

zuletzt geänd. durch Art. 11 G zur Umsetzung der RL (EU) 2016/680 im Strafverfahren sowie zur Anpassung datenschutzrechtlicher Bestimmungen an die VO (EU) 2016/679 v. 20.11.2019 (BGBl. I S. 1724)

Auf Grund des § 882h Absatz 3 der Zivilprozessordnung[1], der durch Artikel 1 Nummer 17 des Gesetzes vom 29. Juli 2009 (BGBl. I S. 2258) eingefügt worden ist, verordnet das Bundesministerium der Justiz:

Abschnitt 1. Das Schuldnerverzeichnis

§ 1 Inhalt des Schuldnerverzeichnisses. (1) In das Schuldnerverzeichnis werden die in § 882b Absatz 2 und 3 der Zivilprozessordnung[1] angegebenen Daten eingetragen.

(2) [1] Offenbare Unrichtigkeiten der Bezeichnung des Schuldners in den Eintragungsanordnungen nach § 882b Absatz 3 Nummer 2 bis 4 der Zivilprozessordnung können bei Eintragung im Schuldnerverzeichnis berichtigt werden. [2] Ist dem zentralen Vollstreckungsgericht bekannt, dass die Eintragungsanordnung fehlerbehaftet ist, berichtigt es den Inhalt der Eintragung von Amts wegen und benachrichtigt den Einsender von der Berichtigung. [3] Im Übrigen nimmt das zentrale Vollstreckungsgericht die Eintragung ohne inhaltliche Überprüfung vor.

Abschnitt 2. Form und Übermittlung von Eintragungsanordnungen und Entscheidungen

§ 2 Übermittlung von Eintragungsanordnungen und Entscheidungen.

(1) [1] Die Eintragungsanordnung erfolgt durch die in § 882b Absatz 1 Nummer 1 bis 3 der Zivilprozessordnung[1] genannten Stellen. [2] Die Eintragungsanordnung ist dem zentralen Vollstreckungsgericht elektronisch zu übermitteln. [3] Die Übermittlung der Daten erfolgt bundesweit einheitlich durch ein geeignetes Transportprotokoll sowie in einheitlich strukturierten Datensätzen.

(2) [1] Bei der Datenübermittlung an das zentrale Vollstreckungsgericht und bei der Weitergabe an eine andere Stelle im Sinne des § 882h Absatz 2 der Zivilprozessordnung sind geeignete technische und organisatorische Maßnahmen zur Sicherstellung von Datenschutz und Datensicherheit zu treffen, die insbesondere gewährleisten, dass

1. nur Befugte personenbezogene Daten zur Kenntnis nehmen können (Vertraulichkeit),

---

[1] Nr. **1**.

2. personenbezogene Daten während der Verarbeitung unversehrt, vollständig und aktuell bleiben (Integrität),
3. personenbezogene Daten zeitgerecht zur Verfügung stehen und ordnungsgemäß verarbeitet werden können (Verfügbarkeit),
4. personenbezogene Daten jederzeit ihrem Ursprung zugeordnet werden können (Authentizität),
5. festgestellt werden kann, wer wann welche personenbezogenen Daten in welcher Weise verarbeitet hat (Revisionsfähigkeit), und
6. die Verfahrensweisen bei der Verarbeitung personenbezogener Daten vollständig, aktuell und in einer Weise dokumentiert sind, dass sie in zumutbarer Zeit nachvollzogen werden können (Transparenz).

[2] Werden zur Übermittlung öffentliche Telekommunikationsnetze genutzt, ist ein geeignetes Verschlüsselungsverfahren zu verwenden.

(3) Vor der elektronischen Übermittlung von Eintragungsanordnungen ist durch geeignete technische Maßnahmen zu gewährleisten, dass überprüfbar ist, wer die Daten übermittelt und empfängt.

(4) Absatz 1 Satz 2 und 3 sowie die Absätze 2 und 3 gelten entsprechend für die elektronische Übermittlung von Entscheidungen im Sinne des § 882h Absatz 3 Satz 1 der Zivilprozessordnung.

§ 3 Vollziehung von Eintragungsanordnungen. (1) [1] Das zentrale Vollstreckungsgericht prüft elektronisch übermittelte Eintragungsanordnungen daraufhin, ob die elektronische Übermittlung die Anforderungen des § 2 Absatz 2 und 3 erfüllt. [2] Das Ergebnis der Prüfung ist zu protokollieren.

(2) [1] Erfüllt die elektronische Übermittlung der Eintragungsanordnung die Anforderungen des § 2 Absatz 2 und 3, trägt das zentrale Vollstreckungsgericht die in § 882b Absatz 2 und 3 der Zivilprozessordnung[1)] angegebenen Daten in das Schuldnerverzeichnis ein. [2] Das zentrale Vollstreckungsgericht informiert den Einsender unverzüglich über die Eintragung.

(3) [1] Erfüllt die elektronische Übermittlung der Eintragungsanordnung die Anforderungen des § 2 Absatz 2 und 3 nicht, trägt das zentrale Vollstreckungsgericht die in § 882b Absatz 2 und 3 der Zivilprozessordnung angegebenen Daten nicht in das Schuldnerverzeichnis ein und teilt dem Einsender dies unter Angabe der Gründe mit. [2] Der Einsender veranlasst eine erneute elektronische Übermittlung einer Eintragungsanordnung, die den Anforderungen des § 2 Absatz 2 und 3 entspricht.

(4) Die Absätze 1 bis 3 gelten entsprechend für die elektronische Übermittlung von Entscheidungen im Sinne des § 882h Absatz 3 Satz 1 der Zivilprozessordnung.

§ 4 Löschung von Eintragungen. (1) Das zentrale Vollstreckungsgericht löscht eine Eintragung im Schuldnerverzeichnis nach dem Ablauf von drei Jahren seit dem Tag der Eintragungsanordnung.

(2) Das zentrale Vollstreckungsgericht löscht eine Eintragung im Schuldnerverzeichnis außerdem, wenn

---

[1)] Nr. 1.

1. die vollständige Befriedigung des Gläubigers nachgewiesen ist,
2. das Fehlen oder der Wegfall des Eintragungsgrundes bekannt ist oder
3. die Ausfertigung einer vollstreckbaren Entscheidung vorgelegt wird, aus der sich ergibt, dass die Eintragungsanordnung aufgehoben oder einstweilen ausgesetzt ist.

Abschnitt 3. Einsicht in das Schuldnerverzeichnis

§ 5 Einsichtsberechtigung. Einsichtsberechtigt ist jeder, der darlegt, Angaben nach § 882b der Zivilprozessordnung[1] zu benötigen

1. für Zwecke der Zwangsvollstreckung;
2. um gesetzliche Pflichten zur Prüfung der wirtschaftlichen Zuverlässigkeit zu erfüllen;
3. um Voraussetzungen für die Gewährung von öffentlichen Leistungen zu prüfen;
4. um wirtschaftliche Nachteile abzuwenden, die daraus entstehen können, dass Schuldner ihren Zahlungsverpflichtungen nicht nachkommen;
5. für Zwecke der Strafverfolgung und der Strafvollstreckung;
6. zur Auskunft über ihn selbst betreffende Eintragungen;
7. für Zwecke der Dienstaufsicht über Justizbedienstete, die mit dem Schuldnerverzeichnis befasst sind.

§ 6 Einsichtnahme. (1) Die Einsichtnahme in das Schuldnerverzeichnis erfolgt über ein zentrales und länderübergreifendes elektronisches Informations- und Kommunikationssystem der Länder im Internet.

(2) [1]Die Einsichtnahme in das Schuldnerverzeichnis wird nur registrierten Nutzern gewährt. [2]Die jeweilige Einsichtnahme ist erst nach Darlegung des Verwendungszwecks nach § 5 Nummer 1 bis 7 zu ermöglichen.

(3) [1]Bei jeder Einsichtnahme ist der Abrufvorgang so zu protokollieren, dass feststellbar ist, ob das Datenverarbeitungssystem befugt genutzt worden ist. [2]Zu protokollieren sind:

1. die zur Abfrage verwendeten Daten nach Absatz 2 Satz 2,
2. das Datum und die Uhrzeit der Einsichtnahme,
3. die Identität der abfragenden Person,
4. welche Datensätze nach § 3 Absatz 2 betroffen sind.

[3]Die protokollierten Daten nach Satz 2 dürfen nur zu Datenschutzzwecken, für gerichtliche Verfahren oder Strafverfahren verwendet werden.

(4) [1]Die gespeicherten Abrufprotokolle werden nach sechs Monaten gelöscht. [2]Ausgenommen von der Löschung nach sechs Monaten sind gespeicherte Daten, die in einem eingeleiteten Verfahren zur Datenschutzaufsicht, einem gerichtlichen Verfahren oder Strafverfahren benötigt werden. [3]Diese Daten sind nach dem endgültigen Abschluss dieser Verfahren zu löschen.

---

[1] Nr. **1**.

§ 7 Registrierung. (1) [1]Die Identifikation der Nutzungsberechtigten ist durch geeignete Registrierungsverfahren sicherzustellen. [2]Sie erfolgt durch das für den Wohnsitz oder Sitz des Einsichtsberechtigten zuständige zentrale Vollstreckungsgericht oder über die nach § 802k Absatz 3 Satz 3 in Verbindung mit § 882h Absatz 2 der Zivilprozessordnung[1)] beauftragte Stelle. [3]Hat ein Nutzungsberechtigter im Inland keinen Wohnsitz oder Sitz, erfolgt die Registrierung durch ein zentrales Vollstreckungsgericht nach Wahl des Nutzungsberechtigten. [4]Juristische Personen werden zusammen mit den für sie handelnden natürlichen Personen registriert. [5]Bei der Registrierung von natürlichen Personen nach Satz 4 ist das Identifikationsmerkmal der juristischen Person zu ergänzen. [6]Behörden und Gerichte können gesondert registriert werden.

(2) Das elektronische Registrierungsverfahren hat insbesondere die Identifikationsmöglichkeit durch Angabe und Überprüfung der Personendaten mittels elektronischen Identitätsnachweises nach § 18 des Personalausweisgesetzes ***[ab 1.11.2020:*** *, nach § 12 des eID-Karte-Gesetzes oder nach § 78 Absatz 5 des Aufenthaltsgesetzes]* bereitzustellen.

(3) [1]Die Registrierung erfolgt nur, wenn der Nutzungsberechtigte zuvor sein Einverständnis erklärt hat, dass sämtliche Abrufvorgänge gemäß § 6 Absatz 3 gespeichert und verwendet werden dürfen. [2]Satz 1 gilt nicht für Behörden und Gerichte. [3]Die Registrierung ist abgeschlossen, wenn das zentrale Vollstreckungsgericht dem Nutzungsberechtigten die Zugangsdaten für das zentrale und länderübergreifende elektronische Informations- und Kommunikationssystem nach § 6 Absatz 1 übermittelt.

(4) [1]Das Registrierungsverfahren für die nach § 5 Nutzungsberechtigten kann über ein zentrales und länderübergreifendes elektronisches Informations- und Kommunikationssystem im Internet oder ein anderes System, das die Identifikation des Nutzungsberechtigten sicherstellt, erfolgen. [2]Die zentralen Vollstreckungsgerichte veröffentlichen, unter welcher elektronischen Adresse das zentrale länderübergreifende elektronische Informations- und Kommunikationssystem zur Verfügung steht.

(5) Ist es dem Nutzungsberechtigten nicht möglich, ein elektronisches Registrierungsverfahren nach Absatz 4 zu nutzen, kann die Registrierung durch ein geeignetes nicht elektronisches Registrierungsverfahren bei dem zuständigen zentralen Vollstreckungsgericht erfolgen.

§ 8 Abfragedatenübermittlung. (1) [1]Bei der Einsichtnahme in das Schuldnerverzeichnis erfolgt die elektronische Übermittlung der Daten bundesweit einheitlich durch ein geeignetes Transportprotokoll sowie in einheitlich strukturierten Datensätzen. [2]Bei der elektronischen Übermittlung sind durch geeignete technische und organisatorische Maßnahmen der Datenschutz und die Datensicherheit zu gewährleisten. [3]§ 2 Absatz 2 und 3 gilt entsprechend.

(2) [1]Eine Übermittlung von Daten an den Nutzer erfolgt, wenn dieser mindestens folgende Suchkriterien angibt:

1. den Namen und Vornamen des Schuldners oder die Firma des Schuldners und
2. den Wohnsitz des Schuldners oder den Ort, an dem der Schuldner seinen Sitz hat.

[1)] Nr. 1.

[2] Vorbehaltlich der Absätze 3 und 4 wird nicht mehr als ein Datensatz übermittelt. [3] Der Datensatz enthält die in § 882b Absatz 2 und 3 der Zivilprozessordnung[1)] angegebenen personenbezogenen Daten des Schuldners.

(3) [1] Sind zu einer Abfrage gemäß Absatz 2 mehrere Datensätze vorhanden, hat der Nutzer zusätzlich das Geburtsdatum des Schuldners einzugeben. [2] Sind dann weiterhin mehrere Treffer vorhanden, sind diese gemeinsam zu übermitteln (übermittelter Datensatz).

(4) [1] Kann der Nutzer abweichend von der Abfrage gemäß den Absätzen 2 und 3 Familiennamen, Vornamen und Geburtsdatum des Schuldners sofort angeben, werden ihm sämtliche zu einem Schuldner vorhandene Datensätze übermittelt. [2] Das Gleiche gilt, wenn der Schuldner keine natürliche Person ist und bei der Abfrage Name oder Firma und Sitz des Schuldners angegeben werden.

(5) Die Absätze 2 bis 4 sind nicht anzuwenden auf die Einsichtnahme in das Schuldnerverzeichnis durch Gerichte und Behörden aus den Mitgliedstaaten der Europäischen Union.

§ 9 Informationsverwendung. (1) [1] Die Daten aus der Einsichtnahme in das Schuldnerverzeichnis dürfen nur zu dem Zweck verarbeitet werden, für den sie übermittelt werden. [2] Die Zweckbestimmung richtet sich nach § 5 in Verbindung mit § 6 Absatz 2 Satz 2.

(2) [1] Die Daten aus der Einsichtnahme in das Schuldnerverzeichnis sind zu löschen, sobald der Zweck erreicht wurde. [2] Nichtöffentliche Stellen sind darauf bei der Übermittlung hinzuweisen.

§ 10 Ausschluss von der Einsichtnahme. (1) Ein nach § 7 registrierter Nutzer kann bei missbräuchlicher Datenverarbeitung oder missbräuchlichen Datenabrufen von der Einsichtnahme in das Schuldnerverzeichnis ganz oder bis zu drei Jahre ausgeschlossen werden.

(2) Handelt es sich bei dem nach § 7 registrierten Nutzer um eine juristische Person, für die nach § 7 Absatz 1 Satz 4 und 5 mehrere natürliche Personen registriert sind, können bei missbräuchlicher Datenverarbeitung oder missbräuchlichen Datenabrufen alle nach § 7 Absatz 1 Satz 4 und 5 für die juristische Person handelnden Personen von der Einsichtnahme in das Schuldnerportal ganz oder bis zu drei Jahre ausgeschlossen werden.

(3) Auf den Ausschluss von der Einsichtnahme sind § 49 Absatz 2, 3 und 6 Satz 1 und 2 sowie § 48 Absatz 1, 3 und 4 des Verwaltungsverfahrensgesetzes entsprechend anzuwenden.

(4) [1] Mit dem Ausschluss von der Einsichtnahme bestimmt die zuständige Stelle den Zeitraum, für den der Nutzer keine neue Registrierung erhalten kann. [2] Zuständig für die Entscheidung ist die Stelle, die die Registrierung nach § 7 vorgenommen hat. [3] Die Entscheidung ist dem ehemaligen Inhaber der Registrierung mit Rechtsmittelbelehrung zuzustellen. [4] Die zuständige Stelle veranlasst die Einschränkung der Verarbeitung der nach § 7 Absatz 3 Satz 3 übermittelten Zugangsdaten.

[1)] Nr. **1**.

(5) [1]Die Sperrfrist für eine erneute Registrierung des Nutzers nach Absatz 4 Satz 1 darf zur Registrierungsverwaltung nach den §§ 6 und 7 gespeichert und an andere zentrale Vollstreckungsgerichte übermittelt werden. [2]Die gespeicherten Daten sind mit dem Ablauf der Sperrfrist zu löschen.

§ 11 Zugang zur Einsicht in das Schuldnerverzeichnis. (1) Die Landesregierungen stellen sicher, dass nach § 5 Einsichtsberechtigte eine Registrierung nach § 7 Absatz 5 bei jedem Amtsgericht veranlassen können.

(2) [1]Die Landesregierungen ermöglichen durch geeignete technische und organisatorische Maßnahmen, dass registrierte Nutzer in jedem Amtsgericht Einsicht in das elektronische Schuldnerverzeichnis nehmen können. [2]Die Einsichtsberechtigten können verlangen, dass ihnen ein Ausdruck ihrer Datenabfrage überlassen wird.

Abschnitt 4. Schlussvorschriften

§ 12 Rechtsweg. Auf Entscheidungen des zentralen Vollstreckungsgerichts sind, soweit es sich um Angelegenheiten der Justizverwaltungen im Sinne des § 882h Absatz 2 Satz 3 der Zivilprozessordnung[1)] handelt, die §§ 23 bis 30 des Einführungsgesetzes zum Gerichtsverfassungsgesetz[2)] anzuwenden.

§ 12a Evaluierung. Die in § 8 Absatz 2 bis 4 festgesetzten Suchkriterien zur Übermittlung von Datensätzen sind drei Jahre nach dem 1. Oktober 2015 durch das Bundesministerium der Justiz und für Verbraucherschutz im Zusammenwirken mit den Landesjustizverwaltungen sowie der Bundesbeauftragten für den Datenschutz und die Informationsfreiheit zu überprüfen.

§ 13 Inkrafttreten, Außerkrafttreten. (1) Diese Verordnung tritt am 1. Januar 2013 in Kraft.

(2) Die Schuldnerverzeichnisverordnung vom 15. Dezember 1994 (BGBl. I S. 3822), die zuletzt durch Artikel 3 des Gesetzes vom 13. Dezember 2001 (BGBl. I S. 3638) geändert worden ist, tritt am 31. Dezember 2017 außer Kraft.

---

1) Nr. **1**.
2) Nr. **3a**.

2a. Verordnung über den Bezug von Abdrucken aus dem Schuldnerverzeichnis (Schuldnerverzeichnisabdruckverordnung – SchuVAbdrV)

Vom 26. Juli 2012

(BGBl. I S. 1658)

FNA 310-4-14

zuletzt geänd. durch Art. 12 G zur Umsetzung der RL (EU) 2016/680 im Strafverfahren sowie zur Anpassung datenschutzrechtlicher Bestimmungen an die VO (EU) 2016/679 v. 20.11.2019 (BGBl. I S. 1724)

Auf Grund des § 882g Absatz 8 der Zivilprozessordnung[1)], der durch Artikel 1 Nummer 17 des Gesetzes vom 29. Juli 2009 (BGBl. I S. 2258) eingefügt worden ist, verordnet das Bundesministerium der Justiz:

Abschnitt 1. Bewilligungsverfahren

§ 1 Bewilligung des Bezugs von Abdrucken. (1) Abdrucke aus Schuldnerverzeichnissen dürfen nur Inhabern einer Bewilligung nach den Vorschriften dieses Abschnitts erteilt werden.

(2) Die Bewilligung ist zu erteilen, wenn die Voraussetzungen der §§ 882f und 882g Absatz 1 und 2 der Zivilprozessordnung[1)] und dieser Verordnung erfüllt sind.

(3) Die Bewilligung ist zu versagen, wenn

1. der Antragsteller schuldhaft unrichtige Angaben macht,
2. die Voraussetzungen vorliegen, unter denen die Bewilligung gemäß § 7 Absatz 1 widerrufen werden könnte,
3. Tatsachen vorliegen, welche die Unzuverlässigkeit des Antragstellers in Bezug auf die Verarbeitung personenbezogener Daten begründen, oder
4. dem Antragsteller oder einer Person, die im Auftrag des Antragstellers die aus dem Schuldnerverzeichnis zu beziehenden Daten verarbeitet, der Betrieb eines Gewerbes untersagt ist.

(4) [1] Die Bewilligung des Bezugs von Abdrucken berechtigt Kammern,

1. die Abdrucke in Listen zusammenzufassen oder hiermit Dritte zu beauftragen und
2. die Listen ihren Mitgliedern oder Mitgliedern anderer Kammern auf Antrag zum laufenden Bezug zu überlassen.

[2] Die Überlassung von Listen ist unzulässig, wenn bei den Listenbeziehern die Voraussetzungen der §§ 882f und 882g Absatz 1 und 2 der Zivilprozessordnung nicht erfüllt sind oder Versagungsgründe entsprechend Absatz 3 vorliegen.

[1)] Nr. 1.

§ 2 Zuständigkeit. Über Anträge nach § 882g Absatz 1 Satz 1 der Zivilprozessordnung[1)] entscheidet der Leiter oder die Leiterin des zentralen Vollstreckungsgerichts nach § 882h Absatz 1 der Zivilprozessordnung, bei dem das Schuldnerverzeichnis geführt wird.

§ 3 Antrag. (1) [1] Der Antrag ist schriftlich bei dem nach § 2 zuständigen Leiter oder der zuständigen Leiterin des zentralen Vollstreckungsgerichts zu stellen. [2] Die zur Entscheidung über den Antrag erforderlichen Angaben sind auf Verlangen glaubhaft zu machen.

(2) [1] Der Antrag muss die Angaben enthalten, aus denen sich das Vorliegen der in den §§ 882f und 882g Absatz 2 der Zivilprozessordnung[1)] geforderten Voraussetzungen ergibt. [2] Darüber hinaus muss er enthalten:

1. die Angabe von Wohn- oder Geschäftssitz des Antragstellers; die Angabe von Gewerbe- oder Handelsregistereintragung oder des ausgeübten Berufs;
2. die Angabe der elektronischen Kontaktdaten für die Übermittlung der Abdrucke nach § 9 Absatz 1 Satz 1;
3. die Angabe, ob, wann, bei welchem Gericht und mit welchem Ergebnis bereits Anträge im Sinne dieses Abschnitts gestellt wurden;
4. die Erklärung, in welcher der dem Gericht möglichen Formen die Abdrucke erteilt werden sollen;
5. die Angabe, ob Listen gefertigt werden sollen;
6. die Angabe, von wem die Listen gefertigt und an wen diese weitergegeben werden sollen;
7. die Angabe, ob Einzelauskünfte im automatisierten Abrufverfahren erteilt werden sollen.

§ 4 Speicherung von Daten des Antragstellers. (1) Für die Bewilligung des Bezugs von Abdrucken sowie die Einrichtung und Ausgestaltung des Abrufverfahrens von Abdrucken können personenbezogene Daten des Antragstellers, insbesondere der Name des Antragstellers, das Datum des Antrags sowie die Angaben des Antragstellers nach § 3 Absatz 2 von dem zentralen Vollstreckungsgericht oder der nach § 882h Absatz 1 Satz 3 der Zivilprozessordnung[1)] zuständigen Stelle verarbeitet werden.

(2) [1] Im Fall der Ablehnung oder Rücknahme des Antrags werden der Name des Antragstellers, das Datum des Antrags sowie die Angaben des Antragstellers nach § 3 Absatz 2 Nummer 1 und 2 von dem zentralen Vollstreckungsgericht oder der nach § 882h Absatz 1 Satz 3 der Zivilprozessordnung zuständigen Stelle erfasst und gespeichert. [2] Diese Angaben dürfen nur verarbeitet werden, um Mehrfachanträge und Bewilligungshindernisse zu erkennen.

(3) [1] Die Frist für die Aufbewahrung oder Speicherung beträgt sechs Jahre ab dem Ende des Jahres, in dem der Antrag gestellt wurde. [2] Nach Ablauf der Frist nach Satz 1 oder mit dem Fristablauf der Bewilligung nach § 5 Absatz 2 in Verbindung mit § 6 Absatz 1 sind die Angaben zu löschen.

§ 5 Bewilligung. (1) [1] Die Bewilligung ist nur gegenüber dem Antragsteller wirksam. [2] Sie ist nicht übertragbar.

---

1) Nr. **1**.

(2) Gegenstand der Bewilligung sind

1. die Entscheidung über den Antrag,
2. Bedingungen,
3. Auflagen, Befristungen und der Vorbehalt des Widerrufs.

(3) [1]Die Bewilligung enthält die Belehrung über die vom Begünstigten zu beachtenden datenschutzrechtlichen Vorschriften, insbesondere der Zivilprozessordnung und dieser Verordnung. [2]In den Fällen des § 9 Absatz 1 Satz 2 ist ferner über die anzuwendenden Datenübermittlungsregeln zu belehren. [3]Auf § 7 ist gesondert hinzuweisen. [4]Der Bewilligung ist eine Rechtsmittelbelehrung beizufügen.

(4) Die Bewilligung wird der Stelle mitgeteilt, die nach den jeweils maßgeblichen datenschutzrechtlichen Vorschriften für die Kontrolle des Beziehers der Abdrucke zuständig ist.

§ 6 Befristungen, Auflagen und Bedingungen. (1) Die Bewilligung ist auf mindestens ein Jahr und höchstens sechs Jahre zu befristen.

(2) Zum Zweck der Einhaltung der Vorschriften der §§ 882e bis 882h der Zivilprozessordnung[1)], der datenschutzrechtlichen Vorschriften und dieser Verordnung kann die Bewilligung ergehen mit Bestimmungen,

1. durch die dem Begünstigten ein Tun, Dulden oder Unterlassen vorgeschrieben wird (Auflagen) und
2. nach denen der Eintritt oder der Wegfall einer Vergünstigung oder Belastung von dem ungewissen Eintritt eines zukünftigen Ereignisses abhängt (Bedingung).

§ 7 Widerruf und Rücknahme von Bewilligungen. (1) Für den Widerruf von Bewilligungen gilt § 49 Absatz 2, 3 und 6 Satz 1 und 2 des Verwaltungsverfahrensgesetzes entsprechend.

(2) Für die Rücknahme von Bewilligungen gilt § 48 Absatz 1, 3 und 4 des Verwaltungsverfahrensgesetzes entsprechend.

(3) [1]Über Widerruf und Rücknahme von Bewilligungen entscheidet die nach § 2 zuständige Stelle. [2]Wenn die Bewilligung widerrufen oder zurückgenommen wird, ist die Entscheidung

1. dem Inhaber der Bewilligung mit Rechtsmittelbelehrung zuzustellen und
2. den Leitern oder Leiterinnen der zentralen Vollstreckungsgerichte mitzuteilen, bei denen weitere Anträge auf Erteilung einer Bewilligung zugunsten des ehemaligen Inhabers der Bewilligung gestellt wurden.

[3]Sind aus den Abdrucken Listen gefertigt und weitergegeben worden, so ist die rechtskräftige Entscheidung den Beziehern der Listen unter Hinweis auf ihre Pflichten nach Absatz 4 bekannt zu geben. [4]Betrifft die Entscheidung eine Kammer, erfolgen die Mitteilungen nach Satz 2 Nummer 2 durch diese, im Übrigen durch das entscheidende Gericht. [5]Benachrichtigungen nach Satz 3 erfolgen durch die betroffene Kammer.

[1)] Nr. **1**.

(4) [1] Ist eine Bewilligung rechtskräftig widerrufen oder zurückgenommen, so sind Abdrucke sowie daraus gefertigte Dateien, Listen und sonstige Aufzeichnungen unverzüglich und ordnungsgemäß zu löschen oder zu vernichten. [2] Bezieher der Abdrucke und Inhaber von Listen können dazu durch Zwangsgeld angehalten werden. [3] Das einzelne Zwangsgeld darf den Betrag von 25 000 Euro nicht übersteigen. [4] Ist die Verhängung von Zwangsgeld untunlich oder erfolglos, so ist die Ersatzvornahme anzuordnen.

Abschnitt 2. Abdrucke und Listen

§ 8 Inhalt von Abdrucken. (1) [1] Abdrucke werden als Vollabdruck oder als Teilabdruck erteilt. [2] Der Vollabdruck enthält alle Eintragungen im Schuldnerverzeichnis. [3] Der Teilabdruck enthält nur die seit der letzten Abdruckerstellung eingetretenen Änderungen.

(2) [1] An gut sichtbarer Stelle ist auf die Pflichten hinzuweisen, die sich für den Inhaber von Abdrucken aus § 882g der Zivilprozessordnung[1)] ergeben. [2] Der Hinweis kann den Abdrucken auch in Form eines Merkblattes beigefügt werden.

(3) Die Abdrucke dürfen keine weiteren Mitteilungen enthalten.

§ 9 Erteilung und Aufbewahrung von Abdrucken. (1) [1] Abdrucke gemäß § 882g Absatz 1 der Zivilprozessordnung[1)] werden grundsätzlich in elektronischer Form übermittelt. [2] Es gelten die Datenübermittlungsregeln der Landesjustizverwaltung des Landes, in dem das Schuldnerverzeichnis geführt wird. [3] Die elektronische Übermittlung der Daten erfolgt bundesweit einheitlich durch ein geeignetes Transportprotokoll sowie in einheitlich strukturierten Datensätzen.

(2) [1] Bei der Datenübermittlung sind geeignete Maßnahmen zur Sicherstellung von Datenschutz und Datensicherheit zu treffen, die insbesondere gewährleisten, dass

1. nur Befugte personenbezogene Daten zur Kenntnis nehmen können (Vertraulichkeit),
2. personenbezogene Daten während der Verarbeitung unversehrt, vollständig und aktuell bleiben (Integrität),
3. personenbezogene Daten zeitgerecht zur Verfügung stehen und ordnungsgemäß verarbeitet werden können (Verfügbarkeit),
4. personenbezogene Daten jederzeit ihrem Ursprung zugeordnet werden können (Authentizität),
5. festgestellt werden kann, wer wann welche personenbezogenen Daten in welcher Weise verarbeitet hat (Revisionsfähigkeit), und
6. die Verfahrensweisen bei der Verarbeitung personenbezogener Daten vollständig, aktuell und in einer Weise dokumentiert sind, dass sie in zumutbarer Zeit nachvollzogen werden können (Transparenz).

[2] Werden zur Übermittlung öffentliche Telekommunikationsnetze genutzt, ist ein geeignetes Verschlüsselungsverfahren zu verwenden.

---

1) Nr. 1.

(3) [1]Die Abdrucke können dem Bezieher im Einzelfall auch in einem verschlossenen Umschlag gegen Empfangsnachweis zugestellt werden. [2]Die Abdrucke dürfen, außer mit dem Merkblatt nach § 8 Absatz 2 Satz 2, nicht mit anderen Druckerzeugnissen verbunden werden. [3]Ausgeschlossen sind

1. die Ersatzzustellung nach § 178 der Zivilprozessordnung,
2. die Zustellung bei verweigerter Annahme nach § 179 der Zivilprozessordnung sowie
3. die öffentliche Zustellung nach § 185 der Zivilprozessordnung.

(4) [1]Der Empfänger der Daten nach Absatz 1 hat durch geeignete Vorkehrungen sicherzustellen, dass die Anforderungen des Absatzes 2 auch bezüglich der übermittelten Daten erfüllt werden. [2]Der Inhaber der Bewilligung hat dafür Sorge zu tragen, dass ihm überlassene Abdrucke

1. gesondert aufbewahrt werden,
2. bis zu ihrer Vernichtung jederzeit auffindbar sind und
3. gegen unbefugten Zugriff gesichert sind.

[3]Satz 2 gilt auch für Vervielfältigungen und jede andere Form der Bearbeitung der Abdrucke, insbesondere zum Zweck ihrer Maschinenlesbarkeit.

§ 10 Einstweiliger Ausschluss vom Bezug von Abdrucken. (1) Der Inhaber einer Bewilligung kann von dem Bezug von Abdrucken einstweilen ausgeschlossen werden, wenn Tatsachen bekannt werden, die eine hinreichende Wahrscheinlichkeit begründen, dass die Bewilligung alsbald widerrufen oder zurückgenommen wird.

(2) [1]Über den einstweiligen Ausschluss entscheidet die nach § 2 zuständige Stelle. [2]Die Entscheidung ist mit einer Rechtsmittelbelehrung zu versehen und zuzustellen; § 7 Absatz 3 Satz 2 Nummer 2 und Satz 4 gilt entsprechend. [3]Die Wirksamkeit der Entscheidung entfällt, wenn nicht binnen eines Monats ab Zustellung eine Entscheidung nach § 7 ergeht.

(3) [1]Ein nach Absatz 2 Satz 3 unwirksam gewordener oder alsbald unwirksam werdender einstweiliger Ausschluss kann wiederholt erlassen werden, wenn während des Zeitraums, in dem der zuerst erlassene einstweilige Ausschluss wirksam war, ein Verfahren mit dem Ziel des Widerrufs oder der Rücknahme der Bewilligung gemäß § 7 zwar eingeleitet, aber noch nicht abgeschlossen wurde. [2]Die Gesamtdauer des einstweiligen Ausschlusses darf in einem Verfahren nicht mehr als drei Monate betragen. [3]Für den wiederholten einstweiligen Ausschluss gelten im Übrigen die Absätze 1 und 2.

§ 11 Inhalt von Listen. (1) [1]Listen sind Zusammenstellungen von Angaben aus einem oder mehreren Abdrucken. [2]Die Aufnahme anderer Angaben als solchen aus rechtmäßig bezogenen Abdrucken oder die Verknüpfung mit anderen Angaben ist unzulässig.

(2) [1]Die Zusammenstellung der Angaben erfolgt

1. aufgrund von gemeinsamen Merkmalen, nach denen die Angaben aus den Abdrucken ausgewählt werden können (Auswahlmerkmale), sowie
2. aufgrund von Sortieranweisungen, nach denen die Angaben in den Listen zu ordnen sind (Ordnungsmerkmale).

[2]Auswahlmerkmale dürfen sich nur auf Eintragungen nach § 882b Absatz 2 und 3 der Zivilprozessordnung[1)] beziehen.

(3) [1]Listen müssen das Datum ihrer Erstellung tragen, den Ersteller benennen und mit Quellenangaben versehen sein. [2]In den Listen ist an gut sichtbarer Stelle auf die Pflichten hinzuweisen, die sich für den Bezieher von Listen aus § 882g der Zivilprozessordnung ergeben. [3]§ 8 Absatz 2 Satz 2 ist anzuwenden.

(4) Die Listen dürfen keine weiteren Mitteilungen enthalten.

§ 12 Anfertigung, Erteilung und Verwendung von Listen. [1]Listen sind unverzüglich nach dem Eingang der Abdrucke zu erstellen und den Beziehern zu überlassen. [2]§ 9 gilt entsprechend.

§ 13 Ausschluss vom Bezug von Listen. (1) [1]Die Kammern sind verpflichtet, einen Bezieher von Listen künftig vom Bezug auszuschließen, wenn ihm die Bewilligung zum Bezug von Abdrucken zu versagen wäre. [2]Diesen Ausschluss teilen die Kammern ihren Aufsichtsbehörden mit.

(2) Die Aufsichtsbehörden der Kammern teilen Verstöße gegen Absatz 1 den Leitern oder Leiterinnen der zentralen Vollstreckungsgerichte mit, die den Kammern die Bewilligung zum Bezug von Abdrucken erteilt haben.

(3) Bei Verstößen gegen Absatz 1 kann die Bewilligung zum Bezug von Abdrucken gemäß § 7 widerrufen werden.

§ 14 Löschung in Abdrucken und Listen. (1) Löschungen gemäß § 882g Absatz 6 der Zivilprozessordnung[1)] führen die Bezieher von Abdrucken und Listen sowie die Inhaber sonstiger Aufzeichnungen im Sinne des § 882g Absatz 6 Satz 1 der Zivilprozessordnung eigenverantwortlich durch.

(2) [1]Löschungsmitteilungen gemäß § 882g Absatz 6 Satz 2 der Zivilprozessordnung werden in der gleichen Weise wie die zugrunde liegenden Abdrucke übermittelt. [2]§ 8 Absatz 3 und § 9 sind entsprechend anzuwenden.

(3) [1]Die Kammern unterrichten die zur Umsetzung der Löschungsmitteilungen verpflichteten Listenbezieher in der Form, in der die zugrunde liegenden Listen erteilt werden. [2]Kammern oder von ihnen gemäß § 882g Absatz 5 Satz 1 der Zivilprozessordnung beauftragte Dritte, die Listen nicht durch automatisierte Datenverarbeitung erstellen, dürfen alle unterrichten, die zu diesem Zeitpunkt Listen beziehen. [3]Listenbezieher, von denen die Kammer oder der beauftragte Dritte ohne unverhältnismäßigen Aufwand feststellen können, dass ihnen die zu löschende Eintragung bis zu diesem Zeitpunkt nicht durch eine Liste oder eine Auskunft der Kammer bekannt geworden ist, müssen nicht unterrichtet werden.

(4) [1]Löschungsmitteilungen nach Absatz 2 sind unverzüglich nach Zugang umzusetzen. [2]Sie sind zu vernichten oder zu löschen, sobald sie umgesetzt sind. [3]Es ist durch geeignete technische Maßnahmen sicherzustellen, dass gelöschte Datensätze nicht wiederhergestellt werden können. [4]Die Sätze 1 bis 3 gelten entsprechend für die Mitteilungen an die Listenbezieher nach Absatz 3.

---

1) Nr. 1.

§ 15 Kontrolle von Löschungen in Abdrucken und Listen. [1]Werden öffentlichen Stellen Tatsachen bekannt, die die Annahme rechtfertigen, dass einer Löschungspflicht nach § 882g Absatz 6 der Zivilprozessordnung[1)] nicht nachgekommen wurde, haben sie diese Tatsachen dem Leiter oder der Leiterin des zentralen Vollstreckungsgerichts nach § 882h Absatz 1 der Zivilprozessordnung mitzuteilen, bei dem das Schuldnerverzeichnis geführt wird, dem die zu löschende Eintragung entnommen wurde. [2]Die zuständige Stelle nach § 2 ergreift die Maßnahmen nach dieser Verordnung und benachrichtigt die für die Kontrolle über die Einhaltung der Datenschutzvorschriften zuständigen Stellen.

Abschnitt 3. Automatisiertes Abrufverfahren

§ 16 Einrichtung. (1) Bezieher von Abdrucken dürfen unter den Voraussetzungen des § 882g Absatz 4 der Zivilprozessordnung[1)] im automatisierten Abrufverfahren Einzelauskünfte aus den Abdrucken nach Maßgabe der Vorschriften dieses Abschnitts erteilen.

(2) [1]Im automatisierten Abrufverfahren dürfen nur die nach § 882b Absatz 2 und 3 der Zivilprozessordnung in das Schuldnerverzeichnis aufzunehmenden Eintragungen übermittelt werden. [2]Die Verknüpfung zu übermittelnder Daten mit anderen Daten ist nur zulässig, wenn

1. die Verknüpfung für die Zwecke des § 882f Absatz 1 der Zivilprozessordnung notwendig ist,
2. die Daten, mit denen die Daten aus dem Schuldnerverzeichnis verknüpft werden sollen, rechtmäßig und ausschließlich zu den in § 882f Absatz 1 der Zivilprozessordnung notwendig ist, genannten Zwecken verarbeitet werden,
3. der Bezieher der Abdrucke die Herkunft der Daten nachweisen kann und
4. der Bezieher der Abdrucke sicherstellt, dass der Empfänger der Auskunft im Wege des Abrufs von Daten, die mit Daten aus dem Schuldnerverzeichnis verknüpft sind, nur dann Kenntnis von verknüpften Daten aus Schuldnerverzeichnissen erhält, wenn er dazu berechtigt ist oder wenn dies für die Zwecke des § 882f Absatz 1 der Zivilprozessordnung notwendig ist, notwendig ist.

(3) Für Anfragen im automatisierten Abrufverfahren dürfen nur Angaben verwendet werden, deren Eintragung in das Schuldnerverzeichnis nach § 882b Absatz 2 und 3 der Zivilprozessordnung zu erfolgen hätte.

§ 17 Ausgestaltung elektronischer Abrufverfahren. [1]Der Bezieher von Abdrucken, der Einzelauskünfte im automatisierten Abrufverfahren erteilt (Auskunftsstelle), hat gemäß den Artikeln 24, 25 und 32 der Verordnung (EU) 2016/679 des Europäischen Parlaments und des Rates vom 27. April 2016 zum Schutz natürlicher Personen bei der Verarbeitung personenbezogener Daten, zum freien Datenverkehr und zur Aufhebung der Richtlinie 95/46/EG (Datenschutz-Grundverordnung) (ABl. L 119 vom 4.5.2016, S. 1; L 314 vom 22.11.2016, S. 72; L 127 vom 23.5.2018, S. 2) geeignete technische und organisatorische Maßnahmen zu treffen. [2]§ 9 Absatz 2 gilt entsprechend.

[1)] Nr. **1**.

§ 18 Ausschluss von der Abrufberechtigung. (1) [1]Die Auskunftsstelle ist verpflichtet, den Abrufberechtigten vom Abrufverfahren auszuschließen, wenn ihr Tatsachen bekannt werden, die erkennen lassen, dass

1. die abgerufenen Daten vom Abrufberechtigten nicht zu den in § 882f Absatz 1 der Zivilprozessordnung[1] notwendig ist, genannten Zwecken verarbeitet werden,
2. kein berechtigtes Interesse nach § 882g Absatz 2 Nummer 3 der Zivilprozessordung bei dem Abrufberechtigten vorliegt und dennoch wiederholt Daten abgerufen wurden,
3. die abgerufenen Daten vom Abrufberechtigten in unzulässiger Weise verarbeitet werden,
4. der Abrufberechtigte seinen Pflichten nach § 17 nicht oder nicht hinreichend nachkommt oder
5. die Unzuverlässigkeit in Bezug auf die Verarbeitung personenbezogener Daten bei dem Abrufberechtigten aus sonstigen Gründen begründet ist.

[2]Die Auskunftsstelle teilt der für die Kontrolle der datenschutzrechtlichen Vorschriften zuständigen Stelle den Ausschluss mit.

(2) Die Aufsichtsbehörde teilt Verstöße gegen Absatz 1 den Leitern oder Leiterinnen der zentralen Vollstreckungsgerichte nach § 882h Absatz 1 der Zivilprozessordnung mit, die die Bewilligungen zum Bezug von Abdrucken zugunsten der Auskunftsstelle erteilt haben.

(3) Bei Verstößen gegen Absatz 1 kann die Bewilligung gemäß § 7 widerrufen werden.

Abschnitt 4. Schlussvorschriften

§ 19 Rechtsweg. Auf Entscheidungen des Leiters oder der Leiterin des zentralen Vollstreckungsgerichts nach § 882h Absatz 1 der Zivilprozessordnung[1] nach dieser Verordnung sind die §§ 23 bis 30 des Einführungsgesetzes zum Gerichtsverfassungsgesetz[2] anzuwenden.

§ 20 Inkrafttreten. Diese Verordnung tritt am 1. Januar 2013 in Kraft.

---

[1] Nr. **1**.
[2] Nr. **3a**.

2b. Verordnung über das Vermögensverzeichnis (Vermögensverzeichnisverordnung – VermVV)

Vom 26. Juli 2012

(BGBl. I S. 1663)

FNA 310-4-15

Auf Grund des § 802k Absatz 4 der Zivilprozessordnung[1], der durch Artikel 3 Nummer 4 Buchstabe b des Gesetzes vom 22. Dezember 2011 (BGBl. I S. 3044) geändert worden ist, verordnet das Bundesministerium der Justiz:

§ 1 Anwendungsbereich. [1] Diese Verordnung gilt für Vermögensverzeichnisse, die nach § 802f Absatz 6 der Zivilprozessordnung[1] oder nach § 284 Absatz 7 Satz 4 der Abgabenordnung zu hinterlegen sind. [2] Sie gilt ferner für Vermögensverzeichnisse, die aufgrund einer bundes- oder landesgesetzlichen Regelung errichtet worden sind, die § 284 Absatz 1 bis 7 der Abgabenordnung gleichwertig ist, soweit diese die Hinterlegung anordnet.

§ 2 Vermögensverzeichnisregister. Die Vermögensverzeichnisse werden in jedem Land von einem zentralen Vollstreckungsgericht in elektronischer Form in einem Vermögensverzeichnisregister verwaltet.

§ 3 Errichtung und Form der Vermögensverzeichnisse. (1) [1] Der Gerichtsvollzieher oder die Behörde, die zur Errichtung eines Vermögensverzeichnisses befugt ist, errichtet das Vermögensverzeichnis als elektronisches Dokument mit den nach § 802c der Zivilprozessordnung[1] oder den nach § 284 Absatz 7 Satz 1 und Absatz 2 der Abgabenordnung erforderlichen Angaben. [2] Anlagen, die vom Schuldner zur Ergänzung der Vermögensauskunft übergeben werden, sind dem Vermögensverzeichnis elektronisch nach § 4 Absatz 1 Satz 3 beizufügen.

(2) Im Vermögensverzeichnis wird auch dokumentiert,

1. dass die Anforderungen des § 802f Absatz 5 Satz 2 und 3 der Zivilprozessordnung oder des § 284 Absatz 7 Satz 2 und 3 der Abgabenordnung oder der bundes- oder landesgesetzlichen Regelung, die § 284 Absatz 7 Satz 2 und 3 der Abgabenordnung gleichwertig ist, erfüllt sind,
2. wann die Versicherung an Eides statt nach § 802c Absatz 3 der Zivilprozessordnung oder nach § 284 Absatz 3 der Abgabenordnung oder nach der bundes- oder landesgesetzlichen Regelung, die § 284 Absatz 3 der Abgabenordnung gleichwertig ist, erfolgt ist sowie
3. an welchem Tag die Versicherung an Eides statt für das Vermögensverzeichnis erstmals erfolgt ist, wenn die Vermögensauskunft ergänzt oder nachgebessert worden ist.

---

[1] Nr. 1.

§ 4 Elektronische Übermittlung der Vermögensverzeichnisse.

(1) [1]Der Gerichtsvollzieher oder die Behörde, die zur Errichtung eines Vermögensverzeichnisses befugt ist, übermittelt das Vermögensverzeichnis dem zuständigen zentralen Vollstreckungsgericht. [2]Dies setzt eine Registrierung nach § 8 Absatz 1 voraus. [3]Die Übermittlung der Daten erfolgt elektronisch und bundesweit einheitlich durch ein geeignetes Transportprotokoll sowie in einheitlich strukturierten Datensätzen.

(2) [1]Bei der Übermittlung der Daten an das zentrale Vollstreckungsgericht und bei der Weitergabe an eine andere Stelle im Sinne des § 802k Absatz 3 Satz 3 der Zivilprozessordnung[1)] sind geeignete technische und organisatorische Maßnahmen zur Sicherstellung von Datenschutz und Datensicherheit zu treffen, die insbesondere gewährleisten, dass

1. nur Befugte personenbezogene Daten zur Kenntnis nehmen können (Vertraulichkeit),
2. personenbezogene Daten während der Verarbeitung unversehrt, vollständig und aktuell bleiben (Integrität),
3. personenbezogene Daten zeitgerecht zur Verfügung stehen und ordnungsgemäß verarbeitet werden können (Verfügbarkeit),
4. personenbezogene Daten jederzeit ihrem Ursprung zugeordnet werden können (Authentizität),
5. festgestellt werden kann, wer wann welche personenbezogenen Daten in welcher Weise verarbeitet hat (Revisionsfähigkeit), und
6. die Verfahrensweisen bei der Verarbeitung personenbezogener Daten vollständig, aktuell und in einer Weise dokumentiert sind, dass sie in zumutbarer Zeit nachvollzogen werden können (Transparenz).

[2]Werden zur Übermittlung der Daten öffentliche Telekommunikationsnetze genutzt, ist ein geeignetes Verschlüsselungsverfahren zu verwenden.

§ 5 Hinterlegung der Vermögensverzeichnisse. (1) Das zentrale Vollstreckungsgericht prüft, ob die elektronische Übermittlung der Vermögensverzeichnisse die Anforderungen des § 4 erfüllt.

(2) [1]Erfüllt die elektronische Übermittlung die Anforderungen des § 4, ist das Vermögensverzeichnis in das Vermögensverzeichnisregister einzutragen. [2]Mit der Eintragung in das Vermögensverzeichnisregister ist das Vermögensverzeichnis hinterlegt im Sinne des § 802f Absatz 6 der Zivilprozessordnung[1)] oder des § 284 Absatz 7 Satz 4 der Abgabenordnung oder der bundes- oder landesgesetzlichen Regelung, die § 284 Absatz 7 Satz 4 der Abgabenordnung gleichwertig ist. [3]Das zentrale Vollstreckungsgericht informiert den Einsender nach § 4 Absatz 1 Satz 1 unverzüglich über die Eintragung. [4]Das vom Einsender errichtete elektronische Dokument nach § 3 ist drei Monate nach dem Eingang der Eintragungsinformation zu löschen.

(3) [1]Erfüllt die elektronische Übermittlung die Anforderungen des § 4 nicht, teilt das zentrale Vollstreckungsgericht dem Einsender dies unter Angabe der Gründe mit. [2]Der Einsender veranlasst eine erneute elektronische Übermittlung des Vermögensverzeichnisses, die eine Eintragung der Daten nach Absatz 2

[1)] Nr. 1.

erlaubt. [3]Mit Eingang der Information über die Eintragung des erneut elektronisch übermittelten Vermögensverzeichnisses ist das zuerst übermittelte elektronische Dokument beim Einsender zu löschen.

(4) [1]Der Einsender leitet dem Gläubiger nach der Hinterlegung unverzüglich einen Ausdruck des Vermögensverzeichnisses zu. [2]Der Ausdruck muss den Vermerk, dass er mit dem Inhalt des Vermögensverzeichnisses übereinstimmt, und den Hinweis nach § 802d Absatz 1 Satz 3 der Zivilprozessordnung enthalten. [3]Anstelle der Zuleitung eines Ausdrucks kann dem Gläubiger auf Antrag das Vermögensverzeichnis als elektronisches Dokument übermittelt werden, wenn dieses mit einer qualifizierten elektronischen Signatur versehen ist. [4]§ 4 Absatz 2 gilt entsprechend.

§ 6 Löschung der Vermögensverzeichnisse. (1) Das zentrale Vollstreckungsgericht löscht das hinterlegte Vermögensverzeichnis im Vermögensverzeichnisregister nach Ablauf von zwei Jahren ab Abgabe der Auskunft oder wenn ein neues Vermögensverzeichnis desselben Schuldners hinterlegt wird.

(2) Im Fall des § 802d Absatz 1 Satz 1 der Zivilprozessordnung[1)] oder des § 284 Absatz 4 der Abgabenordnung oder der bundes- oder landesgesetzlichen Regelung, die § 284 Absatz 4 der Abgabenordnung gleichwertig ist, teilt der Einsender bei der Übermittlung nach § 4 Absatz 1 dem zuständigen zentralen Vollstreckungsgericht zugleich mit, dass es sich um eine erneute Vermögensauskunft nach diesen Vorschriften handelt.

(3) Sobald ein neues Vermögensverzeichnis hinterlegt ist, benachrichtigt das zentrale Vollstreckungsgericht das zentrale Vollstreckungsgericht, bei dem ein älteres Vermögensverzeichnis verwaltet wird.

§ 7 Einsichtnahme in das Vermögensverzeichnis. (1) [1]Die Einsichtnahme in das Vermögensverzeichnis erfolgt über eine zentrale und länderübergreifende Abfrage im Internet. [2]Sie setzt eine Registrierung der Einsichtsberechtigten nach § 8 Absatz 2 voraus.

(2) [1]Die Daten aus der Einsichtnahme in das Vermögensverzeichnis dürfen nur zu dem Zweck verwendet werden, für den sie übermittelt werden. [2]Die Zweckbestimmung richtet sich nach § 802k Absatz 2 der Zivilprozessordnung[1)]. [3]Die Verantwortung für die Zulässigkeit der einzelnen Einsichtnahme trägt die abfragende Stelle. [4]Das zentrale Vollstreckungsgericht prüft die Zulässigkeit der Einsichtnahme nur in Stichproben oder wenn dazu Anlass besteht.

(3) [1]Die Übermittlung der Daten bei der Einsichtnahme in das Vermögensverzeichnis erfolgt elektronisch und bundesweit einheitlich durch ein geeignetes Transportprotokoll sowie in einheitlich strukturierten Datensätzen. [2]§ 4 Absatz 2 gilt entsprechend.

(4) [1]Bei jeder Einsichtnahme ist der Abrufvorgang so zu protokollieren, dass feststellbar ist, ob das Datenverarbeitungssystem befugt genutzt worden ist. [2]Zu protokollieren sind:

1. das Datum und die Uhrzeit der Einsichtnahme,

2. die abfragende Stelle,

[1)] Nr. **1**.

3. der Verwendungszweck der Abfrage mit Akten- oder Registerzeichen,
4. welches hinterlegte Vermögensverzeichnis betroffen ist.

(5) [1]Die protokollierten Daten nach Absatz 4 dürfen nur zum Zweck der Datenschutzkontrolle, für gerichtliche Verfahren oder Strafverfahren verwendet werden. [2]Die gespeicherten Abrufprotokolle werden nach sechs Monaten gelöscht. [3]Gespeicherte Daten, die in einem eingeleiteten Verfahren zur Datenschutzkontrolle, einem gerichtlichen Verfahren oder Strafverfahren benötigt werden, sind nach dem endgültigen Abschluss dieser Verfahren zu löschen.

§ 8 Registrierung. (1) [1]Die Registrierung der Errichtungsberechtigten für die Übermittlung der Vermögensverzeichnisse (§ 1 in Verbindung mit § 3 Absatz 1) dient deren Identifikation. [2]Sie erfolgt in einem geeigneten Registrierungsverfahren durch das für den Sitz des Errichtungsberechtigten zuständige zentrale Vollstreckungsgericht oder über die nach § 802k Absatz 3 Satz 3 der Zivilprozessordnung[1)] beauftragte Stelle. [3]Die Registrierung von Behörden ist im Weiteren so auszugestalten, dass feststellbar ist, welche natürliche Person gehandelt hat.

(2) [1]Absatz 1 gilt entsprechend für die Registrierung von Einsichtsberechtigten (§ 802k Absatz 2 der Zivilprozessordnung) für die zentrale und länderübergreifende Abfrage im Internet (§ 7 Absatz 1 Satz 1). [2]Für die Übermittlung von Daten vom zentralen Vollstreckungsgericht an registrierte Einsichtsberechtigte gilt § 4 Absatz 2 entsprechend. [3]Es ist sicherzustellen, dass das Registrierungsverfahren die Protokollierung der Abrufvorgänge nach § 7 Absatz 4 in einem bundeseinheitlichen Verfahren ermöglicht.

(3) [1]Für die Rücknahme und den Widerruf der Registrierung gelten § 48 Absatz 1 und 3 und § 49 Absatz 2 und 5 des Verwaltungsverfahrensgesetzes entsprechend. [2]Zuständig ist das zentrale Vollstreckungsgericht, das die Registrierung vorgenommen hat.

§ 9 Ende der Nutzungsberechtigung. (1) [1]Die Errichtungsberechtigung für Vermögensverzeichnisse endet, wenn dem Errichtungsberechtigten diese Aufgabe gesetzlich nicht mehr obliegt, insbesondere wenn ein Gerichtsvollzieher aus dem Gerichtsvollzieherdienst ausscheidet oder ihm die Dienstausübung einstweilen oder endgültig untersagt wird. [2]Das Ende der Errichtungsberechtigung führt grundsätzlich auch zum Ende der Einsichtsberechtigung.

(2) Sobald ein Errichtungsberechtigter nicht mehr errichtungsberechtigt ist,
1. hat er das zentrale Vollstreckungsgericht oder die nach § 802k Absatz 3 Satz 3 der Zivilprozessordnung[1)] beauftragte Stelle unverzüglich darüber zu informieren,
2. ist der Dienstherr oder die für den Errichtungsberechtigten zuständige Dienstaufsichtsbehörde berechtigt, das zentrale Vollstreckungsgericht oder Stellen nach Nummer 1 darüber zu informieren.

(3) Nach dem Ende der Errichtungsberechtigung nach Absatz 1 hebt das zentrale Vollstreckungsgericht die Registrierung nach § 8 Absatz 3 auf und sperrt den Zugang für die elektronische Übermittlung der Daten.

[1)] Nr. **1**.

(4) [1] Die Einsichtsberechtigung in das Vermögensverzeichnis (§ 802k Absatz 2 der Zivilprozessordnung) endet, wenn die dem Einsichtsberechtigten obliegenden Aufgaben keine Einsichtnahme mehr erfordern. [2] Die Absätze 1 bis 3 gelten entsprechend.

§ 10 Inkrafttreten. Diese Verordnung tritt am 1. Januar 2013 in Kraft.

3. Gerichtsverfassungsgesetz (GVG)

In der Fassung der Bekanntmachung vom 9. Mai 1975[1)]
(BGBl. I S. 1077)

FNA 300-2

zuletzt geänd. durch Art. 3 G zur Regelung der Wertgrenze für die Nichtzulassungsbeschwerde in Zivilsachen, zum Ausbau der Spezialisierung bei den Gerichten sowie zur Änd. weiterer prozessrechtlicher Vorschriften v. 12.12.2019 (BGBl. I S. 2633)

– Auszug –

Erster Titel. Gerichtsbarkeit

§ 1 [Richterliche Unabhängigkeit] Die richterliche Gewalt wird durch unabhängige, nur dem Gesetz unterworfene Gerichte ausgeübt.

§§ 2 bis 9 (weggefallen)

§ 10 [Referendare] [1]Unter Aufsicht des Richters können Referendare Rechtshilfeersuchen erledigen und außer in Strafsachen Verfahrensbeteiligte anhören, Beweise erheben und die mündliche Verhandlung leiten. [2]Referendare sind nicht befugt, eine Beeidigung anzuordnen oder einen Eid abzunehmen.

§ 11 (weggefallen)

§ 12 [Ordentliche Gerichte] Die ordentliche Gerichtsbarkeit wird durch Amtsgerichte, Landgerichte, Oberlandesgerichte und durch den Bundesgerichtshof (den obersten Gerichtshof des Bundes für das Gebiet der ordentlichen Gerichtsbarkeit) ausgeübt.

§ 13 [Zuständigkeit der ordentlichen Gerichte] Vor die ordentlichen Gerichte gehören die bürgerlichen Rechtsstreitigkeiten, die Familiensachen und die Angelegenheiten der freiwilligen Gerichtsbarkeit (Zivilsachen) sowie die Strafsachen, für die nicht entweder die Zuständigkeit von Verwaltungsbehörden oder Verwaltungsgerichten begründet ist oder auf Grund von Vorschriften des Bundesrechts besondere Gerichte bestellt oder zugelassen sind.

[§ 13a bis 31.12.2020:]
§ 13a [Zuweisung durch Landesrecht] Durch Landesrecht können einem Gericht für die Bezirke mehrerer Gerichte Sachen aller Art ganz oder teilweise zugewiesen sowie auswärtige Spruchkörper von Gerichten eingerichtet werden.

[§ 13a ab 1.1.2021:]
§ 13a [Zuweisung durch Landesrecht] *(1) [1]Die Landesregierungen werden ermächtigt, durch Rechtsverordnung einem Gericht für die Bezirke mehrerer Gerichte*

[1)] Neubekanntmachung des GVG v. 27.1.1877 (RGBl. S. 41) in der seit 1.1.1975 geltenden Fassung.

Sachen aller Art ganz oder teilweise zuzuweisen sowie auswärtige Spruchkörper von Gerichten einzurichten, sofern dies für die sachdienliche Förderung oder schnellere Erledigung von Verfahren zweckmäßig ist. 2 Die Landesregierungen können die Ermächtigung auf die Landesjustizverwaltungen übertragen. 3 Besondere Ermächtigungen der Landesregierungen zum Erlass von Rechtsverordnungen gehen vor.

(2) Mehrere Länder können die Einrichtung eines gemeinsamen Gerichts oder gemeinsamer Spruchkörper eines Gerichts oder die Ausdehnung von Gerichtsbezirken über die Landesgrenzen hinaus, auch für einzelne Sachgebiete, vereinbaren.

§ 14[1)] **[Besondere Gerichte]** Als besondere Gerichte werden Gerichte der Schiffahrt für die in den Staatsverträgen bezeichneten Angelegenheiten zugelassen.

§ 15 (weggefallen)

§ 16 [Ausnahmegerichte] 1 Ausnahmegerichte sind unstatthaft. 2 Niemand darf seinem gesetzlichen Richter entzogen werden.

§ 17 [Rechtshängigkeit; Entscheidung des Rechtsstreits] (1) 1 Die Zulässigkeit des beschrittenen Rechtsweges wird durch eine nach Rechtshängigkeit eintretende Veränderung der sie begründenden Umstände nicht berührt. 2 Während der Rechtshängigkeit kann die Sache von keiner Partei anderweitig anhängig gemacht werden.

(2) 1 Das Gericht des zulässigen Rechtsweges entscheidet den Rechtsstreit unter allen in Betracht kommenden rechtlichen Gesichtspunkten. 2 Artikel 14 Abs. 3 Satz 4 und Artikel 34 Satz 3 des Grundgesetzes bleiben unberührt.

§ 17a [Rechtsweg] (1) Hat ein Gericht den zu ihm beschrittenen Rechtsweg rechtskräftig für zulässig erklärt, sind andere Gerichte an diese Entscheidung gebunden.

(2) 1 Ist der beschrittene Rechtsweg unzulässig, spricht das Gericht dies nach Anhörung der Parteien von Amts wegen aus und verweist den Rechtsstreit zugleich an das zuständige Gericht des zulässigen Rechtsweges. 2 Sind mehrere Gerichte zuständig, wird an das vom Kläger oder Antragsteller auszuwählende Gericht verwiesen oder, wenn die Wahl unterbleibt, an das vom Gericht bestimmte. 3 Der Beschluß ist für das Gericht, an das der Rechtsstreit verwiesen worden ist, hinsichtlich des Rechtsweges bindend.

(3) 1 Ist der beschrittene Rechtsweg zulässig, kann das Gericht dies vorab aussprechen. 2 Es hat vorab zu entscheiden, wenn eine Partei die Zulässigkeit des Rechtsweges rügt.

(4) 1 Der Beschluß nach den Absätzen 2 und 3 kann ohne mündliche Verhandlung ergehen. 2 Er ist zu begründen. 3 Gegen den Beschluß ist die sofortige Beschwerde nach den Vorschriften der jeweils anzuwendenden Verfahrensordnung gegeben. 4 Den Beteiligten steht die Beschwerde gegen einen Beschluß des oberen Landesgerichts an den obersten Gerichtshof des Bundes nur zu, wenn sie in dem Beschluß zugelassen worden ist. 5 Die Beschwerde ist zuzulas-

---

[1)] Siehe das G über das gerichtliche Verfahren in Binnenschiffahrtssachen v. 27.9.1952 (BGBl. I S. 641), zuletzt geänd. durch G v. 20.4.2013 (BGBl. I S. 831).

sen, wenn die Rechtsfrage grundsätzliche Bedeutung hat oder wenn das Gericht von der Entscheidung eines obersten Gerichtshofes des Bundes oder des Gemeinsamen Senats der obersten Gerichtshöfe des Bundes abweicht. [6]Der oberste Gerichtshof des Bundes ist an die Zulassung der Beschwerde gebunden.

(5) Das Gericht, das über ein Rechtsmittel gegen eine Entscheidung in der Hauptsache entscheidet, prüft nicht, ob der beschrittene Rechtsweg zulässig ist.

(6) Die Absätze 1 bis 5 gelten für die in bürgerlichen Rechtsstreitigkeiten, Familiensachen und Angelegenheiten der freiwilligen Gerichtsbarkeit zuständigen Spruchkörper in ihrem Verhältnis zueinander entsprechend.

§ 17b [Anhängigkeit nach Verweisung; Kosten] (1) [1]Nach Eintritt der Rechtskraft des Verweisungsbeschlusses wird der Rechtsstreit mit Eingang der Akten bei dem im Beschluß bezeichneten Gericht anhängig. [2]Die Wirkungen der Rechtshängigkeit bleiben bestehen.

(2) [1]Wird ein Rechtsstreit an ein anderes Gericht verwiesen, so werden die Kosten im Verfahren vor dem angegangenen Gericht als Teil der Kosten behandelt, die bei dem Gericht erwachsen, an das der Rechtsstreit verwiesen wurde. [2]Dem Kläger sind die entstandenen Mehrkosten auch dann aufzuerlegen, wenn er in der Hauptsache obsiegt.

(3) Absatz 2 Satz 2 gilt nicht in Familiensachen und in Angelegenheiten der freiwilligen Gerichtsbarkeit.

§ 17c [Zuständigkeitskonzentrationen, Änderungen der Gerichtsbezirksgrenzen] (1) Werden Zuständigkeitskonzentrationen oder Änderungen der Gerichtsbezirksgrenzen aufgrund dieses Gesetzes, aufgrund anderer bundesgesetzlicher Regelungen oder aufgrund Landesrechts vorgenommen, stehen in diesen Fällen bundesrechtliche Bestimmungen, die die gerichtliche Zuständigkeit in anhängigen und rechtshängigen Verfahren unberührt lassen, einer landesrechtlichen Zuweisung dieser Verfahren an das neu zuständige Gericht nicht entgegen.

(2) [1]Ist im Zeitpunkt der Zuweisung die Hauptverhandlung in einer Straf- oder Bußgeldsache begonnen, aber noch nicht beendet, so kann sie vor dem nach dem Inkrafttreten der Zuständigkeitsänderung zuständigen Gericht nur fortgesetzt werden, wenn die zur Urteilsfindung berufenen Personen personenidentisch mit denen zu Beginn der Hauptverhandlung sind. [2]Soweit keine Personenidentität gegeben ist, bleibt das Gericht zuständig, das die Hauptverhandlung begonnen hat.

§ 18 [Exterritorialität von Mitgliedern der diplomatischen Missionen]

[1]Die Mitglieder der im Geltungsbereich dieses Gesetzes errichteten diplomatischen Missionen, ihre Familienmitglieder und ihre privaten Hausangestellten sind nach Maßgabe des Wiener Übereinkommens über diplomatische Beziehungen vom 18. April 1961 (Bundesgesetzbl. 1964 II S. 957 ff.) von der deutschen Gerichtsbarkeit befreit. [2]Dies gilt auch, wenn ihr Entsendestaat nicht Vertragspartei dieses Übereinkommens ist; in diesem Falle findet Artikel 2 des Gesetzes vom 6. August 1964 zu dem Wiener Übereinkommen vom 18. April 1961 über diplomatische Beziehungen (Bundesgesetzbl. 1964 II S. 957) entsprechende Anwendung.

§ 19 [Exterritorialität von Mitgliedern der konsularischen Vertretungen] (1) [1] Die Mitglieder der im Geltungsbereich dieses Gesetzes errichteten konsularischen Vertretungen einschließlich der Wahlkonsularbeamten sind nach Maßgabe des Wiener Übereinkommens über konsularische Beziehungen vom 24. April 1963 (Bundesgesetzbl. 1969 II S. 1585 ff.) von der deutschen Gerichtsbarkeit befreit. [2] Dies gilt auch, wenn ihr Entsendestaat nicht Vertragspartei dieses Übereinkommens ist; in diesem Falle findet Artikel 2 des Gesetzes vom 26. August 1969 zu dem Wiener Übereinkommen vom 24. April 1963 über konsularische Beziehungen (Bundesgesetzbl. 1969 II S. 1585) entsprechende Anwendung.

(2) Besondere völkerrechtliche Vereinbarungen über die Befreiung der in Absatz 1 genannten Personen von der deutschen Gerichtsbarkeit bleiben unberührt.

§ 20 [Weitere Exterritoriale] (1) Die deutsche Gerichtsbarkeit erstreckt sich auch nicht auf Repräsentanten anderer Staaten und deren Begleitung, die sich auf amtliche Einladung der Bundesrepublik Deutschland im Geltungsbereich dieses Gesetzes aufhalten.

(2) Im übrigen erstreckt sich die deutsche Gerichtsbarkeit auch nicht auf andere als die in Absatz 1 und in den §§ 18 und 19 genannten Personen, soweit sie nach den allgemeinen Regeln des Völkerrechts, auf Grund völkerrechtlicher Vereinbarungen oder sonstiger Rechtsvorschriften von ihr befreit sind.

§ 21 [Ersuchen eines internationalen Strafgerichtshofes] Die §§ 18 bis 20 stehen der Erledigung eines Ersuchens um Überstellung und Rechtshilfe eines internationalen Strafgerichtshofes, der durch einen für die Bundesrepublik Deutschland verbindlichen Rechtsakt errichtet wurde, nicht entgegen.

Zweiter Titel. Allgemeine Vorschriften über das Präsidium und die Geschäftsverteilung

§ 21a [Präsidium] (1) Bei jedem Gericht wird ein Präsidium gebildet.

(2) Das Präsidium besteht aus dem Präsidenten oder aufsichtführenden Richter als Vorsitzenden und

1. bei Gerichten mit mindestens achtzig Richterplanstellen aus zehn gewählten Richtern,
2. bei Gerichten mit mindestens vierzig Richterplanstellen aus acht gewählten Richtern,
3. bei Gerichten mit mindestens zwanzig Richterplanstellen aus sechs gewählten Richtern,
4. bei Gerichten mit mindestens acht Richterplanstellen aus vier gewählten Richtern,
5. bei den anderen Gerichten aus den nach § 21b Abs. 1 wählbaren Richtern.

§ 21b [Wahl zum Präsidium] (1) [1] Wahlberechtigt sind die Richter auf Lebenszeit und die Richter auf Zeit, denen bei dem Gericht ein Richteramt übertragen ist, sowie die bei dem Gericht tätigen Richter auf Probe, die Richter kraft Auftrags und die für eine Dauer von mindestens drei Monaten abgeordneten Richter, die Aufgaben der Rechtsprechung wahrnehmen. [2] Wählbar sind die Richter auf Lebenszeit und die Richter auf Zeit, denen bei dem Gericht ein Richteramt übertragen ist. [3] Nicht wahlberechtigt und nicht wählbar sind Richter, die für mehr als drei Monate an ein anderes Gericht abgeordnet, für mehr als drei Monate beurlaubt oder an eine Verwaltungsbehörde abgeordnet sind.

(2) Jeder Wahlberechtigte wählt höchstens die vorgeschriebene Zahl von Richtern.

(3) [1] Die Wahl ist unmittelbar und geheim. [2] Gewählt ist, wer die meisten Stimmen auf sich vereint. [3] Durch Landesgesetz können andere Wahlverfahren für die Wahl zum Präsidium bestimmt werden; in diesem Fall erlässt die Landesregierung durch Rechtsverordnung die erforderlichen Wahlordnungsvorschriften; sie kann die Ermächtigung hierzu auf die Landesjustizverwaltung übertragen. [4] Bei Stimmengleichheit entscheidet das Los.

(4) [1] Die Mitglieder werden für vier Jahre gewählt. [2] Alle zwei Jahre scheidet die Hälfte aus. [3] Die zum ersten Mal ausscheidenden Mitglieder werden durch das Los bestimmt.

(5) Das Wahlverfahren wird durch eine Rechtsverordnung[1)] geregelt, die von der Bundesregierung mit Zustimmung des Bundesrates erlassen wird.

(6) [1] Ist bei der Wahl ein Gesetz verletzt worden, so kann die Wahl von den in Absatz 1 Satz 1 bezeichneten Richtern angefochten werden. [2] Über die Wahlanfechtung entscheidet ein Senat des zuständigen Oberlandesgerichts, bei dem Bundesgerichtshof ein Senat dieses Gerichts. [3] Wird die Anfechtung für begründet erklärt, so kann ein Rechtsmittel gegen eine gerichtliche Entscheidung nicht darauf gestützt werden, das Präsidium sei deswegen nicht ordnungsgemäß zusammengesetzt gewesen. [4] Im Übrigen sind auf das Verfahren die Vorschriften des Gesetzes über das Verfahren in Familiensachen und in den Angelegenheiten der freiwilligen Gerichtsbarkeit entsprechend anzuwenden.

§ 21c [Vertretung der Mitglieder des Präsidiums] (1) [1] Bei einer Verhinderung des Präsidenten oder aufsichtführenden Richters tritt sein Vertreter (§ 21h) an seine Stelle. [2] Ist der Präsident oder aufsichtführende Richter anwesend, so kann sein Vertreter, wenn er nicht selbst gewählt ist, an den Sitzungen des Präsidiums mit beratender Stimme teilnehmen. [3] Die gewählten Mitglieder des Präsidiums werden nicht vertreten.

(2) Scheidet ein gewähltes Mitglied des Präsidiums aus dem Gericht aus, wird es für mehr als drei Monate an ein anderes Gericht abgeordnet oder für mehr als drei Monate beurlaubt, wird es an eine Verwaltungsbehörde abgeordnet oder wird es kraft Gesetzes Mitglied des Präsidiums, so tritt an seine Stelle der durch die letzte Wahl Nächstberufene.

§ 21d [Größe des Präsidiums] (1) Für die Größe des Präsidiums ist die Zahl der Richterplanstellen am Ablauf des Tages maßgebend, der dem Tage, an dem das Geschäftsjahr beginnt, um sechs Monate vorhergeht.

(2) [1] Ist die Zahl der Richterplanstellen bei einem Gericht mit einem Präsidium nach § 21a Abs. 2 Nr. 1 bis 3 unter die jeweils genannte Mindestzahl

---

[1)] Siehe die WahlO für die Präsidien der Gerichte v. 19.9.1972 (BGBl. I S. 1821), zuletzt geänd. durch G v. 19.4.2006 (BGBl. I S. 866).

gefallen, so ist bei der nächsten Wahl, die nach § 21b Abs. 4 stattfindet, die folgende Zahl von Richtern zu wählen:

1. bei einem Gericht mit einem Präsidium nach § 21a Abs. 2 Nr. 1 vier Richter,
2. bei einem Gericht mit einem Präsidium nach § 21a Abs. 2 Nr. 2 drei Richter,
3. bei einem Gericht mit einem Präsidium nach § 21a Abs. 2 Nr. 3 zwei Richter.

[2] Neben den nach § 21b Abs. 4 ausscheidenden Mitgliedern scheidet jeweils ein weiteres Mitglied, das durch das Los bestimmt wird, aus.

(3) [1] Ist die Zahl der Richterplanstellen bei einem Gericht mit einem Präsidium nach § 21a Abs. 2 Nr. 2 bis 4 über die für die bisherige Größe des Präsidiums maßgebende Höchstzahl gestiegen, so ist bei der nächsten Wahl, die nach § 21b Abs. 4 stattfindet, die folgende Zahl von Richtern zu wählen:

1. bei einem Gericht mit einem Präsidium nach § 21a Abs. 2 Nr. 2 sechs Richter,
2. bei einem Gericht mit einem Präsidium nach § 21a Abs. 2 Nr. 3 fünf Richter,
3. bei einem Gericht mit einem Präsidium nach § 21a Abs. 2 Nr. 4 vier Richter.

[2] Hiervon scheidet jeweils ein Mitglied, das durch das Los bestimmt wird, nach zwei Jahren aus.

§ 21e [Aufgaben und Befugnisse des Präsidiums; Geschäftsverteilung]

(1) [1] Das Präsidium bestimmt die Besetzung der Spruchkörper, bestellt die Ermittlungsrichter, regelt die Vertretung und verteilt die Geschäfte. [2] Es trifft diese Anordnungen vor dem Beginn des Geschäftsjahres für dessen Dauer. [3] Der Präsident bestimmt, welche richterlichen Aufgaben er wahrnimmt. [4] Jeder Richter kann mehreren Spruchkörpern angehören.

(2) Vor der Geschäftsverteilung ist den Richtern, die nicht Mitglied des Präsidiums sind, Gelegenheit zur Äußerung zu geben.

(3) [1] Die Anordnungen nach Absatz 1 dürfen im Laufe des Geschäftsjahres nur geändert werden, wenn dies wegen Überlastung oder ungenügender Auslastung eines Richters oder Spruchkörpers oder infolge Wechsels oder dauernder Verhinderung einzelner Richter nötig wird. [2] Vor der Änderung ist den Vorsitzenden Richtern, deren Spruchkörper von der Änderung der Geschäftsverteilung berührt wird, Gelegenheit zu einer Äußerung zu geben.

(4) Das Präsidium kann anordnen, daß ein Richter oder Spruchkörper, der in einer Sache tätig geworden ist, für diese nach einer Änderung der Geschäftsverteilung zuständig bleibt.

(5) Soll ein Richter einem anderen Spruchkörper zugeteilt oder soll sein Zuständigkeitsbereich geändert werden, so ist ihm, außer in Eilfällen, vorher Gelegenheit zu einer Äußerung zu geben.

(6) Soll ein Richter für Aufgaben der Justizverwaltung ganz oder teilweise freigestellt werden, so ist das Präsidium vorher zu hören.

(7) [1]Das Präsidium entscheidet mit Stimmenmehrheit. [2]§ 21i Abs. 2 gilt entsprechend.

(8) [1]Das Präsidium kann beschließen, dass Richter des Gerichts bei den Beratungen und Abstimmungen des Präsidiums für die gesamte Dauer oder zeitweise zugegen sein können. [2]§ 171b gilt entsprechend.

(9) Der Geschäftsverteilungsplan des Gerichts ist in der von dem Präsidenten oder aufsichtführenden Richter bestimmten Geschäftsstelle des Gerichts zur Einsichtnahme aufzulegen; einer Veröffentlichung bedarf es nicht.

§ 21f [Vorsitz in den Spruchkörpern] (1) Den Vorsitz in den Spruchkörpern bei den Landgerichten, bei den Oberlandesgerichten sowie bei dem Bundesgerichtshof führen der Präsident und die Vorsitzenden Richter.

(2) [1]Bei Verhinderung des Vorsitzenden führt den Vorsitz das vom Präsidium bestimmte Mitglied des Spruchkörpers. [2]Ist auch dieser Vertreter verhindert, führt das dienstälteste, bei gleichem Dienstalter das lebensälteste Mitglied des Spruchkörpers den Vorsitz.

§ 21g [Geschäftsverteilung innerhalb der Spruchkörper] (1) [1]Innerhalb des mit mehreren Richtern besetzten Spruchkörpers werden die Geschäfte durch Beschluss aller dem Spruchkörper angehörenden Berufsrichter auf die Mitglieder verteilt. [2]Bei Stimmengleichheit entscheidet das Präsidium.

(2) Der Beschluss bestimmt vor Beginn des Geschäftsjahres für dessen Dauer, nach welchen Grundsätzen die Mitglieder an den Verfahren mitwirken; er kann nur geändert werden, wenn es wegen Überlastung, ungenügender Auslastung, Wechsels oder dauernder Verhinderung einzelner Mitglieder des Spruchkörpers nötig wird.

(3) Absatz 2 gilt entsprechend, soweit nach den Vorschriften der Prozessordnungen die Verfahren durch den Spruchkörper einem seiner Mitglieder zur Entscheidung als Einzelrichter übertragen werden können.

(4) Ist ein Berufsrichter an der Beschlussfassung verhindert, tritt der durch den Geschäftsverteilungsplan bestimmte Vertreter an seine Stelle.

(5) § 21i Abs. 2 findet mit der Maßgabe entsprechende Anwendung, dass die Bestimmung durch den Vorsitzenden getroffen wird.

(6) Vor der Beschlussfassung ist den Berufsrichtern, die von dem Beschluss betroffen werden, Gelegenheit zur Äußerung zu geben.

(7) § 21e Abs. 9 findet entsprechende Anwendung.

§ 21h [Vertretung des Präsidenten und des aufsichtführenden Richters] [1]Der Präsident oder aufsichtführende Richter wird in seinen durch dieses Gesetz bestimmten Geschäften, die nicht durch das Präsidium zu verteilen sind, durch seinen ständigen Vertreter, bei mehreren ständigen Vertretern durch den dienstältesten, bei gleichem Dienstalter durch den lebensältesten von ihnen vertreten. [2]Ist ein ständiger Vertreter nicht bestellt oder ist er verhindert, wird der Präsident oder aufsichtführende Richter durch den dienstältesten, bei gleichem Dienstalter durch den lebensältesten Richter vertreten.

§ 21i [Beschlussfähigkeit des Präsidiums] (1) Das Präsidium ist beschlußfähig, wenn mindestens die Hälfte seiner gewählten Mitglieder anwesend ist.

(2) [1]Sofern eine Entscheidung des Präsidiums nicht rechtzeitig ergehen kann, werden die in § 21e bezeichneten Anordnungen von dem Präsidenten oder aufsichtführenden Richter getroffen. [2]Die Gründe für die getroffene Anordnung sind schriftlich niederzulegen. [3]Die Anordnung ist dem Präsidium unverzüglich zur Genehmigung vorzulegen. [4]Sie bleibt in Kraft, solange das Präsidium nicht anderweit beschließt.

§ 21j [Anordnungen durch den Präsidenten; Frist zur Bildung des Präsidiums] (1) [1]Wird ein Gericht errichtet und ist das Präsidium nach § 21a Abs. 2 Nr. 1 bis 4 zu bilden, so werden die in § 21e bezeichneten Anordnungen bis zur Bildung des Präsidiums von dem Präsidenten oder aufsichtführenden Richter getroffen. [2]§ 21i Abs. 2 Satz 2 bis 4 gilt entsprechend.

(2) [1]Ein Präsidium nach § 21a Abs. 2 Nr. 1 bis 4 ist innerhalb von drei Monaten nach der Errichtung des Gerichts zu bilden. [2]Die in § 21b Abs. 4 Satz 1 bestimmte Frist beginnt mit dem auf die Bildung des Präsidiums folgenden Geschäftsjahr, wenn das Präsidium nicht zu Beginn eines Geschäftsjahres gebildet wird.

(3) An die Stelle des in § 21d Abs. 1 bezeichneten Zeitpunkts tritt der Tag der Errichtung des Gerichts.

(4) [1]Die Aufgaben nach § 1 Abs. 2 Satz 2 und 3 und Abs. 3 der Wahlordnung für die Präsidien der Gerichte vom 19. September 1972 (BGBl. I S. 1821) nimmt bei der erstmaligen Bestellung des Wahlvorstandes der Präsident oder aufsichtführende Richter wahr. [2]Als Ablauf des Geschäftsjahres in § 1 Abs. 2 Satz 2 und § 3 Satz 1 der Wahlordnung für die Präsidien der Gerichte gilt der Ablauf der in Absatz 2 Satz 1 genannten Frist.

Dritter Titel. Amtsgerichte

§ 22 [Richter beim Amtsgericht] (1) Den Amtsgerichten stehen Einzelrichter vor.

(2) Einem Richter beim Amtsgericht kann zugleich ein weiteres Richteramt bei einem anderen Amtsgericht oder bei einem Landgericht übertragen werden.

(3) [1]Die allgemeine Dienstaufsicht kann von der Landesjustizverwaltung dem Präsidenten des übergeordneten Landgerichts übertragen werden. [2]Geschieht dies nicht, so ist, wenn das Amtsgericht mit mehreren Richtern besetzt ist, einem von ihnen von der Landesjustizverwaltung die allgemeine Dienstaufsicht zu übertragen.

(4) Jeder Richter beim Amtsgericht erledigt die ihm obliegenden Geschäfte, soweit dieses Gesetz nichts anderes bestimmt, als Einzelrichter.

(5) [1]Es können Richter kraft Auftrags verwendet werden. [2]Richter auf Probe können verwendet werden, soweit sich aus Absatz 6, § 23b Abs. 3 Satz 2, § 23c Abs. 2 oder § 29 Abs. 1 Satz 2 nichts anderes ergibt.

(6) [1]Ein Richter auf Probe darf im ersten Jahr nach seiner Ernennung Geschäfte in Insolvenzsachen nicht wahrnehmen. [2]Richter in Insolvenzsachen sollen über belegbare Kenntnisse auf den Gebieten des Insolvenzrechts, des Handels- und Gesellschaftsrechts sowie über Grundkenntnisse der für das Insolvenzverfahren notwendigen Teile des Arbeits-, Sozial- und Steuerrechts

und des Rechnungswesens verfügen. [3]Einem Richter, dessen Kenntnisse auf diesen Gebieten nicht belegt sind, dürfen die Aufgaben eines Insolvenzrichters nur zugewiesen werden, wenn der Erwerb der Kenntnisse alsbald zu erwarten ist.

§ 22a [Präsident des LG oder AG als Vorsitzender des Präsidiums]

Bei Amtsgerichten mit einem aus allen wählbaren Richtern bestehenden Präsidium (§ 21a Abs. 2 Nr. 5) gehört der Präsident des übergeordneten Landgerichts oder, wenn der Präsident eines anderen Amtsgerichts die Dienstaufsicht ausübt, dieser Präsident dem Präsidium als Vorsitzender an.

§ 22b [Vertretung von Richtern] (1) Ist ein Amtsgericht nur mit einem Richter besetzt, so beauftragt das Präsidium des Landgerichts einen Richter seines Bezirks mit der ständigen Vertretung dieses Richters.

(2) Wird an einem Amtsgericht die vorübergehende Vertretung durch einen Richter eines anderen Gerichts nötig, so beauftragt das Präsidium des Landgerichts einen Richter seines Bezirks längstens für zwei Monate mit der Vertretung.

(3) [1]In Eilfällen kann der Präsident des Landgerichts einen zeitweiligen Vertreter bestellen. [2]Die Gründe für die getroffene Anordnung sind schriftlich niederzulegen.

(4) Bei Amtsgerichten, über die der Präsident eines anderen Amtsgerichts die Dienstaufsicht ausübt, ist in den Fällen der Absätze 1 und 2 das Präsidium des anderen Amtsgerichts und im Falle des Absatzes 3 dessen Präsident zuständig.

§ 22c [Bereitschaftsdienst] (1) [1]Die Landesregierungen werden ermächtigt, durch Rechtsverordnung zu bestimmen, dass für mehrere Amtsgerichte im Bezirk eines Landgerichts oder mehrerer Landgerichte im Bezirk eines Oberlandesgerichts ein gemeinsamer Bereitschaftsdienstplan aufgestellt wird oder ein Amtsgericht Geschäfte des Bereitschaftsdienstes ganz oder teilweise wahrnimmt, wenn dies zur Sicherstellung einer gleichmäßigeren Belastung der Richter mit Bereitschaftsdiensten angezeigt ist. [2]Zu dem Bereitschaftsdienst sind die Richter der in Satz 1 bezeichneten Amtsgerichte heranzuziehen. [3]In der Verordnung nach Satz 1 kann bestimmt werden, dass auch die Richter der Landgerichte heranzuziehen sind. [4]Über die Verteilung der Geschäfte des Bereitschaftsdienstes beschließen nach Maßgabe des § 21e im Einvernehmen die Präsidien der Landgerichte sowie im Einvernehmen mit den Präsidien der betroffenen Amtsgerichte. [5]Kommt eine Einigung nicht zustande, obliegt die Beschlussfassung dem Präsidium des Oberlandesgerichts, zu dessen Bezirk die Landgerichte gehören.

(2) Die Landesregierungen können die Ermächtigung nach Absatz 1 auf die Landesjustizverwaltungen übertragen.

§ 22d [Handlungen eines unzuständigen Richters] Die Gültigkeit der Handlung eines Richters beim Amtsgericht wird nicht dadurch berührt, daß die Handlung nach der Geschäftsverteilung von einem anderen Richter wahrzunehmen gewesen wäre.

§ 23 [Zuständigkeit in Zivilsachen] Die Zuständigkeit der Amtsgerichte umfaßt in bürgerlichen Rechtsstreitigkeiten, soweit sie nicht ohne Rücksicht auf den Wert des Streitgegenstandes den Landgerichten zugewiesen sind:

1. Streitigkeiten über Ansprüche, deren Gegenstand an Geld oder Geldeswert die Summe von fünftausend Euro nicht übersteigt;
2. ohne Rücksicht auf den Wert des Streitgegenstandes:
   a) Streitigkeiten über Ansprüche aus einem Mietverhältnis über Wohnraum oder über den Bestand eines solchen Mietverhältnisses; diese Zuständigkeit ist ausschließlich;
   b) Streitigkeiten zwischen Reisenden und Wirten, Fuhrleuten, Schiffern oder Auswanderungsexpedienten in den Einschiffungshäfen, die über Wirtszechen, Fuhrlohn, Überfahrtsgelder, Beförderung der Reisenden und ihrer Habe und über Verlust und Beschädigung der letzteren, sowie Streitigkeiten zwischen Reisenden und Handwerkern, die aus Anlaß der Reise entstanden sind;
   c) Streitigkeiten nach § 43 Nr. 1 bis 4 und 6 des Wohnungseigentumsgesetzes; diese Zuständigkeit ist ausschließlich;
   d) Streitigkeiten wegen Wildschadens;
   e) (weggefallen)
   f) (weggefallen)
   g) Ansprüche aus einem mit der Überlassung eines Grundstücks in Verbindung stehenden Leibgedings-, Leibzuchts-, Altenteils- oder Auszugsvertrag.

§ 23a [Zuständigkeit in Familiensachen und in Angelegenheiten der freiwilligen Gerichtsbarkeit] (1) [1]Die Amtsgerichte sind ferner zuständig für

1. Familiensachen;
2. Angelegenheiten der freiwilligen Gerichtsbarkeit, soweit nicht durch gesetzliche Vorschriften eine anderweitige Zuständigkeit begründet ist.

[2]Die Zuständigkeit nach Satz 1 Nummer 1 ist eine ausschließliche.

(2) Angelegenheiten der freiwilligen Gerichtsbarkeit sind

1. Betreuungssachen, Unterbringungssachen sowie betreuungsgerichtliche Zuweisungssachen,
2. Nachlass- und Teilungssachen,
3. Registersachen,
4. unternehmensrechtliche Verfahren nach § 375 des Gesetzes über das Verfahren in Familiensachen und in den Angelegenheiten der freiwilligen Gerichtsbarkeit,
5. die weiteren Angelegenheiten der freiwilligen Gerichtsbarkeit nach § 410 des Gesetzes über das Verfahren in Familiensachen und in den Angelegenheiten der freiwilligen Gerichtsbarkeit,
6. Verfahren in Freiheitsentziehungssachen nach § 415 des Gesetzes über das Verfahren in Familiensachen und in den Angelegenheiten der freiwilligen Gerichtsbarkeit,

7. Aufgebotsverfahren,
8. Grundbuchsachen,
9. Verfahren nach § 1 Nr. 1 und 2 bis 6 des Gesetzes über das gerichtliche Verfahren in Landwirtschaftssachen,
10. Schiffsregistersachen sowie
11. sonstige Angelegenheiten der freiwilligen Gerichtsbarkeit, soweit sie durch Bundesgesetz den Gerichten zugewiesen sind.

(3) Abweichend von Absatz 1 Satz 1 Nummer 2 sind für die den Amtsgerichten obliegenden Verrichtungen in Teilungssachen im Sinne von § 342 Absatz 2 Nummer 1 des Gesetzes über das Verfahren in Familiensachen und in den Angelegenheiten der freiwilligen Gerichtsbarkeit anstelle der Amtsgerichte die Notare zuständig.

§ 23b[1] **[Familiengerichte]** (1) Bei den Amtsgerichten werden Abteilungen für Familiensachen (Familiengerichte) gebildet.

(2) [1] Werden mehrere Abteilungen für Familiensachen gebildet, so sollen alle Familiensachen, die denselben Personenkreis betreffen, derselben Abteilung zugewiesen werden. [2] Wird eine Ehesache rechtshängig, während eine andere Familiensache, die denselben Personenkreis oder ein gemeinschaftliches Kind der Ehegatten betrifft, bei einer anderen Abteilung im ersten Rechtszug anhängig ist, ist diese von Amts wegen an die Abteilung der Ehesache abzugeben. [3] Wird bei einer Abteilung ein Antrag in einem Verfahren nach den §§ 10 bis 12 des Internationalen Familienrechtsverfahrensgesetzes[2] vom 26. Januar 2005 (BGBl. I S. 162) anhängig, während eine Familiensache, die dasselbe Kind betrifft, bei einer anderen Abteilung im ersten Rechtszug anhängig ist, ist diese von Amts wegen an die erstgenannte Abteilung abzugeben; dies gilt nicht, wenn der Antrag offensichtlich unzulässig ist. [4] Auf übereinstimmenden Antrag beider Elternteile sind die Regelungen des Satzes 3 auch auf andere Familiensachen anzuwenden, an denen diese beteiligt sind.

(3) [1] Die Abteilungen für Familiensachen werden mit Familienrichtern besetzt. [2] Ein Richter auf Probe darf im ersten Jahr nach seiner Ernennung Geschäfte des Familienrichters nicht wahrnehmen.

§ 23c [Betreuungsgerichte] (1) Bei den Amtsgerichten werden Abteilungen für Betreuungssachen, Unterbringungssachen und betreuungsgerichtliche Zuweisungssachen (Betreuungsgerichte) gebildet.

(2) [1] Die Betreuungsgerichte werden mit Betreuungsrichtern besetzt. [2] Ein Richter auf Probe darf im ersten Jahr nach seiner Ernennung Geschäfte des Betreuungsrichters nicht wahrnehmen.

---

[1] § 23b ist mit dem Grundgesetz vereinbar, Urt. des BVerfG – 1 BvL 17/77, 1 BvL 7/78, 1 BvL 9/78, 1 BvL 14/78, 1 BvL 15/78, 1 BvL 16/78, 1 BvL 37/78, 1 BvL 64/78, 1 BvL 74/78, 1 BvL 78/78, 1 BvL 100/78, 1 BvL 5/79, 1 BvL 16/79, 1 BvR 807/78 – v. 23.8.1980 – Az. – (BGBl. S. 283).

[2] Nr. **6a**.

§ 23d[1] **[Gemeinsames Amtsgericht in Familien- und Handelssachen sowie in Angelegenheiten der freiwilligen Gerichtsbarkeit]** [1]Die Landesregierungen werden ermächtigt, durch Rechtsverordnung[2] einem Amtsgericht für die Bezirke mehrerer Amtsgerichte die Familiensachen sowie ganz oder teilweise die Handelssachen, die Angelegenheiten der freiwilligen Gerichtsbarkeit und Entscheidungen über Maßnahmen, die nach den Vollzugsgesetzen der vorherigen gerichtlichen Anordnung oder gerichtlichen Genehmigung bedürfen zuzuweisen, sofern die Zusammenfassung der sachlichen Förderung der Verfahren dient oder zur Sicherung einer einheitlichen Rechtsprechung geboten erscheint. [2]Die Landesregierungen können die Ermächtigungen auf die Landesjustizverwaltungen übertragen.

§§ 24–26 *(betreffen Strafsachen)*

§ 26a (weggefallen)

§ 27 [Sonstige Zuständigkeit und Geschäftskreis] Im übrigen wird die Zuständigkeit und der Geschäftskreis der Amtsgerichte durch die Vorschriften dieses Gesetzes und der Prozeßordnungen bestimmt.

Vierter Titel. Schöffengerichte

§§ 28–58 *(betreffen Strafsachen)*

Fünfter Titel. Landgerichte

§ 59 [Besetzung] (1) Die Landgerichte werden mit einem Präsidenten sowie mit Vorsitzenden Richtern und weiteren Richtern besetzt.

(2) Den Richtern kann gleichzeitig ein weiteres Richteramt bei einem Amtsgericht übertragen werden.

(3) Es können Richter auf Probe und Richter kraft Auftrags verwendet werden.

---

[1] § 23d (früherer § 23c) ist mit dem Grundgesetz vereinbar, Urt. des BVerfG – 1 BvL 17/77, 1 BvL 7/78, 1 BvL 9/78, 1 BvL 14/78, 1 BvL 15/78, 1 BvL 16/78, 1 BvL 37/78, 1 BvL 64/78, 1 BvL 74/78, 1 BvL 78/78, 1 BvL 100/78, 1 BvL 5/79, 1 BvL 16/79, 1 BvR 807/78 – v. 23.8.1980 – Az. – (BGBl. S. 283).

[2] Siehe hierzu ua:
- **Baden-Württemberg:** § 3 VO v. 20.11.1998 (GBl. S. 680), zuletzt geänd. durch VO v. 9.10.2019 (GBl. S. 426)
- **Berlin:** §§ 5 und 15 ZuwV v. 8.5.2008 (GVBl. S. 116), zuletzt geänd. durch VO v. 16.9.2019 (GVBl. S. 627)
- **Hessen:** § 5 VO v. 3.6.2013 (GVBl. S. 386), zuletzt geänd. durch VO v. 5.9.2019 (GVBl. S. 235)
- **Nordrhein-Westfalen:** VO v. 8.6.1998 (GV. NRW. S. 431), zuletzt geänd. durch VO v. 9.2.2000 (GV. NRW. S. 136)
- **Rheinland-Pfalz:** LandesVO v. 15.12.1982 (GVBl. S. 460), zuletzt geänd. durch VO v. 6.11.2017 (GVBl. S. 246)
- **Schleswig-Holstein:** LandesVO v. 4.12.1996 (GVOBl. Schl.-H. S. 720), zuletzt geänd. durch VO v. 15.11.2019 (GVOBl. Schl.-H. S. 546)

[§ 60 bis 31.12.2020:]
§ 60 [Zivil- und Strafkammern] Bei den Landgerichten werden Zivil- und Strafkammern gebildet.

[§ 60 ab 1.1.2021:]
§ 60 [Zivil- und Strafkammern] *(1) Bei jedem Landgericht werden, soweit nichts anders bestimmt ist, sowohl Zivil- als auch Strafkammern gebildet.*

(2) [1] Die Landesregierungen werden ermächtigt, durch Rechtsverordnung bei einem Landgericht mit mindestens 100 Richterstellen ausschließlich Zivil- oder Strafkammern zu bilden und diesem für die Bezirke mehrerer Landgerichte die Zivil- oder Strafsachen zuzuweisen. [2] Die Landesregierungen können die Ermächtigung nach Satz 1 auf die Landesjustizverwaltungen übertragen.

§§ 61 bis 69 (weggefallen)

§ 70 [Vertretung der Kammermitglieder] (1) Soweit die Vertretung eines Mitgliedes nicht durch ein Mitglied desselben Gerichts möglich ist, wird sie auf den Antrag des Präsidiums durch die Landesjustizverwaltung geordnet.

(2) Die Beiordnung eines Richters auf Probe oder eines Richters kraft Auftrags ist auf eine bestimmte Zeit auszusprechen und darf vor Ablauf dieser Zeit nicht widerrufen werden.

(3) Unberührt bleiben die landesgesetzlichen Vorschriften, nach denen richterliche Geschäfte nur von auf Lebenszeit ernannten Richtern wahrgenommen werden können, sowie die, welche die Vertretung durch auf Lebenszeit ernannte Richter regeln.

§ 71 [Zuständigkeit in Zivilsachen in 1. Instanz] (1) Vor die Zivilkammern, einschließlich der Kammern für Handelssachen, gehören alle bürgerlichen Rechtsstreitigkeiten, die nicht den Amtsgerichten zugewiesen sind.

(2) Die Landgerichte sind ohne Rücksicht auf den Wert des Streitgegenstandes ausschließlich zuständig

1.[1)] für die Ansprüche, die auf Grund der Beamtengesetze gegen den Fiskus erhoben werden;
2. für die Ansprüche gegen Richter und Beamte wegen Überschreitung ihrer amtlichen Befugnisse oder wegen pflichtwidriger Unterlassung von Amtshandlungen;
3. für Ansprüche, die auf eine falsche, irreführende oder unterlassene öffentliche Kapitalmarktinformation, auf die Verwendung einer falschen oder irreführenden öffentlichen Kapitalmarktinformation oder auf die Unterlassung der gebotenen Aufklärung darüber, dass eine öffentliche Kapitalmarktinformation falsch oder irreführend ist, gestützt werden;

[1)] § 71 Abs. 2 Nr. 1 ist praktisch gegenstandslos, weil für alle Klagen aus dem Beamten- oder Richterverhältnis der Verwaltungsrechtsweg gegeben ist; vgl. § 126 BeamtenrechtsrahmenG idF der Bek. v. 31.3.1999 (BGBl. I S. 654), zuletzt geänd. durch G v. 23.5.2017 (BGBl. I S. 1228), § 126 BundesbeamtenG v. 5.2.2009 (BGBl. I S. 160), zuletzt geänd. durch G v. 20.11.2019 (BGBl. I S. 1626), §§ 46, 71 Deutsches RichterG idF der Bek. v. 19.4.1972 (BGBl. I S. 713), zuletzt geänd. durch G v. 22.11.2019 (BGBl. I S. 1755), § 54 BeamtenstatusG v. 17.6.2008 (BGBl. I S. 1010), zuletzt geänd. durch G v. 20.11.2019 (BGBl. I S. 1626).

4. für Verfahren nach
   a) *(aufgehoben)*
   b) den §§ 98, 99, 132, 142, 145, 258, 260, 293c und 315 des Aktiengesetzes,
   c) § 26 des SE-Ausführungsgesetzes,
   d) § 10 des Umwandlungsgesetzes,
   e) dem Spruchverfahrensgesetz,
   f) den §§ 39a und 39b des Wertpapiererwerbs- und Übernahmegesetzes;
5. in Streitigkeiten
   a) über das Anordnungsrecht des Bestellers gemäß § 650b des Bürgerlichen Gesetzbuchs,
   b) über die Höhe des Vergütungsanspruchs infolge einer Anordnung des Bestellers (§ 650c des Bürgerlichen Gesetzbuchs).

(3) Der Landesgesetzgebung bleibt überlassen, Ansprüche gegen den Staat oder eine Körperschaft des öffentlichen Rechts wegen Verfügungen der Verwaltungsbehörden sowie Ansprüche wegen öffentlicher Abgaben ohne Rücksicht auf den Wert des Streitgegenstandes den Landgerichten ausschließlich zuzuweisen.

(4) [1] Die Landesregierungen werden ermächtigt, durch Rechtsverordnung die Entscheidungen in Verfahren nach Absatz 2 Nummer 4 Buchstabe a bis e und Nummer 5 einem Landgericht für die Bezirke mehrerer Landgerichte zu übertragen. [2] In Verfahren nach Absatz 2 Nummer 4 Buchstabe a bis e darf die Übertragung nur erfolgen, wenn dies der Sicherung einer einheitlichen Rechtsprechung dient. [3] Die Landesregierungen können die Ermächtigung auf die Landesjustizverwaltungen übertragen.

§ 72 [Zuständigkeit in Zivilsachen in 2. Instanz] (1) [1] Die Zivilkammern, einschließlich der Kammern für Handelssachen und der in § 72a genannten Kammern, sind die Berufungs- und Beschwerdegerichte in den vor den Amtsgerichten verhandelten bürgerlichen Rechtsstreitigkeiten, soweit nicht die Zuständigkeit der Oberlandesgerichte begründet ist. [2] Die Landgerichte sind ferner die Beschwerdegerichte in Freiheitsentziehungssachen und in den von den Betreuungsgerichten entschiedenen Sachen.

(2) [1] In Streitigkeiten nach § 43 Nr. 1 bis 4 und 6 des Wohnungseigentumsgesetzes ist das für den Sitz des Oberlandesgerichts zuständige Landgericht gemeinsames Berufungs- und Beschwerdegericht für den Bezirk des Oberlandesgerichts, in dem das Amtsgericht seinen Sitz hat. [2] Die Landesregierungen werden ermächtigt, durch Rechtsverordnung anstelle dieses Gerichts ein anderes Landgericht im Bezirk des Oberlandesgerichts zu bestimmen. [3] Sie können die Ermächtigung auf die Landesjustizverwaltungen übertragen.

[§ 72a bis 31.12.2020:]
§ 72a[1] **[Obligatorische Einrichtung spezialisierter Spruchkörper]**

[1] Bei den Landgerichten werden eine Zivilkammer oder mehrere Zivilkammern für folgende Sachgebiete gebildet:

1. Streitigkeiten aus Bank- und Finanzgeschäften,
2. Streitigkeiten aus Bau- und Architektenverträgen sowie aus Ingenieurverträgen, soweit sie im Zusammenhang mit Bauleistungen stehen,
3. Streitigkeiten über Ansprüche aus Heilbehandlungen und
4. Streitigkeiten aus Versicherungsvertragsverhältnissen.

[2] Den Zivilkammern nach Satz 1 können neben den Streitigkeiten aus den in Satz 1 Nummer 1 bis 4 genannten Sachgebieten auch Streitigkeiten nach den §§ 71 und 72 zugewiesen werden.

[§ 72a ab 1.1.2021:]
§ 72a[1] ***[Obligatorische Einrichtung spezialisierter Spruchkörper]*** *(1) Bei den Landgerichten werden eine oder mehrere Zivilkammern für folgende Sachgebiete gebildet:*

1. *Streitigkeiten aus Bank- und Finanzgeschäften,*
2. *Streitigkeiten aus Bau- und Architektenverträgen sowie aus Ingenieurverträgen, soweit sie im Zusammenhang mit Bauleistungen stehen,*
3. *Streitigkeiten aus Heilbehandlungen,*
4. *Streitigkeiten aus Versicherungsvertragsverhältnissen,*
5. *Streitigkeiten über Ansprüche aus Veröffentlichungen durch Druckerzeugnisse, Bild- und Tonträger jeder Art, insbesondere in Presse, Rundfunk, Film und Fernsehen,*
6. *erbrechtliche Streitigkeiten und*
7. *insolvenzrechtliche Streitigkeiten und Beschwerden sowie Anfechtungssachen nach dem Anfechtungsgesetz.*

(2) [1] Die Landesregierungen werden ermächtigt, durch Rechtsverordnung bei den Landgerichten eine oder mehrere Zivilkammern für weitere Sachgebiete einzurichten. [2] Die Landesregierungen können die Ermächtigung auf die Landesjustizverwaltungen übertragen.

(3) Den Zivilkammern nach den Absätzen 1 und 2 können auch Streitigkeiten nach den §§ 71 und 72 zugewiesen werden.

§§ 73–74f *(betreffen Strafsachen)*

§ 75 [Besetzung der Zivilkammern] Die Zivilkammern sind, soweit nicht nach den Vorschriften der Prozeßgesetze an Stelle der Kammer der Einzelrichter zu entscheiden hat, mit drei Mitgliedern einschließlich des Vorsitzenden besetzt.

§§ 76–78 *(betreffen Strafsachen)*

---

[1] Beachte hierzu die Übergangsvorschrift in § 40a EGGVG (Nr. **3a**).

5a. Titel. Strafvollstreckungskammern

§§ 78a, 78b *(betreffen Strafsachen)*

Sechster Titel. Schwurgerichte

§§ 79 bis 92 (weggefallen)

Siebenter Titel. Kammern für Handelssachen

§ 93 [Bildung] (1) [1]Die Landesregierungen werden ermächtigt, durch Rechtsverordnung[1)] bei den Landgerichten für deren Bezirke oder für örtlich abgegrenzte Teile davon Kammern für Handelssachen zu bilden. [2]Solche Kammern können ihren Sitz innerhalb des Landgerichtsbezirks auch an Orten haben, an denen das Landgericht seinen Sitz nicht hat.

(2) Die Landesregierungen können die Ermächtigung nach Absatz 1 auf die Landesjustizverwaltungen übertragen.[2)]

§ 94 [Zuständigkeit] Ist bei einem Landgericht eine Kammer für Handelssachen gebildet, so tritt für Handelssachen diese Kammer an die Stelle der Zivilkammern nach Maßgabe der folgenden Vorschriften.

§ 95 [Begriff der Handelssachen] (1) Handelssachen im Sinne dieses Gesetzes sind die bürgerlichen Rechtsstreitigkeiten, in denen durch die Klage ein Anspruch geltend gemacht wird:

1. gegen einen Kaufmann im Sinne des Handelsgesetzbuches, sofern er in das Handelsregister oder Genossenschaftsregister eingetragen ist oder auf Grund einer gesetzlichen Sonderregelung für juristische Personen des öffentlichen Rechts nicht eingetragen zu werden braucht, aus Geschäften, die für beide Teile Handelsgeschäfte sind;

[1)] Siehe hierzu ua:
- **Baden-Württemberg:** § 12 ZuVOJu v. 20.11.1998 (GBl. S. 680), zuletzt geänd. durch VO v. 9.10.2019 (GBl. S. 426)
- **Bayern:** § 2 GZVJu v. 11.6.2012 (GVBl. S. 295), zuletzt geänd. durch V v. 28.12.2018 (GVBl. 2019 S. 2)
- **Brandenburg:** § 1 GerZV v. 2.9.2014 (GVBl. II Nr. 62), zuletzt geänd. durch VO v. 26.11.2018 (GVBl. II Nr. 89)
- **Hessen:** § 4 JuZuV v. 3.6.2013 (GVBl. S. 386), zuletzt geänd. durch VO v. 5.9.2019 (GVBl. S. 235)
- **Mecklenburg-Vorpommern:** VO v. 29.6.1992 (GVOBl. M-V S. 376)
- **Niedersachsen:** § 1 ZustVO-Justiz v. 18.12.2009 (Nds. GVBl. S. 506, ber. S. 283), zuletzt geänd. durch VO v. 18.11.2019 (Nds. GVBl. S. 351)
- **Nordrhein-Westfalen:** VO v. 10.9.2007 (GV. NRW. S. 370)
- **Rheinland-Pfalz:** VO v. 15.7.1971 (GVBl. S. 187), zuletzt geänd. durch VO v. 9.12.2002 (GVBl. S. 508)
- **Sachsen-Anhalt:** § 4 VO v. 1.9.1992 (GVBl. LSA S. 664), zuletzt geänd. durch VO v. 4.12.2019 (GVBl. LSA S. 955)
- **Schleswig-Holstein:** VO v. 26.8.2010 (GVOBl. Schl.-H. S. 570), aufgeh. durch VO v. 15.11.2019 (GVOBl. Schl.-H. S. 546)

[2)] Siehe hierzu ua:
- **Berlin:** § 1 VO v. 22.12.2015 (GVBl. S. 599)

2. aus einem Wechsel im Sinne des Wechselgesetzes oder aus einer der im § 363 des Handelsgesetzbuchs bezeichneten Urkunden;
3. auf Grund des Scheckgesetzes;
4. aus einem der nachstehend bezeichneten Rechtsverhältnisse:
   a) aus dem Rechtsverhältnis zwischen den Mitgliedern einer Handelsgesellschaft oder Genossenschaft oder zwischen dieser und ihren Mitgliedern oder zwischen dem stillen Gesellschafter und dem Inhaber des Handelsgeschäfts, sowohl während des Bestehens als auch nach Auflösung des Gesellschaftsverhältnisses, und aus dem Rechtsverhältnis zwischen den Vorstehern oder den Liquidatoren einer Handelsgesellschaft oder Genossenschaft und der Gesellschaft oder deren Mitgliedern;
   b) aus dem Rechtsverhältnis, welches das Recht zum Gebrauch der Handelsfirma betrifft;
   c) den Rechtsverhältnissen, die sich auf den Schutz der Marken und sonstigen Kennzeichen sowie der eingetragenen Designs beziehen;
   d) aus dem Rechtsverhältnis, das durch den Erwerb eines bestehenden Handelsgeschäfts unter Lebenden zwischen dem bisherigen Inhaber und dem Erwerber entsteht;
   e) aus dem Rechtsverhältnis zwischen einem Dritten und dem, der wegen mangelnden Nachweises der Prokura oder Handlungsvollmacht haftet;
   f) aus den Rechtsverhältnissen des Seerechts, insbesondere aus denen, die sich auf die Reederei, auf die Rechte und Pflichten des Reeders oder Schiffseigners, des Korrespondentreeders und der Schiffsbesatzung, auf die Haverei, auf den Schadensersatz im Falle des Zusammenstoßes von Schiffen, auf die Bergung und auf die Ansprüche der Schiffsgläubiger beziehen;
5. auf Grund des Gesetzes gegen den unlauteren Wettbewerb;
6. aus den §§ 9, 10, 11, 14 und 15 des Wertpapierprospektgesetzes oder den §§ 20 bis 22 des Vermögensanlagengesetzes.

(2) Handelssachen im Sinne dieses Gesetzes sind ferner

1. die Rechtsstreitigkeiten, in denen sich die Zuständigkeit des Landgerichts nach § 246 Abs. 3 Satz 1, § 396 Abs. 1 Satz 2 des Aktiengesetzes, § 51 Abs. 3 Satz 3 oder nach § 81 Abs. 1 Satz 2 des Genossenschaftsgesetzes, § 87 des Gesetzes gegen Wettbewerbsbeschränkungen, es sei denn, es handelt sich um kartellrechtliche Auskunfts- oder Schadensersatzansprüche, und § 13 Abs. 4 des EG-Verbraucherschutzdurchsetzungsgesetzes richtet,
2. die in § 71 Abs. 2 Nr. 4 Buchstabe b bis f genannten Verfahren.

§ 96 [Antrag auf Verhandlung vor der Kammer für Handelssachen]

(1) Der Rechtsstreit wird vor der Kammer für Handelssachen verhandelt, wenn der Kläger dies in der Klageschrift beantragt hat.

(2) Ist ein Rechtsstreit nach den Vorschriften der §§ 281, 506 der Zivilprozeßordnung[1] vom Amtsgericht an das Landgericht zu verweisen, so hat der Kläger den Antrag auf Verhandlung vor der Kammer für Handelssachen vor dem Amtsgericht zu stellen.

---

[1] Nr. **1**.

§ 97 [Verweisung an Zivilkammer wegen ursprünglicher Unzuständigkeit] (1) Wird vor der Kammer für Handelssachen eine nicht vor sie gehörige Klage zur Verhandlung gebracht, so ist der Rechtsstreit auf Antrag des Beklagten an die Zivilkammer zu verweisen.

(2) [1] Gehört die Klage oder die im Falle des § 506 der Zivilprozeßordnung[1)] erhobene Widerklage als Klage nicht vor die Kammer für Handelssachen, so ist diese auch von Amts wegen befugt, den Rechtsstreit an die Zivilkammer zu verweisen, solange nicht eine Verhandlung zur Hauptsache erfolgt und darauf ein Beschluß verkündet ist. [2] Die Verweisung von Amts wegen kann nicht aus dem Grund erfolgen, daß der Beklagte nicht Kaufmann ist.

§ 98 [Verweisung an Kammer für Handelssachen] (1) [1] Wird vor der Zivilkammer eine vor die Kammer für Handelssachen gehörige Klage zur Verhandlung gebracht, so ist der Rechtsstreit auf Antrag des Beklagten an die Kammer für Handelssachen zu verweisen. [2] Ein Beklagter, der nicht in das Handelsregister oder Genossenschaftsregister eingetragen ist, kann den Antrag nicht darauf stützen, daß er Kaufmann ist.

(2) Der Antrag ist zurückzuweisen, wenn die im Falle des § 506 der Zivilprozeßordnung[1)] erhobene Widerklage als Klage vor die Kammer für Handelssachen nicht gehören würde.

(3) Zu einer Verweisung von Amts wegen ist die Zivilkammer nicht befugt.

(4) Die Zivilkammer ist zur Verwerfung des Antrags auch dann befugt, wenn der Kläger ihm zugestimmt hat.

§ 99 [Verweisung an Zivilkammer wegen nachträglicher Unzuständigkeit] (1) Wird in einem bei der Kammer für Handelssachen anhängigen Rechtsstreit die Klage nach § 256 Abs. 2 der Zivilprozeßordnung[1)] durch den Antrag auf Feststellung eines Rechtsverhältnisses erweitert oder eine Widerklage erhoben und gehört die erweiterte Klage oder die Widerklage als Klage nicht vor die Kammer für Handelssachen, so ist der Rechtsstreit auf Antrag des Gegners an die Zivilkammer zu verweisen.

(2) [1] Unter der Beschränkung des § 97 Abs. 2 ist die Kammer zu der Verweisung auch von Amts wegen befugt. [2] Diese Befugnis tritt auch dann ein, wenn durch eine Klageänderung ein Anspruch geltend gemacht wird, der nicht vor die Kammer für Handelssachen gehört.

§ 100 [Zuständigkeit in 2. Instanz] Die §§ 96 bis 99 sind auf das Verfahren im zweiten Rechtszuge vor den Kammern für Handelssachen entsprechend anzuwenden.

§ 101 [Antrag auf Verweisung] (1) [1] Der Antrag auf Verweisung des Rechtsstreits an eine andere Kammer ist nur vor der Verhandlung des Antragstellers zur Sache zulässig. [2] Ist dem Antragsteller vor der mündlichen Verhandlung eine Frist zur Klageerwiderung oder Berufungserwiderung gesetzt, so hat er den Antrag innerhalb der Frist zu stellen. [3] § 296 Abs. 3 der Zivilprozeßordnung gilt entsprechend; der Entschuldigungsgrund ist auf Verlangen des Gerichts glaubhaft zu machen.

[1)] Nr. **1**.

(2) [1]Über den Antrag ist vorab zu entscheiden. [2]Die Entscheidung kann ohne mündliche Verhandlung ergehen.

§ 102 [Unanfechtbarkeit der Verweisung] [1]Die Entscheidung über Verweisung eines Rechtsstreits an die Zivilkammer oder an die Kammer für Handelssachen ist nicht anfechtbar. [2]Erfolgt die Verweisung an eine andere Kammer, so ist diese Entscheidung für die Kammer, an die der Rechtsstreit verwiesen wird, bindend. [3]Der Termin zur weiteren mündlichen Verhandlung wird von Amts wegen bestimmt und den Parteien bekanntgemacht.

§ 103 [Hauptintervention] Bei der Kammer für Handelssachen kann ein Anspruch nach § 64 der Zivilprozeßordnung nur dann geltend gemacht werden, wenn der Rechtsstreit nach den Vorschriften der §§ 94, 95 vor die Kammer für Handelssachen gehört.

§ 104 [Verweisung in Beschwerdesachen] (1) [1]Wird die Kammer für Handelssachen als Beschwerdegericht mit einer vor sie nicht gehörenden Beschwerde befaßt, so ist die Beschwerde von Amts wegen an die Zivilkammer zu verweisen. [2]Ebenso hat die Zivilkammer, wenn sie als Beschwerdegericht in einer Handelssache mit einer Beschwerde befaßt wird, diese von Amts wegen an die Kammer für Handelssachen zu verweisen. [3]Die Vorschriften des § 102 Satz 1, 2 sind entsprechend anzuwenden.

(2) Eine Beschwerde kann nicht an eine andere Kammer verwiesen werden, wenn bei der Kammer, die mit der Beschwerde befaßt wird, die Hauptsache anhängig ist oder diese Kammer bereits eine Entscheidung in der Hauptsache erlassen hat.

§ 105 [Besetzung] (1) Die Kammern für Handelssachen entscheiden in der Besetzung mit einem Mitglied des Landgerichts als Vorsitzenden und zwei ehrenamtlichen Richtern, soweit nicht nach den Vorschriften der Prozeßgesetze an Stelle der Kammer der Vorsitzende zu entscheiden hat.

(2) Sämtliche Mitglieder der Kammer für Handelssachen haben gleiches Stimmrecht.

§ 106 [Auswärtige Kammer für Handelssachen] Im Falle des § 93 Abs. 1 Satz 2 kann ein Richter beim Amtsgericht Vorsitzender der Kammer für Handelssachen sein.

§ 107 [Entschädigung] (1) Die ehrenamtlichen Richter, die weder ihren Wohnsitz noch ihre gewerbliche Niederlassung am Sitz der Kammer für Handelssachen haben, erhalten Tage- und Übernachtungsgelder nach den für Richter am Landgericht geltenden Vorschriften.

(2) Den ehrenamtlichen Richtern werden die Fahrtkosten in entsprechender Anwendung des § 5 des Justizvergütungs- und -entschädigungsgesetzes[1)] ersetzt.

[1)] Nr. **11**.

§ 108 [Dauer der Ernennung] Die ehrenamtlichen Richter werden auf gutachtlichen Vorschlag der Industrie- und Handelskammern für die Dauer von fünf Jahren ernannt; eine wiederholte Ernennung ist nicht ausgeschlossen.

§ 109 [Voraussetzungen der Ernennung] (1) Zum ehrenamtlichen Richter kann ernannt werden, wer

1. Deutscher ist,
2. das dreißigste Lebensjahr vollendet hat und
3. als Kaufmann, Vorstandsmitglied oder Geschäftsführer einer juristischen Person oder als Prokurist in das Handelsregister oder das Genossenschaftsregister eingetragen ist oder eingetragen war oder als Vorstandsmitglied einer juristischen Person des öffentlichen Rechts aufgrund einer gesetzlichen Sonderregelung für diese juristische Person nicht eingetragen zu werden braucht.

(2) [1] Wer diese Voraussetzungen erfüllt, soll nur ernannt werden, wenn er

1. in dem Bezirk der Kammer für Handelssachen wohnt oder
2. in diesem Bezirk eine Handelsniederlassung hat oder
3. einem Unternehmen angehört, das in diesem Bezirk seinen Sitz oder seine Niederlassung hat.

[2] Darüber hinaus soll nur ernannt werden

1. ein Prokurist, wenn er im Unternehmen eine der eigenverantwortlichen Tätigkeit des Unternehmers vergleichbare selbständige Stellung einnimmt,
2. ein Vorstandsmitglied einer Genossenschaft, wenn es hauptberuflich in einer Genossenschaft tätig ist, die in ähnlicher Weise wie eine Handelsgesellschaft am Handelsverkehr teilnimmt.

(3) [1] Zum ehrenamtlichen Richter kann nicht ernannt werden, wer zu dem Amt eines Schöffen unfähig ist oder nach § 33 Nr. 4 zu dem Amt eines Schöffen nicht berufen werden soll. [2] Zum ehrenamtlichen Richter soll nicht ernannt werden, wer nach § 33 Nr. 6 zu dem Amt eines Schöffen nicht berufen werden soll.

§ 110 [Ehrenamtliche Richter an Seeplätzen] An Seeplätzen können ehrenamtliche Richter auch aus dem Kreis der Schiffahrtskundigen ernannt werden.

§ 111 (weggefallen)

§ 112 [Rechte und Pflichten] Die ehrenamtlichen Richter haben während der Dauer ihres Amts in Beziehung auf dasselbe alle Rechte und Pflichten eines Richters.

§ 113 [Amtsenthebung] (1) Ein ehrenamtlicher Richter ist seines Amtes zu entheben, wenn er

1. eine der für seine Ernennung erforderlichen Eigenschaften verliert oder Umstände eintreten oder nachträglich bekanntwerden, die einer Ernennung nach § 109 entgegenstehen, oder
2. seine Amtspflichten gröblich verletzt hat.

(2) Ein ehrenamtlicher Richter soll seines Amtes enthoben werden, wenn Umstände eintreten oder bekannt werden, bei deren Vorhandensein eine Ernennung nach § 109 Abs. 3 Satz 2 nicht erfolgen soll.

(3) [1] Die Entscheidung trifft der erste Zivilsenat des Oberlandesgerichts durch Beschluß nach Anhörung des Beteiligten. [2] Sie ist unanfechtbar.

(4) Beantragt der ehrenamtliche Richter selbst die Entbindung von seinem Amt, so trifft die Entscheidung die Landesjustizverwaltung.

§ 114 [Entscheidung auf Grund eigener Sachkunde] Über Gegenstände, zu deren Beurteilung eine kaufmännische Begutachtung genügt, sowie über das Bestehen von Handelsgebräuchen kann die Kammer für Handelssachen auf Grund eigener Sachkunde und Wissenschaft entscheiden.

Achter Titel. Oberlandesgerichte

§ 115 [Besetzung] Die Oberlandesgerichte werden mit einem Präsidenten sowie mit Vorsitzenden Richtern und weiteren Richtern besetzt.

§ 115a (weggefallen)

§ 116 [Zivil- und Strafsenate, Ermittlungsrichter] (1) [1] Bei den Oberlandesgerichten werden Zivil- und Strafsenate gebildet. [2] Bei den nach § 120 zuständigen Oberlandesgerichten werden Ermittlungsrichter bestellt; zum Ermittlungsrichter kann auch jedes Mitglied eines anderen Oberlandesgerichts, das in dem in § 120 bezeichneten Gebiet seinen Sitz hat, bestellt werden.

(2) [1] Die Landesregierungen werden ermächtigt, durch Rechtsverordnung[1)] außerhalb des Sitzes des Oberlandesgerichts für den Bezirk eines oder mehrerer Landgerichte Zivil- oder Strafsenate zu bilden und ihnen für diesen Bezirk die gesamte Tätigkeit des Zivil- oder Strafsenats des Oberlandesgerichts oder einen Teil dieser Tätigkeit zuzuweisen. [2] Ein auswärtiger Senat für Familiensachen kann für die Bezirke mehrerer Familiengerichte gebildet werden.

(3) Die Landesregierungen können die Ermächtigung nach Absatz 2 auf die Landesjustizverwaltungen übertragen.

§ 117 [Vertretung der Senatsmitglieder] Die Vorschrift des § 70 Abs. 1 ist entsprechend anzuwenden.

§ 118 [Zuständigkeit in Musterverfahren] Die Oberlandesgerichte sind in bürgerlichen Rechtsstreitigkeiten im ersten Rechtszug zuständig für die Verhandlung und Entscheidung über Musterverfahren nach dem Kapitalanleger-Musterverfahrensgesetz.

[1)] **Baden-Württemberg:** Zuständigkeit der Zivilsenate des OLG Karlsruhe in Freiburg gem. § 16 ZuVOJu v. 20.11.1998 (GBl. S. 680), zuletzt geänd. durch VO v. 9.10.2019 (GBl. S. 426).
Bayern: Zuständigkeit der Zivilsenate des OLG München in Augsburg gem. § 1 GZVJu v. 11.6.2012 (GVBl. S. 295), zuletzt geänd. durch V v. 28.12.2018 (GVBl. 2019 S. 2).

§ 119[1)] **[Zuständigkeit in Zivilsachen]** (1) Die Oberlandesgerichte sind in Zivilsachen zuständig für die Verhandlung und Entscheidung über die Rechtsmittel:

1. der Beschwerde gegen Entscheidungen der Amtsgerichte
   a) in den von den Familiengerichten entschiedenen Sachen;
   b) in den Angelegenheiten der freiwilligen Gerichtsbarkeit mit Ausnahme der Freiheitsentziehungssachen und der von den Betreuungsgerichten entschiedenen Sachen;
2. der Berufung und der Beschwerde gegen Entscheidungen der Landgerichte.

(2) § 23b Abs. 1 und 2 gilt entsprechend.

(3) [1]In Zivilsachen sind Oberlandesgerichte ferner zuständig für die Verhandlung und Entscheidung von Musterfeststellungsverfahren nach Buch 6 der Zivilprozessordnung[2)] im ersten Rechtszug. [2]Ein Land, in dem mehrere Oberlandesgerichte errichtet sind, kann durch Rechtsverordnung der Landesregierung einem Oberlandesgericht die Entscheidung und Verhandlung für die Bezirke mehrerer Oberlandesgerichte oder dem Obersten Landesgericht zuweisen, sofern die Zuweisung für eine sachdienliche Förderung oder schnellere Erledigung der Verfahren zweckmäßig ist. [3]Die Landesregierungen können die Ermächtigung durch Rechtsverordnung auf die Landesjustizverwaltungen übertragen.

[§ 119a bis 31.12.2020:]
§ 119a[3)] **[Obligatorische Einrichtung spezialisierter Senate]** [1]Bei den Oberlandesgerichten werden ein Zivilsenat oder mehrere Zivilsenate für die folgenden Sachgebiete gebildet:

1. Streitigkeiten aus Bank- und Finanzgeschäften,
2. Streitigkeiten aus Bau- und Architektenverträgen sowie aus Ingenieurverträgen, soweit sie im Zusammenhang mit Bauleistungen stehen,
3. Streitigkeiten über Ansprüche aus Heilbehandlungen und
4. Streitigkeiten aus Versicherungsvertragsverhältnissen.

[2]Den Zivilsenaten nach Satz 1 können neben den Streitigkeiten aus den in Satz 1 Nummer 1 bis 4 genannten Sachgebieten auch Streitigkeiten nach § 119 Absatz 1 zugewiesen werden.

[§ 119a ab 1.1.2021:]
§ 119a[3)] ***[Obligatorische Einrichtung spezialisierter Senate]*** *(1) Bei den Oberlandesgerichten werden ein oder mehrere Zivilsenate für folgende Sachgebiete gebildet:*

1. *Streitigkeiten aus Bank- und Finanzgeschäften,*
2. *Streitigkeiten aus Bau- und Architektenverträgen sowie aus Ingenieurverträgen, soweit sie im Zusammenhang mit Bauleistungen stehen,*
3. *Streitigkeiten aus Heilbehandlungen,*
4. *Streitigkeiten aus Versicherungsvertragsverhältnissen,*

---

1) Beachte hierzu Übergangsvorschrift in § 40 EGGVG (Nr. **3a**).
2) Nr. **1**.
3) Beachte hierzu die Übergangsvorschrift in § 40a EGGVG (Nr. **3a**).

5. Streitigkeiten über Ansprüche aus Veröffentlichungen durch Druckerzeugnisse, Bild- und Tonträger jeder Art, insbesondere in Presse, Rundfunk, Film und Fernsehen,

6. erbrechtliche Streitigkeiten und

7. insolvenzrechtliche Streitigkeiten sowie Anfechtungssachen nach dem Anfechtungsgesetz.

(2) [1] Die Landesregierungen werden ermächtigt, durch Rechtsverordnung bei den Oberlandesgerichten einen oder mehrere Zivilsenate für weitere Sachgebiete einzurichten. [2] Die Landesregierungen können die Ermächtigung auf die Landesjustizverwaltungen übertragen.

(3) Den Zivilsenaten nach den Absätzen 1 und 2 können auch Streitigkeiten nach § 119 Absatz 1 zugewiesen werden.

§§ 120–121 *(betreffen Strafsachen)*

§ 122 [Besetzung der Senate] (1) Die Senate der Oberlandesgerichte entscheiden, soweit nicht nach den Vorschriften der Prozeßgesetze an Stelle des Senats der Einzelrichter zu entscheiden hat, in der Besetzung von drei Mitgliedern mit Einschluß des Vorsitzenden.

(2) [1] Die Strafsenate entscheiden über die Eröffnung des Hauptverfahrens des ersten Rechtszuges mit einer Besetzung von fünf Richtern einschließlich des Vorsitzenden. [2] Bei der Eröffnung des Hauptverfahrens beschließt der Strafsenat, daß er in der Hauptverhandlung mit drei Richtern einschließlich des Vorsitzenden besetzt ist, wenn nicht nach dem Umfang oder der Schwierigkeit der Sache die Mitwirkung zweier weiterer Richter notwendig erscheint. [3] Über die Einstellung des Hauptverfahrens wegen eines Verfahrenshindernisses entscheidet der Strafsenat in der für die Hauptverhandlung bestimmten Besetzung. [4] Ist eine Sache vom Revisionsgericht zurückverwiesen worden, kann der nunmehr zuständige Strafsenat erneut nach Satz 2 über seine Besetzung beschließen.

Neunter Titel. Bundesgerichtshof

§ 123 [Sitz] Sitz des Bundesgerichtshofes ist Karlsruhe.

§ 124 [Besetzung] Der Bundesgerichtshof wird mit einem Präsidenten sowie mit Vorsitzenden Richtern und weiteren Richtern besetzt.

§ 125 [Ernennung der Mitglieder] (1) Die Mitglieder des Bundesgerichtshofes werden durch den Bundesminister der Justiz und für Verbraucherschutz gemeinsam mit dem Richterwahlausschuß gemäß dem Richterwahlgesetz berufen und vom Bundespräsidenten ernannt.

(2) Zum Mitglied des Bundesgerichtshofes kann nur berufen werden, wer das fünfunddreißigste Lebensjahr vollendet hat.

§§ 126 bis 129 (weggefallen)

§ 130 [Zivil- und Strafsenate; Ermittlungsrichter] (1) [1] Bei dem Bundesgerichtshof werden Zivil- und Strafsenate gebildet und Ermittlungsrichter bestellt. [2] Ihre Zahl bestimmt der Bundesminister der Justiz und für Verbraucherschutz.[1)]

(2) Der Bundesminister der Justiz und für Verbraucherschutz wird ermächtigt, Zivil- und Strafsenate auch außerhalb des Sitzes des Bundesgerichtshofes zu bilden und die Dienstsitze für Ermittlungsrichter des Bundesgerichtshofes zu bestimmen.

§§ 131, 131a (weggefallen)

§ 132 [Große Senate] (1) [1] Beim Bundesgerichtshof werden ein Großer Senat für Zivilsachen und ein Großer Senat für Strafsachen gebildet. [2] Die Großen Senate bilden die Vereinigten Großen Senate.

(2) Will ein Senat in einer Rechtsfrage von der Entscheidung eines anderen Senats abweichen, so entscheiden der Große Senat für Zivilsachen, wenn ein Zivilsenat von einem anderen Zivilsenat oder von dem Großen Zivilsenat, der Große Senat für Strafsachen, wenn ein Strafsenat von einem anderen Strafsenat oder von dem Großen Senat für Strafsachen, die Vereinigten Großen Senate, wenn ein Zivilsenat von einem Strafsenat oder von dem Großen Senat für Strafsachen oder ein Strafsenat von einem Zivilsenat oder von dem Großen Senat für Zivilsachen oder ein Senat von den Vereinigten Großen Senaten abweichen will.

(3) [1] Eine Vorlage an den Großen Senat oder die Vereinigten Großen Senate ist nur zulässig, wenn der Senat, von dessen Entscheidung abgewichen werden soll, auf Anfrage des erkennenden Senats erklärt hat, daß er an seiner Rechtsauffassung festhält. [2] Kann der Senat, von dessen Entscheidung abgewichen werden soll, wegen einer Änderung des Geschäftsverteilungsplanes mit der Rechtsfrage nicht mehr befaßt werden, tritt der Senat an seine Stelle, der nach dem Geschäftsverteilungsplan für den Fall, in dem abweichend entschieden wurde, zuständig wäre. [3] Über die Anfrage und die Antwort entscheidet der jeweilige Senat durch Beschluß in der für Urteile erforderlichen Besetzung; § 97 Abs. 2 Satz 1 des Steuerberatungsgesetzes und § 74 Abs. 2 Satz 1 der Wirtschaftsprüferordnung bleiben unberührt.

(4) Der erkennende Senat kann eine Frage von grundsätzlicher Bedeutung dem Großen Senat zur Entscheidung vorlegen, wenn das nach seiner Auffassung zur Fortbildung des Rechts oder zur Sicherung einer einheitlichen Rechtsprechung erforderlich ist.

(5) [1] Der Große Senat für Zivilsachen besteht aus dem Präsidenten und je einem Mitglied der Zivilsenate, der Große Senat für Strafsachen aus dem Präsidenten und je zwei Mitgliedern der Strafsenate. [2] Legt ein anderer Senat vor oder soll von dessen Entscheidung abgewichen werden, ist auch ein Mitglied dieses Senats im Großen Senat vertreten. [3] Die Vereinigten Großen Senate bestehen aus dem Präsidenten und den Mitgliedern der Großen Senate.

[1)] Z. Zt. 12 Zivilsenate, 5 Strafsenate, 1 Großer Senat für Zivilsachen, 1 Großer Senat für Strafsachen, 1 Vereinigter Großer Senat, 1 Kartellsenat, 1 Dienstgericht des Bundes, 1 Senat für Notarsachen, 1 Senat für Anwaltssachen, 1 Senat für Patentanwaltssachen, 1 Senat für Wirtschaftsprüfersachen, 1 Senat für Steuerberater- und Steuerbevollmächtigtensachen, 1 Senat für Landwirtschaftssachen.

(6) [1]Die Mitglieder und die Vertreter werden durch das Präsidium für ein Geschäftsjahr bestellt. [2]Dies gilt auch für das Mitglied eines anderen Senats nach Absatz 5 Satz 2 und für seinen Vertreter. [3]Den Vorsitz in den Großen Senaten und den Vereinigten Großen Senaten führt der Präsident, bei Verhinderung das dienstälteste Mitglied. [4]Bei Stimmengleichheit gibt die Stimme des Vorsitzenden den Ausschlag.

§ 133 [Zuständigkeit in Zivilsachen] In Zivilsachen ist der Bundesgerichtshof zuständig für die Verhandlung und Entscheidung über die Rechtsmittel der Revision, der Sprungrevision, der Rechtsbeschwerde und der Sprungrechtsbeschwerde.

§§ 134, 134a (weggefallen)

§§ 135 *(betrifft Strafsachen)*

§§ 136, 137 *(aufgehoben)*

§ 138 [Verfahren vor den Großen Senaten] (1) [1]Die Großen Senate und die Vereinigten Großen Senate entscheiden nur über die Rechtsfrage. [2]Sie können ohne mündliche Verhandlung entscheiden. [3]Die Entscheidung ist in der vorliegenden Sache für den erkennenden Senat bindend.

(2) [1]Vor der Entscheidung des Großen Senats für Strafsachen oder der Vereinigten Großen Senate und in Rechtsstreitigkeiten, welche die Anfechtung einer Todeserklärung zum Gegenstand haben, ist der Generalbundesanwalt zu hören. [2]Der Generalbundesanwalt kann auch in der Sitzung seine Auffassung darlegen.

(3) Erfordert die Entscheidung der Sache eine erneute mündliche Verhandlung vor dem erkennenden Senat, so sind die Beteiligten unter Mitteilung der ergangenen Entscheidung der Rechtsfrage zu der Verhandlung zu laden.

§ 139 [Besetzung der Senate] (1) Die Senate des Bundesgerichtshofes entscheiden in der Besetzung von fünf Mitgliedern einschließlich des Vorsitzenden.

(2) [1]Die Strafsenate entscheiden über Beschwerden in der Besetzung von drei Mitgliedern einschließlich des Vorsitzenden. [2]Dies gilt nicht für die Entscheidung über Beschwerden gegen Beschlüsse, durch welche die Eröffnung des Hauptverfahrens abgelehnt oder das Verfahren wegen eines Verfahrenshindernisses eingestellt wird.

§ 140 [Geschäftsordnung] Der Geschäftsgang wird durch eine Geschäftsordnung geregelt, die das Plenum beschließt.[1)]

[1)] GeschäftsO des BGH v. 3.3.1952 (BAnz. Nr. 83), geänd. durch Bek. v. 15.4.1970 (BAnz. Nr. 74) und v. 21.6.1971 (BAnz. Nr. 114).

9a. Titel. Zuständigkeit für Wiederaufnahmeverfahren in Strafsachen

§§ 140a *(betrifft Strafsachen)*

Zehnter Titel. Staatsanwaltschaft

§§ 141–152 *(betreffen Strafsachen)*

Elfter Titel. Geschäftsstelle

§ 153 [Geschäftsstelle] (1) Bei jedem Gericht und jeder Staatsanwaltschaft wird eine Geschäftsstelle eingerichtet, die mit der erforderlichen Zahl von Urkundsbeamten besetzt wird.

(2) [1] Mit den Aufgaben eines Urkundsbeamten der Geschäftsstelle kann betraut werden, wer einen Vorbereitungsdienst von zwei Jahren abgeleistet und die Prüfung für den mittleren Justizdienst oder für den mittleren Dienst bei der Arbeitsgerichtsbarkeit bestanden hat. [2] Sechs Monate des Vorbereitungsdienstes sollen auf einen Fachlehrgang entfallen.

(3) Mit den Aufgaben eines Urkundsbeamten der Geschäftsstelle kann auch betraut werden,

1. wer die Rechtspflegerprüfung oder die Prüfung für den gehobenen Dienst bei der Arbeitsgerichtsbarkeit bestanden hat,
2. wer nach den Vorschriften über den Laufbahnwechsel die Befähigung für die Laufbahn des mittleren Justizdienstes erhalten hat,
3. wer als anderer Bewerber nach den landesrechtlichen Vorschriften in die Laufbahn des mittleren Justizdienstes übernommen worden ist.

(4) [1] Die näheren Vorschriften zur Ausführung der Absätze 1 bis 3 erlassen der Bund und die Länder für ihren Bereich. [2] Sie können auch bestimmen, ob und inwieweit Zeiten einer dem Ausbildungsziel förderlichen sonstigen Ausbildung oder Tätigkeit auf den Vorbereitungsdienst angerechnet werden können.

(5) [1] Der Bund und die Länder können ferner bestimmen, daß mit Aufgaben eines Urkundsbeamten der Geschäftsstelle auch betraut werden kann, wer auf dem Sachgebiet, das ihm übertragen werden soll, einen Wissens- und Leistungsstand aufweist, der dem durch die Ausbildung nach Absatz 2 vermittelten Stand gleichwertig ist. [2] In den Ländern Brandenburg, Mecklenburg-Vorpommern, Sachsen, Sachsen-Anhalt und Thüringen dürfen solche Personen weiterhin mit den Aufgaben eines Urkundsbeamten der Geschäftsstelle betraut werden, die bis zum 25. April 2006 gemäß Anlage I Kapitel III Sachgebiet A Abschnitt III Nr. 1 Buchstabe q Abs. 1 zum Einigungsvertrag vom 31. August 1990 (BGBl. 1990 II S. 889, 922) mit diesen Aufgaben betraut worden sind.

Zwölfter Titel. Zustellungs- und Vollstreckungsbeamte

§ 154 [Gerichtsvollzieher] Die Dienst- und Geschäftsverhältnisse der mit den Zustellungen, Ladungen und Vollstreckungen zu betrauenden Beamten

(Gerichtsvollzieher) werden bei dem Bundesgerichtshof durch den Bundesminister der Justiz und für Verbraucherschutz, bei den Landesgerichten durch die Landesjustizverwaltung bestimmt.

§ 155 [Ausschließung des Gerichtsvollziehers] Der Gerichtsvollzieher ist von der Ausübung seines Amts kraft Gesetzes ausgeschlossen:

I. in bürgerlichen Rechtsstreitigkeiten:

1. wenn er selbst Partei oder gesetzlicher Vertreter einer Partei ist oder zu einer Partei in dem Verhältnis eines Mitberechtigten, Mitverpflichteten oder Schadensersatzpflichtigen steht;
2. wenn sein Ehegatte oder Lebenspartner Partei ist, auch wenn die Ehe oder Lebenspartnerschaft nicht mehr besteht;
3. wenn eine Person Partei ist, mit der er in gerader Linie verwandt oder verschwägert, in der Seitenlinie bis zum dritten Grad verwandt oder bis zum zweiten Grad verschwägert ist oder war;

II. in Strafsachen:

1. wenn er selbst durch die Straftat verletzt ist;
2. wenn er der Ehegatte oder Lebenspartner des Beschuldigten oder Verletzten ist oder gewesen ist;
3. wenn er mit dem Beschuldigten oder Verletzten in dem unter Nummer I 3 bezeichneten Verwandtschafts- oder Schwägerschaftsverhältnis steht oder stand.

Dreizehnter Titel. Rechtshilfe

§ 156 [Rechtshilfepflicht] Die Gerichte haben sich in Zivilsachen und in Strafsachen Rechtshilfe zu leisten.

§ 157 [Rechtshilfegericht] (1) Das Ersuchen um Rechtshilfe ist an das Amtsgericht zu richten, in dessen Bezirk die Amtshandlung vorgenommen werden soll.

(2) [1] Die Landesregierungen werden ermächtigt, durch Rechtsverordnung die Erledigung von Rechtshilfeersuchen für die Bezirke mehrerer Amtsgerichte einem von ihnen ganz oder teilweise zuzuweisen, sofern dadurch der Rechtshilfeverkehr erleichtert oder beschleunigt wird. [2] Die Landesregierungen können diese Ermächtigung durch Rechtsverordnung auf die Landesjustizverwaltungen übertragen.

§ 158 [Ablehnung der Rechtshilfe] (1) Das Ersuchen darf nicht abgelehnt werden.

(2) [1] Das Ersuchen eines nicht im Rechtszuge vorgesetzten Gerichts ist jedoch abzulehnen, wenn die vorzunehmende Handlung nach dem Recht des ersuchten Gerichts verboten ist. [2] Ist das ersuchte Gericht örtlich nicht zuständig, so gibt es das Ersuchen an das zuständige Gericht ab.

§ 159 [Entscheidung des Oberlandesgerichts] (1) [1] Wird das Ersuchen abgelehnt oder wird der Vorschrift des § 158 Abs. 2 zuwider dem Ersuchen stattgegeben, so entscheidet das Oberlandesgericht, zu dessen Bezirk das ersuchte Gericht gehört. [2]Die Entscheidung ist nur anfechtbar, wenn sie die Rechtshilfe für unzulässig erklärt und das ersuchende und das ersuchte Gericht den Bezirken verschiedener Oberlandesgerichte angehören. [3]Über die Beschwerde entscheidet der Bundesgerichtshof.

(2) Die Entscheidungen ergehen auf Antrag der Beteiligten oder des ersuchenden Gerichts ohne mündliche Verhandlung.

§ 160 [Vollstreckungen, Ladungen, Zustellungen] Vollstreckungen, Ladungen und Zustellungen werden nach Vorschrift der Prozeßordnungen bewirkt ohne Rücksicht darauf, ob sie in dem Land, dem das Prozeßgericht angehört, oder in einem anderen deutschen Land vorzunehmen sind.

§ 161 [Vermittlung bei Beauftragung eines Gerichtsvollziehers] [1]Gerichte, Staatsanwaltschaften und Geschäftsstellen der Gerichte können wegen Erteilung eines Auftrags an einen Gerichtsvollzieher die Mitwirkung der Geschäftsstelle des Amtsgerichts in Anspruch nehmen, in dessen Bezirk der Auftrag ausgeführt werden soll. [2]Der von der Geschäftsstelle beauftragte Gerichtsvollzieher gilt als unmittelbar beauftragt.

§ 162 [Vollstreckung von Freiheitsstrafen] Hält sich ein zu einer Freiheitsstrafe Verurteilter außerhalb des Bezirks der Strafvollstreckungsbehörde auf, so kann diese Behörde die Staatsanwaltschaft des Landgerichts, in dessen Bezirk sich der Verurteilte befindet, um die Vollstreckung der Strafe ersuchen.

§ 163 [Vollstreckung, Ergreifung, Ablieferung außerhalb des Gerichtsbezirks] Soll eine Freiheitsstrafe in dem Bezirk eines anderen Gerichts vollstreckt oder ein in dem Bezirk eines anderen Gerichts befindlicher Verurteilter zum Zwecke der Strafverbüßung ergriffen und abgeliefert werden, so ist die Staatsanwaltschaft bei dem Landgericht des Bezirks um die Ausführung zu ersuchen.

§ 164 [Kostenersatz] (1) Kosten und Auslagen der Rechtshilfe werden von der ersuchenden Behörde nicht erstattet.

(2) Gebühren oder andere öffentliche Abgaben, denen die von der ersuchenden Behörde übersendeten Schriftstücke (Urkunden, Protokolle) nach dem Recht der ersuchten Behörde unterliegen, bleiben außer Ansatz.

§ 165 (weggefallen)

§ 166 [Amtshandlungen außerhalb des Gerichtsbezirks] Ein Gericht darf Amtshandlungen im Geltungsbereich dieses Gesetzes auch außerhalb seines Bezirks vornehmen.

§ 167 [Verfolgung von Flüchtigen über Landesgrenzen] (1) Die Polizeibeamten eines deutschen Landes sind ermächtigt, die Verfolgung eines Flüchtigen auf das Gebiet eines anderen deutschen Landes fortzusetzen und den Flüchtigen dort zu ergreifen.

(2) Der Ergriffene ist unverzüglich an das nächste Gericht oder die nächste Polizeibehörde des Landes, in dem er ergriffen wurde, abzuführen.

§ 168 [Mitteilung von Akten] Die in einem deutschen Land bestehenden Vorschriften über die Mitteilung von Akten einer öffentlichen Behörde an ein Gericht dieses Landes sind auch dann anzuwenden, wenn das ersuchende Gericht einem anderen deutschen Land angehört.

Vierzehnter Titel. Öffentlichkeit und Sitzungspolizei

§ 169 [Öffentlichkeit] (1) [1] Die Verhandlung vor dem erkennenden Gericht einschließlich der Verkündung der Urteile und Beschlüsse ist öffentlich. [2] Ton- und Fernseh-Rundfunkaufnahmen sowie Ton- und Filmaufnahmen zum Zwecke der öffentlichen Vorführung oder Veröffentlichung ihres Inhalts sind unzulässig. [3] Die Tonübertragung in einen Arbeitsraum für Personen, die für Presse, Hörfunk, Fernsehen oder für andere Medien berichten, kann von dem Gericht zugelassen werden. [4] Die Tonübertragung kann zur Wahrung schutzwürdiger Interessen der Beteiligten oder Dritter oder zur Wahrung eines ordnungsgemäßen Ablaufs des Verfahrens teilweise untersagt werden. [5] Im Übrigen gilt für den in den Arbeitsraum übertragenen Ton Satz 2 entsprechend.

(2)[1)] [1] Tonaufnahmen der Verhandlung einschließlich der Verkündung der Urteile und Beschlüsse können zu wissenschaftlichen und historischen Zwecken von dem Gericht zugelassen werden, wenn es sich um ein Verfahren von herausragender zeitgeschichtlicher Bedeutung für die Bundesrepublik Deutschland handelt. [2] Zur Wahrung schutzwürdiger Interessen der Beteiligten oder Dritter oder zur Wahrung eines ordnungsgemäßen Ablaufs des Verfahrens können die Aufnahmen teilweise untersagt werden. [3] Die Aufnahmen sind nicht zu den Akten zu nehmen und dürfen weder herausgegeben noch für Zwecke des aufgenommenen oder eines anderen Verfahrens genutzt oder verwertet werden. [4] Sie sind vom Gericht nach Abschluss des Verfahrens demjenigen zuständigen Bundes- oder Landesarchiv zur Übernahme anzubieten, das nach dem Bundesarchivgesetz oder einem Landesarchivgesetz festzustellen hat, ob den Aufnahmen ein bleibender Wert zukommt. [5] Nimmt das Bundesarchiv oder das jeweilige Landesarchiv die Aufnahmen nicht an, sind die Aufnahmen durch das Gericht zu löschen.

(3) [1] Abweichend von Absatz 1 Satz 2 kann das Gericht für die Verkündung von Entscheidungen des Bundesgerichtshofs in besonderen Fällen Ton- und Fernseh-Rundfunkaufnahmen sowie Ton- und Filmaufnahmen zum Zwecke der öffentlichen Vorführung oder der Veröffentlichung ihres Inhalts zulassen. [2] Zur Wahrung schutzwürdiger Interessen der Beteiligten oder Dritter sowie eines ordnungsgemäßen Ablaufs des Verfahrens können die Aufnahmen oder deren Übertragung teilweise untersagt oder von der Einhaltung von Auflagen abhängig gemacht werden.

(4) Die Beschlüsse des Gerichts nach den Absätzen 1 bis 3 sind unanfechtbar.

§ 170 [Nicht öffentliche Verhandlung in Familiensachen sowie in Angelegenheiten der freiwilligen Gerichtsbarkeit] (1) [1] Verhandlungen, Erörterungen und Anhörungen in Familiensachen sowie in Angelegenheiten der freiwilligen Gerichtsbarkeit sind nicht öffentlich. [2] Das Gericht kann die Öffentlichkeit zulassen, jedoch nicht gegen den Willen eines Beteiligten. [3] In

[1)] Beachte hierzu Übergangsvorschrift in § 43 EGGVG (Nr. **3a**).

Betreuungs- und Unterbringungssachen ist auf Verlangen des Betroffenen einer Person seines Vertrauens die Anwesenheit zu gestatten.

(2) Das Rechtsbeschwerdegericht kann die Öffentlichkeit zulassen, soweit nicht das Interesse eines Beteiligten an der nicht öffentlichen Erörterung überwiegt.

§ 171 *(aufgehoben)*

§§ 171a *(betrifft Strafsachen)*

§ 171b [Ausschluss der Öffentlichkeit zum Schutz der Privatsphäre]

(1) [1]Die Öffentlichkeit kann ausgeschlossen werden, soweit Umstände aus dem persönlichen Lebensbereich eines Prozessbeteiligten, eines Zeugen oder eines durch eine rechtswidrige Tat (§ 11 Absatz 1 Nummer 5 des Strafgesetzbuchs) Verletzten zur Sprache kommen, deren öffentliche Erörterung schutzwürdige Interessen verletzen würde. [2]Das gilt nicht, soweit das Interesse an der öffentlichen Erörterung dieser Umstände überwiegt. [3]Die besonderen Belastungen, die für Kinder und Jugendliche mit einer öffentlichen Hauptverhandlung verbunden sein können, sind dabei zu berücksichtigen. [4]Entsprechendes gilt bei volljährigen Personen, die als Kinder oder Jugendliche durch die Straftat verletzt worden sind.

(2) [1]Die Öffentlichkeit soll ausgeschlossen werden, soweit in Verfahren wegen Straftaten gegen die sexuelle Selbstbestimmung (§§ 174 bis 184j des Strafgesetzbuchs) oder gegen das Leben (§§ 211 bis 222 des Strafgesetzbuchs), wegen Misshandlung von Schutzbefohlenen (§ 225 des Strafgesetzbuchs) oder wegen Straftaten gegen die persönliche Freiheit nach den §§ 232 bis 233a des Strafgesetzbuchs ein Zeuge unter 18 Jahren vernommen wird. [2]Absatz 1 Satz 4 gilt entsprechend.

(3) [1]Die Öffentlichkeit ist auszuschließen, wenn die Voraussetzungen der Absätze 1 oder 2 vorliegen und der Ausschluss von der Person, deren Lebensbereich betroffen ist, beantragt wird. [2]Für die Schlussanträge in Verfahren wegen der in Absatz 2 genannten Straftaten ist die Öffentlichkeit auszuschließen, ohne dass es eines hierauf gerichteten Antrags bedarf, wenn die Verhandlung unter den Voraussetzungen der Absätze 1 oder 2 oder des § 172 Nummer 4 ganz oder zum Teil unter Ausschluss der Öffentlichkeit stattgefunden hat.

(4) Abweichend von den Absätzen 1 und 2 darf die Öffentlichkeit nicht ausgeschlossen werden, soweit die Personen, deren Lebensbereiche betroffen sind, dem Ausschluss der Öffentlichkeit widersprechen.

(5) Die Entscheidungen nach den Absätzen 1 bis 4 sind unanfechtbar.

§ 172 [Gründe für Ausschluss der Öffentlichkeit] Das Gericht kann für die Verhandlung oder für einen Teil davon die Öffentlichkeit ausschließen, wenn

1. eine Gefährdung der Staatssicherheit, der öffentlichen Ordnung oder der Sittlichkeit zu besorgen ist,

1a. eine Gefährdung des Lebens, des Leibes oder der Freiheit eines Zeugen oder einer anderen Person zu besorgen ist,

2. ein wichtiges Geschäfts-, Betriebs-, Erfindungs- oder Steuergeheimnis zur Sprache kommt, durch dessen öffentliche Erörterung überwiegende schutzwürdige Interessen verletzt würden,
3. ein privates Geheimnis erörtert wird, dessen unbefugte Offenbarung durch den Zeugen oder Sachverständigen mit Strafe bedroht ist,
4. eine Person unter 18 Jahren vernommen wird.

§ 173 [Öffentliche Urteilsverkündung] (1) Die Verkündung des Urteils sowie der Endentscheidung in Ehesachen und Familienstreitsachen erfolgt in jedem Falle öffentlich.

(2) Durch einen besonderen Beschluß des Gerichts kann unter den Voraussetzungen der §§ 171b und 172 auch für die Verkündung der Entscheidungsgründe oder eines Teiles davon die Öffentlichkeit ausgeschlossen werden.

§ 174 [Verhandlung über Ausschluss der Öffentlichkeit; Schweigepflicht] (1) [1]Über die Ausschließung der Öffentlichkeit ist in nicht öffentlicher Sitzung zu verhandeln, wenn ein Beteiligter es beantragt oder das Gericht es für angemessen erachtet. [2]Der Beschluß, der die Öffentlichkeit ausschließt, muß öffentlich verkündet werden; er kann in nicht öffentlicher Sitzung verkündet werden, wenn zu befürchten ist, daß seine öffentliche Verkündung eine erhebliche Störung der Ordnung in der Sitzung zur Folge haben würde. [3]Bei der Verkündung ist in den Fällen der §§ 171b, 172 und 173 anzugeben, aus welchem Grund die Öffentlichkeit ausgeschlossen worden ist.

(2) Soweit die Öffentlichkeit wegen Gefährdung der Staatssicherheit ausgeschlossen wird, dürfen Presse, Rundfunk und Fernsehen keine Berichte über die Verhandlung und den Inhalt eines die Sache betreffenden amtlichen Schriftstücks veröffentlichen.

(3) [1]Ist die Öffentlichkeit wegen Gefährdung der Staatssicherheit oder aus den in §§ 171b und 172 Nr. 2 und 3 bezeichneten Gründen ausgeschlossen, so kann das Gericht den anwesenden Personen die Geheimhaltung von Tatsachen, die durch die Verhandlung oder durch ein die Sache betreffendes amtliches Schriftstück zu ihrer Kenntnis gelangen, zur Pflicht machen. [2]Der Beschluß ist in das Sitzungsprotokoll aufzunehmen. [3]Er ist anfechtbar. [4]Die Beschwerde hat keine aufschiebende Wirkung.

§ 175 [Versagung des Zutritts] (1) Der Zutritt zu öffentlichen Verhandlungen kann unerwachsenen und solchen Personen versagt werden, die in einer der Würde des Gerichts nicht entsprechenden Weise erscheinen.

(2) [1]Zu nicht öffentlichen Verhandlungen kann der Zutritt einzelnen Personen vom Gericht gestattet werden. [2]In Strafsachen soll dem Verletzten der Zutritt gestattet werden. [3]Einer Anhörung der Beteiligten bedarf es nicht.

(3) Die Ausschließung der Öffentlichkeit steht der Anwesenheit der die Dienstaufsicht führenden Beamten der Justizverwaltung bei den Verhandlungen vor dem erkennenden Gericht nicht entgegen.

§ 176 [Sitzungspolizei] (1) Die Aufrechterhaltung der Ordnung in der Sitzung obliegt dem Vorsitzenden.

(2) [1] An der Verhandlung beteiligte Personen dürfen ihr Gesicht während der Sitzung weder ganz noch teilweise verhüllen. [2] Der Vorsitzende kann Ausnahmen gestatten, wenn und soweit die Kenntlichmachung des Gesichts weder zur Identitätsfeststellung noch zur Beweiswürdigung notwendig ist.

§ 177 [Maßnahmen zur Aufrechterhaltung der Ordnung] [1] Parteien, Beschuldigte, Zeugen, Sachverständige oder bei der Verhandlung nicht beteiligte Personen, die den zur Aufrechterhaltung der Ordnung getroffenen Anordnungen nicht Folge leisten, können aus dem Sitzungszimmer entfernt sowie zur Ordnungshaft abgeführt und während einer zu bestimmenden Zeit, die vierundzwanzig Stunden nicht übersteigen darf, festgehalten werden. [2] Über Maßnahmen nach Satz 1 entscheidet gegenüber Personen, die bei der Verhandlung nicht beteiligt sind, der Vorsitzende, in den übrigen Fällen das Gericht.

§ 178[1)] [Ordnungsmittel wegen Ungebühr] (1) [1] Gegen Parteien, Beschuldigte, Zeugen, Sachverständige oder bei der Verhandlung nicht beteiligte Personen, die sich in der Sitzung einer Ungebühr schuldig machen, kann vorbehaltlich der strafgerichtlichen Verfolgung ein Ordnungsgeld bis zu eintausend Euro oder Ordnungshaft bis zu einer Woche festgesetzt und sofort vollstreckt werden. [2] Bei der Festsetzung von Ordnungsgeld ist zugleich für den Fall, daß dieses nicht beigetrieben werden kann, zu bestimmen, in welchem Maße Ordnungshaft an seine Stelle tritt.

(2) Über die Festsetzung von Ordnungsmitteln entscheidet gegenüber Personen, die bei der Verhandlung nicht beteiligt sind, der Vorsitzende, in den übrigen Fällen das Gericht.

(3) Wird wegen derselben Tat später auf Strafe erkannt, so sind das Ordnungsgeld oder die Ordnungshaft auf die Strafe anzurechnen.

§ 179 [Vollstreckung der Ordnungsmittel] Die Vollstreckung der vorstehend bezeichneten Ordnungsmittel hat der Vorsitzende unmittelbar zu veranlassen.

§ 180 [Befugnisse außerhalb der Sitzung] Die in den §§ 176 bis 179 bezeichneten Befugnisse stehen auch einem einzelnen Richter bei der Vornahme von Amtshandlungen außerhalb der Sitzung zu.

§ 181 [Beschwerde gegen Ordnungsmittel] (1) Ist in den Fällen der §§ 178, 180 ein Ordnungsmittel festgesetzt, so kann gegen die Entscheidung binnen der Frist von einer Woche nach ihrer Bekanntmachung Beschwerde eingelegt werden, sofern sie nicht von dem Bundesgerichtshof oder einem Oberlandesgericht getroffen ist.

(2) Die Beschwerde hat in dem Falle des § 178 keine aufschiebende Wirkung, in dem Falle des § 180 aufschiebende Wirkung.

(3) Über die Beschwerde entscheidet das Oberlandesgericht.

§ 182 [Protokollierung] Ist ein Ordnungsmittel wegen Ungebühr festgesetzt oder eine Person zur Ordnungshaft abgeführt oder eine bei der Ver-

---

1) Beachte hierzu Übergangsvorschrift in § 26 Nr. 2 EGZPO (Nr. **1a**).

handlung beteiligte Person entfernt worden, so ist der Beschluß des Gerichts und dessen Veranlassung in das Protokoll aufzunehmen.

§ 183 [Straftaten in der Sitzung] [1] Wird eine Straftat in der Sitzung begangen, so hat das Gericht den Tatbestand festzustellen und der zuständigen Behörde das darüber aufgenommene Protokoll mitzuteilen. [2] In geeigneten Fällen ist die vorläufige Festnahme des Täters zu verfügen.

Fünfzehnter Titel. Gerichtssprache

§ 184 [Deutsche Sprache] [1] Die Gerichtssprache ist deutsch. [2] Das Recht der Sorben, in den Heimatkreisen der sorbischen Bevölkerung vor Gericht sorbisch zu sprechen, ist gewährleistet.

§ 185 [Dolmetscher] (1) [1] Wird unter Beteiligung von Personen verhandelt, die der deutschen Sprache nicht mächtig sind, so ist ein Dolmetscher zuzuziehen. [2] Ein Nebenprotokoll in der fremden Sprache wird nicht geführt; jedoch sollen Aussagen und Erklärungen in fremder Sprache, wenn und soweit der Richter dies mit Rücksicht auf die Wichtigkeit der Sache für erforderlich erachtet, auch in der fremden Sprache in das Protokoll oder in eine Anlage niedergeschrieben werden. [3] In den dazu geeigneten Fällen soll dem Protokoll eine durch den Dolmetscher zu beglaubigende Übersetzung beigefügt werden.

(1a) [1] Das Gericht kann gestatten, dass sich der Dolmetscher während der Verhandlung, Anhörung oder Vernehmung an einem anderen Ort aufhält. [2] Die Verhandlung, Anhörung oder Vernehmung wird zeitgleich in Bild und Ton an diesen Ort und in das Sitzungszimmer übertragen.[1)]

(2) Die Zuziehung eines Dolmetschers kann unterbleiben, wenn die beteiligten Personen sämtlich der fremden Sprache mächtig sind.

(3) In Familiensachen und in Angelegenheiten der freiwilligen Gerichtsbarkeit bedarf es der Zuziehung eines Dolmetschers nicht, wenn der Richter der Sprache, in der sich die beteiligten Personen erklären, mächtig ist.

§ 186 [Verständigung mit hör- oder sprachbehinderter Person]

(1) [1] Die Verständigung mit einer hör- oder sprachbehinderten Person erfolgt nach ihrer Wahl mündlich, schriftlich oder mit Hilfe einer die Verständigung ermöglichenden Person, die vom Gericht hinzuzuziehen ist. [2] Für die mündliche und schriftliche Verständigung hat das Gericht die geeigneten technischen Hilfsmittel bereitzustellen. [3] Die hör- oder sprachbehinderte Person ist auf ihr Wahlrecht hinzuweisen.

(2) Das Gericht kann eine schriftliche Verständigung verlangen oder die Hinzuziehung einer Person als Dolmetscher anordnen, wenn die hör- oder sprachbehinderte Person von ihrem Wahlrecht nach Absatz 1 keinen Gebrauch gemacht hat oder eine ausreichende Verständigung in der nach Absatz 1 gewählten Form nicht oder nur mit unverhältnismäßigem Aufwand möglich ist.

[1)] Siehe hierzu ua das G zur Intensivierung des Einsatzes von Videokonferenztechnik in gerichtlichen und staatsanwaltschaftlichen Verfahren-Inkrafttreten-ZurückstellungsVO v. 19.9.2013 (Amtsbl. I S. 289), aufgeh. durch VO v. 26.11.2014 (Amtsbl. I S. 442).

(3) Das Bundesministerium der Justiz und für Verbraucherschutz bestimmt durch Rechtsverordnung, die der Zustimmung des Bundesrates bedarf,
1. den Umfang des Anspruchs auf Bereitstellung von geeigneten Kommunikationshilfen gemäß den Absätzen 1 und 2,
2. die Grundsätze einer angemessenen Vergütung für den Einsatz von Kommunikationshilfen gemäß den Absätzen 1 und 2,
3. die geeigneten Kommunikationshilfen, mit Hilfe derer die in den Absätzen 1 und 2 genannte Verständigung zu gewährleisten ist, und
4. ob und wie die Person mit Hör- oder Sprachbehinderung mitzuwirken hat.

§§ 187 *(betrifft Strafsachen)*

§ 188 [Eide Fremdsprachiger] Personen, die der deutschen Sprache nicht mächtig sind, leisten Eide in der ihnen geläufigen Sprache.

§ 189 [Dolmetschereid] (1) [1]Der Dolmetscher hat einen Eid dahin zu leisten:
daß er treu und gewissenhaft übertragen werde. [2]Gibt der Dolmetscher an, daß er aus Glaubens- oder Gewissensgründen keinen Eid leisten wolle, so hat er eine Bekräftigung abzugeben. [3]Diese Bekräftigung steht dem Eid gleich; hierauf ist der Dolmetscher hinzuweisen.

(2) Ist der Dolmetscher für Übertragungen der betreffenden Art nach dem Gerichtsdolmetschergesetz ***[bis 11.12.2024:*** oder in einem Land nach den landesrechtlichen Vorschriften***]*** allgemein beeidigt, so genügt vor allen Gerichten des Bundes und der Länder die Berufung auf diesen Eid.

(3) In Familiensachen und in Angelegenheiten der freiwilligen Gerichtsbarkeit ist die Beeidigung des Dolmetschers nicht erforderlich, wenn die beteiligten Personen darauf verzichten.

(4) [1]Der Dolmetscher oder Übersetzer soll über Umstände, die ihm bei seiner Tätigkeit zur Kenntnis gelangen, Verschwiegenheit wahren. [2]Hierauf weist ihn das Gericht hin.

§ 190 [Urkundsbeamter als Dolmetscher] [1]Der Dienst des Dolmetschers kann von dem Urkundsbeamten der Geschäftsstelle wahrgenommen werden. [2]Einer besonderen Beeidigung bedarf es nicht.

§ 191 [Ausschließung und Ablehnung des Dolmetschers] [1]Auf den Dolmetscher sind die Vorschriften über Ausschließung und Ablehnung der Sachverständigen entsprechend anzuwenden. [2]Es entscheidet das Gericht oder der Richter, von dem der Dolmetscher zugezogen ist.

§ 191a [Zugänglichmachung von Schriftstücken für blinde oder sehbehinderte Personen] (1) [1]Eine blinde oder sehbehinderte Person kann Schriftsätze und andere Dokumente in einer für sie wahrnehmbaren Form bei Gericht einreichen. [2]Sie kann nach Maßgabe der Rechtsverordnung nach Absatz 2 verlangen, dass ihr Schriftsätze und andere Dokumente eines gerichtlichen Verfahrens barrierefrei zugänglich gemacht werden. [3]Ist der blinden oder sehbehinderten Person Akteneinsicht zu gewähren, kann sie verlangen, dass ihr die Akteneinsicht nach Maßgabe der Rechtsverordnung nach Absatz 2 barrierefrei gewährt wird. [4] Ein Anspruch im Sinne der Sätze 1 bis 3 steht auch einer blinden oder sehbehinderten Person zu, die von einer anderen Person mit der Wahrnehmung ihrer Rechte beauftragt oder hierfür bestellt worden ist. [5] Auslagen für die barrierefreie Zugänglichmachung nach diesen Vorschriften werden nicht erhoben.

(2) Das Bundesministerium der Justiz und für Verbraucherschutz bestimmt durch Rechtsverordnung, die der Zustimmung des Bundesrates bedarf, unter welchen Voraussetzungen und in welcher Weise die in Absatz 1 genannten Dokumente und Dokumente, die von den Parteien zur Akte gereicht werden, einer blinden oder sehbehinderten Person zugänglich gemacht werden, sowie ob und wie diese Person bei der Wahrnehmung ihrer Rechte mitzuwirken hat.

(3) [1] Elektronische Dokumente sind für blinde oder sehbehinderte Personen barrierefrei zu gestalten, soweit sie in Schriftzeichen wiedergegeben werden. [2] Erfolgt die Übermittlung eines elektronischen Dokuments auf einem sicheren Übermittlungsweg, ist dieser barrierefrei auszugestalten. [3] Sind elektronische Formulare eingeführt (§ 130c der Zivilprozessordnung[1)], § 14a des Gesetzes über das Verfahren in Familiensachen und in den Angelegenheiten der freiwilligen Gerichtsbarkeit, § 46f des Arbeitsgerichtsgesetzes, § 65c des Sozialgerichtsgesetzes, § 55c der Verwaltungsgerichtsordnung, § 52c der Finanzgerichtsordnung), sind diese blinden oder sehbehinderten Personen barrierefrei zugänglich zu machen. [4] Dabei sind die Standards von § 3 der Barrierefreie-Informationstechnik-Verordnung vom 12. September 2011 (BGBl. I S. 1843) in der jeweils geltenden Fassung maßgebend.

Sechzehnter Titel. Beratung und Abstimmung

§ 192 [Mitwirkende Richter und Schöffen] (1) Bei Entscheidungen dürfen Richter nur in der gesetzlich bestimmten Anzahl mitwirken.

(2) Bei Verhandlungen von längerer Dauer kann der Vorsitzende die Zuziehung von Ergänzungsrichtern anordnen, die der Verhandlung beizuwohnen und im Falle der Verhinderung eines Richters für ihn einzutreten haben.

(3) Diese Vorschriften sind auch auf Schöffen anzuwenden.

§ 193 [Anwesenheit von auszubildenden Personen und ausländischen Juristen; Verpflichtung zur Geheimhaltung] (1) Bei der Beratung und Abstimmung dürfen außer den zur Entscheidung berufenen Richtern nur die bei demselben Gericht zu ihrer juristischen Ausbildung beschäftigten Personen und die dort beschäftigten wissenschaftlichen Hilfskräfte zugegen sein, soweit der Vorsitzende deren Anwesenheit gestattet.

(2) [1] Ausländische Berufsrichter, Staatsanwälte und Anwälte, die einem Gericht zur Ableistung eines Studienaufenthaltes zugewiesen worden sind, können bei demselben Gericht bei der Beratung und Abstimmung zugegen sein, soweit der Vorsitzende deren Anwesenheit gestattet und sie gemäß den Absätzen 3 und 4 verpflichtet sind. [2] Satz 1 gilt entsprechend für ausländische Juristen, die im Entsendestaat in einem Ausbildungsverhältnis stehen.

(3) [1] Die in Absatz 2 genannten Personen sind auf ihren Antrag zur Geheimhaltung besonders zu verpflichten. [2] § 1 Abs. 2 und 3 des Verpflichtungsgesetzes

---

[1)] Nr. 1.

vom 2. März 1974 (BGBl. I S. 469, 547 – Artikel 42) gilt entsprechend. [3] Personen, die nach Satz 1 besonders verpflichtet worden sind, stehen für die Anwendung der Vorschriften des Strafgesetzbuches über die Verletzung von Privatgeheimnissen (§ 203 Absatz 2 Satz 1 Nummer 2, Satz 2, Absatz 5 und 6, § 205), Verwertung fremder Geheimnisse (§§ 204, 205), Verletzung des Dienstgeheimnisses (§ 353b Abs. 1 Satz 1 Nr. 2, Satz 2, Abs. 3 und 4) sowie Verletzung des Steuergeheimnisses (§ 355) den für den öffentlichen Dienst besonders Verpflichteten gleich.

(4) [1] Die Verpflichtung wird vom Präsidenten oder vom aufsichtsführenden Richter des Gerichts vorgenommen. [2] Er kann diese Befugnis auf den Vorsitzenden des Spruchkörpers oder auf den Richter übertragen, dem die in Absatz 2 genannten Personen zugewiesen sind. [3] Einer erneuten Verpflichtung bedarf es während der Dauer des Studienaufenthaltes nicht. [4] In den Fällen des § 355 des Strafgesetzbuches ist der Richter, der die Verpflichtung vorgenommen hat, neben dem Verletzten antragsberechtigt.

§ 194 [Gang der Beratung] (1) Der Vorsitzende leitet die Beratung, stellt die Fragen und sammelt die Stimmen.

(2) Meinungsverschiedenheiten über den Gegenstand, die Fassung und die Reihenfolge der Fragen oder über das Ergebnis der Abstimmung entscheidet das Gericht.

§ 195 [Keine Verweigerung der Abstimmung] Kein Richter oder Schöffe darf die Abstimmung über eine Frage verweigern, weil er bei der Abstimmung über eine vorhergegangene Frage in der Minderheit geblieben ist.

§ 196 [Absolute Mehrheit; Meinungsmehrheit] (1) Das Gericht entscheidet, soweit das Gesetz nicht ein anderes bestimmt, mit der absoluten Mehrheit der Stimmen.

(2) Bilden sich in Beziehung auf Summen, über die zu entscheiden ist, mehr als zwei Meinungen, deren keine die Mehrheit für sich hat, so werden die für die größte Summe abgegebenen Stimmen den für die zunächst geringere abgegebenen so lange hinzugerechnet, bis sich eine Mehrheit ergibt.

(3) [1] Bilden sich in einer Strafsache, von der Schuldfrage abgesehen, mehr als zwei Meinungen, deren keine die erforderliche Mehrheit für sich hat, so werden die dem Beschuldigten nachteiligsten Stimmen den zunächst minder nachteiligen so lange hinzugerechnet, bis sich die erforderliche Mehrheit ergibt. [2] Bilden sich in der Straffrage zwei Meinungen, ohne daß eine die erforderliche Mehrheit für sich hat, so gilt die mildere Meinung.

(4) Ergibt sich in dem mit zwei Richtern und zwei Schöffen besetzten Gericht in einer Frage, über die mit einfacher Mehrheit zu entscheiden ist, Stimmengleichheit, so gibt die Stimme des Vorsitzenden den Ausschlag.

§ 197 [Reihenfolge der Stimmabgabe] [1] Die Richter stimmen nach dem Dienstalter, bei gleichem Dienstalter nach dem Lebensalter, ehrenamtliche Richter und Schöffen nach dem Lebensalter; der jüngere stimmt vor dem älteren. [2] Die Schöffen stimmen vor den Richtern. [3] Wenn ein Berichterstatter ernannt ist, so stimmt er zuerst. [4] Zuletzt stimmt der Vorsitzende.

Siebzehnter Titel.[1)] Rechtsschutz bei überlangen Gerichtsverfahren und strafrechtlichen Ermittlungsverfahren

§ 198 [Entschädigung; Verzögerungsrüge] (1) [1]Wer infolge unangemessener Dauer eines Gerichtsverfahrens als Verfahrensbeteiligter einen Nachteil erleidet, wird angemessen entschädigt. [2]Die Angemessenheit der Verfahrensdauer richtet sich nach den Umständen des Einzelfalles, insbesondere nach der Schwierigkeit und Bedeutung des Verfahrens und nach dem Verhalten der Verfahrensbeteiligten und Dritter.

(2) [1]Ein Nachteil, der nicht Vermögensnachteil ist, wird vermutet, wenn ein Gerichtsverfahren unangemessen lange gedauert hat. [2]Hierfür kann Entschädigung nur beansprucht werden, soweit nicht nach den Umständen des Einzelfalles Wiedergutmachung auf andere Weise gemäß Absatz 4 ausreichend ist. [3]Die Entschädigung gemäß Satz 2 beträgt 1 200 Euro für jedes Jahr der Verzögerung. [4]Ist der Betrag gemäß Satz 3 nach den Umständen des Einzelfalles unbillig, kann das Gericht einen höheren oder niedrigeren Betrag festsetzen.

(3) [1]Entschädigung erhält ein Verfahrensbeteiligter nur, wenn er bei dem mit der Sache befassten Gericht die Dauer des Verfahrens gerügt hat (Verzögerungsrüge). [2]Die Verzögerungsrüge kann erst erhoben werden, wenn Anlass zur Besorgnis besteht, dass das Verfahren nicht in einer angemessenen Zeit abgeschlossen wird; eine Wiederholung der Verzögerungsrüge ist frühestens nach sechs Monaten möglich, außer wenn ausnahmsweise eine kürzere Frist geboten ist. [3]Kommt es für die Verfahrensförderung auf Umstände an, die noch nicht in das Verfahren eingeführt worden sind, muss die Rüge hierauf hinweisen. [4]Anderenfalls werden sie von dem Gericht, das über die Entschädigung zu entscheiden hat (Entschädigungsgericht), bei der Bestimmung der angemessenen Verfahrensdauer nicht berücksichtigt. [5]Verzögert sich das Verfahren bei einem anderen Gericht weiter, bedarf es einer erneuten Verzögerungsrüge.

(4) [1]Wiedergutmachung auf andere Weise ist insbesondere möglich durch die Feststellung des Entschädigungsgerichts, dass die Verfahrensdauer unangemessen war. [2]Die Feststellung setzt keinen Antrag voraus. [3]Sie kann in schwerwiegenden Fällen neben der Entschädigung ausgesprochen werden; ebenso kann sie ausgesprochen werden, wenn eine oder mehrere Voraussetzungen des Absatzes 3 nicht erfüllt sind.

[1)] Beachte hierzu Übergangsvorschrift in Art. 23 G v. 24.11.2011 (BGBl. I S. 2302):
„**Art. 23 Übergangsvorschrift.** [1]Dieses Gesetz gilt auch für Verfahren, die bei seinem Inkrafttreten bereits anhängig waren, sowie für abgeschlossene Verfahren, deren Dauer bei seinem Inkrafttreten Gegenstand von anhängigen Beschwerden beim Europäischen Gerichtshof für Menschenrechte ist oder noch werden kann. [2]Für anhängige Verfahren, die bei seinem Inkrafttreten schon verzögert sind, gilt § 198 Absatz 3 des Gerichtsverfassungsgesetzes mit der Maßgabe, dass die Verzögerungsrüge unverzüglich nach Inkrafttreten erhoben werden muss. [3]In diesem Fall wahrt die Verzögerungsrüge einen Anspruch nach § 198 des Gerichtsverfassungsgesetzes auch für den vorausgehenden Zeitraum. [4]Ist bei einem anhängigen Verfahren die Verzögerung in einer schon abgeschlossenen Instanz erfolgt, bedarf es keiner Verzögerungsrüge. [5]Auf abgeschlossene Verfahren gemäß Satz 1 ist § 198 Absatz 3 und 5 des Gerichtsverfassungsgesetzes nicht anzuwenden. [6]Die Klage zur Durchsetzung eines Anspruchs nach § 198 Absatz 1 des Gerichtsverfassungsgesetzes kann bei abgeschlossenen Verfahren sofort erhoben werden und muss spätestens am 3. Juni 2012 erhoben werden."

(5) [1] Eine Klage zur Durchsetzung eines Anspruchs nach Absatz 1 kann frühestens sechs Monate nach Erhebung der Verzögerungsrüge erhoben werden. [2] Die Klage muss spätestens sechs Monate nach Eintritt der Rechtskraft der Entscheidung, die das Verfahren beendet, oder einer anderen Erledigung des Verfahrens erhoben werden. [3] Bis zur rechtskräftigen Entscheidung über die Klage ist der Anspruch nicht übertragbar.

(6) Im Sinne dieser Vorschrift ist

1. ein Gerichtsverfahren jedes Verfahren von der Einleitung bis zum rechtskräftigen Abschluss einschließlich eines Verfahrens auf Gewährung vorläufigen Rechtsschutzes und zur Bewilligung von Prozess- oder Verfahrenskostenhilfe; ausgenommen ist das Insolvenzverfahren nach dessen Eröffnung; im eröffneten Insolvenzverfahren gilt die Herbeiführung einer Entscheidung als Gerichtsverfahren;
2. ein Verfahrensbeteiligter jede Partei und jeder Beteiligte eines Gerichtsverfahrens mit Ausnahme der Verfassungsorgane, der Träger öffentlicher Verwaltung und sonstiger öffentlicher Stellen, soweit diese nicht in Wahrnehmung eines Selbstverwaltungsrechts an einem Verfahren beteiligt sind.

§§ 199 *(betrifft Strafsachen)*

§ 200 [Haftende Körperschaft] [1] Für Nachteile, die auf Grund von Verzögerungen bei Gerichten eines Landes eingetreten sind, haftet das Land. [2] Für Nachteile, die auf Grund von Verzögerungen bei Gerichten des Bundes eingetreten sind, haftet der Bund. [3] Für Staatsanwaltschaften und Finanzbehörden in Fällen des § 386 Absatz 2 der Abgabenordnung gelten die Sätze 1 und 2 entsprechend.

§ 201 [Zuständigkeit für die Entschädigungsklage; Verfahren]

(1) [1] Zuständig für die Klage auf Entschädigung gegen ein Land ist das Oberlandesgericht, in dessen Bezirk das streitgegenständliche Verfahren durchgeführt wurde. [2] Zuständig für die Klage auf Entschädigung gegen den Bund ist der Bundesgerichtshof. [3] Diese Zuständigkeiten sind ausschließliche.

(2) [1] Die Vorschriften der Zivilprozessordnung[1)] über das Verfahren vor den Landgerichten im ersten Rechtszug sind entsprechend anzuwenden. [2] Eine Entscheidung durch den Einzelrichter ist ausgeschlossen. [3] Gegen die Entscheidung des Oberlandesgerichts findet die Revision nach Maßgabe des § 543 der Zivilprozessordnung statt; § 544 der Zivilprozessordnung ist entsprechend anzuwenden.

(3) [1] Das Entschädigungsgericht kann das Verfahren aussetzen, wenn das Gerichtsverfahren, von dessen Dauer ein Anspruch nach § 198 abhängt, noch andauert. [2] In Strafverfahren, einschließlich des Verfahrens auf Vorbereitung der öffentlichen Klage, hat das Entschädigungsgericht das Verfahren auszusetzen, solange das Strafverfahren noch nicht abgeschlossen ist.

(4) Besteht ein Entschädigungsanspruch nicht oder nicht in der geltend gemachten Höhe, wird aber eine unangemessene Verfahrensdauer festgestellt, entscheidet das Gericht über die Kosten nach billigem Ermessen.

[1)] Nr. 1.

3a. Einführungsgesetz zum Gerichtsverfassungsgesetz

Vom 27. Januar 1877
(RGBl. S. 77)

BGBl. III/FNA 300-1

zuletzt geänd. durch Art. 4 G zur Regelung der Wertgrenze für die Nichtzulassungsbeschwerde in Zivilsachen, zum Ausbau der Spezialisierung bei den Gerichten sowie zur Änd. weiterer prozessrechtlicher Vorschriften v. 12.12.2019 (BGBl. I S. 2633)

– Auszug –

Erster Abschnitt. Allgemeine Vorschriften

§ 1 *(aufgehoben)*

§ 2 [Anwendungsbereich] Die Vorschriften des Gerichtsverfassungsgesetzes[1)] finden auf die ordentliche Gerichtsbarkeit und deren Ausübung Anwendung.

§ 3 [Übertragung der Gerichtsbarkeit] (1) [1] Die Gerichtsbarkeit in bürgerlichen Rechtsstreitigkeiten und Strafsachen, für welche besondere Gerichte zugelassen sind, kann den ordentlichen Landesgerichten durch die Landesgesetzgebung übertragen werden. [2] Die Übertragung darf nach anderen als den durch das Gerichtsverfassungsgesetz[1)] vorgeschriebenen Zuständigkeitsnormen erfolgen.

(2) *(aufgehoben)*

(3) Insoweit für bürgerliche Rechtsstreitigkeiten ein von den Vorschriften der Zivilprozeßordnung[2)] abweichendes Verfahren gestattet ist, kann die Zuständigkeit der ordentlichen Landesgerichte durch die Landesgesetzgebung nach anderen als den durch das Gerichtsverfassungsgesetz vorgeschriebenen Normen bestimmt werden.

§ 4 *(aufgehoben)*

§ 4a [Ermächtigung der Länder Berlin und Hamburg] (1) [1] Die Länder Berlin und Hamburg bestimmen, welche Stellen die Aufgaben erfüllen, die im Gerichtsverfassungsgesetz[1)] den Landesbehörden, den Gemeinden oder den unteren Verwaltungsbezirken sowie deren Vertretungen zugewiesen sind. [2] Das Land Berlin kann bestimmen, dass die Wahl der Schöffen und Jugendschöffen bei einem gemeinsamen Amtsgericht stattfindet, bei diesem mehrere Schöffenwahlausschüsse gebildet werden und deren Zuständigkeit sich nach den Grenzen der Verwaltungsbezirke bestimmt.

(2) *(aufgehoben)*

§ 5 *(gegenstandslos)*

[1)] Auszugsweise abgedruckt unter Nr. **3**.
[2)] Nr. **1**.

§ 6 [Wahl, Ernennung und Amtsperiode ehrenamtlicher Richter]

(1) Vorschriften über die Wahl oder Ernennung ehrenamtlicher Richter in der ordentlichen Gerichtsbarkeit einschließlich ihrer Vorbereitung, über die Voraussetzung hierfür, die Zuständigkeit und das dabei einzuschlagende Verfahren sowie über die allgemeinen Regeln über Auswahl und Zuziehung dieser ehrenamtlichen Richter zu den einzelnen Sitzungen sind erstmals auf die erste Amtsperiode der ehrenamtlichen Richter anzuwenden, die nicht früher als am ersten Tag des auf ihr Inkrafttreten folgenden zwölften Kalendermonats beginnt.

(2) Vorschriften über die Dauer der Amtsperiode ehrenamtlicher Richter in der ordentlichen Gerichtsbarkeit sind erstmals auf die erste nach ihrem Inkrafttreten beginnende Amtsperiode anzuwenden.

§ 7 *(gegenstandslos)*

§ 8 [Oberstes Landesgericht] (1) Durch die Gesetzgebung eines Landes, in dem mehrere Oberlandesgerichte errichtet werden, kann die Verhandlung und Entscheidung der zur Zuständigkeit des Bundesgerichtshofes gehörenden Revisionen und Rechtsbeschwerden in bürgerlichen Rechtsstreitigkeiten einem obersten Landesgericht zugewiesen werden.

(2) Diese Vorschrift findet jedoch auf bürgerliche Rechtsstreitigkeiten, in denen für die Entscheidung Bundesrecht in Betracht kommt, keine Anwendung, es sei denn, daß es sich im wesentlichen um Rechtsnormen handelt, die in den Landesgesetzen enthalten sind.

§ 9 *(betrifft Strafsachen)*

§ 10 [Besetzung und Verfassung des obersten Landesgerichts]

(1) Die allgemeinen sowie die in § 116 Abs. 1 Satz 2, §§ 124, 130 Abs. 1 und § 181 Abs. 1 enthaltenen besonderen Vorschriften des Gerichtsverfassungsgesetzes[1] finden auf die obersten Landesgerichte der ordentlichen Gerichtsbarkeit entsprechende Anwendung; ferner sind die Vorschriften der §§ 132, 138 des Gerichtsverfassungsgesetzes mit der Maßgabe entsprechend anzuwenden, daß durch Landesgesetz die Zahl der Mitglieder der Großen Senate anderweitig geregelt oder die Bildung eines einzigen Großen Senats angeordnet werden kann, der aus dem Präsidenten und mindestens acht Mitgliedern zu bestehen hat und an die Stelle der Großen Senate für Zivilsachen und für Strafsachen sowie der Vereinigten Großen Senate tritt.

(2) Die Besetzung der Senate bestimmt sich in Strafsachen, in Grundbuchsachen und in Angelegenheiten der freiwilligen Gerichtsbarkeit nach den Vorschriften über die Oberlandesgerichte, im übrigen nach den Vorschriften über den Bundesgerichtshof.

§ 11 *(aufgehoben)*

---

[1] Auszugsweise abgedruckt unter Nr. **3**.

Zweiter Abschnitt. Verfahrensübergreifende Mitteilungen von Amts wegen

§ 12 [Geltungsbereich, Verantwortung; Erlass von Verwaltungsvorschriften] (1) [1]Die Vorschriften dieses Abschnitts gelten für die Übermittlung personenbezogener Daten von Amts wegen durch Gerichte der ordentlichen Gerichtsbarkeit und Staatsanwaltschaften an öffentliche Stellen des Bundes oder eines Landes für andere Zwecke als die des Verfahrens, für die die Daten erhoben worden sind. [2]Besondere Rechtsvorschriften des Bundes oder, wenn die Daten aus einem landesrechtlich geregelten Verfahren übermittelt werden, eines Landes, die von den §§ 18 bis 22 abweichen, gehen diesen Vorschriften vor.

(2) Absatz 1 gilt entsprechend für die Übermittlung personenbezogener Daten an Stellen der öffentlich-rechtlichen Religionsgesellschaften, sofern sichergestellt ist, daß bei dem Empfänger ausreichende Datenschutzmaßnahmen getroffen werden.

(3) Eine Übermittlung unterbleibt, wenn ihr eine besondere bundes- oder entsprechende landesgesetzliche Verwendungsregelung entgegensteht.

(4) Die Verantwortung für die Zulässigkeit der Übermittlung trägt die übermittelnde Stelle.

(5) [1]Das Bundeministerium der Justiz und für Verbraucherschutz kann mit Zustimmung des Bundesrates allgemeine Verwaltungsvorschriften zu den nach diesem Abschnitt zulässigen Mitteilungen erlassen. [2]Ermächtigungen zum Erlaß von Verwaltungsvorschriften über Mitteilungen in besonderen Rechtsvorschriften bleiben unberührt.

§ 13 [Übermittlung personenbezogener Daten durch Gerichte und Staatsanwaltschaften] (1) Gerichte und Staatsanwaltschaften dürfen personenbezogene Daten zur Erfüllung der in der Zuständigkeit des Empfängers liegenden Aufgaben übermitteln, wenn

1. eine besondere Rechtsvorschrift dies vorsieht oder zwingend voraussetzt,
2. die betroffene Person eingewilligt hat,
3. offensichtlich ist, daß die Übermittlung im Interesse der betroffenen Person liegt, und kein Grund zu der Annahme besteht, daß sie in Kenntnis dieses Zwecks ihre Einwilligung verweigern würde,
4. die Daten auf Grund einer Rechtsvorschrift von Amts wegen öffentlich bekanntzumachen sind oder in ein von einem Gericht geführtes, für jedermann unbeschränkt einsehbares öffentliches Register einzutragen sind oder es sich um die Abweisung des Antrags auf Eröffnung des Insolvenzverfahrens mangels Masse handelt oder
5. auf Grund einer Entscheidung
   a) bestimmte Rechtsfolgen eingetreten sind, insbesondere der Verlust der Rechtsstellung aus einem öffentlich-rechtlichen Amts- oder Dienstverhältnis, der Ausschluß vom Wehr- oder Zivildienst, der Verlust des Wahlrechts oder der Wählbarkeit oder der Wegfall von Leistungen aus öffentlichen Kassen, und

b) die Kenntnis der Daten aus der Sicht der übermittelnden Stelle für die Verwirklichung der Rechtsfolgen erforderlich ist;

dies gilt auch, wenn auf Grund der Entscheidung der Erlaß eines Verwaltungsaktes vorgeschrieben ist, ein Verwaltungsakt nicht erlassen werden darf oder wenn die betroffene Person ihr durch Verwaltungsakt gewährte Rechte auch nur vorläufig nicht wahrnehmen darf.

(2) [1] In anderen als in den in Absatz 1 genannten Fällen dürfen Gerichte und Staatsanwaltschaften personenbezogene Daten zur Erfüllung der in der Zuständigkeit des Empfängers liegenden Aufgaben einschließlich der Wahrnehmung personalrechtlicher Befugnisse übermitteln, wenn eine Übermittlung nach den §§ 14 bis 17 zulässig ist und soweit nicht für die übermittelnde Stelle offensichtlich ist, daß schutzwürdige Interessen der betroffenen Person an dem Ausschluß der Übermittlung überwiegen. [2] Übermittelte Daten dürfen auch für die Wahrnehmung der Aufgaben nach dem Sicherheitsüberprüfungsgesetz oder einem entsprechenden Landesgesetz verarbeitet werden.

§ 14 *(betrifft Strafsachen)*

§ 15 [Datenübermittlung in Zivilsachen] In Zivilsachen einschließlich der Angelegenheiten der freiwilligen Gerichtsbarkeit ist die Übermittlung personenbezogener Daten zulässig, wenn die Kenntnis der Daten aus der Sicht der übermittelnden Stelle erforderlich ist

1. zur Berichtigung oder Ergänzung des Grundbuchs oder eines von einem Gericht geführten Registers oder Verzeichnisses, dessen Führung durch eine Rechtsvorschrift angeordnet ist, und wenn die Daten Gegenstand des Verfahrens sind, oder
2. zur Führung des in § 2 Abs. 2 der Grundbuchordnung bezeichneten amtlichen Verzeichnisses und wenn Grenzstreitigkeiten Gegenstand eines Urteils, eines Vergleichs oder eines dem Gericht mitgeteilten außergerichtlichen Vergleichs sind.

§ 16 [Datenübermittlung an ausländische öffentliche Stellen] Werden personenbezogene Daten an ausländische öffentliche Stellen oder an über- oder zwischenstaatliche Stellen nach den hierfür geltenden Rechtsvorschriften übermittelt, so ist eine Übermittlung dieser Daten auch zulässig

1. an das Bundesministerium der Justiz und für Verbraucherschutz und das Auswärtige Amt,
2. in Strafsachen gegen Mitglieder einer ausländischen konsularischen Vertretung zusätzlich an die Staats- oder Senatskanzlei des Landes, in dem die konsularische Vertretung ihren Sitz hat.

§ 16a [Kontaktstellen] (1) Das Bundesamt für Justiz nach Maßgabe des Absatzes 2 und die von den Landesregierungen durch Rechtsverordnung bestimmten weiteren Stellen nehmen die Aufgaben der Kontaktstellen im Sinne des Artikels 2 der Entscheidung 2001/470/EG des Rates vom 28. Mai 2001 über die Einrichtung eines Europäischen Justiziellen Netzes für Zivil- und Handelssachen (ABl. EG Nr. L 174 S. 25), die durch die Entscheidung 568/2009/EG (ABl. L 168 vom 30.6.2009, S. 35) geändert worden ist, wahr.

(2) Das Bundesamt für Justiz stellt die Koordinierung zwischen den Kontaktstellen sicher.

(3) [1]Die Landesregierungen werden ermächtigt, durch Rechtsverordnung die Aufgaben der Kontaktstelle einer Landesbehörde zuzuweisen. [2]Sie können die Befugnis zum Erlass einer Rechtsverordnung nach Absatz 1 einer obersten Landesbehörde übertragen.

§ 17 [Datenübermittlung in anderen Fällen] Die Übermittlung personenbezogener Daten ist ferner zulässig, wenn die Kenntnis der Daten aus der Sicht der übermittelnden Stelle

1. zur Verfolgung von Straftaten oder Ordnungswidrigkeiten,
2. für ein Verfahren der internationalen Rechtshilfe,
3. zur Abwehr erheblicher Nachteile für das Gemeinwohl oder einer Gefahr für die öffentliche Sicherheit,
4. zur Abwehr einer schwerwiegenden Beeinträchtigung der Rechte einer anderen Person oder
5. zur Abwehr einer erheblichen Gefährdung Minderjähriger

erforderlich ist.

§ 18 [Verbindung mit weiteren Daten des Betroffenen oder Dritter, Ermessen] (1) [1]Sind mit personenbezogenen Daten, die nach diesem Abschnitt übermittelt werden dürfen, weitere personenbezogene Daten der betroffenen Person oder eines Dritten so verbunden, daß eine Trennung nicht oder nur mit unvertretbarem Aufwand möglich ist, so ist die Übermittlung auch dieser Daten zulässig, soweit nicht berechtigte Interessen der betroffenen Person oder eines Dritten an deren Geheimhaltung offensichtlich überwiegen. [2]Eine Verwendung der Daten durch den Empfänger ist unzulässig; für Daten der betroffenen Person gilt § 19 Abs. 1 Satz 2 entsprechend.

(2) [1]Die übermittelnde Stelle bestimmt die Form der Übermittlung nach pflichtgemäßem Ermessen. [2]Soweit dies nach der Art der zu übermittelnden Daten und der Organisation des Empfängers geboten ist, trifft sie angemessene Vorkehrungen, um sicherzustellen, daß die Daten unmittelbar den beim Empfänger funktionell zuständigen Bediensteten erreichen.

§ 19 [Zweckgebundenheit, Erforderlichkeit] (1) [1]Die übermittelten Daten dürfen nur zu dem Zweck verarbeitet werden, zu dessen Erfüllung sie übermittelt worden sind. [2]Eine Verarbeitung für andere Zwecke ist zulässig, soweit die Daten auch dafür hätten übermittelt werden dürfen.

(2) [1]Der Empfänger prüft, ob die übermittelten Daten für die in Absatz 1 genannten Zwecke erforderlich sind. [2]Sind die Daten hierfür nicht erforderlich, so schickt er die Unterlagen an die übermittelnde Stelle zurück. [3]Ist der Empfänger nicht zuständig und ist ihm die für die Verarbeitung der Daten zuständige Stelle bekannt, so leitet er die übermittelten Unterlagen dorthin weiter und benachrichtigt hiervon die übermittelnde Stelle.

§ 20 [Unterrichtung des Empfängers] (1) [1]Betreffen Daten, die vor Beendigung eines Verfahrens übermittelt worden sind, den Gegenstand dieses Verfahrens, so ist der Empfänger vom Ausgang des Verfahrens zu unterrichten;

das gleiche gilt, wenn eine übermittelte Entscheidung abgeändert oder aufgehoben wird, das Verfahren, außer in den Fällen des § 153a der Strafprozeßordnung, auch nur vorläufig eingestellt worden ist oder nach den Umständen angenommen werden kann, daß das Verfahren auch nur vorläufig nicht weiter betrieben wird. [2]Der Empfänger ist über neue Erkenntnisse unverzüglich zu unterrichten, wenn dies erforderlich erscheint, um bis zu einer Unterrichtung nach Satz 1 drohende Nachteile für die betroffene Person zu vermeiden.

(2) [1]Erweist sich, daß unrichtige Daten übermittelt worden sind, so ist der Empfänger unverzüglich zu unterrichten. [2]Der Empfänger berichtigt die Daten oder vermerkt ihre Unrichtigkeit in den Akten.

(3) Die Unterrichtung nach Absatz 1 oder 2 Satz 1 kann unterbleiben, wenn sie erkennbar weder zur Wahrung der schutzwürdigen Interessen der betroffenen Person noch zur Erfüllung der Aufgaben des Empfängers erforderlich ist.

§ 21 [Auskunftserteilung und Unterrichtung; Antrag; Ablehnung]

(1) [1]Der betroffenen Person ist auf Antrag Auskunft über die übermittelten Daten und deren Empfänger zu erteilen. [2]Der Antrag ist schriftlich zu stellen. [3]Die Auskunft wird nur erteilt, soweit die betroffene Person Angaben macht, die das Auffinden der Daten ermöglichen, und der für die Erteilung der Auskunft erforderliche Aufwand nicht außer Verhältnis zu dem geltend gemachten Informationsinteresse steht. [4]Die übermittelnde Stelle bestimmt das Verfahren, insbesondere die Form der Auskunftserteilung, nach pflichtgemäßem Ermessen.

(2) [1]Die betroffene Person ist gleichzeitig mit der Übermittlung personenbezogener Daten über den Inhalt und den Empfänger zu unterrichten. [2]Die Unterrichtung des gesetzlichen Vertreters eines Minderjährigen, des Bevollmächtigten oder Verteidigers reicht aus. [3]Die übermittelnde Stelle bestimmt die Form der Unterrichtung nach pflichtgemäßem Ermessen. [4]Eine Pflicht zur Unterrichtung besteht nicht, wenn die Anschrift des zu unterrichtenden nur mit unvertretbarem Aufwand festgestellt werden kann.

(3) Bezieht sich die Auskunftserteilung oder die Unterrichtung auf die Übermittlung personenbezogener Daten an Verfassungsschutzbehörden, den Bundesnachrichtendienst, den Militärischen Abschirmdienst oder, soweit die Sicherheit des Bundes berührt wird, andere Behörden des Bundesministers der Verteidigung, ist sie nur mit Zustimmung dieser Stellen zulässig.

(4) [1]Die Auskunftserteilung und die Unterrichtung unterbleiben, soweit

1. sie die ordnungsgemäße Erfüllung der Aufgaben der übermittelnden Stelle oder des Empfängers gefährden würden,
2. sie die öffentliche Sicherheit oder Ordnung gefährden oder sonst dem Wohle des Bundes oder eines Landes Nachteile bereiten würden oder
3. die Daten oder die Tatsache ihrer Übermittlung nach einer Rechtsvorschrift oder ihrem Wesen nach, insbesondere wegen der überwiegenden berechtigten Interessen eines Dritten, geheimgehalten werden müssen

und deswegen das Interesse der betroffenen Person an der Auskunftserteilung oder Unterrichtung zurücktreten muß. [2]Die Unterrichtung der betroffenen Person unterbleibt ferner, wenn erhebliche Nachteile für seine Gesundheit zu befürchten sind.

(5) Die Ablehnung der Auskunftserteilung bedarf keiner Begründung, soweit durch die Mitteilung der tatsächlichen und rechtlichen Gründe, auf die die Entscheidung gestützt wird, der mit der Auskunftsverweigerung verfolgte Zweck gefährdet würde.

(6) Die Absätze 1 bis 5 gelten nicht im Anwendungsbereich der Verordnung (EU) 2016/679 des Europäischen Parlaments und des Rates vom 27. April 2016 zum Schutz natürlicher Personen bei der Verarbeitung personenbezogener Daten, zum freien Datenverkehr und zur Aufhebung der Richtlinie 95/46/EG (Datenschutz-Grundverordnung) (ABl. L 119 vom 4.5.2016, S. 1; L 314 vom 22.11.2016, S. 72; L 127 vom 23.5.2018, S. 2).

§ 21a [Rechte und Pflichten bei verfahrensübergreifenden Mitteilungen von Amts wegen] [1] Bei verfahrensübergreifenden Mitteilungen von Amts wegen im Sinne dieses Abschnitts gelten für Rechte und Pflichten nach den Artikeln 12 bis 15 und 19 Satz 2 der Verordnung (EU) 2016/679 die Bestimmungen des § 21 Absatz 3 bis 5 entsprechend. [2] Rechte nach den Artikeln 18 und 21 der Verordnung (EU) 2016/679 bestehen bei verfahrensübergreifenden Mitteilungen von Amts wegen im Sinne dieses Abschnitts nicht. [3] Die Sätze 1 und 2 gelten entsprechend für Bestimmungen des Artikels 5 der Verordnung (EU) 2016/679, soweit sie den Rechten und Pflichten nach den in den Sätzen 1 und 2 genannten Artikeln der Verordnung (EU) 2016/679 entsprechen.

§ 22 [Überprüfung der Rechtmäßigkeit der Datenübermittlung]

(1) [1] Ist die Rechtsgrundlage für die Übermittlung personenbezogener Daten nicht in den Vorschriften enthalten, die das Verfahren der übermittelnden Stelle regeln, sind für die Überprüfung der Rechtmäßigkeit der Übermittlung die §§ 23 bis 30 nach Maßgabe der Absätze 2 und 3 anzuwenden. [2] Hat der Empfänger auf Grund der übermittelten Daten eine Entscheidung oder andere Maßnahmen getroffen und dies der betroffenen Person bekanntgegeben, bevor ein Antrag auf gerichtliche Entscheidung gestellt worden ist, so wird die Rechtmäßigkeit der Übermittlung ausschließlich von dem Gericht, das gegen die Entscheidung oder Maßnahme des Empfängers angerufen werden kann, in der dafür vorgesehenen Verfahrensart überprüft.

(2) [1] Wird ein Antrag auf gerichtliche Entscheidung gestellt, ist der Empfänger zu unterrichten. [2] Dieser teilt dem nach § 25 zuständigen Gericht mit, ob die Voraussetzungen des Absatzes 1 oder 2 vorliegen.

(3) [1] War die Übermittlung rechtswidrig, so spricht das Gericht dies aus. [2] Die Entscheidung ist auch für den Empfänger bindend und ist ihm bekanntzumachen. [3] Die Verarbeitung der übermittelten Daten ist unzulässig, wenn die Rechtswidrigkeit der Übermittlung festgestellt worden ist.

Dritter Abschnitt. Anfechtung von Justizverwaltungsakten

§ 23 [Rechtsweg bei Justizverwaltungsakten] (1) [1] Über die Rechtmäßigkeit der Anordnungen, Verfügungen oder sonstigen Maßnahmen, die von den Justizbehörden zur Regelung einzelner Angelegenheiten auf den Gebieten des bürgerlichen Rechts einschließlich des Handelsrechts, des Zivilprozesses, der freiwilligen Gerichtsbarkeit und der Strafrechtspflege getroffen werden, entscheiden auf Antrag die ordentlichen Gerichte. [2] Das gleiche gilt für Anordnungen, Verfügungen oder sonstige Maßnahmen der Vollzugsbehörden im Vollzug der Untersuchungshaft sowie derjenigen Freiheitsstrafen und Maßregeln der Besserung und Sicherung, die außerhalb des Justizvollzuges vollzogen werden.

(2) Mit dem Antrag auf gerichtliche Entscheidung kann auch die Verpflichtung der Justiz- oder Vollzugsbehörde zum Erlaß eines abgelehnten oder unterlassenen Verwaltungsaktes begehrt werden.

(3) Soweit die ordentlichen Gerichte bereits auf Grund anderer Vorschriften angerufen werden können, behält es hierbei sein Bewenden.

§ 24 [Zulässigkeit des Antrags] (1) Der Antrag auf gerichtliche Entscheidung ist nur zulässig, wenn der Antragsteller geltend macht, durch die Maßnahme oder ihre Ablehnung oder Unterlassung in seinen Rechten verletzt zu sein.

(2) Soweit Maßnahmen der Justiz- oder Vollzugsbehörden der Beschwerde oder einem anderen förmlichen Rechtsbehelf im Verwaltungsverfahren unterliegen, kann der Antrag auf gerichtliche Entscheidung erst nach vorausgegangenem Beschwerdeverfahren gestellt werden.

§ 25 [Zuständigkeit des OLG oder des Obersten Landesgerichts]

(1) [1] Über den Antrag entscheidet ein Zivilsenat oder, wenn der Antrag eine Angelegenheit der Strafrechtspflege oder des Vollzugs betrifft, ein Strafsenat des Oberlandesgerichts, in dessen Bezirk die Justiz- oder Vollzugsbehörde ihren Sitz hat. [2] Ist ein Beschwerdeverfahren (§ 24 Abs. 2) vorausgegangen, so ist das Oberlandesgericht zuständig, in dessen Bezirk die Beschwerdebehörde ihren Sitz hat.

(2) Ein Land, in dem mehrere Oberlandesgerichte errichtet sind, kann durch Gesetz die nach Absatz 1 zur Zuständigkeit des Zivilsenats oder des Strafsenats gehörenden Entscheidungen ausschließlich einem der Oberlandesgerichte oder dem Obersten Landesgericht zuweisen.

§ 26 [Antragsfrist] (1) Der Antrag auf gerichtliche Entscheidung muß innerhalb eines Monats nach Zustellung oder schriftlicher Bekanntgabe des Bescheides oder, soweit ein Beschwerdeverfahren (§ 24 Abs. 2) vorausgegangen ist, nach Zustellung des Beschwerdebescheides schriftlich oder zur Niederschrift der Geschäftsstelle des Oberlandesgerichts oder eines Amtsgerichts gestellt werden.

(2) [1] War der Antragsteller ohne Verschulden verhindert, die Frist einzuhalten, so ist ihm auf Antrag Wiedereinsetzung in den vorigen Stand zu gewähren. [2] Ein Fehlen des Verschuldens wird vermutet, wenn in dem Bescheid oder, soweit ein Beschwerdeverfahren (§ 24 Absatz 2) vorausgegangen ist, in dem Beschwerdebescheid eine Belehrung über die Zulässigkeit des Antrags auf gerichtliche Entscheidung sowie über das Gericht, bei dem er zu stellen ist, dessen Sitz und die einzuhaltende Form und Frist unterblieben oder unrichtig erteilt ist.

(3) [1] Der Antrag auf Wiedereinsetzung ist binnen zwei Wochen nach Wegfall des Hindernisses zu stellen. [2] Die Tatsachen zur Begründung des Antrags sind bei der Antragstellung oder im Verfahren über den Antrag glaubhaft zu machen. [3] Innerhalb der Antragsfrist ist die versäumte Rechtshandlung nachzuho-

len. [4] Ist dies geschehen, so kann die Wiedereinsetzung auch ohne Antrag gewährt werden.

(4) Nach einem Jahr seit dem Ende der versäumten Frist ist der Antrag auf Wiedereinsetzung unzulässig, außer wenn der Antrag vor Ablauf der Jahresfrist infolge höherer Gewalt unmöglich war.

§ 27 [Antragstellung bei Untätigkeit der Behörde] (1) [1] Ein Antrag auf gerichtliche Entscheidung kann auch gestellt werden, wenn über einen Antrag, eine Maßnahme zu treffen, oder über eine Beschwerde oder einen anderen förmlichen Rechtsbehelf ohne zureichenden Grund nicht innerhalb von drei Monaten entschieden ist. [2] Das Gericht kann vor Ablauf dieser Frist angerufen werden, wenn dies wegen besonderer Umstände des Falles geboten ist.

(2) [1] Liegt ein zureichender Grund dafür vor, daß über die Beschwerde oder den förmlichen Rechtsbehelf noch nicht entschieden oder die beantragte Maßnahme noch nicht erlassen ist, so setzt das Gericht das Verfahren bis zum Ablauf einer von ihm bestimmten Frist, die verlängert werden kann, aus. [2] Wird der Beschwerde innerhalb der vom Gericht gesetzten Frist stattgegeben oder der Verwaltungsakt innerhalb dieser Frist erlassen, so ist die Hauptsache für erledigt zu erklären.

(3) Der Antrag nach Absatz 1 ist nur bis zum Ablauf eines Jahres seit der Einlegung der Beschwerde oder seit der Stellung des Antrags auf Vornahme der Maßnahme zulässig, außer wenn die Antragstellung vor Ablauf der Jahresfrist infolge höherer Gewalt unmöglich war oder unter den besonderen Verhältnissen des Einzelfalles unterblieben ist.

§ 28 [Entscheidung über den Antrag] (1) [1] Soweit die Maßnahme rechtswidrig und der Antragsteller dadurch in seinen Rechten verletzt ist, hebt das Gericht die Maßnahme und, soweit ein Beschwerdeverfahren (§ 24 Abs. 2) vorausgegangen ist, den Beschwerdebescheid auf. [2] Ist die Maßnahme schon vollzogen, so kann das Gericht auf Antrag auch aussprechen, daß und wie die Justiz- oder Vollzugsbehörde die Vollziehung rückgängig zu machen hat. [3] Dieser Ausspruch ist nur zulässig, wenn die Behörde dazu in der Lage und diese Frage spruchreif ist. [4] Hat sich die Maßnahme vorher durch Zurücknahme oder anders erledigt, so spricht das Gericht auf Antrag aus, daß die Maßnahme rechtswidrig gewesen ist, wenn der Antragsteller ein berechtigtes Interesse an dieser Feststellung hat.

(2) [1] Soweit die Ablehnung oder Unterlassung der Maßnahme rechtswidrig und der Antragsteller dadurch in seinen Rechten verletzt ist, spricht das Gericht die Verpflichtung der Justiz- oder Vollzugsbehörde aus, die beantragte Amtshandlung vorzunehmen, wenn die Sache spruchreif ist. [2] Andernfalls spricht es die Verpflichtung aus, den Antragsteller unter Beachtung der Rechtsauffassung des Gerichts zu bescheiden.

(3) Soweit die Justiz- oder Vollzugsbehörde ermächtigt ist, nach ihrem Ermessen zu handeln, prüft das Gericht auch, ob die Maßnahme oder ihre Ablehnung oder Unterlassung rechtswidrig ist, weil die gesetzlichen Grenzen des Ermessens überschritten sind oder von dem Ermessen in einer dem Zweck der Ermächtigung nicht entsprechenden Weise Gebrauch gemacht ist.

(4) Hat das Gericht die Rechtsbeschwerde gegen seine Entscheidung zugelassen (§ 29), ist dem Beschluss eine Belehrung über das Rechtsmittel sowie

über das Gericht, bei dem es einzulegen ist, dessen Sitz und über die einzuhaltende Form und Frist beizufügen.

§ 29 [Rechtsbeschwerde; Prozesskostenhilfe] (1) Gegen einen Beschluss des Oberlandesgerichts ist die Rechtsbeschwerde statthaft, wenn sie das Oberlandesgericht im ersten Rechtszug in dem Beschluss zugelassen hat.

(2) [1] Die Rechtsbeschwerde ist zuzulassen, wenn

1. die Rechtssache grundsätzliche Bedeutung hat oder
2. die Fortbildung des Rechts oder die Sicherung einer einheitlichen Rechtsprechung eine Entscheidung des Rechtsbeschwerdegerichts erfordert.

[2] Das Rechtsbeschwerdegericht ist an die Zulassung gebunden.

(3) Auf das weitere Verfahren sind § 17 sowie die §§ 71 bis 74a des Gesetzes über das Verfahren in Familiensachen und in den Angelegenheiten der freiwilligen Gerichtsbarkeit entsprechend anzuwenden.

(4) Auf die Bewilligung der Prozesskostenhilfe sind die Vorschriften der Zivilprozessordnung[1)2)] entsprechend anzuwenden.

§ 30 [Kosten] [1] Das Oberlandesgericht kann nach billigem Ermessen bestimmen, daß die außergerichtlichen Kosten des Antragstellers, die zur zweckentsprechenden Rechtsverfolgung notwendig waren, ganz oder teilweise aus der Staatskasse zu erstatten sind. [2] Die Vorschriften des § 91 Abs. 1 Satz 2 und der §§ 103 bis 107 der Zivilprozeßordnung[1)] gelten entsprechend. [3] Die Entscheidung des Oberlandesgerichts kann nicht angefochten werden.

§ 30a[3)] [Verwaltungsakt im Bereich von Kostenvorschriften] (1) [1] Verwaltungsakte, die im Bereich der Justizverwaltung beim Vollzug des Gerichtskostengesetzes[4)], des Gesetzes über Kosten in Familiensachen, des Gerichts- und Notarkostengesetzes, des Gerichtsvollzieherkostengesetzes, des Justizvergütungs- und -entschädigungsgesetzes[5)] oder sonstiger für gerichtliche Verfahren oder Verfahren der Justizverwaltung geltender Kostenvorschriften, insbesondere hinsichtlich der Einforderung oder Zurückzahlung ergehen, können durch einen Antrag auf gerichtliche Entscheidung auch dann angefochten werden, wenn es nicht ausdrücklich bestimmt ist. [2] Der Antrag kann nur darauf gestützt werden, dass der Verwaltungsakt den Antragsteller in seinen Rechten beeinträchtige, weil er rechtswidrig sei. [3] Soweit die Verwaltungsbehörde ermächtigt ist, nach ihrem Ermessen zu befinden, kann der Antrag nur darauf gestützt werden, dass die gesetzlichen Grenzen des Ermessens überschritten seien, oder dass von dem Ermessen in einer dem Zweck der Ermächtigung nicht entsprechenden Weise Gebrauch gemacht worden sei.

(2) [1] Über den Antrag entscheidet das Amtsgericht, in dessen Bezirk die für die Einziehung oder Befriedigung des Anspruchs zuständige Kasse ihren Sitz hat. [2] In dem Verfahren ist die Staatskasse zu hören. [3] Die §§ 7a, 81 Absatz 2 bis 8 und § 84 des Gerichts- und Notarkostengesetzes gelten entsprechend.

---

1) Nr. **1**.
2) Vgl. §§ 114 ff. ZPO (Nr. **1**).
3) Siehe hierzu Übergangsvorschrift in § 42.
4) Auszugsweise abgedruckt unter Nr. **9**.
5) Nr. **11**.

(3) [1]Durch die Gesetzgebung eines Landes, in dem mehrere Oberlandesgerichte errichtet sind, kann die Entscheidung über das Rechtsmittel der weiteren Beschwerde nach Absatz 1 und 2 sowie nach § 81 des Gerichts- und Notarkostengesetzes, über den Antrag nach § 127 des Gerichts- und Notarkostengesetzes, über das Rechtsmittel der Beschwerde nach § 66 des Gerichtskostengesetzes, nach § 57 des Gesetzes über Kosten in Familiensachen, nach § 81 des Gerichts- und Notarkostengesetzes und nach § 4 des Justizvergütungs- und -entschädigungsgesetzes einem der mehreren Oberlandesgerichte oder anstelle eines solchen Oberlandesgerichts einem obersten Landesgericht zugewiesen werden. [2]Dies gilt auch für die Entscheidung über das Rechtsmittel der weiteren Beschwerde nach § 33 des Rechtsanwaltsvergütungsgesetzes[1)], soweit nach dieser Vorschrift das Oberlandesgericht zuständig ist.

(4) Für die Beschwerde finden die vor dem Inkrafttreten des Kostenrechtsmodernisierungsgesetzes vom 5. Mai 2004 (BGBl. I S. 718) am 1. Juli 2004 geltenden Vorschriften weiter Anwendung, wenn die anzufechtende Entscheidung vor dem 1. Juli 2004 der Geschäftsstelle übermittelt worden ist.

Vierter Abschnitt. Kontaktsperre

§ 31 [Feststellung der Voraussetzungen für Kontaktsperre] (1) [1]Besteht eine gegenwärtige Gefahr für Leben, Leib oder Freiheit einer Person, begründen bestimmte Tatsachen den Verdacht, daß die Gefahr von einer terroristischen Vereinigung ausgeht, und ist es zur Abwehr dieser Gefahr geboten, jedwede Verbindung von Gefangenen untereinander und mit der Außenwelt zu unterbrechen, so kann eine entsprechende Feststellung getroffen werden. [2]Die Feststellung darf sich nur auf Gefangene beziehen, die wegen einer Straftat nach § 129a, auch in Verbindung mit § 129b Abs. 1, des Strafgesetzbuches oder wegen einer der in dieser Vorschrift bezeichneten Straftaten rechtskräftig verurteilt sind oder gegen die ein Haftbefehl wegen des Verdachts einer solchen Straftat besteht; das gleiche gilt für solche Gefangene, die wegen einer anderen Straftat verurteilt oder die wegen des Verdachts einer anderen Straftat in Haft sind und gegen die der dringende Verdacht besteht, daß sie diese Tat im Zusammenhang mit einer Tat nach § 129a, auch in Verbindung mit § 129b Abs. 1, des Strafgesetzbuches begangen haben. [3]Die Feststellung ist auf bestimmte Gefangene oder Gruppen von Gefangenen zu beschränken, wenn dies zur Abwehr der Gefahr ausreicht. [4]Die Feststellung ist nach pflichtgemäßem Ermessen zu treffen. [5]§ 148 der Strafprozessordnung bleibt unberührt.

(2) Für Gefangene, gegen die die öffentliche Klage noch nicht erhoben wurde oder die rechtskräftig verurteilt sind, kann die Feststellung nach Absatz 1 auf die Unterbrechung des mündlichen und schriftlichen Verkehrs mit dem Verteidiger erstreckt werden.

§§ 32–38a *(betreffen Strafsachen)*

Fünfter Abschnitt. Insolvenzstatistik

§ 39 *(aufgehoben)*

[1)] Nr. **10**.

Sechster Abschnitt. Übergangsvorschriften

§ 40 [Anwendung des § 119 GVG] § 119 findet im Fall einer Entscheidung über Ansprüche, die von einer oder gegen eine Partei erhoben worden sind, die ihren allgemeinen Gerichtsstand im Zeitpunkt der Rechtshängigkeit in erster Instanz außerhalb des Geltungsbereichs des Gerichtsverfassungsgesetzes[1] hatte, sowie im Fall einer Entscheidung, in der das Amtsgericht ausländisches Recht angewendet und dies in den Entscheidungsgründen ausdrücklich festgestellt hat, in der bis zum 31. August 2009 geltenden Fassung auf Berufungs- und Beschwerdeverfahren Anwendung, wenn die anzufechtende Entscheidung vor dem 1. September 2009 erlassen wurde.

[§ 40a bis 31.12.2020:]
§ 40a [Anwendung der §§ 72a und 119a GVG] Die §§ 72a und 119a des Gerichtsverfassungsgesetzes[2] sind auf die vor dem 1. Januar 2018 anhängig gewordenen Verfahren nicht anzuwenden.

[§ 40a ab 1.1.2021:]
§ 40a [Anwendung der §§ 72a und 119a GVG] *(1) Die §§ 72a und 119a des Gerichtsverfassungsgesetzes[2] in der bis einschließlich 31. Dezember 2020 geltenden Fassung sind auf Verfahren, die vor dem 1. Januar 2018 anhängig geworden sind, nicht anzuwenden.*

(2) Auf Verfahren, die ab dem 1. Januar 2018 bis einschließlich 31. Dezember 2020 anhängig geworden sind, sind die §§ 72a und 119a des Gerichtsverfassungsgesetzes in der bis einschließlich 31. Dezember 2020 geltenden Fassung anzuwenden.

§ 41 [Anwendung der §§ 74, 74c, 74f und 76 GVG] (1) Für Verfahren, die vor dem 1. Januar 2012 beim Landgericht anhängig geworden sind, sind die §§ 74, 74c und 76 des Gerichtsverfassungsgesetzes in der bis zum 31. Dezember 2011 geltenden Fassung anzuwenden.

(2) Hat die Staatsanwaltschaft in Verfahren, in denen über die im Urteil vorbehaltene oder die nachträgliche Anordnung der Sicherungsverwahrung zu entscheiden ist, die Akten dem Vorsitzenden des zuständigen Gerichts vor dem 1. Januar 2012 übergeben, ist § 74f des Gerichtsverfassungsgesetzes[1] in der bis zum 31. Dezember 2011 geltenden Fassung entsprechend anzuwenden.

§ 42 [Weitergeltung von § 30a] § 30a ist auf Verwaltungsakte im Bereich der Kostenordnung auch nach dem Inkrafttreten des 2. Kostenrechtsmodernisierungsgesetzes vom 23. Juli 2013 (BGBl. I S. 2586) weiter anzuwenden.

§ 43 [Anwendung von § 169 Abs. 2 GVG] § 169 Absatz 2 des Gerichtsverfassungsgesetzes[2] findet keine Anwendung auf Verfahren, die am 18. April 2018 bereits anhängig sind.

---

[1] Auszugsweise abgedruckt unter Nr. **3**.
[2] Nr. **3**.

4. Gesetz über die Zwangsversteigerung und die Zwangsverwaltung

In der Fassung der Bekanntmachung vom 20. Mai 1898[1)]

(RGBl. S. 713)

BGBl. III/FNA 310-14

zuletzt geänd. durch Art. 9 WSV-ZuständigkeitsanpassungsG v. 24.5.2016 (BGBl. I S. 1217)

– Auszug –

Nichtamtliche Gliederungsübersicht

	§§
Erster Abschnitt. Zwangsversteigerung und Zwangsverwaltung von Grundstücken im Wege der Zwangsvollstreckung	1–161
Erster Titel. Allgemeine Vorschriften	1–14
Zweiter Titel. Zwangsversteigerung	15–145a
I. Anordnung der Versteigerung	15–27
II. Aufhebung und einstweilige Einstellung des Verfahrens	28–34
III. Bestimmung des Versteigerungstermins	35–43
IV. Geringstes Gebot. Versteigerungsbedingungen	44–65
V. Versteigerung	66–78
VI. Entscheidung über den Zuschlag	79–94
VII. Beschwerde	95–104
VIII. Verteilung des Erlöses	105–145
IX. Grundpfandrechte in ausländischer Währung	145a
Dritter Titel. Zwangsverwaltung	146–161
Zweiter Abschnitt. Zwangsversteigerung von Schiffen, Schiffsbauwerken und Luftfahrzeugen im Wege der Zwangsvollstreckung	162–171n
Dritter Abschnitt. Zwangsversteigerung und Zwangsverwaltung in besonderen Fällen	172–186

Erster Abschnitt. Zwangsversteigerung und Zwangsverwaltung von Grundstücken im Wege der Zwangsvollstreckung

Erster Titel. Allgemeine Vorschriften

§ 1 [Zuständiges Amtsgericht] . (1) Für die Zwangsversteigerung und die Zwangsverwaltung eines Grundstücks ist als Vollstreckungsgericht das Amtsgericht zuständig, in dessen Bezirke das Grundstück belegen ist.

(2) [1]Die Landesregierungen werden ermächtigt, durch Rechtsverordnung die Zwangsversteigerungs- und Zwangsverwaltungssachen einem Amtsgericht für die Bezirke mehrerer Amtsgerichte zuzuweisen, sofern die Zusammenfassung für eine sachdienliche Förderung und schnellere Erledigung der Verfahren erforderlich ist. [2]Die Landesregierungen können die Ermächtigung auf die Landesjustizverwaltungen übertragen.

[1)] Neubekanntmachung des ZVG v. 24.3.1897 (RGBl. S. 97) in der vom 1.1.1900 an geltenden Fassung.

§ 2 [Bestellung durch das höhere Gericht] (1) Ist das Grundstück in den Bezirken verschiedener Amtsgerichte belegen oder ist es mit Rücksicht auf die Grenzen der Bezirke ungewiß, welches Gericht zuständig ist, so hat das zunächst höhere Gericht eines der Amtsgerichte zum Vollstreckungsgerichte zu bestellen; § 36 Abs. 2 und 3 und § 37 der Zivilprozeßordnung[1)] finden entsprechende Anwendung.

(2) [1]Die gleiche Anordnung kann getroffen werden, wenn die Zwangsversteigerung oder die Zwangsverwaltung mehrerer Grundstücke in demselben Verfahren zulässig ist und die Grundstücke in den Bezirken verschiedener Amtsgerichte belegen sind. [2]Von der Anordnung soll das zum Vollstreckungsgerichte bestellte Gericht die übrigen Gerichte in Kenntnis setzen.

§ 3 [Zustellungen] [1]Die Zustellungen erfolgen von Amts wegen. [2]Sie können durch Einschreiben mit Rückschein erfolgen. [3]Zum Nachweis der Zustellung genügt der Rückschein.

§ 4 [Zustellung durch Aufgabe zur Post] [1]Wohnt derjenige, welchem zugestellt werden soll, weder am Orte noch im Bezirke des Vollstreckungsgerichts, so kann die Zustellung durch Aufgabe zur Post erfolgen, solange nicht die Bestellung eines daselbst wohnhaften Prozeßbevollmächtigten oder Zustellungsbevollmächtigten dem Gericht angezeigt ist. [2]Die Postsendung muß mit der Bezeichnung „Einschreiben" versehen werden.

§ 5 [Zustellungsbevollmächtigter] Die Bestellung eines Zustellungsbevollmächtigten bei dem Grundbuchamte gilt auch für das Verfahren des Vollstreckungsgerichts, sofern sie diesem bekannt geworden ist.

§ 6 [Bestellung eines Zustellungsvertreters] (1) Ist der Aufenthalt desjenigen, welchem zugestellt werden soll, und der Aufenthalt seines Zustellungsbevollmächtigten dem Vollstreckungsgericht nicht bekannt oder sind die Voraussetzungen für eine öffentliche Zustellung aus sonstigen Gründen (§ 185 der Zivilprozeßordnung[1)]) gegeben, so hat das Gericht für denjenigen, welchem zugestellt werden soll, einen Zustellungsvertreter zu bestellen.

(2) [1]Das gleiche gilt, wenn im Falle der Zustellung durch Aufgabe zur Post die Postsendung als unbestellbar zurückkommt. [2]Die zurückgekommene Sendung soll dem Zustellungsvertreter ausgehändigt werden.

(3) Statt der Bestellung eines Vertreters genügt es, wenn die Zustellung für nicht prozeßfähige Personen an die Vormundschaftsbehörde, für juristische Personen oder für Vereine, die als solche klagen und verklagt werden können, an die Aufsichtsbehörde angeordnet wird.

§ 7 [Zustellung an Zustellungsvertreter] (1) An den Zustellungsvertreter erfolgen die Zustellungen, solange derjenige, welchem zugestellt werden soll, nicht ermittelt ist.

(2) [1]Der Zustellungsvertreter ist zur Ermittlung und Benachrichtigung des Vertretenen verpflichtet. [2]Er kann von diesem eine Vergütung für seine Tätig-

---

[1)] Nr. **1**.

keit und Ersatz seiner Auslagen fordern. [3]Über die Vergütung und die Erstattung der Auslagen entscheidet das Vollstreckungsgericht.

(3) Für die Erstattung der Auslagen haftet der Gläubiger, soweit der Zustellungsvertreter von dem Vertretenen Ersatz nicht zu erlangen vermag; die dem Gläubiger zur Last fallenden Auslagen gehören zu den Kosten der die Befriedigung aus dem Grundstücke bezweckenden Rechtsverfolgung.

§ 8 [Zustellung des Anordnungs- und Beitrittsbeschlusses] Die Vorschriften der §§ 4 bis 7 finden auf die an den Schuldner zu bewirkende Zustellung des Beschlusses, durch welchen die Zwangsvollstreckung angeordnet oder der Beitritt eines Gläubigers zugelassen wird, keine Anwendung.

§ 9 [Beteiligte] In dem Verfahren gelten als Beteiligte, außer dem Gläubiger und dem Schuldner:

1. diejenigen, für welche zur Zeit der Eintragung des Vollstreckungsvermerkes ein Recht im Grundbuch eingetragen oder durch Eintragung gesichert ist;
2. diejenigen, welche ein der Zwangsvollstreckung entgegenstehendes Recht, ein Recht an dem Grundstück oder an einem das Grundstück belastenden Rechte, einen Anspruch mit dem Rechte auf Befriedigung aus dem Grundstück oder ein Miet- oder Pachtrecht, auf Grund dessen ihnen das Grundstück überlassen ist, bei dem Vollstreckungsgericht anmelden und auf Verlangen des Gerichts oder eines Beteiligten glaubhaft machen.

§ 10 [Rangordnung der Rechte] (1) Ein Recht auf Befriedigung aus dem Grundstücke gewähren nach folgender Rangordnung, bei gleichem Range nach dem Verhältnis ihrer Beträge:

1. der Anspruch eines die Zwangsverwaltung betreibenden Gläubigers auf Ersatz seiner Ausgaben zur Erhaltung oder nötigen Verbesserung des Grundstücks, im Falle der Zwangsversteigerung jedoch nur, wenn die Verwaltung bis zum Zuschlage fortdauert und die Ausgaben nicht aus den Nutzungen des Grundstücks erstattet werden können;

1a. im Falle einer Zwangsversteigerung, bei der das Insolvenzverfahren über das Vermögen des Schuldners eröffnet ist, die zur Insolvenzmasse gehörenden Ansprüche auf Ersatz der Kosten der Feststellung der beweglichen Gegenstände, auf die sich die Versteigerung erstreckt; diese Kosten sind nur zu erheben, wenn ein Insolvenzverwalter bestellt ist, und pauschal mit vier vom Hundert des Wertes anzusetzen, der nach § 74a Abs. 5 Satz 2 festgesetzt worden ist;

2. bei Vollstreckung in ein Wohnungseigentum die daraus fälligen Ansprüche auf Zahlung der Beiträge zu den Lasten und Kosten des gemeinschaftlichen Eigentums oder des Sondereigentums, die nach § 16 Abs. 2, § 28 Abs. 2 und 5 des Wohnungseigentumsgesetzes geschuldet werden, einschließlich der Vorschüsse und Rückstellungen sowie der Rückgriffsansprüche einzelner Wohnungseigentümer. Das Vorrecht erfasst die laufenden und die rückständigen Beträge aus dem Jahr der Beschlagnahme und den letzten zwei Jahren. Das Vorrecht einschließlich aller Nebenleistungen ist begrenzt auf Beträge in Höhe von nicht mehr als 5 vom Hundert des nach § 74a Abs. 5 festgesetzten Wertes. Die Anmeldung erfolgt durch die Gemeinschaft der

Wohnungseigentümer. Rückgriffsansprüche einzelner Wohnungseigentümer werden von diesen angemeldet;

3. die Ansprüche auf Entrichtung der öffentlichen Lasten des Grundstücks wegen der aus den letzten vier Jahren rückständigen Beträge; wiederkehrende Leistungen, insbesondere Grundsteuern, Zinsen, Zuschläge oder Rentenleistungen, sowie Beträge, die zur allmählichen Tilgung einer Schuld als Zuschlag zu den Zinsen zu entrichten sind, genießen dieses Vorrecht nur für die laufenden Beträge und für die Rückstände aus den letzten zwei Jahren. Untereinander stehen öffentliche Grundstückslasten, gleichviel ob sie auf Bundes- oder Landesrecht beruhen, im Range gleich. Die Vorschriften des § 112 Abs. 1 und der §§ 113 und 116 des Gesetzes über den Lastenausgleich *vom 14. August 1952 (Bundesgesetzbl. I S. 446)*[1)] bleiben unberührt;
4. die Ansprüche aus Rechten an dem Grundstück, soweit sie nicht infolge der Beschlagnahme dem Gläubiger gegenüber unwirksam sind, einschließlich der Ansprüche auf Beträge, die zur allmählichen Tilgung einer Schuld als Zuschlag zu den Zinsen zu entrichten sind; Ansprüche auf wiederkehrende Leistungen, insbesondere Zinsen, Zuschläge, Verwaltungskosten oder Rentenleistungen, genießen das Vorrecht dieser Klasse nur wegen der laufenden und der aus den letzten zwei Jahren rückständigen Beträge;
5. der Anspruch des Gläubigers, soweit er nicht in einer der vorhergehenden Klassen zu befriedigen ist;
6. die Ansprüche der vierten Klasse, soweit sie infolge der Beschlagnahme dem Gläubiger gegenüber unwirksam sind;
7. die Ansprüche der dritten Klasse wegen der älteren Rückstände;
8. die Ansprüche der vierten Klasse wegen der älteren Rückstände.

(2) Das Recht auf Befriedigung aus dem Grundstücke besteht auch für die Kosten der Kündigung und der die Befriedigung aus dem Grundstücke bezweckenden Rechtsverfolgung.

(3) [1] Zur Vollstreckung mit dem Range nach Absatz 1 Nr. 2 müssen die dort genannten Beträge die Höhe des Verzugsbetrages nach § 18 Abs. 2 Nr. 2 des Wohnungseigentumsgesetzes übersteigen; liegt ein vollstreckbarer Titel vor, so steht § 30 der Abgabenordnung einer Mitteilung des Einheitswerts an die in Absatz 1 Nr. 2 genannten Gläubiger nicht entgegen. [2] Für die Vollstreckung genügt ein Titel, aus dem die Verpflichtung des Schuldners zur Zahlung, die Art und der Bezugszeitraum des Anspruchs sowie seine Fälligkeit zu erkennen sind. [3] Soweit die Art und der Bezugszeitraum des Anspruchs sowie seine Fälligkeit nicht aus dem Titel zu erkennen sind, sind sie in sonst geeigneter Weise glaubhaft zu machen.

§ 11 [Rangordnung verschiedener Rechte in derselben Klasse]

(1) Sind Ansprüche aus verschiedenen Rechten nach § 10 Nr. 4, 6 oder 8 in derselben Klasse zu befriedigen, so ist für sie das Rangverhältnis maßgebend, welches unter den Rechten besteht.

[1)] Jetzt idF der Bek. v. 2.6.1993 (BGBl. I S. 845) mit späteren Änderungen.

(2) In der fünften Klasse geht unter mehreren Ansprüchen derjenige vor, für welchen die Beschlagnahme früher erfolgt ist.

§ 12 [Rangordnung gleicher Rechte untereinander] Die Ansprüche aus einem und demselben Rechte haben untereinander folgende Rangordnung:

1. die Ansprüche auf Ersatz der im § 10 Abs. 2 bezeichneten Kosten;
2. die Ansprüche auf wiederkehrende Leistungen und andere Nebenleistungen;
3. der Hauptanspruch.

§ 13 [Wiederkehrende Leistungen] (1) [1] Laufende Beträge wiederkehrender Leistungen sind der letzte vor der Beschlagnahme fällig gewordene Betrag sowie die später fällig werdenden Beträge. [2] Die älteren Beträge sind Rückstände.

(2) Absatz 1 ist anzuwenden, gleichviel ob die Ansprüche auf wiederkehrende Leistungen auf öffentlichem oder privatem Recht oder ob sie auf Bundes- oder Landesrecht beruhen oder ob die gesetzlichen Vorschriften andere als die in § 10 Abs. 1 Nr. 3 und 4 bestimmten Fristen festsetzen; kürzere Fristen als die in § 10 Abs. 1 Nr. 3 und 4 bestimmten werden stets vom letzten Fälligkeitstag vor der Beschlagnahme zurückgerechnet.

(3) Fehlt es innerhalb der letzten zwei Jahre an einem Fälligkeitstermin, so entscheidet der Zeitpunkt der Beschlagnahme.

(4) [1] Liegen mehrere Beschlagnahmen vor, so ist die erste maßgebend. [2] Bei der Zwangsversteigerung gilt, wenn bis zur Beschlagnahme eine Zwangsverwaltung fortgedauert hat, die für diese bewirkte Beschlagnahme als die erste.

§ 14 [Ansprüche unbestimmten Betrages] Ansprüche von unbestimmtem Betrage gelten als aufschiebend bedingt durch die Feststellung des Betrags.

Zweiter Titel. Zwangsversteigerung

I. Anordnung der Versteigerung

§ 15 [Antrag] Die Zwangsversteigerung eines Grundstücks wird von dem Vollstreckungsgericht auf Antrag angeordnet.

§ 16 [Inhalt des Antrages] (1) Der Antrag soll das Grundstück, den Eigentümer, den Anspruch und den vollstreckbaren Titel bezeichnen.

(2) Die für den Beginn der Zwangsvollstreckung erforderlichen Urkunden sind dem Antrage beizufügen.

§ 17 [Eintragung des Schuldners; Glaubhaftmachung der Erbfolge]

(1) Die Zwangsversteigerung darf nur angeordnet werden, wenn der Schuldner als Eigentümer des Grundstücks eingetragen oder wenn er Erbe des eingetragenen Eigentümers ist.

(2) [1] Die Eintragung ist durch ein Zeugnis des Grundbuchamts nachzuweisen. [2] Gehören Vollstreckungsgericht und Grundbuchamt demselben Amtsgericht an, so genügt statt des Zeugnisses die Bezugnahme auf das Grundbuch.

(3) Die Erbfolge ist durch Urkunden glaubhaft zu machen, sofern sie nicht bei dem Gericht offenkundig ist.

§ 18 [Versteigerung mehrerer Grundstücke] Die Zwangsversteigerung mehrerer Grundstücke kann in demselben Verfahren erfolgen, wenn sie entweder wegen einer Forderung gegen denselben Schuldner oder wegen eines an jedem der Grundstücke bestehenden Rechtes oder wegen einer Forderung, für welche die Eigentümer gesamtschuldnerisch haften, betrieben wird.

§ 19 [Eintragung der Anordnung in das Grundbuch] (1) Ordnet das Gericht die Zwangsversteigerung an, so hat es zugleich das Grundbuchamt um Eintragung dieser Anordnung in das Grundbuch zu ersuchen.

(2) [1] Das Grundbuchamt hat nach der Eintragung des Versteigerungsvermerkes dem Gericht eine beglaubigte Abschrift des Grundbuchblatts und der Urkunden, auf welche im Grundbuche Bezug genommen wird, zu erteilen, die bei ihm bestellten Zustellungsbevollmächtigten zu bezeichnen und Nachricht zu geben, was ihm über Wohnort und Wohnung der eingetragenen Beteiligten und deren Vertreter bekannt ist. [2] Statt der Erteilung einer beglaubigten Abschrift der Urkunden genügt die Beifügung der Grundakten oder der Urkunden.

(3) Eintragungen im Grundbuch, die nach der Eintragung des Vermerks über die Anordnung der Zwangsversteigerung erfolgen, soll das Grundbuchamt dem Gericht mitteilen.

§ 20 [Beschlagnahme des Grundstücks; Umfang] (1) Der Beschluß, durch welchen die Zwangsversteigerung angeordnet wird, gilt zugunsten des Gläubigers als Beschlagnahme des Grundstücks.

(2) Die Beschlagnahme umfaßt auch diejenigen Gegenstände, auf welche sich bei einem Grundstücke die Hypothek erstreckt.

§ 21 [Umfang der Beschlagnahme] (1) Die Beschlagnahme umfaßt land- und forstwirtschaftliche Erzeugnisse des Grundstücks sowie die Forderung aus einer Versicherung solcher Erzeugnisse nur, soweit die Erzeugnisse noch mit dem Boden verbunden oder soweit sie Zubehör des Grundstücks sind.

(2) Die Beschlagnahme umfaßt nicht die Miet- und Pachtforderungen sowie die Ansprüche aus einem mit dem Eigentum an dem Grundstücke verbundenen Rechte auf wiederkehrende Leistungen.

(3) Das Recht eines Pächters auf den Fruchtgenuß wird von der Beschlagnahme nicht berührt.

§ 22 [Wirksamwerden der Beschlagnahme] (1) [1] Die Beschlagnahme des Grundstücks wird mit dem Zeitpunkte wirksam, in welchem der Beschluß, durch den die Zwangsversteigerung angeordnet ist, dem Schuldner zugestellt wird. [2] Sie wird auch wirksam mit dem Zeitpunkt, in welchem das Ersuchen um Eintragung des Versteigerungsvermerkes dem Grundbuchamte zugeht, sofern auf das Ersuchen die Eintragung demnächst erfolgt.

(2) [1] Erstreckt sich die Beschlagnahme auf eine Forderung, so hat das Gericht auf Antrag des Gläubigers dem Drittschuldner zu verbieten, an den Schuldner zu zahlen. [2] Die Beschlagnahme wird dem Drittschuldner gegenüber erst mit dem Zeitpunkte wirksam, in welchem sie ihm bekannt oder das Zahlungs-

verbot ihm zugestellt wird. [3]Die Vorschriften des § 845 der Zivilprozeßordnung[1)] finden entsprechende Anwendung.

§ 23 [Wirkung der Beschlagnahme] (1) [1]Die Beschlagnahme hat die Wirkung eines Veräußerungsverbots. [2]Der Schuldner kann jedoch, wenn sich die Beschlagnahme auf bewegliche Sachen erstreckt, über einzelne Stücke innerhalb der Grenzen einer ordnungsmäßigen Wirtschaft auch dem Gläubiger gegenüber wirksam verfügen.

(2) [1]Kommt es bei einer gegen die Beschlagnahme verstoßenden Verfügung nach § 135 Abs. 2 des Bürgerlichen Gesetzbuchs darauf an, ob derjenige, zu dessen Gunsten verfügt wurde, die Beschlagnahme kannte, so steht die Kenntnis des Versteigerungsantrags einer Kenntnis der Beschlagnahme gleich. [2]Die Beschlagnahme gilt auch in Ansehung der mithaftenden beweglichen Sachen als bekannt, sobald der Versteigerungsvermerk eingetragen ist.

§ 24 [Verwaltung und Benutzung durch den Schuldner] Die Verwaltung und Benutzung des Grundstücks verbleibt dem Schuldner nur innerhalb der Grenzen einer ordnungsmäßigen Wirtschaft.

§ 25 [Sicherung der ordnungsmäßigen Bewirtschaftung] [1]Ist zu besorgen, daß durch das Verhalten des Schuldners die ordnungsmäßige Wirtschaft gefährdet wird, so hat das Vollstreckungsgericht auf Antrag des Gläubigers die zur Abwendung der Gefährdung erforderlichen Maßregeln anzuordnen. [2]Das Gericht kann die Maßregeln aufheben, wenn der zu deren Fortsetzung erforderliche Geldbetrag nicht vorgeschossen wird.

§ 26 [Veräußerung nach Beschlagnahme] Ist die Zwangsversteigerung wegen des Anspruchs aus einem eingetragenen Rechte angeordnet, so hat eine nach der Beschlagnahme bewirkte Veräußerung des Grundstücks auf den Fortgang des Verfahrens gegen den Schuldner keinen Einfluß.

§ 27 [Beitritt zum Versteigerungsverfahren] (1) [1]Wird nach der Anordnung der Zwangsversteigerung ein weiterer Antrag auf Zwangsversteigerung des Grundstücks gestellt, so erfolgt statt des Versteigerungsbeschlusses die Anordnung, daß der Beitritt des Antragstellers zu dem Verfahren zugelassen wird. [2]Eine Eintragung dieser Anordnung in das Grundbuch findet nicht statt.

(2) Der Gläubiger, dessen Beitritt zugelassen ist, hat dieselben Rechte, wie wenn auf seinen Antrag die Versteigerung angeordnet wäre.

II. Aufhebung und einstweilige Einstellung des Verfahrens

§ 28 [Entgegenstehende grundbuchmäßige Rechte; Verfügungsbeschränkung; Vollstreckungsmangel] (1) [1]Wird dem Vollstreckungsgericht ein aus dem Grundbuch ersichtliches Recht bekannt, welches der Zwangsversteigerung oder der Fortsetzung des Verfahrens entgegensteht, so hat das Gericht das Verfahren entweder sofort aufzuheben oder unter Bestimmung einer Frist, binnen welcher der Gläubiger die Hebung des Hindernisses nachzuweisen hat, einstweilen einzustellen. [2]Im letzteren Falle ist das Verfahren

---

1) Nr. **1**.

nach dem Ablaufe der Frist aufzuheben, wenn nicht inzwischen der Nachweis erbracht ist.

(2) Wird dem Vollstreckungsgericht eine Verfügungsbeschränkung oder ein Vollstreckungsmangel bekannt, ist Absatz 1 entsprechend anzuwenden.

§ 29 [Zurücknahme des Antrages] Das Verfahren ist aufzuheben, wenn der Versteigerungsantrag von dem Gläubiger zurückgenommen wird.

§ 30 [Einstweilige Einstellung auf Bewilligung des Gläubigers]

(1) [1] Das Verfahren ist einstweilen einzustellen, wenn der Gläubiger die Einstellung bewilligt. [2] Die Einstellung kann wiederholt bewilligt werden. [3] Ist das Verfahren auf Grund einer Bewilligung des Gläubigers bereits zweimal eingestellt, so gilt eine erneute Einstellungsbewilligung als Rücknahme des Versteigerungsantrags.

(2) Der Bewilligung der Einstellung steht es gleich, wenn der Gläubiger die Aufhebung des Versteigerungstermins bewilligt.

§ 30a [Einstweilige Einstellung auf Antrag des Schuldners] (1) Das Verfahren ist auf Antrag des Schuldners einstweilen auf die Dauer von höchstens sechs Monaten einzustellen, wenn Aussicht besteht, daß durch die Einstellung die Versteigerung vermieden wird, und wenn die Einstellung nach den persönlichen und wirtschaftlichen Verhältnissen des Schuldners sowie nach der Art der Schuld der Billigkeit entspricht.

(2) Der Antrag ist abzulehnen, wenn die einstweilige Einstellung dem betreibenden Gläubiger unter Berücksichtigung seiner wirtschaftlichen Verhältnisse nicht zuzumuten ist, insbesondere ihm einen unverhältnismäßigen Nachteil bringen würde, oder wenn mit Rücksicht auf die Beschaffenheit oder die sonstigen Verhältnisse des Grundstücks anzunehmen ist, daß die Versteigerung zu einem späteren Zeitpunkt einen wesentlich geringeren Erlös bringen würde.

(3) [1] Die einstweilige Einstellung kann auch mit der Maßgabe angeordnet werden, daß sie außer Kraft tritt, wenn der Schuldner die während der Einstellung fällig werdenden wiederkehrenden Leistungen nicht binnen zwei Wochen nach Eintritt der Fälligkeit bewirkt. [2] Wird die Zwangsversteigerung von einem Gläubiger betrieben, dessen Hypothek oder Grundschuld innerhalb der ersten sieben Zehnteile des Grundstückswertes steht, so darf das Gericht von einer solchen Anordnung nur insoweit absehen, als dies nach den besonderen Umständen des Falles zur Wiederherstellung einer geordneten wirtschaftlichen Lage des Schuldners geboten und dem Gläubiger unter Berücksichtigung seiner gesamten wirtschaftlichen Verhältnisse, insbesondere seiner eigenen Zinsverpflichtungen, zuzumuten ist.

(4) Das Gericht kann ferner anordnen, daß der Schuldner Zahlungen auf Rückstände wiederkehrender Leistungen zu bestimmten Terminen zu bewirken hat.

(5) Das Gericht kann schließlich die einstweilige Einstellung von sonstigen Auflagen mit der Maßgabe abhängig machen, daß die einstweilige Einstellung des Verfahrens bei Nichterfüllung dieser Auflagen außer Kraft tritt.

§ 30b [Antrag auf einstweilige Einstellung; Entscheidung] (1) [1] Die einstweilige Einstellung ist binnen einer Notfrist von zwei Wochen zu beantragen. [2]Die Frist beginnt mit der Zustellung der Verfügung, in welcher der Schuldner auf das Recht zur Stellung des Einstellungsantrages, den Fristbeginn und die Rechtsfolgen eines fruchtlosen Fristablaufs hingewiesen wird. [3]Der Hinweis ist möglichst zugleich mit dem Beschluß, durch den die Zwangsversteigerung angeordnet wird, zuzustellen.

(2) [1]Die Entscheidung über den Antrag auf einstweilige Einstellung des Verfahrens ergeht durch Beschluß. [2]Vor der Entscheidung sind der Schuldner und der betreibende Gläubiger zu hören; in geeigneten Fällen kann das Gericht mündliche Verhandlung anberaumen. [3]Der Schuldner und der betreibende Gläubiger haben ihre Angaben auf Verlangen des Gerichts glaubhaft zu machen.

(3) Gegen die Entscheidung ist die sofortige Beschwerde zulässig; vor der Entscheidung ist der Gegner zu hören.

(4) Der Versteigerungstermin soll erst nach Rechtskraft des die einstweilige Einstellung ablehnenden Beschlusses bekanntgegeben werden.

§ 30c [Erneute Einstellung] [1]War das Verfahren gemäß § 30a einstweilen eingestellt, so kann es auf Grund des § 30a einmal erneut eingestellt werden, es sei denn, daß die Einstellung dem Gläubiger unter Berücksichtigung seiner gesamten wirtschaftlichen Verhältnisse nicht zuzumuten ist. [2]§ 30b gilt entsprechend.

§ 30d [Einstweilige Einstellung auf Antrag des Insolvenzverwalters]

(1) [1]Ist über das Vermögen des Schuldners ein Insolvenzverfahren eröffnet, so ist auf Antrag des Insolvenzverwalters die Zwangsversteigerung einstweilen einzustellen, wenn

1. im Insolvenzverfahren der Berichtstermin nach § 29 Abs. 1 Nr. 1 der Insolvenzordnung noch bevorsteht,
2. das Grundstück nach dem Ergebnis des Berichtstermins nach § 29 Abs. 1 Nr. 1 der Insolvenzordnung im Insolvenzverfahren für eine Fortführung des Unternehmens oder für die Vorbereitung der Veräußerung eines Betriebs oder einer anderen Gesamtheit von Gegenständen benötigt wird,
3. durch die Versteigerung die Durchführung eines vorgelegten Insolvenzplans gefährdet würde oder
4. in sonstiger Weise durch die Versteigerung die angemessene Verwertung der Insolvenzmasse wesentlich erschwert würde.

[2]Der Antrag ist abzulehnen, wenn die einstweilige Einstellung dem Gläubiger unter Berücksichtigung seiner wirtschaftlichen Verhältnisse nicht zuzumuten ist.

(2) Hat der Schuldner einen Insolvenzplan vorgelegt und ist dieser nicht nach § 231 der Insolvenzordnung zurückgewiesen worden, so ist die Zwangsversteigerung auf Antrag des Schuldners unter den Voraussetzungen des Absatzes 1 Satz 1 Nr. 3, Satz 2 einstweilen einzustellen.

(3) § 30b Abs. 2 bis 4 gilt entsprechend mit der Maßgabe, daß an die Stelle des Schuldners der Insolvenzverwalter tritt, wenn dieser den Antrag gestellt hat, und daß die Zwangsversteigerung eingestellt wird, wenn die Voraussetzungen für die Einstellung glaubhaft gemacht sind.

(4) [1] Ist vor der Eröffnung des Insolvenzverfahrens ein vorläufiger Verwalter bestellt, so ist auf dessen Antrag die Zwangsversteigerung einstweilen einzustellen, wenn glaubhaft gemacht wird, daß die einstweilige Einstellung zur Verhütung nachteiliger Veränderungen in der Vermögenslage des Schuldners erforderlich ist. [2] Ist ein vorläufiger Sachwalter bestellt, so steht dieses Antragsrecht dem Schuldner zu.

§ 30e [Auflage zur einstweiligen Einstellung] (1) [1] Die einstweilige Einstellung ist mit der Auflage anzuordnen, daß dem betreibenden Gläubiger für die Zeit nach dem Berichtstermin nach § 29 Abs. 1 Nr. 1 der Insolvenzordnung laufend die geschuldeten Zinsen binnen zwei Wochen nach Eintritt der Fälligkeit aus der Insolvenzmasse gezahlt werden. [2] Ist das Versteigerungsverfahren schon vor der Eröffnung des Insolvenzverfahrens nach § 30d Abs. 4 einstweilen eingestellt worden, so ist die Zahlung von Zinsen spätestens von dem Zeitpunkt an anzuordnen, der drei Monate nach der ersten einstweiligen Einstellung liegt.

(2) Wird das Grundstück für die Insolvenzmasse genutzt, so ordnet das Gericht auf Antrag des betreibenden Gläubigers weiter die Auflage an, daß der entstehende Wertverlust von der Einstellung des Versteigerungsverfahrens an durch laufende Zahlungen aus der Insolvenzmasse an den Gläubiger auszugleichen ist.

(3) Die Absätze 1 und 2 gelten nicht, soweit nach der Höhe der Forderung sowie dem Wert und der sonstigen Belastung des Grundstücks nicht mit einer Befriedigung des Gläubigers aus dem Versteigerungserlös zu rechnen ist.

§ 30f [Aufhebung der einstweiligen Einstellung] (1) [1] Im Falle des § 30d Abs. 1 bis 3 ist die einstweilige Einstellung auf Antrag des Gläubigers aufzuheben, wenn die Voraussetzungen für die Einstellung fortgefallen sind, wenn die Auflagen nach § 30e nicht beachtet werden oder wenn der Insolvenzverwalter, im Falle des § 30d Abs. 2 der Schuldner, der Aufhebung zustimmt. [2] Auf Antrag des Gläubigers ist weiter die einstweilige Einstellung aufzuheben, wenn das Insolvenzverfahren beendet ist.

(2) [1] Die einstweilige Einstellung nach § 30d Abs. 4 ist auf Antrag des Gläubigers aufzuheben, wenn der Antrag auf Eröffnung des Insolvenzverfahrens zurückgenommen oder abgewiesen wird. [2] Im übrigen gilt Absatz 1 Satz 1 entsprechend.

(3) [1] Vor der Entscheidung des Gerichts ist der Insolvenzverwalter, im Falle des § 30d Abs. 2 der Schuldner, zu hören. [2] § 30b Abs. 3 gilt entsprechend.

§ 31 [Fortsetzung auf Antrag des Gläubigers] (1) [1] Im Falle einer einstweiligen Einstellung darf das Verfahren, soweit sich nicht aus dem Gesetz etwas anderes ergibt, nur auf Antrag des Gläubigers fortgesetzt werden. [2] Wird der Antrag nicht binnen sechs Monaten gestellt, so ist das Verfahren aufzuheben.

(2) Die Frist nach Absatz 1 Satz 2 beginnt

a) im Falle des § 30 mit der Einstellung des Verfahrens,

b) im Falle des § 30a mit dem Zeitpunkt, bis zu dem die Einstellung angeordnet war,

c) im Falle des § 30f Abs. 1 mit dem Ende des Insolvenzverfahrens, im Falle des § 30f Abs. 2 mit der Rücknahme oder der Abweisung des Antrags auf Eröffnung des Insolvenzverfahrens,

d) wenn die Einstellung vom Prozeßgericht angeordnet war, mit der Wiederaufhebung der Anordnung oder mit einer sonstigen Erledigung der Einstellung.

(3) Das Vollstreckungsgericht soll den Gläubiger auf den Fristbeginn unter Bekanntgabe der Rechtsfolgen eines fruchtlosen Fristablaufs hinweisen; die Frist beginnt erst zu laufen, nachdem der Hinweis auf die Rechtsfolgen eines fruchtlosen Fristablaufs dem Gläubiger zugestellt worden ist.

§ 32 [Zustellung des Aufhebungs- oder Einstellungsbeschlusses]

Der Beschluß, durch welchen das Verfahren aufgehoben oder einstweilen eingestellt wird, ist dem Schuldner, dem Gläubiger und, wenn die Anordnung von einem Dritten beantragt war, auch diesem zuzustellen.

§ 33 [Entscheidung durch Versagung des Zuschlags] Nach dem Schlusse der Versteigerung darf, wenn ein Grund zur Aufhebung oder zur einstweiligen Einstellung des Verfahrens oder zur Aufhebung des Termins vorliegt, die Entscheidung nur durch Versagung des Zuschlags gegeben werden.

§ 34 [Löschung des Versteigerungsvermerkes] Im Falle der Aufhebung des Verfahrens ist das Grundbuchamt um Löschung des Versteigerungsvermerkes zu ersuchen.

III. Bestimmung des Versteigerungstermins

§ 35 [Ausführung durch Vollstreckungsgericht] Die Versteigerung wird durch das Vollstreckungsgericht ausgeführt.

§ 36 [Terminsbestimmung] (1) Der Versteigerungstermin soll erst nach der Beschlagnahme des Grundstücks und nach dem Eingange der Mitteilungen des Grundbuchamts bestimmt werden.

(2) [1] Der Zeitraum zwischen der Anberaumung des Termins und dem Termin soll, wenn nicht besondere Gründe vorliegen, nicht mehr als sechs Monate betragen. [2] War das Verfahren einstweilen eingestellt, so soll diese Frist nicht mehr als zwei Monate, muß aber mindestens einen Monat betragen.

(3) Der Termin kann nach dem Ermessen des Gerichts an der Gerichtsstelle oder an einem anderen Orte im Gerichtsbezirk abgehalten werden.

§ 37 [Wesentlicher Inhalt der Terminsbestimmung] Die Terminsbestimmung muß enthalten:

1. die Bezeichnung des Grundstücks;
2. Zeit und Ort des Versteigerungstermins;
3. die Angabe, daß die Versteigerung im Wege der Zwangsvollstreckung erfolgt;
4. die Aufforderung, Rechte, soweit sie zur Zeit der Eintragung des Versteigerungsvermerkes aus dem Grundbuche nicht ersichtlich waren, spätestens im

Versteigerungstermine vor der Aufforderung zur Abgabe von Geboten anzumelden und, wenn der Gläubiger widerspricht, glaubhaft zu machen, widrigenfalls die Rechte bei der Feststellung des geringsten Gebots nicht berücksichtigt und bei der Verteilung des Versteigerungserlöses dem Anspruche des Gläubigers und den übrigen Rechten nachgesetzt werden würden;

5. die Aufforderung an diejenigen, welche ein der Versteigerung entgegenstehendes Recht haben, vor der Erteilung des Zuschlags die Aufhebung oder einstweilige Einstellung des Verfahrens herbeizuführen, widrigenfalls für das Recht der Versteigerungserlös an die Stelle des versteigerten Gegenstandes treten würde.

§ 38 [Weitere Angaben in der Terminsbestimmung] (1) [1]Die Terminsbestimmung soll die Angabe des Grundbuchblatts, der Größe und des Verkehrswerts des Grundstücks enthalten. [2]Ist in einem früheren Versteigerungstermin der Zuschlag aus den Gründen des § 74a Abs. 1 oder des § 85a Abs. 1 versagt worden, so soll auch diese Tatsache in der Terminsbestimmung angegeben werden.

(2) Das Gericht kann Wertgutachten und Abschätzungen in einem für das Gericht bestimmten elektronischen Informations- und Kommunikationssystem öffentlich bekannt machen.

§ 39 [Bekanntmachung der Terminsbestimmung] (1) Die Terminsbestimmung muß durch einmalige Einrückung in das für Bekanntmachungen des Gerichts bestimmte Blatt oder in einem für das Gericht bestimmten elektronischen Informations- und Kommunikationssystem öffentlich bekanntgemacht werden.

(2) Hat das Grundstück nur einen geringen Wert, so kann das Gericht anordnen, daß die Einrückung oder Veröffentlichung nach Absatz 1 unterbleibt; in diesem Falle muß die Bekanntmachung dadurch erfolgen, daß die Terminsbestimmung in der Gemeinde, in deren Bezirke das Grundstück belegen ist, an die für amtliche Bekanntmachungen bestimmte Stelle angeheftet wird.

§ 40 [Anheftung an die Gerichtstafel] (1) [1]Die Terminsbestimmung soll an die Gerichtstafel angeheftet werden. [2]Ist das Gericht nach § 2 Abs. 2 zum Vollstreckungsgerichte bestellt, so soll die Anheftung auch bei den übrigen Gerichten bewirkt werden. [3]Wird der Termin nach § 39 Abs. 1 durch Veröffentlichung in einem für das Gericht bestimmten elektronischen Informations- und Kommunikationssystem öffentlich bekannt gemacht, so kann die Anheftung an die Gerichtstafel unterbleiben.

(2) Das Gericht ist befugt, noch andere und wiederholte Veröffentlichungen zu veranlassen; bei der Ausübung dieser Befugnis ist insbesondere auf den Ortsgebrauch Rücksicht zu nehmen.

§ 41 [Zustellung an die Beteiligten] (1) Die Terminsbestimmung ist den Beteiligten zuzustellen.

(2) Im Laufe der vierten Woche vor dem Termin soll den Beteiligten mitgeteilt werden, auf wessen Antrag und wegen welcher Ansprüche die Versteigerung erfolgt.

(3) Als Beteiligte gelten auch diejenigen, welche das angemeldete Recht noch glaubhaft zu machen haben.

§ 42 [Akteneinsicht] (1) Die Einsicht der Mitteilungen des Grundbuchamts sowie der erfolgten Anmeldungen ist jedem gestattet.

(2) Das gleiche gilt von anderen das Grundstück betreffenden Nachweisungen, welche ein Beteiligter einreicht, insbesondere von Abschätzungen.

§ 43 [Terminsaufhebung] (1) [1] Der Versteigerungstermin ist aufzuheben und von neuem zu bestimmen, wenn die Terminsbestimmung nicht sechs Wochen vor dem Termin bekanntgemacht ist. [2] War das Verfahren einstweilen eingestellt, so reicht es aus, daß die Bekanntmachung der Terminsbestimmung zwei Wochen vor dem Termin bewirkt ist.

(2) Das gleiche gilt, wenn nicht vier Wochen vor dem Termin dem Schuldner ein Beschluß, auf Grund dessen die Versteigerung erfolgen kann, und allen Beteiligten, die schon zur Zeit der Anberaumung des Termins dem Gericht bekannt waren, die Terminsbestimmung zugestellt ist, es sei denn, daß derjenige, in Ansehung dessen die Frist nicht eingehalten ist, das Verfahren genehmigt.

IV. Geringstes Gebot. Versteigerungsbedingungen

§ 44 [Begriff des geringsten Gebots] (1) Bei der Versteigerung wird nur ein solches Gebot zugelassen, durch welches die dem Anspruche des Gläubigers vorgehenden Rechte sowie die aus dem Versteigerungserlöse zu entnehmenden Kosten des Verfahrens gedeckt werden (geringstes Gebot).

(2) Wird das Verfahren wegen mehrerer Ansprüche von verschiedenem Range betrieben, so darf der vorgehende Anspruch der Feststellung des geringsten Gebotes nur dann zugrunde gelegt werden, wenn der wegen dieses Anspruchs ergangene Beschluß dem Schuldner vier Wochen vor dem Versteigerungstermin zugestellt ist.

§ 45 [Feststellung des geringsten Gebots] (1) Ein Recht ist bei der Feststellung des geringsten Gebots insoweit, als es zur Zeit der Eintragung des Versteigerungsvermerkes aus dem Grundbuch ersichtlich war, nach dem Inhalte des Grundbuchs, im übrigen nur dann zu berücksichtigen, wenn es rechtzeitig angemeldet und, falls der Gläubiger widerspricht, glaubhaft gemacht wird.

(2) Von wiederkehrenden Leistungen, die nach dem Inhalte des Grundbuchs zu entrichten sind, brauchen die laufenden Beträge nicht angemeldet, die rückständigen nicht glaubhaft gemacht zu werden.

(3) [1] Ansprüche der Wohnungseigentümer nach § 10 Abs. 1 Nr. 2 sind bei der Anmeldung durch einen entsprechenden Titel oder durch die Niederschrift der Beschlüsse der Wohnungseigentümer einschließlich ihrer Anlagen oder in sonst geeigneter Weise glaubhaft zu machen. [2] Aus dem Vorbringen müssen sich die Zahlungspflicht, die Art und der Bezugszeitraum des Anspruchs sowie seine Fälligkeit ergeben.

§ 46 [Wiederkehrende Naturalleistungen] Für wiederkehrende Leistungen, die nicht in Geld bestehen, hat das Gericht einen Geldbetrag festzusetzen, auch wenn ein solcher nicht angemeldet ist.

§ 47 [Wiederkehrende Geldleistungen] [1]Laufende Beträge regelmäßig wiederkehrender Leistungen sind für die Zeit bis zum Ablaufe von zwei Wochen nach dem Versteigerungstermine zu decken. [2]Nicht regelmäßig wiederkehrende Leistungen werden mit den Beträgen berücksichtigt, welche vor dem Ablaufe dieser Frist zu entrichten sind.

§ 48 [Bedingte Rechte; Vormerkung und Widerspruch] Bedingte Rechte sind wie unbedingte, Rechte, die durch Eintragung eines Widerspruchs oder einer Vormerkung gesichert sind, wie eingetragene Rechte zu berücksichtigen.

§ 49 [Bargebot] (1) Der Teil des geringsten Gebots, welcher zur Deckung der Kosten sowie der im § 10 Nr. 1 bis 3 und im § 12 Nr. 1, 2 bezeichneten Ansprüche bestimmt ist, desgleichen der das geringste Gebot übersteigende Betrag des Meistgebots ist von dem Ersteher vor dem Verteilungstermin zu berichtigen (Bargebot).

(2) Das Bargebot ist von dem Zuschlag an zu verzinsen.

(3) Das Bargebot ist so rechtzeitig durch Überweisung oder Einzahlung auf ein Konto der Gerichtskasse zu entrichten, dass der Betrag der Gerichtskasse vor dem Verteilungstermin gutgeschrieben ist und ein Nachweis hierüber im Termin vorliegt.

(4) Der Ersteher wird durch Hinterlegung von seiner Verbindlichkeit befreit, wenn die Hinterlegung und die Ausschließung der Rücknahme im Verteilungstermine nachgewiesen werden.

§ 50 [Erhöhung des zu zahlenden Betrages] (1) [1]Soweit eine bei der Feststellung des geringsten Gebots berücksichtigte Hypothek, Grundschuld oder Rentenschuld nicht besteht, hat der Ersteher außer dem Bargebot auch den Betrag des berücksichtigten Kapitals zu zahlen. [2]In Ansehung der Verzinslichkeit, des Zinssatzes, der Zahlungszeit, der Kündigung und des Zahlungsorts bleiben die für das berücksichtigte Recht getroffenen Bestimmungen maßgebend.

(2) Das gleiche gilt:

1. wenn das Recht bedingt ist und die aufschiebende Bedingung ausfällt oder die auflösende Bedingung eintritt;
2. wenn das Recht noch an einem anderen Grundstücke besteht und an dem versteigerten Grundstücke nach den besonderen Vorschriften über die Gesamthypothek erlischt.

(3) Haftet der Ersteher im Falle des Absatzes 2 Nr. 2 zugleich persönlich, so ist die Erhöhung des zu zahlenden Betrags ausgeschlossen, soweit der Ersteher nicht bereichert ist.

§ 51 [Erhöhung bei Nichthypothekenrechten] (1) [1]Ist das berücksichtigte Recht nicht eine Hypothek, Grundschuld oder Rentenschuld, so finden die Vorschriften des § 50 entsprechende Anwendung. [2]Der Ersteher hat statt des Kapitals den Betrag, um welchen sich der Wert des Grundstücks erhöht, drei Monate nach erfolgter Kündigung zu zahlen und von dem Zuschlag an zu verzinsen.

(2) Der Betrag soll von dem Gerichte bei der Feststellung des geringsten Gebots bestimmt werden.

§ 52 [Bestehenbleibende Rechte] (1) [1] Ein Recht bleibt insoweit bestehen, als es bei der Feststellung des geringsten Gebots berücksichtigt und nicht durch Zahlung zu decken ist. [2] Im übrigen erlöschen die Rechte.

(2) [1] Das Recht auf eine der in den §§ 912 bis 917 des Bürgerlichen Gesetzbuchs bezeichneten Renten bleibt auch dann bestehen, wenn es bei der Feststellung des geringsten Gebots nicht berücksichtigt ist. [2] Satz 1 ist entsprechend anzuwenden auf

a) den Erbbauzins, wenn nach § 9 Abs. 3 des Erbbaurechtsgesetzes das Bestehenbleiben des Erbbauzinses als Inhalt der Reallast vereinbart worden ist;

b) Grunddienstbarkeiten und beschränkte persönliche Dienstbarkeiten, die auf dem Grundstück als Ganzem lasten, wenn in ein Wohnungseigentum mit dem Rang nach § 10 Abs. 1 Nr. 2 vollstreckt wird und diesen kein anderes Recht der Rangklasse 4 vorgeht, aus dem die Versteigerung betrieben werden kann.

§ 53 [Schuldübernahme] (1) Haftet bei einer Hypothek, die bestehenbleibt, der Schuldner zugleich persönlich, so übernimmt der Ersteher die Schuld in Höhe der Hypothek; die Vorschriften des § 416 des Bürgerlichen Gesetzbuchs finden mit der Maßgabe entsprechende Anwendung, daß als Veräußerer im Sinne dieser Vorschriften der Schuldner anzusehen ist.

(2) Das gleiche gilt, wenn bei einer Grundschuld oder Rentenschuld, die bestehenbleibt, der Schuldner zugleich persönlich haftet, sofern er spätestens im Versteigerungstermine vor der Aufforderung zur Abgabe von Geboten die gegen ihn bestehende Forderung unter Angabe ihres Betrags und Grundes angemeldet und auf Verlangen des Gerichts oder eines Beteiligten glaubhaft gemacht hat.

§ 54 [Kündigung von Grundpfandrechten] (1) Die von dem Gläubiger dem Eigentümer oder von diesem dem Gläubiger erklärte Kündigung einer Hypothek, einer Grundschuld oder einer Rentenschuld ist dem Ersteher gegenüber nur wirksam, wenn sie spätestens in dem Versteigerungstermine vor der Aufforderung zur Abgabe von Geboten erfolgt und bei dem Gericht angemeldet worden ist.

(2) Das gleiche gilt von einer aus dem Grundbuche nicht ersichtlichen Tatsache, infolge deren der Anspruch vor der Zeit geltend gemacht werden kann.

§ 55 [Gegenstand der Versteigerung] (1) Die Versteigerung des Grundstücks erstreckt sich auf alle Gegenstände, deren Beschlagnahme noch wirksam ist.

(2) Auf Zubehörstücke, die sich im Besitze des Schuldners oder eines neu eingetretenen Eigentümers befinden, erstreckt sich die Versteigerung auch dann, wenn sie einem Dritten gehören, es sei denn, daß dieser sein Recht nach Maßgabe des § 37 Nr. 5 geltend gemacht hat.

§ 56 [Gefahrübergang] [1]Die Gefahr des zufälligen Unterganges geht in Ansehung des Grundstücks mit dem Zuschlag, in Ansehung der übrigen Gegenstände mit dem Schlusse der Versteigerung auf den Ersteher über. [2]Von dem Zuschlag an gebühren dem Ersteher die Nutzungen und trägt er die Lasten. [3]Ein Anspruch auf Gewährleistung findet nicht statt.

§ 57 [Mieter, Pächter] Ist das Grundstück einem Mieter oder Pächter überlassen, so finden die Vorschriften der §§ 566, 566a, 566b Abs. 1, §§ 566c und 566d des Bürgerlichen Gesetzbuchs nach Maßgabe der §§ 57a und 57b entsprechende Anwendung.

§ 57a [Kündigungsrecht des Erstehers] [1]Der Ersteher ist berechtigt, das Miet- oder Pachtverhältnis unter Einhaltung der gesetzlichen Frist zu kündigen. [2]Die Kündigung ist ausgeschlossen, wenn sie nicht für den ersten Termin erfolgt, für den sie zulässig ist.

§ 57b [Vorausverfügungen über Miet- oder Pachtzins] (1) [1]Soweit nach den Vorschriften des § 566b Abs. 1 und der §§ 566c, 566d des Bürgerlichen Gesetzbuchs für die Wirkung von Verfügungen und Rechtsgeschäften über die Miete oder Pacht der Übergang des Eigentums in Betracht kommt, ist an dessen Stelle die Beschlagnahme des Grundstücks maßgebend. [2]Ist dem Mieter oder Pächter der Beschluß, durch den die Zwangsversteigerung angeordnet wird, zugestellt, so gilt mit der Zustellung die Beschlagnahme als dem Mieter oder Pächter bekannt; die Zustellung erfolgt auf Antrag des Gläubigers an die von ihm bezeichneten Personen. [3]Dem Beschlusse soll eine Belehrung über die Bedeutung der Beschlagnahme für den Mieter oder Pächter beigefügt werden. [4]Das Gericht hat auf Antrag des Gläubigers zur Feststellung der Mieter und Pächter eines Grundstücks Ermittlungen zu veranlassen; es kann damit einen Gerichtsvollzieher oder einen sonstigen Beamten beauftragen, auch die zuständige örtliche Behörde um Mitteilung der ihr bekannten Mieter und Pächter ersuchen.

(2) [1]Der Beschlagnahme zum Zwecke der Zwangsversteigerung steht die Beschlagnahme zum Zwecke der Zwangsverwaltung gleich, wenn sie bis zum Zuschlag fortgedauert hat. [2]Ist dem Mieter oder Pächter der Beschluß, durch den ihm verboten wird, an den Schuldner zu zahlen, zugestellt, so gilt mit der Zustellung die Beschlagnahme als dem Mieter oder Pächter bekannt.

(3) Auf Verfügungen und Rechtsgeschäfte des Zwangsverwalters finden diese Vorschriften keine Anwendung.

§§ 57c, 57d *(aufgehoben)*

§ 58 [Kosten des Zuschlagsbeschlusses] Die Kosten des Beschlusses, durch welchen der Zuschlag erteilt wird, fallen dem Ersteher zur Last.

§ 59 [Abweichende Feststellung des geringsten Gebots] (1) [1]Jeder Beteiligte kann spätestens im Versteigerungstermin vor der Aufforderung zur Abgabe von Geboten eine von den gesetzlichen Vorschriften abweichende Feststellung des geringsten Gebots und der Versteigerungsbedingungen verlangen. [2]Der Antrag kann spätestens zu dem in Satz 1 genannten Zeitpunkt zurückgenommen werden. [3]Wird durch die Abweichung das Recht eines anderen Beteiligten beeinträchtigt, so ist dessen Zustimmung erforderlich.

(2) Sofern nicht feststeht, ob das Recht durch die Abweichung beeinträchtigt wird, ist das Grundstück mit der verlangten Abweichung und ohne sie auszubieten.

(3) Soll das Fortbestehen eines Rechtes bestimmt werden, das nach § 52 erlöschen würde, so bedarf es nicht der Zustimmung eines nachstehenden Beteiligten.

§§ 60, 61 *(aufgehoben)*

§ 62 [Erörterungen über das geringste Gebot] Das Gericht kann schon vor dem Versteigerungstermin Erörterungen der Beteiligten über das geringste Gebot und die Versteigerungsbedingungen veranlassen, zu diesem Zwecke auch einen besonderen Termin bestimmen.

§ 63 [Einzel-, Gesamt- und Gruppenausgebot mehrerer Grundstücke]

(1) [1]Mehrere in demselben Verfahren zu versteigernde Grundstücke sind einzeln auszubieten. [2]Grundstücke, die mit einem einheitlichen Bauwerk überbaut sind, können auch gemeinsam ausgeboten werden.

(2) [1]Jeder Beteiligte kann spätestens im Versteigerungstermin vor der Aufforderung zur Abgabe von Geboten verlangen, daß neben dem Einzelausgebot alle Grundstücke zusammen ausgeboten werden (Gesamtausgebot). [2]Sofern einige Grundstücke mit einem und demselben Recht belastet sind, kann jeder Beteiligte auch verlangen, daß diese Grundstücke gemeinsam ausgeboten werden (Gruppenausgebot). [3]Auf Antrag kann das Gericht auch in anderen Fällen das Gesamtausgebot einiger der Grundstücke anordnen (Gruppenausgebot).

(3) [1]Wird bei dem Einzelausgebot auf eines der Grundstücke ein Meistgebot abgegeben, das mehr beträgt als das geringste Gebot für dieses Grundstück, so erhöht sich bei dem Gesamtausgebote das geringste Gebot um den Mehrbetrag. [2]Der Zuschlag wird auf Grund des Gesamtausgebots nur erteilt, wenn das Meistgebot höher ist als das Gesamtergebnis der Einzelausgebote.

(4) [1]Das Einzelausgebot unterbleibt, wenn die anwesenden Beteiligten, deren Rechte bei der Feststellung des geringsten Gebots nicht zu berücksichtigen sind, hierauf verzichtet haben. [2]Dieser Verzicht ist bis spätestens vor der Aufforderung zur Abgabe von Geboten zu erklären.

§ 64 [Gesamthypothek] (1) [1]Werden mehrere Grundstücke, die mit einer dem Anspruche des Gläubigers vorgehenden Gesamthypothek belastet sind, in demselben Verfahren versteigert, so ist auf Antrag die Gesamthypothek bei der Feststellung des geringsten Gebots für das einzelne Grundstück nur zu dem Teilbetrage zu berücksichtigen, der dem Verhältnisse des Wertes des Grundstücks zu dem Werte der sämtlichen Grundstücke entspricht; der Wert wird unter Abzug der Belastungen berechnet, die der Gesamthypothek im Range vorgehen und bestehen bleiben. [2]Antragsberechtigt sind der Gläubiger, der Eigentümer und jeder dem Hypothekengläubiger gleich- oder nachstehende Beteiligte.

(2) [1]Wird der im Absatz 1 bezeichnete Antrag gestellt, so kann der Hypothekengläubiger bis zum Schlusse der Verhandlung im Versteigerungstermine

verlangen, daß bei der Feststellung des geringsten Gebots für die Grundstücke nur die seinem Anspruche vorgehenden Rechte berücksichtigt werden; in diesem Falle sind die Grundstücke auch mit der verlangten Abweichung auszubieten. 2 Erklärt sich nach erfolgtem Ausgebote der Hypothekengläubiger der Aufforderung des Gerichts ungeachtet nicht darüber, welches Ausgebot für die Erteilung des Zuschlags maßgebend sein soll, so verbleibt es bei der auf Grund des Absatzes 1 erfolgten Feststellung des geringsten Gebots.

(3) Diese Vorschriften finden entsprechende Anwendung, wenn die Grundstücke mit einer und derselben Grundschuld oder Rentenschuld belastet sind.

§ 65 [Besondere Versteigerung; anderweitige Verwertung] (1) 1 Das Gericht kann auf Antrag anordnen, daß eine Forderung oder eine bewegliche Sache von der Versteigerung des Grundstücks ausgeschlossen und besonders versteigert werden soll. 2 Auf Antrag kann auch eine andere Art der Verwertung angeordnet, insbesondere zur Einziehung einer Forderung ein Vertreter bestellt oder die Forderung einem Beteiligten mit dessen Zustimmung an Zahlungs Statt überwiesen werden. 3 Die Vorschriften der §§ 817, *820,*[1)] 835 der Zivilprozeßordnung finden entsprechende Anwendung. 4 Der Erlös ist zu hinterlegen.

(2) Die besondere Versteigerung oder die anderweitige Verwertung ist nur zulässig, wenn das geringste Gebot erreicht ist.

V. Versteigerung

§ 66 [Verfahren im Termin] (1) In dem Versteigerungstermine werden nach dem Aufrufe der Sache die das Grundstück betreffenden Nachweisungen, die das Verfahren betreibenden Gläubiger, deren Ansprüche, die Zeit der Beschlagnahme, der vom Gericht festgesetzte Wert des Grundstücks und die erfolgten Anmeldungen bekanntgemacht, hierauf das geringste Gebot und die Versteigerungsbedingungen nach Anhörung der anwesenden Beteiligten, nötigenfalls mit Hilfe eines Rechnungsverständigen, unter Bezeichnung der einzelnen Rechte festgestellt und die erfolgten Feststellungen verlesen.

(2) Nachdem dies geschehen, hat das Gericht auf die bevorstehende Ausschließung weiterer Anmeldungen hinzuweisen und sodann zur Abgabe von Geboten aufzufordern.[2)]

§ 67 [Verlangen einer Sicherheitsleistung] (1) 1 Ein Beteiligter, dessen Recht durch Nichterfüllung des Gebots beeinträchtigt werden würde, kann Sicherheitsleistung verlangen, jedoch nur sofort nach Abgabe des Gebots. 2 Das Verlangen gilt auch für weitere Gebote desselben Bieters.

(2) 1 Steht dem Bieter eine durch das Gebot ganz oder teilweise gedeckte Hypothek, Grundschuld oder Rentenschuld zu, so braucht er Sicherheit nur auf Verlangen des Gläubigers zu leisten. 2 Auf Gebote des Schuldners oder eines neu eingetretenen Eigentümers findet diese Vorschrift keine Anwendung.

---

1) § 820 ZPO aufgeh. durch G v. 20.8.1953 (BGBl. I S. 952); siehe nunmehr § 817a Abs. 3 ZPO (Nr. **1**).

2) Vgl. für land- und forstwirtschaftliche Grundstücke §§ 1 ff. und 37 GrundstückverkehrsG v. 28.7. 1961 (BGBl. I S. 1091), zuletzt geänd. durch G v. 17.12.2008 (BGBl. I S. 2586).

(3) Für ein Gebot des Bundes, der Deutschen Bundesbank, der Deutschen Genossenschaftsbank, der Deutschen Girozentrale (Deutsche Kommunalbank) oder eines Landes kann Sicherheitsleistung nicht verlangt werden.

§ 68 [Höhe der Sicherheit] (1) [1]Die Sicherheit ist für ein Zehntel des in der Terminsbestimmung genannten, anderenfalls des festgesetzten Verkehrswerts zu leisten. [2]Übersteigt die Sicherheit nach Satz 1 das Bargebot, ist der überschießende Betrag freizugeben. [3]Ist die Sicherheitsleistung durch Überweisung auf das Konto der Gerichtskasse bewirkt, ordnet das Gericht die Auszahlung des überschießenden Betrags an.

(2) Ein Beteiligter, dessen Recht nach § 52 bestehenbleibt, kann darüber hinausgehende Sicherheitsleistung bis zur Höhe des Betrags verlangen, welcher zur Deckung der seinem Rechte vorgehenden Ansprüche durch Zahlung zu berichtigen ist.

(3) Bietet der Schuldner oder ein neu eingetretener Eigentümer des Grundstücks, so kann der Gläubiger darüber hinausgehende Sicherheitsleistung bis zur Höhe des Betrags verlangen, welcher zur Deckung seines Anspruchs durch Zahlung zu berichtigen ist.

(4) Die erhöhte Sicherheitsleistung nach den Absätzen 2 und 3 ist spätestens bis zur Entscheidung über den Zuschlag zu erbringen.

§ 69 [Art der Sicherheitsleistung] (1) Eine Sicherheitsleistung durch Barzahlung ist ausgeschlossen.

(2) [1]Zur Sicherheitsleistung sind Bundesbankschecks und Verrechnungsschecks geeignet, die frühestens am dritten Werktag vor dem Versteigerungstermin ausgestellt worden sind. [2]Dies gilt nur, wenn sie von einem im Geltungsbereich dieses Gesetzes zum Betreiben von Bankgeschäften berechtigten Kreditinstitut oder der Bundesbank ausgestellt und im Inland zahlbar sind. [3]Als berechtigt im Sinne dieser Vorschrift gelten Kreditinstitute, die in der Liste der zugelassenen Kreditinstitute gemäß Artikel 3 Abs. 7 und Artikel 10 Abs. 2 der Richtlinie 77/780/EWG des Rates vom 12. Dezember 1977 zur Koordinierung der Rechts- und Verwaltungsvorschriften über die Aufnahme und Ausübung der Tätigkeit der Kreditinstitute (ABl. EG Nr. L 322 S. 30) aufgeführt sind.

(3) [1]Als Sicherheitsleistung ist eine unbefristete, unbedingte und selbstschuldnerische Bürgschaft eines Kreditinstituts im Sinne des Absatzes 2 zuzulassen, wenn die Verpflichtung aus der Bürgschaft im Inland zu erfüllen ist. [2]Dies gilt nicht für Gebote des Schuldners oder eines neu eingetretenen Eigentümers.

(4) Die Sicherheitsleistung kann durch Überweisung auf ein Konto der Gerichtskasse bewirkt werden, wenn der Betrag der Gerichtskasse vor dem Versteigerungstermin gutgeschrieben ist und ein Nachweis hierüber im Termin vorliegt.

§ 70 [Sofortige Entscheidung; sofortige Leistung] (1) Das Gericht hat über die Sicherheitsleistung sofort zu entscheiden.

(2) [1]Erklärt das Gericht die Sicherheit für erforderlich, so ist sie sofort zu leisten. [2]Die Sicherheitsleistung durch Überweisung auf ein Konto der Gerichtskasse muss bereits vor dem Versteigerungstermin erfolgen. [3]Unterbleibt die Leistung, so ist das Gebot zurückzuweisen.

(3) Wird das Gebot ohne Sicherheitsleistung zugelassen und von dem Beteiligten, welcher die Sicherheit verlangt hat, nicht sofort Widerspruch erhoben, so gilt das Verlangen als zurückgenommen.

§ 71 [Zurückweisung eines unwirksamen Gebots] (1) Ein unwirksames Gebot ist zurückzuweisen.

(2) Ist die Wirksamkeit eines Gebots von der Vertretungsmacht desjenigen, welcher das Gebot für den Bieter abgegeben hat, oder von der Zustimmung eines anderen oder einer Behörde abhängig, so erfolgt die Zurückweisung, sofern nicht die Vertretungsmacht oder die Zustimmung bei dem Gericht offenkundig ist oder durch eine öffentlich beglaubigte Urkunde sofort nachgewiesen wird.

§ 72 [Erlöschen eines Gebots; Übergebot] (1) [1] Ein Gebot erlischt, wenn ein Übergebot zugelassen wird und ein Beteiligter der Zulassung nicht sofort widerspricht. [2] Das Übergebot gilt als zugelassen, wenn es nicht sofort zurückgewiesen wird.

(2) Ein Gebot erlischt auch dann, wenn es zurückgewiesen wird und der Bieter oder ein Beteiligter der Zurückweisung nicht sofort widerspricht.

(3) Das gleiche gilt, wenn das Verfahren einstweilen eingestellt oder der Termin aufgehoben wird.

(4) Ein Gebot erlischt nicht, wenn für ein zugelassenes Übergebot die nach § 68 Abs. 2 und 3 zu erbringende Sicherheitsleistung nicht bis zur Entscheidung über den Zuschlag geleistet worden ist.

§ 73 [Frist; Verkündung des letzten Gebots] (1) [1] Zwischen der Aufforderung zur Abgabe von Geboten und dem Zeitpunkt, in welchem bezüglich sämtlicher zu versteigernder Grundstücke die Versteigerung geschlossen wird, müssen 30 Minuten liegen. [2] Die Versteigerung muß so lange fortgesetzt werden, bis der Aufforderung des Gerichts ungeachtet ein Gebot nicht mehr abgegeben wird.

(2) [1] Das Gericht hat das letzte Gebot und den Schluß der Versteigerung zu verkünden. [2] Die Verkündung des letzten Gebots soll mittels dreimaligen Aufrufs erfolgen.

§ 74 [Anhörung über den Zuschlag] Nach dem Schlusse der Versteigerung sind die anwesenden Beteiligten über den Zuschlag zu hören.

§ 74a [Antrag auf Versagung des Zuschlags] (1) [1] Bleibt das abgegebene Meistgebot einschließlich des Kapitalwertes der nach den Versteigerungsbedingungen bestehenbleibenden Rechte unter sieben Zehnteilen des Grundstückswertes, so kann ein Berechtigter, dessen Anspruch ganz oder teilweise durch das Meistgebot nicht gedeckt ist, aber bei einem Gebot in der genannten Höhe voraussichtlich gedeckt sein würde, die Versagung des Zuschlags beantragen. [2] Der Antrag ist abzulehnen, wenn der betreibende Gläubiger widerspricht und glaubhaft macht, daß ihm durch die Versagung des Zuschlags ein unverhältnismäßiger Nachteil erwachsen würde.

(2) Der Antrag auf Versagung des Zuschlags kann nur bis zum Schluß der Verhandlung über den Zuschlag gestellt werden; das gleiche gilt von der Erklärung des Widerspruchs.

(3) [1] Wird der Zuschlag gemäß Absatz 1 versagt, so ist von Amts wegen ein neuer Versteigerungstermin zu bestimmen. [2] Der Zeitraum zwischen den beiden Terminen soll, sofern nicht nach den besonderen Verhältnissen des Einzelfalles etwas anderes geboten ist, mindestens drei Monate betragen, darf aber sechs Monate nicht übersteigen.

(4) In dem neuen Versteigerungstermin darf der Zuschlag weder aus den Gründen des Absatzes 1 noch aus denen des § 85a Abs. 1 versagt werden.

(5) [1] Der Grundstückswert (Verkehrswert) wird vom Vollstreckungsgericht, nötigenfalls nach Anhörung von Sachverständigen, festgesetzt. [2] Der Wert der beweglichen Gegenstände, auf die sich die Versteigerung erstreckt, ist unter Würdigung aller Verhältnisse frei zu schätzen. [3] Der Beschluß über die Festsetzung des Grundstückswertes ist mit der sofortigen Beschwerde anfechtbar. [4] Der Zuschlag oder die Versagung des Zuschlags können mit der Begründung, daß der Grundstückswert unrichtig festgesetzt sei, nicht angefochten werden.

§ 74b [Ausnahme von § 74a] Ist das Meistgebot von einem zur Befriedigung aus dem Grundstück Berechtigten abgegeben worden, so findet § 74a keine Anwendung, wenn das Gebot einschließlich des Kapitalwertes der nach den Versteigerungsbedingungen bestehenbleibenden Rechte zusammen mit dem Betrage, mit dem der Meistbietende bei der Verteilung des Erlöses ausfallen würde, sieben Zehnteile des Grundstückswertes erreicht und dieser Betrag im Range unmittelbar hinter dem letzten Betrage steht, der durch das Gebot noch gedeckt ist.

§ 75 [Einstellung wegen Vorlegung eines Einzahlungs- oder Überweisungsnachweises im Termin] Das Verfahren wird eingestellt, wenn der Schuldner im Versteigerungstermin einen Einzahlungs- oder Überweisungsnachweis einer Bank oder Sparkasse oder eine öffentliche Urkunde vorlegt, aus der sich ergibt, dass der Schuldner oder ein Dritter, der berechtigt ist, den Gläubiger zu befriedigen, den zur Befriedigung und zur Deckung der Kosten erforderlichen Betrag an die Gerichtskasse gezahlt hat.

§ 76 [Einstellung wegen Deckung des Gläubigers aus einem Einzelausgebot] (1) Wird bei der Versteigerung mehrerer Grundstücke auf eines oder einige so viel geboten, daß der Anspruch des Gläubigers gedeckt ist, so wird das Verfahren in Ansehung der übrigen Grundstücke einstweilen eingestellt; die Einstellung unterbleibt, wenn sie dem berechtigten Interesse des Gläubigers widerspricht.

(2) [1] Ist die einstweilige Einstellung erfolgt, so kann der Gläubiger die Fortsetzung des Verfahrens verlangen, wenn er ein berechtigtes Interesse daran hat, insbesondere wenn er im Verteilungstermine nicht befriedigt worden ist. [2] Beantragt der Gläubiger die Fortsetzung nicht vor dem Ablaufe von drei Monaten nach dem Verteilungstermine, so gilt der Versteigerungsantrag als zurückgenommen.

§ 77 [Einstellung wegen Mangels an Geboten] (1) Ist ein Gebot nicht abgegeben oder sind sämtliche Gebote erloschen, so wird das Verfahren einstweilen eingestellt.

(2) [1]Bleibt die Versteigerung in einem zweiten Termine gleichfalls ergebnislos, so wird das Verfahren aufgehoben. [2]Liegen die Voraussetzungen für die Anordnung der Zwangsverwaltung vor, so kann auf Antrag des Gläubigers das Gericht anordnen, daß das Verfahren als Zwangsverwaltung fortgesetzt wird. [3]In einem solchen Falle bleiben die Wirkungen der für die Zwangsversteigerung erfolgten Beschlagnahme bestehen; die Vorschrift des § 155 Abs. 1 findet jedoch auf die Kosten der Zwangsversteigerung keine Anwendung.

§ 78 [Protokoll] Vorgänge in dem Termine, die für die Entscheidung über den Zuschlag oder für das Recht eines Beteiligten in Betracht kommen, sind durch das Protokoll festzustellen; bleibt streitig, ob oder für welches Gebot der Zuschlag zu erteilen ist, so ist das Sachverhältnis mit den gestellten Anträgen in das Protokoll aufzunehmen.

VI. Entscheidung über den Zuschlag

§ 79 [Keine Bindung an Vorentscheidungen] Bei der Beschlußfassung über den Zuschlag ist das Gericht an eine Entscheidung, die es vorher getroffen hat, nicht gebunden.

§ 80 [Nicht protokollierte Vorgänge] Vorgänge in dem Versteigerungstermine, die nicht aus dem Protokoll ersichtlich sind, werden bei der Entscheidung über den Zuschlag nicht berücksichtigt.

§ 81 [Zuschlagsberechtigte] (1) Der Zuschlag ist dem Meistbietenden zu erteilen.[1)]

(2) Hat der Meistbietende das Recht aus dem Meistgebot an einen anderen abgetreten und dieser die Verpflichtung aus dem Meistgebot übernommen, so ist, wenn die Erklärungen im Versteigerungstermin abgegeben oder nachträglich durch öffentlich beglaubigte Urkunden nachgewiesen werden, der Zuschlag nicht dem Meistbietenden, sondern dem anderen zu erteilen.

(3) Erklärt der Meistbietende im Termin oder nachträglich in einer öffentlich beglaubigten Urkunde, daß er für einen anderen geboten habe, so ist diesem der Zuschlag zu erteilen, wenn die Vertretungsmacht des Meistbietenden oder die Zustimmung des anderen entweder bei dem Gericht offenkundig ist oder durch eine öffentlich beglaubigte Urkunde nachgewiesen wird.

(4) Wird der Zuschlag erteilt, so haften der Meistbietende und der Ersteher als Gesamtschuldner.

§ 82 [Inhalt des Zuschlagsbeschlusses] In dem Beschlusse, durch welchen der Zuschlag erteilt wird, sind das Grundstück, der Ersteher, das Gebot und die Versteigerungsbedingungen zu bezeichnen; auch sind im Falle des § 69 Abs. 3 der Bürge unter Angabe der Höhe seiner Schuld und im Falle des § 81 Abs. 4 der Meistbietende für mithaftend zu erklären.

[1)] Vgl. für land- und forstwirtschaftliche Grundstücke §§ 1 ff. und 37 GrundstückverkehrsG v. 28.7. 1961 (BGBl. I S. 1091), zuletzt geänd. durch G v. 17.12.2008 (BGBl. I S. 2586).

§ 83 [Versagung des Zuschlags] Der Zuschlag ist zu versagen:

1. wenn die Vorschrift des § 43 Abs. 2 oder eine der Vorschriften über die Feststellung des geringsten Gebots oder der Versteigerungsbedingungen verletzt ist;
2. wenn bei der Versteigerung mehrerer Grundstücke das Einzelausgebot oder das Gesamtausgebot den Vorschriften des § 63 Abs. 1, Abs. 2 Satz 1, Abs. 4 zuwider unterblieben ist;
3. wenn in den Fällen des § 64 Abs. 2 Satz 1, Abs. 3 die Hypothek, Grundschuld oder Rentenschuld oder das Recht eines gleich- oder nachstehenden Beteiligten, der dem Gläubiger vorgeht, durch das Gesamtergebnis der Einzelausgebote nicht gedeckt werden;
4. wenn die nach der Aufforderung zur Abgabe von Geboten erfolgte Anmeldung oder Glaubhaftmachung eines Rechtes ohne Beachtung der Vorschrift des § 66 Abs. 2 zurückgewiesen ist;
5. wenn der Zwangsversteigerung oder der Fortsetzung des Verfahrens das Recht eines Beteiligten entgegensteht;
6. wenn die Zwangsversteigerung oder die Fortsetzung des Verfahrens aus einem sonstigen Grunde unzulässig ist;
7. wenn eine der Vorschriften des § 43 Abs. 1 oder des § 73 Abs. 1 verletzt ist,
8. wenn die nach § 68 Abs. 2 und 3 verlangte Sicherheitsleistung nicht bis zur Entscheidung über den Zuschlag geleistet worden ist.

§ 84 [Keine Versagung des Zuschlags] (1) Die im § 83 Nr. 1 bis 5 bezeichneten Versagungsgründe stehen der Erteilung des Zuschlags nicht entgegen, wenn das Recht des Beteiligten durch den Zuschlag nicht beeinträchtigt wird oder wenn der Beteiligte das Verfahren genehmigt.

(2) Die Genehmigung ist durch eine öffentlich beglaubigte Urkunde nachzuweisen.

§ 85 [Versagung bei Antrag auf neuen Versteigerungstermin] (1) [1] Der Zuschlag ist zu versagen, wenn vor dem Schlusse der Verhandlung ein Beteiligter, dessen Recht durch den Zuschlag beeinträchtigt werden würde und der nicht zu den Berechtigten des § 74a Abs. 1 gehört, die Bestimmung eines neuen Versteigerungstermins beantragt und sich zugleich zum Ersatze des durch die Versagung des Zuschlages entstehenden Schadens verpflichtet, auch auf Verlangen eines anderen Beteiligten Sicherheit leistet. [2] Die Vorschriften des § 67 Abs. 3 und des § 69 sind entsprechend anzuwenden. [3] Die Sicherheit ist in Höhe des bis zum Verteilungstermin zu berichtigenden Teils des bisherigen Meistgebots zu leisten.

(2) Die neue Terminsbestimmung ist auch dem Meistbietenden zuzustellen.

(3) Für die weitere Versteigerung gilt das bisherige Meistgebot mit Zinsen von dem durch Zahlung zu berichtigenden Teile des Meistgebots unter Hinzurechnung derjenigen Mehrkosten, welche aus dem Versteigerungserlöse zu entnehmen sind, als ein von dem Beteiligten abgegebenes Gebot.

(4) In dem fortgesetzten Verfahren findet die Vorschrift des Absatzes 1 keine Anwendung.

§ 85a [Versagung bei zu geringem Meistgebot] (1) Der Zuschlag ist ferner zu versagen, wenn das abgegebene Meistgebot einschließlich des Kapitalwertes der nach den Versteigerungsbedingungen bestehenbleibenden Rechte die Hälfte des Grundstückswertes nicht erreicht.

(2) [1] § 74a Abs. 3, 5 ist entsprechend anzuwenden. [2] In dem neuen Versteigerungstermin darf der Zuschlag weder aus den Gründen des Absatzes 1 noch aus denen des § 74a Abs. 1 versagt werden.

(3) Ist das Meistgebot von einem zur Befriedigung aus dem Grundstück Berechtigten abgegeben worden, so ist Absatz 1 nicht anzuwenden, wenn das Gebot einschließlich des Kapitalwertes der nach den Versteigerungsbedingungen bestehenbleibenden Rechte zusammen mit dem Betrage, mit dem der Meistbietende bei der Verteilung des Erlöses ausfallen würde, die Hälfte des Grundstückswertes erreicht.

§ 86 [Wirkung der Versagung] Die rechtskräftige Versagung des Zuschlags wirkt, wenn die Fortsetzung des Verfahrens zulässig ist, wie eine einstweilige Einstellung, anderenfalls wie die Aufhebung des Verfahrens.

§ 87 [Verkündungstermin] (1) Der Beschluß, durch welchen der Zuschlag erteilt oder versagt wird, ist in dem Versteigerungstermin oder in einem sofort zu bestimmenden Termine zu verkünden.

(2) [1] Der Verkündungstermin soll nicht über eine Woche hinaus bestimmt werden. [2] Die Bestimmung des Termins ist zu verkünden und durch Anheftung an die Gerichtstafel bekanntzumachen.

(3) Sind nachträglich Tatsachen oder Beweismittel vorgebracht, so sollen in dem Verkündungstermine die anwesenden Beteiligten hierüber gehört werden.

§ 88 [Zustellung des Beschlusses] [1] Der Beschluß, durch welchen der Zuschlag erteilt wird, ist den Beteiligten, soweit sie weder im Versteigerungstermine noch im Verkündungstermin erschienen sind, und dem Ersteher sowie im Falle des § 69 Abs. 3 dem für mithaftend erklärten Bürgen und im Falle des § 81 Abs. 4 dem Meistbietenden zuzustellen. [2] Als Beteiligte gelten auch diejenigen, welche das angemeldete Recht noch glaubhaft zu machen haben.

§ 89 [Wirksamwerden des Zuschlags] Der Zuschlag wird mit der Verkündung wirksam.

§ 90[1] [Eigentumserwerb durch Zuschlag] (1) Durch den Zuschlag wird der Ersteher Eigentümer des Grundstücks, sofern nicht im Beschwerdewege der Beschluß rechtskräftig aufgehoben wird.

(2) Mit dem Grundstück erwirbt er zugleich die Gegenstände, auf welche sich die Versteigerung erstreckt hat.

§ 91 [Erlöschen von Rechten] (1) Durch den Zuschlag erlöschen unter der im § 90 Abs. 1 bestimmten Voraussetzung die Rechte, welche nicht nach den Versteigerungsbedingungen bestehen bleiben sollen.

---

[1] Beachte hierzu auch § 9 EinführungsG zu dem G über die Zwangsversteigerung und die Zwangsverwaltung v. 20.5.1898 (RGBl. S. 750), zuletzt geänd. durch G v. 11.10.2016 (BGBl. I S. 2222).

(2) Ein Recht an dem Grundstücke bleibt jedoch bestehen, wenn dies zwischen dem Berechtigten und dem Ersteher vereinbart ist und die Erklärungen entweder im Verteilungstermin abgegeben oder, bevor das Grundbuchamt um Berichtigung des Grundbuchs ersucht ist, durch eine öffentlich beglaubigte Urkunde nachgewiesen werden.

(3) [1] Im Falle des Absatzes 2 vermindert sich der durch Zahlung zu berichtigende Teil des Meistgebots um den Betrag, welcher sonst dem Berechtigten gebühren würde. [2] Im übrigen wirkt die Vereinbarung wie die Befriedigung des Berechtigten aus dem Grundstücke.

(4) [1] Das Erlöschen eines Rechts, dessen Inhaber zur Zeit des Erlöschens nach § 1179a des Bürgerlichen Gesetzbuchs die Löschung einer bestehenbleibenden Hypothek, Grundschuld oder Rentenschuld verlangen kann, hat nicht das Erlöschen dieses Anspruchs zur Folge. [2] Der Anspruch erlischt, wenn der Berechtigte aus dem Grundstück befriedigt wird.

§ 92 [Anspruch auf Ersatz des Wertes] (1) Erlischt durch den Zuschlag ein Recht, das nicht auf Zahlung eines Kapitals gerichtet ist, so tritt an die Stelle des Rechtes der Anspruch auf Ersatz des Wertes aus dem Versteigerungserlöse.

(2) [1] Der Ersatz für einen Nießbrauch, für eine beschränkte persönliche Dienstbarkeit sowie für eine Reallast von unbestimmter Dauer ist durch Zahlung einer Geldrente zu leisten, die dem Jahreswerte des Rechtes gleichkommt. [2] Der Betrag ist für drei Monate vorauszuzahlen. [3] Der Anspruch auf eine fällig gewordene Zahlung verbleibt dem Berechtigten auch dann, wenn das Recht auf die Rente vor dem Ablaufe der drei Monate erlischt.

(3) Bei ablösbaren Rechten bestimmt sich der Betrag der Ersatzleistung durch die Ablösungssumme.

§ 93 [Zuschlagsbeschluss als Vollstreckungstitel] (1) [1] Aus dem Beschlusse, durch welchen der Zuschlag erteilt wird, findet gegen den Besitzer des Grundstücks oder einer mitversteigerten Sache die Zwangsvollstreckung auf Räumung und Herausgabe statt. [2] Die Zwangsvollstreckung soll nicht erfolgen, wenn der Besitzer auf Grund eines Rechtes besitzt, das durch den Zuschlag nicht erloschen ist. [3] Erfolgt gleichwohl die Zwangsvollstreckung, so kann der Besitzer nach Maßgabe des § 771 der Zivilprozeßordnung[1)] Widerspruch erheben.

(2) Zum Ersatze von Verwendungen, die vor dem Zuschlage gemacht sind, ist der Ersteher nicht verpflichtet.

§ 94 [Gerichtliche Verwaltung] (1) [1] Auf Antrag eines Beteiligten, der Befriedigung aus dem Bargebote zu erwarten hat, ist das Grundstück für Rechnung des Erstehers in gerichtliche Verwaltung zu nehmen, solange nicht die Zahlung oder Hinterlegung erfolgt ist. [2] Der Antrag kann schon im Versteigerungstermine gestellt werden.

(2) Auf die Bestellung des Verwalters sowie auf dessen Rechte und Pflichten finden die Vorschriften über die Zwangsverwaltung entsprechende Anwendung.

[1)] Nr. 1.

VII. Beschwerde

§ 95 [Zulässigkeit] Gegen eine Entscheidung, die vor der Beschlußfassung über den Zuschlag erfolgt, kann die sofortige Beschwerde nur eingelegt werden, soweit die Entscheidung die Anordnung, Aufhebung, einstweilige Einstellung oder Fortsetzung des Verfahrens betrifft.

§ 96 [Anzuwendende Vorschriften] Auf die Beschwerde gegen die Entscheidung über den Zuschlag finden die Vorschriften der Zivilprozeßordnung über die Beschwerde nur insoweit Anwendung, als nicht in den §§ 97 bis 104 ein anderes vorgeschrieben ist.

§ 97 [Beschwerdeberechtigte] (1) Die Beschwerde steht im Falle der Erteilung des Zuschlags jedem Beteiligten sowie dem Ersteher und dem für zahlungspflichtig erklärten Dritten, im Falle der Versagung dem Gläubiger zu, in beiden Fällen auch dem Bieter, dessen Gebot nicht erloschen ist, sowie demjenigen, welcher nach § 81 an die Stelle des Bieters treten soll.

(2) Im Falle des § 9 Nr. 2 genügt es, wenn die Anmeldung und Glaubhaftmachung des Rechtes bei dem Beschwerdegericht erfolgt.

§ 98 [Beginn der Beschwerdefrist] [1]Die Frist für die Beschwerde gegen einen Beschluß des Vollstreckungsgerichts, durch welchen der Zuschlag versagt wird, beginnt mit der Verkündung des Beschlusses. [2]Das gleiche gilt im Falle der Erteilung des Zuschlags für die Beteiligten, welche im Versteigerungstermin oder im Verkündungstermin erschienen waren.

§ 99 [Gegner des Beschwerdeführers] (1) Erachtet das Beschwerdegericht eine Gegenerklärung für erforderlich, so hat es zu bestimmen, wer als Gegner des Beschwerdeführers zuzuziehen ist.

(2) Mehrere Beschwerden sind miteinander zu verbinden.

§ 100 [Beschwerdegründe] (1) Die Beschwerde kann nur darauf gestützt werden, daß eine der Vorschriften der §§ 81, 83 bis 85a verletzt oder daß der Zuschlag unter anderen als den der Versteigerung zugrunde gelegten Bedingungen erteilt ist.

(2) Auf einen Grund, der nur das Recht eines anderen betrifft, kann weder die Beschwerde noch ein Antrag auf deren Zurückweisung gestützt werden.

(3) Die im § 83 Nr. 6, 7 bezeichneten Versagungsgründe hat das Beschwerdegericht von Amts wegen zu berücksichtigen.

§ 101 [Begründete Beschwerde; weitere Beschwerde] (1) Wird die Beschwerde für begründet erachtet, so hat das Beschwerdegericht unter Aufhebung des angefochtenen Beschlusses in der Sache selbst zu entscheiden.

(2) Wird ein Beschluß, durch welchen der Zuschlag erteilt ist, aufgehoben, auf Rechtsbeschwerde aber für begründet erachtet, so ist unter Aufhebung des Beschlusses des Beschwerdegerichts die gegen die Erteilung des Zuschlags erhobene Beschwerde zurückzuweisen.

§ 102 [Berechtigte für weitere Beschwerde] Hat das Beschwerdegericht den Beschluß, durch welchen der Zuschlag erteilt war, nach der Verteilung des

Versteigerungserlöses aufgehoben, so steht die Rechtsbeschwerde, wenn das Beschwerdegericht sie zugelassen hat, auch denjenigen zu, welchen der Erlös zugeteilt ist.

§ 103 [Zustellung der Beschwerdeentscheidung] [1] Der Beschluß des Beschwerdegerichts ist, wenn der angefochtene Beschluß aufgehoben oder abgeändert wird, allen Beteiligten und demjenigen Bieter, welchem der Zuschlag verweigert oder erteilt wird, sowie im Falle des § 69 Abs. 3 dem für mithaftend erklärten Bürgen und in den Fällen des § 81 Abs. 2, 3 dem Meistbietenden zuzustellen. [2] Wird die Beschwerde zurückgewiesen, so erfolgt die Zustellung des Beschlusses nur an den Beschwerdeführer und den zugezogenen Gegner.

§ 104 [Wirksamwerden der Zuschlagserteilung in der Beschwerde]

Der Beschluß, durch welchen das Beschwerdegericht den Zuschlag erteilt, wird erst mit der Zustellung an den Ersteher wirksam.

VIII. Verteilung des Erlöses

§ 105 [Bestimmung des Verteilungstermins] (1) Nach der Erteilung des Zuschlags hat das Gericht einen Termin zur Verteilung des Versteigerungserlöses zu bestimmen.

(2) [1] Die Terminsbestimmung ist den Beteiligten und dem Ersteher sowie im Falle des § 69 Abs. 3 dem für mithaftend erklärten Bürgen und in den Fällen des § 81 Abs. 2, 3 dem Meistbietenden zuzustellen. [2] Als Beteiligte gelten auch diejenigen, welche das angemeldete Recht noch glaubhaft zu machen haben.

(3) Die Terminsbestimmung soll an die Gerichtstafel angeheftet werden.

(4) Ist die Terminsbestimmung dem Ersteher und im Falle des § 69 Abs. 3 auch dem für mithaftend erklärten Bürgen sowie in den Fällen des § 81 Abs. 2, 3 auch dem Meistbietenden nicht zwei Wochen vor dem Termin zugestellt, so ist der Termin aufzuheben und von neuem zu bestimmen, sofern nicht das Verfahren genehmigt wird.

§ 106 [Vorläufiger Teilungsplan] [1] Zur Vorbereitung des Verteilungsverfahrens kann das Gericht in der Terminsbestimmung die Beteiligten auffordern, binnen zwei Wochen eine Berechnung ihrer Ansprüche einzureichen. [2] In diesem Falle hat das Gericht nach dem Ablaufe der Frist den Teilungsplan anzufertigen und ihn spätestens drei Tage vor dem Termin auf der Geschäftsstelle zur Einsicht der Beteiligten niederzulegen.

§ 107 [Teilungsmasse] (1) [1] In dem Verteilungstermin ist festzustellen, wieviel die zu verteilende Masse beträgt. [2] Zu der Masse gehört auch der Erlös aus denjenigen Gegenständen, welche im Falle des § 65 besonders versteigert oder anderweit verwertet sind.

(2) [1] Die von dem Ersteher im Termine zu leistende Zahlung erfolgt an das Gericht. [2] § 49 Abs. 3 gilt entsprechend

(3) Ein Geldbetrag, der zur Sicherheit für das Gebot des Erstehers bei der Gerichtskasse einbezahlt ist, wird auf die Zahlung nach Absatz 2 Satz 1 angerechnet.

§ 108 *(aufgehoben)*

§ 109 [Kosten des Verfahrens; Überschuss] (1) Aus dem Versteigerungserlöse sind die Kosten des Verfahrens vorweg zu entnehmen, mit Ausnahme der durch die Anordnung des Verfahrens oder den Beitritt eines Gläubigers, durch den Zuschlag oder durch nachträgliche Verteilungsverhandlungen entstehenden Kosten.

(2) Der Überschuß wird auf die Rechte, welche durch Zahlung zu decken sind, verteilt.

§ 110 [Nachstehende Rechte] Rechte, die ungeachtet der im § 37 Nr. 4 bestimmten Aufforderung nicht rechtzeitig angemeldet oder glaubhaft gemacht worden sind, stehen bei der Verteilung den übrigen Rechten nach.

§ 111 [Betagter Anspruch] [1] Ein betagter Anspruch gilt als fällig. [2] Ist der Anspruch unverzinslich, so gebührt dem Berechtigten nur die Summe, welche mit Hinzurechnung der gesetzlichen Zinsen für die Zeit von der Zahlung bis zur Fälligkeit dem Betrage des Anspruchs gleichkommt; solange die Zeit der Fälligkeit ungewiß ist, gilt der Anspruch als aufschiebend bedingt.

§ 112 [Gesamtausgebot] (1) Ist bei der Versteigerung mehrerer Grundstücke der Zuschlag auf Grund eines Gesamtausgebots erteilt und wird eine Verteilung des Erlöses auf die einzelnen Grundstücke notwendig, so wird aus dem Erlöse zunächst der Betrag entnommen, welcher zur Deckung der Kosten sowie zur Befriedigung derjenigen bei der Feststellung des geringsten Gebots berücksichtigten und durch Zahlung zu deckenden Rechte erforderlich ist, für welche die Grundstücke ungeteilt haften.

(2) [1] Der Überschuß wird auf die einzelnen Grundstücke nach dem Verhältnisse des Wertes der Grundstücke verteilt. [2] Dem Überschusse wird der Betrag der Rechte, welche nach §“91 nicht erlöschen, hinzugerechnet. [3] Auf den einem Grundstücke zufallenden Anteil am Erlöse wird der Betrag der Rechte, welche an diesem Grundstücke bestehen bleiben, angerechnet. [4] Besteht ein solches Recht an mehreren der versteigerten Grundstücke, so ist bei jedem von ihnen nur ein dem Verhältnisse des Wertes der Grundstücke entsprechender Teilbetrag in Anrechnung zu bringen.

(3) Reicht der nach Absatz 2 auf das einzelne Grundstück entfallende Anteil am Erlöse nicht zur Befriedigung derjenigen Ansprüche aus, welche nach Maßgabe des geringsten Gebots durch Zahlung zu berichtigen sind oder welche durch das bei dem Einzelausgebote für das Grundstück erzielte Meistgebot gedeckt werden, so erhöht sich der Anteil um den Fehlbetrag.

§ 113 [Aufstellung des Teilungsplans] (1) In dem Verteilungstermine wird nach Anhörung der anwesenden Beteiligten von dem Gerichte, nötigenfalls mit Hilfe eines Rechnungsverständigen, der Teilungsplan aufgestellt.

(2) In dem Plane sind auch die nach § 91 nicht erlöschenden Rechte anzugeben.

§ 114 [Aufzunehmende Ansprüche] (1) [1] In den Teilungsplan sind Ansprüche, soweit ihr Betrag oder ihr Höchstbetrag zur Zeit der Eintragung des Versteigerungsvermerkes aus dem Grundbuch ersichtlich war, nach dem Inhalte des Buches, im übrigen nur dann aufzunehmen, wenn sie spätestens in dem

Termin angemeldet sind. [2]Die Ansprüche des Gläubigers gelten als angemeldet, soweit sie sich aus dem Versteigerungsantrag ergeben.

(2) Laufende Beträge wiederkehrender Leistungen, die nach dem Inhalte des Grundbuchs zu entrichten sind, brauchen nicht angemeldet zu werden.

§ 114a [Kein Anspruch des Erstehers unter 7/10-Grenze] [1]Ist der Zuschlag einem zur Befriedigung aus dem Grundstück Berechtigten zu einem Gebot erteilt, das einschließlich des Kapitalwertes der nach den Versteigerungsbedingungen bestehenbleibenden Rechte hinter sieben Zehnteilen des Grundstückswertes zurückbleibt, so gilt der Ersteher auch insoweit als aus dem Grundstück befriedigt, als sein Anspruch durch das abgegebene Meistgebot nicht gedeckt ist, aber bei einem Gebot zum Betrage der Sieben-Zehnteile-Grenze gedeckt sein würde. [2]Hierbei sind dem Anspruch des Erstehers vorgehende oder gleichstehende Rechte, die erlöschen, nicht zu berücksichtigen.

§ 115 [Widerspruch gegen den Teilungsplan] (1) [1]Über den Teilungsplan wird sofort verhandelt. [2]Auf die Verhandlung sowie auf die Erledigung erhobener Widersprüche und die Ausführung des Planes finden die §§ 876 bis 882 der Zivilprozeßordnung[1)] entsprechende Anwendung.

(2) Ist ein vor dem Termin angemeldeter Anspruch nicht nach dem Antrag in den Plan aufgenommen, so gilt die Anmeldung als Widerspruch gegen den Plan.

(3) Der Widerspruch des Schuldners gegen einen vollstreckbaren Anspruch wird nach den §§ 767, 769, 770 der Zivilprozeßordnung erledigt.

(4) Soweit der Schuldner durch Sicherheitsleistung oder Hinterlegung die Befriedigung eines solchen Anspruchs abwenden darf, unterbleibt die Ausführung des Planes, wenn die Sicherheit geleistet oder die Hinterlegung erfolgt ist.

§ 116 [Aussetzung der Ausführung] Die Ausführung des Teilungsplans soll bis zur Rechtskraft des Zuschlags ausgesetzt werden, wenn der Ersteher oder im Falle des § 69 Abs. 3 der für mithaftend erklärte Bürge sowie in den Fällen des § 81 Abs. 2, 3 der Meistbietende die Aussetzung beantragt.

§ 117 [Ausführung bei Zahlung des Bargebots] (1) [1]Soweit der Versteigerungserlös in Geld vorhanden ist, wird der Teilungsplan durch Zahlung an die Berechtigten ausgeführt. [2]Die Zahlung ist unbar zu leisten.

(2) [1]Die Auszahlung an einen im Termine nicht erschienenen Berechtigten ist von Amts wegen anzuordnen. [2]Die Art der Auszahlung bestimmt sich nach den Landesgesetzen. [3]Kann die Auszahlung nicht erfolgen, so ist der Betrag für den Berechtigten zu hinterlegen.

(3) Im Falle der Hinterlegung des Erlöses kann statt der Zahlung eine Anweisung auf den hinterlegten Betrag erteilt werden.

§ 118 [Ausführung bei Nichtzahlung des Versteigerungserlöses]

(1) Soweit das Bargebot nicht berichtigt wird, ist der Teilungsplan dadurch auszuführen, daß die Forderung gegen den Ersteher auf die Berechtigten über-

---

1) Nr. **1**.

tragen und im Falle des § 69 Abs. 3 gegen den für mithaftend erklärten Bürgen auf die Berechtigten mitübertragen wird; Übertragung und Mitübertragung erfolgen durch Anordnung des Gerichts.

(2) [1] Die Übertragung wirkt wie die Befriedigung aus dem Grundstücke. [2] Diese Wirkung tritt jedoch im Falle des Absatzes 1 nicht ein, wenn vor dem Ablaufe von drei Monaten der Berechtigte dem Gerichte gegenüber den Verzicht auf die Rechte aus der Übertragung erklärt oder die Zwangsversteigerung beantragt. [3] Wird der Antrag auf Zwangsversteigerung zurückgenommen oder das Verfahren nach § 31 Abs. 2 aufgehoben, so gilt er als nicht gestellt. [4] Im Falle des Verzichts soll das Gericht die Erklärung dem Ersteher sowie demjenigen mitteilen, auf welchen die Forderung infolge des Verzichts übergeht.

§ 119 [Aufstellung des Teilungsplans bei bedingtem Anspruch] Wird auf einen bedingten Anspruch ein Betrag zugeteilt, so ist durch den Teilungsplan festzustellen, wie der Betrag anderweit verteilt werden soll, wenn der Anspruch wegfällt.

§ 120 [Ausführung des Teilungsplans bei aufschiebender Bedingung]

(1) [1] Ist der Anspruch aufschiebend bedingt, so ist der Betrag für die Berechtigten zu hinterlegen. [2] Soweit der Betrag nicht gezahlt ist, wird die Forderung gegen den Ersteher auf die Berechtigten übertragen. [3] Die Hinterlegung sowie die Übertragung erfolgt für jeden unter der entsprechenden Bedingung.

(2) Während der Schwebezeit gelten für die Anlegung des hinterlegten Geldes, für die Kündigung und Einziehung der übertragenen Forderung sowie für die Anlegung des eingezogenen Geldes die Vorschriften der §§ 1077 bis 1079 des Bürgerlichen Gesetzbuchs; die Art der Anlegung bestimmt derjenige, welchem der Betrag gebührt, wenn die Bedingung ausfällt.

§ 121 [Zuteilung auf Ersatzansprüche] (1) In den Fällen des § 92 Abs. 2 ist für den Ersatzanspruch in den Teilungsplan ein Betrag aufzunehmen, welcher der Summe aller künftigen Leistungen gleichkommt, den fünfundzwanzigfachen Betrag einer Jahresleistung jedoch nicht übersteigt; zugleich ist zu bestimmen, daß aus den Zinsen und dem Betrage selbst die einzelnen Leistungen zur Zeit der Fälligkeit zu entnehmen sind.

(2) Die Vorschriften der §§ 119, 120 finden entsprechende Anwendung; die Art der Anlegung des Geldes bestimmt der zunächst Berechtigte.

§ 122 [Verteilung bei Gesamthypothek] (1) [1] Sind mehrere für den Anspruch eines Beteiligten haftende Grundstücke in demselben Verfahren versteigert worden, so ist, unbeschadet der Vorschrift des § 1132 Abs. 1 Satz 2 des Bürgerlichen Gesetzbuchs, bei jedem einzelnen Grundstücke nur ein nach dem Verhältnisse der Erlöse zu bestimmender Betrag in den Teilungsplan aufzunehmen. [2] Der Erlös wird unter Abzug des Betrags der Ansprüche berechnet, welche dem Anspruche des Beteiligten vorgehen.

(2) Unterbleibt die Zahlung eines auf den Anspruch des Beteiligten zugeteilten Betrags, so ist der Anspruch bei jedem Grundstück in Höhe dieses Betrags in den Plan aufzunehmen.

§ 123 [Hilfsübertragung bei Gesamthypothek] (1) Soweit auf einen Anspruch, für den auch ein anderes Grundstück haftet, der zugeteilte Betrag nicht gezahlt wird, ist durch den Teilungsplan festzustellen, wie der Betrag anderweit verteilt werden soll, wenn das Recht auf Befriedigung aus dem zugeteilten Betrage nach Maßgabe der besonderen Vorschriften über die Gesamthypothek erlischt.

(2) Die Zuteilung ist dadurch auszuführen, daß die Forderung gegen den Ersteher unter der entsprechenden Bedingung übertragen wird.

§ 124 [Verteilung bei Widerspruch gegen den Teilungsplan] (1) Im Falle eines Widerspruchs gegen den Teilungsplan ist durch den Plan festzustellen, wie der streitige Betrag verteilt werden soll, wenn der Widerspruch für begründet erklärt wird.

(2) Die Vorschriften des § 120 finden entsprechende Anwendung; die Art der Anlegung bestimmt derjenige, welcher den Anspruch geltend macht.

(3) Das gleiche gilt, soweit nach § 115 Abs. 4 die Ausführung des Planes unterbleibt.

§ 125 [Zuteilung des erhöhten Betrages] (1) [1] Hat der Ersteher außer dem durch Zahlung zu berichtigenden Teile des Meistgebots einen weiteren Betrag nach den §§ 50, 51 zu zahlen, so ist durch den Teilungsplan festzustellen, wem dieser Betrag zugeteilt werden soll. [2] Die Zuteilung ist dadurch auszuführen, daß die Forderung gegen den Ersteher übertragen wird.

(2) [1] Ist ungewiß oder streitig, ob der weitere Betrag zu zahlen ist, so erfolgt die Zuteilung und Übertragung unter der entsprechenden Bedingung. [2] Die §§ 878 bis 882 der Zivilprozeßordnung[1)] finden keine Anwendung.

(3) Die Übertragung hat nicht die Wirkung der Befriedigung aus dem Grundstücke.

§ 126 [Hilfszuteilung bei unbekannten Berechtigten] (1) Ist für einen zugeteilten Betrag die Person des Berechtigten unbekannt, insbesondere bei einer Hypothek, Grundschuld oder Rentenschuld der Brief nicht vorgelegt, so ist durch den Teilungsplan festzustellen, wie der Betrag verteilt werden soll, wenn der Berechtigte nicht ermittelt wird.

(2) [1] Der Betrag ist für den unbekannten Berechtigten zu hinterlegen. [2] Soweit der Betrag nicht gezahlt wird, ist die Forderung gegen den Ersteher auf den Berechtigten zu übertragen.

§ 127 [Vermerke auf Hypothekenbriefen und vollstreckbaren Titeln]

(1) [1] Wird der Brief über eine infolge der Versteigerung erloschene Hypothek, Grundschuld oder Rentenschuld vorgelegt, so hat das Gericht ihn unbrauchbar zu machen. [2] Ist das Recht nur zum Teil erloschen, so ist dies auf dem Briefe zu vermerken. [3] Wird der Brief nicht vorgelegt, so kann das Gericht ihn von dem Berechtigten einfordern.

(2) Im Falle der Vorlegung eines vollstreckbaren Titels über einen Anspruch, auf welchen ein Betrag zugeteilt wird, hat das Gericht auf dem Titel zu ver-

---

1) Nr. **1**.

merken, in welchem Umfange der Betrag durch Zahlung, Hinterlegung oder Übertragung gedeckt worden ist.

(3) Der Wortlaut der Vermerke ist durch das Protokoll festzustellen.

§ 128 [Eintragung einer Sicherungshypothek] (1) [1] Soweit für einen Anspruch die Forderung gegen den Ersteher übertragen wird, ist für die Forderung eine Sicherungshypothek an dem Grundstücke mit dem Range des Anspruchs einzutragen. [2] War das Recht, aus welchem der Anspruch herrührt, nach dem Inhalte des Grundbuchs mit dem Rechte eines Dritten belastet, so wird dieses Recht als Recht an der Forderung miteingetragen.

(2) Soweit die Forderung gegen den Ersteher unverteilt bleibt, wird eine Sicherungshypothek für denjenigen eingetragen, welcher zur Zeit des Zuschlags Eigentümer des Grundstücks war.

(3) [1] Mit der Eintragung entsteht die Hypothek. [2] Vereinigt sich die Hypothek mit dem Eigentum in einer Person, so kann sie nicht zum Nachteil eines Rechtes, das bestehen geblieben ist, oder einer nach Absätzen 1, 2 eingetragenen Sicherungshypothek geltend gemacht werden.

(4) Wird das Grundstück von neuem versteigert, ist der zur Deckung der Hypothek erforderliche Betrag als Teil des Bargebots zu berücksichtigen.

§ 129 [Spätere Rangverschiebung der Sicherungshypotheken] [1] Die Sicherungshypothek für die im § 10 Nr. 1 bis 3 bezeichneten Ansprüche, für die im § 10 Nr. 4 bezeichneten Ansprüche auf wiederkehrende Leistungen und für die im § 10 Abs. 2 bezeichneten Kosten kann nicht zum Nachteile der Rechte, welche bestehen geblieben sind, und der übrigen nach § 128 Abs. 1, 2 eingetragenen Sicherungshypotheken geltend gemacht werden, es sei denn, daß vor dem Ablaufe von sechs Monaten nach der Eintragung derjenige, welchem die Hypothek zusteht, die Zwangsversteigerung des Grundstücks beantragt. [2] Wird der Antrag auf Zwangsversteigerung zurückgenommen oder das Verfahren nach § 31 Abs. 2 aufgehoben, so gilt er als nicht gestellt.

§ 130 [Eintragungen in das Grundbuch] (1) [1] Ist der Teilungsplan ausgeführt und der Zuschlag rechtskräftig, so ist das Grundbuchamt zu ersuchen, den Ersteher als Eigentümer einzutragen, den Versteigerungsvermerk sowie die durch den Zuschlag erloschenen Rechte zu löschen und die Eintragung der Sicherungshypotheken für die Forderung gegen den Ersteher zu bewirken. [2] Bei der Eintragung der Hypotheken soll im Grundbuch ersichtlich gemacht werden, daß sie auf Grund eines Zwangsversteigerungsverfahrens erfolgt ist.

(2) Ergibt sich, daß ein bei der Feststellung des geringsten Gebots berücksichtigtes Recht nicht zur Entstehung gelangt oder daß es erloschen ist, so ist das Ersuchen auch auf die Löschung dieses Rechtes zu richten.

(3) Hat der Ersteher, bevor er als Eigentümer eingetragen worden ist, die Eintragung eines Rechtes an dem versteigerten Grundstück bewilligt, so darf die Eintragung nicht vor der Erledigung des im Absatz 1 bezeichneten Ersuchens erfolgen.

§ 130a [Vormerkung] (1) Soweit für den Gläubiger eines erloschenen Rechts gegenüber einer bestehenbleibenden Hypothek, Grundschuld oder Rentenschuld nach § 1179a des Bürgerlichen Gesetzbuchs die Wirkungen einer Vormerkung bestanden, fallen diese Wirkungen mit der Ausführung des Ersuchens nach § 130 weg.

(2) [1] Ist bei einem solchen Recht der Löschungsanspruch nach § 1179a des Bürgerlichen Gesetzbuchs gegenüber einem bestehenbleibenden Recht nicht nach § 91 Abs. 4 Satz 2 erloschen, so ist das Ersuchen nach § 130 auf einen spätestens im Verteilungstermin zu stellenden Antrag des Anspruchsberechtigten jedoch auch darauf zu richten, daß für ihn bei dem bestehenbleibenden Recht eine Vormerkung zur Sicherung des sich aus der erloschenen Hypothek, Grundschuld oder Rentenschuld ergebenden Anspruchs auf Löschung einzutragen ist. [2] Die Vormerkung sichert den Löschungsanspruch vom gleichen Zeitpunkt an, von dem ab die Wirkungen des § 1179a Abs. 1 Satz 3 des Bürgerlichen Gesetzbuchs bestanden. [3] Wer durch die Eintragung der Vormerkung beeinträchtigt wird, kann von dem Berechtigten die Zustimmung zu deren Löschung verlangen, wenn diesem zur Zeit des Erlöschens seines Rechts ein Anspruch auf Löschung des bestehenbleibenden Rechts nicht zustand oder er auch bei Verwirklichung dieses Anspruchs eine weitere Befriedigung nicht erlangen würde; die Kosten der Löschung der Vormerkung und der dazu erforderlichen Erklärungen hat derjenige zu tragen, für den die Vormerkung eingetragen war.

§ 131 [Löschung einer Hypothek, Grundschuld oder Rentenschuld]

[1] In den Fällen des § 130 Abs. 1 ist zur Löschung einer Hypothek, einer Grundschuld oder einer Rentenschuld, im Falle des § 128 zur Eintragung des Vorranges einer Sicherungshypothek die Vorlegung des über das Recht erteilten Briefes nicht erforderlich. [2] Das gleiche gilt für die Eintragung der Vormerkung nach § 130a Abs. 2 Satz 1.

§ 132 [Vollstreckbarkeit; Vollstreckungsklausel] (1) [1] Nach der Ausführung des Teilungsplans ist die Forderung gegen den Ersteher, im Falle des § 69 Abs. 3 auch gegen den für mithaftend erklärten Bürgen und im Falle des § 81 Abs. 4 auch gegen den für mithaftend erklärten Meistbietenden, der Anspruch aus der Sicherungshypothek gegen den Ersteher und jeden späteren Eigentümer vollstreckbar. [2] Diese Vorschrift findet keine Anwendung, soweit der Ersteher einen weiteren Betrag nach den §§ 50, 51 zu zahlen hat.

(2) [1] Die Zwangsvollstreckung erfolgt auf Grund einer vollstreckbaren Ausfertigung des Beschlusses, durch welchen der Zuschlag erteilt ist. [2] In der Vollstreckungsklausel ist der Berechtigte sowie der Betrag der Forderung anzugeben; der Zustellung einer Urkunde über die Übertragung der Forderung bedarf es nicht.

§ 133 [Vollstreckung ohne Zustellung des Vollstreckungstitels] [1] Die Zwangsvollstreckung in das Grundstück ist gegen den Ersteher ohne Zustellung des vollstreckbaren Titels oder der nach § 132 erteilten Vollstreckungsklausel zulässig; sie kann erfolgen, auch wenn der Ersteher noch nicht als Eigentümer eingetragen ist. [2] Der Vorlegung des im § 17 Abs. 2 bezeichneten Zeugnisses bedarf es nicht, solange das Grundbuchamt noch nicht um die Eintragung ersucht ist.

§ 134 *(aufgehoben)*

§ 135 [Vertreter für unbekannten Berechtigten] [1] Ist für einen zugeteilten Betrag die Person des Berechtigten unbekannt, so hat das Vollstreckungsgericht zur Ermittlung des Berechtigten einen Vertreter zu bestellen. [2] Die Vorschriften des § 7 Abs. 2 finden entsprechende Anwendung. [3] Die Auslagen und Gebühren des Vertreters sind aus dem zugeteilten Betrage vorweg zu entnehmen.

§ 136 [Kraftloserklärung von Grundpfandbriefen] Ist der Nachweis des Berechtigten von der Beibringung des Briefes über eine Hypothek, Grundschuld oder Rentenschuld abhängig, so kann der Brief im Wege des Aufgebotsverfahrens auch dann für kraftlos erklärt werden, wenn das Recht bereits gelöscht ist.

§ 137 [Nachträgliche Ermittlung des Berechtigten] (1) Wird der Berechtigte nachträglich ermittelt, so ist der Teilungsplan weiter auszuführen.

(2) [1] Liegt ein Widerspruch gegen den Anspruch vor, so ist derjenige, welcher den Widerspruch erhoben hat, von der Ermittlung des Berechtigten zu benachrichtigen. [2] Die im § 878 der Zivilprozeßordnung[1)] bestimmte Frist zur Erhebung der Klage beginnt mit der Zustellung der Benachrichtigung.

§ 138 [Ermächtigung zum Aufgebot] (1) Wird der Berechtigte nicht vor dem Ablaufe von drei Monaten seit dem Verteilungstermin ermittelt, so hat auf Antrag das Gericht den Beteiligten, welchem der Betrag anderweit zugeteilt ist, zu ermächtigen, das Aufgebotsverfahren zum Zwecke der Ausschließung des unbekannten Berechtigten von der Befriedigung aus dem zugeteilten Betrage zu beantragen.

(2) [1] Wird nach der Erteilung der Ermächtigung der Berechtigte ermittelt, so hat das Gericht den Ermächtigten hiervon zu benachrichtigen. [2] Mit der Benachrichtigung erlischt die Ermächtigung.

§ 139 [Terminsbestimmung bei nachträglicher Ermittlung] (1) [1] Das Gericht kann im Falle der nachträglichen Ermittlung des Berechtigten zur weiteren Ausführung des Teilungsplans einen Termin bestimmen. [2] Die Terminsbestimmung ist dem Berechtigten und dessen Vertreter, dem Beteiligten, welchem der Betrag anderweit zugeteilt ist, und demjenigen zuzustellen, welcher zur Zeit des Zuschlags Eigentümer des Grundstücks war.

(2) [1] Liegt ein Widerspruch gegen den Anspruch vor, so erfolgt die Zustellung der Terminsbestimmung auch an denjenigen, welcher den Widerspruch erhoben hat. [2] Die im § 878 der Zivilprozeßordnung[1)] bestimmte Frist zur Erhebung der Klage beginnt mit dem Termine.

§ 140 [Aufgebotsverfahren] (1) Für das Aufgebotsverfahren ist das Vollstreckungsgericht zuständig.

(2) Der Antragsteller hat zur Begründung des Antrags die ihm bekannten Rechtsnachfolger desjenigen anzugeben, welcher als letzter Berechtigter ermittelt ist.

[1)] Nr. **1**.

(3) In dem Aufgebot ist der unbekannte Berechtigte aufzufordern, sein Recht innerhalb der Aufgebotsfrist anzumelden, widrigenfalls seine Ausschließung von der Befriedigung aus dem zugeteilten Betrag erfolgen werde.

(4) Das Aufgebot ist demjenigen, welcher als letzter Berechtigter ermittelt ist, den angezeigten Rechtsnachfolgern sowie dem Vertreter des unbekannten Berechtigten zuzustellen.

(5) Eine im Vollstreckungsverfahren erfolgte Anmeldung gilt auch für das Aufgebotsverfahren.

(6) Der Antragsteller kann die Erstattung der Kosten des Verfahrens aus dem zugeteilten Betrage verlangen.

§ 141 [Ausführung des Teilungsplans nach Ausschließungsbeschluss]

[1] Nach der Erlassung des Ausschließungsbeschlusses hat das Gericht einen Termin zur weiteren Ausführung des Teilungsplans zu bestimmen. [2] Die Terminsbestimmung ist dem Antragsteller und den Personen, welchen Rechte in dem Urteile vorbehalten sind, dem Vertreter des unbekannten Berechtigten sowie demjenigen zuzustellen, welcher zur Zeit des Zuschlags Eigentümer des Grundstücks war.

§ 142 [Dreißigjährige Frist für hinterlegten Betrag] [1] In den Fällen des § 117 Abs. 2 und der §§ 120, 121, 124, 126 erlöschen die Rechte auf den hinterlegten Betrag mit dem Ablaufe von dreißig Jahren, wenn nicht der Empfangsberechtigte sich vorher bei der Hinterlegungsstelle meldet; derjenige, welcher zur Zeit des Zuschlags Eigentümer des Grundstücks war, ist zur Erhebung berechtigt. [2] Die dreißigjährige Frist beginnt mit der Hinterlegung, in den Fällen der §§ 120, 121 mit dem Eintritt der Bedingung, unter welcher die Hinterlegung erfolgt ist.

§ 143 [Außergerichtliche Einigung über Erlösverteilung] Die Verteilung des Versteigerungserlöses durch das Gericht findet nicht statt, wenn dem Gerichte durch öffentliche oder öffentlich beglaubigte Urkunden nachgewiesen wird, daß sich die Beteiligten über die Verteilung des Erlöses geeinigt haben.

§ 144 [Außergerichtliche Befriedigung der Berechtigten] (1) [1] Weist der Ersteher oder im Falle des § 69 Abs. 3 der für mithaftend erklärte Bürge dem Gerichte durch öffentliche oder öffentlich beglaubigte Urkunden nach, daß er diejenigen Berechtigten, deren Ansprüche durch das Gebot gedeckt sind, befriedigt hat oder daß er von ihnen als alleiniger Schuldner angenommen ist, so sind auf Anordnung des Gerichts die Urkunden nebst der Erklärung des Erstehers oder des Bürgen zur Einsicht der Beteiligten auf der Geschäftsstelle niederzulegen. [2] Die Beteiligten sind von der Niederlegung zu benachrichtigen und aufzufordern, Erinnerungen binnen zwei Wochen geltend zu machen.

(2) Werden Erinnerungen nicht innerhalb der zweiwöchigen Frist erhoben, so beschränkt sich das Verteilungsverfahren auf die Verteilung des Erlöses aus denjenigen Gegenständen, welche im Falle des § 65 besonders versteigert oder anderweit verwertet worden sind.

§ 145 [Anzuwendende Vorschriften] Die Vorschriften des § 105 Abs. 2 Satz 2 und der §§ 127, 130 bis 133 finden in den Fällen der §§ 143, 144 entsprechende Anwendung.

IX. Grundpfandrechte in ausländischer Währung

§ 145a [Sonderbestimmungen] Für die Zwangsversteigerung eines Grundstücks, das mit einer Hypothek, Grundschuld oder Rentenschuld in einer nach § 28 Satz 2 der Grundbuchordnung zugelassenen Währung belastet ist, gelten folgende Sonderbestimmungen:

1. Die Terminbestimmung muß die Angabe, daß das Grundstück mit einer Hypothek, Grundschuld oder Rentenschuld in einer nach § 28 Satz 2 der Grundbuchordnung zugelassenen Währung belastet ist, und die Bezeichnung dieser Währung enthalten.
2. In dem Zwangsversteigerungstermin wird vor der Aufforderung zur Abgabe von Geboten festgestellt und bekannt gemacht, welchen Wert die in der nach § 28 Satz 2 der Grundbuchordnung zugelassenen Fremdwährung eingetragene Hypothek, Grundschuld oder Rentenschuld nach dem amtlich ermittelten letzten Kurs in Euro hat. Dieser Kurswert bleibt für das weitere Verfahren maßgebend.
3. Die Höhe des Bargebots wird in Euro festgestellt. Die Gebote sind in Euro abzugeben.
4. Der Teilungsplan wird in Euro aufgestellt.
5. Wird ein Gläubiger einer in nach § 28 Satz 2 der Grundbuchordnung zulässigen Fremdwährung eingetragenen Hypothek, Grundschuld oder Rentenschuld nicht vollständig befriedigt, so ist der verbleibende Teil seiner Forderung in der Fremdwährung festzustellen. Die Feststellung ist für die Haftung mitbelasteter Gegenstände, für die Verbindlichkeit des persönlichen Schuldners und für die Geltendmachung des Ausfalls im Insolvenzverfahren maßgebend.

Dritter Titel. Zwangsverwaltung

§ 146 [Anordnung] (1) Auf die Anordnung der Zwangsverwaltung finden die Vorschriften über die Anordnung der Zwangsversteigerung entsprechende Anwendung, soweit sich nicht aus den §§ 147 bis 151 ein anderes ergibt.

(2) Von der Anordnung sind nach dem Eingange der im § 19 Abs. 2 bezeichneten Mitteilungen des Grundbuchamts die Beteiligten zu benachrichtigen.

§ 147 [Eigenbesitz des Schuldners] (1) Wegen des Anspruchs aus einem eingetragenen Rechte findet die Zwangsverwaltung auch dann statt, wenn die Voraussetzungen des § 17 Abs. 1 nicht vorliegen, der Schuldner aber das Grundstück im Eigenbesitze hat.

(2) Der Besitz ist durch Urkunden glaubhaft zu machen, sofern er nicht bei dem Gericht offenkundig ist.

§ 148 [Beschlagnahme des Grundstücks; Umfang] (1) [1] Die Beschlagnahme des Grundstücks umfaßt auch die im § 21 Abs. 1, 2 bezeichneten Gegenstände. [2] Die Vorschrift des § 23 Abs. 1 Satz 2 findet keine Anwendung.

(2) Durch die Beschlagnahme wird dem Schuldner die Verwaltung und Benutzung des Grundstücks entzogen.

§ 149 [Wohnräume und Unterhalt des Schuldners] (1) Wohnt der Schuldner zur Zeit der Beschlagnahme auf dem Grundstücke, so sind ihm die für seinen Hausstand unentbehrlichen Räume zu belassen.

(2) Gefährdet der Schuldner oder ein Mitglied seines Hausstandes das Grundstück oder die Verwaltung, so hat auf Antrag das Gericht dem Schuldner die Räumung des Grundstücks aufzugeben.

(3) [1] Bei der Zwangsverwaltung eines landwirtschaftlichen, forstwirtschaftlichen oder gärtnerischen Grundstücks hat der Zwangsverwalter aus den Erträgnissen des Grundstücks oder aus deren Erlös dem Schuldner die Mittel zur Verfügung zu stellen, die zur Befriedigung seiner und seiner Familie notwendigen Bedürfnisse erforderlich sind. [2] Im Streitfall entscheidet das Vollstreckungsgericht nach Anhörung des Gläubigers, des Schuldners und des Zwangsverwalters. [3] Der Beschluß unterliegt der sofortigen Beschwerde.

§ 150 [Bestellung des Verwalters; Übergabe des Grundstücks]

(1) Der Verwalter wird von dem Gerichte bestellt.

(2) Das Gericht hat dem Verwalter durch einen Gerichtsvollzieher oder durch einen sonstigen Beamten das Grundstück zu übergeben oder ihm die Ermächtigung zu erteilen, sich selbst den Besitz zu verschaffen.

§ 150a [Vorgeschlagener Verwalter] (1) Gehört bei der Zwangsverwaltung eines Grundstücks zu den Beteiligten eine öffentliche Körperschaft, ein unter staatlicher Aufsicht stehendes Institut, eine Hypothekenbank oder ein Siedlungsunternehmen im Sinne des Reichssiedlungsgesetzes, so kann dieser Beteiligte innerhalb einer ihm vom Vollstreckungsgericht zu bestimmenden Frist eine in seinen Diensten stehende Person als Verwalter vorschlagen.

(2) [1] Das Gericht hat den Vorgeschlagenen zum Verwalter zu bestellen, wenn der Beteiligte die dem Verwalter nach § 154 Satz 1 obliegende Haftung übernimmt und gegen den Vorgeschlagenen mit Rücksicht auf seine Person oder die Art der Verwaltung Bedenken nicht bestehen. [2] Der vorgeschlagene Verwalter erhält für seine Tätigkeit keine Vergütung.

§ 150b [Schuldner als Verwalter] (1) [1] Bei der Zwangsverwaltung eines landwirtschaftlichen, forstwirtschaftlichen oder gärtnerischen Grundstücks ist der Schuldner zum Verwalter zu bestellen. [2] Von seiner Bestellung ist nur abzusehen, wenn er nicht dazu bereit ist oder wenn nach Lage der Verhältnisse eine ordnungsmäßige Führung der Verwaltung durch ihn nicht zu erwarten ist.

(2) Vor der Bestellung sollen der betreibende Gläubiger und etwaige Beteiligte der in § 150a bezeichneten Art sowie die untere Verwaltungsbehörde gehört werden.

(3) Ein gemäß § 150a gemachter Vorschlag ist nur für den Fall zu berücksichtigen, daß der Schuldner nicht zum Verwalter bestellt wird.

§ 150c [Aufsichtsperson für Schuldner als Verwalter] (1) [1] Wird der Schuldner zum Zwangsverwalter bestellt, so hat das Gericht eine Aufsichtsperson zu bestellen. [2] Aufsichtsperson kann auch eine Behörde oder juristische Person sein.

(2) [1] Für die Aufsichtsperson gelten die Vorschriften des § 153 Abs. 2 und des § 154 Satz 1 entsprechend. [2] Gerichtliche Anordnungen, die dem Verwalter zugestellt werden, sind auch der Aufsichtsperson zuzustellen. [3] Vor der Erteilung von Anweisungen im Sinne des § 153 ist auch die Aufsichtsperson zu hören.

(3) Die Aufsichtsperson hat dem Gericht unverzüglich Anzeige zu erstatten, wenn der Schuldner gegen seine Pflichten als Verwalter verstößt.

(4) [1] Der Schuldner führt die Verwaltung unter Aufsicht der Aufsichtsperson. [2] Er ist verpflichtet, der Aufsichtsperson jederzeit Auskunft über das Grundstück, den Betrieb und die mit der Bewirtschaftung zusammenhängenden Rechtsverhältnisse zu geben und Einsicht in vorhandene Aufzeichnungen zu gewähren. [3] Er hat, soweit es sich um Geschäfte handelt, die über den Rahmen der laufenden Wirtschaftsführung hinausgehen, rechtzeitig die Entschließung der Aufsichtsperson einzuholen.

§ 150d [Befugnisse des Schuldners als Verwalter] [1] Der Schuldner darf als Verwalter über die Nutzungen des Grundstücks und deren Erlös, unbeschadet der Vorschriften der §§ 155 bis 158, nur mit Zustimmung der Aufsichtsperson verfügen. [2] Zur Einziehung von Ansprüchen, auf die sich die Beschlagnahme erstreckt, ist er ohne diese Zustimmung befugt; er ist jedoch verpflichtet, die Beträge, die zu notwendigen Zahlungen zur Zeit nicht erforderlich sind, nach näherer Anordnung des Gerichts unverzüglich anzulegen.

§ 150e [Keine Vergütung für Schuldner als Verwalter] [1] Der Schuldner erhält als Verwalter keine Vergütung. [2] Erforderlichenfalls bestimmt das Gericht nach Anhörung der Aufsichtsperson, in welchem Umfange der Schuldner Erträgnisse des Grundstücks oder deren Erlös zur Befriedigung seiner und seiner Familie notwendigen Bedürfnisse verwenden darf.

§ 151 [Wirksamwerden der Beschlagnahme] (1) Die Beschlagnahme wird auch dadurch wirksam, daß der Verwalter nach § 150 den Besitz des Grundstücks erlangt.

(2) Der Beschluß, durch welchen der Beitritt eines Gläubigers zugelassen wird, soll dem Verwalter zugestellt werden; die Beschlagnahme wird zugunsten des Gläubigers auch mit dieser Zustellung wirksam, wenn der Verwalter sich bereits im Besitze des Grundstücks befindet.

(3) Das Zahlungsverbot an den Drittschuldner ist auch auf Antrag des Verwalters zu erlassen.

§ 152[1)] [Aufgaben des Verwalters] (1) Der Verwalter hat das Recht und die Pflicht, alle Handlungen vorzunehmen, die erforderlich sind, um das Grundstück in seinem wirtschaftlichen Bestande zu erhalten und ordnungsmäßig zu benutzen; er hat die Ansprüche, auf welche sich die Beschlagnahme erstreckt, geltend zu machen und die für die Verwaltung entbehrlichen Nutzungen in Geld umzusetzen.

[1)] Siehe auch die ZwangsverwalterVO v. 19.12.2003 (BGBl. I S. 2804).

(2) Ist das Grundstück vor der Beschlagnahme einem Mieter oder Pächter überlassen, so ist der Miet- oder Pachtvertrag auch dem Verwalter gegenüber wirksam.

§ 152a [Ermächtigung] [1]Das Bundesministerium der Justiz und für Verbraucherschutz wird ermächtigt, Stellung, Aufgaben und Geschäftsführung des Zwangsverwalters sowie seine Vergütung (Gebühren und Auslagen) durch Rechtsverordnung mit Zustimmung des Bundesrates näher zu regeln. [2]Die Höhe der Vergütung ist an der Art und dem Umfang der Aufgabe sowie an der Leistung des Zwangsverwalters auszurichten. [3]Es sind Mindest- und Höchstsätze vorzusehen.

§ 153 [Anordnungen und Aufsicht des Gerichts] (1) Das Gericht hat den Verwalter nach Anhörung des Gläubigers und des Schuldners mit der erforderlichen Anweisung für die Verwaltung zu versehen, die dem Verwalter zu gewährende Vergütung festzusetzen und die Geschäftsführung zu beaufsichtigen; in geeigneten Fällen ist ein Sachverständiger zuzuziehen.

(2) [1]Das Gericht kann dem Verwalter die Leistung einer Sicherheit auferlegen, gegen ihn Zwangsgeld festsetzen und ihn entlassen. [2]Das Zwangsgeld ist vorher anzudrohen.

§ 153a [Anordnungen über Entgelt für Viehfutter] Ist in einem Gebiet das zu dem landwirtschaftlichen Betriebe gehörende Vieh nach der Verkehrssitte nicht Zubehör des Grundstücks, so hat, wenn der Schuldner zum Zwangsverwalter bestellt wird, das Vollstreckungsgericht gemäß § 153 Anordnungen darüber zu erlassen, welche Beträge der Schuldner als Entgelt dafür, daß das Vieh aus den Erträgnissen des Grundstücks ernährt wird, der Teilungsmasse zuzuführen hat und wie die Erfüllung dieser Verpflichtung sicherzustellen ist.

§ 153b [Einstweilige Einstellung auf Antrag des Insolvenzverwalters]

(1) Ist über das Vermögen des Schuldners das Insolvenzverfahren eröffnet, so ist auf Antrag des Insolvenzverwalters die vollständige oder teilweise Einstellung der Zwangsverwaltung anzuordnen, wenn der Insolvenzverwalter glaubhaft macht, daß durch die Fortsetzung der Zwangsverwaltung eine wirtschaftlich sinnvolle Nutzung der Insolvenzmasse wesentlich erschwert wird.

(2) Die Einstellung ist mit der Auflage anzuordnen, daß die Nachteile, die dem betreibenden Gläubiger aus der Einstellung erwachsen, durch laufende Zahlungen aus der Insolvenzmasse ausgeglichen werden.

(3) Vor der Entscheidung des Gerichts sind der Zwangsverwalter und der betreibende Gläubiger zu hören.

§ 153c [Aufhebung der einstweiligen Einstellung] (1) Auf Antrag des betreibenden Gläubigers hebt das Gericht die Anordnung der einstweiligen Einstellung auf, wenn die Voraussetzungen für die Einstellung fortgefallen sind, wenn die Auflagen nach § 153b Abs. 2 nicht beachtet werden oder wenn der Insolvenzverwalter der Aufhebung zustimmt.

(2) [1]Vor der Entscheidung des Gerichts ist der Insolvenzverwalter zu hören. [2]Wenn keine Aufhebung erfolgt, enden die Wirkungen der Anordnung mit der Beendigung des Insolvenzverfahrens.

§ 154 [Haftung; Rechnungslegung] [1]Der Verwalter ist für die Erfüllung der ihm obliegenden Verpflichtungen allen Beteiligten gegenüber verantwortlich. [2]Er hat dem Gläubiger und dem Schuldner jährlich und nach der Beendigung der Verwaltung Rechnung zu legen. [3]Die Rechnung ist dem Gericht einzureichen und von diesem dem Gläubiger und dem Schuldner vorzulegen.

§ 155 [Verteilung der Nutzungen] (1) Aus den Nutzungen des Grundstücks sind die Ausgaben der Verwaltung sowie die Kosten des Verfahrens mit Ausnahme derjenigen, welche durch die Anordnung des Verfahrens oder den Beitritt eines Gläubigers entstehen, vorweg zu bestreiten.

(2) [1]Die Überschüsse werden auf die in § 10 Abs. 1 Nr. 1 bis 5 bezeichneten Ansprüche verteilt. [2]Hierbei werden in der zweiten, dritten und vierten Rangklasse jedoch nur Ansprüche auf laufende wiederkehrende Leistungen, einschließlich der Rentenleistungen, sowie auf diejenigen Beträge berücksichtigt, die zur allmählichen Tilgung einer Schuld als Zuschlag zu den Zinsen zu entrichten sind. [3]Abzahlungsbeträge auf eine unverzinsliche Schuld sind wie laufende wiederkehrende Leistungen zu berücksichtigen, soweit sie fünf vom Hundert des ursprünglichen Schuldbetrages nicht übersteigen.

(3) [1]Hat der eine Zwangsverwaltung betreibende Gläubiger für Instandsetzungs-, Ergänzungs- oder Umbauarbeiten an Gebäuden Vorschüsse gewährt, so sind diese zum Satze von einhalb vom Hundert über dem Zinssatz der Spitzenrefinanzierungsfazilität der Europäischen Zentralbank (SFR-Zinssatz) zu verzinsen. [2]Die Zinsen genießen bei der Zwangsverwaltung und der Zwangsversteigerung dasselbe Vorrecht wie die Vorschüsse selbst.

(4) [1]Hat der Zwangsverwalter oder, wenn der Schuldner zum Verwalter bestellt ist, der Schuldner mit Zustimmung der Aufsichtsperson Düngemittel, Saatgut oder Futtermittel angeschafft, die im Rahmen der bisherigen Wirtschaftsweise zur ordnungsmäßigen Aufrechterhaltung des Betriebs benötigt werden, so haben Ansprüche aus diesen Lieferungen den in § 10 Abs. 1 Nr. 1 bezeichneten Rang. [2]Das gleiche gilt von Krediten, die zur Bezahlung dieser Lieferungen in der für derartige Geschäfte üblichen Weise aufgenommen sind.

§ 156 [Öffentliche Lasten; Verteilungstermin] (1) [1]Die laufenden Beträge der öffentlichen Lasten sind von dem Verwalter ohne weiteres Verfahren zu berichtigen. [2]Dies gilt auch bei der Vollstreckung in ein Wohnungseigentum für die laufenden Beträge der daraus fälligen Ansprüche auf Zahlung der Beiträge zu den Lasten und Kosten des gemeinschaftlichen Eigentums oder des Sondereigentums, die nach § 16 Abs. 2, § 28 Abs. 2 und 5 des Wohnungseigentumsgesetzes geschuldet werden, einschließlich der Vorschüsse und Rückstellungen sowie der Rückgriffsansprüche einzelner Wohnungseigentümer. [3]Die Vorschrift des § 10 Abs. 1 Nr. 2 Satz 3 findet keine Anwendung.

(2) [1]Ist zu erwarten, daß auch auf andere Ansprüche Zahlungen geleistet werden können, so wird nach dem Eingange der im § 19 Abs. 2 bezeichneten Mitteilungen des Grundbuchamts der Verteilungstermin bestimmt. [2]In dem Termine wird der Teilungsplan für die ganze Dauer des Verfahrens aufgestellt. [3]Die Terminsbestimmung ist den Beteiligten sowie dem Verwalter zuzustellen. [4]Die Vorschriften des § 105 Abs. 2 Satz 2, des § 113 Abs. 1 und der §§ 114, 115, 124, 126 finden entsprechende Anwendung.

§ 157 [Ausführung des Teilungsplans] (1) [1] Nach der Feststellung des Teilungsplans hat das Gericht die planmäßige Zahlung der Beträge an die Berechtigten anzuordnen; die Anordnung ist zu ergänzen, wenn nachträglich der Beitritt eines Gläubigers zugelassen wird. [2] Die Auszahlungen erfolgen zur Zeit ihrer Fälligkeit durch den Verwalter, soweit die Bestände hinreichen.

(2) [1] Im Falle der Hinterlegung eines zugeteilten Betrags für den unbekannten Berechtigten ist nach den Vorschriften der §§ 135 bis 141 zu verfahren. [2] Die Vorschriften des § 142 finden Anwendung.

§ 158 [Kapital von Grundpfandrechten] (1) [1] Zur Leistung von Zahlungen auf das Kapital einer Hypothek oder Grundschuld oder auf die Ablösungssumme einer Rentenschuld hat das Gericht einen Termin zu bestimmen. [2] Die Terminsbestimmung ist von dem Verwalter zu beantragen.

(2) [1] Soweit der Berechtigte Befriedigung erlangt hat, ist das Grundbuchamt von dem Gericht um die Löschung des Rechtes zu ersuchen. [2] Eine Ausfertigung des Protokolls ist beizufügen; die Vorlegung des über das Recht erteilten Briefes ist zur Löschung nicht erforderlich.

(3) Im übrigen finden die Vorschriften der §§ 117, 127 entsprechende Anwendung.

§ 158a [Belastung in einheitlicher Europäischer Währung] Für die Zwangsverwaltung eines Grundstücks, das mit einer Hypothek, Grundschuld oder Rentenschuld in einer nach § 28 Satz 2 der Grundbuchordnung zugelassenen Währung belastet ist, gelten folgende Sonderbestimmungen:

1. Die Beträge, die auf ein in der Fremdwährung eingetragenes Recht entfallen, sind im Teilungsplan in der eingetragenen Währung festzustellen.
2. Die Auszahlung erfolgt in Euro.
3. Der Verwalter zahlt wiederkehrende Leistungen nach dem Kurswert des Fälligkeitstages aus. Zahlungen auf das Kapital setzt das Gericht in dem zur Leistung bestimmten Termin nach dem amtlich ermittelten letzten Kurswert fest.

§ 159 [Klage auf Änderung des Teilungsplans] (1) Jeder Beteiligte kann eine Änderung des Teilungsplans im Wege der Klage erwirken, auch wenn er Widerspruch gegen den Plan nicht erhoben hat.

(2) Eine planmäßig geleistete Zahlung kann auf Grund einer späteren Änderung des Planes nicht zurückgefordert werden.

§ 160 [Außergerichtliche Verteilung] Die Vorschriften der §§ 143 bis 145 über die außergerichtliche Verteilung finden entsprechende Anwendung.

§ 161 [Aufhebung des Verfahrens] (1) Die Aufhebung des Verfahrens erfolgt durch Beschluß des Gerichts.

(2) Das Verfahren ist aufzuheben, wenn der Gläubiger befriedigt ist.

(3) Das Gericht kann die Aufhebung anordnen, wenn die Fortsetzung des Verfahrens besondere Aufwendungen erfordert und der Gläubiger den nötigen Geldbetrag nicht vorschießt.

(4) Im übrigen finden auf die Aufhebung des Verfahrens die Vorschriften der §§ 28, 29, 32, 34 entsprechende Anwendung.

Zweiter Abschnitt. Zwangsversteigerung von Schiffen, Schiffsbauwerken und Luftfahrzeugen im Wege der Zwangsvollstreckung

§§ 162–171n *(vom Abdruck wurde abgesehen)*

Dritter Abschnitt. Zwangsversteigerung und Zwangsverwaltung in besonderen Fällen

§ 172 [Zwangsversteigerung in Insolvenzverfahren] Wird die Zwangsversteigerung oder die Zwangsverwaltung von dem Insolvenzverwalter beantragt, so finden die Vorschriften des ersten und zweiten Abschnitts entsprechende Anwendung, soweit sich nicht aus den §§ 173, 174 ein anderes ergibt.

§ 173 [Beschluss ist keine Beschlagnahme] [1]Der Beschluß, durch welchen das Verfahren angeordnet wird, gilt nicht als Beschlagnahme. [2]Im Sinne der §§ 13, 55 ist jedoch die Zustellung des Beschlusses an den Insolvenzverwalter als Beschlagnahme anzusehen.

§ 174 [Berücksichtigung der Insolvenzgläubiger] Hat ein Gläubiger für seine Forderung gegen den Schuldner des Insolvenzverfahrens ein von dem Insolvenzverwalter anerkanntes Recht auf Befriedigung aus dem Grundstücke, so kann er bis zum Schlusse der Verhandlung im Versteigerungstermine verlangen, daß bei der Feststellung des geringsten Gebots nur die seinem Anspruche vorgehenden Rechte berücksichtigt werden; in diesem Falle ist das Grundstück auch mit der verlangten Abweichung auszubieten.

§ 174a [Antragsrecht des Insolvenzverwalters] Der Insolvenzverwalter kann bis zum Schluß der Verhandlung im Versteigerungstermin verlangen, daß bei der Feststellung des geringsten Gebots nur die den Ansprüchen aus § 10 Abs. 1 Nr. 1a vorgehenden Rechte berücksichtigt werden; in diesem Fall ist das Grundstück auch mit der verlangten Abweichung auszubieten.

§ 175 [Antragsrecht des Erben] (1) [1]Hat ein Nachlaßgläubiger für seine Forderung ein Recht auf Befriedigung aus einem zum Nachlasse gehörenden Grundstücke, so kann der Erbe nach der Annahme der Erbschaft die Zwangsversteigerung des Grundstücks beantragen. [2]Zu dem Antrag ist auch jeder andere berechtigt, welcher das Aufgebot der Nachlaßgläubiger beantragen kann.

(2) Diese Vorschriften finden keine Anwendung, wenn der Erbe für die Nachlaßverbindlichkeiten unbeschränkt haftet oder wenn der Nachlaßgläubiger im Aufgebotsverfahren ausgeschlossen ist oder nach den §§ 1974, 1989 des Bürgerlichen Gesetzbuchs einem ausgeschlossenen Gläubiger gleichsteht.

§ 176 [Anzuwendende Vorschriften] Wird die Zwangsversteigerung nach § 175 beantragt, so finden die Vorschriften des ersten und zweiten Abschnitts sowie der §§ 173, 174 entsprechende Anwendung, soweit sich nicht aus den §§ 177, 178 ein anderes ergibt.

§ 177 [Glaubhaftmachung durch Urkunden] Der Antragsteller hat die Tatsachen, welche sein Recht zur Stellung des Antrags begründen, durch Urkunden glaubhaft zu machen, soweit sie nicht bei dem Gericht offenkundig sind.

§ 178 [Nachlassinsolvenz] (1) Die Zwangsversteigerung soll nicht angeordnet werden, wenn die Eröffnung des Nachlaßinsolvenzverfahrens beantragt ist.

(2) Durch die Eröffnung des Nachlaßinsolvenzverfahrens wird die Zwangsversteigerung nicht beendigt; für das weitere Verfahren gilt der Insolvenzverwalter als Antragsteller.

§ 179 [Berücksichtigter Nachlassgläubiger] Ist ein Nachlaßgläubiger, der verlangen konnte, daß das geringste Gebot nach Maßgabe des § 174 ohne Berücksichtigung seines Anspruchs festgestellt werde, bei der Feststellung des geringsten Gebots berücksichtigt, so kann ihm die Befriedigung aus dem übrigen Nachlasse verweigert werden.

§ 180 [Aufhebung einer Gemeinschaft] (1) Soll die Zwangsversteigerung zum Zwecke der Aufhebung einer Gemeinschaft erfolgen, so finden die Vorschriften des Ersten und Zweiten Abschnitts entsprechende Anwendung, soweit sich nicht aus den §§ 181 bis 185 ein anderes ergibt.

(2) [1] Die einstweilige Einstellung des Verfahrens ist auf Antrag eines Miteigentümers auf die Dauer von längstens sechs Monaten anzuordnen, wenn dies bei Abwägung der widerstreitenden Interessen der mehreren Miteigentümer angemessen erscheint. [2] Die einmalige Wiederholung der Einstellung ist zulässig. [3] § 30b gilt entsprechend.

(3) [1] Betreibt ein Miteigentümer die Zwangsversteigerung zur Aufhebung einer Gemeinschaft, der außer ihm nur sein Ehegatte, sein früherer Ehegatte, sein Lebenspartner oder sein früherer Lebenspartner angehört, so ist auf Antrag dieses Ehegatten, früheren Ehegatten, dieses Lebenspartners oder früheren Lebenspartners die einstweilige Einstellung des Verfahrens anzuordnen, wenn dies zur Abwendung einer ernsthaften Gefährdung des Wohls eines gemeinschaftlichen Kindes erforderlich ist. [2] Die mehrfache Wiederholung der Einstellung ist zulässig. [3] § 30b gilt entsprechend. [4] Das Gericht hebt seinen Beschluß auf Antrag auf oder ändert ihn, wenn dies mit Rücksicht auf eine Änderung der Sachlage geboten ist.

(4) Durch Anordnungen nach Absatz 2, 3 darf das Verfahren nicht auf mehr als fünf Jahre insgesamt einstweilen eingestellt werden.

§ 181 [Voraussetzungen der Anordnung] (1) Ein vollstreckbarer Titel ist nicht erforderlich.

(2) [1] Die Zwangsversteigerung eines Grundstücks, Schiffes, Schiffsbauwerks oder Luftfahrzeugs darf nur angeordnet werden, wenn der Antragsteller als Eigentümer im Grundbuch, im Schiffsregister, im Schiffsbauregister oder im Register für Pfandrechte an Luftfahrzeugen eingetragen oder Erbe eines einge-

tragenen Eigentümers ist oder wenn er das Recht des Eigentümers oder des Erben auf Aufhebung der Gemeinschaft ausübt. [2] Von dem Vormund eines Miteigentümers kann der Antrag nur mit Genehmigung des Familiengerichts, von dem Betreuer eines Miteigentümers nur mit Genehmigung des Betreuungsgerichts gestellt werden.

(3) Die Vorschrift des § 17 Abs. 3 findet auch auf die Erbfolge des Antragstellers Anwendung.

§ 182 [Feststellung des geringsten Gebots] (1) Bei der Feststellung des geringsten Gebots sind die den Anteil des Antragstellers belastenden oder mitbelastenden Rechte an dem Grundstücke sowie alle Rechte zu berücksichtigen, die einem dieser Rechte vorgehen oder gleichstehen.

(2) Ist hiernach bei einem Anteil ein größerer Betrag zu berücksichtigen als bei einem anderen Anteile, so erhöht sich das geringste Gebot um den zur Ausgleichung unter den Miteigentümern erforderlichen Betrag.

§ 183 [Vermietung oder Verpachtung] Im Falle der Vermietung oder Verpachtung des Grundstücks finden die in den §§ 57a und 57b vorgesehenen Maßgaben keine Anwendung.

§ 184 [Keine Sicherheitsleistung] Ein Miteigentümer braucht für sein Gebot keine Sicherheit zu leisten, wenn ihm eine durch das Gebot ganz oder teilweise gedeckte Hypothek, Grundschuld oder Rentenschuld zusteht.

§ 185 [Anhängiges Verfahren über Zuweisung eines landwirtschaftlichen Betriebes] (1) Ist ein Verfahren über einen Antrag auf Zuweisung eines landwirtschaftlichen Betriebes nach § 13 Abs. 1 des Grundstückverkehrsgesetzes vom 28. Juli 1961 (Bundesgesetzbl. S. 1091) anhängig und erstreckt sich der Antrag auf ein Grundstück, dessen Zwangsversteigerung nach § 180 angeordnet ist, so ist das Zwangsversteigerungsverfahren wegen dieses Grundstücks auf Antrag so lange einzustellen, bis über den Antrag auf Zuweisung rechtskräftig entschieden ist.

(2) Ist die Zwangsversteigerung mehrerer Grundstücke angeordnet und bezieht sich der Zuweisungsantrag nur auf eines oder einzelne dieser Grundstücke, so kann das Vollstreckungsgericht anordnen, daß das Zwangsversteigerungsverfahren auch wegen der nicht vom Zuweisungsverfahren erfaßten Grundstücke eingestellt wird.

(3) Wird dem Zuweisungsantrag stattgegeben, so ist das Zwangsversteigerungsverfahren, soweit es die zugewiesenen Grundstücke betrifft, aufzuheben und im übrigen fortzusetzen.

(4) Die Voraussetzungen für die Einstellung und die Aufhebung des Zwangsversteigerungsverfahrens sind vom Antragsteller nachzuweisen.

§ 186 [Übergangsvorschrift zum 2. Justizmodernisierungsgesetz]

Die §§ 3, 30c, 38, 49, 68, 69, 70, 72, 75, 82, 83, 85, 88, 103, 105, 107, 116, 117, 118, 128, 132, 144 und 169 sind in der Fassung des Artikels 11 des Gesetzes vom 22. Dezember 2006 (BGBl. I S. 3416) auf die am 1. Februar 2007 anhängigen Verfahren nur anzuwenden, soweit Zahlungen später als zwei Wochen nach diesem Tag zu bewirken sind.

5. Verordnung (EU) Nr. 1215/2012 des Europäischen Parlaments und des Rates vom 12. Dezember 2012 über die gerichtliche Zuständigkeit und die Anerkennung und Vollstreckung von Entscheidungen in Zivil- und Handelssachen[1]

[sog. Brüssel Ia-VO]
(Neufassung)

(ABl. L 351 S. 1, ber. 2016 L 264 S. 43)

Celex-Nr. 3 2012 R 1215

zuletzt geänd. durch Art. 1 ÄndVO (EU) 2015/281 v. 26.11.2014 (ABl. 2015 L 54 S. 1)

– Auszug –

DAS EUROPÄISCHE PARLAMENT UND DER RAT DER EUROPÄISCHEN UNION –

gestützt auf den Vertrag über die Arbeitsweise der Europäischen Union, insbesondere auf Artikel 67 Absatz 4 und Artikel 81 Absatz 2 Buchstaben a, c und e,

auf Vorschlag der Europäischen Kommission,

nach Zuleitung des Entwurfs des Gesetzgebungsakts an die nationalen Parlamente,

nach Stellungnahme des Europäischen Wirtschafts- und Sozialausschusses[2],

gemäß dem ordentlichen Gesetzgebungsverfahren[3],

in Erwägung nachstehender Gründe:

(1) Am 21. April 2009 hat die Kommission einen Bericht über die Anwendung der Verordnung (EG) Nr. 44/2001 des Rates vom 22. Dezember 2000 über die gerichtliche Zuständigkeit und die Anerkennung und Vollstreckung von Entscheidungen in Zivil- und Handelssachen[4] angenommen. Dem Bericht zufolge herrscht allgemein Zufriedenheit mit der Funktionsweise der genannten Verordnung, doch könnten die Anwendung bestimmter Vorschriften, der freie Verkehr gerichtlicher Entscheidungen sowie der Zugang zum Recht noch weiter verbessert werden. Da einige weitere Änderungen erfolgen sollen, sollte die genannte Verordnung aus Gründen der Klarheit neu gefasst werden.

(2) Der Europäische Rat hat auf seiner Tagung vom 10./11. Dezember 2009 in Brüssel ein neues mehrjähriges Programm mit dem Titel „Das Stock-

---

[1] Beachte die Übergangsvorschriften in Art. 66; die VO gilt für ab 10.1.2015 eingeleitete Verfahren, für ältere Verfahren gilt die EuGVO v. 22.12.2000 (ABl. 2001 L 12 S. 1, ber. ABl. L 307 S. 28, ABl. 2010 L 328 S. 36), zuletzt geänd. durch VO v. 16.1.2015 (ABl. L 45 S. 2).

[2] **Amtl. Anm.:** ABl. C 218 vom 23.7.2011, S. 78.

[3] **Amtl. Anm.:** Standpunkt des Europäischen Parlaments vom 20. November 2012 (noch nicht im Amtsblatt veröffentlicht) und Beschluss des Rates vom 6. Dezember 2012.

[4] **Amtl. Anm.:** ABl. L 12 vom 16.1.2001, S. 1.

holmer Programm – Ein offenes und sicheres Europa im Dienste und zum Schutz der Bürger“[1] angenommen. Im Stockholmer Programm vertritt der Europäische Rat die Auffassung, dass der Prozess der Abschaffung aller zwischengeschalteten Maßnahmen (Exequaturverfahren) während des von dem Programm abgedeckten Zeitraums fortgeführt werden sollte. Gleichzeitig sollte die Abschaffung der Exequaturverfahren von einer Reihe von Schutzvorkehrungen begleitet werden.

(3) Die Union hat sich zum Ziel gesetzt, einen Raum der Freiheit, der Sicherheit und des Rechts zu erhalten und weiterzuentwickeln, indem unter anderem der Zugang zum Recht, insbesondere durch den Grundsatz der gegenseitigen Anerkennung gerichtlicher und außergerichtlicher Entscheidungen in Zivilsachen, erleichtert wird. Zum schrittweisen Aufbau eines solchen Raums hat die Union im Bereich der justiziellen Zusammenarbeit in Zivilsachen, die einen grenzüberschreitenden Bezug aufweisen, Maßnahmen zu erlassen, insbesondere wenn dies für das reibungslose Funktionieren des Binnenmarkts erforderlich ist.

(4) Die Unterschiede zwischen bestimmten einzelstaatlichen Vorschriften über die gerichtliche Zuständigkeit und die Anerkennung von Entscheidungen erschweren das reibungslose Funktionieren des Binnenmarkts. Es ist daher unerlässlich, Bestimmungen zu erlassen, um die Vorschriften über die internationale Zuständigkeit in Zivil- und Handelssachen zu vereinheitlichen und eine rasche und unkomplizierte Anerkennung und Vollstreckung von Entscheidungen zu gewährleisten, die in einem Mitgliedstaat ergangen sind.

(5) Diese Bestimmungen fallen in den Bereich der justiziellen Zusammenarbeit in Zivilsachen im Sinne von Artikel 81 des Vertrags über die Arbeitsweise der Europäischen Union (AEUV).

(6) Um den angestrebten freien Verkehr der Entscheidungen in Zivil- und Handelssachen zu verwirklichen, ist es erforderlich und angemessen, dass die Vorschriften über die gerichtliche Zuständigkeit und die Anerkennung und Vollstreckung von Entscheidungen im Wege eines Unionsrechtsakts festgelegt werden, der verbindlich und unmittelbar anwendbar ist.

(7) Am 27. September 1968 schlossen die seinerzeitigen Mitgliedstaaten der Europäischen Gemeinschaften auf der Grundlage von Artikel 220 vierter Gedankenstrich des Vertrags zur Gründung der Europäischen Wirtschaftsgemeinschaft das Übereinkommen von Brüssel über die gerichtliche Zuständigkeit und die Vollstreckung gerichtlicher Entscheidungen in Zivil- und Handelssachen, dessen Fassung danach durch die Übereinkommen über den Beitritt neuer Mitgliedstaaten zu diesem Übereinkommen[2] geändert wurde („Brüsseler Übereinkommen von 1968“). Am 16. September 1988 schlossen die seinerzeitigen Mitgliedstaaten der Europäischen Gemeinschaften und bestimmte EFTA-Staaten das Übereinkommen von Lugano über die gerichtliche Zuständigkeit und die Vollstreckung gerichtlicher Entscheidungen in Zivil- und Handelssachen[3] („Übereinkommen

---

[1] **Amtl. Anm.:** ABl. C 115 vom 4.5.2010, S. 1.

[2] **Amtl. Anm.:** ABl. L 299 vom 31.12.1972, S. 32; ABl. L 304 vom 30.10.1978, S. 1; ABl. L 388 vom 31.12.1982, S. 1; ABl. L 285 vom 3.10.1989, S. 1; ABl. C 15 vom 15.1.1997, S. 1. Siehe konsolidierte Fassung in ABl. C 27 vom 26.1.1998, S. 1.

[3] **Amtl. Anm.:** ABl. L 319 vom 25.11.1988, S. 9.

von Lugano von 1988"), das ein Parallelübereinkommen zu dem Brüsseler Übereinkommen von 1968 darstellt. Am 1. Februar 2000 wurde das Übereinkommen von Lugano von 1988 auf Polen anwendbar.

(8) Am 22. Dezember 2000 nahm der Rat die Verordnung (EG) Nr. 44/2001 an, die das Brüsseler Übereinkommen von 1968 im Verhältnis der Mitgliedstaaten zueinander mit Ausnahme Dänemarks hinsichtlich der Hoheitsgebiete der Mitgliedstaaten ersetzt, die in den Anwendungsbereich des AEUV fallen. Mit dem Beschluss 2006/325/EG des Rates[1] schloss die Gemeinschaft mit Dänemark ein Abkommen über die Anwendung der Bestimmungen der Verordnung (EG) Nr. 44/2001 in Dänemark. Das Übereinkommen von Lugano von 1988 wurde durch das am 30. Oktober 2007 von der Gemeinschaft, Dänemark, Island, Norwegen und der Schweiz in Lugano unterzeichnete Übereinkommen über die gerichtliche Zuständigkeit und die Anerkennung und Vollstreckung von Entscheidungen in Zivil- und Handelssachen[2] („Übereinkommen von Lugano von 2007") geändert.

(9) Das Brüsseler Übereinkommen von 1968 gilt weiter hinsichtlich der Hoheitsgebiete der Mitgliedstaaten, die in seinen territorialen Anwendungsbereich fallen und die aufgrund der Anwendung von Artikel 355 AEUV von der vorliegenden Verordnung ausgeschlossen sind.

(10) Der sachliche Anwendungsbereich dieser Verordnung sollte sich, von einigen genau festgelegten Rechtsgebieten abgesehen, auf den wesentlichen Teil des Zivil- und Handelsrechts erstrecken; aufgrund der Annahme der Verordnung (EG) Nr. 4/2009 des Rates vom 18. Dezember 2008 über die Zuständigkeit, das anwendbare Recht, die Anerkennung und Vollstreckung von Entscheidungen und die Zusammenarbeit in Unterhaltssachen[3] sollten insbesondere die Unterhaltspflichten vom Anwendungsbereich dieser Verordnung ausgenommen werden.

(11) Für die Zwecke dieser Verordnung sollten zu den Gerichten der Mitgliedstaaten auch gemeinsame Gerichte mehrerer Mitgliedstaaten gehören, wie der Benelux-Gerichtshof, wenn er seine Zuständigkeit in Angelegenheiten ausübt, die in den Anwendungsbereich dieser Verordnung fallen. Daher sollten Entscheidungen dieser Gerichte gemäß dieser Verordnung anerkannt und vollstreckt werden.

(12) Diese Verordnung sollte nicht für die Schiedsgerichtsbarkeit gelten. Sie sollte die Gerichte eines Mitgliedstaats nicht daran hindern, die Parteien gemäß dem einzelstaatlichen Recht an die Schiedsgerichtsbarkeit zu verweisen, das Verfahren auszusetzen oder einzustellen oder zu prüfen, ob die Schiedsvereinbarung hinfällig, unwirksam oder nicht erfüllbar ist, wenn sie wegen eines Streitgegenstands angerufen werden, hinsichtlich dessen die Parteien eine Schiedsvereinbarung getroffen haben.
Entscheidet ein Gericht eines Mitgliedstaats, ob eine Schiedsvereinbarung hinfällig, unwirksam oder nicht erfüllbar ist, so sollte diese Entscheidung ungeachtet dessen, ob das Gericht darüber in der Hauptsache oder als

---

[1] **Amtl. Anm.:** ABl. L 120 vom 5.5.2006, S. 22.
[2] **Amtl. Anm.:** ABl. L 147 vom 10.6.2009, S. 5.
[3] **Amtl. Anm.:** ABl. L 7 vom 10.1.2009, S. 1.

Vorfrage entschieden hat, nicht den Vorschriften dieser Verordnung über die Anerkennung und Vollstreckung unterliegen.
Hat hingegen ein nach dieser Verordnung oder nach einzelstaatlichem Recht zuständiges Gericht eines Mitgliedstaats festgestellt, dass eine Schiedsvereinbarung hinfällig, unwirksam oder nicht erfüllbar ist, so sollte die Entscheidung des Gerichts in der Hauptsache dennoch gemäß dieser Verordnung anerkannt oder vollstreckt werden können. Hiervon unberührt bleiben sollte die Zuständigkeit der Gerichte der Mitgliedstaaten, über die Anerkennung und Vollstreckung von Schiedssprüchen im Einklang mit dem am 10. Juni 1958 in New York unterzeichneten Übereinkommen über die Anerkennung und Vollstreckung ausländischer Schiedssprüche („Übereinkommen von New York von 1958") zu entscheiden, das Vorrang vor dieser Verordnung hat.
Diese Verordnung sollte nicht für Klagen oder Nebenverfahren insbesondere im Zusammenhang mit der Bildung eines Schiedsgerichts, den Befugnissen von Schiedsrichtern, der Durchführung eines Schiedsverfahrens oder sonstigen Aspekten eines solchen Verfahrens oder für eine Klage oder eine Entscheidung in Bezug auf die Aufhebung, die Überprüfung, die Anfechtung, die Anerkennung oder die Vollstreckung eines Schiedsspruchs gelten.

(13) Zwischen den Verfahren, die unter diese Verordnung fallen, und dem Hoheitsgebiet der Mitgliedstaaten muss ein Anknüpfungspunkt bestehen. Gemeinsame Zuständigkeitsvorschriften sollten demnach grundsätzlich dann Anwendung finden, wenn der Beklagte seinen Wohnsitz in einem Mitgliedstaat hat.

(14) Beklagte ohne Wohnsitz in einem Mitgliedstaat sollten im Allgemeinen den einzelstaatlichen Zuständigkeitsvorschriften unterliegen, die im Hoheitsgebiet des Mitgliedstaats gelten, in dem sich das angerufene Gericht befindet. Allerdings sollten einige Zuständigkeitsvorschriften in dieser Verordnung unabhängig vom Wohnsitz des Beklagten gelten, um den Schutz der Verbraucher und der Arbeitnehmer zu gewährleisten, um die Zuständigkeit der Gerichte der Mitgliedstaaten in Fällen zu schützen, in denen sie ausschließlich zuständig sind, und um die Parteiautonomie zu achten.

(15) Die Zuständigkeitsvorschriften sollten in hohem Maße vorhersehbar sein und sich grundsätzlich nach dem Wohnsitz des Beklagten richten. Diese Zuständigkeit sollte stets gegeben sein außer in einigen genau festgelegten Fällen, in denen aufgrund des Streitgegenstands oder der Vertragsfreiheit der Parteien ein anderes Anknüpfungskriterium gerechtfertigt ist. Der Sitz juristischer Personen muss in der Verordnung selbst definiert sein, um die Transparenz der gemeinsamen Vorschriften zu stärken und Kompetenzkonflikte zu vermeiden.

(16) Der Gerichtsstand des Wohnsitzes des Beklagten sollte durch alternative Gerichtsstände ergänzt werden, die entweder aufgrund der engen Verbindung zwischen Gericht und Rechtsstreit oder im Interesse einer geordneten Rechtspflege zuzulassen sind. Das Erfordernis der engen Verbindung soll Rechtssicherheit schaffen und verhindern, dass die Gegenpartei vor einem Gericht eines Mitgliedstaats verklagt werden kann, mit dem sie vernünftigerweise nicht rechnen konnte. Dies ist besonders wichtig bei Rechtsstreitigkeiten, die außervertragliche Schuldverhältnisse infolge der

Verletzung der Privatsphäre oder der Persönlichkeitsrechte einschließlich Verleumdung betreffen.

(17) Der Eigentümer eines Kulturguts im Sinne des Artikels 1 Nummer 1 der Richtlinie 93/7/EWG des Rates vom 15. März 1993 über die Rückgabe von unrechtmäßig aus dem Hoheitsgebiet eines Mitgliedstaats verbrachten Kulturgütern[1)] sollte eine auf Eigentum gestützte Zivilklage gemäß dieser Verordnung zur Wiedererlangung dieses Gutes vor dem Gericht des Ortes, an dem sich das Kulturgut zum Zeitpunkt der Anrufung des Gerichts befindet, erheben können. Solche Klagen sollten nach der Richtlinie 93/7/EWG eingeleitete Verfahren unberührt lassen.

(18) Bei Versicherungs-, Verbraucher- und Arbeitsverträgen sollte die schwächere Partei durch Zuständigkeitsvorschriften geschützt werden, die für sie günstiger sind als die allgemeine Regelung.

(19) Vorbehaltlich der in dieser Verordnung festgelegten ausschließlichen Zuständigkeiten sollte die Vertragsfreiheit der Parteien hinsichtlich der Wahl des Gerichtsstands, außer bei Versicherungs-, Verbraucher- und Arbeitsverträgen, wo nur eine begrenztere Vertragsfreiheit zulässig ist, gewahrt werden.

(20) Stellt sich die Frage, ob eine Gerichtsstandsvereinbarung zugunsten eines Gerichts oder der Gerichte eines Mitgliedstaats materiell nichtig ist, so sollte sie nach dem Recht einschließlich des Kollisionsrechts des Mitgliedstaats des Gerichts oder der Gerichte entschieden werden, die in der Vereinbarung bezeichnet sind.

(21) Im Interesse einer abgestimmten Rechtspflege müssen Parallelverfahren so weit wie möglich vermieden werden, damit nicht in verschiedenen Mitgliedstaaten miteinander unvereinbare Entscheidungen ergehen. Es sollte eine klare und wirksame Regelung zur Klärung von Fragen der Rechtshängigkeit und der im Zusammenhang stehenden Verfahren sowie zur Verhinderung von Problemen vorgesehen werden, die sich aus der einzelstaatlich unterschiedlichen Festlegung des Zeitpunkts ergeben, von dem an ein Verfahren als rechtshängig gilt. Für die Zwecke dieser Verordnung sollte dieser Zeitpunkt autonom festgelegt werden.

(22) Um allerdings die Wirksamkeit von ausschließlichen Gerichtsstandsvereinbarungen zu verbessern und missbräuchliche Prozesstaktiken zu vermeiden, ist es erforderlich, eine Ausnahme von der allgemeinen Rechtshängigkeitsregel vorzusehen, um eine befriedigende Regelung in einem Sonderfall zu erreichen, in dem es zu Parallelverfahren kommen kann. Dabei handelt es sich um den Fall, dass ein Verfahren bei einem Gericht, das nicht in einer ausschließlichen Gerichtsstandsvereinbarung vereinbart wurde, anhängig gemacht wird und später das vereinbarte Gericht wegen desselben Anspruchs zwischen denselben Parteien angerufen wird. In einem solchen Fall muss das zuerst angerufene Gericht das Verfahren aussetzen, sobald das vereinbarte Gericht angerufen wurde, und zwar so lange, bis das letztere Gericht erklärt, dass es gemäß der ausschließlichen Gerichtsstandsvereinbarung nicht zuständig ist. Hierdurch soll in einem solchen Fall sichergestellt werden, dass das vereinbarte Gericht vorrangig über die Gültigkeit der Vereinbarung und darüber entscheidet, inwieweit die Ver-

---

[1)] **Amtl. Anm.:** ABl. L 74 vom 27.3.1993, S. 74.

einbarung auf den bei ihm anhängigen Rechtsstreit Anwendung findet. Das vereinbarte Gericht sollte das Verfahren unabhängig davon fortsetzen können, ob das nicht vereinbarte Gericht bereits entschieden hat, das Verfahren auszusetzen.
Diese Ausnahmeregelung sollte nicht für Fälle gelten, in denen die Parteien widersprüchliche ausschließliche Gerichtsstandsvereinbarungen geschlossen haben oder in denen ein in einer ausschließlichen Gerichtsstandsvereinbarung vereinbartes Gericht zuerst angerufen wurde. In solchen Fällen sollte die allgemeine Rechtshängigkeitsregel dieser Verordnung Anwendung finden.

(23) Diese Verordnung sollte eine flexible Regelung enthalten, die es den Gerichten der Mitgliedstaaten ermöglicht, vor den Gerichten von Drittstaaten anhängige Verfahren zu berücksichtigen, wobei insbesondere die Frage, ob eine in einem Drittstaat ergangene Entscheidung in dem betreffenden Mitgliedstaat nach dem Recht dieses Mitgliedstaats anerkannt und vollstreckt werden kann, sowie die geordnete Rechtspflege zu berücksichtigen sind.

(24) Bei der Berücksichtigung der geordneten Rechtspflege sollte das Gericht des betreffenden Mitgliedstaats alle Umstände des bei ihm anhängigen Falles prüfen. Hierzu können Verbindungen des Streitgegenstands und der Parteien zu dem betreffenden Drittstaat zählen wie auch die Frage, wie weit das Verfahren im Drittstaat zu dem Zeitpunkt, an dem ein Verfahren vor dem Gericht des Mitgliedstaats eingeleitet wird, bereits fortgeschritten ist, sowie die Frage, ob zu erwarten ist, dass das Gericht des Drittstaats innerhalb einer angemessenen Frist eine Entscheidung erlassen wird.
Dabei kann auch die Frage geprüft werden, ob das Gericht des Drittstaats unter Umständen, unter denen ein Gericht eines Mitgliedstaats ausschließlich zuständig wäre, im betreffenden Fall ausschließlich zuständig ist.

(25) Unter den Begriff einstweilige Maßnahmen einschließlich Sicherungsmaßnahmen sollten zum Beispiel Anordnungen zur Beweiserhebung oder Beweissicherung im Sinne der Artikel 6 und 7 der Richtlinie 2004/48/EG des Europäischen Parlaments und des Rates vom 29. April 2004 zur Durchsetzung der Rechte des geistigen Eigentums[1] fallen. Nicht mit eingeschlossen sein sollten Maßnahmen, die nicht auf Sicherung gerichtet sind, wie Anordnungen zur Zeugenvernehmung. Die Anwendung der Verordnung (EG) Nr. 1206/2001 des Rates vom 28. Mai 2001 über die Zusammenarbeit zwischen den Gerichten der Mitgliedstaaten auf dem Gebiet der Beweisaufnahme in Zivil- oder Handelssachen[2] sollte hiervon unberührt bleiben.

(26) Das gegenseitige Vertrauen in die Rechtspflege innerhalb der Union rechtfertigt den Grundsatz, dass eine in einem Mitgliedstaat ergangene Entscheidung in allen Mitgliedstaaten anerkannt wird, ohne dass es hierfür eines besonderen Verfahrens bedarf. Außerdem rechtfertigt die angestrebte Reduzierung des Zeit- und Kostenaufwands bei grenzüberschreitenden Rechtsstreitigkeiten die Abschaffung der Vollstreckbarerklärung, die der Vollstreckung im ersuchten Mitgliedstaat bisher vorausgehen musste. Eine

---

[1] **Amtl. Anm.:** ABl. L 157 vom 30.4.2004, S. 45.
[2] **Amtl. Anm.:** ABl. L 174 vom 27.6.2001, S. 1.

von den Gerichten eines Mitgliedstaats erlassene Entscheidung sollte daher so behandelt werden, als sei sie im ersuchten Mitgliedstaat ergangen.

(27) Für die Zwecke des freien Verkehrs von gerichtlichen Entscheidungen sollte eine in einem Mitgliedstaat ergangene Entscheidung in einem anderen Mitgliedstaat selbst dann anerkannt und vollstreckt werden, wenn sie gegen eine Person ohne Wohnsitz in einem Mitgliedstaat ergangen ist.

(28) Enthält eine Entscheidung eine Maßnahme oder Anordnung, die im Recht des ersuchten Mitgliedstaats nicht bekannt ist, so wird diese Maßnahme oder Anordnung, einschließlich des in ihr bezeichneten Rechts, soweit möglich an eine Maßnahme oder Anordnung angepasst, mit der nach dem Recht dieses Mitgliedstaats vergleichbare Wirkungen verbunden sind und die ähnliche Ziele verfolgt. Wie und durch wen diese Anpassung zu erfolgen hat, sollte durch die einzelnen Mitgliedstaaten bestimmt werden.

(29) Die unmittelbare Vollstreckung ohne Vollstreckbarerklärung einer in einem anderen Mitgliedstaat ergangenen Entscheidung im ersuchten Mitgliedstaat sollte nicht die Achtung der Verteidigungsrechte beeinträchtigen. Deshalb sollte der Schuldner die Versagung der Anerkennung oder der Vollstreckung einer Entscheidung beantragen können, wenn er der Auffassung ist, dass einer der Gründe für die Versagung der Anerkennung vorliegt. Hierzu sollte der Grund gehören, dass ihm nicht die Gelegenheit gegeben wurde, seine Verteidigung vorzubereiten, wenn die Entscheidung in einer Zivilklage innerhalb eines Strafverfahrens in Abwesenheit ergangen ist. Auch sollten hierzu die Gründe gehören, die auf der Grundlage eines Abkommens zwischen dem ersuchten Mitgliedstaat und einem Drittstaat geltend gemacht werden könnten, das nach Artikel 59 des Brüsseler Übereinkommens von 1968 geschlossen wurde.

(30) Eine Partei, die die Vollstreckung einer in einem anderen Mitgliedstaat ergangenen Entscheidung anficht, sollte so weit wie möglich im Einklang mit dem Rechtssystem des ersuchten Mitgliedstaats in der Lage sein, im selben Verfahren außer den in dieser Verordnung genannten Versagungsgründen auch die im einzelstaatlichen Recht vorgesehenen Versagungsgründe innerhalb der nach diesem Recht vorgeschriebenen Fristen geltend zu machen. Allerdings sollte die Anerkennung einer Entscheidung nur versagt werden, wenn mindestens einer der in dieser Verordnung genannten Versagungsgründe gegeben ist.

(31) Solange ein Verfahren zur Anfechtung der Vollstreckung einer Entscheidung anhängig ist, sollten die Gerichte des ersuchten Mitgliedstaats während des gesamten Verfahrens aufgrund einer solchen Anfechtung, einschließlich dagegen gerichteter Rechtsbehelfe, den Fortgang der Vollstreckung unter der Voraussetzung zulassen können, dass die Vollstreckung einer Beschränkung unterliegt oder eine Sicherheit geleistet wird.

(32) Um den Schuldner über die Vollstreckung einer in einem anderen Mitgliedstaat ergangenen Entscheidung zu unterrichten, sollte die gemäß dieser Verordnung ausgestellte Bescheinigung – erforderlichenfalls zusammen mit der Entscheidung – dem Schuldner innerhalb einer angemessenen Frist vor der ersten Vollstreckungsmaßnahme zugestellt werden. In diesem Zusammenhang sollte als erste Vollstreckungsmaßnahme die erste Vollstreckungsmaßnahme nach einer solchen Zustellung gelten.

(33) Werden einstweilige Maßnahmen, einschließlich Sicherungsmaßnahmen, von einem Gericht angeordnet, das in der Hauptsache zuständig ist, so sollte ihr freier Verkehr nach dieser Verordnung gewährleistet sein. Allerdings sollten einstweilige Maßnahmen, einschließlich Sicherungsmaßnahmen, die angeordnet wurden, ohne dass der Beklagte vorgeladen wurde, nicht gemäß dieser Verordnung anerkannt und vollstreckt werden, es sei denn, die die Maßnahme enthaltende Entscheidung ist dem Beklagten vor der Vollstreckung zugestellt worden. Dies sollte die Anerkennung und Vollstreckung solcher Maßnahmen gemäß einzelstaatlichem Recht nicht ausschließen. Werden einstweilige Maßnahmen, einschließlich Sicherungsmaßnahmen, von einem Gericht eines Mitgliedstaats angeordnet, das für die Entscheidung in der Hauptsache nicht zuständig ist, sollte die Wirkung dieser Maßnahmen auf das Hoheitsgebiet des betreffenden Mitgliedstaats gemäß dieser Verordnung beschränkt werden.

(34) Um die Kontinuität zwischen dem Brüsseler Übereinkommen von 1968, der Verordnung (EG) Nr. 44/2001 und dieser Verordnung zu wahren, sollten Übergangsvorschriften vorgesehen werden. Dies gilt auch für die Auslegung des Brüsseler Übereinkommens von 1968 und der es ersetzenden Verordnungen durch den Gerichtshof der Europäischen Union.

(35) Um die internationalen Verpflichtungen, die die Mitgliedstaaten eingegangen sind, zu wahren, darf sich diese Verordnung nicht auf von den Mitgliedstaaten geschlossene Übereinkommen in besonderen Rechtsgebieten auswirken.

(36) Unbeschadet der Pflichten der Mitgliedstaaten nach den Verträgen sollte diese Verordnung nicht die Anwendung der bilateralen Übereinkünfte und Vereinbarungen berühren, die vor dem Inkrafttreten der Verordnung (EG) Nr. 44/2001 zwischen einem Drittstaat und einem Mitgliedstaat geschlossen wurden und in dieser Verordnung geregelte Angelegenheiten betreffen.

(37) Um sicherzustellen, dass die im Zusammenhang mit der Anerkennung oder Vollstreckung von Entscheidungen, öffentlichen Urkunden und gerichtlichen Vergleichen nach dieser Verordnung zu verwendenden Bescheinigungen stets auf dem neuesten Stand sind, sollte der Kommission die Befugnis übertragen werden, gemäß Artikel 290 AEUV Rechtsakte hinsichtlich Änderungen der Anhänge I und II dieser Verordnung zu erlassen. Es ist besonders wichtig, dass die Kommission bei ihren vorbereitenden Arbeiten angemessene Konsultationen auch auf Expertenebene durchführt. Bei der Vorbereitung und Ausarbeitung delegierter Rechtsakte sollte die Kommission dafür sorgen, dass die einschlägigen Dokumente dem Europäischen Parlament und dem Rat gleichzeitig, rechtzeitig und auf angemessene Weise übermittelt werden.

(38) Diese Verordnung steht im Einklang mit den Grundrechten und Grundsätzen, die mit der Charta der Grundrechte der Europäischen Union anerkannt wurden, insbesondere mit dem in Artikel 47 der Charta verbürgten Recht auf einen wirksamen Rechtsbehelf und ein unparteiisches Gericht.

(39) Da das Ziel dieser Verordnung auf der Ebene der Mitgliedstaaten nicht hinreichend verwirklicht werden kann und besser auf Unionsebene zu erreichen ist, kann die Union im Einklang mit dem Subsidiaritätsprinzip

nach Artikel 5 des Vertrags über die Europäische Union (EUV) tätig werden. In Übereinstimmung mit dem in demselben Artikel genannten Grundsatz der Verhältnismäßigkeit geht diese Verordnung nicht über das zur Erreichung dieses Ziels erforderliche Maß hinaus.

(40) Das Vereinigte Königreich und Irland haben sich gemäß Artikel 3 des dem EUV und dem seinerzeitigen Vertrag zur Gründung der Europäischen Gemeinschaft beigefügten Protokolls über die Position des Vereinigten Königreichs und Irlands an der Annahme und Anwendung der Verordnung (EG) Nr. 44/2001 beteiligt. Gemäß Artikel 3 des dem EUV und dem AEUV beigefügten Protokolls Nr. 21 über die Position des Vereinigten Königreichs und Irlands hinsichtlich des Raums der Freiheit, der Sicherheit und des Rechts haben das Vereinigte Königreich und Irland mitgeteilt, dass sie sich an der Annahme und Anwendung dieser Verordnung beteiligen möchten.

(41) Gemäß den Artikeln 1 und 2 des dem EUV und dem AEUV beigefügten Protokolls Nr. 22 über die Position Dänemarks beteiligt sich Dänemark nicht an der Annahme dieser Verordnung und ist weder durch diese Verordnung gebunden noch zu ihrer Anwendung verpflichtet; dabei steht es Dänemark jedoch gemäß Artikel 3 des Abkommens vom 19. Oktober 2005 zwischen der Europäischen Gemeinschaft und dem Königreich Dänemark über die gerichtliche Zuständigkeit und die Anerkennung und Vollstreckung von Entscheidungen in Zivil- und Handelssachen[1)] frei, die Änderungen der Verordnung (EG) Nr. 44/2001 anzuwenden –

HABEN FOLGENDE VERORDNUNG ERLASSEN:

Kapitel I. Anwendungsbereich und Begriffsbestimmungen

Art. 1 [Anwendungsbereich] (1) [1]Diese Verordnung ist in Zivil- und Handelssachen anzuwenden, ohne dass es auf die Art der Gerichtsbarkeit ankommt. [2]Sie gilt insbesondere nicht für Steuer- und Zollsachen sowie verwaltungsrechtliche Angelegenheiten oder die Haftung des Staates für Handlungen oder Unterlassungen im Rahmen der Ausübung hoheitlicher Rechte *(acta iure imperii).*

(2) Sie ist nicht anzuwenden auf:

a) den Personenstand, die Rechts- und Handlungsfähigkeit sowie die gesetzliche Vertretung von natürlichen Personen, die ehelichen Güterstände oder Güterstände aufgrund von Verhältnissen, die nach dem auf diese Verhältnisse anzuwendenden Recht mit der Ehe vergleichbare Wirkungen entfalten,
b) Konkurse, Vergleiche und ähnliche Verfahren,
c) die soziale Sicherheit,
d) die Schiedsgerichtsbarkeit,
e) Unterhaltspflichten, die auf einem Familien-, Verwandtschafts- oder eherechtlichen Verhältnis oder auf Schwägerschaft beruhen,
f) das Gebiet des Testaments- und Erbrechts, einschließlich Unterhaltspflichten, die mit dem Tod entstehen.

---

1) **Amtl. Anm.:** ABl. L 299 vom 16.11.2005, S. 62.

Art. 2 [Begriffsbestimmungen] Für die Zwecke dieser Verordnung bezeichnet der Ausdruck

a) „Entscheidung" jede von einem Gericht eines Mitgliedstaats erlassene Entscheidung ohne Rücksicht auf ihre Bezeichnung wie Urteil, Beschluss, Zahlungsbefehl oder Vollstreckungsbescheid, einschließlich des Kostenfestsetzungsbeschlusses eines Gerichtsbediensteten.
Für die Zwecke von Kapitel III umfasst der Ausdruck „Entscheidung" auch einstweilige Maßnahmen einschließlich Sicherungsmaßnahmen, die von einem nach dieser Verordnung in der Hauptsache zuständigen Gericht angeordnet wurden. Hierzu gehören keine einstweiligen Maßnahmen einschließlich Sicherungsmaßnahmen, die von einem solchen Gericht angeordnet wurden, ohne dass der Beklagte vorgeladen wurde, es sei denn, die Entscheidung, welche die Maßnahme enthält, wird ihm vor der Vollstreckung zugestellt;

b) „gerichtlicher Vergleich" einen Vergleich, der von einem Gericht eines Mitgliedstaats gebilligt oder vor einem Gericht eines Mitgliedstaats im Laufe eines Verfahrens geschlossen worden ist;

c) „öffentliche Urkunde" ein Schriftstück, das als öffentliche Urkunde im Ursprungsmitgliedstaat förmlich errichtet oder eingetragen worden ist und dessen Beweiskraft
   i) sich auf die Unterschrift und den Inhalt der öffentlichen Urkunde bezieht und
   ii) durch eine Behörde oder eine andere hierzu ermächtigte Stelle festgestellt worden ist;

d) „Ursprungsmitgliedstaat" den Mitgliedstaat, in dem die Entscheidung ergangen, der gerichtliche Vergleich gebilligt oder geschlossen oder die öffentliche Urkunde förmlich errichtet oder eingetragen worden ist;

e) „ersuchter Mitgliedstaat" den Mitgliedstaat, in dem die Anerkennung der Entscheidung geltend gemacht oder die Vollstreckung der Entscheidung, des gerichtlichen Vergleichs oder der öffentlichen Urkunde beantragt wird;

f) „Ursprungsgericht" das Gericht, das die Entscheidung erlassen hat, deren Anerkennung geltend gemacht oder deren Vollstreckung beantragt wird.

Art. 3 [Begriff „Gericht"] Für die Zwecke dieser Verordnung umfasst der Begriff „Gericht" die folgenden Behörden, soweit und sofern sie für eine in den Anwendungsbereich dieser Verordnung fallende Angelegenheit zuständig sind:

a) in Ungarn, bei summarischen Mahnverfahren (fizetési meghagyásos eljárás), den Notar (közjegyző),

b) in Schweden, bei summarischen Mahnverfahren (betalningsföreläggande) und Beistandsverfahren (handräckning), das Amt für Beitreibung (Kronofogdemyndigheten).

Kapitel II. Zuständigkeit

Abschnitt 1. Allgemeine Bestimmungen

Art. 4 [Allgemeiner internationaler Gerichtsstand] (1) Vorbehaltlich der Vorschriften dieser Verordnung sind Personen, die ihren Wohnsitz im Hoheitsgebiet eines Mitgliedstaats haben, ohne Rücksicht auf ihre Staatsangehörigkeit vor den Gerichten dieses Mitgliedstaats zu verklagen.

(2) Auf Personen, die nicht dem Mitgliedstaat, in dem sie ihren Wohnsitz haben, angehören, sind die für Staatsangehörige dieses Mitgliedstaats maßgebenden Zuständigkeitsvorschriften anzuwenden.

Art. 5 [Keine exorbitanten Gerichtsstände] (1) Personen, die ihren Wohnsitz im Hoheitsgebiet eines Mitgliedstaats haben, können vor den Gerichten eines anderen Mitgliedstaats nur gemäß den Vorschriften der Abschnitte 2 bis 7 dieses Kapitels verklagt werden.

(2) Gegen die in Absatz 1 genannten Personen können insbesondere nicht die innerstaatlichen Zuständigkeitsvorschriften, welche die Mitgliedstaaten der Kommission gemäß Artikel 76 Absatz 1 Buchstabe a notifizieren, geltend gemacht werden.

Art. 6 [Beklagte ohne Wohnsitz im Hoheitsgebiet eines Mitgliedstaates] (1) Hat der Beklagte keinen Wohnsitz im Hoheitsgebiet eines Mitgliedstaats, so bestimmt sich vorbehaltlich des Artikels 18 Absatz 1, des Artikels 21 Absatz 2 und der Artikel 24 und 25 die Zuständigkeit der Gerichte eines jeden Mitgliedstaats nach dessen eigenem Recht.

(2) Gegenüber einem Beklagten, der keinen Wohnsitz im Hoheitsgebiet eines Mitgliedstaats hat, kann sich unabhängig von ihrer Staatsangehörigkeit jede Person, die ihren Wohnsitz im Hoheitsgebiet eines Mitgliedstaats hat, in diesem Mitgliedstaat auf die dort geltenden Zuständigkeitsvorschriften, insbesondere auf diejenigen, welche die Mitgliedstaaten der Kommission gemäß Artikel 76 Absatz 1 Buchstabe a notifizieren, wie ein Staatsangehöriger dieses Mitgliedstaats berufen.

Abschnitt 2. Besondere Zuständigkeiten

Art. 7 [Besondere Gerichtsstände] Eine Person, die ihren Wohnsitz im Hoheitsgebiet eines Mitgliedstaats hat, kann in einem anderen Mitgliedstaat verklagt werden:

1. a) wenn ein Vertrag oder Ansprüche aus einem Vertrag den Gegenstand des Verfahrens bilden, vor dem Gericht des Ortes, an dem die Verpflichtung erfüllt worden ist oder zu erfüllen wäre;
   b) im Sinne dieser Vorschrift – und sofern nichts anderes vereinbart worden ist – ist der Erfüllungsort der Verpflichtung
      – für den Verkauf beweglicher Sachen der Ort in einem Mitgliedstaat, an dem sie nach dem Vertrag geliefert worden sind oder hätten geliefert werden müssen;

– für die Erbringung von Dienstleistungen der Ort in einem Mitgliedstaat, an dem sie nach dem Vertrag erbracht worden sind oder hätten erbracht werden müssen;

c) ist Buchstabe b nicht anwendbar, so gilt Buchstabe a;

2. wenn eine unerlaubte Handlung oder eine Handlung, die einer unerlaubten Handlung gleichgestellt ist, oder wenn Ansprüche aus einer solchen Handlung den Gegenstand des Verfahrens bilden, vor dem Gericht des Ortes, an dem das schädigende Ereignis eingetreten ist oder einzutreten droht;
3. wenn es sich um eine Klage auf Schadenersatz oder auf Wiederherstellung des früheren Zustands handelt, die auf eine mit Strafe bedrohte Handlung gestützt wird, vor dem Strafgericht, bei dem die öffentliche Klage erhoben ist, soweit dieses Gericht nach seinem Recht über zivilrechtliche Ansprüche erkennen kann;
4. wenn es sich um einen auf Eigentum gestützten zivilrechtlichen Anspruch zur Wiedererlangung eines Kulturguts im Sinne des Artikels 1 Nummer 1 der Richtlinie 93/7/EWG handelt, der von der Person geltend gemacht wurde, die das Recht auf Wiedererlangung eines solchen Gutes für sich in Anspruch nimmt, vor dem Gericht des Ortes, an dem sich das Kulturgut zum Zeitpunkt der Anrufung des Gerichts befindet;
5. wenn es sich um Streitigkeiten aus dem Betrieb einer Zweigniederlassung, einer Agentur oder einer sonstigen Niederlassung handelt, vor dem Gericht des Ortes, an dem sich diese befindet;
6. wenn es sich um eine Klage gegen einen Begründer, Trustee oder Begünstigten eines Trust handelt, der aufgrund eines Gesetzes oder durch schriftlich vorgenommenes oder schriftlich bestätigtes Rechtsgeschäft errichtet worden ist, vor den Gerichten des Mitgliedstaats, in dessen Hoheitsgebiet der Trust seinen Sitz hat;
7. wenn es sich um eine Streitigkeit wegen der Zahlung von Berge- und Hilfslohn handelt, der für Bergungs- oder Hilfeleistungsarbeiten gefordert wird, die zugunsten einer Ladung oder einer Frachtforderung erbracht worden sind, vor dem Gericht, in dessen Zuständigkeitsbereich diese Ladung oder die entsprechende Frachtforderung

   a) mit Arrest belegt worden ist, um die Zahlung zu gewährleisten, oder

   b) mit Arrest hätte belegt werden können, jedoch dafür eine Bürgschaft oder eine andere Sicherheit geleistet worden ist;

   diese Vorschrift ist nur anzuwenden, wenn behauptet wird, dass der Beklagte Rechte an der Ladung oder an der Frachtforderung hat oder zur Zeit der Bergungs- oder Hilfeleistungsarbeiten hatte.

Art. 8 [Gerichtsstand des Sachzusammenhangs] Eine Person, die ihren Wohnsitz im Hoheitsgebiet eines Mitgliedstaats hat, kann auch verklagt werden:

1. wenn mehrere Personen zusammen verklagt werden, vor dem Gericht des Ortes, an dem einer der Beklagten seinen Wohnsitz hat, sofern zwischen den Klagen eine so enge Beziehung gegeben ist, dass eine gemeinsame Verhandlung und Entscheidung geboten erscheint, um zu vermeiden, dass in getrennten Verfahren widersprechende Entscheidungen ergehen könnten;

2. wenn es sich um eine Klage auf Gewährleistung oder um eine Interventionsklage handelt, vor dem Gericht des Hauptprozesses, es sei denn, dass die Klage nur erhoben worden ist, um diese Person dem für sie zuständigen Gericht zu entziehen;
3. wenn es sich um eine Widerklage handelt, die auf denselben Vertrag oder Sachverhalt wie die Klage selbst gestützt wird, vor dem Gericht, bei dem die Klage selbst anhängig ist;
4. wenn ein Vertrag oder Ansprüche aus einem Vertrag den Gegenstand des Verfahrens bilden und die Klage mit einer Klage wegen dinglicher Rechte an unbeweglichen Sachen gegen denselben Beklagten verbunden werden kann, vor dem Gericht des Mitgliedstaats, in dessen Hoheitsgebiet die unbewegliche Sache belegen ist.

Art. 9 [Besonderer Gerichtsstand in Seehaftungssachen] Ist ein Gericht eines Mitgliedstaats nach dieser Verordnung zur Entscheidung in Verfahren wegen einer Haftpflicht aufgrund der Verwendung oder des Betriebs eines Schiffes zuständig, so entscheidet dieses oder ein anderes an seiner Stelle durch das Recht dieses Mitgliedstaats bestimmtes Gericht auch über Klagen auf Beschränkung dieser Haftung.

Abschnitt 3. Zuständigkeit für Versicherungssachen

Art. 10 [Zuständigkeit] Für Klagen in Versicherungssachen bestimmt sich die Zuständigkeit unbeschadet des Artikels 6 und des Artikels 7 Nummer 5 nach diesem Abschnitt.

Art. 11 [Gerichtsstände für Klagen gegen den Versicherer] (1) Ein Versicherer, der seinen Wohnsitz im Hoheitsgebiet eines Mitgliedstaats hat, kann verklagt werden:

a) vor den Gerichten des Mitgliedstaats, in dem er seinen Wohnsitz hat,
b) in einem anderen Mitgliedstaat bei Klagen des Versicherungsnehmers, des Versicherten oder des Begünstigten vor dem Gericht des Ortes, an dem der Kläger seinen Wohnsitz hat, oder
c) falls es sich um einen Mitversicherer handelt, vor dem Gericht eines Mitgliedstaats, bei dem der federführende Versicherer verklagt wird.

(2) Hat der Versicherer im Hoheitsgebiet eines Mitgliedstaats keinen Wohnsitz, besitzt er aber in einem Mitgliedstaat eine Zweigniederlassung, Agentur oder sonstige Niederlassung, so wird er für Streitigkeiten aus ihrem Betrieb so behandelt, wie wenn er seinen Wohnsitz im Hoheitsgebiet dieses Mitgliedstaats hätte.

Art. 12 [Gerichtsstand am Ort des schädigenden Ereignisses] [1] Bei der Haftpflichtversicherung oder bei der Versicherung von unbeweglichen Sachen kann der Versicherer außerdem vor dem Gericht des Ortes, an dem das schädigende Ereignis eingetreten ist, verklagt werden. [2] Das Gleiche gilt, wenn sowohl bewegliche als auch unbewegliche Sachen in ein und demselben Versicherungsvertrag versichert und von demselben Schadensfall betroffen sind.

Art. 13 [Gerichtsstand bei Haftpflichtklagen] (1) Bei der Haftpflichtversicherung kann der Versicherer auch vor das Gericht, bei dem die Klage des Geschädigten gegen den Versicherten anhängig ist, geladen werden, sofern dies nach dem Recht des angerufenen Gerichts zulässig ist.

(2) Auf eine Klage, die der Geschädigte unmittelbar gegen den Versicherer erhebt, sind die Artikel 10, 11 und 12, anzuwenden, sofern eine solche unmittelbare Klage zulässig ist.

(3) Sieht das für die unmittelbare Klage maßgebliche Recht die Streitverkündung gegen den Versicherungsnehmer oder den Versicherten vor, so ist dasselbe Gericht auch für diese Personen zuständig.

Art. 14 [Gerichtsstand für Klage des Versicherers; Widerklage]

(1) Vorbehaltlich der Bestimmungen des Artikels 13 Absatz 3 kann der Versicherer nur vor den Gerichten des Mitgliedstaats klagen, in dessen Hoheitsgebiet der Beklagte seinen Wohnsitz hat, ohne Rücksicht darauf, ob dieser Versicherungsnehmer, Versicherter oder Begünstigter ist.

(2) Die Vorschriften dieses Abschnitts lassen das Recht unberührt, eine Widerklage vor dem Gericht zu erheben, bei dem die Klage selbst gemäß den Bestimmungen dieses Abschnitts anhängig ist.

Art. 15 [Zulässige Gerichtsstandsvereinbarung] Von den Vorschriften dieses Abschnitts kann im Wege der Vereinbarung nur abgewichen werden,

1. wenn die Vereinbarung nach der Entstehung der Streitigkeit getroffen wird,
2. wenn sie dem Versicherungsnehmer, Versicherten oder Begünstigten die Befugnis einräumt, andere als die in diesem Abschnitt angeführten Gerichte anzurufen,
3. wenn sie zwischen einem Versicherungsnehmer und einem Versicherer, die zum Zeitpunkt des Vertragsabschlusses ihren Wohnsitz oder gewöhnlichen Aufenthalt in demselben Mitgliedstaat haben, getroffen ist, um die Zuständigkeit der Gerichte dieses Mitgliedstaats auch für den Fall zu begründen, dass das schädigende Ereignis im Ausland eintritt, es sei denn, dass eine solche Vereinbarung nach dem Recht dieses Mitgliedstaats nicht zulässig ist,
4. wenn sie von einem Versicherungsnehmer geschlossen ist, der seinen Wohnsitz nicht in einem Mitgliedstaat hat, ausgenommen soweit sie eine Versicherung, zu deren Abschluss eine gesetzliche Verpflichtung besteht, oder die Versicherung von unbeweglichen Sachen in einem Mitgliedstaat betrifft, oder
5. wenn sie einen Versicherungsvertrag betrifft, soweit dieser eines oder mehrere der in Artikel 16 aufgeführten Risiken deckt.

Art. 16 [Abweichende Risiken] Die in Artikel 15 Nummer 5 erwähnten Risiken sind die folgenden:

1. sämtliche Schäden
   a) an Seeschiffen, Anlagen vor der Küste und auf hoher See oder Luftfahrzeugen aus Gefahren, die mit ihrer Verwendung zu gewerblichen Zwecken verbunden sind,

b) an Transportgütern, ausgenommen Reisegepäck der Passagiere, wenn diese Güter ausschließlich oder zum Teil mit diesen Schiffen oder Luftfahrzeugen befördert werden;

2. Haftpflicht aller Art mit Ausnahme der Haftung für Personenschäden an Passagieren oder Schäden an deren Reisegepäck,

   a) aus der Verwendung oder dem Betrieb von Seeschiffen, Anlagen oder Luftfahrzeugen gemäß Nummer 1 Buchstabe a, es sei denn, dass – was die letztgenannten betrifft – nach den Rechtsvorschriften des Mitgliedstaats, in dem das Luftfahrzeug eingetragen ist, Gerichtsstandsvereinbarungen für die Versicherung solcher Risiken untersagt sind,

   b) für Schäden, die durch Transportgüter während einer Beförderung im Sinne von Nummer 1 Buchstabe b verursacht werden;

3. finanzielle Verluste im Zusammenhang mit der Verwendung oder dem Betrieb von Seeschiffen, Anlagen oder Luftfahrzeugen gemäß Nummer 1 Buchstabe a, insbesondere Fracht- oder Charterverlust;

4. irgendein zusätzliches Risiko, das mit einem der unter den Nummern 1 bis 3 genannten Risiken in Zusammenhang steht;

5. unbeschadet der Nummern 1 bis 4 alle „Großrisiken" entsprechend der Begriffsbestimmung in der Richtlinie 2009/138/EG des Europäischen Parlaments und des Rates vom 25. November 2009 betreffend die Aufnahme und Ausübung der Versicherungs- und der Rückversicherungstätigkeit (Solvabilität II)[1].

Abschnitt 4. Zuständigkeit bei Verbrauchersachen

Art. 17 [Begriff der Verbrauchersache] (1) Bilden ein Vertrag oder Ansprüche aus einem Vertrag, den eine Person, der Verbraucher, zu einem Zweck geschlossen hat, der nicht der beruflichen oder gewerblichen Tätigkeit dieser Person zugerechnet werden kann, den Gegenstand des Verfahrens, so bestimmt sich die Zuständigkeit unbeschadet des Artikels 6 und des Artikels 7 Nummer 5 nach diesem Abschnitt,

a) wenn es sich um den Kauf beweglicher Sachen auf Teilzahlung handelt,

b) wenn es sich um ein in Raten zurückzuzahlendes Darlehen oder ein anderes Kreditgeschäft handelt, das zur Finanzierung eines Kaufs derartiger Sachen bestimmt ist, oder

c) in allen anderen Fällen, wenn der andere Vertragspartner in dem Mitgliedstaat, in dessen Hoheitsgebiet der Verbraucher seinen Wohnsitz hat, eine berufliche oder gewerbliche Tätigkeit ausübt oder eine solche auf irgendeinem Wege auf diesen Mitgliedstaat oder auf mehrere Staaten, einschließlich dieses Mitgliedstaats, ausrichtet und der Vertrag in den Bereich dieser Tätigkeit fällt.

(2) Hat der Vertragspartner des Verbrauchers im Hoheitsgebiet eines Mitgliedstaats keinen Wohnsitz, besitzt er aber in einem Mitgliedstaat eine Zweigniederlassung, Agentur oder sonstige Niederlassung, so wird er für Streitigkeiten aus ihrem Betrieb so behandelt, wie wenn er seinen Wohnsitz im Hoheitsgebiet dieses Mitgliedstaats hätte.

---

[1] **Amtl. Anm.:** ABl. L 335 vom 17.12.2009, S. 1.

(3) Dieser Abschnitt ist nicht auf Beförderungsverträge mit Ausnahme von Reiseverträgen, die für einen Pauschalpreis kombinierte Beförderungs- und Unterbringungsleistungen vorsehen, anzuwenden.

Art. 18 [Gerichtsstände für Klagen des Verbrauchers und seines Vertragspartners] (1) Die Klage eines Verbrauchers gegen den anderen Vertragspartner kann entweder vor den Gerichten des Mitgliedstaats erhoben werden, in dessen Hoheitsgebiet dieser Vertragspartner seinen Wohnsitz hat, oder ohne Rücksicht auf den Wohnsitz des anderen Vertragspartners vor dem Gericht des Ortes, an dem der Verbraucher seinen Wohnsitz hat.

(2) Die Klage des anderen Vertragspartners gegen den Verbraucher kann nur vor den Gerichten des Mitgliedstaats erhoben werden, in dessen Hoheitsgebiet der Verbraucher seinen Wohnsitz hat.

(3) Die Vorschriften dieses Artikels lassen das Recht unberührt, eine Widerklage vor dem Gericht zu erheben, bei dem die Klage selbst gemäß den Bestimmungen dieses Abschnitts anhängig ist.

Art. 19 [Zulässige Gerichtsstandsvereinbarungen] Von den Vorschriften dieses Abschnitts kann im Wege der Vereinbarung nur abgewichen werden,

1. wenn die Vereinbarung nach der Entstehung der Streitigkeit getroffen wird,
2. wenn sie dem Verbraucher die Befugnis einräumt, andere als die in diesem Abschnitt angeführten Gerichte anzurufen, oder
3. wenn sie zwischen einem Verbraucher und seinem Vertragspartner, die zum Zeitpunkt des Vertragsabschlusses ihren Wohnsitz oder gewöhnlichen Aufenthalt in demselben Mitgliedstaat haben, getroffen ist und die Zuständigkeit der Gerichte dieses Mitgliedstaats begründet, es sei denn, dass eine solche Vereinbarung nach dem Recht dieses Mitgliedstaats nicht zulässig ist.

Abschnitt 5. Zuständigkeit für individuelle Arbeitsverträge

Art. 20 [Anwendungsbereich] (1) Bilden ein individueller Arbeitsvertrag oder Ansprüche aus einem individuellen Arbeitsvertrag den Gegenstand des Verfahrens, so bestimmt sich die Zuständigkeit unbeschadet des Artikels 6, des Artikels 7 Nummer 5 und, wenn die Klage gegen den Arbeitgeber erhoben wurde, des Artikels 8 Nummer 1 nach diesem Abschnitt.

(2) Hat der Arbeitgeber, mit dem der Arbeitnehmer einen individuellen Arbeitsvertrag geschlossen hat, im Hoheitsgebiet eines Mitgliedstaats keinen Wohnsitz, besitzt er aber in einem Mitgliedstaat eine Zweigniederlassung, Agentur oder sonstige Niederlassung, so wird er für Streitigkeiten aus ihrem Betrieb so behandelt, wie wenn er seinen Wohnsitz im Hoheitsgebiet dieses Mitgliedstaats hätte.

Art. 21 [Gerichtsstände für Klagen gegen Arbeitgeber] (1) Ein Arbeitgeber, der seinen Wohnsitz im Hoheitsgebiet eines Mitgliedstaats hat, kann verklagt werden:

a) vor den Gerichten des Mitgliedstaats, in dem er seinen Wohnsitz hat, oder
b) in einem anderen Mitgliedstaat

i) vor dem Gericht des Ortes, an dem oder von dem aus der Arbeitnehmer gewöhnlich seine Arbeit verrichtet oder zuletzt gewöhnlich verrichtet hat, oder

ii) wenn der Arbeitnehmer seine Arbeit gewöhnlich nicht in ein und demselben Staat verrichtet oder verrichtet hat, vor dem Gericht des Ortes, an dem sich die Niederlassung, die den Arbeitnehmer eingestellt hat, befindet oder befand.

(2) Ein Arbeitgeber, der seinen Wohnsitz nicht im Hoheitsgebiet eines Mitgliedstaats hat, kann vor dem Gericht eines Mitgliedstaats gemäß Absatz 1 Buchstabe b verklagt werden.

Art. 22 [Gerichtsstände für Klagen gegen Arbeitnehmer; Widerklage]

(1) Die Klage des Arbeitgebers kann nur vor den Gerichten des Mitgliedstaats erhoben werden, in dessen Hoheitsgebiet der Arbeitnehmer seinen Wohnsitz hat.

(2) Die Vorschriften dieses Abschnitts lassen das Recht unberührt, eine Widerklage vor dem Gericht zu erheben, bei dem die Klage selbst gemäß den Bestimmungen dieses Abschnitts anhängig ist.

Art. 23 [Zulässige Gerichtsstandsvereinbarungen] Von den Vorschriften dieses Abschnitts kann im Wege der Vereinbarung nur abgewichen werden,

1. wenn die Vereinbarung nach der Entstehung der Streitigkeit getroffen wird oder
2. wenn sie dem Arbeitnehmer die Befugnis einräumt, andere als die in diesem Abschnitt angeführten Gerichte anzurufen.

Abschnitt 6. Ausschließliche Zuständigkeiten

Art. 24 [Ausschließliche Gerichtszuständigkeiten] Ohne Rücksicht auf den Wohnsitz der Parteien sind folgende Gerichte eines Mitgliedstaats ausschließlich zuständig:

1. für Verfahren, welche dingliche Rechte an unbeweglichen Sachen sowie die Miete oder Pacht von unbeweglichen Sachen zum Gegenstand haben, die Gerichte des Mitgliedstaats, in dem die unbewegliche Sache belegen ist.
   Jedoch sind für Verfahren betreffend die Miete oder Pacht unbeweglicher Sachen zum vorübergehenden privaten Gebrauch für höchstens sechs aufeinander folgende Monate auch die Gerichte des Mitgliedstaats zuständig, in dem der Beklagte seinen Wohnsitz hat, sofern es sich bei dem Mieter oder Pächter um eine natürliche Person handelt und der Eigentümer sowie der Mieter oder Pächter ihren Wohnsitz in demselben Mitgliedstaat haben;
2. für Verfahren, welche die Gültigkeit, die Nichtigkeit oder die Auflösung einer Gesellschaft oder juristischen Person oder die Gültigkeit der Beschlüsse ihrer Organe zum Gegenstand haben, die Gerichte des Mitgliedstaats, in dessen Hoheitsgebiet die Gesellschaft oder juristische Person ihren Sitz hat. Bei der Entscheidung darüber, wo der Sitz sich befindet, wendet das Gericht die Vorschriften seines Internationalen Privatrechts an;

3. für Verfahren, welche die Gültigkeit von Eintragungen in öffentliche Register zum Gegenstand haben, die Gerichte des Mitgliedstaats, in dessen Hoheitsgebiet die Register geführt werden;
4. für Verfahren, welche die Eintragung oder die Gültigkeit von Patenten, Marken, Mustern und Modellen sowie ähnlicher Rechte, die einer Hinterlegung oder Registrierung bedürfen, zum Gegenstand haben, unabhängig davon, ob die Frage im Wege der Klage oder der Einrede aufgeworfen wird, die Gerichte des Mitgliedstaats, in dessen Hoheitsgebiet die Hinterlegung oder Registrierung beantragt oder vorgenommen worden ist oder aufgrund eines Unionsrechtsakts oder eines zwischenstaatlichen Übereinkommens als vorgenommen gilt.
   Unbeschadet der Zuständigkeit des Europäischen Patentamts nach dem am 5. Oktober 1973 in München unterzeichneten Übereinkommen über die Erteilung europäischer Patente sind die Gerichte eines jeden Mitgliedstaats für alle Verfahren ausschließlich zuständig, welche die Erteilung oder die Gültigkeit eines europäischen Patents zum Gegenstand haben, das für diesen Mitgliedstaat erteilt wurde;
5. für Verfahren, welche die Zwangsvollstreckung aus Entscheidungen zum Gegenstand haben, die Gerichte des Mitgliedstaats, in dessen Hoheitsgebiet die Zwangsvollstreckung durchgeführt werden soll oder durchgeführt worden ist.

Abschnitt 7. Vereinbarung über die Zuständigkeit

Art. 25 [Zulässigkeit und Form von Gerichtsstandsvereinbarungen]

(1) [1] Haben die Parteien unabhängig von ihrem Wohnsitz vereinbart, dass ein Gericht oder die Gerichte eines Mitgliedstaats über eine bereits entstandene Rechtsstreitigkeit oder über eine künftige aus einem bestimmten Rechtsverhältnis entspringende Rechtsstreitigkeit entscheiden sollen, so sind dieses Gericht oder die Gerichte dieses Mitgliedstaats zuständig, es sei denn, die Vereinbarung ist nach dem Recht dieses Mitgliedstaats materiell ungültig. [2] Dieses Gericht oder die Gerichte dieses Mitgliedstaats sind ausschließlich zuständig, sofern die Parteien nichts anderes vereinbart haben. [3] Die Gerichtsstandsvereinbarung muss geschlossen werden:

a) schriftlich oder mündlich mit schriftlicher Bestätigung,
b) in einer Form, welche den Gepflogenheiten entspricht, die zwischen den Parteien entstanden sind, oder
c) im internationalen Handel in einer Form, die einem Handelsbrauch entspricht, den die Parteien kannten oder kennen mussten und den Parteien von Verträgen dieser Art in dem betreffenden Geschäftszweig allgemein kennen und regelmäßig beachten.

(2) Elektronische Übermittlungen, die eine dauerhafte Aufzeichnung der Vereinbarung ermöglichen, sind der Schriftform gleichgestellt.

(3) Ist in schriftlich niedergelegten Trust-Bedingungen bestimmt, dass über Klagen gegen einen Begründer, Trustee oder Begünstigten eines Trust ein Gericht oder die Gerichte eines Mitgliedstaats entscheiden sollen, so ist dieses Gericht oder sind diese Gerichte ausschließlich zuständig, wenn es sich um

Beziehungen zwischen diesen Personen oder ihre Rechte oder Pflichten im Rahmen des Trust handelt.

(4) Gerichtsstandsvereinbarungen und entsprechende Bestimmungen in Trust-Bedingungen haben keine rechtliche Wirkung, wenn sie den Vorschriften der Artikel 15, 19 oder 23 zuwiderlaufen oder wenn die Gerichte, deren Zuständigkeit abbedungen wird, aufgrund des Artikels 24 ausschließlich zuständig sind.

(5) *[1]* Eine Gerichtsstandsvereinbarung, die Teil eines Vertrags ist, ist als eine von den übrigen Vertragsbestimmungen unabhängige Vereinbarung zu behandeln.

[2] Die Gültigkeit der Gerichtsstandsvereinbarung kann nicht allein mit der Begründung in Frage gestellt werden, dass der Vertrag nicht gültig ist.

Art. 26 [Zuständigkeit infolge rügeloser Einlassung] (1) [1] Sofern das Gericht eines Mitgliedstaats nicht bereits nach anderen Vorschriften dieser Verordnung zuständig ist, wird es zuständig, wenn sich der Beklagte vor ihm auf das Verfahren einlässt. [2] Dies gilt nicht, wenn der Beklagte sich einlässt, um den Mangel der Zuständigkeit geltend zu machen oder wenn ein anderes Gericht aufgrund des Artikels 24 ausschließlich zuständig ist.

(2) In Streitigkeiten nach den Abschnitten 3, 4 oder 5, in denen der Beklagte Versicherungsnehmer, Versicherter, Begünstigter eines Versicherungsvertrags, Geschädigter, Verbraucher oder Arbeitnehmer ist, stellt das Gericht, bevor es sich nach Absatz 1 für zuständig erklärt, sicher, dass der Beklagte über sein Recht, die Unzuständigkeit des Gerichts geltend zu machen, und über die Folgen der Einlassung oder Nichteinlassung auf das Verfahren belehrt wird.

Abschnitt 8. Prüfung der Zuständigkeit und der Zulässigkeit des Verfahrens

Art. 27 [Erklärung der Unzuständigkeit in Fällen des Art. 24] Das Gericht eines Mitgliedstaats hat sich von Amts wegen für unzuständig zu erklären, wenn es wegen einer Streitigkeit angerufen wird, für die das Gericht eines anderen Mitgliedstaats aufgrund des Artikels 24 ausschließlich zuständig ist.

Art. 28 [Erklärung der Unzuständigkeit von Amts wegen in sonstigen Fällen] (1) Lässt sich der Beklagte, der seinen Wohnsitz im Hoheitsgebiet eines Mitgliedstaats hat und der vor dem Gericht eines anderen Mitgliedstaats verklagt wird, auf das Verfahren nicht ein, so hat sich das Gericht von Amts wegen für unzuständig zu erklären, wenn seine Zuständigkeit nicht nach dieser Verordnung begründet ist.

(2) Das Gericht hat das Verfahren so lange auszusetzen, bis festgestellt ist, dass es dem Beklagten möglich war, das verfahrenseinleitende Schriftstück oder ein gleichwertiges Schriftstück so rechtzeitig zu empfangen, dass er sich verteidigen konnte oder dass alle hierzu erforderlichen Maßnahmen getroffen worden sind.

(3) An die Stelle von Absatz 2 tritt Artikel 19 der Verordnung (EG) Nr. 1393/2007 des Europäischen Parlaments und des Rates vom 13. November 2007 über die Zustellung gerichtlicher und außergerichtlicher Schriftstücke in

Zivil- oder Handelssachen in den Mitgliedstaaten (Zustellung von Schriftstücken)[1], wenn das verfahrenseinleitende Schriftstück oder ein gleichwertiges Schriftstück nach der genannten Verordnung von einem Mitgliedstaat in einen anderen zu übermitteln war.

(4) Ist die Verordnung (EG) Nr. 1393/2007 nicht anwendbar, so gilt Artikel 15 des Haager Übereinkommens vom 15. November 1965 über die Zustellung gerichtlicher und außergerichtlicher Schriftstücke im Ausland in Zivil- und Handelssachen, wenn das verfahrenseinleitende Schriftstück oder ein gleichwertiges Schriftstück nach dem genannten Übereinkommen im Ausland zu übermitteln war.

Abschnitt 9. Anhängigkeit und im Zusammenhang stehende Verfahren

Art. 29 [Konkurrierende Rechtshängigkeit] (1) Werden bei Gerichten verschiedener Mitgliedstaaten Klagen wegen desselben Anspruchs zwischen denselben Parteien anhängig gemacht, so setzt das später angerufene Gericht unbeschadet des Artikels 31 Absatz 2 das Verfahren von Amts wegen aus, bis die Zuständigkeit des zuerst angerufenen Gerichts feststeht.

(2) In den in Absatz 1 genannten Fällen teilt das angerufene Gericht auf Antrag eines anderen angerufenen Gerichts diesem unverzüglich mit, wann es gemäß Artikel 32 angerufen wurde.

(3) Sobald die Zuständigkeit des zuerst angerufenen Gerichts feststeht, erklärt sich das später angerufene Gericht zugunsten dieses Gerichts für unzuständig.

Art. 30 [Im Zusammenhang stehende Verfahren] (1) Sind bei Gerichten verschiedener Mitgliedstaaten Verfahren, die im Zusammenhang stehen, anhängig, so kann jedes später angerufene Gericht das Verfahren aussetzen.

(2) Ist das beim zuerst angerufenen Gericht anhängige Verfahren in erster Instanz anhängig, so kann sich jedes später angerufene Gericht auf Antrag einer Partei auch für unzuständig erklären, wenn das zuerst angerufene Gericht für die betreffenden Verfahren zuständig ist und die Verbindung der Verfahren nach seinem Recht zulässig ist.

(3) Verfahren stehen im Sinne dieses Artikels im Zusammenhang, wenn zwischen ihnen eine so enge Beziehung gegeben ist, dass eine gemeinsame Verhandlung und Entscheidung geboten erscheint, um zu vermeiden, dass in getrennten Verfahren widersprechende Entscheidungen ergehen könnten.

Art. 31 [Priorität bei ausschließlicher Zuständigkeit] (1) Ist für die Verfahren die ausschließliche Zuständigkeit mehrerer Gerichte gegeben, so hat sich das zuletzt angerufene Gericht zugunsten des zuerst angerufenen Gerichts für unzuständig zu erklären.

(2) Wird ein Gericht eines Mitgliedstaats angerufen, das gemäß einer Vereinbarung nach Artikel 25 ausschließlich zuständig ist, so setzt das Gericht des anderen Mitgliedstaats unbeschadet des Artikels 26 das Verfahren so lange aus, bis das auf der Grundlage der Vereinbarung angerufene Gericht erklärt hat, dass es gemäß der Vereinbarung nicht zuständig ist.

---

[1] **Amtl. Anm.:** ABl. L 324 vom 10.12.2007, S. 79.

(3) Sobald das in der Vereinbarung bezeichnete Gericht die Zuständigkeit gemäß der Vereinbarung festgestellt hat, erklären sich die Gerichte des anderen Mitgliedstaats zugunsten dieses Gerichts für unzuständig.

(4) Die Absätze 2 und 3 gelten nicht für Streitigkeiten, die in den Abschnitten 3, 4 oder 5 genannt werden, wenn der Kläger Versicherungsnehmer, Versicherter, Begünstigter des Versicherungsvertrags, Geschädigter, Verbraucher oder Arbeitnehmer ist und die Vereinbarung nach einer in den genannten Abschnitten enthaltenen Bestimmung nicht gültig ist.

Art. 32 [Anrufung eines Gerichts] (1) *[1]* Für die Zwecke dieses Abschnitts gilt ein Gericht als angerufen:

a) zu dem Zeitpunkt, zu dem das verfahrenseinleitende Schriftstück oder ein gleichwertiges Schriftstück bei Gericht eingereicht worden ist, vorausgesetzt, dass der Kläger es in der Folge nicht versäumt hat, die ihm obliegenden Maßnahmen zu treffen, um die Zustellung des Schriftstücks an den Beklagten zu bewirken, oder

b) falls die Zustellung an den Beklagten vor Einreichung des Schriftstücks bei Gericht zu bewirken ist, zu dem Zeitpunkt, zu dem die für die Zustellung verantwortliche Stelle das Schriftstück erhalten hat, vorausgesetzt, dass der Kläger es in der Folge nicht versäumt hat, die ihm obliegenden Maßnahmen zu treffen, um das Schriftstück bei Gericht einzureichen.

[2] Die für die Zustellung verantwortliche Stelle im Sinne von Buchstabe b ist die Stelle, die die zuzustellenden Schriftstücke zuerst erhält.

(2) Das Gericht oder die für die Zustellung verantwortliche Stelle gemäß Absatz 1 vermerkt das Datum der Einreichung des verfahrenseinleitenden Schriftstücks oder gleichwertigen Schriftstücks beziehungsweise das Datum des Eingangs der zuzustellenden Schriftstücke.

Art. 33 [Aussetzung/Einstellung eines Verfahrens wegen desselben Anspruchs] (1) Beruht die Zuständigkeit auf Artikel 4 oder auf den Artikeln 7, 8 oder 9 und ist bei Anrufung eines Gerichts eines Mitgliedstaats wegen desselben Anspruchs zwischen denselben Parteien ein Verfahren vor dem Gericht eines Drittstaats anhängig, so kann das Gericht des Mitgliedstaats das Verfahren aussetzen, wenn

a) zu erwarten ist, dass das Gericht des Drittstaats eine Entscheidung erlassen wird, die in dem betreffenden Mitgliedstaat anerkannt und gegebenenfalls vollstreckt werden kann, und

b) das Gericht des Mitgliedstaats davon überzeugt ist, dass eine Aussetzung des Verfahrens im Interesse einer geordneten Rechtspflege erforderlich ist.

(2) Das Gericht des Mitgliedstaats kann das Verfahren jederzeit fortsetzen, wenn

a) das Verfahren vor dem Gericht des Drittstaats ebenfalls ausgesetzt oder eingestellt wurde,

b) das Gericht des Mitgliedstaats es für unwahrscheinlich hält, dass das vor dem Gericht des Drittstaats anhängige Verfahren innerhalb einer angemessenen Frist abgeschlossen wird, oder

c) die Fortsetzung des Verfahrens im Interesse einer geordneten Rechtspflege erforderlich ist.

(3) Das Gericht des Mitgliedstaats stellt das Verfahren ein, wenn das vor dem Gericht des Drittstaats anhängige Verfahren abgeschlossen ist und eine Entscheidung ergangen ist, die in diesem Mitgliedstaat anerkannt und gegebenenfalls vollstreckt werden kann.

(4) Das Gericht des Mitgliedstaats wendet diesen Artikel auf Antrag einer der Parteien oder, wenn dies nach einzelstaatlichem Recht möglich ist, von Amts wegen an.

Art. 34 [Aussetzung/Einstellung bei in Zusammenhang stehenden Verfahren] (1) Beruht die Zuständigkeit auf Artikel 4 oder auf den Artikeln 7, 8 oder 9 und ist bei Anrufung eines Gerichts eines Mitgliedstaats vor einem Gericht eines Drittstaats ein Verfahren anhängig, das mit dem Verfahren vor dem Gericht des Mitgliedstaats in Zusammenhang steht, so kann das Gericht des Mitgliedstaats das Verfahren aussetzen, wenn

a) eine gemeinsame Verhandlung und Entscheidung der in Zusammenhang stehenden Verfahren geboten erscheint, um zu vermeiden, dass in getrennten Verfahren widersprechende Entscheidungen ergehen könnten,

b) zu erwarten ist, dass das Gericht des Drittstaats eine Entscheidung erlassen wird, die in dem betreffenden Mitgliedstaat anerkannt und gegebenenfalls vollstreckt werden kann, und

c) das Gericht des Mitgliedstaats davon überzeugt ist, dass die Aussetzung im Interesse einer geordneten Rechtspflege erforderlich ist.

(2) Das Gericht des Mitgliedstaats kann das Verfahren jederzeit fortsetzen, wenn

a) das Gericht des Mitgliedstaats es für wahrscheinlich hält, dass die Gefahr widersprechender Entscheidungen nicht mehr besteht,

b) das Verfahren vor dem Gericht des Drittstaats ebenfalls ausgesetzt oder eingestellt wurde,

c) das Gericht des Mitgliedstaats es für unwahrscheinlich hält, dass das vor dem Gericht des Drittstaats anhängige Verfahren innerhalb einer angemessenen Frist abgeschlossen wird, oder

d) die Fortsetzung des Verfahrens im Interesse einer geordneten Rechtspflege erforderlich ist.

(3) Das Gericht des Mitgliedstaats kann das Verfahren einstellen, wenn das vor dem Gericht des Drittstaats anhängige Verfahren abgeschlossen ist und eine Entscheidung ergangen ist, die in diesem Mitgliedstaat anerkannt und gegebenenfalls vollstreckt werden kann.

(4) Das Gericht des Mitgliedstaats wendet diesen Artikel auf Antrag einer der Parteien oder, wenn dies nach einzelstaatlichem Recht möglich ist, von Amts wegen an.

Abschnitt 10. Einstweilige Maßnahmen einschließlich Sicherungsmaßnahmen

Art. 35 [Einstweilige Maßnahmen] Die im Recht eines Mitgliedstaats vorgesehenen einstweiligen Maßnahmen einschließlich Sicherungsmaßnahmen können bei den Gerichten dieses Mitgliedstaats auch dann beantragt werden, wenn für die Entscheidung in der Hauptsache das Gericht eines anderen Mitgliedstaats zuständig ist.

Kapitel III. Anerkennung und Vollstreckung

Abschnitt 1. Anerkennung

Art. 36 [Anerkennung einer Entscheidung] (1) Die in einem Mitgliedstaat ergangenen Entscheidungen werden in den anderen Mitgliedstaaten anerkannt, ohne dass es hierfür eines besonderen Verfahrens bedarf.

(2) Jeder Berechtigte kann gemäß dem Verfahren nach Abschnitt 3 Unterabschnitt 2 die Feststellung beantragen, dass keiner der in Artikel 45 genannten Gründe für eine Versagung der Anerkennung gegeben ist.

(3) Wird die Anerkennung in einem Rechtsstreit vor dem Gericht eines Mitgliedstaats, dessen Entscheidung von der Versagung der Anerkennung abhängt, verlangt, so kann dieses Gericht über die Anerkennung entscheiden.

Art. 37 [Vorlegung der Entscheidung und der Bescheinigung]

(1) Eine Partei, die in einem Mitgliedstaat eine in einem anderen Mitgliedstaat ergangene Entscheidung geltend machen will, hat Folgendes vorzulegen:

a) eine Ausfertigung der Entscheidung, die die für ihre Beweiskraft erforderlichen Voraussetzungen erfüllt, und

b) die nach Artikel 53 ausgestellte Bescheinigung.

(2) [1] Das Gericht oder die Behörde, bei dem oder der eine in einem anderen Mitgliedstaat ergangene Entscheidung geltend gemacht wird, kann die Partei, die sie geltend macht, gegebenenfalls auffordern, eine Übersetzung oder eine Transliteration des Inhalts der in Absatz 1 Buchstabe b genannten Bescheinigung nach Artikel 57 zur Verfügung zu stellen. [2] Kann das Gericht oder die Behörde das Verfahren ohne eine Übersetzung der eigentlichen Entscheidung nicht fortsetzen, so kann es oder sie die Partei auffordern, eine Übersetzung der Entscheidung statt der Übersetzung des Inhalts der Bescheinigung zur Verfügung zu stellen.

Art. 38 [Aussetzung des Verfahrens] Das Gericht oder die Behörde, bei dem bzw. der eine in einem anderen Mitgliedstaat ergangene Entscheidung geltend gemacht wird, kann das Verfahren ganz oder teilweise aussetzen, wenn

a) die Entscheidung im Ursprungsmitgliedstaat angefochten wird oder

b) die Feststellung, dass keiner der in Artikel 45 genannten Gründe für eine Versagung der Anerkennung gegeben ist, oder die Feststellung, dass die Anerkennung aus einem dieser Gründe zu versagen ist, beantragt worden ist.

Abschnitt 2. Vollstreckung

Art. 39 [Vollstreckbarkeit] Eine in einem Mitgliedstaat ergangene Entscheidung, die in diesem Mitgliedstaat vollstreckbar ist, ist in den anderen Mitgliedstaaten vollstreckbar, ohne dass es einer Vollstreckbarerklärung bedarf.

Art. 40 [Sicherungsmaßnahmen] Eine vollstreckbare Entscheidung umfasst von Rechts wegen die Befugnis, jede Sicherungsmaßnahme zu veranlassen, die im Recht des ersuchten Mitgliedstaats vorgesehen ist.

Art. 41 [Recht des ersuchten Mitgliedstaats] (1) [1] Vorbehaltlich der Bestimmungen dieses Abschnitts gilt für das Verfahren zur Vollstreckung der in einem anderen Mitgliedstaat ergangenen Entscheidungen das Recht des ersuchten Mitgliedstaats. [2] Eine in einem Mitgliedstaat ergangene Entscheidung, die im ersuchten Mitgliedstaat vollstreckbar ist, wird dort unter den gleichen Bedingungen vollstreckt wie eine im ersuchten Mitgliedstaat ergangene Entscheidung.

(2) Ungeachtet des Absatzes 1 gelten die im Recht des ersuchten Mitgliedstaats für die Verweigerung oder Aussetzung der Vollstreckung vorgesehenen Gründe, soweit sie nicht mit den in Artikel 45 aufgeführten Gründen unvereinbar sind.

(3) [1] Von der Partei, die die Vollstreckung einer in einem anderen Mitgliedstaat ergangenen Entscheidung beantragt, kann nicht verlangt werden, dass sie im ersuchten Mitgliedstaat über eine Postanschrift verfügt. [2] Es kann von ihr auch nicht verlangt werden, dass sie im ersuchten Mitgliedstaat über einen bevollmächtigten Vertreter verfügt, es sei denn, ein solcher Vertreter ist ungeachtet der Staatsangehörigkeit oder des Wohnsitzes der Parteien vorgeschrieben.

Art. 42 [Vorlegung der Entscheidung und der Bescheinigung]

(1) Soll in einem Mitgliedstaat eine in einem anderen Mitgliedstaat ergangene Entscheidung vollstreckt werden, hat der Antragsteller der zuständigen Vollstreckungsbehörde Folgendes vorzulegen:

a) eine Ausfertigung der Entscheidung, die die für ihre Beweiskraft erforderlichen Voraussetzungen erfüllt, und

b) die nach Artikel 53 ausgestellte Bescheinigung, mit der bestätigt wird, dass die Entscheidung vollstreckbar ist, und die einen Auszug aus der Entscheidung sowie gegebenenfalls relevante Angaben zu den erstattungsfähigen Kosten des Verfahrens und der Berechnung der Zinsen enthält.

(2) Soll in einem Mitgliedstaat eine in einem anderen Mitgliedstaat ergangene Entscheidung vollstreckt werden, mit der eine einstweilige Maßnahme einschließlich einer Sicherungsmaßnahme angeordnet wird, hat der Antragsteller der zuständigen Vollstreckungsbehörde Folgendes vorzulegen:

a) eine Ausfertigung der Entscheidung, die die für ihre Beweiskraft erforderlichen Voraussetzungen erfüllt,

b) die nach Artikel 53 ausgestellte Bescheinigung, die eine Beschreibung der Maßnahme enthält und mit der bestätigt wird, dass

i) das Gericht in der Hauptsache zuständig ist,

ii) die Entscheidung im Ursprungsmitgliedstaat vollstreckbar ist, und

c) wenn die Maßnahme ohne Vorladung des Beklagten angeordnet wurde, den Nachweis der Zustellung der Entscheidung.

(3) Die zuständige Vollstreckungsbehörde kann gegebenenfalls vom Antragsteller gemäß Artikel 57 eine Übersetzung oder Transliteration des Inhalts der Bescheinigung verlangen.

(4) Die zuständige Vollstreckungsbehörde darf vom Antragsteller eine Übersetzung der Entscheidung nur verlangen, wenn sie das Verfahren ohne eine solche Übersetzung nicht fortsetzen kann.

Art. 43 [Zustellung der Bescheinigung; Übersetzung] (1) [1] Soll eine in einem anderen Mitgliedstaat ergangene Entscheidung vollstreckt werden, so wird die gemäß Artikel 53 ausgestellte Bescheinigung dem Schuldner vor der ersten Vollstreckungsmaßnahme zugestellt. [2] Der Bescheinigung wird die Entscheidung beigefügt, sofern sie dem Schuldner noch nicht zugestellt wurde.

(2) *[1]* Hat der Schuldner seinen Wohnsitz in einem anderen Mitgliedstaat als dem Ursprungsmitgliedstaat, so kann er eine Übersetzung der Entscheidung verlangen, um ihre Vollstreckung anfechten zu können, wenn die Entscheidung nicht in einer der folgenden Sprachen abgefasst ist oder ihr keine Übersetzung in einer der folgenden Sprachen beigefügt ist:

a) einer Sprache, die er versteht, oder

b) der Amtssprache des Mitgliedstaats, in dem er seinen Wohnsitz hat, oder, wenn es in diesem Mitgliedstaat mehrere Amtssprachen gibt, in der Amtssprache oder einer der Amtssprachen des Ortes, an dem er seinen Wohnsitz hat.

[2] Wird die Übersetzung der Entscheidung gemäß Unterabsatz 1 verlangt, so darf die Zwangsvollstreckung nicht über Sicherungsmaßnahmen hinausgehen, solange der Schuldner die Übersetzung nicht erhalten hat.

[3] Dieser Absatz gilt nicht, wenn die Entscheidung dem Schuldner bereits in einer der in Unterabsatz 1 genannten Sprachen oder zusammen mit einer Übersetzung in eine dieser Sprachen zugestellt worden ist.

(3) Dieser Artikel gilt nicht für die Vollstreckung einer in einer Entscheidung enthaltenen Sicherungsmaßnahme oder wenn der Antragsteller Sicherungsmaßnahmen gemäß Artikel 40 erwirkt.

Art. 44 [Antrag auf Versagung der Vollstreckung] (1) Wurde eine Versagung der Vollstreckung einer Entscheidung gemäß Abschnitt 3 Unterabschnitt 2 beantragt, so kann das Gericht im ersuchten Mitgliedstaat auf Antrag des Schuldners

a) das Vollstreckungsverfahren auf Sicherungsmaßnahmen beschränken,

b) die Vollstreckung von der Leistung einer vom Gericht zu bestimmenden Sicherheit abhängig machen oder

c) das Vollstreckungsverfahren insgesamt oder teilweise aussetzen.

(2) Die zuständige Behörde des ersuchten Mitgliedstaats setzt das Vollstreckungsverfahren auf Antrag des Schuldners aus, wenn die Vollstreckbarkeit der Entscheidung im Ursprungsmitgliedstaat ausgesetzt ist.

Abschnitt 3. Versagung der Anerkennung und Vollstreckung

Unterabschnitt 1. Versagung der Anerkennung

Art. 45 [Antrag auf Versagung der Anerkennung] (1) Die Anerkennung einer Entscheidung wird auf Antrag eines Berechtigten versagt, wenn

a) die Anerkennung der öffentlichen Ordnung (ordre public) des ersuchten Mitgliedstaats offensichtlich widersprechen würde;

b) dem Beklagten, der sich auf das Verfahren nicht eingelassen hat, das verfahrenseinleitende Schriftstück oder ein gleichwertiges Schriftstück nicht so rechtzeitig und in einer Weise zugestellt worden ist, dass er sich verteidigen konnte, es sei denn, der Beklagte hat gegen die Entscheidung keinen Rechtsbehelf eingelegt, obwohl er die Möglichkeit dazu hatte;

c) die Entscheidung mit einer Entscheidung unvereinbar ist, die zwischen denselben Parteien im ersuchten Mitgliedstaat ergangen ist;

d) die Entscheidung mit einer früheren Entscheidung unvereinbar ist, die in einem anderen Mitgliedstaat oder in einem Drittstaat in einem Rechtsstreit wegen desselben Anspruchs zwischen denselben Parteien ergangen ist, sofern die frühere Entscheidung die notwendigen Voraussetzungen für ihre Anerkennung im ersuchten Mitgliedstaat erfüllt, oder

e) die Entscheidung unvereinbar ist

i) mit Kapitel II Abschnitte 3, 4 oder 5, sofern der Beklagte Versicherungsnehmer, Versicherter, Begünstigter des Versicherungsvertrags, Geschädigter, Verbraucher oder Arbeitnehmer ist, oder

ii) mit Kapitel II Abschnitt 6.

(2) Das mit dem Antrag befasste Gericht ist bei der Prüfung, ob eine der in Absatz 1 Buchstabe e angeführten Zuständigkeiten gegeben ist, an die tatsächlichen Feststellungen gebunden, aufgrund deren das Ursprungsgericht seine Zuständigkeit angenommen hat.

(3) [1] Die Zuständigkeit des Ursprungsgerichts darf, unbeschadet des Absatzes 1 Buchstabe e, nicht nachgeprüft werden. [2] Die Vorschriften über die Zuständigkeit gehören nicht zur öffentlichen Ordnung (ordre public) im Sinne des Absatzes 1 Buchstabe a.

(4) Der Antrag auf Versagung der Anerkennung ist gemäß den Verfahren des Unterabschnitts 2 und gegebenenfalls des Abschnitts 4 zu stellen.

Unterabschnitt 2. Versagung der Vollstreckung

Art. 46 [Versagung] Die Vollstreckung einer Entscheidung wird auf Antrag des Schuldners versagt, wenn festgestellt wird, dass einer der in Artikel 45 genannten Gründe gegeben ist.

Art. 47 [Gerichtliche Zuständigkeit; angewendetes Recht] (1) Der Antrag auf Versagung der Vollstreckung ist an das Gericht zu richten, das der Kommission von dem betreffenden Mitgliedstaat gemäß Artikel 75 Buchstabe a mitgeteilt wurde.

(2) Für das Verfahren zur Versagung der Vollstreckung ist, soweit es nicht durch diese Verordnung geregelt ist, das Recht des ersuchten Mitgliedstaats maßgebend.

(3) *[1]* Der Antragsteller legt dem Gericht eine Ausfertigung der Entscheidung und gegebenenfalls eine Übersetzung oder Transliteration der Entscheidung vor.

[2] [1]Das Gericht kann auf die Vorlage der in Unterabsatz 1 genannten Schriftstücke verzichten, wenn ihm die Schriftstücke bereits vorliegen oder wenn es das Gericht für unzumutbar hält, vom Antragsteller die Vorlage der Schriftstücke zu verlangen. [2]Im letztgenannten Fall kann das Gericht von der anderen Partei verlangen, diese Schriftstücke vorzulegen.

(4) [1]Von der Partei, die die Versagung der Vollstreckung einer in einem anderen Mitgliedstaat ergangenen Entscheidung beantragt, kann nicht verlangt werden, dass sie im ersuchten Mitgliedstaat über eine Postanschrift verfügt. [2]Es kann von ihr auch nicht verlangt werden, dass sie im ersuchten Mitgliedstaat über einen bevollmächtigten Vertreter verfügt, es sei denn, ein solcher Vertreter ist ungeachtet der Staatsangehörigkeit oder des Wohnsitzes der Parteien vorgeschrieben.

Art. 48 [Unverzügliche Entscheidung] Das Gericht entscheidet unverzüglich über den Antrag auf Versagung der Vollstreckung.

Art. 49 [Rechtsbehelf] (1) Gegen die Entscheidung über den Antrag auf Versagung der Vollstreckung kann jede Partei einen Rechtsbehelf einlegen.

(2) Der Rechtsbehelf ist bei dem Gericht einzulegen, das der Kommission von dem betreffenden Mitgliedstaat gemäß Artikel 75 Buchstabe b mitgeteilt wurde.

Art. 50 [Weiterer Rechtsbehelf] Gegen die Entscheidung, die über den Rechtsbehelf ergangen ist, kann nur ein Rechtsbehelf eingelegt werden, wenn der betreffende Mitgliedstaat der Kommission gemäß Artikel 75 Buchstabe c mitgeteilt hat, bei welchen Gerichten ein weiterer Rechtsbehelf einzulegen ist.

Art. 51 [Aussetzung des Verfahrens] (1) [1]Das mit einem Antrag auf Verweigerung der Vollstreckung befasste Gericht oder das nach Artikel 49 oder Artikel 50 mit einem Rechtsbehelf befasste Gericht kann das Verfahren aussetzen, wenn gegen die Entscheidung im Ursprungsmitgliedstaat ein ordentlicher Rechtsbehelf eingelegt wurde oder die Frist für einen solchen Rechtsbehelf noch nicht verstrichen ist. [2]Im letztgenannten Fall kann das Gericht eine Frist bestimmen, innerhalb derer der Rechtsbehelf einzulegen ist.

(2) Ist die Entscheidung in Irland, Zypern oder im Vereinigten Königreich ergangen, so gilt jeder im Ursprungsmitgliedstaat statthafte Rechtsbehelf als ordentlicher Rechtsbehelf im Sinne des Absatzes 1.

Abschnitt 4. Gemeinsame Vorschriften

Art. 52 [Keine Nachprüfung in der Sache selbst] Eine in einem Mitgliedstaat ergangene Entscheidung darf im ersuchten Mitgliedstaat keinesfalls in der Sache selbst nachgeprüft werden.

Art. 53 [Ausstellung der Bescheinigung] Das Ursprungsgericht stellt auf Antrag eines Berechtigten die Bescheinigung unter Verwendung des Formblatts in Anhang I aus.

Art. 54 [Anpassung; Übersetzung] (1) *[1]* Enthält eine Entscheidung eine Maßnahme oder Anordnung, die im Recht des ersuchten Mitgliedstaats nicht bekannt ist, so ist diese Maßnahme oder Anordnung soweit möglich an eine im Recht dieses Mitgliedstaats bekannte Maßnahme oder Anordnung anzupassen, mit der vergleichbare Wirkungen verbunden sind und die ähnliche Ziele und Interessen verfolgt.

[2] Eine solche Anpassung darf nicht dazu führen, dass Wirkungen entstehen, die über die im Recht des Ursprungsmitgliedstaats vorgesehenen Wirkungen hinausgehen.

(2) Jede Partei kann die Anpassung der Maßnahme oder Anordnung vor einem Gericht anfechten.

(3) Die Partei, die die Entscheidung geltend macht oder deren Vollstreckung beantragt, kann erforderlichenfalls aufgefordert werden, eine Übersetzung oder Transliteration der Entscheidung zur Verfügung zu stellen.

Art. 55 [Zwangsgeld] In einem Mitgliedstaat ergangene Entscheidungen, die auf Zahlung eines Zwangsgelds lauten, sind im ersuchten Mitgliedstaat nur vollstreckbar, wenn die Höhe des Zwangsgelds durch das Ursprungsgericht endgültig festgesetzt ist.

Art. 56 [Keine Sicherheitsleistung wegen Ausländereigenschaft] Der Partei, die in einem Mitgliedstaat eine in einem anderen Mitgliedstaat ergangene Entscheidung vollstrecken will, darf wegen ihrer Eigenschaft als Ausländer oder wegen Fehlens eines Wohnsitzes oder Aufenthalts im ersuchten Mitgliedstaat eine Sicherheitsleistung oder Hinterlegung, unter welcher Bezeichnung es auch sei, nicht auferlegt werden.

Art. 57 [Übersetzung/Transliteration] (1) Ist nach dieser Verordnung eine Übersetzung oder Transliteration erforderlich, so erfolgt die Übersetzung oder Transliteration in die Amtssprache des betreffenden Mitgliedstaats oder, wenn es in diesem Mitgliedstaat mehrere Amtssprachen gibt, nach Maßgabe des Rechts dieses Mitgliedstaats in die oder in eine der Verfahrenssprachen des Ortes, an dem eine in einem anderen Mitgliedstaat ergangene Entscheidung geltend gemacht oder ein Antrag gestellt wird.

(2) Bei den in den Artikeln 53 und 60 genannten Formblättern kann eine Übersetzung oder Transliteration auch in eine oder mehrere andere Amtssprachen der Organe der Union erfolgen, die der betreffende Mitgliedstaat für diese Formblätter zugelassen hat.

(3) Eine Übersetzung aufgrund dieser Verordnung ist von einer Person zu erstellen, die zur Anfertigung von Übersetzungen in einem der Mitgliedstaaten befugt ist.

Kapitel IV. Öffentliche Urkunden und gerichtliche Vergleiche

Art. 58 [Öffentliche Urkunden] (1) *[1]* [1] Öffentliche Urkunden, die im Ursprungsmitgliedstaat vollstreckbar sind, sind in den anderen Mitgliedstaaten vollstreckbar, ohne dass es einer Vollstreckbarerklärung bedarf. [2] Die Zwangsvollstreckung aus der öffentlichen Urkunde kann nur versagt werden, wenn sie der öffentlichen Ordnung (ordre public) des ersuchten Mitgliedstaats offensichtlich widersprechen würde.

[2] Die Vorschriften des Kapitels III Abschnitt 2, des Abschnitts 3 Unterabschnitt 2 und des Abschnitts 4 sind auf öffentlichen Urkunden sinngemäß anzuwenden.

(2) Die vorgelegte öffentliche Urkunde muss die Voraussetzungen für ihre Beweiskraft erfüllen, die im Ursprungsmitgliedstaat erforderlich sind.

Art. 59 [Gerichtliche Vergleiche] Gerichtliche Vergleiche, die im Ursprungsmitgliedstaat vollstreckbar sind, werden in den anderen Mitgliedstaaten unter denselben Bedingungen wie öffentliche Urkunden vollstreckt.

Art. 60 [Bescheinigung über eine öffentliche Urkunde] Die zuständige Behörde oder das Gericht des Ursprungsmitgliedstaats stellt auf Antrag eines Berechtigten die Bescheinigung mit einer Zusammenfassung der in der öffentlichen Urkunde beurkundeten vollstreckbaren Verpflichtung oder der in dem gerichtlichen Vergleich beurkundeten Parteivereinbarung unter Verwendung des Formblatts in Anhang II aus.

Kapitel V. Allgemeine Vorschriften

Art. 61 [Anerkennung von Urkunden] Im Rahmen dieser Verordnung bedarf es hinsichtlich Urkunden, die in einem Mitgliedstaat ausgestellt werden, weder der Legalisation noch einer ähnlichen Förmlichkeit.

Art. 62 [Bestimmung des Wohnsitzes] (1) Ist zu entscheiden, ob eine Partei im Hoheitsgebiet des Mitgliedstaats, dessen Gerichte angerufen sind, einen Wohnsitz hat, so wendet das Gericht sein Recht an.

(2) Hat eine Partei keinen Wohnsitz in dem Mitgliedstaat, dessen Gerichte angerufen sind, so wendet das Gericht, wenn es zu entscheiden hat, ob die Partei einen Wohnsitz in einem anderen Mitgliedstaat hat, das Recht dieses Mitgliedstaats an.

Art. 63 [Bestimmung des Gesellschaftssitzes] (1) Gesellschaften und juristische Personen haben für die Anwendung dieser Verordnung ihren Wohnsitz an dem Ort, an dem sich

a) ihr satzungsmäßiger Sitz,

b) ihre Hauptverwaltung oder

c) ihre Hauptniederlassung befindet.

(2) Im Falle Irlands, Zyperns und des Vereinigten Königreichs ist unter dem Ausdruck „satzungsmäßiger Sitz" das *registered office* oder, wenn ein solches nirgendwo besteht, der *place of incorporation* (Ort der Erlangung der Rechtsfähigkeit) oder, wenn ein solcher nirgendwo besteht, der Ort, nach dessen Recht die *formation* (Gründung) erfolgt ist, zu verstehen.

(3) Um zu bestimmen, ob ein Trust seinen Sitz in dem Mitgliedstaat hat, bei dessen Gerichten die Klage anhängig ist, wendet das Gericht sein Internationales Privatrecht an.

Art. 64 [Besonderheiten von Adhäsionsverfahren] [1] Unbeschadet günstigerer innerstaatlicher Vorschriften können Personen, die ihren Wohnsitz im Hoheitsgebiet eines Mitgliedstaats haben und die vor den Strafgerichten eines anderen Mitgliedstaats, dessen Staatsangehörigkeit sie nicht besitzen, wegen einer fahrlässig begangenen Straftat verfolgt werden, sich von hierzu befugten Personen vertreten lassen, selbst wenn sie persönlich nicht erscheinen. [2] Das Gericht kann jedoch das persönliche Erscheinen anordnen; wird diese Anordnung nicht befolgt, so braucht die Entscheidung, die über den Anspruch aus einem Rechtsverhältnis des Zivilrechts ergangen ist, ohne dass sich der Angeklagte verteidigen konnte, in den anderen Mitgliedstaaten weder anerkannt noch vollstreckt zu werden.

Art. 65 [Streitverkündung statt Regressklage] (1) [1] Die in Artikel 8 Nummer 2 und Artikel 13 für eine Gewährleistungs- oder Interventionsklage vorgesehene Zuständigkeit kann in den Mitgliedstaaten, die in der von der Kommission nach Artikel 76 Absatz 1 Buchstabe b und Artikel 76 Absatz 2 festgelegten Liste aufgeführt sind, nur geltend gemacht werden, soweit das einzelstaatliche Recht dies zulässt. [2] Eine Person, die ihren Wohnsitz in einem anderen Mitgliedstaat hat, kann aufgefordert werden, nach den Vorschriften über die Streitverkündung gemäß der genannten Liste einem Verfahren vor einem Gericht dieser Mitgliedstaaten beizutreten.

(2) [1] Entscheidungen, die in einem Mitgliedstaat aufgrund des Artikels 8 Nummer 2 oder des Artikels 13 ergangen sind, werden nach Kapitel III in allen anderen Mitgliedstaaten anerkannt und vollstreckt. [2] Die Wirkungen, welche die Entscheidungen, die in den in der Liste nach Absatz 1 aufgeführten Mitgliedstaaten ergangen sind, gemäß dem Recht dieser Mitgliedstaaten infolge der Anwendung von Absatz 1 gegenüber Dritten haben, werden in *den allen*[1)] Mitgliedstaaten anerkannt.

(3) Die in der Liste nach Absatz 1 aufgeführten Mitgliedstaaten übermitteln im Rahmen des durch die Entscheidung 2001/470/EG des Rates[2)] errichteten Europäischen Justiziellen Netzes für Zivil- und Handelssachen („Europäisches Justizielles Netz") Informationen darüber, wie nach Maßgabe ihres innerstaatlichen Rechts die in Absatz 2 Satz 2 genannten Wirkungen der Entscheidungen bestimmt werden können.

Kapitel VI. Übergangsvorschriften

Art. 66 [Übergangsvorschriften] (1) Diese Verordnung ist nur auf Verfahren, öffentliche Urkunden oder gerichtliche Vergleiche anzuwenden, die am 10. Januar 2015 oder danach eingeleitet, förmlich errichtet oder eingetragen bzw. gebilligt oder geschlossen worden sind.

(2) Ungeachtet des Artikels 80 gilt die Verordnung (EG) Nr. 44/2001 weiterhin für Entscheidungen, die in vor dem 10. Januar 2015 eingeleiteten gerichtlichen Verfahren ergangen sind, für vor diesem Zeitpunkt förmlich errichtete oder eingetragene öffentliche Urkunden sowie für vor diesem Zeitpunkt gebilligte oder geschlossene gerichtliche Vergleiche, sofern sie in den Anwendungsbereich der genannten Verordnung fallen.

---

1) Amtliche Formulierung.
2) **Amtl. Anm.:** ABl. L 174 vom 27.6.2001, S. 25.

Kapitel VII. Verhältnis zu anderen Rechtsinstrumenten

Art. 67 [Rechtsakte für besondere Rechtsgebiete] Diese Verordnung berührt nicht die Anwendung der Bestimmungen, die für besondere Rechtsgebiete die gerichtliche Zuständigkeit oder die Anerkennung und Vollstreckung von Entscheidungen regeln und in Unionsrechtsakten oder in dem in Ausführung dieser Rechtsakte harmonisierten einzelstaatlichen Recht enthalten sind.

Art. 68 [Verhältnis zu EuGVÜ] (1) Diese Verordnung tritt im Verhältnis zwischen den Mitgliedstaaten an die Stelle des Brüsseler Übereinkommens von 1968, außer hinsichtlich der Hoheitsgebiete der Mitgliedstaaten, die in den territorialen Anwendungsbereich des genannten Übereinkommens fallen und aufgrund der Anwendung von Artikel 355 AEUV von dieser Verordnung ausgeschlossen sind.

(2) Soweit diese Verordnung die Bestimmungen des Brüsseler Übereinkommens von 1968 zwischen den Mitgliedstaaten ersetzt, gelten Verweise auf dieses Übereinkommen als Verweise auf die vorliegende Verordnung.

Art. 69 [Ersetzung von Übereinkünften] [1] Diese Verordnung ersetzt unbeschadet der Artikel 70 und 71 im Verhältnis zwischen den Mitgliedstaaten die Übereinkünfte, die sich auf dieselben Rechtsgebiete erstrecken wie diese Verordnung. [2] Ersetzt werden insbesondere die Übereinkünfte, die in der von der Kommission nach Artikel 76 Absatz 1 Buchstabe c und Artikel 76 Absatz 2 festgelegten Liste aufgeführt sind.

Art. 70 [Fortgeltung außerhalb des Anwendungsbereichs der EuGVVO] (1) Die in Artikel 69 genannten Übereinkünfte behalten ihre Wirksamkeit für die Rechtsgebiete, auf die diese Verordnung nicht anzuwenden ist.

(2) Sie bleiben auch weiterhin für die Entscheidungen, öffentlichen Urkunden und gerichtlichen Vergleiche wirksam, die vor dem Inkrafttreten der Verordnung (EG) Nr. 44/2001 ergangen, förmlich errichtet oder eingetragen bzw. gebilligt oder geschlossen worden sind.

Art. 71 [Fortgeltung von Übereinkünften für besondere Rechtsgebiete] (1) Diese Verordnung lässt Übereinkünfte unberührt, denen die Mitgliedstaaten angehören und die für besondere Rechtsgebiete die gerichtliche Zuständigkeit, die Anerkennung oder die Vollstreckung von Entscheidungen regeln.

(2) *[1]* Um eine einheitliche Auslegung des Absatzes 1 zu sichern, wird er in folgender Weise angewandt:

a) Diese Verordnung schließt nicht aus, dass ein Gericht eines Mitgliedstaats, der Vertragspartei einer Übereinkunft über ein besonderes Rechtsgebiet ist, seine Zuständigkeit auf eine solche Übereinkunft stützt, und zwar auch dann, wenn der Beklagte seinen Wohnsitz im Hoheitsgebiet eines Mitgliedstaats hat, der nicht Vertragspartei einer solchen Übereinkunft ist. In jedem Fall wendet dieses Gericht Artikel 28 dieser Verordnung an.

b) Entscheidungen, die in einem Mitgliedstaat von einem Gericht erlassen worden sind, das seine Zuständigkeit auf eine Übereinkunft über ein besonderes Rechtsgebiet gestützt hat, werden in den anderen Mitgliedstaaten nach dieser Verordnung anerkannt und vollstreckt.

[2] [1] Sind der Ursprungsmitgliedstaat und der ersuchte Mitgliedstaat Vertragsparteien einer Übereinkunft über ein besonderes Rechtsgebiet, welche die Voraussetzungen für die Anerkennung und Vollstreckung von Entscheidungen regelt, so gelten diese Voraussetzungen. [2] In jedem Fall können die Bestimmungen dieser Verordnung über die Anerkennung und Vollstreckung von Entscheidungen angewandt werden.

Art. 71a [Gemeinsames Gericht] (1) Für die Zwecke dieser Verordnung gilt ein gemeinsames Gericht mehrerer Mitgliedstaaten gemäß Absatz 2 („gemeinsames Gericht") als ein Gericht eines Mitgliedstaats, wenn das gemeinsame Gericht gemäß der zu seiner Errichtung geschlossenen Übereinkunft eine gerichtliche Zuständigkeit in Angelegenheiten ausübt, die in den Anwendungsbereich dieser Verordnung fallen.

(2) Jedes der folgenden Gerichte ist für die Zwecke dieser Verordnung ein gemeinsames Gericht:

a) das mit dem am 19. Februar 2013 unterzeichneten Übereinkommen zur Schaffung eines Einheitlichen Patentgerichts („EPG-Übereinkommen") errichtete Einheitliche Patentgericht und
b) der mit dem Vertrag vom 31. März 1965 über die Gründung und die Satzung des Benelux-Gerichtshofs (im Folgenden „Benelux-Gerichtshof-Vertrag") errichtete Benelux-Gerichtshof.

Art. 71b [Zuständigkeit eines gemeinsamen Gerichts] Die Zuständigkeit eines gemeinsamen Gerichts wird wie folgt bestimmt:

1. Ein gemeinsames Gericht ist zuständig, wenn die Gerichte eines Mitgliedstaats, der Partei der Übereinkunft zur Errichtung des gemeinsamen Gerichts ist, nach Maßgabe dieser Verordnung in einem unter die betreffende Übereinkunft fallenden Rechtsgebiet zuständig wären.
2. In Fällen, in denen der Beklagte seinen Wohnsitz nicht in einem Mitgliedstaat hat und diese Verordnung die ihn betreffende gerichtliche Zuständigkeit nicht anderweitig begründet, findet Kapitel II, soweit einschlägig, ungeachtet des Wohnsitzes des Beklagten Anwendung.
   Einstweilige Maßnahmen einschließlich Sicherungsmaßnahmen können bei einem gemeinsamen Gericht auch dann beantragt werden, wenn für die Entscheidung in der Hauptsache die Gerichte eines Drittstaats zuständig sind.
3. Ist ein gemeinsames Gericht hinsichtlich eines Beklagten nach Nummer 2 in einem Rechtsstreit über eine Verletzung eines Europäischen Patents, die zu einem Schaden innerhalb der Union geführt hat, zuständig, kann dieses Gericht seine Zuständigkeit auch hinsichtlich eines aufgrund einer solchen Verletzung außerhalb der Union entstandenen Schadens ausüben.
   Diese Zuständigkeit kann nur begründet werden, wenn dem Beklagten gehörendes Vermögen in einem Mitgliedstaat belegen ist, der Vertragspartei der Übereinkunft zur Errichtung des gemeinsamen Gerichts ist und der

Rechtsstreit einen hinreichenden Bezug zu einem solchen Mitgliedstaat aufweist.

Art. 71c [Konkurrierende Rechtshängigkeit] (1) Die Artikel 29 bis 32 finden Anwendung, wenn ein gemeinsames Gericht und ein Gericht eines Mitgliedstaats, der nicht Vertragspartei der Übereinkunft zur Errichtung des gemeinsamen Gerichts ist, angerufen werden.

(2) Die Artikel 29 bis 32 finden Anwendung, wenn während des Übergangszeitraums gemäß Artikel 83 des EPG-Übereinkommens das Einheitliche Patentgericht und ein Gericht eines Mitgliedstaats angerufen werden, der Vertragspartei des EPG-Übereinkommens ist.

Art. 71d [Anerkennung und Vollstreckung] *[1]* Diese Verordnung findet Anwendung auf die Anerkennung und Vollstreckung von

a) Entscheidungen eines gemeinsamen Gerichts, die in einem Mitgliedstaat, der nicht Vertragspartei der Übereinkunft zur Errichtung des gemeinsamen Gerichts ist, anerkannt und vollstreckt werden müssen, und

b) Entscheidungen der Gerichte eines Mitgliedstaats, der nicht Vertragspartei der Übereinkunft zur Errichtung des gemeinsamen Gerichts ist, die in einem Mitgliedstaat, der Vertragspartei dieser Übereinkunft ist, anerkannt und vollstreckt werden müssen.

[2] Wird die Anerkennung und Vollstreckung einer Entscheidung eines gemeinsamen Gerichts jedoch in einem Mitgliedstaat beantragt, der Vertragspartei der Übereinkunft zur Errichtung des gemeinsamen Gerichts ist, gelten anstelle dieser Verordnung alle die Anerkennung und Vollstreckung betreffenden Bestimmungen der Übereinkunft.

Art. 72 [Fortgelten von Vereinbarungen nach Art. 59 des Brüsseler Übereinkommens] Diese Verordnung lässt Vereinbarungen unberührt, durch die sich die Mitgliedstaaten vor Inkrafttreten der Verordnung (EG) Nr. 44/2001 nach Artikel 59 des Brüsseler Übereinkommens von 1968 verpflichtet haben, Entscheidungen der Gerichte eines anderen Vertragsstaats des genannten Übereinkommens gegen Beklagte, die ihren Wohnsitz oder gewöhnlichen Aufenthalt im Hoheitsgebiet eines Drittstaats haben, nicht anzuerkennen, wenn die Entscheidungen in den Fällen des Artikels 4 des genannten Übereinkommens nur in einem der in Artikel 3 Absatz 2 des genannten Übereinkommens angeführten Gerichtsstände ergehen können.

Art. 73 [Unberührte Übereinkommen] (1) Diese Verordnung lässt die Anwendung des Übereinkommens von Lugano von 2007 unberührt.

(2) Diese Verordnung lässt die Anwendung des Übereinkommens von New York von 1958 unberührt.

(3) Diese Verordnung lässt die Anwendung der bilateralen Übereinkünfte und Vereinbarungen zwischen einem Drittstaat und einem Mitgliedstaat unberührt, die vor dem Inkrafttreten der Verordnung (EG) Nr. 44/2001 geschlossen wurden und in dieser Verordnung geregelte Angelegenheiten betreffen.

Kapitel VIII. Schlussvorschriften

Art. 74 [Übermittlung einzelstaatlicher Vollstreckungsvorschriften und -verfahren] *[1]* Die Mitgliedstaaten übermitteln im Rahmen des Europäischen Justiziellen Netzes für Zivil- und Handelssachen eine Beschreibung der einzelstaatlichen Vollstreckungsvorschriften und -verfahren, einschließlich Angaben über die Vollstreckungsbehörden, sowie Informationen über alle Vollstreckungsbeschränkungen, insbesondere über Schuldnerschutzvorschriften und Verjährungsfristen, im Hinblick auf die Bereitstellung dieser Informationen für die Öffentlichkeit.

[2] Die Mitgliedstaaten halten diese Informationen stets auf dem neuesten Stand.

Art. 75[1)] **[Mitteilung der zuständigen Gerichte]** *[1]* Die Mitgliedstaaten teilen der Kommission bis zum 10. Januar 2014 mit,

a) an welches Gericht der Antrag auf Versagung der Vollstreckung gemäß Artikel 47 Absatz 1 zu richten ist;

b) bei welchen Gerichten der Rechtsbehelf gegen die Entscheidung über den Antrag auf Versagung der Vollstreckung gemäß Artikel 49 Absatz 2 einzulegen ist;

c) bei welchen Gerichten ein weiterer Rechtsbehelf gemäß Artikel 50 einzulegen ist und

d) welche Sprachen für die Übersetzung der Formblätter nach Artikel 57 Absatz 2 zugelassen sind.

[2] Die Angaben werden von der Kommission in geeigneter Weise, insbesondere über das Europäische Justizielle Netz für Zivil- und Handelssachen, der Öffentlichkeit zur Verfügung gestellt.

Art. 76[1)] **[Notifizierung]** (1) Die Mitgliedstaaten notifizieren der Kommission

a) die Zuständigkeitsvorschriften nach Artikel 5 Absatz 2 und Artikel 6 Absatz 2,

b) die Regeln für die Streitverkündung nach Artikel 65 und

c) die Übereinkünfte nach Artikel 69.

(2) Die Kommission legt anhand der in Absatz 1 genannten Notifizierungen der Mitgliedstaaten die jeweiligen Listen fest.

(3) [1] Die Mitgliedstaaten notifizieren der Kommission alle späteren Änderungen, die an diesen Listen vorgenommen werden müssen. [2] Die Kommission passt diese Listen entsprechend an.

(4) Die Kommission veröffentlicht die Listen und alle späteren Änderungen dieser Listen im *Amtsblatt der Europäischen Union.*[2)]

---

1) Beachte zum Inkrafttreten Art. 81 Abs. 2.

2) Siehe hierzu ua die Notifizierung 2015/C 4/02 v. 9.1.2015 (ABl. C 4 S. 2).

(5) Die Kommission stellt der Öffentlichkeit alle nach den Absätzen 1 und 3 notifizierten Informationen auf andere geeignete Weise, insbesondere über das Europäische Justizielle Netz, zur Verfügung.

Art. 77 [Änderungen] Der Kommission wird die Befugnis übertragen, gemäß Artikel 78 in Bezug auf die Änderung der Anhänge I und II delegierte Rechtsakte zu erlassen.

Art. 78 [Erlass delegierter Rechtsakte] (1) Die der Kommission übertragene Befugnis zum Erlass delegierter Rechtsakte unterliegt den Bedingungen dieses Artikels.

(2) Die Befugnis zum Erlass delegierter Rechtsakte gemäß Artikel 77 wird der Kommission auf unbestimmte Zeit ab dem 9. Januar 2013 übertragen.

(3) [1]Die Befugnisübertragung gemäß Artikel 77 kann vom Europäischen Parlament oder vom Rat jederzeit widerrufen werden. [2]Der Beschluss über den Widerruf beendet die Übertragung der darin genannten Befugnisse. [3]Der Beschluss tritt am Tag nach Veröffentlichung des Beschlusses im *Amtsblatt der Europäischen Union* oder zu einem späteren, in dem Beschluss festgelegten Zeitpunkt in Kraft. [4]Er berührt nicht die Gültigkeit bereits in Kraft getretener delegierter Rechtsakte.

(4) Sobald die Kommission einen delegierten Rechtsakt erlässt, übermittelt sie ihn gleichzeitig dem Europäischen Parlament und dem Rat.

(5) [1]Ein gemäß Artikel 77 erlassener delegierter Rechtsakt tritt nur in Kraft, wenn weder das Europäische Parlament noch der Rat innerhalb einer Frist von zwei Monaten nach Übermittlung dieses Rechtsakts an das Europäische Parlament und den Rat Einwände erhoben hat oder wenn vor Ablauf dieser Frist sowohl das Europäische Parlament als auch der Rat der Kommission mitgeteilt haben, dass sie keine Einwände zu erheben beabsichtigen. [2]Diese Frist wird auf Initiative des Europäischen Parlaments oder des Rates um zwei Monate verlängert.

Art. 79 [Bericht] [1]Die Kommission legt dem Europäischen Parlament, dem Rat und dem Europäischen Wirtschafts- und Sozialausschuss bis zum 11. Januar 2022 einen Bericht über die Anwendung dieser Verordnung vor. [2]Dieser Bericht enthält auch eine Bewertung der Frage, ob die Zuständigkeitsvorschriften weiter ausgedehnt werden sollten auf Beklagte, die ihren Wohnsitz nicht in einem Mitgliedstaat haben, wobei der Funktionsweise dieser Verordnung und möglichen Entwicklungen auf internationaler Ebene Rechnung zu tragen ist. [3]Dem Bericht wird gegebenenfalls ein Vorschlag zur Änderung dieser Verordnung beigefügt.

Art. 80 [Aufhebung] [1]Die Verordnung (EG) Nr. 44/2001 wird durch diese Verordnung aufgehoben. [2]Bezugnahmen auf die aufgehobene Verordnung gelten als Bezugnahmen auf die vorliegende Verordnung und sind nach Maßgabe der Entsprechungstabelle in Anhang III zu lesen.

Art. 81 [Inkrafttreten] *[1]* Diese Verordnung tritt am zwanzigsten Tag nach ihrer Veröffentlichung[1] im *Amtsblatt der Europäischen Union* in Kraft.

[2] Sie gilt ab dem 10. Januar 2015, mit Ausnahme der Artikel 75 und 76, die ab dem 10. Januar 2014 gelten.

Anhang I

Bescheinigung über eine Entscheidung in Zivil- und Handelssachen

Artikel 53 der Verordnung (EU) Nr. 1215/2012[2] des Europäischen Parlaments und des Rates über die gerichtliche Zuständigkeit und die Anerkennung und Vollstreckung von Entscheidungen in Zivil- und Handelssachen

(vom Abdruck wurde abgesehen)

Anhang II

Bescheinigung über eine öffentliche Urkunde/einen gerichtlichen Vergleich in einer Zivil- oder Handelssache

Artikel 60 der Verordnung (EU) Nr. 1215/2012[2] des Europäischen Parlaments und des Rates über die gerichtliche Zuständigkeit und die Anerkennung und Vollstreckung von Entscheidungen in Zivil- und Handelssachen

(vom Abdruck wurde abgesehen)

Anhang III

Entsprechungstabelle

(vom Abdruck wurde abgesehen)

---

[1] Veröffentlicht am 20.12.2012.
[2] Nr. **5**.

6. Verordnung (EG) Nr. 2201/2003 des Rates vom 27. November 2003 über die Zuständigkeit und die Anerkennung und Vollstreckung von Entscheidungen in Ehesachen und in Verfahren betreffend die elterliche Verantwortung und zur Aufhebung der Verordnung (EG) Nr. 1347/2000 [1)2)]

[sog. Brüssel IIa-VO]

(ABl. L 338 S. 1, ber. 2016 L 99 S. 34)

Celex-Nr. 3 2003 R 2201

zuletzt geänd. durch Art. 104 Abs. 1 Brüssel IIa-VO 2022 v. 25.6.2019 (ABl. L 178 S. 1)

– Auszug –

DER RAT DER EUROPÄISCHEN UNION –

gestützt auf den Vertrag zur Gründung der Europäischen Gemeinschaft, insbesondere auf Artikel 61 Buchstabe c) und Artikel 67 Absatz 1,

auf Vorschlag der Kommission[3)],

nach Stellungnahme des Europäischen Parlaments[4)],

nach Stellungnahme des Europäischen Wirtschafts- und Sozialausschusses[5)],

in Erwägung nachstehender Gründe:

(1) Die Europäische Gemeinschaft hat sich die Schaffung eines Raums der Freiheit, der Sicherheit und des Rechts zum Ziel gesetzt, in dem der freie Personenverkehr gewährleistet ist. Hierzu erlässt die Gemeinschaft unter anderem die Maßnahmen, die im Bereich der justiziellen Zusammenarbeit in Zivilsachen für das reibungslose Funktionieren des Binnenmarkts erforderlich sind.

(2) Auf seiner Tagung in Tampere hat der Europäische Rat den Grundsatz der gegenseitigen Anerkennung gerichtlicher Entscheidungen, der für die Schaffung eines echten europäischen Rechtsraums unabdingbar ist, anerkannt und die Besuchsrechte als Priorität eingestuft.

(3) Die Verordnung (EG) Nr. 1347/2000 des Rates vom 29. Mai 2000[6)] enthält Vorschriften für die Zuständigkeit und die Anerkennung und Vollstreckung von Entscheidungen in Ehesachen sowie von aus Anlass von Ehesachen ergangenen Entscheidungen über die elterliche Verantwortung

---

1) Die VO wurde durchgeführt gem. § 1 Nr. 1 Internationales FamilienrechtsverfahrensG (Nr. **6a**).

2) **Aufgehoben und ersetzt mit Ablauf des 31.7.2022** durch Art. 104 Abs. 1 sog. Brüssel IIb-Verordnung v. 25.6.2019 (ABl. L 178 S. 1); beachte hierzu auch die Übergangsbestimmung in Art. 100 Abs. 2 dieser VO.

3) **Amtl. Anm.:** ABl. C 203 E vom 27.8.2002, S. 155.

4) **Amtl. Anm.:** Stellungnahme vom 20. September 2002 (noch nicht im Amtsblatt veröffentlicht).

5) **Amtl. Anm.:** ABl. C 61 vom 14.3.2003, S. 76.

6) **Amtl. Anm.:** ABl. L 160 vom 30.6.2000, S. 19.

für die gemeinsamen Kinder der Ehegatten. Der Inhalt dieser Verordnung wurde weitgehend aus dem diesbezüglichen Übereinkommen vom 28. Mai 1998 übernommen[1)].

(4) Am 3. Juli 2000 hat Frankreich eine Initiative im Hinblick auf den Erlass einer Verordnung des Rates über die gegenseitige Vollstreckung von Entscheidungen über das Umgangsrecht vorgelegt[2)].

(5) Um die Gleichbehandlung aller Kinder sicherzustellen, gilt diese Verordnung für alle Entscheidungen über die elterliche Verantwortung, einschließlich der Maßnahmen zum Schutz des Kindes, ohne Rücksicht darauf, ob eine Verbindung zu einem Verfahren in Ehesachen besteht.

(6) Da die Vorschriften über die elterliche Verantwortung häufig in Ehesachen herangezogen werden, empfiehlt es sich, Ehesachen und die elterliche Verantwortung in einem einzigen Rechtsakt zu regeln.

(7) Diese Verordnung gilt für Zivilsachen, unabhängig von der Art der Gerichtsbarkeit.

(8) Bezüglich Entscheidungen über die Ehescheidung, die Trennung ohne Auflösung des Ehebandes oder die Ungültigerklärung einer Ehe sollte diese Verordnung nur für die Auflösung einer Ehe und nicht für Fragen wie die Scheidungsgründe, das Ehegüterrecht oder sonstige mögliche Nebenaspekte gelten.

(9) Bezüglich des Vermögens des Kindes sollte diese Verordnung nur für Maßnahmen zum Schutz des Kindes gelten, das heißt i) für die Bestimmung und den Aufgabenbereich einer Person oder Stelle, die damit betraut ist, das Vermögen des Kindes zu verwalten, das Kind zu vertreten und ihm beizustehen, und ii) für Maßnahmen bezüglich der Verwaltung und Erhaltung des Vermögens des Kindes oder der Verfügung darüber. In diesem Zusammenhang sollte diese Verordnung beispielsweise für die Fälle gelten, in denen die Eltern über die Verwaltung des Vermögens des Kindes im Streit liegen. Das Vermögen des Kindes betreffende Maßnahmen, die nicht den Schutz des Kindes betreffen, sollten weiterhin unter die Verordnung (EG) Nr. 44/2001 des Rates vom 22. Dezember 2000 über die gerichtliche Zuständigkeit und die Anerkennung und Vollstreckung von Entscheidungen in Zivil- und Handelssachen[3)] fallen.

(10) Diese Verordnung soll weder für Bereiche wie die soziale Sicherheit oder Maßnahmen allgemeiner Art des öffentlichen Rechts in Angelegenheiten der Erziehung und Gesundheit noch für Entscheidungen über Asylrecht und Einwanderung gelten. Außerdem gilt sie weder für die Feststellung des Eltern-Kind-Verhältnisses, bei der es sich um eine von der Übertragung der elterlichen Verantwortung gesonderte Frage handelt, noch für sonstige Fragen im Zusammenhang mit dem Personenstand. Sie gilt ferner nicht für Maßnahmen, die im Anschluss an von Kindern begangenen Straftaten ergriffen werden.

[1)] **Amtl. Anm.:** Bei der Annahme der Verordnung (EG) Nr. 1347/2000 hatte der Rat den von Frau Professorin Alegria Borras erstellten erläuternden Bericht zu dem Übereinkommen zur Kenntnis genommen (ABl. C 221 vom 16.7.1998, S. 27).

[2)] **Amtl. Anm.:** ABl. C 234 vom 15.8.2000, S. 7.

[3)] **Amtl. Anm.:** ABl. L 12 vom 16.1.2001, S. 1. Zuletzt geändert durch die Verordnung (EG) Nr. 1496/2002 der Kommission (ABl. L 225 vom 22.8.2002, S. 13).

(11) Unterhaltspflichten sind vom Anwendungsbereich dieser Verordnung ausgenommen, da sie bereits durch die Verordnung (EG) Nr. 44/2001 geregelt werden. Die nach dieser Verordnung zuständigen Gerichte werden in Anwendung des Artikels 5 Absatz 2 der Verordnung (EG) Nr. 44/2001 in der Regel für Entscheidungen in Unterhaltssachen zuständig sein.

(12) Die in dieser Verordnung für die elterliche Verantwortung festgelegten Zuständigkeitsvorschriften wurden dem Wohle des Kindes entsprechend und insbesondere nach dem Kriterium der räumlichen Nähe ausgestaltet. Die Zuständigkeit sollte vorzugsweise dem Mitgliedstaat des gewöhnlichen Aufenthalts des Kindes vorbehalten sein außer in bestimmten Fällen, in denen sich der Aufenthaltsort des Kindes geändert hat oder in denen die Träger der elterlichen Verantwortung etwas anderes vereinbart haben.

(13) Nach dieser Verordnung kann das zuständige Gericht den Fall im Interesse des Kindes ausnahmsweise und unter bestimmten Umständen an das Gericht eines anderen Mitgliedstaats verweisen, wenn dieses den Fall besser beurteilen kann. Allerdings sollte das später angerufene Gericht nicht befugt sein, die Sache an ein drittes Gericht weiterzuverweisen.

(14) Die Anwendung des Völkerrechts im Bereich diplomatischer Immunitäten sollte durch die Wirkungen dieser Verordnung nicht berührt werden. Kann das nach dieser Verordnung zuständige Gericht seine Zuständigkeit aufgrund einer diplomatischen Immunität nach dem Völkerrecht nicht wahrnehmen, so sollte die Zuständigkeit in dem Mitgliedstaat, in dem die betreffende Person keine Immunität genießt, nach den Rechtsvorschriften dieses Staates bestimmt werden.

(15) Für die Zustellung von Schriftstücken in Verfahren, die auf der Grundlage der vorliegenden Verordnung eingeleitet wurden, gilt die Verordnung (EG) Nr. 1348/2000 des Rates vom 29. Mai 2000 über die Zustellung gerichtlicher und außergerichtlicher Schriftstücke in Zivil- oder Handelssachen in den Mitgliedstaaten[1)].

(16) Die vorliegende Verordnung hindert die Gerichte eines Mitgliedstaats nicht daran, in dringenden Fällen einstweilige Maßnahmen einschließlich Schutzmaßnahmen in Bezug auf Personen oder Vermögensgegenstände, die sich in diesem Staat befinden, anzuordnen.

(17) Bei widerrechtlichem Verbringen oder Zurückhalten eines Kindes sollte dessen Rückgabe unverzüglich erwirkt werden; zu diesem Zweck sollte das Haager Übereinkommen vom 24. Oktober 1980, das durch die Bestimmungen dieser Verordnung und insbesondere des Artikels 11 ergänzt wird, weiterhin Anwendung finden. Die Gerichte des Mitgliedstaats, in den das Kind widerrechtlich verbracht wurde oder in dem es widerrechtlich zurückgehalten wird, sollten dessen Rückgabe in besonderen, ordnungsgemäß begründeten Fällen ablehnen können. Jedoch sollte eine solche Entscheidung durch eine spätere Entscheidung des Gerichts des Mitgliedstaats ersetzt werden können, in dem das Kind vor dem widerrechtlichen Verbringen oder Zurückhalten seinen gewöhnlichen Aufenthalt hatte. Sollte in dieser Entscheidung die Rückgabe des Kindes angeordnet werden, so sollte die Rückgabe erfolgen, ohne dass es in dem Mitglied-

---

[1)] **Amtl. Anm.:** ABl. L 160 vom 30.6.2000, S. 37.

staat, in den das Kind widerrechtlich verbracht wurde, eines besonderen Verfahrens zur Anerkennung und Vollstreckung dieser Entscheidung bedarf.

(18) Entscheidet das Gericht gemäß Artikel 13 des Haager Übereinkommens von 1980, die Rückgabe abzulehnen, so sollte es das zuständige Gericht oder die Zentrale Behörde des Mitgliedstaats, in dem das Kind vor dem widerrechtlichen Verbringen oder Zurückhalten seinen gewöhnlichen Aufenthalt hatte, hiervon unterrichten. Wurde dieses Gericht noch nicht angerufen, so sollte dieses oder die Zentrale Behörde die Parteien entsprechend unterrichten. Diese Verpflichtung sollte die Zentrale Behörde nicht daran hindern, auch die betroffenen Behörden nach nationalem Recht zu unterrichten.

(19) Die Anhörung des Kindes spielt bei der Anwendung dieser Verordnung eine wichtige Rolle, wobei diese jedoch nicht zum Ziel hat, die diesbezüglich geltenden nationalen Verfahren zu ändern.

(20) Die Anhörung eines Kindes in einem anderen Mitgliedstaat kann nach den Modalitäten der Verordnung (EG) Nr. 1206/2001 des Rates vom 28. Mai 2001 über die Zusammenarbeit zwischen den Gerichten der Mitgliedstaaten auf dem Gebiet der Beweisaufnahme in Zivil- oder Handelssachen[1] erfolgen.

(21) Die Anerkennung und Vollstreckung der in einem Mitgliedstaat ergangenen Entscheidungen sollten auf dem Grundsatz des gegenseitigen Vertrauens beruhen und die Gründe für die Nichtanerkennung auf das notwendige Minimum beschränkt sein.

(22) Zum Zwecke der Anwendung der Anerkennungs- und Vollstreckungsregeln sollten die in einem Mitgliedstaat vollstreckbaren öffentlichen Urkunden und Vereinbarungen zwischen den Parteien „Entscheidungen" gleichgestellt werden.

(23) Der Europäische Rat von Tampere hat in seinen Schlussfolgerungen (Nummer 34) die Ansicht vertreten, dass Entscheidungen in familienrechtlichen Verfahren „automatisch unionsweit anerkannt" werden sollten, „ohne dass es irgendwelche Zwischenverfahren oder Gründe für die Verweigerung der Vollstreckung geben" sollte. Deshalb sollten Entscheidungen über das Umgangsrecht und über die Rückgabe des Kindes, für die im Ursprungsmitgliedstaat nach Maßgabe dieser Verordnung eine Bescheinigung ausgestellt wurde, in allen anderen Mitgliedstaaten anerkannt und vollstreckt werden, ohne dass es eines weiteren Verfahrens bedarf. Die Modalitäten der Vollstreckung dieser Entscheidungen unterliegen weiterhin dem nationalen Recht.

(24) Gegen die Bescheinigung, die ausgestellt wird, um die Vollstreckung der Entscheidung zu erleichtern, sollte kein Rechtsbehelf möglich sein. Sie sollte nur Gegenstand einer Klage auf Berichtigung sein, wenn ein materieller Fehler vorliegt, d.h., wenn in der Bescheinigung der Inhalt der Entscheidung nicht korrekt wiedergegeben ist.

(25) Die Zentralen Behörden sollten sowohl allgemein als auch in besonderen Fällen, einschließlich zur Förderung der gütlichen Beilegung von die

[1] **Amtl. Anm.:** ABl. L 174 vom 27.6.2001, S. 1.

elterliche Verantwortung betreffenden Familienstreitigkeiten, zusammenarbeiten. Zu diesem Zweck beteiligen sich die Zentralen Behörden an dem Europäischen Justiziellen Netz für Zivil- und Handelssachen, das mit der Entscheidung des Rates vom 28. Mai 2001 zur Einrichtung eines Europäischen Justiziellen Netzes für Zivil- und Handelssachen[1] eingerichtet wurde.

(26) Die Kommission sollte die von den Mitgliedstaaten übermittelten Listen mit den zuständigen Gerichten und den Rechtsbehelfen veröffentlichen und aktualisieren.

(27) Die zur Durchführung dieser Verordnung erforderlichen Maßnahmen sollten gemäß dem Beschluss 1999/468/EG des Rates vom 28. Juni 1999 zur Festlegung der Modalitäten für die Ausübung der der Kommission übertragenen Durchführungsbefugnisse[2] erlassen werden.

(28) Diese Verordnung tritt an die Stelle der Verordnung (EG) Nr. 1347/2000, die somit aufgehoben wird.

(29) Um eine ordnungsgemäße Anwendung dieser Verordnung sicherzustellen, sollte die Kommission deren Durchführung prüfen und gegebenenfalls die notwendigen Änderungen vorschlagen.

(30) Gemäß Artikel 3 des dem Vertrag über die Europäische Union und dem Vertrag zur Gründung der Europäischen Gemeinschaft beigefügten Protokolls über die Position des Vereinigten Königreichs und Irlands haben diese Mitgliedstaaten mitgeteilt, dass sie sich an der Annahme und Anwendung dieser Verordnung beteiligen möchten.

(31) Gemäß den Artikeln 1 und 2 des dem Vertrag über die Europäische Union und dem Vertrag zur Gründung der Europäischen Gemeinschaft beigefügten Protokolls über die Position Dänemarks beteiligt sich Dänemark nicht an der Annahme dieser Verordnung, die für Dänemark nicht bindend oder anwendbar ist.

(32) Da die Ziele dieser Verordnung auf Ebene der Mitgliedstaaten nicht ausreichend erreicht werden können und daher besser auf Gemeinschaftsebene zu erreichen sind, kann die Gemeinschaft im Einklang mit dem in Artikel 5 des Vertrags niedergelegten Subsidiaritätsprinzip tätig werden. Entsprechend dem in demselben Artikel genannten Verhältnismäßigkeitsprinzip geht diese Verordnung nicht über das für die Erreichung dieser Ziele erforderliche Maß hinaus.

(33) Diese Verordnung steht im Einklang mit den Grundrechten und Grundsätzen, die mit der Charta der Grundrechte der Europäischen Union anerkannt wurden. Sie zielt insbesondere darauf ab, die Wahrung der Grundrechte des Kindes im Sinne des Artikels 24 der Grundrechtscharta der Europäischen Union zu gewährleisten –

HAT FOLGENDE VERORDNUNG ERLASSEN:

---

[1] **Amtl. Anm.:** ABl. L 174 vom 27.6.2001, S. 25.
[2] **Amtl. Anm.:** ABl. L 184 vom 17.7.1999, S. 23.

Kapitel I. Anwendungsbereich und Begriffsbestimmungen

Art. 1 Anwendungsbereich. (1) Diese Verordnung gilt, ungeachtet der Art der Gerichtsbarkeit, für Zivilsachen mit folgendem Gegenstand:

a) die Ehescheidung, die Trennung ohne Auflösung des Ehebandes und die Ungültigerklärung einer Ehe,

b) die Zuweisung, die Ausübung, die Übertragung sowie die vollständige oder teilweise Entziehung der elterlichen Verantwortung.

(2) Die in Absatz 1 Buchstabe b) genannten Zivilsachen betreffen insbesondere:

a) das Sorgerecht und das Umgangsrecht,

b) die Vormundschaft, die Pflegschaft und entsprechende Rechtsinstitute,

c) die Bestimmung und den Aufgabenbereich jeder Person oder Stelle, die für die Person oder das Vermögen des Kindes verantwortlich ist, es vertritt oder ihm beisteht,

d) die Unterbringung des Kindes in einer Pflegefamilie oder einem Heim,

e) die Maßnahmen zum Schutz des Kindes im Zusammenhang mit der Verwaltung und Erhaltung seines Vermögens oder der Verfügung darüber.

(3) Diese Verordnung gilt nicht für

a) die Feststellung und die Anfechtung des Eltern-Kind-Verhältnisses,

b) Adoptionsentscheidungen und Maßnahmen zur Vorbereitung einer Adoption sowie die Ungültigerklärung und den Widerruf der Adoption,

c) Namen und Vornamen des Kindes,

d) die Volljährigkeitserklärung,

e) Unterhaltspflichten,

f) Trusts und Erbschaften,

g) Maßnahmen infolge von Straftaten, die von Kindern begangen wurden.

Art. 2 Begriffsbestimmungen. Für die Zwecke dieser Verordnung bezeichnet der Ausdruck

1. „Gericht" alle Behörden der Mitgliedstaaten, die für Rechtssachen zuständig sind, die gemäß Artikel 1 in den Anwendungsbereich dieser Verordnung fallen;
2. „Richter" einen Richter oder Amtsträger, dessen Zuständigkeiten denen eines Richters in Rechtssachen entsprechen, die in den Anwendungsbereich dieser Verordnung fallen;
3. „Mitgliedstaat" jeden Mitgliedstaat mit Ausnahme Dänemarks;
4. „Entscheidung" jede von einem Gericht eines Mitgliedstaats erlassene Entscheidung über die Ehescheidung, die Trennung ohne Auflösung des Ehebandes oder die Ungültigerklärung einer Ehe sowie jede Entscheidung über die elterliche Verantwortung, ohne Rücksicht auf die Bezeichnung der jeweiligen Entscheidung, wie Urteil oder Beschluss;
5. „Ursprungsmitgliedstaat" den Mitgliedstaat, in dem die zu vollstreckende Entscheidung ergangen ist;

6. „Vollstreckungsmitgliedstaat“ den Mitgliedstaat, in dem die Entscheidung vollstreckt werden soll;
7. „elterliche Verantwortung“ die gesamten Rechte und Pflichten, die einer natürlichen oder juristischen Person durch Entscheidung oder kraft Gesetzes oder durch eine rechtlich verbindliche Vereinbarung betreffend die Person oder das Vermögen eines Kindes übertragen wurden. Elterliche Verantwortung umfasst insbesondere das Sorge- und das Umgangsrecht;
8. „Träger der elterlichen Verantwortung“ jede Person, die die elterliche Verantwortung für ein Kind ausübt;
9. „Sorgerecht“ die Rechte und Pflichten, die mit der Sorge für die Person eines Kindes verbunden sind, insbesondere das Recht auf die Bestimmung des Aufenthaltsortes des Kindes;
10. „Umgangsrecht“ insbesondere auch das Recht, das Kind für eine begrenzte Zeit an einen anderen Ort als seinen gewöhnlichen Aufenthaltsort zu bringen;
11. „widerrechtliches Verbringen oder Zurückhalten eines Kindes“ das Verbringen oder Zurückhalten eines Kindes, wenn
    a) dadurch das Sorgerecht verletzt wird, das aufgrund einer Entscheidung oder kraft Gesetzes oder aufgrund einer rechtlich verbindlichen Vereinbarung nach dem Recht des Mitgliedstaats besteht, in dem das Kind unmittelbar vor dem Verbringen oder Zurückhalten seinen gewöhnlichen Aufenthalt hatte,
    und
    b) das Sorgerecht zum Zeitpunkt des Verbringens oder Zurückhaltens allein oder gemeinsam tatsächlich ausgeübt wurde oder ausgeübt worden wäre, wenn das Verbringen oder Zurückhalten nicht stattgefunden hätte. Von einer gemeinsamen Ausübung des Sorgerechts ist auszugehen, wenn einer der Träger der elterlichen Verantwortung aufgrund einer Entscheidung oder kraft Gesetzes nicht ohne die Zustimmung des anderen Trägers der elterlichen Verantwortung über den Aufenthaltsort des Kindes bestimmen kann.

Kapitel II. Zuständigkeit

Abschnitt 1. Ehescheidung, Trennung ohne Auflösung des Ehebandes und Ungültigerklärung einer Ehe

Art. 3 Allgemeine Zuständigkeit. (1) Für Entscheidungen über die Ehescheidung, die Trennung ohne Auflösung des Ehebandes oder die Ungültigerklärung einer Ehe, sind die Gerichte des Mitgliedstaats zuständig,

a) in dessen Hoheitsgebiet
   – beide Ehegatten ihren gewöhnlichen Aufenthalt haben oder
   – die Ehegatten zuletzt beide ihren gewöhnlichen Aufenthalt hatten, sofern einer von ihnen dort noch seinen gewöhnlichen Aufenthalt hat, oder
   – der Antragsgegner seinen gewöhnlichen Aufenthalt hat oder
   – im Fall eines gemeinsamen Antrags einer der Ehegatten seinen gewöhnlichen Aufenthalt hat oder

– der Antragsteller seinen gewöhnlichen Aufenthalt hat, wenn er sich dort seit mindestens einem Jahr unmittelbar vor der Antragstellung aufgehalten hat, oder
– der Antragsteller seinen gewöhnlichen Aufenthalt hat, wenn er sich dort seit mindestens sechs Monaten unmittelbar vor der Antragstellung aufgehalten hat und entweder Staatsangehöriger des betreffenden Mitgliedstaats ist oder, im Fall des Vereinigten Königreichs und Irlands, dort sein „domicile" hat;

b) dessen Staatsangehörigkeit beide Ehegatten besitzen, oder, im Fall des Vereinigten Königreichs und Irlands, in dem sie ihr gemeinsames „domicile" haben.

(2) Der Begriff „domicile" im Sinne dieser Verordnung bestimmt sich nach dem Recht des Vereinigten Königreichs und Irlands.

Art. 4 Gegenantrag. Das Gericht, bei dem ein Antrag gemäß Artikel 3 anhängig ist, ist auch für einen Gegenantrag zuständig, sofern dieser in den Anwendungsbereich dieser Verordnung fällt.

Art. 5 Umwandlung einer Trennung ohne Auflösung des Ehebandes in eine Ehescheidung. Unbeschadet des Artikels 3 ist das Gericht eines Mitgliedstaats, das eine Entscheidung über eine Trennung ohne Auflösung des Ehebandes erlassen hat, auch für die Umwandlung dieser Entscheidung in eine Ehescheidung zuständig, sofern dies im Recht dieses Mitgliedstaats vorgesehen ist.

Art. 6 Ausschließliche Zuständigkeit nach den Artikeln 3, 4 und 5.

Gegen einen Ehegatten, der

a) seinen gewöhnlichen Aufenthalt im Hoheitsgebiet eines Mitgliedstaats hat oder

b) Staatsangehöriger eines Mitgliedstaats ist oder im Fall des Vereinigten Königreichs und Irlands sein „domicile" im Hoheitsgebiet eines dieser Mitgliedstaaten hat,

darf ein Verfahren vor den Gerichten eines anderen Mitgliedstaats nur nach Maßgabe der Artikel 3, 4 und 5 geführt werden.

Art. 7 Restzuständigkeit. (1) Soweit sich aus den Artikeln 3, 4 und 5 keine Zuständigkeit eines Gerichts eines Mitgliedstaats ergibt, bestimmt sich die Zuständigkeit in jedem Mitgliedstaat nach dem Recht dieses Staates.

(2) Jeder Staatsangehörige eines Mitgliedstaats, der seinen gewöhnlichen Aufenthalt im Hoheitsgebiet eines anderen Mitgliedstaats hat, kann die in diesem Staat geltenden Zuständigkeitsvorschriften wie ein Inländer gegenüber einem Antragsgegner geltend machen, der seinen gewöhnlichen Aufenthalt nicht im Hoheitsgebiet eines Mitgliedstaats hat oder die Staatsangehörigkeit eines Mitgliedstaats besitzt oder im Fall des Vereinigten Königreichs und Irlands sein „domicile" nicht im Hoheitsgebiet eines dieser Mitgliedstaaten hat.

Abschnitt 2. Elterliche Verantwortung

Art. 8 Allgemeine Zuständigkeit. (1) Für Entscheidungen, die die elterliche Verantwortung betreffen, sind die Gerichte des Mitgliedstaats zuständig, in dem das Kind zum Zeitpunkt der Antragstellung seinen gewöhnlichen Aufenthalt hat.

(2) Absatz 1 findet vorbehaltlich der Artikel 9, 10 und 12 Anwendung.

Art. 9 Aufrechterhaltung der Zuständigkeit des früheren gewöhnlichen Aufenthaltsortes des Kindes. (1) Beim rechtmäßigen Umzug eines Kindes von einem Mitgliedstaat in einen anderen, durch den es dort einen neuen gewöhnlichen Aufenthalt erlangt, verbleibt abweichend von Artikel 8 die Zuständigkeit für eine Änderung einer vor dem Umzug des Kindes in diesem Mitgliedstaat ergangenen Entscheidung über das Umgangsrecht während einer Dauer von drei Monaten nach dem Umzug bei den Gerichten des früheren gewöhnlichen Aufenthalts des Kindes, wenn sich der laut der Entscheidung über das Umgangsrecht umgangsberechtigte Elternteil weiterhin gewöhnlich in dem Mitgliedstaat des früheren gewöhnlichen Aufenthalts des Kindes aufhält.

(2) Absatz 1 findet keine Anwendung, wenn der umgangsberechtigte Elternteil im Sinne des Absatzes 1 die Zuständigkeit der Gerichte des Mitgliedstaats des neuen gewöhnlichen Aufenthalts des Kindes dadurch anerkannt hat, dass er sich an Verfahren vor diesen Gerichten beteiligt, ohne ihre Zuständigkeit anzufechten.

Art. 10 Zuständigkeit in Fällen von Kindesentführung. Bei widerrechtlichem Verbringen oder Zurückhalten eines Kindes bleiben die Gerichte des Mitgliedstaats, in dem das Kind unmittelbar vor dem widerrechtlichen Verbringen oder Zurückhalten seinen gewöhnlichen Aufenthalt hatte, so lange zuständig, bis das Kind einen gewöhnlichen Aufenthalt in einem anderen Mitgliedstaat erlangt hat und

a) jede sorgeberechtigte Person, Behörde oder sonstige Stelle dem Verbringen oder Zurückhalten zugestimmt hat

oder

b) das Kind sich in diesem anderen Mitgliedstaat mindestens ein Jahr aufgehalten hat, nachdem die sorgeberechtigte Person, Behörde oder sonstige Stelle seinen Aufenthaltsort kannte oder hätte kennen müssen und sich das Kind in seiner neuen Umgebung eingelebt hat, sofern eine der folgenden Bedingungen erfüllt ist:

   i) Innerhalb eines Jahres, nachdem der Sorgeberechtigte den Aufenthaltsort des Kindes kannte oder hätte kennen müssen, wurde kein Antrag auf Rückgabe des Kindes bei den zuständigen Behörden des Mitgliedstaats gestellt, in den das Kind verbracht wurde oder in dem es zurückgehalten wird;

   ii) ein von dem Sorgeberechtigten gestellter Antrag auf Rückgabe wurde zurückgezogen, und innerhalb der in Ziffer i) genannten Frist wurde kein neuer Antrag gestellt;

   iii) ein Verfahren vor dem Gericht des Mitgliedstaats, in dem das Kind unmittelbar vor dem widerrechtlichen Verbringen oder Zurückhalten seinen gewöhnlichen Aufenthalt hatte, wurde gemäß Artikel 11 Absatz 7 abgeschlossen;

iv) von den Gerichten des Mitgliedstaats, in dem das Kind unmittelbar vor dem widerrechtlichen Verbringen oder Zurückhalten seinen gewöhnlichen Aufenthalt hatte, wurde eine Sorgerechtsentscheidung erlassen, in der die Rückgabe des Kindes nicht angeordnet wird.

Art. 11 Rückgabe des Kindes. (1) Beantragt eine sorgeberechtigte Person, Behörde oder sonstige Stelle bei den zuständigen Behörden eines Mitgliedstaats eine Entscheidung auf der Grundlage des Haager Übereinkommens vom 25. Oktober 1980 über die zivilrechtlichen Aspekte internationaler Kindesentführung (nachstehend „Haager Übereinkommen von 1980" genannt), um die Rückgabe eines Kindes zu erwirken, das widerrechtlich in einen anderen als den Mitgliedstaat verbracht wurde oder dort zurückgehalten wird, in dem das Kind unmittelbar vor dem widerrechtlichen Verbringen oder Zurückhalten seinen gewöhnlichen Aufenthalt hatte, so gelten die Absätze 2 bis 8.

(2) Bei Anwendung der Artikel 12 und 13 des Haager Übereinkommens von 1980 ist sicherzustellen, dass das Kind die Möglichkeit hat, während des Verfahrens gehört zu werden, sofern dies nicht aufgrund seines Alters oder seines Reifegrads unangebracht erscheint.

(3) *[1]* Das Gericht, bei dem die Rückgabe eines Kindes nach Absatz 1 beantragt wird, befasst sich mit gebotener Eile mit dem Antrag und bedient sich dabei der zügigsten Verfahren des nationalen Rechts.

[2] Unbeschadet des Unterabsatzes 1 erlässt das Gericht seine Anordnung spätestens sechs Wochen nach seiner Befassung mit dem Antrag, es sei denn, dass dies aufgrund außergewöhnlicher Umstände nicht möglich ist.

(4) Ein Gericht kann die Rückgabe eines Kindes aufgrund des Artikels 13 Buchstabe b) des Haager Übereinkommens von 1980 nicht verweigern, wenn nachgewiesen ist, dass angemessene Vorkehrungen getroffen wurden, um den Schutz des Kindes nach seiner Rückkehr zu gewährleisten.

(5) Ein Gericht kann die Rückgabe eines Kindes nicht verweigern, wenn der Person, die die Rückgabe des Kindes beantragt hat, nicht die Gelegenheit gegeben wurde, gehört zu werden.

(6) [1] Hat ein Gericht entschieden, die Rückgabe des Kindes gemäß Artikel 13 des Haager Übereinkommens von 1980 abzulehnen, so muss es nach dem nationalen Recht dem zuständigen Gericht oder der Zentralen Behörde des Mitgliedstaats, in dem das Kind unmittelbar vor dem widerrechtlichen Verbringen oder Zurückhalten seinen gewöhnlichen Aufenthalt hatte, unverzüglich entweder direkt oder über seine Zentrale Behörde eine Abschrift der gerichtlichen Entscheidung, die Rückgabe abzulehnen, und die entsprechenden Unterlagen, insbesondere eine Niederschrift der Anhörung, übermitteln. [2] Alle genannten Unterlagen müssen dem Gericht binnen einem Monat ab dem Datum der Entscheidung, die Rückgabe abzulehnen, vorgelegt werden.

(7) *[1]* Sofern die Gerichte des Mitgliedstaats, in dem das Kind unmittelbar vor dem widerrechtlichen Verbringen oder Zurückhalten seinen gewöhnlichen Aufenthalt hatte, nicht bereits von einer der Parteien befasst wurden, muss das Gericht oder die Zentrale Behörde, das/die die Mitteilung gemäß Absatz 6 erhält, die Parteien hiervon unterrichten und sie einladen, binnen drei Mona-

ten ab Zustellung der Mitteilung Anträge gemäß dem nationalen Recht beim Gericht einzureichen, damit das Gericht die Frage des Sorgerechts prüfen kann.

[2] Unbeschadet der in dieser Verordnung festgelegten Zuständigkeitsregeln schließt das Gericht den Fall ab, wenn innerhalb dieser Frist keine Anträge bei dem Gericht eingegangen sind.

(8) Ungeachtet einer nach Artikel 13 des Haager Übereinkommens von 1980 ergangenen Entscheidung, mit der die Rückgabe des Kindes verweigert wird, ist eine spätere Entscheidung, mit der die Rückgabe des Kindes angeordnet wird und die von einem nach dieser Verordnung zuständigen Gericht erlassen wird, im Einklang mit Kapitel III Abschnitt 4 vollstreckbar, um die Rückgabe des Kindes sicherzustellen.

Art. 12 Vereinbarung über die Zuständigkeit. (1) Die Gerichte des Mitgliedstaats, in dem nach Artikel 3 über einen Antrag auf Ehescheidung, Trennung ohne Auflösung des Ehebandes oder Ungültigerklärung einer Ehe zu entscheiden ist, sind für alle Entscheidungen zuständig, die die mit diesem Antrag verbundene elterliche Verantwortung betreffen, wenn

a) zumindest einer der Ehegatten die elterliche Verantwortung für das Kind hat

und

b) die Zuständigkeit der betreffenden Gerichte von den Ehegatten oder von den Trägern der elterlichen Verantwortung zum Zeitpunkt der Anrufung des Gerichts ausdrücklich oder auf andere eindeutige Weise anerkannt wurde und im Einklang mit dem Wohl des Kindes steht.

(2) Die Zuständigkeit gemäß Absatz 1 endet,

a) sobald die stattgebende oder abweisende Entscheidung über den Antrag auf Ehescheidung, Trennung ohne Auflösung des Ehebandes oder Ungültigerklärung einer Ehe rechtskräftig geworden ist,

b) oder in den Fällen, in denen zu dem unter Buchstabe a) genannten Zeitpunkt noch ein Verfahren betreffend die elterliche Verantwortung anhängig ist, sobald die Entscheidung in diesem Verfahren rechtskräftig geworden ist,

c) oder sobald die unter den Buchstaben a) und b) genannten Verfahren aus einem anderen Grund beendet worden sind.

(3) Die Gerichte eines Mitgliedstaats sind ebenfalls zuständig in Bezug auf die elterliche Verantwortung in anderen als den in Absatz 1 genannten Verfahren, wenn

a) eine wesentliche Bindung des Kindes zu diesem Mitgliedstaat besteht, insbesondere weil einer der Träger der elterlichen Verantwortung in diesem Mitgliedstaat seinen gewöhnlichen Aufenthalt hat oder das Kind die Staatsangehörigkeit dieses Mitgliedstaats besitzt,

und

b) alle Parteien des Verfahrens zum Zeitpunkt der Anrufung des Gerichts die Zuständigkeit ausdrücklich oder auf andere eindeutige Weise anerkannt haben und die Zuständigkeit in Einklang mit dem Wohl des Kindes steht.

(4) Hat das Kind seinen gewöhnlichen Aufenthalt in einem Drittstaat, der nicht Vertragspartei des Haager Übereinkommens vom 19. Oktober 1996 über

die Zuständigkeit, das anzuwendende Recht, die Anerkennung, Vollstreckung und Zusammenarbeit auf dem Gebiet der elterlichen Verantwortung und der Maßnahmen zum Schutz von Kindern ist, so ist davon auszugehen, dass die auf diesen Artikel gestützte Zuständigkeit insbesondere dann in Einklang mit dem Wohl des Kindes steht, wenn sich ein Verfahren in dem betreffenden Drittstaat als unmöglich erweist.

Art. 13 Zuständigkeit aufgrund der Anwesenheit des Kindes. (1) Kann der gewöhnliche Aufenthalt des Kindes nicht festgestellt werden und kann die Zuständigkeit nicht gemäß Artikel 12 bestimmt werden, so sind die Gerichte des Mitgliedstaats zuständig, in dem sich das Kind befindet.

(2) Absatz 1 gilt auch für Kinder, die Flüchtlinge oder, aufgrund von Unruhen in ihrem Land, ihres Landes Vertriebene sind.

Art. 14 Restzuständigkeit. Soweit sich aus den Artikeln 8 bis 13 keine Zuständigkeit eines Gerichts eines Mitgliedstaats ergibt, bestimmt sich die Zuständigkeit in jedem Mitgliedstaat nach dem Recht dieses Staates.

Art. 15 Verweisung an ein Gericht, das den Fall besser beurteilen kann. (1) In Ausnahmefällen und sofern dies dem Wohl des Kindes entspricht, kann das Gericht eines Mitgliedstaats, das für die Entscheidung in der Hauptsache zuständig ist, in dem Fall, dass seines Erachtens ein Gericht eines anderen Mitgliedstaats, zu dem das Kind eine besondere Bindung hat, den Fall oder einen bestimmten Teil des Falls besser beurteilen kann,

a) die Prüfung des Falls oder des betreffenden Teils des Falls aussetzen und die Parteien einladen, beim Gericht dieses anderen Mitgliedstaats einen Antrag gemäß Absatz 4 zu stellen, oder
b) ein Gericht eines anderen Mitgliedstaats ersuchen, sich gemäß Absatz 5 für zuständig zu erklären.

(2) *[1]* Absatz 1 findet Anwendung
a) auf Antrag einer der Parteien oder
b) von Amts wegen oder
c) auf Antrag des Gerichts eines anderen Mitgliedstaats, zu dem das Kind eine besondere Bindung gemäß Absatz 3 hat.

[2] Die Verweisung von Amts wegen oder auf Antrag des Gerichts eines anderen Mitgliedstaats erfolgt jedoch nur, wenn mindestens eine der Parteien ihr zustimmt.

(3) Es wird davon ausgegangen, dass das Kind eine besondere Bindung im Sinne des Absatzes 1 zu dem Mitgliedstaat hat, wenn
a) nach Anrufung des Gerichts im Sinne des Absatzes 1 das Kind seinen gewöhnlichen Aufenthalt in diesem Mitgliedstaat erworben hat oder
b) das Kind seinen gewöhnlichen Aufenthalt in diesem Mitgliedstaat hatte oder
c) das Kind die Staatsangehörigkeit dieses Mitgliedstaats besitzt oder
d) ein Träger der elterlichen Verantwortung seinen gewöhnlichen Aufenthalt in diesem Mitgliedstaat hat oder
e) die Streitsache Maßnahmen zum Schutz des Kindes im Zusammenhang mit der Verwaltung oder der Erhaltung des Vermögens des Kindes oder der

Verfügung über dieses Vermögen betrifft und sich dieses Vermögen im Hoheitsgebiet dieses Mitgliedstaats befindet.

(4) *[1]* Das Gericht des Mitgliedstaats, das für die Entscheidung in der Hauptsache zuständig ist, setzt eine Frist, innerhalb deren die Gerichte des anderen Mitgliedstaats gemäß Absatz 1 angerufen werden müssen.

[2] Werden die Gerichte innerhalb dieser Frist nicht angerufen, so ist das befasste Gericht weiterhin nach den Artikeln 8 bis 14 zuständig.

(5) [1] Diese Gerichte dieses anderen Mitgliedstaats können sich, wenn dies aufgrund der besonderen Umstände des Falls dem Wohl des Kindes entspricht, innerhalb von sechs Wochen nach ihrer Anrufung gemäß Absatz 1 Buchstabe a) oder b) für zuständig erklären. [2] In diesem Fall erklärt sich das zuerst angerufene Gericht für unzuständig. [3] Anderenfalls ist das zuerst angerufene Gericht weiterhin nach den Artikeln 8 bis 14 zuständig.

(6) Die Gerichte arbeiten für die Zwecke dieses Artikels entweder direkt oder über die nach Artikel 53 bestimmten Zentralen Behörden zusammen.

Abschnitt 3. Gemeinsame Bestimmungen

Art. 16 Anrufung eines Gerichts. (1) Ein Gericht gilt als angerufen

a) zu dem Zeitpunkt, zu dem das verfahrenseinleitende Schriftstück oder ein gleichwertiges Schriftstück bei Gericht eingereicht wurde, vorausgesetzt, dass der Antragsteller es in der Folge nicht versäumt hat, die ihm obliegenden Maßnahmen zu treffen, um die Zustellung des Schriftstücks an den Antragsgegner zu bewirken,

oder

b) falls die Zustellung an den Antragsgegner vor Einreichung des Schriftstücks bei Gericht zu bewirken ist, zu dem Zeitpunkt, zu dem die für die Zustellung verantwortliche Stelle das Schriftstück erhalten hat, vorausgesetzt, dass der Antragsteller es in der Folge nicht versäumt hat, die ihm obliegenden Maßnahmen zu treffen, um das Schriftstück bei Gericht einzureichen.

Art. 17 Prüfung der Zuständigkeit. Das Gericht eines Mitgliedstaats hat sich von Amts wegen für unzuständig zu erklären, wenn es in einer Sache angerufen wird, für die es nach dieser Verordnung keine Zuständigkeit hat und für die das Gericht eines anderen Mitgliedstaats aufgrund dieser Verordnung zuständig ist.

Art. 18 Prüfung der Zulässigkeit. (1) Lässt sich ein Antragsgegner, der seinen gewöhnlichen Aufenthalt nicht in dem Mitgliedstaat hat, in dem das Verfahren eingeleitet wurde, auf das Verfahren nicht ein, so hat das zuständige Gericht das Verfahren so lange auszusetzen, bis festgestellt ist, dass es dem Antragsgegner möglich war, das verfahrenseinleitende Schriftstück oder ein gleichwertiges Schriftstück so rechtzeitig zu empfangen, dass er sich verteidigen konnte, oder dass alle hierzu erforderlichen Maßnahmen getroffen wurden.

(2) Artikel 19 der Verordnung (EG) Nr. 1348/2000 findet statt Absatz 1 Anwendung, wenn das verfahrenseinleitende Schriftstück oder ein gleichwertiges Schriftstück nach Maßgabe jener Verordnung von einem Mitgliedstaat in einen anderen zu übermitteln war.

(3) Sind die Bestimmungen der Verordnung (EG) Nr. 1348/2000 nicht anwendbar, so gilt Artikel 15 des Haager Übereinkommens vom 15. November 1965 über die Zustellung gerichtlicher und außergerichtlicher Schriftstücke im Ausland in Zivil- und Handelssachen, wenn das verfahrenseinleitende Schriftstück oder ein gleichwertiges Schriftstück nach Maßgabe des genannten Übereinkommens ins Ausland zu übermitteln war.

Art. 19 Rechtshängigkeit und abhängige Verfahren. (1) Werden bei Gerichten verschiedener Mitgliedstaaten Anträge auf Ehescheidung, Trennung ohne Auflösung des Ehebandes oder Ungültigerklärung einer Ehe zwischen denselben Parteien gestellt, so setzt das später angerufene Gericht das Verfahren von Amts wegen aus, bis die Zuständigkeit des zuerst angerufenen Gerichts geklärt ist.

(2) Werden bei Gerichten verschiedener Mitgliedstaaten Verfahren bezüglich der elterlichen Verantwortung für ein Kind wegen desselben Anspruchs anhängig gemacht, so setzt das später angerufene Gericht das Verfahren von Amts wegen aus, bis die Zuständigkeit des zuerst angerufenen Gerichts geklärt ist.

(3) *[1]* Sobald die Zuständigkeit des zuerst angerufenen Gerichts feststeht, erklärt sich das später angerufene Gericht zugunsten dieses Gerichts für unzuständig.

[2] In diesem Fall kann der Antragsteller, der den Antrag bei dem später angerufenen Gericht gestellt hat, diesen Antrag dem zuerst angerufenen Gericht vorlegen.

Art. 20 Einstweilige Maßnahmen einschließlich Schutzmaßnahmen. (1) Die Gerichte eines Mitgliedstaats können in dringenden Fällen ungeachtet der Bestimmungen dieser Verordnung die nach dem Recht dieses Mitgliedstaats vorgesehenen einstweiligen Maßnahmen einschließlich Schutzmaßnahmen in Bezug auf in diesem Staat befindliche Personen oder Vermögensgegenstände auch dann anordnen, wenn für die Entscheidung in der Hauptsache gemäß dieser Verordnung ein Gericht eines anderen Mitgliedstaats zuständig ist.

(2) Die zur Durchführung des Absatzes 1 ergriffenen Maßnahmen treten außer Kraft, wenn das Gericht des Mitgliedstaats, das gemäß dieser Verordnung für die Entscheidung in der Hauptsache zuständig ist, die Maßnahmen getroffen hat, die es für angemessen hält.

Kapitel III. Anerkennung und Vollstreckung

Abschnitt 1. Anerkennung

Art. 21 Anerkennung einer Entscheidung. (1) Die in einem Mitgliedstaat ergangenen Entscheidungen werden in den anderen Mitgliedstaaten anerkannt, ohne dass es hierfür eines besonderen Verfahrens bedarf.

(2) Unbeschadet des Absatzes 3 bedarf es insbesondere keines besonderen Verfahrens für die Beschreibung in den Personenstandsbüchern eines Mitgliedstaats auf der Grundlage einer in einem anderen Mitgliedstaat ergangenen Entscheidung über Ehescheidung, Trennung ohne Auflösung des Ehebandes oder

Ungültigerklärung einer Ehe, gegen die nach dem Recht dieses Mitgliedstaats keine weiteren Rechtsbehelfe eingelegt werden können.

(3) *[1]* Unbeschadet des Abschnitts 4 kann jede Partei, die ein Interesse hat, gemäß den Verfahren des Abschnitts 2 eine Entscheidung über die Anerkennung oder Nichtanerkennung der Entscheidung beantragen.

[2] Das örtlich zuständige Gericht, das in der Liste aufgeführt ist, die jeder Mitgliedstaat der Kommission gemäß Artikel 68 mitteilt, wird durch das nationale Recht des Mitgliedstaats bestimmt, in dem der Antrag auf Anerkennung oder Nichtanerkennung gestellt wird.

(4) Ist in einem Rechtsstreit vor einem Gericht eines Mitgliedstaats die Frage der Anerkennung einer Entscheidung als Vorfrage zu klären, so kann dieses Gericht hierüber befinden.

Art. 22 Gründe für die Nichtanerkennung einer Entscheidung über eine Ehescheidung, Trennung ohne Auflösung des Ehebandes oder Ungültigerklärung einer Ehe. Eine Entscheidung, die die Ehescheidung, die Trennung ohne Auflösung des Ehebandes oder die Ungültigerklärung einer Ehe betrifft, wird nicht anerkannt,

a) wenn die Anerkennung der öffentlichen Ordnung des Mitgliedstaats, in dem sie beantragt wird, offensichtlich widerspricht;

b) wenn dem Antragsgegner, der sich auf das Verfahren nicht eingelassen hat, das verfahrenseinleitende Schriftstück oder ein gleichwertiges Schriftstück nicht so rechtzeitig und in einer Weise zugestellt wurde, dass er sich verteidigen konnte, es sei denn, es wird festgestellt, dass er mit der Entscheidung eindeutig einverstanden ist;

c) wenn die Entscheidung mit einer Entscheidung unvereinbar ist, die in einem Verfahren zwischen denselben Parteien in dem Mitgliedstaat, in dem die Anerkennung beantragt wird, ergangen ist; oder

d) wenn die Entscheidung mit einer früheren Entscheidung unvereinbar ist, die in einem anderen Mitgliedstaat oder in einem Drittstaat zwischen denselben Parteien ergangen ist, sofern die frühere Entscheidung die notwendigen Voraussetzungen für ihre Anerkennung in dem Mitgliedstaat erfüllt, in dem die Anerkennung beantragt wird.

Art. 23 Gründe für die Nichtanerkennung einer Entscheidung über die elterliche Verantwortung. Eine Entscheidung über die elterliche Verantwortung wird nicht anerkannt,

a) wenn die Anerkennung der öffentlichen Ordnung des Mitgliedstaats, in dem sie beantragt wird, offensichtlich widerspricht, wobei das Wohl des Kindes zu berücksichtigen ist;

b) wenn die Entscheidung – ausgenommen in dringenden Fällen – ergangen ist, ohne dass das Kind die Möglichkeit hatte, gehört zu werden, und damit wesentliche verfahrensrechtliche Grundsätze des Mitgliedstaats, in dem die Anerkennung beantragt wird, verletzt werden;

c) wenn der betreffenden Person, die sich auf das Verfahren nicht eingelassen hat, das verfahrenseinleitende Schriftstück oder ein gleichwertiges Schriftstück nicht so rechtzeitig und in einer Weise zugestellt wurde, dass sie sich verteidigen konnte, es sei denn, es wird festgestellt, dass sie mit der Entscheidung eindeutig einverstanden ist;

d) wenn eine Person dies mit der Begründung beantragt, dass die Entscheidung in ihre elterliche Verantwortung eingreift, falls die Entscheidung ergangen ist, ohne dass diese Person die Möglichkeit hatte, gehört zu werden;

e) wenn die Entscheidung mit einer späteren Entscheidung über die elterliche Verantwortung unvereinbar ist, die in dem Mitgliedstaat, in dem die Anerkennung beantragt wird, ergangen ist;

f) wenn die Entscheidung mit einer späteren Entscheidung über die elterliche Verantwortung unvereinbar ist, die in einem anderen Mitgliedstaat oder in dem Drittstaat, in dem das Kind seinen gewöhnlichen Aufenthalt hat, ergangen ist, sofern die spätere Entscheidung die notwendigen Voraussetzungen für ihre Anerkennung in dem Mitgliedstaat erfüllt, in dem die Anerkennung beantragt wird;

oder

g) wenn das Verfahren des Artikels 56 nicht eingehalten wurde.

Art. 24 Verbot der Nachprüfung der Zuständigkeit des Gerichts des Ursprungsmitgliedstaats. [1]Die Zuständigkeit des Gerichts des Ursprungsmitgliedstaats darf nicht überprüft werden. [2]Die Überprüfung der Vereinbarkeit mit der öffentlichen Ordnung gemäß Artikel 22 Buchstabe a) und Artikel 23 Buchstabe a) darf sich nicht auf die Zuständigkeitsvorschriften der Artikel 3 bis 14 erstrecken.

Art. 25 Unterschiede beim anzuwendenden Recht. Die Anerkennung einer Entscheidung darf nicht deshalb abgelehnt werden, weil eine Ehescheidung, Trennung ohne Auflösung des Ehebandes oder Ungültigerklärung einer Ehe nach dem Recht des Mitgliedstaats, in dem die Anerkennung beantragt wird, unter Zugrundelegung desselben Sachverhalts nicht zulässig wäre.

Art. 26 Ausschluss einer Nachprüfung in der Sache. Die Entscheidung darf keinesfalls in der Sache selbst nachgeprüft werden.

Art. 27 Aussetzung des Verfahrens. (1) Das Gericht eines Mitgliedstaats, vor dem die Anerkennung einer in einem anderen Mitgliedstaat ergangenen Entscheidung beantragt wird, kann das Verfahren aussetzen, wenn gegen die Entscheidung ein ordentlicher Rechtsbehelf eingelegt wurde.

(2) Das Gericht eines Mitgliedstaats, bei dem die Anerkennung einer in Irland oder im Vereinigten Königreich ergangenen Entscheidung beantragt wird, kann das Verfahren aussetzen, wenn die Vollstreckung der Entscheidung im Ursprungsmitgliedstaat wegen der Einlegung eines Rechtsbehelfs einstweilen eingestellt ist.

Abschnitt 2. Antrag auf Vollstreckbarerklärung

Art. 28 Vollstreckbare Entscheidungen. (1) Die in einem Mitgliedstaat ergangenen Entscheidungen über die elterliche Verantwortung für ein Kind, die in diesem Mitgliedstaat vollstreckbar sind und die zugestellt worden sind, werden in einem anderen Mitgliedstaat vollstreckt, wenn sie dort auf Antrag einer berechtigten Partei für vollstreckbar erklärt wurden.

(2) Im Vereinigten Königreich wird eine derartige Entscheidung jedoch in England und Wales, in Schottland oder in Nordirland erst vollstreckt, wenn sie auf Antrag einer berechtigten Partei zur Vollstreckung in dem betreffenden Teil des Vereinigten Königreichs registriert worden ist.

Art. 29 Örtlich zuständiges Gericht. (1) Ein Antrag auf Vollstreckbarerklärung ist bei dem Gericht zu stellen, das in der Liste aufgeführt ist, die jeder Mitgliedstaat der Kommission gemäß Artikel 68 mitteilt.

(2) *[1]* Das örtlich zuständige Gericht wird durch den gewöhnlichen Aufenthalt der Person, gegen die die Vollstreckung erwirkt werden soll, oder durch den gewöhnlichen Aufenthalt eines Kindes, auf das sich der Antrag bezieht, bestimmt.

[2] Befindet sich keiner der in Unterabsatz 1 angegebenen Orte im Vollstreckungsmitgliedstaat, so wird das örtlich zuständige Gericht durch den Ort der Vollstreckung bestimmt.

Art. 30 Verfahren. (1) Für die Stellung des Antrags ist das Recht des Vollstreckungsmitgliedstaats maßgebend.

(2) [1] Der Antragsteller hat für die Zustellung im Bezirk des angerufenen Gerichts ein Wahldomizil zu begründen. [2] Ist das Wahldomizil im Recht des Vollstreckungsmitgliedstaats nicht vorgesehen, so hat der Antragsteller einen Zustellungsbevollmächtigten zu benennen.

(3) Dem Antrag sind die in den Artikeln 37 und 39 aufgeführten Urkunden beizufügen.

Art. 31 Entscheidung des Gerichts. (1) Das mit dem Antrag befasste Gericht erlässt seine Entscheidung ohne Verzug und ohne dass die Person, gegen die die Vollstreckung erwirkt werden soll, noch das Kind in diesem Abschnitt des Verfahrens Gelegenheit erhalten, eine Erklärung abzugeben.

(2) Der Antrag darf nur aus einem der in den Artikeln 22, 23 und 24 aufgeführten Gründe abgelehnt werden.

(3) Die Entscheidung darf keinesfalls in der Sache selbst nachgeprüft werden.

Art. 32 Mitteilung der Entscheidung. Die über den Antrag ergangene Entscheidung wird dem Antragsteller vom Urkundsbeamten der Geschäftsstelle unverzüglich in der Form mitgeteilt, die das Recht des Vollstreckungsmitgliedstaats vorsieht.

Art. 33 Rechtsbehelf. (1) Gegen die Entscheidung über den Antrag auf Vollstreckbarerklärung kann jede Partei einen Rechtsbehelf einlegen.

(2) Der Rechtsbehelf wird bei dem Gericht eingelegt, das in der Liste aufgeführt ist, die jeder Mitgliedstaat der Kommission gemäß Artikel 68 mitteilt.

(3) Über den Rechtsbehelf wird nach den Vorschriften entschieden, die für Verfahren mit beiderseitigem rechtlichen Gehör maßgebend sind.

(4) [1]Wird der Rechtsbehelf von der Person eingelegt, die den Antrag auf Vollstreckbarerklärung gestellt hat, so wird die Partei, gegen die die Vollstreckung erwirkt werden soll, aufgefordert, sich auf das Verfahren einzulassen, das bei dem mit dem Rechtsbehelf befassten Gericht anhängig ist. [2]Lässt sich die betreffende Person auf das Verfahren nicht ein, so gelten die Bestimmungen des Artikels 18.

(5) [1]Der Rechtsbehelf gegen die Vollstreckbarerklärung ist innerhalb eines Monats nach ihrer Zustellung einzulegen. [2]Hat die Partei, gegen die die Vollstreckung erwirkt werden soll, ihren gewöhnlichen Aufenthalt in einem anderen Mitgliedstaat als dem, in dem die Vollstreckbarerklärung erteilt worden ist, so beträgt die Frist für den Rechtsbehelf zwei Monate und beginnt mit dem Tag, an dem die Vollstreckbarerklärung ihr entweder persönlich oder in ihrer Wohnung zugestellt worden ist. [3]Eine Verlängerung dieser Frist wegen weiter Entfernung ist ausgeschlossen.

Art. 34 Für den Rechtsbehelf zuständiges Gericht und Anfechtung der Entscheidung über den Rechtsbehelf. Die Entscheidung, die über den Rechtsbehelf ergangen ist, kann nur im Wege der Verfahren angefochten werden, die in der Liste genannt sind, die jeder Mitgliedstaat der Kommission gemäß Artikel 68 mitteilt.

Art. 35 Aussetzung des Verfahrens. (1) [1]Das nach Artikel 33 oder Artikel 34 mit dem Rechtsbehelf befasste Gericht kann auf Antrag der Partei, gegen die die Vollstreckung erwirkt werden soll, das Verfahren aussetzen, wenn im Ursprungsmitgliedstaat ein ordentlicher Rechtsbehelf gegen die Entscheidung eingelegt wurde oder die Frist für einen solchen Rechtsbehelf noch nicht verstrichen ist. [2]In letzterem Fall kann das Gericht eine Frist bestimmen, innerhalb deren der Rechtsbehelf einzulegen ist.

(2) Ist die Entscheidung in Irland oder im Vereinigten Königreich ergangen, so gilt jeder im Ursprungsmitgliedstaat statthafte Rechtsbehelf als ordentlicher Rechtsbehelf im Sinne des Absatzes 1.

Art. 36 Teilvollstreckung. (1) Ist mit der Entscheidung über mehrere geltend gemachte Ansprüche entschieden worden und kann die Entscheidung nicht in vollem Umfang zur Vollstreckung zugelassen werden, so lässt das Gericht sie für einen oder mehrere Ansprüche zu.

(2) Der Antragsteller kann eine teilweise Vollstreckung beantragen.

Abschnitt 3. Gemeinsame Bestimmungen für die Abschnitte 1 und 2

Art. 37 Urkunden. (1) Die Partei, die die Anerkennung oder Nichtanerkennung einer Entscheidung oder deren Vollstreckbarerklärung erwirken will, hat Folgendes vorzulegen:

a) eine Ausfertigung der Entscheidung, die die für ihre Beweiskraft erforderlichen Voraussetzungen erfüllt,
und

b) die Bescheinigung nach Artikel 39.

(2) Bei einer im Versäumnisverfahren ergangenen Entscheidung hat die Partei, die die Anerkennung einer Entscheidung oder deren Vollstreckbarerklärung erwirken will, ferner Folgendes vorzulegen:

a) die Urschrift oder eine beglaubigte Abschrift der Urkunde, aus der sich ergibt, dass das verfahrenseinleitende Schriftstück oder ein gleichwertiges Schriftstück der Partei, die sich nicht auf das Verfahren eingelassen hat, zugestellt wurde,
oder

b) eine Urkunde, aus der hervorgeht, dass der Antragsgegner mit der Entscheidung eindeutig einverstanden ist.

Art. 38 Fehlen von Urkunden. (1) Werden die in Artikel 37 Absatz 1 Buchstabe b) oder Absatz 2 aufgeführten Urkunden nicht vorgelegt, so kann das Gericht eine Frist setzen, innerhalb deren die Urkunden vorzulegen sind, oder sich mit gleichwertigen Urkunden begnügen oder von der Vorlage der Urkunden befreien, wenn es eine weitere Klärung nicht für erforderlich hält.

(2) [1] Auf Verlangen des Gerichts ist eine Übersetzung der Urkunden vorzulegen. [2] Die Übersetzung ist von einer hierzu in einem der Mitgliedstaaten befugten Person zu beglaubigen.

Art. 39 Bescheinigung bei Entscheidungen in Ehesachen und bei Entscheidungen über die elterliche Verantwortung. Das zuständige Gericht oder die Zuständige Behörde des Ursprungsmitgliedstaats stellt auf Antrag einer berechtigten Partei eine Bescheinigung unter Verwendung des Formblatts in Anhang I (Entscheidungen in Ehesachen) oder Anhang II (Entscheidungen über die elterliche Verantwortung) aus.

Abschnitt 4. Vollstreckbarkeit bestimmter Entscheidungen über das Umgangsrecht und bestimmter Entscheidungen, mit denen die Rückgabe des Kindes angeordnet wird

Art. 40 Anwendungsbereich. (1) Dieser Abschnitt gilt für

a) das Umgangsrecht
und

b) die Rückgabe eines Kindes infolge einer die Rückgabe des Kindes anordnenden Entscheidung gemäß Artikel 11 Absatz 8.

(2) Der Träger der elterlichen Verantwortung kann ungeachtet der Bestimmungen dieses Abschnitts die Anerkennung und Vollstreckung nach Maßgabe der Abschnitte 1 und 2 dieses Kapitels beantragen.

Art. 41 Umgangsrecht. (1) *[1]* Eine in einem Mitgliedstaat ergangene vollstreckbare Entscheidung über das Umgangsrecht im Sinne des Artikels 40 Absatz 1 Buchstabe a), für die eine Bescheinigung nach Absatz 2 im Ursprungsmitgliedstaat ausgestellt wurde, wird in einem anderen Mitgliedstaat anerkannt und kann dort vollstreckt werden, ohne dass es einer Vollstreckbarerklärung bedarf und ohne dass die Anerkennung angefochten werden kann.

[2] Auch wenn das nationale Recht nicht vorsieht, dass eine Entscheidung über das Umgangsrecht ungeachtet der Einlegung eines Rechtsbehelfs von Rechts wegen vollstreckbar ist, kann das Gericht des Ursprungsmitgliedstaats die Entscheidung für vollstreckbar erklären.

(2) *[1]* Der Richter des Ursprungsmitgliedstaats stellt die Bescheinigung nach Absatz 1 unter Verwendung des Formblatts in Anhang III (Bescheinigung über das Umgangsrecht) nur aus, wenn

a) im Fall eines Versäumnisverfahrens das verfahrenseinleitende Schriftstück oder ein gleichwertiges Schriftstück der Partei, die sich nicht auf das Verfahren eingelassen hat, so rechtzeitig und in einer Weise zugestellt wurde, dass sie sich verteidigen konnte, oder wenn in Fällen, in denen bei der Zustellung des betreffenden Schriftstücks diese Bedingungen nicht eingehalten wurden, dennoch festgestellt wird, dass sie mit der Entscheidung eindeutig einverstanden ist;

b) alle betroffenen Parteien Gelegenheit hatten, gehört zu werden, und

c) das Kind die Möglichkeit hatte, gehört zu werden, sofern eine Anhörung nicht aufgrund seines Alters oder seines Reifegrads unangebracht erschien.

[2] Das Formblatt wird in der Sprache ausgefüllt, in der die Entscheidung abgefasst ist.

(3) [1] Betrifft das Umgangsrecht einen Fall, der bei der Verkündung der Entscheidung einen grenzüberschreitenden Bezug aufweist, so wird die Bescheinigung von Amts wegen ausgestellt, sobald die Entscheidung vollstreckbar oder vorläufig vollstreckbar wird. [2] Wird der Fall erst später zu einem Fall mit grenzüberschreitendem Bezug, so wird die Bescheinigung auf Antrag einer der Parteien ausgestellt.

Art. 42 Rückgabe des Kindes. (1) *[1]* Eine in einem Mitgliedstaat ergangene vollstreckbare Entscheidung über die Rückgabe des Kindes im Sinne des Artikels 40 Absatz 1 Buchstabe b), für die eine Bescheinigung nach Absatz 2 im Ursprungsmitgliedstaat ausgestellt wurde, wird in einem anderen Mitgliedstaat anerkannt und kann dort vollstreckt werden, ohne dass es einer Vollstreckbarerklärung bedarf und ohne dass die Anerkennung angefochten werden kann.

[2] Auch wenn das nationale Recht nicht vorsieht, dass eine in Artikel 11 Absatz 8 genannte Entscheidung über die Rückgabe des Kindes ungeachtet der Einlegung eines Rechtsbehelfs von Rechts wegen vollstreckbar ist, kann das Gericht des Ursprungsmitgliedstaats die Entscheidung für vollstreckbar erklären.

(2) *[1]* Der Richter des Ursprungsmitgliedstaats, der die Entscheidung nach Artikel 40 Absatz 1 Buchstabe b) erlassen hat, stellt die Bescheinigung nach Absatz 1 nur aus, wenn

a) das Kind die Möglichkeit hatte, gehört zu werden, sofern eine Anhörung nicht aufgrund seines Alters oder seines Reifegrads unangebracht erschien,

b) die Parteien die Gelegenheit hatten, gehört zu werden, und

c) das Gericht beim Erlass seiner Entscheidung die Gründe und Beweismittel berücksichtigt hat, die der nach Artikel 13 des Haager Übereinkommens von 1980 ergangenen Entscheidung zugrunde liegen.

[2] Ergreift das Gericht oder eine andere Behörde Maßnahmen, um den Schutz des Kindes nach seiner Rückkehr in den Staat des gewöhnlichen Aufenthalts sicherzustellen, so sind diese Maßnahmen in der Bescheinigung anzugeben.

[3] Der Richter des Ursprungsmitgliedstaats stellt die Bescheinigung von Amts wegen unter Verwendung des Formblatts in Anhang IV (Bescheinigung über die Rückgabe des Kindes) aus.

[4] Das Formblatt wird in der Sprache ausgefüllt, in der die Entscheidung abgefasst ist.

Art. 43 Klage auf Berichtigung. (1) Für Berichtigungen der Bescheinigung ist das Recht des Ursprungsmitgliedstaats maßgebend.

(2) Gegen die Ausstellung einer Bescheinigung gemäß Artikel 41 Absatz 1 oder Artikel 42 Absatz 1 sind keine Rechtsbehelfe möglich.

Art. 44 Wirksamkeit der Bescheinigung. Die Bescheinigung ist nur im Rahmen der Vollstreckbarkeit des Urteils wirksam.

Art. 45 Urkunden. (1) Die Partei, die die Vollstreckung einer Entscheidung erwirken will, hat Folgendes vorzulegen:

a) eine Ausfertigung der Entscheidung, die die für ihre Beweiskraft erforderlichen Voraussetzungen erfüllt,
und

b) die Bescheinigung nach Artikel 41 Absatz 1 oder Artikel 42 Absatz 1.

(2) *[1]* Für die Zwecke dieses Artikels

– wird der Bescheinigung gemäß Artikel 41 Absatz 1 eine Übersetzung der Nummer 12 betreffend die Modalitäten der Ausübung des Umgangsrechts beigefügt;

– wird der Bescheinigung gemäß Artikel 42 Absatz 1 eine Übersetzung der Nummer 14 betreffend die Einzelheiten der Maßnahmen, die ergriffen wurden, um die Rückgabe des Kindes sicherzustellen, beigefügt.

[2] [1] Die Übersetzung erfolgt in die oder in eine der Amtssprachen des Vollstreckungsmitgliedstaats oder in eine andere von ihm ausdrücklich zugelassene Sprache. [2] Die Übersetzung ist von einer hierzu in einem der Mitgliedstaaten befugten Person zu beglaubigen.

Abschnitt 5. Öffentliche Urkunden und Vereinbarungen

Art. 46 [Öffentliche Urkunden] Öffentliche Urkunden, die in einem Mitgliedstaat aufgenommen und vollstreckbar sind, sowie Vereinbarungen zwischen den Parteien, die in dem Ursprungsmitgliedstaat vollstreckbar sind, werden unter denselben Bedingungen wie Entscheidungen anerkannt und für vollstreckbar erklärt.

Abschnitt 6. Sonstige Bestimmungen

Art. 47 Vollstreckungsverfahren. (1) Für das Vollstreckungsverfahren ist das Recht des Vollstreckungsmitgliedstaats maßgebend.

(2) *[1]* Die Vollstreckung einer von einem Gericht eines anderen Mitgliedstaats erlassenen Entscheidung, die gemäß Abschnitt 2 für vollstreckbar erklärt wurde oder für die eine Bescheinigung nach Artikel 41 Absatz 1 oder Artikel 42 Absatz 1 ausgestellt wurde, erfolgt im Vollstreckungsmitgliedstaat unter densel-

ben Bedingungen, die für in diesem Mitgliedstaat ergangene Entscheidungen gelten.

[2] Insbesondere darf eine Entscheidung, für die eine Bescheinigung nach Artikel 41 Absatz 1 oder Artikel 42 Absatz 1 ausgestellt wurde, nicht vollstreckt werden, wenn sie mit einer später ergangenen vollstreckbaren Entscheidung unvereinbar ist.

Art. 48 Praktische Modalitäten der Ausübung des Umgangsrechts.

(1) Die Gerichte des Vollstreckungsmitgliedstaats können die praktischen Modalitäten der Ausübung des Umgangsrechts regeln, wenn die notwendigen Vorkehrungen nicht oder nicht in ausreichendem Maße bereits in der Entscheidung der für die Entscheidung der in der Hauptsache zuständigen Gerichte des Mitgliedstaats getroffen wurden und sofern der Wesensgehalt der Entscheidung unberührt bleibt.

(2) Die nach Absatz 1 festgelegten praktischen Modalitäten treten außer Kraft, nachdem die für die Entscheidung in der Hauptsache zuständigen Gerichte des Mitgliedstaats eine Entscheidung erlassen haben.

Art. 49 Kosten. Die Bestimmungen dieses Kapitels mit Ausnahme der Bestimmungen des Abschnitts 4 gelten auch für die Festsetzung der Kosten für die nach dieser Verordnung eingeleiteten Verfahren und die Vollstreckung eines Kostenfestsetzungsbeschlusses.

Art. 50 Prozesskostenhilfe. Wurde dem Antragsteller im Ursprungsmitgliedstaat ganz oder teilweise Prozesskostenhilfe oder Kostenbefreiung gewährt, so genießt er in dem Verfahren nach den Artikeln 21, 28, 41, 42 und 48 hinsichtlich der Prozesskostenhilfe oder der Kostenbefreiung die günstigste Behandlung, die das Recht des Vollstreckungsmitgliedstaats vorsieht.

Art. 51 Sicherheitsleistung, Hinterlegung. Der Partei, die in einem Mitgliedstaat die Vollstreckung einer in einem anderen Mitgliedstaat ergangenen Entscheidung beantragt, darf eine Sicherheitsleistung oder Hinterlegung, unter welcher Bezeichnung es auch sei, nicht aus einem der folgenden Gründe auferlegt werden:

a) weil sie in dem Mitgliedstaat, in dem die Vollstreckung erwirkt werden soll, nicht ihren gewöhnlichen Aufenthalt hat, oder

b) weil sie nicht die Staatsangehörigkeit dieses Staates besitzt oder, wenn die Vollstreckung im Vereinigten Königreich oder in Irland erwirkt werden soll, ihr „domicile" nicht in einem dieser Mitgliedstaaten hat.

Art. 52 Legalisation oder ähnliche Förmlichkeit. Die in den Artikeln 37, 38 und 45 aufgeführten Urkunden sowie die Urkunde über die Prozessvollmacht, falls eine solche erteilt wird, bedürfen weder der Legalisation noch einer ähnlichen Förmlichkeit.

Kapitel IV. Zusammenarbeit zwischen den Zentralen Behörden bei Verfahren betreffend die elterliche Verantwortung

Art. 53 Bestimmung der Zentralen Behörden. [1]Jeder Mitgliedstaat bestimmt eine oder mehrere Zentrale Behörden, die ihn bei der Anwendung dieser Verordnung unterstützen, und legt ihre räumliche oder sachliche Zuständigkeit fest. [2]Hat ein Mitgliedstaat mehrere Zentrale Behörden bestimmt, so sind die Mitteilungen grundsätzlich direkt an die zuständige Zentrale Behörde zu richten. [3]Wurde eine Mitteilung an eine nicht zuständige Zentrale Behörde gerichtet, so hat diese die Mitteilung an die zuständige Zentrale Behörde weiterzuleiten und den Absender davon in Kenntnis zu setzen.

Art. 54 Allgemeine Aufgaben. [1]Die Zentralen Behörden stellen Informationen über nationale Rechtsvorschriften und Verfahren zur Verfügung und *ergeifen*[1] Maßnahmen, um die Durchführung dieser Verordnung zu verbessern und die Zusammenarbeit untereinander zu stärken. [2]Hierzu wird das mit der Entscheidung 2001/470/EG eingerichtete Europäische Justizielle Netz für Zivil- und Handelssachen genutzt.

Art. 55 Zusammenarbeit in Fällen, die speziell die elterliche Verantwortung betreffen. [1]Die Zentralen Behörden arbeiten in bestimmten Fällen auf Antrag der Zentralen Behörde eines anderen Mitgliedstaats oder des Trägers der elterlichen Verantwortung zusammen, um die Ziele dieser Verordnung zu verwirklichen. [2]Hierzu treffen sie folgende Maßnahmen im Einklang mit den Rechtsvorschriften dieses Mitgliedstaats, die den Schutz personenbezogener Daten regeln, direkt oder durch Einschaltung anderer Behörden oder Einrichtungen:

a) Sie holen Informationen ein und tauschen sie aus über
   i) die Situation des Kindes,
   ii) laufende Verfahren oder
   iii) das Kind betreffende Entscheidungen.
b) Sie informieren und unterstützen die Träger der elterlichen Verantwortung, die die Anerkennung und Vollstreckung einer Entscheidung, insbesondere über das Umgangsrecht und die Rückgabe des Kindes, in ihrem Gebiet erwirken wollen.
c) Sie erleichtern die Verständigung zwischen den Gerichten, insbesondere zur Anwendung des Artikels 11 Absätze 6 und 7 und des Artikels 15.
d) Sie stellen alle Informationen und Hilfen zur Verfügung, die für die Gerichte für die Anwendung des Artikels 56 von Nutzen sind.
e) Sie erleichtern eine gütliche Einigung zwischen den Trägern der elterlichen Verantwortung durch Mediation oder auf ähnlichem Wege und fördern hierzu die grenzüberschreitende Zusammenarbeit.

---

[1] Richtig wohl: „ergreifen".

Art. 56 Unterbringung des Kindes in einem anderen Mitgliedstaat.

(1) Erwägt das nach den Artikeln 8 bis 15 zuständige Gericht die Unterbringung des Kindes in einem Heim oder in einer Pflegefamilie und soll das Kind in einem anderen Mitgliedstaat untergebracht werden, so zieht das Gericht vorher die Zentrale Behörde oder eine andere zuständige Behörde dieses Mitgliedstaats zurate, sofern in diesem Mitgliedstaat für die innerstaatlichen Fälle der Unterbringung von Kindern die Einschaltung einer Behörde vorgesehen ist.

(2) Die Entscheidung über die Unterbringung nach Absatz 1 kann im ersuchenden Mitgliedstaat nur getroffen werden, wenn die zuständige Behörde des ersuchten Staates dieser Unterbringung zugestimmt hat.

(3) Für die Einzelheiten der Konsultation bzw. der Zustimmung nach den Absätzen 1 und 2 gelten das nationale Recht des ersuchten Staates.

(4) Beschließt das nach den Artikeln 8 bis 15 zuständige Gericht die Unterbringung des Kindes in einer Pflegefamilie und soll das Kind in einem anderen Mitgliedstaat untergebracht werden und ist in diesem Mitgliedstaat für die innerstaatlichen Fälle der Unterbringung von Kindern die Einschaltung einer Behörde nicht vorgesehen, so setzt das Gericht die Zentrale Behörde oder eine zuständige Behörde dieses Mitgliedstaats davon in Kenntnis.

Art. 57 Arbeitsweise. (1) [1]Jeder Träger der elterlichen Verantwortung kann bei der Zentralen Behörde des Mitgliedstaats, in dem er seinen gewöhnlichen Aufenthalt hat, oder bei der Zentralen Behörde des Mitgliedstaats, in dem das Kind seinen gewöhnlichen Aufenthalt hat oder in dem es sich befindet, einen Antrag auf Unterstützung gemäß Artikel 55 stellen. [2]Dem Antrag werden grundsätzlich alle verfügbaren Informationen beigefügt, die die Ausführung des Antrags erleichtern können. [3]Betrifft dieser Antrag die Anerkennung oder Vollstreckung einer Entscheidung über die elterliche Verantwortung, die in den Anwendungsbereich dieser Verordnung fällt, so muss der Träger der elterlichen Verantwortung dem Antrag die betreffenden Bescheinigungen nach Artikel 39, Artikel 41 Absatz 1 oder Artikel 42 Absatz 1 beifügen.

(2) Jeder Mitgliedstaat teilt der Kommission die Amtssprache(n) der Organe der Gemeinschaft mit, die er außer seiner/seinen eigenen Sprache(n) für Mitteilungen an die Zentralen Behörden zulässt.

(3) Die Unterstützung der Zentralen Behörden gemäß Artikel 55 erfolgt unentgeltlich.

(4) Jede Zentrale Behörde trägt ihre eigenen Kosten.

Art. 58 Zusammenkünfte. (1) Zur leichteren Anwendung dieser Verordnung werden regelmäßig Zusammenkünfte der Zentralen Behörden einberufen.

(2) Die Einberufung dieser Zusammenkünfte erfolgt im Einklang mit der Entscheidung 2001/470/EG über die Einrichtung eines Europäischen Justiziellen Netzes für Zivil- und Handelssachen.

Kapitel V. Verhältnis zu anderen Rechtsinstrumenten

Art. 59 Verhältnis zu anderen Rechtsinstrumenten. (1) Unbeschadet der Artikel 60, 63, 64 und des Absatzes 2 des vorliegenden Artikels ersetzt diese Verordnung die zum Zeitpunkt des Inkrafttretens dieser Verordnung bestehenden, zwischen zwei oder mehr Mitgliedstaaten geschlossenen Übereinkünfte, die in dieser Verordnung geregelte Bereiche betreffen.

(2)

a) Finnland und Schweden können erklären, dass das Übereinkommen vom 6. Februar 1931 zwischen Dänemark, Finnland, Island, Norwegen und Schweden mit Bestimmungen des internationalen Verfahrensrechts über Ehe, Adoption und Vormundschaft einschließlich des Schlussprotokolls anstelle dieser Verordnung ganz oder teilweise auf ihre gegenseitigen Beziehungen anwendbar ist. Diese Erklärungen werden dieser Verordnung als Anhang beigefügt und im *Amtsblatt der Europäischen Union* veröffentlicht. Die betreffenden Mitgliedstaaten können ihre Erklärung jederzeit ganz oder teilweise widerrufen.

b) Der Grundsatz der Nichtdiskriminierung von Bürgern der Union aus Gründen der Staatsangehörigkeit wird eingehalten.

c) Die Zuständigkeitskriterien in künftigen Übereinkünften zwischen den in Buchstabe a) genannten Mitgliedstaaten, die in dieser Verordnung geregelte Bereiche betreffen, müssen mit den Kriterien dieser Verordnung im Einklang stehen.

d) Entscheidungen, die in einem der nordischen Staaten, der eine Erklärung nach Buchstabe a) abgegeben hat, aufgrund eines Zuständigkeitskriteriums erlassen werden, das einem der in Kapitel II vorgesehenen Zuständigkeitskriterien entspricht, werden in den anderen Mitgliedstaaten gemäß den Bestimmungen des Kapitels III anerkannt und vollstreckt.

(3) Die Mitgliedstaaten übermitteln der Kommission

a) eine Abschrift der Übereinkünfte sowie der einheitlichen Gesetze zur Durchführung dieser Übereinkünfte gemäß Absatz 2 Buchstaben a) und c),

b) jede Kündigung oder Änderung dieser Übereinkünfte oder dieser einheitlichen Gesetze.

Art. 60 Verhältnis zu bestimmten multilateralen Übereinkommen.

Im Verhältnis zwischen den Mitgliedstaaten hat diese Verordnung vor den nachstehenden Übereinkommen insoweit Vorrang, als diese Bereiche betreffen, die in dieser Verordnung geregelt sind:

a) Haager Übereinkommen vom 5. Oktober 1961 über die Zuständigkeit der Behörden und das anzuwendende Recht auf dem Gebiet des Schutzes von Minderjährigen,

b) Luxemburger Übereinkommen vom 8. September 1967 über die Anerkennung von Entscheidungen in Ehesachen,

c) Haager Übereinkommen vom 1. Juni 1970 über die Anerkennung von Ehescheidungen und der Trennung von Tisch und Bett,

d) Europäisches Übereinkommen vom 20. Mai 1980 über die Anerkennung und Vollstreckung von Entscheidungen über das Sorgerecht für Kinder und die Wiederherstellung des Sorgeverhältnisses

und

e) Haager Übereinkommen vom 25. Oktober 1980 über die zivilrechtlichen Aspekte internationaler Kindesentführung.

Art. 61 Verhältnis zum Haager Übereinkommen vom 19. Oktober 1996 über die Zuständigkeit, das anzuwendende Recht, die Anerkennung, Vollstreckung und Zusammenarbeit auf dem Gebiet der elterlichen Verantwortung und der Maßnahmen zum Schutz von Kindern.

Im Verhältnis zum Haager Übereinkommen vom 19. Oktober 1996 über die Zuständigkeit, das anzuwendende Recht, die Anerkennung, Vollstreckung und Zusammenarbeit auf dem Gebiet der elterlichen Verantwortung und der Maßnahmen zum Schutz von Kindern ist diese Verordnung anwendbar,

a) wenn das betreffende Kind seinen gewöhnlichen Aufenthalt im Hoheitsgebiet eines Mitgliedstaats hat;

b) in Fragen der Anerkennung und der Vollstreckung einer von dem zuständigen Gericht eines Mitgliedstaats ergangenen Entscheidung im Hoheitsgebiet eines anderen Mitgliedstaats, auch wenn das betreffende Kind seinen gewöhnlichen Aufenthalt im Hoheitsgebiet eines Drittstaats hat, der Vertragspartei des genannten Übereinkommens ist.

Art. 62 Fortbestand der Wirksamkeit. (1) Die in Artikel 59 Absatz 1 und den Artikeln 60 und 61 genannten Übereinkünfte behalten ihre Wirksamkeit für die Rechtsgebiete, die durch diese Verordnung nicht geregelt werden.

(2) Die in Artikel 60 genannten Übereinkommen, insbesondere das Haager Übereinkommen von 1980, behalten vorbehaltlich des Artikels 60 ihre Wirksamkeit zwischen den ihnen angehörenden Mitgliedstaaten.

Art. 63 *(vom Abdruck wurde abgesehen)*

Kapitel VI. Übergangsvorschriften

Art. 64 [Übergangsvorschriften] (1) Diese Verordnung gilt nur für gerichtliche Verfahren, öffentliche Urkunden und Vereinbarungen zwischen den Parteien, die nach Beginn der Anwendung dieser Verordnung gemäß Artikel 72 eingeleitet, aufgenommen oder getroffen wurden.

(2) Entscheidungen, die nach Beginn der Anwendung dieser Verordnung in Verfahren ergangen sind, die vor Beginn der Anwendung dieser Verordnung, aber nach Inkrafttreten der Verordnung (EG) Nr. 1347/2000 eingeleitet wurden, werden nach Maßgabe des Kapitels III der vorliegenden Verordnung anerkannt und vollstreckt, sofern das Gericht aufgrund von Vorschriften zuständig war, die mit den Zuständigkeitsvorschriften des Kapitels II der vorliegenden Verordnung oder der Verordnung (EG) Nr. 1347/2000 oder eines Abkommens übereinstimmen, das zum Zeitpunkt der Einleitung des Verfahrens zwischen dem Ursprungsmitgliedstaat und dem ersuchten Mitgliedstaat in Kraft war.

(3) Entscheidungen, die vor Beginn der Anwendung dieser Verordnung in Verfahren ergangen sind, die nach Inkrafttreten der Verordnung (EG) Nr. 1347/2000 eingeleitet wurden, werden nach Maßgabe des Kapitels III der vorliegenden Verordnung anerkannt und vollstreckt, sofern sie eine Ehescheidung, Trennung ohne Auflösung des Ehebandes oder Ungültigerklärung einer Ehe oder eine aus Anlass eines solchen Verfahrens in Ehesachen ergangene Entscheidung über die elterliche Verantwortung für die gemeinsamen Kinder zum Gegenstand haben.

(4) Entscheidungen, die vor Beginn der Anwendung dieser Verordnung, aber nach Inkrafttreten der Verordnung (EG) Nr. 1347/2000 in Verfahren ergangen sind, die vor Inkrafttreten der Verordnung (EG) Nr. 1347/2000 eingeleitet wurden, werden nach Maßgabe des Kapitels III der vorliegenden Verordnung anerkannt und vollstreckt, sofern sie eine Ehescheidung, Trennung ohne Auflösung des Ehebandes oder Ungültigerklärung einer Ehe oder eine aus Anlass eines solchen Verfahrens in Ehesachen ergangene Entscheidung über die elterliche Verantwortung für die gemeinsamen Kinder zum Gegenstand haben und Zuständigkeitsvorschriften angewandt wurden, die mit denen des Kapitels II der vorliegenden Verordnung oder der Verordnung (EG) Nr. 1347/2000 oder eines Abkommens übereinstimmen, das zum Zeitpunkt der Einleitung des Verfahrens zwischen dem Ursprungsmitgliedstaat und dem ersuchten Mitgliedstaat in Kraft war.

Kapitel VII. Schlussbestimmungen

Art. 65–70 *(vom Abdruck wurde abgesehen)*

Art. 71 Aufhebung der Verordnung (EG) Nr. 1347/2000. (1) Die Verordnung (EG) Nr. 1347/2000 wird mit Beginn der Geltung dieser Verordnung aufgehoben.

(2) Jede Bezugnahme auf die Verordnung (EG) Nr. 1347/2000 gilt als Bezugnahme auf diese Verordnung nach Maßgabe der Entsprechungstabelle in Anhang VI.

Art. 72 In-Kraft-Treten. *[1]* Diese Verordnung tritt am 1. August 2004 in Kraft.

[2] Sie gilt ab 1. März 2005 mit Ausnahme der Artikel 67, 68, 69 und 70, die ab dem 1. August 2004 gelten.

Anhänge I–VI. *(vom Abdruck wurde abgesehen)*

6a. Gesetz zur Aus- und Durchführung bestimmter Rechtsinstrumente auf dem Gebiet des internationalen Familienrechts (Internationales Familienrechtsverfahrensgesetz – IntFamRVG)[1)]

Vom 26. Januar 2005

(BGBl. I S. 162)

FNA 319-109

zuletzt geänd. durch Art. 5 G zur Förderung der Freizügigkeit von EU-Bürgerinnen und -Bürgern sowie zur Neuregelung verschiedener Aspekte des Internationalen Adoptionsrechts v. 31.1.2019 (BGBl. I S. 54)

Inhaltsübersicht

Abschnitt 1. Anwendungsbereich; Begriffsbestimmungen

§ 1 Anwendungsbereich
§ 2 Begriffsbestimmungen

Abschnitt 2. Zentrale und nationale Behörde; Jugendamt

§ 3 Bestimmung der Zentralen und der nationalen Behörde
§ 4 Übersetzungen bei eingehenden Ersuchen
§ 5 Übersetzungen bei ausgehenden Ersuchen
§ 6 Aufgabenerfüllung durch die Zentrale Behörde
§ 7 Aufenthaltsermittlung
§ 8 Anrufung des Oberlandesgerichts
§ 9 Mitwirkung des Jugendamts an Verfahren

Abschnitt 3. Gerichtliche Zuständigkeit und Zuständigkeitskonzentration

§ 10 Örtliche Zuständigkeit für die Anerkennung und Vollstreckung
§ 11 Örtliche Zuständigkeit nach dem Haager Kindesentführungsübereinkommen
§ 12 Zuständigkeitskonzentration
§ 13 Zuständigkeitskonzentration für andere Familiensachen
§ 13a Verfahren bei grenzüberschreitender Abgabe

Abschnitt 4. Allgemeine gerichtliche Verfahrensvorschriften

§ 14 Familiengerichtliches Verfahren
§ 15 Einstweilige Anordnungen

Abschnitt 5. Zulassung der Zwangsvollstreckung, Anerkennungsfeststellung und Wiederherstellung des Sorgeverhältnisses

Unterabschnitt 1. Zulassung der Zwangsvollstreckung im ersten Rechtszug

§ 16 Antragstellung
§ 17 Zustellungsbevollmächtigter
§ 18 Einseitiges Verfahren
§ 19 Besondere Regelungen zum Europäischen Sorgerechtsübereinkommen
§ 20 Entscheidung
§ 21 Bekanntmachung der Entscheidung
§ 22 Wirksamwerden der Entscheidung
§ 23 Vollstreckungsklausel

[1)] Verkündet als Art. 1 G v. 26.1.2005 (BGBl. I S. 162); Inkrafttreten gem. Art. 3 Satz 2 dieses G am 1.3.2005 mit Ausnahme der §§ 12 Abs. 3 und 47 Abs. 2, die gem. Art. 3 Satz 1 am 1.2.2005 in Kraft getreten sind.

Unterabschnitt 2. Beschwerde

§ 24 Einlegung der Beschwerde; Beschwerdefrist
§ 25 Einwendungen gegen den zu vollstreckenden Anspruch
§ 26 Verfahren und Entscheidung über die Beschwerde
§ 27 Anordnung der sofortigen Wirksamkeit

Unterabschnitt 3. Rechtsbeschwerde

§ 28 Statthaftigkeit der Rechtsbeschwerde
§ 29 Einlegung und Begründung der Rechtsbeschwerde
§ 30 Verfahren und Entscheidung über die Rechtsbeschwerde
§ 31 Anordnung der sofortigen Wirksamkeit

Unterabschnitt 4. Feststellung der Anerkennung

§ 32 Anerkennungsfeststellung

Unterabschnitt 5. Wiederherstellung des Sorgeverhältnisses

§ 33 Anordnung auf Herausgabe des Kindes

Unterabschnitt 6. Aufhebung oder Änderung von Beschlüssen

§ 34 Verfahren auf Aufhebung oder Änderung
§ 35 Schadensersatz wegen ungerechtfertigter Vollstreckung

Unterabschnitt 7. Vollstreckungsabwehrklage

§ 36 Vollstreckungsabwehrklage bei Titeln über Verfahrenskosten

Abschnitt 6. Verfahren nach dem Haager Kindesentführungsübereinkommen

§ 37 Anwendbarkeit
§ 38 Beschleunigtes Verfahren
§ 39 Übermittlung von Entscheidungen
§ 40 Wirksamkeit der Entscheidung; Rechtsmittel
§ 41 Bescheinigung über Widerrechtlichkeit
§ 42 Einreichung von Anträgen bei dem Amtsgericht
§ 43 Verfahrenskosten- und Beratungshilfe

Abschnitt 7. Vollstreckung

§ 44 Ordnungsmittel; Vollstreckung von Amts wegen

Abschnitt 8. Grenzüberschreitende Unterbringung

§ 45 Zuständigkeit für die Zustimmung zu einer Unterbringung
§ 46 Konsultationsverfahren
§ 47 Genehmigung des Familiengerichts

Abschnitt 9. Bescheinigungen zu inländischen Entscheidungen nach der Verordnung (EG) Nr. 2201/2003

§ 48 Ausstellung von Bescheinigungen
§ 49 Berichtigung von Bescheinigungen

Abschnitt 10. Verfahren nach dem Europäischen Adoptionsübereinkommen

§ 50 Verfahren der nationalen Behörde

Abschnitt 11. Kosten

§§ 51 bis 53 (weggefallen)
§ 54 Übersetzungen

Abschnitt 12. Übergangsvorschriften

§ 55 Übergangsvorschriften zu der Verordnung (EG) Nr. 2201/2003
§ 56 Übergangsvorschriften zum Sorgerechtsübereinkommens-Ausführungsgesetz

Abschnitt 1. Anwendungsbereich; Begriffsbestimmungen

§ 1 Anwendungsbereich. Dieses Gesetz dient

1. der Durchführung der Verordnung (EG) Nr. 2201/2003[1] des Rates vom 27. November 2003 über die Zuständigkeit und die Anerkennung und Vollstreckung von Entscheidungen in Ehesachen und in Verfahren betreffend die elterliche Verantwortung und zur Aufhebung der Verordnung (EG) Nr. 1347/2000 (ABl. EU Nr. L 338 S. 1);
2. der Ausführung des Haager Übereinkommens vom 19. Oktober 1996 über die Zuständigkeit, das anzuwendende Recht, die Anerkennung, Vollstreckung und Zusammenarbeit auf dem Gebiet der elterlichen Verantwortung und der Maßnahmen zum Schutz von Kindern (BGBl. 2009 II S. 602, 603) – im Folgenden: Haager Kinderschutzübereinkommen;
3. der Ausführung des Haager Übereinkommens vom 25. Oktober 1980 über die zivilrechtlichen Aspekte internationaler Kindesentführung (BGBl. 1990 II S. 207) – im Folgenden: Haager Kindesentführungsübereinkommen;
4. der Ausführung des Europäischen Übereinkommens vom 20. Mai 1980 über die Anerkennung und Vollstreckung von Entscheidungen über das Sorgerecht für Kinder und die Wiederherstellung des Sorgeverhältnisses (BGBl. 1990 II S. 220) – im Folgenden: Europäisches Sorgerechtsübereinkommen;
5. der Ausführung des Europäischen Übereinkommens vom 27. November 2008 über die Adoption von Kindern (revidiert) (BGBl. 2015 II S. 3) – im Folgenden: Europäisches Adoptionsübereinkommen.

§ 2 Begriffsbestimmungen. Im Sinne dieses Gesetzes sind „Titel" Entscheidungen, Vereinbarungen und öffentliche Urkunden, auf welche die durchzuführende EG-Verordnung oder das jeweils auszuführende Übereinkommen Anwendung findet.

Abschnitt 2. Zentrale und nationale Behörde; Jugendamt

§ 3 Bestimmung der Zentralen und der nationalen Behörde. (1) [1] Zentrale Behörde nach

1. Artikel 53 der Verordnung (EG) Nr. 2201/2003[2],
2. Artikel 29 des Haager Kinderschutzübereinkommens,
3. Artikel 6 des Haager Kindesentführungsübereinkommens,
4. Artikel 2 des Europäischen Sorgerechtsübereinkommens

ist das Bundesamt für Justiz. [2] Dieses ist auch nationale Behörde nach Artikel 15 Satz 2 des Europäischen Adoptionsübereinkommens.

(2) Die Verfahren der Zentralen Behörde und der nationalen Behörde gelten als Justizverwaltungsverfahren.

---

[1] Auszugsweise abgedruckt unter Nr. **6**.
[2] Nr. **6**.

§ 4 Übersetzungen bei eingehenden Ersuchen. (1) Die Zentrale Behörde, bei der ein Antrag aus einem anderen Staat nach der Verordnung (EG) Nr. 2201/2003[1] oder nach dem Europäischen Sorgerechtsübereinkommen eingeht, kann es ablehnen, tätig zu werden, solange Mitteilungen oder beizufügende Schriftstücke nicht in deutscher Sprache abgefasst oder von einer Übersetzung in diese Sprache begleitet sind.

(2) Ist ein Schriftstück nach Artikel 54 des Haager Kinderschutzübereinkommens oder nach Artikel 24 Abs. 1 des Haager Kindesentführungsübereinkommens ausnahmsweise nicht von einer deutschen Übersetzung begleitet, so veranlasst die Zentrale Behörde die Übersetzung.

§ 5 Übersetzungen bei ausgehenden Ersuchen. (1) Beschafft die antragstellende Person erforderliche Übersetzungen für Anträge, die in einem anderen Staat zu erledigen sind, nicht selbst, veranlasst die Zentrale Behörde die Übersetzungen auf Kosten der antragstellenden Person.

(2) Das Amtsgericht befreit eine antragstellende natürliche Person, die ihren gewöhnlichen Aufenthalt oder bei Fehlen eines gewöhnlichen Aufenthalts im Inland ihren tatsächlichen Aufenthalt im Gerichtsbezirk hat, auf Antrag von der Erstattungspflicht nach Absatz 1, wenn sie die persönlichen und wirtschaftlichen Voraussetzungen für die Gewährung von Verfahrenskostenhilfe ohne einen eigenen Beitrag zu den Kosten nach den Vorschriften des Gesetzes über das Verfahren in Familiensachen und in Angelegenheiten der freiwilligen Gerichtsbarkeit erfüllt.

§ 6 Aufgabenerfüllung durch die Zentrale Behörde. (1) [1] Zur Erfüllung der ihr obliegenden Aufgaben veranlasst die Zentrale Behörde mit Hilfe der zuständigen Stellen alle erforderlichen Maßnahmen. [2] Sie verkehrt unmittelbar mit allen zuständigen Stellen im In- und Ausland. [3] Mitteilungen leitet sie unverzüglich an die zuständigen Stellen weiter.

(2) [1] Zum Zweck der Ausführung des Haager Kindesentführungsübereinkommens und des Europäischen Sorgerechtsübereinkommens leitet die Zentrale Behörde erforderlichenfalls gerichtliche Verfahren ein. [2] Im Rahmen dieser Übereinkommen gilt sie zum Zweck der Rückgabe des Kindes als bevollmächtigt, im Namen der antragstellenden Person selbst oder im Weg der Untervollmacht durch Vertreter gerichtlich oder außergerichtlich tätig zu werden. [3] Ihre Befugnis, zur Sicherung der Einhaltung der Übereinkommen im eigenen Namen entsprechend zu handeln, bleibt unberührt.

§ 7 Aufenthaltsermittlung. (1) Die Zentrale Behörde trifft alle erforderlichen Maßnahmen einschließlich der Einschaltung von Polizeivollzugsbehörden, um den Aufenthaltsort des Kindes zu ermitteln, wenn dieser unbekannt ist und Anhaltspunkte dafür vorliegen, dass sich das Kind im Inland befindet.

(2) Soweit zur Ermittlung des Aufenthalts des Kindes oder zur Feststellung eines früheren oder des gegenwärtigen gewöhnlichen Aufenthalts des Kindes erforderlich, darf die Zentrale Behörde im automatisierten Abrufverfahren nach § 38 des Bundesmeldegesetzes über die in § 38 Absatz 1 des Bundesmeldegesetzes aufgeführten Daten hinaus folgende Daten abrufen:

---

[1] Auszugsweise abgedruckt unter Nr. **6**.

1. derzeitige Staatsangehörigkeiten,
2. frühere Anschriften, gekennzeichnet nach Haupt- und Nebenwohnung und
3. Einzugsdatum und Auszugsdatum.

(3) Soweit zur Ermittlung des Aufenthalts des Kindes erforderlich, darf die Zentrale Behörde bei dem Kraftfahrt-Bundesamt erforderliche Halterdaten nach § 33 Abs. 1 Satz 1 Nr. 2 des Straßenverkehrsgesetzes erheben und die Leistungsträger im Sinne der §§ 18 bis 29 des Ersten Buches Sozialgesetzbuch um Mitteilung des derzeitigen Aufenthalts einer Person ersuchen.

(4) [1] Unter den Voraussetzungen des Absatzes 1 kann die Zentrale Behörde die Ausschreibung zur Aufenthaltsermittlung durch das Bundeskriminalamt veranlassen. [2] Sie kann auch die Speicherung eines Suchvermerks im Zentralregister veranlassen.

(5) Soweit andere Stellen eingeschaltet werden, übermittelt sie ihnen die zur Durchführung der Maßnahmen erforderlichen personenbezogenen Daten; diese dürfen nur für den Zweck verwendet werden, für den sie übermittelt worden sind.

§ 8 Anrufung des Oberlandesgerichts. (1) Nimmt die Zentrale Behörde einen Antrag nicht an oder lehnt sie es ab, tätig zu werden, so kann die Entscheidung des Oberlandesgerichts beantragt werden.

(2) Zuständig ist das Oberlandesgericht, in dessen Bezirk die Zentrale Behörde ihren Sitz hat.

(3) [1] Das Oberlandesgericht entscheidet im Verfahren der freiwilligen Gerichtsbarkeit. [2] § 14 Abs. 1 und 2 sowie die Abschnitte 4 und 5 des Buches 1 des Gesetzes über das Verfahren in Familiensachen und in den Angelegenheiten der freiwilligen Gerichtsbarkeit gelten entsprechend.

§ 9 Mitwirkung des Jugendamts an Verfahren. (1) [1] Unbeschadet der Aufgaben des Jugendamts bei der grenzüberschreitenden Zusammenarbeit unterstützt das Jugendamt die Gerichte und die Zentrale Behörde bei allen Maßnahmen nach diesem Gesetz. [2] Insbesondere

1. gibt es auf Anfrage Auskunft über die soziale Lage des Kindes und seines Umfelds,
2. unterstützt es in jeder Lage eine gütliche Einigung,
3. leistet es in geeigneten Fällen Unterstützung bei der Durchführung des Verfahrens, auch bei der Sicherung des Aufenthalts des Kindes,
4. leistet es in geeigneten Fällen Unterstützung bei der Ausübung des Rechts zum persönlichen Umgang, der Heraus- oder Rückgabe des Kindes sowie der Vollstreckung gerichtlicher Entscheidungen.

(2) [1] Zuständig ist das Jugendamt, in dessen Bereich sich das Kind gewöhnlich aufhält. [2] Solange die Zentrale Behörde oder ein Gericht mit einem Herausgabe- oder Rückgabeantrag oder dessen Vollstreckung befasst ist, oder wenn das Kind keinen gewöhnlichen Aufenthalt im Inland hat, oder das zuständige Jugendamt nicht tätig wird, ist das Jugendamt zuständig, in dessen Bereich sich das Kind tatsächlich aufhält. [3] In den Fällen des Artikels 35 Absatz 2 Satz 1 des Haager Kinderschutzübereinkommens ist das Jugendamt örtlich

zuständig, in dessen Bezirk der antragstellende Elternteil seinen gewöhnlichen Aufenthalt hat.

(3) Das Gericht unterrichtet das zuständige Jugendamt über Entscheidungen nach diesem Gesetz auch dann, wenn das Jugendamt am Verfahren nicht beteiligt war.

Abschnitt 3. Gerichtliche Zuständigkeit und Zuständigkeitskonzentration

§ 10 Örtliche Zuständigkeit für die Anerkennung und Vollstreckung. Örtlich ausschließlich zuständig für Verfahren nach

– Artikel 21 Abs. 3 und Artikel 48 Abs. 1 der Verordnung (EG) Nr. 2201/2003[1)] sowie für die Zwangsvollstreckung nach den Artikeln 41 und 42 der Verordnung (EG) Nr. 2201/2003,
– den Artikeln 24 und 26 des Haager Kinderschutzübereinkommens,
– dem Europäischen Sorgerechtsübereinkommen

ist das Familiengericht, in dessen Zuständigkeitsbereich zum Zeitpunkt der Antragstellung

1. die Person, gegen die sich der Antrag richtet, oder das Kind, auf das sich die Entscheidung bezieht, sich gewöhnlich aufhält oder
2. bei Fehlen einer Zuständigkeit nach Nummer 1 das Interesse an der Feststellung hervortritt oder das Bedürfnis der Fürsorge besteht,
3. sonst das im Bezirk des Kammergerichts zur Entscheidung berufene Gericht.

§ 11 Örtliche Zuständigkeit nach dem Haager Kindesentführungsübereinkommen. Örtlich zuständig für Verfahren nach dem Haager Kindesentführungsübereinkommen ist das Familiengericht, in dessen Zuständigkeitsbereich

1. sich das Kind beim Eingang des Antrags bei der Zentralen Behörde aufgehalten hat oder
2. bei Fehlen einer Zuständigkeit nach Nummer 1 das Bedürfnis der Fürsorge besteht.

§ 12 Zuständigkeitskonzentration. (1) In Verfahren über eine in den §§ 10 und 11 bezeichnete Sache sowie in Verfahren über die Vollstreckbarerklärung nach Artikel 28 der Verordnung (EG) Nr. 2201/2003[1)] entscheidet das Familiengericht, in dessen Bezirk ein Oberlandesgericht seinen Sitz hat, für den Bezirk dieses Oberlandesgerichts.

(2) Im Bezirk des Kammergerichts entscheidet das Familiengericht Pankow/Weißensee.

(3) [1] Die Landesregierungen werden ermächtigt, diese Zuständigkeit durch Rechtsverordnung einem anderen Familiengericht des Oberlandesgerichtsbezirks oder, wenn in einem Land mehrere Oberlandesgerichte errichtet sind, einem Familiengericht für die Bezirke aller oder mehrerer Oberlandesgerichte

---

[1)] Nr. **6**.

zuzuweisen. [2]Sie können die Ermächtigung auf die Landesjustizverwaltungen übertragen.

§ 13 Zuständigkeitskonzentration für andere Familiensachen.

(1) [1]Das Familiengericht, bei dem eine in den §§ 10 bis 12 bezeichnete Sache anhängig wird, ist von diesem Zeitpunkt an ungeachtet des § 137 Abs. 1 und 3 des Gesetzes über das Verfahren in Familiensachen und in den Angelegenheiten der freiwilligen Gerichtsbarkeit für alle dasselbe Kind betreffenden Familiensachen nach § 151 Nr. 1 bis 3 des Gesetzes über das Verfahren in Familiensachen und in den Angelegenheiten der freiwilligen Gerichtsbarkeit einschließlich der Verfügungen nach § 44 und den §§ 35 und 89 bis 94 des Gesetzes über das Verfahren in Familiensachen und in den Angelegenheiten der freiwilligen Gerichtsbarkeit zuständig. [2]Die Zuständigkeit nach Satz 1 tritt nicht ein, wenn der Antrag offensichtlich unzulässig ist. [3]Sie entfällt, sobald das angegangene Gericht auf Grund unanfechtbarer Entscheidung unzuständig ist; Verfahren, für die dieses Gericht hiernach seine Zuständigkeit verliert, sind nach näherer Maßgabe des § 281 Abs. 2 und 3 Satz 1 der Zivilprozessordnung von Amts wegen an das zuständige Gericht abzugeben.

(2) Bei dem Familiengericht, das in dem Oberlandesgerichtsbezirk, in dem sich das Kind gewöhnlich aufhält, für Anträge der in Absatz 1 Satz 1 genannten Art zuständig ist, kann auch eine andere Familiensache nach § 151 Nr. 1 bis 3 des Gesetzes über das Verfahren in Familiensachen und in den Angelegenheiten der freiwilligen Gerichtsbarkeit anhängig gemacht werden, wenn ein Elternteil seinen gewöhnlichen Aufenthalt in einem anderen Mitgliedstaat der Europäischen Union oder in einem anderen Vertragsstaat des Haager Kinderschutzübereinkommens, des Haager Kindesentführungsübereinkommens oder des Europäischen Sorgerechtsübereinkommens hat.

(3) [1]Im Falle des Absatzes 1 Satz 1 hat ein anderes Familiengericht, bei dem eine dasselbe Kind betreffende Familiensache nach § 151 Nr. 1 bis 3 des Gesetzes über das Verfahren in Familiensachen und in den Angelegenheiten der freiwilligen Gerichtsbarkeit im ersten Rechtszug anhängig ist oder anhängig wird, dieses Verfahren von Amts wegen an das nach Absatz 1 Satz 1 zuständige Gericht abzugeben. [2]Auf übereinstimmenden Antrag beider Elternteile sind andere Familiensachen, an denen diese beteiligt sind, an das nach Absatz 1 oder Absatz 2 zuständige Gericht abzugeben. [3]§ 281 Abs. 2 Satz 1 bis 3 und Abs. 3 Satz 1 der Zivilprozessordnung gilt entsprechend.

(4) [1]Das Familiengericht, das gemäß Absatz 1 oder Absatz 2 zuständig oder an das die Sache gemäß Absatz 3 abgegeben worden ist, kann diese aus wichtigen Gründen an das nach den allgemeinen Vorschriften zuständige Familiengericht abgeben oder zurückgeben, soweit dies nicht zu einer erheblichen Verzögerung des Verfahrens führt. [2]Als wichtiger Grund ist es in der Regel anzusehen, wenn die besondere Sachkunde des erstgenannten Gerichts für das Verfahren nicht oder nicht mehr benötigt wird. [3]§ 281 Abs. 2 und 3 Satz 1 der Zivilprozessordnung gilt entsprechend. [4]Die Ablehnung einer Abgabe nach Satz 1 ist unanfechtbar.

(5) §§ 4 und 5 Abs. 1 Nr. 5, Abs. 2 und 3 des Gesetzes über das Verfahren in Familiensachen und in den Angelegenheiten der freiwilligen Gerichtsbarkeit bleibt unberührt.

§ 13a Verfahren bei grenzüberschreitender Abgabe. (1) [1]Ersucht das Familiengericht das Gericht eines anderen Vertragsstaats nach Artikel 8 des Haager Kinderschutzübereinkommens um Übernahme der Zuständigkeit, so setzt es eine Frist, innerhalb derer das ausländische Gericht die Übernahme der Zuständigkeit mitteilen kann. [2]Setzt das Familiengericht das Verfahren nach Artikel 8 des Haager Kinderschutzübereinkommens aus, setzt es den Parteien eine Frist, innerhalb derer das ausländische Gericht anzurufen ist. [3]Ist die Frist nach Satz 1 abgelaufen, ohne dass das ausländische Gericht die Übernahme der Zuständigkeit mitgeteilt hat, so ist in der Regel davon auszugehen, dass das ersuchte Gericht die Übernahme der Zuständigkeit ablehnt. [4]Ist die Frist nach Satz 2 abgelaufen, ohne dass eine Partei das ausländische Gericht angerufen hat, bleibt es bei der Zuständigkeit des Familiengerichts. [5]Das Gericht des ersuchten Staates und die Parteien sind auf diese Rechtsfolgen hinzuweisen.

(2) Ersucht ein Gericht eines anderen Vertragsstaats das Familiengericht nach Artikel 8 des Haager Kinderschutzübereinkommens um Übernahme der Zuständigkeit oder ruft eine Partei das Familiengericht nach dieser Vorschrift an, so kann das Familiengericht die Zuständigkeit innerhalb von sechs Wochen übernehmen.

(3) Die Absätze 1 und 2 sind auf Anträge, Ersuchen und Entscheidungen nach Artikel 9 des Haager Kinderschutzübereinkommens entsprechend anzuwenden.

(4) [1]Der Beschluss des Familiengerichts,

1. das ausländische Gericht nach Absatz 1 Satz 1 oder nach Artikel 15 Absatz 1 Buchstabe b der Verordnung (EG) Nr. 2201/2003[1)] um Übernahme der Zuständigkeit zu ersuchen,
2. das Verfahren nach Absatz 1 Satz 2 oder nach Artikel 15 Absatz 1 Buchstabe a der Verordnung (EG) Nr. 2201/2003 auszusetzen,
3. das zuständige ausländische Gericht nach Artikel 9 des Kinderschutzübereinkommens oder nach Artikel 15 Absatz 2 Buchstabe c der Verordnung (EG) Nr. 2201/2003 um Abgabe der Zuständigkeit zu ersuchen,
4. die Parteien einzuladen, bei dem zuständigen ausländischen Gericht nach Artikel 9 des Haager Kinderschutzübereinkommens die Abgabe der Zuständigkeit an das Familiengericht zu beantragen, oder
5. die Zuständigkeit auf Ersuchen eines ausländischen Gerichts oder auf Antrag der Parteien nach Artikel 9 des Haager Kinderschutzübereinkommens an das ausländische Gericht abzugeben,

ist mit der sofortigen Beschwerde in entsprechender Anwendung der §§ 567 bis 572 der Zivilprozessordnung[2)] anfechtbar. [2]Die Rechtsbeschwerde ist ausgeschlossen. [3]Die in Satz 1 genannten Beschlüsse werden erst mit ihrer Rechtskraft wirksam. [4]Hierauf ist in dem Beschluss hinzuweisen.

(5) Im Übrigen sind Beschlüsse nach den Artikeln 8 und 9 des Haager Kinderschutzübereinkommens und nach Artikel 15 der Verordnung (EG) Nr. 2201/2003 unanfechtbar.

(6) [1]Parteien im Sinne dieser Vorschrift sowie der Artikel 8 und 9 des Haager Kinderschutzübereinkommens und des Artikels 15 der Verordnung

---

[1)] Nr. **6**.
[2)] Nr. **1**.

(EG) Nr. 2201/2003 sind die in § 7 Absatz 1 und 2 Nummer 1 des Gesetzes über das Verfahren in Familiensachen und in den Angelegenheiten der freiwilligen Gerichtsbarkeit genannten Beteiligten. ²Die Vorschriften über die Hinzuziehung weiterer Beteiligter bleiben unberührt.

Abschnitt 4. Allgemeine gerichtliche Verfahrensvorschriften

§ 14 Familiengerichtliches Verfahren. Soweit nicht anders bestimmt, entscheidet das Familiengericht

1. über eine in den §§ 10 und 12 bezeichnete Ehesache nach den hierfür geltenden Vorschriften des Gesetzes über das Verfahren in Familiensachen und in den Angelegenheiten der freiwilligen Gerichtsbarkeit,
2. über die übrigen in den §§ 10, 11, 12 und 47 bezeichneten Angelegenheiten als Familiensachen im Verfahren der freiwilligen Gerichtsbarkeit.

§ 15 Einstweilige Anordnungen. Das Gericht kann auf Antrag oder von Amts wegen einstweilige Anordnungen treffen, um Gefahren von dem Kind abzuwenden oder eine Beeinträchtigung der Interessen der Beteiligten zu vermeiden, insbesondere um den Aufenthaltsort des Kindes während des Verfahrens zu sichern oder eine Vereitelung oder Erschwerung der Rückgabe zu verhindern; Abschnitt 4 des Buches 1 des Gesetzes über das Verfahren in Familiensachen und in den Angelegenheiten der freiwilligen Gerichtsbarkeit gilt entsprechend.

Abschnitt 5. Zulassung der Zwangsvollstreckung, Anerkennungsfeststellung und Wiederherstellung des Sorgeverhältnisses

Unterabschnitt 1. Zulassung der Zwangsvollstreckung im ersten Rechtszug

§ 16 Antragstellung. (1) Mit Ausnahme der in den Artikeln 41 und 42 der Verordnung (EG) Nr. 2201/2003[1] aufgeführten Titel wird der in einem anderen Staat vollstreckbare Titel dadurch zur Zwangsvollstreckung zugelassen, dass er auf Antrag mit der Vollstreckungsklausel versehen wird.

(2) Der Antrag auf Erteilung der Vollstreckungsklausel kann bei dem zuständigen Familiengericht schriftlich eingereicht oder mündlich zu Protokoll der Geschäftsstelle erklärt werden.

(3) Ist der Antrag entgegen § 184 des Gerichtsverfassungsgesetzes[2] nicht in deutscher Sprache abgefasst, so kann das Gericht der antragstellenden Person aufgeben, eine Übersetzung des Antrags beizubringen, deren Richtigkeit von einer

1. in einem Mitgliedstaat der Europäischen Union oder
2. in einem anderen Vertragsstaat eines auszuführenden Übereinkommens

hierzu befugten Person bestätigt worden ist.

---

[1] Nr. **6**.
[2] Nr. **3**.

§ 17 Zustellungsbevollmächtigter. (1) Hat die antragstellende Person in dem Antrag keinen Zustellungsbevollmächtigten im Sinne des § 184 Abs. 1 Satz 1 der Zivilprozessordnung[1)] benannt, so können bis zur nachträglichen Benennung alle Zustellungen an sie durch Aufgabe zur Post (§ 184 Abs. 1 Satz 2, Abs. 2 der Zivilprozessordnung) bewirkt werden.

(2) Absatz 1 gilt nicht, wenn die antragstellende Person einen Verfahrensbevollmächtigten für das Verfahren bestellt hat, an den im Inland zugestellt werden kann.

§ 18 Einseitiges Verfahren. (1) [1] Im Anwendungsbereich der Verordnung (EG) Nr. 2201/2003[2)] und des Haager Kinderschutzübereinkommens erhält im erstinstanzlichen Verfahren auf Zulassung der Zwangsvollstreckung nur die antragstellende Person Gelegenheit, sich zu äußern. [2] Die Entscheidung ergeht ohne mündliche Verhandlung. [3] Jedoch kann eine mündliche Erörterung mit der antragstellenden oder einer von ihr bevollmächtigten Person stattfinden, wenn diese hiermit einverstanden ist und die Erörterung der Beschleunigung dient.

(2) Abweichend von § 114 Absatz 1 des Gesetzes über das Verfahren in Familiensachen und in den Angelegenheiten der freiwilligen Gerichtsbarkeit ist in Ehesachen im ersten Rechtszug eine anwaltliche Vertretung nicht erforderlich.

§ 19 Besondere Regelungen zum Europäischen Sorgerechtsübereinkommen. Die Vollstreckbarerklärung eines Titels aus einem anderen Vertragsstaat des Europäischen Sorgerechtsübereinkommens ist auch in den Fällen der Artikel 8 und 9 des Übereinkommens ausgeschlossen, wenn die Voraussetzungen des Artikels 10 Abs. 1 Buchstabe a oder b des Übereinkommens vorliegen, insbesondere wenn die Wirkungen des Titels mit den Grundrechten des Kindes oder eines Sorgeberechtigten unvereinbar wären.

§ 20 Entscheidung. (1) [1] Ist die Zwangsvollstreckung aus dem Titel zuzulassen, so beschließt das Gericht, dass der Titel mit der Vollstreckungsklausel zu versehen ist. [2] In dem Beschluss ist die zu vollstreckende Verpflichtung in deutscher Sprache wiederzugeben. [3] Zur Begründung des Beschlusses genügt in der Regel die Bezugnahme auf die Verordnung (EG) Nr. 2201/2003[2)] oder den auszuführenden Anerkennungs- und Vollstreckungsvertrag sowie auf die von der antragstellenden Person vorgelegten Urkunden.

(2) Auf die Kosten des Verfahrens ist § 81 des Gesetzes über das Verfahren in Familiensachen und in den Angelegenheiten der freiwilligen Gerichtsbarkeit entsprechend anzuwenden; in Ehesachen gilt § 788 der Zivilprozessordnung[1)] entsprechend.

(3) [1] Ist der Antrag nicht zulässig oder nicht begründet, so lehnt ihn das Gericht durch mit Gründen versehenen Beschluss ab. [2] Für die Kosten gilt Absatz 2; in Ehesachen sind die Kosten dem Antragsteller aufzuerlegen.

§ 21 Bekanntmachung der Entscheidung. (1) [1] Im Falle des § 20 Abs. 1 sind der verpflichteten Person eine beglaubigte Abschrift des Beschlusses, eine

---

[1)] Nr. **1**.
[2)] Auszugsweise abgedruckt unter Nr. **6**.

beglaubigte Abschrift des noch nicht mit der Vollstreckungsklausel versehenen Titels und gegebenenfalls seiner Übersetzung sowie der gemäß § 20 Abs. 1 Satz 3 in Bezug genommenen Urkunden von Amts wegen zuzustellen. [2] Ein Beschluss nach § 20 Abs. 3 ist der verpflichteten Person formlos mitzuteilen.

(2) [1] Der antragstellenden Person sind eine beglaubigte Abschrift des Beschlusses nach § 20, im Falle des § 20 Abs. 1 ferner eine Bescheinigung über die bewirkte Zustellung zu übersenden. [2] Die mit der Vollstreckungsklausel versehene Ausfertigung des Titels ist der antragstellenden Person erst dann zu übersenden, wenn der Beschluss nach § 20 Abs. 1 wirksam geworden und die Vollstreckungsklausel erteilt ist.

(3) In einem Verfahren, das die Vollstreckbarerklärung einer die elterliche Verantwortung betreffenden Entscheidung zum Gegenstand hat, sind Zustellungen auch an den gesetzlichen Vertreter des Kindes, an den Vertreter des Kindes im Verfahren, an das Kind selbst, soweit es das 14. Lebensjahr vollendet hat, an einen Elternteil, der nicht am Verfahren beteiligt war, sowie an das Jugendamt zu bewirken.

(4) Handelt es sich bei der für vollstreckbar erklärten Maßnahme um eine Unterbringung, so ist der Beschluss auch dem Leiter der Einrichtung oder der Pflegefamilie bekannt zu machen, in der das Kind untergebracht werden soll.

§ 22 Wirksamwerden der Entscheidung. (1) [1] Der Beschluss nach § 20 wird erst mit Rechtskraft wirksam. [2] Hierauf ist in dem Beschluss hinzuweisen.

(2) [1] Absatz 1 gilt nicht für den Beschluss, mit dem eine Entscheidung über die freiheitsentziehende Unterbringung eines Kindes nach Artikel 56 der Verordnung (EG) Nr. 2201/2003[1)] für vollstreckbar erklärt wird. [2] In diesem Fall hat das Gericht die sofortige Wirksamkeit des Beschlusses anzuordnen. [3] § 324 Absatz 2 Satz 2 Nummer 3 und Satz 3 des Gesetzes über das Verfahren in Familiensachen und in Angelegenheiten der freiwilligen Gerichtsbarkeit gilt entsprechend.

§ 23 Vollstreckungsklausel. (1) Auf Grund eines wirksamen Beschlusses nach § 20 Abs. 1 erteilt der Urkundsbeamte der Geschäftsstelle die Vollstreckungsklausel in folgender Form:
„Vollstreckungsklausel nach § 23 des Internationalen Familienrechtsverfahrensgesetzes vom 26. Januar 2005 (BGBl. I S. 162). Gemäß dem Beschluss des … (Bezeichnung des Gerichts und des Beschlusses) ist die Zwangsvollstreckung aus … (Bezeichnung des Titels) zugunsten … (Bezeichnung der berechtigten Person) gegen … (Bezeichnung der verpflichteten Person) zulässig.
Die zu vollstreckende Verpflichtung lautet:
… (Angabe der aus dem ausländischen Titel der verpflichteten Person obliegenden Verpflichtung in deutscher Sprache; aus dem Beschluss nach § 20 Abs. 1 zu übernehmen)."

(2) Wird die Zwangsvollstreckung nur für einen oder mehrere der durch den ausländischen Titel zuerkannten oder in einem anderen ausländischen Titel niedergelegten Ansprüche oder nur für einen Teil des Gegenstands der Verpflichtung zugelassen, so ist die Vollstreckungsklausel als „Teil-Vollstreckungs-

---

[1)] Nr. **6**.

klausel nach § 23 des Internationalen Familienrechtsverfahrensgesetzes vom 26. Januar 2005 (BGBl. I S. 162)" zu bezeichnen.

(3) [1] Die Vollstreckungsklausel ist von dem Urkundsbeamten der Geschäftsstelle zu unterschreiben und mit dem Gerichtssiegel zu versehen. [2] Sie ist entweder auf die Ausfertigung des Titels oder auf ein damit zu verbindendes Blatt zu setzen. [3] Falls eine Übersetzung des Titels vorliegt, ist sie mit der Ausfertigung zu verbinden.

Unterabschnitt 2. Beschwerde

§ 24 Einlegung der Beschwerde; Beschwerdefrist. (1) [1] Gegen die im ersten Rechtszug ergangene Entscheidung findet die Beschwerde zum Oberlandesgericht statt. [2] Die Beschwerde wird bei dem Oberlandesgericht durch Einreichen einer Beschwerdeschrift oder durch Erklärung zu Protokoll der Geschäftsstelle eingelegt.

(2) Die Zulässigkeit der Beschwerde wird nicht dadurch berührt, dass sie statt bei dem Oberlandesgericht bei dem Gericht des ersten Rechtszugs eingelegt wird; die Beschwerde ist unverzüglich von Amts wegen an das Oberlandesgericht abzugeben.

(3) Die Beschwerde gegen die Zulassung der Zwangsvollstreckung ist einzulegen

1. innerhalb eines Monats nach Zustellung, wenn die beschwerdeberechtigte Person ihren gewöhnlichen Aufenthalt im Inland hat;
2. innerhalb von zwei Monaten nach Zustellung, wenn die beschwerdeberechtigte Person ihren gewöhnlichen Aufenthalt im Ausland hat. Die Frist beginnt mit dem Tag, an dem die Vollstreckbarerklärung der beschwerdeberechtigten Person entweder persönlich oder in ihrer Wohnung zugestellt worden ist. Eine Verlängerung dieser Frist wegen weiter Entfernung ist ausgeschlossen.

(4) Die Beschwerdefrist ist eine Notfrist.

(5) Die Beschwerde ist dem Beschwerdegegner von Amts wegen zuzustellen.

(6) Im Fall des § 22 Absatz 2 kann das Beschwerdegericht durch Beschluss die Vollstreckung des angefochtenen Beschlusses einstweilen einstellen.

§ 25 Einwendungen gegen den zu vollstreckenden Anspruch. Die verpflichtete Person kann mit der Beschwerde gegen die Zulassung der Zwangsvollstreckung aus einem Titel über die Erstattung von Verfahrenskosten auch Einwendungen gegen den Anspruch selbst insoweit geltend machen, als die Gründe, auf denen sie beruhen, erst nach Erlass des Titels entstanden sind.

§ 26 Verfahren und Entscheidung über die Beschwerde. (1) Der Senat des Oberlandesgerichts entscheidet durch Beschluss, der mit Gründen zu versehen ist und ohne mündliche Verhandlung ergehen kann.

(2) [1] Solange eine mündliche Verhandlung nicht angeordnet ist, können zu Protokoll der Geschäftsstelle Anträge gestellt und Erklärungen abgegeben wer-

den. [2]Wird in einer Ehesache die mündliche Verhandlung angeordnet, so gilt für die Ladung § 215 der Zivilprozessordnung[1)].

(3) Eine vollständige Ausfertigung des Beschlusses ist den Beteiligten auch dann von Amts wegen zuzustellen, wenn der Beschluss verkündet worden ist.

(4) § 20 Abs. 1 Satz 2, Abs. 2 und 3, § 21 Abs. 1, 2 und 4 sowie § 23 gelten entsprechend.

§ 27 Anordnung der sofortigen Wirksamkeit. (1) [1]Der Beschluss des Oberlandesgerichts nach § 26 wird erst mit seiner Rechtskraft wirksam. [2]Hierauf ist in dem Beschluss hinzuweisen.

(2) Das Oberlandesgericht kann in Verbindung mit der Entscheidung über die Beschwerde die sofortige Wirksamkeit eines Beschlusses anordnen.

Unterabschnitt 3. Rechtsbeschwerde

§ 28 Statthaftigkeit der Rechtsbeschwerde. Gegen den Beschluss des Oberlandesgerichts findet die Rechtsbeschwerde zum Bundesgerichtshof nach Maßgabe des § 574 Abs. 1 Nr. 1, Abs. 2 der Zivilprozessordnung[1)] statt.

§ 29 Einlegung und Begründung der Rechtsbeschwerde. [1]§ 575 Abs. 1 bis 4 der Zivilprozessordnung[1)] ist entsprechend anzuwenden. [2]Soweit die Rechtsbeschwerde darauf gestützt wird, dass das Oberlandesgericht von einer Entscheidung des Gerichtshofs der Europäischen Gemeinschaften abgewichen sei, muss die Entscheidung, von der der angefochtene Beschluss abweicht, bezeichnet werden.

§ 30 Verfahren und Entscheidung über die Rechtsbeschwerde.

(1) [1]Der Bundesgerichtshof kann nur überprüfen, ob der Beschluss auf einer Verletzung des Rechts der Europäischen Gemeinschaft, eines Anerkennungs- und Vollstreckungsvertrags, sonstigen Bundesrechts oder einer anderen Vorschrift beruht, deren Geltungsbereich sich über den Bezirk eines Oberlandesgerichts hinaus erstreckt. [2]Er darf nicht prüfen, ob das Gericht seine örtliche Zuständigkeit zu Unrecht angenommen hat.

(2) [1]Der Bundesgerichtshof kann über die Rechtsbeschwerde ohne mündliche Verhandlung entscheiden. [2]§ 574 Abs. 4, § 576 Abs. 3 und § 577 der Zivilprozessordnung[1)] sind entsprechend anzuwenden; in Angelegenheiten der freiwilligen Gerichtsbarkeit bleiben § 574 Abs. 4 und § 577 Abs. 2 Satz 1 bis 3 der Zivilprozessordnung sowie die Verweisung auf § 556 in § 576 Abs. 3 der Zivilprozessordnung außer Betracht.

(3) § 20 Abs. 1 Satz 2, Abs. 2 und 3, § 21 Abs. 1, 2 und 4 sowie § 23 gelten entsprechend.

§ 31 Anordnung der sofortigen Wirksamkeit. Der Bundesgerichtshof kann auf Antrag der verpflichteten Person eine Anordnung nach § 27 Abs. 2 aufheben oder auf Antrag der berechtigten Person erstmals eine Anordnung nach § 27 Abs. 2 treffen.

[1)] Nr. 1.

Unterabschnitt 4. Feststellung der Anerkennung

§ 32 Anerkennungsfeststellung. [1] Auf das Verfahren über einen gesonderten Feststellungsantrag nach Artikel 21 Absatz 3 der Verordnung (EG) Nr. 2201/2003[1)], nach Artikel 24 des Haager Kinderschutzübereinkommens oder nach dem Europäischen Sorgerechtsübereinkommen, einen Titel aus einem anderen Staat anzuerkennen oder nicht anzuerkennen, sind die Unterabschnitte 1 bis 3 entsprechend anzuwenden. [2] § 18 Absatz 1 Satz 1 ist nicht anzuwenden, wenn die antragstellende Person die Feststellung begehrt, dass ein Titel aus einem anderen Staat nicht anzuerkennen ist. [3] § 18 Absatz 1 Satz 3 ist in diesem Falle mit der Maßgabe anzuwenden, dass die mündliche Erörterung auch mit weiteren Beteiligten stattfinden kann.

Unterabschnitt 5. Wiederherstellung des Sorgeverhältnisses

§ 33 Anordnung auf Herausgabe des Kindes. (1) Umfasst ein vollstreckungsfähiger Titel im Anwendungsbereich der Verordnung (EG) Nr. 2201/2003[2)], des Haager Kinderschutzübereinkommens oder des Europäischen Sorgerechtsübereinkommens nach dem Recht des Staates, in dem er geschaffen wurde, das Recht auf Herausgabe des Kindes, so kann das Familiengericht die Herausgabeanordnung in der Vollstreckungsklausel oder in einer nach § 44 getroffenen Anordnung klarstellend aufnehmen.

(2) Liegt im Anwendungsbereich des Europäischen Sorgerechtsübereinkommens ein vollstreckungsfähiger Titel auf Herausgabe des Kindes nicht vor, so stellt das Gericht nach § 32 fest, dass die Sorgerechtsentscheidung oder die von der zuständigen Behörde genehmigte Sorgerechtsvereinbarung aus dem anderen Vertragsstaat anzuerkennen ist, und ordnet zur Wiederherstellung des Sorgeverhältnisses auf Antrag an, dass die verpflichtete Person das Kind herauszugeben hat.

Unterabschnitt 6. Aufhebung oder Änderung von Beschlüssen

§ 34 Verfahren auf Aufhebung oder Änderung. (1) [1] Wird der Titel in dem Staat, in dem er errichtet worden ist, aufgehoben oder abgeändert und kann die verpflichtete Person diese Tatsache in dem Verfahren der Zulassung der Zwangsvollstreckung nicht mehr geltend machen, so kann sie die Aufhebung oder Änderung der Zulassung in einem besonderen Verfahren beantragen. [2] Das Gleiche gilt für den Fall der Aufhebung oder Änderung von Entscheidungen, Vereinbarungen oder öffentlichen Urkunden, deren Anerkennung festgestellt ist.

(2) Für die Entscheidung über den Antrag ist das Familiengericht ausschließlich zuständig, das im ersten Rechtszug über den Antrag auf Erteilung der Vollstreckungsklausel oder auf Feststellung der Anerkennung entschieden hat.

(3) [1] Der Antrag kann bei dem Gericht schriftlich oder durch Erklärung zu Protokoll der Geschäftsstelle gestellt werden. [2] Die Entscheidung ergeht durch Beschluss.

(4) Auf die Beschwerde finden die Unterabschnitte 2 und 3 entsprechend Anwendung.

[1)] Nr. **6**.

[2)] Auszugsweise abgedruckt unter Nr. **6**.

(5) [1] Im Falle eines Titels über die Erstattung von Verfahrenskosten sind für die Einstellung der Zwangsvollstreckung und die Aufhebung bereits getroffener Vollstreckungsmaßregeln die §§ 769 und 770 der Zivilprozessordnung[1)] entsprechend anzuwenden. [2] Die Aufhebung einer Vollstreckungsmaßregel ist auch ohne Sicherheitsleistung zulässig.

§ 35 Schadensersatz wegen ungerechtfertigter Vollstreckung. (1) [1] Wird die Zulassung der Zwangsvollstreckung aus einem Titel über die Erstattung von Verfahrenskosten auf die Rechtsbeschwerde aufgehoben oder abgeändert, so ist die berechtigte Person zum Ersatz des Schadens verpflichtet, welcher der verpflichteten Person durch die Vollstreckung des Titels oder durch eine Leistung zur Abwendung der Vollstreckung entstanden ist. [2] Das Gleiche gilt, wenn die Zulassung der Zwangsvollstreckung nach § 34 aufgehoben oder abgeändert wird, sofern der zur Zwangsvollstreckung zugelassene Titel zum Zeitpunkt der Zulassung nach dem Recht des Staates, in dem er ergangen ist, noch mit einem ordentlichen Rechtsbehelf angefochten werden konnte.

(2) Für die Geltendmachung des Anspruchs ist das Gericht ausschließlich zuständig, das im ersten Rechtszug über den Antrag, den Titel mit der Vollstreckungsklausel zu versehen, entschieden hat.

Unterabschnitt 7. Vollstreckungsabwehrklage

§ 36 Vollstreckungsabwehrklage bei Titeln über Verfahrenskosten.

(1) Ist die Zwangsvollstreckung aus einem Titel über die Erstattung von Verfahrenskosten zugelassen, so kann die verpflichtete Person Einwendungen gegen den Anspruch selbst in einem Verfahren nach § 767 der Zivilprozessordnung[1)] nur geltend machen, wenn die Gründe, auf denen ihre Einwendungen beruhen, erst

1. nach Ablauf der Frist, innerhalb deren sie die Beschwerde hätte einlegen können, oder
2. falls die Beschwerde eingelegt worden ist, nach Beendigung dieses Verfahrens

entstanden sind.

(2) Die Klage nach § 767 der Zivilprozessordnung ist bei dem Gericht zu erheben, das über den Antrag auf Erteilung der Vollstreckungsklausel entschieden hat.

Abschnitt 6. Verfahren nach dem Haager Kindesentführungsübereinkommen

§ 37 Anwendbarkeit. Kommt im Einzelfall die Rückgabe des Kindes nach dem Haager Kindesentführungsübereinkommen und dem Europäischen Sorgerechtsübereinkommen in Betracht, so sind zunächst die Bestimmungen des Haager Kindesentführungsübereinkommens anzuwenden, sofern die antragstellende Person nicht ausdrücklich die Anwendung des Europäischen Sorgerechtsübereinkommen begehrt.

[1)] Nr. 1.

§ 38 Beschleunigtes Verfahren. (1) [1]Das Gericht hat das Verfahren auf Rückgabe eines Kindes in allen Rechtszügen vorrangig zu behandeln. [2]Mit Ausnahme von Artikel 12 Abs. 3 des Haager Kindesentführungsübereinkommens findet eine Aussetzung des Verfahrens nicht statt. [3]Das Gericht hat alle erforderlichen Maßnahmen zur Beschleunigung des Verfahrens zu treffen, insbesondere auch damit die Entscheidung in der Hauptsache binnen der in Artikel 11 Abs. 3 der Verordnung (EG) Nr. 2201/2003[1)] genannten Frist ergehen kann.

(2) Das Gericht prüft in jeder Lage des Verfahrens, ob das Recht zum persönlichen Umgang mit dem Kind gewährleistet werden kann.

(3) Die Beteiligten haben an der Aufklärung des Sachverhalts mitzuwirken, wie es einem auf Förderung und Beschleunigung des Verfahrens bedachten Vorgehen entspricht.

§ 39 Übermittlung von Entscheidungen. Wird eine inländische Entscheidung nach Artikel 11 Abs. 6 der Verordnung (EG) Nr. 2201/2003[1)] unmittelbar dem zuständigen Gericht oder der Zentralen Behörde im Ausland übermittelt, ist der Zentralen Behörde zur Erfüllung ihrer Aufgaben nach Artikel 7 des Haager Kindesentführungsübereinkommens eine Abschrift zu übersenden.

§ 40 Wirksamkeit der Entscheidung; Rechtsmittel. (1) Eine Entscheidung, die zur Rückgabe des Kindes in einen anderen Vertragsstaat verpflichtet, wird erst mit deren Rechtskraft wirksam.

(2) [1]Gegen eine im ersten Rechtszug ergangene Entscheidung findet die Beschwerde zum Oberlandesgericht nach Unterabschnitt 1 des Abschnitts 5 des Buches 1 des Gesetzes über das Verfahren in Familiensachen und in den Angelegenheiten der freiwilligen Gerichtsbarkeit statt; § 65 Abs. 2, § 68 Abs. 4 sowie § 69 Abs. 1 Satz 2 bis 4 jenes Gesetzes sind nicht anzuwenden. [2]Die Beschwerde ist innerhalb von zwei Wochen einzulegen und zu begründen. [3]Die Beschwerde gegen eine Entscheidung, die zur Rückgabe des Kindes verpflichtet, steht nur dem Antragsgegner, dem Kind, soweit es das 14. Lebensjahr vollendet hat, und dem beteiligten Jugendamt zu. [4]Eine Rechtsbeschwerde findet nicht statt.

(3) [1]Das Beschwerdegericht hat nach Eingang der Beschwerdeschrift unverzüglich zu prüfen, ob die sofortige Wirksamkeit der angefochtenen Entscheidung über die Rückgabe des Kindes anzuordnen ist. [2]Die sofortige Wirksamkeit soll angeordnet werden, wenn die Beschwerde offensichtlich unbegründet ist oder die Rückgabe des Kindes vor der Entscheidung über die Beschwerde unter Berücksichtigung der berechtigten Interessen der Beteiligten mit dem Wohl des Kindes zu vereinbaren ist. [3]Die Entscheidung über die sofortige Wirksamkeit kann während des Beschwerdeverfahrens abgeändert werden.

§ 41 Bescheinigung über Widerrechtlichkeit. [1]Über einen Antrag, die Widerrechtlichkeit des Verbringens oder des Zurückhaltens eines Kindes nach Artikel 15 Satz 1 des Haager Kindesentführungsübereinkommens festzustellen, entscheidet das Familiengericht,

---

[1)] Nr. **6**.

1. bei dem die Sorgerechtsangelegenheit oder Ehesache im ersten Rechtszug anhängig ist oder war, sonst
2. in dessen Bezirk das Kind seinen letzten gewöhnlichen Aufenthalt im Geltungsbereich dieses Gesetzes hatte, hilfsweise
3. in dessen Bezirk das Bedürfnis der Fürsorge auftritt.

[2] Die Entscheidung ist zu begründen.

§ 42 Einreichung von Anträgen bei dem Amtsgericht. (1) [1] Ein Antrag, der in einem anderen Vertragsstaat zu erledigen ist, kann auch bei dem Amtsgericht als Justizverwaltungsbehörde eingereicht werden, in dessen Bezirk die antragstellende Person ihren gewöhnlichen Aufenthalt oder, mangels eines solchen im Geltungsbereich dieses Gesetzes, ihren tatsächlichen Aufenthalt hat. [2] Das Gericht übermittelt den Antrag nach Prüfung der förmlichen Voraussetzungen unverzüglich der Zentralen Behörde, die ihn an den anderen Vertragsstaat weiterleitet.

(2) Für die Tätigkeit des Amtsgerichts und der Zentralen Behörde bei der Entgegennahme und Weiterleitung von Anträgen werden mit Ausnahme der Fälle nach § 5 Abs. 1 Kosten nicht erhoben.

§ 43 Verfahrenskosten- und Beratungshilfe. Abweichend von Artikel 26 Abs. 2 des Haager Kindesentführungsübereinkommens findet eine Befreiung von gerichtlichen und außergerichtlichen Kosten bei Verfahren nach diesem Übereinkommen nur nach Maßgabe der Vorschriften über die Beratungshilfe und Verfahrenskostenhilfe statt.

Abschnitt 7. Vollstreckung

§ 44 Ordnungsmittel; Vollstreckung von Amts wegen. (1) [1] Bei Zuwiderhandlung gegen einen im Inland zu vollstreckenden Titel nach Kapitel III der Verordnung (EG) Nr. 2201/2003[1)], nach dem Haager Kinderschutzübereinkommen, dem Haager Kindesentführungsübereinkommen oder dem Europäischen Sorgerechtsübereinkommen, der auf Herausgabe von Personen oder die Regelung des Umgangs gerichtet ist, soll das Gericht Ordnungsgeld und für den Fall, dass dieses nicht beigetrieben werden kann, Ordnungshaft anordnen. [2] Verspricht die Anordnung eines Ordnungsgeldes keinen Erfolg, soll das Gericht Ordnungshaft anordnen.

(2) Für die Vollstreckung eines in Absatz 1 genannten Titels ist das Oberlandesgericht zuständig, sofern es die Anordnung für vollstreckbar erklärt, erlassen oder bestätigt hat.

(3) [1] Ist ein Kind heraus- oder zurückzugeben, so hat das Gericht die Vollstreckung von Amts wegen durchzuführen, es sei denn, die Anordnung ist auf Herausgabe des Kindes zum Zweck des Umgangs gerichtet. [2] Auf Antrag der berechtigten Person soll das Gericht hiervon absehen.

[1)] Auszugsweise abgedruckt unter Nr. **6**.

Abschnitt 8. Grenzüberschreitende Unterbringung

§ 45 Zuständigkeit für die Zustimmung zu einer Unterbringung. [1] Zuständig für die Erteilung der Zustimmung zu einer Unterbringung eines Kindes nach Artikel 56 der Verordnung (EG) Nr. 2201/2003[1)] oder nach Artikel 33 des Haager Kinderschutzübereinkommens im Inland ist der überörtliche Träger der öffentlichen Jugendhilfe, in dessen Bereich das Kind nach dem Vorschlag der ersuchenden Stelle untergebracht werden soll, andernfalls der überörtliche Träger, zu dessen Bereich die Zentrale Behörde den engsten Bezug festgestellt hat. [2] Hilfsweise ist das Land Berlin zuständig.

§ 46 Konsultationsverfahren. (1) Dem Ersuchen soll in der Regel zugestimmt werden, wenn

1. die Durchführung der beabsichtigten Unterbringung im Inland dem Wohl des Kindes entspricht, insbesondere weil es eine besondere Bindung zum Inland hat,
2. die ausländische Stelle einen Bericht und, soweit erforderlich, ärztliche Zeugnisse oder Gutachten vorgelegt hat, aus denen sich die Gründe der beabsichtigten Unterbringung ergeben,
3. das Kind im ausländischen Verfahren angehört wurde, sofern eine Anhörung nicht auf Grund des Alters oder des Reifegrades des Kindes unangebracht erschien,
4. die Zustimmung der geeigneten Einrichtung oder Pflegefamilie vorliegt und der Vermittlung des Kindes dorthin keine Gründe entgegenstehen,
5. eine erforderliche ausländerrechtliche Genehmigung erteilt oder zugesagt wurde,
6. die Übernahme der Kosten geregelt ist.

(2) Im Falle einer Unterbringung, die mit Freiheitsentziehung verbunden ist, ist das Ersuchen ungeachtet der Voraussetzungen des Absatzes 1 abzulehnen, wenn

1. im ersuchenden Staat über die Unterbringung kein Gericht entscheidet oder
2. bei Zugrundelegung des mitgeteilten Sachverhalts nach innerstaatlichem Recht eine Unterbringung, die mit Freiheitsentziehung verbunden ist, nicht zulässig wäre.

(3) Die ausländische Stelle kann um ergänzende Informationen ersucht werden.

(4) Wird um die Unterbringung eines ausländischen Kindes ersucht, ist die Stellungnahme der Ausländerbehörde einzuholen.

(5) [1] Die zu begründende Entscheidung ist auch der Zentralen Behörde und der Einrichtung oder der Pflegefamilie, in der das Kind untergebracht werden soll, mitzuteilen. [2] Sie ist unanfechtbar.

§ 47 Genehmigung des Familiengerichts. (1) [1] Die Zustimmung des überörtlichen Trägers der öffentlichen Jugendhilfe nach den §§ 45 und 46 ist

---

[1)] Nr. **6**.

nur mit Genehmigung des Familiengerichts zulässig. [2]Das Gericht soll die Genehmigung in der Regel erteilen, wenn

1. die in § 46 Abs. 1 Nr. 1 bis 3 bezeichneten Voraussetzungen vorliegen und
2. kein Hindernis für die Anerkennung der beabsichtigten Unterbringung erkennbar ist.

[3]§ 46 Abs. 2 und 3 gilt entsprechend.

(2) [1]Örtlich zuständig ist das Familiengericht am Sitz des Oberlandesgerichts, in dessen Zuständigkeitsbereich das Kind untergebracht werden soll, für den Bezirk dieses Oberlandesgerichts. [2]§ 12 Abs. 2 und 3 gilt entsprechend.

(3) Der zu begründende Beschluss ist unanfechtbar.

Abschnitt 9. Bescheinigungen zu inländischen Entscheidungen nach der Verordnung (EG) Nr. 2201/2003

§ 48 Ausstellung von Bescheinigungen. (1) Die Bescheinigung nach Artikel 39 der Verordnung (EG) Nr. 2201/2003[1)] wird von dem Urkundsbeamten der Geschäftsstelle des Gerichts des ersten Rechtszugs und, wenn das Verfahren bei einem höheren Gericht anhängig ist, von dem Urkundsbeamten der Geschäftsstelle dieses Gerichts ausgestellt.

(2) Die Bescheinigung nach den Artikeln 41 und 42 der Verordnung (EG) Nr. 2201/2003 wird beim Gericht des ersten Rechtszugs von dem Familienrichter, in Verfahren vor dem Oberlandesgericht oder dem Bundesgerichtshof von dem Vorsitzenden des Senats für Familiensachen ausgestellt.

§ 49 Berichtigung von Bescheinigungen. Für die Berichtigung der Bescheinigung nach Artikel 43 Abs. 1 der Verordnung (EG) Nr. 2201/2003[1)] gilt § 319 der Zivilprozessordnung[2)] entsprechend.

Abschnitt 10. Verfahren nach dem Europäischen Adoptionsübereinkommen

§ 50 Verfahren der nationalen Behörde. Auf Anträge aus einem anderen Staat nach Artikel 15 des Europäischen Adoptionsübereinkommens finden § 4 Absatz 1, § 6 Absatz 1 und § 9 entsprechende Anwendung.

Abschnitt 11. Kosten

§§ 51–53 *(aufgehoben)*

§ 54 Übersetzungen. Die Höhe der Vergütung für die von der Zentralen Behörde veranlassten Übersetzungen richtet sich nach dem Justizvergütungs- und -entschädigungsgesetz[3)].

[1)] Nr. **6**.
[2)] Nr. **1**.
[3)] Nr. **11**.

Abschnitt 12. Übergangsvorschriften

§ 55 Übergangsvorschriften zu der Verordnung (EG) Nr. 2201/2003[1].

Dieses Gesetz findet sinngemäß auch auf Verfahren nach der Verordnung (EG) Nr. 1347/2000 des Rates vom 29. Mai 2000 über die Zuständigkeit und die Anerkennung und Vollstreckung von Entscheidungen in Ehesachen und in Verfahren betreffend die elterliche Verantwortung für die gemeinsamen Kinder der Ehegatten (ABl. EG Nr. L 160 S. 19) mit folgender Maßgabe Anwendung: Ist ein Beschluss nach § 21 an die verpflichtete Person in einem weder der Europäischen Union noch dem Übereinkommen vom 16. September 1988 über die gerichtliche Zuständigkeit und die Vollstreckung gerichtlicher Entscheidungen in Zivil- und Handelssachen (BGBl. 1994 II S. 2658) angehörenden Staat zuzustellen und hat das Familiengericht eine Beschwerdefrist nach § 10 Abs. 2 und § 50 Abs. 2 Satz 4 und 5 des Anerkennungs- und Vollstreckungsausführungsgesetzes bestimmt, so ist die Beschwerde der verpflichteten Person gegen die Zulassung der Zwangsvollstreckung innerhalb der vom Gericht bestimmten Frist einzulegen.

§ 56 Übergangsvorschriften zum Sorgerechtsübereinkommens-Ausführungsgesetz. [1] Für Verfahren nach dem Haager Kindesentführungsübereinkommen und dem Europäischen Sorgerechtsübereinkommen, die vor Inkrafttreten dieses Gesetzes eingeleitet wurden, finden die Vorschriften des Sorgerechtsübereinkommens-Ausführungsgesetzes vom 5. April 1990 (BGBl. I S. 701), zuletzt geändert durch Artikel 2 Abs. 6 des Gesetzes vom 19. Februar 2001 (BGBl. I S. 288, 436), weiter Anwendung. [2] Für die Zwangsvollstreckung sind jedoch die Vorschriften dieses Gesetzes anzuwenden. [3] Hat ein Gericht die Zwangsvollstreckung bereits eingeleitet, so bleibt seine funktionelle Zuständigkeit unberührt.

---

[1] Auszugsweise abgedruckt unter Nr. **6**.

7. Verordnung (EU) Nr. 655/2014 des Europäischen Parlaments und des Rates vom 15. Mai 2014 zur Einführung eines Verfahrens für einen Europäischen Beschluss zur vorläufigen Kontenpfändung im Hinblick auf die Erleichterung der grenzüberschreitenden Eintreibung von Forderungen in Zivil- und Handelssachen[1)]

(ABl. L 189 S. 59)

Celex-Nr. 3 2014 R 0655

DAS EUROPÄISCHE PARLAMENT UND DER RAT DER EUROPÄISCHEN UNION –

gestützt auf den Vertrag über die Arbeitsweise der Europäischen Union, insbesondere auf Artikel 81 Absatz 2 Buchstaben a, e und f,

auf Vorschlag der Europäischen Kommission,

nach Zuleitung des Entwurfs des Gesetzgebungsakts an die nationalen Parlamente,

nach Stellungnahme des Europäischen Wirtschafts- und Sozialausschusses[2)],

gemäß dem ordentlichen Gesetzgebungsverfahren[3)],

in Erwägung nachstehender Gründe:

(1) Die Union hat sich zum Ziel gesetzt, einen Raum der Freiheit, der Sicherheit und des Rechts, in dem der freie Personenverkehr gewährleistet ist, zu erhalten und weiterzuentwickeln. Zum schrittweisen Aufbau eines solchen Raums hat die Union im Bereich der justiziellen Zusammenarbeit in Zivilsachen, die einen grenzüberschreitenden Bezug aufweisen, Maßnahmen zu erlassen, insbesondere wenn dies für das reibungslose Funktionieren des Binnenmarkts erforderlich ist.

(2) Gemäß Artikel 81 Absatz 2 des Vertrags über die Arbeitsweise der Europäischen Union (AEUV) können dazu Maßnahmen gehören, die unter anderem Folgendes sicherstellen sollen: die gegenseitige Anerkennung und die Vollstreckung gerichtlicher Entscheidungen zwischen den Mitgliedstaaten, einen effektiven Zugang zum Recht und die Beseitigung von Hindernissen für die reibungslose Abwicklung von Zivilverfahren, erforderlichenfalls durch Förderung der Vereinbarkeit der in den Mitgliedstaaten geltenden zivilrechtlichen Verfahrensvorschriften.

(3) Am 24. Oktober 2006 leitete die Kommission mit dem Grünbuch „Effizientere Vollstreckung von Urteilen in der Europäischen Union: vorläufige Kontenpfändung“ eine Konsultation über die Notwendigkeit eines ein-

---

[1)] Die VO gilt ab dem 18.1.2017, abweichend hiervon gilt Art. 50 ab dem 18.7.2016, vgl. Art. 54 UAbs. 2.

[2)] **Amtl. Anm.:** ABl. C 191 vom 29.6.2012, S. 57.

[3)] **Amtl. Anm.:** Standpunkt des Europäischen Parlaments vom 15. April 2014 (noch nicht im Amtsblatt veröffentlicht) und Beschluss des Rates vom 13. Mai 2014.

heitlichen europäischen Verfahrens für die vorläufige Pfändung von Bankkonten und etwaige Merkmale dieses Verfahrens ein.

(4) Im Stockholmer Programm vom Dezember 2009[1)], in dem die Prioritäten im Bereich Freiheit, Sicherheit und Recht für den Zeitraum 2010-2014 festgelegt sind, forderte der Europäische Rat die Kommission auf, das Erfordernis bestimmter einstweiliger Maßnahmen auf Unionsebene, einschließlich solcher, die auf eine Sicherung gerichtet sind, wie z.B. Verhinderung der Entziehung von Vermögensgegenständen vor Vollstreckung einer Forderung, sowie die Durchführbarkeit solcher Maßnahmen zu prüfen und angemessene Vorschläge zur Verbesserung der Effizienz der Vollstreckung von Urteilen in der Union betreffend Bankkonten und Schuldnervermögen vorzulegen.

(5) Nationale Verfahren zur Erwirkung von Sicherungsmaßnahmen etwa in Gestalt von Beschlüssen zur vorläufigen Kontenpfändung gibt es in allen Mitgliedstaaten; allerdings unterscheiden sie sich hinsichtlich der Bedingungen für ihren Erlass und der Effizienz ihrer Ausführung beträchtlich voneinander. Außerdem kann sich die Inanspruchnahme nationaler Sicherungsmaßnahmen in Fällen mit grenzüberschreitendem Bezug als aufwändig erweisen, vor allem wenn der Gläubiger mehrere Konten in verschiedenen Mitgliedstaaten vorläufig pfänden lassen will. Daher scheint es erforderlich und angemessen, ein verbindliches und unmittelbar geltendes Rechtsinstrument der Union zu erlassen, mit dem ein neues Unionsverfahren eingeführt wird, das in grenzüberschreitenden Fällen die vorläufige Pfändung von Geldern auf Bankkonten in einer effizienten und zügigen Weise ermöglicht.

(6) Das mit dieser Verordnung eingeführte Verfahren sollte dem Gläubiger als weitere fakultative Möglichkeit dienen; es steht ihm nach wie vor frei, von einem anderen Verfahren zur Erwirkung einer gleichwertigen Maßnahme nach nationalem Recht Gebrauch zu machen.

(7) Ein Gläubiger sollte eine Sicherungsmaßnahme in Form eines Europäischen Beschlusses zur vorläufigen Kontenpfändung (im Folgenden „Beschluss zur vorläufigen Pfändung“ oder „Beschluss“) erwirken können, um die Überweisung oder Abhebung von Geldern, die sein Schuldner auf einem in einem Mitgliedstaat geführten Bankkonto hält, zu verhindern, wenn die Gefahr besteht, dass die spätere Vollstreckung seiner Forderung gegenüber dem Schuldner ohne eine solche Maßnahme unmöglich oder erheblich erschwert wird. Die Pfändung von Geldern auf dem Konto des Schuldners sollte zur Folge haben, dass nicht nur der Schuldner selbst, sondern auch Personen, die von diesem mit der Ausführung von Zahlungen über dieses Konto betraut sind, z.B. in Form von Daueraufträgen oder durch Lastschriftverfahren oder die Verwendung einer Kreditkarte, daran gehindert werden, die Gelder zu verwenden.

(8) Der sachliche Anwendungsbereich dieser Verordnung sollte sich, von einigen genau festgelegten Rechtsgebieten abgesehen, auf das gesamte Zivil- und Handelsrecht erstrecken. Keine Anwendung finden sollte diese Verordnung insbesondere auf Forderungen gegenüber einem Schuldner im Rahmen eines Insolvenzverfahrens. Dies sollte bedeuten, dass ein Beschluss

[1)] **Amtl. Anm.**: ABl. C 115 vom 4.5.2010, S. 1.

zur vorläufigen Pfändung nicht gegen einen Schuldner erlassen werden kann, sobald gegen ihn ein Insolvenzverfahren im Sinne der Verordnung (EG) Nr. 1346/2000 des Rates[1] eingeleitet worden ist. Andererseits sollte durch diesen Ausschluss ermöglicht werden, dass der Beschluss zur vorläufigen Pfändung zur Sicherung der Rückforderung benachteiligender Zahlungen, die ein solcher Schuldner an Dritte geleistet hat, verwendet werden kann.

(9) Diese Verordnung sollte für Konten gelten, die bei Kreditinstituten unterhalten werden, deren Tätigkeit darin besteht, Einlagen oder andere rückzahlbare Gelder von Kunden entgegenzunehmen und Kredite für eigene Rechnung zu gewähren.
Sie sollte somit nicht für Finanzinstitute gelten, die keine solchen Einlagen entgegennehmen, beispielsweise Institute, die Ausfuhr- und Investitionsprojekte oder Projekte in Entwicklungsländern finanzieren, oder Institute, die Finanzmarktdienstleistungen erbringen. Ferner sollte diese Verordnung weder für Konten gelten, die von oder bei Zentralbanken geführt werden, wenn sie in ihrer Eigenschaft als Währungsbehörden handeln, noch für Konten, die nicht durch nationale Beschlüsse, die einem Beschluss zur vorläufigen Pfändung gleichwertig sind, vorläufig gepfändet werden können oder die auf andere Weise nach dem Recht des Mitgliedstaats, in dem das besagte Konto geführt wird, nicht gepfändet werden dürfen.

(10) Diese Verordnung sollte ausschließlich auf grenzüberschreitende Rechtssachen Anwendung finden und festlegen, in welchem Fall in diesem besonderen Kontext eine grenzüberschreitende Rechtssache vorliegt. Für die Zwecke dieser Verordnung sollte gelten, dass eine grenzüberschreitende Rechtssache dann vorliegt, wenn das mit dem Antrag auf Erlass eines Beschlusses zur vorläufigen Pfändung befasste Gericht seinen Sitz in einem Mitgliedstaat hat und das von dem Beschluss betroffene Bankkonto in einem anderen Mitgliedstaat geführt wird. Ferner sollte gelten, dass eine grenzüberschreitende Rechtssache vorliegt, wenn der Gläubiger seinen Wohnsitz in einem Mitgliedstaat hat und das Gericht sowie das vorläufig zu pfändende Bankkonto in einem anderen Mitgliedstaat belegen sind.
Diese Verordnung sollte nicht auf die vorläufige Pfändung von Konten Anwendung finden, die in dem Mitgliedstaat des Gerichts, bei dem der Beschluss zur vorläufigen Pfändung beantragt worden ist, geführt werden, sofern der Wohnsitz des Gläubigers sich ebenfalls in diesem Mitgliedstaat befindet, auch wenn der Gläubiger zum selben Zeitpunkt einen Antrag auf Erlass eines Beschlusses zur vorläufigen Pfändung stellt, der ein oder mehrere Konten betrifft, die in einem anderen Mitgliedstaat geführt werden. In einem solchen Fall sollte der Gläubiger zwei getrennte Anträge – einen auf Erlass eines Beschlusses zur vorläufigen Pfändung und einen auf Erlass einer nationalen Maßnahme – stellen.

(11) Das Verfahren für einen Beschluss zur vorläufigen Pfändung sollte jeder Gläubiger in Anspruch nehmen können, der vor Einleitung des Hauptsacheverfahrens bzw. in jeder Phase des Rechtsstreits sicherstellen will, dass eine spätere in der Hauptsache ergehende gerichtliche Entscheidung voll-

---

[1] **Amtl. Anm.:** Verordnung (EG) Nr. 1346/2000 des Rates vom 29. Mai 2000 über Insolvenzverfahren (ABl. L 160 vom 30.6.2000, S. 1).

streckt wird. Es sollte auch Gläubigern offenstehen, die bereits eine gerichtliche Entscheidung, einen gerichtlichen Vergleich oder eine öffentliche Urkunde erwirkt haben, mit der bzw. dem der Schuldner aufgefordert wird, die Forderung des Gläubigers zu erfüllen.

(12) Der Beschluss zur vorläufigen Pfändung sollte zur Sicherung bereits fälliger Forderungen in Anspruch genommen werden können. Er sollte ferner in Bezug auf noch nicht fällige Forderungen in Anspruch genommen werden können, sofern diese sich aus einer bereits erfolgten Transaktion oder einem bereits eingetretenen Ereignis ergeben und ihre Höhe bestimmbar ist, einschließlich Forderungen aus einer unerlaubten Handlung oder einer Handlung, die einer unerlaubten Handlung gleichgestellt ist, sowie Klagen auf Schadenersatz oder auf Wiederherstellung des früheren Zustands, die auf eine mit Strafe bedrohte Handlung gestützt werden.
Der Gläubiger sollte die Möglichkeit haben, einen Beschluss zur vorläufigen Pfändung über einen Betrag in Höhe der Hauptforderung oder über einen niedrigeren Betrag zu beantragen. Letzteres könnte beispielsweise in seinem Interesse liegen, wenn er für einen Teil seiner Forderung bereits andere Sicherheiten erhalten hat.

(13) Damit eine enge Verbindung zwischen dem Verfahren zum Erlass eines Beschlusses zur vorläufigen Pfändung und dem Verfahren in der Hauptsache gewährleistet ist, sollte die internationale Zuständigkeit für den Erlass des Beschlusses bei den Gerichten des Mitgliedstaats liegen, dessen Gerichte in der Hauptsache zuständig sind. Für die Zwecke dieser Verordnung sollte der Begriff „Verfahren in der Hauptsache" alle Verfahren abdecken, die darauf gerichtet sind, einen vollstreckbaren Titel über die zugrunde liegende Forderung zu erwirken, einschließlich beispielsweise summarische Mahnverfahren und Verfahren wie das französische Verfahren der einstweiligen Anordnung („procédure de référé"). Ist der Schuldner ein Verbraucher mit Wohnsitz in einem Mitgliedstaat, so sollte die Zuständigkeit für den Erlass des Beschlusses ausschließlich bei den Gerichten dieses Mitgliedstaats liegen.

(14) Hinsichtlich der Bedingungen für den Erlass des Beschlusses zur vorläufigen Pfändung sollten das Interesse des Gläubigers daran, einen Beschluss zu erwirken, und das Interesse des Schuldners daran, dass ein Missbrauch des Beschlusses verhindert wird, angemessen gegeneinander abgewogen werden.
Wenn der Gläubiger einen Beschluss zur vorläufigen Pfändung beantragt, bevor er eine gerichtliche Entscheidung erwirkt hat, sollte sich das Gericht, bei dem der Antrag eingereicht wird, daher anhand der vom Gläubiger vorgelegten Beweismittel vergewissert haben, dass über die Forderung des Gläubigers gegenüber dem Schuldner in der Hauptsache voraussichtlich zugunsten des Gläubigers entschieden wird.
Ferner sollte der Gläubiger in allen Fällen, auch wenn er bereits eine gerichtliche Entscheidung erwirkt hat, dem Gericht hinreichend nachweisen müssen, dass eine gerichtliche Maßnahme zum Schutz seiner Forderung dringend erforderlich ist und dass ohne den Beschluss die Vollstreckung einer bestehenden oder künftigen gerichtlichen Entscheidung wahrscheinlich unmöglich oder erheblich erschwert würde, weil eine tatsächliche Gefahr besteht, dass der Schuldner seine Vermögenswerte auf-

braucht, verschleiert oder vernichtet oder aber unter Wert oder in einem unüblichen Ausmaß oder durch unübliche Handlungen veräußert, noch bevor der Gläubiger die Vollstreckung der bestehenden oder einer künftigen gerichtlichen Entscheidung erwirken kann.
Das Gericht sollte die Beweismittel bewerten, die der Gläubiger vorgelegt hat, um nachzuweisen, dass eine solche Gefahr besteht. Dies könnte sich beispielsweise auf das Verhalten des Schuldners hinsichtlich der Forderung des Gläubigers oder in einer vorangegangenen Streitigkeit zwischen den Parteien, die Kredithistorie des Schuldners, die Art der Vermögenswerte des Schuldners und alle jüngst vorgenommenen Handlungen des Schuldners im Zusammenhang mit seinen Vermögenswerten beziehen. Bei der Bewertung der Beweismittel kann das Gericht dem Umstand Rechnung tragen, dass Kontoabhebungen und Ausgaben des Schuldners zur Erhaltung seiner normalen Geschäftstätigkeit oder regelmäßige Ausgaben für seine Familie als solche nicht unüblich sind. Die bloße Nichtzahlung oder das bloße Bestreiten der Forderung oder die bloße Tatsache, dass der Schuldner mehr als einen Gläubiger hat, sollten an sich nicht als ausreichende Beweismittel gelten, um den Erlass eines Beschlusses zu rechtfertigen. Auch sollte die bloße Tatsache, dass die finanzielle Situation des Schuldners schlecht ist oder schlechter wird, an sich nicht als ausreichender Grund gelten, um den Erlass eines Beschlusses zu rechtfertigen. Das Gericht kann diese Faktoren jedoch bei der Gesamtbewertung des Bestehens einer Gefahr berücksichtigen.

(15) Damit der Überraschungseffekt des Beschlusses zur vorläufigen Pfändung gewährleistet ist und damit sichergestellt wird, dass er ein nützliches Instrument für einen Gläubiger ist, der versucht, in grenzübergreifenden Fällen Schulden von einem Schuldner einzutreiben, sollte der Schuldner weder über den Antrag des Gläubigers informiert noch vor dem Erlass des Beschlusses angehört, noch vor Ausführung des Beschlusses von dem Beschluss in Kenntnis gesetzt werden. Gelangt das Gericht auf Grundlage der vom Gläubiger oder gegebenenfalls dessen Zeuge(n) vorgelegten Beweismittel und Informationen nicht zu der Überzeugung, dass die vorläufige Pfändung des besagten Kontos oder der Konten gerechtfertigt ist, sollte es den Beschluss nicht erlassen.

(16) In Situationen, in denen der Gläubiger einen Beschluss zur vorläufigen Pfändung beantragt, bevor er ein Verfahren in der Hauptsache vor einem Gericht einleitet, sollte er durch diese Verordnung dazu verpflichtet werden, ein solches Verfahren innerhalb einer konkreten Frist einzuleiten sowie dem Gericht, bei dem er den Antrag auf einen Beschluss gestellt hat, einen Nachweis über die Einleitung dieses Verfahrens vorzulegen. Sollte der Gläubiger dieser Verpflichtung nicht nachkommen, so sollte der Beschluss vom Gericht auf eigene Initiative widerrufen werden oder automatisch enden.

(17) Da keine vorherige Anhörung des Schuldners erfolgt, sollten in dieser Verordnung spezifische Garantien zur Vermeidung des Missbrauchs des Beschlusses und für den Schutz der Rechte des Schuldners vorgesehen werden.

(18) Eine solche wichtige Garantie sollte in der Möglichkeit bestehen, vom Gläubiger eine Sicherheitsleistung zu verlangen, damit gewährleistet ist,

dass der Schuldner für einen etwaigen Schaden, der ihm aufgrund des Beschlusses zur vorläufigen Pfändung entstanden ist, zu einem späteren Zeitpunkt entschädigt werden kann. Je nach den nationalen Rechtsvorschriften könnte diese Sicherheit in Form einer Kaution oder einer anderweitigen Sicherheitsleistung, wie etwa einer Bankgarantie oder eines Grundpfandrechts, geleistet werden. Das Gericht sollte bei der Bestimmung der Höhe der Sicherheit, die so bemessen sein muss, dass ein Missbrauch des Beschlusses verhindert wird und der Schadenersatz für den Schuldner gewährleistet ist, über eine Ermessensbefugnis verfügen und es sollte in Ermangelung spezifischer Beweismittel in Bezug auf die Höhe des potenziellen Schadens dem Gericht offenstehen, den Betrag, für den der Beschluss erlassen werden soll, als Richtschnur für die Bestimmung der Höhe der Sicherheit zu betrachten.

In Fällen, in denen der Gläubiger noch keine gerichtliche Entscheidung, keinen gerichtlichen Vergleich oder keine öffentliche Urkunde erwirkt hat, mit der bzw. dem der Schuldner aufgefordert wird, die Forderung des Gläubigers zu erfüllen, sollte die Leistung einer Sicherheit die Regel sein; das Gericht sollte nur in Ausnahmefällen von dieser Anforderung absehen oder die Leistung einer geringeren Sicherheit fordern, wenn es der Auffassung ist, dass eine solche Sicherheitsleistung angesichts der Umstände des Falls unangemessen, überflüssig oder unverhältnismäßig ist. Zu diesen Umständen könnte beispielsweise gehören, dass besonders viele Gesichtspunkte für den Gläubiger sprechen, der Gläubiger aber nicht über ausreichende Mittel verfügt, um die Sicherheit zu leisten, dass die Forderung sich auf Unterhalts- oder Lohnzahlungen bezieht oder dass die Forderung so gering ist, dass dem Schuldner wahrscheinlich kein Schaden entsteht; als Beispiel sei eine geringfügige Geschäftsschuld genannt.

In Fällen, in denen der Gläubiger bereits eine gerichtliche Entscheidung, einen gerichtlichen Vergleich oder eine öffentliche Urkunde erwirkt hat, sollte die Leistung einer Sicherheit dem Ermessen des Gerichts überlassen werden. Die Leistung einer Sicherheit kann – von den obengenannten Ausnahmefällen abgesehen – beispielsweise angemessen sein, wenn die gerichtliche Entscheidung, deren Vollstreckung mit dem Beschluss zur vorläufigen Pfändung gesichert werden soll, wegen eines anhängigen Rechtsmittels noch nicht vollstreckbar oder nur vorläufig vollstreckbar ist.

(19) Als ein weiteres wichtiges Element zur Herstellung eines angemessenen Gleichgewichts zwischen den Interessen des Gläubigers und denen des Schuldners sollte die Regel gelten, dass der Gläubiger für jeden Schaden haftet, der dem Schuldner durch den Beschluss zur vorläufigen Pfändung entsteht. Diese Verordnung sollte daher als Mindeststandard die Haftung des Gläubigers für einen Schaden vorsehen, den der Schuldner durch den Beschluss zur vorläufigen Pfändung aufgrund eines Verschuldens des Gläubigers erlitten hat. In diesem Zusammenhang sollte die Beweislast beim Schuldner liegen. Was die in dieser Verordnung angegebenen Haftungsgründe betrifft, so sollte eine harmonisierte Vorschrift eine widerlegbare Vermutung des Verschuldens des Gläubigers vorsehen.

Ferner sollten die Mitgliedstaaten in der Lage sein, andere als die in dieser Verordnung angegebenen Haftungsgründe in ihrem nationalen Recht beizubehalten oder in ihr nationales Recht aufzunehmen. In Bezug auf diese anderen Haftungsgründe sollten die Mitgliedstaaten ferner in der Lage

sein, andere Arten der Haftung wie eine Gefährdungshaftung beizubehalten oder aufzunehmen.
Diese Verordnung sollte ferner eine Kollisionsnorm enthalten, nach der das auf die Haftung des Gläubigers anzuwendende Recht das Recht des Vollstreckungsmitgliedstaats sein sollte. Gibt es mehrere Vollstreckungsmitgliedstaaten, so sollte das anzuwendende Recht das Recht des Vollstreckungsmitgliedstaats, in dem der Schuldner seinen gewöhnlichen Aufenthalt hat, sein. Hat der Schuldner in keinem der Vollstreckungsmitgliedstaaten seinen gewöhnlichen Aufenthalt, so sollte das anzuwendende Recht das Recht des Vollstreckungsmitgliedstaats, der die engste Verknüpfung mit dem Fall aufweist, sein. Bei der Bestimmung der engsten Verknüpfung könnte die Höhe des in den verschiedenen Vollstreckungsmitgliedstaaten vorläufig gepfändeten Betrags einer der vom Gericht zu berücksichtigenden Faktoren sein.

(20) Um die bestehenden praktischen Schwierigkeiten dabei, Informationen über die Belegenheit des Bankkontos des Schuldners in einem grenzüberschreitenden Kontext zu erhalten, zu überwinden, sollte diese Verordnung einen Mechanismus vorsehen, wonach der Gläubiger beantragen kann, dass das Gericht vor dem Erlass eines Beschlusses zur vorläufigen Pfändung die Informationen, die für die Ermittlung des Kontos des Schuldners erforderlich sind, von der benannten Auskunftsbehörde des Mitgliedstaats, in dem der Schuldner der Ansicht des Gläubigers nach ein Konto unterhält, einholt. Angesichts des besonderen Charakters einer solchen Intervention staatlicher Stellen und eines solchen Zugriffs auf private Daten sollte der Zugang zu Kontoinformationen generell nur in Fällen erteilt werden, in denen der Gläubiger bereits eine vollstreckbare gerichtliche Entscheidung, einen vollstreckbaren gerichtlichen Vergleich oder eine vollstreckbare öffentliche Urkunde erwirkt hat. In Ausnahmefällen sollte der Gläubiger jedoch die Einholung von Kontoinformationen auch dann beantragen können, wenn die gerichtliche Entscheidung, der gerichtliche Vergleich oder die öffentliche Urkunde, die er erwirkt hat, noch nicht vollstreckbar ist. Ein entsprechender Antrag sollte gestellt werden können, wenn es sich unter Berücksichtigung der einschlägigen Gegebenheiten um einen vorläufig zu pfändenden Betrag von erheblicher Höhe handelt und wenn das Gericht aufgrund der vom Gläubiger vorgelegten Beweismittel zu der berechtigten Annahme kommt, dass diese Kontoinformationen dringend erforderlich sind, da sonst die spätere Vollstreckung der Forderung des Gläubigers gegenüber dem Schuldner wahrscheinlich gefährdet ist, und dass dies in der Folge zu einer wesentlichen Verschlechterung der finanziellen Lage des Gläubigers führen könnte.
Damit dieser Mechanismus funktioniert, sollten die Mitgliedstaaten zur Einholung dieser Informationen eine oder mehrere Methoden, die wirksam und effizient sind und keinen unverhältnismäßigen Kosten- oder Zeitaufwand verursachen, in ihren nationalen Rechtsvorschriften vorsehen. Der Mechanismus sollte nur angewandt werden, wenn alle Bedingungen und Anforderungen für den Erlass eines Beschlusses zur vorläufigen Pfändung erfüllt sind und der Gläubiger in seinem Antrag gebührend begründet hat, weshalb Grund zu der Annahme besteht, dass der Schuldner in einem bestimmten Mitgliedstaat ein oder mehrere Konten unterhält, z.B.

weil der Schuldner in diesem Mitgliedstaat arbeitet oder einer beruflichen Tätigkeit nachgeht oder über Eigentum verfügt.

(21) Damit der Schutz der personenbezogenen Daten des Schuldners gewährleistet wird, sollten die erhaltenen Informationen über die Ermittlung des Bankkontos oder der Bankkonten des Schuldners nicht an den Gläubiger weitergegeben werden. Sie sollten lediglich dem ersuchenden Gericht und in Ausnahmefällen der Bank des Schuldners bereitgestellt werden, wenn die Bank oder die sonstige Stelle, die für die Vollstreckung des Beschlusses im Vollstreckungsmitgliedstaat zuständig ist, nicht in der Lage ist, ein Konto des Schuldners auf der Grundlage der im Beschluss angegebenen Informationen zu ermitteln, beispielsweise wenn mehrere Personen, die den gleichen Namen und die gleiche Anschrift haben, Konten bei der gleichen Bank haben. Ist in einem solchen Fall im Beschluss angegeben, dass die Nummer(n) des/der vorläufig zu pfändenden Kontos/Konten durch einen Antrag auf Einholung von Informationen erlangt wurde/wurden, so sollte die Bank die Einholung dieser Informationen bei der Auskunftsbehörde des Vollstreckungsmitgliedstaats beantragen, und sie sollte diesen Antrag auf informelle und einfache Weise stellen können.

(22) Diese Verordnung sollte dem Gläubiger das Recht auf einen Rechtsbehelf gegen eine Ablehnung des Antrags auf Erlass eines Beschlusses zur vorläufigen Pfändung gewähren. Dieses Recht sollte nicht die Möglichkeit des Gläubigers berühren, auf der Grundlage neuer Fakten oder neuer Beweismittel einen neuen Antrag auf Erlass eines Beschlusses zur vorläufigen Pfändung zu stellen.

(23) Die einzelnen Mitgliedstaaten verfügen über sehr unterschiedliche Strukturen zur Vollstreckung der vorläufigen Pfändung von Bankkonten. Um eine Überschneidung dieser Strukturen in den Mitgliedstaaten zu vermeiden und um die nationalen Verfahren soweit wie möglich einzuhalten, sollte diese Verordnung in Bezug auf die Vollstreckung und die tatsächliche Ausführung des Beschlusses zur vorläufigen Pfändung auf den bestehenden Methoden und Strukturen für die Vollstreckung und Ausführung gleichwertiger nationaler Beschlüsse in dem Mitgliedstaat, in dem der Beschluss zu vollstrecken ist, aufbauen.

(24) Um eine zügige Vollstreckung sicherzustellen, sollte diese Verordnung vorsehen, dass die Übermittlung des Beschlusses vom Ursprungsmitgliedstaat an die zuständige Behörde des Vollstreckungsmitgliedstaats mit geeigneten Mitteln erfolgt, mit denen sichergestellt wird, dass der Inhalt der übermittelten Schriftstücke korrekt und zutreffend sowie mühelos lesbar ist.

(25) Sobald die zuständige Behörde des Vollstreckungsmitgliedstaats einen Beschluss zur vorläufigen Pfändung erhält, sollte sie die erforderlichen Schritte unternehmen, um den Beschluss gemäß ihrem nationalen Recht vollstrecken zu lassen, entweder indem sie den eingegangenen Beschluss an die Bank oder die sonstige Stelle, die für die Vollstreckung dieser Beschlüsse in diesem Mitgliedstaat zuständig ist, weiterleitet, oder indem sie – falls dies im nationalen Recht vorgesehen ist – die Bank anweist, den Beschluss auszuführen.

(26) Der Beschluss zur vorläufigen Pfändung sollte – je nach der nach dem Recht des Vollstreckungsmitgliedstaats für gleichwertige nationale Beschlüsse verfügbaren Methode – ausgeführt werden, indem der vorläufig

zu pfändende Betrag auf dem Konto des Schuldners gesperrt wird oder, wenn dies im nationalen Recht vorgesehen ist, indem dieser Betrag auf ein spezielles Konto zu Pfändungszwecken überwiesen wird, bei dem es sich um ein von der zuständigen Vollstreckungsbehörde, dem Gericht, der Bank, bei der der Schuldner sein Konto führt, oder einer als koordinierende Stelle für die vorläufige Pfändung in einem bestimmten Fall benannten Bank geführtes Konto handeln könnte.

(27) Diese Verordnung sollte der Möglichkeit, dass für die Vollstreckung des Beschlusses zur vorläufigen Pfändung im Voraus die Zahlung von Gebühren verlangt werden kann, nicht entgegenstehen. Die Regelung dieser Frage sollte dem nationalen Recht des Mitgliedstaats, in dem der Beschluss zu vollstrecken ist, überlassen bleiben.

(28) Ein Beschluss zur vorläufigen Pfändung sollte gegebenenfalls denselben Rang haben, den ein gleichwertiger nationaler Beschluss im Vollstreckungsmitgliedstaat besitzt. Falls bestimmte Vollstreckungsmaßnahmen nach nationalem Recht Vorrang vor vorläufigen Pfändungsmaßnahmen haben, sollte ihnen in Bezug auf den Beschluss zur vorläufigen Pfändung nach dieser Verordnung der gleiche Vorrang eingeräumt werden. Für die Zwecke dieser Verordnung sollten Beschlüsse in personam, die es in einigen nationalen Rechtsordnungen gibt, als gleichwertige nationale Beschlüsse angesehen werden.

(29) Diese Verordnung sollte die Bank oder die sonstige Stelle, die für die Vollstreckung des Beschlusses zur vorläufigen Pfändung im Vollstreckungsmitgliedstaat zuständig ist, dazu verpflichten, zu erklären, ob und – falls ja – in welchem Ausmaß durch den Beschluss Guthaben des Schuldners vorläufig gepfändet wurden; ferner sollte sie den Gläubiger verpflichten, für die Freigabe aller vorläufig gepfändeten Guthaben Sorge zu tragen, die über den im Beschluss angegebenen Betrag hinausgehen.

(30) Diese Verordnung sollte das Recht des Schuldners auf ein faires Verfahren sowie sein Recht auf einen wirksamen Rechtsbehelf wahren und es ihm daher – unter Berücksichtigung dessen, dass das Verfahren für den Erlass des Beschlusses zur vorläufigen Pfändung ohne vorherige Anhörung des Antragsgegners erfolgt – ermöglichen, den Beschluss oder seine Vollstreckung aus den in dieser Verordnung vorgesehenen Gründen unmittelbar nach Ausführung des Beschlusses anzufechten.

(31) In diesem Zusammenhang sollte diese Verordnung vorschreiben, dass der Beschluss zur vorläufigen Pfändung, alle dem Gericht im Ursprungsmitgliedstaat vom Gläubiger vorgelegten Schriftstücke und alle erforderlichen Übersetzungen dem Schuldner nach Ausführung des Beschlusses unverzüglich zugestellt werden. Das Gericht sollte nach eigenem Ermessen weitere Schriftstücke beifügen können, auf die es seinen Beschluss gestützt hat und die der Schuldner für seinen Rechtsbehelf benötigen könnte, beispielsweise Mitschriften von Anhörungen.

(32) Der Schuldner sollte insbesondere dann eine Nachprüfung des Beschlusses zur vorläufigen Pfändung verlangen können, wenn die in dieser Verordnung vorgesehenen Bedingungen oder Anforderungen nicht erfüllt wurden oder wenn die Umstände, die zu dem Erlass des Beschlusses geführt haben, sich derart geändert haben, dass der Erlass des Beschlusses nicht mehr gerechtfertigt wäre. So sollte dem Schuldner z.B. ein Rechtsbehelf

zur Verfügung stehen, wenn der betreffende Fall keinen grenzüberschreitenden Fall im Sinne dieser Verordnung dargestellt hat, wenn die in dieser Verordnung vorgesehenen Regeln der Zuständigkeit nicht eingehalten worden sind, wenn der Gläubiger nicht innerhalb der in dieser Verordnung vorgesehenen Frist ein Verfahren in der Hauptsache eingeleitet hat und das Gericht folglich nicht auf eigene Initiative den Beschluss widerrufen hat oder der Beschluss nicht automatisch geendet hat, wenn die Forderung des Gläubigers keinen dringenden Schutz in Form eines Beschlusses zur vorläufigen Pfändung erfordert hat, da keine Gefahr bestand, dass die spätere Vollstreckung der Forderung unmöglich oder erheblich erschwert würde, oder wenn die Leistung einer Sicherheit nicht im Einklang mit den Anforderungen dieser Verordnung stand.

Ferner sollte dem Schuldner ein Rechtsbehelf zur Verfügung stehen, wenn der Beschluss und die Erklärung hinsichtlich der vorläufigen Pfändung ihm nicht wie in dieser Verordnung vorgesehen zugestellt worden sind oder wenn die ihm zugestellten Schriftstücke die in dieser Verordnung vorgesehenen Sprachanforderungen nicht erfüllt haben. Dieser Rechtsbehelf sollte jedoch nicht gewährt werden, wenn die fehlende Zustellung oder fehlende Übersetzung innerhalb einer bestimmten Frist geheilt wird. Um die fehlende Zustellung zu heilen, sollte der Gläubiger bei der Stelle, die für die Zustellung im Ursprungsmitgliedstaat zuständig ist, beantragen, dass die einschlägigen Schriftstücke dem Schuldner per Einschreiben zugestellt werden, oder wenn der Schuldner damit einverstanden ist, die Schriftstücke bei dem Gericht abzuholen, dem Gericht die erforderlichen Übersetzungen der Schriftstücke zur Verfügung stellen. Ein solcher Antrag sollte nicht erforderlich sein, wenn die fehlende Zustellung bereits durch andere Mittel geheilt worden ist, beispielsweise wenn das Gericht im Einklang mit dem nationalen Recht die Zustellung auf eigene Initiative eingeleitet hat.

(33) Die Regelung der Frage, wer die gemäß dieser Verordnung erforderlichen Übersetzungen bereitzustellen hat und wer die Kosten für diese Übersetzungen zu tragen hat, bleibt dem nationalen Recht überlassen.

(34) Die Zuständigkeit dafür, den Rechtsbehelfen gegen den Erlass des Beschlusses zur vorläufigen Pfändung stattzugeben, sollte bei den Gerichten des Mitgliedstaats liegen, in dem der Beschluss erlassen wurde. Die Zuständigkeit dafür, den Rechtsbehelfen gegen die Vollstreckung des Beschlusses stattzugeben, sollte bei den Gerichten oder gegebenenfalls bei den zuständigen Vollstreckungsbehörden im Vollstreckungsmitgliedstaat liegen.

(35) Der Schuldner sollte das Recht haben, die Freigabe der gepfändeten Guthaben zu beantragen, wenn er eine angemessene anderweitige Sicherheit leistet. Diese anderweitige Sicherheit könnte in Form einer Kaution oder einer anderweitigen Sicherheitsleistung, wie etwa einer Bankgarantie oder eines Grundpfandrechts, geleistet werden.

(36) Mit dieser Verordnung sollte sichergestellt werden, dass die vorläufige Pfändung des Kontos des Schuldners nicht die Beträge berührt, die nach dem Recht des Vollstreckungsmitgliedstaats von der Pfändung freigestellt sind, zum Beispiel die Beträge, die zur Sicherstellung des Lebensunterhalts des Schuldners und seiner Familie notwendig sind. Entsprechend dem Verfahren, das in diesem Mitgliedstaat anwendbar ist, sollte der einschlägi-

ge Betrag entweder von Amts wegen durch die zuständige Stelle, bei der es sich um ein Gericht, eine Bank oder die zuständige Vollstreckungsbehörde handeln könnte, vor Ausführung des Beschlusses freigestellt werden oder auf Antrag des Schuldners nach Ausführung des Beschlusses freigestellt werden. Werden Konten in mehreren Mitgliedstaaten vorläufig gepfändet und wurde die Freistellung mehrmals angewandt, so sollte der Gläubiger bei dem zuständigen Gericht eines der Vollstreckungsmitgliedstaaten oder, soweit dies im nationalen Recht des betreffenden Vollstreckungsmitgliedstaats vorgesehen ist, bei der zuständigen Vollstreckungsbehörde in diesem Mitgliedstaat eine Anpassung der in diesem Mitgliedstaat geltenden Freistellung beantragen können.

(37) Um sicherzustellen, dass der Beschluss zur vorläufigen Pfändung rasch und zügig erlassen wird, sollten in dieser Verordnung Fristen für den Abschluss der verschiedenen Verfahrensschritte festgesetzt werden. Die an dem Verfahren beteiligten Gerichte oder Behörden sollten nur unter außergewöhnlichen Umständen von diesen Fristen abweichen können, beispielsweise in rechtlich oder sachlich komplexen Fällen.

(38) Für die Berechnung der in dieser Verordnung vorgesehenen Fristen und Termine sollte die Verordnung (EWG, Euratom) Nr. 1182/71 des Rates[1] Anwendung finden.

(39) Um die Anwendung dieser Verordnung zu erleichtern, sollten die Mitgliedstaaten verpflichtet werden, der Kommission bestimmte Informationen über ihre Rechtsvorschriften und Verfahren in Bezug auf Beschlüsse zur vorläufigen Pfändung und gleichwertige nationale Beschlüsse mitzuteilen.

(40) Um die praktische Anwendung dieser Verordnung zu erleichtern, sollten Standardformulare insbesondere für die Beantragung eines Beschlusses zur vorläufigen Pfändung, für den Beschluss selbst, für die Erklärung hinsichtlich der vorläufigen Pfändung von Geldern und für die Einlegung eines Rechtsbehelfs gemäß dieser Verordnung erstellt werden.

(41) Um die Effizienz der Verfahren zu steigern, sollte diese Verordnung die Nutzung moderner Kommunikationstechnologien, die gemäß den Verfahrensvorschriften des betreffenden Mitgliedstaats zulässig sind, im größtmöglichen Ausmaß erlauben, insbesondere für das Ausfüllen der in dieser Verordnung vorgesehenen Standardformulare und für die Kommunikation zwischen den an den Verfahren beteiligten Behörden. Ferner sollten die Verfahren für die Unterzeichnung des Beschlusses zur vorläufigen Pfändung sowie anderer Schriftstücke gemäß dieser Verordnung technologieneutral sein, so dass die Anwendung bestehender Verfahren – wie digitale Bescheinigung oder sichere Authentifizierung – möglich ist und künftige technische Entwicklungen in diesem Bereich berücksichtigt werden können.

(42) Zur Gewährleistung einheitlicher Bedingungen für die Durchführung dieser Verordnung sollten der Kommission Durchführungsbefugnisse im Hinblick auf die Erstellung und spätere Änderung der in dieser Verordnung vorgesehenen Standardformulare übertragen werden. Diese Befugnisse

---

[1] **Amtl. Anm.:** Verordnung (EWG, Euratom) Nr. 1182/71 des Rates vom 3. Juni 1971 zur Festlegung der Regeln für die Fristen, Daten und Termine (ABl. L 124 vom 8.6.1971, S. 1).

sollten im Einklang mit der Verordnung (EU) Nr. 182/2011 des Europäischen Parlaments und des Rates[1], ausgeübt werden.

(43) Das Beratungsverfahren sollte für den Erlass von Durchführungsrechtsakten zur Erstellung und anschließenden Änderung der in dieser Verordnung vorgesehenen Standardformulare gemäß Artikel 4 der Verordnung (EU) Nr. 182/2011 angewendet werden.

(44) Diese Verordnung steht im Einklang mit den Grundrechten und Grundsätzen, die mit der Charta der Grundrechte der Europäischen Union anerkannt wurden. Mit ihr sollen insbesondere die Achtung des Privat- und Familienlebens, der Schutz personenbezogener Daten, das Eigentumsrecht sowie das Recht auf einen wirksamen Rechtsbehelf und ein faires Verfahren gemäß den Artikeln 7, 8, 17 bzw. 47 der Charta gefördert werden.

(45) Im Rahmen des Zugangs zu personenbezogenen Daten sowie der Verwendung und Weiterleitung solcher Daten gemäß dieser Verordnung sollten die Anforderungen der Richtlinie 95/46/EG des Europäischen Parlaments und des Rates[2] wie sie in das nationale Recht der Mitgliedstaaten umgesetzt ist, beachtet werden.

(46) Für die Zwecke der Anwendung dieser Verordnung sind jedoch bestimmte spezifische Bedingungen für den Zugang zu personenbezogenen Daten und für deren Verwendung und Weiterleitung festzulegen. In diesem Zusammenhang wurde die Stellungnahme des Europäischen Datenschutzbeauftragten[3] berücksichtigt. Die Benachrichtigung der von der Datenerhebung betroffenen Person sollte im Einklang mit dem nationalen Recht erfolgen. Die Benachrichtigung des Schuldners über die Offenlegung von Informationen über sein Konto bzw. seine Konten sollte jedoch um 30 Tage aufgeschoben werden, um zu verhindern, dass eine frühzeitige Benachrichtigung die Wirkung des Beschlusses zur vorläufigen Pfändung gefährdet.

(47) Da das Ziel dieser Verordnung, nämlich die Festlegung eines Unionsverfahrens für eine Sicherungsmaßnahme, die es einem Gläubiger ermöglicht, einen Beschluss zur vorläufigen Pfändung zu erwirken, der verhindert, dass die spätere Vollstreckung der Forderung des Gläubigers durch die Überweisung oder die Abhebung der Gelder, die ein Schuldner auf einem Bankkonto innerhalb der Union hält, gefährdet wird, von den Mitgliedstaaten nicht ausreichend verwirklicht werden kann, sondern vielmehr wegen ihres Umfangs und ihrer Wirkungen auf Unionsebene besser zu verwirklichen ist, kann die Union im Einklang mit dem in Artikel 5 des Vertrags über die Europäische Union (EUV) niedergelegten Subsidiaritätsprinzip tätig werden. Entsprechend dem in demselben Artikel genannten

---

[1] **Amtl. Anm.:** Verordnung (EU) Nr. 182/2011 des Europäischen Parlaments und des Rates vom 16. Februar 2011 zur Festlegung der allgemeinen Regeln und Grundsätze, nach denen die Mitgliedstaaten die Wahrnehmung der Durchführungsbefugnisse durch die Kommission kontrollieren (ABl. L 55 vom 28.2.2011, S. 13).

[2] **Amtl. Anm.:** Richtlinie 95/46/EG des Europäischen Parlaments und des Rates vom 24. Oktober 1995 zum Schutz natürlicher Personen bei der Verarbeitung personenbezogener Daten und zum freien Datenverkehr (ABl. L 281 vom 23.11.1995, S. 31).

[3] **Amtl. Anm.:** ABl. C 373 vom 21.12.2011, S. 4.

Grundsatz der Verhältnismäßigkeit geht diese Verordnung nicht über das für die Verwirklichung dieses Ziels erforderliche Maß hinaus.

(48) Diese Verordnung sollte nur für die Mitgliedstaaten gelten, für die sie gemäß den Verträgen verbindlich ist. Das Verfahren für das Erwirken eines Beschlusses zur vorläufigen Pfändung nach dieser Verordnung sollte deshalb nur Gläubigern mit Wohnsitz in einem durch diese Verordnung gebundenen Mitgliedstaat zur Verfügung stehen, und aufgrund dieser Verordnung erlassene Beschlüsse sollten nur für die vorläufige Pfändung von Bankkonten gelten, die in einem solchen Mitgliedstaat geführt werden.

(49) Gemäß Artikel 3 des dem EUV und dem AEUV beigefügten Protokolls Nr. 21 über die Position des Vereinigten Königreichs und Irlands hinsichtlich des Raums der Freiheit, der Sicherheit und des Rechts hat Irland mitgeteilt, dass es sich an der Annahme und Anwendung dieser Verordnung beteiligen möchte.

(50) Gemäß den Artikeln 1 und 2 des dem EUV und dem AEUV beigefügten Protokolls Nr. 21 über die Position des Vereinigten Königreichs und Irlands hinsichtlich des Raums der Freiheit, der Sicherheit und des Rechts und unbeschadet des Artikels 4 dieses Protokolls beteiligt sich das Vereinigte Königreich nicht an der Annahme dieser Verordnung und ist weder durch diese Verordnung gebunden noch zu ihrer Anwendung verpflichtet.

(51) Gemäß den Artikeln 1 und 2 des dem EUV und dem AEUV beigefügten Protokolls Nr. 22 über die Position Dänemarks beteiligt sich Dänemark nicht an der Annahme dieser Verordnung und ist weder durch diese Verordnung gebunden noch zu ihrer Anwendung verpflichtet –

HABEN FOLGENDE VERORDNUNG ERLASSEN:

Kapitel 1. Gegenstand, Anwendungsbereich und Begriffsbestimmungen

Art. 1 Gegenstand. (1) Mit dieser Verordnung wird ein Unionsverfahren eingeführt, mit dem ein Gläubiger einen Europäischen Beschluss zur vorläufigen Kontenpfändung (im Folgenden „Beschluss zur vorläufigen Pfändung" oder „Beschluss") erwirken kann, der verhindert, dass die spätere Vollstreckung seiner Forderung dadurch gefährdet wird, dass Gelder bis zu dem im Beschluss angegebenen Betrag, die vom Schuldner oder in seinem Namen auf einem in einem Mitgliedstaat geführten Bankkonto geführt werden, überwiesen oder abgehoben werden.

(2) Der Beschluss zur vorläufigen Pfändung steht dem Gläubiger als eine Alternative zu den Maßnahmen zur vorläufigen Pfändung nach dem nationalen Recht zur Verfügung.

Art. 2 Anwendungsbereich. (1) [1] Diese Verordnung gilt für Geldforderungen in Zivil- und Handelssachen bei grenzüberschreitenden Rechtssachen im Sinne des Artikels 3, ohne dass es auf die Art des Gerichts ankommt. [2] Sie gilt insbesondere nicht für Steuer- und Zollsachen sowie verwaltungsrechtliche Angelegenheiten oder die Haftung des Staates für Handlungen oder Unterlassungen im Rahmen der Ausübung hoheitlicher Rechte *(„acta jure imperii")*.

(2) Diese Verordnung gilt nicht für:

a) die ehelichen Güterstände oder Güterstände aufgrund von Verhältnissen, die nach dem auf diese Verhältnisse anzuwendenden Recht mit der Ehe vergleichbare Wirkungen entfalten;

b) das Gebiet des Testaments- und Erbrechts, einschließlich Unterhaltspflichten, die mit dem Tod entstehen;

c) Forderungen gegenüber einem Schuldner, gegen den Insolvenzverfahren, Vergleiche oder ähnliche Verfahren eröffnet worden sind;

d) die soziale Sicherheit;

e) die Schiedsgerichtsbarkeit.

(3) Diese Verordnung gilt weder für Bankkonten, die nach dem Recht des Mitgliedstaats, in dem das Konto geführt wird, nicht gepfändet werden dürfen, noch für Konten, die im Zusammenhang mit dem Betrieb eines Systems im Sinne des Artikels 2 Buchstabe a der Richtlinie 98/26/EG des Europäischen Parlaments und des Rates[1)] geführt werden.

(4) Diese Verordnung gilt nicht für Bankkonten, die von oder bei Zentralbanken geführt werden, wenn diese in ihrer Eigenschaft als Währungsbehörden tätig werden.

Art. 3 Grenzüberschreitende Rechtssachen. (1) Für die Zwecke dieser Verordnung gilt eine Rechtssache dann als grenzüberschreitend, wenn das mit dem Beschluss zur vorläufigen Pfändung vorläufig zu pfändende Bankkonto oder die damit vorläufig zu pfändenden Bankkonten in einem anderen Mitgliedstaat geführt werden als

a) dem Mitgliedstaat des Gerichts, bei dem der Beschluss zur vorläufigen Pfändung gemäß Artikel 6 beantragt worden ist, oder

b) dem Mitgliedstaat, in dem der Gläubiger seinen Wohnsitz hat.

(2) Maßgeblicher Zeitpunkt zur Feststellung, ob eine grenzüberschreitende Rechtssache vorliegt, ist der Tag, an dem der Antrag auf Erlass eines Beschlusses zur vorläufigen Pfändung bei dem Gericht, das für den Erlass des Beschlusses zur vorläufigen Pfändung zuständig ist, eingereicht wird.

Art. 4 Begriffsbestimmungen. Für die Zwecke dieser Verordnung bezeichnet der Ausdruck

1. „Bankkonto" oder „Konto" jedes Konto, das im Namen des Schuldners oder in fremdem Namen für den Schuldner bei einer Bank geführt wird und auf dem Gelder gutgeschrieben sind;

2. „Bank" ein Kreditinstitut im Sinne des Artikels 4 Absatz 1 Nummer 1 der Verordnung (EU) Nr. 575/2013 des Europäischen Parlaments und des Rates[2)] einschließlich der Zweigniederlassungen im Sinne des Artikels 4 Absatz 1 Nummer 17 jener Verordnung, die ihren Hauptsitz innerhalb oder

---

[1)] **Amtl. Anm.:** Richtlinie 98/26/EG des Europäischen Parlaments und des Rates vom 19. Mai 1998 über die Wirksamkeit von Abrechnungen in Zahlungs- sowie Wertpapierliefer- und -abrechnungssystemen (ABl. L 166 vom 11.6.1998, S. 45).

[2)] **Amtl. Anm.:** Verordnung (EU) Nr. 575/2013 des Europäischen Parlaments und des Rates vom 26. Juni 2013 über Aufsichtsanforderungen an Kreditinstitute und Wertpapierfirmen und zur Änderung der Verordnung (EU) Nr. 648/2012 (ABl. L 176 vom 27.6.2013, S. 1).

– gemäß Artikel 47 der Richtlinie 2013/36/EU des Europäischen Parlaments und des Rates[1] – außerhalb der Union haben, wenn sich diese Zweigniederlassungen in der Union befinden;

3. „Gelder" ein in beliebiger Währung auf einem Konto gutgeschriebener Geldbetrag oder vergleichbare Geldforderungen, wie beispielsweise Geldmarkteinlagen;
4. „Mitgliedstaat, in dem das Bankkonto geführt wird"
   a) den Mitgliedstaat, der in der internationalen Kontonummer (IBAN) des Kontos angegeben ist, oder
   b) bei einem Bankkonto ohne IBAN, den Mitgliedstaat, in dem die Bank, bei der das Konto geführt wird, ihren Hauptsitz hat, oder, sofern das Konto bei einer Zweigniederlassung geführt wird, den Mitgliedstaat, in dem sich die Zweigniederlassung befindet;
5. „Forderung" eine Forderung auf Zahlung eines bestimmten fälligen Geldbetrags oder eine Forderung auf Zahlung eines bestimmbaren Geldbetrags, der sich aus einer bereits erfolgten Transaktion oder einem bereits eingetretenen Ereignis ergibt, sofern eine solche Forderung gerichtlich eingeklagt werden kann;
6. „Gläubiger" eine natürliche Person mit Wohnsitz in einem Mitgliedstaat oder eine juristische Person mit Sitz in einem Mitgliedstaat oder ein sonstiger Rechtsträger mit Sitz in einem Mitgliedstaat, der nach dem Recht eines Mitgliedstaats vor Gericht klagen oder verklagt werden kann, welche bzw. welcher einen Beschluss zur vorläufigen Pfändung für eine Forderung beantragt oder bereits erwirkt hat;
7. „Schuldner" eine natürliche oder juristische Person oder ein sonstiger Rechtsträger, der nach dem Recht eines Mitgliedstaats vor Gericht klagen oder verklagt werden kann, gegen die bzw. den der Gläubiger einen Beschluss zur vorläufigen Pfändung für eine Forderung erwirken will oder bereits erwirkt hat;
8. „gerichtliche Entscheidung" jede von einem Gericht eines Mitgliedstaats erlassene Entscheidung ohne Rücksicht auf ihre Bezeichnung, einschließlich des Kostenfestsetzungsbeschlusses eines Gerichtsbediensteten;
9. „gerichtlicher Vergleich" einen Vergleich, der von einem Gericht eines Mitgliedstaats gebilligt oder vor einem Gericht eines Mitgliedstaats im Laufe eines Verfahrens geschlossen worden ist;
10. „öffentliche Urkunde" ein Schriftstück, das in einem Mitgliedstaat als öffentliche Urkunde förmlich errichtet oder eingetragen worden ist und dessen Beweiskraft
    a) sich auf die Unterschrift und den Inhalt der Urkunde bezieht und
    b) durch eine Behörde oder eine andere hierzu ermächtigte Stelle festgestellt worden ist;

---

[1] **Amtl. Anm.:** Richtlinie 2013/36/EU des Europäischen Parlaments und des Rates vom 26. Juni 2013 über den Zugang zur Tätigkeit von Kreditinstituten und die Beaufsichtigung von Kreditinstituten und Wertpapierfirmen, zur Änderung der Richtlinie 2002/87/EG und zur Aufhebung der Richtlinien 2006/48/EG und 2006/49/EG (ABl. L 176 vom 27.6.2013, S. 338).

11. „Ursprungsmitgliedstaat" den Mitgliedstaat, in dem der Beschluss zur vorläufigen Pfändung erlassen worden ist;
12. „Vollstreckungsmitgliedstaat" den Mitgliedstaat, in dem das vorläufig zu pfändende Konto geführt wird;
13. „Auskunftsbehörde" die von einem Mitgliedstaat benannte Behörde, die befugt ist, die erforderlichen Informationen zu dem Konto oder den Konten des Schuldners gemäß Artikel 14 einzuholen;
14. „zuständige Behörde" die von einem Mitgliedstaat benannte Behörde oder benannten Behörden, die befugt ist bzw. sind, den Empfang, die Übermittlung oder die Zustellung gemäß Artikel 10 Absatz 2, Artikel 23 Absätze 3, 5 und 6, Artikel 25 Absatz 3, Artikel 27 Absatz 2, Artikel 28 Absatz 3 und Artikel 36 Absatz 5 Unterabsatz 2 vorzunehmen;
15. „Wohnsitz" den Wohnsitz nach Maßgabe der Artikel 62 und 63 der Verordnung (EU) Nr. 1215/2012[1] des Europäischen Parlaments und des Rates[2].

Kapitel 2. Verfahren zur Erwirkung eines Beschlusses zur vorläufigen Pfändung

Art. 5 Verfügbarkeit. Ein Beschluss zur vorläufigen Pfändung steht dem Gläubiger in den folgenden Situationen zur Verfügung:

a) bevor der Gläubiger in einem Mitgliedstaat ein Verfahren gegen den Schuldner in der Hauptsache einleitet oder während eines solchen Verfahrens, bis die gerichtliche Entscheidung erlassen oder ein gerichtlicher Vergleich gebilligt oder geschlossen wird;
b) nachdem der Gläubiger in einem Mitgliedstaat eine gerichtliche Entscheidung, einen gerichtlichen Vergleich oder eine öffentliche Urkunde erwirkt hat, mit der bzw. dem der Schuldner aufgefordert wird, die Forderung des Gläubigers zu erfüllen.

Art. 6 Zuständigkeit. (1) In Fällen, in denen der Gläubiger noch keine gerichtliche Entscheidung, keinen gerichtlichen Vergleich oder keine öffentliche Urkunde erwirkt hat, liegt die Zuständigkeit für den Erlass eines Beschlusses zur vorläufigen Pfändung bei den Gerichten des Mitgliedstaats, die gemäß den einschlägigen anzuwendenden Zuständigkeitsvorschriften für die Entscheidung in der Hauptsache zuständig sind.

(2) Ungeachtet des Absatzes 1 sind, sofern der Schuldner ein Verbraucher ist und einen Vertrag mit dem Gläubiger zu einem Zweck geschlossen hat, der nicht der beruflichen oder gewerblichen Tätigkeit des Schuldners zugerechnet werden kann, ausschließlich die Gerichte des Mitgliedstaats, in dem der Schuldner seinen Wohnsitz hat, für den Erlass eines Beschlusses zur vorläufigen Pfändung zur Sicherung einer Forderung aus diesem Vertrag zuständig.

---

[1] Nr. **5**.

[2] **Amtl. Anm.:** Verordnung (EU) Nr. 1215/2012 des Europäischen Parlaments und des Rates vom 12. Dezember 2012 über die gerichtliche Zuständigkeit und die Anerkennung und Vollstreckung von Entscheidungen in Zivil- und Handelssachen (ABl. L 351 vom 20.12.2012, S. 1).

(3) Hat der Gläubiger bereits eine gerichtliche Entscheidung oder einen gerichtlichen Vergleich erwirkt, so sind die Gerichte des Mitgliedstaats, in dem die Entscheidung erlassen wurde oder der gerichtliche Vergleich gebilligt oder geschlossen wurde, für den Erlass des Beschlusses zur vorläufigen Pfändung über die in der gerichtlichen Entscheidung oder dem gerichtlichen Vergleich angegebene Forderung zuständig.

(4) Hat der Gläubiger die Ausstellung einer öffentlichen Urkunde erwirkt, so sind die als hierfür zuständig bezeichneten Gerichte des Mitgliedstaats, in dem die Urkunde errichtet wurde, für den Erlass des Beschlusses zur vorläufigen Pfändung über die in der Urkunde angegebene Forderung zuständig.

Art. 7 Bedingungen für den Erlass eines Beschlusses zur vorläufigen Pfändung. (1) Das Gericht erlässt einen Beschluss zur vorläufigen Pfändung, wenn der Gläubiger hinreichende Beweismittel vorgelegt hat, die das Gericht zu der berechtigten Annahme veranlassen, dass eine Sicherungsmaßnahme in Form eines Beschlusses zur vorläufigen Pfändung dringend erforderlich ist, weil eine tatsächliche Gefahr besteht, dass ohne diese Maßnahme die spätere Vollstreckung der Forderung des Gläubigers gegenüber dem Schuldner unmöglich oder sehr erschwert wird.

(2) Hat der Gläubiger noch in keinem Mitgliedstaat eine gerichtliche Entscheidung, einen gerichtlichen Vergleich oder eine öffentliche Urkunde erwirkt, mit der bzw. mit dem der Schuldner aufgefordert wird, die Forderung des Gläubigers zu erfüllen, so legt er zudem hinreichende Beweismittel vor, die das Gericht zu der berechtigten Annahme veranlassen, dass über die Forderung gegenüber dem Schuldner in der Hauptsache voraussichtlich zugunsten des Gläubigers entschieden wird.

Art. 8 Antrag auf Erlass eines Beschlusses zur vorläufigen Pfändung.

(1) Anträge auf Erlass eines Beschlusses zur vorläufigen Pfändung sind unter Verwendung des gemäß dem Beratungsverfahren nach Artikel 52 Absatz 2 erstellten Formblatts einzureichen.

(2) Der Antrag muss folgende Angaben enthalten:

a) Name und Anschrift des Gerichts, bei dem der Antrag eingereicht wird;

b) Angaben zum Gläubiger: Name und Kontaktdaten sowie gegebenenfalls Name und Kontaktdaten des Vertreters des Gläubigers und

   i) wenn der Gläubiger eine natürliche Person ist, ihr Geburtsdatum und, falls vorhanden und falls verfügbar, ihre Identifikations- oder Passnummer, oder

   ii) wenn der Gläubiger eine juristische Person oder ein sonstiger Rechtsträger ist, der nach dem Recht eines Mitgliedstaats vor Gericht klagen oder verklagt werden kann, den Staat ihrer Gründung, Erlangung der Rechtsfähigkeit oder Registrierung und ihre Identifikations- oder Registrierungsnummer oder, falls keine solche Nummer vorhanden ist, Datum und Ort ihrer Gründung, Erlangung der Rechtsfähigkeit oder Registrierung;

c) Angaben zum Schuldner: Name und Kontaktdaten sowie gegebenenfalls Name und Kontaktdaten des Vertreters des Schuldners und, falls verfügbar:

i) wenn der Schuldner eine natürliche Person ist, ihr Geburtsdatum und ihre Identifikations- oder Passnummer, oder

ii) wenn der Schuldner eine juristische Person oder ein sonstiger Rechtsträger ist, der nach dem Recht eines Mitgliedstaats vor Gericht klagen oder verklagt werden kann, den Staat ihrer Gründung, Erlangung der Rechtsfähigkeit oder Registrierung und ihre Identifikations- oder Registrierungsnummer oder, falls keine solche Nummer vorhanden ist, Datum und Ort ihrer Gründung, Erlangung der Rechtsfähigkeit oder Registrierung;

d) eine Nummer, mit der die Bank identifiziert werden kann, wie IBAN oder BIC und/oder Name und Anschrift der Bank, bei der der Schuldner ein oder mehrere vorläufig zu pfändende Konten unterhält;

e) falls verfügbar die Nummer des oder der vorläufig zu pfändenden Konten und in diesem Fall die Angabe, ob andere Konten des Schuldners bei derselben Bank vorläufig gepfändet werden sollen;

f) falls keine der nach Buchstabe d erforderlichen Angaben vorgelegt werden kann, eine Erklärung, dass die Einholung der Kontoinformationen gemäß Artikel 14 beantragt wurde, sofern ein solcher Antrag möglich ist, und die Angabe der Gründe, warum nach Auffassung des Gläubigers der Schuldner ein oder mehrere Konten bei einer Bank in einem bestimmten Mitgliedstaat unterhält;

g) die Höhe der Forderung, für die der Beschluss zur vorläufigen Pfändung beantragt wird:

i) wenn der Gläubiger noch keine gerichtliche Entscheidung, keinen gerichtlichen Vergleich oder keine öffentliche Urkunde erwirkt hat, die Höhe der Hauptforderung oder eines Teils der Hauptforderung und etwaiger Zinsen, soweit diese gemäß Artikel 15 eingetrieben werden können;

ii) wenn der Gläubiger bereits eine gerichtliche Entscheidung oder einen gerichtlichen Vergleich oder eine öffentliche Urkunde erwirkt hat, die Höhe der Hauptforderung, die in der gerichtlichen Entscheidung, dem gerichtlichen Vergleich oder der öffentlichen Urkunde angegeben ist, oder eines Teils der Hauptforderung und etwaiger Zinsen und Kosten, soweit diese gemäß Artikel 15 eingetrieben werden können;

h) wenn der Gläubiger noch keine gerichtliche Entscheidung, keinen gerichtlichen Vergleich oder keine öffentliche Urkunde erwirkt hat,

i) eine Beschreibung aller sachlich relevanten Umstände, die die Zuständigkeit des Gerichts, bei dem der Antrag auf Erlass eines Beschlusses zur vorläufigen Pfändung eingereicht wird, begründen;

ii) eine Beschreibung aller sachlich relevanten Umstände, auf die sich die Forderung sowie gegebenenfalls die Zinsforderungen gründen;

iii) eine Erklärung, die Auskunft darüber gibt, ob der Gläubiger bereits ein Verfahren gegen den Schuldner in der Hauptsache eingeleitet hat;

i) wenn der Gläubiger bereits eine gerichtliche Entscheidung oder einen gerichtlichen Vergleich oder eine öffentliche Urkunde erwirkt hat, eine Erklärung, dass der gerichtlichen Entscheidung, dem gerichtlichen Vergleich oder der öffentlichen Urkunde noch nicht Folge geleistet wurde, oder, falls dieser bzw. diesem zum Teil Folge geleistet wurde, Angaben darüber, inwieweit ihr bzw. ihm nicht Folge geleistet wurde;

j) eine Beschreibung aller sachlich relevanten Umstände nach Maßgabe des Artikels 7 Absatz 1, die den Erlass eines Beschlusses zur vorläufigen Pfändung rechtfertigen;

k) gegebenenfalls eine Angabe der Gründe, warum der Gläubiger seiner Ansicht nach von der Sicherheitsleistung nach Artikel 12 befreit werden sollte;

l) eine Liste der vom Gläubiger vorgelegten Beweismittel;

m) eine Erklärung gemäß Artikel 16, die Auskunft darüber gibt, ob der Gläubiger bei anderen Gerichten oder Behörden einen Antrag auf Erlass eines gleichwertigen nationalen Beschlusses gestellt hat oder ob ein solcher Beschluss bereits erwirkt oder abgelehnt wurde und, falls ein solcher erwirkt wurde, inwieweit er bereits ausgeführt wurde;

n) eine fakultative Angabe des Bankkontos des Gläubigers, das für eine freiwillige Erfüllung der Forderung durch den Schuldner zu verwenden ist;

o) eine Erklärung, dass die Angaben im Antrag vom Gläubiger nach bestem Wissen und Gewissen wahrheitsgemäß und vollständig gemacht wurden und dass dem Gläubiger bewusst ist, dass vorsätzlich falsche oder unvollständige Angaben Rechtsfolgen nach dem Recht des Mitgliedstaats, in dem der Antrag eingereicht wurde, oder eine Haftung nach Artikel 13 nach sich ziehen können.

(3) Dem Antrag sind alle zweckdienlichen Unterlagen beizufügen sowie, wenn der Gläubiger bereits eine gerichtliche Entscheidung oder einen gerichtlichen Vergleich oder eine öffentliche Urkunde erwirkt hat, eine Ausfertigung der gerichtlichen Entscheidung, des gerichtlichen Vergleichs oder der öffentlichen Urkunde, die die für ihre Beweiskraft erforderlichen Voraussetzungen erfüllt.

(4) Der Antrag und die Unterlagen können auf jedem Weg übermittelt werden, der nach den Verfahrensvorschriften des Mitgliedstaats, in dem der Antrag eingereicht wird, zulässig ist, einschließlich elektronischer Kommunikationswege.

Art. 9 Beweisaufnahme. (1) [1]Das Gericht trifft seine Entscheidung im Wege eines schriftlichen Verfahrens auf Grundlage der Informationen und Beweismittel, die der Gläubiger in seinem Antrag vorgebracht bzw. seinem Antrag beigefügt hat. [2]Erachtet das Gericht die vorgelegten Beweismittel für nicht ausreichend, so kann es, sofern dies nach nationalem Recht zulässig ist, den Gläubiger auffordern, zusätzliche schriftliche Beweismittel vorzulegen.

(2) Ungeachtet des Absatzes 1 und vorbehaltlich des Artikels 11 kann das Gericht, sofern das Verfahren dadurch nicht übermäßig verzögert wird, außerdem jede andere geeignete Methode der Beweiserhebung anwenden, die nach seinem nationalen Recht zur Verfügung steht, wie beispielweise die mündliche Anhörung des Gläubigers oder seines bzw. seiner Zeugen, unter anderem auch mittels Videokonferenz oder einer anderen Kommunikationstechnologie.

Art. 10 Einleitung des Verfahrens in der Hauptsache. (1) [1]Hat der Gläubiger vor der Einleitung eines Verfahrens in der Hauptsache einen Antrag auf Erlass eines Beschlusses zur vorläufigen Pfändung gestellt, so leitet er ein solches

Verfahren ein und weist vor dem Gericht, bei dem der Antrag auf Erlass des Beschlusses zur vorläufigen Pfändung eingereicht wurde, innerhalb von 30 Tagen nach Einreichung seines Antrags oder innerhalb von 14 Tagen nach dem Erlass des Beschlusses, je nachdem, welcher Zeitpunkt der spätere ist, nach, dass er ein solches Verfahren eingeleitet hat. [2]Das Gericht kann diese Frist auf Antrag des Schuldners auch verlängern, beispielsweise um es den Parteien zu ermöglichen, eine Einigung hinsichtlich der Erfüllung der Forderung zu erzielen; es unterrichtet beide Parteien entsprechend.

(2) *[1]* Geht der Nachweis über die Einleitung des Verfahrens nicht innerhalb der Frist nach Absatz 1 beim Gericht ein, so wird der Beschluss zur vorläufigen Pfändung widerrufen oder er endet und die Parteien werden entsprechend unterrichtet.

[2] Hat das Gericht, das den Beschluss erlassen hat, seinen Sitz im Vollstreckungsmitgliedstaat, so erfolgt der Widerruf oder die Beendigung des Beschlusses in diesem Mitgliedstaat nach dem Recht dieses Mitgliedstaats.

[3] [1]Ist der Widerruf oder die Beendigung in einem anderen Mitgliedstaat als dem Ursprungsmitgliedstaat durchzuführen, so widerruft das Gericht den Beschluss zur vorläufigen Pfändung unter Verwendung des Widerrufsformblatts, das im Wege von gemäß dem Beratungsverfahren nach Artikel 52 Absatz 2 erlassenen Durchführungsakten erstellt wurde, und übermittelt das Widerrufsformblatt gemäß Artikel 29 der zuständigen Behörde des Vollstreckungsmitgliedstaats. [2]Diese Behörde unternimmt die erforderlichen Schritte, indem sie gegebenenfalls Artikel 23 anwendet, damit der Widerruf oder die Beendigung ausgeführt wird.

(3) *[1]* Für die Zwecke des Absatzes 1 gilt ein Verfahren in der Hauptsache als eingeleitet

a) zu dem Zeitpunkt, zu dem das verfahrenseinleitende Schriftstück oder ein gleichwertiges Schriftstück bei Gericht eingereicht worden ist, vorausgesetzt, dass der Gläubiger es in der Folge nicht versäumt hat, die ihm obliegenden Maßnahmen zu treffen, um die Zustellung des Schriftstücks an den Schuldner zu bewirken, oder

b) falls die Zustellung an den Schuldner vor Einreichung des Schriftstücks bei Gericht zu bewirken ist, zu dem Zeitpunkt, zu dem die für die Zustellung verantwortliche Behörde das Schriftstück erhalten hat, vorausgesetzt, dass der Gläubiger es in der Folge nicht versäumt hat, die ihm obliegenden Maßnahmen zu treffen, um das Schriftstück bei Gericht einzureichen.

[2] Die für die Zustellung verantwortliche Behörde im Sinne des Unterabsatzes 1 Buchstaben b ist die Behörde, die die zuzustellenden Schriftstücke zuerst erhält.

Art. 11 Verfahren ohne vorherige Anhörung des Antragsgegners. Der Schuldner erhält vor Erlass des Beschlusses zur vorläufigen Pfändung keine Kenntnis vom Antrag auf Erlass des Beschlusses oder Gelegenheit zur Äußerung.

Art. 12 Sicherheitsleistung des Gläubigers. (1) *[1]* In Fällen, in denen der Gläubiger noch keine gerichtliche Entscheidung, keinen gerichtlichen Vergleich oder keine öffentliche Urkunde erwirkt hat, verlangt das Gericht vor

Erlass eines Beschlusses zur vorläufigen Pfändung vom Gläubiger die Leistung einer Sicherheit in ausreichender Höhe, um einen Missbrauch des in dieser Verordnung vorgesehenen Verfahrens zu verhindern und sicherzustellen, dass der Schuldner für einen etwaigen Schaden, der ihm infolge des Beschlusses entstanden ist, entschädigt werden kann, soweit der Gläubiger gemäß Artikel 13 für einen solchen Schaden haftet.

[2] In Ausnahmefällen kann das Gericht von der Anforderung gemäß Unterabsatz 1 absehen, wenn es der Auffassung ist, dass die Sicherheitsleistung gemäß jenem Unterabsatz in Anbetracht der Umstände des Falls unangemessen ist.

(2) Hat der Gläubiger bereits eine gerichtliche Entscheidung oder einen gerichtlichen Vergleich oder eine öffentliche Urkunde erwirkt, so kann das Gericht vom Gläubiger eine Sicherheitsleistung nach Absatz 1 Unterabsatz 1 verlangen, bevor es den Beschluss erlässt, wenn es der Auffassung ist, dass dies in Anbetracht der Umstände des Falles erforderlich und angemessen ist.

(3) [1] Falls das Gericht gemäß diesem Artikel die Leistung einer Sicherheit verlangt, so teilt es dem Gläubiger den verlangten Betrag und die nach dem Recht des Mitgliedstaats, in dem das Gericht seinen Sitz hat, zulässigen Formen der Sicherheitsleistung mit. [2] Es teilt dem Gläubiger mit, dass es den Beschluss zur vorläufigen Pfändung erlässt, sobald die Sicherheit gemäß diesen Anforderungen geleistet ist.

Art. 13 Haftung des Gläubigers. (1) [1] Der Gläubiger haftet für etwaige Schäden, die dem Schuldner durch den Beschluss zur vorläufigen Pfändung aufgrund eines Verschuldens des Gläubigers entstanden sind. [2] Die Beweislast liegt beim Schuldner.

(2) In den folgenden Fällen wird das Verschulden des Gläubigers vermutet, sofern er nicht das Gegenteil nachweist,

a) wenn der Beschluss widerrufen wird, weil der Gläubiger es unterlassen hat, ein Verfahren in der Hauptsache einzuleiten, es sei denn, diese Unterlassung war eine Folge der Zahlung der Forderung durch den Schuldner oder einer anderen Form des Vergleichs zwischen den Parteien;

b) wenn der Gläubiger es unterlassen hat, die Freigabe überpfändeter Beträge gemäß Artikel 27 zu beantragen;

c) wenn in der Folge festgestellt wird, dass der Erlass des Beschlusses aufgrund der Tatsache, dass der Gläubiger seinen Verpflichtungen nach Artikel 16 nicht nachgekommen ist, nicht oder nur für einen niedrigeren Betrag gerechtfertigt war, oder

d) wenn der Beschluss widerrufen oder seine Vollstreckung beendet wird, weil der Gläubiger seinen Verpflichtungen gemäß dieser Verordnung in Bezug auf die Zustellung oder Übersetzung der Schriftstücke oder im Hinblick auf die Heilung der fehlenden Zustellung oder fehlenden Übersetzung nicht nachgekommen ist.

(3) [1] Ungeachtet des Absatzes 1 können die Mitgliedstaaten andere Gründe oder Arten der Haftung oder Vorschriften zur Beweislast in ihrem nationalen Recht beibehalten oder in ihr nationales Recht aufnehmen. [2] Alle anderen Aspekte im Zusammenhang mit der Haftung des Gläubigers gegenüber dem Schuldner, die in Absatz 1 oder 2 nicht spezifisch behandelt werden, unterliegen dem nationalen Recht.

(4) *[1]* Das auf die Haftung des Gläubigers anzuwendende Recht ist das Recht des Vollstreckungsmitgliedstaats.

[2] Werden Konten in mehr als einem Mitgliedstaat vorläufig gepfändet, so gilt für die Haftung des Gläubigers das Recht des Vollstreckungsmitgliedstaats,

a) in dem der Schuldner seinen gewöhnlichen Aufenthalt, wie er in Artikel 23 der Verordnung (EG) Nr. 864/2007 des Europäischen Parlaments und des Rates[1)] definiert ist, hat, oder andernfalls

b) der die engste Verknüpfung zu dem Fall hat.

(5) In diesem Artikel wird nicht die Frage etwaiger Haftung des Gläubigers gegenüber einer Bank oder einem Dritten behandelt.

Art. 14 Antrag auf Einholung von Kontoinformationen. (1) *[1]* Hat der Gläubiger in einem Mitgliedstaat eine vollstreckbare gerichtliche Entscheidung, einen gerichtlichen Vergleich oder eine öffentliche Urkunde erwirkt, mit der bzw. dem vom Schuldner verlangt wird, die Forderung des Gläubigers zu erfüllen, und hat der Gläubiger Grund zu der Annahme, dass der Schuldner ein oder mehrere Konten bei einer Bank in einem bestimmten Mitgliedstaat unterhält, ist ihm jedoch weder der Name noch die Anschrift der Bank noch die IBAN, BIC oder eine andere Banknummer bekannt, welche die Identifizierung der Bank ermöglicht, so kann er bei dem Gericht, bei dem der Beschluss zur vorläufigen Pfändung beantragt wurde, beantragen, die Auskunftsbehörde des Vollstreckungsmitgliedstaats um Einholung der Informationen zu ersuchen, die erforderlich sind, um die Identifizierung der Bank oder der Banken und des Kontos oder der Konten des Schuldners zu ermöglichen.

[2] Ungeachtet des Unterabsatzes 1 kann der Gläubiger den dort genannten Antrag auch dann stellen, wenn die gerichtliche Entscheidung, der gerichtliche Vergleich oder die öffentliche Urkunde, die er erwirkt hat, noch nicht vollstreckbar ist, sofern es sich unter Berücksichtigung der einschlägigen Gegebenheiten um einen vorläufig zu pfändenden Betrag von erheblicher Höhe handelt und sofern der Gläubiger Beweismittel vorgelegt hat, die das Gericht zu der berechtigten Annahme veranlassen, dass die Kontoinformationen dringend erforderlich sind, da sonst die spätere Vollstreckung der Forderung des Gläubigers gegenüber dem Schuldner wahrscheinlich gefährdet ist, und dass dies in der Folge zu einer wesentlichen Verschlechterung der finanziellen Lage des Gläubigers führen könnte.

(2) [1]Der Gläubiger stellt den Antrag gemäß Absatz 1 in dem Antrag auf Erlass des Beschlusses zur vorläufigen Pfändung. [2]Der Gläubiger begründet, warum der Schuldner seiner Auffassung nach ein oder mehrere Konten bei einer Bank in einem bestimmten Mitgliedstaat unterhält, und legt alle ihm bekannten relevanten Informationen über den Schuldner und das vorläufig zu pfändende Konto oder die vorläufig zu pfändenden Konten vor. [3]Kommt das Gericht, bei dem der Antrag auf Erlass eines Beschlusses zur vorläufigen Pfändung gestellt worden ist, zu dem Schluss, dass der Antrag des Gläubigers nicht ausreichend begründet ist, so lehnt es den Antrag ab.

[1)] **Amtl. Anm.:** Verordnung (EG) Nr. 864/2007 des Europäischen Parlaments und des Rates vom 11. Juli 2007 über das auf außervertragliche Schuldverhältnisse anzuwendende Recht („Rom II") (ABl. L 199 vom 31.7.2007, S. 40).

(3) Ist das Gericht der Überzeugung, dass der Antrag des Gläubigers ausreichend begründet ist und dass – abgesehen von den Informationspflichten nach Artikel 8 Absatz 2 Buchstabe d – alle Bedingungen und Anforderungen für den Erlass des Beschlusses zur vorläufigen Pfändung sowie gegebenenfalls die Anforderung einer Sicherheitsleistung nach Artikel 12 erfüllt sind, so übermittelt das Gericht gemäß Artikel 29 das Ersuchen um Informationen an die Auskunftsbehörde des Vollstreckungsmitgliedstaats.

(4) Zur Einholung der Informationen nach Absatz 1 bedient sich die Auskunftsbehörde des Vollstreckungsmitgliedstaats einer der Methoden, die in diesem Mitgliedstaat nach Absatz 5 zur Verfügung stehen.

(5) *[1]* Jeder Mitgliedstaat stellt in seinem nationalen Recht mindestens eine der folgenden Methoden für die Einholung von Informationen nach Absatz 1 zur Verfügung:

a) Alle Banken in seinem Hoheitsgebiet werden verpflichtet, auf Ersuchen der Auskunftsbehörde offenzulegen, ob der Schuldner bei ihnen ein Konto unterhält;

b) die Auskunftsbehörde kann auf die einschlägigen Informationen zugreifen, sofern sie bei Behörden oder öffentlichen Verwaltungen in Registern oder anderweitig gespeichert sind;

c) die Möglichkeit seiner Gerichte, den Schuldner zu verpflichten, offenzulegen, bei welcher Bank oder welchen Banken er in seinem Hoheitsgebiet ein oder mehrere Konten unterhält, wenn eine solche Verpflichtung mit einem Gerichtsbeschluss in personam einhergeht, mit dem ihm die Abhebung oder Überweisung von Geldern auf seinem Konto oder seinen Konten bis zu dem Betrag, der mit dem Beschluss zur vorläufigen Pfändung vorläufig gepfändet werden soll, untersagt wird, oder

d) jede andere Methode, nach der die einschlägigen Informationen wirksam und effizient beschafft werden können, sofern der finanzielle und zeitliche Aufwand nicht unverhältnismäßig ist.

[2] Unabhängig davon, welche Methode oder Methoden ein Mitgliedstaat zur Verfügung stellt, gehen alle an der Einholung der Informationen beteiligten Behörden zügig vor.

(6) Sobald die Auskunftsbehörde des Vollstreckungsmitgliedstaats die Kontoinformationen eingeholt hat, übermittelt sie die Informationen dem ersuchenden Gericht gemäß Artikel 29.

(7) [1] Ist die Auskunftsbehörde nicht imstande, die Informationen nach Absatz 1 einzuholen, so teilt sie dies dem ersuchenden Gericht mit. [2] Wird der Antrag auf einen Beschluss zur vorläufigen Pfändung aufgrund des Fehlens der Kontoinformationen gemäß Absatz 1 vollständig abgelehnt, so gibt das ersuchende Gericht unverzüglich alle Sicherheiten frei, die der Gläubiger nach Artikel 12 möglicherweise geleistet hat.

(8) Erhält die Auskunftsbehörde gemäß diesem Artikel Informationen von einer Bank oder Zugriff auf die bei Behörden oder öffentlichen Verwaltungen in Registern gespeicherten Kontoinformationen, so wird die Benachrichtigung des Schuldners über die Offenlegung seiner personenbezogenen Daten um 30 Tage aufgeschoben, um zu verhindern, dass eine frühzeitige Benachrichtigung die Wirkung des Beschlusses zur vorläufigen Pfändung gefährdet.

Art. 15 Zinsen und Kosten. (1) Auf Antrag des Gläubigers werden in den Beschluss zur vorläufigen Pfändung alle Zinsen einbezogen, die nach dem auf die Forderung anwendbaren Recht bis zum Zeitpunkt des Erlasses des Beschlusses angefallen sind, sofern die Einbeziehung nicht aufgrund der Höhe und der Art der Zinsen einen Verstoß gegen die Eingriffsnormen nach dem Recht des Ursprungsmitgliedstaats darstellen.

(2) Hat ein Gläubiger bereits eine gerichtliche Entscheidung, einen gerichtlichen Vergleich oder eine öffentliche Urkunde erwirkt, so werden auf Antrag des Gläubigers auch die Kosten für die Erwirkung dieser gerichtlichen Entscheidung, dieses gerichtlichen Vergleichs oder dieser öffentlichen Urkunde in den Beschluss zur vorläufigen Pfändung einbezogen, insoweit entschieden wurde, dass diese Kosten dem Schuldner auferlegt werden.

Art. 16 Parallele Anträge. (1) Der Gläubiger darf nicht bei mehreren Gerichten gleichzeitig parallele Anträge auf Erlass eines Beschlusses zur vorläufigen Pfändung gegen denselben Schuldner zur Sicherung derselben Forderung stellen.

(2) [1] Der Gläubiger erklärt in seinem Antrag auf Erlass eines Beschlusses zur vorläufigen Pfändung, ob er gegen denselben Schuldner im Hinblick auf die Sicherung derselben Forderung bei einem anderen Gericht oder einer anderen Behörde einen Antrag auf Erlass eines gleichwertigen nationalen Beschlusses gestellt oder bereits erwirkt hat. [2] Er gibt außerdem diejenigen Anträge auf Erlass eines solchen Beschlusses an, die als unzulässig oder unbegründet abgelehnt wurden.

(3) [1] Wenn der Gläubiger während des Verfahrens zum Erlass eines Beschlusses zur vorläufigen Pfändung einen gleichwertigen nationalen Beschluss gegen denselben Schuldner und zur Sicherung derselben Forderung erwirkt hat, unterrichtet er unverzüglich das Gericht hierüber und über jede spätere Ausführung des erlassenen nationalen Beschlusses. [2] Er unterrichtet das Gericht außerdem über diejenigen Anträge auf Erlass eines gleichwertigen nationalen Beschlusses, die als unzulässig oder unbegründet abgelehnt wurden.

(4) Wird das Gericht darüber unterrichtet, dass der Gläubiger bereits einen gleichwertigen nationalen Beschluss erwirkt hat, so prüft es unter Berücksichtigung aller Umstände des Falls, ob der Erlass des Beschlusses zur vorläufigen Pfändung im Ganzen oder in Teilen noch angemessen ist.

Art. 17 Entscheidung über den Antrag auf Erlass eines Beschlusses zur vorläufigen Pfändung. (1) Das Gericht, bei dem der Antrag auf Erlass eines Beschlusses zur vorläufigen Pfändung gestellt worden ist, prüft, ob die Bedingungen und Voraussetzungen dieser Verordnung erfüllt sind.

(2) Das Gericht entscheidet über den Antrag unverzüglich, spätestens jedoch vor Ablauf der in Artikel 18 festgelegten Fristen.

(3) [1] Hat der Gläubiger nicht alle Angaben nach Artikel 8 gemacht, so kann das Gericht dem Gläubiger die Möglichkeit einräumen, den Antrag innerhalb einer vom Gericht festzulegenden Frist zu vervollständigen oder zu berichtigen, sofern der Antrag nicht offensichtlich unzulässig oder unbegründet ist. [2] Versäumt es der Gläubiger, den Antrag fristgerecht zu vervollständigen oder zu berichtigen, so wird der Antrag abgelehnt.

(4) [1] Der Beschluss zur vorläufigen Pfändung wird über einen Betrag erlassen, der durch die Beweismittel nach Artikel 9 und gemäß dem auf die zugrunde liegende Forderung anzuwendenden Recht begründet ist, und umfasst gegebenenfalls die Zinsen und/oder Kosten gemäß Artikel 15.

[2] Der Beschluss wird in keinem Fall über einen Betrag erlassen, der den vom Gläubiger in seinem Antrag angegebenen Betrag übersteigt.

(5) Die Entscheidung über den Antrag wird dem Gläubiger nach dem im nationalen Recht des Ursprungsmitgliedstaats vorgesehenen Verfahren für gleichwertige nationale Beschlüsse mitgeteilt.

Art. 18 Für die Entscheidung über einen Antrag auf Erlass eines Beschlusses zur vorläufigen Pfändung geltende Fristen. (1) Hat der Gläubiger noch keine gerichtliche Entscheidung, keinen gerichtlichen Vergleich oder keine öffentliche Urkunde erwirkt, so erlässt das Gericht seine Entscheidung bis zum Ende des zehnten Arbeitstags, nach dem der Gläubiger seinen Antrag eingereicht oder gegebenenfalls vervollständigt hat.

(2) Hat der Gläubiger bereits eine gerichtliche Entscheidung, einen gerichtlichen Vergleich oder eine öffentliche Urkunde erwirkt, so erlässt das Gericht seine Entscheidung bis zum Ende des fünften Arbeitstags, nach dem der Gläubiger seinen Antrag eingereicht oder gegebenenfalls vervollständigt hat.

(3) Hält das Gericht eine mündliche Anhörung des Gläubigers oder, je nach Sachlage, seines (oder seiner) Zeugen gemäß Artikel 9 Absatz 2 für erforderlich, so führt es diese Anhörung unverzüglich durch und erlässt seine Entscheidung bis zum Ende des fünften Arbeitstags nach der Anhörung.

(4) [1] In Fällen nach Artikel 12 gelten für die Entscheidung, vom Gläubiger eine Sicherheitsleistung zu verlangen, die in den Absätzen 1, 2 und 3 des vorliegenden Artikels genannten Fristen. [2] Das Gericht erlässt seine Entscheidung über einen Antrag auf Erlass eines Beschlusses zur vorläufigen Pfändung unverzüglich, nachdem der Gläubiger die verlangte Sicherheit geleistet hat.

(5) Ungeachtet der Absätze 1, 2 und 3 erlässt das Gericht in Fällen nach Artikel 14 seine Entscheidung unverzüglich, nachdem es die Informationen nach Artikel 14 Absatz 6 oder 7 erhalten hat, sofern der Gläubiger zu diesem Zeitpunkt die gegebenenfalls verlangte Sicherheit geleistet hat.

Art. 19 Form und Inhalt des Beschlusses zur vorläufigen Pfändung.

(1) [1] Der Beschluss zur vorläufigen Pfändung wird unter Verwendung des Formblatts erlassen, das im Wege von gemäß dem Beratungsverfahren nach Artikel 52 Absatz 2 erlassenen Durchführungsakten erstellt wurde, und trägt einen Stempel, eine Unterschrift und/oder eine andere Authentifizierung des Gerichts. [2] Das Formblatt besteht aus zwei Teilen:

a) Teil A mit den Informationen nach Absatz 2, die der Bank, dem Gläubiger und dem Schuldner zu übermitteln sind, und

b) Teil B mit den Informationen gemäß Absatz 3, die zusätzlich zu den Informationen nach Absatz 2 dem Gläubiger und dem Schuldner zu übermitteln sind.

(2) Teil A enthält die folgenden Informationen:

a) den Namen, die Anschrift und das Aktenzeichen des Gerichts;

b) Angaben zum Gläubiger gemäß Artikel 8 Absatz 2 Buchstabe b;

c) Angaben zum Schuldner gemäß Artikel 8 Absatz 2 Buchstabe c;

d) den Namen und die Anschrift der Bank, die von dem Beschluss betroffen ist;

e) wenn der Gläubiger die Kontonummer des Schuldners im Antrag angegeben hat, die Nummer des oder der vorläufig zu pfändenden Konten sowie gegebenenfalls die Angabe, ob andere Konten des Schuldners bei derselben Bank ebenfalls vorläufig gepfändet werden müssen;

f) gegebenenfalls die Angabe, dass die Nummer etwaiger vorläufig zu pfändender Konten durch einen Antrag nach Artikel 14 erlangt wurde und dass die Bank, sofern dies gemäß Artikel 24 Absatz 4 Unterabsatz 2 erforderlich ist, die betreffende Nummer oder die betreffenden Nummern von der Auskunftsbehörde des Vollstreckungsmitgliedstaats erlangt;

g) die Höhe des mit dem Beschluss vorläufig zu pfändenden Betrags;

h) eine Anweisung an die Bank, den Beschluss gemäß Artikel 24 auszuführen;

i) das Datum des Erlasses des Beschlusses;

j) wenn der Gläubiger gemäß Artikel 8 Absatz 2 Buchstabe n in seinem Antrag ein Konto angegeben hat, eine an die Bank gerichtete Ermächtigung gemäß Artikel 24 Absatz 3, falls der Schuldner dies beantragt und falls dies nach dem Recht des Vollstreckungsmitgliedstaats zulässig ist, Gelder bis zu der im Beschluss angegebenen Höhe freigeben und von dem vorläufig gepfändeten Konto auf das Konto, das der Gläubiger in seinem Antrag angegeben hat, überweisen kann;

k) Angaben dazu, wo die elektronische Fassung des Formblatts für die Erklärung nach Artikel 25 zu finden ist.

(3) Teil B enthält die folgenden Informationen:

a) eine Beschreibung des Gegenstands des Verfahrens und die Begründung des Gerichts für den Erlass des Beschlusses;

b) die Höhe der vom Gläubiger gegebenenfalls geleisteten Sicherheit;

c) gegebenenfalls die Frist für die Einleitung des Verfahrens in der Hauptsache und für den Nachweis der Verfahrenseinleitung gegenüber dem erlassenden Gericht;

d) gegebenenfalls eine Angabe darüber, welche Schriftstücke gemäß Artikel 49 Absatz 1 Satz 2 zu übersetzen sind;

e) gegebenenfalls die Angabe, dass der Gläubiger dafür zuständig ist, die Vollstreckung des Beschlusses zu veranlassen, und folglich gegebenenfalls dafür zuständig ist, den Beschluss gemäß Artikel 23 Absatz 3 an die zuständige Behörde des Vollstreckungsmitgliedstaats zu übermitteln und die Zustellung an den Schuldner gemäß Artikel 28 Absätze 2, 3 und 4 zu veranlassen, und

f) eine Rechtsbehelfsbelehrung des Schuldners.

(4) [1] Betrifft der Beschluss zur vorläufigen Pfändung Konten bei verschiedenen Banken, so ist für jede Bank ein gesondertes Formblatt (Teil A gemäß Absatz 2) auszufüllen. [2] In diesem Fall enthält das dem Gläubiger und dem Schuldner zur Verfügung gestellte Formular (Teile A und B gemäß den Absätzen 2 bzw. 3) eine Liste aller betroffenen Banken.

Art. 20 Geltungsdauer der vorläufigen Pfändung. Die mit dem Beschluss zur vorläufigen Pfändung vorläufig gepfändeten Gelder bleiben gemäß dem Beschluss oder späteren Änderungen oder Begrenzungen des Beschlusses gemäß Kapitel 4 so lange vorläufig gepfändet,

a) bis der Beschluss widerrufen wird;

b) bis die Vollstreckung des Beschlusses beendet ist oder

c) bis eine Maßnahme zur Vollstreckung einer gerichtlichen Entscheidung, eines gerichtlichen Vergleichs oder einer öffentlichen Urkunde, die bzw. den der Gläubiger hinsichtlich der durch den Beschluss zur vorläufigen Pfändung zu sichernden Forderung erwirkt hat, in Bezug auf die durch den Beschluss vorläufig gepfändeten Gelder wirksam wird.

Art. 21 Rechtsbehelf gegen eine Ablehnung des Antrags auf Erlass eines Beschlusses zur vorläufigen Pfändung. (1) Der Gläubiger kann gegen die Entscheidung des Gerichts, durch die sein Antrag auf Erlass eines Beschlusses zur vorläufigen Pfändung ganz oder teilweise abgelehnt wurde, einen Rechtsbehelf einlegen.

(2) [1] Ein solcher Rechtsbehelf wird innerhalb von 30 Tagen ab dem Tag, an dem die Entscheidung nach Absatz 1 dem Gläubiger mitgeteilt wurde, eingelegt. [2] Er wird bei dem Gericht eingelegt, das der betreffende Mitgliedstaat gemäß Artikel 50 Absatz 1 Buchstabe d der Kommission mitgeteilt hat.

(3) Wurde der Antrag auf Erlass eines Beschlusses zur vorläufigen Pfändung ganz abgelehnt, so wird der Rechtsbehelf gemäß dem Verfahren ohne vorherige Anhörung des Antragsgegners nach Maßgabe des Artikels 11 bearbeitet.

Kapitel 3. Anerkennung, Vollstreckbarkeit und Vollstreckung des Beschlusses zur vorläufigen Pfändung

Art. 22 Anerkennung und Vollstreckbarkeit. Ein in einem Mitgliedstaat gemäß dieser Verordnung erlassener Beschluss zur vorläufigen Pfändung wird in den anderen Mitgliedstaaten anerkannt, ohne dass es eines besonderen Verfahrens bedarf, und ist in den anderen Mitgliedstaaten vollstreckbar, ohne dass es einer Vollstreckbarerklärung bedarf.

Art. 23 Vollstreckung des Beschlusses zur vorläufigen Pfändung.

(1) Vorbehaltlich dieses Kapitels erfolgt die Vollstreckung des Beschlusses zur vorläufigen Pfändung gemäß den Verfahren, die in dem Vollstreckungsmitgliedstaat für die Vollstreckung gleichwertiger nationaler Beschlüsse gelten.

(2) Alle Behörden, die an der Vollstreckung des Beschlusses beteiligt sind, werden unverzüglich tätig.

(3) *[1]* Wurde der Beschluss zur vorläufigen Pfändung in einem anderen Mitgliedstaat als dem Vollstreckungsmitgliedstaat erlassen, so werden Teil A des Beschlusses gemäß Artikel 19 Absatz 2 und ein Blanko-Standardformblatt für die Erklärung nach Artikel 25 für die Zwecke des Absatzes 1 dieses Artikels nach Maßgabe des Artikels 29 an die zuständige Behörde des Vollstreckungsmitgliedstaats übermittelt.

[2] Die Übermittlung erfolgt durch das erlassende Gericht oder den Gläubiger, je nachdem, wer nach dem Recht des Ursprungsmitgliedstaats für die Einleitung des Vollstreckungsverfahrens zuständig ist.

(4) [1]Dem Beschluss wird erforderlichenfalls eine Übersetzung oder Transliteration in die Amtssprache des Vollstreckungsmitgliedstaats oder, wenn es in diesem Mitgliedstaat mehrere Amtssprachen gibt, in die Amtssprache oder eine der Amtssprachen des Ortes, an dem der Beschluss ausgeführt werden soll, beigefügt. [2]Die Übersetzung oder Transliteration wird von dem erlassenden Gericht, das dafür die passende Sprachfassung des Formblatts gemäß Artikel 19 verwendet, zur Verfügung gestellt.

(5) Die zuständige Behörde des Vollstreckungsmitgliedstaats trifft die erforderlichen Maßnahmen, um den Beschluss gemäß ihrem nationalen Recht vollstrecken zu lassen.

(6) Betrifft der Beschluss zur vorläufigen Pfändung mehr als eine Bank in demselben Mitgliedstaat oder in verschiedenen Mitgliedstaaten, so wird der zuständigen Behörde des jeweiligen Vollstreckungsmitgliedstaats für jede Bank ein gesondertes Formblatt nach Maßgabe des Artikels 19 Absatz 4 übermittelt.

Art. 24 Ausführung des Beschlusses zur vorläufigen Pfändung.

(1) Eine Bank, an die ein Beschluss zur vorläufigen Pfändung gerichtet wird, führt diesen unverzüglich nach Eingang des Beschlusses oder, soweit dies im nationalen Recht des Vollstreckungsmitgliedstaats vorgesehen ist, einer entsprechenden Anweisung zur Ausführung des Beschlusses aus.

(2) *[1]* Zur Ausführung des Beschlusses zur vorläufigen Pfändung nimmt die Bank vorbehaltlich des Artikels 31 die vorläufige Pfändung des in dem Beschluss angegebenen Betrags vor, indem sie entweder

a) sicherstellt, dass dieser Betrag nicht von dem Konto oder den Konten, das bzw. die in dem Beschluss genannt ist/sind oder das bzw. die nach Absatz 4 ermittelt wurde(n), überwiesen oder abgehoben wird, oder

b) soweit dies im nationalen Recht vorgesehen ist, diesen Betrag auf ein für vorläufige Pfändungen bestimmtes Konto überweist.

[2] [1]Der vorläufig gepfändete tatsächliche Betrag kann von der Abwicklung von Transaktionen, die bereits anhängig sind, wenn der Beschluss oder eine entsprechende Anweisung bei der Bank eingeht, abhängen. [2]Derartige anhängige Transaktionen dürfen jedoch nur berücksichtigt werden, wenn sie vor der Ausstellung der Erklärung gemäß Artikel 25 bis zum Ablauf der in Artikel 25 Absatz 1 festgelegten Fristen abgewickelt werden.

(3) Ungeachtet des Absatzes 2 Buchstabe a wird die Bank ermächtigt, auf Wunsch des Schuldners die vorläufig gepfändeten Gelder freizugeben und sie auf das in dem Beschluss angegebene Konto des Gläubigers zur Begleichung von dessen Forderung zu überweisen, wenn alle folgenden Voraussetzungen erfüllt sind:

a) diese Ermächtigung der Bank ist gemäß Artikel 19 Absatz 2 Buchstabe j in dem Beschluss ausdrücklich angegeben,

b) das Recht des Vollstreckungsmitgliedstaats lässt eine solche Freigabe und Überweisung zu, und

c) zu dem betreffenden Konto liegen keine konkurrierenden Beschlüsse vor.

(4) *[1]* Enthält der Beschluss zur vorläufigen Pfändung nicht die Kontonummer oder die Kontonummern des Schuldners, sondern nur den Namen und andere Angaben zum Schuldner, so ermittelt die Bank oder die sonstige Stelle, die für die Vollstreckung des Beschlusses zuständig ist, das Konto oder die Konten, die der Schuldner bei der in dem Beschluss angegebenen Bank unterhält.

[2] Kann die Bank oder die sonstige Stelle ein Konto des Schuldners anhand der Angaben in dem Beschluss nicht mit Sicherheit ermitteln, so

a) holt die Bank diese Kontonummer oder Kontonummern bei der Auskunftsbehörde des Vollstreckungsmitgliedstaats ein, wenn gemäß Artikel 19 Absatz 2 Buchstabe f in dem Beschluss angegeben ist, dass die Nummer oder Nummern des vorläufig zu pfändenden Kontos oder der vorläufig zu pfändenden Konten durch einen Antrag nach Artikel 14 erlangt wurde bzw. wurden, und

b) führt die Bank in allen anderen Fällen den Beschluss nicht aus.

(5) Die Gelder auf dem Konto oder den Konten nach Absatz 2 Buchstabe a, die den im Beschluss zur vorläufigen Pfändung angegebenen Betrag übersteigen, bleiben von der Ausführung des Beschlusses unberührt.

(6) Reichen zum Zeitpunkt der Ausführung des Beschlusses zur vorläufigen Pfändung die Gelder auf dem Konto oder den Konten nach Absatz 2 Buchstabe a nicht aus, um den in dem Beschluss angegebenen Gesamtbetrag vorläufig zu pfänden, so wird der Beschluss nur in Bezug auf den Betrag ausgeführt, der auf dem Konto oder den Konten vorhanden ist.

(7) Bezieht sich der Beschluss zur vorläufigen Pfändung auf mehrere Konten des Schuldners bei derselben Bank und übersteigen die Gelder auf diesen Konten den in dem Beschluss angegebenen Betrag, so wird der Beschluss in folgender Reihenfolge ausgeführt:

a) Sparkonten auf den alleinigen Namen des Schuldners;

b) Girokonten auf den alleinigen Namen des Schuldners;

c) gemeinschaftliche Sparkonten auf den Namen mehrerer Personen, vorbehaltlich des Artikels 30;

d) gemeinschaftliche Girokonten auf den Namen mehrerer Personen, vorbehaltlich des Artikels 30.

(8) Lauten die Gelder auf dem Konto oder den Konten nach Absatz 2 Buchstabe a auf eine andere Währung als die, die im Beschluss zur vorläufigen Pfändung angegeben ist, so rechnet die Bank den in dem Beschluss angegebenen Betrag zu dem am Tag und zum Zeitpunkt der Ausführung des Beschlusses für den Verkauf der betreffenden Währung geltenden Referenzwechselkurs der Europäischen Zentralbank oder geltenden Wechselkurs der Zentralbank des Vollstreckungsmitgliedstaats in die Währung der Gelder um und pfändet vorläufig den entsprechenden Betrag in der Währung der Gelder.

Art. 25 Erklärung betreffend die vorläufige Pfändung von Geldern.

(1) *[1]* [1] Bis zum Ende des dritten Arbeitstags nach Ausführung des Beschlusses zur vorläufigen Pfändung stellt die Bank oder die sonstige Stelle, die für die Vollstreckung des Beschlusses im Vollstreckungsmitgliedstaat zuständig ist, eine Erklärung unter Verwendung des Erklärungsformblatts, das im Wege von

gemäß dem Beratungsverfahren nach Artikel 52 Absatz 2 erlassenen Durchführungsrechtsakten erstellt wurde, aus, in der sie angibt, ob bzw. inwieweit Gelder auf dem Konto oder den Konten des Schuldners vorläufig gepfändet wurden und, wenn dies der Fall ist, an welchem Tag der Beschluss ausgeführt wurde. [2] Kann die Bank oder die sonstige Stelle die Erklärung aufgrund außergewöhnlicher Umstände nicht innerhalb von drei Arbeitstagen ausstellen, so stellt sie die Erklärung so schnell wie möglich, spätestens jedoch bis zum Ablauf des achten Arbeitstages nach der Ausführung des Beschlusses aus.

[2] Die Erklärung wird unverzüglich gemäß den Absätzen 2 und 3 übermittelt.

(2) Wurde der Beschluss im Vollstreckungsmitgliedstaat erlassen, so übermittelt die Bank oder die sonstige Stelle, die für die Vollstreckung des Beschlusses zuständig ist, die Erklärung dem erlassenden Gericht gemäß Artikel 29 und dem Gläubiger per Einschreiben mit Rückschein oder gleichwertige elektronische Mittel.

(3) *[1]* Wurde der Beschluss in einem anderen Mitgliedstaat als dem Vollstreckungsmitgliedstaat erlassen, so wird die Erklärung der zuständigen Behörde des Vollstreckungsmitgliedstaats gemäß Artikel 29 übermittelt, es sei denn, sie wurde von derselben Behörde ausgestellt.

[2] Diese Behörde übermittelt die Erklärung dem erlassenden Gericht gemäß Artikel 29 und dem Gläubiger per Einschreiben mit Rückschein oder gleichwertige elektronische Mittel bis zum Ende des ersten Arbeitstags nach deren Eingang oder Ausstellung.

(4) [1] Die Bank oder die sonstige Stelle, die für die Vollstreckung des Beschlusses zur vorläufigen Pfändung zuständig ist, legt auf Ersuchen des Schuldners die Einzelheiten des Beschlusses dem Schuldner gegenüber offen. [2] Die Bank oder die sonstige Stelle kann dies auch ohne ein solches Ersuchen tun.

Art. 26 Haftung der Bank. Die Haftung der Bank bei Nichterfüllung der ihr nach dieser Verordnung obliegenden Pflichten richtet sich nach dem Recht des Vollstreckungsmitgliedstaats.

Art. 27 Pflicht des Gläubigers, die Freigabe überschüssiger vorläufig gepfändeter Beträge zu beantragen. (1) Der Gläubiger ist verpflichtet, die erforderlichen Schritte zu unternehmen, um sicherzustellen, dass jeder Betrag, der nach Ausführung des Beschlusses zur vorläufigen Pfändung den in dem Beschluss zur vorläufigen Pfändung angegebenen Betrag übersteigt, freigegeben wird:

a) wenn der Beschluss sich auf mehrere Konten in demselben Mitgliedstaat oder in verschiedenen Mitgliedstaaten bezieht oder
b) wenn der Beschluss nach Ausführung eines oder mehrerer gleichwertiger nationaler Beschlüsse gegen denselben Schuldner und zur Sicherung derselben Forderung erlassen wurde.

(2) *[1]* Der Gläubiger reicht bis zum Ende des dritten Arbeitstags nach Eingang einer Erklärung nach Artikel 25, aus der eine solche überschießende vorläufige Pfändung hervorgeht, auf schnellstmöglichem Wege unter Verwendung des Formblatts, das im Wege von gemäß dem Beratungsverfahren nach Artikel 52 Absatz 2 erlassenen Durchführungsrechtsakten erstellt wurde, für die

Beantragung der Freigabe überschüssiger vorläufig gepfändeter Beträge einen Antrag auf Freigabe bei der zuständigen Behörde des Vollstreckungsmitgliedstaats, in dem die überschießende vorläufige Pfändung erfolgte, ein.

[2] [1] Diese Behörde weist nach Eingang des Antrags die betroffene Bank unverzüglich an, die Freigabe der überschüssigen vorläufig gepfändeten Beträge zu veranlassen. [2] Artikel 24 Absatz 7 gilt gegebenenfalls in umgekehrter Reihenfolge.

(3) Dieser Artikel hindert einen Mitgliedstaat nicht daran, in seinen nationalen Rechtsvorschriften gegebenenfalls vorzusehen, dass die Freigabe überschüssiger vorläufig gepfändeter Gelder aus Konten, die in seinem Hoheitsgebiet geführt werden, von der zuständigen Vollstreckungsbehörde dieses Mitgliedstaats von sich aus eingeleitet wird.

Art. 28 Zustellung an den Schuldner. (1) Der Beschluss zur vorläufigen Pfändung, die sonstigen in Absatz 5 genannten Schriftstücke und die Erklärung nach Artikel 25 werden dem Schuldner gemäß diesem Artikel zugestellt.

(2) [1] Hat der Schuldner seinen Wohnsitz im Ursprungsmitgliedstaat, so wird die Zustellung nach dem Recht dieses Mitgliedstaats bewirkt. [2] Die Zustellung wird von dem erlassenden Gericht oder dem Gläubiger, je nachdem, wer im Ursprungsmitgliedstaat für die Veranlassung der Zustellung zuständig ist, bis Ende des dritten Arbeitstags nach dem Tag des Erhalts der Erklärung nach Artikel 25 über vorläufig gepfändete Beträge veranlasst.

(3) *[1]* [1] Hat der Schuldner seinen Wohnsitz in einem anderen Mitgliedstaat als dem Ursprungsmitgliedstaat, so übermittelt das erlassende Gericht oder der Gläubiger, je nachdem, wer im Ursprungsmitgliedstaat für die Veranlassung der Zustellung zuständig ist, bis Ende des dritten Arbeitstags nach dem Tag des Erhalts der Erklärung nach Artikel 25 über vorläufig gepfändete Beträge die Schriftstücke nach Absatz 1 dieses Artikels der zuständigen Behörde des Mitgliedstaats, in dem der Schuldner seinen Wohnsitz hat, gemäß Artikel 29. [2] Diese Behörde trifft unverzüglich die erforderlichen Maßnahmen, um die Zustellung an den Schuldner nach dem Recht des Mitgliedstaats, in dem der Schuldner seinen Wohnsitz hat, zu bewirken.

[2] [1] Ist der Mitgliedstaat, in dem der Schuldner seinen Wohnsitz hat, der einzige Vollstreckungsmitgliedstaat, so werden die Schriftstücke nach Absatz 5 dieses Artikels der zuständigen Behörde dieses Mitgliedstaats zur gleichen Zeit wie der Beschluss gemäß Artikel 23 Absatz 3 übermittelt. [2] In solchen Fällen veranlasst diese zuständige Behörde die Zustellung sämtlicher Schriftstücke nach Absatz 1 dieses Artikels bis zum Ende des dritten Arbeitstags nach Eingang oder Ausstellung der Erklärung gemäß Artikel 25, aus der hervorgeht, dass Beträge vorläufig gepfändet wurden.

[3] Die zuständige Behörde unterrichtet das erlassende Gericht oder den Gläubiger, je nachdem, wer die zuzustellenden Schriftstücke übermittelt hat, über das Ergebnis der Zustellung an den Schuldner.

(4) Hat der Schuldner seinen Wohnsitz in einem Drittstaat, so wird die Zustellung gemäß den im Ursprungsmitgliedstaat geltenden Vorschriften für die internationale Zustellung bewirkt.

(5) Folgende Schriftstücke, denen erforderlichenfalls eine Übersetzung oder Transliteration nach Artikel 49 Absatz 1 beigefügt wird, werden dem Schuldner zugestellt:

a) der Beschluss zur vorläufigen Pfändung unter Verwendung der Teile A und B des Formblatts nach Artikel 19 Absätze 2 und 3;

b) der Antrag auf Erlass eines Beschlusses zur vorläufigen Pfändung, der vom Gläubiger beim Gericht eingereicht wurde;

c) Abschriften aller Schriftstücke, die der Gläubiger dem Gericht zur Erwirkung des Beschlusses vorgelegt hat.

(6) [1] Betrifft der Beschluss zur vorläufigen Pfändung mehr als eine Bank, so wird dem Schuldner nur die erste Erklärung nach Artikel 25, aus der hervorgeht, dass Beträge vorläufig gepfändet wurden, gemäß diesem Artikel zugestellt. [2] Spätere Erklärungen nach Artikel 25 werden dem Schuldner unverzüglich zur Kenntnis gebracht.

Art. 29 Übermittlung von Schriftstücken. (1) Ist in dieser Verordnung eine Übermittlung von Schriftstücken gemäß diesem Artikel vorgesehen, so kann diese Übermittlung mit geeigneten Mitteln vorgenommen werden, sofern der Inhalt des empfangenen Dokuments mit dem des übermittelten Dokuments inhaltlich genau übereinstimmt und sämtliche enthaltenen Angaben mühelos lesbar sind.

(2) Das Gericht oder die Behörde, bei dem bzw. der Schriftstücke gemäß Absatz 1 dieses Artikels eingegangen sind, übersendet bis zum Ende des dem Tag des Eingangs folgenden Arbeitstags der Behörde, dem Gläubiger oder der Bank, die bzw. der die Schriftstücke übermittelt hat, auf dem schnellstmöglichem Wege eine Empfangsbestätigung unter Verwendung des Formblatts, das im Wege von gemäß dem Beratungsverfahren nach Artikel 52 Absatz 2 erlassenen Durchführungsrechtsakten erstellt wurde.

Art. 30 Vorläufige Pfändung bei Gemeinschaftskonten und Treuhandkonten. Die Gelder auf Konten, über die den Unterlagen der kontoführenden Bank zufolge der Schuldner nicht allein verfügen kann oder über die ein Dritter im Namen des Schuldners oder der Schuldner im Namen eines Dritten verfügen kann, dürfen nach dieser Verordnung nur insoweit vorläufig gepfändet werden, wie sie nach dem Recht des Vollstreckungsmitgliedstaats pfändbar sind.

Art. 31 Von der vorläufigen Pfändung ausgenommene Beträge.

(1) Die nach dem Recht des Vollstreckungsmitgliedstaats von der Pfändung freigestellten Beträge werden von der vorläufigen Pfändung gemäß dieser Verordnung ausgenommen.

(2) Sind die in Absatz 1 genannten Beträge nach dem Recht des Vollstreckungsmitgliedstaats ohne einen Antrag des Schuldners von der Pfändung freigestellt, so stellt die in diesem Mitgliedstaat für die Freistellung der Beträge zuständige Stelle von sich aus diese Beträge von der vorläufigen Pfändung frei.

(3) Sind die in Absatz 1 dieses Artikels genannten Beträge nach dem Recht des Vollstreckungsmitgliedstaats auf Antrag des Schuldners von der Pfändung freigestellt, so werden diese Beträge auf Antrag des Schuldners von der vorläufigen Pfändung freigestellt, wie in Artikel 34 Absatz 1 Buchstabe a vorgesehen.

Art. 32 Rang des Beschlusses zur vorläufigen Pfändung. Der Beschluss zur vorläufigen Pfändung hat gegebenenfalls denselben Rang, den ein gleichwertiger nationaler Beschluss im Vollstreckungsmitgliedstaat besitzt.

Kapitel 4. Rechtsbehelfe

Art. 33 Rechtsbehelf des Schuldners gegen den Beschluss zur vorläufigen Pfändung. (1) Auf Antrag des Schuldners beim zuständigen Gericht des Ursprungsmitgliedstaats wird der Beschluss zur vorläufigen Pfändung aus dem Grund widerrufen oder gegebenenfalls abgeändert, dass

a) die Bedingungen oder Voraussetzungen dieser Verordnung nicht erfüllt sind;

b) der Beschluss, die Erklärung nach Artikel 25 und/oder die sonstigen Schriftstücke nach Artikel 28 Absatz 5 dem Schuldner nicht innerhalb von 14 Tagen nach der vorläufigen Pfändung seines Kontos oder seiner Konten zugestellt wurden;

c) die Schriftstücke, die dem Schuldner gemäß Artikel 28 zugestellt wurden, nicht die Sprachenanforderungen gemäß Artikel 49 Absatz 1 erfüllten;

d) vorläufig gepfändete Beträge, die den im Beschluss angegebenen Betrag übersteigen, nicht gemäß Artikel 27 freigegeben wurden;

e) die Forderung, deren Vollstreckung der Gläubiger mit dem Beschluss sichern will, ganz oder teilweise beglichen wurde;

f) mit einer gerichtlichen Entscheidung in der Hauptsache die Forderung, deren Vollstreckung der Gläubiger mit dem Beschluss sichern wollte, abgewiesen wurde; oder

g) die gerichtliche Entscheidung in der Hauptsache, der gerichtliche Vergleich oder die öffentliche Urkunde, deren Vollstreckung der Gläubiger mit dem Beschluss sichern wollte, aufgehoben oder gegebenenfalls annulliert wurde.

(2) *[1]* Auf Antrag des Schuldners beim zuständigen Gericht des Ursprungsmitgliedstaats wird die Entscheidung über die Sicherheit nach Artikel 12 aus dem Grund überprüft, dass geltend gemacht wird, dass die Bedingungen oder Voraussetzungen des genannten Artikels nicht vorlagen.

[2] Verlangt das Gericht aufgrund eines solchen Rechtsbehelfs, dass der Gläubiger eine Sicherheit oder eine zusätzliche Sicherheit leistet, so gilt Artikel 12 Absatz 3 Satz 1 entsprechend und das Gericht erklärt, dass der Beschluss zur vorläufigen Pfändung widerrufen oder abgeändert wird, falls die geforderte (zusätzliche) Sicherheit nicht bis zum Ablauf der vom Gericht gesetzten Frist geleistet wird.

(3) *[1]* Dem nach Absatz 1 Buchstabe b eingelegten Rechtsbehelf wird stattgegeben, sofern die fehlende Zustellung nicht innerhalb von 14 Tagen nach Unterrichtung des Gläubigers über den Rechtsbehelf des Schuldners nach Absatz 1 Buchstabe b geheilt wird.

[2] Sofern die fehlende Zustellung nicht bereits durch andere Mittel geheilt wurde, gilt sie zum Zwecke der Beurteilung, ob dem nach Absatz 1 Buchstabe b eingelegten Rechtsbehelf stattzugeben ist, als geheilt,

a) wenn der Gläubiger bei der Stelle, die für die Zustellung nach dem Recht des Ursprungsmitgliedstaats zuständig ist, beantragt, dass die Schriftstücke dem Schuldner zugestellt werden, oder

b) wenn der Schuldner in seinem Rechtsbehelf angegeben hat, dass er damit einverstanden ist, die Schriftstücke beim Gericht des Ursprungsmitgliedstaats abzuholen, und wenn der Gläubiger dafür zuständig war, Übersetzungen zur Verfügung zu stellen, sofern der Gläubiger diesem Gericht Übersetzungen gemäß Artikel 49 Absatz 1 übermittelt.

[3] Die Stelle, die für die Zustellung nach dem Recht des Ursprungsmitgliedstaats zuständig ist, stellt die Schriftstücke dem Schuldner auf Antrag des Gläubigers gemäß Unterabsatz 2 Buchstabe a dieses Absatzes unverzüglich per Einschreiben mit Rückschein an die vom Schuldner gemäß Absatz 5 angegebene Anschrift zu.

[4] War der Gläubiger für die Veranlassung der Zustellung der Schriftstücke nach Artikel 28 zuständig, so kann die fehlende Zustellung nur geheilt werden, wenn der Gläubiger nachweist, dass er alle erforderlichen Schritte unternommen hat, um die ursprüngliche Zustellung der Schriftstücke zu bewirken.

(4) *[1]* Dem nach Absatz 1 Buchstabe c eingelegten Rechtsbehelf wird stattgegeben, sofern der Gläubiger dem Schuldner die gemäß dieser Verordnung erforderlichen Übersetzungen nicht innerhalb von 14 Tagen nach seiner Unterrichtung über den Rechtsbehelf des Schuldners gemäß Absatz 1 Buchstabe c bereitstellt.

[2] Absatz 3 Unterabsätze 2 und 3 gilt entsprechend.

(5) In seinem nach Absatz 1 Buchstaben b und c eingelegten Rechtsbehelf gibt der Schuldner eine Anschrift an, an die die in Artikel 28 genannten Schriftstücke und Übersetzungen gemäß den Absätzen 3 und 4 des vorliegenden Artikels übermittelt werden können, oder gibt an, dass er damit einverstanden ist, diese Schriftstücke beim Gericht des Ursprungsmitgliedstaats abzuholen.

Art. 34 Rechtsbehelfe des Schuldners gegen die Vollstreckung des Beschlusses zur vorläufigen Pfändung. (1) Ungeachtet der Artikel 33 und 35 wird auf Antrag des Schuldners beim zuständigen Gericht oder, soweit dies im nationalen Recht vorgesehen ist, bei der zuständigen Vollstreckungsbehörde des Vollstreckungsmitgliedstaats die Vollstreckung des Beschlusses zur vorläufigen Pfändung in diesem Mitgliedstaat:

a) aus dem Grund eingeschränkt, dass nach Artikel 31 Absatz 3 bestimmte Beträge auf dem Konto von der Pfändung freigestellt werden sollten oder dass von der Pfändung freigestellte Beträge bei der Ausführung des Beschlusses gemäß Artikel 31 Absatz 2 nicht oder nicht richtig berücksichtigt wurden, oder

b) aus dem Grund beendet, dass

   i) das vorläufig gepfändete Konto gemäß Artikel 2 Absätze 3 und 4 nicht unter diese Verordnung fällt;

   ii) die Vollstreckung der gerichtlichen Entscheidung, des gerichtlichen Vergleichs oder der öffentlichen Urkunde, die der Gläubiger mit dem Beschluss sichern wollte, im Vollstreckungsmitgliedstaat verweigert wurde;

   iii) die Vollstreckbarkeit der gerichtlichen Entscheidung, deren Vollstreckung der Gläubiger mit dem Beschluss sichern wollte, im Ursprungsmitgliedstaat ausgesetzt wurde, oder

iv) Artikel 33 Absatz 1 Buchstaben b, c, d, e, f oder g Anwendung findet. Artikel 33 Absätze 3, 4 bzw. 5 finden Anwendung.

(2) Auf Antrag des Schuldners beim zuständigen Gericht des Vollstreckungsmitgliedstaats wird die Vollstreckung des Beschlusses zur vorläufigen Pfändung in diesem Mitgliedstaat beendet, wenn sie der öffentlichen Ordnung (ordre public) des Vollstreckungsmitgliedstaats offensichtlich widerspricht.

Art. 35 Sonstige Rechtsbehelfe für den Gläubiger und den Schuldner.

(1) Der Gläubiger oder der Schuldner kann bei dem Gericht, das den Beschluss zur vorläufigen Pfändung erlassen hat, aus dem Grund die Abänderung oder den Widerruf des Beschlusses beantragen, dass sich die Umstände, die Anlass für den Erlass des Beschlusses waren, geändert haben.

(2) Das Gericht, das den Beschluss zur vorläufigen Pfändung erlassen hat, kann ferner aufgrund veränderter Umstände, sofern dies nach dem Recht des Ursprungsmitgliedstaats zulässig ist, den Beschluss von sich aus abändern oder widerrufen.

(3) Der Schuldner und der Gläubiger können aus dem Grund, dass sie sich hinsichtlich der Erfüllung der Forderung geeinigt haben, gemeinsam bei dem Gericht, das den Beschluss zur vorläufigen Pfändung erlassen hat, einen Widerruf oder eine Abänderung des Beschlusses bzw. bei dem zuständigen Gericht des Vollstreckungsmitgliedstaats oder, soweit dies im nationalen Recht vorgesehen ist, bei der zuständigen Vollstreckungsbehörde dieses Mitgliedstaats eine Beendigung oder Einschränkung der Vollstreckung des Beschlusses beantragen.

(4) Der Gläubiger kann beim zuständigen Gericht des Vollstreckungsmitgliedstaats oder, soweit dies im nationalen Recht vorgesehen ist, bei der zuständigen Vollstreckungsbehörde dieses Mitgliedstaats eine Abänderung der Vollstreckung des Beschlusses zur vorläufigen Pfändung beantragen, die in einer Anpassung der in diesem Mitgliedstaat gemäß Artikel 31 angewandten Freistellung besteht, aus dem Grund, dass bereits andere Freistellungen in ausreichender Höhe in Bezug auf ein oder mehrere Konten, die in einem oder mehreren anderen Mitgliedstaaten geführt werden, angewandt wurden und dass eine Anpassung daher angebracht ist.

Art. 36 Verfahren für die Rechtsbehelfe gemäß den Artikeln 33, 34 und 35. (1) [1] Die Einlegung eines Rechtsbehelfs nach Artikel 33, 34 oder 35 erfolgt unter Verwendung des Formblatts für den Rechtsbehelf, das im Wege von gemäß dem Beratungsverfahren nach Artikel 52 Absatz 2 erlassenen Durchführungsrechtsakten erstellt wurde. [2] Der Antrag kann jederzeit auf jedem Kommunikationsweg übermittelt werden, der nach den Verfahrensvorschriften des Mitgliedstaats, in dem der Antrag eingereicht wird, zulässig ist – einschließlich elektronischer Kommunikationswege.

(2) Der Antrag wird der anderen Partei zur Kenntnis gebracht.

(3) Außer wenn der Antrag vom Schuldner gemäß Artikel 34 Absatz 1 Buchstabe a oder Artikel 35 Absatz 3 eingereicht wurde, wird die Entscheidung über den Antrag erlassen, nachdem beiden Parteien Gelegenheit gegeben wurde, sich zu äußern, auch mit den nach dem nationalen Recht jedes der beteiligten Mitgliedstaaten zur Verfügung stehenden geeigneten und zulässigen Mitteln der Kommunikationstechnologie.

(4) [1]Die Entscheidung wird unverzüglich erlassen, jedoch nicht später als 21 Tage, nachdem das Gericht oder, soweit dies im nationalen Recht vorgesehen ist, die zuständige Vollstreckungsbehörde alle Informationen erhalten hat, die für seine bzw. ihre Entscheidung erforderlich sind. [2]Die Entscheidung wird den Parteien zur Kenntnis gebracht.

(5) *[1]* Die Entscheidung, den Beschluss zur vorläufigen Pfändung zu widerrufen oder abzuändern, und die Entscheidung, die Vollstreckung des Beschlusses zur vorläufigen Pfändung einzuschränken oder zu beenden, ist sofort vollstreckbar:

[2] [1]Wurde der Rechtsbehelf im Ursprungsmitgliedstaat eingelegt, so übermittelt das Gericht nach Artikel 29 die Entscheidung über den Rechtsbehelf unverzüglich der zuständigen Behörde des Vollstreckungsmitgliedstaats unter Verwendung des Formblatts, das im Wege von gemäß dem Beratungsverfahren nach Artikel 52 Absatz 2 erlassenen Durchführungsrechtsakten erstellt wurde. [2]Diese Behörde stellt sofort nach Eingang sicher, dass die Entscheidung über den Rechtsbehelf ausgeführt wird.

[3] Bezieht sich die Entscheidung über den Rechtsbehelf auf ein Bankkonto, das im Ursprungsmitgliedstaat geführt wird, so erfolgt die Durchführung in Bezug auf dieses Bankkonto nach dem Recht des Ursprungsmitgliedstaats.

[4] Wurde der Rechtsbehelf im Vollstreckungsmitgliedstaat beantragt, so erfolgt die Durchführung der Entscheidung über den Rechtsbehelf nach dem Recht dieses Vollstreckungsmitgliedstaats.

Art. 37 Rechtsmittel gegen Entscheidungen über den Rechtsbehelf.

[1]Jede Partei kann ein Rechtsmittel gegen eine gemäß Artikel 33, 34 oder 35 erlassene Entscheidung einlegen. [2]Ein solches Rechtsmittel wird unter Verwendung des Formblatts, das im Wege von gemäß dem Beratungsverfahren nach Artikel 52 Absatz 2 erlassenen Durchführungsrechtsakten erstellt wurde, für das Rechtsmittel eingelegt.

Art. 38 Sicherheitsleistung anstelle der vorläufigen Pfändung.

(1) Auf Antrag des Schuldners

a) kann das Gericht, das den Beschluss zur vorläufigen Pfändung erlassen hat, die Freigabe der vorläufig gepfändeten Gelder anordnen, wenn der Schuldner bei diesem Gericht eine Sicherheit in Höhe des in dem Beschluss angegebenen Betrags oder eine anderweitige Sicherheit in einer Form, die nach dem Recht des Mitgliedstaats, in dem das Gericht seinen Sitz hat, zulässig ist, und in einem Wert, der mindestens jenem Betrag entspricht, leistet;

b) kann das zuständige Gericht oder, soweit dies im nationalen Recht vorgesehen ist, die zuständige Vollstreckungsbehörde des Vollstreckungsmitgliedstaats die Vollstreckung des Beschlusses zur vorläufigen Pfändung im Vollstreckungsmitgliedstaat beenden, wenn der Schuldner bei diesem Gericht oder dieser Behörde eine Sicherheit in Höhe des in diesem Mitgliedstaat vorläufig gepfändeten Betrags oder eine anderweitige Sicherheit in einer Form, die nach dem Recht des Mitgliedstaats, in dem das Gericht seinen Sitz hat, zulässig ist, und in einem Wert, der mindestens jenem Betrag entspricht, leistet.

(2) [1] Die Artikel 23 und 24 gelten entsprechend für die Freigabe der vorläufig gepfändeten Gelder. [2] Die Leistung einer Sicherheit anstelle der vorläufigen Pfändung wird dem Gläubiger nach nationalem Recht zur Kenntnis gebracht.

Art. 39 Rechte Dritter. (1) Das Recht eines Dritten, einen Beschluss zur vorläufigen Pfändung anzufechten, richtet sich nach dem Recht des Ursprungsmitgliedstaats.

(2) Das Recht eines Dritten, die Vollstreckung eines Beschlusses zur vorläufigen Pfändung anzufechten, richtet sich nach dem Recht des Vollstreckungsmitgliedstaats.

(3) Unbeschadet sonstiger Zuständigkeitsvorschriften des Unionsrechts oder des nationalen Rechts sind für Entscheidungen über eine Klage eines Dritten

a) zur Anfechtung eines Beschlusses zur vorläufigen Pfändung die Gerichte des Ursprungsmitgliedstaats zuständig und

b) zur Anfechtung der Vollstreckung eines Beschlusses zur vorläufigen Pfändung im Vollstreckungsmitgliedstaat die Gerichte des Vollstreckungsmitgliedstaats oder, soweit dies im nationalen Recht dieses Mitgliedstaats vorgesehen ist, die zuständige Vollstreckungsbehörde zuständig.

Kapitel 5. Allgemeine Bestimmungen

Art. 40 Legalisation oder ähnliche Förmlichkeiten. Im Rahmen dieser Verordnung bedarf es weder der Legalisation noch einer ähnlichen Förmlichkeit.

Art. 41 Rechtliche Vertretung. [1] In Verfahren, mit denen ein Beschluss zur vorläufigen Pfändung erwirkt werden soll, ist eine Vertretung durch einen Rechtsanwalt oder einen sonstigen Rechtsbeistand nicht verpflichtend. [2] In Verfahren nach Kapitel 4 ist eine Vertretung durch einen Rechtsanwalt oder einen sonstigen Rechtsbeistand nicht verpflichtend, es sei denn, eine solche Vertretung ist nach dem Recht des Mitgliedstaats des Gerichts oder der Behörde, bei dem bzw. der der Rechtsbehelf gestellt worden ist, ungeachtet der Staatsangehörigkeit oder des Wohnsitzes der Parteien vorgeschrieben.

Art. 42 Gerichtsgebühren. Die Gebühren in Verfahren, in denen ein Beschluss zur vorläufigen Pfändung erwirkt werden soll, oder in einem Rechtsbehelfsverfahren gegen einen Beschluss dürfen nicht höher sein als jene, die für einen gleichwertigen nationalen Beschluss oder einen Rechtsbehelf gegen einen solchen nationalen Beschluss in Rechnung gestellt werden.

Art. 43 Den Banken entstehende Kosten. (1) Eine Bank darf sich die Kosten, die ihr bei der Ausführung eines Beschlusses zur vorläufigen Pfändung entstehen, vom Gläubiger oder vom Schuldner nur dann erstatten oder vergüten lassen, wenn sie nach dem Recht des Vollstreckungsmitgliedstaats im Zusammenhang mit gleichwertigen nationalen Beschlüssen Anspruch auf eine solche Vergütung oder Erstattung hat.

(2) Die Gebühren, die von einer Bank zur Deckung der Kosten nach Absatz 1 erhoben werden, sind unter Berücksichtigung der Komplexität der Ausführung des Beschlusses zur vorläufigen Pfändung festzulegen und dürfen

nicht höher sein als die Gebühren, die für die Ausführung gleichwertiger nationaler Beschlüsse erhoben werden.

(3) Die Gebühren, die von einer Bank zur Deckung der Kosten für die Erteilung von Kontoinformationen nach Artikel 14 erhoben werden, dürfen die tatsächlich entstandenen Kosten und gegebenenfalls die Gebühren, die für die Erteilung von Kontoinformationen im Rahmen gleichwertiger nationaler Beschlüsse erhoben werden, nicht übersteigen.

Art. 44 Von den Behörden erhobene Gebühren. [1] Die Gebühren, die von einer Behörde oder sonstigen Stelle des Vollstreckungsmitgliedstaats, die an der Bearbeitung oder Vollstreckung eines Beschlusses zur vorläufigen Pfändung oder an der Erteilung von Kontoinformationen nach Artikel 14 beteiligt ist, erhoben werden, werden anhand einer Gebührenskala oder eines sonstigen Regelwerks bestimmt, die bzw. das jeder Mitgliedstaat im Voraus festlegt und in der bzw. dem die geltenden Gebühren in transparenter Weise aufgeführt sind. [2] Bei der Festlegung der Skala oder des Regelwerks können die Mitgliedstaaten die Höhe des in dem Beschluss angegebenen Betrags und die Komplexität der Bearbeitung des Beschlusses berücksichtigen. [3] Die Gebühren dürfen die im Zusammenhang mit einem gleichwertigen nationalen Beschluss gegebenenfalls erhobenen Gebühren nicht übersteigen.

Art. 45 Fristen. Ist es aufgrund außergewöhnlicher Umstände dem Gericht oder der beteiligten Behörde nicht möglich, die Fristen gemäß Artikel 14 Absatz 7, Artikel 18, Artikel 23 Absatz 2, Artikel 25 Absatz 3 Unterabsatz 2, Artikel 28 Absätze 2, 3 und 6, Artikel 33 Absatz 3 und Artikel 36 Absätze 4 und 5 einzuhalten, so ergreift das Gericht oder die Behörde so rasch wie möglich die nach jenen Vorschriften erforderlichen Maßnahmen.

Art. 46 Verhältnis zum nationalen Prozessrecht. (1) Sämtliche verfahrensrechtlichen Fragen, die in dieser Verordnung nicht ausdrücklich geregelt sind, richten sich nach dem Recht des Mitgliedstaats, in dem das Verfahren stattfindet.

(2) Die Wirkungen der Eröffnung eines Insolvenzverfahrens auf einzelne Vollstreckungshandlungen, wie die Vollstreckung eines Beschlusses zur vorläufigen Pfändung, richten sich nach dem Recht des Mitgliedstaats, in dem das Insolvenzverfahren eröffnet wurde.

Art. 47 Datenschutz. (1) Personenbezogene Daten, die nach dieser Verordnung erhoben, verarbeitet oder übermittelt werden, müssen dem Zweck, zu dem sie erhoben, verarbeitet oder übermittelt wurden, entsprechen, müssen dafür erheblich sein und dürfen nicht darüber hinausgehen; sie werden ausschließlich für diesen Zweck verwendet.

(2) [1] Die zuständige Behörde, die Auskunftsbehörde und jede sonstige Stelle, die für die Vollstreckung des Beschlusses zur vorläufigen Pfändung zuständig ist, bewahrt die Daten nach Absatz 1 nur so lange auf, wie dies für den Zweck, zu dem sie erhoben, verarbeitet oder übermittelt wurden, erforderlich ist, in jedem Fall aber höchstens sechs Monate ab Beendigung des Verfahrens, und gewährleistet während dieser Zeit einen angemessenen Schutz dieser Daten. [2] Dieser Absatz gilt nicht für die Daten, die von Gerichten bei der Ausübung ihrer Aufgaben verarbeitet und gespeichert werden.

Art. 48 Verhältnis zu anderen Rechtsakten. Diese Verordnung berührt nicht die Anwendung

a) der Verordnung (EG) Nr. 1393/2007 des Europäischen Parlaments und des Rates[1], außer in den Fällen nach Artikel 10 Absatz 2, Artikel 14 Absätze 3 und 6, Artikel 17 Absatz 5, Artikel 23 Absätze 3 und 6, Artikel 25 Absätze 2 und 3, Artikel 28 Absätze 1, 3, 5 und 6, Artikel 29, Artikel 33 Absatz 3, Artikel 36 Absätze 2 und 4 und Artikel 49 Absatz 1 der vorliegenden Verordnung;
b) der Verordnung (EU) Nr. 1215/2012[2];
c) der Verordnung (EG) Nr. 1346/2000;
d) der Richtlinie 95/46/EG, außer in den Fällen nach Artikel 14 Absatz 8 und Artikel 47 der vorliegenden Verordnung;
e) der Verordnung (EG) Nr. 1206/2001 des Europäischen Parlaments und des Rates[3];
f) der Verordnung (EG) Nr. 864/2007, außer in den Fällen nach Artikel 13 Absatz 4 der vorliegenden Verordnung.

Art. 49 Sprachenregelung. (1) [1] Den in Artikel 28 Absatz 5 Buchstaben a und b aufgeführten und dem Schuldner zuzustellenden Schriftstücken, die nicht in der Amtssprache des Mitgliedstaats, in dem der Schuldner seinen Wohnsitz hat, oder, sofern es mehrere Amtssprachen in diesem Mitgliedstaat gibt, der Amtssprache oder einer der Amtssprachen des Ortes, an dem der Schuldner seinen Wohnsitz hat, oder in einer anderen Sprache, die er versteht, abgefasst sind, ist eine Übersetzung oder Transliteration in eine dieser Sprachen beizufügen. [2] In Artikel 28 Absatz 5 Buchstabe c aufgeführte Schriftstücke werden nicht übersetzt, sofern nicht das Gericht ausnahmsweise beschließt, dass bestimmte Schriftstücke übersetzt oder transliteriert werden müssen, damit der Schuldner seine Rechte geltend machen kann.

(2) Schriftstücke, die gemäß dieser Verordnung an ein Gericht oder eine zuständige Behörde gerichtet werden, können auch in einer anderen Amtssprache der Organe der Union angefertigt werden, wenn der betreffende Mitgliedstaat erklärt hat, dass er diese Sprache akzeptieren kann.

(3) Eine Übersetzung nach Maßgabe dieser Verordnung ist von einem in einem Mitgliedstaat hierzu befugten Übersetzer anzufertigen.

Art. 50[4] Von den Mitgliedstaaten bereitzustellende Informationen.

(1) *[1]* Die Mitgliedstaaten teilen der Kommission bis zum 18. Juli 2016 Folgendes mit:

---

[1] **Amtl. Anm.:** Verordnung (EG) Nr. 1393/2007 des Europäischen Parlaments und des Rates vom 13. November 2007 über die Zustellung gerichtlicher und außergerichtlicher Schriftstücke in Zivil- oder Handelssachen in den Mitgliedstaaten (Zustellung von Schriftstücken) und zur Aufhebung der Verordnung (EG) Nr. 1348/2000 des Rates (ABl. L 324 vom 10.12.2007, S. 79).

[2] Auszugsweise abgedruckt unter Nr. **5**.

[3] **Amtl. Anm.:** Verordnung (EG) Nr. 1206/2001 des Rates vom 28. Mai 2001 über die Zusammenarbeit zwischen den Gerichten der Mitgliedstaaten auf dem Gebiet der Beweisaufnahme in Zivil- oder Handelssachen (ABl. L 174 vom 27.6.2001, S. 1).

[4] Art. 50 gilt ab 18.7.2016, vgl. Art. 54 UAbs. 2.

a) die benannten Gerichte, die befugt sind, einen Beschluss zur vorläufigen Pfändung zu erlassen (Artikel 6 Absatz 4);
b) die benannte Behörde, die befugt ist, Kontoinformationen einzuholen (Artikel 14);
c) die nach ihrem nationalen Recht zur Verfügung stehenden Methoden zur Einholung von Kontoinformationen (Artikel 14 Absatz 5);
d) die Gerichte, bei denen ein Rechtsbehelf eingelegt werden kann (Artikel 21);
e) die benannte Behörde oder Behörden, die befugt ist bzw. sind, den Beschluss zur vorläufigen Pfändung und sonstige Schriftstücke nach dieser Verordnung entgegenzunehmen, zu übermitteln und zuzustellen (Artikel 4 Nummer 14);
f) die für die Vollstreckung eines Beschlusses zur vorläufigen Pfändung gemäß Kapitel 3 zuständige Behörde;
g) ihre nationalen Regelungen in Bezug auf die Möglichkeiten der vorläufigen Pfändung von Gemeinschafts- oder Treuhandkonten (Artikel 30);
h) die nationalen Vorschriften in Bezug auf von der Pfändung freigestellte Beträge (Artikel 31);
i) ob nach ihrem nationalem Recht die Banken Gebühren für die Ausführung gleichwertiger nationaler Beschlüsse oder die Erteilung von Kontoinformationen erheben dürfen und, wenn dies der Fall ist, welche Partei diese Gebühren vorläufig und endgültig zu entrichten hat (Artikel 43);
j) die Gebührenskala oder das sonstige Regelwerk, in der bzw. dem die geltenden Gebühren aufgeführt sind, die von einer an der Bearbeitung oder Vollstreckung eines Beschlusses zur vorläufigen Pfändung beteiligten Behörde oder sonstigen Stelle erhoben werden (Artikel 44);
k) ob gleichwertigen nationalen Beschlüssen nach nationalem Recht ein bestimmter Rang eingeräumt wird (Artikel 32);
l) die Gerichte oder gegebenenfalls die Vollstreckungsbehörde, die für einen Rechtsbehelf zuständig sind bzw. ist (Artikel 33 Absatz 1, Artikel 34 Absatz 1 oder 2);
m) die Gerichte, bei denen das Rechtsmittel einzulegen ist, die Frist, innerhalb derer dieses Rechtsmittels nach nationalem Recht einzulegen ist, sofern eine solche vorgesehen ist, und das Ereignis, mit dem diese Frist zu laufen beginnt (Artikel 37);
n) eine Angabe der Gerichtsgebühren (Artikel 42) und
o) die Sprachen, die für die Übersetzung der Schriftstücke zugelassen sind (Artikel 49 Absatz 2).

[2] Die Mitgliedstaaten unterrichten die Kommission über spätere Änderungen dieser Angaben.

(2) Die Angaben werden von der Kommission in geeigneter Weise veröffentlicht, insbesondere über das Europäische Justizielle Netz für Zivil- und Handelssachen.

Art. 51 Erstellung und spätere Änderung der Formblätter. [1]Die Kommission erlässt Durchführungsrechtsakte zur Erstellung und späteren Änderung der Formblätter nach Artikel 8 Absatz 1, Artikel 10 Absatz 2, Artikel 19 Absatz 1, Artikel 25 Absatz 1, Artikel 27 Absatz 2, Artikel 29 Absatz 2, Artikel 36 Absatz 1, Artikel 36 Absatz 5 Unterabsatz 2 und Artikel 37. [2]Diese Durchführungsrechtsakte werden gemäß dem in Artikel 52 Absatz 2 genannten Beratungsverfahren erlassen.

Art. 52 Ausschussverfahren. (1) [1]Die Kommission wird von einem Ausschuss unterstützt. [2]Dieser Ausschuss ist ein Ausschuss im Sinne der Verordnung (EU) Nr. 182/2011.

(2) Wird auf diesen Absatz Bezug genommen, so gilt Artikel 4 der Verordnung (EU) Nr. 182/2011.

Art. 53 Überwachung und Überprüfung. (1) *[1]* Die Kommission übermittelt dem Europäischen Parlament, dem Rat und dem Europäischen Wirtschafts- und Sozialausschuss bis zum 18. Januar 2022 einen Bericht über die Anwendung dieser Verordnung, der auch eine Bewertung der Frage umfasst,

a) ob Finanzinstrumente in den Anwendungsbereich dieser Verordnung aufgenommen werden sollten und
b) ob Beträge, die nach Ausführung des Beschlusses zur vorläufigen Pfändung dem Konto des Schuldners gutgeschrieben wurden, aufgrund des Beschlusses vorläufig pfändbar gemacht werden könnten.

[2] Dem Bericht wird gegebenenfalls ein Vorschlag zur Änderung dieser Verordnung und eine Folgenabschätzung der einzuführenden Änderungen beigefügt.

(2) Für die Zwecke des Absatzes 1 erheben die Mitgliedstaaten folgende Informationen und übermitteln sie der Kommission auf Anfrage:

a) die Zahl der Anträge auf Erlass eines Beschlusses zur vorläufigen Pfändung und die Zahl der erlassenen Beschlüsse;
b) die Zahl der Anträge auf Einlegung eines Rechtsbehelfs gemäß den Artikeln 33 und 34 und, wenn möglich, die Zahl der Fälle, in denen dem Rechtsbehelf stattgegeben wurde, und
c) die Zahl der Anträge auf Einlegung eines Rechtsmittels gemäß Artikel 37 und, sofern möglich, die Zahl der Fälle, in denen das Rechtsmittel erfolgreich war.

Kapitel 6. Schlussbestimmungen

Art. 54 Inkrafttreten. *[1]* Diese Verordnung tritt am zwanzigsten Tag nach ihrer Veröffentlichung[1)] im *Amtsblatt der Europäischen Union* in Kraft.

[2] Sie gilt ab dem 18. Januar 2017 mit Ausnahme des Artikels 50, der ab dem 18. Juli 2016 gilt.

Diese Verordnung ist in allen ihren Teilen verbindlich und gilt gemäß den Verträgen unmittelbar in den Mitgliedstaaten.

Geschehen zu Brüssel am 15. Mai 2014.

---

1) Veröffentlicht am 27.6.2014.

8. Rechtspflegergesetz (RPflG)

In der Fassung der Bekanntmachung vom 14. April 2013[1]
(BGBl. I S. 778, ber. 2014 I S. 46)

FNA 302-2

zuletzt geänd. durch Art. 4 G zum Internationalen Güterrecht und zur Änd. von Vorschriften des Internationalen Privatrechts v. 17.12.2018 (BGBl. I S. 2573)

Erster Abschnitt. Aufgaben und Stellung des Rechtspflegers

§ 1 Allgemeine Stellung des Rechtspflegers. Der Rechtspfleger nimmt die ihm durch dieses Gesetz übertragenen Aufgaben der Rechtspflege wahr.

§ 2 Voraussetzungen für die Tätigkeit als Rechtspfleger. (1) [1]Mit den Aufgaben eines Rechtspflegers kann ein Beamter des Justizdienstes betraut werden, der einen Vorbereitungsdienst von drei Jahren abgeleistet und die Rechtspflegerprüfung bestanden hat. [2]Der Vorbereitungsdienst vermittelt in einem Studiengang einer Fachhochschule oder in einem gleichstehenden Studiengang dem Beamten die wissenschaftlichen Erkenntnisse und Methoden sowie die berufspraktischen Fähigkeiten und Kenntnisse, die zur Erfüllung der Aufgaben eines Rechtspflegers erforderlich sind. [3]Der Vorbereitungsdienst besteht aus Fachstudien von mindestens achtzehnmonatiger Dauer und berufspraktischen Studienzeiten. [4]Die berufspraktischen Studienzeiten umfassen die Ausbildung in den Schwerpunktbereichen der Aufgaben eines Rechtspflegers; die praktische Ausbildung darf die Dauer von einem Jahr nicht unterschreiten.

(2) [1]Zum Vorbereitungsdienst kann zugelassen werden, wer eine zu einem Hochschulstudium berechtigende Schulbildung besitzt oder einen als gleichwertig anerkannten Bildungsstand nachweist. [2]Beamte des mittleren Justizdienstes können zur Rechtspflegerausbildung zugelassen werden, wenn sie nach der Laufbahnprüfung mindestens drei Jahre im mittleren Justizdienst tätig waren und nach ihrer Persönlichkeit sowie ihren bisherigen Leistungen für den Dienst als Rechtspfleger geeignet erscheinen. [3]Die Länder können bestimmen, dass die Zeit der Tätigkeit im mittleren Justizdienst bis zu einer Dauer von sechs Monaten auf die berufspraktischen Studienzeiten angerechnet werden kann.

(3) Mit den Aufgaben eines Rechtspflegers kann auf seinen Antrag auch betraut werden, wer die Befähigung zum Richteramt besitzt.

(4) [1]Auf den Vorbereitungsdienst können ein erfolgreich abgeschlossenes Studium der Rechtswissenschaften bis zur Dauer von zwölf Monaten und ein Vorbereitungsdienst nach § 5b des Deutschen Richtergesetzes bis zur Dauer von sechs Monaten angerechnet werden. [2]Auf Teilnehmer einer Ausbildung nach § 5b des Deutschen Richtergesetzes in der Fassung des Gesetzes vom 10. September 1971 (BGBl. I S. 1557) ist Satz 1 entsprechend anzuwenden.

(5) Referendare können mit der zeitweiligen Wahrnehmung der Geschäfte eines Rechtspflegers beauftragt werden.

---

[1] Neubekanntmachung des RPflG v. 5.11.1969 (BGBl. I S. 2065) in der ab 1.1.2013 geltenden Fassung.

(6) Die Länder erlassen die näheren Vorschriften.[1)]

(7) Das Berufsqualifikationsfeststellungsgesetz ist nicht anzuwenden.

§ 3 Übertragene Geschäfte. Dem Rechtspfleger werden folgende Geschäfte übertragen:

1. in vollem Umfange die nach den gesetzlichen Vorschriften vom Richter wahrzunehmenden Geschäfte des Amtsgerichts in
   a) Vereinssachen nach den §§ 29, 37, 55 bis 79 des Bürgerlichen Gesetzbuchs sowie nach Buch 5 des Gesetzes über das Verfahren in Familiensachen und in den Angelegenheiten der freiwilligen Gerichtsbarkeit,
   b) den weiteren Angelegenheiten der freiwilligen Gerichtsbarkeit nach § 410 des Gesetzes über das Verfahren in Familiensachen und in den Angelegenheiten der freiwilligen Gerichtsbarkeit sowie den Verfahren nach § 84 Absatz 2, § 189 des Versicherungsvertragsgesetzes,
   c) Aufgebotsverfahren nach Buch 8 des Gesetzes über das Verfahren in Familiensachen und in den Angelegenheiten der freiwilligen Gerichtsbarkeit,
   d) Pachtkreditsachen im Sinne des Pachtkreditgesetzes,

[1)] Siehe ua die folgenden landesrechtlichen Bestimmungen:
- **Baden-Württemberg:** VO des Justizministeriums über die Ausbildung und Prüfung der Rechtspflegerinnen und Rechtspfleger v. 27.7.2011 (GBl. S. 429), zuletzt geänd. durch VO v. 8.5.2019 (GBl. S. 224)
- **Bayern:** AusbildungsO Justiz v. 16.6.2016 (GVBl. S. 123), zuletzt geänd. durch V v. 26.3.2019 (GVBl. S. 98)
- **Berlin:** VO über die Ausbildung und Prüfung von Rechtspflegern v. 14.6.2006 (GVBl. S. 618), geänd. durch G v. 19.3.2009 (GVBl. S. 70)
- **Brandenburg:** Brandenburgische RechtspflegerausbildungsO v. 3.2.1994 (GVBl. II S. 74), geänd. durch VO v. 7.8.2006 (GVBl. II S. 306)
- **Bremen:** Bremische VO über die Ausbildung und Prüfung für die Laufbahngruppe 2, erstes Einstiegsamt in der Fachrichtung Justiz zur Verwendung im Rechtspflegerdienst v. 14.3.2017 (Brem.GBl. S. 108, ber. S. 146)
- **Hamburg:** Ausbildungs- und PrüfungsO Rechtspflegerdienst v. 5.7.2011 (HmbGVBl. S. 279, 295), geänd. durch VO v. 20.8.2013 (HmbGVBl. S. 364)
- **Hessen:** Ausbildungs- und PrüfungsO für die Anwärter der Rechtspflegerlaufbahn v. 23.7.1980 (JMBl. S. 645)
- **Mecklenburg-Vorpommern:** Rechtspflegerausbildungs- und PrüfungsO v. 17.6.1994 (GVOBl. M-V S. 786), zuletzt geänd. durch G v. 1.12.2008 (GVOBl. M-V S. 461)
- **Niedersachsen:** VO über die Ausbildung und Prüfung für den Rechtspflegerdienst in der Laufbahn der Laufbahngruppe 2 der Fachrichtung Justiz v. 20.11.2012 (Nds. GVBl. S. 503, ber. S. 610)
- **Nordrhein-Westfalen:** RechtspflegerausbildungsO v. 8.10.2018 (GV. NRW. S. 546), geänd. durch VO v. 5.8.2019 (GV. NRW. S. 533)
- **Rheinland-Pfalz:** Rechtspfleger-Ausbildungs- und PrüfungsO v. 12.8.2011 (GVBl. S. 333), geänd. durch VO v. 29.6.2012 (GVBl. S. 237)
- **Saarland:** RechtspflegerausbildungsO v. 2.8.2011 (Amtsbl. I S. 266), geänd. durch VO v. 23.4.2018 (Amtsbl. I S. 249)
- **Sachsen:** VO des Sächsischen Staatsministeriums der Justiz über die Ausbildung und Prüfung der Rechtspfleger v. 6.9.2005 (SächsGVBl. S. 246)
- **Sachsen-Anhalt:** Ausbildungs-, Prüfungs- und AufstiegsVO für die Laufbahn des Rechtspfleger- und Justizverwaltungsdienstes v. 23.9.2002 (GVBl. LSA S. 394), zuletzt geänd. durch VO v. 23.9.2013 (GVBl. LSA S. 484)
- **Schleswig-Holstein:** Rechtspfleger-LAPO v. 5.9.2013 (GVOBl. Schl.-H. S. 367)
- **Thüringen:** Thüringer Rechtspflegerausbildungs- und -prüfungsO v. 19.11.2018 (GVBl. S. 712).

e) Güterrechtsregistersachen nach den §§ 1558 bis 1563 des Bürgerlichen Gesetzbuchs sowie nach Buch 5 des Gesetzes über das Verfahren in Familiensachen und in den Angelegenheiten der freiwilligen Gerichtsbarkeit, auch in Verbindung mit § 7 des Lebenspartnerschaftsgesetzes,

f) Urkundssachen einschließlich der Entgegennahme der Erklärung,

g) Verschollenheitssachen,

h) Grundbuchsachen, Schiffsregister- und Schiffsbauregistersachen sowie Sachen des Registers für Pfandrechte an Luftfahrzeugen,

i) Verfahren nach dem Gesetz über die Zwangsversteigerung und die Zwangsverwaltung[1],

k) Verteilungsverfahren, die außerhalb der Zwangsvollstreckung nach den Vorschriften der Zivilprozessordnung[2] über das Verteilungsverfahren durchzuführen sind,

l) Verteilungsverfahren, die außerhalb der Zwangsversteigerung nach den für die Verteilung des Erlöses im Falle der Zwangsversteigerung geltenden Vorschriften durchzuführen sind,

m) Verteilungsverfahren nach § 75 Absatz 2 des Flurbereinigungsgesetzes, § 54 Absatz 3 des Landbeschaffungsgesetzes, § 119 Absatz 3 des Baugesetzbuchs und § 94 Absatz 4 des Bundesberggesetzes;

2. vorbehaltlich der in den §§ 14 bis 19b dieses Gesetzes aufgeführten Ausnahmen die nach den gesetzlichen Vorschriften vom Richter wahrzunehmenden Geschäfte des Amtsgerichts in

a) Kindschaftssachen und Adoptionssachen sowie entsprechenden Lebenspartnerschaftssachen nach den §§ 151, 186 und 269 des Gesetzes über das Verfahren in Familiensachen und in den Angelegenheiten der freiwilligen Gerichtsbarkeit,

b) Betreuungssachen sowie betreuungsgerichtlichen Zuweisungssachen nach den §§ 271 und 340 des Gesetzes über das Verfahren in Familiensachen und in den Angelegenheiten der freiwilligen Gerichtsbarkeit,

c) Nachlass- und Teilungssachen nach § 342 Absatz 1 und 2 Nummer 2 des Gesetzes über das Verfahren in Familiensachen und in den Angelegenheiten der freiwilligen Gerichtsbarkeit,

d) Handels-, Genossenschafts- und Partnerschaftsregistersachen sowie unternehmensrechtlichen Verfahren nach den §§ 374 und 375 des Gesetzes über das Verfahren in Familiensachen und in den Angelegenheiten der freiwilligen Gerichtsbarkeit,

e) Verfahren nach der Insolvenzordnung,

f) (weggefallen)

g) Verfahren nach der Verordnung (EG) Nr. 1346/2000 des Rates vom 29. Mai 2000 über Insolvenzverfahren (ABl. L 160 vom 30.6.2000, S. 1; L 350 vom 6.12.2014, S. 15), die zuletzt durch die Durchführungsverordnung (EU) 2016/1792 (ABl. L 274 vom 11.10.2016, S. 35) geändert worden ist, Verfahren nach der Verordnung (EU) 2015/848 des Europäi-

---

[1] Auszugsweise abgedruckt unter Nr. **4**.
[2] Nr. **1**.

schen Parlaments und des Rates vom 20. Mai 2015 über Insolvenzverfahren (ABl. L 141 vom 5.6.2015, S. 19; L 349 vom 21.12.2016, S. 6), die zuletzt durch die Verordnung (EU) 2017/353 (ABl. L 57 vom 3.3.2017, S. 19) geändert worden ist, Verfahren nach den Artikeln 102 und 102c des Einführungsgesetzes zur Insolvenzordnung sowie Verfahren nach dem Ausführungsgesetz zum deutsch-österreichischen Konkursvertrag vom 8. März 1985 (BGBl. I S. 535),

h) Verfahren nach der Schifffahrtsrechtlichen Verteilungsordnung,

i) Verfahren nach § 33 des Internationalen Erbrechtsverfahrensgesetzes vom 29. Juni 2015 (BGBl. I S. 1042) über die Ausstellung, Berichtigung, Änderung oder den Widerruf eines Europäischen Nachlasszeugnisses, über die Erteilung einer beglaubigten Abschrift eines Europäischen Nachlasszeugnisses oder die Verlängerung der Gültigkeitsfrist einer beglaubigten Abschrift sowie über die Aussetzung der Wirkungen eines Europäischen Nachlasszeugnisses;

3. die in den §§ 20 bis 24a, 25 und 25a dieses Gesetzes einzeln aufgeführten Geschäfte
   a) in Verfahren nach der Zivilprozessordnung,
   b) in Festsetzungsverfahren,
   c) des Gerichts in Straf- und Bußgeldverfahren,
   d) in Verfahren vor dem Patentgericht,
   e) auf dem Gebiet der Aufnahme von Erklärungen,
   f) auf dem Gebiet der Beratungshilfe,
   g) auf dem Gebiet der Familiensachen,
   h) in Verfahren über die Verfahrenskostenhilfe nach dem Gesetz über das Verfahren in Familiensachen und in den Angelegenheiten der freiwilligen Gerichtsbarkeit;
4. die in den §§ 29 und 31 dieses Gesetzes einzeln aufgeführten Geschäfte
   a) im internationalen Rechtsverkehr,
   b) (weggefallen)
   c) der Staatsanwaltschaft im Strafverfahren und der Vollstreckung in Straf- und Bußgeldsachen sowie von Ordnungs- und Zwangsmitteln.

§ 4 Umfang der Übertragung. (1) Der Rechtspfleger trifft alle Maßnahmen, die zur Erledigung der ihm übertragenen Geschäfte erforderlich sind.

(2) Der Rechtspfleger ist nicht befugt,
1. eine Beeidigung anzuordnen oder einen Eid abzunehmen,
2. Freiheitsentziehungen anzudrohen oder anzuordnen, sofern es sich nicht um Maßnahmen zur Vollstreckung
   a) einer Freiheitsstrafe nach § 457 der Strafprozessordnung oder einer Ordnungshaft nach § 890 der Zivilprozessordnung[1],
   b) einer Maßregel der Besserung und Sicherung nach § 463 der Strafprozessordnung oder

[1] Nr. 1.

c) der Erzwingungshaft nach § 97 des Gesetzes über Ordnungswidrigkeiten handelt.

(3) Hält der Rechtspfleger Maßnahmen für geboten, zu denen er nach Absatz 2 Nummer 1 und 2 nicht befugt ist, so legt er deswegen die Sache dem Richter zur Entscheidung vor.

§ 5 Vorlage an den Richter. (1) Der Rechtspfleger hat ihm übertragene Geschäfte dem Richter vorzulegen, wenn
1. sich bei der Bearbeitung der Sache ergibt, dass eine Entscheidung des Bundesverfassungsgerichts oder eines für Verfassungsstreitigkeiten zuständigen Gerichts eines Landes nach Artikel 100 des Grundgesetzes einzuholen ist;
2. zwischen dem übertragenen Geschäft und einem vom Richter wahrzunehmenden Geschäft ein so enger Zusammenhang besteht, dass eine getrennte Behandlung nicht sachdienlich ist.

(2) Der Rechtspfleger kann ihm übertragene Geschäfte dem Richter vorlegen, wenn die Anwendung ausländischen Rechts in Betracht kommt.

(3) [1] Die vorgelegten Sachen bearbeitet der Richter, solange er es für erforderlich hält. [2] Er kann die Sachen dem Rechtspfleger zurückgeben. [3] Gibt der Richter eine Sache an den Rechtspfleger zurück, so ist dieser an eine von dem Richter mitgeteilte Rechtsauffassung gebunden.

§ 6 Bearbeitung übertragener Sachen durch den Richter. Steht ein übertragenes Geschäft mit einem vom Richter wahrzunehmenden Geschäft in einem so engen Zusammenhang, dass eine getrennte Bearbeitung nicht sachdienlich wäre, so soll der Richter die gesamte Angelegenheit bearbeiten.

§ 7 Bestimmung des zuständigen Organs der Rechtspflege. [1] Bei Streit oder Ungewissheit darüber, ob ein Geschäft von dem Richter oder dem Rechtspfleger zu bearbeiten ist, entscheidet der Richter über die Zuständigkeit durch Beschluss. [2] Der Beschluss ist unanfechtbar.

§ 8 Gültigkeit von Geschäften. (1) Hat der Richter ein Geschäft wahrgenommen, das dem Rechtspfleger übertragen ist, so wird die Wirksamkeit des Geschäfts hierdurch nicht berührt.

(2) Hat der Rechtspfleger ein Geschäft wahrgenommen, das ihm der Richter nach diesem Gesetz übertragen kann, so ist das Geschäft nicht deshalb unwirksam, weil die Übertragung unterblieben ist oder die Voraussetzungen für die Übertragung im Einzelfalle nicht gegeben waren.

(3) Ein Geschäft ist nicht deshalb unwirksam, weil es der Rechtspfleger entgegen § 5 Absatz 1 dem Richter nicht vorgelegt hat.

(4) [1] Hat der Rechtspfleger ein Geschäft des Richters wahrgenommen, das ihm nach diesem Gesetz weder übertragen ist noch übertragen werden kann, so ist das Geschäft unwirksam. [2] Das gilt nicht, wenn das Geschäft dem Rechtspfleger durch eine Entscheidung nach § 7 zugewiesen worden war.

(5) Hat der Rechtspfleger ein Geschäft des Urkundsbeamten der Geschäftsstelle wahrgenommen, so wird die Wirksamkeit des Geschäfts hierdurch nicht berührt.

§ 9 Weisungsfreiheit des Rechtspflegers. Der Rechtspfleger ist sachlich unabhängig und nur an Recht und Gesetz gebunden.

§ 10 Ausschließung und Ablehnung des Rechtspflegers. [1] Für die Ausschließung und Ablehnung des Rechtspflegers sind die für den Richter geltenden Vorschriften entsprechend anzuwenden. [2] Über die Ablehnung des Rechtspflegers entscheidet der Richter.

§ 11 Rechtsbehelfe. (1) Gegen die Entscheidungen des Rechtspflegers ist das Rechtsmittel gegeben, das nach den allgemeinen verfahrensrechtlichen Vorschriften zulässig ist.

(2) [1] Kann gegen die Entscheidung nach den allgemeinen verfahrensrechtlichen Vorschriften ein Rechtsmittel nicht eingelegt werden, so findet die Erinnerung statt, die innerhalb einer Frist von zwei Wochen einzulegen ist. [2] Hat der Erinnerungsführer die Frist ohne sein Verschulden nicht eingehalten, ist ihm auf Antrag Wiedereinsetzung in den vorigen Stand zu gewähren, wenn er die Erinnerung binnen zwei Wochen nach der Beseitigung des Hindernisses einlegt und die Tatsachen, welche die Wiedereinsetzung begründen, glaubhaft macht. [3] Ein Fehlen des Verschuldens wird vermutet, wenn eine Rechtsbehelfsbelehrung unterblieben oder fehlerhaft ist. [4] Die Wiedereinsetzung kann nach Ablauf eines Jahres, von dem Ende der versäumten Frist an gerechnet, nicht mehr beantragt werden. [5] Der Rechtspfleger kann der Erinnerung abhelfen. [6] Erinnerungen, denen er nicht abhilft, legt er dem Richter zur Entscheidung vor. [7] Auf die Erinnerung sind im Übrigen die Vorschriften der Zivilprozessordnung[1)] über die sofortige Beschwerde sinngemäß anzuwenden.

(3) [1] Gerichtliche Verfügungen, Beschlüsse oder Zeugnisse, die nach den Vorschriften der Grundbuchordnung, der Schiffsregisterordnung oder des Gesetzes über das Verfahren in Familiensachen und in den Angelegenheiten der freiwilligen Gerichtsbarkeit wirksam geworden sind und nicht mehr geändert werden können, sind mit der Erinnerung nicht anfechtbar. [2] Die Erinnerung ist ferner in den Fällen der §§ 694, 700 der Zivilprozessordnung und gegen die Entscheidungen über die Gewährung eines Stimmrechts (§ 77 der Insolvenzordnung) ausgeschlossen.

(4) [1] Das Erinnerungsverfahren ist gerichtsgebührenfrei.

§ 12 Bezeichnung des Rechtspflegers. Im Schriftverkehr und bei der Aufnahme von Urkunden in übertragenen Angelegenheiten hat der Rechtspfleger seiner Unterschrift das Wort „Rechtspfleger" beizufügen.

§ 13 Ausschluss des Anwaltszwangs. § 78 Absatz 1 der Zivilprozessordnung[1)] und § 114 Absatz 1 des Gesetzes über das Verfahren in Familiensachen und in den Angelegenheiten der freiwilligen Gerichtsbarkeit sind auf Verfahren vor dem Rechtspfleger nicht anzuwenden.

[1)] Nr. **1**.

Zweiter Abschnitt. Dem Richter vorbehaltene Geschäfte in Familiensachen und auf dem Gebiet der freiwilligen Gerichtsbarkeit sowie in Insolvenzverfahren und schifffahrtsrechtlichen Verteilungsverfahren

§ 14 Kindschafts- und Adoptionssachen. (1) Von den dem Familiengericht übertragenen Angelegenheiten in Kindschafts- und Adoptionssachen sowie den entsprechenden Lebenspartnerschaftssachen bleiben dem Richter vorbehalten:

1. Verfahren, die die Feststellung des Bestehens oder Nichtbestehens der elterlichen Sorge eines Beteiligten für den anderen zum Gegenstand haben;
2. die Maßnahmen auf Grund des § 1666 des Bürgerlichen Gesetzbuchs zur Abwendung der Gefahr für das körperliche, geistige oder seelische Wohl des Kindes;
3. die Übertragung der elterlichen Sorge nach den §§ 1626a, 1671, 1678 Absatz 2, § 1680 Absatz 2 und 3 sowie § 1681 Absatz 1 und 2 des Bürgerlichen Gesetzbuchs;
4. die Entscheidung über die Übertragung von Angelegenheiten der elterlichen Sorge auf die Pflegeperson nach § 1630 Absatz 3 des Bürgerlichen Gesetzbuchs;
5. die Entscheidung von Meinungsverschiedenheiten zwischen den Sorgeberechtigten;
6. *(aufgehoben)*
7. die Regelung des persönlichen Umgangs zwischen Eltern und Kindern sowie Kindern und Dritten nach § 1684 Absatz 3 und 4, § 1685 Absatz 3 und § 1686a Absatz 2 des Bürgerlichen Gesetzbuchs, die Entscheidung über die Beschränkung oder den Ausschluss des Rechts zur alleinigen Entscheidung in Angelegenheiten des täglichen Lebens nach den §§ 1687, 1687a des Bürgerlichen Gesetzbuchs sowie über Streitigkeiten, die eine Angelegenheit nach § 1632 Absatz 2 des Bürgerlichen Gesetzbuchs betreffen;
8. die Entscheidung über den Anspruch auf Herausgabe eines Kindes nach § 1632 Absatz 1 des Bürgerlichen Gesetzbuchs sowie die Entscheidung über den Verbleib des Kindes bei der Pflegeperson nach § 1632 Absatz 4 oder bei dem Ehegatten, Lebenspartner oder Umgangsberechtigten nach § 1682 des Bürgerlichen Gesetzbuchs;
9. die Anordnung einer Betreuung oder Pflegschaft auf Grund dienstrechtlicher Vorschriften, soweit hierfür das Familiengericht zuständig ist;
10. die Anordnung einer Vormundschaft oder einer Pflegschaft über einen Angehörigen eines fremden Staates einschließlich der vorläufigen Maßregeln nach Artikel 24 des Einführungsgesetzes zum Bürgerlichen Gesetzbuche;
11. die religiöse Kindererziehung betreffenden Maßnahmen nach § 1801 des Bürgerlichen Gesetzbuchs sowie den §§ 2, 3 und 7 des Gesetzes über die religiöse Kindererziehung;
12. die Ersetzung der Zustimmung
    a) eines Sorgeberechtigten zu einem Rechtsgeschäft,

b) eines gesetzlichen Vertreters zu der Sorgeerklärung eines beschränkt geschäftsfähigen Elternteils nach § 1626c Absatz 2 Satz 1 des Bürgerlichen Gesetzbuchs;

13. die im Jugendgerichtsgesetz genannten Verrichtungen mit Ausnahme der Bestellung eines Pflegers nach § 67 Absatz 4 Satz 3 des Jugendgerichtsgesetzes;
14. die Ersetzung der Einwilligung oder der Zustimmung zu einer Annahme als Kind nach § 1746 Absatz 3 sowie nach den §§ 1748 und 1749 Absatz 1 des Bürgerlichen Gesetzbuchs, die Entscheidung über die Annahme als Kind einschließlich der Entscheidung über den Namen des Kindes nach den §§ 1752, 1768 und 1757 Absatz 3 des Bürgerlichen Gesetzbuchs, die Genehmigung der Einwilligung des Kindes zur Annahme nach § 1746 Absatz 1 Satz 4 des Bürgerlichen Gesetzbuchs, die Aufhebung des Annahmeverhältnisses nach den §§ 1760, 1763 und 1771 des Bürgerlichen Gesetzbuchs sowie die Entscheidungen nach § 1751 Absatz 3, § 1764 Absatz 4, § 1765 Absatz 2 des Bürgerlichen Gesetzbuchs und nach dem Adoptionswirkungsgesetz vom 5. November 2001 (BGBl. I S. 2950, 2953), soweit sie eine richterliche Entscheidung enthalten;
15. die Befreiung vom Eheverbot der durch die Annahme als Kind begründeten Verwandtschaft in der Seitenlinie nach § 1308 Absatz 2 des Bürgerlichen Gesetzbuchs;
16. die Genehmigung für den Antrag auf Scheidung oder Aufhebung der Ehe oder auf Aufhebung der Lebenspartnerschaft durch den gesetzlichen Vertreter eines geschäftsunfähigen Ehegatten oder Lebenspartners nach § 125 Absatz 2 Satz 2, § 270 Absatz 1 Satz 1 des Gesetzes über das Verfahren in Familiensachen und in den Angelegenheiten der freiwilligen Gerichtsbarkeit.

(2) Die Maßnahmen und Anordnungen nach den §§ 10 bis 15, 20, 21, 32 bis 35, 38, 40, 41, 44 und 47 des Internationalen Familienrechtsverfahrensgesetzes[1)] vom 26. Januar 2005 (BGBl. I S. 162), soweit diese dem Familiengericht obliegen, bleiben dem Richter vorbehalten.

§ 15 Betreuungssachen und betreuungsgerichtliche Zuweisungssachen. (1) [1] Von den Angelegenheiten, die dem Betreuungsgericht übertragen sind, bleiben dem Richter vorbehalten:

1. Verrichtungen auf Grund der §§ 1896 bis 1900, 1908a und 1908b Absatz 1, 2 und 5 des Bürgerlichen Gesetzbuchs sowie die anschließende Bestellung eines neuen Betreuers;
2. die Bestellung eines neuen Betreuers im Fall des Todes des Betreuers nach § 1908c des Bürgerlichen Gesetzbuchs;
3. Verrichtungen auf Grund des § 1908d des Bürgerlichen Gesetzbuchs, des § 291 des Gesetzes über das Verfahren in Familiensachen und in den Angelegenheiten der freiwilligen Gerichtsbarkeit;
4. Verrichtungen auf Grund der §§ 1903 bis 1905 des Bürgerlichen Gesetzbuchs;

[1)] Nr. **6a**.

5. die Anordnung einer Betreuung oder Pflegschaft über einen Angehörigen eines fremden Staates einschließlich der vorläufigen Maßregeln nach Artikel 24 des Einführungsgesetzes zum Bürgerlichen Gesetzbuche;
6. die Anordnung einer Betreuung oder Pflegschaft auf Grund dienstrechtlicher Vorschriften;
7. die Entscheidungen nach § 1908i Absatz 1 Satz 1 in Verbindung mit § 1632 Absatz 1 bis 3, § 1797 Absatz 1 Satz 2 und § 1798 des Bürgerlichen Gesetzbuchs;
8. die Genehmigung nach § 6 des Gesetzes über die freiwillige Kastration und andere Behandlungsmethoden;
9. die Genehmigung nach § 3 Absatz 1 Satz 2 sowie nach § 6 Absatz 2 Satz 1, § 7 Absatz 3 Satz 2 und § 9 Absatz 3 Satz 1, jeweils in Verbindung mit § 3 Absatz 1 Satz 2 des Gesetzes über die Änderung der Vornamen und die Feststellung der Geschlechtszugehörigkeit in besonderen Fällen;
10. die Genehmigung für den Antrag auf Scheidung oder Aufhebung der Ehe oder auf Aufhebung der Lebenspartnerschaft durch den gesetzlichen Vertreter eines geschäftsunfähigen Ehegatten oder Lebenspartners nach § 125 Absatz 2 Satz 2, § 270 Absatz 1 Satz 1 des Gesetzes über das Verfahren in Familiensachen und in den Angelegenheiten der freiwilligen Gerichtsbarkeit.

[2] Satz 1 Nummer 1 bis 3 findet keine Anwendung, wenn die genannten Verrichtungen nur eine Betreuung nach § 1896 Absatz 3 des Bürgerlichen Gesetzbuchs betreffen.

(2) Die Maßnahmen und Anordnungen nach den §§ 6 bis 12 des Erwachsenenschutzübereinkommens-Ausführungsgesetzes vom 17. März 2007 (BGBl. I S. 314) bleiben dem Richter vorbehalten.

§ 16 Nachlass- und Teilungssachen; Europäisches Nachlasszeugnis.

(1) In Nachlass- und Teilungssachen bleiben dem Richter vorbehalten

1. die Geschäfte des Nachlassgerichts, die bei einer Nachlasspflegschaft oder Nachlassverwaltung erforderlich werden, soweit sie den nach § 14 dieses Gesetzes von der Übertragung ausgeschlossenen Geschäften in Kindschaftssachen entsprechen;
2. die Ernennung von Testamentsvollstreckern (§ 2200 des Bürgerlichen Gesetzbuchs);
3. die Entscheidung über Anträge, eine vom Erblasser für die Verwaltung des Nachlasses durch letztwillige Verfügung getroffene Anordnung außer Kraft zu setzen (§ 2216 Absatz 2 Satz 2 des Bürgerlichen Gesetzbuchs);
4. die Entscheidung von Meinungsverschiedenheiten zwischen mehreren Testamentsvollstreckern (§ 2224 des Bürgerlichen Gesetzbuchs);
5. die Entlassung eines Testamentsvollstreckers aus wichtigem Grund (§ 2227 des Bürgerlichen Gesetzbuchs);
6. die Erteilung von Erbscheinen (§ 2353 des Bürgerlichen Gesetzbuchs) sowie Zeugnissen nach den §§ 36, 37 der Grundbuchordnung oder den §§ 42, 74 der Schiffsregisterordnung, sofern eine Verfügung von Todes wegen vorliegt oder die Anwendung ausländischen Rechts in Betracht kommt, ferner die

Erteilung von Testamentsvollstreckerzeugnissen (§ 2368 des Bürgerlichen Gesetzbuchs);

7. die Einziehung von Erbscheinen (§ 2361 des Bürgerlichen Gesetzbuchs) und von Zeugnissen nach den §§ 36, 37 der Grundbuchordnung und den §§ 42, 74 der Schiffsregisterordnung, wenn die Erbscheine oder Zeugnisse vom Richter erteilt oder wegen einer Verfügung von Todes wegen einzuziehen sind, ferner die Einziehung von Testamentsvollstreckerzeugnissen (§ 2368 des Bürgerlichen Gesetzbuchs) und von Zeugnissen über die Fortsetzung einer Gütergemeinschaft (§ 1507 des Bürgerlichen Gesetzbuchs).

(2) In Verfahren im Zusammenhang mit dem Europäischen Nachlasszeugnis bleiben die Ausstellung, Berichtigung, Änderung oder der Widerruf eines Europäischen Nachlasszeugnisses (§ 33 Nummer 1 des Internationalen Erbrechtsverfahrensgesetzes) sowie die Aussetzung der Wirkungen eines Europäischen Nachlasszeugnisses (§ 33 Nummer 3 des Internationalen Erbrechtsverfahrensgesetzes) dem Richter vorbehalten, sofern eine Verfügung von Todes wegen vorliegt oder die Anwendung ausländischen Rechts in Betracht kommt.

(3) [1] Wenn trotz Vorliegens einer Verfügung von Todes wegen die gesetzliche Erbfolge maßgeblich ist und deutsches Erbrecht anzuwenden ist, kann der Richter dem Rechtspfleger folgende Angelegenheiten übertragen:

1. die Erteilung eines Erbscheins;
2. die Ausstellung eines Europäischen Nachlasszeugnisses;
3. die Erteilung eines Zeugnisses nach den §§ 36 und 37 der Grundbuchordnung oder den §§ 42 und 74 der Schiffsregisterordnung.

[2] Der Rechtspfleger ist an die ihm mitgeteilte Auffassung des Richters gebunden.

§ 17 Registersachen und unternehmensrechtliche Verfahren. In Handels-, Genossenschafts- und Partnerschaftsregistersachen sowie in *unternehmensrechtlichen*[1)] Verfahren nach dem Buch 5 des Gesetzes über das Verfahren in Familiensachen und in den Angelegenheiten der freiwilligen Gerichtsbarkeit bleiben dem Richter vorbehalten

1. bei Aktiengesellschaften, Kommanditgesellschaften auf Aktien, Gesellschaften mit beschränkter Haftung und Versicherungsvereinen auf Gegenseitigkeit folgende Verfügungen beim Gericht des Sitzes und, wenn es sich um eine Gesellschaft mit Sitz im Ausland handelt, beim Gericht der Zweigniederlassung:
   a) auf erste Eintragung,
   b) auf Eintragung von Satzungsänderungen, die nicht nur die Fassung betreffen,
   c) auf Eintragung der Eingliederung oder der Umwandlung,
   d) auf Eintragung des Bestehens, der Änderung oder der Beendigung eines Unternehmensvertrages,
   e) auf Löschung im Handelsregister nach den §§ 394, 395, 397 und 398 des Gesetzes über das Verfahren in Familiensachen und in den Angelegenhei-

[1)] Richtig wohl: „unternehmensrechtlichen".

ten der freiwilligen Gerichtsbarkeit und nach § 6 Absatz 4 Satz 1 des Versicherungsaufsichtsgesetzes,

f) Beschlüsse nach § 399 des Gesetzes über das Verfahren in Familiensachen und in den Angelegenheiten der freiwilligen Gerichtsbarkeit;

2. die nach § 375 Nummer 1 bis 6, 9 bis 14 und 16 des Gesetzes über das Verfahren in Familiensachen und in den Angelegenheiten der freiwilligen Gerichtsbarkeit zu erledigenden Geschäfte mit Ausnahme der in
   a) § 146 Absatz 2, § 147 und § 157 Absatz 2 des Handelsgesetzbuchs,
   b) § 166 Absatz 3 und § 233 Absatz 3 des Handelsgesetzbuchs,
   c) § 264 Absatz 2, § 273 Absatz 4 und § 290 Absatz 3 des Aktiengesetzes,
   d) § 66 Absatz 2, 3 und 5 sowie § 74 Absatz 2 und 3 des Gesetzes betreffend die Gesellschaften mit beschränkter Haftung,[1)]

   geregelten Geschäfte.

§ 18 Insolvenzverfahren. (1) In Verfahren nach der Insolvenzordnung bleiben dem Richter vorbehalten:

1. das Verfahren bis zur Entscheidung über den Eröffnungsantrag unter Einschluss dieser Entscheidung und der Ernennung des Insolvenzverwalters sowie des Verfahrens über einen Schuldenbereinigungsplan nach den §§ 305 bis 310 der Insolvenzordnung,
2. das Verfahren über einen Insolvenzplan nach den §§ 217 bis 256 und den §§ 258 bis 269 der Insolvenzordnung,
3. die Entscheidung über die Begründung des Gruppen-Gerichtsstands nach § 3a Absatz 1 der Insolvenzordnung, die Entscheidung über den Antrag auf Verweisung an das Gericht des Gruppen-Gerichtsstands nach § 3d Absatz 1 der Insolvenzordnung sowie das Koordinationsverfahren nach den §§ 269d bis 269i der Insolvenzordnung,
4. bei einem Antrag des Schuldners auf Erteilung der Restschuldbefreiung die Entscheidungen nach den §§ 287a, 290, 296 bis 297a und 300 der Insolvenzordnung, wenn ein Insolvenzgläubiger die Versagung der Restschuldbefreiung beantragt, sowie die Entscheidung über den Widerruf der Restschuldbefreiung nach § 303 der Insolvenzordnung,
5. Entscheidungen nach den §§ 344 bis 346 der Insolvenzordnung.

(2) [1]Der Richter kann sich das Insolvenzverfahren ganz oder teilweise vorbehalten, wenn er dies für geboten erachtet. [2]Hält er den Vorbehalt nicht mehr für erforderlich, kann er das Verfahren dem Rechtspfleger übertragen. [3]Auch nach der Übertragung kann er das Verfahren wieder an sich ziehen, wenn und solange er dies für erforderlich hält.

(3) Hat sich die Entscheidung des Rechtspflegers über die Gewährung des Stimmrechts nach § 77 der Insolvenzordnung auf das Ergebnis einer Abstimmung ausgewirkt, so kann der Richter auf Antrag eines Gläubigers oder des Insolvenzverwalters das Stimmrecht neu festsetzen und die Wiederholung der Abstimmung anordnen; der Antrag kann nur bis zum Schluss des Termins gestellt werden, in dem die Abstimmung stattfindet.

[1)] Zeichensetzung amtlich.

(4) [1] Ein Beamter auf Probe darf im ersten Jahr nach seiner Ernennung Geschäfte des Rechtspflegers in Insolvenzsachen nicht wahrnehmen. [2] Rechtspfleger in Insolvenzsachen sollen über belegbare Kenntnisse des Insolvenzrechts und Grundkenntnisse des Handels- und Gesellschaftsrechts und der für das Insolvenzverfahren notwendigen Teile des Arbeits-, Sozial- und Steuerrechts und des Rechnungswesens verfügen. [3] Einem Rechtspfleger, dessen Kenntnisse auf diesen Gebieten nicht belegt sind, dürfen die Aufgaben eines Rechtspflegers in Insolvenzsachen nur zugewiesen werden, wenn der Erwerb der Kenntnisse alsbald zu erwarten ist.

§ 19 Aufhebung von Richtervorbehalten. (1) [1] Die Landesregierungen werden ermächtigt, durch Rechtsverordnung die in den vorstehenden Vorschriften bestimmten Richtervorbehalte ganz oder teilweise aufzuheben, soweit sie folgende Angelegenheiten betreffen:

1. die Geschäfte nach § 14 Absatz 1 Nummer 9 und 10 sowie § 15 Absatz 1 Satz 1 Nummer 1 bis 6, soweit sie nicht die Entscheidung über die Anordnung einer Betreuung und die Festlegung des Aufgabenkreises des Betreuers auf Grund der §§ 1896 und 1908a des Bürgerlichen Gesetzbuchs sowie die Verrichtungen auf Grund der §§ 1903 bis 1905 und 1908d des Bürgerlichen Gesetzbuchs und von § 278 Absatz 5 und § 283 des Gesetzes über das Verfahren in Familiensachen und in den Angelegenheiten der freiwilligen Gerichtsbarkeit betreffen;
2. die Geschäfte nach § 16 Absatz 1 Nummer 1, soweit sie den nach § 14 Absatz 1 Nummer 9 und 10 dieses Gesetzes ausgeschlossenen Geschäften in Kindschaftssachen entsprechen;
3. die Geschäfte nach § 16 Absatz 1 Nummer 2;
4. die Geschäfte nach § 16 Absatz 1 Nummer 5, soweit der Erblasser den Testamentsvollstrecker nicht selbst ernannt oder einen Dritten zu dessen Ernennung bestimmt hat;
5. die Geschäfte nach § 16 Absatz 1 Nummer 6 und 7 sowie Absatz 2;
6. die Geschäfte nach § 17 Nummer 1.

[2] Die Landesregierungen können die Ermächtigung auf die Landesjustizverwaltungen übertragen.

(2) In der Verordnung nach Absatz 1 ist vorzusehen, dass der Rechtspfleger das Verfahren dem Richter zur weiteren Bearbeitung vorzulegen hat, soweit bei den Geschäften nach Absatz 1 Satz 1 Nummer 2 bis 5 gegen den Erlass der beantragten Entscheidung Einwände erhoben werden.

(3) Soweit von der Ermächtigung nach Absatz 1 Nummer 1 hinsichtlich der Auswahl und Bestellung eines Betreuers Gebrauch gemacht wird, sind die Vorschriften des Gesetzes über das Verfahren in Familiensachen und in den Angelegenheiten der freiwilligen Gerichtsbarkeit über die Bestellung eines Betreuers auch für die Anordnung einer Betreuung und Festlegung des Aufgabenkreises des Betreuers nach § 1896 des Bürgerlichen Gesetzbuchs anzuwenden.

§ 19a Verfahren nach dem internationalen Insolvenzrecht. (1) In Verfahren nach der Verordnung (EG) Nr. 1346/2000 des Rates vom 29. Mai 2000 über Insolvenzverfahren (ABl. EG Nr. L 160 S. 1) und nach Artikel 102 des Einführungsgesetzes zur Insolvenzordnung bleiben dem Richter vorbehalten:

1. die Einstellung eines Insolvenzverfahrens zugunsten der Gerichte eines anderen Mitgliedstaats nach Artikel 102 § 4 des Einführungsgesetzes zur Insolvenzordnung,
2. die Anordnung von Sicherungsmaßnahmen nach Artikel 38 der Verordnung (EG) Nr. 1346/2000.

(2) Im Verfahren nach dem Ausführungsgesetz zum deutsch-österreichischen Konkursvertrag vom 8. März 1985 (BGBl. I S. 535) bleiben dem Richter vorbehalten:

1. die Einstellung eines Verfahrens zugunsten der österreichischen Gerichte (§§ 3, 24 des Ausführungsgesetzes),
2. die Bestellung eines besonderen Konkurs- oder besonderen Vergleichsverwalters, wenn der Konkurs- oder Vergleichsverwalter von dem Richter ernannt worden ist (§§ 4, 24 des Ausführungsgesetzes),
3. die Anordnung von Zwangsmaßnahmen einschließlich der Haft (§§ 11, 15, 24 des Ausführungsgesetzes),
4. die Entscheidung über die Postsperre (§§ 17, 24 des Ausführungsgesetzes).

(3) In Verfahren nach der Verordnung (EU) 2015/848 und nach Artikel 102c des Einführungsgesetzes zur Insolvenzordnung bleiben dem Richter vorbehalten:

1. die Entscheidung über die Fortführung eines Insolvenzverfahrens als Sekundärinsolvenzverfahren nach Artikel 102c § 2 Absatz 1 Satz 2 des Einführungsgesetzes zur Insolvenzordnung,
2. die Einstellung eines Insolvenzverfahrens zugunsten eines anderen Mitgliedstaats nach Artikel 102c § 2 Absatz 1 Satz 2 des Einführungsgesetzes zur Insolvenzordnung,
3. die Entscheidung über das Stimmrecht nach Artikel 102c § 18 Absatz 1 Satz 2 des Einführungsgesetzes zur Insolvenzordnung,
4. die Entscheidung über Rechtsbehelfe und Anträge nach Artikel 102c § 21 des Einführungsgesetzes zur Insolvenzordnung,
5. die Anordnung von Sicherungsmaßnahmen nach Artikel 52 der Verordnung (EU) 2015/848,
6. die Zuständigkeit für das Gruppen-Koordinationsverfahren nach Kapitel V Abschnitt 2 der Verordnung (EU) 2015/848.

§ 19b Schifffahrtsrechtliches Verteilungsverfahren. (1) Im Verfahren nach der Schifffahrtsrechtlichen Verteilungsordnung bleiben dem Richter vorbehalten:

1. das Verfahren bis zur Entscheidung über den Eröffnungsantrag unter Einschluss dieser Entscheidung und der Ernennung des Sachwalters;
2. die Entscheidung, dass und in welcher Weise eine im Verlaufe des Verfahrens unzureichend gewordene Sicherheit zu ergänzen oder anderweitige Sicherheit zu leisten ist (§ 6 Absatz 5 der Schifffahrtsrechtlichen Verteilungsordnung);

3. die Entscheidung über die Erweiterung des Verfahrens auf Ansprüche wegen Personenschäden (§§ 16, 30 und 44 der Schifffahrtsrechtlichen Verteilungsordnung);
4. die Entscheidung über die Zulassung einer Zwangsvollstreckung nach § 17 Absatz 4 der Schifffahrtsrechtlichen Verteilungsordnung;
5. die Anordnung, bei der Verteilung Anteile nach § 26 Absatz 5 der Schifffahrtsrechtlichen Verteilungsordnung zurückzubehalten.

(2) [1]Der Richter kann sich das Verteilungsverfahren ganz oder teilweise vorbehalten, wenn er dies für geboten erachtet. [2]Hält er den Vorbehalt nicht mehr für erforderlich, kann er das Verfahren dem Rechtspfleger übertragen. [3]Auch nach der Übertragung kann er das Verfahren wieder an sich ziehen, wenn und solange er dies für erforderlich hält.

Dritter Abschnitt. Dem Rechtspfleger nach § 3 Nummer 3 übertragene Geschäfte

§ 20 Bürgerliche Rechtsstreitigkeiten. (1) Folgende Geschäfte im Verfahren nach der Zivilprozessordnung[1)] werden dem Rechtspfleger übertragen:

1. das Mahnverfahren im Sinne des Siebenten Buchs der Zivilprozessordnung einschließlich der Bestimmung der Einspruchsfrist nach § 700 Absatz 1 in Verbindung mit § 339 Absatz 2 und 3 der Zivilprozessordnung sowie der Abgabe an das für das streitige Verfahren als zuständig bezeichnete Gericht, auch soweit das Mahnverfahren maschinell bearbeitet wird; jedoch bleibt das Streitverfahren dem Richter vorbehalten;
2. (weggefallen)
3. die nach den §§ 109, 715 der Zivilprozessordnung zu treffenden Entscheidungen bei der Rückerstattung von Sicherheiten;
4. im Verfahren über die Prozesskostenhilfe
   a) die in § 118 Absatz 2 der Zivilprozessordnung bezeichneten Maßnahmen einschließlich der Beurkundung von Vergleichen nach § 118 Absatz 1 Satz 3 zweiter Halbsatz, wenn der Vorsitzende den Rechtspfleger damit beauftragt;
   b) die Bestimmung des Zeitpunktes für die Einstellung und eine Wiederaufnahme der Zahlungen nach § 120 Absatz 3 der Zivilprozessordnung;
   c) die Änderung und die Aufhebung der Bewilligung der Prozesskostenhilfe nach den §§ 120a, 124 Absatz 1 Nummer 2 bis 5 der Zivilprozessordnung;
5. das Verfahren über die Bewilligung der Prozesskostenhilfe in den Fällen, in denen außerhalb oder nach Abschluss eines gerichtlichen Verfahrens die Bewilligung der Prozesskostenhilfe lediglich für die Zwangsvollstreckung beantragt wird; jedoch bleibt dem Richter das Verfahren über die Bewilligung der Prozesskostenhilfe in den Fällen vorbehalten, in welchen dem Prozessgericht die Vollstreckung obliegt oder in welchen die Prozesskostenhilfe für eine Rechtsverfolgung oder Rechtsverteidigung beantragt wird, die eine sonstige richterliche Handlung erfordert;

[1)] Nr. **1**.

6. im Verfahren über die grenzüberschreitende Prozesskostenhilfe innerhalb der Europäischen Union die in § 1077 der Zivilprozessordnung bezeichneten Maßnahmen sowie die dem Vollstreckungsgericht nach § 1078 der Zivilprozessordnung obliegenden Entscheidungen; wird Prozesskostenhilfe für eine Rechtsverfolgung oder Rechtsverteidigung beantragt, die eine richterliche Handlung erfordert, bleibt die Entscheidung nach § 1078 der Zivilprozessordnung dem Richter vorbehalten;

6a. die Entscheidungen nach § 22 Absatz 3 des Auslandsunterhaltsgesetzes vom 23. Mai 2011 (BGBl. I S. 898);

7. das Europäische Mahnverfahren im Sinne des Abschnitts 5 des Elften Buchs der Zivilprozessordnung einschließlich der Abgabe an das für das streitige Verfahren als zuständig bezeichnete Gericht, auch soweit das Europäische Mahnverfahren maschinell bearbeitet wird; jedoch bleiben die Überprüfung des Europäischen Zahlungsbefehls und das Streitverfahren dem Richter vorbehalten;

8. die Ausstellung von Bescheinigungen nach Artikel 13 Absatz 1 Buchstabe e und Absatz 3 des Haager Übereinkommens vom 30. Juni 2005 über Gerichtsstandsvereinbarungen;

9. (weggefallen)

10. die Anfertigung eines Auszugs nach Artikel 20 Absatz 1 Buchstabe b der Verordnung (EG) Nr. 4/2009 des Rates vom 18. Dezember 2008 über die Zuständigkeit, das anwendbare Recht, die Anerkennung und Vollstreckung von Entscheidungen und die Zusammenarbeit in Unterhaltssachen;

11. die Ausstellung, die Berichtigung und der Widerruf einer Bestätigung nach den §§ 1079 bis 1081 der Zivilprozessordnung, die Ausstellung der Bestätigung nach § 1106 der Zivilprozessordnung, die Ausstellung der Bescheinigung nach § 1110 der Zivilprozessordnung und die Ausstellung einer Bescheinigung nach Artikel 45 Absatz 3 Buchstabe b, Artikel 59 Absatz 2 und Artikel 60 Absatz 2 der Verordnung (EU) 2016/1103 oder nach Artikel 45 Absatz 3 Buchstabe b, Artikel 59 Absatz 2 und Artikel 60 Absatz 2 der Verordnung (EU) 2016/1104;

12. die Erteilung der vollstreckbaren Ausfertigungen in den Fällen des § 726 Absatz 1, der §§ 727 bis 729, 733, 738, 742, 744, 745 Absatz 2 sowie des § 749 der Zivilprozessordnung;

13. die Erteilung von weiteren vollstreckbaren Ausfertigungen gerichtlicher Urkunden und die Entscheidung über den Antrag auf Erteilung weiterer vollstreckbarer Ausfertigungen notarieller Urkunden nach § 797 Absatz 3 der Zivilprozessordnung und § 60 Satz 3 Nummer 2 des Achten Buches Sozialgesetzbuch;

14. die Anordnung, dass die Partei, welche einen Arrestbefehl oder eine einstweilige Verfügung erwirkt hat, binnen einer zu bestimmenden Frist Klage zu erheben habe (§ 926 Absatz 1, § 936 der Zivilprozessordnung);

15. die Entscheidung über Anträge auf Aufhebung eines vollzogenen Arrestes gegen Hinterlegung des in dem Arrestbefehl festgelegten Geldbetrages (§ 934 Absatz 1 der Zivilprozessordnung);

16. die Pfändung von Forderungen sowie die Anordnung der Pfändung von eingetragenen Schiffen oder Schiffsbauwerken aus einem Arrestbefehl,

soweit der Arrestbefehl nicht zugleich den Pfändungsbeschluss oder die Anordnung der Pfändung enthält;

16a. die Anordnung, dass die Sache versteigert und der Erlös hinterlegt werde, nach § 21 des Anerkennungs- und Vollstreckungsausführungsgesetzes vom 19. Februar 2001 (BGBl. I S. 288, 436), nach § 51 des Auslandsunterhaltsgesetzes vom 23. Mai 2011 (BGBl. I S. 898), nach § 17 des Internationalen Erbrechtsverfahrensgesetzes und § 17 des Internationalen Güterrechtsverfahrensgesetzes;

17. die Geschäfte im Zwangsvollstreckungsverfahren nach dem Achten Buch der Zivilprozessordnung, soweit sie von dem Vollstreckungsgericht, einem von diesem ersuchten Gericht oder in den Fällen der §§ 848, 854, 855 der Zivilprozessordnung von einem anderen Amtsgericht oder dem Verteilungsgericht (§ 873 der Zivilprozessordnung) zu erledigen sind. Jedoch bleiben dem Richter die Entscheidungen nach *§ 766*[1] sowie Artikel 34 Absatz 1 Buchstabe b und Absatz 2 der Verordnung (EU) Nr. 655/2014[2] des Europäischen Parlaments und des Rates vom 15. Mai 2014 zur Einführung eines Verfahrens für einen Europäischen Beschluss zur vorläufigen Kontenpfändung im Hinblick auf die Erleichterung der grenzüberschreitenden Eintreibung von Forderungen in Zivil- und Handelssachen (ABl. L 189 vom 27.6.2014, S. 59) vorbehalten.

(2) [1] Die Landesregierungen werden ermächtigt, durch Rechtsverordnung zu bestimmen, dass die Prüfung der persönlichen und wirtschaftlichen Verhältnisse nach den §§ 114 bis 116 der Zivilprozessordnung einschließlich der in § 118 Absatz 2 der Zivilprozessordnung bezeichneten Maßnahmen, der Beurkundung von Vergleichen nach § 118 Absatz 1 Satz 3 der Zivilprozessordnung und der Entscheidungen nach § 118 Absatz 2 Satz 4 der Zivilprozessordnung durch den Rechtspfleger vorzunehmen ist, wenn der Vorsitzende das Verfahren dem Rechtspfleger insoweit überträgt. [2] In diesem Fall ist § 5 Absatz 1 Nummer 2 nicht anzuwenden. [3] Liegen die Voraussetzungen für die Bewilligung der Prozesskostenhilfe hiernach nicht vor, erlässt der Rechtspfleger die den Antrag ablehnende Entscheidung; anderenfalls vermerkt der Rechtspfleger in den Prozessakten, dass dem Antragsteller nach seinen persönlichen und wirtschaftlichen Verhältnissen Prozesskostenhilfe gewährt werden kann und in welcher Höhe gegebenenfalls Monatsraten oder Beträge aus dem Vermögen zu zahlen sind.

(3) Die Landesregierungen können die Ermächtigung nach Absatz 2 auf die Landesjustizverwaltungen übertragen.

§ 21 Festsetzungsverfahren. Folgende Geschäfte im Festsetzungsverfahren werden dem Rechtspfleger übertragen:

1. die Festsetzung der Kosten in den Fällen, in denen die §§ 103 ff. der Zivilprozessordnung[3] anzuwenden sind;
2. die Festsetzung der Vergütung des Rechtsanwalts nach § 11 des Rechtsanwaltsvergütungsgesetzes[4];

---

[1] Richtig wohl: „§ 766 der Zivilprozessordnung".
[2] Nr. **7**.
[3] Nr. **1**.
[4] Nr. **10**.

3. die Festsetzung der Gerichtskosten nach den Gesetzen und Verordnungen zur Ausführung von Verträgen mit ausländischen Staaten über die Rechtshilfe sowie die Anerkennung und Vollstreckung gerichtlicher Entscheidungen und anderer Schuldtitel in Zivil- und Handelssachen.

§ 22 Gerichtliche Geschäfte in Straf- und Bußgeldverfahren. Von den gerichtlichen Geschäften in Straf- und Bußgeldverfahren wird dem Rechtspfleger die Entscheidung über Feststellungsanträge nach § 52 Absatz 2 und § 53 Absatz 3 des Rechtsanwaltsvergütungsgesetzes[1] übertragen.

§ 23 Verfahren vor dem Patentgericht. (1) Im Verfahren vor dem Patentgericht werden dem Rechtspfleger die folgenden Geschäfte übertragen:

1. die nach den §§ 109, 715 der Zivilprozessordnung[2] in Verbindung mit § 99 Absatz 1 des Patentgesetzes zu treffenden Entscheidungen bei der Rückerstattung von Sicherheiten in den Fällen des § 81 Absatz 6 und des § 85 Absatz 2 und 6 des Patentgesetzes sowie des § 20 des Gebrauchsmustergesetzes;
2. bei Verfahrenskostenhilfe (§§ 129 bis 137 des Patentgesetzes, § 21 Absatz 2 des Gebrauchsmustergesetzes, § 24 des Designgesetzes, § 11 Absatz 2 des Halbleiterschutzgesetzes, § 36 des Sortenschutzgesetzes) die in § 20 Nummer 4 bezeichneten Maßnahmen;
3. (weggefallen)
4. der Ausspruch, dass eine Klage, ein Antrag auf einstweilige Verfügung, ein Antrag auf gerichtliche Entscheidung im Einspruchsverfahren sowie eine Beschwerde als nicht erhoben gilt (§ 6 Absatz 2 des Patentkostengesetzes) oder eine Klage nach § 81 Absatz 6 Satz 3 des Patentgesetzes als zurückgenommen gilt;
5. die Bestimmung einer Frist für die Nachreichung der schriftlichen Vollmacht (§ 97 Absatz 5 Satz 2 des Patentgesetzes, § 18 Absatz 2 des Gebrauchsmustergesetzes, § 4 Absatz 4 Satz 3 des Halbleiterschutzgesetzes, § 81 Absatz 5 Satz 3 des Markengesetzes, § 23 Absatz 4 Satz 4 des Designgesetzes);
6. die Anordnung, Urschriften, Ablichtungen oder beglaubigte Abschriften von Druckschriften, die im Patentamt und im Patentgericht nicht vorhanden sind, einzureichen (§ 125 Absatz 1 des Patentgesetzes, § 18 Absatz 2 des Gebrauchsmustergesetzes, § 4 Absatz 4 Satz 3 des Halbleiterschutzgesetzes);
7. die Aufforderung zur Benennung eines Vertreters nach § 25 des Patentgesetzes, § 28 des Gebrauchsmustergesetzes, § 11 Absatz 2 des Halbleiterschutzgesetzes, § 96 des Markengesetzes, § 58 des Designgesetzes;
8. (weggefallen)
9. die Erteilung der vollstreckbaren Ausfertigungen in den Fällen des § 20 Nummer 12 dieses Gesetzes in Verbindung mit § 99 Absatz 1 des Patentgesetzes, § 18 Absatz 2 des Gebrauchsmustergesetzes, § 4 Absatz 4 Satz 3

---

[1] Nr. **10**.
[2] Nr. **1**.

des Halbleiterschutzgesetzes, § 82 Absatz 1 des Markengesetzes, § 23 Absatz 4 Satz 4 des Designgesetzes;

10. die Erteilung von weiteren vollstreckbaren Ausfertigungen gerichtlicher Urkunden nach § 797 Absatz 3 der Zivilprozessordnung in Verbindung mit § 99 Absatz 1 des Patentgesetzes, § 18 Absatz 2 des Gebrauchsmustergesetzes, § 4 Absatz 4 Satz 3 des Halbleiterschutzgesetzes, § 82 Absatz 1 des Markengesetzes, § 23 Absatz 4 Satz 4 des Designgesetzes;
11. die Entscheidung über Anträge auf Gewährung von Akteneinsicht an dritte Personen, sofern kein Beteiligter Einwendungen erhebt und es sich nicht um Akten von Patentanmeldungen, Patenten, Gebrauchsmusteranmeldungen, Gebrauchsmustern, angemeldeter oder eingetragener Topographien handelt, für die jede Bekanntmachung unterbleibt (§§ 50, 99 Absatz 3 des Patentgesetzes, §§ 9, 18 Absatz 2 des Gebrauchsmustergesetzes, § 4 Absatz 4 Satz 3 des Halbleiterschutzgesetzes, § 82 Absatz 3 des Markengesetzes, § 23 Absatz 4 Satz 4 des Designgesetzes;
12. die Festsetzung der Kosten nach §§ 103 ff. der Zivilprozessordnung in Verbindung mit § 80 Absatz 5, § 84 Absatz 2 Satz 2, § 99 Absatz 1, § 109 Absatz 3 des Patentgesetzes, § 18 Absatz 2 des Gebrauchsmustergesetzes, § 4 Absatz 4 Satz 3 des Halbleiterschutzgesetzes, § 71 Absatz 5, § 82 Absatz 1, § 90 Absatz 4 des Markengesetzes, § 23 Absatz 4 und 5 des Designgesetzes;
13. die Erteilung der vollstreckbaren Ausfertigungen in den Fällen des § 125i des Markengesetzes und § 64 des Designgesetzes.

(2) [1] Gegen die Entscheidungen des Rechtspflegers nach Absatz 1 ist die Erinnerung zulässig. [2] Sie ist binnen einer Frist von zwei Wochen einzulegen. [3] § 11 Absatz 1 und 2 Satz 1 ist nicht anzuwenden.

§ 24 Aufnahme von Erklärungen. (1) Folgende Geschäfte der Geschäftsstelle werden dem Rechtspfleger übertragen:

1. die Aufnahme von Erklärungen über die Einlegung und Begründung
   a) der Rechtsbeschwerde und der weiteren Beschwerde,
   b) der Revision in Strafsachen;
2. die Aufnahme eines Antrags auf Wiederaufnahme des Verfahrens (§ 366 Absatz 2 der Strafprozessordnung, § 85 des Gesetzes über Ordnungswidrigkeiten).

(2) Ferner soll der Rechtspfleger aufnehmen:

1. sonstige Rechtsbehelfe, soweit sie gleichzeitig begründet werden;
2. Klagen und Klageerwiderungen;
3. andere Anträge und Erklärungen, die zur Niederschrift der Geschäftsstelle abgegeben werden können, soweit sie nach Schwierigkeit und Bedeutung den in den Nummern 1 und 2 genannten Geschäften vergleichbar sind.

(3) § 5 ist nicht anzuwenden.

§ 24a Beratungshilfe. (1) Folgende Geschäfte werden dem Rechtspfleger übertragen:

1. die Entscheidung über Anträge auf Gewährung und Aufhebung von Beratungshilfe einschließlich der grenzüberschreitenden Beratungshilfe nach § 10 Absatz 4 des Beratungshilfegesetzes;
2. die dem Amtsgericht nach § 3 Absatz 2 des Beratungshilfegesetzes zugewiesenen Geschäfte.

(2) § 11 Absatz 2 Satz 1 bis 4 und Absatz 3 ist nicht anzuwenden.

§ 24b Amtshilfe. (1) Die Landesregierungen werden ermächtigt, durch Rechtsverordnung die Geschäfte der Amtshilfe dem Rechtspfleger zu übertragen.

(2) Die Landesregierungen können die Ermächtigung auf die Landesjustizverwaltungen übertragen.

§ 25 Sonstige Geschäfte auf dem Gebiet der Familiensachen. Folgende weitere Geschäfte in Familiensachen einschließlich der entsprechenden Lebenspartnerschaftssachen werden dem Rechtspfleger übertragen:

1. (weggefallen)
2. in Unterhaltssachen
   a) Verfahren nach § 231 Absatz 2 des Gesetzes über das Verfahren in Familiensachen und in den Angelegenheiten der freiwilligen Gerichtsbarkeit, soweit nicht ein Verfahren nach § 231 Absatz 1 des Gesetzes über das Verfahren in Familiensachen und in den Angelegenheiten der freiwilligen Gerichtsbarkeit anhängig ist,
   b) die Bezifferung eines Unterhaltstitels nach § 245 des Gesetzes über das Verfahren in Familiensachen und in den Angelegenheiten der freiwilligen Gerichtsbarkeit,
   c) das vereinfachte Verfahren über den Unterhalt Minderjähriger;
3. in Güterrechtssachen
   a) die Ersetzung der Zustimmung eines Ehegatten, Lebenspartners oder Abkömmlings nach § 1452 des Bürgerlichen Gesetzbuchs,
   b) die Entscheidung über die Stundung einer Ausgleichsforderung und Übertragung von Vermögensgegenständen nach den §§ 1382 und 1383 des Bürgerlichen Gesetzbuchs, jeweils auch in Verbindung mit § 6 Satz 2 des Lebenspartnerschaftsgesetzes, mit Ausnahme der Entscheidung im Fall des § 1382 Absatz 5 und des § 1383 Absatz 3 des Bürgerlichen Gesetzbuchs, jeweils auch in Verbindung mit § 6 Satz 2 des Lebenspartnerschaftsgesetzes,
   c) die Entscheidung über die Stundung einer Ausgleichsforderung und Übertragung von Vermögensgegenständen nach § 1519 des Bürgerlichen Gesetzbuchs in Verbindung mit Artikel 12 Absatz 2 Satz 2 und Artikel 17 des Abkommens vom 4. Februar 2010 zwischen der Bundesrepublik Deutschland und der Französischen Republik über den Güterstand der Wahl-Zugewinngemeinschaft, jeweils auch in Verbindung mit § 7 des Lebenspartnerschaftsgesetzes, soweit nicht über die Ausgleichsforderung ein Rechtsstreit anhängig wird;
4. in Verfahren nach dem EU-Gewaltschutzverfahrensgesetz vom 5. Dezember 2014 (BGBl. I S. 1964) die Ausstellung von Bescheinigungen nach

Artikel 5 Absatz 1 und Artikel 14 Absatz 1 der Verordnung (EU) Nr. 606/2013 des Europäischen Parlaments und des Rates vom 12. Juni 2013 über die gegenseitige Anerkennung von Schutzmaßnahmen in Zivilsachen (ABl. L 181 vom 29.6.2013, S. 4) sowie deren Berichtigung und Aufhebung gemäß Artikel 9 Absatz 1 der Verordnung (EU) Nr. 606/2013.

§ 25a Verfahrenskostenhilfe. [1] In Verfahren über die Verfahrenskostenhilfe werden dem Rechtspfleger die dem § 20 Absatz 1 Nummer 4 und 5 entsprechenden Geschäfte übertragen. [2] § 20 Absatz 2 und 3 gilt entsprechend.

Vierter Abschnitt. Sonstige Vorschriften auf dem Gebiet der Gerichtsverfassung

§ 26 Verhältnis des Rechtspflegers zum Urkundsbeamten der Geschäftsstelle. Die Zuständigkeit des Urkundsbeamten der Geschäftsstelle nach Maßgabe der gesetzlichen Vorschriften bleibt unberührt, soweit sich nicht aus § 20 Satz 1 Nummer 12 (zu den §§ 726 ff. der Zivilprozessordnung[1)]), aus § 21 Nummer 1 (Festsetzungsverfahren) und aus § 24 (Aufnahme von Erklärungen) etwas anderes ergibt.

§ 27 Pflicht zur Wahrnehmung sonstiger Dienstgeschäfte. (1) Durch die Beschäftigung eines Beamten als Rechtspfleger wird seine Pflicht, andere Dienstgeschäfte einschließlich der Geschäfte des Urkundsbeamten der Geschäftsstelle wahrzunehmen, nicht berührt.

(2) Die Vorschriften dieses Gesetzes sind auf die sonstigen Dienstgeschäfte eines mit den Aufgaben des Rechtspflegers betrauten Beamten nicht anzuwenden.

§ 28 Zuständiger Richter. Soweit mit Angelegenheiten, die dem Rechtspfleger zur selbständigen Wahrnehmung übertragen sind, nach diesem Gesetz der Richter befasst wird, ist hierfür das nach den allgemeinen Verfahrensvorschriften zu bestimmende Gericht in der für die jeweilige Amtshandlung vorgeschriebenen Besetzung zuständig.

Fünfter Abschnitt. Dem Rechtspfleger übertragene Geschäfte in anderen Bereichen

§ 29 Geschäfte im internationalen Rechtsverkehr. Dem Rechtspfleger werden folgende Aufgaben übertragen:

1. die der Geschäftsstelle des Amtsgerichts gesetzlich zugewiesene Ausführung ausländischer Zustellungsanträge;
2. die Entgegennahme von Anträgen auf Unterstützung in Unterhaltssachen nach § 7 des Auslandsunterhaltsgesetzes vom 23. Mai 2011 (BGBl. I S. 898) sowie die Entscheidung über Anträge nach § 10 Absatz 3 des Auslandsunterhaltsgesetzes;

[1)] Nr. **1**.

3. die Entgegennahme von Anträgen nach § 42 Absatz 1 und die Entscheidung über Anträge nach § 5 Absatz 2 des Internationalen Familienrechtsverfahrensgesetzes[1]) vom 26. Januar 2005 (BGBl. I S. 162).

§ 30 (weggefallen)

§ 31 Geschäfte der Staatsanwaltschaft im Strafverfahren und Vollstreckung in Straf- und Bußgeldsachen sowie von Ordnungs- und Zwangsmitteln. (1) Von den Geschäften der Staatsanwaltschaft im Strafverfahren werden dem Rechtspfleger übertragen:

1. die Geschäfte bei der Vollziehung der Beschlagnahme (§ 111c Absatz 3 Satz 1 und Absatz 4 Satz 2 und 3 der Strafprozessordnung),
2. die Geschäfte bei der Vollziehung der Beschlagnahme und der Vollziehung des Vermögensarrestes sowie die Anordnung der Notveräußerung und die weiteren Anordnungen bei deren Durchführung (§§ 111k und 111p der Strafprozessordnung), soweit die entsprechenden Geschäfte im Zwangsvollstreckungs- und Arrestverfahren dem Rechtspfleger übertragen sind,
3. die Geschäfte im Zusammenhang mit Insolvenzverfahren (§ 111i der Strafprozessordnung) und
4. die Geschäfte bei der Verwaltung beschlagnahmter oder gepfändeter Gegenstände (§ 111m der Strafprozessordnung).

(2) [1]Die der Vollstreckungsbehörde in Straf- und Bußgeldsachen obliegenden Geschäfte werden dem Rechtspfleger übertragen. [2]Ausgenommen sind Entscheidungen nach § 114 des Jugendgerichtsgesetzes. [3]Satz 1 gilt entsprechend, soweit Ordnungs- und Zwangsmittel von der Staatsanwaltschaft vollstreckt werden.

(2a) Der Rechtspfleger hat die ihm nach Absatz 2 Satz 1 übertragenen Sachen dem Staatsanwalt vorzulegen, wenn

1. er von einer ihm bekannten Stellungnahme des Staatsanwalts abweichen will oder
2. zwischen dem übertragenen Geschäft und einem vom Staatsanwalt wahrzunehmenden Geschäft ein so enger Zusammenhang besteht, dass eine getrennte Sachbearbeitung nicht sachdienlich ist, oder
3. ein Ordnungs- oder Zwangsmittel von dem Staatsanwalt verhängt ist und dieser sich die Vorlage ganz oder teilweise vorbehalten hat.

(2b) Der Rechtspfleger kann die ihm nach Absatz 2 Satz 1 übertragenen Geschäfte dem Staatsanwalt vorlegen, wenn

1. sich bei der Bearbeitung Bedenken gegen die Zulässigkeit der Vollstreckung ergeben oder
2. ein Urteil vollstreckt werden soll, das von einem Mitangeklagten mit der Revision angefochten ist.

(2c) [1]Die vorgelegten Sachen bearbeitet der Staatsanwalt, solange er es für erforderlich hält. [2]Er kann die Sachen dem Rechtspfleger zurückgeben. [3]An

---

[1]) Nr. **6a**.

eine dabei mitgeteilte Rechtsauffassung oder erteilte Weisungen ist der Rechtspfleger gebunden.

(3) Die gerichtliche Vollstreckung von Ordnungs- und Zwangsmitteln wird dem Rechtspfleger übertragen, soweit sich nicht der Richter im Einzelfall die Vollstreckung ganz oder teilweise vorbehält.

(4) (weggefallen)

(5) [1] Die Leitung der Vollstreckung im Jugendstrafverfahren bleibt dem Richter vorbehalten. [2] Dem Rechtspfleger werden die Geschäfte der Vollstreckung übertragen, durch die eine richterliche Vollstreckungsanordnung oder eine die Leitung der Vollstreckung nicht betreffende allgemeine Verwaltungsvorschrift ausgeführt wird. [3] Der Bundesminister der Justiz und für Verbraucherschutz wird ermächtigt, durch Rechtsverordnung mit Zustimmung des Bundesrates auf dem Gebiet der Vollstreckung im Jugendstrafverfahren dem Rechtspfleger nichtrichterliche Geschäfte zu übertragen, soweit nicht die Leitung der Vollstreckung durch den Jugendrichter beeinträchtigt wird oder das Vollstreckungsgeschäft wegen seiner rechtlichen Schwierigkeit, wegen der Bedeutung für den Betroffenen, vor allem aus erzieherischen Gründen, oder zur Sicherung einer einheitlichen Rechtsanwendung dem Vollstreckungsleiter vorbehalten bleiben muss. [4] Der Richter kann die Vorlage von übertragenen Vollstreckungsgeschäften anordnen.

(6) [1] Gegen die Maßnahmen des Rechtspflegers ist der Rechtsbehelf gegeben, der nach den allgemeinen verfahrensrechtlichen Vorschriften zulässig ist. [2] Ist hiernach ein Rechtsbehelf nicht gegeben, entscheidet über Einwendungen der Richter oder Staatsanwalt, an dessen Stelle der Rechtspfleger tätig geworden ist. [3] Er kann dem Rechtspfleger Weisungen erteilen. [4] Die Befugnisse des Behördenleiters aus den §§ 145, 146 des Gerichtsverfassungsgesetzes bleiben unberührt.

(7) Unberührt bleiben ferner bundes- und landesrechtliche Vorschriften, welche die Vollstreckung von Vermögensstrafen im Verwaltungszwangsverfahren regeln.

§ 32 Nicht anzuwendende Vorschriften. Auf die nach den §§ 29 und 31 dem Rechtspfleger übertragenen Geschäfte sind die §§ 5 bis 11 nicht anzuwenden.

Sechster Abschnitt. Schlussvorschriften

§ 33 Regelung für die Übergangszeit; Befähigung zum Amt des Bezirksnotars. (1) Justizbeamte, die die Voraussetzungen des § 2 nicht erfüllen, können mit den Aufgaben eines Rechtspflegers betraut werden, wenn sie vor dem 1. September 1976 nach den jeweils geltenden Vorschriften die Prüfung für den gehobenen Justizdienst bestanden haben oder, soweit sie eine Prüfung nicht abgelegt haben, vor dem 1. Juli 1970 nicht nur zeitweilig als Rechtspfleger tätig waren.

(2) Mit den Aufgaben eines Rechtspflegers kann auch ein Beamter des Justizdienstes betraut werden, der im Lande Baden-Württemberg die Befähigung zum Amt des Bezirksnotars erworben hat.

(3) [1]Nimmt ein Beamter des Justizdienstes nach Absatz 2 Aufgaben nach § 3 Nummer 2 Buchstabe b, c oder i wahr, gelten weder § 15 Absatz 1 Satz 1 Nummer 1 bis 3 und 5 noch § 16. [2]Dem Richter bleiben vorbehalten:

1. die Anordnung einer Vorführung nach § 278 Absatz 5 des Gesetzes über das Verfahren in Familiensachen und in den Angelegenheiten der freiwilligen Gerichtsbarkeit,
2. die Anordnung, Erweiterung oder Aufhebung eines Einwilligungsvorbehalts und
3. der Erlass einer Maßregel in Bezug auf eine Untersuchung des Gesundheitszustandes, auf eine Heilbehandlung oder einen ärztlichen Eingriff nach § 1908i Absatz 1 Satz 1 und § 1915 Absatz 1 jeweils in Verbindung mit § 1846 des Bürgerlichen Gesetzbuchs.

§ 33a Übergangsregelung für die Jugendstrafvollstreckung. Bis zum Inkrafttreten der auf Grund der Ermächtigung nach § 31 Absatz 5 zu erlassenden Rechtsverordnung gelten die Bestimmungen über die Entlastung des Jugendrichters in Strafvollstreckungsgeschäften weiter.

§ 34 Wahrnehmung von Rechtspflegeraufgaben durch Bereichsrechtspfleger. (1) Mit Ablauf des 31. Dezember 1996 ist die Maßgabe zu diesem Gesetz in Anlage I Kapitel III Sachgebiet A Abschnitt III Nummer 3 des Einigungsvertrages vom 31. August 1990 (BGBl. 1990 II S. 889) nicht mehr anzuwenden.

(2) Beschäftigte, die nach dieser Maßgabe mit Rechtspflegeraufgaben betraut worden sind (Bereichsrechtspfleger), dürfen die Aufgaben eines Rechtspflegers auf den ihnen übertragenen Sachgebieten auch nach Ablauf der in Absatz 1 genannten Frist wahrnehmen.

(3) [1]Bereichsrechtspfleger können auch nach dem 31. Dezember 1996 auf weiteren Sachgebieten mit Rechtspflegeraufgaben betraut werden, wenn sie auf Grund von Fortbildungsmaßnahmen zur Erledigung von Aufgaben auf diesen Sachgebieten geeignet sind. [2]Dies gilt entsprechend für Beschäftigte, die bis zu diesem Zeitpunkt nur an Fortbildungsmaßnahmen für die Aufgaben der Justizverwaltung, die von Beamten des gehobenen Dienstes wahrgenommen werden, erfolgreich teilgenommen haben.

§ 34a Ausbildung von Bereichsrechtspflegern zu Rechtspflegern.

(1) [1]Bereichsrechtspfleger, die an für sie bestimmten Lehrgängen einer Fachhochschule teilgenommen und diese Ausbildung mit einer Prüfung erfolgreich abgeschlossen haben, erwerben die Stellung eines Rechtspflegers und dürfen mit allen Rechtspflegeraufgaben betraut werden. [2]Die Lehrgänge dauern insgesamt achtzehn Monate und vermitteln den Teilnehmern die wissenschaftlichen Erkenntnisse und Methoden sowie die berufspraktischen Fähigkeiten und Kenntnisse, die zur Erfüllung der Aufgaben eines Rechtspflegers erforderlich sind.

(2) [1]Erfolgreich abgeschlossene Aus- und Fortbildungslehrgänge, an denen ein Bereichsrechtspfleger seit dem 3. Oktober 1990 teilgenommen hat, können auf die für die betreffenden Sachgebiete bestimmten Lehrgänge nach Absatz 1 angerechnet werden. [2]Auf diesen Sachgebieten kann eine Prüfung nach Absatz 1 entfallen.

(3) Die Länder können vorsehen, dass die Prüfung nach Absatz 1 jeweils für die einzelnen Sachgebiete am Ende der Lehrgänge abgelegt wird.

(4) Das Nähere regelt das Landesrecht.

§ 35 *(aufgehoben)*

§ 35a Ratschreiber und Beschlussfertiger in Baden-Württemberg.

(1) [1] Ratschreiber mit Befähigung zum gehobenen Verwaltungs- oder Justizdienst, die bis 31. Dezember 2017 das Amt im Sinne des § 32 des Landesgesetzes über die freiwillige Gerichtsbarkeit mindestens drei Jahre nicht nur zeitweilig ausgeübt haben, dürfen als Beamte im Landesdienst die Aufgaben eines Rechtspflegers in Grundbuchsachen wahrnehmen. [2] Das Land stellt die fachliche Qualifikation durch geeignete Fortbildungsmaßnahmen sicher.

(2) [1] Beamte des mittleren Dienstes, die seit mindestens fünf Jahren im Justizdienst beschäftigt sind und die vor dem 1. Januar 2018 überwiegend als Beschlussfertiger in Grundbuchämtern tätig waren, dürfen als Beamte im Landesdienst die Aufgaben eines Rechtspflegers in Grundbuchsachen wahrnehmen. [2] Vor Wahrnehmung der Rechtspflegeraufgaben haben diese Beamten an für sie bestimmten Lehrgängen einer Fachhochschule erfolgreich teilzunehmen, die insgesamt mindestens acht Monate dauern und die wissenschaftlichen Erkenntnisse und Methoden sowie die berufspraktischen Fähigkeiten und Kenntnisse, die zur Erfüllung der Aufgaben eines Rechtspflegers in Grundbuchsachen erforderlich sind, vermitteln.

(3) Das Nähere regelt das Landesrecht.

§ 36 *(aufgehoben)*

§ 36a Vorbehalt für die Freie und Hansestadt Hamburg. In der Freien und Hansestadt Hamburg gilt § 24 Absatz 2 mit der Maßgabe, dass der Rechtspfleger die dort bezeichneten Anträge und Erklärungen nur dann aufnehmen soll, wenn dies wegen des Zusammenhangs mit einem von ihm wahrzunehmenden Geschäft, wegen rechtlicher Schwierigkeiten oder aus sonstigen Gründen geboten ist.

§ 36b Übertragung von Rechtspflegeraufgaben auf den Urkundsbeamten der Geschäftsstelle. (1) [1] Die Landesregierungen werden ermächtigt, durch Rechtsverordnung folgende nach diesem Gesetz vom Rechtspfleger wahrzunehmende Geschäfte ganz oder teilweise dem Urkundsbeamten der Geschäftsstelle zu übertragen:

1. die Geschäfte bei der Annahme von Testamenten und Erbverträgen zur amtlichen Verwahrung nach den §§ 346, 347 des Gesetzes über das Verfahren in Familiensachen und in den Angelegenheiten der freiwilligen Gerichtsbarkeit (§ 3 Nummer 2 Buchstabe c);
2. das Mahnverfahren im Sinne des Siebenten Buchs der Zivilprozessordnung[1] einschließlich der Bestimmung der Einspruchsfrist nach § 700 Absatz 1 in Verbindung mit § 339 Absatz 2 und 3 der Zivilprozessordnung sowie der Abgabe an das für das streitige Verfahren als zuständig bezeichnete Gericht,

---

[1] Nr. 1.

auch soweit das Mahnverfahren maschinell bearbeitet wird (§ 20 Nummer 1);
3. die Erteilung einer weiteren vollstreckbaren Ausfertigung in den Fällen des § 733 der Zivilprozessordnung (§ 20 Nummer 12);
4. die Erteilung von weiteren vollstreckbaren Ausfertigungen gerichtlicher Urkunden nach § 797 Absatz 3 der Zivilprozessordnung (§ 20 Nummer 13);
5. die der Staatsanwaltschaft als Vollstreckungsbehörde in Straf- und Bußgeldsachen obliegenden Geschäfte bei der Vollstreckung von Geldstrafen und Geldbußen (§ 31 Absatz 2); hierzu gehört nicht die Vollstreckung von Ersatzfreiheitsstrafen.

[2] Die Landesregierungen können die Ermächtigung auf die Landesjustizverwaltungen übertragen.

(2) [1] Der Urkundsbeamte der Geschäftsstelle trifft alle Maßnahmen, die zur Erledigung der ihm übertragenen Geschäfte erforderlich sind. [2] Die Vorschriften über die Vorlage einzelner Geschäfte durch den Rechtspfleger an den Richter oder Staatsanwalt (§§ 5, 28, 31 Absatz 2a und 2b) gelten entsprechend.

(3) Bei der Wahrnehmung von Geschäften nach Absatz 1 Satz 1 Nummer 2 kann in den Fällen der §§ 694, 696 Absatz 1, § 700 Absatz 3 der Zivilprozessordnung eine Entscheidung des Prozessgerichts zur Änderung einer Entscheidung des Urkundsbeamten der Geschäftsstelle (§ 573 der Zivilprozessordnung) nicht nachgesucht werden.

(4) [1] Bei der Wahrnehmung von Geschäften nach Absatz 1 Satz 1 Nummer 5 entscheidet über Einwendungen gegen Maßnahmen des Urkundsbeamten der Geschäftsstelle der Rechtspfleger, an dessen Stelle der Urkundsbeamte tätig geworden ist. [2] Er kann dem Urkundsbeamten Weisungen erteilen. [3] Die Befugnisse des Behördenleiters aus den §§ 145, 146 des Gerichtsverfassungsgesetzes bleiben unberührt.

§ 37 Rechtspflegergeschäfte nach Landesrecht. Die Länder können Aufgaben, die den Gerichten durch landesrechtliche Vorschriften zugewiesen sind, auf den Rechtspfleger übertragen.

§ 38 Aufhebung und Änderung von Vorschriften. (1) (Aufhebung von Vorschriften)

(2) (Änderung von Vorschriften)

(3) (weggefallen)

§ 39 Überleitungsvorschrift. Für die Anfechtung von Entscheidungen des Rechtspflegers gelten die §§ 11 und 23 Absatz 2 in der vor dem 1. Oktober 1998 geltenden Fassung, wenn die anzufechtende Entscheidung vor diesem Datum verkündet oder, wenn eine Verkündung nicht stattgefunden hat, der Geschäftsstelle übergeben worden ist.

§ 40 (Inkrafttreten)

9. Gerichtskostengesetz (GKG)

In der Fassung der Bekanntmachung vom 27. Februar 2014[1)]
(BGBl. I S. 154)

FNA 360-7

zuletzt geänd. durch Art. 4 G zur Stärkung der Verfahrensrechte von Beschuldigten im Jugendstrafverfahren v. 9.12.2019 (BGBl. I S. 2146)

– Auszug –

Inhaltsübersicht

Abschnitt 1. Allgemeine Vorschriften

§ 1 Geltungsbereich
§ 2 Kostenfreiheit
§ 3 Höhe der Kosten
§ 4 Verweisungen
§ 5 Verjährung, Verzinsung
§ 5a Elektronische Akte, elektronisches Dokument
§ 5b Rechtsbehelfsbelehrung

Abschnitt 2. Fälligkeit

§ 6 Fälligkeit der Gebühren im Allgemeinen
§ 7 Zwangsversteigerung und Zwangsverwaltung
§ 8 *(vom Abdruck wurde abgesehen)*
§ 9 Fälligkeit der Gebühren in sonstigen Fällen, Fälligkeit der Auslagen

Abschnitt 3. Vorschuss und Vorauszahlung

§ 10 Grundsatz für die Abhängigmachung
§ 11 Verfahren nach dem Arbeitsgerichtsgesetz
§ 12 Verfahren nach der Zivilprozessordnung
§ 12a Verfahren wegen überlanger Gerichtsverfahren und strafrechtlicher Ermittlungsverfahren
§ 13 Verteilungsverfahren nach der Schifffahrtsrechtlichen Verteilungsordnung
§ 14 Ausnahmen von der Abhängigmachung
§ 15 Zwangsversteigerungs- und Zwangsverwaltungsverfahren
§ 16 *(vom Abdruck wurde abgesehen)*
§ 17 Auslagen
§ 18 Fortdauer der Vorschusspflicht

Abschnitt 4. Kostenansatz

§ 19 Kostenansatz
§ 20 Nachforderung
§ 21 Nichterhebung von Kosten

Abschnitt 5. Kostenhaftung

§ 22 Streitverfahren, Bestätigungen und Bescheinigungen zu inländischen Titeln
§ 23 Insolvenzverfahren
§ 23a Sanierungs- und Reorganisationsverfahren nach dem Kreditinstitute-Reorganisationsgesetz
§ 24 Öffentliche Bekanntmachung in ausländischen Insolvenzverfahren
§ 25 Verteilungsverfahren nach der Schifffahrtsrechtlichen Verteilungsordnung
§ 26 Zwangsversteigerungs- und Zwangsverwaltungsverfahren
§ 27 *(vom Abdruck wurde abgesehen)*
§ 28 Auslagen in weiteren Fällen
§ 29 Weitere Fälle der Kostenhaftung

[1)] Neubekanntmachung des GKG v. 5.5.2004 (BGBl. I S. 718) in der ab dem 1.1.2014 geltenden Fassung.

§ 30 Erlöschen der Zahlungspflicht
§ 31 Mehrere Kostenschuldner
§ 32 Haftung von Streitgenossen und Beigeladenen
§ 33 Verpflichtung zur Zahlung von Kosten in besonderen Fällen

Abschnitt 6. Gebührenvorschriften

§ 34 Wertgebühren
§ 35 Einmalige Erhebung der Gebühren
§ 36 Teile des Streitgegenstands
§ 37 Zurückverweisung
§ 38 Verzögerung des Rechtsstreits

Abschnitt 7. Wertvorschriften

Unterabschnitt 1. Allgemeine Wertvorschriften

§ 39 Grundsatz
§ 40 Zeitpunkt der Wertberechnung
§ 41 Miet-, Pacht- und ähnliche Nutzungsverhältnisse
§ 42 Wiederkehrende Leistungen
§ 43 Nebenforderungen
§ 44 Stufenklage
§ 45 Klage und Widerklage, Hilfsanspruch, wechselseitige Rechtsmittel, Aufrechnung
§ 46 (weggefallen)
§ 47 Rechtsmittelverfahren

Unterabschnitt 2. Besondere Wertvorschriften

§ 48 Bürgerliche Rechtsstreitigkeiten
§ 49 (weggefallen)
§ 49a Wohnungseigentumssachen
§ 50 Bestimmte Beschwerdeverfahren
§ 51 Gewerblicher Rechtsschutz
§ 51a Verfahren nach dem Kapitalanleger-Musterverfahrensgesetz
§ 52 Verfahren vor Gerichten der Verwaltungs-, Finanz- und Sozialgerichtsbarkeit
§ 53 Einstweiliger Rechtsschutz und Verfahren nach § 148 Abs. 1 und 2 des Aktiengesetzes
§ 53a Sanierungs- und Reorganisationsverfahren nach dem Kreditinstitute-Reorganisationsgesetz
§ 54 Zwangsversteigerung
§ 55 Zwangsverwaltung
§ 56 Zwangsversteigerung von Schiffen, Schiffsbauwerken, Luftfahrzeugen und grundstücksgleichen Rechten
§ 57 Zwangsliquidation einer Bahneinheit
§ 58 Insolvenzverfahren
§ 59 Verteilungsverfahren nach der Schifffahrtsrechtlichen Verteilungsordnung
§ 60 *(vom Abdruck wurde abgesehen)*

Unterabschnitt 3. Wertfestsetzung

§ 61 Angabe des Werts
§ 62 Wertfestsetzung für die Zuständigkeit des Prozessgerichts oder die Zulässigkeit des Rechtsmittels
§ 63 Wertfestsetzung für die Gerichtsgebühren
§ 64 Schätzung des Werts
§ 65 *(vom Abdruck wurde abgesehen)*

Abschnitt 8. Erinnerung und Beschwerde

§ 66 Erinnerung gegen den Kostenansatz, Beschwerde
§ 67 Beschwerde gegen die Anordnung einer Vorauszahlung
§ 68 Beschwerde gegen die Festsetzung des Streitwerts
§ 69 Beschwerde gegen die Auferlegung einer Verzögerungsgebühr
§ 69a Abhilfe bei Verletzung des Anspruchs auf rechtliches Gehör

Abschnitt 9. Schluss- und Übergangsvorschriften

§ 69b Verordnungsermächtigung
§ 70 (weggefallen)
§ 70a Bekanntmachung von Neufassungen
§ 71 Übergangsvorschrift

§ 72 Übergangsvorschrift aus Anlass des Inkrafttretens dieses Gesetzes
§ 73 Übergangsvorschrift für die Erhebung von Haftkosten

Anlage 1 Kostenverzeichnis
Anlage 2 Gebühren nach Streitwert

Abschnitt 1. Allgemeine Vorschriften

§ 1 Geltungsbereich (1) [1] Für Verfahren vor den ordentlichen Gerichten

1. nach der Zivilprozessordnung[1)], einschließlich des Mahnverfahrens nach § 113 Absatz 2 des Gesetzes über das Verfahren in Familiensachen und in den Angelegenheiten der freiwilligen Gerichtsbarkeit und der Verfahren nach dem Gesetz über das Verfahren in Familiensachen und in den Angelegenheiten der freiwilligen Gerichtsbarkeit, soweit das Vollstreckungs- oder Arrestgericht zuständig ist;
2. nach der Insolvenzordnung und dem Einführungsgesetz zur Insolvenzordnung;
3. nach der Schifffahrtsrechtlichen Verteilungsordnung;
4. nach dem Gesetz über die Zwangsversteigerung und die Zwangsverwaltung[2)];
5. nach der Strafprozessordnung;
6. nach dem Jugendgerichtsgesetz;
7. nach dem Gesetz über Ordnungswidrigkeiten;
8. nach dem Strafvollzugsgesetz, auch in Verbindung mit § 92 des Jugendgerichtsgesetzes;
9. nach dem Gesetz gegen Wettbewerbsbeschränkungen;
10. nach dem Wertpapiererwerbs- und Übernahmegesetz, soweit dort nichts anderes bestimmt ist;
11. nach dem Wertpapierhandelsgesetz;
12. nach dem Anerkennungs- und Vollstreckungsausführungsgesetz;
13. nach dem Auslandsunterhaltsgesetz, soweit das Vollstreckungsgericht zuständig ist;
14. für Rechtsmittelverfahren vor dem Bundesgerichtshof nach dem Patentgesetz, dem Gebrauchsmustergesetz, dem Markengesetz, dem Designgesetz, dem Halbleiterschutzgesetz und dem Sortenschutzgesetz (Rechtsmittelverfahren des gewerblichen Rechtsschutzes);
15. nach dem Energiewirtschaftsgesetz;
16. nach dem Kapitalanleger-Musterverfahrensgesetz;
17. nach dem EG-Verbraucherschutzdurchsetzungsgesetz;
18. nach Abschnitt 2 Unterabschnitt 2 des Neunten Teils des Gesetzes über die internationale Rechtshilfe in Strafsachen;
19. nach dem Kohlendioxid-Speicherungsgesetz;
20. nach Abschnitt 3 des Internationalen Erbrechtsverfahrensgesetzes vom 29. Juni 2015 (BGBl. I S. 1042);

[1)] Nr. **1**.
[2)] Auszugsweise abgedruckt unter Nr. **4**.

21. nach dem Zahlungskontengesetz und

[Nr. 22 ab unbestimmtem Inkrafttreten:]

22.[1] *nach dem Wettbewerbsregistergesetz*

werden Kosten (Gebühren und Auslagen) nur nach diesem Gesetz erhoben. [2] Satz 1 Nummer 1, 6 und 12 gilt nicht in Verfahren, in denen Kosten nach dem Gesetz über Gerichtskosten in Familiensachen zu erheben sind.

(2) Dieses Gesetz ist ferner anzuwenden für Verfahren

1. vor den Gerichten der Verwaltungsgerichtsbarkeit nach der Verwaltungsgerichtsordnung;
2. vor den Gerichten der Finanzgerichtsbarkeit nach der Finanzgerichtsordnung;
3. vor den Gerichten der Sozialgerichtsbarkeit nach dem Sozialgerichtsgesetz, soweit nach diesem Gesetz das Gerichtskostengesetz anzuwenden ist;
4. vor den Gerichten für Arbeitssachen nach dem Arbeitsgerichtsgesetz und
5. vor den Staatsanwaltschaften nach der Strafprozessordnung, dem Jugendgerichtsgesetz und dem Gesetz über Ordnungswidrigkeiten.

(3) Dieses Gesetz gilt auch für Verfahren nach

1. der Verordnung (EG) Nr. 861/2007 des Europäischen Parlaments und des Rates vom 11. Juli 2007 zur Einführung eines europäischen Verfahrens für geringfügige Forderungen,
2. der Verordnung (EG) Nr. 1896/2006 des Europäischen Parlaments und des Rates vom 12. Dezember 2006 zur Einführung eines Europäischen Mahnverfahrens,
3. der Verordnung (EU) Nr. 1215/2012[2] des Europäischen Parlaments und des Rates vom 12. Dezember 2012 über die gerichtliche Zuständigkeit und die Anerkennung und Vollstreckung von Entscheidungen in Zivil- und Handelssachen,
4. der Verordnung (EU) Nr. 655/2014[3] des Europäischen Parlaments und des Rates vom 15. Mai 2014 zur Einführung eines Verfahrens für einen Europäischen Beschluss zur vorläufigen Kontenpfändung im Hinblick auf die Erleichterung der grenzüberschreitenden Eintreibung von Forderungen in Zivil- und Handelssachen, wenn nicht das Familiengericht zuständig ist und
5. der Verordnung (EU) 2015/848 des Europäischen Parlaments und des Rates vom 20. Mai 2015 über Insolvenzverfahren.

(4) Kosten nach diesem Gesetz werden auch erhoben für Verfahren über eine Beschwerde, die mit einem der in den Absätzen 1 bis 3 genannten Verfahren im Zusammenhang steht.

(5) Die Vorschriften dieses Gesetzes über die Erinnerung und die Beschwerde gehen den Regelungen der für das zugrunde liegende Verfahren geltenden Verfahrensvorschriften vor.

---

[1] Die Änderung durch G v. 18.7.2017 (BGBl. I S. 2739) tritt an dem Tag in Kraft, an dem die Rechtsverordnung nach § 10 des Wettbewerbsregistergesetzes in Kraft tritt.

[2] Auszugsweise abgedruckt unter Nr. **5**.

[3] Nr. **7**.

§ 2 Kostenfreiheit. (1) [1] In Verfahren vor den ordentlichen Gerichten und den Gerichten der Finanz- und Sozialgerichtsbarkeit sind von der Zahlung der Kosten befreit der Bund und die Länder sowie die nach Haushaltsplänen des Bundes oder eines Landes verwalteten öffentlichen Anstalten und Kassen. [2] In Verfahren der Zwangsvollstreckung wegen öffentlich-rechtlicher Geldforderungen ist maßgebend, wer ohne Berücksichtigung des § 252 der Abgabenordnung oder entsprechender Vorschriften Gläubiger der Forderung ist.

(2) Für Verfahren vor den Gerichten für Arbeitssachen nach § 2a Absatz 1, § 103 Absatz 3, § 108 Absatz 3 und § 109 des Arbeitsgerichtsgesetzes sowie nach den §§ 122 und 126 der Insolvenzordnung werden Kosten nicht erhoben.

(3) [1] Sonstige bundesrechtliche Vorschriften, durch die für Verfahren vor den ordentlichen Gerichten und den Gerichten der Finanz- und Sozialgerichtsbarkeit eine sachliche oder persönliche Befreiung von Kosten gewährt ist, bleiben unberührt. [2] Landesrechtliche Vorschriften, die für diese Verfahren in weiteren Fällen eine sachliche oder persönliche Befreiung von Kosten gewähren, bleiben unberührt.

(4) [1] Vor den Gerichten der Verwaltungsgerichtsbarkeit und den Gerichten für Arbeitssachen finden bundesrechtliche oder landesrechtliche Vorschriften über persönliche Kostenfreiheit keine Anwendung. [2] Vorschriften über sachliche Kostenfreiheit bleiben unberührt.

(5) [1] Soweit jemandem, der von Kosten befreit ist, Kosten des Verfahrens auferlegt werden, sind Kosten nicht zu erheben; bereits erhobene Kosten sind zurückzuzahlen. [2] Das Gleiche gilt, soweit eine von der Zahlung der Kosten befreite Partei Kosten des Verfahrens übernimmt.

§ 3 Höhe der Kosten. (1) Die Gebühren richten sich nach dem Wert des Streitgegenstands (Streitwert), soweit nichts anderes bestimmt ist.

(2) Kosten werden nach dem Kostenverzeichnis der Anlage 1 zu diesem Gesetz erhoben.

§ 4 Verweisungen. (1) Verweist ein erstinstanzliches Gericht oder ein Rechtsmittelgericht ein Verfahren an ein erstinstanzliches Gericht desselben oder eines anderen Zweiges der Gerichtsbarkeit, ist das frühere erstinstanzliche Verfahren als Teil des Verfahrens vor dem übernehmenden Gericht zu behandeln.

(2) [1] Mehrkosten, die durch Anrufung eines Gerichts entstehen, zu dem der Rechtsweg nicht gegeben oder das für das Verfahren nicht zuständig ist, werden nur dann erhoben, wenn die Anrufung auf verschuldeter Unkenntnis der tatsächlichen oder rechtlichen Verhältnisse beruht. [2] Die Entscheidung trifft das Gericht, an das verwiesen worden ist.

§ 5 Verjährung, Verzinsung. (1) [1] Ansprüche auf Zahlung von Kosten verjähren in vier Jahren nach Ablauf des Kalenderjahrs, in dem das Verfahren durch rechtskräftige Entscheidung über die Kosten, durch Vergleich oder in sonstiger Weise beendet ist. [2] Für die Ansprüche auf Zahlung von Auslagen des erstinstanzlichen Musterverfahrens nach dem Kapitalanleger-Musterverfahrensgesetz beginnt die Frist frühestens mit dem rechtskräftigen Abschluss des Musterverfahrens.

(2) [1] Ansprüche auf Rückerstattung von Kosten verjähren in vier Jahren nach Ablauf des Kalenderjahrs, in dem die Zahlung erfolgt ist. [2] Die Verjährung beginnt jedoch nicht vor dem in Absatz 1 bezeichneten Zeitpunkt. [3] Durch Einlegung

eines Rechtsbehelfs mit dem Ziel der Rückerstattung wird die Verjährung wie durch Klageerhebung gehemmt.

(3) [1] Auf die Verjährung sind die Vorschriften des Bürgerlichen Gesetzbuchs anzuwenden; die Verjährung wird nicht von Amts wegen berücksichtigt. [2] Die Verjährung der Ansprüche auf Zahlung von Kosten beginnt auch durch die Aufforderung zur Zahlung oder durch eine dem Schuldner mitgeteilte Stundung erneut. [3] Ist der Aufenthalt des Kostenschuldners unbekannt, genügt die Zustellung durch Aufgabe zur Post unter seiner letzten bekannten Anschrift. [4] Bei Kostenbeträgen unter 25 Euro beginnt die Verjährung weder erneut noch wird sie gehemmt.

(4) Ansprüche auf Zahlung und Rückerstattung von Kosten werden vorbehaltlich der nach Nummer 9018 des Kostenverzeichnisses für das erstinstanzliche Musterverfahren nach dem Kapitalanleger-Musterverfahrensgesetz geltenden Regelung nicht verzinst.

§ 5a Elektronische Akte, elektronisches Dokument. In Verfahren nach diesem Gesetz sind die verfahrensrechtlichen Vorschriften über die elektronische Akte und über das elektronische Dokument anzuwenden, die für das dem kostenrechtlichen Verfahren zugrunde liegende Verfahren gelten.

§ 5b Rechtsbehelfsbelehrung. Jede Kostenrechnung und jede anfechtbare Entscheidung hat eine Belehrung über den statthaften Rechtsbehelf sowie über die Stelle, bei der dieser Rechtsbehelf einzulegen ist, über deren Sitz und über die einzuhaltende Form und Frist zu enthalten.

Abschnitt 2. Fälligkeit

§ 6 Fälligkeit der Gebühren im Allgemeinen. (1) [1] In folgenden Verfahren wird die Verfahrensgebühr mit der Einreichung der Klage-, Antrags-, Einspruchs- oder Rechtsmittelschrift oder mit der Abgabe der entsprechenden Erklärung zu Protokoll fällig:

1. in bürgerlichen Rechtsstreitigkeiten,
2. in Sanierungs- und Reorganisationsverfahren nach dem Kreditinstitute-Reorganisationsgesetz,
3. in Insolvenzverfahren und in schifffahrtsrechtlichen Verteilungsverfahren,
4. in Rechtsmittelverfahren des gewerblichen Rechtsschutzes und
5. in Prozessverfahren vor den Gerichten der Verwaltungs-, Finanz- und Sozialgerichtsbarkeit.

[2] Im Verfahren über ein Rechtsmittel, das vom Rechtsmittelgericht zugelassen worden ist, wird die Verfahrensgebühr mit der Zulassung fällig.

(2) Soweit die Gebühr eine Entscheidung oder sonstige gerichtliche Handlung voraussetzt, wird sie mit dieser fällig.

(3) In Verfahren vor den Gerichten für Arbeitssachen bestimmt sich die Fälligkeit der Kosten nach § 9.

§ 7 Zwangsversteigerung und Zwangsverwaltung. (1) [1] Die Gebühren für die Entscheidung über den Antrag auf Anordnung der Zwangsversteigerung und über den Beitritt werden mit der Entscheidung fällig. [2] Die Gebühr für die Erteilung des Zuschlags wird mit dessen Verkündung und, wenn der Zuschlag von dem Beschwerdegericht erteilt wird, mit der Zustellung des Beschlusses an den Ersteher fällig. [3] Im Übrigen werden die Gebühren im ersten Rechtszug im Verteilungstermin und, wenn das Verfahren vorher aufgehoben wird, mit der Aufhebung fällig.

(2) [1] Absatz 1 Satz 1 gilt im Verfahren der Zwangsverwaltung entsprechend. [2] Die Jahresgebühr wird jeweils mit Ablauf eines Kalenderjahres, die letzte Jahresgebühr mit der Aufhebung des Verfahrens fällig.

§ 8 *(vom Abdruck wurde abgesehen)*

§ 9 Fälligkeit der Gebühren in sonstigen Fällen, Fälligkeit der Auslagen.

(1) [1] Die Gebühr für die Anmeldung eines Anspruchs zum Musterverfahren nach dem Kapitalanleger-Musterverfahrensgesetz wird mit Einreichung der Anmeldungserklärung fällig. [2] Die Auslagen des Musterverfahrens nach dem Kapitalanleger-Musterverfahrensgesetz werden mit dem rechtskräftigen Abschluss des Musterverfahrens fällig.

(2) Im Übrigen werden die Gebühren und die Auslagen fällig, wenn

1. eine unbedingte Entscheidung über die Kosten ergangen ist,
2. das Verfahren oder der Rechtszug durch Vergleich oder Zurücknahme beendet ist,
3. das Verfahren sechs Monate ruht oder sechs Monate nicht betrieben worden ist,
4. das Verfahren sechs Monate unterbrochen oder sechs Monate ausgesetzt war oder
5. das Verfahren durch anderweitige Erledigung beendet ist.

(3) Die Dokumentenpauschale sowie die Auslagen für die Versendung von Akten werden sofort nach ihrer Entstehung fällig.

Abschnitt 3. Vorschuss und Vorauszahlung

§ 10 Grundsatz für die Abhängigmachung. In weiterem Umfang als die Prozessordnungen und dieses Gesetz es gestatten, darf die Tätigkeit der Gerichte von der Sicherstellung oder Zahlung der Kosten nicht abhängig gemacht werden.

§ 11 Verfahren nach dem Arbeitsgerichtsgesetz. [1] In Verfahren vor den Gerichten für Arbeitssachen sind die Vorschriften dieses Abschnitts nicht anzuwenden; dies gilt für die Zwangsvollstreckung in Arbeitssachen auch dann, wenn das Amtsgericht Vollstreckungsgericht ist. [2] Satz 1 gilt nicht in Verfahren wegen überlanger Gerichtsverfahren (§ 9 Absatz 2 Satz 2 des Arbeitsgerichtsgesetzes).

§ 12 Verfahren nach der Zivilprozessordnung. (1) [1] In bürgerlichen Rechtsstreitigkeiten soll die Klage erst nach Zahlung der Gebühr für das Verfahren im Allgemeinen zugestellt werden. [2] Wird der Klageantrag erweitert, soll vor Zahlung der Gebühr für das Verfahren im Allgemeinen keine gerichtliche Handlung vorgenommen werden; dies gilt auch in der Rechtsmittelinstanz. [3] Die Anmeldung zum Musterverfahren (§ 10 Absatz 2 des Kapitalanleger-Musterverfahrensgesetzes) soll erst nach Zahlung der Gebühr nach Nummer 1902 des Kostenverzeichnisses zugestellt werden.

(2) Absatz 1 gilt nicht

1. für die Widerklage,
2. für europäische Verfahren für geringfügige Forderungen,
3. für Rechtsstreitigkeiten über Erfindungen eines Arbeitnehmers, soweit nach § 39 des Gesetzes über Arbeitnehmererfindungen die für Patentstreitsachen zuständigen Gerichte ausschließlich zuständig sind, und
4. für die Restitutionsklage nach § 580 Nummer 8 der Zivilprozessordnung[1)].

(3) [1]Der Mahnbescheid soll erst nach Zahlung der dafür vorgesehenen Gebühr erlassen werden. [2]Wird der Mahnbescheid maschinell erstellt, gilt Satz 1 erst für den Erlass des Vollstreckungsbescheids. [3]Im Mahnverfahren soll auf Antrag des Antragstellers nach Erhebung des Widerspruchs die Sache an das für das streitige Verfahren als zuständig bezeichnete Gericht erst abgegeben werden, wenn die Gebühr für das Verfahren im Allgemeinen gezahlt ist; dies gilt entsprechend für das Verfahren nach Erlass eines Vollstreckungsbescheids unter Vorbehalt der Ausführung der Rechte des Beklagten. [4]Satz 3 gilt auch für die nach dem Gesetz über Gerichtskosten in Familiensachen zu zahlende Gebühr für das Verfahren im Allgemeinen.

(4) [1]Absatz 3 Satz 1 gilt im Europäischen Mahnverfahren entsprechend. [2]Wird ein europäisches Verfahren für geringfügige Forderungen ohne Anwendung der Vorschriften der Verordnung (EG) Nr. 861/2007 fortgeführt, soll vor Zahlung der Gebühr für das Verfahren im Allgemeinen keine gerichtliche Handlung vorgenommen werden.

(5) Über den Antrag auf Abnahme der eidesstattlichen Versicherung soll erst nach Zahlung der dafür vorgesehenen Gebühr entschieden werden.

(6) [1]Über Anträge auf Erteilung einer weiteren vollstreckbaren Ausfertigung (§ 733 der Zivilprozessordnung) und über Anträge auf gerichtliche Handlungen der Zwangsvollstreckung gemäß § 829 Absatz 1, §§ 835, 839, 846 bis 848, 857, 858, 886 bis 888 oder § 890 der Zivilprozessordnung soll erst nach Zahlung der Gebühr für das Verfahren und der Auslagen für die Zustellung entschieden werden. [2]Dies gilt nicht bei elektronischen Anträgen auf gerichtliche Handlungen der Zwangsvollstreckung gemäß § 829a der Zivilprozessordnung.

§ 12a Verfahren wegen überlanger Gerichtsverfahren und strafrechtlicher Ermittlungsverfahren. [1]In Verfahren wegen überlanger Gerichtsverfahren und strafrechtlicher Ermittlungsverfahren ist § 12 Absatz 1 Satz 1 und 2 entsprechend anzuwenden. [2]Wird ein solches Verfahren bei einem Gericht der Verwaltungs-, Finanz- oder Sozialgerichtsbarkeit anhängig, ist in der Aufforderung zur Zahlung der Gebühr für das Verfahren im Allgemeinen darauf hinzuweisen, dass die Klage erst nach Zahlung dieser Gebühr zugestellt und die Streitsache erst mit Zustellung der Klage rechtshängig wird.

§ 13 Verteilungsverfahren nach der Schifffahrtsrechtlichen Verteilungsordnung. Über den Antrag auf Eröffnung des Verteilungsverfahrens nach der Schifffahrtsrechtlichen Verteilungsordnung soll erst nach Zahlung der dafür vorgesehenen Gebühr und der Auslagen für die öffentliche Bekanntmachung entschieden werden.

[1)] Nr. **1**.

§ 14 Ausnahmen von der Abhängigmachung. Die §§ 12 und 13 gelten nicht,

1. soweit dem Antragsteller Prozesskostenhilfe bewilligt ist,
2. wenn dem Antragsteller Gebührenfreiheit zusteht oder
3. wenn die beabsichtigte Rechtsverfolgung weder aussichtslos noch ihre Inanspruchnahme mutwillig erscheint und wenn glaubhaft gemacht wird, dass
   a) dem Antragsteller die alsbaldige Zahlung der Kosten mit Rücksicht auf seine Vermögenslage oder aus sonstigen Gründen Schwierigkeiten bereiten würde oder
   b) eine Verzögerung dem Antragsteller einen nicht oder nur schwer zu ersetzenden Schaden bringen würde; zur Glaubhaftmachung genügt in diesem Fall die Erklärung des zum Prozessbevollmächtigten bestellten Rechtsanwalts.

§ 15 Zwangsversteigerungs- und Zwangsverwaltungsverfahren. (1) Im Zwangsversteigerungsverfahren ist spätestens bei der Bestimmung des Zwangsversteigerungstermins ein Vorschuss in Höhe des Doppelten einer Gebühr für die Abhaltung des Versteigerungstermins zu erheben.

(2) Im Zwangsverwaltungsverfahren hat der Antragsteller jährlich einen angemessenen Gebührenvorschuss zu zahlen.

§ 16 *(vom Abdruck wurde abgesehen)*

§ 17 Auslagen. (1) [1]Wird die Vornahme einer Handlung, mit der Auslagen verbunden sind, beantragt, hat derjenige, der die Handlung beantragt hat, einen zur Deckung der Auslagen hinreichenden Vorschuss zu zahlen. [2]Das Gericht soll die Vornahme der Handlung von der vorherigen Zahlung abhängig machen.

(2) Die Herstellung und Überlassung von Dokumenten auf Antrag sowie die Versendung von Akten können von der vorherigen Zahlung eines die Auslagen deckenden Vorschusses abhängig gemacht werden.

(3) Bei Handlungen, die von Amts wegen vorgenommen werden, kann ein Vorschuss zur Deckung der Auslagen erhoben werden.

(4) [1]Absatz 1 gilt nicht in Musterverfahren nach dem Kapitalanleger-Musterverfahrensgesetz, für die Anordnung einer Haft und in Strafsachen nur für den Privatkläger, den Widerkläger sowie für den Nebenkläger, der Berufung oder Revision eingelegt hat. [2]Absatz 2 gilt nicht in Strafsachen und in gerichtlichen Verfahren nach dem Gesetz über Ordnungswidrigkeiten, wenn der Beschuldigte oder sein Beistand Antragsteller ist. [3]Absatz 3 gilt nicht in Strafsachen, in gerichtlichen Verfahren nach dem Gesetz über Ordnungswidrigkeiten sowie in Verfahren über einen Schuldenbereinigungsplan (§ 306 der Insolvenzordnung).

§ 18 Fortdauer der Vorschusspflicht. [1]Die Verpflichtung zur Zahlung eines Vorschusses bleibt bestehen, auch wenn die Kosten des Verfahrens einem anderen auferlegt oder von einem anderen übernommen sind. [2]§ 31 Absatz 2 gilt entsprechend.

Abschnitt 4. Kostenansatz

§ 19 Kostenansatz. (1) [1] Außer in Strafsachen und in gerichtlichen Verfahren nach dem Gesetz über Ordnungswidrigkeiten werden angesetzt:

1. die Kosten des ersten Rechtszugs bei dem Gericht, bei dem das Verfahren im ersten Rechtszug anhängig ist oder zuletzt anhängig war,
2. die Kosten des Rechtsmittelverfahrens bei dem Rechtsmittelgericht.

[2] Dies gilt auch dann, wenn die Kosten bei einem ersuchten Gericht entstanden sind.

(2) [1] In Strafsachen und in gerichtlichen Verfahren nach dem Gesetz über Ordnungswidrigkeiten, in denen eine gerichtliche Entscheidung durch die Staatsanwaltschaft zu vollstrecken ist, werden die Kosten bei der Staatsanwaltschaft angesetzt. [2] In Jugendgerichtssachen, in denen eine Vollstreckung einzuleiten ist, werden die Kosten bei dem Amtsgericht angesetzt, dem der Jugendrichter angehört, der die Vollstreckung einzuleiten hat (§ 84 des Jugendgerichtsgesetzes); ist daneben die Staatsanwaltschaft Vollstreckungsbehörde, werden die Kosten bei dieser angesetzt. [3] Im Übrigen werden die Kosten in diesen Verfahren bei dem Gericht des ersten Rechtszugs angesetzt. [4] Die Kosten des Rechtsmittelverfahrens vor dem Bundesgerichtshof werden stets bei dem Bundesgerichtshof angesetzt.

(3) Hat die Staatsanwaltschaft im Fall des § 25a des Straßenverkehrsgesetzes eine abschließende Entscheidung getroffen, werden die Kosten einschließlich derer, die durch einen Antrag auf gerichtliche Entscheidung entstanden sind, bei ihr angesetzt.

(4) Die Dokumentenpauschale sowie die Auslagen für die Versendung von Akten werden bei der Stelle angesetzt, bei der sie entstanden sind.

(5) [1] Der Kostenansatz kann im Verwaltungsweg berichtigt werden, solange nicht eine gerichtliche Entscheidung getroffen ist. [2] Ergeht nach der gerichtlichen Entscheidung über den Kostenansatz eine Entscheidung, durch die der Streitwert anders festgesetzt wird, kann der Kostenansatz ebenfalls berichtigt werden.

§ 20 Nachforderung. (1) [1] Wegen eines unrichtigen Ansatzes dürfen Kosten nur nachgefordert werden, wenn der berichtigte Ansatz dem Zahlungspflichtigen vor Ablauf des nächsten Kalenderjahres nach Absendung der den Rechtszug abschließenden Kostenrechnung (Schlusskostenrechnung), in Zwangsverwaltungsverfahren der Jahresrechnung, mitgeteilt worden ist. [2] Dies gilt nicht, wenn die Nachforderung auf vorsätzlich oder grob fahrlässig falschen Angaben des Kostenschuldners beruht oder wenn der ursprüngliche Kostenansatz unter einem bestimmten Vorbehalt erfolgt ist.

(2) Ist innerhalb der Frist des Absatzes 1 ein Rechtsbehelf in der Hauptsache oder wegen der Kosten eingelegt worden, ist die Nachforderung bis zum Ablauf des nächsten Kalenderjahres nach Beendigung dieser Verfahren möglich.

(3) Ist der Wert gerichtlich festgesetzt worden, genügt es, wenn der berichtigte Ansatz dem Zahlungspflichtigen drei Monate nach der letzten Wertfestsetzung mitgeteilt worden ist.

§ 21 Nichterhebung von Kosten. (1) [1] Kosten, die bei richtiger Behandlung der Sache nicht entstanden wären, werden nicht erhoben. [2] Das Gleiche gilt für

Auslagen, die durch eine von Amts wegen veranlasste Verlegung eines Termins oder Vertagung einer Verhandlung entstanden sind. [3] Für abweisende Entscheidungen sowie bei Zurücknahme eines Antrags kann von der Erhebung von Kosten abgesehen werden, wenn der Antrag auf unverschuldeter Unkenntnis der tatsächlichen oder rechtlichen Verhältnisse beruht.

(2) [1] Die Entscheidung trifft das Gericht. [2] Solange nicht das Gericht entschieden hat, können Anordnungen nach Absatz 1 im Verwaltungsweg erlassen werden. [3] Eine im Verwaltungsweg getroffene Anordnung kann nur im Verwaltungsweg geändert werden.

Abschnitt 5. Kostenhaftung

§ 22 Streitverfahren, Bestätigungen und Bescheinigungen zu inländischen Titeln. (1) [1] In bürgerlichen Rechtsstreitigkeiten mit Ausnahme der Restitutionsklage nach § 580 Nummer 8 der Zivilprozessordnung[1)] sowie in Verfahren nach § 1 Absatz 1 Satz 1 Nummer 14, Absatz 2 Nummer 1 bis 3 sowie Absatz 4 schuldet die Kosten, wer das Verfahren des Rechtszugs beantragt hat. [2] Im Verfahren, das gemäß § 700 Absatz 3 der Zivilprozessordnung dem Mahnverfahren folgt, schuldet die Kosten, wer den Vollstreckungsbescheid beantragt hat. [3] Im Verfahren, das nach Einspruch dem Europäischen Mahnverfahren folgt, schuldet die Kosten, wer den Zahlungsbefehl beantragt hat. [4] Die Gebühr für den Abschluss eines gerichtlichen Vergleichs schuldet jeder, der an dem Abschluss beteiligt ist.

(2) [1] In Verfahren vor den Gerichten für Arbeitssachen ist Absatz 1 nicht anzuwenden, soweit eine Kostenhaftung nach § 29 Nummer 1 oder 2 besteht. [2] Absatz 1 ist ferner nicht anzuwenden, solange bei einer Zurückverweisung des Rechtsstreits an die Vorinstanz nicht feststeht, wer für die Kosten nach § 29 Nummer 1 oder 2 haftet, und der Rechtsstreit noch anhängig ist; er ist jedoch anzuwenden, wenn das Verfahren nach Zurückverweisung sechs Monate geruht hat oder sechs Monate von den Parteien nicht betrieben worden ist.

(3) In Verfahren über Anträge auf Ausstellung einer Bestätigung nach § 1079 der Zivilprozessordnung, einer Bescheinigung nach § 1110 der Zivilprozessordnung oder nach § 57 oder § 58 des Anerkennungs- und Vollstreckungsausführungsgesetzes schuldet die Kosten der Antragsteller.

(4) [1] Im erstinstanzlichen Musterverfahren nach dem Kapitalanleger-Musterverfahrensgesetz ist Absatz 1 nicht anzuwenden. [2] Die Kosten für die Anmeldung eines Anspruchs zum Musterverfahren schuldet der Anmelder. [3] Im Verfahren über die Rechtsbeschwerde nach § 20 des Kapitalanleger-Musterverfahrensgesetzes schuldet neben dem Rechtsbeschwerdeführer auch der Beteiligte, der dem Rechtsbeschwerdeverfahren auf Seiten des Rechtsbeschwerdeführers beigetreten ist, die Kosten.

§ 23 Insolvenzverfahren. (1) [1] Die Gebühr für das Verfahren über den Antrag auf Eröffnung des Insolvenzverfahrens schuldet, wer den Antrag gestellt hat. [2] Wird der Antrag abgewiesen oder zurückgenommen, gilt dies auch für die entstandenen Auslagen. [3] Die Auslagen nach Nummer 9017 des Kostenverzeichnisses schuldet jedoch nur der Schuldner des Insolvenzverfahrens. [4] Die Sätze 1 und 2 gelten nicht,

---

[1)] Nr. **1**.

wenn der Schuldner des Insolvenzverfahrens nach § 14 Absatz 3 der Insolvenzordnung die Kosten des Verfahrens trägt.

(2) Die Kosten des Verfahrens über die Versagung oder den Widerruf der Restschuldbefreiung (§§ 296 bis 297a, 300 und 303 der Insolvenzordnung) schuldet, wer das Verfahren beantragt hat.

(3) Die Kosten des Verfahrens wegen einer Anfechtung nach Artikel 36 Absatz 7 Satz 2 der Verordnung (EU) 2015/848 schuldet der antragstellende Gläubiger, wenn der Antrag abgewiesen oder zurückgenommen wird.

(4) Die Kosten des Verfahrens über einstweilige Maßnahmen nach Artikel 36 Absatz 9 der Verordnung (EU) 2015/848 schuldet der antragstellende Gläubiger.

(5) Die Kosten des Gruppen-Koordinationsverfahrens nach Kapitel V Abschnitt 2 der Verordnung (EU) 2015/848 trägt der Schuldner, dessen Verwalter die Einleitung des Koordinationsverfahrens beantragt hat.

(6) [1] Die Kosten des Koordinationsverfahrens trägt der Schuldner, der die Einleitung des Verfahrens beantragt hat. [2] Dieser Schuldner trägt die Kosten auch, wenn der Antrag von dem Insolvenzverwalter, dem vorläufigen Insolvenzverwalter, dem Gläubigerausschuss oder dem vorläufigen Gläubigerausschuss gestellt wird.

(7) Im Übrigen schuldet die Kosten der Schuldner des Insolvenzverfahrens.

§ 23a Sanierungs- und Reorganisationsverfahren nach dem Kreditinstitute-Reorganisationsgesetz. Die Kosten des Sanierungs- und Reorganisationsverfahrens schuldet nur das Kreditinstitut.

§ 24 Öffentliche Bekanntmachung in ausländischen Insolvenzverfahren.
Die Kosten des Verfahrens über den Antrag auf öffentliche Bekanntmachung ausländischer Entscheidungen in Insolvenzverfahren oder vergleichbaren Verfahren schuldet, wer das Verfahren beantragt hat.

§ 25 Verteilungsverfahren nach der Schifffahrtsrechtlichen Verteilungsordnung. Die Kosten des Verteilungsverfahrens nach der Schifffahrtsrechtlichen Verteilungsordnung schuldet, wer das Verfahren beantragt hat.

§ 26 Zwangsversteigerungs- und Zwangsverwaltungsverfahren. (1) Die Kosten des Zwangsversteigerungs- und Zwangsverwaltungsverfahrens sowie des Verfahrens der Zwangsliquidation einer Bahneinheit schuldet vorbehaltlich des Absatzes 2, wer das Verfahren beantragt hat, soweit die Kosten nicht dem Erlös entnommen werden können.

(2) [1] Die Kosten für die Erteilung des Zuschlags schuldet nur der Ersteher; § 29 Nummer 3 bleibt unberührt. [2] Im Fall der Abtretung der Rechte aus dem Meistgebot oder der Erklärung, für einen Dritten geboten zu haben (§ 81 des Gesetzes über die Zwangsversteigerung und die Zwangsverwaltung[1)]), haften der Ersteher und der Meistbietende als Gesamtschuldner.

(3) Die Kosten des Beschwerdeverfahrens schuldet der Beschwerdeführer.

§ 27 *(vom Abdruck wurde abgesehen)*

[1)] Nr. 4.

§ 28 Auslagen in weiteren Fällen. (1) [1]Die Dokumentenpauschale schuldet ferner, wer die Erteilung der Ausfertigungen, Kopien oder Ausdrucke beantragt hat. [2]Sind Kopien oder Ausdrucke angefertigt worden, weil die Partei oder der Beteiligte es unterlassen hat, die erforderliche Zahl von Mehrfertigungen beizufügen, schuldet nur die Partei oder der Beteiligte die Dokumentenpauschale.

(2) Die Auslagen nach Nummer 9003 des Kostenverzeichnisses schuldet nur, wer die Versendung der Akte beantragt hat.

(3) Im Verfahren auf Bewilligung von Prozesskostenhilfe einschließlich des Verfahrens auf Bewilligung grenzüberschreitender Prozesskostenhilfe ist der Antragsteller Schuldner der Auslagen, wenn

1. der Antrag zurückgenommen oder vom Gericht abgelehnt wird oder
2. die Übermittlung des Antrags von der Übermittlungsstelle oder das Ersuchen um Prozesskostenhilfe von der Empfangsstelle abgelehnt wird.

§ 29 Weitere Fälle der Kostenhaftung. Die Kosten schuldet ferner,

1. wem durch gerichtliche oder staatsanwaltschaftliche Entscheidung die Kosten des Verfahrens auferlegt sind;
2. wer sie durch eine vor Gericht abgegebene oder dem Gericht mitgeteilte Erklärung oder in einem vor Gericht abgeschlossenen oder dem Gericht mitgeteilten Vergleich übernommen hat; dies gilt auch, wenn bei einem Vergleich ohne Bestimmung über die Kosten diese als von beiden Teilen je zur Hälfte übernommen anzusehen sind;
3. wer für die Kostenschuld eines anderen kraft Gesetzes haftet und
4. der Vollstreckungsschuldner für die notwendigen Kosten der Zwangsvollstreckung.

§ 30 Erlöschen der Zahlungspflicht. [1]Die durch gerichtliche oder staatsanwaltschaftliche Entscheidung begründete Verpflichtung zur Zahlung von Kosten erlischt, soweit die Entscheidung durch eine andere gerichtliche Entscheidung aufgehoben oder abgeändert wird. [2]Soweit die Verpflichtung zur Zahlung von Kosten nur auf der aufgehobenen oder abgeänderten Entscheidung beruht hat, werden bereits gezahlte Kosten zurückerstattet.

§ 31 Mehrere Kostenschuldner. (1) Mehrere Kostenschuldner haften als Gesamtschuldner.

(2) [1]Soweit ein Kostenschuldner aufgrund von § 29 Nummer 1 oder 2 (Erstschuldner) haftet, soll die Haftung eines anderen Kostenschuldners nur geltend gemacht werden, wenn eine Zwangsvollstreckung in das bewegliche Vermögen des ersteren erfolglos geblieben ist oder aussichtslos erscheint. [2]Zahlungen des Erstschuldners mindern seine Haftung aufgrund anderer Vorschriften dieses Gesetzes auch dann in voller Höhe, wenn sich seine Haftung nur auf einen Teilbetrag bezieht.

(3) [1]Soweit einem Kostenschuldner, der aufgrund von § 29 Nummer 1 haftet (Entscheidungsschuldner), Prozesskostenhilfe bewilligt worden ist, darf die Haftung eines anderen Kostenschuldners nicht geltend gemacht werden; von diesem bereits erhobene Kosten sind zurückzuzahlen, soweit es sich nicht um eine Zah-

lung nach § 13 Absatz 1 und 3 des Justizvergütungs- und -entschädigungsgesetzes[1] handelt und die Partei, der die Prozesskostenhilfe bewilligt worden ist, der besonderen Vergütung zugestimmt hat. [2]Die Haftung eines anderen Kostenschuldners darf auch nicht geltend gemacht werden, soweit dem Entscheidungsschuldner ein Betrag für die Reise zum Ort einer Verhandlung, Vernehmung oder Untersuchung und für die Rückreise gewährt worden ist.

(4) Absatz 3 ist entsprechend anzuwenden, soweit der Kostenschuldner aufgrund des § 29 Nummer 2 haftet, wenn

1. der Kostenschuldner die Kosten in einem vor Gericht abgeschlossenen oder gegenüber dem Gericht angenommenen Vergleich übernommen hat,
2. der Vergleich einschließlich der Verteilung der Kosten von dem Gericht vorgeschlagen worden ist und
3. das Gericht in seinem Vergleichsvorschlag ausdrücklich festgestellt hat, dass die Kostenregelung der sonst zu erwartenden Kostenentscheidung entspricht.

§ 32 Haftung von Streitgenossen und Beigeladenen. (1) [1]Streitgenossen haften als Gesamtschuldner, wenn die Kosten nicht durch gerichtliche Entscheidung unter sie verteilt sind. [2]Soweit einen Streitgenossen nur Teile des Streitgegenstandes betreffen, beschränkt sich seine Haftung als Gesamtschuldner auf den Betrag, der entstanden wäre, wenn das Verfahren nur diese Teile betroffen hätte.

(2) Absatz 1 gilt auch für mehrere Beigeladene, denen Kosten auferlegt worden sind.

§ 33 Verpflichtung zur Zahlung von Kosten in besonderen Fällen. Die nach den §§ 53 bis 55, 177, 209 und 269 der Insolvenzordnung sowie den §§ 466 und 471 Absatz 4 der Strafprozessordnung begründete Verpflichtung zur Zahlung von Kosten besteht auch gegenüber der Staatskasse.

Abschnitt 6. Gebührenvorschriften

§ 34 Wertgebühren. (1) [1]Wenn sich die Gebühren nach dem Streitwert richten, beträgt die Gebühr bei einem Streitwert bis 500 Euro 35 Euro. [2]Die Gebühr erhöht sich bei einem

Streitwert bis … Euro	für jeden angefangenen Betrag von weiteren … Euro	um … Euro
2 000	500	18
10 000	1 000	19
25 000	3 000	26
50 000	5 000	35
200 000	15 000	120
500 000	30 000	179
über 500 000	50 000	180

[1] Nr. **11**.

[3]Eine Gebührentabelle für Streitwerte bis 500 000 Euro ist diesem Gesetz als Anlage 2 beigefügt.

(2) Der Mindestbetrag einer Gebühr ist 15 Euro.

§ 35 Einmalige Erhebung der Gebühren. Die Gebühr für das Verfahren im Allgemeinen und die Gebühr für eine Entscheidung werden in jedem Rechtszug hinsichtlich eines jeden Teils des Streitgegenstands nur einmal erhoben.

§ 36 Teile des Streitgegenstands. (1) Für Handlungen, die einen Teil des Streitgegenstands betreffen, sind die Gebühren nur nach dem Wert dieses Teils zu berechnen.

(2) Sind von einzelnen Wertteilen in demselben Rechtszug für gleiche Handlungen Gebühren zu berechnen, darf nicht mehr erhoben werden, als wenn die Gebühr von dem Gesamtbetrag der Wertteile zu berechnen wäre.

(3) Sind für Teile des Gegenstands verschiedene Gebührensätze anzuwenden, sind die Gebühren für die Teile gesondert zu berechnen; die aus dem Gesamtbetrag der Wertteile nach dem höchsten Gebührensatz berechnete Gebühr darf jedoch nicht überschritten werden.

§ 37 Zurückverweisung. Wird eine Sache zur anderweitigen Verhandlung an das Gericht des unteren Rechtszugs zurückverwiesen, bildet das weitere Verfahren mit dem früheren Verfahren vor diesem Gericht im Sinne des § 35 einen Rechtszug.

§ 38 Verzögerung des Rechtsstreits. [1]Wird außer im Fall des § 335 der Zivilprozessordnung[1)] durch Verschulden des Klägers, des Beklagten oder eines Vertreters die Vertagung einer mündlichen Verhandlung oder die Anberaumung eines neuen Termins zur mündlichen Verhandlung nötig oder ist die Erledigung des Rechtsstreits durch nachträgliches Vorbringen von Angriffs- oder Verteidigungsmitteln, Beweismitteln oder Beweiseinreden, die früher vorgebracht werden konnten, verzögert worden, kann das Gericht dem Kläger oder dem Beklagten von Amts wegen eine besondere Gebühr mit einem Gebührensatz von 1,0 auferlegen. [2]Die Gebühr kann bis auf einen Gebührensatz von 0,3 ermäßigt werden. [3]Dem Kläger, dem Beklagten oder dem Vertreter stehen gleich der Nebenintervenient, der Beigeladene, der Vertreter des Bundesinteresses beim Bundesverwaltungsgericht und der Vertreter des öffentlichen Interesses sowie ihre Vertreter.

Abschnitt 7. Wertvorschriften

Unterabschnitt 1. Allgemeine Wertvorschriften

§ 39 Grundsatz. (1) In demselben Verfahren und in demselben Rechtszug werden die Werte mehrerer Streitgegenstände zusammengerechnet, soweit nichts anderes bestimmt ist.

(2) Der Streitwert beträgt höchstens 30 Millionen Euro, soweit kein niedrigerer Höchstwert bestimmt ist.

[1)] Nr. **1**.

§ 40 Zeitpunkt der Wertberechnung. Für die Wertberechnung ist der Zeitpunkt der den jeweiligen Streitgegenstand betreffenden Antragstellung maßgebend, die den Rechtszug einleitet.

§ 41 Miet-, Pacht- und ähnliche Nutzungsverhältnisse. (1) [1] Ist das Bestehen oder die Dauer eines Miet-, Pacht- oder ähnlichen Nutzungsverhältnisses streitig, ist der Betrag des auf die streitige Zeit entfallenden Entgelts und, wenn das einjährige Entgelt geringer ist, dieser Betrag für die Wertberechnung maßgebend. [2] Das Entgelt nach Satz 1 umfasst neben dem Nettogrundentgelt Nebenkosten dann, wenn diese als Pauschale vereinbart sind und nicht gesondert abgerechnet werden.

(2) [1] Wird wegen Beendigung eines Miet-, Pacht- oder ähnlichen Nutzungsverhältnisses die Räumung eines Grundstücks, Gebäudes oder Gebäudeteils verlangt, ist ohne Rücksicht darauf, ob über das Bestehen des Nutzungsverhältnisses Streit besteht, das für die Dauer eines Jahres zu zahlende Entgelt maßgebend, wenn sich nicht nach Absatz 1 ein geringerer Streitwert ergibt. [2] Wird die Räumung oder Herausgabe auch aus einem anderen Rechtsgrund verlangt, ist der Wert der Nutzung eines Jahres maßgebend.

(3) Werden der Anspruch auf Räumung von Wohnraum und der Anspruch nach den §§ 574 bis 574b des Bürgerlichen Gesetzbuchs auf Fortsetzung des Mietverhältnisses über diesen Wohnraum in demselben Prozess verhandelt, werden die Werte nicht zusammengerechnet.

(4) Bei Ansprüchen nach den §§ 574 bis 574b des Bürgerlichen Gesetzbuchs ist auch für die Rechtsmittelinstanz der für den ersten Rechtszug maßgebende Wert zugrunde zu legen, sofern nicht die Beschwer geringer ist.

(5) [1] Bei Ansprüchen auf Erhöhung der Miete für Wohnraum ist der Jahresbetrag der zusätzlich geforderten Miete, bei Ansprüchen des Mieters auf Durchführung von Instandsetzungsmaßnahmen der Jahresbetrag einer angemessenen Mietminderung und bei Ansprüchen des Vermieters auf Duldung einer Durchführung von Modernisierungs- oder Erhaltungsmaßnahmen der Jahresbetrag einer möglichen Mieterhöhung, in Ermangelung dessen einer sonst möglichen Mietminderung durch den Mieter maßgebend. [2] Endet das Mietverhältnis vor Ablauf eines Jahres, ist ein entsprechend niedrigerer Betrag maßgebend.

§ 42 Wiederkehrende Leistungen. (1) [1] Bei Ansprüchen auf wiederkehrende Leistungen aus einem öffentlich-rechtlichen Dienst- oder Amtsverhältnis, einer Dienstpflicht oder einer Tätigkeit, die anstelle einer gesetzlichen Dienstpflicht geleistet werden kann, bei Ansprüchen von Arbeitnehmern auf wiederkehrende Leistungen sowie in Verfahren vor Gerichten der Sozialgerichtsbarkeit, in denen Ansprüche auf wiederkehrende Leistungen dem Grunde oder der Höhe nach geltend gemacht oder abgewehrt werden, ist der dreifache Jahresbetrag der wiederkehrenden Leistungen maßgebend, wenn nicht der Gesamtbetrag der geforderten Leistungen geringer ist. [2] Ist im Verfahren vor den Gerichten der Verwaltungs- und Sozialgerichtsbarkeit die Höhe des Jahresbetrags nicht nach dem Antrag des Klägers bestimmt oder nach diesem Antrag mit vertretbarem Aufwand bestimmbar, ist der Streitwert nach § 52 Absatz 1 und 2 zu bestimmen.

(2) [1] Für die Wertberechnung bei Rechtsstreitigkeiten vor den Gerichten für Arbeitssachen über das Bestehen, das Nichtbestehen oder die Kündigung eines Arbeitsverhältnisses ist höchstens der Betrag des für die Dauer eines Vierteljahres

zu leistenden Arbeitsentgelts maßgebend; eine Abfindung wird nicht hinzugerechnet. [2] Bei Rechtsstreitigkeiten über Eingruppierungen ist der Wert des dreijährigen Unterschiedsbetrags zur begehrten Vergütung maßgebend, sofern nicht der Gesamtbetrag der geforderten Leistungen geringer ist.

(3) [1] Die bei Einreichung der Klage fälligen Beträge werden dem Streitwert hinzugerechnet; dies gilt nicht in Rechtsstreitigkeiten vor den Gerichten für Arbeitssachen. [2] Der Einreichung der Klage steht die Einreichung eines Antrags auf Bewilligung der Prozesskostenhilfe gleich, wenn die Klage alsbald nach Mitteilung der Entscheidung über den Antrag oder über eine alsbald eingelegte Beschwerde eingereicht wird.

§ 43 Nebenforderungen. (1) Sind außer dem Hauptanspruch auch Früchte, Nutzungen, Zinsen oder Kosten als Nebenforderungen betroffen, wird der Wert der Nebenforderungen nicht berücksichtigt.

(2) Sind Früchte, Nutzungen, Zinsen oder Kosten als Nebenforderungen ohne den Hauptanspruch betroffen, ist der Wert der Nebenforderungen maßgebend, soweit er den Wert des Hauptanspruchs nicht übersteigt.

(3) Sind die Kosten des Rechtsstreits ohne den Hauptanspruch betroffen, ist der Betrag der Kosten maßgebend, soweit er den Wert des Hauptanspruchs nicht übersteigt.

§ 44 Stufenklage. Wird mit der Klage auf Rechnungslegung oder auf Vorlegung eines Vermögensverzeichnisses oder auf Abgabe einer eidesstattlichen Versicherung die Klage auf Herausgabe desjenigen verbunden, was der Beklagte aus dem zugrunde liegenden Rechtsverhältnis schuldet, ist für die Wertberechnung nur einer der verbundenen Ansprüche, und zwar der höhere, maßgebend.

§ 45 Klage und Widerklage, Hilfsanspruch, wechselseitige Rechtsmittel, Aufrechnung. (1) [1] In einer Klage und in einer Widerklage geltend gemachte Ansprüche, die nicht in getrennten Prozessen verhandelt werden, werden zusammengerechnet. [2] Ein hilfsweise geltend gemachter Anspruch wird mit dem Hauptanspruch zusammengerechnet, soweit eine Entscheidung über ihn ergeht. [3] Betreffen die Ansprüche im Fall des Satzes 1 oder 2 denselben Gegenstand, ist nur der Wert des höheren Anspruchs maßgebend.

(2) Für wechselseitig eingelegte Rechtsmittel, die nicht in getrennten Prozessen verhandelt werden, ist Absatz 1 Satz 1 und 3 entsprechend anzuwenden.

(3) Macht der Beklagte hilfsweise die Aufrechnung mit einer bestrittenen Gegenforderung geltend, erhöht sich der Streitwert um den Wert der Gegenforderung, soweit eine der Rechtskraft fähige Entscheidung über sie ergeht.

(4) Bei einer Erledigung des Rechtsstreits durch Vergleich sind die Absätze 1 bis 3 entsprechend anzuwenden.

§ 46 (weggefallen)

§ 47 Rechtsmittelverfahren. (1) [1] Im Rechtsmittelverfahren bestimmt sich der Streitwert nach den Anträgen des Rechtsmittelführers. [2] Endet das Verfahren, ohne dass solche Anträge eingereicht werden, oder werden, wenn eine Frist für die Rechtsmittelbegründung vorgeschrieben ist, innerhalb dieser Frist Rechtsmittelanträge nicht eingereicht, ist die Beschwer maßgebend.

(2) [1] Der Streitwert ist durch den Wert des Streitgegenstands des ersten Rechtszugs begrenzt. [2] Das gilt nicht, soweit der Streitgegenstand erweitert wird.

(3) Im Verfahren über den Antrag auf Zulassung des Rechtsmittels und im Verfahren über die Beschwerde gegen die Nichtzulassung des Rechtsmittels ist Streitwert der für das Rechtsmittelverfahren maßgebende Wert.

Unterabschnitt 2. Besondere Wertvorschriften

§ 48 Bürgerliche Rechtsstreitigkeiten. (1) [1] In bürgerlichen Rechtsstreitigkeiten richten sich die Gebühren nach den für die Zuständigkeit des Prozessgerichts oder die Zulässigkeit des Rechtsmittels geltenden Vorschriften über den Wert des Streitgegenstands, soweit nichts anderes bestimmt ist. [2] In Musterfeststellungsklagen nach Buch 6 der Zivilprozessordnung[1)] und in Rechtsstreitigkeiten aufgrund des Unterlassungsklagengesetzes[2)] darf der Streitwert 250 000 Euro nicht übersteigen.

(2) [1] In nichtvermögensrechtlichen Streitigkeiten ist der Streitwert unter Berücksichtigung aller Umstände des Einzelfalls, insbesondere des Umfangs und der Bedeutung der Sache und der Vermögens- und Einkommensverhältnisse der Parteien, nach Ermessen zu bestimmen. [2] Der Wert darf nicht über eine Million Euro angenommen werden.

(3) Ist mit einem nichtvermögensrechtlichen Anspruch ein aus ihm hergeleiteter vermögensrechtlicher Anspruch verbunden, ist nur ein Anspruch, und zwar der höhere, maßgebend.

§ 49 (weggefallen)

§ 49a Wohnungseigentumssachen. (1) [1] Der Streitwert ist auf 50 Prozent des Interesses der Parteien und aller Beigeladenen an der Entscheidung festzusetzen. [2] Er darf das Interesse des Klägers und der auf seiner Seite Beigetretenen an der Entscheidung nicht unterschreiten und das Fünffache des Wertes ihres Interesses nicht überschreiten. [3] Der Wert darf in keinem Fall den Verkehrswert des Wohnungseigentums des Klägers und der auf seiner Seite Beigetretenen übersteigen.

(2) [1] Richtet sich eine Klage gegen einzelne Wohnungseigentümer, darf der Streitwert das Fünffache des Wertes ihres Interesses sowie des Interesses der auf ihrer Seite Beigetretenen nicht übersteigen. [2] Absatz 1 Satz 3 gilt entsprechend.

§ 50 Bestimmte Beschwerdeverfahren. (1) [1] In folgenden Verfahren bestimmt sich der Wert nach § 3 der Zivilprozessordnung[1)]:

1. über Beschwerden gegen Verfügungen der Kartellbehörden und über Rechtsbeschwerden (§§ 63 und 74 des Gesetzes gegen Wettbewerbsbeschränkungen),
2. über Beschwerden gegen Entscheidungen der Regulierungsbehörde und über Rechtsbeschwerden (§§ 75 und 86 des Energiewirtschaftsgesetzes oder § 35 Absatz 3 und 4 des Kohlendioxid-Speicherungsgesetzes),
3. über Beschwerden gegen Verfügungen der Bundesanstalt für Finanzdienstleistungsaufsicht (§ 48 des Wertpapiererwerbs- und Übernahmegesetzes und § 113 Absatz 1 des Wertpapierhandelsgesetzes),

---

1) Nr. **1**.
2) Nr. **1b**.

4. über Beschwerden gegen Entscheidungen der zuständigen Behörde und über Rechtsbeschwerden (§§ 13 und 24 des EG-Verbraucherschutzdurchsetzungsgesetzes) und

[Nr. 5 ab unbestimmtem Inkrafttreten:]

5.[1] *über Beschwerden gegen Entscheidungen der Registerbehörde (§ 11 des Wettbewerbsregistergesetzes).*

[2] Im Verfahren über Beschwerden eines Beigeladenen (§ 54 Absatz 2 Nummer 3 des Gesetzes gegen Wettbewerbsbeschränkungen, § 79 Absatz 1 Nummer 3 des Energiewirtschaftsgesetzes und § 16 Nummer 3 des EG-Verbraucherschutzdurchsetzungsgesetzes) ist der Streitwert unter Berücksichtigung der sich für den Beigeladenen ergebenden Bedeutung der Sache nach Ermessen zu bestimmen.

(2) Im Verfahren über die Beschwerde gegen die Entscheidung der Vergabekammer (§ 171 des Gesetzes gegen Wettbewerbsbeschränkungen) einschließlich des Verfahrens über den Antrag nach § 169 Absatz 2 Satz 5 und 6, Absatz 4 Satz 2, § 173 Absatz 1 Satz 3 und nach § 176 des Gesetzes gegen Wettbewerbsbeschränkungen beträgt der Streitwert 5 Prozent der Bruttoauftragssumme.

§ 51 Gewerblicher Rechtsschutz. (1) In Rechtsmittelverfahren des gewerblichen Rechtsschutzes (§ 1 Absatz 1 Satz 1 Nummer 14) und in Verfahren über Ansprüche nach dem Patentgesetz, dem Gebrauchsmustergesetz, dem Markengesetz, dem Designgesetz, dem Halbleiterschutzgesetz und dem Sortenschutzgesetz ist der Wert nach billigem Ermessen zu bestimmen.

(2) In Verfahren über Ansprüche nach dem Gesetz gegen den unlauteren Wettbewerb und nach dem Gesetz zum Schutz von Geschäftsgeheimnissen ist, soweit nichts anderes bestimmt ist, der Streitwert nach der sich aus dem Antrag des Klägers für ihn ergebenden Bedeutung der Sache nach Ermessen zu bestimmen.

(3) [1] Ist die Bedeutung der Sache für den Beklagten erheblich geringer zu bewerten als der nach Absatz 2 ermittelte Streitwert, ist dieser angemessen zu mindern. [2] Bietet der Sach- und Streitstand für die Bestimmung des Streitwerts hinsichtlich des Beseitigungs- oder Unterlassungsanspruchs keine genügenden Anhaltspunkte, ist insoweit ein Streitwert von 1 000 Euro anzunehmen, auch wenn diese Ansprüche nebeneinander geltend gemacht werden.

(4) Im Verfahren des einstweiligen Rechtsschutzes ist der sich aus den Absätzen 2 und 3 ergebende Wert in der Regel unter Berücksichtigung der geringeren Bedeutung gegenüber der Hauptsache zu ermäßigen.

(5) Die Vorschriften über die Anordnung der Streitwertbegünstigung (§ 12 Absatz 4 des Gesetzes gegen den unlauteren Wettbewerb, § 144 des Patentgesetzes, § 26 des Gebrauchsmustergesetzes, § 142 des Markengesetzes, § 54 des Designgesetzes, § 22 des Gesetzes zum Schutz von Geschäftsgeheimnissen) sind anzuwenden.

§ 51a Verfahren nach dem Kapitalanleger-Musterverfahrensgesetz.

(1) Für die Anmeldung eines Anspruchs zum Musterverfahren (§ 10 Absatz 2 des Kapitalanleger-Musterverfahrensgesetzes) bestimmt sich der Wert nach der Höhe des Anspruchs.

---

[1] Die Änderung durch G v. 18.7.2017 (BGBl. I S. 2739) tritt an dem Tag in Kraft, an dem die Rechtsverordnung nach § 10 des Wettbewerbsregistergesetzes in Kraft tritt.

(2) Im Rechtsbeschwerdeverfahren ist bei der Bestimmung des Streitwerts von der Summe der in sämtlichen nach § 8 des Kapitalanleger-Musterverfahrensgesetzes ausgesetzten Verfahren geltend gemachten Ansprüche auszugehen, soweit diese von den Feststellungszielen des Musterverfahrens betroffen sind.

(3) Der Musterkläger und die Beigeladenen schulden im Rechtsbeschwerdeverfahren Gerichtsgebühren jeweils nur nach dem Wert, der sich aus den von ihnen im Ausgangsverfahren geltend gemachten Ansprüchen, die von den Feststellungszielen des Musterverfahrens betroffen sind, ergibt.

(4) Die Musterbeklagten schulden im Rechtsbeschwerdeverfahren Gerichtsgebühren jeweils nur nach dem Wert, der sich aus den gegen sie im Ausgangsverfahren geltend gemachten Ansprüchen, die von den Feststellungszielen des Musterverfahrens betroffen sind, ergibt.

§ 52 Verfahren vor Gerichten der Verwaltungs-, Finanz- und Sozialgerichtsbarkeit. (1) In Verfahren vor den Gerichten der Verwaltungs-, Finanz- und Sozialgerichtsbarkeit ist, soweit nichts anderes bestimmt ist, der Streitwert nach der sich aus dem Antrag des Klägers für ihn ergebenden Bedeutung der Sache nach Ermessen zu bestimmen.

(2) Bietet der Sach- und Streitstand für die Bestimmung des Streitwerts keine genügenden Anhaltspunkte, ist ein Streitwert von 5 000 Euro anzunehmen.

(3) [1] Betrifft der Antrag des Klägers eine bezifferte Geldleistung oder einen hierauf bezogenen Verwaltungsakt, ist deren Höhe maßgebend. [2] Hat der Antrag des Klägers offensichtlich absehbare Auswirkungen auf künftige Geldleistungen oder auf noch zu erlassende, auf derartige Geldleistungen bezogene Verwaltungsakte, ist die Höhe des sich aus Satz 1 ergebenden Streitwerts um den Betrag der offensichtlich absehbaren zukünftigen Auswirkungen für den Kläger anzuheben, wobei die Summe das Dreifache des Werts nach Satz 1 nicht übersteigen darf. [3] In Verfahren in Kindergeldangelegenheiten vor den Gerichten der Finanzgerichtsbarkeit ist § 42 Absatz 1 Satz 1 und Absatz 3 entsprechend anzuwenden; an die Stelle des dreifachen Jahresbetrags tritt der einfache Jahresbetrag.

(4) In Verfahren

1. vor den Gerichten der Finanzgerichtsbarkeit, mit Ausnahme der Verfahren nach § 155 Satz 2 der Finanzgerichtsordnung und der Verfahren in Kindergeldangelegenheiten, darf der Streitwert nicht unter 1 500 Euro,
2. vor den Gerichten der Sozialgerichtsbarkeit und bei Rechtsstreitigkeiten nach dem Krankenhausfinanzierungsgesetz nicht über 2 500 000 Euro,
3. vor den Gerichten der Verwaltungsgerichtsbarkeit über Ansprüche nach dem Vermögensgesetz nicht über 500 000 Euro und
4. bei Rechtsstreitigkeiten nach § 36 Absatz 6 Satz 1 des Pflegeberufegesetzes nicht über 1 500 000 Euro

angenommen werden.

(5) Solange in Verfahren vor den Gerichten der Finanzgerichtsbarkeit der Wert nicht festgesetzt ist und sich der nach den Absätzen 3 und 4 Nummer 1 maßgebende Wert auch nicht unmittelbar aus den gerichtlichen Verfahrensakten ergibt, sind die Gebühren vorläufig nach dem in Absatz 4 Nummer 1 bestimmten Mindestwert zu bemessen.

(6) [1] In Verfahren, die die Begründung, die Umwandlung, das Bestehen, das Nichtbestehen oder die Beendigung eines besoldeten öffentlich-rechtlichen Dienst- oder Amtsverhältnisses betreffen, ist Streitwert

1. die Summe der für ein Kalenderjahr zu zahlenden Bezüge mit Ausnahme nicht ruhegehaltsfähiger Zulagen, wenn Gegenstand des Verfahrens ein Dienst- oder Amtsverhältnis auf Lebenszeit ist,
2. im Übrigen die Hälfte der für ein Kalenderjahr zu zahlenden Bezüge mit Ausnahme nicht ruhegehaltsfähiger Zulagen.

[2] Maßgebend für die Berechnung ist das laufende Kalenderjahr. [3] Bezügebestandteile, die vom Familienstand oder von Unterhaltsverpflichtungen abhängig sind, bleiben außer Betracht. [4] Betrifft das Verfahren die Verleihung eines anderen Amts oder den Zeitpunkt einer Versetzung in den Ruhestand, ist Streitwert die Hälfte des sich nach den Sätzen 1 bis 3 ergebenden Betrags.

(7) Ist mit einem in Verfahren nach Absatz 6 verfolgten Klagebegehren ein aus ihm hergeleiteter vermögensrechtlicher Anspruch verbunden, ist nur ein Klagebegehren, und zwar das wertmäßig höhere, maßgebend.

(8) Dem Kläger steht gleich, wer sonst das Verfahren des ersten Rechtszugs beantragt hat.

§ 53 Einstweiliger Rechtsschutz und Verfahren nach § 148 Absatz 1 und 2 des Aktiengesetzes. (1) In folgenden Verfahren bestimmt sich der Wert nach § 3 der Zivilprozessordnung[1)]:

1. über die Anordnung eines Arrests, zur Erwirkung eines Europäischen Beschlusses zur vorläufigen Kontenpfändung, wenn keine Festgebühren bestimmt sind, und auf Erlass einer einstweiligen Verfügung sowie im Verfahren über die Aufhebung, den Widerruf oder die Abänderung der genannten Entscheidungen,
2. über den Antrag auf Zulassung der Vollziehung einer vorläufigen oder sichernden Maßnahme des Schiedsgerichts,
3. auf Aufhebung oder Abänderung einer Entscheidung auf Zulassung der Vollziehung (§ 1041 der Zivilprozessordnung),
4. nach § 47 Absatz 5 des Energiewirtschaftsgesetzes über gerügte Rechtsverletzungen, der Wert beträgt höchstens 100 000 Euro, und
5. nach § 148 Absatz 1 und 2 des Aktiengesetzes; er darf jedoch ein Zehntel des Grundkapitals oder Stammkapitals des übertragenden oder formwechselnden Rechtsträgers oder, falls der übertragende oder formwechselnde Rechtsträger ein Grundkapital oder Stammkapital nicht hat, ein Zehntel des Vermögens dieses Rechtsträgers, höchstens jedoch 500 000 Euro, nur insoweit übersteigen, als die Bedeutung der Sache für die Parteien höher zu bewerten ist.

(2) In folgenden Verfahren bestimmt sich der Wert nach § 52 Absatz 1 und 2:

1. über einen Antrag auf Erlass, Abänderung oder Aufhebung einer einstweiligen Anordnung nach § 123 der Verwaltungsgerichtsordnung oder § 114 der Finanzgerichtsordnung,
2. nach § 47 Absatz 6, § 80 Absatz 5 bis 8, § 80a Absatz 3 oder § 80b Absatz 2 und 3 der Verwaltungsgerichtsordnung,

---

1) Nr. **1**.

3. nach § 69 Absatz 3, 5 der Finanzgerichtsordnung,
4. nach § 86b des Sozialgerichtsgesetzes und
5. nach § 50 Absatz 3 bis 5 des Wertpapiererwerbs- und Übernahmegesetzes.

§ 53a Sanierungs- und Reorganisationsverfahren nach dem Kreditinstitute-Reorganisationsgesetz. Die Gebühren im Sanierungs- und Reorganisationsverfahren werden nach der Bilanzsumme des letzten Jahresabschlusses vor der Stellung des Antrags auf Durchführung des Sanierungs- oder Reorganisationsverfahrens erhoben.

§ 54 Zwangsversteigerung. (1) [1]Bei der Zwangsversteigerung von Grundstücken sind die Gebühren für das Verfahren im Allgemeinen und für die Abhaltung des Versteigerungstermins nach dem gemäß § 74a Absatz 5 des Gesetzes über die Zwangsversteigerung und die Zwangsverwaltung[1)] festgesetzten Wert zu berechnen. [2]Ist ein solcher Wert nicht festgesetzt, ist der Einheitswert maßgebend. [3]Weicht der Gegenstand des Verfahrens vom Gegenstand der Einheitsbewertung wesentlich ab oder hat sich der Wert infolge bestimmter Umstände, die nach dem Feststellungszeitpunkt des Einheitswerts eingetreten sind, wesentlich verändert oder ist ein Einheitswert noch nicht festgestellt, ist der nach den Grundsätzen der Einheitsbewertung geschätzte Wert maßgebend. [4]Wird der Einheitswert nicht nachgewiesen, ist das Finanzamt um Auskunft über die Höhe des Einheitswerts zu ersuchen; § 30 der Abgabenordnung steht der Auskunft nicht entgegen.

(2) [1]Die Gebühr für die Erteilung des Zuschlags bestimmt sich nach dem Gebot ohne Zinsen, für das der Zuschlag erteilt ist, einschließlich des Werts der nach den Versteigerungsbedingungen bestehen bleibenden Rechte zuzüglich des Betrags, in dessen Höhe der Ersteher nach § 114a des Gesetzes über die Zwangsversteigerung und die Zwangsverwaltung als aus dem Grundstück befriedigt gilt. [2]Im Fall der Zwangsversteigerung zur Aufhebung einer Gemeinschaft vermindert sich der Wert nach Satz 1 um den Anteil des Erstehers an dem Gegenstand des Verfahrens; bei Gesamthandeigentum ist jeder Mitberechtigte wie ein Eigentümer nach dem Verhältnis seines Anteils anzusehen.

(3) [1]Die Gebühr für das Verteilungsverfahren bestimmt sich nach dem Gebot ohne Zinsen, für das der Zuschlag erteilt ist, einschließlich des Werts der nach den Versteigerungsbedingungen bestehen bleibenden Rechte. [2]Der Erlös aus einer gesonderten Versteigerung oder sonstigen Verwertung (§ 65 des Gesetzes über die Zwangsversteigerung und die Zwangsverwaltung) wird hinzugerechnet.

(4) Sind mehrere Gegenstände betroffen, ist der Gesamtwert maßgebend.

(5) [1]Bei Zuschlägen an verschiedene Ersteher wird die Gebühr für die Erteilung des Zuschlags von jedem Ersteher nach dem Wert der auf ihn entfallenden Gegenstände erhoben. [2]Eine Bietergemeinschaft gilt als ein Ersteher.

§ 55 Zwangsverwaltung. Die Gebühr für die Durchführung des Zwangsverwaltungsverfahrens bestimmt sich nach dem Gesamtwert der Einkünfte.

§ 56 Zwangsversteigerung von Schiffen, Schiffsbauwerken, Luftfahrzeugen und grundstücksgleichen Rechten. Die §§ 54 und 55 gelten entsprechend

---

[1)] Nr. 4.

für die Zwangsversteigerung von Schiffen, Schiffsbauwerken und Luftfahrzeugen sowie für die Zwangsversteigerung und die Zwangsverwaltung von Rechten, die den Vorschriften der Zwangsvollstreckung in das unbewegliche Vermögen unterliegen, einschließlich der unbeweglichen Kuxe.

§ 57 Zwangsliquidation einer Bahneinheit. Bei der Zwangsliquidation einer Bahneinheit bestimmt sich die Gebühr für das Verfahren nach dem Gesamtwert der Bestandteile der Bahneinheit.

§ 58 Insolvenzverfahren. (1) [1]Die Gebühren für den Antrag auf Eröffnung des Insolvenzverfahrens und für die Durchführung des Insolvenzverfahrens werden nach dem Wert der Insolvenzmasse zur Zeit der Beendigung des Verfahrens erhoben. [2]Gegenstände, die zur abgesonderten Befriedigung dienen, werden nur in Höhe des für diese nicht erforderlichen Betrags angesetzt.

(2) Ist der Antrag auf Eröffnung des Insolvenzverfahrens von einem Gläubiger gestellt, wird die Gebühr für das Verfahren über den Antrag nach dem Betrag seiner Forderung, wenn jedoch der Wert der Insolvenzmasse geringer ist, nach diesem Wert erhoben.

(3) [1]Bei der Beschwerde des Schuldners oder des ausländischen Insolvenzverwalters gegen die Eröffnung des Insolvenzverfahrens oder gegen die Abweisung des Eröffnungsantrags mangels Masse gilt Absatz 1. [2]Bei der Beschwerde eines Gläubigers gegen die Eröffnung des Insolvenzverfahrens oder gegen die Abweisung des Eröffnungsantrags gilt Absatz 2.

(4) Im Verfahren über einen Antrag nach Artikel 36 Absatz 7 Satz 2 der Verordnung (EU) 2015/848 bestimmt sich der Wert nach dem Mehrbetrag, den der Gläubiger bei der Verteilung anstrebt.

(5) Im Verfahren über Anträge nach Artikel 36 Absatz 9 der Verordnung (EU) 2015/848 bestimmt sich der Wert nach dem Betrag der Forderung des Gläubigers.

(6) Im Verfahren über die sofortige Beschwerde nach Artikel 102c § 26 des Einführungsgesetzes zur Insolvenzordnung gegen die Entscheidung über die Kosten des Gruppen-Koordinationsverfahrens bestimmt sich der Wert nach der Höhe der Kosten.

§ 59 Verteilungsverfahren nach der Schifffahrtsrechtlichen Verteilungsordnung. [1]Die Gebühren für den Antrag auf Eröffnung des Verteilungsverfahrens nach der Schifffahrtsrechtlichen Verteilungsordnung und für die Durchführung des Verteilungsverfahrens richten sich nach dem Betrag der festgesetzten Haftungssumme. [2]Ist diese höher als der Gesamtbetrag der Ansprüche, für deren Gläubiger das Recht auf Teilnahme an dem Verteilungsverfahren festgestellt wird, richten sich die Gebühren nach dem Gesamtbetrag der Ansprüche.

§ 60 *(vom Abdruck wurde abgesehen)*

Unterabschnitt 3. Wertfestsetzung

§ 61 Angabe des Werts. [1]Bei jedem Antrag ist der Streitwert, sofern dieser nicht in einer bestimmten Geldsumme besteht, kein fester Wert bestimmt ist oder sich nicht aus früheren Anträgen ergibt, und nach Aufforderung auch der Wert eines Teils des Streitgegenstands schriftlich oder zu Protokoll der Geschäftsstelle anzugeben. [2]Die Angabe kann jederzeit berichtigt werden.

§ 62 Wertfestsetzung für die Zuständigkeit des Prozessgerichts oder die Zulässigkeit des Rechtsmittels. [1]Ist der Streitwert für die Entscheidung über die Zuständigkeit des Prozessgerichts oder die Zulässigkeit des Rechtsmittels festgesetzt, ist die Festsetzung auch für die Berechnung der Gebühren maßgebend, soweit die Wertvorschriften dieses Gesetzes nicht von den Wertvorschriften des Verfahrensrechts abweichen. [2]Satz 1 gilt nicht in Verfahren vor den Gerichten für Arbeitssachen.

§ 63 Wertfestsetzung für die Gerichtsgebühren. (1) [1]Sind Gebühren, die sich nach dem Streitwert richten, mit der Einreichung der Klage-, Antrags-, Einspruchs- oder Rechtsmittelschrift oder mit der Abgabe der entsprechenden Erklärung zu Protokoll fällig, setzt das Gericht sogleich den Wert ohne Anhörung der Parteien durch Beschluss vorläufig fest, wenn Gegenstand des Verfahrens nicht eine bestimmte Geldsumme in Euro ist oder gesetzlich kein fester Wert bestimmt ist. [2]Einwendungen gegen die Höhe des festgesetzten Werts können nur im Verfahren über die Beschwerde gegen den Beschluss, durch den die Tätigkeit des Gerichts aufgrund dieses Gesetzes von der vorherigen Zahlung von Kosten abhängig gemacht wird, geltend gemacht werden. [3]Die Sätze 1 und 2 gelten nicht in Verfahren vor den Gerichten der Finanzgerichtsbarkeit.

(2) [1]Soweit eine Entscheidung nach § 62 Satz 1 nicht ergeht oder nicht bindet, setzt das Prozessgericht den Wert für die zu erhebenden Gebühren durch Beschluss fest, sobald eine Entscheidung über den gesamten Streitgegenstand ergeht oder sich das Verfahren anderweitig erledigt. [2]In Verfahren vor den Gerichten für Arbeitssachen oder der Finanzgerichtsbarkeit gilt dies nur dann, wenn ein Beteiligter oder die Staatskasse die Festsetzung beantragt oder das Gericht sie für angemessen hält.

(3) [1]Die Festsetzung kann von Amts wegen geändert werden

1. von dem Gericht, das den Wert festgesetzt hat, und
2. von dem Rechtsmittelgericht, wenn das Verfahren wegen der Hauptsache oder wegen der Entscheidung über den Streitwert, den Kostenansatz oder die Kostenfestsetzung in der Rechtsmittelinstanz schwebt.

[2]Die Änderung ist nur innerhalb von sechs Monaten zulässig, nachdem die Entscheidung in der Hauptsache Rechtskraft erlangt oder das Verfahren sich anderweitig erledigt hat.

§ 64 Schätzung des Werts. [1]Wird eine Abschätzung durch Sachverständige erforderlich, ist in dem Beschluss, durch den der Wert festgesetzt wird (§ 63), über die Kosten der Abschätzung zu entscheiden. [2]Diese Kosten können ganz oder teilweise der Partei auferlegt werden, welche die Abschätzung durch Unterlassen der ihr obliegenden Wertangabe, durch unrichtige Angabe des Werts, durch unbegründetes Bestreiten des angegebenen Werts oder durch eine unbegründete Beschwerde veranlasst hat.

§ 65 *(vom Abdruck wurde abgesehen)*

Abschnitt 8. Erinnerung und Beschwerde

§ 66 Erinnerung gegen den Kostenansatz, Beschwerde. (1) [1]Über Erinnerungen des Kostenschuldners und der Staatskasse gegen den Kostenansatz entscheidet das Gericht, bei dem die Kosten angesetzt sind. [2]Sind die Kosten bei der

Staatsanwaltschaft angesetzt, ist das Gericht des ersten Rechtszugs zuständig. [3]War das Verfahren im ersten Rechtszug bei mehreren Gerichten anhängig, ist das Gericht, bei dem es zuletzt anhängig war, auch insoweit zuständig, als Kosten bei den anderen Gerichten angesetzt worden sind. [4]Soweit sich die Erinnerung gegen den Ansatz der Auslagen des erstinstanzlichen Musterverfahrens nach dem Kapitalanleger-Musterverfahrensgesetz richtet, entscheidet hierüber das für die Durchführung des Musterverfahrens zuständige Oberlandesgericht.

(2) [1]Gegen die Entscheidung über die Erinnerung findet die Beschwerde statt, wenn der Wert des Beschwerdegegenstands 200 Euro übersteigt. [2]Die Beschwerde ist auch zulässig, wenn sie das Gericht, das die angefochtene Entscheidung erlassen hat, wegen der grundsätzlichen Bedeutung der zur Entscheidung stehenden Frage in dem Beschluss zulässt.

(3) [1]Soweit das Gericht die Beschwerde für zulässig und begründet hält, hat es ihr abzuhelfen; im Übrigen ist die Beschwerde unverzüglich dem Beschwerdegericht vorzulegen. [2]Beschwerdegericht ist das nächsthöhere Gericht. [3]Eine Beschwerde an einen obersten Gerichtshof des Bundes findet nicht statt. [4]Das Beschwerdegericht ist an die Zulassung der Beschwerde gebunden; die Nichtzulassung ist unanfechtbar.

(4) [1]Die weitere Beschwerde ist nur zulässig, wenn das Landgericht als Beschwerdegericht entschieden und sie wegen der grundsätzlichen Bedeutung der zur Entscheidung stehenden Frage in dem Beschluss zugelassen hat. [2]Sie kann nur darauf gestützt werden, dass die Entscheidung auf einer Verletzung des Rechts beruht; die §§ 546 und 547 der Zivilprozessordnung[1)] gelten entsprechend. [3]Über die weitere Beschwerde entscheidet das Oberlandesgericht. [4]Absatz 3 Satz 1 und 4 gilt entsprechend.

(5) [1]Anträge und Erklärungen können ohne Mitwirkung eines Bevollmächtigten schriftlich eingereicht oder zu Protokoll der Geschäftsstelle abgegeben werden; § 129a der Zivilprozessordnung gilt entsprechend. [2]Für die Bevollmächtigung gelten die Regelungen der für das zugrunde liegende Verfahren geltenden Verfahrensordnung entsprechend. [3]Die Erinnerung ist bei dem Gericht einzulegen, das für die Entscheidung über die Erinnerung zuständig ist. [4]Die Erinnerung kann auch bei der Staatsanwaltschaft eingelegt werden, wenn die Kosten bei dieser angesetzt worden sind. [5]Die Beschwerde ist bei dem Gericht einzulegen, dessen Entscheidung angefochten wird.

(6) [1]Das Gericht entscheidet über die Erinnerung durch eines seiner Mitglieder als Einzelrichter; dies gilt auch für die Beschwerde, wenn die angefochtene Entscheidung von einem Einzelrichter oder einem Rechtspfleger erlassen wurde. [2]Der Einzelrichter überträgt das Verfahren der Kammer oder dem Senat, wenn die Sache besondere Schwierigkeiten tatsächlicher oder rechtlicher Art aufweist oder die Rechtssache grundsätzliche Bedeutung hat. [3]Das Gericht entscheidet jedoch immer ohne Mitwirkung ehrenamtlicher Richter. [4]Auf eine erfolgte oder unterlassene Übertragung kann ein Rechtsmittel nicht gestützt werden.

(7) [1]Erinnerung und Beschwerde haben keine aufschiebende Wirkung. [2]Das Gericht oder das Beschwerdegericht kann auf Antrag oder von Amts wegen die aufschiebende Wirkung ganz oder teilweise anordnen; ist nicht der Einzelrichter zur Entscheidung berufen, entscheidet der Vorsitzende des Gerichts.

(8) [1]Die Verfahren sind gebührenfrei. [2]Kosten werden nicht erstattet.

[1)] Nr. 1.

§ 67 Beschwerde gegen die Anordnung einer Vorauszahlung. (1) [1] Gegen den Beschluss, durch den die Tätigkeit des Gerichts nur aufgrund dieses Gesetzes von der vorherigen Zahlung von Kosten abhängig gemacht wird, und wegen der Höhe des in diesem Fall im Voraus zu zahlenden Betrags findet stets die Beschwerde statt. [2] § 66 Absatz 3 Satz 1 bis 3, Absatz 4, 5 Satz 1 und 5, Absatz 6 und 8 ist entsprechend anzuwenden. [3] Soweit sich die Partei in dem Hauptsacheverfahren vor dem Gericht, dessen Entscheidung angefochten werden soll, durch einen Prozessbevollmächtigten vertreten lassen muss, gilt dies auch im Beschwerdeverfahren.

(2) Im Fall des § 17 Absatz 2 ist § 66 entsprechend anzuwenden.

§ 68 Beschwerde gegen die Festsetzung des Streitwerts. (1) [1] Gegen den Beschluss, durch den der Wert für die Gerichtsgebühren festgesetzt worden ist (§ 63 Absatz 2), findet die Beschwerde statt, wenn der Wert des Beschwerdegegenstands 200 Euro übersteigt. [2] Die Beschwerde findet auch statt, wenn sie das Gericht, das die angefochtene Entscheidung erlassen hat, wegen der grundsätzlichen Bedeutung der zur Entscheidung stehenden Frage in dem Beschluss zulässt. [3] Die Beschwerde ist nur zulässig, wenn sie innerhalb der in § 63 Absatz 3 Satz 2 bestimmten Frist eingelegt wird; ist der Streitwert später als einen Monat vor Ablauf dieser Frist festgesetzt worden, kann sie noch innerhalb eines Monats nach Zustellung oder formloser Mitteilung des Festsetzungsbeschlusses eingelegt werden. [4] Im Fall der formlosen Mitteilung gilt der Beschluss mit dem dritten Tage nach Aufgabe zur Post als bekannt gemacht. [5] § 66 Absatz 3, 4, 5 Satz 1, 2 und 5 sowie Absatz 6 ist entsprechend anzuwenden. [6] Die weitere Beschwerde ist innerhalb eines Monats nach Zustellung der Entscheidung des Beschwerdegerichts einzulegen.

(2) [1] War der Beschwerdeführer ohne sein Verschulden verhindert, die Frist einzuhalten, ist ihm auf Antrag von dem Gericht, das über die Beschwerde zu entscheiden hat, Wiedereinsetzung in den vorigen Stand zu gewähren, wenn er die Beschwerde binnen zwei Wochen nach der Beseitigung des Hindernisses einlegt und die Tatsachen, welche die Wiedereinsetzung begründen, glaubhaft macht. [2] Ein Fehlen des Verschuldens wird vermutet, wenn eine Rechtsbehelfsbelehrung unterblieben oder fehlerhaft ist. [3] Nach Ablauf eines Jahres, von dem Ende der versäumten Frist an gerechnet, kann die Wiedereinsetzung nicht mehr beantragt werden. [4] Gegen die Ablehnung der Wiedereinsetzung findet die Beschwerde statt. [5] Sie ist nur zulässig, wenn sie innerhalb von zwei Wochen eingelegt wird. [6] Die Frist beginnt mit der Zustellung der Entscheidung. [7] § 66 Absatz 3 Satz 1 bis 3, Absatz 5 Satz 1, 2 und 5 sowie Absatz 6 ist entsprechend anzuwenden.

(3) [1] Die Verfahren sind gebührenfrei. [2] Kosten werden nicht erstattet.

§ 69 Beschwerde gegen die Auferlegung einer Verzögerungsgebühr.

[1] Gegen den Beschluss nach § 38 findet die Beschwerde statt, wenn der Wert des Beschwerdegegenstands 200 Euro übersteigt oder das Gericht, das die angefochtene Entscheidung erlassen hat, die Beschwerde wegen der grundsätzlichen Bedeutung in dem Beschluss der zur Entscheidung stehenden Frage zugelassen hat. [2] § 66 Absatz 3, 4, 5 Satz 1, 2 und 5, Absatz 6 und 8 ist entsprechend anzuwenden.

§ 69a Abhilfe bei Verletzung des Anspruchs auf rechtliches Gehör.

(1) Auf die Rüge eines durch die Entscheidung beschwerten Beteiligten ist das Verfahren fortzuführen, wenn

1. ein Rechtsmittel oder ein anderer Rechtsbehelf gegen die Entscheidung nicht gegeben ist und
2. das Gericht den Anspruch dieses Beteiligten auf rechtliches Gehör in entscheidungserheblicher Weise verletzt hat.

(2) [1] Die Rüge ist innerhalb von zwei Wochen nach Kenntnis von der Verletzung des rechtlichen Gehörs zu erheben; der Zeitpunkt der Kenntniserlangung ist glaubhaft zu machen. [2] Nach Ablauf eines Jahres seit Bekanntmachung der angegriffenen Entscheidung kann die Rüge nicht mehr erhoben werden. [3] Formlos mitgeteilte Entscheidungen gelten mit dem dritten Tage nach Aufgabe zur Post als bekannt gemacht. [4] Die Rüge ist bei dem Gericht zu erheben, dessen Entscheidung angegriffen wird; § 66 Absatz 5 Satz 1 und 2 gilt entsprechend. [5] Die Rüge muss die angegriffene Entscheidung bezeichnen und das Vorliegen der in Absatz 1 Nummer 2 genannten Voraussetzungen darlegen.

(3) Den übrigen Beteiligten ist, soweit erforderlich, Gelegenheit zur Stellungnahme zu geben.

(4) [1] Das Gericht hat von Amts wegen zu prüfen, ob die Rüge an sich statthaft und ob sie in der gesetzlichen Form und Frist erhoben ist. [2] Mangelt es an einem dieser Erfordernisse, so ist die Rüge als unzulässig zu verwerfen. [3] Ist die Rüge unbegründet, weist das Gericht sie zurück. [4] Die Entscheidung ergeht durch unanfechtbaren Beschluss. [5] Der Beschluss soll kurz begründet werden.

(5) Ist die Rüge begründet, so hilft ihr das Gericht ab, indem es das Verfahren fortführt, soweit dies aufgrund der Rüge geboten ist.

(6) Kosten werden nicht erstattet.

Abschnitt 9. Schluss- und Übergangsvorschriften

§ 69b Verordnungsermächtigung. [1] Die Landesregierungen werden ermächtigt, durch Rechtsverordnung zu bestimmen, dass die von den Gerichten der Länder zu erhebenden Verfahrensgebühren über die in den Nummern 1211, 1411, 5111, 5113, 5211, 5221, 6111, 6211, 7111, 7113 und 8211 des Kostenverzeichnisses bestimmte Ermäßigung hinaus weiter ermäßigt werden oder entfallen, wenn das gesamte Verfahren nach einer Mediation oder nach einem anderen Verfahren der außergerichtlichen Konfliktbeilegung durch Zurücknahme der Klage oder des Antrags beendet wird und in der Klage- oder Antragsschrift mitgeteilt worden ist, dass eine Mediation oder ein anderes Verfahren der außergerichtlichen Konfliktbeilegung unternommen wird oder beabsichtigt ist, oder wenn das Gericht den Parteien die Durchführung einer Mediation oder eines anderen Verfahrens der außergerichtlichen Konfliktbeilegung vorgeschlagen hat. [2] Satz 1 gilt entsprechend für die in den Rechtsmittelzügen von den Gerichten der Länder zu erhebenden Verfahrensgebühren; an die Stelle der Klage- oder Antragsschrift tritt der Schriftsatz, mit dem das Rechtsmittel eingelegt worden ist.

§ 70 (weggefallen)

§ 70a Bekanntmachung von Neufassungen. [1] Das Bundesministerium der Justiz und für Verbraucherschutz kann nach Änderungen den Wortlaut des Gesetzes feststellen und als Neufassung im Bundesgesetzblatt bekannt machen. [2] Die Bekanntmachung muss auf diese Vorschrift Bezug nehmen und angeben

1. den Stichtag, zu dem der Wortlaut festgestellt wird,
2. die Änderungen seit der letzten Veröffentlichung des vollständigen Wortlauts im Bundesgesetzblatt sowie
3. das Inkrafttreten der Änderungen.

§ 71 Übergangsvorschrift. (1) [1]In Rechtsstreitigkeiten, die vor dem Inkrafttreten einer Gesetzesänderung anhängig geworden sind, werden die Kosten nach bisherigem Recht erhoben. [2]Dies gilt nicht im Verfahren über ein Rechtsmittel, das nach dem Inkrafttreten einer Gesetzesänderung eingelegt worden ist. [3]Die Sätze 1 und 2 gelten auch, wenn Vorschriften geändert werden, auf die dieses Gesetz verweist.

(2) In Strafsachen, in gerichtlichen Verfahren nach dem Gesetz über Ordnungswidrigkeiten und nach dem Strafvollzugsgesetz, auch in Verbindung mit § 92 des Jugendgerichtsgesetzes, werden die Kosten nach dem bisherigen Recht erhoben, wenn die über die Kosten ergehende Entscheidung vor dem Inkrafttreten einer Gesetzesänderung rechtskräftig geworden ist.

(3) In Insolvenzverfahren, Verteilungsverfahren nach der Schifffahrtsrechtlichen Verteilungsordnung und Verfahren der Zwangsversteigerung und Zwangsverwaltung gilt das bisherige Recht für Kosten, die vor dem Inkrafttreten einer Gesetzesänderung fällig geworden sind.

§ 72 Übergangsvorschrift aus Anlass des Inkrafttretens dieses Gesetzes.

Das Gerichtskostengesetz in der Fassung der Bekanntmachung vom 15. Dezember 1975 (BGBl. I S. 3047), zuletzt geändert durch Artikel 2 Absatz 5 des Gesetzes vom 12. März 2004 (BGBl. I S. 390), und Verweisungen hierauf sind weiter anzuwenden

1. in Rechtsstreitigkeiten, die vor dem 1. Juli 2004 anhängig geworden sind; dies gilt nicht im Verfahren über ein Rechtsmittel, das nach dem 1. Juli 2004 eingelegt worden ist;
2. in Strafsachen, in gerichtlichen Verfahren nach dem Gesetz über Ordnungswidrigkeiten und nach dem Strafvollzugsgesetz, wenn die über die Kosten ergehende Entscheidung vor dem 1. Juli 2004 rechtskräftig geworden ist;
3. in Insolvenzverfahren, Verteilungsverfahren nach der Schifffahrtsrechtlichen Verteilungsordnung und Verfahren der Zwangsversteigerung und Zwangsverwaltung für Kosten, die vor dem 1. Juli 2004 fällig geworden sind.

§ 73 Übergangsvorschrift für die Erhebung von Haftkosten. Bis zum Erlass landesrechtlicher Vorschriften über die Höhe des Haftkostenbeitrags, der von einem Gefangenen zu erheben ist, sind die Nummern 9010 und 9011 des Kostenverzeichnisses in der bis zum 27. Dezember 2010 geltenden Fassung anzuwenden.

Anlage 1
(zu § 3 Abs. 2)

Kostenverzeichnis

Gliederung

Teil 1. Zivilrechtliche Verfahren vor den ordentlichen Gerichten
Hauptabschnitt 1. Mahnverfahren
Hauptabschnitt 2. Prozessverfahren
Abschnitt 1. Erster Rechtszug
Unterabschnitt 1. Verfahren vor dem Amts- oder Landgericht
Unterabschnitt 2. Verfahren vor dem Oberlandesgericht
Unterabschnitt 3. Verfahren vor dem Bundesgerichtshof
Abschnitt 2. Berufung und bestimmte Beschwerden
Abschnitt 3. Revision, Rechtsbeschwerden nach § 74 GWB, § 86 EnWG, § 35 KSpG und § 24 VSchDG
Abschnitt 4. Zulassung der Sprungrevision, Beschwerde gegen die Nichtzulassung der Revision sowie der Rechtsbeschwerden nach § 74 GWB, § 86 EnWG, § 35 KSpG und § 24 VSchDG
Abschnitt 5. Rechtsmittelverfahren des gewerblichen Rechtsschutzes vor dem Bundesgerichtshof
Unterabschnitt 1. Berufungsverfahren
Unterabschnitt 2. Beschwerdeverfahren und Rechtsbeschwerdeverfahren
Hauptabschnitt 3. (weggefallen)
Hauptabschnitt 4. Arrest, Europäischer Beschluss zur vorläufigen Kontenpfändung und einstweilige Verfügung
Abschnitt 1. Erster Rechtszug
Abschnitt 2. Berufung
Abschnitt 3. Beschwerde
Hauptabschnitt 5. Vorbereitung der grenzüberschreitenden Zwangsvollstreckung
Abschnitt 1. Erster Rechtszug
Abschnitt 2. Rechtsmittelverfahren
Hauptabschnitt 6. Sonstige Verfahren
Abschnitt 1. Selbständiges Beweisverfahren
Abschnitt 2. Schiedsrichterliches Verfahren
Unterabschnitt 1. Erster Rechtszug
Unterabschnitt 2. Rechtsbeschwerde
Abschnitt 3. Besondere Verfahren nach dem Gesetz gegen Wettbewerbsbeschränkungen, dem Wertpapiererwerbs- und Übernahmegesetz und dem Wertpapierhandelsgesetz
Abschnitt 4. Besondere Verfahren nach dem Aktiengesetz und dem Umwandlungsgesetz
Unterabschnitt 1. Erster Rechtszug
Unterabschnitt 2. Beschwerde
Abschnitt 5. Sanierungs- und Reorganisationsverfahren nach dem Kreditinstitute-Reorganisationsgesetz
Hauptabschnitt 7. Rüge wegen Verletzung des Anspruchs auf rechtliches Gehör
Hauptabschnitt 8. Sonstige Beschwerden und Rechtsbeschwerden
Abschnitt 1. Sonstige Beschwerden
Abschnitt 2. Sonstige Rechtsbeschwerden
Hauptabschnitt 9. Besondere Gebühren
Teil 2. Zwangsvollstreckung nach der Zivilprozessordnung, Insolvenzverfahren und ähnliche Verfahren
Hauptabschnitt 1. Zwangsvollstreckung nach der Zivilprozessordnung
Abschnitt 1. Erster Rechtszug
Abschnitt 2. Beschwerden
Unterabschnitt 1. Beschwerde
Unterabschnitt 2. Rechtsbeschwerde
Hauptabschnitt 2. Verfahren nach dem Gesetz über die Zwangsversteigerung und die Zwangsverwaltung; Zwangsliquidation einer Bahneinheit
Abschnitt 1. Zwangsversteigerung
Abschnitt 2. Zwangsverwaltung
Abschnitt 3. Zwangsliquidation einer Bahneinheit

Abschnitt 4. Beschwerden
Unterabschnitt 1. Beschwerde
Unterabschnitt 2. Rechtsbeschwerde
Hauptabschnitt 3. Insolvenzverfahren
Abschnitt 1.. Eröffnungsverfahren
Abschnitt 2. Durchführung des Insolvenzverfahrens auf Antrag des Schuldners
Abschnitt 3. Durchführung des Insolvenzverfahrens auf Antrag eines Gläubigers
Abschnitt 4. Besonderer Prüfungstermin und schriftliches Prüfungsverfahren (§ 177 InsO)
Abschnitt 5. Restschuldbefreiung
Abschnitt 6. Besondere Verfahren nach der Verordnung (EU) 2015/848
Abschnitt 7. Koordinationsverfahren
Abschnitt 8. Beschwerden
Unterabschnitt 1. Beschwerde
Unterabschnitt 2. Rechtsbeschwerde
Hauptabschnitt 4. Schifffahrtsrechtliches Verteilungsverfahren
Abschnitt 1. Eröffnungsverfahren
Abschnitt 2. Verteilungsverfahren
Abschnitt 3. Besonderer Prüfungstermin und schriftliches Prüfungsverfahren (§ 18 Satz 3 SVertO, § 177 InsO)
Abschnitt 4. Beschwerde und Rechtsbeschwerde
Hauptabschnitt 5. Rüge wegen Verletzung des Anspruchs auf rechtliches Gehör

Teile 3 und 4. *(vom Abdruck wurde abgesehen)*

Teil 5. Verfahren vor den Gerichten der Verwaltungsgerichtsbarkeit
Hauptabschnitt 1. Prozessverfahren
Abschnitt 1. Erster Rechtszug
Unterabschnitt 1. Verwaltungsgericht
Unterabschnitt 2. Oberverwaltungsgericht (Verwaltungsgerichtshof)
Unterabschnitt 3. Bundesverwaltungsgericht
Abschnitt 2. Zulassung und Durchführung der Berufung
Abschnitt 3. Revision
Hauptabschnitt 2. Vorläufiger Rechtsschutz
Abschnitt 1. Verwaltungsgericht sowie Oberverwaltungsgericht (Verwaltungsgerichtshof) und Bundesverwaltungsgericht als Rechtsmittelgerichte in der Hauptsache
Abschnitt 2. Oberverwaltungsgericht (Verwaltungsgerichtshof)
Abschnitt 3. Bundesverwaltungsgericht
Abschnitt 4. Beschwerde
Hauptabschnitt 3. Besondere Verfahren
Hauptabschnitt 4. Rüge wegen Verletzung des Anspruchs auf rechtliches Gehör
Hauptabschnitt 5. Sonstige Beschwerden
Hauptabschnitt 6. Besondere Gebühren

Teil 6. Verfahren vor den Gerichten der Finanzgerichtsbarkeit
Hauptabschnitt 1. Prozessverfahren
Abschnitt 1. Erster Rechtszug
Unterabschnitt 1. Verfahren vor dem Finanzgericht
Unterabschnitt 2. Verfahren vor dem Bundesfinanzhof
Abschnitt 2. Revision
Hauptabschnitt 2. Vorläufiger Rechtsschutz
Abschnitt 1. Erster Rechtszug
Abschnitt 2. Beschwerde
Hauptabschnitt 3. Besondere Verfahren
Hauptabschnitt 4. Rüge wegen Verletzung des Anspruchs auf rechtliches Gehör
Hauptabschnitt 5. Sonstige Beschwerden
Hauptabschnitt 6. Besondere Gebühr

Teil 7. Verfahren vor den Gerichten der Sozialgerichtsbarkeit
Hauptabschnitt 1. Prozessverfahren
Abschnitt 1. Erster Rechtszug
Unterabschnitt 1. Verfahren vor dem Sozialgericht
Unterabschnitt 2. Verfahren vor dem Landessozialgericht
Unterabschnitt 3. Verfahren vor dem Bundessozialgericht
Abschnitt 2. Berufung

Abschnitt 3. Revision
Hauptabschnitt 2. Vorläufiger Rechtsschutz
Abschnitt 1. Erster Rechtszug
Abschnitt 2. Beschwerde
Hauptabschnitt 3. Beweissicherungsverfahren
Hauptabschnitt 4. Rüge wegen Verletzung des Anspruchs auf rechtliches Gehör
Hauptabschnitt 5. Sonstige Beschwerden
Hauptabschnitt 6. Besondere Gebühren

Teil 8. Verfahren vor den Gerichten der Arbeitsgerichtsbarkeit
Hauptabschnitt 1. Mahnverfahren
Hauptabschnitt 2. Urteilsverfahren
Abschnitt 1. Erster Rechtszug
Abschnitt 2. Berufung
Abschnitt 3. Revision
Hauptabschnitt 3. Arrest, Europäischer Beschluss zur vorläufigen Kontenpfändung und einstweilige Verfügung
Abschnitt 1. Erster Rechtszug
Abschnitt 2. Berufung
Abschnitt 3. Beschwerde
Hauptabschnitt 4. Besondere Verfahren
Hauptabschnitt 5. Rüge wegen Verletzung des Anspruchs auf rechtliches Gehör
Hauptabschnitt 6. Sonstige Beschwerden und Rechtsbeschwerden
Abschnitt 1. Sonstige Beschwerden
Abschnitt 2. Sonstige Rechtsbeschwerden
Hauptabschnitt 7. Besondere Gebühr

Teil 9. Auslagen

Teil 1. Zivilrechtliche Verfahren vor den ordentlichen Gerichten

Nr.	Gebührentatbestand	Gebühr oder Satz der Gebühr nach § 34 GKG
Vorbemerkung 1: Die Vorschriften dieses Teils gelten nicht für die in Teil 2 geregelten Verfahren.		
	Hauptabschnitt 1. Mahnverfahren	
1100	Verfahren über den Antrag auf Erlass eines Mahnbescheids oder eines Europäischen Zahlungsbefehls	0,5 – mindestens 32,00 €
	Hauptabschnitt 2. Prozessverfahren	
	Abschnitt 1. Erster Rechtszug	
Vorbemerkung 1.2.1: Die Gebühren dieses Abschnitts entstehen nicht im Musterverfahren nach dem KapMuG; das erstinstanzliche Musterverfahren gilt als Teil des ersten Rechtszugs des Prozessverfahrens.		
	Unterabschnitt 1. Verfahren vor dem Amts- oder Landgericht	
1210	Verfahren im Allgemeinen	3,0
	(1) Soweit wegen desselben Streitgegenstands ein Mahnverfahren vorausgegangen ist, entsteht die Gebühr mit dem Eingang der Akten bei dem Gericht, an das der Rechtsstreit nach Erhebung des Widerspruchs oder Einlegung des Einspruchs abgegeben wird; in diesem Fall wird eine Gebühr 1100 nach dem Wert des Streitgegenstands angerechnet, der in das Prozessverfahren übergegangen ist. Satz 1 gilt entsprechend, wenn wegen desselben Streitgegenstands ein Europäisches Mahnverfahren vorausgegangen ist. (2) Soweit der Kläger wegen desselben Streitgegenstands einen Anspruch zum Musterverfahren angemeldet hat (§ 10 Abs. 2 KapMuG), wird insoweit die Gebühr 1902 angerechnet.	
1211	Beendigung des gesamten Verfahrens durch 1. Zurücknahme der Klage a) vor dem Schluss der mündlichen Verhandlung, b) in den Fällen des § 128 Abs. 2 ZPO vor dem Zeitpunkt, der dem Schluss der mündlichen Verhandlung entspricht, c) im Verfahren nach § 495a ZPO, in dem eine mündliche Verhandlung nicht stattfindet, vor Ablauf des Tages, an dem eine Ladung zum Termin zur Verkündung des Urteils zugestellt oder das schriftliche Urteil der Geschäftsstelle übermittelt wird, d) im Fall des § 331 Abs. 3 ZPO vor Ablauf des Tages, an dem das Urteil der Geschäftsstelle übermittelt wird oder e) im europäischen Verfahren für geringfügige Forderungen, in dem eine mündliche Verhandlung nicht stattfindet, vor Ablauf des Tages, an dem das schriftliche Urteil der Geschäftsstelle übermittelt wird,	

Nr.	Gebührentatbestand	Gebühr oder Satz der Gebühr nach § 34 GKG
	wenn keine Entscheidung nach § 269 Abs. 3 Satz 3 ZPO über die Kosten ergeht oder die Entscheidung einer zuvor mitgeteilten Einigung der Parteien über die Kostentragung oder der Kostenübernahmeerklärung einer Partei folgt, 2. Anerkenntnisurteil, Verzichtsurteil oder Urteil, das nach § 313a Abs. 2 ZPO keinen Tatbestand und keine Entscheidungsgründe enthält, oder nur deshalb Tatbestand und die Entscheidungsgründe enthält, weil zu erwarten ist, dass das Urteil im Ausland geltend gemacht wird (§ 313a Abs. 4 Nr. 5 ZPO), 3. gerichtlichen Vergleich oder Beschluss nach § 23 Absatz 3 KapMuG oder 4. Erledigungserklärungen nach § 91a ZPO, wenn keine Entscheidung über die Kosten ergeht oder die Entscheidung einer zuvor mitgeteilten Einigung der Parteien über die Kostentragung oder der Kostenübernahmeerklärung einer Partei folgt, es sei denn, dass bereits ein anderes als eines der in Nummer 2 genannten Urteile, eine Entscheidung über einen Antrag auf Erlass einer Sicherungsanordnung oder ein Musterentscheid nach dem KapMuG vorausgegangen ist: Die Gebühr 1210 ermäßigt sich auf .... Die Zurücknahme des Antrags auf Durchführung des streitigen Verfahrens, des Widerspruchs gegen den Mahnbescheid oder des Einspruchs gegen den Vollstreckungsbescheid stehen der Zurücknahme der Klage gleich. Die Vervollständigung eines ohne Tatbestand und Entscheidungsgründe hergestellten Urteils (§ 313a Abs. 5 ZPO) steht der Ermäßigung nicht entgegen. Die Gebühr ermäßigt sich auch, wenn mehrere Ermäßigungstatbestände erfüllt sind.	1,0
	Unterabschnitt 2. Verfahren vor dem Oberlandesgericht	
1212	Verfahren im Allgemeinen	4,0
1213	Beendigung des gesamten Verfahrens durch 1. Zurücknahme der Klage a) vor dem Schluss der mündlichen Verhandlung, b) in den Fällen des § 128 Absatz 2 ZPO vor dem Zeitpunkt, der dem Schluss der mündlichen Verhandlung entspricht, oder c) im Fall des § 331 Absatz 3 ZPO vor Ablauf des Tages, an dem das Urteil der Geschäftsstelle übermittelt wird, wenn keine Entscheidung nach § 269 Absatz 3 Satz 3 ZPO über die Kosten ergeht oder die Entscheidung einer zuvor mitgeteilten Einigung der Parteien über	

Nr.	Gebührentatbestand	Gebühr oder Satz der Gebühr nach § 34 GKG
	die Kostentragung oder der Kostenübernahmeerklärung einer Partei folgt, 2. Anerkenntnisurteil, Verzichtsurteil oder Urteil, das nach § 313a Absatz 2 ZPO keinen Tatbestand und keine Entscheidungsgründe enthält, 3. gerichtlichen Vergleich oder 4. Erledigungserklärungen nach § 91a ZPO, wenn keine Entscheidung über die Kosten ergeht oder die Entscheidung einer zuvor mitgeteilten Einigung der Parteien über die Kostentragung oder der Kostenübernahmeerklärung einer Partei folgt, es sei denn, dass bereits ein anderes als eines der in Nummer 2 genannten Urteile vorausgegangen ist: Die Gebühr 1212 ermäßigt sich auf	2,0
	Die Gebühr ermäßigt sich auch, wenn mehrere Ermäßigungstatbestände erfüllt sind.	
	Unterabschnitt 3. Verfahren vor dem Bundesgerichtshof	
1214	Verfahren im Allgemeinen	5,0
1215	Beendigung des gesamten Verfahrens durch 1. Zurücknahme der Klage a) vor dem Schluss der mündlichen Verhandlung, b) in den Fällen des § 128 Absatz 2 ZPO vor dem Zeitpunkt, der dem Schluss der mündlichen Verhandlung entspricht, oder c) im Fall des § 331 Absatz 3 ZPO vor Ablauf des Tages, an dem das Urteil der Geschäftsstelle übermittelt wird, wenn keine Entscheidung nach § 269 Absatz 3 Satz 3 ZPO über die Kosten ergeht oder die Entscheidung einer zuvor mitgeteilten Einigung der Parteien über die Kostentragung oder der Kostenübernahmeerklärung einer Partei folgt, 2. Anerkenntnisurteil, Verzichtsurteil oder Urteil, das nach § 313a Absatz 2 ZPO keinen Tatbestand und keine Entscheidungsgründe enthält, 3. gerichtlichen Vergleich oder 4. Erledigungserklärungen nach § 91a ZPO, wenn keine Entscheidung über die Kosten ergeht oder die Entscheidung einer zuvor mitgeteilten Einigung der Parteien über die Kostentragung oder der Kostenübernahmeerklärung einer Partei folgt, es sei denn, dass bereits ein anderes als eines der in Nummer 2 genannten Urteile vorausgegangen ist: Die Gebühr 1214 ermäßigt sich auf	3,0

Nr.	Gebührentatbestand	Gebühr oder Satz der Gebühr nach § 34 GKG
	Die Gebühr ermäßigt sich auch, wenn mehrere Ermäßigungstatbestände erfüllt sind.	

Abschnitt 2. Berufung und bestimmte Beschwerden

Vorbemerkung 1.2.2:

Dieser Abschnitt ist auf Beschwerdeverfahren nach

1. den §§ 63 und 171 GWB,
2. § 48 WpÜG,
3. § 37u Absatz 1 WpHG,
4. § 75 EnWG,
5. § 13 VSchDG,
6. § 35 KSpG und

[Nr. 7 ab unbestimmtem Inkrafttreten:]

7.[1] *§ 11 WRegG*

anzuwenden.

Nr.	Gebührentatbestand	Gebühr oder Satz der Gebühr nach § 34 GKG
1220	Verfahren im Allgemeinen	4,0
1221	Beendigung des gesamten Verfahrens durch Zurücknahme des Rechtsmittels, der Klage oder des Antrags, bevor die Schrift zur Begründung des Rechtsmittels bei Gericht eingegangen ist: Die Gebühr 1220 ermäßigt sich auf Erledigungserklärungen nach § 91a ZPO stehen der Zurücknahme gleich, wenn keine Entscheidung über die Kosten ergeht oder die Entscheidung einer zuvor mitgeteilten Einigung der Parteien über die Kostentragung oder der Kostenübernahmeerklärung einer Partei folgt.	1,0
1222	Beendigung des gesamten Verfahrens, wenn nicht Nummer 1221 anzuwenden ist, durch 1. Zurücknahme des Rechtsmittels, der Klage oder des Antrags a) vor dem Schluss der mündlichen Verhandlung, b) in den Fällen des § 128 Abs. 2 ZPO vor dem Zeitpunkt, der dem Schluss der mündlichen Verhandlung entspricht, 2. Anerkenntnisurteil, Verzichtsurteil oder Urteil, das nach § 313a Abs. 2 ZPO keinen Tatbestand und keine Entscheidungsgründe enthält, 3. gerichtlichen Vergleich oder 4. Erledigungserklärungen nach § 91a ZPO, wenn keine Entscheidung über die Kosten ergeht oder die Entscheidung einer zuvor mitgeteilten Einigung der Parteien über die Kostentragung oder der Kostenübernahmeerklärung einer Partei folgt, es sei denn, dass bereits ein anderes als eines der in Nummer 2 genannten Urteile, eine Entscheidung über	

[1] Die Änderung durch G v. 18.7.2017 (BGBl. I S. 2739) tritt an dem Tag in Kraft, an dem die Rechtsverordnung nach § 10 des Wettbewerbsregistergesetzes in Kraft tritt.

Nr.	Gebührentatbestand	Gebühr oder Satz der Gebühr nach § 34 GKG
	einen Antrag auf Erlass einer Sicherungsanordnung oder ein Beschluss in der Hauptsache vorausgegangen ist: Die Gebühr 1220 ermäßigt sich auf	2,0
	Die Gebühr ermäßigt sich auch, wenn mehrere Ermäßigungstatbestände erfüllt sind.	
1223	Beendigung des gesamten Verfahrens durch ein Urteil, das wegen eines Verzichts der Parteien nach § 313a Abs. 1 Satz 2 ZPO keine schriftliche Begründung enthält, wenn nicht bereits ein anderes als eines der in Nummer 1222 Nr. 2 genannten Urteile, eine Entscheidung über einen Antrag auf Erlass einer Sicherungsanordnung oder ein Beschluss in der Hauptsache vorausgegangen ist: Die Gebühr 1220 ermäßigt sich auf	3,0
	Die Gebühr ermäßigt sich auch, wenn daneben Ermäßigungstatbestände nach Nummer 1222 erfüllt sind.	
	Abschnitt 3. Revision, Rechtsbeschwerden nach § 74 GWB, § 86 EnWG, § 35 KSpG und § 24 VSchDG	
1230	Verfahren im Allgemeinen	5,0
1231	Beendigung des gesamten Verfahrens durch Zurücknahme des Rechtsmittels, der Klage oder des Antrags, bevor die Schrift zur Begründung des Rechtsmittels bei Gericht eingegangen ist: Die Gebühr 1230 ermäßigt sich auf	1,0
	Erledigungserklärungen nach § 91a ZPO stehen der Zurücknahme gleich, wenn keine Entscheidung über die Kosten ergeht oder die Entscheidung einer zuvor mitgeteilten Einigung der Parteien über die Kostentragung oder der Kostenübernahmeerklärung einer Partei folgt.	
1232	Beendigung des gesamten Verfahrens, wenn nicht Nummer 1231 anzuwenden ist, durch 1. Zurücknahme des Rechtsmittels, der Klage oder des Antrags a) vor dem Schluss der mündlichen Verhandlung, b) in den Fällen des § 128 Abs. 2 ZPO vor dem Zeitpunkt, der dem Schluss der mündlichen Verhandlung entspricht, 2. Anerkenntnis- oder Verzichtsurteil, 3. gerichtlichen Vergleich oder 4. Erledigungserklärungen nach § 91a ZPO, wenn keine Entscheidung über die Kosten ergeht oder die Entscheidung einer zuvor mitgeteilten Einigung der Parteien über die Kostentragung oder der Kostenübernahmeerklärung einer Partei folgt, es sei denn, dass bereits ein anderes als eines der in Nummer 2 genannten Urteile, eine Entscheidung über	

Nr.	Gebührentatbestand	Gebühr oder Satz der Gebühr nach § 34 GKG
	einen Antrag auf Erlass einer Sicherungsanordnung oder ein Beschluss in der Hauptsache vorausgegangen ist:	
	Die Gebühr 1230 ermäßigt sich auf	3,0
	Die Gebühr ermäßigt sich auch, wenn mehrere Ermäßigungstatbestände erfüllt sind.	

Abschnitt 4. Zulassung der Sprungrevision, Beschwerde gegen die Nichtzulassung der Revision sowie der Rechtsbeschwerden nach § 74 GWB, § 86 EnWG, § 35 KSpG und § 24 VSchDG

1240	Verfahren über die Zulassung der Sprungrevision:	
	Soweit der Antrag abgelehnt wird	1,5
1241	Verfahren über die Zulassung der Sprungrevision:	
	Soweit der Antrag zurückgenommen oder das Verfahren durch anderweitige Erledigung beendet wird	1,0
	Die Gebühr entsteht nicht, soweit die Sprungrevision zugelassen wird.	
1242	Verfahren über die Beschwerde gegen die Nichtzulassung des Rechtsmittels:	
	Soweit die Beschwerde verworfen oder zurückgewiesen wird	2,0
1243	Verfahren über die Beschwerde gegen die Nichtzulassung des Rechtsmittels:	
	Soweit die Beschwerde zurückgenommen oder das Verfahren durch anderweitige Erledigung beendet wird	1,0
	Die Gebühr entsteht nicht, soweit der Beschwerde stattgegeben wird.	

Abschnitt 5. Rechtsmittelverfahren des gewerblichen Rechtsschutzes vor dem Bundesgerichtshof

Unterabschnitt 1. Berufungsverfahren

1250	Verfahren im Allgemeinen	6,0
1251	Beendigung des gesamten Verfahrens durch Zurücknahme der Berufung oder der Klage, bevor die Schrift zur Begründung der Berufung bei Gericht eingegangen ist:	
	Die Gebühr 1250 ermäßigt sich auf	1,0
	Erledigungserklärungen nach § 91a ZPO i.V.m. § 121 Abs. 2 Satz 2 PatG, § 20 GebrMG stehen der Zurücknahme gleich, wenn keine Entscheidung über die Kosten ergeht oder die Entscheidung einer zuvor mitgeteilten Einigung der Parteien über die Kostentragung oder der Kostenübernahmeerklärung einer Partei folgt.	
1252	Beendigung des gesamten Verfahrens, wenn nicht Nummer 1251 anzuwenden ist, durch 1. Zurücknahme der Berufung oder der Klage vor dem Schluss der mündlichen Verhandlung, 2. Anerkenntnis- oder Verzichtsurteil, 3. gerichtlichen Vergleich oder	

Nr.	Gebührentatbestand	Gebühr oder Satz der Gebühr nach § 34 GKG
	4. Erledigungserklärungen nach § 91a ZPO i.V.m. § 121 Abs. 2 Satz 2 PatG, § 20 GebrMG, wenn keine Entscheidung über die Kosten ergeht oder die Entscheidung einer zuvor mitgeteilten Einigung der Parteien über die Kostentragung oder der Kostenübernahmeerklärung einer Partei folgt, es sei denn, dass bereits ein anderes als eines der in Nummer 2 genannten Urteile vorausgegangen ist: Die Gebühr 1250 ermäßigt sich auf	3,0
	Die Gebühr ermäßigt sich auch, wenn mehrere Ermäßigungstatbestände erfüllt sind.	
	Unterabschnitt 2. Beschwerdeverfahren und Rechtsbeschwerdeverfahren	
1253	Verfahren über die Beschwerde nach § 122 PatG oder § 20 GebrMG i.V.m. § 122 PatG gegen ein Urteil über den Erlass einer einstweiligen Verfügung in Zwangslizenzsachen	2,0
1254	Beendigung des gesamten Verfahrens durch Zurücknahme der Beschwerde, bevor die Schrift zur Begründung der Beschwerde bei Gericht eingegangen ist: Die Gebühr 1253 ermäßigt sich auf	1,0
	Erledigungserklärungen nach § 91a ZPO i.V.m. § 121 Abs. 2 Satz 2 PatG, § 20 GebrMG stehen der Zurücknahme gleich, wenn keine Entscheidung über die Kosten ergeht oder die Entscheidung einer zuvor mitgeteilten Einigung der Parteien über die Kostentragung oder der Kostenübernahmeerklärung einer Partei folgt.	
1255	Verfahren über die Rechtsbeschwerde	750,00 €
1256	Beendigung des gesamten Verfahrens durch Zurücknahme der Rechtsbeschwerde, bevor die Schrift zur Begründung der Rechtsbeschwerde bei Gericht eingegangen ist: Die Gebühr 1255 ermäßigt sich auf	100,00 €
	Erledigungserklärungen in entsprechender Anwendung des § 91a ZPO stehen der Zurücknahme gleich, wenn keine Entscheidung über die Kosten ergeht oder die Entscheidung einer zuvor mitgeteilten Einigung der Parteien über die Kostentragung oder der Kostenübernahmeerklärung einer Partei folgt.	

Hauptabschnitt 3. (weggefallen)

Hauptabschnitt 4. Arrest, Europäischer Beschluss zur vorläufigen Kontenpfändung und einstweilige Verfügung

Vorbemerkung 1.4:

(1) Im Verfahren zur Erwirkung eines Europäischen Beschlusses zur vorläufigen Kontenpfändung werden Gebühren nach diesem Hauptabschnitt nur im Fall des Artikels 5 Buchstabe a der Verordnung (EU) Nr. 655/2014 erhoben. In den Fällen des Artikels 5 Buchstabe b der Verordnung (EU) Nr. 655/2014 bestimmen sich die Gebühren nach Teil 2 Hauptabschnitt 1.

Nr.	Gebührentatbestand	Gebühr oder Satz der Gebühr nach § 34 GKG
(2) Im Verfahren auf Anordnung eines Arrests oder auf Erlass einer einstweiligen Verfügung sowie im Verfahren über die Aufhebung oder die Abänderung (§ 926 Abs. 2, §§ 927, 936 ZPO) werden die Gebühren jeweils gesondert erhoben. Im Fall des § 942 ZPO gilt das Verfahren vor dem Amtsgericht und dem Gericht der Hauptsache als ein Rechtsstreit. (3) Im Verfahren zur Erwirkung eines Europäischen Beschlusses zur vorläufigen Kontenpfändung sowie im Verfahren über den Widerruf oder die Abänderung werden die Gebühren jeweils gesondert erhoben.		
	Abschnitt 1. Erster Rechtszug	
1410	Verfahren im Allgemeinen	1,5
1411	Beendigung des gesamten Verfahrens durch 1. Zurücknahme des Antrags a) vor dem Schluss der mündlichen Verhandlung oder b) wenn eine mündliche Verhandlung nicht stattfindet, vor Ablauf des Tages, an dem der Beschluss der Geschäftsstelle übermittelt wird, 2. Anerkenntnisurteil, Verzichtsurteil oder Urteil, das nach § 313a Abs. 2 ZPO keinen Tatbestand und keine Entscheidungsgründe enthält, 3. gerichtlichen Vergleich oder 4. Erledigungserklärungen nach § 91a ZPO, wenn keine Entscheidung über die Kosten ergeht oder die Entscheidung einer zuvor mitgeteilten Einigung der Parteien über die Kostentragung oder der Kostenübernahmeerklärung einer Partei folgt, es sei denn, dass bereits ein Beschluss nach § 922 Abs. 1, auch i.V.m. § 936 ZPO, oder ein anderes als eines der in Nummer 2 genannten Urteile vorausgegangen ist: Die Gebühr 1410 ermäßigt sich auf	1,0
	Die Vervollständigung eines ohne Tatbestand und Entscheidungsgründe hergestellten Urteils (§ 313a Abs. 5 ZPO) steht der Ermäßigung nicht entgegen. Die Gebühr ermäßigt sich auch, wenn mehrere Ermäßigungstatbestände erfüllt sind.	
1412	Es wird durch Urteil entschieden oder es ergeht ein Beschluss nach § 91a oder § 269 Abs. 3 Satz 3 ZPO, wenn nicht Nummer 1411 erfüllt ist: Die Gebühr 1410 erhöht sich nach dem Wert des Streitgegenstands, auf den sich die Entscheidung bezieht, auf .	3,0
	Abschnitt 2. Berufung	
1420	Verfahren im Allgemeinen	4,0
1421	Beendigung des gesamten Verfahrens durch Zurücknahme der Berufung, des Antrags oder des Widerspruchs, bevor die Schrift zur Begründung der Berufung bei Gericht eingegangen ist: Die Gebühr 1420 ermäßigt sich auf	1,0
	Erledigungserklärungen nach § 91a ZPO stehen der Zurücknahme gleich, wenn keine Entscheidung über die Kosten ergeht oder die Ent-	

Nr.	Gebührentatbestand	Gebühr oder Satz der Gebühr nach § 34 GKG
	scheidung einer zuvor mitgeteilten Einigung der Parteien über die Kostentragung oder der Kostenübernahmeerklärung einer Partei folgt.	
1422	Beendigung des gesamten Verfahrens, wenn nicht Nummer 1421 erfüllt ist, durch 1. Zurücknahme der Berufung oder des Antrags a) vor dem Schluss der mündlichen Verhandlung, b) in den Fällen des § 128 Abs. 2 ZPO vor dem Zeitpunkt, der dem Schluss der mündlichen Verhandlung entspricht, 2. Anerkenntnis- oder Verzichtsurteil, 3. gerichtlichen Vergleich oder 4. Erledigungserklärungen nach § 91a ZPO, wenn keine Entscheidung über die Kosten ergeht oder die Entscheidung einer zuvor mitgeteilten Einigung der Parteien über die Kostentragung oder der Kostenübernahmeerklärung einer Partei folgt, es sei denn, dass bereits ein anderes als eines der in Nummer 2 genannten Urteile vorausgegangen ist: Die Gebühr 1420 ermäßigt sich auf	2,0
	Die Gebühr ermäßigt sich auch, wenn mehrere Ermäßigungstatbestände erfüllt sind.	
1423	Beendigung des gesamten Verfahrens durch ein Urteil, das wegen eines Verzichts der Parteien nach § 313a Abs. 1 Satz 2 ZPO keine schriftliche Begründung enthält, wenn nicht bereits ein anderes als eines der in Nummer 1422 Nr. 2 genannten Urteile mit schriftlicher Begründung oder ein Versäumnisurteil vorausgegangen ist: Die Gebühr 1420 ermäßigt sich auf	3,0
	Die Gebühr ermäßigt sich auch, wenn daneben Ermäßigungstatbestände nach Nummer 1422 erfüllt sind.	
	Abschnitt 3. Beschwerde	
1430	Verfahren über die Beschwerde 1. gegen die Zurückweisung eines Antrags auf Anordnung eines Arrests oder eines Antrags auf Erlass einer einstweiligen Verfügung oder 2. in Verfahren nach der Verordnung (EU) Nr. 655/2014	1,5
1431	Beendigung des gesamten Verfahrens durch Zurücknahme der Beschwerde: Die Gebühr 1430 ermäßigt sich auf	1,0

Nr.	Gebührentatbestand	Gebühr oder Satz der Gebühr nach § 34 GKG
Hauptabschnitt 5. Vorbereitung der grenzüberschreitenden Zwangsvollstreckung		
Vorbemerkung 1.5: Die Vollstreckbarerklärung eines ausländischen Schiedsspruchs oder deren Aufhebung bestimmt sich nach Nummer 1620.		
Abschnitt 1. Erster Rechtszug		
1510	Verfahren über Anträge auf 1. Vollstreckbarerklärung ausländischer Titel, 2. Feststellung, ob die ausländische Entscheidung anzuerkennen ist, 3. Erteilung der Vollstreckungsklausel zu ausländischen Titeln, 4. Aufhebung oder Abänderung von Entscheidungen in den in den Nummern 1 bis 3 genannten Verfahren und 5. Versagung der Anerkennung oder der Vollstreckung (§ 1115 ZPO) oder über die Klage auf Erlass eines Vollstreckungsurteils	240,00 €
1511	Beendigung des gesamten Verfahrens durch Zurücknahme der Klage oder des Antrags vor dem Schluss der mündlichen Verhandlung oder, wenn eine mündliche Verhandlung nicht stattfindet, vor Ablauf des Tages, an dem die Entscheidung der Geschäftsstelle übermittelt wird: Die Gebühr 1510 ermäßigt sich auf .... Erledigungserklärungen nach § 91a ZPO stehen der Zurücknahme gleich, wenn keine Entscheidung über die Kosten ergeht oder die Entscheidung einer zuvor mitgeteilten Einigung der Parteien über die Kostentragung oder der Kostenübernahmeerklärung einer Partei folgt.	90,00 €
1512	Verfahren über Anträge auf Ausstellung einer Bescheinigung nach § 57 AVAG oder § 27 IntErbRVG	15,00 €
1513	Verfahren über Anträge auf Ausstellung einer Bestätigung nach § 1079 ZPO oder über Anträge auf Ausstellung einer Bescheinigung nach § 1110 ZPO oder nach § 58 AVAG	20,00 €
1514	Verfahren nach § 3 Abs. 2 des Gesetzes zur Ausführung des Vertrages zwischen der Bundesrepublik Deutschland und der Republik Österreich vom 6. Juni 1959 über die gegenseitige Anerkennung und Vollstreckung von gerichtlichen Entscheidungen, Vergleichen und öffentlichen Urkunden in Zivil- und Handelssachen in der im Bundesgesetzblatt Teil III, Gliederungsnummer 319-12, veröffentlichten bereinigten Fassung, das zuletzt durch Artikel 23 des Gesetzes vom 27. Juli 2001 (BGBl. I S. 1887) geändert worden ist	60,00 €

Nr.	Gebührentatbestand	Gebühr oder Satz der Gebühr nach § 34 GKG
	Abschnitt 2. Rechtsmittelverfahren	
1520	Verfahren über Rechtsmittel in den in den Nummern 1510 und 1514 genannten Verfahren	360,00 €
1521	Beendigung des gesamten Verfahrens durch Zurücknahme des Rechtsmittels, der Klage oder des Antrags, bevor die Schrift zur Begründung des Rechtsmittels bei Gericht eingegangen ist: Die Gebühr 1520 ermäßigt sich auf	90,00 €
1522	Beendigung des gesamten Verfahrens durch Zurücknahme des Rechtsmittels, der Klage oder des Antrags vor dem Schluss der mündlichen Verhandlung oder, wenn eine mündliche Verhandlung nicht stattfindet, vor Ablauf des Tages, an dem die Entscheidung der Geschäftsstelle übermittelt wird, wenn nicht Nummer 1521 erfüllt ist: Die Gebühr 1520 ermäßigt sich auf	180,00 €
	Erledigungserklärungen nach § 91a ZPO stehen der Zurücknahme gleich, wenn keine Entscheidung über die Kosten ergeht oder die Entscheidung einer zuvor mitgeteilten Einigung der Parteien über die Kostentragung oder der Kostenübernahmeerklärung einer Partei folgt.	
1523	Verfahren über Rechtsmittel in 1. den in den Nummern 1512 und 1513 genannten Verfahren und 2. Verfahren über die Berichtigung oder den Widerruf einer Bestätigung nach § 1079 ZPO:	
	Das Rechtsmittel wird verworfen oder zurückgewiesen .	60,00 €
	Hauptabschnitt 6. Sonstige Verfahren	
	Abschnitt 1. Selbständiges Beweisverfahren	
1610	Verfahren im Allgemeinen	1,0
	Abschnitt 2. Schiedsrichterliches Verfahren	
	Unterabschnitt 1. Erster Rechtszug	
1620	Verfahren über die Aufhebung oder die Vollstreckbarerklärung eines Schiedsspruchs oder über die Aufhebung der Vollstreckbarerklärung	2,0
	Die Gebühr ist auch im Verfahren über die Vollstreckbarerklärung eines ausländischen Schiedsspruchs oder deren Aufhebung zu erheben.	
1621	Verfahren über den Antrag auf Feststellung der Zulässigkeit oder Unzulässigkeit des schiedsrichterlichen Verfahrens	2,0
1622	Verfahren bei Rüge der Unzuständigkeit des Schiedsgerichts	2,0
1623	Verfahren bei der Bestellung eines Schiedsrichters oder Ersatzschiedsrichters	0,5

Nr.	Gebührentatbestand	Gebühr oder Satz der Gebühr nach § 34 GKG
1624	Verfahren über die Ablehnung eines Schiedsrichters oder über die Beendigung des Schiedsrichteramts	0,5
1625	Verfahren zur Unterstützung bei der Beweisaufnahme oder zur Vornahme sonstiger richterlicher Handlungen .	0,5
1626	Verfahren über die Zulassung der Vollziehung einer vorläufigen oder sichernden Maßnahme oder über die Aufhebung oder Änderung einer Entscheidung über die Zulassung der Vollziehung	2,0
	Im Verfahren über die Zulassung der Vollziehung und in dem Verfahren über die Aufhebung oder Änderung einer Entscheidung über die Zulassung der Vollziehung werden die Gebühren jeweils gesondert erhoben.	
1627	Beendigung des gesamten Verfahrens durch Zurücknahme des Antrags:	
	Die Gebühren 1620 bis 1622 und 1626 ermäßigen sich auf	1,0

Unterabschnitt 2. Rechtsbeschwerde

Nr.	Gebührentatbestand	Gebühr oder Satz der Gebühr nach § 34 GKG
1628	Verfahren über die Rechtsbeschwerde in den in den Nummern 1620 bis 1622 und 1626 genannten Verfahren	3,0
1629	Beendigung des gesamten Verfahrens durch Zurücknahme der Rechtsbeschwerde oder des Antrags:	
	Die Gebühr 1628 ermäßigt sich auf	1,0

Abschnitt 3. Besondere Verfahren nach dem Gesetz gegen Wettbewerbsbeschränkungen, dem Wertpapiererwerbs- und Übernahmegesetz und dem Wertpapierhandelsgesetz

Nr.	Gebührentatbestand	Gebühr oder Satz der Gebühr nach § 34 GKG
1630	Verfahren über einen Antrag nach § 169 Absatz 2 Satz 5 und 6, Absatz 4 Satz 2, § 173 Absatz 1 Satz 3 oder nach § 176 GWB	3,0
1631	Beendigung des gesamten Verfahrens durch Zurücknahme des Antrags:	
	Die Gebühr 1630 ermäßigt sich auf	1,0
1632	Verfahren über den Antrag nach § 50 Absatz 3 bis 5 WpÜG, auch i.V.m. § 37u Absatz 2 WpHG	0,5
	Mehrere Verfahren gelten innerhalb eines Rechtszugs als ein Verfahren.	

Abschnitt 4. Besondere Verfahren nach dem Aktiengesetz und dem Umwandlungsgesetz

Unterabschnitt 1. Erster Rechtszug

Nr.	Gebührentatbestand	Gebühr oder Satz der Gebühr nach § 34 GKG
1640	Verfahren nach § 148 Abs. 1 und 2 des Aktiengesetzes ..	1,0
1641	Verfahren nach den §§ 246a, 319 Abs. 6 des Aktiengesetzes, auch i.V.m. § 327e Abs. 2 des Aktiengesetzes oder § 16 Absatz 3 UmwG	1,5
1642	Beendigung des gesamten Verfahrens ohne Entscheidung:	

Nr.	Gebührentatbestand	Gebühr oder Satz der Gebühr nach § 34 GKG
	Die Gebühren 1640 und 1641 ermäßigen sich auf..........	0,5
	(1) Die Gebühr ermäßigt sich auch im Fall der Zurücknahme des Antrags vor Ablauf des Tages, an dem die Entscheidung der Geschäftsstelle übermittelt wird.	
	(2) Eine Entscheidung über die Kosten steht der Ermäßigung nicht entgegen, wenn die Entscheidung einer zuvor mitgeteilten Einigung der Parteien über die Kostentragung oder der Kostenübernahmeerklärung einer Partei folgt.	
	Unterabschnitt 2. Beschwerde	
1643	Verfahren über die Beschwerde in den in Nummer 1640 genannten Verfahren	1,0
1644	Beendigung des Verfahrens ohne Entscheidung:	
	Die Gebühr 1643 ermäßigt sich auf	0,5
	(1) Die Gebühr ermäßigt sich auch im Fall der Zurücknahme der Beschwerde vor Ablauf des Tages, an dem die Entscheidung der Geschäftsstelle übermittelt wird.	
	(2) Eine Entscheidung über die Kosten steht der Ermäßigung nicht entgegen, wenn die Entscheidung einer zuvor mitgeteilten Einigung der Parteien über die Kostentragung oder der Kostenübernahmeerklärung einer Partei folgt.	
	Abschnitt 5. Sanierungs- und Reorganisationsverfahren nach dem Kreditinstitute-Reorganisationsgesetz	
1650	Sanierungsverfahren	0,5
1651	Die Durchführung des Sanierungsverfahrens wird nicht angeordnet:	
	Die Gebühr 1650 beträgt	0,2
1652	Reorganisationsverfahren	1,0
1653	Die Durchführung des Reorganisationsverfahrens wird nicht angeordnet:	
	Die Gebühr 1652 beträgt	0,2
	Hauptabschnitt 7. Rüge wegen Verletzung des Anspruchs auf rechtliches Gehör	
1700	Verfahren über die Rüge wegen Verletzung des Anspruchs auf rechtliches Gehör (§ 321a ZPO, auch i.V.m. § 122a PatG oder § 89a MarkenG; § 71a GWB):	
	Die Rüge wird in vollem Umfang verworfen oder zurückgewiesen	60,00 €
	Hauptabschnitt 8. Sonstige Beschwerden und Rechtsbeschwerden	
	Abschnitt 1. Sonstige Beschwerden	
1810	Verfahren über Beschwerden nach § 71 Abs. 2, § 91a Abs. 2, § 99 Abs. 2, § 269 Abs. 5 oder § 494a Absatz 2 Satz 2 ZPO	90,00 €

Nr.	Gebührentatbestand	Gebühr oder Satz der Gebühr nach § 34 GKG
1811	Beendigung des Verfahrens ohne Entscheidung: Die Gebühr 1810 ermäßigt sich auf	60,00 €
	(1) Die Gebühr ermäßigt sich auch im Fall der Zurücknahme der Beschwerde vor Ablauf des Tages, an dem die Entscheidung der Geschäftsstelle übermittelt wird. (2) Eine Entscheidung über die Kosten steht der Ermäßigung nicht entgegen, wenn die Entscheidung einer zuvor mitgeteilten Einigung der Parteien über die Kostentragung oder der Kostenübernahmeerklärung einer Partei folgt.	
1812	Verfahren über nicht besonders aufgeführte Beschwerden, die nicht nach anderen Vorschriften gebührenfrei sind: Die Beschwerde wird verworfen oder zurückgewiesen ..	60,00 €
	Wird die Beschwerde nur teilweise verworfen oder zurückgewiesen, kann das Gericht die Gebühr nach billigem Ermessen auf die Hälfte ermäßigen oder bestimmen, dass eine Gebühr nicht zu erheben ist.	
	Abschnitt 2. Sonstige Rechtsbeschwerden	
1820	Verfahren über Rechtsbeschwerden gegen den Beschluss, durch den die Berufung als unzulässig verworfen wurde (§ 522 Abs. 1 Satz 2 und 3 ZPO)	2,0
1821	Verfahren über Rechtsbeschwerden nach § 20 KapMuG	5,0
1822	Beendigung des gesamten Verfahrens durch Zurücknahme der Rechtsbeschwerde, bevor die Schrift zur Begründung der Rechtsbeschwerde bei Gericht eingegangen ist: Die Gebühren 1820 und 1821 ermäßigen sich auf	1,0
	Erledigungserklärungen nach § 91a ZPO stehen der Zurücknahme gleich, wenn keine Entscheidung über die Kosten ergeht oder die Entscheidung einer zuvor mitgeteilten Einigung der Parteien über die Kostentragung oder der Kostenübernahmeerklärung einer Partei folgt.	
1823	Verfahren über Rechtsbeschwerden in den Fällen des § 71 Abs. 1, § 91a Abs. 1, § 99 Abs. 2, § 269 Abs. 4, § 494a Absatz 2 Satz 2 oder § 516 Abs. 3 ZPO	180,00 €
1824	Beendigung des gesamten Verfahrens durch Zurücknahme der Rechtsbeschwerde, des Antrags oder der Klage, bevor die Schrift zur Begründung der Rechtsbeschwerde bei Gericht eingegangen ist: Die Gebühr 1823 ermäßigt sich auf	60,00 €
1825	Beendigung des gesamten Verfahrens durch Zurücknahme der Rechtsbeschwerde, des Antrags oder der Klage vor Ablauf des Tages, an dem die Entscheidung der Geschäftsstelle übermittelt wird, wenn nicht Nummer 1824 erfüllt ist: Die Gebühr 1823 ermäßigt sich auf	90,00 €

Nr.	Gebührentatbestand	Gebühr oder Satz der Gebühr nach § 34 GKG
1826	Verfahren über nicht besonders aufgeführte Rechtsbeschwerden, die nicht nach anderen Vorschriften gebührenfrei sind: Die Rechtsbeschwerde wird verworfen oder zurückgewiesen .... Wird die Rechtsbeschwerde nur teilweise verworfen oder zurückgewiesen, kann das Gericht die Gebühr nach billigem Ermessen auf die Hälfte ermäßigen oder bestimmen, dass eine Gebühr nicht zu erheben ist.	120,00 €
1827	Verfahren über die in Nummer 1826 genannten Rechtsbeschwerden: Beendigung des gesamten Verfahrens durch Zurücknahme der Rechtsbeschwerde, des Antrags oder der Klage vor Ablauf des Tages, an dem die Entscheidung der Geschäftsstelle übermittelt wird	60,00 €
	Hauptabschnitt 9. Besondere Gebühren	
1900	Abschluss eines gerichtlichen Vergleichs: Soweit ein Vergleich über nicht gerichtlich anhängige Gegenstände geschlossen wird .... Die Gebühr entsteht nicht im Verfahren über die Prozesskostenhilfe. Im Verhältnis zur Gebühr für das Verfahren im Allgemeinen ist § 36 Absatz 3 GKG entsprechend anzuwenden.	0,25
1901	Auferlegung einer Gebühr nach § 38 GKG wegen Verzögerung des Rechtsstreits	wie vom Gericht bestimmt
1902	Anmeldung eines Anspruchs zum Musterverfahren (§ 10 Absatz 2 KapMuG)	0,5

Teil 2. Zwangsvollstreckung nach der Zivilprozessordnung, Insolvenzverfahren und ähnliche Verfahren

Nr.	Gebührentatbestand	Gebühr oder Satz der Gebühr nach § 34 GKG
	Hauptabschnitt 1. Zwangsvollstreckung nach der Zivilprozessordnung	
	Vorbemerkung 2.1: Dieser Hauptabschnitt ist auch auf Verfahren zur Erwirkung eines Europäischen Beschlusses zur vorläufigen Kontenpfändung im Fall des Artikels 5 Buchstabe b der Verordnung (EU) Nr. 655/2014 sowie auf alle Verfahren über Anträge auf Einschränkung oder Beendigung der Vollstreckung eines Europäischen Beschlusses zur vorläufigen Kontenpfändung (§ 954 Abs. 2 ZPO i.V.m. Artikel 34 der Verordnung (EU) Nr. 655/2014) anzuwenden. Im Übrigen bestimmen sich die Gebühren nach Teil 1 Hauptabschnitt 4 oder Teil 8 Hauptabschnitt 3.	
	Abschnitt 1. Erster Rechtszug	
2110	Verfahren über den Antrag auf Erteilung einer weiteren vollstreckbaren Ausfertigung (§ 733 ZPO)	20,00 €

Nr.	Gebührentatbestand	Gebühr oder Satz der Gebühr nach § 34 GKG
	Die Gebühr wird für jede weitere vollstreckbare Ausfertigung gesondert erhoben. Sind wegen desselben Anspruchs in einem Mahnverfahren gegen mehrere Personen gesonderte Vollstreckungsbescheide erlassen worden und werden hiervon gleichzeitig mehrere weitere vollstreckbare Ausfertigungen beantragt, wird die Gebühr nur einmal erhoben.	
2111	Verfahren über Anträge auf gerichtliche Handlungen der Zwangsvollstreckung gemäß § 829 Abs. 1, §§ 835, 839, 846 bis 848, 857, 858, 886 bis 888 oder § 890 ZPO sowie im Verfahren zur Erwirkung eines Europäischen Beschlusses zur vorläufigen Kontenpfändung im Fall des Artikels 5 Buchstabe b der Verordnung (EU) Nr. 655/ 2014	20,00 €
	Richtet sich ein Verfahren gegen mehrere Schuldner, wird die Gebühr für jeden Schuldner gesondert erhoben. Mehrere Verfahren innerhalb eines Rechtszugs gelten als ein Verfahren, wenn sie denselben Anspruch und denselben Vollstreckungsgegenstand betreffen.	
2112	In dem Verfahren zur Erwirkung eines Europäischen Beschlusses zur vorläufigen Kontenpfändung wird ein Antrag auf Einholung von Kontoinformationen gestellt: Die Gebühr 2111 erhöht sich auf	33,00 €
2113	Verfahren über den Antrag auf Vollstreckungsschutz nach § 765a ZPO	20,00 €
2114	Verfahren über den Antrag auf Erlass eines Haftbefehls (§ 802g Abs. 1 ZPO)	20,00 €
2115	Verfahren über den Antrag auf Abnahme der eidesstattlichen Versicherung nach § 889 ZPO	35,00 €
2116	(weggefallen)	
2117	Verteilungsverfahren	0,5
2118	Verfahren über die Vollstreckbarerklärung eines Anwaltsvergleichs nach § 796a ZPO	60,00 €
2119	Verfahren über Anträge auf Beendigung, Verweigerung, Aussetzung oder Beschränkung der Zwangsvollstreckung nach § 954 Abs. 2, § 1084 ZPO auch i.V.m. § 1096 oder § 1109 ZPO oder nach § 31 AUG	30,00 €

Abschnitt 2. Beschwerden

Unterabschnitt 1. Beschwerde

Nr.	Gebührentatbestand	Gebühr oder Satz der Gebühr nach § 34 GKG
2120	Verfahren über die Beschwerde im Verteilungsverfahren: Soweit die Beschwerde verworfen oder zurückgewiesen wird	1,0
2121	Verfahren über nicht besonders aufgeführte Beschwerden, die nicht nach anderen Vorschriften gebührenfrei sind: Die Beschwerde wird verworfen oder zurückgewiesen ..	30,00 €

Nr.	Gebührentatbestand	Gebühr oder Satz der Gebühr nach § 34 GKG
	Wird die Beschwerde nur teilweise verworfen oder zurückgewiesen, kann das Gericht die Gebühr nach billigem Ermessen auf die Hälfte ermäßigen oder bestimmen, dass eine Gebühr nicht zu erheben ist.	
	Unterabschnitt 2. Rechtsbeschwerde	
2122	Verfahren über die Rechtsbeschwerde im Verteilungsverfahren: Soweit die Beschwerde verworfen oder zurückgewiesen wird	2,0
2123	Verfahren über die Rechtsbeschwerde im Verteilungsverfahren: Soweit die Beschwerde zurückgenommen oder das Verfahren durch anderweitige Erledigung beendet wird	1,0
	Die Gebühr entsteht nicht, soweit der Beschwerde stattgegeben wird.	
2124	Verfahren über nicht besonders aufgeführte Rechtsbeschwerden, die nicht nach anderen Vorschriften gebührenfrei sind: Die Rechtsbeschwerde wird verworfen oder zurückgewiesen	60,00 €
	Wird die Rechtsbeschwerde nur teilweise verworfen oder zurückgewiesen, kann das Gericht die Gebühr nach billigem Ermessen auf die Hälfte ermäßigen oder bestimmen, dass eine Gebühr nicht zu erheben ist.	

Hauptabschnitt 2. Verfahren nach dem Gesetz über die Zwangsversteigerung und die Zwangsverwaltung; Zwangsliquidation einer Bahneinheit

Vorbemerkung 2.2:

Die Gebühren 2210, 2220 und 2230 werden für jeden Antragsteller gesondert erhoben. Wird der Antrag von mehreren Gesamtgläubigern, Gesamthandsgläubigern oder im Fall der Zwangsversteigerung zum Zweck der Aufhebung der Gemeinschaft von mehreren Miteigentümern gemeinsam gestellt, gelten diese als ein Antragsteller. Betrifft ein Antrag mehrere Gegenstände, wird die Gebühr nur einmal erhoben, soweit durch einen einheitlichen Beschluss entschieden wird. Für ein Verfahren nach § 765a ZPO wird keine, für das Beschwerdeverfahren die Gebühr 2240 erhoben; richtet sich die Beschwerde auch gegen eine Entscheidung nach § 30a ZVG, gilt Satz 2 entsprechend.

Abschnitt 1. Zwangsversteigerung

Nr.	Gebührentatbestand	Gebühr oder Satz der Gebühr nach § 34 GKG
2210	Entscheidung über den Antrag auf Anordnung der Zwangsversteigerung oder über den Beitritt zum Verfahren	100,00 €
2211	Verfahren im Allgemeinen	0,5
2212	Beendigung des Verfahrens vor Ablauf des Tages, an dem die Verfügung mit der Bestimmung des ersten Versteigerungstermins unterschrieben ist: Die Gebühr 2211 ermäßigt sich auf	0,25
2213	Abhaltung mindestens eines Versteigerungstermins mit Aufforderung zur Abgabe von Geboten	0,5

Nr.	Gebührentatbestand	Gebühr oder Satz der Gebühr nach § 34 GKG
	Die Gebühr entfällt, wenn der Zuschlag aufgrund des § 74a oder des § 85a ZVG versagt bleibt.	
2214	Erteilung des Zuschlags	0,5
	Die Gebühr entfällt, wenn der Zuschlagsbeschluss aufgehoben wird.	
2215	Verteilungsverfahren	0,5
2216	Es findet keine oder nur eine beschränkte Verteilung des Versteigerungserlöses durch das Gericht statt (§§ 143, 144 ZVG):	
	Die Gebühr 2215 ermäßigt sich auf	0,25
	Abschnitt 2. Zwangsverwaltung	
2220	Entscheidung über den Antrag auf Anordnung der Zwangsverwaltung oder über den Beitritt zum Verfahren	100,00 €
2221	Jahresgebühr für jedes Kalenderjahr bei Durchführung des Verfahrens	0,5
	Die Gebühr wird auch für das jeweilige Kalenderjahr erhoben, in das der Tag der Beschlagnahme fällt und in dem das Verfahren aufgehoben wird.	– mindestens 120,00 €, im ersten und letzten Kalenderjahr jeweils mindestens 60,00 €
	Abschnitt 3. Zwangsliquidation einer Bahneinheit	
2230	Entscheidung über den Antrag auf Eröffnung der Zwangsliquidation	60,00 €
2231	Verfahren im Allgemeinen	0,5
2232	Das Verfahren wird eingestellt:	
	Die Gebühr 2231 ermäßigt sich auf	0,25
	Abschnitt 4. Beschwerden	
	Unterabschnitt 1. Beschwerde	
2240	Verfahren über Beschwerden, wenn für die angefochtene Entscheidung eine Festgebühr bestimmt ist:	
	Die Beschwerde wird verworfen oder zurückgewiesen ..	120,00 €
	Wird die Beschwerde nur teilweise verworfen oder zurückgewiesen, kann das Gericht die Gebühr nach billigem Ermessen auf die Hälfte ermäßigen oder bestimmen, dass eine Gebühr nicht zu erheben ist.	
2241	Verfahren über nicht besonders aufgeführte Beschwerden, die nicht nach anderen Vorschriften gebührenfrei sind:	
	Soweit die Beschwerde verworfen oder zurückgewiesen wird	1,0

Nr.	Gebührentatbestand	Gebühr oder Satz der Gebühr nach § 34 GKG
	Unterabschnitt 2. Rechtsbeschwerde	
2242	Verfahren über Rechtsbeschwerden, wenn für die angefochtene Entscheidung eine Festgebühr bestimmt ist:	
	Die Rechtsbeschwerde wird verworfen oder zurückgewiesen	240,00 €
	Wird die Rechtsbeschwerde nur teilweise verworfen oder zurückgewiesen, kann das Gericht die Gebühr nach billigem Ermessen auf die Hälfte ermäßigen oder bestimmen, dass eine Gebühr nicht zu erheben ist.	
2243	Verfahren über nicht besonders aufgeführte Rechtsbeschwerden, die nicht nach anderen Vorschriften gebührenfrei sind:	
	Soweit die Rechtsbeschwerde verworfen oder zurückgewiesen wird	2,0
	Hauptabschnitt 3. Insolvenzverfahren	
	Vorbemerkung 2.3: Der Antrag des ausländischen Insolvenzverwalters steht dem Antrag des Schuldners gleich.	
	Abschnitt 1. Eröffnungsverfahren	
2310	Verfahren über den Antrag des Schuldners auf Eröffnung des Insolvenzverfahrens	0,5
	Die Gebühr entsteht auch, wenn das Verfahren nach § 306 InsO ruht.	
2311	Verfahren über den Antrag eines Gläubigers auf Eröffnung des Insolvenzverfahrens	0,5 – mindestens 180,00 €
	Abschnitt 2. Durchführung des Insolvenzverfahrens auf Antrag des Schuldners	
	Vorbemerkung 2.3.2: Die Gebühren dieses Abschnitts entstehen auch, wenn das Verfahren gleichzeitig auf Antrag eines Gläubigers eröffnet wurde.	
2320	Durchführung des Insolvenzverfahrens	2,5
	Die Gebühr entfällt, wenn der Eröffnungsbeschluss auf Beschwerde aufgehoben wird.	
2321	Einstellung des Verfahrens vor dem Ende des Prüfungstermins nach den §§ 207, 211, 212, 213 InsO:	
	Die Gebühr 2320 ermäßigt sich auf	0,5
2322	Einstellung des Verfahrens nach dem Ende des Prüfungstermins nach den §§ 207, 211, 212, 213 InsO:	
	Die Gebühr 2320 ermäßigt sich auf	1,5
	Abschnitt 3. Durchführung des Insolvenzverfahrens auf Antrag eines Gläubigers	
	Vorbemerkung 2.3.3: Dieser Abschnitt ist nicht anzuwenden, wenn das Verfahren gleichzeitig auf Antrag des Schuldners eröffnet wurde.	

Nr.	Gebührentatbestand	Gebühr oder Satz der Gebühr nach § 34 GKG
2330	Durchführung des Insolvenzverfahrens .... Die Gebühr entfällt, wenn der Eröffnungsbeschluss auf Beschwerde aufgehoben wird.	3,0
2331	Einstellung des Verfahrens vor dem Ende des Prüfungstermins nach den §§ 207, 211, 212, 213 InsO: Die Gebühr 2330 ermäßigt sich auf	1,0
2332	Einstellung des Verfahrens nach dem Ende des Prüfungstermins nach den §§ 207, 211, 212, 213 InsO: Die Gebühr 2330 ermäßigt sich auf	2,0
	Abschnitt 4. Besonderer Prüfungstermin und schriftliches Prüfungsverfahren (§ 177 InsO)	
2340	Prüfung von Forderungen je Gläubiger	20,00 €
	Abschnitt 5. Restschuldbefreiung	
2350	Entscheidung über den Antrag auf Versagung oder Widerruf der Restschuldbefreiung (§§ 296 bis 297a, 300 und 303 InsO)	35,00 €
	Abschnitt 6. Besondere Verfahren nach der Verordnung (EU) 2015/848	
2360	Verfahren über einen Antrag nach Artikel 36 Abs. 7 Satz 2 der Verordnung (EU) 2015/848	3,0
2361	Verfahren über einstweilige Maßnahmen nach Artikel 36 Abs. 9 der Verordnung (EU) 2015/848	1,0
2362	Verfahren über einen Antrag auf Eröffnung eines Gruppen-Koordinationsverfahrens nach Artikel 61 der Verordnung (EU) 2015/848	4 000,00 €
	Abschnitt 7. Koordinationsverfahren	
2370	Verfahren im Allgemeinen	500,00 €
2371	In dem Verfahren wird ein Koordinationsplan zur Bestätigung vorgelegt: Die Gebühr 2370 beträgt	1 000,00 €
	Abschnitt 8. Beschwerden	
	Unterabschnitt 1. Beschwerde	
2380	Verfahren über die Beschwerde gegen die Entscheidung über den Antrag auf Eröffnung des Insolvenzverfahrens .	1,0
2381	Verfahren über nicht besonders aufgeführte Beschwerden, die nicht nach anderen Vorschriften gebührenfrei sind: Die Beschwerde wird verworfen oder zurückgewiesen .. Wird die Beschwerde nur teilweise verworfen oder zurückgewiesen, kann das Gericht die Gebühr nach billigem Ermessen auf die Hälfte ermäßigen oder bestimmen, dass eine Gebühr nicht zu erheben ist.	60,00 €

Nr.	Gebührentatbestand	Gebühr oder Satz der Gebühr nach § 34 GKG
2382	Verfahren über die sofortige Beschwerde gegen die Entscheidung über die Kosten des Gruppen-Koordinationsverfahrens nach Artikel 102c § 26 EGInsO	1,0
	Unterabschnitt 2. Rechtsbeschwerde	
2383	Verfahren über die Rechtsbeschwerde gegen die Beschwerdeentscheidung im Verfahren über den Antrag auf Eröffnung des Insolvenzverfahrens	2,0
2384	Beendigung des gesamten Verfahrens durch Zurücknahme der Rechtsbeschwerde oder des Antrags: Die Gebühr 2383 ermäßigt sich auf	1,0
2385	Verfahren über nicht besonders aufgeführte Rechtsbeschwerden, die nicht nach anderen Vorschriften gebührenfrei sind: Die Rechtsbeschwerde wird verworfen oder zurückgewiesen .... Wird die Rechtsbeschwerde nur teilweise verworfen oder zurückgewiesen, kann das Gericht die Gebühr nach billigem Ermessen auf die Hälfte ermäßigen oder bestimmen, dass eine Gebühr nicht zu erheben ist.	120,00 €
2386	Verfahren über die Rechtsbeschwerde gegen die Beschwerdeentscheidung über die Kosten des Gruppen-Koordinationsverfahrens nach Artikel 102c § 26 EGInsO i.V.m. § 574 ZPO	2,0
	Hauptabschnitt 4. Schifffahrtsrechtliches Verteilungsverfahren	
	Abschnitt 1. Eröffnungsverfahren	
2410	Verfahren über den Antrag auf Eröffnung des Verteilungsverfahrens	1,0
	Abschnitt 2. Verteilungsverfahren	
2420	Durchführung des Verteilungsverfahrens	2,0
	Abschnitt 3. Besonderer Prüfungstermin und schriftliches Prüfungsverfahren (§ 18 Satz 3 SVertO, § 177 InsO)	
2430	Prüfung von Forderungen je Gläubiger	20,00 €
	Abschnitt 4. Beschwerde und Rechtsbeschwerde	
2440	Verfahren über Beschwerden, die nicht nach anderen Vorschriften gebührenfrei sind: Die Beschwerde wird verworfen oder zurückgewiesen .. Wird die Beschwerde nur teilweise verworfen oder zurückgewiesen, kann das Gericht die Gebühr nach billigem Ermessen auf die Hälfte ermäßigen oder bestimmen, dass eine Gebühr nicht zu erheben ist.	60,00 €
2441	Verfahren über Rechtsbeschwerden: Die Rechtsbeschwerde wird verworfen oder zurückgewiesen	120,00 €

Nr.	Gebührentatbestand	Gebühr oder Satz der Gebühr nach § 34 GKG
	Wird die Rechtsbeschwerde nur teilweise verworfen oder zurückgewiesen, kann das Gericht die Gebühr nach billigem Ermessen auf die Hälfte ermäßigen oder bestimmen, dass eine Gebühr nicht zu erheben ist.	
	Hauptabschnitt 5. Rüge wegen Verletzung des Anspruchs auf rechtliches Gehör	
2500	Verfahren über die Rüge wegen Verletzung des Anspruchs auf rechtliches Gehör (§ 321a ZPO, § 4 InsO, § 3 Abs. 1 Satz 1 SVertO): Die Rüge wird in vollem Umfang verworfen oder zurückgewiesen	60,00 €

Teile 3 und 4. *(vom Abdruck wurde abgesehen)*

Teil 5. Verfahren vor den Gerichten der Verwaltungsgerichtsbarkeit

Nr.	Gebührentatbestand	Gebühr oder Satz der Gebühr nach § 34 GKG
	Hauptabschnitt 1. Prozessverfahren	
	Vorbemerkung 5.1: Wird das Verfahren durch Antrag eingeleitet, gelten die Vorschriften über die Klage entsprechend.	
	Abschnitt 1. Erster Rechtszug	
	Unterabschnitt 1. Verwaltungsgericht	
5110	Verfahren im Allgemeinen	3,0
5111	Beendigung des gesamten Verfahrens durch 1. Zurücknahme der Klage a) vor dem Schluss der mündlichen Verhandlung, b) wenn eine solche nicht stattfindet, vor Ablauf des Tages, an dem das Urteil oder der Gerichtsbescheid der Geschäftsstelle übermittelt wird, oder c) im Fall des § 93a Abs. 2 VwGO vor Ablauf der Erklärungsfrist nach § 93a Abs. 2 Satz 1 VwGO, 2. Anerkenntnis- oder Verzichtsurteil, 3. gerichtlichen Vergleich oder 4. Erledigungserklärungen nach § 161 Abs. 2 VwGO, wenn keine Entscheidung über die Kosten ergeht oder die Entscheidung einer zuvor mitgeteilten Einigung der Beteiligten über die Kostentragung oder der Kostenübernahmeerklärung eines Beteiligten folgt, wenn nicht bereits ein anderes als eines der in Nummer 2 genannten Urteile oder ein Gerichtsbescheid vorausgegangen ist: Die Gebühr 5110 ermäßigt sich auf	1,0

Nr.	Gebührentatbestand	Gebühr oder Satz der Gebühr nach § 34 GKG
	Die Gebühr ermäßigt sich auch, wenn mehrere Ermäßigungstatbestände erfüllt sind.	
	Unterabschnitt 2. Oberverwaltungsgericht (Verwaltungsgerichtshof)	
5112	Verfahren im Allgemeinen	4,0
5113	Beendigung des gesamten Verfahrens durch 1. Zurücknahme der Klage a) vor dem Schluss der mündlichen Verhandlung, b) wenn eine solche nicht stattfindet, vor Ablauf des Tages, an dem das Urteil, der Gerichtsbescheid oder der Beschluss in der Hauptsache der Geschäftsstelle übermittelt wird, c) im Fall des § 93a Abs. 2 VwGO vor Ablauf der Erklärungsfrist nach § 93a Abs. 2 Satz 1 VwGO, 2. Anerkenntnis- oder Verzichtsurteil, 3. gerichtlichen Vergleich oder 4. Erledigungserklärungen nach § 161 Abs. 2 VwGO, wenn keine Entscheidung über die Kosten ergeht oder die Entscheidung einer zuvor mitgeteilten Einigung der Beteiligten über die Kostentragung oder der Kostenübernahmeerklärung eines Beteiligten folgt, es sei denn, dass bereits ein anderes als eines der in Nummer 2 genannten Urteile, ein Gerichtsbescheid oder Beschluss in der Hauptsache vorausgegangen ist: Die Gebühr 5112 ermäßigt sich auf	2,0
	Die Gebühr ermäßigt sich auch, wenn mehrere Ermäßigungstatbestände erfüllt sind.	
	Unterabschnitt 3. Bundesverwaltungsgericht	
5114	Verfahren im Allgemeinen	5,0
5115	Beendigung des gesamten Verfahrens durch 1. Zurücknahme der Klage a) vor dem Schluss der mündlichen Verhandlung, b) wenn eine solche nicht stattfindet, vor Ablauf des Tages, an dem das Urteil oder der Gerichtsbescheid der Geschäftsstelle übermittelt wird, c) im Fall des § 93a Abs. 2 VwGO vor Ablauf der Erklärungsfrist nach § 93a Abs. 2 Satz 1 VwGO, 2. Anerkenntnis- oder Verzichtsurteil, 3. gerichtlichen Vergleich oder 4. Erledigungserklärungen nach § 161 Abs. 2 VwGO, wenn keine Entscheidung über die Kosten ergeht oder die Entscheidung einer zuvor mitgeteilten Einigung der Beteiligten über die Kostentragung oder der Kostenübernahmeerklärung eines Beteiligten folgt, es sei denn, dass bereits ein anderes als eines der in Nummer 2 genannten Urteile, ein Gerichtsbescheid	

Nr.	Gebührentatbestand	Gebühr oder Satz der Gebühr nach § 34 GKG
	oder ein Beschluss in der Hauptsache vorausgegangen ist: Die Gebühr 5114 ermäßigt sich auf .... Die Gebühr ermäßigt sich auch, wenn mehrere Ermäßigungstatbestände erfüllt sind.	3,0
	Abschnitt 2. Zulassung und Durchführung der Berufung	
5120	Verfahren über die Zulassung der Berufung: Soweit der Antrag abgelehnt wird	1,0
5121	Verfahren über die Zulassung der Berufung: Soweit der Antrag zurückgenommen oder das Verfahren durch anderweitige Erledigung beendet wird .... Die Gebühr entsteht nicht, soweit die Berufung zugelassen wird.	0,5
5122	Verfahren im Allgemeinen	4,0
5123	Beendigung des gesamten Verfahrens durch Zurücknahme der Berufung oder der Klage, bevor die Schrift zur Begründung der Berufung bei Gericht eingegangen ist: Die Gebühr 5122 ermäßigt sich auf .... Erledigungserklärungen nach § 161 Abs. 2 VwGO stehen der Zurücknahme gleich, wenn keine Entscheidung über die Kosten ergeht oder die Entscheidung einer zuvor mitgeteilten Einigung der Beteiligten über die Kostentragung oder der Kostenübernahmeerklärung eines Beteiligten folgt.	1,0
5124	Beendigung des gesamten Verfahrens, wenn nicht Nummer 5123 erfüllt ist, durch 1. Zurücknahme der Berufung oder der Klage a) vor dem Schluss der mündlichen Verhandlung, b) wenn eine solche nicht stattfindet, vor Ablauf des Tages, an dem das Urteil oder der Beschluss in der Hauptsache der Geschäftsstelle übermittelt wird, oder c) im Fall des § 93a Abs. 2 VwGO vor Ablauf der Erklärungsfrist nach § 93a Abs. 2 Satz 1 VwGO, 2. Anerkenntnis- oder Verzichtsurteil, 3. gerichtlichen Vergleich oder 4. Erledigungserklärungen nach § 161 Abs. 2 VwGO, wenn keine Entscheidung über die Kosten ergeht oder die Entscheidung einer zuvor mitgeteilten Einigung der Beteiligten über die Kostentragung oder der Kostenübernahmeerklärung eines Beteiligten folgt, es sei denn, dass bereits ein anderes als eines der in Nummer 2 genannten Urteile oder ein Beschluss in der Hauptsache vorausgegangen ist: Die Gebühr 5122 ermäßigt sich auf .... Die Gebühr ermäßigt sich auch, wenn mehrere Ermäßigungstatbestände erfüllt sind.	2,0

Nr.	Gebührentatbestand	Gebühr oder Satz der Gebühr nach § 34 GKG
	Abschnitt 3. Revision	
5130	Verfahren im Allgemeinen	5,0
5131	Beendigung des gesamten Verfahrens durch Zurücknahme der Revision oder der Klage, bevor die Schrift zur Begründung der Revision bei Gericht eingegangen ist: Die Gebühr 5130 ermäßigt sich auf .... Erledigungserklärungen nach § 161 Abs. 2 VwGO stehen der Zurücknahme gleich, wenn keine Entscheidung über die Kosten ergeht oder die Entscheidung einer zuvor mitgeteilten Einigung der Beteiligten über die Kostentragung oder der Kostenübernahmeerklärung eines Beteiligten folgt.	1,0
5132	Beendigung des gesamten Verfahrens, wenn nicht Nummer 5131 erfüllt ist, durch 1. Zurücknahme der Revision oder der Klage a) vor dem Schluss der mündlichen Verhandlung, b) wenn eine solche nicht stattfindet, vor Ablauf des Tages, an dem das Urteil oder der Beschluss in der Hauptsache der Geschäftsstelle übermittelt wird, oder c) im Fall des § 93a Abs. 2 VwGO vor Ablauf der Erklärungsfrist nach § 93a Abs. 2 Satz 1 VwGO, 2. Anerkenntnis- oder Verzichtsurteil, 3. gerichtlichen Vergleich oder 4. Erledigungserklärungen nach § 161 Abs. 2 VwGO, wenn keine Entscheidung über die Kosten ergeht oder die Entscheidung einer zuvor mitgeteilten Einigung der Beteiligten über die Kostentragung oder der Kostenübernahmeerklärung eines Beteiligten folgt, es sei denn, dass bereits ein anderes als eines der in Nummer 2 genannten Urteile oder ein Beschluss in der Hauptsache vorausgegangen ist: Die Gebühr 5130 ermäßigt sich auf .... Die Gebühr ermäßigt sich auch, wenn mehrere Ermäßigungstatbestände erfüllt sind.	3,0
	Hauptabschnitt 2. Vorläufiger Rechtsschutz	
	Vorbemerkung 5.2: (1) Die Vorschriften dieses Hauptabschnitts gelten für einstweilige Anordnungen und für Verfahren nach § 80 Abs. 5, § 80a Abs. 3 und § 80b Abs. 2 und 3 VwGO. (2) Im Verfahren über den Antrag auf Erlass und im Verfahren über den Antrag auf Aufhebung einer einstweiligen Anordnung werden die Gebühren jeweils gesondert erhoben. Mehrere Verfahren nach § 80 Abs. 5 und 7, § 80a Abs. 3 und § 80b Abs. 2 und 3 VwGO gelten innerhalb eines Rechtszugs als ein Verfahren.	

Nr.	Gebührentatbestand	Gebühr oder Satz der Gebühr nach § 34 GKG
	Abschnitt 1. Verwaltungsgericht sowie Oberverwaltungsgericht (Verwaltungsgerichtshof) und Bundesverwaltungsgericht als Rechtsmittelgerichte in der Hauptsache	
5210	Verfahren im Allgemeinen	1,5
5211	Beendigung des gesamten Verfahrens durch 1. Zurücknahme des Antrags a) vor dem Schluss der mündlichen Verhandlung oder, b) wenn eine solche nicht stattfindet, vor Ablauf des Tages, an dem der Beschluss der Geschäftsstelle übermittelt wird, 2. gerichtlichen Vergleich oder 3. Erledigungserklärungen nach § 161 Abs. 2 VwGO, wenn keine Entscheidung über die Kosten ergeht oder die Entscheidung einer zuvor mitgeteilten Einigung der Beteiligten über die Kostentragung oder der Kostenübernahmeerklärung eines Beteiligten folgt, es sei denn, dass bereits ein Beschluss über den Antrag vorausgegangen ist: Die Gebühr 5210 ermäßigt sich auf .... Die Gebühr ermäßigt sich auch, wenn mehrere Ermäßigungstatbestände erfüllt sind.	0,5
	Abschnitt 2. Oberverwaltungsgericht (Verwaltungsgerichtshof)	
	Vorbemerkung 5.2.2: Die Vorschriften dieses Abschnitts gelten, wenn das Oberverwaltungsgericht (Verwaltungsgerichtshof) auch in der Hauptsache erstinstanzlich zuständig ist.	
5220	Verfahren im Allgemeinen	2,0
5221	Beendigung des gesamten Verfahrens durch 1. Zurücknahme des Antrags a) vor dem Schluss der mündlichen Verhandlung oder, b) wenn eine solche nicht stattfindet, vor Ablauf des Tages, an dem der Beschluss der Geschäftsstelle übermittelt wird, 2. gerichtlichen Vergleich oder 3. Erledigungserklärungen nach § 161 Abs. 2 VwGO, wenn keine Entscheidung über die Kosten ergeht oder die Entscheidung einer zuvor mitgeteilten Einigung der Beteiligten über die Kostentragung oder der Kostenübernahmeerklärung eines Beteiligten folgt, es sei denn, dass bereits ein Beschluss über den Antrag vorausgegangen ist: Die Gebühr 5220 ermäßigt sich auf	0,75

Nr.	Gebührentatbestand	Gebühr oder Satz der Gebühr nach § 34 GKG
	Die Gebühr ermäßigt sich auch, wenn mehrere Ermäßigungstatbestände erfüllt sind.	

Abschnitt 3. Bundesverwaltungsgericht

Vorbemerkung 5.2.3:

Die Vorschriften dieses Abschnitts gelten, wenn das Bundesverwaltungsgericht auch in der Hauptsache erstinstanzlich zuständig ist.

Nr.	Gebührentatbestand	Gebühr oder Satz der Gebühr nach § 34 GKG
5230	Verfahren im Allgemeinen	2,5
5231	Beendigung des gesamten Verfahrens durch 1. Zurücknahme des Antrags a) vor dem Schluss der mündlichen Verhandlung oder, b) wenn eine solche nicht stattfindet, vor Ablauf des Tages, an dem der Beschluss der Geschäftsstelle übermittelt wird, 2. gerichtlichen Vergleich oder 3. Erledigungserklärungen nach § 161 Abs. 2 VwGO, wenn keine Entscheidung über die Kosten ergeht oder die Entscheidung einer zuvor mitgeteilten Einigung der Beteiligten über die Kostentragung oder der Kostenübernahmeerklärung eines Beteiligten folgt, es sei denn, dass bereits ein Beschluss über den Antrag vorausgegangen ist: Die Gebühr 5230 ermäßigt sich auf	1,0
	Die Gebühr ermäßigt sich auch, wenn mehrere Ermäßigungstatbestände erfüllt sind.	

Abschnitt 4. Beschwerde

Vorbemerkung 5.2.4:

Die Vorschriften dieses Abschnitts gelten für Beschwerden gegen Beschlüsse des Verwaltungsgerichts über einstweilige Anordnungen (§ 123 VwGO) und über die Aussetzung der Vollziehung (§§ 80, 80a VwGO).

Nr.	Gebührentatbestand	Gebühr oder Satz der Gebühr nach § 34 GKG
5240	Verfahren über die Beschwerde	2,0
5241	Beendigung des gesamten Verfahrens durch Zurücknahme der Beschwerde: Die Gebühr 5240 ermäßigt sich auf	1,0

Hauptabschnitt 3. Besondere Verfahren

Nr.	Gebührentatbestand	Gebühr oder Satz der Gebühr nach § 34 GKG
5300	Selbstständiges Beweisverfahren	1,0
5301	Verfahren über Anträge auf gerichtliche Handlungen der Zwangsvollstreckung nach den §§ 169, 170 oder § 172 VwGO	20,00 €

Nr.	Gebührentatbestand	Gebühr oder Satz der Gebühr nach § 34 GKG
Hauptabschnitt 4. Rüge wegen Verletzung des Anspruchs auf rechtliches Gehör		
5400	Verfahren über die Rüge wegen Verletzung des Anspruchs auf rechtliches Gehör (§ 152a VwGO): Die Rüge wird in vollem Umfang verworfen oder zurückgewiesen	60,00 €
Hauptabschnitt 5. Sonstige Beschwerden		
5500	Verfahren über die Beschwerde gegen die Nichtzulassung der Revision: Soweit die Beschwerde verworfen oder zurückgewiesen wird	2,0
5501	Verfahren über die Beschwerde gegen die Nichtzulassung der Revision: Soweit die Beschwerde zurückgenommen oder das Verfahren durch anderweitige Erledigung beendet wird ...... Die Gebühr entsteht nicht, soweit die Revision zugelassen wird.	1,0
5502	Verfahren über nicht besonders aufgeführte Beschwerden, die nicht nach anderen Vorschriften gebührenfrei sind: Die Beschwerde wird verworfen oder zurückgewiesen .. Wird die Beschwerde nur teilweise verworfen oder zurückgewiesen, kann das Gericht die Gebühr nach billigem Ermessen auf die Hälfte ermäßigen oder bestimmen, dass eine Gebühr nicht zu erheben ist.	60,00 €
Hauptabschnitt 6. Besondere Gebühren		
5600	Abschluss eines gerichtlichen Vergleichs: Soweit ein Vergleich über nicht gerichtlich anhängige Gegenstände geschlossen wird .... Die Gebühr entsteht nicht im Verfahren über die Prozesskostenhilfe. Im Verhältnis zur Gebühr für das Verfahren im Allgemeinen ist § 36 Absatz 3 GKG entsprechend anzuwenden.	0,25
5601	Auferlegung einer Gebühr nach § 38 GKG wegen Verzögerung des Rechtsstreits	wie vom Gericht bestimmt

Teil 6. Verfahren vor den Gerichten der Finanzgerichtsbarkeit

Nr.	Gebührentatbestand	Gebühr oder Satz der Gebühr nach § 34 GKG
	Hauptabschnitt 1. Prozessverfahren	
	Abschnitt 1. Erster Rechtszug	
	Unterabschnitt 1. Verfahren vor dem Finanzgericht	
6110	Verfahren im Allgemeinen, soweit es sich nicht nach § 45 Abs. 3 FGO erledigt	4,0
6111	Beendigung des gesamten Verfahrens durch 1. Zurücknahme der Klage a) vor dem Schluss der mündlichen Verhandlung oder, b) wenn eine solche nicht stattfindet, vor Ablauf des Tages, an dem das Urteil oder der Gerichtsbescheid der Geschäftsstelle übermittelt wird, oder 2. Beschluss in den Fällen des § 138 FGO, es sei denn, dass bereits ein Urteil oder ein Gerichtsbescheid vorausgegangen ist: Die Gebühr 6110 ermäßigt sich auf .... Die Gebühr ermäßigt sich auch, wenn mehrere Ermäßigungstatbestände erfüllt sind.	2,0
	Unterabschnitt 2. Verfahren vor dem Bundesfinanzhof	
6112	Verfahren im Allgemeinen	5,0
6113	Beendigung des gesamten Verfahrens durch 1. Zurücknahme der Klage a) vor dem Schluss der mündlichen Verhandlung oder, b) wenn eine solche nicht stattfindet, vor Ablauf des Tages, an dem das Urteil oder der Gerichtsbescheid der Geschäftsstelle übermittelt wird, oder 2. Beschluss in den Fällen des § 138 FGO, es sei denn, dass bereits ein Urteil oder ein Gerichtsbescheid vorausgegangen ist: Die Gebühr 6112 ermäßigt sich auf .... Die Gebühr ermäßigt sich auch, wenn mehrere Ermäßigungstatbestände erfüllt sind.	3,0
	Abschnitt 2. Revision	
6120	Verfahren im Allgemeinen	5,0
6121	Beendigung des gesamten Verfahrens durch Zurücknahme der Revision oder der Klage, bevor die Schrift zur Begründung der Revision bei Gericht eingegangen ist: Die Gebühr 6120 ermäßigt sich auf .... Erledigungen in den Fällen des § 138 FGO stehen der Zurücknahme gleich.	1,0

Nr.	Gebührentatbestand	Gebühr oder Satz der Gebühr nach § 34 GKG
6122	Beendigung des gesamten Verfahrens, wenn nicht Nummer 6121 erfüllt ist, durch 1. Zurücknahme der Revision oder der Klage a) vor dem Schluss der mündlichen Verhandlung oder, b) wenn eine solche nicht stattfindet, vor Ablauf des Tages, an dem das Urteil, der Gerichtsbescheid oder der Beschluss in der Hauptsache der Geschäftsstelle übermittelt wird, oder 2. Beschluss in den Fällen des § 138 FGO, es sei denn, dass bereits ein Urteil, ein Gerichtsbescheid oder ein Beschluss in der Hauptsache vorausgegangen ist: Die Gebühr 6120 ermäßigt sich auf .... Die Gebühr ermäßigt sich auch, wenn mehrere Ermäßigungstatbestände erfüllt sind.	3,0

Hauptabschnitt 2. Vorläufiger Rechtsschutz

Vorbemerkung 6.2:

(1) Die Vorschriften dieses Hauptabschnitts gelten für einstweilige Anordnungen und für Verfahren nach § 69 Abs. 3 und 5 FGO.

(2) Im Verfahren über den Antrag auf Erlass und im Verfahren über den Antrag auf Aufhebung einer einstweiligen Anordnung werden die Gebühren jeweils gesondert erhoben. Mehrere Verfahren nach § 69 Abs. 3 und 5 FGO gelten innerhalb eines Rechtszugs als ein Verfahren.

Abschnitt 1. Erster Rechtszug

6210	Verfahren im Allgemeinen	2,0
6211	Beendigung des gesamten Verfahrens durch 1. Zurücknahme des Antrags a) vor dem Schluss der mündlichen Verhandlung oder, b) wenn eine solche nicht stattfindet, vor Ablauf des Tages, an dem der Beschluss (§ 114 Abs. 4 FGO) der Geschäftsstelle übermittelt wird, oder 2. Beschluss in den Fällen des § 138 FGO, es sei denn, dass bereits ein Beschluss nach § 114 Abs. 4 FGO vorausgegangen ist: Die Gebühr 6210 ermäßigt sich auf .... Die Gebühr ermäßigt sich auch, wenn mehrere Ermäßigungstatbestände erfüllt sind.	0,75

Abschnitt 2. Beschwerde

Vorbemerkung 6.2.2:

Die Vorschriften dieses Abschnitts gelten für Beschwerden gegen Beschlüsse über einstweilige Anordnungen (§ 114 FGO) und über die Aussetzung der Vollziehung (§ 69 Abs. 3 und 5 FGO).

6220	Verfahren über die Beschwerde	2,0

Nr.	Gebührentatbestand	Gebühr oder Satz der Gebühr nach § 34 GKG
6221	Beendigung des gesamten Verfahrens durch Zurücknahme der Beschwerde: Die Gebühr 6220 ermäßigt sich auf	1,0
	Hauptabschnitt 3. Besondere Verfahren	
6300	Selbstständiges Beweisverfahren	1,0
6301	Verfahren über Anträge auf gerichtliche Handlungen der Zwangsvollstreckung gemäß § 152 FGO	20,00 €
	Hauptabschnitt 4. Rüge wegen Verletzung des Anspruchs auf rechtliches Gehör	
6400	Verfahren über die Rüge wegen Verletzung des Anspruchs auf rechtliches Gehör (§ 133a FGO): Die Rüge wird in vollem Umfang verworfen oder zurückgewiesen	60,00 €
	Hauptabschnitt 5. Sonstige Beschwerden	
6500	Verfahren über die Beschwerde gegen die Nichtzulassung der Revision: Soweit die Beschwerde verworfen oder zurückgewiesen wird	2,0
6501	Verfahren über die Beschwerde gegen die Nichtzulassung der Revision: Soweit die Beschwerde zurückgenommen oder das Verfahren durch anderweitige Erledigung beendet wird ...... Die Gebühr entsteht nicht, soweit die Revision zugelassen wird.	1,0
6502	Verfahren über nicht besonders aufgeführte Beschwerden, die nicht nach anderen Vorschriften gebührenfrei sind: Die Beschwerde wird verworfen oder zurückgewiesen .. Wird die Beschwerde nur teilweise verworfen oder zurückgewiesen, kann das Gericht die Gebühr nach billigem Ermessen auf die Hälfte ermäßigen oder bestimmen, dass eine Gebühr nicht zu erheben ist.	60,00 €
	Hauptabschnitt 6. Besondere Gebühr	
6600	Auferlegung einer Gebühr nach § 38 GKG wegen Verzögerung des Rechtsstreits	wie vom Gericht bestimmt

Teil 7. Verfahren vor den Gerichten der Sozialgerichtsbarkeit

Nr.	Gebührentatbestand	Gebühr oder Satz der Gebühr nach § 34 GKG
	Hauptabschnitt 1. Prozessverfahren	
	Abschnitt 1. Erster Rechtszug	
	Unterabschnitt 1. Verfahren vor dem Sozialgericht	
7110	Verfahren im Allgemeinen	3,0
7111	Beendigung des gesamten Verfahrens durch 1. Zurücknahme der Klage a) vor dem Schluss der mündlichen Verhandlung oder, b) wenn eine solche nicht stattfindet, vor Ablauf des Tages, an dem das Urteil oder der Gerichtsbescheid der Geschäftsstelle übermittelt wird, 2. Anerkenntnisurteil, 3. gerichtlichen Vergleich oder angenommenes Anerkenntnis oder 4. Erledigungserklärungen nach § 197a Abs. 1 Satz 1 SGG i.V.m. § 161 Abs. 2 VwGO, wenn keine Entscheidung über die Kosten ergeht oder die Entscheidung einer zuvor mitgeteilten Einigung der Beteiligten über die Kostentragung oder der Kostenübernahmeerklärung eines Beteiligten folgt, es sei denn, dass bereits ein Urteil oder ein Gerichtsbescheid vorausgegangen ist: Die Gebühr 7110 ermäßigt sich auf .... Die Gebühr ermäßigt sich auch, wenn mehrere Ermäßigungstatbestände erfüllt sind.	1,0
	Unterabschnitt 2. Verfahren vor dem Landessozialgericht	
7112	Verfahren im Allgemeinen	4,0
7113	Beendigung des gesamten Verfahrens durch 1. Zurücknahme der Klage a) vor dem Schluss der mündlichen Verhandlung oder, b) wenn eine solche nicht stattfindet, vor Ablauf des Tages, an dem das Urteil oder der Gerichtsbescheid der Geschäftsstelle übermittelt wird, 2. Anerkenntnisurteil, 3. gerichtlichen Vergleich oder angenommenes Anerkenntnis oder 4. Erledigungserklärungen nach § 197a Absatz 1 Satz 1 SGG i.V.m. § 161 Absatz 2 VwGO, wenn keine Entscheidung über die Kosten ergeht oder die Entscheidung einer zuvor mitgeteilten Einigung der Beteilig-	

Nr.	Gebührentatbestand	Gebühr oder Satz der Gebühr nach § 34 GKG
	ten über die Kostentragung oder der Kostenübernahmeerklärung eines Beteiligten folgt, es sei denn, dass bereits ein Urteil oder ein Gerichtsbescheid vorausgegangen ist: Die Gebühr 7112 ermäßigt sich auf	2,0
	Die Gebühr ermäßigt sich auch, wenn mehrere Ermäßigungstatbestände erfüllt sind.	
	Unterabschnitt 3. Verfahren vor dem Bundessozialgericht	
7114	Verfahren im Allgemeinen	5,0
7115	Beendigung des gesamten Verfahrens durch 1. Zurücknahme der Klage a) vor dem Schluss der mündlichen Verhandlung oder, b) wenn eine solche nicht stattfindet, vor Ablauf des Tages, an dem das Urteil oder der Gerichtsbescheid der Geschäftsstelle übermittelt wird, 2. Anerkenntnisurteil, 3. gerichtlichen Vergleich oder angenommenes Anerkenntnis oder 4. Erledigungserklärungen nach § 197a Absatz 1 Satz 1 SGG i.V.m. § 161 Absatz 2 VwGO, wenn keine Entscheidung über die Kosten ergeht oder die Entscheidung einer zuvor mitgeteilten Einigung der Beteiligten über die Kostentragung oder der Kostenübernahmeerklärung eines Beteiligten folgt, es sei denn, dass bereits ein Urteil oder ein Gerichtsbescheid vorausgegangen ist: Die Gebühr 7114 ermäßigt sich auf	3,0
	Die Gebühr ermäßigt sich auch, wenn mehrere Ermäßigungstatbestände erfüllt sind.	
	Abschnitt 2. Berufung	
7120	Verfahren im Allgemeinen	4,0
7121	Beendigung des gesamten Verfahrens durch Zurücknahme der Berufung oder der Klage, bevor die Schrift zur Begründung der Berufung bei Gericht eingegangen ist und vor Ablauf des Tages, an dem die Verfügung mit der Bestimmung des Termins zur mündlichen Verhandlung der Geschäftsstelle übermittelt wird und vor Ablauf des Tages, an dem die den Beteiligten gesetzte Frist zur Äußerung abgelaufen ist (§ 153 Abs. 4 Satz 2 SGG): Die Gebühr 7120 ermäßigt sich auf	1,0
	Erledigungserklärungen nach § 197a Abs. 1 Satz 1 SGG i.V.m. § 161 Abs. 2 VwGO stehen der Zurücknahme gleich, wenn keine Entscheidung über die Kosten ergeht oder die Entscheidung einer zuvor mit-	

Nr.	Gebührentatbestand	Gebühr oder Satz der Gebühr nach § 34 GKG
	geteilten Einigung der Beteiligten über die Kostentragung oder der Kostenübernahmeerklärung eines Beteiligten folgt.	
7122	Beendigung des gesamten Verfahrens, wenn nicht Nummer 7121 erfüllt ist, durch 1. Zurücknahme der Berufung oder der Klage a) vor dem Schluss der mündlichen Verhandlung oder, b) wenn eine solche nicht stattfindet, vor Ablauf des Tages, an dem das Urteil oder der Beschluss in der Hauptsache der Geschäftsstelle übermittelt wird, 2. Anerkenntnisurteil, 3. gerichtlichen Vergleich oder angenommenes Anerkenntnis oder 4. Erledigungserklärungen nach § 197a Abs. 1 Satz 1 SGG i.V.m. § 161 Abs. 2 VwGO, wenn keine Entscheidung über die Kosten ergeht oder die Entscheidung einer zuvor mitgeteilten Einigung der Beteiligten über die Kostentragung oder der Kostenübernahmeerklärung eines Beteiligten folgt, es sei denn, dass bereits ein Urteil oder ein Beschluss in der Hauptsache vorausgegangen ist: Die Gebühr 7120 ermäßigt sich auf	2,0
	Die Gebühr ermäßigt sich auch, wenn mehrere Ermäßigungstatbestände erfüllt sind.	
	Abschnitt 3. Revision	
7130	Verfahren im Allgemeinen	5,0
7131	Beendigung des gesamten Verfahrens durch Zurücknahme der Revision oder der Klage, bevor die Schrift zur Begründung der Revision bei Gericht eingegangen ist: Die Gebühr 7130 ermäßigt sich auf	1,0
	Erledigungserklärungen nach § 197a Abs. 1 Satz 1 SGG i.V.m. § 161 Abs. 2 VwGO stehen der Zurücknahme gleich, wenn keine Entscheidung über die Kosten ergeht oder die Entscheidung einer zuvor mitgeteilten Einigung der Beteiligten über die Kostentragung oder der Kostenübernahmeerklärung eines Beteiligten folgt.	
7132	Beendigung des gesamten Verfahrens, wenn nicht Nummer 7131 erfüllt ist, durch 1. Zurücknahme der Revision oder der Klage, a) vor dem Schluss der mündlichen Verhandlung oder, b) wenn eine solche nicht stattfindet, vor Ablauf des Tages, an dem das Urteil oder der Beschluss in der Hauptsache der Geschäftsstelle übermittelt wird, 2. Anerkenntnisurteil, 3. gerichtlichen Vergleich oder angenommenes Anerkenntnis oder	

Nr.	Gebührentatbestand	Gebühr oder Satz der Gebühr nach § 34 GKG
	4. Erledigungserklärungen nach § 197a Abs. 1 Satz 1 SGG i.V.m. § 161 Abs. 2 VwGO, wenn keine Entscheidung über die Kosten ergeht oder die Entscheidung einer zuvor mitgeteilten Einigung der Beteiligten über die Kostentragung oder der Kostenübernahmeerklärung eines Beteiligten folgt, wenn nicht bereits ein Urteil oder ein Beschluss in der Hauptsache vorausgegangen ist: Die Gebühr 7130 ermäßigt sich auf .... Die Gebühr ermäßigt sich auch, wenn mehrere Ermäßigungstatbestände erfüllt sind.	3,0

Hauptabschnitt 2. Vorläufiger Rechtsschutz

Vorbemerkung 7.2:

(1) Die Vorschriften dieses Hauptabschnitts gelten für einstweilige Anordnungen und für Verfahren nach § 86b Abs. 1 SGG.

(2) Im Verfahren über den Antrag auf Erlass und im Verfahren über den Antrag auf Aufhebung einer einstweiligen Anordnung werden die Gebühren jeweils gesondert erhoben. Mehrere Verfahren nach § 86b Abs. 1 SGG gelten innerhalb eines Rechtszugs als ein Verfahren.

Abschnitt 1. Erster Rechtszug

Nr.	Gebührentatbestand	Gebühr oder Satz der Gebühr nach § 34 GKG
7210	Verfahren im Allgemeinen	1,5
7211	Beendigung des gesamten Verfahrens durch 1. Zurücknahme des Antrags a) vor dem Schluss der mündlichen Verhandlung oder, b) wenn eine solche nicht stattfindet, vor Ablauf des Tages, an dem der Beschluss (§ 86b Abs. 4 SGG) der Geschäftsstelle übermittelt wird, 2. gerichtlichen Vergleich oder angenommenes Anerkenntnis oder 3. Erledigungserklärungen nach § 197a Abs. 1 Satz 1 SGG i.V.m. § 161 Abs. 2 VwGO, wenn keine Entscheidung über die Kosten ergeht oder die Entscheidung einer zuvor mitgeteilten Einigung der Beteiligten über die Kostentragung oder der Kostenübernahmeerklärung eines Beteiligten folgt, es sei denn, dass bereits ein Beschluss (§ 86b Abs. 4 SGG) vorausgegangen ist: Die Gebühr 7210 ermäßigt sich auf .... Die Gebühr ermäßigt sich auch, wenn mehrere Ermäßigungstatbestände erfüllt sind.	0,5

Abschnitt 2. Beschwerde

Vorbemerkung 7.2.2:

Die Vorschriften dieses Abschnitts gelten für Beschwerden gegen Beschlüsse des Sozialgerichts nach § 86b SGG.

Nr.	Gebührentatbestand	Gebühr oder Satz der Gebühr nach § 34 GKG
7220	Verfahren über die Beschwerde	2,0
7221	Beendigung des gesamten Verfahrens durch Zurücknahme der Beschwerde: Die Gebühr 7220 ermäßigt sich auf	1,0
	Hauptabschnitt 3. Beweissicherungsverfahren	
7300	Verfahren im Allgemeinen	1,0
	Hauptabschnitt 4. Rüge wegen Verletzung des Anspruchs auf rechtliches Gehör	
7400	Verfahren über die Rüge wegen Verletzung des Anspruchs auf rechtliches Gehör (§ 178a SGG): Die Rüge wird in vollem Umfang verworfen oder zurückgewiesen	60,00 €
	Hauptabschnitt 5. Sonstige Beschwerden	
7500	Verfahren über die Beschwerde gegen die Nichtzulassung der Berufung: Soweit die Beschwerde verworfen oder zurückgewiesen wird	1,5
7501	Verfahren über die Beschwerde gegen die Nichtzulassung der Berufung: Soweit die Beschwerde zurückgenommen oder das Verfahren durch anderweitige Erledigung beendet wird Die Gebühr entsteht nicht, soweit die Berufung zugelassen wird.	0,75
7502	Verfahren über die Beschwerde gegen die Nichtzulassung der Revision: Soweit die Beschwerde verworfen oder zurückgewiesen wird	2,0
7503	Verfahren über die Beschwerde gegen die Nichtzulassung der Revision: Soweit die Beschwerde zurückgenommen oder das Verfahren durch anderweitige Erledigung beendet wird Die Gebühr entsteht nicht, soweit die Revision zugelassen wird.	1,0
7504	Verfahren über nicht besonders aufgeführte Beschwerden, die nicht nach anderen Vorschriften gebührenfrei sind: Die Beschwerde wird verworfen oder zurückgewiesen Wird die Beschwerde nur teilweise verworfen oder zurückgewiesen, kann das Gericht die Gebühr nach billigem Ermessen auf die Hälfte ermäßigen oder bestimmen, dass eine Gebühr nicht zu erheben ist.	60,00 €
	Hauptabschnitt 6. Besondere Gebühren	
7600	Abschluss eines gerichtlichen Vergleichs:	

Nr.	Gebührentatbestand	Gebühr oder Satz der Gebühr nach § 34 GKG
	Soweit ein Vergleich über nicht gerichtlich anhängige Gegenstände geschlossen wird .... Die Gebühr entsteht nicht im Verfahren über die Prozesskostenhilfe. Im Verhältnis zur Gebühr für das Verfahren im Allgemeinen ist § 36 Absatz 3 GKG entsprechend anzuwenden.	0,25
7601	Auferlegung einer Gebühr nach § 38 GKG wegen Verzögerung des Rechtsstreits	wie vom Gericht bestimmt

Teil 8. Verfahren vor den Gerichten der Arbeitsgerichtsbarkeit

Nr.	Gebührentatbestand	Gebühr oder Satz der Gebühr nach § 34 GKG
	Vorbemerkung 8: Bei Beendigung des Verfahrens durch einen gerichtlichen Vergleich entfällt die in dem betreffenden Rechtszug angefallene Gebühr; im ersten Rechtszug entfällt auch die Gebühr für das Verfahren über den Antrag auf Erlass eines Vollstreckungsbescheids oder eines Europäischen Zahlungsbefehls. Dies gilt nicht, wenn der Vergleich nur einen Teil des Streitgegenstands betrifft (Teilvergleich).	
	Hauptabschnitt 1. Mahnverfahren	
8100	Verfahren über den Antrag auf Erlass eines Vollstreckungsbescheids oder eines Europäischen Zahlungsbefehls .... Die Gebühr entfällt bei Zurücknahme des Antrags auf Erlass des Vollstreckungsbescheids. Sie entfällt auch nach Übergang in das streitige Verfahren, wenn dieses ohne streitige Verhandlung endet; dies gilt nicht, wenn ein Versäumnisurteil ergeht. Bei Erledigungserklärungen nach § 91a ZPO entfällt die Gebühr, wenn keine Entscheidung über die Kosten ergeht oder die Kostenentscheidung einer zuvor mitgeteilten Einigung der Parteien über die Kostentragung oder der Kostenübernahmeerklärung einer Partei folgt.	0,4 – mindestens 26,00 €
	Hauptabschnitt 2. Urteilsverfahren	
	Abschnitt 1. Erster Rechtszug	
8210	Verfahren im Allgemeinen .... (1) Soweit wegen desselben Anspruchs ein Mahnverfahren vorausgegangen ist, entsteht die Gebühr nach Erhebung des Widerspruchs, wenn ein Antrag auf Durchführung der mündlichen Verhandlung gestellt wird, oder mit der Einlegung des Einspruchs; in diesem Fall wird eine Gebühr 8100 nach dem Wert des Streitgegenstands angerechnet, der in das Prozessverfahren übergegangen ist, sofern im Mahnverfahren der Antrag auf Erlass des Vollstreckungsbescheids gestellt wurde. Satz 1 gilt entsprechend, wenn wegen desselben Streitgegenstands ein Europäisches Mahnverfahren vorausgegangen ist. (2) Die Gebühr entfällt bei Beendigung des gesamten Verfahrens ohne streitige Verhandlung, wenn kein Versäumnisurteil ergeht. Bei Erledigungserklärungen nach § 91a ZPO entfällt die Gebühr, wenn keine Entscheidung über die Kosten ergeht oder die Kostenentscheidung einer	2,0

Nr.	Gebührentatbestand	Gebühr oder Satz der Gebühr nach § 34 GKG
	zuvor mitgeteilten Einigung der Parteien über die Kostentragung oder der Kostenübernahmeerklärung einer Partei folgt.	
8211	Beendigung des gesamten Verfahrens nach streitiger Verhandlung durch 1. Zurücknahme der Klage vor dem Schluss der mündlichen Verhandlung, wenn keine Entscheidung nach § 269 Abs. 3 Satz 3 ZPO über die Kosten ergeht oder die Entscheidung einer zuvor mitgeteilten Einigung der Parteien über die Kostentragung oder der Kostenübernahmeerklärung einer Partei folgt, 2. Anerkenntnisurteil, Verzichtsurteil oder Urteil, das nach § 313a Abs. 2 ZPO keinen Tatbestand und keine Entscheidungsgründe enthält, oder 3. Erledigungserklärungen nach § 91a ZPO, wenn keine Entscheidung über die Kosten ergeht oder die Entscheidung einer zuvor mitgeteilten Einigung der Parteien über die Kostentragung oder der Kostenübernahmeerklärung einer Partei folgt, es sei denn, dass bereits ein anderes als eines der in Nummer 2 genannten Urteile vorausgegangen ist: Die Gebühr 8210 ermäßigt sich auf	0,4
	Die Zurücknahme des Widerspruchs gegen den Mahnbescheid oder des Einspruchs gegen den Vollstreckungsbescheid stehen der Zurücknahme der Klage gleich. Die Gebühr ermäßigt sich auch, wenn mehrere Ermäßigungstatbestände erfüllt sind oder Ermäßigungstatbestände mit einem Teilvergleich zusammentreffen.	
8212	Verfahren wegen eines überlangen Gerichtsverfahrens (§ 9 Absatz 2 Satz 2 des Arbeitsgerichtsgesetzes) vor dem Landesarbeitsgericht: Die Gebühr 8210 beträgt	4,0
8213	Verfahren wegen eines überlangen Gerichtsverfahrens (§ 9 Absatz 2 Satz 2 des Arbeitsgerichtsgesetzes) vor dem Landesarbeitsgericht: Die Gebühr 8211 beträgt	2,0
8214	Verfahren wegen eines überlangen Gerichtsverfahrens (§ 9 Absatz 2 Satz 2 des Arbeitsgerichtsgesetzes) vor dem Bundesarbeitsgericht: Die Gebühr 8210 beträgt	5,0
8215	Verfahren wegen eines überlangen Gerichtsverfahrens (§ 9 Absatz 2 Satz 2 des Arbeitsgerichtsgesetzes) vor dem Bundesarbeitsgericht: Die Gebühr 8211 beträgt	3,0
	Abschnitt 2. Berufung	
8220	Verfahren im Allgemeinen	3,2

Nr.	Gebührentatbestand	Gebühr oder Satz der Gebühr nach § 34 GKG
8221	Beendigung des gesamten Verfahrens durch Zurücknahme der Berufung oder der Klage, bevor die Schrift zur Begründung der Berufung bei Gericht eingegangen ist: Die Gebühr 8220 ermäßigt sich auf .... Erledigungserklärungen nach § 91a ZPO stehen der Zurücknahme gleich, wenn keine Entscheidung über die Kosten ergeht oder die Entscheidung einer zuvor mitgeteilten Einigung der Parteien über die Kostentragung oder der Kostenübernahmeerklärung einer Partei folgt.	0,8
8222	Beendigung des gesamten Verfahrens, wenn nicht Nummer 8221 erfüllt ist, durch 1. Zurücknahme der Berufung oder der Klage vor dem Schluss der mündlichen Verhandlung, 2. Anerkenntnisurteil, Verzichtsurteil oder Urteil, das nach § 313a Abs. 2 ZPO keinen Tatbestand und keine Entscheidungsgründe enthält, oder 3. Erledigungserklärungen nach § 91a ZPO, wenn keine Entscheidung über die Kosten ergeht oder die Entscheidung einer zuvor mitgeteilten Einigung der Parteien über die Kostentragung oder der Kostenübernahmeerklärung einer Partei folgt, es sei denn, dass bereits ein anderes als eines der in Nummer 2 genannten Urteile vorausgegangen ist: Die Gebühr 8220 ermäßigt sich auf .... Die Gebühr ermäßigt sich auch, wenn mehrere Ermäßigungstatbestände erfüllt sind oder Ermäßigungstatbestände mit einem Teilvergleich zusammentreffen.	1,6
8223	Beendigung des gesamten Verfahrens durch ein Urteil, das wegen eines Verzichts der Parteien nach § 313a Abs. 1 Satz 2 ZPO keine schriftliche Begründung enthält, wenn nicht bereits ein anderes als eines der in Nummer 8222 Nr. 2 genannten Urteile oder ein Beschluss in der Hauptsache vorausgegangen ist: Die Gebühr 8220 ermäßigt sich auf .... Die Gebühr ermäßigt sich auch, wenn daneben Ermäßigungstatbestände nach Nummer 8222 erfüllt sind oder Ermäßigungstatbestände mit einem Teilvergleich zusammentreffen.	2,4
	Abschnitt 3. Revision	
8230	Verfahren im Allgemeinen	4,0
8231	Beendigung des gesamten Verfahrens durch Zurücknahme der Revision oder der Klage, bevor die Schrift zur Begründung der Revision bei Gericht eingegangen ist: Die Gebühr 8230 ermäßigt sich auf .... Erledigungserklärungen nach § 91a ZPO stehen der Zurücknahme gleich, wenn keine Entscheidung über die Kosten ergeht oder die Entscheidung einer zuvor mitgeteilten Einigung der Parteien über die Kostentragung oder der Kostenübernahmeerklärung einer Partei folgt.	0,8

Nr.	Gebührentatbestand	Gebühr oder Satz der Gebühr nach § 34 GKG
8232	Beendigung des gesamten Verfahrens, wenn nicht Nummer 8231 erfüllt ist, durch 1. Zurücknahme der Revision oder der Klage vor dem Schluss der mündlichen Verhandlung, 2. Anerkenntnis- oder Verzichtsurteil oder 3. Erledigungserklärungen nach § 91a ZPO, wenn keine Entscheidung über die Kosten ergeht oder die Entscheidung einer zuvor mitgeteilten Einigung der Parteien über die Kostentragung oder der Kostenübernahmeerklärung einer Partei folgt, es sei denn, dass bereits ein anderes als eines der in Nummer 2 genannten Urteile vorausgegangen ist: Die Gebühr 8230 ermäßigt sich auf	2,4
	Die Gebühr ermäßigt sich auch, wenn mehrere Ermäßigungstatbestände erfüllt sind oder Ermäßigungstatbestände mit einem Teilvergleich zusammentreffen.	
8233	Verfahren wegen eines überlangen Gerichtsverfahrens (§ 9 Absatz 2 Satz 2 des Arbeitsgerichtsgesetzes): Die Gebühr 8230 beträgt	5,0
8234	Verfahren wegen eines überlangen Gerichtsverfahrens (§ 9 Absatz 2 Satz 2 des Arbeitsgerichtsgesetzes): Die Gebühr 8231 beträgt	1,0
8235	Verfahren wegen eines überlangen Gerichtsverfahrens (§ 9 Absatz 2 Satz 2 des Arbeitsgerichtsgesetzes): Die Gebühr 8232 beträgt	3,0

Hauptabschnitt 3. Arrest, Europäischer Beschluss zur vorläufigen Kontenpfändung und einstweilige Verfügung

Vorbemerkung 8.3:

(1) Im Verfahren zur Erwirkung eines Europäischen Beschlusses zur vorläufigen Kontenpfändung werden Gebühren nach diesem Hauptabschnitt nur im Fall des Artikels 5 Buchstabe a der Verordnung (EU) Nr. 655/2014 erhoben. In den Fällen des Artikels 5 Buchstabe b der Verordnung (EU) Nr. 655/2014 bestimmen sich die Gebühren nach Teil 2 Hauptabschnitt 1.

(2) Im Verfahren auf Anordnung eines Arrests oder auf Erlass einer einstweiligen Verfügung sowie im Verfahren über die Aufhebung oder die Abänderung (§ 926 Abs. 2, §§ 927, 936 ZPO) werden die Gebühren jeweils gesondert erhoben. Im Fall des § 942 ZPO gilt das Verfahren vor dem Amtsgericht und dem Gericht der Hauptsache als ein Rechtsstreit.

(3) Im Verfahren zur Erwirkung eines Europäischen Beschlusses zur vorläufigen Kontenpfändung sowie im Verfahren über den Widerruf oder die Abänderung werden die Gebühren jeweils gesondert erhoben.

Abschnitt 1. Erster Rechtszug

8310	Verfahren im Allgemeinen	0,4
8311	Es wird durch Urteil entschieden oder es ergeht ein Beschluss nach § 91a oder § 269 Abs. 3 Satz 3 ZPO, es sei denn, der Beschluss folgt einer zuvor mitgeteilten Einigung der Parteien über die Kostentragung oder der Kostenübernahmeerklärung einer Partei:	

Nr.	Gebührentatbestand	Gebühr oder Satz der Gebühr nach § 34 GKG
	Die Gebühr 8310 erhöht sich auf	2,0
	Die Gebühr wird nicht erhöht, wenn durch Anerkenntnisurteil, Verzichtsurteil oder Urteil, das nach § 313a Abs. 2 ZPO keinen Tatbestand und keine Entscheidungsgründe enthält, entschieden wird. Dies gilt auch, wenn eine solche Entscheidung mit einem Teilvergleich zusammentrifft.	
	Abschnitt 2. Berufung	
8320	Verfahren im Allgemeinen	3,2
8321	Beendigung des gesamten Verfahrens durch Zurücknahme der Berufung, des Antrags oder des Widerspruchs, bevor die Schrift zur Begründung der Berufung bei Gericht eingegangen ist:	
	Die Gebühr 8320 ermäßigt sich auf	0,8
	Erledigungserklärungen nach § 91a ZPO stehen der Zurücknahme gleich, wenn keine Entscheidung über die Kosten ergeht oder die Entscheidung einer zuvor mitgeteilten Einigung der Parteien über die Kostentragung oder der Kostenübernahmeerklärung einer Partei folgt.	
8322	Beendigung des gesamten Verfahrens, wenn nicht Nummer 8321 erfüllt ist, durch 1. Zurücknahme der Berufung oder des Antrags vor dem Schluss der mündlichen Verhandlung, 2. Anerkenntnisurteil, Verzichtsurteil oder Urteil, das nach § 313a Abs. 2 ZPO keinen Tatbestand und keine Entscheidungsgründe enthält, oder 3. Erledigungserklärungen nach § 91a ZPO, wenn keine Entscheidung über die Kosten ergeht oder die Entscheidung einer zuvor mitgeteilten Einigung der Parteien über die Kostentragung oder der Kostenübernahmeerklärung einer Partei folgt, es sei denn, dass bereits ein anderes als eines der in Nummer 2 genannten Urteile vorausgegangen ist:	
	Die Gebühr 8320 ermäßigt sich auf	1,6
	Die Gebühr ermäßigt sich auch, wenn mehrere Ermäßigungstatbestände erfüllt sind oder Ermäßigungstatbestände mit einem Teilvergleich zusammentreffen.	
8323	Beendigung des gesamten Verfahrens durch ein Urteil, das wegen eines Verzichts der Parteien nach § 313a Abs. 1 Satz 2 ZPO keine schriftliche Begründung enthält, wenn nicht bereits ein anderes als eines der in Nummer 8322 Nr. 2 genannten Urteile oder ein Beschluss in der Hauptsache vorausgegangen ist:	
	Die Gebühr 8320 ermäßigt sich auf	2,4
	Die Gebühr ermäßigt sich auch, wenn daneben Ermäßigungstatbestände nach Nummer 8322 erfüllt sind oder solche Ermäßigungstatbestände mit einem Teilvergleich zusammentreffen.	

Nr.	Gebührentatbestand	Gebühr oder Satz der Gebühr nach § 34 GKG
	Abschnitt 3. Beschwerde	
8330	Verfahren über die Beschwerde 1. gegen die Zurückweisung eines Antrags auf Anordnung eines Arrests oder eines Antrags auf Erlass einer einstweiligen Verfügung oder 2. in Verfahren nach der Verordnung (EU) Nr. 655/2014	1,2
8331	Beendigung des gesamten Verfahrens durch Zurücknahme der Beschwerde: Die Gebühr 8330 ermäßigt sich auf	0,8
	Hauptabschnitt 4. Besondere Verfahren	
8400	Selbständiges Beweisverfahren	0,6
8401	Verfahren über Anträge auf Ausstellung einer Bestätigung nach § 1079 ZPO	15,00 €
	Hauptabschnitt 5. Rüge wegen Verletzung des Anspruchs auf rechtliches Gehör	
8500	Verfahren über die Rüge wegen Verletzung des Anspruchs auf rechtliches Gehör (§ 78a des Arbeitsgerichtsgesetzes): Die Rüge wird in vollem Umfang verworfen oder zurückgewiesen	50,00 €
	Hauptabschnitt 6. Sonstige Beschwerden und Rechtsbeschwerden	
	Abschnitt 1. Sonstige Beschwerden	
8610	Verfahren über Beschwerden nach § 71 Abs. 2, § 91a Abs. 2, § 99 Abs. 2, § 269 Abs. 5 oder § 494a Absatz 2 Satz 2 ZPO	70,00 €
8611	Beendigung des Verfahrens ohne Entscheidung: Die Gebühr 8610 ermäßigt sich auf .... (1) Die Gebühr ermäßigt sich auch im Fall der Zurücknahme der Beschwerde vor Ablauf des Tages, an dem die Entscheidung der Geschäftsstelle übermittelt wird. (2) Eine Entscheidung über die Kosten steht der Ermäßigung nicht entgegen, wenn die Entscheidung einer zuvor mitgeteilten Einigung der Parteien über die Kostentragung oder der Kostenübernahmeerklärung einer Partei folgt.	50,00 €
8612	Verfahren über die Beschwerde gegen die Nichtzulassung der Revision: Soweit die Beschwerde verworfen oder zurückgewiesen wird	1,6
8613	Verfahren über die Beschwerde gegen die Nichtzulassung der Revision:	

Nr.	Gebührentatbestand	Gebühr oder Satz der Gebühr nach § 34 GKG
	Soweit die Beschwerde zurückgenommen oder das Verfahren durch anderweitige Erledigung beendet wird	0,8
	Die Gebühr entsteht nicht, soweit die Revision zugelassen wird.	
8614	Verfahren über nicht besonders aufgeführte Beschwerden, die nicht nach anderen Vorschriften gebührenfrei sind:	
	Die Beschwerde wird verworfen oder zurückgewiesen ..	50,00 €
	Wird die Beschwerde nur teilweise verworfen oder zurückgewiesen, kann das Gericht die Gebühr nach billigem Ermessen auf die Hälfte ermäßigen oder bestimmen, dass eine Gebühr nicht zu erheben ist.	
	Abschnitt 2. Sonstige Rechtsbeschwerden	
8620	Verfahren über Rechtsbeschwerden in den Fällen des § 71 Abs. 1, § 91a Abs. 1, § 99 Abs. 2, § 269 Abs. 4, § 494a Absatz 2 Satz 2 oder § 516 Abs. 3 ZPO	145,00 €
8621	Beendigung des gesamten Verfahrens durch Zurücknahme der Rechtsbeschwerde, des Antrags oder der Klage, bevor die Schrift zur Begründung der Rechtsbeschwerde bei Gericht eingegangen ist: Die Gebühr 8620 ermäßigt sich auf	50,00 €
8622	Beendigung des gesamten Verfahrens durch Zurücknahme der Rechtsbeschwerde, des Antrags oder der Klage vor Ablauf des Tages, an dem die Entscheidung der Geschäftsstelle übermittelt wird, wenn nicht Nummer 8621 erfüllt ist: Die Gebühr 8620 ermäßigt sich auf	70,00 €
8623	Verfahren über nicht besonders aufgeführte Rechtsbeschwerden, die nicht nach anderen Vorschriften gebührenfrei sind:	
	Die Rechtsbeschwerde wird verworfen oder zurückgewiesen	95,00 €
	Wird die Rechtsbeschwerde nur teilweise verworfen oder zurückgewiesen, kann das Gericht die Gebühr nach billigem Ermessen auf die Hälfte ermäßigen oder bestimmen, dass eine Gebühr nicht zu erheben ist.	
8624	Verfahren über die in Nummer 8623 genannten Rechtsbeschwerden:	
	Beendigung des gesamten Verfahrens durch Zurücknahme der Rechtsbeschwerde, des Antrags oder der Klage vor Ablauf des Tages, an dem die Entscheidung der Geschäftsstelle übermittelt wird	50,00 €
	Hauptabschnitt 7. Besondere Gebühr	
8700	Auferlegung einer Gebühr nach § 38 GKG wegen Verzögerung des Rechtsstreits	wie vom Gericht bestimmt

Teil 9. Auslagen

Nr.	Auslagentatbestand	Höhe
	Vorbemerkung 9: (1) Auslagen, die durch eine für begründet befundene Beschwerde entstanden sind, werden nicht erhoben, soweit das Beschwerdeverfahren gebührenfrei ist; dies gilt jedoch nicht, soweit das Beschwerdegericht die Kosten dem Gegner des Beschwerdeführers auferlegt hat. (2) Sind Auslagen durch verschiedene Rechtssachen veranlasst, werden sie auf die mehreren Rechtssachen angemessen verteilt.	
9000	Pauschale für die Herstellung und Überlassung von Dokumenten: 1. Ausfertigungen, Kopien und Ausdrucke bis zur Größe von DIN A3, die a) auf Antrag angefertigt oder auf Antrag per Telefax übermittelt worden sind oder b) angefertigt worden sind, weil die Partei oder ein Beteiligter es unterlassen hat, die erforderliche Zahl von Mehrfertigungen beizufügen; der Anfertigung steht es gleich, wenn per Telefax übermittelte Mehrfertigungen von der Empfangseinrichtung des Gerichts ausgedruckt werden:	
	für die ersten 50 Seiten je Seite	0,50 €
	für jede weitere Seite	0,15 €
	für die ersten 50 Seiten in Farbe je Seite	1,00 €
	für jede weitere Seite in Farbe	0,30 €
	2. Entgelte für die Herstellung und Überlassung der in Nummer 1 genannten Kopien oder Ausdrucke in einer Größe von mehr als DIN A3	in voller Höhe
	oder pauschal je Seite	3,00 €
	oder pauschal je Seite in Farbe	6,00 €
	3. Überlassung von elektronisch gespeicherten Dateien oder deren Bereitstellung zum Abruf anstelle der in den Nummern 1 und 2 genannten Ausfertigungen, Kopien und Ausdrucke: je Datei	1,50 €
	für die in einem Arbeitsgang überlassenen, bereitgestellten oder in einem Arbeitsgang auf denselben Datenträger übertragenen Dokumente insgesamt höchstens	5,00 €
	(1) Die Höhe der Dokumentenpauschale nach Nummer 1 ist in jedem Rechtszug und für jeden Kostenschuldner nach § 28 Abs. 1 GKG gesondert zu berechnen; Gesamtschuldner gelten als ein Schuldner. Die Dokumentenpauschale ist auch im erstinstanzlichen Musterverfahren nach dem KapMuG gesondert zu berechnen. (2) Werden zum Zweck der Überlassung von elektronisch gespeicherten Dateien Dokumente zuvor auf Antrag von der Papierform in die elektronische Form übertragen, beträgt die Dokumentenpauschale nach Num-	

Nr.	Auslagentatbestand	Höhe
	mer 2 nicht weniger, als die Dokumentenpauschale im Fall der Nummer 1 betragen würde. (3) Frei von der Dokumentenpauschale sind für jede Partei, jeden Beteiligten, jeden Beschuldigten und deren bevollmächtigte Vertreter jeweils 1. eine vollständige Ausfertigung oder Kopie oder ein vollständiger Ausdruck jeder gerichtlichen Entscheidung und jedes vor Gericht abgeschlossenen Vergleichs, 2. eine Ausfertigung ohne Tatbestand und Entscheidungsgründe und 3. eine Kopie oder ein Ausdruck jeder Niederschrift über eine Sitzung. § 191a Abs. 1 Satz 5 GVG bleibt unberührt. (4) Bei der Gewährung der Einsicht in Akten wird eine Dokumentenpauschale nur erhoben, wenn auf besonderen Antrag ein Ausdruck einer elektronischen Akte oder ein Datenträger mit dem Inhalt einer elektronischen Akte übermittelt wird.	
9001	Auslagen für Telegramme	in voller Höhe
9002	Pauschale für Zustellungen mit Zustellungsurkunde, Einschreiben gegen Rückschein oder durch Justizbedienstete nach § 168 Abs. 1 ZPO je Zustellung .... Neben Gebühren, die sich nach dem Streitwert richten, mit Ausnahme der Gebühr 3700, wird die Zustellungspauschale nur erhoben, soweit in einem Rechtszug mehr als 10 Zustellungen anfallen. Im erstinstanzlichen Musterverfahren nach dem KapMuG wird die Zustellungspauschale für sämtliche Zustellungen erhoben.	3,50 €
9003	Pauschale für die bei der Versendung von Akten auf Antrag anfallenden Auslagen an Transport- und Verpackungskosten je Sendung .... (1) Die Hin- und Rücksendung der Akten durch Gerichte oder Staatsanwaltschaften gelten zusammen als eine Sendung. (2) Die Auslagen werden von demjenigen Kostenschuldner nicht erhoben, von dem die Gebühr 2116 zu erheben ist.	12,00 €
9004	Auslagen für öffentliche Bekanntmachungen .... (1) Auslagen werden nicht erhoben für die Bekanntmachung in einem elektronischen Informations- und Kommunikationssystem, wenn das Entgelt nicht für den Einzelfall oder nicht für ein einzelnes Verfahren berechnet wird. Nicht erhoben werden ferner Auslagen für die Bekanntmachung eines besonderen Prüfungstermins (§ 177 InsO, § 18 SVertO). (2) Die Auslagen für die Bekanntmachung eines Vorlagebeschlusses gemäß § 6 Absatz 4 KapMuG gelten als Auslagen des Musterverfahrens.	in voller Höhe
9005	Nach dem JVEG zu zahlende Beträge .... (1) Nicht erhoben werden Beträge, die an ehrenamtliche Richter (§ 1 Abs. 1 Satz 1 Nr. 2 JVEG) gezahlt werden. (2) Die Beträge werden auch erhoben, wenn aus Gründen der Gegenseitigkeit, der Verwaltungsvereinfachung oder aus vergleichbaren Gründen keine Zahlungen zu leisten sind. Ist aufgrund des § 1 Abs. 2 Satz 2 JVEG keine Vergütung zu zahlen, ist der Betrag zu erheben, der ohne diese Vorschrift zu zahlen wäre. (3) Auslagen für Übersetzer, die zur Erfüllung der Rechte blinder oder sehbehinderter Personen herangezogen werden (§ 191a Abs. 1 GVG), werden nicht, Auslagen für Gebärdensprachdolmetscher (§ 186 Abs. 1 GVG) werden nur nach Maßgabe des Absatzes 4 erhoben.	in voller Höhe

Nr.	Auslagentatbestand	Höhe
	(4) Ist für einen Beschuldigten oder Betroffenen, der der deutschen Sprache nicht mächtig, hör- oder sprachbehindert ist, im Strafverfahren oder im gerichtlichen Verfahren nach dem OWiG ein Dolmetscher oder Übersetzer herangezogen worden, um Erklärungen oder Schriftstücke zu übertragen, auf deren Verständnis der Beschuldigte oder Betroffene zu seiner Verteidigung angewiesen oder soweit dies zur Ausübung seiner strafprozessualen Rechte erforderlich war, werden von diesem die dadurch entstandenen Auslagen nur erhoben, wenn das Gericht ihm diese nach § 464c StPO oder die Kosten nach § 467 Abs. 2 Satz 1 StPO, auch i.V.m. § 467a Abs. 1 Satz 2 StPO, auferlegt hat; dies gilt auch jeweils i.V.m. § 46 Abs. 1 OWiG. (5) Im Verfahren vor den Gerichten für Arbeitssachen werden Kosten für vom Gericht herangezogene Dolmetscher und Übersetzer nicht erhoben, wenn ein Ausländer Partei und die Gegenseitigkeit verbürgt ist oder ein Staatenloser Partei ist. (6) Auslagen für Sachverständige, die durch die Untersuchung eines Beschuldigten nach § 43 Abs. 2 JGG entstanden sind, werden nicht erhoben.	
9006	Bei Geschäften außerhalb der Gerichtsstelle	
	1. die den Gerichtspersonen aufgrund gesetzlicher Vorschriften gewährte Vergütung (Reisekosten, Auslagenersatz) und die Auslagen für die Bereitstellung von Räumen	in voller Höhe
	2. für den Einsatz von Dienstkraftfahrzeugen für jeden gefahrenen Kilometer	0,30 €
9007	An Rechtsanwälte zu zahlende Beträge mit Ausnahme der nach § 59 RVG auf die Staatskasse übergegangenen Ansprüche	in voller Höhe
9008	Auslagen für	
	1. die Beförderung von Personen	in voller Höhe
	2. Zahlungen an mittellose Personen für die Reise zum Ort einer Verhandlung, Vernehmung oder Untersuchung und für die Rückreise	bis zur Höhe der nach dem JVEG an Zeugen zu zahlenden Beträge
9009	An Dritte zu zahlende Beträge für	
	1. die Beförderung von Tieren und Sachen mit Ausnahme der für Postdienstleistungen zu zahlenden Entgelte, die Verwahrung von Tieren und Sachen sowie die Fütterung von Tieren	in voller Höhe
	2. die Beförderung und die Verwahrung von Leichen	in voller Höhe

Nr.	Auslagentatbestand	Höhe
	3. die Durchsuchung oder Untersuchung von Räumen und Sachen einschließlich der die Durchsuchung oder Untersuchung vorbereitenden Maßnahmen	in voller Höhe
	4. die Bewachung von Schiffen und Luftfahrzeugen	in voller Höhe
9010	Kosten einer Zwangshaft, auch aufgrund eines Haftbefehls nach § 802g ZPO .... Maßgebend ist die Höhe des Haftkostenbeitrags, der nach Landesrecht von einem Gefangenen zu erheben ist.	in Höhe des Haftkostenbeitrags
9011	Kosten einer Haft außer Zwangshaft, Kosten einer einstweiligen Unterbringung (§ 126a StPO), einer Unterbringung zur Beobachtung (§ 81 StPO) und einer einstweiligen Unterbringung in einem Heim der Jugendhilfe (§ 71 Abs. 2, § 72 Abs. 4 JGG) .... Maßgebend ist die Höhe des Haftkostenbeitrags, der nach Landesrecht von einem Gefangenen zu erheben ist. Diese Kosten werden nur angesetzt, wenn der Haftkostenbeitrag auch von einem Gefangenen im Strafvollzug zu erheben wäre.	in Höhe des Haftkostenbeitrags
9012	Nach ***[bis 30.9.2021:*** dem Auslandskostengesetz***] [ab 1.10.2021:*** *§ 12 BGebG, dem 5. Abschnitt des Konsulargesetzes und der Besonderen Gebührenverordnung des Auswärtigen Amts nach § 22 Abs. 4 BGebG****]*** zu zahlende Beträge ...	in voller Höhe
9013	An deutsche Behörden für die Erfüllung von deren eigenen Aufgaben zu zahlende Gebühren sowie diejenigen Beträge, die diesen Behörden, öffentlichen Einrichtungen oder deren Bediensteten als Ersatz für Auslagen der in den Nummern 9000 bis 9011 bezeichneten Art zustehen .... Die als Ersatz für Auslagen angefallenen Beträge werden auch erhoben, wenn aus Gründen der Gegenseitigkeit, der Verwaltungsvereinfachung oder aus vergleichbaren Gründen keine Zahlungen zu leisten sind.	in voller Höhe, die Auslagen begrenzt durch die Höchstsätze für die Auslagen 9000 bis 9011
9014	Beträge, die ausländischen Behörden, Einrichtungen oder Personen im Ausland zustehen, sowie Kosten des Rechtshilfeverkehrs mit dem Ausland .... Die Beträge werden auch erhoben, wenn aus Gründen der Gegenseitigkeit, der Verwaltungsvereinfachung oder aus vergleichbaren Gründen keine Zahlungen zu leisten sind.	in voller Höhe
9015	Auslagen der in den Nummern 9000 bis 9014 bezeichneten Art, soweit sie durch die Vorbereitung der öffentlichen Klage entstanden sind	begrenzt durch die Höchstsätze für die Aus-

Nr.	Auslagentatbestand	Höhe
		lagen 9000 bis 9013
9016	Auslagen der in den Nummern 9000 bis 9014 bezeichneten Art, soweit sie durch das dem gerichtlichen Verfahren vorausgegangene Bußgeldverfahren entstanden sind ... Abs. 3 der Anmerkung zu Nummer 9005 ist nicht anzuwenden.	begrenzt durch die Höchstsätze für die Auslagen 9000 bis 9013
9017	An den vorläufigen Insolvenzverwalter, den Insolvenzverwalter, die Mitglieder des Gläubigerausschusses oder die Treuhänder auf der Grundlage der Insolvenzrechtlichen Vergütungsverordnung aufgrund einer Stundung nach § 4a InsO zu zahlende Beträge ...	in voller Höhe
9018	Im ersten Rechtszug des Prozessverfahrens: Auslagen des erstinstanzlichen Musterverfahrens nach dem KapMuG zuzüglich Zinsen ... (1) Die im erstinstanzlichen Musterverfahren entstehenden Auslagen nach Nummer 9005 werden vom Tag nach der Auszahlung bis zum rechtskräftigen Abschluss des Musterverfahrens mit 5 Prozentpunkten über dem Basiszinssatz nach § 247 BGB verzinst. (2) Auslagen und Zinsen werden nur erhoben, wenn der Kläger nicht innerhalb von einem Monat ab Zustellung des Aussetzungsbeschlusses nach § 8 KapMuG seine Klage in der Hauptsache zurücknimmt. (3) Der Anteil bestimmt sich nach dem Verhältnis der Höhe des von dem Kläger geltend gemachten Anspruchs, soweit dieser von den Feststellungszielen des Musterverfahrens betroffen ist, zu der Gesamthöhe der vom Musterkläger und den Beigeladenen des Musterverfahrens in den Prozessverfahren geltend gemachten Ansprüche, soweit diese von den Feststellungszielen des Musterverfahrens betroffen sind. Der Anspruch des Musterklägers oder eines Beigeladenen ist hierbei nicht zu berücksichtigen, wenn er innerhalb von einem Monat ab Zustellung des Aussetzungsbeschlusses nach § 8 KapMuG seine Klage in der Hauptsache zurücknimmt.	anteilig
9019	Pauschale für die Inanspruchnahme von Videokonferenzverbindungen: je Verfahren für jede angefangene halbe Stunde ...	15,00 €

Anlage 2
(zu § 34 Absatz 1 Satz 3)

[Gebühren nach Streitwert]

Streitwert bis … €	Gebühr … €	Streitwert bis … €	Gebühr … €
500	35,00	**50 000**	546,00

Streitwert bis … €	Gebühr … €	Streitwert bis … €	Gebühr … €
1 000	53,00	**65 000**	666,00
1 500	71,00	**80 000**	786,00
2 000	89,00	**95 000**	906,00
3 000	108,00	**110 000**	1 026,00
4 000	127,00	**125 000**	1 146,00
5 000	146,00	**140 000**	1 266,00
6 000	165,00	**155 000**	1 386,00
7 000	184,00	**170 000**	1 506,00
8 000	203,00	**185 000**	1 626,00
9 000	222,00	**200 000**	1 746,00
10 000	241,00	**230 000**	1 925,00
13 000	267,00	**260 000**	2 104,00
16 000	293,00	**290 000**	2 283,00
19 000	319,00	**320 000**	2 462,00
22 000	345,00	**350 000**	2 641,00
25 000	371,00	**380 000**	2 820,00
30 000	406,00	**410 000**	2 999,00
35 000	441,00	**440 000**	3 178,00
40 000	476,00	**470 000**	3 357,00
45 000	511,00	**500 000**	3 536,00

10. Gesetz über die Vergütung der Rechtsanwältinnen und Rechtsanwälte (Rechtsanwaltsvergütungsgesetz – RVG)[1)]

Vom 5. Mai 2004

(BGBl. I S. 718, 788)

FNA 368-3

zuletzt geänd. durch Art. 7 G zur Neuregelung des Rechts der notwendigen Verteidigung v. 10.12. 2019 (BGBl. I S. 2128)

– Auszug –

Inhaltsübersicht

Abschnitt 1. Allgemeine Vorschriften

§ 1 Geltungsbereich
§ 2 Höhe der Vergütung
§ 3 Gebühren in sozialrechtlichen Angelegenheiten
§ 3a Vergütungsvereinbarung
§ 4 Erfolgsunabhängige Vergütung
§ 4a Erfolgshonorar
§ 4b Fehlerhafte Vergütungsvereinbarung
§ 5 Vergütung für Tätigkeiten von Vertretern des Rechtsanwalts
§ 6 Mehrere Rechtsanwälte
§ 7 Mehrere Auftraggeber
§ 8 Fälligkeit, Hemmung der Verjährung
§ 9 Vorschuss
§ 10 Berechnung
§ 11 Festsetzung der Vergütung
§ 12 Anwendung von Vorschriften für die Prozesskostenhilfe
§ 12a Abhilfe bei Verletzung des Anspruchs auf rechtliches Gehör
§ 12b Elektronische Akte, elektronisches Dokument
§ 12c Rechtsbehelfsbelehrung

Abschnitt 2. Gebührenvorschriften

§ 13 Wertgebühren
§ 14 Rahmengebühren
§ 15 Abgeltungsbereich der Gebühren
§ 15a Anrechnung einer Gebühr

Abschnitt 3. Angelegenheit

§ 16 Dieselbe Angelegenheit
§ 17 Verschiedene Angelegenheiten
§ 18 Besondere Angelegenheiten
§ 19 Rechtszug; Tätigkeiten, die mit dem Verfahren zusammenhängen
§ 20 Verweisung, Abgabe
§ 21 Zurückverweisung, Fortführung einer Folgesache als selbständige Familiensache

Abschnitt 4. Gegenstandswert

§ 22 Grundsatz
§ 23 Allgemeine Wertvorschrift
§ 23a Gegenstandswert im Verfahren über die Prozesskostenhilfe

---

[1)] Verkündet als Art. 3 KostenrechtsmodernisierungsG v. 5.5.2004 (BGBl. I S. 718); Inkrafttreten gem. Art. 8 Satz 1 dieses G am 1.7.2004.

§ 23b Gegenstandswert im Musterverfahren nach dem Kapitalanleger-Musterverfahrensgesetz
§ 24 Gegenstandswert im Sanierungs- und Reorganisationsverfahren nach dem Kreditinstitute-Reorganisationsgesetz
§ 25 Gegenstandswert in der Vollstreckung und bei der Vollziehung
§ 26 Gegenstandswert in der Zwangsversteigerung
§ 27 Gegenstandswert in der Zwangsverwaltung
§ 28 Gegenstandswert im Insolvenzverfahren
§ 29 Gegenstandswert im Verteilungsverfahren nach der Schifffahrtsrechtlichen Verteilungsordnung
§ 30 Gegenstandswert in gerichtlichen Verfahren nach dem Asylgesetz
§ 31 Gegenstandswert in gerichtlichen Verfahren nach dem Spruchverfahrensgesetz
§ 31a Ausschlussverfahren nach dem Wertpapiererwerbs- und Übernahmegesetz
§ 31b Gegenstandswert bei Zahlungsvereinbarungen
§ 32 Wertfestsetzung für die Gerichtsgebühren
§ 33 Wertfestsetzung für die Rechtsanwaltsgebühren

Abschnitt 5. Außergerichtliche Beratung und Vertretung

§ 34 Beratung, Gutachten und Mediation
§ 35 Hilfeleistung in Steuersachen
§ 36 Schiedsrichterliche Verfahren und Verfahren vor dem Schiedsgericht

Abschnitt 6. Gerichtliche Verfahren

§ 37 Verfahren vor den Verfassungsgerichten
§ 38 Verfahren vor dem Gerichtshof der Europäischen Gemeinschaften
§ 38a Verfahren vor dem Europäischen Gerichtshof für Menschenrechte
§ 39 Von Amts wegen beigeordneter Rechtsanwalt
§ 40 Als gemeinsamer Vertreter bestellter Rechtsanwalt
§ 41 Prozesspfleger
§ 41a Vertreter des Musterklägers

Abschnitt 7. Straf- und Bußgeldsachen sowie bestimmte sonstige Verfahren

§§ 42, 43 *(vom Abdruck wurde abgesehen)*

Abschnitt 8. Beigeordneter oder bestellter Rechtsanwalt, Beratungshilfe

§ 44 Vergütungsanspruch bei Beratungshilfe
§ 45 Vergütungsanspruch des beigeordneten oder bestellten Rechtsanwalts
§ 46 Auslagen und Aufwendungen
§ 47 Vorschuss
§ 48 Umfang des Anspruchs und der Beiordnung
§ 49 Wertgebühren aus der Staatskasse
§ 50 Weitere Vergütung bei Prozesskostenhilfe
§§ 51–53 *(vom Abdruck wurde abgesehen)*
§ 53a Vergütungsanspruch bei gemeinschaftlicher Nebenklagevertretung
§ 54 Verschulden eines beigeordneten oder bestellten Rechtsanwalts
§ 55 Festsetzung der aus der Staatskasse zu zahlenden Vergütungen und Vorschüsse
§ 56 Erinnerung und Beschwerde
§ 57 *(vom Abdruck wurde abgesehen)*
§ 58 Anrechnung von Vorschüssen und Zahlungen
§ 59 Übergang von Ansprüchen auf die Staatskasse
§ 59a Beiordnung und Bestellung durch Justizbehörden

Abschnitt 9. Übergangs- und Schlussvorschriften

§ 59b Bekanntmachung von Neufassungen
§ 60 Übergangsvorschrift
§ 61 Übergangsvorschrift aus Anlass des Inkrafttretens dieses Gesetzes
§ 62 Verfahren nach dem Therapieunterbringungsgesetz

Anlage 1 Vergütungsverzeichnis
Anlage 2 Gebührentabelle für Gegenstandswerte bis 500 000 Euro

Abschnitt 1. Allgemeine Vorschriften

§ 1 Geltungsbereich (1) [1]Die Vergütung (Gebühren und Auslagen) für anwaltliche Tätigkeiten der Rechtsanwältinnen und Rechtsanwälte bemisst sich nach diesem Gesetz. [2]Dies gilt auch für eine Tätigkeit als Prozesspfleger nach den §§ 57 und 58 der Zivilprozessordnung[1)]. [3]Andere Mitglieder einer Rechtsanwaltskammer, Partnerschaftsgesellschaften und sonstige Gesellschaften stehen einem Rechtsanwalt im Sinne dieses Gesetzes gleich.

(2) [1]Dieses Gesetz gilt nicht für eine Tätigkeit als Syndikusrechtsanwalt (§ 46 Absatz 2 der Bundesrechtsanwaltsordnung). [2]Es gilt ferner nicht für eine Tätigkeit als Vormund, Betreuer, Pfleger, Verfahrenspfleger, Verfahrensbeistand, Testamentsvollstrecker, Insolvenzverwalter, Sachwalter, Mitglied des Gläubigerausschusses, Nachlassverwalter, Zwangsverwalter, Treuhänder oder Schiedsrichter oder für eine ähnliche Tätigkeit. [3]§ 1835 Abs. 3 des Bürgerlichen Gesetzbuchs bleibt unberührt.

(3) Die Vorschriften dieses Gesetzes über die Erinnerung und die Beschwerde gehen den Regelungen der für das zugrunde liegende Verfahren geltenden Verfahrensvorschriften vor.

§ 2 Höhe der Vergütung. (1) Die Gebühren werden, soweit dieses Gesetz nichts anderes bestimmt, nach dem Wert berechnet, den der Gegenstand der anwaltlichen Tätigkeit hat (Gegenstandswert).

(2) [1]Die Höhe der Vergütung bestimmt sich nach dem Vergütungsverzeichnis der Anlage 1 zu diesem Gesetz. [2]Gebühren werden auf den nächstliegenden Cent auf- oder abgerundet; 0,5 Cent werden aufgerundet.

§ 3 Gebühren in sozialrechtlichen Angelegenheiten. (1) [1]In Verfahren vor den Gerichten der Sozialgerichtsbarkeit, in denen das Gerichtskostengesetz[2)] nicht anzuwenden ist, entstehen Betragsrahmengebühren. [2]In sonstigen Verfahren werden die Gebühren nach dem Gegenstandswert berechnet, wenn der Auftraggeber nicht zu den in § 183 des Sozialgerichtsgesetzes genannten Personen gehört; im Verfahren nach § 201 Absatz 1 des Sozialgerichtsgesetzes werden die Gebühren immer nach dem Gegenstandswert berechnet. [3]In Verfahren wegen überlanger Gerichtsverfahren (§ 202 Satz 2 des Sozialgerichtsgesetzes) werden die Gebühren nach dem Gegenstandswert berechnet.

(2) Absatz 1 gilt entsprechend für eine Tätigkeit außerhalb eines gerichtlichen Verfahrens.

§ 3a Vergütungsvereinbarung. (1) [1]Eine Vereinbarung über die Vergütung bedarf der Textform. [2]Sie muss als Vergütungsvereinbarung oder in vergleichbarer Weise bezeichnet werden, von anderen Vereinbarungen mit Ausnahme der Auftragserteilung deutlich abgesetzt sein und darf nicht in der Vollmacht enthalten sein. [3]Sie hat einen Hinweis darauf zu enthalten, dass die gegnerische Partei, ein Verfahrensbeteiligter oder die Staatskasse im Falle der Kostenerstat-

---

1) Nr. **1**.
2) Auszugsweise abgedruckt unter Nr. **9**.

tung regelmäßig nicht mehr als die gesetzliche Vergütung erstatten muss. [4]Die Sätze 1 und 2 gelten nicht für eine Gebührenvereinbarung nach § 34.

(2) [1]Ist eine vereinbarte, eine nach § 4 Abs. 3 Satz 1 von dem Vorstand der Rechtsanwaltskammer festgesetzte oder eine nach § 4a für den Erfolgsfall vereinbarte Vergütung unter Berücksichtigung aller Umstände unangemessen hoch, kann sie im Rechtsstreit auf den angemessenen Betrag bis zur Höhe der gesetzlichen Vergütung herabgesetzt werden. [2]Vor der Herabsetzung hat das Gericht ein Gutachten des Vorstands der Rechtsanwaltskammer einzuholen; dies gilt nicht, wenn der Vorstand der Rechtsanwaltskammer die Vergütung nach § 4 Abs. 3 Satz 1 festgesetzt hat. [3]Das Gutachten ist kostenlos zu erstatten.

(3) [1]Eine Vereinbarung, nach der ein im Wege der Prozesskostenhilfe beigeordneter Rechtsanwalt für die von der Beiordnung erfasste Tätigkeit eine höhere als die gesetzliche Vergütung erhalten soll, ist nichtig. [2]Die Vorschriften des bürgerlichen Rechts über die ungerechtfertigte Bereicherung bleiben unberührt.

§ 4 Erfolgsunabhängige Vergütung. (1) [1]In außergerichtlichen Angelegenheiten kann eine niedrigere als die gesetzliche Vergütung vereinbart werden. [2]Sie muss in einem angemessenen Verhältnis zu Leistung, Verantwortung und Haftungsrisiko des Rechtsanwalts stehen. [3]Liegen die Voraussetzungen für die Bewilligung von Beratungshilfe vor, kann der Rechtsanwalt ganz auf eine Vergütung verzichten. [4]§ 9 des Beratungshilfegesetzes bleibt unberührt.

(2) [1]Der Rechtsanwalt kann sich für gerichtliche Mahnverfahren und Zwangsvollstreckungsverfahren nach den §§ 802a bis 863 und 882b bis 882f der Zivilprozessordnung[1)] verpflichten, dass er, wenn der Anspruch des Auftraggebers auf Erstattung der gesetzlichen Vergütung nicht beigetrieben werden kann, einen Teil des Erstattungsanspruchs an Erfüllungs statt annehmen werde. [2]Der nicht durch Abtretung zu erfüllende Teil der gesetzlichen Vergütung muss in einem angemessenen Verhältnis zu Leistung, Verantwortung und Haftungsrisiko des Rechtsanwalts stehen.

(3) [1]In der Vereinbarung kann es dem Vorstand der Rechtsanwaltskammer überlassen werden, die Vergütung nach billigem Ermessen festzusetzen. [2]Ist die Festsetzung der Vergütung dem Ermessen eines Vertragsteils überlassen, gilt die gesetzliche Vergütung als vereinbart.

§ 4a Erfolgshonorar. (1) [1]Ein Erfolgshonorar (§ 49b Abs. 2 Satz 1 der Bundesrechtsanwaltsordnung) darf nur für den Einzelfall und nur dann vereinbart werden, wenn der Auftraggeber aufgrund seiner wirtschaftlichen Verhältnisse bei verständiger Betrachtung ohne die Vereinbarung eines Erfolgshonorars von der Rechtsverfolgung abgehalten würde. [2]In einem gerichtlichen Verfahren darf dabei für den Fall des Misserfolgs vereinbart werden, dass keine oder eine geringere als die gesetzliche Vergütung zu zahlen ist, wenn für den Erfolgsfall ein angemessener Zuschlag auf die gesetzliche Vergütung vereinbart wird. [3]Für die Beurteilung nach Satz 1 bleibt die Möglichkeit, Beratungs- oder Prozesskostenhilfe in Anspruch zu nehmen, außer Betracht.

[1)] Nr. **1**.

(2) Die Vereinbarung muss enthalten:

1. die voraussichtliche gesetzliche Vergütung und gegebenenfalls die erfolgsunabhängige vertragliche Vergütung, zu der der Rechtsanwalt bereit wäre, den Auftrag zu übernehmen, sowie
2. die Angabe, welche Vergütung bei Eintritt welcher Bedingungen verdient sein soll.

(3) [1] In der Vereinbarung sind außerdem die wesentlichen Gründe anzugeben, die für die Bemessung des Erfolgshonorars bestimmend sind. [2] Ferner ist ein Hinweis aufzunehmen, dass die Vereinbarung keinen Einfluss auf die gegebenenfalls vom Auftraggeber zu zahlenden Gerichtskosten, Verwaltungskosten und die von ihm zu erstattenden Kosten anderer Beteiligter hat.

§ 4b Fehlerhafte Vergütungsvereinbarung. [1] Aus einer Vergütungsvereinbarung, die nicht den Anforderungen des § 3a Abs. 1 Satz 1 und 2 oder des § 4a Abs. 1 und 2 entspricht, kann der Rechtsanwalt keine höhere als die gesetzliche Vergütung fordern. [2] Die Vorschriften des bürgerlichen Rechts über die ungerechtfertigte Bereicherung bleiben unberührt.

§ 5 Vergütung für Tätigkeiten von Vertretern des Rechtsanwalts. Die Vergütung für eine Tätigkeit, die der Rechtsanwalt nicht persönlich vornimmt, wird nach diesem Gesetz bemessen, wenn der Rechtsanwalt durch einen Rechtsanwalt, den allgemeinen Vertreter, einen Assessor bei einem Rechtsanwalt oder einen zur Ausbildung zugewiesenen Referendar vertreten wird.

§ 6 Mehrere Rechtsanwälte. Ist der Auftrag mehreren Rechtsanwälten zur gemeinschaftlichen Erledigung übertragen, erhält jeder Rechtsanwalt für seine Tätigkeit die volle Vergütung.

§ 7 Mehrere Auftraggeber. (1) Wird der Rechtsanwalt in derselben Angelegenheit für mehrere Auftraggeber tätig, erhält er die Gebühren nur einmal.

(2) [1] Jeder der Auftraggeber schuldet die Gebühren und Auslagen, die er schulden würde, wenn der Rechtsanwalt nur in seinem Auftrag tätig geworden wäre; die Dokumentenpauschale nach Nummer 7000 des Vergütungsverzeichnisses schuldet er auch insoweit, wie diese nur durch die Unterrichtung mehrerer Auftraggeber entstanden ist. [2] Der Rechtsanwalt kann aber insgesamt nicht mehr als die nach Absatz 1 berechneten Gebühren und die insgesamt entstandenen Auslagen fordern.

§ 8 Fälligkeit, Hemmung der Verjährung. (1) [1] Die Vergütung wird fällig, wenn der Auftrag erledigt oder die Angelegenheit beendet ist. [2] Ist der Rechtsanwalt in einem gerichtlichen Verfahren tätig, wird die Vergütung auch fällig, wenn eine Kostenentscheidung ergangen oder der Rechtszug beendet ist oder wenn das Verfahren länger als drei Monate ruht.

(2) [1] Die Verjährung der Vergütung für eine Tätigkeit in einem gerichtlichen Verfahren wird gehemmt, solange das Verfahren anhängig ist. [2] Die Hemmung endet mit der rechtskräftigen Entscheidung oder anderweitigen Beendigung des Verfahrens. [3] Ruht das Verfahren, endet die Hemmung drei Monate nach Eintritt der Fälligkeit. [4] Die Hemmung beginnt erneut, wenn das Verfahren weiter betrieben wird.

§ 9 Vorschuss. Der Rechtsanwalt kann von seinem Auftraggeber für die entstandenen und die voraussichtlich entstehenden Gebühren und Auslagen einen angemessenen Vorschuss fordern.

§ 10 Berechnung. (1) [1]Der Rechtsanwalt kann die Vergütung nur aufgrund einer von ihm unterzeichneten und dem Auftraggeber mitgeteilten Berechnung einfordern. [2]Der Lauf der Verjährungsfrist ist von der Mitteilung der Berechnung nicht abhängig.

(2) [1]In der Berechnung sind die Beträge der einzelnen Gebühren und Auslagen, Vorschüsse, eine kurze Bezeichnung des jeweiligen Gebührentatbestands, die Bezeichnung der Auslagen sowie die angewandten Nummern des Vergütungsverzeichnisses und bei Gebühren, die nach dem Gegenstandswert berechnet sind, auch dieser anzugeben. [2]Bei Entgelten für Post- und Telekommunikationsdienstleistungen genügt die Angabe des Gesamtbetrags.

(3) Hat der Auftraggeber die Vergütung gezahlt, ohne die Berechnung erhalten zu haben, kann er die Mitteilung der Berechnung noch fordern, solange der Rechtsanwalt zur Aufbewahrung der Handakten verpflichtet ist.

§ 11 Festsetzung der Vergütung. (1) [1]Soweit die gesetzliche Vergütung, eine nach § 42 festgestellte Pauschgebühr und die zu ersetzenden Aufwendungen (§ 670 des Bürgerlichen Gesetzbuchs) zu den Kosten des gerichtlichen Verfahrens gehören, werden sie auf Antrag des Rechtsanwalts oder des Auftraggebers durch das Gericht des ersten Rechtszugs festgesetzt. [2]Getilgte Beträge sind abzusetzen.

(2) [1]Der Antrag ist erst zulässig, wenn die Vergütung fällig ist. [2]Vor der Festsetzung sind die Beteiligten zu hören. [3]Die Vorschriften der jeweiligen Verfahrensordnung über das Kostenfestsetzungsverfahren mit Ausnahme des § 104 Abs. 2 Satz 3 der Zivilprozessordnung[1)] und die Vorschriften der Zivilprozessordnung über die Zwangsvollstreckung aus Kostenfestsetzungsbeschlüssen gelten entsprechend. [4]Das Verfahren vor dem Gericht des ersten Rechtszugs ist gebührenfrei. [5]In den Vergütungsfestsetzungsbeschluss sind die von dem Rechtsanwalt gezahlten Auslagen für die Zustellung des Beschlusses aufzunehmen. [6]Im Übrigen findet eine Kostenerstattung nicht statt; dies gilt auch im Verfahren über Beschwerden.

(3) [1]Im Verfahren vor den Gerichten der Verwaltungsgerichtsbarkeit, der Finanzgerichtsbarkeit und der Sozialgerichtsbarkeit wird die Vergütung vom Urkundsbeamten der Geschäftsstelle festgesetzt. [2]Die für die jeweilige Gerichtsbarkeit geltenden Vorschriften über die Erinnerung im Kostenfestsetzungsverfahren gelten entsprechend.

(4) Wird der vom Rechtsanwalt angegebene Gegenstandswert von einem Beteiligten bestritten, ist das Verfahren auszusetzen, bis das Gericht hierüber entschieden hat (§§ 32, 33 und 38 Abs. 1).

(5) [1]Die Festsetzung ist abzulehnen, soweit der Antragsgegner Einwendungen oder Einreden erhebt, die nicht im Gebührenrecht ihren Grund haben. [2]Hat der Auftraggeber bereits dem Rechtsanwalt gegenüber derartige Einwendungen oder Einreden erhoben, ist die Erhebung der Klage nicht von der vorherigen Einleitung des Festsetzungsverfahrens abhängig.

[1)] Nr. **1**.

(6) [1]Anträge und Erklärungen können ohne Mitwirkung eines Bevollmächtigten schriftlich eingereicht oder zu Protokoll der Geschäftsstelle abgegeben werden. [2]§ 129a der Zivilprozessordnung gilt entsprechend. [3]Für die Bevollmächtigung gelten die Regelungen der für das zugrunde liegende Verfahren geltenden Verfahrensordnung entsprechend.

(7) Durch den Antrag auf Festsetzung der Vergütung wird die Verjährung wie durch Klageerhebung gehemmt.

(8) [1]Die Absätze 1 bis 7 gelten bei Rahmengebühren nur, wenn die Mindestgebühren geltend gemacht werden oder der Auftraggeber der Höhe der Gebühren ausdrücklich zugestimmt hat. [2]Die Festsetzung auf Antrag des Rechtsanwalts ist abzulehnen, wenn er die Zustimmungserklärung des Auftraggebers nicht mit dem Antrag vorlegt.

§ 12 Anwendung von Vorschriften für die Prozesskostenhilfe. [1]Die Vorschriften dieses Gesetzes für im Wege der Prozesskostenhilfe beigeordnete Rechtsanwälte und für Verfahren über die Prozesskostenhilfe sind bei Verfahrenskostenhilfe und im Fall des § 4a der Insolvenzordnung entsprechend anzuwenden. [2]Der Bewilligung von Prozesskostenhilfe steht die Stundung nach § 4a der Insolvenzordnung gleich.

§ 12a Abhilfe bei Verletzung des Anspruchs auf rechtliches Gehör.

(1) Auf die Rüge eines durch die Entscheidung nach diesem Gesetz beschwerten Beteiligten ist das Verfahren fortzuführen, wenn

1. ein Rechtsmittel oder ein anderer Rechtsbehelf gegen die Entscheidung nicht gegeben ist und
2. das Gericht den Anspruch dieses Beteiligten auf rechtliches Gehör in entscheidungserheblicher Weise verletzt hat.

(2) [1]Die Rüge ist innerhalb von zwei Wochen nach Kenntnis von der Verletzung des rechtlichen Gehörs zu erheben; der Zeitpunkt der Kenntniserlangung ist glaubhaft zu machen. [2]Nach Ablauf eines Jahres seit Bekanntmachung der angegriffenen Entscheidung kann die Rüge nicht mehr erhoben werden. [3]Formlos mitgeteilte Entscheidungen gelten mit dem dritten Tage nach Aufgabe zur Post als bekannt gemacht. [4]Die Rüge ist bei dem Gericht zu erheben, dessen Entscheidung angegriffen wird; § 33 Abs. 7 Satz 1 und 2 gilt entsprechend. [5]Die Rüge muss die angegriffene Entscheidung bezeichnen und das Vorliegen der in Absatz 1 Nr. 2 genannten Voraussetzungen darlegen.

(3) Den übrigen Beteiligten ist, soweit erforderlich, Gelegenheit zur Stellungnahme zu geben.

(4) [1]Das Gericht hat von Amts wegen zu prüfen, ob die Rüge an sich statthaft und ob sie in der gesetzlichen Form und Frist erhoben ist. [2]Mangelt es an einem dieser Erfordernisse, so ist die Rüge als unzulässig zu verwerfen. [3]Ist die Rüge unbegründet, weist das Gericht sie zurück. [4]Die Entscheidung ergeht durch unanfechtbaren Beschluss. [5]Der Beschluss soll kurz begründet werden.

(5) Ist die Rüge begründet, so hilft ihr das Gericht ab, indem es das Verfahren fortführt, soweit dies aufgrund der Rüge geboten ist.

(6) Kosten werden nicht erstattet.

§ 12b Elektronische Akte, elektronisches Dokument. [1] In Verfahren nach diesem Gesetz sind die verfahrensrechtlichen Vorschriften über die elektronische Akte und über das elektronische Dokument für das Verfahren anzuwenden, in dem der Rechtsanwalt die Vergütung erhält. [2] Im Fall der Beratungshilfe sind die entsprechenden Vorschriften des Gesetzes über das Verfahren in Familiensachen und in den Angelegenheiten der freiwilligen Gerichtsbarkeit anzuwenden.

§ 12c Rechtsbehelfsbelehrung. Jede anfechtbare Entscheidung hat eine Belehrung über den statthaften Rechtsbehelf sowie über das Gericht, bei dem dieser Rechtsbehelf einzulegen ist, über dessen Sitz und über die einzuhaltende Form und Frist zu enthalten.

Abschnitt 2. Gebührenvorschriften

§ 13 Wertgebühren. (1) [1] Wenn sich die Gebühren nach dem Gegenstandswert richten, beträgt die Gebühr bei einem Gegenstandswert bis 500 Euro 45 Euro. [2] Die Gebühr erhöht sich bei einem

Gegenstandswert bis … Euro	für jeden angefangenen Betrag von weiteren … Euro	um … Euro
2 000	500	35
10 000	1 000	51
25 000	3 000	46
50 000	5 000	75
200 000	15 000	85
500 000	30 000	120
über 500 000	50 000	150

[3] Eine Gebührentabelle für Gegenstandswerte bis 500 000 Euro ist diesem Gesetz als Anlage 2 beigefügt.

(2) Der Mindestbetrag einer Gebühr ist 15 Euro.

§ 14 Rahmengebühren. (1) [1] Bei Rahmengebühren bestimmt der Rechtsanwalt die Gebühr im Einzelfall unter Berücksichtigung aller Umstände, vor allem des Umfangs und der Schwierigkeit der anwaltlichen Tätigkeit, der Bedeutung der Angelegenheit sowie der Einkommens- und Vermögensverhältnisse des Auftraggebers, nach billigem Ermessen. [2] Ein besonderes Haftungsrisiko des Rechtsanwalts kann bei der Bemessung herangezogen werden. [3] Bei Rahmengebühren, die sich nicht nach dem Gegenstandswert richten, ist das Haftungsrisiko zu berücksichtigen. [4] Ist die Gebühr von einem Dritten zu ersetzen, ist die von dem Rechtsanwalt getroffene Bestimmung nicht verbindlich, wenn sie unbillig ist.

(2) [1] Im Rechtsstreit hat das Gericht ein Gutachten des Vorstands der Rechtsanwaltskammer einzuholen, soweit die Höhe der Gebühr streitig ist; dies gilt

auch im Verfahren nach § 495a der Zivilprozessordnung[1]. [2]Das Gutachten ist kostenlos zu erstatten.

§ 15 Abgeltungsbereich der Gebühren. (1) Die Gebühren entgelten, soweit dieses Gesetz nichts anderes bestimmt, die gesamte Tätigkeit des Rechtsanwalts vom Auftrag bis zur Erledigung der Angelegenheit.

(2) Der Rechtsanwalt kann die Gebühren in derselben Angelegenheit nur einmal fordern.

(3) Sind für Teile des Gegenstands verschiedene Gebührensätze anzuwenden, entstehen für die Teile gesondert berechnete Gebühren, jedoch nicht mehr als die aus dem Gesamtbetrag der Wertteile nach dem höchsten Gebührensatz berechnete Gebühr.

(4) Auf bereits entstandene Gebühren ist es, soweit dieses Gesetz nichts anderes bestimmt, ohne Einfluss, wenn sich die Angelegenheit vorzeitig erledigt oder der Auftrag endigt, bevor die Angelegenheit erledigt ist.

(5) [1]Wird der Rechtsanwalt, nachdem er in einer Angelegenheit tätig geworden ist, beauftragt, in derselben Angelegenheit weiter tätig zu werden, erhält er nicht mehr an Gebühren, als er erhalten würde, wenn er von vornherein hiermit beauftragt worden wäre. [2]Ist der frühere Auftrag seit mehr als zwei Kalenderjahren erledigt, gilt die weitere Tätigkeit als neue Angelegenheit und in diesem Gesetz bestimmte Anrechnungen von Gebühren entfallen. [3]Satz 2 gilt entsprechend, wenn ein Vergleich mehr als zwei Kalenderjahre nach seinem Abschluss angefochten wird oder wenn mehr als zwei Kalenderjahre nach Zustellung eines Beschlusses nach § 23 Absatz 3 Satz 1 des Kapitalanleger-Musterverfahrensgesetzes der Kläger einen Antrag nach § 23 Absatz 4 des Kapitalanleger-Musterverfahrensgesetzes auf Wiedereröffnung des Verfahrens stellt.

(6) Ist der Rechtsanwalt nur mit einzelnen Handlungen oder mit Tätigkeiten, die nach § 19 zum Rechtszug oder zum Verfahren gehören, beauftragt, erhält er nicht mehr an Gebühren als der mit der gesamten Angelegenheit beauftragte Rechtsanwalt für die gleiche Tätigkeit erhalten würde.

§ 15a Anrechnung einer Gebühr. (1) Sieht dieses Gesetz die Anrechnung einer Gebühr auf eine andere Gebühr vor, kann der Rechtsanwalt beide Gebühren fordern, jedoch nicht mehr als den um den Anrechnungsbetrag verminderten Gesamtbetrag der beiden Gebühren.

(2) Ein Dritter kann sich auf die Anrechnung nur berufen, soweit er den Anspruch auf eine der beiden Gebühren erfüllt hat, wegen eines dieser Ansprüche gegen ihn ein Vollstreckungstitel besteht oder beide Gebühren in demselben Verfahren gegen ihn geltend gemacht werden.

---

[1] Nr. 1.

Abschnitt 3. Angelegenheit

§ 16 Dieselbe Angelegenheit. Dieselbe Angelegenheit sind

1. das Verwaltungsverfahren auf Aussetzung oder Anordnung der sofortigen Vollziehung sowie über einstweilige Maßnahmen zur Sicherung der Rechte Dritter und jedes Verwaltungsverfahren auf Abänderung oder Aufhebung in den genannten Fällen;
2. das Verfahren über die Prozesskostenhilfe und das Verfahren, für das die Prozesskostenhilfe beantragt worden ist;
3. mehrere Verfahren über die Prozesskostenhilfe in demselben Rechtszug;

3a. das Verfahren zur Bestimmung des zuständigen Gerichts und das Verfahren, für das der Gerichtsstand bestimmt werden soll; dies gilt auch dann, wenn das Verfahren zur Bestimmung des zuständigen Gerichts vor Klageerhebung oder Antragstellung endet, ohne dass das zuständige Gericht bestimmt worden ist;

4. eine Scheidungssache oder ein Verfahren über die Aufhebung einer Lebenspartnerschaft und die Folgesachen;
5. das Verfahren über die Anordnung eines Arrests, zur Erwirkung eines Europäischen Beschlusses zur vorläufigen Kontenpfändung, über den Erlass einer einstweiligen Verfügung oder einstweiligen Anordnung, über die Anordnung oder Wiederherstellung der aufschiebenden Wirkung, über die Aufhebung der Vollziehung oder die Anordnung der sofortigen Vollziehung eines Verwaltungsakts und jedes Verfahren über deren Abänderung, Aufhebung oder Widerruf;
6. das Verfahren nach § 3 Abs. 1 des Gesetzes zur Ausführung des Vertrages zwischen der Bundesrepublik Deutschland und der Republik Österreich vom 6. Juni 1959 über die gegenseitige Anerkennung und Vollstreckung von gerichtlichen Entscheidungen, Vergleichen und öffentlichen Urkunden in Zivil- und Handelssachen in der im Bundesgesetzblatt Teil III, Gliederungsnummer 319-12, veröffentlichten bereinigten Fassung, das zuletzt durch Artikel 23 des Gesetzes vom 27. Juli 2001 (BGBl. I S. 1887) geändert worden ist, und das Verfahren nach § 3 Abs. 2 des genannten Gesetzes;
7. das Verfahren über die Zulassung der Vollziehung einer vorläufigen oder sichernden Maßnahme und das Verfahren über einen Antrag auf Aufhebung oder Änderung einer Entscheidung über die Zulassung der Vollziehung (§ 1041 der Zivilprozessordnung);
8. das schiedsrichterliche Verfahren und das gerichtliche Verfahren bei der Bestellung eines Schiedsrichters oder Ersatzschiedsrichters, über die Ablehnung eines Schiedsrichters oder über die Beendigung des Schiedsrichteramts, zur Unterstützung bei der Beweisaufnahme oder bei der Vornahme sonstiger richterlicher Handlungen;
9. das Verfahren vor dem Schiedsgericht und die gerichtlichen Verfahren über die Bestimmung einer Frist (§ 102 Abs. 3 des Arbeitsgerichtsgesetzes), die Ablehnung eines Schiedsrichters (§ 103 Abs. 3 des Arbeitsgerichtsgesetzes) oder die Vornahme einer Beweisaufnahme oder einer Vereidigung (§ 106 Abs. 2 des Arbeitsgerichtsgesetzes);

10. im Kostenfestsetzungsverfahren und im Verfahren über den Antrag auf gerichtliche Entscheidung gegen einen Kostenfestsetzungsbescheid (§ 108 des Gesetzes über Ordnungswidrigkeiten) einerseits und im Kostenansatzverfahren sowie im Verfahren über den Antrag auf gerichtliche Entscheidung gegen den Ansatz der Gebühren und Auslagen (§ 108 des Gesetzes über Ordnungswidrigkeiten) andererseits jeweils mehrere Verfahren über
    a) die Erinnerung,
    b) den Antrag auf gerichtliche Entscheidung,
    c) die Beschwerde in demselben Beschwerderechtszug;
11. das Rechtsmittelverfahren und das Verfahren über die Zulassung des Rechtsmittels; dies gilt nicht für das Verfahren über die Beschwerde gegen die Nichtzulassung eines Rechtsmittels;
12. das Verfahren über die Privatklage und die Widerklage und zwar auch im Fall des § 388 Abs. 2 der Strafprozessordnung und
13. das erstinstanzliche Prozessverfahren und der erste Rechtszug des Musterverfahrens nach dem Kapitalanleger-Musterverfahrensgesetz.

§ 17 Verschiedene Angelegenheiten. Verschiedene Angelegenheiten sind
1. das Verfahren über ein Rechtsmittel und der vorausgegangene Rechtszug,

1a. jeweils das Verwaltungsverfahren, das einem gerichtlichen Verfahren vorausgehende und der Nachprüfung des Verwaltungsakts dienende weitere Verwaltungsverfahren (Vorverfahren, Einspruchsverfahren, Beschwerdeverfahren, Abhilfeverfahren), das Verfahren über die Beschwerde und die weitere Beschwerde nach der Wehrbeschwerdeordnung, das Verwaltungsverfahren auf Aussetzung oder Anordnung der sofortigen Vollziehung sowie über einstweilige Maßnahmen zur Sicherung der Rechte Dritter und ein gerichtliches Verfahren,

2. das Mahnverfahren und das streitige Verfahren,
3. das vereinfachte Verfahren über den Unterhalt Minderjähriger und das streitige Verfahren,
4. das Verfahren in der Hauptsache und ein Verfahren
    a) auf Anordnung eines Arrests oder zur Erwirkung eines Europäischen Beschlusses zur vorläufigen Kontenpfändung,
    b) auf Erlass einer einstweiligen Verfügung oder einer einstweiligen Anordnung,
    c) über die Anordnung oder Wiederherstellung der aufschiebenden Wirkung, über die Aufhebung der Vollziehung oder über die Anordnung der sofortigen Vollziehung eines Verwaltungsakts sowie
    d) über die Abänderung, die Aufhebung oder den Widerruf einer in einem Verfahren nach den Buchstaben a bis c ergangenen Entscheidung,
5. der Urkunden- oder Wechselprozess und das ordentliche Verfahren, das nach Abstandnahme vom Urkunden- oder Wechselprozess oder nach einem Vorbehaltsurteil anhängig bleibt (§§ 596, 600 der Zivilprozessordnung[1]),

---

[1] Nr. **1**.

6. das Schiedsverfahren und das Verfahren über die Zulassung der Vollziehung einer vorläufigen oder sichernden Maßnahme sowie das Verfahren über einen Antrag auf Aufhebung oder Änderung einer Entscheidung über die Zulassung der Vollziehung (§ 1041 der Zivilprozessordnung),
7. das gerichtliche Verfahren und ein vorausgegangenes
   a) Güteverfahren vor einer durch die Landesjustizverwaltung eingerichteten oder anerkannten Gütestelle (§ 794 Abs. 1 Nr. 1 der Zivilprozessordnung) oder, wenn die Parteien den Einigungsversuch einvernehmlich unternehmen, vor einer Gütestelle, die Streitbeilegung betreibt (§ 15a Abs. 3 des Einführungsgesetzes zur Zivilprozessordnung[1]),
   b) Verfahren vor einem Ausschuss der in § 111 Abs. 2 des Arbeitsgerichtsgesetzes bezeichneten Art,
   c) Verfahren vor dem Seemannsamt zur vorläufigen Entscheidung von Arbeitssachen und
   d) Verfahren vor sonstigen gesetzlich eingerichteten Einigungsstellen, Gütestellen oder Schiedsstellen,
8. das Vermittlungsverfahren nach § 165 des Gesetzes über das Verfahren in Familiensachen und in den Angelegenheiten der freiwilligen Gerichtsbarkeit und ein sich anschließendes gerichtliches Verfahren,
9. das Verfahren über ein Rechtsmittel und das Verfahren über die Beschwerde gegen die Nichtzulassung des Rechtsmittels,
10. das strafrechtliche Ermittlungsverfahren und
    a) ein nachfolgendes gerichtliches Verfahren und
    b) ein sich nach Einstellung des Ermittlungsverfahrens anschließendes Bußgeldverfahren,
11. das Bußgeldverfahren vor der Verwaltungsbehörde und das nachfolgende gerichtliche Verfahren,
12. das Strafverfahren und das Verfahren über die im Urteil vorbehaltene Sicherungsverwahrung und
13. das Wiederaufnahmeverfahren und das wiederaufgenommene Verfahren, wenn sich die Gebühren nach Teil 4 oder 5 des Vergütungsverzeichnisses richten.

§ 18 Besondere Angelegenheiten. (1) Besondere Angelegenheiten sind

1. jede Vollstreckungsmaßnahme zusammen mit den durch diese vorbereiteten weiteren Vollstreckungshandlungen bis zur Befriedigung des Gläubigers; dies gilt entsprechend im Verwaltungszwangsverfahren (Verwaltungsvollstreckungsverfahren);
2. jede Vollziehungsmaßnahme bei der Vollziehung eines Arrests oder einer einstweiligen Verfügung (§§ 928 bis 934 und 936 der Zivilprozessordnung[2]), die sich nicht auf die Zustellung beschränkt;
3. solche Angelegenheiten, in denen sich die Gebühren nach Teil 3 des Vergütungsverzeichnisses richten, jedes Beschwerdeverfahren, jedes Verfahren

---

[1] Nr. **1a**.
[2] Nr. **1**.

über eine Erinnerung gegen einen Kostenfestsetzungsbeschluss und jedes sonstige Verfahren über eine Erinnerung gegen eine Entscheidung des Rechtspflegers, soweit sich aus § 16 Nummer 10 nichts anderes ergibt;

4. das Verfahren über Einwendungen gegen die Erteilung der Vollstreckungsklausel, auf das § 732 der Zivilprozessordnung anzuwenden ist;
5. das Verfahren auf Erteilung einer weiteren vollstreckbaren Ausfertigung;
6. jedes Verfahren über Anträge nach den §§ 765a, 851a oder 851b der Zivilprozessordnung und jedes Verfahren über Anträge auf Änderung oder Aufhebung der getroffenen Anordnungen, jedes Verfahren über Anträge nach § 1084 Absatz 1, § 1096 oder § 1109 der Zivilprozessordnung und über Anträge nach § 31 des Auslandsunterhaltsgesetzes;
7. das Verfahren auf Zulassung der Austauschpfändung (§ 811a der Zivilprozessordnung);
8. das Verfahren über einen Antrag nach § 825 der Zivilprozessordnung;
9. die Ausführung der Zwangsvollstreckung in ein gepfändetes Vermögensrecht durch Verwaltung (§ 857 Abs. 4 der Zivilprozessordnung);
10. das Verteilungsverfahren (§ 858 Abs. 5, §§ 872 bis 877, 882 der Zivilprozessordnung);
11. das Verfahren auf Eintragung einer Zwangshypothek (§§ 867, 870a der Zivilprozessordnung);
12. die Vollstreckung der Entscheidung, durch die der Schuldner zur Vorauszahlung der Kosten, die durch die Vornahme einer Handlung entstehen, verurteilt wird (§ 887 Abs. 2 der Zivilprozessordnung);
13. das Verfahren zur Ausführung der Zwangsvollstreckung auf Vornahme einer Handlung durch Zwangsmittel (§ 888 der Zivilprozessordnung);
14. jede Verurteilung zu einem Ordnungsgeld gemäß § 890 Abs. 1 der Zivilprozessordnung;
15. die Verurteilung zur Bestellung einer Sicherheit im Fall des § 890 Abs. 3 der Zivilprozessordnung;
16. das Verfahren zur Abnahme der Vermögensauskunft (§§ 802f und 802g der Zivilprozessordnung);
17. das Verfahren auf Löschung der Eintragung im Schuldnerverzeichnis (§ 882e der Zivilprozessordnung);
18. das Ausüben der Veröffentlichungsbefugnis;
19. das Verfahren über Anträge auf Zulassung der *Zwangsvollsteckung*[1] nach § 17 Abs. 4 der Schifffahrtsrechtlichen Verteilungsordnung;
20. das Verfahren über Anträge auf Aufhebung von Vollstreckungsmaßregeln (§ 8 Abs. 5 und § 41 der Schifffahrtsrechtlichen Verteilungsordnung) und
21. das Verfahren zur Anordnung von Zwangsmaßnahmen durch Beschluss nach § 35 des Gesetzes über das Verfahren in Familiensachen und in den Angelegenheiten der freiwilligen Gerichtsbarkeit.

(2) Absatz 1 gilt entsprechend für

1. die Vollziehung eines Arrestes und

[1] Richtig wohl: „Zwangsvollstreckung".

2. die Vollstreckung

nach den Vorschriften des Gesetzes über das Verfahren in Familiensachen und in den Angelegenheiten der freiwilligen Gerichtsbarkeit.

§ 19 Rechtszug; Tätigkeiten, die mit dem Verfahren zusammenhängen. (1) [1] Zu dem Rechtszug oder dem Verfahren gehören auch alle Vorbereitungs-, Neben- und Abwicklungstätigkeiten und solche Verfahren, die mit dem Rechtszug oder Verfahren zusammenhängen, wenn die Tätigkeit nicht nach § 18 eine besondere Angelegenheit ist. [2] Hierzu gehören insbesondere

1. die Vorbereitung der Klage, des Antrags oder der Rechtsverteidigung, soweit kein besonderes gerichtliches oder behördliches Verfahren stattfindet;

1a. die Einreichung von Schutzschriften und die Anmeldung von Ansprüchen oder Rechtsverhältnissen zum Klageregister für Musterfeststellungsklagen sowie die Rücknahme der Anmeldung;

2. außergerichtliche Verhandlungen;

3. Zwischenstreite, die Bestellung von Vertretern durch das in der Hauptsache zuständige Gericht, die Ablehnung von Richtern, Rechtspflegern, Urkundsbeamten der Geschäftsstelle oder Sachverständigen, die Entscheidung über einen Antrag betreffend eine Sicherungsanordnung, die Wertfestsetzung, die Beschleunigungsrüge nach § 155b des Gesetzes über das Verfahren in Familiensachen und in den Angelegenheiten der freiwilligen Gerichtsbarkeit;

4. das Verfahren vor dem beauftragten oder ersuchten Richter;

5. das Verfahren
   a) über die Erinnerung (§ 573 der Zivilprozessordnung[1]),
   b) über die Rüge wegen Verletzung des Anspruchs auf rechtliches Gehör,
   c) nach Artikel 18 der Verordnung (EG) Nr. 861/2007 des Europäischen Parlaments und des Rates vom 13. Juni 2007 zur Einführung eines europäischen Verfahrens für geringfügige Forderungen,
   d) nach Artikel 20 der Verordnung (EG) Nr. 1896/2006 des Europäischen Parlaments und des Rates vom 12. Dezember 2006 zur Einführung eines Europäischen Mahnverfahrens und
   e) nach Artikel 19 der Verordnung (EG) Nr. 4/2009 über die Zuständigkeit, das anwendbare Recht, die Anerkennung und Vollstreckung von Entscheidungen und die Zusammenarbeit in Unterhaltssachen;

6. die Berichtigung und Ergänzung der Entscheidung oder ihres Tatbestands;

7. die Mitwirkung bei der Erbringung der Sicherheitsleistung und das Verfahren wegen deren Rückgabe;

8. die für die Geltendmachung im Ausland vorgesehene Vervollständigung der Entscheidung und die Bezifferung eines dynamisierten Unterhaltstitels;

9. die Zustellung oder Empfangnahme von Entscheidungen oder Rechtsmittelschriften und ihre Mitteilung an den Auftraggeber, die Einwilligung zur Einlegung der Sprungrevision oder Sprungrechtsbeschwerde, der Antrag

---

[1] Nr. **1**.

auf Entscheidung über die Verpflichtung, die Kosten zu tragen, die nachträgliche Vollstreckbarerklärung eines Urteils auf besonderen Antrag, die Erteilung des Notfrist- und des Rechtskraftzeugnisses;

9a. die Ausstellung von Bescheinigungen, Bestätigungen oder Formblättern einschließlich deren Berichtigung, Aufhebung oder Widerruf nach
   a) § 1079 oder § 1110 der Zivilprozessordnung,
   b) § 48 des Internationalen Familienrechtsverfahrensgesetzes[1)],
   c) § 57 oder § 58 des Anerkennungs- und Vollstreckungsausführungsgesetzes,
   d) § 14 des EU-Gewaltschutzverfahrensgesetzes,
   e) § 71 Absatz 1 des Auslandsunterhaltsgesetzes,
   f) § 27 des Internationalen Erbrechtsverfahrensgesetzes und
   g) § 27 des Internationalen Güterrechtsverfahrensgesetzes;

10. die Einlegung von Rechtsmitteln bei dem Gericht desselben Rechtszugs in Verfahren, in denen sich die Gebühren nach Teil 4, 5 oder 6 des Vergütungsverzeichnisses richten; die Einlegung des Rechtsmittels durch einen neuen Verteidiger gehört zum Rechtszug des Rechtsmittels;

10a. Beschwerdeverfahren, wenn sich die Gebühren nach Teil 4, 5 oder 6 des Vergütungsverzeichnisses richten und dort nichts anderes bestimmt ist oder keine besonderen Gebührentatbestände vorgesehen sind;

11. die vorläufige Einstellung, Beschränkung oder Aufhebung der Zwangsvollstreckung, wenn nicht eine abgesonderte mündliche Verhandlung hierüber stattfindet;

12. die einstweilige Einstellung oder Beschränkung der Vollstreckung und die Anordnung, dass Vollstreckungsmaßnahmen aufzuheben sind (§ 93 Abs. 1 des Gesetzes über das Verfahren in Familiensachen und in den Angelegenheiten der freiwilligen Gerichtsbarkeit), wenn nicht ein besonderer gerichtlicher Termin hierüber stattfindet;

13. die erstmalige Erteilung der Vollstreckungsklausel, wenn deswegen keine Klage erhoben wird;

14. die Kostenfestsetzung und die Einforderung der Vergütung;

15. *(aufgehoben)*

16. die Zustellung eines Vollstreckungstitels, der Vollstreckungsklausel und der sonstigen in § 750 der Zivilprozessordnung genannten Urkunden und

17. die Herausgabe der Handakten oder ihre Übersendung an einen anderen Rechtsanwalt.

(2) Zu den in § 18 Abs. 1 Nr. 1 und 2 genannten Verfahren gehören ferner insbesondere

1. gerichtliche Anordnungen nach § 758a der Zivilprozessordnung sowie Beschlüsse nach den §§ 90 und 91 Abs. 1 des Gesetzes über das Verfahren in Familiensachen und in den Angelegenheiten der freiwilligen Gerichtsbarkeit,
2. die Erinnerung nach § 766 der Zivilprozessordnung,

[1)] Nr. **6a**.

3. die Bestimmung eines Gerichtsvollziehers (§ 827 Abs. 1 und § 854 Abs. 1 der Zivilprozessordnung) oder eines Sequesters (§§ 848 und 855 der Zivilprozessordnung),
4. die Anzeige der Absicht, die Zwangsvollstreckung gegen eine juristische Person des öffentlichen Rechts zu betreiben,
5. die einer Verurteilung vorausgehende Androhung von Ordnungsgeld und
6. die Aufhebung einer Vollstreckungsmaßnahme.

§ 20 Verweisung, Abgabe. [1] Soweit eine Sache an ein anderes Gericht verwiesen oder abgegeben wird, sind die Verfahren vor dem verweisenden oder abgebenden und vor dem übernehmenden Gericht ein Rechtszug. [2] Wird eine Sache an ein Gericht eines niedrigeren Rechtszugs verwiesen oder abgegeben, ist das weitere Verfahren vor diesem Gericht ein neuer Rechtszug.

§ 21 Zurückverweisung, Fortführung einer Folgesache als selbständige Familiensache. (1) Soweit eine Sache an ein untergeordnetes Gericht zurückverwiesen wird, ist das weitere Verfahren vor diesem Gericht ein neuer Rechtszug.

(2) In den Fällen des § 146 des Gesetzes über das Verfahren in Familiensachen und in den Angelegenheiten der freiwilligen Gerichtsbarkeit, auch in Verbindung mit § 270 des Gesetzes über das Verfahren in Familiensachen und in den Angelegenheiten der freiwilligen Gerichtsbarkeit, bildet das weitere Verfahren vor dem Familiengericht mit dem früheren einen Rechtszug.

(3) Wird eine Folgesache als selbständige Familiensache fortgeführt, sind das fortgeführte Verfahren und das frühere Verfahren dieselbe Angelegenheit.

Abschnitt 4. Gegenstandswert

§ 22 Grundsatz. (1) In derselben Angelegenheit werden die Werte mehrerer Gegenstände zusammengerechnet.

(2) [1] Der Wert beträgt in derselben Angelegenheit höchstens 30 Millionen Euro, soweit durch Gesetz kein niedrigerer Höchstwert bestimmt ist. [2] Sind in derselben Angelegenheit mehrere Personen wegen verschiedener Gegenstände Auftraggeber, beträgt der Wert für jede Person höchstens 30 Millionen Euro, insgesamt jedoch nicht mehr als 100 Millionen Euro.

§ 23 Allgemeine Wertvorschrift. (1) [1] Soweit sich die Gerichtsgebühren nach dem Wert richten, bestimmt sich der Gegenstandswert im gerichtlichen Verfahren nach den für die Gerichtsgebühren geltenden Wertvorschriften. [2] In Verfahren, in denen Kosten nach dem Gerichtskostengesetz[1)] oder dem Gesetz über Gerichtskosten in Familiensachen erhoben werden, sind die Wertvorschriften des jeweiligen Kostengesetzes entsprechend anzuwenden, wenn für das Verfahren keine Gerichtsgebühr oder eine Festgebühr bestimmt ist. [3] Diese Wertvorschriften gelten auch entsprechend für die Tätigkeit außerhalb eines gerichtlichen Verfahrens, wenn der Gegenstand der Tätigkeit auch Gegenstand eines gerichtlichen Verfahrens sein könnte. [4] § 22 Abs. 2 Satz 2 bleibt unberührt.

[1)] Auszugsweise abgedruckt unter Nr. **9**.

(2) [1] In Beschwerdeverfahren, in denen Gerichtsgebühren unabhängig vom Ausgang des Verfahrens nicht erhoben werden oder sich nicht nach dem Wert richten, ist der Wert unter Berücksichtigung des Interesses des Beschwerdeführers nach Absatz 3 Satz 2 zu bestimmen, soweit sich aus diesem Gesetz nichts anderes ergibt. [2] Der Gegenstandswert ist durch den Wert des zugrunde liegenden Verfahrens begrenzt. [3] In Verfahren über eine Erinnerung oder eine Rüge wegen Verletzung des rechtlichen Gehörs richtet sich der Wert nach den für Beschwerdeverfahren geltenden Vorschriften.

(3) [1] Soweit sich aus diesem Gesetz nichts anderes ergibt, gelten in anderen Angelegenheiten für den Gegenstandswert die Bewertungsvorschriften des Gerichts- und Notarkostengesetzes und die §§ 37, 38, 42 bis 45 sowie 99 bis 102 des Gerichts- und Notarkostengesetzes entsprechend. [2] Soweit sich der Gegenstandswert aus diesen Vorschriften nicht ergibt und auch sonst nicht feststeht, ist er nach billigem Ermessen zu bestimmen; in Ermangelung genügender tatsächlicher Anhaltspunkte für eine Schätzung und bei nichtvermögensrechtlichen Gegenständen ist der Gegenstandswert mit 5 000 Euro, nach Lage des Falles niedriger oder höher, jedoch nicht über 500 000 Euro anzunehmen.

§ 23a Gegenstandswert im Verfahren über die Prozesskostenhilfe.

(1) Im Verfahren über die Bewilligung der Prozesskostenhilfe oder die Aufhebung der Bewilligung nach § 124 Absatz 1 Nummer 1 der Zivilprozessordnung[1)] bestimmt sich der Gegenstandswert nach dem für die Hauptsache maßgebenden Wert; im Übrigen ist er nach dem Kosteninteresse nach billigem Ermessen zu bestimmen.

(2) Der Wert nach Absatz 1 und der Wert für das Verfahren, für das die Prozesskostenhilfe beantragt worden ist, werden nicht zusammengerechnet.

§ 23b Gegenstandswert im Musterverfahren nach dem Kapitalanleger-Musterverfahrensgesetz. Im Musterverfahren nach dem Kapitalanleger-Musterverfahrensgesetz bestimmt sich der Gegenstandswert nach der Höhe des von dem Auftraggeber oder gegen diesen im Ausgangsverfahren geltend gemachten Anspruchs, soweit dieser Gegenstand des Musterverfahrens ist.

§ 24 Gegenstandswert im Sanierungs- und Reorganisationsverfahren nach dem Kreditinstitute-Reorganisationsgesetz. Ist der Auftrag im Sanierungs- und Reorganisationsverfahren von einem Gläubiger erteilt, bestimmt sich der Wert nach dem Nennwert der Forderung.

§ 25 Gegenstandswert in der Vollstreckung und bei der Vollziehung.

(1) In der Zwangsvollstreckung, in der Vollstreckung, in Verfahren des Verwaltungszwangs und bei der Vollziehung eines Arrests oder einer einstweiligen Verfügung bestimmt sich der Gegenstandswert

1. nach dem Betrag der zu vollstreckenden Geldforderung einschließlich der Nebenforderungen; soll ein bestimmter Gegenstand gepfändet werden und hat dieser einen geringeren Wert, ist der geringere Wert maßgebend; wird künftig fällig werdendes Arbeitseinkommen nach § 850d Abs. 3 der Zivilprozessordnung[1)] gepfändet, sind die noch nicht fälligen Ansprüche nach § 51

[1)] Nr. 1.

Abs. 1 Satz 1 des Gesetzes über Gerichtskosten in Familiensachen und § 9 der Zivilprozessordnung zu bewerten; im Verteilungsverfahren (§ 858 Abs. 5, §§ 872 bis 877 und 882 der Zivilprozessordnung) ist höchstens der zu verteilende Geldbetrag maßgebend;

2. nach dem Wert der herauszugebenden oder zu leistenden Sachen; der Gegenstandswert darf jedoch den Wert nicht übersteigen, mit dem der Herausgabe- oder Räumungsanspruch nach den für die Berechnung von Gerichtskosten maßgeblichen Vorschriften zu bewerten ist;
3. nach dem Wert, den die zu erwirkende Handlung, Duldung oder Unterlassung für den Gläubiger hat, und
4. in Verfahren über die Erteilung der Vermögensauskunft nach § 802c der Zivilprozessordnung nach dem Betrag, der einschließlich der Nebenforderungen aus dem Vollstreckungstitel noch geschuldet wird; der Wert beträgt jedoch höchstens 2 000 Euro.

(2) In Verfahren über Anträge des Schuldners ist der Wert nach dem Interesse des Antragstellers nach billigem Ermessen zu bestimmen.

§ 26 Gegenstandswert in der Zwangsversteigerung. In der Zwangsversteigerung bestimmt sich der Gegenstandswert

1. bei der Vertretung des Gläubigers oder eines anderen nach § 9 Nr. 1 und 2 des Gesetzes über die Zwangsversteigerung und die Zwangsverwaltung[1)] Beteiligten nach dem Wert des dem Gläubiger oder dem Beteiligten zustehenden Rechts; wird das Verfahren wegen einer Teilforderung betrieben, ist der Teilbetrag nur maßgebend, wenn es sich um einen nach § 10 Abs. 1 Nr. 5 des Gesetzes über die Zwangsversteigerung und die Zwangsverwaltung zu befriedigenden Anspruch handelt; Nebenforderungen sind mitzurechnen; der Wert des Gegenstands der Zwangsversteigerung (§ 66 Abs. 1, § 74a Abs. 5 des Gesetzes über die Zwangsversteigerung und die Zwangsverwaltung), im Verteilungsverfahren der zur Verteilung kommende Erlös, sind maßgebend, wenn sie geringer sind;
2. bei der Vertretung eines anderen Beteiligten, insbesondere des Schuldners, nach dem Wert des Gegenstands der Zwangsversteigerung, im Verteilungsverfahren nach dem zur Verteilung kommenden Erlös; bei Miteigentümern oder sonstigen Mitberechtigten ist der Anteil maßgebend;
3. bei der Vertretung eines Bieters, der nicht Beteiligter ist, nach dem Betrag des höchsten für den Auftraggeber abgegebenen Gebots, wenn ein solches Gebot nicht abgegeben ist, nach dem Wert des Gegenstands der Zwangsversteigerung.

§ 27 Gegenstandswert in der Zwangsverwaltung. [1] In der Zwangsverwaltung bestimmt sich der Gegenstandswert bei der Vertretung des Antragstellers nach dem Anspruch, wegen dessen das Verfahren beantragt ist; Nebenforderungen sind mitzurechnen; bei Ansprüchen auf wiederkehrende Leistungen ist der Wert der Leistungen eines Jahres maßgebend. [2] Bei der Vertretung des Schuldners bestimmt sich der Gegenstandswert nach dem zusammengerechneten Wert

---

[1)] Nr. 4.

aller Ansprüche, wegen derer das Verfahren beantragt ist, bei der Vertretung eines sonstigen Beteiligten nach § 23 Abs. 3 Satz 2.

§ 28 Gegenstandswert im Insolvenzverfahren. (1) [1] Die Gebühren der Nummern 3313, 3317 sowie im Fall der Beschwerde gegen den Beschluss über die Eröffnung des Insolvenzverfahrens der Nummern 3500 und 3513 des Vergütungsverzeichnisses werden, wenn der Auftrag vom Schuldner erteilt ist, nach dem Wert der Insolvenzmasse (§ 58 des Gerichtskostengesetzes[1)]) berechnet. [2] Im Fall der Nummer 3313 des Vergütungsverzeichnisses beträgt der Gegenstandswert jedoch mindestens 4 000 Euro.

(2) [1] Ist der Auftrag von einem Insolvenzgläubiger erteilt, werden die in Absatz 1 genannten Gebühren und die Gebühr nach Nummer 3314 nach dem Nennwert der Forderung berechnet. [2] Nebenforderungen sind mitzurechnen.

(3) Im Übrigen ist der Gegenstandswert im Insolvenzverfahren unter Berücksichtigung des wirtschaftlichen Interesses, das der Auftraggeber im Verfahren verfolgt, nach § 23 Abs. 3 Satz 2 zu bestimmen.

§ 29 Gegenstandswert im Verteilungsverfahren nach der Schifffahrtsrechtlichen Verteilungsordnung. Im Verfahren nach der Schifffahrtsrechtlichen Verteilungsordnung gilt § 28 entsprechend mit der Maßgabe, dass an die Stelle des Werts der Insolvenzmasse die festgesetzte Haftungssumme tritt.

§ 30 Gegenstandswert in gerichtlichen Verfahren nach dem Asylgesetz. (1) [1] In Klageverfahren nach dem Asylgesetz beträgt der Gegenstandswert 5 000 Euro, in Verfahren des vorläufigen Rechtsschutzes 2 500 Euro. [2] Sind mehrere natürliche Personen an demselben Verfahren beteiligt, erhöht sich der Wert für jede weitere Person in Klageverfahren um 1 000 Euro und in Verfahren des vorläufigen Rechtsschutzes um 500 Euro.

(2) Ist der nach Absatz 1 bestimmte Wert nach den besonderen Umständen des Einzelfalls unbillig, kann das Gericht einen höheren oder einen niedrigeren Wert festsetzen.

§ 31 Gegenstandswert in gerichtlichen Verfahren nach dem Spruchverfahrensgesetz. (1) [1] Vertritt der Rechtsanwalt im Verfahren nach dem Spruchverfahrensgesetz einen von mehreren Antragstellern, bestimmt sich der Gegenstandswert nach dem Bruchteil des für die Gerichtsgebühren geltenden Geschäftswerts, der sich aus dem Verhältnis der Anzahl der Anteile des Auftraggebers zu der Gesamtzahl der Anteile aller Antragsteller ergibt. [2] Maßgeblicher Zeitpunkt für die Bestimmung der auf die einzelnen Antragsteller entfallenden Anzahl der Anteile ist der jeweilige Zeitpunkt der Antragstellung. [3] Ist die Anzahl der auf einen Antragsteller entfallenden Anteile nicht gerichtsbekannt, wird vermutet, dass er lediglich einen Anteil hält. [4] Der Wert beträgt mindestens 5 000 Euro.

(2) Wird der Rechtsanwalt von mehreren Antragstellern beauftragt, sind die auf die einzelnen Antragsteller entfallenden Werte zusammenzurechnen; Nummer 1008 des Vergütungsverzeichnisses ist insoweit nicht anzuwenden.

[1)] Nr. 9.

§ 31a Ausschlussverfahren nach dem Wertpapiererwerbs- und Übernahmegesetz. [1] Vertritt der Rechtsanwalt im Ausschlussverfahren nach § 39b des Wertpapiererwerbs- und Übernahmegesetzes einen Antragsgegner, bestimmt sich der Gegenstandswert nach dem Wert der Aktien, die dem Auftraggeber im Zeitpunkt der Antragstellung gehören. [2] § 31 Abs. 1 Satz 2 bis 4 und Abs. 2 gilt entsprechend.

§ 31b Gegenstandswert bei Zahlungsvereinbarungen. Ist Gegenstand einer Einigung nur eine Zahlungsvereinbarung (Nummer 1000 des Vergütungsverzeichnisses), beträgt der Gegenstandswert 20 Prozent des Anspruchs.

§ 32 Wertfestsetzung für die Gerichtsgebühren. (1) Wird der für die Gerichtsgebühren maßgebende Wert gerichtlich festgesetzt, ist die Festsetzung auch für die Gebühren des Rechtsanwalts maßgebend.

(2) [1] Der Rechtsanwalt kann aus eigenem Recht die Festsetzung des Werts beantragen und Rechtsmittel gegen die Festsetzung einlegen. [2] Rechtsbehelfe, die gegeben sind, wenn die Wertfestsetzung unterblieben ist, kann er aus eigenem Recht einlegen.

§ 33 Wertfestsetzung für die Rechtsanwaltsgebühren. (1) Berechnen sich die Gebühren in einem gerichtlichen Verfahren nicht nach dem für die Gerichtsgebühren maßgebenden Wert oder fehlt es an einem solchen Wert, setzt das Gericht des Rechtszugs den Wert des Gegenstands der anwaltlichen Tätigkeit auf Antrag durch Beschluss selbstständig fest.

(2) [1] Der Antrag ist erst zulässig, wenn die Vergütung fällig ist. [2] Antragsberechtigt sind der Rechtsanwalt, der Auftraggeber, ein erstattungspflichtiger Gegner und in den Fällen des § 45 die Staatskasse.

(3) [1] Gegen den Beschluss nach Absatz 1 können die Antragsberechtigten Beschwerde einlegen, wenn der Wert des Beschwerdegegenstands 200 Euro übersteigt. [2] Die Beschwerde ist auch zulässig, wenn sie das Gericht, das die angefochtene Entscheidung erlassen hat, wegen der grundsätzlichen Bedeutung der zur Entscheidung stehenden Frage in dem Beschluss zulässt. [3] Die Beschwerde ist nur zulässig, wenn sie innerhalb von zwei Wochen nach Zustellung der Entscheidung eingelegt wird.

(4) [1] Soweit das Gericht die Beschwerde für zulässig und begründet hält, hat es ihr abzuhelfen; im Übrigen ist die Beschwerde unverzüglich dem Beschwerdegericht vorzulegen. [2] Beschwerdegericht ist das nächsthöhere Gericht, in Zivilsachen der in § 119 Abs. 1 Nr. 1 des Gerichtsverfassungsgesetzes[1)] bezeichneten Art jedoch das Oberlandesgericht. [3] Eine Beschwerde an einen obersten Gerichtshof des Bundes findet nicht statt. [4] Das Beschwerdegericht ist an die Zulassung der Beschwerde gebunden; die Nichtzulassung ist unanfechtbar.

(5) [1] War der Beschwerdeführer ohne sein Verschulden verhindert, die Frist einzuhalten, ist ihm auf Antrag von dem Gericht, das über die Beschwerde zu entscheiden hat, Wiedereinsetzung in den vorigen Stand zu gewähren, wenn er die Beschwerde binnen zwei Wochen nach der Beseitigung des Hindernisses einlegt und die Tatsachen, welche die Wiedereinsetzung begründen, glaubhaft macht. [2] Ein Fehlen des Verschuldens wird vermutet, wenn eine Rechtsbehelfs-

---

[1)] Nr. **3**.

belehrung unterblieben oder fehlerhaft ist. [3] Nach Ablauf eines Jahres, von dem Ende der versäumten Frist an gerechnet, kann die Wiedereinsetzung nicht mehr beantragt werden. [4] Gegen die Ablehnung der Wiedereinsetzung findet die Beschwerde statt. [5] Sie ist nur zulässig, wenn sie innerhalb von zwei Wochen eingelegt wird. [6] Die Frist beginnt mit der Zustellung der Entscheidung. [7] Absatz 4 Satz 1 bis 3 gilt entsprechend.

(6) [1] Die weitere Beschwerde ist nur zulässig, wenn das Landgericht als Beschwerdegericht entschieden und sie wegen der grundsätzlichen Bedeutung der zur Entscheidung stehenden Frage in dem Beschluss zugelassen hat. [2] Sie kann nur darauf gestützt werden, dass die Entscheidung auf einer Verletzung des Rechts beruht; die §§ 546 und 547 der Zivilprozessordnung[1)] gelten entsprechend. [3] Über die weitere Beschwerde entscheidet das Oberlandesgericht. [4] Absatz 3 Satz 3, Absatz 4 Satz 1 und 4 und Absatz 5 gelten entsprechend.

(7) [1] Anträge und Erklärungen können ohne Mitwirkung eines Bevollmächtigten schriftlich eingereicht oder zu Protokoll der Geschäftsstelle abgegeben werden; § 129a der Zivilprozessordnung gilt entsprechend. [2] Für die Bevollmächtigung gelten die Regelungen der für das zugrunde liegende Verfahren geltenden Verfahrensordnung entsprechend. [3] Die Beschwerde ist bei dem Gericht einzulegen, dessen Entscheidung angefochten wird.

(8) [1] Das Gericht entscheidet über den Antrag durch eines seiner Mitglieder als Einzelrichter; dies gilt auch für die Beschwerde, wenn die angefochtene Entscheidung von einem Einzelrichter oder einem Rechtspfleger erlassen wurde. [2] Der Einzelrichter überträgt das Verfahren der Kammer oder dem Senat, wenn die Sache besondere Schwierigkeiten tatsächlicher oder rechtlicher Art aufweist oder die Rechtssache grundsätzliche Bedeutung hat. [3] Das Gericht entscheidet jedoch immer ohne Mitwirkung ehrenamtlicher Richter. [4] Auf eine erfolgte oder unterlassene Übertragung kann ein Rechtsmittel nicht gestützt werden.

(9) [1] Das Verfahren über den Antrag ist gebührenfrei. [2] Kosten werden nicht erstattet; dies gilt auch im Verfahren über die Beschwerde.

Abschnitt 5. Außergerichtliche Beratung und Vertretung

§ 34 Beratung, Gutachten und Mediation. (1) [1] Für einen mündlichen oder schriftlichen Rat oder eine Auskunft (Beratung), die nicht mit einer anderen gebührenpflichtigen Tätigkeit zusammenhängen, für die Ausarbeitung eines schriftlichen Gutachtens und für die Tätigkeit als Mediator soll der Rechtsanwalt auf eine Gebührenvereinbarung hinwirken, soweit in Teil 2 Abschnitt 1 des Vergütungsverzeichnisses keine Gebühren bestimmt sind. [2] Wenn keine Vereinbarung getroffen worden ist, erhält der Rechtsanwalt Gebühren nach den Vorschriften des bürgerlichen Rechts. [3] Ist im Fall des Satzes 2 der Auftraggeber Verbraucher, beträgt die Gebühr für die Beratung oder für die Ausarbeitung eines schriftlichen Gutachtens jeweils höchstens 250 Euro; § 14 Abs. 1 gilt entsprechend; für ein erstes Beratungsgespräch beträgt die Gebühr jedoch höchstens 190 Euro.

[1)] Nr. **1**.

(2) Wenn nichts anderes vereinbart ist, ist die Gebühr für die Beratung auf eine Gebühr für eine sonstige Tätigkeit, die mit der Beratung zusammenhängt, anzurechnen.

§ 35 Hilfeleistung in Steuersachen. (1) Für die Hilfeleistung bei der Erfüllung allgemeiner Steuerpflichten und bei der Erfüllung steuerlicher Buchführungs- und Aufzeichnungspflichten gelten die §§ 23 bis 39 der Steuerberatervergütungsverordnung in Verbindung mit den §§ 10 und 13 der Steuerberatervergütungsverordnung entsprechend.

(2) [1] Sieht dieses Gesetz die Anrechnung einer Geschäftsgebühr auf eine andere Gebühr vor, stehen die Gebühren nach den §§ 23, 24 und 31 der Steuerberatervergütungsverordnung, bei mehreren Gebühren deren Summe, einer Geschäftsgebühr nach Teil 2 des Vergütungsverzeichnisses gleich. [2] Bei der Ermittlung des Höchstbetrags des anzurechnenden Teils der Geschäftsgebühr ist der Gegenstandswert derjenigen Gebühr zugrunde zu legen, auf die angerechnet wird.

§ 36 Schiedsrichterliche Verfahren und Verfahren vor dem Schiedsgericht. (1) Teil 3 Abschnitt 1, 2 und 4 des Vergütungsverzeichnisses ist auf die folgenden außergerichtlichen Verfahren entsprechend anzuwenden:

1. schiedsrichterliche Verfahren nach Buch 10 der Zivilprozessordnung[1)] und
2. Verfahren vor dem Schiedsgericht (§ 104 des Arbeitsgerichtsgesetzes).

(2) Im Verfahren nach Absatz 1 Nr. 1 erhält der Rechtsanwalt die Terminsgebühr auch, wenn der Schiedsspruch ohne mündliche Verhandlung erlassen wird.

Abschnitt 6. Gerichtliche Verfahren

§ 37 Verfahren vor den Verfassungsgerichten. (1) Die Vorschriften für die Revision in Teil 4 Abschnitt 1 Unterabschnitt 3 des Vergütungsverzeichnisses gelten entsprechend in folgenden Verfahren vor dem Bundesverfassungsgericht oder dem Verfassungsgericht (Verfassungsgerichtshof, Staatsgerichtshof) eines Landes:

1. Verfahren über die Verwirkung von Grundrechten, den Verlust des Stimmrechts, den Ausschluss von Wahlen und Abstimmungen,
2. Verfahren über die Verfassungswidrigkeit von Parteien,
3. Verfahren über Anklagen gegen den Bundespräsidenten, gegen ein Regierungsmitglied eines Landes oder gegen einen Abgeordneten oder Richter und
4. Verfahren über sonstige Gegenstände, die in einem dem Strafprozess ähnlichen Verfahren behandelt werden.

(2) [1] In sonstigen Verfahren vor dem Bundesverfassungsgericht oder dem Verfassungsgericht eines Landes gelten die Vorschriften in Teil 3 Abschnitt 2 Unterabschnitt 2 des Vergütungsverzeichnisses entsprechend. [2] Der Gegenstandswert ist unter Berücksichtigung der in § 14 Abs. 1 genannten Umstände nach billigem Ermessen zu bestimmen; er beträgt mindestens 5 000 Euro.

[1)] Nr. 1.

§ 38 Verfahren vor dem Gerichtshof der Europäischen Gemeinschaften. (1) [1]In Vorabentscheidungsverfahren vor dem Gerichtshof der Europäischen Gemeinschaften gelten die Vorschriften in Teil 3 Abschnitt 2 Unterabschnitt 2 des Vergütungsverzeichnisses entsprechend. [2]Der Gegenstandswert bestimmt sich nach den Wertvorschriften, die für die Gerichtsgebühren des Verfahrens gelten, in dem vorgelegt wird. [3]Das vorlegende Gericht setzt den Gegenstandswert auf Antrag durch Beschluss fest. [4]§ 33 Abs. 2 bis 9 gilt entsprechend.

(2) Ist in einem Verfahren, in dem sich die Gebühren nach Teil 4, 5 oder 6 des Vergütungsverzeichnisses richten, vorgelegt worden, sind in dem Vorabentscheidungsverfahren die Nummern 4130 und 4132 des Vergütungsverzeichnisses entsprechend anzuwenden.

(3) Die Verfahrensgebühr des Verfahrens, in dem vorgelegt worden ist, wird auf die Verfahrensgebühr des Verfahrens vor dem Gerichtshof der Europäischen Gemeinschaften angerechnet, wenn nicht eine im Verfahrensrecht vorgesehene schriftliche Stellungnahme gegenüber dem Gerichtshof der Europäischen Gemeinschaften abgegeben wird.

§ 38a Verfahren vor dem Europäischen Gerichtshof für Menschenrechte. [1]In Verfahren vor dem Europäischen Gerichtshof für Menschenrechte gelten die Vorschriften in Teil 3 Abschnitt 2 Unterabschnitt 2 des Vergütungsverzeichnisses entsprechend. [2]Der Gegenstandswert ist unter Berücksichtigung der in § 14 Absatz 1 genannten Umstände nach billigem Ermessen zu bestimmen; er beträgt mindestens 5 000 Euro.

§ 39 Von Amts wegen beigeordneter Rechtsanwalt. (1) Der Rechtsanwalt, der nach § 138 des Gesetzes über das Verfahren in Familiensachen und in den Angelegenheiten der freiwilligen Gerichtsbarkeit, auch in Verbindung mit § 270 des Gesetzes über das Verfahren in Familiensachen und in den Angelegenheiten der freiwilligen Gerichtsbarkeit, dem Antragsgegner beigeordnet ist, kann von diesem die Vergütung eines zum Prozessbevollmächtigten bestellten Rechtsanwalts und einen Vorschuss verlangen.

(2) Der Rechtsanwalt, der nach § 109 Absatz 3 oder § 119a Absatz 6 des Strafvollzugsgesetzes einer Person beigeordnet ist, kann von dieser die Vergütung eines zum Verfahrensbevollmächtigten bestellten Rechtsanwalts und einen Vorschuss verlangen.

§ 40 Als gemeinsamer Vertreter bestellter Rechtsanwalt. Der Rechtsanwalt kann von den Personen, für die er nach § 67a Abs. 1 Satz 2 der Verwaltungsgerichtsordnung bestellt ist, die Vergütung eines von mehreren Auftraggebern zum Prozessbevollmächtigten bestellten Rechtsanwalts und einen Vorschuss verlangen.

§ 41 Prozesspfleger. [1]Der Rechtsanwalt, der nach § 57 oder § 58 der Zivilprozessordnung[1)] dem Beklagten als Vertreter bestellt ist, kann von diesem die Vergütung eines zum Prozessbevollmächtigten bestellten Rechtsanwalts verlangen. [2]Er kann von diesem keinen Vorschuss fordern. [3]§ 126 der Zivilprozessordnung ist entsprechend anzuwenden.

[1)] Nr. **1**.

§ 41a Vertreter des Musterklägers. (1) [1] Für das erstinstanzliche Musterverfahren nach dem Kapitalanleger-Musterverfahrensgesetz kann das Oberlandesgericht dem Rechtsanwalt, der den Musterkläger vertritt, auf Antrag eine besondere Gebühr bewilligen, wenn sein Aufwand im Vergleich zu dem Aufwand der Vertreter der beigeladenen Kläger höher ist. [2] Bei der Bemessung der Gebühr sind der Mehraufwand sowie der Vorteil und die Bedeutung für die beigeladenen Kläger zu berücksichtigen. [3] Die Gebühr darf eine Gebühr mit einem Gebührensatz von 0,3 nach § 13 Absatz 1 nicht überschreiten. [4] Hierbei ist als Wert die Summe der in sämtlichen nach § 8 des Kapitalanleger-Musterverfahrensgesetzes ausgesetzten Verfahren geltend gemachten Ansprüche zugrunde zu legen, soweit diese Ansprüche von den Feststellungszielen des Musterverfahrens betroffen sind, höchstens jedoch 30 Millionen Euro. [5] Der Vergütungsanspruch gegen den Auftraggeber bleibt unberührt.

(2) [1] Der Antrag ist spätestens vor dem Schluss der mündlichen Verhandlung zu stellen. [2] Der Antrag und ergänzende Schriftsätze werden entsprechend § 12 Absatz 2 des Kapitalanleger-Musterverfahrensgesetzes bekannt gegeben. [3] Mit der Bekanntmachung ist eine Frist zur Erklärung zu setzen. [4] Die Landeskasse ist nicht zu hören.

(3) [1] Die Entscheidung kann mit dem Musterentscheid getroffen werden. [2] Die Entscheidung ist dem Musterkläger, den Musterbeklagten, den Beigeladenen sowie dem Rechtsanwalt mitzuteilen. [3] § 16 Absatz 1 Satz 2 des Kapitalanleger-Musterverfahrensgesetzes ist entsprechend anzuwenden. [4] Die Mitteilung kann durch öffentliche Bekanntmachung ersetzt werden, § 11 Absatz 2 Satz 2 des Kapitalanleger-Musterverfahrensgesetzes ist entsprechend anzuwenden. [5] Die Entscheidung ist unanfechtbar.

(4) [1] Die Gebühr ist einschließlich der anfallenden Umsatzsteuer aus der Landeskasse zu zahlen. [2] Ein Vorschuss kann nicht gefordert werden.

Abschnitt 7. Straf- und Bußgeldsachen sowie bestimmte sonstige Verfahren

§§ 42, 43 *(vom Abdruck wurde abgesehen)*

Abschnitt 8. Beigeordneter oder bestellter Rechtsanwalt, Beratungshilfe

§ 44 Vergütungsanspruch bei Beratungshilfe. [1] Für die Tätigkeit im Rahmen der Beratungshilfe erhält der Rechtsanwalt eine Vergütung nach diesem Gesetz aus der Landeskasse, soweit nicht für die Tätigkeit in Beratungsstellen nach § 3 Abs. 1 des Beratungshilfegesetzes besondere Vereinbarungen getroffen sind. [2] Die Beratungshilfegebühr (Nummer 2500 des Vergütungsverzeichnisses) schuldet nur der Rechtsuchende.

§ 45 Vergütungsanspruch des beigeordneten oder bestellten Rechtsanwalts. (1) Der im Wege der Prozesskostenhilfe beigeordnete oder nach § 57 oder § 58 der Zivilprozessordnung[1)] zum Prozesspfleger bestellte Rechtsanwalt erhält, soweit in diesem Abschnitt nichts anderes bestimmt ist, die gesetzliche

---

[1)] Nr. 1.

Vergütung in Verfahren vor Gerichten des Bundes aus der Bundeskasse, in Verfahren vor Gerichten eines Landes aus der Landeskasse.

(2) Der Rechtsanwalt, der nach § 138 des Gesetzes über das Verfahren in Familiensachen und in den Angelegenheiten der freiwilligen Gerichtsbarkeit, auch in Verbindung mit § 270 des Gesetzes über das Verfahren in Familiensachen und in den Angelegenheiten der freiwilligen Gerichtsbarkeit, nach § 109 Absatz 3 oder § 119a Absatz 6 des Strafvollzugsgesetzes beigeordnet oder nach § 67a Abs. 1 Satz 2 der Verwaltungsgerichtsordnung bestellt ist, kann eine Vergütung aus der Landeskasse verlangen, wenn der zur Zahlung Verpflichtete (§ 39 oder § 40) mit der Zahlung der Vergütung im Verzug ist.

(3) [1] Ist der Rechtsanwalt sonst gerichtlich bestellt oder beigeordnet worden, erhält er die Vergütung aus der Landeskasse, wenn ein Gericht des Landes den Rechtsanwalt bestellt oder beigeordnet hat, im Übrigen aus der Bundeskasse. [2] Hat zuerst ein Gericht des Bundes und sodann ein Gericht des Landes den Rechtsanwalt bestellt oder beigeordnet, zahlt die Bundeskasse die Vergütung, die der Rechtsanwalt während der Dauer der Bestellung oder Beiordnung durch das Gericht des Bundes verdient hat, die Landeskasse die dem Rechtsanwalt darüber hinaus zustehende Vergütung. [3] Dies gilt entsprechend, wenn zuerst ein Gericht des Landes und sodann ein Gericht des Bundes den Rechtsanwalt bestellt oder beigeordnet hat.

(4) [1] Wenn der Verteidiger von der Stellung eines Wiederaufnahmeantrags abrät, hat er einen Anspruch gegen die Staatskasse nur dann, wenn er nach § 364b Abs. 1 Satz 1 der Strafprozessordnung bestellt worden ist oder das Gericht die Feststellung nach § 364b Abs. 1 Satz 2 der Strafprozessordnung getroffen hat. [2] Dies gilt auch im gerichtlichen Bußgeldverfahren (§ 85 Abs. 1 des Gesetzes über Ordnungswidrigkeiten).

(5) [1] Absatz 3 ist im Bußgeldverfahren vor der Verwaltungsbehörde entsprechend anzuwenden. [2] An die Stelle des Gerichts tritt die Verwaltungsbehörde.

§ 46 Auslagen und Aufwendungen. (1) Auslagen, insbesondere Reisekosten, werden nicht vergütet, wenn sie zur sachgemäßen Durchführung der Angelegenheit nicht erforderlich waren.

(2) [1] Wenn das Gericht des Rechtszugs auf Antrag des Rechtsanwalts vor Antritt der Reise feststellt, dass eine Reise erforderlich ist, ist diese Feststellung für das Festsetzungsverfahren (§ 55) bindend. [2] Im Bußgeldverfahren vor der Verwaltungsbehörde tritt an die Stelle des Gerichts die Verwaltungsbehörde. [3] Für Aufwendungen (§ 670 des Bürgerlichen Gesetzbuchs) gelten Absatz 1 und die Sätze 1 und 2 entsprechend; die Höhe zu ersetzender Kosten für die Zuziehung eines Dolmetschers oder Übersetzers ist auf die nach dem Justizvergütungs- und -entschädigungsgesetz[1)] zu zahlenden Beträge beschränkt.

(3) [1] Auslagen, die durch Nachforschungen zur Vorbereitung eines Wiederaufnahmeverfahrens entstehen, für das die Vorschriften der Strafprozessordnung gelten, werden nur vergütet, wenn der Rechtsanwalt nach § 364b Abs. 1 Satz 1 der Strafprozessordnung bestellt worden ist oder wenn das Gericht die Feststellung nach § 364b Abs. 1 Satz 2 der Strafprozessordnung getroffen hat. [2] Dies gilt auch im gerichtlichen Bußgeldverfahren (§ 85 Abs. 1 des Gesetzes über Ordnungswidrigkeiten).

---

1) Nr. **11**.

§ 47 Vorschuss. (1) [1]Wenn dem Rechtsanwalt wegen seiner Vergütung ein Anspruch gegen die Staatskasse zusteht, kann er für die entstandenen Gebühren und die entstandenen und voraussichtlich entstehenden Auslagen aus der Staatskasse einen angemessenen Vorschuss fordern. [2]Der Rechtsanwalt, der nach § 138 des Gesetzes über das Verfahren in Familiensachen und in den Angelegenheiten der freiwilligen Gerichtsbarkeit, auch in Verbindung mit § 270 des Gesetzes über das Verfahren in Familiensachen und in den Angelegenheiten der freiwilligen Gerichtsbarkeit, nach § 109 Absatz 3 oder § 119a Absatz 6 des Strafvollzugsgesetzes beigeordnet oder nach § 67a Abs. 1 Satz 2 der Verwaltungsgerichtsordnung bestellt ist, kann einen Vorschuss nur verlangen, wenn der zur Zahlung Verpflichtete (§ 39 oder § 40) mit der Zahlung des Vorschusses im Verzug ist.

(2) Bei Beratungshilfe kann der Rechtsanwalt aus der Staatskasse keinen Vorschuss fordern.

§ 48 Umfang des Anspruchs und der Beiordnung. (1) Der Vergütungsanspruch bestimmt sich nach den Beschlüssen, durch die die Prozesskostenhilfe bewilligt und der Rechtsanwalt beigeordnet oder bestellt worden ist.

(2) [1]In Angelegenheiten, in denen sich die Gebühren nach Teil 3 des Vergütungsverzeichnisses bestimmen und die Beiordnung eine Berufung, eine Beschwerde wegen des Hauptgegenstands, eine Revision oder eine Rechtsbeschwerde wegen des Hauptgegenstands betrifft, wird eine Vergütung aus der Staatskasse auch für die Rechtsverteidigung gegen ein Anschlussrechtsmittel und, wenn der Rechtsanwalt für die Erwirkung eines Arrests, einer einstweiligen Verfügung oder einer einstweiligen Anordnung beigeordnet ist, auch für deren Vollziehung oder Vollstreckung gewährt. [2]Dies gilt nicht, wenn der Beiordnungsbeschluss ausdrücklich etwas anderes bestimmt.

(3) [1]Die Beiordnung in einer Ehesache erstreckt sich im Fall des Abschlusses eines Vertrags im Sinne der Nummer 1000 des Vergütungsverzeichnisses auf alle mit der Herbeiführung der Einigung erforderlichen Tätigkeiten, soweit der Vertrag

1. den gegenseitigen Unterhalt der Ehegatten,
2. den Unterhalt gegenüber den Kindern im Verhältnis der Ehegatten zueinander,
3. die Sorge für die Person der gemeinschaftlichen minderjährigen Kinder,
4. die Regelung des Umgangs mit einem Kind,
5. die Rechtsverhältnisse an der Ehewohnung und den Haushaltsgegenständen oder
6. die Ansprüche aus dem ehelichen Güterrecht

betrifft. [2]Satz 1 gilt im Fall der Beiordnung in Lebenspartnerschaftssachen nach § 269 Abs. 1 Nr. 1 und 2 des Gesetzes über das Verfahren in Familiensachen und in den Angelegenheiten der freiwilligen Gerichtsbarkeit entsprechend.

(4) [1]Die Beiordnung in Angelegenheiten, in denen nach § 3 Absatz 1 Betragsrahmengebühren entstehen, erstreckt sich auf Tätigkeiten ab dem Zeitpunkt der Beantragung der Prozesskostenhilfe, wenn vom Gericht nichts anderes bestimmt ist. [2]Die Beiordnung erstreckt sich ferner auf die gesamte Tätigkeit im Verfahren über die Prozesskostenhilfe einschließlich der vorbereitenden Tätigkeit.

(5) [1] In anderen Angelegenheiten, die mit dem Hauptverfahren nur zusammenhängen, erhält der für das Hauptverfahren beigeordnete Rechtsanwalt eine Vergütung aus der Staatskasse nur dann, wenn er ausdrücklich auch hierfür beigeordnet ist. [2] Dies gilt insbesondere für

1. die Zwangsvollstreckung, die Vollstreckung und den Verwaltungszwang;
2. das Verfahren über den Arrest, den Europäischen Beschluss zur vorläufigen Kontenpfändung, die einstweilige Verfügung und die einstweilige Anordnung;
3. das selbstständige Beweisverfahren;
4. das Verfahren über die Widerklage oder den Widerantrag, ausgenommen die Rechtsverteidigung gegen den Widerantrag in Ehesachen und in Lebenspartnerschaftssachen nach § 269 Abs. 1 Nr. 1 und 2 des Gesetzes über das Verfahren in Familiensachen und in den Angelegenheiten der freiwilligen Gerichtsbarkeit.

(6) [1] Wird der Rechtsanwalt in Angelegenheiten nach den Teilen 4 bis 6 des Vergütungsverzeichnisses im ersten Rechtszug bestellt oder beigeordnet, erhält er die Vergütung auch für seine Tätigkeit vor dem Zeitpunkt seiner Bestellung, in Strafsachen einschließlich seiner Tätigkeit vor Erhebung der öffentlichen Klage und in Bußgeldsachen einschließlich der Tätigkeit vor der Verwaltungsbehörde. [2] Wird der Rechtsanwalt in einem späteren Rechtszug beigeordnet, erhält er seine Vergütung in diesem Rechtszug auch für seine Tätigkeit vor dem Zeitpunkt seiner Bestellung. [3] Werden Verfahren verbunden, kann das Gericht die Wirkungen des Satzes 1 auch auf diejenigen Verfahren erstrecken, in denen vor der Verbindung keine Beiordnung oder Bestellung erfolgt war.

§ 49 Wertgebühren aus der Staatskasse. Bestimmen sich die Gebühren nach dem Gegenstandswert, werden bei einem Gegenstandswert von mehr als 4 000 Euro anstelle der Gebühr nach § 13 Absatz 1 folgende Gebühren vergütet:

Gegenstandswert bis … Euro	Gebühr Euro	Gegenstandswert bis … Euro	Gebühr Euro
5 000	257	16 000	335
6 000	267	19 000	349
7 000	277	22 000	363
8 000	287	25 000	377
9 000	297	30 000	412
10 000	307	über	
13 000	321	30 000	447

§ 50 Weitere Vergütung bei Prozesskostenhilfe. (1) [1] Nach Deckung der in § 122 Absatz 1 Nummer 1 der Zivilprozessordnung[1)] bezeichneten Kosten und Ansprüche hat die Staatskasse über die auf sie übergegangenen Ansprüche des Rechtsanwalts hinaus weitere Beträge bis zur Höhe der Regelvergütung einzuziehen, wenn dies nach den Vorschriften der Zivilprozessordnung und nach den Bestimmungen, die das Gericht getroffen hat, zulässig ist. [2] Die weitere

[1)] Nr. **1**.

Vergütung ist festzusetzen, wenn das Verfahren durch rechtskräftige Entscheidung oder in sonstiger Weise beendet ist und die von der Partei zu zahlenden Beträge beglichen sind oder wegen dieser Beträge eine Zwangsvollstreckung in das bewegliche Vermögen der Partei erfolglos geblieben ist oder aussichtslos erscheint.

(2) Der beigeordnete Rechtsanwalt soll eine Berechnung seiner Regelvergütung unverzüglich zu den Prozessakten mitteilen.

(3) Waren mehrere Rechtsanwälte beigeordnet, bemessen sich die auf die einzelnen Rechtsanwälte entfallenden Beträge nach dem Verhältnis der jeweiligen Unterschiedsbeträge zwischen den Gebühren nach § 49 und den Regelgebühren; dabei sind Zahlungen, die nach § 58 auf den Unterschiedsbetrag anzurechnen sind, von diesem abzuziehen.

§§ 51–53 *(vom Abdruck wurde abgesehen)*

§ 53a Vergütungsanspruch bei gemeinschaftlicher Nebenklagevertretung. [1] Stellt ein Gericht gemäß § 397b Absatz 3 der Strafprozessordnung fest, dass für einen nicht als Beistand bestellten oder beigeordneten Rechtsanwalt die Voraussetzungen einer Bestellung oder Beiordnung vorgelegen haben, so steht der Rechtsanwalt hinsichtlich der von ihm bis zu dem Zeitpunkt der Bestellung oder Beiordnung eines anderen Rechtsanwalts erbrachten Tätigkeiten einem bestellten oder beigeordneten Rechtsanwalt gleich. [2] Der Rechtsanwalt erhält die Vergütung aus der Landeskasse, wenn die Feststellung von einem Gericht des Landes getroffen wird, im Übrigen aus der Bundeskasse.

§ 54 Verschulden eines beigeordneten oder bestellten Rechtsanwalts.

Hat der beigeordnete oder bestellte Rechtsanwalt durch schuldhaftes Verhalten die Beiordnung oder Bestellung eines anderen Rechtsanwalts veranlasst, kann er Gebühren, die auch für den anderen Rechtsanwalt entstehen, nicht fordern.

§ 55 Festsetzung der aus der Staatskasse zu zahlenden Vergütungen und Vorschüsse. (1) [1] Die aus der Staatskasse zu gewährende Vergütung und der Vorschuss hierauf werden auf Antrag des Rechtsanwalts von dem Urkundsbeamten der Geschäftsstelle des Gerichts des ersten Rechtszugs festgesetzt. [2] Ist das Verfahren nicht gerichtlich anhängig geworden, erfolgt die Festsetzung durch den Urkundsbeamten der Geschäftsstelle des Gerichts, das den Verteidiger bestellt hat.

(2) In Angelegenheiten, in denen sich die Gebühren nach Teil 3 des Vergütungsverzeichnisses bestimmen, erfolgt die Festsetzung durch den Urkundsbeamten des Gerichts des Rechtszugs, solange das Verfahren nicht durch rechtskräftige Entscheidung oder in sonstiger Weise beendet ist.

(3) Im Fall der Beiordnung einer Kontaktperson (§ 34a des Einführungsgesetzes zum Gerichtsverfassungsgesetz) erfolgt die Festsetzung durch den Urkundsbeamten der Geschäftsstelle des Landgerichts, in dessen Bezirk die Justizvollzugsanstalt liegt.

(4) Im Fall der Beratungshilfe wird die Vergütung von dem Urkundsbeamten der Geschäftsstelle des in § 4 Abs. 1 des Beratungshilfegesetzes bestimmten Gerichts festgesetzt.

(5) [1] § 104 Abs. 2 der Zivilprozessordnung[1)] gilt entsprechend. [2] Der Antrag hat die Erklärung zu enthalten, ob und welche Zahlungen der Rechtsanwalt bis zum Tag der Antragstellung erhalten hat. [3] Bei Zahlungen auf eine anzurechnende Gebühr sind diese Zahlungen, der Satz oder der Betrag der Gebühr und bei Wertgebühren auch der zugrunde gelegte Wert anzugeben. [4] Zahlungen, die der Rechtsanwalt nach der Antragstellung erhalten hat, hat er unverzüglich anzuzeigen.

(6) [1] Der Urkundsbeamte kann vor einer Festsetzung der weiteren Vergütung (§ 50) den Rechtsanwalt auffordern, innerhalb einer Frist von einem Monat bei der Geschäftsstelle des Gerichts, dem der Urkundsbeamte angehört, Anträge auf Festsetzung der Vergütungen, für die ihm noch Ansprüche gegen die Staatskasse zustehen, einzureichen oder sich zu den empfangenen Zahlungen (Absatz 5 Satz 2) zu erklären. [2] Kommt der Rechtsanwalt der Aufforderung nicht nach, erlöschen seine Ansprüche gegen die Staatskasse.

(7) [1] Die Absätze 1 und 5 gelten im Bußgeldverfahren vor der Verwaltungsbehörde entsprechend. [2] An die Stelle des Urkundsbeamten der Geschäftsstelle tritt die Verwaltungsbehörde.

§ 56 Erinnerung und Beschwerde. (1) [1] Über Erinnerungen des Rechtsanwalts und der Staatskasse gegen die Festsetzung nach § 55 entscheidet das Gericht des Rechtszugs, bei dem die Festsetzung erfolgt ist, durch Beschluss. [2] Im Fall des § 55 Abs. 3 entscheidet die Strafkammer des Landgerichts. [3] Im Fall der Beratungshilfe entscheidet das nach § 4 Abs. 1 des Beratungshilfegesetzes zuständige Gericht.

(2) [1] Im Verfahren über die Erinnerung gilt § 33 Abs. 4 Satz 1, Abs. 7 und 8 und im Verfahren über die Beschwerde gegen die Entscheidung über die Erinnerung § 33 Abs. 3 bis 8 entsprechend. [2] Das Verfahren über die Erinnerung und über die Beschwerde ist gebührenfrei. [3] Kosten werden nicht erstattet.

§ 57 *(vom Abdruck wurde abgesehen)*

§ 58 Anrechnung von Vorschüssen und Zahlungen. (1) Zahlungen, die der Rechtsanwalt nach § 9 des Beratungshilfegesetzes erhalten hat, werden auf die aus der Landeskasse zu zahlende Vergütung angerechnet.

(2) In Angelegenheiten, in denen sich die Gebühren nach Teil 3 des Vergütungsverzeichnisses bestimmen, sind Vorschüsse und Zahlungen, die der Rechtsanwalt vor oder nach der Beiordnung erhalten hat, zunächst auf die Vergütungen anzurechnen, für die ein Anspruch gegen die Staatskasse nicht oder nur unter den Voraussetzungen des § 50 besteht.

(3) [1] In Angelegenheiten, in denen sich die Gebühren nach den Teilen 4 bis 6 des Vergütungsverzeichnisses bestimmen, sind Vorschüsse und Zahlungen, die der Rechtsanwalt vor oder nach der gerichtlichen Bestellung oder Beiordnung für seine Tätigkeit in einer gebührenrechtlichen Angelegenheit erhalten hat, auf die von der Staatskasse für diese Angelegenheit zu zahlenden Gebühren anzurechnen. [2] Hat der Rechtsanwalt Zahlungen empfangen, nachdem er Gebühren aus der Staatskasse erhalten hat, ist er zur Rückzahlung an die Staatskasse verpflichtet. [3] Die Anrechnung oder Rückzahlung erfolgt nur, soweit der

---

[1)] Nr. 1.

Rechtsanwalt durch die Zahlungen insgesamt mehr als den doppelten Betrag der ihm ohne Berücksichtigung des § 51 aus der Staatskasse zustehenden Gebühren erhalten würde. [4] Sind die dem Rechtsanwalt nach Satz 3 verbleibenden Gebühren höher als die Höchstgebühren eines Wahlanwalts, ist auch der die Höchstgebühren übersteigende Betrag anzurechnen oder zurückzuzahlen.

§ 59 Übergang von Ansprüchen auf die Staatskasse. (1) [1] Soweit dem im Wege der Prozesskostenhilfe oder nach § 138 des Gesetzes über das Verfahren in Familiensachen und in den Angelegenheiten der freiwilligen Gerichtsbarkeit, auch in Verbindung mit § 270 des Gesetzes über das Verfahren in Familiensachen und in den Angelegenheiten der freiwilligen Gerichtsbarkeit, beigeordneten oder nach § 67a Abs. 1 Satz 2 der Verwaltungsgerichtsordnung bestellten Rechtsanwalt wegen seiner Vergütung ein Anspruch gegen die Partei oder einen ersatzpflichtigen Gegner zusteht, geht der Anspruch mit der Befriedigung des Rechtsanwalts durch die Staatskasse auf diese über. [2] Der Übergang kann nicht zum Nachteil des Rechtsanwalts geltend gemacht werden.

(2) [1] Für die Geltendmachung des Anspruchs sowie für die Erinnerung und die Beschwerde gelten die Vorschriften über die Kosten des gerichtlichen Verfahrens entsprechend. [2] Ansprüche der Staatskasse werden bei dem Gericht des ersten Rechtszugs angesetzt. [3] Ist das Gericht des ersten Rechtszugs ein Gericht des Landes und ist der Anspruch auf die Bundeskasse übergegangen, wird er insoweit bei dem jeweiligen obersten Gerichtshof des Bundes angesetzt.

(3) Absatz 1 gilt entsprechend bei Beratungshilfe.

§ 59a Beiordnung und Bestellung durch Justizbehörden. (1) [1] Für den durch die Staatsanwaltschaft bestellten Rechtsanwalt gelten die Vorschriften über den gerichtlich bestellten Rechtsanwalt entsprechend. [2] Ist das Verfahren nicht gerichtlich anhängig geworden, tritt an die Stelle des Gerichts des ersten Rechtszugs das Gericht, das für die gerichtliche Bestätigung der Bestellung zuständig ist.

(2) [1] Für den durch die Staatsanwaltschaft beigeordneten Zeugenbeistand gelten die Vorschriften über den gerichtlich beigeordneten Zeugenbeistand entsprechend. [2] Über Anträge nach § 51 Absatz 1 entscheidet das Oberlandesgericht, in dessen Bezirk die Staatsanwaltschaft ihren Sitz hat. [3] Hat der Generalbundesanwalt einen Zeugenbeistand beigeordnet, entscheidet der Bundesgerichtshof.

(3) [1] Für den nach § 87e des Gesetzes über die internationale Rechtshilfe in Strafsachen in Verbindung mit § 53 des Gesetzes über die internationale Rechtshilfe in Strafsachen durch das Bundesamt für Justiz bestellten Beistand gelten die Vorschriften über den gerichtlich bestellten Rechtsanwalt entsprechend. [2] An die Stelle des Urkundsbeamten der Geschäftsstelle tritt das Bundesamt. [3] Über Anträge nach § 51 Absatz 1 entscheidet das Bundesamt gleichzeitig mit der Festsetzung der Vergütung.

(4) [1] Gegen Entscheidungen der Staatsanwaltschaft und des Bundesamts für Justiz nach den Vorschriften dieses Abschnitts kann gerichtliche Entscheidung beantragt werden. [2] Zuständig ist das Landgericht, in dessen Bezirk die Justizbehörde ihren Sitz hat. [3] Bei Entscheidungen des Generalbundesanwalts entscheidet der Bundesgerichtshof.

Abschnitt 9. Übergangs- und Schlussvorschriften

§ 59b Bekanntmachung von Neufassungen. [1]Das Bundesministerium der Justiz und für Verbraucherschutz kann nach Änderungen den Wortlaut des Gesetzes feststellen und als Neufassung im Bundesgesetzblatt bekannt machen. [2]Die Bekanntmachung muss auf diese Vorschrift Bezug nehmen und angeben

1. den Stichtag, zu dem der Wortlaut festgestellt wird,
2. die Änderungen seit der letzten Veröffentlichung des vollständigen Wortlauts im Bundesgesetzblatt sowie
3. das Inkrafttreten der Änderungen.

§ 60 Übergangsvorschrift. (1) [1]Die Vergütung ist nach bisherigem Recht zu berechnen, wenn der unbedingte Auftrag zur Erledigung derselben Angelegenheit im Sinne des § 15 vor dem Inkrafttreten einer Gesetzesänderung erteilt oder der Rechtsanwalt vor diesem Zeitpunkt bestellt oder beigeordnet worden ist. [2]Ist der Rechtsanwalt im Zeitpunkt des Inkrafttretens einer Gesetzesänderung in derselben Angelegenheit bereits tätig, ist die Vergütung für das Verfahren über ein Rechtsmittel, das nach diesem Zeitpunkt eingelegt worden ist, nach neuem Recht zu berechnen. [3]Die Sätze 1 und 2 gelten auch, wenn Vorschriften geändert werden, auf die dieses Gesetz verweist.

(2) Sind Gebühren nach dem zusammengerechneten Wert mehrerer Gegenstände zu bemessen, gilt für die gesamte Vergütung das bisherige Recht auch dann, wenn dies nach Absatz 1 nur für einen der Gegenstände gelten würde.

(3) In Angelegenheiten nach dem Pflegeberufegesetz ist bei der Bestimmung des Gegenstandswerts § 52 Absatz 4 Nummer 4 des Gerichtskostengesetzes[1)] nicht anzuwenden, wenn der unbedingte Auftrag zur Erledigung derselben Angelegenheit vor dem 15. August 2019 erteilt worden ist.

§ 61 Übergangsvorschrift aus Anlass des Inkrafttretens dieses Gesetzes. (1) [1]Die Bundesgebührenordnung für Rechtsanwälte in der im Bundesgesetzblatt Teil III, Gliederungsnummer 368-1, veröffentlichten bereinigten Fassung, zuletzt geändert durch Artikel 2 Abs. 6 des Gesetzes vom 12. März 2004 (BGBl. I S. 390), und Verweisungen hierauf sind weiter anzuwenden, wenn der unbedingte Auftrag zur Erledigung derselben Angelegenheit im Sinne des § 15 vor dem 1. Juli 2004 erteilt oder der Rechtsanwalt vor diesem Zeitpunkt gerichtlich bestellt oder beigeordnet worden ist. [2]Ist der Rechtsanwalt am 1. Juli 2004 in derselben Angelegenheit und, wenn ein gerichtliches Verfahren anhängig ist, in demselben Rechtszug bereits tätig, gilt für das Verfahren über ein Rechtsmittel, das nach diesem Zeitpunkt eingelegt worden ist, dieses Gesetz. [3]§ 60 Abs. 2 ist entsprechend anzuwenden.

(2) Auf die Vereinbarung der Vergütung sind die Vorschriften dieses Gesetzes auch dann anzuwenden, wenn nach Absatz 1 die Vorschriften der Bundesgebührenordnung für Rechtsanwälte weiterhin anzuwenden und die Willenserklärungen beider Parteien nach dem 1. Juli 2004 abgegeben worden sind.

[1)] Nr. 9.

§ 62 Verfahren nach dem Therapieunterbringungsgesetz. Die Regelungen des Therapieunterbringungsgesetzes zur Rechtsanwaltsvergütung bleiben unberührt.

Anlage 1
(zu § 2 Abs. 2)

Vergütungsverzeichnis

Gliederung

Teil 1. Allgemeine Gebühren

Teil 2. Außergerichtliche Tätigkeiten einschließlich der Vertretung im Verwaltungsverfahren
- Abschnitt 1. Prüfung der Erfolgsaussicht eines Rechtsmittels
- Abschnitt 2. Herstellung des Einvernehmens
- Abschnitt 3. Vertretung
- Abschnitt 4. *(aufgehoben)*
- Abschnitt 5. Beratungshilfe

Teil 3. Zivilsachen, Verfahren der öffentlich-rechtlichen Gerichtsbarkeiten, Verfahren nach dem Strafvollzugsgesetz, auch in Verbindung mit § 92 des Jugendgerichtsgesetzes, und ähnliche Verfahren
- Abschnitt 1. Erster Rechtszug
- Abschnitt 2. Berufung, Revision, bestimmte Beschwerden und Verfahren vor dem Finanzgericht
  - Unterabschnitt 1. Berufung, bestimmte Beschwerden und Verfahren vor dem Finanzgericht
  - Unterabschnitt 2. Revision, bestimmte Beschwerden und Rechtsbeschwerden
- Abschnitt 3. Gebühren für besondere Verfahren
  - Unterabschnitt 1. Besondere erstinstanzliche Verfahren
  - Unterabschnitt 2. Mahnverfahren
  - Unterabschnitt 3. Vollstreckung und Vollziehung
  - Unterabschnitt 4. Zwangsversteigerung und Zwangsverwaltung
  - Unterabschnitt 5. Insolvenzverfahren, Verteilungsverfahren nach der Schifffahrtsrechtlichen Verteilungsordnung
  - Unterabschnitt 6. Sonstige besondere Verfahren
- Abschnitt 4. Einzeltätigkeiten
- Abschnitt 5. Beschwerde, Nichtzulassungsbeschwerde und Erinnerung

Teile 4–6. *(vom Abdruck wurde abgesehen)*

Teil 7. Auslagen

Teil 1. Allgemeine Gebühren

Nr.	Gebührentatbestand	Gebühr oder Satz der Gebühr nach § 13 RVG
Vorbemerkung 1: Die Gebühren dieses Teils entstehen neben den in anderen Teilen bestimmten Gebühren.		
1000	Einigungsgebühr .... (1) Die Gebühr entsteht für die Mitwirkung beim Abschluss eines Vertrags, durch den 1. der Streit oder die Ungewissheit über ein Rechtsverhältnis beseitigt wird oder 2. die Erfüllung des Anspruchs bei gleichzeitigem vorläufigem Verzicht auf die gerichtliche Geltendmachung und, wenn bereits ein zur Zwangsvollstreckung geeigneter Titel vorliegt, bei gleichzeitigem vorläufigem Verzicht auf Vollstreckungsmaßnahmen geregelt wird (Zahlungsvereinbarung). Die Gebühr entsteht nicht, wenn sich der Vertrag ausschließlich auf ein Anerkenntnis oder einen Verzicht beschränkt. Im Privatklageverfahren ist Nummer 4147 anzuwenden. (2) Die Gebühr entsteht auch für die Mitwirkung bei Vertragsverhandlungen, es sei denn, dass diese für den Abschluss des Vertrags im Sinne des Absatzes 1 nicht ursächlich war. (3) Für die Mitwirkung bei einem unter einer aufschiebenden Bedingung oder unter dem Vorbehalt des Widerrufs geschlossenen Vertrag entsteht die Gebühr, wenn die Bedingung eingetreten ist oder der Vertrag nicht mehr widerrufen werden kann. (4) Soweit über die Ansprüche vertraglich verfügt werden kann, gelten die Absätze 1 und 2 auch bei Rechtsverhältnissen des öffentlichen Rechts. (5) Die Gebühr entsteht nicht in Ehesachen und in Lebenspartnerschaftssachen (§ 269 Abs. 1 Nr. 1 und 2 FamFG). Wird ein Vertrag, insbesondere über den Unterhalt, im Hinblick auf die in Satz 1 genannten Verfahren geschlossen, bleibt der Wert dieser Verfahren bei der Berechnung der Gebühr außer Betracht. In Kindschaftssachen ist Absatz 1 Satz 1 und 2 auch für die Mitwirkung an einer Vereinbarung, über deren Gegenstand nicht vertraglich verfügt werden kann, entsprechend anzuwenden.	1,5
1001	Aussöhnungsgebühr .... Die Gebühr entsteht für die Mitwirkung bei der Aussöhnung, wenn der ernstliche Wille eines Ehegatten, eine Scheidungssache oder ein Verfahren auf Aufhebung der Ehe anhängig zu machen, hervorgetreten ist und die Ehegatten die eheliche Lebensgemeinschaft fortsetzen oder die eheliche Lebensgemeinschaft wieder aufnehmen. Dies gilt entsprechend bei Lebenspartnerschaften.	1,5
1002	Erledigungsgebühr, soweit nicht Nummer 1005 gilt.. Die Gebühr entsteht, wenn sich eine Rechtssache ganz oder teilweise nach Aufhebung oder Änderung des mit einem Rechtsbehelf angefochtenen Verwaltungsakts durch die anwaltliche Mitwirkung erledigt. Das Gleiche gilt, wenn sich eine Rechtssache ganz oder teilweise durch Erlass eines bisher abgelehnten Verwaltungsakts erledigt.	1,5
1003	Über den Gegenstand ist ein anderes gerichtliches Verfahren als ein selbstständiges Beweisverfahren anhängig:	

Nr.	Gebührentatbestand	Gebühr oder Satz der Gebühr nach § 13 RVG
	Die Gebühren 1000 bis 1002 betragen	1,0
	(1) Dies gilt auch, wenn ein Verfahren über die Prozesskostenhilfe anhängig ist, soweit nicht lediglich Prozesskostenhilfe für ein selbständiges Beweisverfahren oder die gerichtliche Protokollierung des Vergleichs beantragt wird oder sich die Beiordnung auf den Abschluss eines Vertrags im Sinne der Nummer 1000 erstreckt (§ 48 Abs. 3 RVG). Die Anmeldung eines Anspruchs zum Musterverfahren nach dem KapMuG steht einem anhängigen gerichtlichen Verfahren gleich. Das Verfahren vor dem Gerichtsvollzieher steht einem gerichtlichen Verfahren gleich.	
	(2) In Kindschaftssachen entsteht die Gebühr auch für die Mitwirkung am Abschluss eines gerichtlich gebilligten Vergleichs (§ 156 Abs. 2 FamFG) und an einer Vereinbarung, über deren Gegenstand nicht vertraglich verfügt werden kann, wenn hierdurch eine gerichtliche Entscheidung entbehrlich wird oder wenn die Entscheidung der getroffenen Vereinbarung folgt.	
1004	Über den Gegenstand ist ein Berufungs- oder Revisionsverfahren, ein Verfahren über die Beschwerde gegen die Nichtzulassung eines dieser Rechtsmittel oder ein Verfahren vor dem Rechtsmittelgericht über die Zulassung des Rechtsmittels anhängig:	
	Die Gebühren 1000 bis 1002 betragen	1,3
	(1) Dies gilt auch in den in den Vorbemerkungen 3.2.1 und 3.2.2 genannten Beschwerde- und Rechtsbeschwerdeverfahren.	
	(2) Absatz 2 der Anmerkung zu Nummer 1003 ist anzuwenden.	
1005	Einigung oder Erledigung in einem Verwaltungsverfahren in sozialrechtlichen Angelegenheiten, in denen im gerichtlichen Verfahren Betragsrahmengebühren entstehen (§ 3 RVG):	
	Die Gebühren 1000 und 1002 entstehen	in Höhe der Geschäftsgebühr
	(1) Die Gebühr bestimmt sich einheitlich nach dieser Vorschrift, wenn in die Einigung Ansprüche aus anderen Verwaltungsverfahren einbezogen werden. Ist über einen Gegenstand ein gerichtliches Verfahren anhängig, bestimmt sich die Gebühr nach Nummer 1006. Maßgebend für die Höhe der Gebühr ist die höchste entstandene Geschäftsgebühr ohne Berücksichtigung einer Erhöhung nach Nummer 1008. Steht dem Rechtsanwalt ausschließlich eine Gebühr nach § 34 RVG zu, beträgt die Gebühr die Hälfte des in der Anmerkung zu Nummer 2302 genannten Betrags.	
	(2) Betrifft die Einigung oder Erledigung nur einen Teil der Angelegenheit, ist der auf diesen Teil der Angelegenheit entfallende Anteil an der Geschäftsgebühr unter Berücksichtigung der in § 14 Abs. 1 RVG genannten Umstände zu schätzen.	
1006	Über den Gegenstand ist ein gerichtliches Verfahren anhängig:	
	Die Gebühr 1005 entsteht	in Höhe der Verfahrensgebühr
	(1) Die Gebühr bestimmt sich auch dann einheitlich nach dieser Vorschrift, wenn in die Einigung Ansprüche einbezogen werden, die nicht in diesem Verfahren rechtshängig sind. Maßgebend für die Höhe der Gebühr ist die im Einzelfall bestimmte Verfahrensgebühr	

Nr.	Gebührentatbestand	Gebühr oder Satz der Gebühr nach § 13 RVG
	in der Angelegenheit, in der die Einigung erfolgt. Eine Erhöhung nach Nummer 1008 ist nicht zu berücksichtigen. (2) Betrifft die Einigung oder Erledigung nur einen Teil der Angelegenheit, ist der auf diesen Teil der Angelegenheit entfallende Anteil an der Verfahrensgebühr unter Berücksichtigung der in § 14 Abs. 1 RVG genannten Umstände zu schätzen.	
1007	*(nicht belegt)*	
1008	Auftraggeber sind in derselben Angelegenheit mehrere Personen: Die Verfahrens- oder Geschäftsgebühr erhöht sich für jede weitere Person um	0,3 oder 30 % bei Festgebühren, bei Betragsrahmengebühren erhöhen sich der Mindest- und Höchstbetrag um 30 %
	(1) Dies gilt bei Wertgebühren nur, soweit der Gegenstand der anwaltlichen Tätigkeit derselbe ist. (2) Die Erhöhung wird nach dem Betrag berechnet, an dem die Personen gemeinschaftlich beteiligt sind. (3) Mehrere Erhöhungen dürfen einen Gebührensatz von 2,0 nicht übersteigen; bei Festgebühren dürfen die Erhöhungen das Doppelte der Festgebühr und bei Betragsrahmengebühren das Doppelte des Mindest- und Höchstbetrags nicht übersteigen. (4) Im Fall der Anmerkung zu den Gebühren 2300 und 2302 erhöht sich der Gebührensatz oder Betrag dieser Gebühren entsprechend.	
1009	Hebegebühr	
	1. bis einschließlich 2 500,00 €	1,0 %
	2. von dem Mehrbetrag bis einschließlich 10 000,00 €	0,5 %
	3. von dem Mehrbetrag über 10 000,00 €	0,25 % des aus- oder zurückgezahlten Betrags – mindestens 1,00 €
	(1) Die Gebühr wird für die Auszahlung oder Rückzahlung von entgegengenommenen Geldbeträgen erhoben. (2) Unbare Zahlungen stehen baren Zahlungen gleich. Die Gebühr kann bei der Ablieferung an den Auftraggeber entnommen werden. (3) Ist das Geld in mehreren Beträgen gesondert ausgezahlt oder zurückgezahlt, wird die Gebühr von jedem Betrag besonders erhoben. (4) Für die Ablieferung oder Rücklieferung von Wertpapieren und Kostbarkeiten entsteht die in den Absätzen 1 bis 3 bestimmte Gebühr nach dem Wert. (5) Die Hebegebühr entsteht nicht, soweit Kosten an ein Gericht oder eine Behörde weitergeleitet oder eingezogene Kosten an den Auftraggeber abgeführt oder eingezogene Beträge auf die Vergütung verrechnet werden.	
1010	Zusatzgebühr für besonders umfangreiche Beweisaufnahmen in Angelegenheiten, in denen sich die Gebühren nach Teil 3 richten und mindestens drei gerichtliche Termine stattfinden, in denen Sachverständige oder Zeugen vernommen werden	0,3 oder bei Betragsrahmengebühren erhöhen sich der
	Die Gebühr entsteht für den durch besonders umfangreiche Beweisaufnahmen anfallenden Mehraufwand.	

Nr.	Gebührentatbestand	Gebühr oder Satz der Gebühr nach § 13 RVG
		Mindest- und Höchstbetrag der Terminsgebühr um 30 %

Teil 2. Außergerichtliche Tätigkeiten einschließlich der Vertretung im Verwaltungsverfahren

Nr.	Gebührentatbestand	Gebühr oder Satz der Gebühr nach § 13 RVG
Vorbemerkung 2: (1) Die Vorschriften dieses Teils sind nur anzuwenden, soweit nicht die §§ 34 bis 36 RVG etwas anderes bestimmen. (2) Für die Tätigkeit als Beistand für einen Zeugen oder Sachverständigen in einem Verwaltungsverfahren, für das sich die Gebühren nach diesem Teil bestimmen, entstehen die gleichen Gebühren wie für einen Bevollmächtigten in diesem Verfahren. Für die Tätigkeit als Beistand eines Zeugen oder Sachverständigen vor einem parlamentarischen Untersuchungsausschuss entstehen die gleichen Gebühren wie für die entsprechende Beistandsleistung in einem Strafverfahren des ersten Rechtszugs vor dem Oberlandesgericht.		
	Abschnitt 1. Prüfung der Erfolgsaussicht eines Rechtsmittels	
2100	Gebühr für die Prüfung der Erfolgsaussicht eines Rechtsmittels, soweit in Nummer 2102 nichts anderes bestimmt ist .... Die Gebühr ist auf eine Gebühr für das Rechtsmittelverfahren anzurechnen.	0,5 bis 1,0
2101	Die Prüfung der Erfolgsaussicht eines Rechtsmittels ist mit der Ausarbeitung eines schriftlichen Gutachtens verbunden: Die Gebühr 2100 beträgt	1,3
2102	Gebühr für die Prüfung der Erfolgsaussicht eines Rechtsmittels in sozialrechtlichen Angelegenheiten, in denen im gerichtlichen Verfahren Betragsrahmengebühren entstehen (§ 3 RVG), und in den Angelegenheiten, für die nach den Teilen 4 bis 6 Betragsrahmengebühren entstehen .... Die Gebühr ist auf eine Gebühr für das Rechtsmittelverfahren anzurechnen.	30,00 bis 320,00 €
2103	Die Prüfung der Erfolgsaussicht eines Rechtsmittels ist mit der Ausarbeitung eines schriftlichen Gutachtens verbunden: Die Gebühr 2102 beträgt	50,00 bis 550,00 €

Nr.	Gebührentatbestand	Gebühr oder Satz der Gebühr nach § 13 RVG
	Abschnitt 2. Herstellung des Einvernehmens	
2200	Geschäftsgebühr für die Herstellung des Einvernehmens nach § 28 EuRAG	in Höhe der einem Bevollmächtigten oder Verteidiger zustehenden Verfahrensgebühr
2201	Das Einvernehmen wird nicht hergestellt: Die Gebühr 2200 beträgt	0,1 bis 0,5 oder Mindestbetrag der einem Bevollmächtigten oder Verteidiger zustehenden Verfahrensgebühr
	Abschnitt 3. Vertretung	
	Vorbemerkung 2.3: (1) Im Verwaltungszwangsverfahren ist Teil 3 Abschnitt 3 Unterabschnitt 3 entsprechend anzuwenden. (2) Dieser Abschnitt gilt nicht für die in den Teilen 4 bis 6 geregelten Angelegenheiten. (3) Die Geschäftsgebühr entsteht für das Betreiben des Geschäfts einschließlich der Information und für die Mitwirkung bei der Gestaltung eines Vertrags. (4) Soweit wegen desselben Gegenstands eine Geschäftsgebühr für eine Tätigkeit im Verwaltungsverfahren entstanden ist, wird diese Gebühr zur Hälfte, bei Wertgebühren jedoch höchstens mit einem Gebührensatz von 0,75, auf eine Geschäftsgebühr für eine Tätigkeit im weiteren Verwaltungsverfahren, das der Nachprüfung des Verwaltungsakts dient, angerechnet. Bei einer Betragsrahmengebühr beträgt der Anrechnungsbetrag höchstens 175,00 €. Bei der Bemessung einer weiteren Geschäftsgebühr innerhalb eines Rahmens ist nicht zu berücksichtigen, dass der Umfang der Tätigkeit infolge der vorangegangenen Tätigkeit geringer ist. Bei einer Wertgebühr erfolgt die Anrechnung nach dem Wert des Gegenstands, der auch Gegenstand des weiteren Verfahrens ist. (5) Absatz 4 gilt entsprechend bei einer Tätigkeit im Verfahren nach der Wehrbeschwerdeordnung, wenn darauf eine Tätigkeit im Beschwerdeverfahren oder wenn der Tätigkeit im Beschwerdeverfahren eine Tätigkeit im Verfahren der weiteren Beschwerde vor den Disziplinarvorgesetzten folgt. (6) Soweit wegen desselben Gegenstands eine Geschäftsgebühr nach Nummer 2300 entstanden ist, wird diese Gebühr zur Hälfte, jedoch höchstens mit einem Gebührensatz von 0,75, auf eine Geschäftsgebühr nach Nummer 2303 angerechnet. Absatz 4 Satz 4 gilt entsprechend.	
2300	Geschäftsgebühr, soweit in den Nummern 2302 und 2303 nichts anderes bestimmt ist .... Eine Gebühr von mehr als 1,3 kann nur gefordert werden, wenn die Tätigkeit umfangreich oder schwierig war.	0,5 bis 2,5
2301	Der Auftrag beschränkt sich auf ein Schreiben einfacher Art: Die Gebühr 2300 beträgt	0,3

Nr.	Gebührentatbestand	Gebühr oder Satz der Gebühr nach § 13 RVG
	Es handelt sich um ein Schreiben einfacher Art, wenn dieses weder schwierige rechtliche Ausführungen noch größere sachliche Auseinandersetzungen enthält.	
2302	Geschäftsgebühr in 1. sozialrechtlichen Angelegenheiten, in denen im gerichtlichen Verfahren Betragsrahmengebühren entstehen (§ 3 RVG), und 2. Verfahren nach der Wehrbeschwerdeordnung, wenn im gerichtlichen Verfahren das Verfahren vor dem Truppendienstgericht oder vor dem Bundesverwaltungsgericht an die Stelle des Verwaltungsrechtswegs gemäß § 82 SG tritt	50,00 bis 640,00 €
	Eine Gebühr von mehr als 300,00 € kann nur gefordert werden, wenn die Tätigkeit umfangreich oder schwierig war.	
2303	Geschäftsgebühr für 1. Güteverfahren vor einer durch die Landesjustizverwaltung eingerichteten oder anerkannten Gütestelle (§ 794 Abs. 1 Nr. 1 ZPO) oder, wenn die Parteien den Einigungsversuch einvernehmlich unternehmen, vor einer Gütestelle, die Streitbeilegung betreibt (§ 15a Abs. 3 EGZPO), 2. Verfahren vor einem Ausschuss der in § 111 Abs. 2 des Arbeitsgerichtsgesetzes bezeichneten Art, 3. Verfahren vor dem Seemannsamt zur vorläufigen Entscheidung von Arbeitssachen und 4. Verfahren vor sonstigen gesetzlich eingerichteten Einigungsstellen, Gütestellen oder Schiedsstellen ..	1,5

Abschnitt 4. (aufgehoben)

Abschnitt 5. Beratungshilfe

Vorbemerkung 2.5:

Im Rahmen der Beratungshilfe entstehen Gebühren ausschließlich nach diesem Abschnitt.

2500	Beratungshilfegebühr	15,00 €
	Neben der Gebühr werden keine Auslagen erhoben. Die Gebühr kann erlassen werden.	
2501	Beratungsgebühr	35,00 €
	(1) Die Gebühr entsteht für eine Beratung, wenn die Beratung nicht mit einer anderen gebührenpflichtigen Tätigkeit zusammenhängt. (2) Die Gebühr ist auf eine Gebühr für eine sonstige Tätigkeit anzurechnen, die mit der Beratung zusammenhängt.	
2502	Beratungstätigkeit mit dem Ziel einer außergerichtlichen Einigung mit den Gläubigern über die Schuldenbereinigung auf der Grundlage eines Plans (§ 305 Abs. 1 Nr. 1 InsO): Die Gebühr 2501 beträgt	70,00 €

Nr.	Gebührentatbestand	Gebühr oder Satz der Gebühr nach § 13 RVG
2503	Geschäftsgebühr .... (1) Die Gebühr entsteht für das Betreiben des Geschäfts einschließlich der Information oder die Mitwirkung bei der Gestaltung eines Vertrags. (2) Auf die Gebühren für ein anschließendes gerichtliches oder behördliches Verfahren ist diese Gebühr zur Hälfte anzurechnen. Auf die Gebühren für ein Verfahren auf Vollstreckbarerklärung eines Vergleichs nach den §§ 796a, 796b und 796c Abs. 2 Satz 2 ZPO ist die Gebühr zu einem Viertel anzurechnen.	85,00 €
2504	Tätigkeit mit dem Ziel einer außergerichtlichen Einigung mit den Gläubigern über die Schuldenbereinigung auf der Grundlage eines Plans (§ 305 Abs. 1 Nr. 1 InsO): Die Gebühr 2503 beträgt bei bis zu 5 Gläubigern......	270,00 €
2505	Es sind 6 bis 10 Gläubiger vorhanden: Die Gebühr 2503 beträgt...	405,00 €
2506	Es sind 11 bis 15 Gläubiger vorhanden: Die Gebühr 2503 beträgt	540,00 €
2507	Es sind mehr als 15 Gläubiger vorhanden: Die Gebühr 2503 beträgt	675,00 €
2508	Einigungs- und Erledigungsgebühr .... (1) Die Anmerkungen zu Nummern 1000 und 1002 sind anzuwenden. (2) Die Gebühr entsteht auch für die Mitwirkung bei einer außergerichtlichen Einigung mit den Gläubigern über die Schuldenbereinigung auf der Grundlage eines Plans (§ 305 Abs. 1 Nr. 1 InsO).	150,00 €

Teil 3. Zivilsachen, Verfahren der öffentlich-rechtlichen Gerichtsbarkeiten, Verfahren nach dem Strafvollzugsgesetz, auch in Verbindung mit § 92 des Jugendgerichtsgesetzes, und ähnliche Verfahren

Nr.	Gebührentatbestand	Gebühr oder Satz der Gebühr nach § 13 RVG
Vorbemerkung 3: (1) Gebühren nach diesem Teil erhält der Rechtsanwalt, dem ein unbedingter Auftrag als Prozess- oder Verfahrensbevollmächtigter, als Beistand für einen Zeugen oder Sachverständigen oder für eine sonstige Tätigkeit in einem gerichtlichen Verfahren erteilt worden ist. Der Beistand für einen Zeugen oder Sachverständigen erhält die gleichen Gebühren wie ein Verfahrensbevollmächtigter. (2) Die Verfahrensgebühr entsteht für das Betreiben des Geschäfts einschließlich der Information. (3) Die Terminsgebühr entsteht sowohl für die Wahrnehmung von gerichtlichen Terminen als auch für die Wahrnehmung von außergerichtlichen Terminen und Besprechungen, wenn nichts anderes bestimmt ist. Sie entsteht jedoch nicht für die Wahrnehmung eines gerichtlichen Termins nur zur Verkündung einer Entscheidung. Die Gebühr für außergerichtliche Termine und Besprechungen entsteht für 1. die Wahrnehmung eines von einem gerichtlich bestellten Sachverständigen anberaumten Termins und		

Nr.	Gebührentatbestand	Gebühr oder Satz der Gebühr nach § 13 RVG
	2. die Mitwirkung an Besprechungen, die auf die Vermeidung oder Erledigung des Verfahrens gerichtet sind; dies gilt nicht für Besprechungen mit dem Auftraggeber. (4) Soweit wegen desselben Gegenstands eine Geschäftsgebühr nach Teil 2 entsteht, wird diese Gebühr zur Hälfte, bei Wertgebühren jedoch höchstens mit einem Gebührensatz von 0,75, auf die Verfahrensgebühr des gerichtlichen Verfahrens angerechnet. Bei Betragsrahmengebühren beträgt der Anrechnungsbetrag höchstens 175,00 €. Sind mehrere Gebühren entstanden, ist für die Anrechnung die zuletzt entstandene Gebühr maßgebend. Bei einer Betragsrahmengebühr ist nicht zu berücksichtigen, dass der Umfang der Tätigkeit im gerichtlichen Verfahren infolge der vorangegangenen Tätigkeit geringer ist. Bei einer wertabhängigen Gebühr erfolgt die Anrechnung nach dem Wert des Gegenstands, der auch Gegenstand des gerichtlichen Verfahrens ist. (5) Soweit der Gegenstand eines selbstständigen Beweisverfahrens auch Gegenstand eines Rechtsstreits ist oder wird, wird die Verfahrensgebühr des selbstständigen Beweisverfahrens auf die Verfahrensgebühr des Rechtszugs angerechnet. (6) Soweit eine Sache an ein untergeordnetes Gericht zurückverwiesen wird, das mit der Sache bereits befasst war, ist die vor diesem Gericht bereits entstandene Verfahrensgebühr auf die Verfahrensgebühr für das erneute Verfahren anzurechnen. (7) Die Vorschriften dieses Teils sind nicht anzuwenden, soweit Teil 6 besondere Vorschriften enthält.	
	Abschnitt 1. Erster Rechtszug	
	Vorbemerkung 3.1: (1) Die Gebühren dieses Abschnitts entstehen in allen Verfahren, für die in den folgenden Abschnitten dieses Teils keine Gebühren bestimmt sind. (2) Dieser Abschnitt ist auch für das Rechtsbeschwerdeverfahren nach § 1065 ZPO anzuwenden.	
3100	Verfahrensgebühr, soweit in Nummer 3102 nichts anderes bestimmt ist .... (1) Die Verfahrensgebühr für ein vereinfachtes Verfahren über den Unterhalt Minderjähriger wird auf die Verfahrensgebühr angerechnet, die in dem nachfolgenden Rechtsstreit entsteht (§ 255 FamFG). (2) Die Verfahrensgebühr für einen Urkunden- oder Wechselprozess wird auf die Verfahrensgebühr für das ordentliche Verfahren angerechnet, wenn dieses nach Abstandnahme vom Urkunden- oder Wechselprozess oder nach einem Vorbehaltsurteil anhängig bleibt (§§ 596, 600 ZPO). (3) Die Verfahrensgebühr für ein Vermittlungsverfahren nach § 165 FamFG wird auf die Verfahrensgebühr für ein sich anschließendes Verfahren angerechnet.	1,3
3101	1. Endigt der Auftrag, bevor der Rechtsanwalt die Klage, den ein Verfahren einleitenden Antrag oder einen Schriftsatz, der Sachanträge, Sachvortrag, die Zurücknahme der Klage oder die Zurücknahme des Antrags enthält, eingereicht oder bevor er einen gerichtlichen Termin wahrgenommen hat; 2. soweit Verhandlungen vor Gericht zur Einigung der Parteien oder der Beteiligten oder mit Dritten über in diesem Verfahren nicht rechtshängige Ansprüche geführt werden; der Verhandlung über solche Ansprüche steht es gleich, wenn beantragt ist, eine Einigung zu Protokoll zu nehmen oder das Zustandekommen einer Einigung festzustellen (§ 278 Abs. 6 ZPO); oder	

Nr.	Gebührentatbestand	Gebühr oder Satz der Gebühr nach § 13 RVG
	3. soweit in einer Familiensache, die nur die Erteilung einer Genehmigung oder die Zustimmung des Familiengerichts zum Gegenstand hat, oder in einem Verfahren der freiwilligen Gerichtsbarkeit lediglich ein Antrag gestellt und eine Entscheidung entgegengenommen wird,	
	beträgt die Gebühr 3100	0,8
	(1) Soweit in den Fällen der Nummer 2 der sich nach § 15 Abs. 3 RVG ergebende Gesamtbetrag der Verfahrensgebühren die Gebühr 3100 übersteigt, wird der übersteigende Betrag auf eine Verfahrensgebühr angerechnet, die wegen desselben Gegenstands in einer anderen Angelegenheit entsteht. (2) Nummer 3 ist in streitigen Verfahren der freiwilligen Gerichtsbarkeit, insbesondere in Verfahren nach dem Gesetz über das gerichtliche Verfahren in Landwirtschaftssachen, nicht anzuwenden.	
3102	Verfahrensgebühr für Verfahren vor den Sozialgerichten, in denen Betragsrahmengebühren entstehen (§ 3 RVG)	50,00 bis 550,00 €
3103	*(aufgehoben)*	
3104	Terminsgebühr, soweit in Nummer 3106 nichts anderes bestimmt ist	1,2
	(1) Die Gebühr entsteht auch, wenn 1. in einem Verfahren, für das mündliche Verhandlung vorgeschrieben ist, im Einverständnis mit den Parteien oder Beteiligten oder gemäß § 307 oder § 495a ZPO ohne mündliche Verhandlung entschieden oder in einem solchen Verfahren ein schriftlicher Vergleich geschlossen wird, 2. nach § 84 Abs. 1 Satz 1 VwGO oder § 105 Abs. 1 Satz 1 SGG durch Gerichtsbescheid entschieden wird und eine mündliche Verhandlung beantragt werden kann oder 3. das Verfahren vor dem Sozialgericht, für das mündliche Verhandlung vorgeschrieben ist, nach angenommenem Anerkenntnis ohne mündliche Verhandlung endet. (2) Sind in dem Termin auch Verhandlungen zur Einigung über in diesem Verfahren nicht rechtshängige Ansprüche geführt worden, wird die Terminsgebühr, soweit sie den sich ohne Berücksichtigung der nicht rechtshängigen Ansprüche ergebenden Gebührenbetrag übersteigt, auf eine Terminsgebühr angerechnet, die wegen desselben Gegenstands in einer anderen Angelegenheit entsteht. (3) Die Gebühr entsteht nicht, soweit lediglich beantragt ist, eine Einigung der Parteien oder der Beteiligten oder mit Dritten über nicht rechtshängige Ansprüche zu Protokoll zu nehmen. (4) Eine in einem vorausgegangenen Mahnverfahren oder vereinfachten Verfahren über den Unterhalt Minderjähriger entstandene Terminsgebühr wird auf die Terminsgebühr des nachfolgenden Rechtsstreits angerechnet.	
3105	Wahrnehmung nur eines Termins, in dem eine Partei oder ein Beteiligter nicht erschienen oder nicht ordnungsgemäß vertreten ist und lediglich ein Antrag	

Nr.	Gebührentatbestand	Gebühr oder Satz der Gebühr nach § 13 RVG
	auf Versäumnisurteil, Versäumnisentscheidung oder zur Prozess-, Verfahrens- oder Sachleitung gestellt wird: Die Gebühr 3104 beträgt .... (1) Die Gebühr entsteht auch, wenn 1. das Gericht bei Säumnis lediglich Entscheidungen zur Prozess-, Verfahrens- oder Sachleitung von Amts wegen trifft oder 2. eine Entscheidung gemäß § 331 Abs. 3 ZPO ergeht. (2) § 333 ZPO ist nicht entsprechend anzuwenden.	0,5
3106	Terminsgebühr in Verfahren vor den Sozialgerichten, in denen Betragsrahmengebühren entstehen (§ 3 RVG) .... Die Gebühr entsteht auch, wenn 1. in einem Verfahren, für das mündliche Verhandlung vorgeschrieben ist, im Einverständnis mit den Parteien ohne mündliche Verhandlung entschieden oder in einem solchen Verfahren ein schriftlicher Vergleich geschlossen wird, 2. nach § 105 Abs. 1 Satz 1 SGG durch Gerichtsbescheid entschieden wird und eine mündliche Verhandlung beantragt werden kann oder 3. das Verfahren, für das mündliche Verhandlung vorgeschrieben ist, nach angenommenem Anerkenntnis ohne mündliche Verhandlung endet. In den Fällen des Satzes 1 beträgt die Gebühr 90 % der in derselben Angelegenheit dem Rechtsanwalt zustehenden Verfahrensgebühr ohne Berücksichtigung einer Erhöhung nach Nummer 1008.	50,00 bis 510,00 €

Abschnitt 2. Berufung, Revision, bestimmte Beschwerden und Verfahren vor dem Finanzgericht

Vorbemerkung 3.2:

(1) Dieser Abschnitt ist auch in Verfahren vor dem Rechtsmittelgericht über die Zulassung des Rechtsmittels anzuwenden.

(2) Wenn im Verfahren auf Anordnung eines Arrests, zur Erwirkung eines Europäischen Beschlusses zur vorläufigen Kontenpfändung oder auf Erlass einer einstweiligen Verfügung sowie im Verfahren über die Aufhebung, den Widerruf oder die Abänderung der genannten Entscheidungen das Rechtsmittelgericht als Gericht der Hauptsache anzusehen ist (§ 943, auch i.V.m. § 946 Abs. 1 Satz 2 ZPO), bestimmen sich die Gebühren nach den für die erste Instanz geltenden Vorschriften. Dies gilt entsprechend im Verfahren der einstweiligen Anordnung und im Verfahren auf Anordnung oder Wiederherstellung der aufschiebenden Wirkung, auf Aussetzung oder Aufhebung der Vollziehung oder Anordnung der sofortigen Vollziehung eines Verwaltungsakts. Satz 1 gilt ferner entsprechend in Verfahren über einen Antrag nach § 169 Absatz 2 Satz 5 und 6, § 173 Absatz 1 Satz 3 oder nach § 176 GWB.

Unterabschnitt 1. Berufung, bestimmte Beschwerden und Verfahren vor dem Finanzgericht

Vorbemerkung 3.2.1:

Dieser Unterabschnitt ist auch anzuwenden in Verfahren

1. vor dem Finanzgericht,
2. über Beschwerden
   a) gegen die den Rechtszug beendenden Entscheidungen in Verfahren über Anträge auf Vollstreckbarerklärung ausländischer Titel oder auf Erteilung der Vollstreckungsklausel zu auslän-

Nr.	Gebührentatbestand	Gebühr oder Satz der Gebühr nach § 13 RVG
	dischen Titeln sowie über Anträge auf Aufhebung oder Abänderung der Vollstreckbarerklärung oder der Vollstreckungsklausel, b) gegen die Endentscheidung wegen des Hauptgegenstands in Familiensachen und in den Angelegenheiten der freiwilligen Gerichtsbarkeit, c) gegen die den Rechtszug beendenden Entscheidungen im Beschlussverfahren vor den Gerichten für Arbeitssachen, d) gegen die den Rechtszug beendenden Entscheidungen im personalvertretungsrechtlichen Beschlussverfahren vor den Gerichten der Verwaltungsgerichtsbarkeit, e) nach dem GWB, f) nach dem EnWG, g) nach dem KSpG, h) nach dem VSchDG, i) nach dem SpruchG, j) nach dem WpÜG, ***[Buchst. k ab unbestimmtem Inkrafttreten:]*** k)[1] *nach dem WRegG,* 3. über Beschwerden a) gegen die Entscheidung des Verwaltungs- oder Sozialgerichts wegen des Hauptgegenstands in Verfahren des vorläufigen oder einstweiligen Rechtsschutzes, b) nach dem WpHG, c) gegen die Entscheidung über den Widerspruch des Schuldners (§ 954 Abs. 1 Satz 1 ZPO) im Fall des Artikels 5 Buchstabe a der Verordnung (EU) Nr. 655/2014, 4. über Rechtsbeschwerden nach dem StVollzG, auch i.V.m. § 92 JGG.	
3200	Verfahrensgebühr, soweit in Nummer 3204 nichts anderes bestimmt ist	1,6
3201	Vorzeitige Beendigung des Auftrags oder eingeschränkte Tätigkeit des Anwalts: Die Gebühr 3200 beträgt	1,1
	(1) Eine vorzeitige Beendigung liegt vor, 1. wenn der Auftrag endigt, bevor der Rechtsanwalt das Rechtsmittel eingelegt oder einen Schriftsatz, der Sachanträge, Sachvortrag, die Zurücknahme der Klage oder die Zurücknahme des Rechtsmittels enthält, eingereicht oder bevor er einen gerichtlichen Termin wahrgenommen hat, oder 2. soweit Verhandlungen vor Gericht zur Einigung der Parteien oder der Beteiligten oder mit Dritten über in diesem Verfahren nicht rechtshängige Ansprüche geführt werden; der Verhandlung über solche Ansprüche steht es gleich, wenn beantragt ist, eine Einigung zu Protokoll zu nehmen oder das Zustandekommen einer Einigung festzustellen (§ 278 Abs. 6 ZPO). Soweit in den Fällen der Nummer 2 der sich nach § 15 Abs. 3 RVG ergebende Gesamtbetrag der Verfahrensgebühren die Gebühr 3200 übersteigt, wird der übersteigende Betrag auf eine Verfahrensgebühr angerechnet, die wegen desselben Gegenstands in einer anderen Angelegenheit entsteht. (2) Eine eingeschränkte Tätigkeit des Anwalts liegt vor, wenn sich seine Tätigkeit 1. in einer Familiensache, die nur die Erteilung einer Genehmigung oder die Zustimmung des Familiengerichts zum Gegenstand hat, oder 2. in einer Angelegenheit der freiwilligen Gerichtsbarkeit	

[1] Die Änderung durch G v. 18.7.2017 (BGBl. I S. 2739) tritt an dem Tag in Kraft, an dem die Rechtsverordnung nach § 10 des Wettbewerbsregistergesetzes in Kraft tritt.

Nr.	Gebührentatbestand	Gebühr oder Satz der Gebühr nach § 13 RVG
	auf die Einlegung und Begründung des Rechtsmittels und die Entgegennahme der Rechtsmittelentscheidung beschränkt.	
3202	Terminsgebühr, soweit in Nummer 3205 nichts anderes bestimmt ist	1,2
	(1) Absatz 1 Nr. 1 und 3 sowie die Absätze 2 und 3 der Anmerkung zu Nummer 3104 gelten entsprechend. (2) Die Gebühr entsteht auch, wenn nach § 79a Abs. 2, § 90a oder § 94a FGO ohne mündliche Verhandlung durch Gerichtsbescheid entschieden wird.	
3203	Wahrnehmung nur eines Termins, in dem eine Partei oder ein Beteiligter, im Berufungsverfahren der Berufungskläger, im Beschwerdeverfahren der Beschwerdeführer, nicht erschienen oder nicht ordnungsgemäß vertreten ist und lediglich ein Antrag auf Versäumnisurteil, Versäumnisentscheidung oder zur Prozess-, Verfahrens- oder Sachleitung gestellt wird: Die Gebühr 3202 beträgt	0,5
	Die Anmerkung zu Nummer 3105 und Absatz 2 der Anmerkung zu Nummer 3202 gelten entsprechend.	
3204	Verfahrensgebühr für Verfahren vor den Landessozialgerichten, in denen Betragsrahmengebühren entstehen (§ 3 RVG)	60,00 bis 680,00 €
3205	Terminsgebühr in Verfahren vor den Landessozialgerichten, in denen Betragsrahmengebühren entstehen (§ 3 RVG)	50,00 bis 510,00 €
	Satz 1 Nr. 1 und 3 der Anmerkung zu Nummer 3106 gilt entsprechend. In den Fällen des Satzes 1 beträgt die Gebühr 75 % der in derselben Angelegenheit dem Rechtsanwalt zustehenden Verfahrensgebühr ohne Berücksichtigung einer Erhöhung nach Nummer 1008.	

Unterabschnitt 2. Revision, bestimmte Beschwerden und Rechtsbeschwerden

Vorbemerkung 3.2.2:

Dieser Unterabschnitt ist auch anzuwenden in Verfahren

1. über Rechtsbeschwerden
   a) in den in der Vorbemerkung 3.2.1 Nr. 2 genannten Fällen und
   b) nach § 20 KapMuG,
2. vor dem Bundesgerichtshof über Berufungen, Beschwerden oder Rechtsbeschwerden gegen Entscheidungen des Bundespatentgerichts und
3. vor dem Bundesfinanzhof über Beschwerden nach § 128 Abs. 3 FGO.

3206	Verfahrensgebühr, soweit in Nummer 3212 nichts anderes bestimmt ist	1,6
3207	Vorzeitige Beendigung des Auftrags oder eingeschränkte Tätigkeit des Anwalts: Die Gebühr 3206 beträgt	1,1

Nr.	Gebührentatbestand	Gebühr oder Satz der Gebühr nach § 13 RVG
	Die Anmerkung zu Nummer 3201 gilt entsprechend.	
3208	Im Verfahren können sich die Parteien oder die Beteiligten nur durch einen beim Bundesgerichtshof zugelassenen Rechtsanwalt vertreten lassen: Die Gebühr 3206 beträgt	2,3
3209	Vorzeitige Beendigung des Auftrags, wenn sich die Parteien oder die Beteiligten nur durch einen beim Bundesgerichtshof zugelassenen Rechtsanwalt vertreten lassen können: Die Gebühr 3206 beträgt .... Die Anmerkung zu Nummer 3201 gilt entsprechend.	1,8
3210	Terminsgebühr, soweit in Nummer 3213 nichts anderes bestimmt ist .... Absatz 1 Nr. 1 und 3 sowie die Absätze 2 und 3 der Anmerkung zu Nummer 3104 und Absatz 2 der Anmerkung zu Nummer 3202 gelten entsprechend.	1,5
3211	Wahrnehmung nur eines Termins, in dem der Revisionskläger oder Beschwerdeführer nicht ordnungsgemäß vertreten ist und lediglich ein Antrag auf Versäumnisurteil, Versäumnisentscheidung oder zur Prozess-, Verfahrens- oder Sachleitung gestellt wird: Die Gebühr 3210 beträgt .... Die Anmerkung zu Nummer 3105 und Absatz 2 der Anmerkung zu Nummer 3202 gelten entsprechend.	0,8
3212	Verfahrensgebühr für Verfahren vor dem Bundessozialgericht, in denen Betragsrahmengebühren entstehen (§ 3 RVG)	80,00 bis 880,00 €
3213	Terminsgebühr in Verfahren vor dem Bundessozialgericht, in denen Betragsrahmengebühren entstehen (§ 3 RVG) .... Satz 1 Nr. 1 und 3 sowie Satz 2 der Anmerkung zu Nummer 3106 gelten entsprechend.	80,00 bis 830,00 €

Abschnitt 3. Gebühren für besondere Verfahren

Unterabschnitt 1. Besondere erstinstanzliche Verfahren

Vorbemerkung 3.3.1:

Die Terminsgebühr bestimmt sich nach Abschnitt 1.

3300	Verfahrensgebühr 1. für das Verfahren vor dem Oberlandesgericht nach § 129 VGG, 2. für das erstinstanzliche Verfahren vor dem Bundesverwaltungsgericht, dem Bundessozialgericht, dem Oberverwaltungsgericht (Verwaltungsgerichtshof) und dem Landessozialgericht sowie	1,6

Nr.	Gebührentatbestand	Gebühr oder Satz der Gebühr nach § 13 RVG
	3. für das Verfahren bei überlangen Gerichtsverfahren und strafrechtlichen Ermittlungsverfahren vor den Oberlandesgerichten, den Landessozialgerichten, den Oberverwaltungsgerichten, den Landesarbeitsgerichten oder einem obersten Gerichtshof des Bundes	
3301	Vorzeitige Beendigung des Auftrags: Die Gebühr 3300 beträgt .... Die Anmerkung zu Nummer 3201 gilt entsprechend.	1,0

Unterabschnitt 2. Mahnverfahren

Vorbemerkung 3.3.2:

Die Terminsgebühr bestimmt sich nach Abschnitt 1.

3305	Verfahrensgebühr für die Vertretung des Antragstellers .... Die Gebühr wird auf die Verfahrensgebühr für einen nachfolgenden Rechtsstreit angerechnet.	1,0
3306	Beendigung des Auftrags, bevor der Rechtsanwalt den verfahrenseinleitenden Antrag oder einen Schriftsatz, der Sachanträge, Sachvortrag oder die Zurücknahme des Antrags enthält, eingereicht hat: Die Gebühr 3305 beträgt	0,5
3307	Verfahrensgebühr für die Vertretung des Antragsgegners .... Die Gebühr wird auf die Verfahrensgebühr für einen nachfolgenden Rechtsstreit angerechnet.	0,5
3308	Verfahrensgebühr für die Vertretung des Antragstellers im Verfahren über den Antrag auf Erlass eines Vollstreckungsbescheids .... Die Gebühr entsteht neben der Gebühr 3305 nur, wenn innerhalb der Widerspruchsfrist kein Widerspruch erhoben oder der Widerspruch gemäß § 703a Abs. 2 Nr. 4 ZPO beschränkt worden ist. Nummer 1008 ist nicht anzuwenden, wenn sich bereits die Gebühr 3305 erhöht.	0,5

Unterabschnitt 3. Vollstreckung und Vollziehung

Vorbemerkung 3.3.3:

(1) Dieser Unterabschnitt gilt für
1. die Zwangsvollstreckung,
2. die Vollstreckung,
3. Verfahren des Verwaltungszwangs und
4. die Vollziehung eines Arrestes oder einstweiligen Verfügung,

soweit nachfolgend keine besonderen Gebühren bestimmt sind. Er gilt auch für Verfahren auf Eintragung einer Zwangshypothek (§§ 867 und 870a ZPO).

(2) Im Verfahren nach der Verordnung (EU) Nr. 655/2014 werden Gebühren nach diesem Unterabschnitt nur im Fall des Artikels 5 Buchstabe b der Verordnung (EU) Nr. 655/2014 erhoben. In den Fällen des Artikels 5 Buchstabe a der Verordnung (EU) Nr. 655/2014 bestimmen sich die Gebühren nach den für Arrestverfahren geltenden Vorschriften.

Nr.	Gebührentatbestand	Gebühr oder Satz der Gebühr nach § 13 RVG
3309	Verfahrensgebühr	0,3
3310	Terminsgebühr Die Gebühr entsteht für die Teilnahme an einem gerichtlichen Termin, einem Termin zur Abgabe der Vermögensauskunft oder zur Abnahme der eidesstattlichen Versicherung.	0,3
	Unterabschnitt 4. Zwangsversteigerung und Zwangsverwaltung	
3311	Verfahrensgebühr Die Gebühr entsteht jeweils gesondert 1. für die Tätigkeit im Zwangsversteigerungsverfahren bis zur Einleitung des Verteilungsverfahrens; 2. im Zwangsversteigerungsverfahren für die Tätigkeit im Verteilungsverfahren, und zwar auch für eine Mitwirkung an einer außergerichtlichen Verteilung; 3. im Verfahren der Zwangsverwaltung für die Vertretung des Antragstellers im Verfahren über den Antrag auf Anordnung der Zwangsverwaltung oder auf Zulassung des Beitritts; 4. im Verfahren der Zwangsverwaltung für die Vertretung des Antragstellers im weiteren Verfahren einschließlich des Verteilungsverfahrens; 5. im Verfahren der Zwangsverwaltung für die Vertretung eines sonstigen Beteiligten im ganzen Verfahren einschließlich des Verteilungsverfahrens und 6. für die Tätigkeit im Verfahren über Anträge auf einstweilige Einstellung oder Beschränkung der Zwangsvollstreckung und einstweilige Einstellung des Verfahrens sowie für Verhandlungen zwischen Gläubiger und Schuldner mit dem Ziel der Aufhebung des Verfahrens.	0,4
3312	Terminsgebühr Die Gebühr entsteht nur für die Wahrnehmung eines Versteigerungstermins für einen Beteiligten. Im Übrigen entsteht im Verfahren der Zwangsversteigerung und der Zwangsverwaltung keine Terminsgebühr.	0,4
	Unterabschnitt 5. Insolvenzverfahren, Verteilungsverfahren nach der Schifffahrtsrechtlichen Verteilungsordnung	
	Vorbemerkung 3.3.5: (1) Die Gebührenvorschriften gelten für die Verteilungsverfahren nach der SVertO, soweit dies ausdrücklich angeordnet ist. (2) Bei der Vertretung mehrerer Gläubiger, die verschiedene Forderungen geltend machen, entstehen die Gebühren jeweils besonders. (3) Für die Vertretung des ausländischen Insolvenzverwalters entstehen die gleichen Gebühren wie für die Vertretung des Schuldners.	
3313	Verfahrensgebühr für die Vertretung des Schuldners im Eröffnungsverfahren Die Gebühr entsteht auch im Verteilungsverfahren nach der SVertO.	1,0
3314	Verfahrensgebühr für die Vertretung des Gläubigers im Eröffnungsverfahren Die Gebühr entsteht auch im Verteilungsverfahren nach der SVertO.	0,5

Nr.	Gebührentatbestand	Gebühr oder Satz der Gebühr nach § 13 RVG
3315	Tätigkeit auch im Verfahren über den Schuldenbereinigungsplan: Die Verfahrensgebühr 3313 beträgt	1,5
3316	Tätigkeit auch im Verfahren über den Schuldenbereinigungsplan: Die Verfahrensgebühr 3314 beträgt	1,0
3317	Verfahrensgebühr für das Insolvenzverfahren Die Gebühr entsteht auch im Verteilungsverfahren nach der SVertO und im Verfahren über Anträge nach Artikel 36 Abs. 9 der Verordnung (EU) 2015/848.	1,0
3318	Verfahrensgebühr für das Verfahren über einen Insolvenzplan	1,0
3319	Vertretung des Schuldners, der den Plan vorgelegt hat: Die Verfahrensgebühr 3318 beträgt	3,0
3320	Die Tätigkeit beschränkt sich auf die Anmeldung einer Insolvenzforderung: Die Verfahrensgebühr 3317 beträgt Die Gebühr entsteht auch im Verteilungsverfahren nach der SVertO.	0,5
3321	Verfahrensgebühr für das Verfahren über einen Antrag auf Versagung oder Widerruf der Restschuldbefreiung (1) Das Verfahren über mehrere gleichzeitig anhängige Anträge ist eine Angelegenheit. (2) Die Gebühr entsteht auch gesondert, wenn der Antrag bereits vor Aufhebung des Insolvenzverfahrens gestellt wird.	0,5
3322	Verfahrensgebühr für das Verfahren über Anträge auf Zulassung der Zwangsvollstreckung nach § 17 Abs. 4 SVertO	0,5
3323	Verfahrensgebühr für das Verfahren über Anträge auf Aufhebung von Vollstreckungsmaßregeln (§ 8 Abs. 5 und § 41 SVertO)	0,5

Unterabschnitt 6. Sonstige besondere Verfahren

Vorbemerkung 3.3.6:

Die Terminsgebühr bestimmt sich nach Abschnitt 1, soweit in diesem Unterabschnitt nichts anderes bestimmt ist. Im Verfahren über die Prozesskostenhilfe bestimmt sich die Terminsgebühr nach den für dasjenige Verfahren geltenden Vorschriften, für das die Prozesskostenhilfe beantragt wird.

3324	Verfahrensgebühr für das Aufgebotsverfahren	1,0
3325	Verfahrensgebühr für Verfahren nach § 148 Abs. 1 und 2, §§ 246a, 319 Abs. 6 des Aktiengesetzes, auch i.V.m. § 327e Abs. 2 des Aktiengesetzes, oder nach § 16 Abs. 3 UmwG	0,75

Nr.	Gebührentatbestand	Gebühr oder Satz der Gebühr nach § 13 RVG
3326	Verfahrensgebühr für Verfahren vor den Gerichten für Arbeitssachen, wenn sich die Tätigkeit auf eine gerichtliche Entscheidung über die Bestimmung einer Frist (§ 102 Abs. 3 des Arbeitsgerichtsgesetzes), die Ablehnung eines Schiedsrichters (§ 103 Abs. 3 des Arbeitsgerichtsgesetzes) oder die Vornahme einer Beweisaufnahme oder einer Vereidigung (§ 106 Abs. 2 des Arbeitsgerichtsgesetzes) beschränkt	0,75
3327	Verfahrensgebühr für gerichtliche Verfahren über die Bestellung eines Schiedsrichters oder Ersatzschiedsrichters, über die Ablehnung eines Schiedsrichters oder über die Beendigung des Schiedsrichteramts, zur Unterstützung bei der Beweisaufnahme oder bei der Vornahme sonstiger richterlicher Handlungen anlässlich eines schiedsrichterlichen Verfahrens	0,75
3328	Verfahrensgebühr für Verfahren über die vorläufige Einstellung, Beschränkung oder Aufhebung der Zwangsvollstreckung oder die einstweilige Einstellung oder Beschränkung der Vollstreckung und die Anordnung, dass Vollstreckungsmaßnahmen aufzuheben sind	0,5
	Die Gebühr entsteht nur, wenn eine abgesonderte mündliche Verhandlung hierüber oder ein besonderer gerichtlicher Termin stattfindet. Wird der Antrag beim Vollstreckungsgericht und beim Prozessgericht gestellt, entsteht die Gebühr nur einmal.	
3329	Verfahrensgebühr für Verfahren auf Vollstreckbarerklärung der durch Rechtsmittelanträge nicht angefochtenen Teile eines Urteils (§§ 537, 558 ZPO)	0,5
3330	Verfahrensgebühr für Verfahren über eine Rüge wegen Verletzung des Anspruchs auf rechtliches Gehör .	in Höhe der Verfahrensgebühr für das Verfahren, in dem die Rüge erhoben wird, höchstens 0,5, bei Betragsrahmengebühren höchstens 220,00 €
3331	Terminsgebühr in Verfahren über eine Rüge wegen Verletzung des Anspruchs auf rechtliches Gehör	in Höhe der Terminsgebühr für das Verfahren, in dem die Rüge erhoben wird,

Nr.	Gebührentatbestand	Gebühr oder Satz der Gebühr nach § 13 RVG
		höchstens 0,5, bei Betragsrahmengebühren höchstens 220,00 €
3332	Terminsgebühr in den in Nummern 3324 bis 3329 genannten Verfahren	0,5
3333	Verfahrensgebühr für ein Verteilungsverfahren außerhalb der Zwangsversteigerung und der Zwangsverwaltung Der Wert bestimmt sich nach § 26 Nr. 1 und 2 RVG. Eine Terminsgebühr entsteht nicht.	0,4
3334	Verfahrensgebühr für Verfahren vor dem Prozessgericht oder dem Amtsgericht auf Bewilligung, Verlängerung oder Verkürzung einer Räumungsfrist (§§ 721, 794a ZPO), wenn das Verfahren mit dem Verfahren über die Hauptsache nicht verbunden ist	1,0
3335	Verfahrensgebühr für das Verfahren über die Prozesskostenhilfe	in Höhe der Verfahrensgebühr für das Verfahren, für das die Prozesskostenhilfe beantragt wird, höchstens 1,0, bei Betragsrahmengebühren höchstens 420,00 €
3336	*(aufgehoben)*	
3337	Vorzeitige Beendigung des Auftrags im Fall der Nummern 3324 bis 3327, 3334 und 3335: Die Gebühren 3324 bis 3327, 3334 und 3335 betragen höchstens Eine vorzeitige Beendigung liegt vor, 1. wenn der Auftrag endigt, bevor der Rechtsanwalt den das Verfahren einleitenden Antrag oder einen Schriftsatz, der Sachanträge, Sachvortrag oder die Zurücknahme des Antrags enthält, eingereicht oder bevor er einen gerichtlichen Termin wahrgenommen hat, oder 2. soweit lediglich beantragt ist, eine Einigung der Parteien oder der Beteiligten zu Protokoll zu nehmen oder soweit lediglich Verhandlungen vor Gericht zur Einigung geführt werden.	0,5
3338	Verfahrensgebühr für die Tätigkeit als Vertreter des Anmelders eines Anspruchs zum Musterverfahren (§ 10 Abs. 2 KapMuG)	0,8

Nr.	Gebührentatbestand	Gebühr oder Satz der Gebühr nach § 13 RVG
	Abschnitt 4. Einzeltätigkeiten	
	Vorbemerkung 3.4: Für in diesem Abschnitt genannte Tätigkeiten entsteht eine Terminsgebühr nur, wenn dies ausdrücklich bestimmt ist.	
3400	Der Auftrag beschränkt sich auf die Führung des Verkehrs der Partei oder des Beteiligten mit dem Verfahrensbevollmächtigten: Verfahrensgebühr .... Die gleiche Gebühr entsteht auch, wenn im Einverständnis mit dem Auftraggeber mit der Übersendung der Akten an den Rechtsanwalt des höheren Rechtszugs gutachterliche Äußerungen verbunden sind.	in Höhe der dem Verfahrensbevollmächtigten zustehenden Verfahrensgebühr, höchstens 1,0, bei Betragsrahmengebühren höchstens 420,00 €
3401	Der Auftrag beschränkt sich auf die Vertretung in einem Termin im Sinne der Vorbemerkung 3 Abs. 3: Verfahrensgebühr	in Höhe der Hälfte der dem Verfahrensbevollmächtigten zustehenden Verfahrensgebühr
3402	Terminsgebühr in dem in Nummer 3401 genannten Fall	in Höhe der einem Verfahrensbevollmächtigten zustehenden Terminsgebühr
3403	Verfahrensgebühr für sonstige Einzeltätigkeiten, soweit in Nummer 3406 nichts anderes bestimmt ist .... Die Gebühr entsteht für sonstige Tätigkeiten in einem gerichtlichen Verfahren, wenn der Rechtsanwalt nicht zum Prozess- oder Verfahrensbevollmächtigten bestellt ist, soweit in diesem Abschnitt nichts anderes bestimmt ist.	0,8
3404	Der Auftrag beschränkt sich auf ein Schreiben einfacher Art: Die Gebühr 3403 beträgt .... Die Gebühr entsteht insbesondere, wenn das Schreiben weder schwierige rechtliche Ausführungen noch größere sachliche Auseinandersetzungen enthält.	0,3
3405	Endet der Auftrag	

Nr.	Gebührentatbestand	Gebühr oder Satz der Gebühr nach § 13 RVG
	1. im Fall der Nummer 3400, bevor der Verfahrensbevollmächtigte beauftragt oder der Rechtsanwalt gegenüber dem Verfahrensbevollmächtigten tätig geworden ist, 2. im Fall der Nummer 3401, bevor der Termin begonnen hat: Die Gebühren 3400 und 3401 betragen .... Im Fall der Nummer 3403 gilt die Vorschrift entsprechend.	höchstens 0,5, bei Betragsrahmengebühren höchstens 210,00 €
3406	Verfahrensgebühr für sonstige Einzeltätigkeiten in Verfahren vor Gerichten der Sozialgerichtsbarkeit, wenn Betragsrahmengebühren entstehen (§ 3 RVG) . Die Anmerkung zu Nummer 3403 gilt entsprechend.	30,00 bis 340,00 €

Abschnitt 5. Beschwerde, Nichtzulassungsbeschwerde und Erinnerung

Vorbemerkung 3.5:

Die Gebühren nach diesem Abschnitt entstehen nicht in den in Vorbemerkung 3.1 Abs. 2 und in den Vorbemerkungen 3.2.1 und 3.2.2 genannten Beschwerdeverfahren.

3500	Verfahrensgebühr für Verfahren über die Beschwerde und die Erinnerung, soweit in diesem Abschnitt keine besonderen Gebühren bestimmt sind	0,5
3501	Verfahrensgebühr für Verfahren vor den Gerichten der Sozialgerichtsbarkeit über die Beschwerde und die Erinnerung, wenn in den Verfahren Betragsrahmengebühren entstehen (§ 3 RVG), soweit in diesem Abschnitt keine besonderen Gebühren bestimmt sind	20,00 bis 210,00 €
3502	Verfahrensgebühr für das Verfahren über die Rechtsbeschwerde	1,0
3503	Vorzeitige Beendigung des Auftrags: Die Gebühr 3502 beträgt .... Die Anmerkung zu Nummer 3201 ist entsprechend anzuwenden.	0,5
3504	Verfahrensgebühr für das Verfahren über die Beschwerde gegen die Nichtzulassung der Berufung, soweit in Nummer 3511 nichts anderes bestimmt ist . Die Gebühr wird auf die Verfahrensgebühr für ein nachfolgendes Berufungsverfahren angerechnet.	1,6
3505	Vorzeitige Beendigung des Auftrags: Die Gebühr 3504 beträgt .... Die Anmerkung zu Nummer 3201 ist entsprechend anzuwenden.	1,0
3506	Verfahrensgebühr für das Verfahren über die Beschwerde gegen die Nichtzulassung der Revision	1,6

Nr.	Gebührentatbestand	Gebühr oder Satz der Gebühr nach § 13 RVG
	oder über die Beschwerde gegen die Nichtzulassung einer der in der Vorbemerkung 3.2.2 genannten Rechtsbeschwerden, soweit in Nummer 3512 nichts anderes bestimmt ist .... Die Gebühr wird auf die Verfahrensgebühr für ein nachfolgendes Revisions- oder Rechtsbeschwerdeverfahren angerechnet.	
3507	Vorzeitige Beendigung des Auftrags: Die Gebühr 3506 beträgt .... Die Anmerkung zu Nummer 3201 ist entsprechend anzuwenden.	1,1
3508	In dem Verfahren über die Beschwerde gegen die Nichtzulassung der Revision können sich die Parteien nur durch einen beim Bundesgerichtshof zugelassenen Rechtsanwalt vertreten lassen: Die Gebühr 3506 beträgt	2,3
3509	Vorzeitige Beendigung des Auftrags, wenn sich die Parteien nur durch einen beim Bundesgerichtshof zugelassenen Rechtsanwalt vertreten lassen können: Die Gebühr 3506 beträgt .... Die Anmerkung zu Nummer 3201 ist entsprechend anzuwenden.	1,8
3510	Verfahrensgebühr für Beschwerdeverfahren vor dem Bundespatentgericht 1. nach dem Patentgesetz, wenn sich die Beschwerde gegen einen Beschluss richtet, a) durch den die Vergütung bei Lizenzbereitschaftserklärung festgesetzt wird oder Zahlung der Vergütung an das Deutsche Patent- und Markenamt angeordnet wird, b) durch den eine Anordnung nach § 50 Abs. 1 PatG oder die Aufhebung dieser Anordnung erlassen wird, c) durch den die Anmeldung zurückgewiesen oder über die Aufrechterhaltung, den Widerruf oder die Beschränkung des Patents entschieden wird, 2. nach dem Gebrauchsmustergesetz, wenn sich die Beschwerde gegen einen Beschluss richtet, a) durch den die Anmeldung zurückgewiesen wird, b) durch den über den Löschungsantrag entschieden wird, 3. nach dem Markengesetz, wenn sich die Beschwerde gegen einen Beschluss richtet, a) durch den über die Anmeldung einer Marke, einen Widerspruch oder einen Antrag auf Löschung oder über die Erinnerung gegen einen solchen Beschluss entschieden worden ist oder	

Nr.	Gebührentatbestand	Gebühr oder Satz der Gebühr nach § 13 RVG
	b) durch den ein Antrag auf Eintragung einer geographischen Angabe oder einer Ursprungsbezeichnung zurückgewiesen worden ist, 4. nach dem Halbleiterschutzgesetz, wenn sich die Beschwerde gegen einen Beschluss richtet, a) durch den die Anmeldung zurückgewiesen wird, b) durch den über den Löschungsantrag entschieden wird, 5. nach dem Designgesetz, wenn sich die Beschwerde gegen einen Beschluss richtet, a) durch den die Anmeldung eines Designs zurückgewiesen worden ist, b) durch den über den Löschungsantrag gemäß § 36 DesignG entschieden worden ist, c) durch den über den Antrag auf Feststellung oder Erklärung der Nichtigkeit gemäß § 34a DesignG entschieden worden ist, 6. nach dem Sortenschutzgesetz, wenn sich die Beschwerde gegen einen Beschluss des Widerspruchsausschusses richtet	1,3
3511	Verfahrensgebühr für das Verfahren über die Beschwerde gegen die Nichtzulassung der Berufung vor dem Landessozialgericht, wenn Betragsrahmengebühren entstehen (§ 3 RVG) .... Die Gebühr wird auf die Verfahrensgebühr für ein nachfolgendes Berufungsverfahren angerechnet.	60,00 bis 680,00 €
3512	Verfahrensgebühr für das Verfahren über die Beschwerde gegen die Nichtzulassung der Revision vor dem Bundessozialgericht, wenn Betragsrahmengebühren entstehen (§ 3 RVG) .... Die Gebühr wird auf die Verfahrensgebühr für ein nachfolgendes Revisionsverfahren angerechnet.	80,00 bis 880,00 €
3513	Terminsgebühr in den in Nummer 3500 genannten Verfahren	0,5
3514	In dem Verfahren über die Beschwerde gegen die Zurückweisung des Antrags auf Anordnung eines Arrests, des Antrags auf Erlass eines Europäischen Beschlusses zur vorläufigen Kontenpfändung oder des Antrags auf Erlass einer einstweiligen Verfügung bestimmt das Beschwerdegericht Termin zur mündlichen Verhandlung: Die Gebühr 3513 beträgt	1,2
3515	Terminsgebühr in den in Nummer 3501 genannten Verfahren	20,00 bis 210,00 €

Nr.	Gebührentatbestand	Gebühr oder Satz der Gebühr nach § 13 RVG
3516	Terminsgebühr in den in Nummern 3502, 3504, 3506 und 3510 genannten Verfahren	1,2
3517	Terminsgebühr in den in Nummer 3511 genannten Verfahren	50,00 bis 510,00 €
3518	Terminsgebühr in den in Nummer 3512 genannten Verfahren	60,00 bis 660,00 €

Teile 4–6. *(vom Abdruck wurde abgesehen)*

Teil 7. Auslagen

Nr.	Auslagentatbestand	Höhe
	Vorbemerkung 7: (1) Mit den Gebühren werden auch die allgemeinen Geschäftskosten entgolten. Soweit nachfolgend nichts anderes bestimmt ist, kann der Rechtsanwalt Ersatz der entstandenen Aufwendungen (§ 675 i.V.m. § 670 BGB) verlangen. (2) Eine Geschäftsreise liegt vor, wenn das Reiseziel außerhalb der Gemeinde liegt, in der sich die Kanzlei oder die Wohnung des Rechtsanwalts befindet. (3) Dient eine Reise mehreren Geschäften, sind die entstandenen Auslagen nach den Nummern 7003 bis 7006 nach dem Verhältnis der Kosten zu verteilen, die bei gesonderter Ausführung der einzelnen Geschäfte entstanden wären. Ein Rechtsanwalt, der seine Kanzlei an einen anderen Ort verlegt, kann bei Fortführung eines ihm vorher erteilten Auftrags Auslagen nach den Nummern 7003 bis 7006 nur insoweit verlangen, als sie auch von seiner bisherigen Kanzlei aus entstanden wären.	
7000	Pauschale für die Herstellung und Überlassung von Dokumenten: 1. für Kopien und Ausdrucke a) aus Behörden- und Gerichtsakten, soweit deren Herstellung zur sachgemäßen Bearbeitung der Rechtssache geboten war, b) zur Zustellung oder Mitteilung an Gegner oder Beteiligte und Verfahrensbevollmächtigte aufgrund einer Rechtsvorschrift oder nach Aufforderung durch das Gericht, die Behörde oder die sonst das Verfahren führende Stelle, soweit hierfür mehr als 100 Seiten zu fertigen waren, c) zur notwendigen Unterrichtung des Auftraggebers, soweit hierfür mehr als 100 Seiten zu fertigen waren, d) in sonstigen Fällen nur, wenn sie im Einverständnis mit dem Auftraggeber zusätzlich, auch zur Unterrichtung Dritter, angefertigt worden sind:	
	für die ersten 50 abzurechnenden Seiten je Seite	0,50 €
	für jede weitere Seite	0,15 €

Nr.	Auslagentatbestand	Höhe
	für die ersten 50 abzurechnenden Seiten in Farbe je Seite	1,00 €
	für jede weitere Seite in Farbe	0,30 €
	2. Überlassung von elektronisch gespeicherten Dateien oder deren Bereitstellung zum Abruf anstelle der in Nummer 1 Buchstabe d genannten Kopien und Ausdrucke:	
	je Datei	1,50 €
	für die in einem Arbeitsgang überlassenen, bereitgestellten oder in einem Arbeitsgang auf denselben Datenträger übertragenen Dokumente insgesamt höchstens	5,00 €
	(1) Die Höhe der Dokumentenpauschale nach Nummer 1 ist in derselben Angelegenheit und in gerichtlichen Verfahren in demselben Rechtszug einheitlich zu berechnen. Eine Übermittlung durch den Rechtsanwalt per Telefax steht der Herstellung einer Kopie gleich. (2) Werden zum Zweck der Überlassung von elektronisch gespeicherten Dateien Dokumente im Einverständnis mit dem Auftraggeber zuvor von der Papierform in die elektronische Form übertragen, beträgt die Dokumentenpauschale nach Nummer 2 nicht weniger, als die Dokumentenpauschale im Fall der Nummer 1 betragen würde.	
7001	Entgelte für Post- und Telekommunikationsdienstleistungen .... Für die durch die Geltendmachung der Vergütung entstehenden Entgelte kann kein Ersatz verlangt werden.	in voller Höhe
7002	Pauschale für Entgelte für Post- und Telekommunikationsdienstleistungen .... (1) Die Pauschale kann in jeder Angelegenheit anstelle der tatsächlichen Auslagen nach 7001 gefordert werden. (2) Werden Gebühren aus der Staatskasse gezahlt, sind diese maßgebend.	20 % der Gebühren – höchstens 20,00 €
7003	Fahrtkosten für eine Geschäftsreise bei Benutzung eines eigenen Kraftfahrzeugs für jeden gefahrenen Kilometer Mit den Fahrtkosten sind die Anschaffungs-, Unterhaltungs- und Betriebskosten sowie die Abnutzung des Kraftfahrzeugs abgegolten.	0,30 €
7004	Fahrtkosten für eine Geschäftsreise bei Benutzung eines anderen Verkehrsmittels, soweit sie angemessen sind	in voller Höhe
7005	Tage- und Abwesenheitsgeld bei einer Geschäftsreise	
	1. von nicht mehr als 4 Stunden	25,00 €
	2. von mehr als 4 bis 8 Stunden	40,00 €
	3. von mehr als 8 Stunden	70,00 €
	Bei Auslandsreisen kann zu diesen Beträgen ein Zuschlag von 50 % berechnet werden.	

Nr.	Auslagentatbestand	Höhe
7006	Sonstige Auslagen anlässlich einer Geschäftsreise, soweit sie angemessen sind	in voller Höhe
7007	Im Einzelfall gezahlte Prämie für eine Haftpflichtversicherung für Vermögensschäden, soweit die Prämie auf Haftungsbeträge von mehr als 30 Mio. € entfällt .... Soweit sich aus der Rechnung des Versicherers nichts anderes ergibt, ist von der Gesamtprämie der Betrag zu erstatten, der sich aus dem Verhältnis der 30 Mio. € übersteigenden Versicherungssumme zu der Gesamtversicherungssumme ergibt.	in voller Höhe
7008	Umsatzsteuer auf die Vergütung .... Dies gilt nicht, wenn die Umsatzsteuer nach § 19 Abs. 1 UStG unerhoben bleibt.	in voller Höhe

Anlage 2
(zu § 13 Abs. 1)

[Gebührentabelle für Gegenstandswerte bis 500 000 Euro]

Gegenstandswert bis … €	Gebühr … €	Gegenstandswert bis … €	Gebühr … €
500	45,00	**50 000**	1 163,00
1 000	80,00	**65 000**	1 248,00
1 500	115,00	**80 000**	1 333,00
2 000	150,00	**95 000**	1 418,00
3 000	201,00	**110 000**	1 503,00
4 000	252,00	**125 000**	1 588,00
5 000	303,00	**140 000**	1 673,00
6 000	354,00	**155 000**	1 758,00
7 000	405,00	**170 000**	1 843,00
8 000	456,00	**185 000**	1 928,00
9 000	507,00	**200 000**	2 013,00
10 000	558,00	**230 000**	2 133,00
13 000	604,00	**260 000**	2 253,00
16 000	650,00	**290 000**	2 373,00
19 000	696,00	**320 000**	2 493,00
22 000	742,00	**350 000**	2 613,00
25 000	788,00	**380 000**	2 733,00
30 000	863,00	**410 000**	2 853,00
35 000	938,00	**440 000**	2 973,00
40 000	1 013,00	**470 000**	3 093,00
45 000	1 088,00	**500 000**	3 213,00

11. Gesetz über die Vergütung von Sachverständigen, Dolmetscherinnen, Dolmetschern, Übersetzerinnen und Übersetzern sowie die Entschädigung von ehrenamtlichen Richterinnen, ehrenamtlichen Richtern, Zeuginnen, Zeugen und Dritten (Justizvergütungs- und -entschädigungsgesetz – JVEG)[1)]

Vom 5. Mai 2004

(BGBl. I S. 718, 776)

FNA 367-3

zuletzt geänd. durch Art. 5 Abs. 2 G zur Änd. des Sachverständigenrechts und zur weiteren Änd. des FamFG sowie zur Änd. des SGG, der VwGO, der FGO und des GKG v. 11.10.2016 (BGBl. I S. 2222)

Inhaltsübersicht

Abschnitt 1. Allgemeine Vorschriften

§ 1 Geltungsbereich und Anspruchsberechtigte
§ 2 Geltendmachung und Erlöschen des Anspruchs, Verjährung
§ 3 Vorschuss
§ 4 Gerichtliche Festsetzung und Beschwerde
§ 4a Abhilfe bei Verletzung des Anspruchs auf rechtliches Gehör
§ 4b Elektronische Akte, elektronisches Dokument
§ 4c Rechtsbehelfsbelehrung

Abschnitt 2. Gemeinsame Vorschriften

§ 5 Fahrtkostenersatz
§ 6 Entschädigung für Aufwand
§ 7 Ersatz für sonstige Aufwendungen

Abschnitt 3. Vergütung von Sachverständigen, Dolmetschern und Übersetzern

§ 8 Grundsatz der Vergütung
§ 8a Wegfall oder Beschränkung des Vergütungsanspruchs
§ 9 Honorar für die Leistung der Sachverständigen und Dolmetscher
§ 10 Honorar für besondere Leistungen
§ 11 Honorar für Übersetzungen
§ 12 Ersatz für besondere Aufwendungen
§ 13 Besondere Vergütung
§ 14 Vereinbarung der Vergütung

Abschnitt 4. Entschädigung von ehrenamtlichen Richtern

§ 15 Grundsatz der Entschädigung
§ 16 Entschädigung für Zeitversäumnis
§ 17 Entschädigung für Nachteile bei der Haushaltsführung
§ 18 Entschädigung für Verdienstausfall

Abschnitt 5. Entschädigung von Zeugen und Dritten

§ 19 Grundsatz der Entschädigung
§ 20 Entschädigung für Zeitversäumnis
§ 21 Entschädigung für Nachteile bei der Haushaltsführung
§ 22 Entschädigung für Verdienstausfall

[1)] Verkündet als Art. 2 KostenrechtsmodernisierungsG v. 5.5.2004 (BGBl. I S. 718); Inkrafttreten gem. Art. 8 Satz 1 dieses G am 1.7.2004.

§ 23 Entschädigung Dritter

Abschnitt 6. Schlussvorschriften

§ 24 Übergangsvorschrift
§ 25 Übergangsvorschrift aus Anlass des Inkrafttretens dieses Gesetzes

Anlage 1 (zu § 9 Abs. 1)
Anlage 2 (zu § 10 Abs. 1)
Anlage 3 (zu § 23 Abs. 1)

Abschnitt 1. Allgemeine Vorschriften

§ 1 Geltungsbereich und Anspruchsberechtigte. (1) [1] Dieses Gesetz regelt

1. die Vergütung der Sachverständigen, Dolmetscherinnen, Dolmetscher, Übersetzerinnen und Übersetzer, die von dem Gericht, der Staatsanwaltschaft, der Finanzbehörde in den Fällen, in denen diese das Ermittlungsverfahren selbstständig durchführt, der Verwaltungsbehörde im Verfahren nach dem Gesetz über Ordnungswidrigkeiten oder dem Gerichtsvollzieher herangezogen werden;
2. die Entschädigung der ehrenamtlichen Richterinnen und Richter bei den ordentlichen Gerichten und den Gerichten für Arbeitssachen sowie bei den Gerichten der Verwaltungs-, der Finanz- und der Sozialgerichtsbarkeit mit Ausnahme der ehrenamtlichen Richterinnen und Richter in Handelssachen, in berufsgerichtlichen Verfahren oder bei Dienstgerichten sowie
3. die Entschädigung der Zeuginnen, Zeugen und Dritten (§ 23), die von den in Nummer 1 genannten Stellen herangezogen werden.

[2] Eine Vergütung oder Entschädigung wird nur nach diesem Gesetz gewährt. [3] Der Anspruch auf Vergütung nach Satz 1 Nr. 1 steht demjenigen zu, der beauftragt worden ist; dies gilt auch, wenn der Mitarbeiter einer Unternehmung die Leistung erbringt, der Auftrag jedoch der Unternehmung erteilt worden ist.

(2) [1] Dieses Gesetz gilt auch, wenn Behörden oder sonstige öffentliche Stellen von den in Absatz 1 Satz 1 Nr. 1 genannten Stellen zu Sachverständigenleistungen herangezogen werden. [2] Für Angehörige einer Behörde oder einer sonstigen öffentlichen Stelle, die weder Ehrenbeamte noch ehrenamtlich tätig sind, gilt dieses Gesetz nicht, wenn sie ein Gutachten in Erfüllung ihrer Dienstaufgaben erstatten, vertreten oder erläutern.

(3) [1] Einer Heranziehung durch die Staatsanwaltschaft oder durch die Finanzbehörde in den Fällen des Absatzes 1 Satz 1 Nr. 1 steht eine Heranziehung durch die Polizei oder eine andere Strafverfolgungsbehörde im Auftrag oder mit vorheriger Billigung der Staatsanwaltschaft oder der Finanzbehörde gleich. [2] Satz 1 gilt im Verfahren der Verwaltungsbehörde nach dem Gesetz über Ordnungswidrigkeiten entsprechend.

(4) Die Vertrauenspersonen in den Ausschüssen zur Wahl der Schöffen und die Vertrauensleute in den Ausschüssen zur Wahl der ehrenamtlichen Richter bei den Gerichten der Verwaltungs- und der Finanzgerichtsbarkeit werden wie ehrenamtliche Richter entschädigt.

(5) Die Vorschriften dieses Gesetzes über die gerichtliche Festsetzung und die Beschwerde gehen den Regelungen der für das zugrunde liegende Verfahren geltenden Verfahrensvorschriften vor.

§ 2 Geltendmachung und Erlöschen des Anspruchs, Verjährung.

(1) [1]Der Anspruch auf Vergütung oder Entschädigung erlischt, wenn er nicht binnen drei Monaten bei der Stelle, die den Berechtigten herangezogen oder beauftragt hat, geltend gemacht wird; hierüber und über den Beginn der Frist ist der Berechtigte zu belehren. [2]Die Frist beginnt

1. im Fall der schriftlichen Begutachtung oder der Anfertigung einer Übersetzung mit Eingang des Gutachtens oder der Übersetzung bei der Stelle, die den Berechtigten beauftragt hat,
2. im Fall der Vernehmung als Sachverständiger oder Zeuge oder der Zuziehung als Dolmetscher mit Beendigung der Vernehmung oder Zuziehung,
3. bei vorzeitiger Beendigung der Heranziehung oder des Auftrags in den Fällen der Nummern 1 und 2 mit der Bekanntgabe der Erledigung an den Berechtigten,
4. in den Fällen des § 23 mit Beendigung der Maßnahme und
5. im Fall der Dienstleistung als ehrenamtlicher Richter oder Mitglied eines Ausschusses im Sinne des § 1 Abs. 4 mit Beendigung der Amtsperiode, jedoch nicht vor dem Ende der Amtstätigkeit.

[3]Wird der Berechtigte in den Fällen des Satzes 2 Nummer 1 und 2 in demselben Verfahren, im gerichtlichen Verfahren in demselben Rechtszug, mehrfach herangezogen, ist für den Beginn aller Fristen die letzte Heranziehung maßgebend. [4]Die Frist kann auf begründeten Antrag von der in Satz 1 genannten Stelle verlängert werden; lehnt sie eine Verlängerung ab, hat sie den Antrag unverzüglich dem nach § 4 Abs. 1 für die Festsetzung der Vergütung oder Entschädigung zuständigen Gericht vorzulegen, das durch unanfechtbaren Beschluss entscheidet. [5]Weist das Gericht den Antrag zurück, erlischt der Anspruch, wenn die Frist nach Satz 1 abgelaufen und der Anspruch nicht binnen zwei Wochen ab Bekanntgabe der Entscheidung bei der in Satz 1 genannten Stelle geltend gemacht worden ist.

(2) [1]War der Berechtigte ohne sein Verschulden an der Einhaltung einer Frist nach Absatz 1 gehindert, gewährt ihm das Gericht auf Antrag Wiedereinsetzung in den vorigen Stand, wenn er innerhalb von zwei Wochen nach Beseitigung des Hindernisses den Anspruch beziffert und die Tatsachen glaubhaft macht, welche die Wiedereinsetzung begründen. [2]Ein Fehlen des Verschuldens wird vermutet, wenn eine Belehrung nach Absatz 1 Satz 1 unterblieben oder fehlerhaft ist. [3]Nach Ablauf eines Jahres, von dem Ende der versäumten Frist an gerechnet, kann die Wiedereinsetzung nicht mehr beantragt werden. [4]Gegen die Ablehnung der Wiedereinsetzung findet die Beschwerde statt. [5]Sie ist nur zulässig, wenn sie innerhalb von zwei Wochen eingelegt wird. [6]Die Frist beginnt mit der Zustellung der Entscheidung. [7]§ 4 Abs. 4 Satz 1 bis 3 und Abs. 6 bis 8 ist entsprechend anzuwenden.

(3) [1]Der Anspruch auf Vergütung oder Entschädigung verjährt in drei Jahren nach Ablauf des Kalenderjahrs, in dem der nach Absatz 1 Satz 2 Nr. 1 bis 4 maßgebliche Zeitpunkt eingetreten ist. [2]Auf die Verjährung sind die Vorschriften des Bürgerlichen Gesetzbuchs anzuwenden. [3]Durch den Antrag auf gerichtliche Festsetzung (§ 4) wird die Verjährung wie durch Klageerhebung gehemmt. [4]Die Verjährung wird nicht von Amts wegen berücksichtigt.

(4) [1] Der Anspruch auf Erstattung zu viel gezahlter Vergütung oder Entschädigung verjährt in drei Jahren nach Ablauf des Kalenderjahrs, in dem die Zahlung erfolgt ist. [2] § 5 Abs. 3 des Gerichtskostengesetzes[1)] gilt entsprechend.

§ 3 Vorschuss. Auf Antrag ist ein angemessener Vorschuss zu bewilligen, wenn dem Berechtigten erhebliche Fahrtkosten oder sonstige Aufwendungen entstanden sind oder voraussichtlich entstehen werden oder wenn die zu erwartende Vergütung für bereits erbrachte Teilleistungen einen Betrag von 2 000 Euro übersteigt.

§ 4 Gerichtliche Festsetzung und Beschwerde. (1) [1] Die Festsetzung der Vergütung, der Entschädigung oder des Vorschusses erfolgt durch gerichtlichen Beschluss, wenn der Berechtigte oder die Staatskasse die gerichtliche Festsetzung beantragt oder das Gericht sie für angemessen hält. [2] Zuständig ist

1. das Gericht, von dem der Berechtigte herangezogen worden ist, bei dem er als ehrenamtlicher Richter mitgewirkt hat oder bei dem der Ausschuss im Sinne des § 1 Abs. 4 gebildet ist;
2. das Gericht, bei dem die Staatsanwaltschaft besteht, wenn die Heranziehung durch die Staatsanwaltschaft oder in deren Auftrag oder mit deren vorheriger Billigung durch die Polizei oder eine andere Strafverfolgungsbehörde erfolgt ist, nach Erhebung der öffentlichen Klage jedoch das für die Durchführung des Verfahrens zuständige Gericht;
3. das Landgericht, bei dem die Staatsanwaltschaft besteht, die für das Ermittlungsverfahren zuständig wäre, wenn die Heranziehung in den Fällen des § 1 Abs. 1 Satz 1 Nr. 1 durch die Finanzbehörde oder in deren Auftrag oder mit deren vorheriger Billigung durch die Polizei oder eine andere Strafverfolgungsbehörde erfolgt ist, nach Erhebung der öffentlichen Klage jedoch das für die Durchführung des Verfahrens zuständige Gericht;
4. das Amtsgericht, in dessen Bezirk der Gerichtsvollzieher seinen Amtssitz hat, wenn die Heranziehung durch den Gerichtsvollzieher erfolgt ist, abweichend davon im Verfahren der Zwangsvollstreckung das Vollstreckungsgericht.

(2) [1] Ist die Heranziehung durch die Verwaltungsbehörde im Bußgeldverfahren erfolgt, werden die zu gewährende Vergütung oder Entschädigung und der Vorschuss durch gerichtlichen Beschluss festgesetzt, wenn der Berechtigte gerichtliche Entscheidung gegen die Festsetzung durch die Verwaltungsbehörde beantragt. [2] Für das Verfahren gilt § 62 des Gesetzes über Ordnungswidrigkeiten.

(3) Gegen den Beschluss nach Absatz 1 können der Berechtige und die Staatskasse Beschwerde einlegen, wenn der Wert des Beschwerdegegenstands 200 Euro übersteigt oder wenn sie das Gericht, das die angefochtene Entscheidung erlassen hat, wegen der grundsätzlichen Bedeutung der zur Entscheidung stehenden Frage in dem Beschluss zulässt.

(4) [1] Soweit das Gericht die Beschwerde für zulässig und begründet hält, hat es ihr abzuhelfen; im Übrigen ist die Beschwerde unverzüglich dem Beschwerdegericht vorzulegen. [2] Beschwerdegericht ist das nächsthöhere Gericht. [3] Eine Beschwerde an einen obersten Gerichtshof des Bundes findet nicht statt. [4] Das

1) Nr. **9**.

Beschwerdegericht ist an die Zulassung der Beschwerde gebunden; die Nichtzulassung ist unanfechtbar.

(5) [1] Die weitere Beschwerde ist nur zulässig, wenn das Landgericht als Beschwerdegericht entschieden und sie wegen der grundsätzlichen Bedeutung der zur Entscheidung stehenden Frage in dem Beschluss zugelassen hat. [2] Sie kann nur darauf gestützt werden, dass die Entscheidung auf einer Verletzung des Rechts beruht; die §§ 546 und 547 der Zivilprozessordnung[1)] gelten entsprechend. [3] Über die weitere Beschwerde entscheidet das Oberlandesgericht. [4] Absatz 4 Satz 1 und 4 gilt entsprechend.

(6) [1] Anträge und Erklärungen können ohne Mitwirkung eines Bevollmächtigten schriftlich eingereicht oder zu Protokoll der Geschäftsstelle abgegeben werden; § 129a der Zivilprozessordnung gilt entsprechend. [2] Für die Bevollmächtigung gelten die Regelungen der für das zugrunde liegende Verfahren geltenden Verfahrensordnung entsprechend. [3] Die Beschwerde ist bei dem Gericht einzulegen, dessen Entscheidung angefochten wird.

(7) [1] Das Gericht entscheidet über den Antrag durch eines seiner Mitglieder als Einzelrichter; dies gilt auch für die Beschwerde, wenn die angefochtene Entscheidung von einem Einzelrichter oder einem Rechtspfleger erlassen wurde. [2] Der Einzelrichter überträgt das Verfahren der Kammer oder dem Senat, wenn die Sache besondere Schwierigkeiten tatsächlicher oder rechtlicher Art aufweist oder die Rechtssache grundsätzliche Bedeutung hat. [3] Das Gericht entscheidet jedoch immer ohne Mitwirkung ehrenamtlicher Richter. [4] Auf eine erfolgte oder unterlassene Übertragung kann ein Rechtsmittel nicht gestützt werden.

(8) [1] Die Verfahren sind gebührenfrei. [2] Kosten werden nicht erstattet.

(9) Die Beschlüsse nach den Absätzen 1, 2, 4 und 5 wirken nicht zu Lasten des Kostenschuldners.

§ 4a Abhilfe bei Verletzung des Anspruchs auf rechtliches Gehör.

(1) Auf die Rüge eines durch die Entscheidung nach diesem Gesetz beschwerten Beteiligten ist das Verfahren fortzuführen, wenn

1. ein Rechtsmittel oder ein anderer Rechtsbehelf gegen die Entscheidung nicht gegeben ist und
2. das Gericht den Anspruch dieses Beteiligten auf rechtliches Gehör in entscheidungserheblicher Weise verletzt hat.

(2) [1] Die Rüge ist innerhalb von zwei Wochen nach Kenntnis von der Verletzung des rechtlichen Gehörs zu erheben; der Zeitpunkt der Kenntniserlangung ist glaubhaft zu machen. [2] Nach Ablauf eines Jahres seit Bekanntmachung der angegriffenen Entscheidung kann die Rüge nicht mehr erhoben werden. [3] Formlos mitgeteilte Entscheidungen gelten mit dem dritten Tage nach Aufgabe zur Post als bekannt gemacht. [4] Die Rüge ist bei dem Gericht zu erheben, dessen Entscheidung angegriffen wird; § 4 Abs. 6 Satz 1 und 2 gilt entsprechend. [5] Die Rüge muss die angegriffene Entscheidung bezeichnen und das Vorliegen der in Absatz 1 Nr. 2 genannten Voraussetzungen darlegen.

(3) Den übrigen Beteiligten ist, soweit erforderlich, Gelegenheit zur Stellungnahme zu geben.

[1)] Nr. **1**.

(4) [1] Das Gericht hat von Amts wegen zu prüfen, ob die Rüge an sich statthaft und ob sie in der gesetzlichen Form und Frist erhoben ist. [2] Mangelt es an einem dieser Erfordernisse, so ist die Rüge als unzulässig zu verwerfen. [3] Ist die Rüge unbegründet, weist das Gericht sie zurück. [4] Die Entscheidung ergeht durch unanfechtbaren Beschluss. [5] Der Beschluss soll kurz begründet werden.

(5) Ist die Rüge begründet, so hilft ihr das Gericht ab, indem es das Verfahren fortführt, soweit dies aufgrund der Rüge geboten ist.

(6) Kosten werden nicht erstattet.

§ 4b Elektronische Akte, elektronisches Dokument. In Verfahren nach diesem Gesetz sind die verfahrensrechtlichen Vorschriften über die elektronische Akte und über das elektronische Dokument anzuwenden, die für das Verfahren gelten, in dem der Anspruchsberechtigte herangezogen worden ist.

§ 4c Rechtsbehelfsbelehrung. Jede anfechtbare Entscheidung hat eine Belehrung über den statthaften Rechtsbehelf sowie über die Stelle, bei der dieser Rechtsbehelf einzulegen ist, über deren Sitz und über die einzuhaltende Form zu enthalten.

Abschnitt 2. Gemeinsame Vorschriften

§ 5 Fahrtkostenersatz. (1) Bei Benutzung von öffentlichen, regelmäßig verkehrenden Beförderungsmitteln werden die tatsächlich entstandenen Auslagen bis zur Höhe der entsprechenden Kosten für die Benutzung der ersten Wagenklasse der Bahn einschließlich der Auslagen für Platzreservierung und Beförderung des notwendigen Gepäcks ersetzt.

(2) [1] Bei Benutzung eines eigenen oder unentgeltlich zur Nutzung überlassenen Kraftfahrzeugs werden

1. dem Zeugen oder dem Dritten (§ 23) zur Abgeltung der Betriebskosten sowie zur Abgeltung der Abnutzung des Kraftfahrzeugs 0,25 Euro,
2. den in § 1 Abs. 1 Satz 1 Nr. 1 und 2 genannten Anspruchsberechtigten zur Abgeltung der Anschaffungs-, Unterhaltungs- und Betriebskosten sowie zur Abgeltung der Abnutzung des Kraftfahrzeugs 0,30 Euro

für jeden gefahrenen Kilometer ersetzt zuzüglich der durch die Benutzung des Kraftfahrzeugs aus Anlass der Reise regelmäßig anfallenden baren Auslagen, insbesondere der Parkentgelte. [2] Bei der Benutzung durch mehrere Personen kann die Pauschale nur einmal geltend gemacht werden. [3] Bei der Benutzung eines Kraftfahrzeugs, das nicht zu den Fahrzeugen nach Absatz 1 oder Satz 1 zählt, werden die tatsächlich entstandenen Auslagen bis zur Höhe der in Satz 1 genannten Fahrtkosten ersetzt; zusätzlich werden die durch die Benutzung des Kraftfahrzeugs aus Anlass der Reise angefallenen regelmäßigen baren Auslagen, insbesondere die Parkentgelte, ersetzt, soweit sie der Berechtigte zu tragen hat.

(3) Höhere als die in Absatz 1 oder Absatz 2 bezeichneten Fahrtkosten werden ersetzt, soweit dadurch Mehrbeträge an Vergütung oder Entschädigung erspart werden oder höhere Fahrtkosten wegen besonderer Umstände notwendig sind.

(4) Für Reisen während der Terminsdauer werden die Fahrtkosten nur insoweit ersetzt, als dadurch Mehrbeträge an Vergütung oder Entschädigung

erspart werden, die beim Verbleiben an der Terminsstelle gewährt werden müssten.

(5) Wird die Reise zum Ort des Termins von einem anderen als dem in der Ladung oder Terminsmitteilung bezeichneten oder der zuständigen Stelle unverzüglich angezeigten Ort angetreten oder wird zu einem anderen als zu diesem Ort zurückgefahren, werden Mehrkosten nach billigem Ermessen nur dann ersetzt, wenn der Berechtigte zu diesen Fahrten durch besondere Umstände genötigt war.

§ 6 Entschädigung für Aufwand. (1) Wer innerhalb der Gemeinde, in der der Termin stattfindet, weder wohnt noch berufstätig ist, erhält für die Zeit, während der er aus Anlass der Wahrnehmung des Termins von seiner Wohnung und seinem Tätigkeitsmittelpunkt abwesend sein muss, ein Tagegeld, dessen Höhe sich nach der Verpflegungspauschale zur Abgeltung tatsächlich entstandener, beruflich veranlasster Mehraufwendungen im Inland nach dem Einkommensteuergesetz bemisst.

(2) Ist eine auswärtige Übernachtung notwendig, wird ein Übernachtungsgeld nach den Bestimmungen des Bundesreisekostengesetzes gewährt.

§ 7 Ersatz für sonstige Aufwendungen. (1) [1]Auch die in den §§ 5, 6 und 12 nicht besonders genannten baren Auslagen werden ersetzt, soweit sie notwendig sind. [2]Dies gilt insbesondere für die Kosten notwendiger Vertretungen und notwendiger Begleitpersonen.

(2) [1]Für die Anfertigung von Kopien und Ausdrucken werden ersetzt

1. bis zu einer Größe von DIN A3 0,50 Euro je Seite für die ersten 50 Seiten und 0,15 Euro für jede weitere Seite,
2. in einer Größe von mehr als DIN A3 3 Euro je Seite und
3. für Farbkopien und -ausdrucke jeweils das Doppelte der Beträge nach Nummer 1 oder Nummer 2.

[2]Die Höhe der Pauschalen ist in derselben Angelegenheit einheitlich zu berechnen. [3]Die Pauschale wird nur für Kopien und Ausdrucke aus Behörden- und Gerichtsakten gewährt, soweit deren Herstellung zur sachgemäßen Vorbereitung oder Bearbeitung der Angelegenheit geboten war, sowie für Kopien und zusätzliche Ausdrucke, die nach Aufforderung durch die heranziehende Stelle angefertigt worden sind. [4]Werden Kopien oder Ausdrucke in einer Größe von mehr als DIN A3 gegen Entgelt von einem Dritten angefertigt, kann der Berechtigte anstelle der Pauschale die baren Auslagen ersetzt verlangen.

(3) [1]Für die Überlassung von elektronisch gespeicherten Dateien anstelle der in Absatz 2 genannten Kopien und Ausdrucke werden 1,50 Euro je Datei ersetzt. [2]Für die in einem Arbeitsgang überlassenen oder in einem Arbeitsgang auf denselben Datenträger übertragenen Dokumente werden höchstens 5 Euro ersetzt.

Abschnitt 3. Vergütung von Sachverständigen, Dolmetschern und Übersetzern

§ 8 Grundsatz der Vergütung. (1) Sachverständige, Dolmetscher und Übersetzer erhalten als Vergütung

1. ein Honorar für ihre Leistungen (§§ 9 bis 11),
2. Fahrtkostenersatz (§ 5),
3. Entschädigung für Aufwand (§ 6) sowie
4. Ersatz für sonstige und für besondere Aufwendungen (§§ 7 und 12).

(2) [1] Soweit das Honorar nach Stundensätzen zu bemessen ist, wird es für jede Stunde der erforderlichen Zeit einschließlich notwendiger Reise- und Wartezeiten gewährt. [2] Die letzte bereits begonnene Stunde wird voll gerechnet, wenn sie zu mehr als 30 Minuten für die Erbringung der Leistung erforderlich war; anderenfalls beträgt das Honorar die Hälfte des sich für eine volle Stunde ergebenden Betrags.

(3) Soweit vergütungspflichtige Leistungen oder Aufwendungen auf die gleichzeitige Erledigung mehrerer Angelegenheiten entfallen, ist die Vergütung nach der Anzahl der Angelegenheiten aufzuteilen.

(4) Den Sachverständigen, Dolmetschern und Übersetzern, die ihren gewöhnlichen Aufenthalt im Ausland haben, kann unter Berücksichtigung ihrer persönlichen Verhältnisse, insbesondere ihres regelmäßigen Erwerbseinkommens, nach billigem Ermessen eine höhere als die in Absatz 1 bestimmte Vergütung gewährt werden.

§ 8a Wegfall oder Beschränkung des Vergütungsanspruchs. (1) Der Anspruch auf Vergütung entfällt, wenn der Berechtigte es unterlässt, der heranziehenden Stelle unverzüglich solche Umstände anzuzeigen, die zu seiner Ablehnung durch einen Beteiligten berechtigen, es sei denn, er hat die Unterlassung nicht zu vertreten.

(2) [1] Der Berechtigte erhält eine Vergütung nur insoweit, als seine Leistung bestimmungsgemäß verwertbar ist, wenn er

1. gegen die Verpflichtung aus § 407a Absatz 1 bis 4 Satz 1 der Zivilprozessordnung[1)] verstoßen hat, es sei denn, er hat den Verstoß nicht zu vertreten;
2. eine mangelhafte Leistung erbracht hat;
3. im Rahmen der Leistungserbringung grob fahrlässig oder vorsätzlich Gründe geschaffen hat, die einen Beteiligten zur Ablehnung wegen der Besorgnis der Befangenheit berechtigen; oder
4. trotz Festsetzung eines weiteren Ordnungsgeldes seine Leistung nicht vollständig erbracht hat.

[2] Soweit das Gericht die Leistung berücksichtigt, gilt sie als verwertbar.

(3) Steht die geltend gemachte Vergütung erheblich außer Verhältnis zum Wert des Streitgegenstands und hat der Berechtigte nicht rechtzeitig nach § 407a Absatz 4 Satz 2 der Zivilprozessordnung auf diesen Umstand hingewiesen,

---

[1)] Nr. **1**.

bestimmt das Gericht nach Anhörung der Beteiligten nach billigem Ermessen eine Vergütung, die in einem angemessenen Verhältnis zum Wert des Streitgegenstands steht.

(4) Übersteigt die Vergütung den angeforderten Auslagenvorschuss erheblich und hat der Berechtigte nicht rechtzeitig nach § 407a Absatz 4 Satz 2 der Zivilprozessordnung auf diesen Umstand hingewiesen, erhält er die Vergütung nur in Höhe des Auslagenvorschusses.

(5) Die Absätze 3 und 4 sind nicht anzuwenden, wenn der Berechtigte die Verletzung der ihm obliegenden Hinweispflicht nicht zu vertreten hat.

§ 9 Honorar für die Leistung der Sachverständigen und Dolmetscher.

(1) [1] Der Sachverständige erhält für jede Stunde ein Honorar

in der Honorargruppe …	in Höhe von … Euro
1	65
2	70
3	75
4	80
5	85
6	90
7	95
8	100
9	105
10	110
11	115
12	120
13	125
M 1	65
M 2	75
M 3	100

[2] Die Zuordnung der Leistungen zu einer Honorargruppe bestimmt sich entsprechend der Entscheidung über die Heranziehung nach der Anlage 1. [3] Ist die Leistung auf einem Sachgebiet zu erbringen, das in keiner Honorargruppe genannt wird, ist sie unter Berücksichtigung der allgemein für Leistungen dieser Art außergerichtlich und außerbehördlich vereinbarten Stundensätze einer Honorargruppe nach billigem Ermessen zuzuordnen; dies gilt entsprechend, wenn ein medizinisches oder psychologisches Gutachten einen Gegenstand betrifft, der in keiner Honorargruppe genannt wird. [4] Ist die Leistung auf mehreren Sachgebieten zu erbringen oder betrifft das medizinische oder psychologische Gutachten mehrere Gegenstände und sind die Sachgebiete oder Gegenstände verschiedenen Honorargruppen zugeordnet, bemisst sich das Honorar einheitlich für die gesamte erforderliche Zeit nach der höchsten dieser Honorargruppen; jedoch gilt Satz 3 entsprechend, wenn dies mit Rücksicht auf den Schwerpunkt der Leistung zu einem unbilligen Ergebnis führen würde. [5] § 4 gilt entsprechend mit der Maßgabe, dass die Beschwerde auch zulässig ist, wenn der Wert des Beschwerdegegenstands 200 Euro nicht übersteigt. [6] Die

Beschwerde ist nur zulässig, solange der Anspruch auf Vergütung noch nicht geltend gemacht worden ist.

(2) Beauftragt das Gericht den vorläufigen Insolvenzverwalter, als Sachverständiger zu prüfen, ob ein Eröffnungsgrund vorliegt und welche Aussichten für eine Fortführung des Unternehmens des Schuldners bestehen (§ 22 Absatz 1 Satz 2 Nummer 3 der Insolvenzordnung, auch in Verbindung mit § 22 Absatz 2 der Insolvenzordnung), beträgt das Honorar in diesem Fall abweichend von Absatz 1 für jede Stunde 80 Euro.

(3) [1] Das Honorar des Dolmetschers beträgt für jede Stunde 70 Euro und, wenn er ausdrücklich für simultanes Dolmetschen herangezogen worden ist, 75 Euro; maßgebend ist ausschließlich die bei der Heranziehung im Voraus mitgeteilte Art des Dolmetschens. [2] Ein ausschließlich als Dolmetscher Tätiger erhält eine Ausfallentschädigung, soweit er durch die Aufhebung eines Termins, zu dem er geladen war und dessen Aufhebung nicht durch einen in seiner Person liegenden Grund veranlasst war, einen Einkommensverlust erlitten hat und ihm die Aufhebung erst am Terminstag oder an einem der beiden vorhergehenden Tage mitgeteilt worden ist. [3] Die Ausfallentschädigung wird bis zu einem Betrag gewährt, der dem Honorar für zwei Stunden entspricht.

§ 10 Honorar für besondere Leistungen. (1) Soweit ein Sachverständiger oder ein sachverständiger Zeuge Leistungen erbringt, die in der Anlage 2 bezeichnet sind, bemisst sich das Honorar oder die Entschädigung nach dieser Anlage.

(2) [1] Für Leistungen der in Abschnitt O des Gebührenverzeichnisses für ärztliche Leistungen (Anlage zur Gebührenordnung für Ärzte) bezeichneten Art bemisst sich das Honorar in entsprechender Anwendung dieses Gebührenverzeichnisses nach dem 1,3fachen Gebührensatz. [2] § 4 Absatz 2 Satz 1, Absatz 2a Satz 1, Absatz 3 und 4 Satz 1 und § 10 der Gebührenordnung für Ärzte gelten entsprechend; im Übrigen bleiben die §§ 7 und 12 unberührt.

(3) Soweit für die Erbringung einer Leistung nach Absatz 1 oder Absatz 2 zusätzliche Zeit erforderlich ist, erhält der Berechtigte ein Honorar nach der Honorargruppe 1.

§ 11 Honorar für Übersetzungen. (1) [1] Das Honorar für eine Übersetzung beträgt 1,55 Euro für jeweils angefangene 55 Anschläge des schriftlichen Textes (Grundhonorar). [2] Bei nicht elektronisch zur Verfügung gestellten editierbaren Texten erhöht sich das Honorar auf 1,75 Euro für jeweils angefangene 55 Anschläge (erhöhtes Honorar). [3] Ist die Übersetzung wegen der besonderen Umstände des Einzelfalls, insbesondere wegen der häufigen Verwendung von Fachausdrücken, der schweren Lesbarkeit des Textes, einer besonderen Eilbedürftigkeit oder weil es sich um eine in Deutschland selten vorkommende Fremdsprache handelt, besonders erschwert, beträgt das Grundhonorar 1,85 Euro und das erhöhte Honorar 2,05 Euro. [4] Maßgebend für die Anzahl der Anschläge ist der Text in der Zielsprache; werden jedoch nur in der Ausgangssprache lateinische Schriftzeichen verwendet, ist die Anzahl der Anschläge des Textes in der Ausgangssprache maßgebend. [5] Wäre eine Zählung der Anschläge mit unverhältnismäßigem Aufwand verbunden, wird deren Anzahl unter Berücksichtigung der durchschnittlichen Anzahl der Anschläge je Zeile nach der Anzahl der Zeilen bestimmt.

(2) Für eine oder für mehrere Übersetzungen aufgrund desselben Auftrags beträgt das Honorar mindestens 15 Euro.

(3) Soweit die Leistung des Übersetzers in der Überprüfung von Schriftstücken oder Aufzeichnungen der Telekommunikation auf bestimmte Inhalte besteht, ohne dass er insoweit eine schriftliche Übersetzung anfertigen muss, erhält er ein Honorar wie ein Dolmetscher.

§ 12 Ersatz für besondere Aufwendungen. (1) [1] Soweit in diesem Gesetz nichts anderes bestimmt ist, sind mit der Vergütung nach den §§ 9 bis 11 auch die üblichen Gemeinkosten sowie der mit der Erstattung des Gutachtens oder der Übersetzung üblicherweise verbundene Aufwand abgegolten. [2] Es werden jedoch gesondert ersetzt

1. die für die Vorbereitung und Erstattung des Gutachtens oder der Übersetzung aufgewendeten notwendigen besonderen Kosten, einschließlich der insoweit notwendigen Aufwendungen für Hilfskräfte, sowie die für eine Untersuchung verbrauchten Stoffe und Werkzeuge;
2. für jedes zur Vorbereitung und Erstattung des Gutachtens erforderliche Foto 2 Euro und, wenn die Fotos nicht Teil des schriftlichen Gutachtens sind (§ 7 Absatz 2), 0,50 Euro für den zweiten und jeden weiteren Abzug oder Ausdruck eines Fotos;
3. für die Erstellung des schriftlichen Gutachtens 0,90 Euro je angefangene 1 000 Anschläge; ist die Zahl der Anschläge nicht bekannt, ist diese zu schätzen;
4. die auf die Vergütung entfallende Umsatzsteuer, sofern diese nicht nach § 19 Abs. 1 des Umsatzsteuergesetzes unerhoben bleibt.

(2) Ein auf die Hilfskräfte (Absatz 1 Satz 2 Nr. 1) entfallender Teil der Gemeinkosten wird durch einen Zuschlag von 15 Prozent auf den Betrag abgegolten, der als notwendige Aufwendung für die Hilfskräfte zu ersetzen ist, es sei denn, die Hinzuziehung der Hilfskräfte hat keine oder nur unwesentlich erhöhte Gemeinkosten veranlasst.

§ 13 Besondere Vergütung. (1) [1] Haben sich die Parteien oder Beteiligten dem Gericht gegenüber mit einer bestimmten oder einer von der gesetzlichen Regelung abweichenden Vergütung einverstanden erklärt, wird der Sachverständige, Dolmetscher oder Übersetzer unter Gewährung dieser Vergütung erst herangezogen, wenn ein ausreichender Betrag für die gesamte Vergütung an die Staatskasse gezahlt ist. [2] Hat in einem Verfahren nach dem Gesetz über Ordnungswidrigkeiten die Verfolgungsbehörde eine entsprechende Erklärung abgegeben, bedarf es auch dann keiner Vorschusszahlung, wenn die Verfolgungsbehörde nicht von der Zahlung der Kosten befreit ist. [3] In einem Verfahren, in dem Gerichtskosten in keinem Fall erhoben werden, genügt es, wenn ein die Mehrkosten deckender Betrag gezahlt worden ist, für den die Parteien oder Beteiligten nach Absatz 6 haften.

(2) [1] Die Erklärung nur einer Partei oder eines Beteiligten oder die Erklärung der Strafverfolgungsbehörde oder der Verfolgungsbehörde genügt, soweit sie sich auf den Stundensatz nach § 9 oder bei schriftlichen Übersetzungen auf ein Honorar für jeweils angefangene 55 Anschläge nach § 11 bezieht und das Gericht zustimmt. [2] Die Zustimmung soll nur erteilt werden, wenn das Doppelte des nach § 9 oder § 11 zulässigen Honorars nicht überschritten wird und

wenn sich zu dem gesetzlich bestimmten Honorar keine geeignete Person zur Übernahme der Tätigkeit bereit erklärt. [3] Vor der Zustimmung hat das Gericht die andere Partei oder die anderen Beteiligten zu hören. [4] Die Zustimmung und die Ablehnung der Zustimmung sind unanfechtbar.

(3) [1] Derjenige, dem Prozess- oder Verfahrenskostenhilfe bewilligt worden ist, kann eine Erklärung nach Absatz 1 nur abgeben, die sich auf den Stundensatz nach § 9 oder bei schriftlichen Übersetzungen auf ein Honorar für jeweils angefangene 55 Anschläge nach § 11 bezieht. [2] Wäre er ohne Rücksicht auf die Prozess- oder Verfahrenskostenhilfe zur vorschussweisen Zahlung der Vergütung verpflichtet, hat er einen ausreichenden Betrag für das gegenüber der gesetzlichen Regelung oder der vereinbarten Vergütung (§ 14) zu erwartende zusätzliche Honorar an die Staatskasse zu zahlen; § 122 Abs. 1 Nr. 1 Buchstabe a der Zivilprozessordnung[1)] ist insoweit nicht anzuwenden. [3] Der Betrag wird durch unanfechtbaren Beschluss festgesetzt. [4] Zugleich bestimmt das Gericht, welcher Honorargruppe die Leistung des Sachverständigen ohne Berücksichtigung der Erklärungen der Parteien oder Beteiligten zuzuordnen oder mit welchem Betrag für 55 Anschläge in diesem Fall eine Übersetzung zu honorieren wäre.

(4) [1] Ist eine Vereinbarung nach den Absätzen 1 und 3 zur zweckentsprechenden Rechtsverfolgung notwendig und ist derjenige, dem Prozess- oder Verfahrenskostenhilfe bewilligt worden ist, zur Zahlung des nach Absatz 3 Satz 2 erforderlichen Betrags außerstande, bedarf es der Zahlung nicht, wenn das Gericht seiner Erklärung zustimmt. [2] Die Zustimmung soll nur erteilt werden, wenn das Doppelte des nach § 9 oder § 11 zulässigen Honorars nicht überschritten wird. [3] Die Zustimmung und die Ablehnung der Zustimmung sind unanfechtbar.

(5) [1] Im Musterverfahren nach dem Kapitalanleger-Musterverfahrensgesetz ist die Vergütung unabhängig davon zu gewähren, ob ein ausreichender Betrag an die Staatskasse gezahlt ist. [2] Im Fall des Absatzes 2 genügt die Erklärung eines Beteiligten des Musterverfahrens. [3] Die Absätze 3 und 4 sind nicht anzuwenden. [4] Die Anhörung der übrigen Beteiligten des Musterverfahrens kann dadurch ersetzt werden, dass die Vergütungshöhe, für die die Zustimmung des Gerichts erteilt werden soll, öffentlich bekannt gemacht wird. [5] Die öffentliche Bekanntmachung wird durch Eintragung in das Klageregister nach § 4 des Kapitalanleger-Musterverfahrensgesetzes bewirkt. [6] Zwischen der öffentlichen Bekanntmachung und der Entscheidung über die Zustimmung müssen mindestens vier Wochen liegen.

(6) [1] Schuldet nach den kostenrechtlichen Vorschriften keine Partei oder kein Beteiligter die Vergütung, haften die Parteien oder Beteiligten, die eine Erklärung nach Absatz 1 oder Absatz 3 abgegeben haben, für die hierdurch entstandenen Mehrkosten als Gesamtschuldner, im Innenverhältnis nach Kopfteilen. [2] Für die Strafverfolgungs- oder Verfolgungsbehörde haftet diejenige Körperschaft, der die Behörde angehört, wenn die Körperschaft nicht von der Zahlung der Kosten befreit ist. [3] Der auf eine Partei oder einen Beteiligten entfallende Anteil bleibt unberücksichtigt, wenn das Gericht der Erklärung nach Absatz 4 zugestimmt hat. [4] Der Sachverständige, Dolmetscher oder Übersetzer hat eine Berechnung der gesetzlichen Vergütung einzureichen.

---

1) Nr. **1**.

§ 14 Vereinbarung der Vergütung. Mit Sachverständigen, Dolmetschern und Übersetzern, die häufiger herangezogen werden, kann die oberste Landesbehörde, für die Gerichte und Behörden des Bundes die oberste Bundesbehörde, oder eine von diesen bestimmte Stelle eine Vereinbarung über die zu gewährende Vergütung treffen, deren Höhe die nach diesem Gesetz vorgesehene Vergütung nicht überschreiten darf.

Abschnitt 4. Entschädigung von ehrenamtlichen Richtern

§ 15 Grundsatz der Entschädigung. (1) Ehrenamtliche Richter erhalten als Entschädigung

1. Fahrtkostenersatz (§ 5),
2. Entschädigung für Aufwand (§ 6),
3. Ersatz für sonstige Aufwendungen (§ 7),
4. Entschädigung für Zeitversäumnis (§ 16),
5. Entschädigung für Nachteile bei der Haushaltsführung (§ 17) sowie
6. Entschädigung für Verdienstausfall (§ 18).

(2) [1] Soweit die Entschädigung nach Stunden bemessen ist, wird sie für die gesamte Dauer der Heranziehung einschließlich notwendiger Reise- und Wartezeiten, jedoch für nicht mehr als zehn Stunden je Tag, gewährt. [2] Die letzte bereits begonnene Stunde wird voll gerechnet.

(3) Die Entschädigung wird auch gewährt,

1. wenn ehrenamtliche Richter von der zuständigen staatlichen Stelle zu Einführungs- und Fortbildungstagungen herangezogen werden,
2. wenn ehrenamtliche Richter bei den Gerichten der Arbeits- und der Sozialgerichtsbarkeit in dieser Eigenschaft an der Wahl von gesetzlich für sie vorgesehenen Ausschüssen oder an den Sitzungen solcher Ausschüsse teilnehmen (§§ 29, 38 des Arbeitsgerichtsgesetzes, §§ 23, 35 Abs. 1, § 47 des Sozialgerichtsgesetzes).

§ 16 Entschädigung für Zeitversäumnis. Die Entschädigung für Zeitversäumnis beträgt 6 Euro je Stunde.

§ 17 Entschädigung für Nachteile bei der Haushaltsführung. [1] Ehrenamtliche Richter, die einen eigenen Haushalt für mehrere Personen führen, erhalten neben der Entschädigung nach § 16 eine zusätzliche Entschädigung für Nachteile bei der Haushaltsführung von 14 Euro je Stunde, wenn sie nicht erwerbstätig sind oder wenn sie teilzeitbeschäftigt sind und außerhalb ihrer vereinbarten regelmäßigen täglichen Arbeitszeit herangezogen werden. [2] Ehrenamtliche Richter, die ein Erwerbsersatzeinkommen beziehen, stehen erwerbstätigen ehrenamtlichen Richtern gleich. [3] Die Entschädigung von Teilzeitbeschäftigten wird für höchstens zehn Stunden je Tag gewährt abzüglich der Zahl an Stunden, die der vereinbarten regelmäßigen täglichen Arbeitszeit entspricht. [4] Die Entschädigung wird nicht gewährt, soweit Kosten einer notwendigen Vertretung erstattet werden.

§ 18 Entschädigung für Verdienstausfall. [1] Für den Verdienstausfall wird neben der Entschädigung nach § 16 eine zusätzliche Entschädigung gewährt, die sich nach dem regelmäßigen Bruttoverdienst einschließlich der vom Arbeitgeber zu tragenden Sozialversicherungsbeiträge richtet, jedoch höchstens 24 Euro je Stunde beträgt. [2] Die Entschädigung beträgt bis zu 46 Euro je Stunde für ehrenamtliche Richter, die in demselben Verfahren an mehr als 20 Tagen herangezogen oder innerhalb eines Zeitraums von 30 Tagen an mindestens sechs Tagen ihrer regelmäßigen Erwerbstätigkeit entzogen werden. [3] Sie beträgt bis zu 61 Euro je Stunde für ehrenamtliche Richter, die in demselben Verfahren an mehr als 50 Tagen herangezogen werden.

Abschnitt 5. Entschädigung von Zeugen und Dritten

§ 19 Grundsatz der Entschädigung. (1) [1] Zeugen erhalten als Entschädigung

1. Fahrtkostenersatz (§ 5),
2. Entschädigung für Aufwand (§ 6),
3. Ersatz für sonstige Aufwendungen (§ 7),
4. Entschädigung für Zeitversäumnis (§ 20),
5. Entschädigung für Nachteile bei der Haushaltsführung (§ 21) sowie
6. Entschädigung für Verdienstausfall (§ 22).

[2] Dies gilt auch bei schriftlicher Beantwortung der Beweisfrage.

(2) [1] Soweit die Entschädigung nach Stunden bemessen ist, wird sie für die gesamte Dauer der Heranziehung einschließlich notwendiger Reise- und Wartezeiten, jedoch für nicht mehr als zehn Stunden je Tag, gewährt. [2] Die letzte bereits begonnene Stunde wird voll gerechnet, wenn insgesamt mehr als 30 Minuten auf die Heranziehung entfallen; anderenfalls beträgt die Entschädigung die Hälfte des sich für eine volle Stunde ergebenden Betrags.

(3) Soweit die Entschädigung durch die gleichzeitige Heranziehung in verschiedenen Angelegenheiten veranlasst ist, ist sie auf diese Angelegenheiten nach dem Verhältnis der Entschädigungen zu verteilen, die bei gesonderter Heranziehung begründet wären.

(4) Den Zeugen, die ihren gewöhnlichen Aufenthalt im Ausland haben, kann unter Berücksichtigung ihrer persönlichen Verhältnisse, insbesondere ihres regelmäßigen Erwerbseinkommens, nach billigem Ermessen eine höhere als die in den §§ 20 bis 22 bestimmte Entschädigung gewährt werden.

§ 20 Entschädigung für Zeitversäumnis. Die Entschädigung für Zeitversäumnis beträgt 3,50 Euro je Stunde, soweit weder für einen Verdienstausfall noch für Nachteile bei der Haushaltsführung eine Entschädigung zu gewähren ist, es sei denn, dem Zeugen ist durch seine Heranziehung ersichtlich kein Nachteil entstanden.

§ 21 Entschädigung für Nachteile bei der Haushaltsführung. [1] Zeugen, die einen eigenen Haushalt für mehrere Personen führen, erhalten eine Entschädigung für Nachteile bei der Haushaltsführung von 14 Euro je Stunde, wenn sie nicht erwerbstätig sind oder wenn sie teilzeitbeschäftigt sind und außerhalb ihrer vereinbarten regelmäßigen täglichen Arbeitszeit herangezogen werden. [2] Zeugen, die ein Erwerbsersatzeinkommen beziehen, stehen erwerbstätigen Zeugen gleich. [3]Die Entschädigung von Teilzeitbeschäftigten wird für höchstens zehn Stunden je Tag gewährt abzüglich der Zahl an Stunden, die der vereinbarten regelmäßigen täglichen Arbeitszeit entspricht. [4]Die Entschädigung wird nicht gewährt, soweit Kosten einer notwendigen Vertretung erstattet werden.

§ 22 Entschädigung für Verdienstausfall. [1]Zeugen, denen ein Verdienstausfall entsteht, erhalten eine Entschädigung, die sich nach dem regelmäßigen Bruttoverdienst einschließlich der vom Arbeitgeber zu tragenden Sozialversicherungsbeiträge richtet und für jede Stunde höchstens 21 Euro beträgt. [2]Gefangene, die keinen Verdienstausfall aus einem privatrechtlichen Arbeitsverhältnis haben, erhalten Ersatz in Höhe der entgangenen Zuwendung der Vollzugsbehörde.

§ 23 Entschädigung Dritter. (1) Soweit von denjenigen, die Telekommunikationsdienste erbringen oder daran mitwirken (Telekommunikationsunternehmen), Anordnungen zur Überwachung der Telekommunikation umgesetzt oder Auskünfte erteilt werden, für die in der Anlage 3 zu diesem Gesetz besondere Entschädigungen bestimmt sind, bemisst sich die Entschädigung ausschließlich nach dieser Anlage.

(2) [1]Dritte, die aufgrund einer gerichtlichen Anordnung nach § 142 Abs. 1 Satz 1 oder § 144 Abs. 1 der Zivilprozessordnung[1)] Urkunden, sonstige Unterlagen oder andere Gegenstände vorlegen oder deren Inaugenscheinnahme dulden, sowie Dritte, die aufgrund eines Beweiszwecken dienenden Ersuchens der Strafverfolgungs- oder Verfolgungsbehörde

1. Gegenstände herausgeben (§ 95 Abs. 1, § 98a der Strafprozessordnung) oder die Pflicht zur Herausgabe entsprechend einer Anheimgabe der Strafverfolgungs- oder Verfolgungsbehörde abwenden oder
2. in anderen als den in Absatz 1 genannten Fällen Auskunft erteilen,

werden wie Zeugen entschädigt. [2]Bedient sich der Dritte eines Arbeitnehmers oder einer anderen Person, werden ihm die Aufwendungen dafür (§ 7) im Rahmen des § 22 ersetzt; § 19 Abs. 2 und 3 gilt entsprechend.

(3) [1]Die notwendige Benutzung einer eigenen Datenverarbeitungsanlage für Zwecke der Rasterfahndung wird entschädigt, wenn die Investitionssumme für die im Einzelfall benutzte Hard- und Software zusammen mehr als 10 000 Euro beträgt. [2]Die Entschädigung beträgt

1. bei einer Investitionssumme von mehr als 10 000 bis 25 000 Euro für jede Stunde der Benutzung 5 Euro; die gesamte Benutzungsdauer ist auf volle Stunden aufzurunden;
2. bei sonstigen Datenverarbeitungsanlagen
   a) neben der Entschädigung nach Absatz 2 für jede Stunde der Benutzung der Anlage bei der Entwicklung eines für den Einzelfall erforderlichen, besonderen Anwendungsprogramms 10 Euro und
   b) für die übrige Dauer der Benutzung einschließlich des hierbei erforderlichen Personalaufwands ein Zehnmillionstel der Investitionssumme je Se-

---

1) Nr. **1**.

kunde für die Zeit, in der die Zentraleinheit belegt ist (CPU-Sekunde), höchstens 0,30 Euro je CPU-Sekunde.

[3]Die Investitionssumme und die verbrauchte CPU-Zeit sind glaubhaft zu machen.

(4) Der eigenen elektronischen Datenverarbeitungsanlage steht eine fremde gleich, wenn die durch die Auskunftserteilung entstandenen direkt zurechenbaren Kosten (§ 7) nicht sicher feststellbar sind.

Abschnitt 6. Schlussvorschriften

§ 24 Übergangsvorschrift. [1]Die Vergütung und die Entschädigung sind nach bisherigem Recht zu berechnen, wenn der Auftrag an den Sachverständigen, Dolmetscher oder Übersetzer vor dem Inkrafttreten einer Gesetzesänderung erteilt oder der Berechtigte vor diesem Zeitpunkt herangezogen worden ist. [2]Dies gilt auch, wenn Vorschriften geändert werden, auf die dieses Gesetz verweist.

§ 25 Übergangsvorschrift aus Anlass des Inkrafttretens dieses Gesetzes. [1]Das Gesetz über die Entschädigung der ehrenamtlichen Richter in der Fassung der Bekanntmachung vom 1. Oktober 1969 (BGBl. I S. 1753), zuletzt geändert durch Artikel 1 Abs. 4 des Gesetzes vom 22. Februar 2002 (BGBl. I S. 981), und das Gesetz über die Entschädigung von Zeugen und Sachverständigen in der Fassung der Bekanntmachung vom 1. Oktober 1969 (BGBl. I S. 1756), zuletzt geändert durch Artikel 1 Abs. 5 des Gesetzes vom 22. Februar 2002 (BGBl. I S. 981), sowie Verweisungen auf diese Gesetze sind weiter anzuwenden, wenn der Auftrag an den Sachverständigen, Dolmetscher oder Übersetzer vor dem 1. Juli 2004 erteilt oder der Berechtigte vor diesem Zeitpunkt herangezogen worden ist. [2]Satz 1 gilt für Heranziehungen vor dem 1. Juli 2004 auch dann, wenn der Berechtigte in derselben Rechtssache auch nach dem 1. Juli 2004 herangezogen worden ist.

Anlage 1
(zu § 9 Abs. 1)

Nr.	Sachgebietsbezeichnung	Honorar-gruppe
1	Abfallstoffe – soweit nicht Sachgebiet 3 oder 18 – einschließlich Altfahrzeuge und -geräte	11
2	Akustik, Lärmschutz – soweit nicht Sachgebiet 4	4
3	Altlasten und Bodenschutz	4
4	*Bauwesen – soweit nicht Sachgebiet 13 – einschließlich technische Gebäudeausrüstung*	
4.1	Planung	4
4.2	handwerklich-technische Ausführung	2
4.3	Schadensfeststellung, -ursachenermittlung und -bewertung – soweit nicht Sachgebiet 4.1 oder 4.2 –, Bauvertragswesen, Baubetrieb und Abrechnung von Bauleistungen	5
4.4	Baustoffe	6
5	Berufskunde und Tätigkeitsanalyse	10
6	*Betriebswirtschaft*	
6.1	Unternehmensbewertung, Betriebsunterbrechungs- und -verlagerungsschäden	11
6.2	Kapitalanlagen und private Finanzplanung	13
6.3	Besteuerung	3
7	Bewertung von Immobilien	6
8	Brandursachenermittlung	4
9	Briefmarken und Münzen	2
10	*Datenverarbeitung, Elektronik und Telekommunikation*	
10.1	Datenverarbeitung (Hardware und Software)	8
10.2	Elektronik – soweit nicht Sachgebiet 38 – (insbesondere Mess-, Steuerungs- und Regelungselektronik)	9
10.3	Telekommunikation (insbesondere Telefonanlagen, Mobilfunk, Übertragungstechnik)	8
11	Elektrotechnische Anlagen und Geräte – soweit nicht Sachgebiet 4 oder 10	4
12	Fahrzeugbau	3
13	*Garten- und Landschaftsbau einschließlich Sportanlagenbau*	
13.1	Planung	3
13.2	handwerklich-technische Ausführung	3

Nr.	Sachgebietsbezeichnung	Honorargruppe
13.3	Schadensfeststellung, -ursachenermittlung und -bewertung – soweit nicht Sachgebiet 13.1 oder 13.2	4
14	Gesundheitshandwerk	2
15	Grafisches Gewerbe	6
16	Hausrat und Inneneinrichtung	3
17	Honorarabrechnungen von Architekten und Ingenieuren	9
18	Immissionen	2
19	Kältetechnik – soweit nicht Sachgebiet 4	5
20	Kraftfahrzeugschäden und -bewertung	8
21	Kunst und Antiquitäten	3
22	Lebensmittelchemie und -technologie	6
23	Maschinen und Anlagen – soweit nicht Sachgebiet 4, 10 oder 11	6
24	Medizintechnik	7
25	Mieten und Pachten	10
26	Möbel – soweit nicht Sachgebiet 21	2
27	Musikinstrumente	2
28	Rundfunk- und Fernsehtechnik	2
29	Schiffe, Wassersportfahrzeuge	4
30	Schmuck, Juwelen, Perlen, Gold- und Silberwaren	2
31	Schrift- und Urkundenuntersuchung	8
32	Schweißtechnik	5
33	Spedition, Transport, Lagerwirtschaft	5
34	Sprengtechnik	2
35	Textilien, Leder und Pelze	2
36	Tiere	2
37	Ursachenermittlung und Rekonstruktion bei Fahrzeugunfällen	12
38	Verkehrsregelungs- und -überwachungstechnik	5
39	*Vermessungs- und Katasterwesen*	
39.1	Vermessungstechnik	1
39.2	Vermessungs- und Katasterwesen im Übrigen	9
40	Versicherungsmathematik	10

Gegenstand medizinischer und psychologischer Gutachten	Honorargruppe
Einfache gutachtliche Beurteilungen, insbesondere – in Gebührenrechtsfragen, – zur Minderung der Erwerbsfähigkeit nach einer Monoverletzung, – zur Haft-, Verhandlungs- oder Vernehmungsfähigkeit, – zur Verlängerung einer Betreuung.	M 1
Beschreibende (Ist-Zustands-)Begutachtung nach standardisiertem Schema ohne Erörterung spezieller Kausalzusammenhänge mit einfacher medizinischer Verlaufsprognose und mit durchschnittlichem Schwierigkeitsgrad, insbesondere Gutachten – in Verfahren nach dem SGB IX, – zur Minderung der Erwerbsfähigkeit und zur Invalidität, – zu rechtsmedizinischen und toxikologischen Fragestellungen im Zusammenhang mit der Feststellung einer Beeinträchtigung der Fahrtüchtigkeit durch Alkohol, Drogen, Medikamente oder Krankheiten, – zu spurenkundlichen oder rechtsmedizinischen Fragestellungen mit Befunderhebungen (z.B. bei Verletzungen und anderen Unfallfolgen), – zu einfachen Fragestellungen zur Schuldfähigkeit ohne besondere Schwierigkeiten der Persönlichkeitsdiagnostik, – zur Einrichtung oder Aufhebung einer Betreuung und der Anordnung eines Einwilligungsvorbehalts gemäß § 1903 BGB, – zu Unterhaltsstreitigkeiten aufgrund einer Erwerbs- oder Arbeitsunfähigkeit, – zu neurologisch-psychologischen Fragestellungen in Verfahren nach der FeV.	M2
Gutachten mit hohem Schwierigkeitsgrad (Begutachtungen spezieller Kausalzusammenhänge und/oder differenzialdiagnostischer Probleme und/oder Beurteilung der Prognose und/oder Beurteilung strittiger Kausalitätsfragen), insbesondere Gutachten – zum Kausalzusammenhang bei problematischen Verletzungsfolgen, – zu ärztlichen Behandlungsfehlern, – in Verfahren nach dem OEG, – in Verfahren nach dem HHG, – zur Schuldfähigkeit bei Schwierigkeiten der Persönlichkeitsdiagnostik, – in Verfahren zur Anordnung einer Maßregel der Besserung und Sicherung (in Verfahren zur Entziehung der Fahrerlaubnis zu neurologisch/psychologischen Fragestellungen), – zur Kriminalprognose, – zur Aussagetüchtigkeit,	M3

Gegenstand medizinischer und psychologischer Gutachten	Honorargruppe
– zur Widerstandsfähigkeit, – in Verfahren nach den §§ 3, 10, 17 und 105 JGG, – in Unterbringungsverfahren, – in Verfahren nach § 1905 BGB, – in Verfahren nach dem TSG, – in Verfahren zur Regelung von Sorge- oder Umgangsrechten, – zur Geschäfts-, Testier- oder Prozessfähigkeit, – zu Berufskrankheiten und zur Minderung der Erwerbsfähigkeit bei besonderen Schwierigkeiten, – zu rechtsmedizinischen, toxikologischen und spurenkundlichen Fragestellungen im Zusammenhang mit einer abschließenden Todesursachenklärung, ärztlichen Behandlungsfehlern oder einer Beurteilung der Schuldfähigkeit.	

Anlage 2
(zu § 10 Abs. 1)

Nr.	Bezeichnung der Leistung	Honorar
	Abschnitt 1. Leichenschau und Obduktion	
	Vorbemerkung 1: (1) Das Honorar in den Fällen der Nummern 100, 102 bis 106 umfasst den zur Niederschrift gegebenen Bericht; in den Fällen der Nummern 102 bis 106 umfasst das Honorar auch das vorläufige Gutachten. Das Honorar nach den Nummern 102 bis 106 erhält jeder Obduzent gesondert. (2) Aufwendungen für die Nutzung fremder Kühlzellen, Sektionssäle und sonstiger Einrichtungen werden bis zu einem Betrag von 300 € gesondert erstattet, wenn die Nutzung wegen der großen Entfernung zwischen dem Fundort der Leiche und dem rechtsmedizinischen Institut geboten ist.	
100	Besichtigung einer Leiche, von Teilen einer Leiche, eines Embryos oder eines Fetus oder Mitwirkung bei einer richterlichen Leichenschau	60,00 €
	für mehrere Leistungen bei derselben Gelegenheit jedoch höchstens	140,00 €
101	Fertigung eines Berichts, der schriftlich zu erstatten oder nachträglich zur Niederschrift zu geben ist	30,00 €
	für mehrere Leistungen bei derselben Gelegenheit jedoch höchstens	100,00 €
102	Obduktion	380,00 €
103	Obduktion unter besonders ungünstigen äußeren Bedingungen:	
	Das Honorar 102 beträgt	500,00 €
104	Obduktion unter anderen besonders ungünstigen Bedingungen (Zustand der Leiche etc.):	
	Das Honorar 102 beträgt	670,00 €
105	Sektion von Teilen einer Leiche oder Öffnung eines Embryos oder nicht lebensfähigen Fetus	100,00 €

Nr.	Bezeichnung der Leistung	Honorar
106	Sektion oder Öffnung unter besonders ungünstigen Bedingungen: Das Honorar 105 beträgt	140,00 €
	Abschnitt 2. Befund	
200	Ausstellung eines Befundscheins oder Erteilung einer schriftlichen Auskunft ohne nähere gutachtliche Äußerung	21,00 €
201	Die Leistung der in Nummer 200 genannten Art ist außergewöhnlich umfangreich: Das Honorar 200 beträgt	bis zu 44,00 €
202	Zeugnis über einen ärztlichen Befund mit von der heranziehenden Stelle geforderter kurzer gutachtlicher Äußerung oder Formbogengutachten, wenn sich die Fragen auf Vorgeschichte, Angaben und Befund beschränken und nur ein kurzes Gutachten erfordern	38,00 €
203	Die Leistung der in Nummer 202 genannten Art ist außergewöhnlich umfangreich: Das Honorar 202 beträgt	bis zu 75,00 €
	Abschnitt 3. Untersuchungen, Blutentnahme	
300	Untersuchung eines Lebensmittels, Bedarfsgegenstands, Arzneimittels, von Luft, Gasen, Böden, Klärschlämmen, Wässern oder Abwässern und dgl. und eine kurze schriftliche gutachtliche Äußerung: Das Honorar beträgt für jede Einzelbestimmung je Probe	5,00 bis 60,00 €
301	Die Leistung der in Nummer 300 genannten Art ist außergewöhnlich umfangreich oder schwierig: Das Honorar 300 beträgt	bis zu 1 000,00 €
302	Mikroskopische, physikalische, chemische, toxikologische, bakteriologische, serologische Untersuchung, wenn das Untersuchungsmaterial von Menschen oder Tieren stammt: Das Honorar beträgt je Organ oder Körperflüssigkeit Das Honorar umfasst das verbrauchte Material, soweit es sich um geringwertige Stoffe handelt, und eine kurze gutachtliche Äußerung.	5,00 bis 60,00 €
303	Die Leistung der in Nummer 302 genannten Art ist außergewöhnlich umfangreich oder schwierig: Das Honorar 302 beträgt	bis zu 1 000,00 €
304	Herstellung einer DNA-Probe und ihre Überprüfung auf Geeignetheit (z.B. Hochmolekularität, hu-	bis zu 205,00 €

Nr.	Bezeichnung der Leistung	Honorar
	mane Herkunft, Ausmaß der Degradation, Kontrolle des Verdaus) ...... Das Honorar umfasst das verbrauchte Material, soweit es sich um geringwertige Stoffe handelt, und eine kurze gutachtliche Äußerung.	
305	Elektrophysiologische Untersuchung eines Menschen ...... Das Honorar umfasst eine kurze gutachtliche Äußerung und den mit der Untersuchung verbundenen Aufwand.	15,00 bis 135,00 €
306	Raster-elektronische Untersuchung eines Menschen oder einer Leiche, auch mit Analysenzusatz .. Das Honorar umfasst eine kurze gutachtliche Äußerung und den mit der Untersuchung verbundenen Aufwand.	15,00 bis 355,00 €
307	Blutentnahme ...... Das Honorar umfasst eine Niederschrift über die Feststellung der Identität.	9,00 €

Abschnitt 4. Abstammungsgutachten

Vorbemerkung 4:

(1) Das Honorar umfasst die gesamte Tätigkeit des Sachverständigen einschließlich aller Aufwendungen mit Ausnahme der Umsatzsteuer und mit Ausnahme der Auslagen für Probenentnahmen durch vom Sachverständigen beauftragte Personen, soweit nichts anderes bestimmt ist. Das Honorar umfasst ferner den Aufwand für die Anfertigung des schriftlichen Gutachtens und von drei Überstücken.

(2) Das Honorar für Leistungen der in Abschnitt M III 13 des Gebührenverzeichnisses für ärztliche Leistungen (Anlage zur GOÄ) bezeichneten Art bemisst sich in entsprechender Anwendung dieses Gebührenverzeichnisses nach dem 1,15fachen Gebührensatz. § 4 Abs. 2 Satz 1, Abs. 2a Satz 1, Abs. 3 und 4 Satz 1 und § 10 GOÄ gelten entsprechend.

Nr.	Bezeichnung der Leistung	Honorar
400	Erstellung des Gutachtens ...... Das Honorar umfasst 1. die administrative Abwicklung, insbesondere die Organisation der Probenentnahmen, und 2. das schriftliche Gutachten, erforderlichenfalls mit biostatistischer Auswertung.	140,00 €
401	Biostatistische Auswertung, wenn der mögliche Vater für die Untersuchungen nicht zur Verfügung steht und andere mit ihm verwandte Personen an seiner Stelle in die Begutachtung einbezogen werden (Defizienzfall): je Person ...... Beauftragt der Sachverständige eine andere Person mit der biostatistischen Auswertung in einem Defizienzfall, werden ihm abweichend von Vorbemerkung 4 Absatz 1 Satz 1 die hierfür anfallenden Auslagen ersetzt.	25,00 €
402	Entnahme einer genetischen Probe einschließlich der Niederschrift sowie der qualifizierten Aufklärung nach dem GenDG: je Person	25,00 €
	Untersuchung mittels 1. Short Tandem Repeat Systemen (STR) oder	

Nr.	Bezeichnung der Leistung	Honorar
	2. diallelischer Polymorphismen: – Single Nucleotide Polymorphisms (SNP) oder – Deletions-/Insertionspolymorphismen (DIP)	
403	– bis zu 20 Systeme: je Person	120,00 €
404	– 21 bis 30 Systeme: je Person	170,00 €
405	– mehr als 30 Systeme: je Person	220,00 €
406	Mindestens zwei Testkits werden eingesetzt, die Untersuchungen erfolgen aus voneinander unabhängigen DNA-Präparationen und die eingesetzten parallelen Analysemethoden sind im Gutachten ausdrücklich dargelegt: Die Honorare nach den Nummern 403 bis 405 erhöhen sich um jeweils	80,00 €
407	Herstellung einer DNA-Probe aus anderem Untersuchungsmaterial als Blut oder Mundschleimhautabstrichen einschließlich Durchführung des Tests auf Eignung: je Person	bis zu 120,00 €

Anlage 3
(zu § 23 Abs. 1)

Nr.	Tätigkeit	Höhe
	Allgemeine Vorbemerkung: (1) Die Entschädigung nach dieser Anlage schließt alle mit der Erledigung des Ersuchens der Strafverfolgungsbehörde verbundenen Tätigkeiten des Telekommunikationsunternehmens sowie etwa anfallende sonstige Aufwendungen (§ 7 JVEG) ein. (2) Für Leistungen, die die Strafverfolgungsbehörden über eine zentrale Kontaktstelle des Generalbundesanwalts, des Bundeskriminalamtes, der Bundespolizei oder des Zollkriminalamtes oder über entsprechende für ein Bundesland oder für mehrere Bundesländer zuständige Kontaktstellen anfordern und abrechnen, ermäßigen sich die Entschädigungsbeträge nach den Nummern 100, 101, 300 bis 321 und 400 bis 402 um 20 Prozent, wenn bei der Anforderung darauf hingewiesen worden ist, dass es sich bei der anfordernden Stelle um eine zentrale Kontaktstelle handelt.	
	Abschnitt 1. Überwachung der Telekommunikation	
	Vorbemerkung 1: (1) Die Vorschriften dieses Abschnitts gelten für die Heranziehung im Zusammenhang mit Funktionsprüfungen der Aufzeichnungs- und Auswertungseinrichtungen der berechtigten Stellen entsprechend. (2) Leitungskosten werden nur entschädigt, wenn die betreffende Leitung innerhalb des Überwachungszeitraums mindestens einmal zur Übermittlung überwachter Telekommunikation an die Strafverfolgungsbehörde genutzt worden ist. (3) Für die Überwachung eines Voice-over-IP-Anschlusses oder eines Zugangs zu einem elektronischen Postfach richtet sich die Entschädigung für die Leitungskosten nach den Nummern 102 bis 104. Dies gilt auch für die Überwachung eines Mobilfunkanschlusses, es sei denn, dass auch die	

Nr.	Tätigkeit	Höhe
	Überwachung des über diesen Anschluss abgewickelten Datenverkehrs angeordnet worden ist und für die Übermittlung von Daten Leitungen mit Übertragungsgeschwindigkeiten von mehr als 144 kbit/s genutzt werden müssen und auch genutzt worden sind. In diesem Fall richtet sich die Entschädigung einheitlich nach den Nummern 111 bis 113.	
100	Umsetzung einer Anordnung zur Überwachung der Telekommunikation, unabhängig von der Zahl der dem Anschluss zugeordneten Kennungen:	
	je Anschluss	100,00 €
	Mit der Entschädigung ist auch der Aufwand für die Abschaltung der Maßnahme entgolten.	
101	Verlängerung einer Maßnahme zur Überwachung der Telekommunikation oder Umschaltung einer solchen Maßnahme auf Veranlassung der Strafverfolgungsbehörde auf einen anderen Anschluss dieser Stelle	35,00 €
	Leitungskosten für die Übermittlung der zu überwachenden Telekommunikation:	
	für jeden überwachten Anschluss,	
102	– wenn die Überwachungsmaßnahme nicht länger als eine Woche dauert	24,00 €
103	– wenn die Überwachungsmaßnahme länger als eine Woche, jedoch nicht länger als zwei Wochen dauert	42,00 €
104	– wenn die Überwachungsmaßnahme länger als zwei Wochen dauert:	
	je angefangenen Monat	75,00 €
	Der überwachte Anschluss ist ein ISDN-Basisanschluss:	
105	– Die Entschädigung nach Nummer 102 beträgt	40,00 €
106	– Die Entschädigung nach Nummer 103 beträgt	70,00 €
107	– Die Entschädigung nach Nummer 104 beträgt	125,00 €
	Der überwachte Anschluss ist ein ISDN-Primärmultiplexanschluss:	
108	– Die Entschädigung nach Nummer 102 beträgt	490,00 €
109	– Die Entschädigung nach Nummer 103 beträgt	855,00 €
110	– Die Entschädigung nach Nummer 104 beträgt	1 525,00 €
	Der überwachte Anschluss ist ein digitaler Teilnehmeranschluss mit einer Übertragungsgeschwindigkeit von mehr als 144 kbit/s, aber kein ISDN-Primärmultiplexanschluss:	
111	– Die Entschädigung nach Nummer 102 beträgt	65,00 €
112	– Die Entschädigung nach Nummer 103 beträgt	110,00 €
113	– Die Entschädigung nach Nummer 104 beträgt	200,00 €

Nr.	Tätigkeit	Höhe
	Abschnitt 2. Auskünfte über Bestandsdaten	
200	Auskunft über Bestandsdaten nach § 3 Nr. 3 TKG, sofern 1. die Auskunft nicht über das automatisierte Auskunftsverfahren nach § 112 TKG erteilt werden kann und die Unmöglichkeit der Auskunftserteilung auf diesem Wege nicht vom Unternehmen zu vertreten ist und 2. für die Erteilung der Auskunft nicht auf Verkehrsdaten zurückgegriffen werden muss: je angefragten Kundendatensatz	18,00 €
201	Auskunft über Bestandsdaten, zu deren Erteilung auf Verkehrsdaten zurückgegriffen werden muss: für bis zu 10 in demselben Verfahren gleichzeitig angefragte Kennungen, die der Auskunftserteilung zugrunde liegen .... Bei mehr als 10 angefragten Kennungen wird die Pauschale für jeweils bis zu 10 weitere Kennungen erneut gewährt. Kennung ist auch eine IP-Adresse.	35,00 €
202	Es muss auf Verkehrsdaten nach § 113b Abs. 2 bis 4 TKG zurückgegriffen werden: Die Pauschale 201 beträgt	40,00 €
	Abschnitt 3. Auskünfte über Verkehrsdaten	
300	Auskunft über gespeicherte Verkehrsdaten: für jede Kennung, die der Auskunftserteilung zugrunde liegt .... Die Mitteilung der die Kennung betreffenden Standortdaten ist mit abgegolten.	30,00 €
301	Für die Auskunft muss auf Verkehrsdaten nach § 113b Abs. 2 bis 4 TKG zurückgegriffen werden: Die Pauschale 300 beträgt	35,00 €
302	Die Auskunft wird im Fall der Nummer 300 aufgrund eines einheitlichen Ersuchens auch oder ausschließlich für künftig anfallende Verkehrsdaten zu bestimmten Zeitpunkten erteilt: für die zweite und jede weitere in dem Ersuchen verlangte Teilauskunft	10,00 €
303	Auskunft über gespeicherte Verkehrsdaten zu Verbindungen, die zu einer bestimmten Zieladresse hergestellt wurden, durch Suche in allen Datensätzen der abgehenden Verbindungen eines Betreibers (Zielwahlsuche): je Zieladresse .... Die Mitteilung der Standortdaten der Zieladresse ist mit abgegolten.	90,00 €

Nr.	Tätigkeit	Höhe
304	Für die Auskunft muss auf Verkehrsdaten nach § 113b Abs. 2 bis 4 TKG zurückgegriffen werden:	
	Die Pauschale 303 beträgt	110,00 €
305	Die Auskunft wird im Fall der Nummer 303 aufgrund eines einheitlichen Ersuchens auch oder ausschließlich für künftig anfallende Verkehrsdaten zu bestimmten Zeitpunkten erteilt:	
	für die zweite und jede weitere in dem Ersuchen verlangte Teilauskunft	70,00 €
306	Auskunft über gespeicherte Verkehrsdaten für eine von der Strafverfolgungsbehörde benannte Funkzelle (Funkzellenabfrage)	30,00 €
307	Für die Auskunft muss auf Verkehrsdaten nach § 113b Abs. 2 bis 4 TKG zurückgegriffen werden:	
	Die Pauschale 306 beträgt	35,00 €
308	Auskunft über gespeicherte Verkehrsdaten für mehr als eine von der Strafverfolgungsbehörde benannte Funkzelle:	
	Die Pauschale 306 erhöht sich für jede weitere Funkzelle um	4,00 €
309	Auskunft über gespeicherte Verkehrsdaten für mehr als eine von der Strafverfolgungsbehörde benannte Funkzelle und für die Auskunft muss auf Verkehrsdaten nach § 113b Abs. 2 bis 4 TKG zurückgegriffen werden:	
	Die Pauschale 306 erhöht sich für jede weitere Funkzelle um	5,00 €
310	Auskunft über gespeicherte Verkehrsdaten in Fällen, in denen lediglich Ort und Zeitraum bekannt sind:	
	Die Abfrage erfolgt für einen bestimmten, durch eine Adresse bezeichneten Standort	60,00 €
311	Für die Auskunft muss auf Verkehrsdaten nach § 113b Abs. 2 bis 4 TKG zurückgegriffen werden:	
	Die Pauschale 310 beträgt	70,00 €
	Die Auskunft erfolgt für eine Fläche:	
312	– Die Entfernung der am weitesten voneinander entfernten Punkte beträgt nicht mehr als 10 Kilometer:	
	Die Pauschale 310 beträgt	190,00 €
313	– Die Entfernung der am weitesten voneinander entfernten Punkte beträgt mehr als 10, aber nicht mehr als 25 Kilometer:	
	Die Pauschale 310 beträgt	490,00 €

Nr.	Tätigkeit	Höhe
314	– Die Entfernung der am weitesten voneinander entfernten Punkte beträgt mehr als 25, aber nicht mehr als 45 Kilometer: Die Pauschale 310 beträgt	930,00 €
	Liegen die am weitesten voneinander entfernten Punkte mehr als 45 Kilometer auseinander, ist für den darüber hinausgehenden Abstand die Entschädigung nach den Nummern 312 bis 314 gesondert zu berechnen.	
	Die Auskunft erfolgt für eine Fläche und es muss auf Verkehrsdaten nach § 113b Abs. 2 bis 4 TKG zurückgegriffen werden:	
315	– Die Entfernung der am weitesten voneinander entfernten Punkte beträgt nicht mehr als 10 Kilometer: Die Pauschale 310 beträgt	230,00 €
316	– Die Entfernung der am weitesten voneinander entfernten Punkte beträgt mehr als 10, aber nicht mehr als 25 Kilometer: Die Pauschale 310 beträgt	590,00 €
317	– Die Entfernung der am weitesten voneinander entfernten Punkte beträgt mehr als 25, aber nicht mehr als 45 Kilometer: Die Pauschale 310 beträgt	1 120,00 €
	Liegen die am weitesten voneinander entfernten Punkte mehr als 45 Kilometer auseinander, ist für den darüber hinausgehenden Abstand die Entschädigung nach den Nummern 315 bis 317 gesondert zu berechnen.	
318	Die Auskunft erfolgt für eine bestimmte Wegstrecke: Die Pauschale 310 beträgt für jeweils angefangene 10 Kilometer Länge	110,00 €
319	Die Auskunft erfolgt für eine bestimmte Wegstrecke und es muss auf Verkehrsdaten nach § 113b Abs. 2 bis 4 TKG zurückgegriffen werden: Die Pauschale 310 beträgt für jeweils angefangene 10 Kilometer Länge	130,00 €
320	Umsetzung einer Anordnung zur Übermittlung künftig anfallender Verkehrsdaten in Echtzeit: je Anschluss	100,00 €
	Mit der Entschädigung ist auch der Aufwand für die Abschaltung der Übermittlung und die Mitteilung der den Anschluss betreffenden Standortdaten entgolten.	
321	Verlängerung der Maßnahme im Fall der Nummer 320	35,00 €
	Leitungskosten für die Übermittlung der Verkehrsdaten in den Fällen der Nummern 320 bis 321:	

Nr.	Tätigkeit	Höhe
322	– wenn die angeordnete Übermittlung nicht länger als eine Woche dauert	8,00 €
323	– wenn die angeordnete Übermittlung länger als eine Woche, aber nicht länger als zwei Wochen dauert	14,00 €
324	– wenn die angeordnete Übermittlung länger als zwei Wochen dauert: je angefangenen Monat	25,00 €
325	Übermittlung der Verkehrsdaten auf einem Datenträger	10,00 €
	Abschnitt 4. Sonstige Auskünfte	
400	Auskunft über den letzten dem Netz bekannten Standort eines Mobiltelefons (Standortabfrage)	90,00 €
401	Im Fall der Nummer 400 muss auf Verkehrsdaten nach § 113b Abs. 2 bis 4 TKG zurückgegriffen werden: Die Pauschale 400 beträgt	110,00 €
402	Auskunft über die Struktur von Funkzellen: je Funkzelle	35,00 €

Sachverzeichnis

Die fetten Zahlen bezeichnen die Gesetze, die mageren Zahlen bezeichnen deren Artikel oder Paragraphen. Die Buchstaben ä, ö und ü sind wie a, o und u in das Alphabet eingeordnet.

Abänderung einer Urkunde **1** 323 a; eines Urteils **1** 323; eines Vergleichs **1** 323 a

Abänderungsklage **1** 323; einstweilige Anordnungen **1** 769; verschärfte Haftung **1** 323 b

Abgabe an anderes Gericht, Rechtsanwaltsgebühr **10** 20; der eidesstattl. Versicherung, Klage **1** 254, bei Zwangsvollstr. **1** 889

Abgeltungsbereich der Rechtsanwaltsgebühren **10** 15

Abgesonderte Verhandlung über Widerklage **1** 145; über Wiederaufnahme **1** 590

Abhilfeverfahren, versch. Angelegenheiten, Rechtsanwaltsgebühren **10** 17

Ablehnung der Festsetzung der Rechtsanwaltsvergütung **10** 11; des Richters im Zivilprozess **1** 42 bis 48

Abnahme, Unzuständigkeit des Rechtspflegers **8** 4

Abschrift aus Akten **1** 299, 760; von öffentl. Urkunden **1** 435; von Schriftsätzen, Anzahl **1** 133; des Widerspruchs gegen Mahnbescheid **1** 695

Abstammung, Feststellung der **1** 372 a

Abstammungsgutachten, Honorar für erbbiologisches A. **11** Anl. 2 Nr. 500 ff.

Abstimmung über Gerichtsentscheidung **3** 192 bis 197; Stimmenmehrheit **3** 196; keine Verweigerung **3** 195

Abtretung des geltend gemachten Anspruchs **1** 265

Adhäsionsverfahren, Besonderheiten **5** 64

Adoptionssachen, Richtervorbehalt **8** 14

AGB-Gesetz, Aufhebung **1 b** 16

Akten, Einsicht **1** 299, 760; Rechtshilfe bei Mitteilungen von **3** 168

Aktenausdruck **1** 298

Altenteilsvertrag, Zuständigkeit des Amtsgerichts **3** 23

Altersrenten, Pfändungsschutz **1** 851 c

Altersvorsorgevermögen, Pfändungsschutz **1** 851 d

Amtsgeheimnis, Aussagegenehmigung für Beamte **1** 376

Amtsgericht **3** 12; Belehrung bei Unzuständigkeit **1** 504; Besetzung **3** 22; Betreuungsgerichte **3** 23 d; EDV im Mahnverf. **1** 703 c; gemeinsames A. in Familien-, Vormundschafts-, Betreuungs- und Unterbringungssachen **3** 23 d; Inhalt des Urteils **1** 495 a; Rechtshilfe **3** 157; Richter auf Probe oder kraft Auftrags **3** 22; Verfahren **1** 495 bis 510, nach billigem Ermessen **1** 495 a; als Vollstreckungsgericht **1** 764, für Zwangsverst. und Zwangsverw. **4** 1 f.; Vorsitz des Präsidiums **3** 22 a; Zuständigkeit **3** 23 bis 27, für Angelegenheiten der freiwilligen Gerichtsbarkeit **3** 23 d, bei einstweiliger Verfügung **1** 942, für Familiensachen mehrerer Bezirke **3** 23 d, für Familiensachen und in Angel. d. freiw. Gerichtsbarkeit **3** 23 a, für Handelssachen **3** 23 d, im Mahnverf. **1** 689

Amtshilfe, Übertragung auf Rechtspfleger **8** 24 b

Amtspflichtverletzung, Zuständigkeit des Landgerichts **3** 71

Amtsverschwiegenheit der Beamten **1** 376

Änderung des Arrestes **1** 925; der Klage **1** 268; der Unpfändbarkeitsvoraussetzung **1** 850 g; von Unterhaltstiteln, Zuständigkeit **8** 20; des Urteils des ersten Rechtszuges **1** 528

Anerkenntnis, Belehrung über Folgen **1** 499; Prozesskosten **1** 93

Anerkenntnisurteil **1** 307; abgekürzte Form **1** 313 b; auf gesonderten Antrag des Klägers **1** 555; Verkündung **1** 311; Vollstreckbarkeit **1** 708; Zustellung statt Verkündung **1** 310

Anerkennung, Antrag auf Versagung **5** 45; einer Entscheidung **5** 36; gerichtl. Entscheidungen, Rechtsanwaltsgebühren **10** 16; von in einem Mitgliedstaat ergangene Entscheidungen **6** 21; des Urteils eines ausländischen Gerichts **1** 328, 723; nach Verordnung (EU) Nr. 1215/2012 **1** 1110 ff.

Anerkennungs- und Vollstreckungsausführungsgesetz, Kosten **9** 1

Anfechtung der Entscheidung des Rechtspflegers **8** 11, 21, 23; in Kostenentscheidungen **1** 99; der Vaterschaft, Aussetzung eines Verfahrens **1** 153

Angelegenheiten i. S. d. RVG **10** 16

Angriffsmittel in der Berufungsinstanz **1** 530 f.; Kosten erfolgloser **1** 96; verspätetes Vorbringen **1** 296

Anhörung vor Erteilung der Vollstreckungsklausel **1** 730; bei Erwirkung von Handlungen oder Unterlassungen **1** 891; der Parteien über Rechtmäßigkeit einer Zeugnisverweigerung **1** 387; keine vor Pfändung einer Forderung **1** 834
Anmeldung von Rechten im Zwangsversteigerungsverf. **4** 37; im Zwangsversteigerungsverf. **4** 45, 114, 140
Annahmeverzug bei Zug-um-Zug-Leistung **1** 756, 765
Anordnung, -en des Gerichts, Gebühren **1** 141 bis 156; vorläufige A. bei schiedsrichterl. Verf. **1** 1033, im Schiedsverf. **1** 1041; der Zwangsverst. **4** 15 bis 27
Anordnung von Zwangsmaßnahmen durch Beschluss nach FamFG, Rechtsanwaltsgebühren **10** 18
Anrechnung einer Rechtsanwaltsgebühr **10** 15 a
Anrufung eines Gerichts **5** 32; **6** 16
Anschlussberufung **1** 524
Anschlussbeschwerde **1** 567
Anschlusspfändung **1** 826 f.
Anschlussrevision **1** 554
Anspruch, Ansprüche, Anmeldung **1** 608; Schiedsfähigkeit **1** 1030
Anstalten, Gerichtsstand **1** 17; Zwangsvollstr. gegen **1** 882 a
Antrag auf Anordnung der Zwangsverst. **4** 15 f.; Aufnahme des A. der Parteien **1** 308; auf Bewilligung der Prozesskostenhilfe **1** 117; auf einstweil. Einstellung der Zwangsverst. **4** 30 b; auf Entscheidung nach Lage der Akten **1** 331 a, 335; Erklärung zu Protokoll der Geschäftsstelle **1** 496; auf Fortsetzung der Zwangsverst. **4** 31; auf Prozesskostenhilfe **1** 116; des Rechtsanwalts auf Festsetzung der Vergütung **10** 11; Rechtsanwaltsgebühr **10** 19; auf schriftl. Verfahren **1** 331; auf Versagung des Zuschlags im Zwangsversteigerungsverf. **4** 74 a; auf Verweisung des Rechtsstreits **1** 506; auf Vollstreckbarerklärung eines Schiedsspruchs **1** 1060
Antragstellung im Zivilprozess **1** 297
Anwalt, Bestellung eines neuen Rechtsanwalts **1** 244; Zustellung **1** 195
Anwaltsgebühren, Beitreibung **1** 125; Höhe **10** 2
Anwaltsprozess **1** 78; Anträge und Erklärungen **1** 297; Anzeige der Bestellung eines anderen Anwalts **1** 87; Aufforderung zur Bestellung eines Anwalts **1** 215; vorbereitende Schriftsätze **1** 130 f.
Anwaltszwang **1** 78; Ausschluss **8** 13
Anwesenheit bei Urteilsverkündung **1** 312
Anzeige der Bestellung eines neuen Anwalts **1** 87
Arbeiter, Gerichtsstand **1** 20
Arbeitnehmer, Gerichtsstand **1** 20
Arbeitnehmererfindungen, kein Kostenvorschuss **9** 12
Arbeitseinkommen, Begriff iSd Pfändungsschutzvorschriften **1** 850; Berechnung des pfändbaren **1** 850 e; Pfändung gleichgestellter Bezüge **1** 850; Pfändungsfreigrenze **1** 850 c; Pfändungsschutz **1** 850 bis 850 i
Arbeitsgerichtsbarkeit, dieselbe Angelegenheit, Rechtsanwaltsgebühren **10** 16
Arbeitsgerichtsgesetz, Kosten **9** 1; Verfahren ohne Kostenvorschuss **9** 11
Arbeitslohn, Pfändung **1** 850 bis 850 i
Arbeitssachen, dieselbe Angelegenheit, Rechtsanwaltsgebühren **10** 16; kein Kostenvorschuss **9** 11
Arbeitsverträge, Zuständigkeit **5** 20 ff.
Arrest **1** 916 bis 934; Aufhebung **1** 923, 925 ff., 934; Ausschluss der Revision **1** 542; dieselbe Angelegenheit, Rechtsanwaltsgebühren **10** 16; dinglicher **1** 917; Gebühren für Anordnung, Abänderung, Gesuch **1** 920; persönl. **1** 918, 933; Schadensersatz nach Aufhebung eines ungerechtfertigten **1** 945; Unzulässigkeit des dingl. **1** Anm. zu 917; Vollmacht für **1** 82; Vollstreckbarkeit des aufhebenden Urteils **1** 708; Vollziehung **1** 928 bis 933
Arrestbefehl **1** 923 f.
Arrestbeschluss **1** 922
Arrestgericht **1** 919, 926
Arrestgrund **1** 917 f., 920; Erledigung **1** 927
Arresthypothek **1** 932
Arrestpfandrecht an Schiffen **1** 931
Arresturteil **1** 922
Arrestverfahren, Geschäfte des Rechtspflegers **8** 20; versch. Angelegenheiten, Rechtsanwaltsgebühren **10** 17
Arrestvollziehung, Rechtsanwaltsgebühren **10** 18
Arzneimittelwerbung, Unterlassungsanspruch **1 b** 2
Ärztlicher Befund, Honorar **11** Anl. 2 Nr. 200 ff.
Asylverfahren, Gegenstandswert, Rechtsanwaltsgebühren **10** 30
Aufbewahrung des Protokolls über Beweissicherung **1** 492
Aufenthaltsermittlung, Kind **6 a** 7
Aufenthaltsort, Gerichtsstand **1** 16, 20
Aufgebotsverfahren, Zuständigkeit der Amtsgerichte **3** 23 a; im Zwangsversteigerungsverf. **4** 136, 138, 140

Aufhebung der einstweiligen Verfügung **1** 939; eines Schiedsspruchs **1** 1059; der Strafen gegen ausgebliebene Parteien, Zeugen und Sachverständige **1** 400; der Trennung, Verbindung oder Aussetzung eines Rechtsstreits **1** 150, 155; von Vollstreckungsmaßregeln **1** 811 d, 851 b, ohne Sicherheit **1** 776; der vorläufigen Vollstreckbarkeit **1** 868
Aufhebung der Ehe, Zuständigkeit für Verf. **1** 6
Aufklärung des Sachverhaltes, persönl. Erscheinen **1** 141
Aufklärungspflicht des Gerichts **1** 139
Auflage, Bestimmung einer Frist zur Vollziehung der A. im Urteil **1** 255
Aufnahme des unterbrochenen oder ausgesetzten Verfahrens **1** 239 bis 250
Aufrechnung, abgetrennte Verhandlung über die **1** 145; Entscheidung über **1** 322; Streitwertberechnung **9** 45; Zulässigkeit neuer A. im Berufungsrechtszug **1** 533
Aufruf der Sache **1** 220
Aufschiebende Einreden des Erben bei Zwangsvollstr. **1** 782 f., 785
Aufschiebende Wirkung, Anordnung oder Wiederherstellung, Rechtsanwaltsgebühren **10** 16; der Berufung und Revision **1** 705; der Beschwerde **1** 570
Aufsicht des Gerichts über Zwangsverwalter **4** 153; über Schuldner als Zwangsverwalter **4** 150 c
Auftrag zur Zwangsvollstr. **1** 753 ff.
Aufwandsentschädigung für Dolmetscher **11** 6 f.; für Dritte **11** 6 f.; für ehrenamtl. Richter **11** 6 f.; für Sachverständige **11** 6 f.; für Übersetzer **11** 6 f.; für Zeugen **11** 6 f.
Aufwendungen, Rechtsanwaltsgebühren **10** 46
Aufwendungsersatz, Dolmetscher **11** 7, 12; für ehrenamtl. Richter **11** 7; Sachverständige **11** 7, 12; Übersetzer **11** 7, 12; Zeugen **11** 7
Augenschein, Anordnung **1** 3, 144, 358 a; Beweis durch **1** 371 bis 372; Einnahme **1** 219
Ausfertigung, Leistung, Zug um Zug **1** 726; für und gegen Testamentsvollstr. **1** 749
Ausgleich des Zugewinnes der Ehegatten, Pfändbarkeit **1** 852
Ausgleichsforderung im ehel. Güterrecht, Zuständigkeit **3** 23 b, des Richters **8** 14
Auskunft über Bestandsdaten, Entschädigung **11** Anl. 3 Nr. 200 f.; zur Durchführung von Unterlassungsklagen **1 b** 13 f.; über Struktur von Funkzellen, Entschädigung **11** Anl. 3 Nr. 401; über Verkehrsdaten, Entschädigung **11** Anl. 3 Nr. 300 ff.
Auslagen, Erstattung bei Rechtshilfesachen **3** 164; Fälligkeit **9** 9; Gerichtskosten **9** 1; Kostenhaftung **9** 28; Kostenvorschuss des Antragsteller **9** 17; Rechtsanwaltsgebühren **10** 46
Ausland, Beweisaufnahme im **1** 363 f., 369; Vernehmung von Zeugen im **1** 363; Zustellung **1** 183; Zwangsvollstr. **1** 917
Ausländische Schuldtitel, Vollstreckbarerklärung **1** 722, Rechtsanwaltsgebühren **10** 16
Ausländische Urkunde, Beweis der Echtheit **1** 1118 ff.
Ausländische Urkunden 1 438
Ausländische Urteile 1 328
Ausländischer Schiedsspruch 1 1061
Ausnahmegerichte, Verbot **3** 16
Aussagegenehmigung bei Vernehmung von Beamten **1** 376
Aussagen, widersprechende **1** 394
Ausschließliche Gerichtsstände 1 24, 802; **5** 24; Priorität **5** 31
Ausschließung der Richter **1** 41 bis 48; der Urkundsbeamten **1** 49
Ausschlussurteil im Zwangsversteigerungsverf. **4** 141
Ausschlussverfahren nach Wertpapiererwerbs- und Übernahmegesetz, Gegenstandswert **10** 31 a
Ausschuss, Ausschüsse der Handwerksinnungen zur Streitschlichtung, Rechtsanwaltsgebühren **10** 17
Außergerichtliche Verhandlungen, Rechtsanwaltsgebühr **10** 19
Aussetzung wegen Aufhebung einer Ehe **1** 152; des Verf. wegen sonstiger Gründe **1** 246 bis 250; Verfahren **6** 27, 35; der Verhandlung wegen anderer Entscheidungen **1** 148 f.; des Verteilungsverf. **4** 116; der Verwertung, Rechtsanwaltsgebühren **10** 18; der Vollziehung einer Entscheidung **1** 570
Austauschpfändung 1 811 a, 811 b; Rechtsanwaltsgebühren **10** 18
Auszugsvertrag, Zuständigkeit des Amtsgerichts **3** 23

Baden-Württemberg, Neugliederung der Gerichte **8** 36; Ratschreiber und Beschlussfertiger **8** 35 a; Zuständigkeit von Rechtspflegern **8** 35
Bahneinheit, Gebühren der Zwangsliquidation **9** 57
Bargebot im Zwangsversteigerungstermin **4** 49, 51

Baurechtl. Verfahren, Rechtsanwaltsgebühren **10** 17
Bayerisches Oberstes Landesgericht 3 Anm. zu 119; Anm. zu **3 a** 8; Zuständigkeit **1 a** 7; **3 a** 8 mit Anm.
Beamte, Gerichtsstand der Auslandsbeamten **1** 15; als Sachverständige **1** 408; Vorlegung von Urkunden durch **1** 432; als Zeugen **1** 376
Beauftragter Richter, kein Anwaltszwang vor **1** 78; keine Ausschließung **1** 41; Befugnisse **1** 229, 329, 405; Beweisaufnahme **1** 355, 370, 372, 375, 389, 398, 400; Erinnerung gegen **1** 573; Güteverhandlung **1** 278; Protokollierung **1** 389
Bedingte Ansprüche, Arrest wegen **1** 916; im Zwangsversteigerungsverf. **4** 14, 48, 50, 119 f., 125
Bedingte Forderungen, Verwertung gepfändeter **1** 844
Beeidigung des Dolmetschers und Ausnahmen **3** 189; der Partei **1** 452 bis 455, 536; keine B. durch Rechtspfleger **8** 4; Zwangsmittel bei unbegründeter Eidesverweigerung **1** 390
Beeinträchtigung des Eigentums **1** 77
Befangenheit des Richters **1** 42 f.; des Sachverständigen **1** 406; des Urkundsbeamten **1** 49
Beförderungen, Gerichtsstand **1** 30; Streitigkeiten wegen B. der Reisenden **3** 23
Befreiung von Vertretungspflicht im Anwaltsprozess **1** 78
Befriedigung, Klage auf vorzugsweise **1** 805
Befund, Honorar **11** Anl. 2 Nr. 200 ff.
Beglaubigung des Handzeichens **1** 416, 440; durch Rechtspfleger **8** 3
Begutachtung, Anordnung von Amts wegen **1** 3, 144, 287; wiederholte **1** 412
Behörde, Beweisaufnahme durch ausländische **1** 364; Gerichtsstand **1** 17 ff.; Vorlegung von Urkunden durch **1** 432; Zwangsvollstr. mittels Ersuchens einer **1** 789
Beigeladene, Kostenhaftung **9** 32
Beiordnung, keine Rechtsanwaltsgebühren bei Verschulden **10** 54; eines Rechtsanwalts, Gebühren **10** 4, Vergütungsanspruch **10** 45 ff.; Umfang der Rechtsanwaltsgebühren **10** 48
Beistand, Erscheinen mit **1** 90
Beitragsbescheid, Rechtsanwaltsgebühren im Widerspruchsverf. **10** 17
Beitreibung gepfändeter Geldforderungen **1** 842 f.
Beitritt zum Zwangsversteigerungsverf. **4** 27
Bekanntmachung der Musterfeststellungsklage **1** 607; Musterfeststellungsurteil **1** 612; des Versteigerungstermins bei Zwangsverst. **4** 39 f.
Beklagter, Folgen eines Anerkenntnisses **1** 499
Belegene Sache, Gerichtsstand **1** 25 f.
Belehrung über schriftl. Anerkenntnis **1** 499; bei Unzuständigkeit des Amtsgerichts **1** 504; mit Zustellung der Klage oder des Protokolls **1** 499
Benachrichtigung der Parteien **1** 362, 365
Beratung, außergerichtl., Rechtsanwaltsgebühr **10** 34; des Gerichts **3** 192 ff.; Leitung durch Vorsitzenden **3** 194
Beratungshilfe, Rechtsanwaltsgebühren **10** 44; Zuständigkeit des Rechtspflegers **8** 24 a
Berechnung des Streitwertes **1** 4 bis 9
Berechtigungen, Zwangsvollstr. und Arrestvollziehung in grundstücksgleiche **1** 864
Bereichsrechtspfleger 8 34, 34 a
Bergungsansprüche, Gerichtsstand **1** 30 a
Berichterstatter, Stimmabgabe **3** 197; bei Zwischenstreit über Zeugnisverweigerung **1** 388 f.
Berichtigung des Grundbuchs **4** 158; der Klage **1** 264
Berufung 1 511 bis 541; Anschlussberufung **1** 524; Begründung **1** 520; Berechnung des Streitwerts **1** 4; Einlegung **1** 519; Einstellung der Vollstreckung wegen **1** 719; Einzelrichter **1** 527; keine B. wegen fehlender Zuständigkeit **1** 513; auf geleisteten Eid **1** 398; Kosten **1** 97; Verf. in Zivilsachen **1** 525 ff.; Verhandlung **1** 529; Versäumnisverf. auf die **1** 539; verspätete Angriffs- oder Verteidigungsmittel **1** 530; Verzicht **1** 515, 566; vorläufige Vollstreckbarkeit des Urteils **1** 718; Widerklage **1** 533; im Zivilprozess **1** 511 bis 541; **3** 119; Zulässigkeit **1** 511 ff., 522; Zulassung neuer Angriffs- und Verteidigungsmittel **1** 531; Zurücknahme **1** 516, 524; Zuständigkeit in Zivilsachen **3** 72
Berufungsanschlussschrift 1 524
Berufungsantrag 1 520, 528
Berufungsbegründung, Wiedereinsetzung bei Versäumung der Frist **1** 233
Berufungsfrist in Zivilsachen **1** 517 f.
Berufungsgericht als Gericht der Hauptsache **1** 943; Nachprüfung von Entscheidungen im ersten Rechtszug **1** 512; Verhandlungszuständigkeit **1 a** 7
Berufungsinstanz, Vollstreckbarkeit des ersten Urteils **1** 537
Berufungsschrift, Zustellung **1** 521

Berufungssumme 1 511
Berufungsurteil, Inhalt **1** 540
Beschäftigung, Gerichtsstand **1** 20
Bescheinigung zu inländ. Titel, Kostenschuldner **9** 22; über inländische Titel **1** 1110 ff.
Beschlagnahme des Grundstücks bei Zwangsverst. **4** 20 bis 23, 26, bei Zwangsverw. **4** 148, 151; Pfändung von Früchten und Zubehör nach **1** 810, 865; im Zwangsversteigerungsverf. **4** 55
Beschleunigtes Verfahren, Überleitungsvorschr. **1 a** 34
Beschluss über Ablehnung eines Sachverständigen **1** 406; über Ablehnungsgesuch **1** 46; über Antrag auf selbständiges Beweisverfahren **1** 490; Aufhebung der Arrestvollziehung **1** 934; über Beibringungsfrist **1** 356; über Beiordnung eines Notanwalts **1** 78 b; über Berichtigung des Urteils **1** 319; im Beweisverf. **1** 359, 409; über einstweilige Einstellung der Zwangsvollstreckung **1** 707; Entwürfe **1** 299; über Erinnerung gegen Vollstreckungsklausel **1** 732; zur Erteilung des Zuschlags in Zwangsverst. **4** 87, 89; formlose Mitteilung **1** 329; über gerichtliche Bestimmung **1** 37; bei Klagerücknahme **1** 269; des OLG, Rechtsbeschwerde **3 a** 29; über Räumungsfrist **1** 721; Rückgabe der Sicherheit **1** 109; über Rüge der Verletzung des Anspruchs auf rechtliches Gehör **1** 321 a; Verkündung **1** 136, 329; über Verweisung wegen Unzuständigkeit des Gerichts **1** 281, 506; Verwerfung der Berufung **1** 522, der Revision **1** 552; über vorläufige Vollstreckbarkeit in Berufungsinstanz **1** 537; zur vorläufigen grenzüberschreitenden Kontenpfändung **1** 946, Rechtsbehelfe **1** 953 ff., Vollziehung **1** 950 ff.; zur vorläufigen Kontenpfändung, Unionsverfahren **7** 5 ff.; über Vorlegungsfrist für Urkunde **1** 431; über Zulässigkeit des Einspruchs **1** 341
Beschränkte Haftung des Miterben, Urteil unter Vorbehalt **1** 305; und Zwangsvollstr. **1** 780 bis 786
Beschränkter Vollstreckungsauftrag 1 885 a
Beschränkung der Haftung des Erben **1** 305, 781, und Zwangsvollstr. **1** 786; der Verhandlung auf einzelne Angriffs- und Verteidigungsmittel **1** 146
Beschwerde, Abhilfe oder Vorlegung **1** 572; Anschlussbeschwerde **1** 567; gegen Auferlegung einer Verzögerungsgebühr **9** 69; aufschiebende Wirkung **1** 570; in bürgerl. Rechtsstreitigkeiten **1** 567 bis 577; gegen die Anordnung einer Vorauszahlung **9** 67; Einlegung **1** 569 bis 571; gegen Entscheidungen des Rechtspflegers **8** 11; Familiengerichtsentscheidungen **3** 119; gegen Festsetzung des Streitwerts **9** 68; internationales Familienrechtsverfahren **6 a** 24 ff.; nach JVEG **11** 4; in Kostensachen **9** 66; gegen Nichtzulassung des Rechtsmittels, Rechtsanwaltsgebühren **10** 17; Rechtsbeschwerde **1** 574 bis 577; sofortige **1** 567 bis 573; Verfahren **1** 571; wegen versagter Rechtshilfe **3** 159; gegen Wertfestsetzung für die Rechtsanwaltsgebühren **10** 33; Wiedereinsetzung bei Versäumung der B.-frist **1** 233; Zulässigkeit **1** 567, 574; Zuständigkeit in Beschwerdesachen **3** 72 f., 133; im Zwangsversteigerungsverf. **4** 95 f.; im Zwangsvollstreckungsverf. **1** 793
Beschwerdefrist 1 569
Beschwerdegegenstand, Wert bei Berufung **1** 511
Beschwerdegericht 1 568
Beschwerdegrund 1 571
Beschwerdeschrift 1 569
Beschwerdesumme 1 511, 567
Beschwerdeverfahren, dieselbe Angelegenheit, Rechtsanwaltsgebühren **10** 16; vor Entscheidung über Justizverwaltungsakte **3 a** 24; Rechtsanwaltsgebühren **10** 18; Streitwertbestimmung **9** 50; versch. Angelegenheiten, Rechtsanwaltsgebühren **10** 17; Wertbestimmung für Rechtsanwaltsgebühren **10** 23
Besetzung, Mangel ordnungsgem. B. als Revisions- und Nichtigkeitsgrund **1** 579
Besitz, Wert bei Streit über **1** 6
Besitzer, Benennung des mittelbaren **1** 76; Rechtsstreit mit B. eines Grundstücks **1** 266; Wirkung des Urteils gegen **1** 325
Besitzklage 1 24
Besitzmittler, Wirkung eines rechtskräftigen Urteils **1** 325
Besondere Gerichte 3 14
Besondere Gerichtsstände 5 7
Besorgnis der Befangenheit **1** 42, 406; nicht rechtzeitiger Leistung **1** 259; des Verlustes einer Urkunde **1** 434; der Vollstreckungsvereitelung **1** 917 (Arrest)
Bestandsdaten, Entschädigung für Auskünfte **11** Anl. 3 Nr. 200 f.
Bestätigung des Arrests **1** 925, 927; zu inländ. Titel, Kostenschuldner **9** 22
Bestellung eines Anwalts **1** 271; keine Rechtsanwaltsgebühren bei Verschulden **10** 54; eines Rechtsanwalts, Vergütungsanspruch **10** 45 ff.; eines Sequesters **1** 848; eines Zwangsverwalters **4** 150 b

Bestimmung einer Frist im Urteil **1** 510 b
Betagte Ansprüche, Arrest **1** 916; Verwertung bei Pfändung **1** 844; bei der Zwangsverst. **4** 111
Beteiligte im Zwangsversteigerungsverf. **4** 9
Beteiligungen, Dritter am Rechtsstreit **1** 64 bis 77
Betrag des Anspruchs, Verhandlung über **1** 304, 347, 538
Betreiben der Partei, Zustellung des Arrestbeschlusses **1** 922; des Pfändungsbeschlusses an den Drittschuldner **1** 829
Betreuer, keine Vergütung nach RVG **10** 1
Betreuungsgerichte, Landgericht als Beschwerdegericht **3** 72; Zuständigkeit **3** 23 c, 23 d
Betreuungsgerichtliche Zuweisungssachen, Richtervorbehalt **8** 15; Zuständigkeit des Amtsgerichts **3** 23 a
Betreuungssachen, keine Rechtsmittel vor OLG **3** 119; Richtervorbehalt **8** 14, 15; Zulässigkeit einer Vertrauensperson **3** 170; Zuständigkeit **3** 23 d, des Amtsgerichts **3** 23 a
Beurkundung durch Rechtspfleger **8** 3; vollstreckbarer Urkunden **1** 799 f.
Bevollmächtigte, Verschulden **1** 85
Bewegliche Sachen, Erwerb streitbefangener **1** 325; des Schuldners **1** 777; Überweisung einer durch Pfandrecht gesicherten Forderung **1** 838; Zwangsvollstr. **1** 803 ff., in Ansprüche auf Herausgabe **1** 847, 854, 886
Bewegliches Vermögen, Arrestvollziehung **1** 930; Zwangsvollstr. **1** 803 bis 863
Beweis durch Augenschein **1** 371 bis 372; des Gegenteils **1** 292; des mündl. Parteivorbringens **1** 314; durch Parteivernehmung **1** 445 bis 455; durch Sachverständige **1** 402 bis 414; Sicherung **1** 485 bis 494; nicht bedürftige Tatsachen und Rechte **1** 288, 291, 293; durch Urkunden **1** 415 bis 444; voller **1** 415 bis 418; durch Zeugen **1** 373 bis 401
Beweisantritt durch Urkunden **1** 420 bis 432
Beweisaufnahme **1** 284; allg. Vorschriften **1** 355 bis 370; Anordnung **1** 3; Anwesenheit der Parteien **1** 357; Ausbleiben von Parteien **1** 367; im Ausland **1** 363 f., 369; durch beauftragten oder ersuchten Richter **1** 355, 360 ff., 365 f.; Beschluss vor mündl. Verhandlung **1** 358 a; in der Europäischen Union **1** 1072 bis 1075; im Haupttermin **1** 279; Hindernis **1** 356; vor einem Mitglied des Prozessgerichts **1** 355, 375, 434; Protokollführung durch Urkundsbeamten **1** 159; vor Prozessgericht **1** 355, 372; Termin zur **1** 361, 370; Terminsbestimmung von Amts wegen **1** 366; Unionsverfahren zur vorläufigen Kontenpfändung **7** 9; durch Urkunden **1** 434 f.; Vervollständigung der **1** 367
Beweisbeschluss **1** 284, 358 bis 361; Änderung **1** 360; Anordnung der Parteivernehmung **1** 359, 450, 595; vor mündlicher Verhandlung **1** 358 a
Beweiserhebung durch Einzelrichter **1** 527; durch Vorsitzenden der Kammer für Handelssachen **1** 349
Beweiskraft von gescannter öffentlicher Urkunde **1** 371 b; von öffentl. und Privaturkunden **1** 415 ff.; des Tatbestands **1** 314
Beweislast über Echtheit der Urkunden **1** 437 bis 444; und Parteivernehmung **1** 448
Beweismittel, Angabe **1** 588; Bezeichnung im Beweisbeschluss **1** 359; drohender Verlust **1** 434; Geltendmachung anderer **1** 450; nachträgl. Vorbringen **1** 356; im Urkundenprozess **1** 595; zulässige im Urkundenprozess **1** 592
Beweissicherung **1** 485 bis 494
Beweistermin, Nichterscheinen der Partei **1** 367 f.
Beweisthema **1** 359
Beweisverfahren, Entscheidungen **1** 490; selbständiges **1** 485 bis 494; Zuständigkeit **1** 486
Beweisverhandlungen, mündl. Vortrag **1** 285
Beweiswürdigung, freie **1** 286 f., 419, 435, 442
Bewilligung der einstweil. Einstellung des Zwangsversteigerungsverf. **4** 30; von Prozesskostenhilfe **1** 115 f., Antrag **1** 117, Aufhebung **1** 124
Bezirksnotar als Rechtspfleger **8** 33
Bezüge, bedingt pfändbare **1** 850 b
Bild- und Tonübertragung bei Verhandlung **1** 128 a
Bildträger, Wiedergabe von Prozessakten **1** 299 a
Bindung des Berufungsgerichts im Falle der Zurückverweisung **1** 563; des Revisionsgerichts **1** 559 ff.; **3** 138; an Verweisungsbeschluss **1** 506
Binnenschifffahrtsrechtliche Haftungsbeschränkung **1** 786 a
Blinde oder sehbehinderte Personen, Bearbeitung gerichtl. Dokumente **3** 191 a
Blutentnahme, Honorar **11** Anl. 2 Nr. 200 ff.
Blutprobe, Entnahme zur Feststellung der Abstammung **1** 372 a

Botschafter, Exterritorialität **3** 18 ff.
Brief, Unpfändbarkeit auf der Post **1** Anm. zu 811
Bruchteil, Zwangsvollstr. **1** 864
Bund, Zwangsvollstr. gegen **1** 882 a
Bundesamt für Justiz, Kontaktstellen zur Datenübermittlung **3 a** 16 a
Bundesbank, Stellung in Zwangsverst. **4** 67
Bundesfinanzhof, Rechtsanwaltsgebühren **10** 17
Bundesgerichtshof 3 12, 123 bis 140; Besetzung **3** 124; Besetzung der Senate **3** 139; Ermittlungsgerichte am **3** 130; Ernennung der Mitglieder **3** 125; Geschäftsordnung **3** 140; Große Senate und Vereinigte Große Senate **3** 132; Senate **3** 130; Zuständigkeit in Zivilsachen **3** 133
Bundeskonsul, Beweisaufnahme **1** 363
Bundespräsident, Vernehmung **1** 219, 375 f.
Bundesrecht, Verletzung einer Vorschrift als Revisionsgrund **1** 545
Bundesregierung, Vernehmung von Mitgliedern **1** 376, 382
Bundestag, Vernehmung von Mitgliedern **1** 382
Bundestagsabgeordnete, Vernehmung als Zeugen **1** 382
Bundesverfassungsgericht, Rechtsanwaltsgebühren **10** 37
Bundesverwaltungsgericht, Rechtsanwaltsgebühren **10** 17
Bürge, Bürgschaft, Erlöschen bei Antrag auf Rückgabe der Sicherheit **1** 715; als Sicherheitsleistung **1** 108
Bürgerliche Rechtsstreitigkeiten, Ausschließung der Gerichtsvollzieher **3** 155; Berufung **1** 511 bis 541; Beschwerde **1** 567 bis 577; Gebühren **9** 48; Gerichtsbarkeit **3** 13; **3 a** 3; Geschäfte des Rechtspflegers **8** 20; keine gerichtl. Handlung ohne Kostenvorauszahlung **9** 12; Kostenhaftung **9** 22; Mahnverf. **1** 688 bis 703; Rechtsweg **3** 17 a; Revision **1** 542 bis 566; Zivilprozess **1;** Zuständigkeit der Amtsgerichte **3** 23, der Landgerichte **3** 71 f.
Bußgeldsachen 10 17; Vollstreckung **8** 31
Bußgeldverfahren 10 17; Zuständigkeit des Rechtspflegers **8** 22

Darlehensvermittlungsverträge, Unterlassungsanspruch **1 b** 2
Daten, Auskunftserteilung und Unterrichtung **3 a** 20 f.; Rechtsmäßigkeit der Übermittlung **3 a** 22; Verbindung **3 a** 18; Zweckgebundenheit und Erforderlichkeit **3 a** 19
Datenspeichereinrichtung 1 160 a
Datenübermittlung, Bundesamt für Justiz als Kontaktstelle **3 a** 16 a
Datenverarbeitungsanlage, Entschädigung bei Nutzung **11** 23
Deckungsregister, unpfändbare Sachen **1** 811
Deputat als Arbeitseinkommen **1** 850 e
Designgesetz 9 51; Kosten **9** 1
Deutsche Genossenschaftsbank, keine Sicherheitsleistung bei Versteigerung **4** 67
Deutsche Girozentrale 4 67
Deutsche Kommunalbank 4 67
Dienstalter der Richter **3** 197
Dienstaufsicht bei Amtsgerichten **3** 22
Dienstbarkeiten, Gerichtsstand **1** 25
Dienstbehörde, Genehmigung zur Vernehmung eines Beamten **1** 376
Dienstbezüge, Pfändung **1** 850
Dienstboten, Gerichtsstand **1** 20
Diensteinkommen, Pfändung **1** 832 f., 850
Dienstleistungen, Verurteilung zu **1** 888
Dienstverhältnis, Ansprüche aus D. der Beamten **3** 71
Dinglicher Arrest 1 917
Dinglicher Gerichtsstand 1 24 ff.
Diplomaten, Exterritorialität **3** 18 ff.
Dokumentenpauschale, Auftraggeber **10** 7; Kostenhaftung **9** 28; sofortige Fälligkeit **9** 9
Dolmetscher/-innen, Ausschließung und Ablehnung **3** 191; Beeidigung und Ausnahmen **3** 189; bei Gerichtsverhandlungen **3** 189 ff.; Honorar **11** 9 f., Anl. 1; Justizvergütungs- und -entschädigungsgesetz **11;** Vergütung **11** 1, 8 ff.
Dringlichkeit bei Arrest und einstweiliger Verfügung **1** 937, 942, 944
Dritte, Beteiligung am Rechtsstreit **1** 64 bis 77; Entschädigung **11** 1, 19, 23; Geltendmachung eines Pfand- oder Vorzugsrechts durch einen nichtbesitzenden **1** 805; Gewahrsam bei Pfändung **1** 886; Justizvergütungs- und -entschädigungsgesetz **11;** Pfändung von körperl. Sachen **1** 809; Rechtskraft gegenüber **1** 325; Vorlegung von Urkunden **1** 428 bis 431; Vornahme einer Handlung **1** 887; Widerspruch gegen Zwangsvollstr. **1** 771; Zwangsvollstr. **1** 750
Drittschuldner, Anzeige an Amtsgericht **1** 853 bis 856; Erklärung über gepfändete Forderungen **1** 840; Zahlungsverbot an **1** 829; Zwangsvollstr. in Vermögensrechte **1** 857
Drittwiderspruch, Drittwiderspruchsklage **1** 771

Duldung, Zwangsvollstr. zur Erwirkung einer **1** 890, 892
Duldungstitel 1 737, 739, 748
Durchstreichungen in Urkunden **1** 419
Durchsuchung durch Gerichtsvollzieher **1** 758

Echtheit, Beweis **1** 440; öffentl. Urkunden **1** 437 f.; der Privaturkunden **1** 440; Vermutung **1** 440
Editionsparteivernehmung 1 426 f.
EDV im Mahnverf. **1** 703 c
EG-Verbraucherschutzdurchsetzungsgesetz, Kosten **9** 1
EG-Verordnungen, Zuständigkeit und Anerkennung und Vollstreckung von Entscheidungen in Ehesachen **6,** in Zivil- und Handelssachen **5**
Ehe, Aussetzung bis zur F. des Bestehens einer **1** 154; Trennung ohne Auflösung der, Zuständigkeit **6** 3 ff.; Ungültigkeitserklärung einer, Zuständigkeit **6** 3 ff.
Eheaufhebbarkeit, Aussetzung eines Verfahrens **1** 152
Ehegatte, Drittwiderspruchsklage gegen Zwangsvollstr. **1** 774; Pfändung des Anteils am Gesamtgut der Gütergemeinschaft **1** 860; Rechtsstellung bei Zwangsvollstr. gegen den anderen **1** 739 bis 745; Urteil unter Vorbehalt **1** 305; Zwangsvollstr. **1** 744 a
Ehesachen, Rechtsanwaltsgebühren **10** 48; Urteil, nicht vorläufig vollstreckbar **1** 704
Ehescheidung, Nichtanerkennung einer Entscheidung über **6** 22; Zuständigkeit **6** 3 ff.
Eheschließung, Richtervorbehalt **8** 14; keine Verurteilung zur **1** 894
Eheverbot, Richtervorbehalt **8** 14
Eheverordnung (EG) *s. Verordnung Brüssel II a*
Eheverträge, Wertberechnung für Rechtsanwaltsgebühren **10** 23
Ehrenamt, Handelsrichter **3** 107
Ehrenamtliche Richter/innen 3 a 6; Amtsenthebung **3** 113; Entschädigung **3** 107; **11** 1, 15; Ernennung **3** 108 ff.; Justizvergütungs- und -entschädigungsgesetz **11;** Pflichten **3** 112; Reihenfolge der Stimmabgabe **3** 197
Eid des Dolmetschers **3** 189; der Partei **1** 452 bis 455; des Sachverständigen **1** 410; sprach- oder hörbehinderter Personen **1** 483; Unzuständigkeit des Rechtspflegers **8** 4; Verfahren bei Abnahme **1** 478 bis 484; Wirksamkeit für Berufungsrechtszug **1** 536; des Zeugen **1** 391 bis 393
Eidesleistung der Fremdsprachigen **3** 188; Verfahren nach ZPO **1** 478 bis 484
Eidesmündigkeit, Parteivernehmung Minderjähriger **1** 455
Eidespflicht, Hinweis auf **1** 395
Eidesstattliche Versicherung zur Glaubhaftmachung **1** 294, der Gründe für Ablehnung von Sachverständigen **1** 406; Klage auf Abgabe einer **1** 254; Verpflichtung zur Abgabe **1** 883, 889
Eidesunfähigkeit einer Partei **1** 455
Eigenbesitz des Schuldners bei Zwangsverw. **4** 147
Eigenmacht, verbotene **1** 940 a
Eigentum, Erwerb durch Zuschlag **4** 90; Gerichtsstand **1** 24
Eigentümer, Benennung des Urhebers bei Klage des **1** 77; Bestellung eines Vertreters **1** 58; Unterwerfung unter sofortige Zwangsvollstr. **1** 799 f.
Eigentümerhypothek 1 868
Einigungsversuch vor Gütestelle **1 a** 15 a
Einlassung auf abgeänderte Klage **1** 267; zur Hauptsache **1** 504
Einlassungsfrist 1 274, 276; Abkürzung **1** 226; im Revisionsrechtszug **1** 553; im Urkundenprozess **1** 593
Einlegung, Zeitpunkt für Wertberechnung **1** 4
Einrede, -n, aufschiebende E. des Erben, des überlebenden Ehegatten **1** 305; im Berufungsrechtszug **1** 513, 531; der mangelnden Sachbefugnis **1** 265 f.; prozesshindernde E. der Rechtshängigkeit **1** 261; der Rechtskraft **1** 322; des Schiedsvertrags **1** 1032; des Schuldners bei Faustpfand **1** 838; Vorbringen **1** 282
Einreichung von Schriftsätzen **1** 496
Einsicht in Schuldnerverzeichnis **1** 882 f; **2** 5 ff.
Einspruch, Einstellung der Vollstreckung nach **1** 719; Entscheidung über Zulässigkeit **1** 341; gegen Europäischen Zahlungsbefehl **1** 1090; Frist **1** 339; im Mahnverf. **1** 694; kein weiterer E. gegen Versäumnisurteil **1** 345; gegen Versäumnisurteile **1** 338 bis 340, Wirkung **1** 342; Verzicht oder Zurücknahme **1** 346; gegen Vollstreckungsbescheid **1** 700; Wiedereinsetzung **1** 233
Einspruchsschrift, Erfordernisse **1** 340; Zustellung **1** 340 a
Einspruchsverfahren, versch. Angelegenheiten, Rechtsanwaltsgebühren **10** 17
Einstellung des Zwangsversteigerungsverf. **4** 30, 75 ff.; der Zwangsvollstr. **1** 719, 868, beim Antrag auf Wiedereinsetzung oder Wiederaufnahme des Verf. **1** 707, bei Ein-

wendungen gegen Zulässigkeit der Vollstreckungsklausel **1** 769, bei Widersprüchen Dritter **1** 805
Einstweilige Anordnung bei Beschwerde gegen Entscheidungen **1** 570; dieselbe Angelegenheit, Rechtsanwaltsgebühren **10** 16; in Ehesachen, Rechtsanwaltsgebühren **10** 18; bei Einwendungen gegen Zulässigkeit der Vollstreckungsklausel **1** 732, 769; im FGG-Verf., Rechtsanwaltsgebühren **10** 17; internationales Familienrechtsverfahren **6 a** 15; Rechtsanwaltsgebühren **10** 18; für Unterhalt **1** 44; bei Widerspruch gegen Arrest **1** 924, Dritter gegen Zwangsvollstr. **1** 805
Einstweilige Einstellung der Zwangsvollstr. **1** 707, 719, 769
Einstweilige Maßnahmen **5** 35; Verordnung Brüssel II a (EheVO) **6** 20
Einstweilige Verfügung **1** 935 bis 945; Aufhebung **1** 942; dieselbe Angelegenheit, Rechtsanwaltsgebühren **10** 16; Räumung von Wohnraum **1** 940 a; Rechtsanwaltsgebühren bei Vollziehungsmaßnahme **10** 18; gegen Sicherheitsleistung **1** 939; zur Sicherung des Rechtsfriedens **1** 940; Unzulässigkeit der Revision gegen Urteile über **1** 542; versch. Angelegenheiten, Rechtsanwaltsgebühren **10** 17; Vollmacht **1** 82; Vollstreckbarkeit des Urteils **1** 708; Vollziehung **1** 936; Vormerkung oder Widerspruch auf Grund einer **1** 942
Einstweiliger Rechtsschutz des Schiedsgerichts, Rechtsanwaltsgebühren **10** 17; Streitwertberechnung **9** 53; im Verf. gemäß AktG **9** 53
Eintragung in öffentl. Buch oder Register **1** 895 f.; in Schuldnerverzeichnis **1** 882 c; **2** 2, Löschung **1** 882 e; **2** 4; einer Sicherungshypothek aus vollstreckbarem Urteil **1** 868
Einwendungen gegen Ansprüche auf wiederkehrende Leistungen **1** 323; gegen Mahnbescheid **1** 692; gegen vollstreckbare gerichtl. und notarielle Urkunden **1** 797; gegen vollstreckbaren Anspruch **1** 767 bis 770, 796 f.; gegen Vollstreckungsbescheid **1** 796; Vorbringen von **1** 282; gegen Zulässigkeit der Vollstreckungsklausel **1** 732, 797 a, Rechtsanwaltsgebühr **10** 18; Zurückweisung im Urkundenprozess **1** 598; gegen Zwangsvollstr. **1** 766
Einwilligung in Klageänderung, ausdrückl. **1** 263; in Parteivernehmung **1** 447; in Zurücknahme der Berufung **1** 516
Einzelausgebot bei Zwangsverst. **4** 63
Einzelrichter beim Amtsgericht **3** 22; Anfechtung der Entscheidungen **1** 350; im Berufungsverfahren **1** 526 f.; Entscheidung durch **1** 348; in Handelssachen **3** 105; obligatorischer **1** 348 a; originärer **1** 348; nicht im Revisionsverf. **1** 555; Rückübertragung **1** 348 a; Übertragung der Sache auf **1** 253; Verfahren vor **1** 348 bis 350
Eisenbahnbetrieb, Zwangsvollstr. **1** 871
Eisenbahnen, Unpfändbarkeit der Fahrbetriebsmittel **1** Anm. zu 811; Unzulässigkeit der Sicherungsbeschlagnahme im Frachtverkehr **1** Anm. zu 917
Elektronische Akte **1** 298 a; **9** 5 a; **10** 12 b; **11** 4 b
Elektronische Datenverarbeitung, Beweiskraft des Aktenausdrucks **1** 696; Einsatz im Mahnverf. **1** 689 ff., 695 ff., 703 b, 703 c
Elektronisches Dokument **9** 5 a; **10** 12 b; **11** 4 b; Aktenausdruck **1** 298; als Beweisgegenstand **1** 371; Beweiskraft **1** 371 a; Beweiskraft des Ausdrucks **1** 416 a; Formulare **1** 130 c; gerichtliches elektr. D. **1** 130 b; gescannte, öffentliche Urkunde **1** 371 b; Nutzungspflicht für Rechtsanwälte und Behörden **1** 130 d; Übermittlung **1** 130 a
Elterliche Verantwortung, Entscheidungen, Antrag auf Vollstreckbarerklärungen **6** 28; Nichtanerkennung einer Entscheidung über **6** 23; Zuständigkeit **6** 8 ff.
Eltern-Kind-Verhältnis, Aussetzung des Verfahrens wegen Streits über Bestehen eines **1** 154
Empfang einer Entscheidung, Rechtsanwaltsgebühr **10** 19
Empfangsbekenntnis bei Zustellung **1** 174
Endurteil **1** 300 ff.; in Ansehung der Rechtsmittel, Urteil über Grund des Anspruchs **1** 304; Arrestverf. **1** 922, 925, 927; Aussetzung der Verkündung **1** 89; Berufung **1** 511 ff.; bindende Kraft **1** 318; der Rechte beim Urkundenprozess **1** 599; Revision **1** 542; unter Vorbehalt der Aufrechnung **1** 302; Zwangsvollstreckung **1** 704 bis 723
Energiewirtschaftsgesetz, Kosten **9** 1; Wertberechnung im Beschwerdeverf. **9** 50
Enteignung, Gerichtsstand für Entschädigungsklagen **1** 26; eines Grundstücks, landesrechtl. Vorschr. **1 a** 15; keine Revision gegen Urteile über vorzeitige Besitzeinweisung **1** 542
Entfernung, große E. des Zeugen vom Prozessgericht **1** 375
Entlassung des hinterlegenden Schuldners aus dem Rechtsstreit **1** 75

Entschädigung für Auskunft über die Struktur von Funkzellen **11** Anl. 3 Nr. 401; für Auskünfte über Bestandsdaten **11** Anl. 3 Nr. 200 f.; für Auskünfte über Verkehrsdaten **11** Anl. 3 Nr. 300 ff.; Dritte **11** 19; Dritter **11** 23; ehrenamtl. Richter **3** 107; **11** 15; gerichtl. Festsetzung **11** 4; für Nachteile bei der Haushaltsführung von ehrenamtl. Richter **11** 17, von Zeugen **11** 21; der Sachverständigen **1** 413; für Standortabfrage e.Mobiltelefons **11** Anl. 3 Nr. 400; für Telekommunikationsüberwachung **11** Anl. 3 Nr. 100 ff.; bei überlangen Gerichtsverfahren **3** 198, haftende Körperschaft **3** 200, Zuständigkeit und Verfahren **3** 201; Verurteilung zur Zahlung einer **1** 510 b, 888 a; für Zeitversäumnis **1** 91, von ehrenamtl. Richter **11** 16, von Zeugen **11** 20; Zeugen **11** 19; von Zeugen **1** 401

Entscheidung, Anerkennung durch Mitgliedstaat **6** 21; Ausschluss der sachlichen Nachprüfung **6** 26; Berichtigung, Rechtsanwaltsgebühr **10** 19; über Ehescheidung, Nichtanerkennung **6** 22; über elterliche Verantwortung, Nichtanerkennung **6** 23; des Gerichts ohne mündl. Verhandlung **1** 128; nach Lage der Akten **1** 251 a, 331 a; über Rückgabe des Kindes, Vollstreckbarkeit **6** 42; über Umgangsrecht, Vollstreckbarkeit **6** 40 f.; durch Vorsitzenden der Kammer für Handelssachen, Anfechtung **1** 350, Zuständigkeit **1** 349

Entscheidungsgründe, Revision wegen unrichtiger **1** 561; Weglassen oder Verzicht **1** 313 a

Erbbiologisches Abstammungsgutachten, Honorar **11** Anl. 2 Nr. 500 ff.

Erbe, Aufnahme des Rechtsstreits **1** 239; Beschränkung in guter Absicht **1** 863; Geltendmachung der Haftungsbeschränkung **1** 780 bis 785; Rechtskraftwirkung für und gegen **1** 325; Vorbehaltsurteil gegen den **1** 305; Wirksamkeit von Urteilen für und gegen **1** 327, Nacherben **1** 728; Zwangsvollstr. gegen **1** 747 f., 778 bis 785

Erbkundliche Untersuchungen **1** 372 a

Erblasser, Urteil gegen **1** 750

Erbschaft, Gerichtsstand **1** 27 f.; Nießbrauch **1** 737 f.; Pfändung der Nutzungen einer E. bei Nacherbfolge **1** 863; Zwangsvollstr. in **1** 778

Erbschein, Zwangsvollstr. **1** 792, 896

Erbvertrag, Wertberechnung für Rechtsanwaltsgebühren **10** 23

Erfüllungsort, Gerichtsstand **1** 29

Ergänzung der Anführungen **1** 264; einer Urkunde **1** 419

Ergänzungsurteil **1** 302, 321, 518, 599, 716

Erhebung der Klage im Verfahren vor Amtsgericht **1** 496

Erinnerung gegen Art und Weise der Zwangsvollstr. **1** 766; dieselbe Angelegenheit, Rechtsanwaltsgebühren **10** 16; gegen Entscheidungen des Rechtspflegers **8** 11, 21, 23; gegen Kostenfestsetzungsbeschlüsse **1** 104, 107; in Kostensachen **9** 66; Rechtsanwaltsgebühr **10** 19

Erinnerungsverfahren, Rechtsanwaltsgebühren **10** 18

Erkenntnisverfahren bei geringfügigen Forderungen **1** 1097 bis 1104 a

Erklärung vor Amtsgericht **1** 510 a; über Beweismittel und Tatsachen **1** 138; des Drittschuldners über gepfändete Forderung **1** 840; über Urkunden **1** 425, 439

Erklärungsfrist **1** 283

Erledigung des Arrestgrundes **1** 927; der Hauptsache, Kostenbeschluss **1** 91 a

Erlös, Verteilung nach Grundstücksversteigerung **4** 105 bis 145

Erlöschen des Gebotes bei Versteigerung **4** 72; der Rechte Dritter durch Zuschlag **4** 52, 91 f.

Ermächtigung zur Vornahme einer vertretbaren Handlung **1** 887

Ermessen des Gerichts bei einstweiliger Verfügung **1** 938

Ermittlungsgerichte am BGH **3** 130

Ermittlungsrichter des BGH **3** 130

Ermittlungsverfahren, Rechtsanwaltsgebühren **10** 17

Ersatz wegen einstweiliger Verfügungen **1** 945; des Schadens wegen Nichterfüllung einer Verpflichtung **1** 255; wegen ungerechtfertigter Arreste **1** 945; wegen Vollstreckung eines Vorbehaltsurteils **1** 600; der durch Zulassung eines Geschäftsführers ohne Auftrag entstandenen Kosten und Schäden **1** 89

Ersatzbeschaffung für unpfändbare Sache **1** 811 a, 811 b

Ersatzzustellung **1** 181; im Briefkasten **1** 180; durch Niederlegung **1** 181; in Wohnung **1** 178

Erscheinen, persönl. Anordnung des Gerichts **1** 141

Erstattung der Auslagen der Rechtshilfe **3** 164; der Kosten vor Erhebung einer neuen Klage **1** 269; der Prozesskosten durch Gegner **1** 91

Ersteher, Übergang von Nutzungen und Lasten **4** 56; Wirkung des Urteils gegen **1** 325

Ersuchter Richter, Befugnisse **1** 229; Beweisaufnahme **1** 362, 365, 370, 372; Entscheidungsbefugnis **1** 400; Erinnerung gegen **1** 573; Güteverhandlung **1** 278; Protokollierung **1** 389; Verkündung der Verfügungen **1** 329; Vertretung durch Anwälte nicht notwendig **1** 78
Erweitertes Schöffengericht 3 196
Erweiterung, Zulässigkeit der E. des Klageantrags **1** 264
Erwerb im Streit befangener Sachen **1** 266
Erwerbsgeschäft eines Ehegatten, Zwangsvollstr. **1** 741
Erzeugnisse, landwirtschaftl., Zulässigkeit und Voraussetzung der Pfändung **1** 813
Erzwingungshaft bei vergebl. Vollstreckung einer Geldbuße **8** 4; für Vermögensauskunft des Schuldners **1** 802 g ff.
Europäische Gemeinschaft, Rechtsanwaltsgebühren für Verf. vor EuGH **10** 38
Europäische Union, Beweisaufnahme **1** 1072 bis 1075; Prozesskostenhilfe **1** 1076 bis 1078; Zustellung **1** 1067 bis 1069
Europäische Vollstreckungstitel 1 1079 bis 1086
Europäischer Gerichtshof für Menschenrechte, Rechtsanwaltsgebühren für Verf. vor **10** 38 a
Europäischer Zahlungsbefehl, Einleitung des Streitverfahrens **1** 1091; Einspruch **1** 1090; Zuständigkeit des Richters **8** 20; Zwangsvollstreckung **1** 1093 ff.
Europäisches Mahnverfahren 1 1087 ff.; Zuständigkeit des Rechtspflegers **8** 20
Europäisches Verfahren für geringfügige Forderungen **1** 1097 ff.
Exterritoriale, Deutsche, Gerichtsstand **1** 15; Gerichtsbarkeit über **3** 18 bis 20

Fabrik, Niederlassung als besonderer Gerichtsstand **1** 21
Fabrikarbeiter, Gerichtsstand **1** 20
Fahrtkosten, Ersatz für ehrenamtl. Richter **3** 107
Fahrtkostenersatz für Dolmetscher **11** 5; für Dritte **11** 5; für ehrenamtl. Richter **11** 5; für Sachverständige **11** 5; für Übersetzer **11** 5; für Zeugen **11** 5
Fälligkeit, Gerichtsgebühren **9** 6 bis 9; Vergütung eines Rechtsanwalts **10** 8
Familienangehörige, Anwesenheit bei Vollstreckungshandlungen **1** 759
Familiengerichte, zuständiges Gericht **3** 72; Zuständigkeit **3** 23 b, der OLG **3** 119
Familienrechtsverfahren, internationales **6 a**
Familiensachen, Abgabe an Gericht der Ehesache **3** 23 b; Ausschluss der Öffentlichkeit **3** 170; für denselben Personenkreis **3** 23 b; einstw. Anordnung, Rechtsanwaltsgebühren **10** 18; Gerichtsbarkeit **3** 13; Kosten **9** 1; Rechtsweg **3** 17 a; Richtervorbehalt **8** 14; Zuständigkeit des Amtsgerichts **3** 23 a, des Rechtspflegers **8** 25
Faustpfand, Einrede des Schuldners **1** 838
Faustpfandrecht 1 804
Feldfrüchte, Zulässigkeit und Voraussetzung der Pfändung **1** 813
Fernabsatzverträge, Unterlassungsanspruch **1 b** 2
Fernsehaufnahmen von Gerichtsverhandlungen **3** 169
Fernunterrichtsverträge, Unterlassungsanspruch **1 b** 2
Festgebühr, -en zur Berechnung der Rechtsanwaltsgebühren **10** 23
Festsetzung des Streitwerts **9** 61 bis 65; der Vergütung des Rechtsanwalts **8** 21, 23; **10** 11
Feststellung des geringsten Gebots bei Zwangsverst. **4** 45; des Grundstückswertes bei Zwangsverst. **4** 74 a; eines im Laufe des Prozesses streitig gewordenen Rechtsverhältnisses **1** 256, 506; eines Rechtsverhältnisses **1** 256; durch Sitzungsprotokoll **1** 389, 510 a
Feststellungsklage 1 256, 506; Gerichtsstand **1** 29; Zwischenfeststellungsklage **1** 256
Feststellungsziele, Musterfeststellungsklage **1** 606
Fiktion der Rechtshängigkeit **1** 696
Filmaufnahmen von Gerichtsverhandlungen **3** 169
Finanzgericht, Rechtsanwaltsgebühren **10** 17; Streitwertberechnung des Verfahrens **9** 52
Finanzgerichtsordnung, Kosten **9** 1
Fiskus, Gerichtsstand **1** 18; Zwangsvollstr. gegen **1** 882 a
Flößerei, Zuständigkeit des Gerichts **3** 23
Flucht, Verfolgung Flüchtiger in anderes deutsches Land **3** 167
Flüchtige, Recht der Verfolgung auf Gebieten anderer deutscher Länder **3** 167
Folgesachen als selbst.Familiensachen, Rechtsanwaltsgebühren **10** 21
Forderungen, Anschlusspfändung **1** 853 bis 856; beschränkt pfändbare F. **1** 852; Gerichtsstand **1** 23; geringfügige F., Europäisches Verfahren **1** 1097 ff.; Pfändbarkeit **1** 851; Verfahren für geringfügige F., Rechtsanwaltsgebühr **10** 19; Zwangsvollstr. in **1** 828 bis 863

Forderungsabtretung, Prozesskosten bei unterlassener Mitteilung **1** 94
Form des Schiedsvertrags **1** 1031
Formmangel, Heilung **1** 1031
Formvorschrift, Rüge der Verletzung von F. erst in der Berufungsinstanz **1** 534, unzulässig, wenn darauf verzichtet ist **1** 295
Forstwirtschaftliche Grundstücke, Zwangsverst. **4** 21; Zwangsverw. **4** 149
Fortgesetzte Gütergemeinschaft, Zwangsvollstr. **1** 745
Fortsetzung von Mietverhältnissen trotz Kündigung **1** 308 a; der mündl. Verhandlung **1** 332, 590; der Zwangsverst., nach einstweil. Einstellung **4** 31
Fragen, Beanstandung **1** 140, 398, der Gerichtsmitglieder **1** 396, der Parteien **1** 397, des Vorsitzenden **1** 396
Fragepflicht und -recht des Gerichts **1** 139, 396 f.
Freie Beweiswürdigung **1** 286 f.
Freiheitsentziehungssachen, keine Rechtsmittel vor OLG **3** 119; Landgericht als Beschwerdegericht **3** 72; Zuständigkeit des Amtsgerichts **3** 23 a
Freiheitsstrafe, Vollstreckung durch Rechtshilfe **3** 162 f.
Freiwillige Gerichtsbarkeit, Ausschluss der Öffentlichkeit **3** 170; Gerichtsbarkeit **3** 13; Rechtsweg **3** 17 a; Richtervorbehalt **8** 14; Zuständigkeit des Rechtspflegers **8** 16; Zuständigkeit der Amtsgerichte in Angel.der freiw.G. **3** 23 a
Fremdes Recht, Ermittlungen **1** 293
Frist, -en für Abgabe von Erklärungen **1** 283; für Antrag auf Änderung der Kostenfestsetzung **1** 107, auf gerichtl. Entscheidung über Justizverwaltungsakte **3 a** 26 f., auf Vollstreckungsbescheid **1** 699; für Benutzung von Beweismitteln **1** 356; für Berufung **1** 517 f.; für Beschaffung von Urkunden **1** 364, 428, 431; Bestimmung im Urteil **1** 255; für Einreichung der Kostenrechnung **1** 106; für Einsicht von Urkunden **1** 134; für Einspruch **1** 339; zur Klageerwiderung **1** 275 ff., im Mahnverf. **1** 697; im Mahnverf. **1** 692; für Mitteilung von Schriftsätzen **1** 132; für Rechtsbehelfe nach dem RPflG **8** 11; für Rechtsmittel **1** 233, 548, 551, 569; bei Sicherheitsleistung **1** 109, 113; Übermittlungsfrist für Urteile **1** 315; für Urteilsberichtigung **1** 320 f.; Versäumung, Kosten **1** 95, bei Streitgenossen **1** 62; für Wiederaufnahmeklagen **1** 586; für Wiedereinsetzungsantrag **1** 234; nach ZPO **1** 221 f., 523; Zustellung von Urteil mit Vollstreckungsklausel **1** 750
Fristenabkürzung oder -verlängerung **1** 222, 225
Früchte, Entscheidung über F. nur auf Antrag **1** 308; als Nebenforderungen **1** 4; Pfändung der F. auf dem Halm **1** 810; Versteigerung **1** 824
Fuhrleute, Zuständigkeit des Amtsgerichts wegen Streitigkeiten mit **3** 23
Funkzellen, Auskunft über die Struktur, Entschädigung **11** Anl. 3 Nr. 401

Gärtnerisches Grundstück, Zwangsverw. **4** 149
Gebot, geringstes **4** 44; in der Zwangsverst. **4** 71 ff., 74 b, 82, 114 a
Gebrauchsmustergesetz **9** 51; Kosten **9** 1
Gebühren, Abgeltungsbereich nach RVG **10** 15; Auf- oder Abrundung **10** 2; Berechnung nach Streitwert **9** 34; Erhebung **9** 35; Erstattung der G. des Rechtsanwalts **1** 91; Fälligkeit **9** 6, 9; GerichtskostenG **9** 1; Gerichtsstand für **1** 34; Rechtsanwalt **10** 2, 13 ff.; der Sachverständigen, Gesetz **1** 413; Sozialgerichtsbarkeit **10** 3; bei Verzögerung des Rechtsstreits **9** 38; bei Zurückverweisung **9** 37
Gegenanspruch, Gerichtsstand **1** 33
Gegenbeweis gegen öffentl. Urkunden **1** 418
Gegenforderung, Geltendmachung, erst im Berufungsrechtszug **1** 533; Rechtskraft der Entscheidung über **1** 322; Trennung der Verhandlung über **1** 145
Gegenleistung, von G. unabhängige Ansprüche **1** 257; Verwertung einer von einer G. abhängigen gepfändeten Forderung **1** 844
Gegenstandswert **10** 13; anwaltl. Tätigkeit **10** 2; bei Ausschlussverfahren nach dem Wertpapiererwerbs- und Übernahmegesetz **10** 31 a; Rechtsanwaltsgebühr **10** 22; Wertgrenze **10** 22
Gehalt, Pfändung **1** 832 f., 850 bis 850 i
Geheimhaltungspflicht bei Beratung **3** 193
Geld, Hinterlegung von gepfändetem **1** 930; Pfändung **1** 808
Geldforderungen, Arrest wegen **1** 916; Klage auf künftige Zahlung **1** 257; Pfändung **1** 829 bis 834, 853; Überweisung **1** 835 bis 840; Verwertung **1** 844; Zahlungsbefehl **1** 688; Zwangsvollstr. in **1** 829 bis 844; Zwangsvollstr. wegen **1** 803 bis 882
Geldrente, Abänderungsklage **1** 323; Sicherheitsleistung bei Verurteilung zur Zahlung einer **1** 324; Vollstreckbarkeit des Urteils **1** 708

Geldsumme, Mahnverf. **1** 688; Urkundenprozess **1** 592
Gemeinde, Gerichtsstand **1** 17, 22; Zwangsvollstr. gegen **1** 882 a; **1 a** 15
Genossenschaft, Gerichtsstand **1** 17, 22
Gerichte, besondere **3** 14; **3 a** 3; Bindung, eigene End- und Zwischenurteile **1** 318, an Entscheidung über Zulässigkeit des Rechtsweges **3** 17; Fristbestimmung **1** 283; ordentl. **1 a** 3; **3** 12; örtl. Zuständigkeit **1** 12 bis 37; Präsidium und Geschäftsverteilung **3** 21 a bis 21 j; Rechtshilfe **3** 156 f.; sachl. Zuständigkeit **1** 1 bis 11; Unabhängigkeit **3** 1; Zuweisung durch Landesrecht **3** 13 a
Gerichtliche Vergleiche 5 59
Gerichtliche Verwaltung eines Grundstücks **4** 94
Gerichtsbarkeit, Ausübung **3** 12; über Exterritoriale **3** 18 bis 20
Gerichtsbezirk, Amtshandlungen außerhalb **3** 166
Gerichtsgebühren, Fälligkeit **9** 6; Wertfestsetzung **9** 63, Rechtsanwaltsgebühren **10** 32
Gerichtskosten, Ausnahmen von Vorschuss und Vorauszahlung **9** 14; Beitreibung **1** 125; Freiheit von **9** 2
Gerichtskostengesetz 9
Gerichtspersonen, Ausschließung und Ablehnung **1** 41 bis 49
Gerichtssiegel 1 313 b; auf Vollstreckungsklausel **1** 725
Gerichtsstand 1 12 bis 37; allg. **1** 36; im Arrestverf. **1** 919, 927; ausschließl. **1** 12, 24, 40, 584, 802, 943; besonderer **1** 20 bis 34; Bestimmung **1** 37; **1 a** 9; dingl. **1** 36; für einstweilige Verfügungen **1** 937; der Exterritorialen **1** 15; in Familiensachen und Angelegenheiten der freiw.Gerichtsbarkeit **3** 119; in Kindschaftssachen **3** 72; im Mahnverf. **1** 689; in Musterfeststellungsverfahren **3** 119; für Nichtigkeits- und Restitutionsklagen **1** 584; der Niederlassung **1** 21; Prorogation **1** 38 ff.; des Sachzusammenhangs **5** 8; des Vermögens **1** 797, 828; für Vollstreckungsklausel **1** 797; für Wechselklagen **1** 603; für Widerspruchsklagen im Verteilungsverf. **1** 879; im Zwangsvollstreckungsverf. **1** 802
Gerichtsstandvereinbarungen 5 25 f.
Gerichtstafel, Anheftung **4** 40, 105
Gerichtsverfahren, Wertfestsetzung **9** 61 bis 65
Gerichtsverfassungsgesetz, Anwendungsbereich **3 a** 2; Übergangsvorschr. zum FGG-Reformgesetz **3 a** 40
Gerichtsvollzieher, Aufschieben einer Vollstreckungsmaßnahme **1** 765 a; Auskunftsrechte **1** 802 l; Ausschließung des **3** 155; Austauschpfändung **1** 811 b; Bestellung und Zuständigkeit **1** 827; **3** 154; Durchsuchungen **1** 758; Einsicht in Akten der **1** 760; Erinnerung gegen Art und Weise der Zwangsvollstr. **1** 766; Klagen der **1** 34; Legitimation **1** 755; Mitteilungen an Gläubiger **1** 806 a; Protokoll **1** 762 f.; Quittung des **1** 754, 757; Rechtsanwaltsgebühr **10** 19; in Rechtshilfesachen **3** 161; Regelbefugnisse **1** 802 a; richterl. Anordnung einer Durchsuchung **1** 758 a; Zustellung durch **1** 166 bis 192; Zwangsvollstr. **1** 753, 808 bis 827, 831, 847, 854, 883, 892
Geringstes Gebot in der Zwangsverst. **4** 44 bis 53, 59 bis 65, 83
Gesamtausgebot bei Zwangsverst. **4** 63, 83, 112
Gesamtgut, Unpfändbarkeit des Anteils eines Ehegatten am **1** 860; Voraussetzungen für Zwangsvollstr. **1** 740 bis 745
Gesamthypothek im Zwangsversteigerungsverf. **4** 50, 64, 122 f.
Gesamtschuldner, Kostenhaftung **9** 31
Gesandte, Exterritorialität **3** 18 ff.; Gerichtsstand deutscher G. im Ausland **1** 15
Geschäftsführung ohne Auftrag **1** 89
Geschäftsstelle 3 153; Anträge und Erklärungen der Parteien **1** 496; Aufgaben **1** 168; Ausschließung und Ablehnung von Urkundsbeamten **1** 49; Bescheinigung der Zustellung **1** 169; Einforderung der Prozessakten **1** 541; Erklärungen zu Protokoll der **1** 381, 386 ff., 406, 496, 569, 571, 920, 924; Ladungen im Zivilprozess, (Parteien) **1** 497, (Zeugen) **1** 377; Niederlegung auf **4** 144; Niederlegung von Unterlagen auf **1** 133, 142; Rechtshilfe **3** 161; Rechtskraftzeugnis, Notfristzeugnis **1** 706; Übermittlung von Protokollen an zuständige **1** 129 a, des Urteils an **1** 315; Übermittlung von Unterlagen auf **1** 411; Urkundsbeamter der (Protokollführer) als Dolmetscher **3** 190; Vermittlung der Zustellung durch **1** 829; Verwahrung von Urkunden **1** 443
Gesellschaft, Vergütung für anwaltl. Tätigkeit **10** 1
Gesellschaft des bürgerlichen Rechts, Gerichtsstand **1** 17, 22; Pfändung des Anteils **1** 859; Zwangsvollstr. **1** 736
Gesellschaftsanteile, Pfändung **1** 859
Gesellschaftssitz, Bestimmung **5** 63
Gesellschaftsvermögen, Zwangsvollstr. in **1** 736

Gesetz, ausländisches **1** 293; iSd ZPO **1 a** 12
Gesetzgebende Versammlung, Vernehmung der Mitglieder **1** 382
Gesetzliche Vermutung, Beweis des Gegenteils **1** 292
Gesetzlicher Vertreter, Tod des **1** 241
Geständnis im Falle der Versäumung oder des Nichtverhandelns **1** 539; Feststellung des G. zum Protokoll **1** 510 a; gerichtl. **1** 288 ff.; durch Stillschweigen **1** 138, 439; Wirksamkeit für Berufungsrechtszug **1** 535
Gesuch, Beschwerde gegen Zurückweisung **1** 567
Gewährleistung 1 72; Ausschluss bei öffentl. Versteigerung **4** 56; keine G. bei Zwangsveräußerung **1** 806
Gewalt, Anwendung von G. durch Gerichtsvollzieher **1** 758
Gewerbegeheimnis, Zeugnisverweigerung **1** 384
Gewerkschaft, bergrechtl. G., Gerichtsstand **1** 17
Gewohnheitsrecht, Ermittlung **1** 293
Glaubhaftmachung 1 294; des Ablehnungsgrundes **1** 406; der Berufungssumme **1** 511; von Entschuldigungsgründen **1** 531 f.; bei Nichtigkeits- und Restitutionsklage **1** 589; der Verhinderung an Vorlegung einer Urkunde in Urschrift **1** 435; der Verpflichtung zur Vorlegung einer Urkunde **1** 424, 430; des Zeugnisverweigerungsgrundes **1** 386
Gläubigerausschuss, keine Vergütung als Mitglied im G. nach RVG **10** 1
Gläubigerstreit 1 75
Glaubwürdigkeit eines Zeugen **1** 395
Grenzscheidungsklage, Gerichtsstand **1** 24
Grenzüberschreitende Kontenpfändung, vorläufige **1** 946; **7** 3, Rechtsbehelfe **1** 953 ff., Schadensersatz **1** 958, Verfahren **1** 947, Zuständigkeit **1** 946
Großer Senat beim BGH **3** 132
Grund des erhobenen Anspruchs **1** 253; Zurückverweisung bei Entscheidung nur über **1** 538
Grundbuch, Berichtigung **4** 130 f.; Berücksichtigung der Grundbucheinträge bei Zwangsverst. **4** 34, 114; Eintragung **1** 941 f.; **4** 130 f., des Zwangsversteigerungsvermerks **4** 19, im Zwangsvollstreckungsverfahren **1** 895
Grundbuchsachen, Zuständigkeit des Amtsgerichts **3** 23 a
Grunddienstbarkeit, Streitwert **1** 7
Grundlose Klagen, Prozesskosten **1** 93
Grundpfandrecht in ausl. Währung **4** 145 a
Grundschuld, Gerichtsstand für Klagen aus **1** 25; Urkundenprozess wegen **1** 592; Urteil über Ansprüche aus **1** 325; Verurteilung zur Bestellung einer **1** 897; im Zwangsversteigerungsverf. **4** 50, 53, 64, 67, 83, 126 f., 131, 136; bei Zwangsverw. **4** 158, 158 a
Grundstücke, Arrestvollziehung **1** 932; Beschlagnahme bei Zwangsverst. **4** 20 bis 23; Gefahrübergang bei Zwangsverst. **4** 56; Gerichtsstand **1** 24 ff.; herrenlose, Zwangsvollstr. **1** 787; Recht auf Befriedigung aus einem **1** 810; Veräußerung während des Rechtsstreits **1** 266, 325; Vertretung herrenloser G. im Prozess **1** 58; Zwangsverst. und Zwangsverw. **4** 1 bis 161; Zwangsvollstr. **1** 864 bis 869
Grundstückseigentümer, keine Vollstreckung wegen Risikobegrenzung **1 a** 37; Schadensersatzpflicht **1** 799 a
Grundstücksgleiche Rechte, Kosten der Zwangsverst. **9** 56; Zwangsvollstr. **1** 870
Grundstückswert bei Zwangsverst. **4** 74 a, 114 a
Gruppenausgebot bei Zwangsverst. **4** 63
Gutachten, Bedenken und Anträge **1** 411; bes. Aufwendungen **11** 12; Justizvergütungs- und -entschädigungsgesetz **11** Anl. 1; Niederlegung auf der Geschäftsstelle **1** 411; Sachverständiger, Ablehnung **1** 406; Verweigerung **1** 408 f.; Verwertung **1** 411 a
Gütergemeinschaft, beendete **1** 743; fortgesetzte, Verurteilung unter Vorbehalt beschränkter Haftung **1** 305; Unpfändbarkeit des Anteils eines Ehegatten am Gesamtgut **1** 860; Widerspruchsklage bei Zwangsvollstr. **1** 774; Zwangsvollstr. **1** 740 bis 745, 750
Güterrechtssachen, Zuständigkeit des Rechtspflegers **8** 25
Gütestellen, Bescheinigung **1 a** 15 a; landesrechtl. Regelungen **1 a** 15 a; Vergleiche vor, Vollstreckung **1** 797 a
Güteverfahren 1 a 15 a; vor dem Amtsgericht **1 a** 15 a; Kosten **1** 91; Rechtsanwaltsgebühren **10** 17
Güteverhandlung im Zivilprozess **1** 278
Gütliche Beilegung des Rechtsstreits, Versuch **1** 278, 495
Gütliche Einigung, Zwangsvollstreckung **1** 802 b

Haager Kindesentführungsübereinkommen, Verfahren nach **6 a** 37 ff.
Haft, keine Anordnung durch Rechtspfleger **8** 4; Vollziehung des persönl. Sicherheitsarrestes durch **1** 933

Haftung bei Abänderungsklage **1** 323 b; für Gerichtskosten **9** 22 bis 33; für Prozesskosten **1** 100; Vorbehalt beschränkter H. des Erben bzw. Ehegatten **1** 305; des Zwangsverwalters **4** 154; Zwangsvollstr. gegen beschränkt haftenden Erben **1** 780 bis 786

Haftungsbeschränkung, seerechtl. **1** 305 a

Halbleiterschutzgesetz 9 51; Kosten **9** 1

Handakten, Anordnung der Übermittlung **1** 143; Rechtsanwaltsgebühr **10** 19

Handelsgebrauch 3 114

Handelsgeschäfte, vollstreckbare Urteilsausfertigung gegen Übernehmer eines **1** 729

Handelssachen, Begriff **3** 95; Besetzung und Vorsitz der Kammer für **3** 105; Kammer für **3** 71 f., 93 bis 114; im Sinne des GVG **3** 94 f., 103; Zuständigkeit für **3** 94

Handlungen, Gerichtsstand für Klagen aus unerlaubten **1** 32; Zwangsvollstr. zur Erwirkung von **1** 887 f.

Handwerker, Zuständigkeit **3** 23

Handzeichen, beglaubigte **1** 416, 440

Hauptintervention 1 64 f.; Erhebung **1** 265; Vollmacht **1** 82

Hauptpartei 1 265 f.

Hauptprozess 1 65; Gerichtsstand für Gebührenforderung **1** 34; streitgenössische Nebenintervention **1** 69; Vollmacht **1** 82

Hauptsache, Erledigung der H. im Zivilprozess **1** 91 a; Gericht der **1** 943; Verhandlung zur **1** 269, 504, 506, 590

Haupttermin, Bestimmung durch Vorsitzenden **1** 272; Beweisaufnahme **1** 279; Vorbereitung **1** 275; in Zivilsachen **1** 279

Hauptverfahren, Umfang der Rechtsanwaltsgebühren **10** 48

Hauptverhandlung, Besetzung der Strafkammer bzw. Strafsenate **3** 139

Hausgewerbetreibende, Lohnpfändung **1** 850 mit Anm.

Hausrat, Beschränkung der Pfändung **1** 812

Haustürgeschäfte, bes. Gerichtsstand **1** 29 c; Unterlassungsanspruch **1 b** 2

Heimarbeit, Lohnpfändung **1** 850 mit Anm.

Hemmung des Arrestes durch Hinterlegung **1** 923; der Verjährung, Rechtsanwaltsvergütung **10** 8

Herausgabe, Ansprüche auf H. körperlicher Sachen **1** 846 bis 849; bei Aufhebung von Urteilen der OLG **1** 717; bewegl. Sachen **1** 854, 886; Klage auf **1** 254; des Pfandes für überwiesene Forderung **1** 838; der Sache zur Pfändung **1** 847; unbewegl. Sachen **1** 848, 855, 885; von Urkunden **1** 422; Zwangsvollstr. zur Erwirkung der H. von Sachen **1** 883 bis 886

Hilfsanspruch, Streitwertberechnung **9** 45

Hindernis für Vorlegung einer Urkunde in mündlicher Verhandlung **1** 434

Hinterbliebenenbezüge als Arbeitseinkommen **1** 850

Hinterlegung, Abwendung der Zwangsvollstr. **1** 720, 839, 868; Aufhebung des Arrestes gegen **1** 923, 934; des Erlöses verkaufter bewegl. Sachen **1** 885, der Zwangsvollstr. **1** 805, 854; des Schuldbetrags einer überwiesenen Forderung **1** 839, 853; als Sicherheitsleistung **1** 108; **4** 69; bei Streit der Gläubiger **1** 75; eines Vorschusses für Zeugengebühren **1** 379

Hinterlegungsstellen, Zuständigkeit des Rechtspflegers **8** 30

Hochseekabel, Unpfändbarkeit **1** Anm. zu 811

Höchstbetragshypothek 1 932

Höhe der Pfändungsfreigrenze **1** 850 c

Honorar, ärztl. Befund **11** Anl. 2 Nr. 100 ff.; für ärztl. Tätigkeit **11** Anl. 2 Nr. 200 ff.; für Leistung der Dolmetscher **11** 9 f.; für Leistung des Dolmetscher **11** Anl. 1; für Leistung des Sachverständigen **11** 9 f., Anl. 1; für Übersetzungen **11** 11

Hypothek, Eintragung neuer Gläubiger **1** 837; Klage auf Löschung **1** 25; Pfändung **1** 830, 837; Urkundenprozess wegen **1** 592; Verurteilung zur Bestellung einer **1** 897; Wirkung des rechtskräftigen Urteils bei Ansprüchen aus **1** 325; im Zwangsversteigerungsverf. **4** 50, 53, 64, 67, 83, 126 f., 131, 136; bei Zwangsverw. **4** 158, 158 a

Hypothekenbrief, Übergabe bei Pfändung **1** 830

Industrie- und Handelskammer, Vorschlag von ehrenamtl. Richtern **3** 108

Informationspflicht, Kreditinstitute, Reform des Kontopfändungsschutzes **1 a** 38

Inhaberpapiere, Wiederinkurssetzung **1** 823

Inhalt des Mahnbescheids **1** 692

Insolvenzmasse, Gebührenberechnung nach der **9** 58

Insolvenzordnung, Kosten **9** 1

Insolvenzverfahren, Auflage zur einstweil. Einstellung der Zwangsverst. **4** 30 e; Einstellung der Zwangsverst. **4** 30 d; Gebühr für Eröffnung **9** 58; Kostenhaftung **9** 23, für ausländische I. **9** 24; bei Nachlasssachen **1** 243, 782; einer Partei **1** 240; Verfahren nach EG-Verordnung **8** 19 a;

Wertberechnung, Rechtsanwaltsgebühren **10** 28; Zuständigkeit des Rechtspflegers **8** 18
Insolvenzverwalter, Antrag auf einstweil. Einstellung **4** 153 b; Gerichtsstand **1** 19 a; keine Vergütung nach RVG **10** 1
Instandsetzungsarbeiten, Unpfändbarkeit der zu I. benötigten Mittel **1** 851 b
Internationaler Strafgerichtshof, Ersuchen **3** 21
Internationales Familienrechtsverfahrensgesetz 6 a
Intervention, Beteiligung Dritter am Rechtsstreit **1** 64 ff.
Inzident(zwischen)feststellungsklage und -widerklage **1** 256, 506; **3** 99
Irrtum, Widerruf des Geständnisses **1** 290

Jugendgerichtsgesetz, Kosten **9** 1
Jugendlicher, Beeidigung **1** 393
Jugendstrafverfahren, Vollstreckung **8** 31, 33 a
Juristische Personen, Gerichtsstand **1** 17, 38; des öffentl. Rechts **1 a** 15; Prozesskostenhilfe **1** 116; Zwangsvollstr. gegen **1** 882 a
Justizbeamter als Rechtspfleger, Übergangsregelung **8** 33
Justizdienst, Rechtspflegerausbildung **8** 2
Justizvergütungs- und -entschädigungsgesetz 11
Justizverwaltungsakte, Rechtsweg **3 a** 23 ff.

Kammer für Handelssachen **3** 71 f., 93 bis 114, Besetzung **3** 105, Vorsitz **3** 105, Vorsitzender **1** 349
Kapitalanleger-Musterverfahren 3 118; Kosten **9** 1; Musterentscheid **1** 325 a; Rechtsanwaltsgebühren **10** 16; Rechtsbeschwerdeverf. **9** 51 a; Übergangsvorschr. **1 a** 31
Kapitalmarktinformationen, ausschl. Gerichtsstand bei falschen, irreführenden oder unterl. öff. K. **1** 32 b
Kaufleute, Gerichtsstandsvereinbarung **1** 38
Kaufmännische Begutachtung durch Kammer für Handelssachen **3** 114
Kind, Aufenthaltsermittlung **6 a** 7
Kindesentführung, Zuständigkeit in Fällen von **6** 8
Kindschaftssachen, Anerkenntnis ausländischer Urteile **1** 328; Richtervorbehalt **8** 14; Urteile, nicht vorläufig vollstreckbar **1** 704
Klage auf Abgabe einer eidesstattl. Versicherung **1** 254; vor dem Amtsgericht **1** 496, 498; eines Dritten gegen Zwangsvollstr. **1** 771; wegen Einwendungen gegen vollstreckbaren Anspruch **1** 767; auf Erteilung der Vollstreckungsklausel **1** 731, 797; auf Feststellung eines Rechtsverhältnisses **1** 506; auf Hinterlegung oder Herausgabe **1** 856; auf das Interesse wegen Nichterfüllung **1** 893; auf künftige Zahlung oder Räumung **1** 257 ff.; auf Rechnungslegung **1** 254; Rechtsanwaltsgebühr **10** 19; Unzulässigkeit bei Schiedsabrede **1** 1032; wegen Unzulässigkeit der Vollstreckungsklausel **1** 768; im Urkundenprozess **1** 593; Verhandlung über Zulässigkeit der **1** 280; auf Vorlegung einer Urkunde **1** 429 f., eines Vermögensverzeichnisses **1** 254; auf vorzugsweise Befriedigung aus Erlös **1** 805; im Wechselprozess **1** 604; Wertberechnung im Zeitpunkt der Erhebung **1** 4; zur Wiederaufnahme des Verf. **1** 587 f.
Klage und Widerklage, Streitwertberechnung **9** 45
Klageänderung 1 263
Klageantrag 1 253; Erweiterung oder Beschränkung **1** 264
Klageerwiderung 1 277, 496; Frist für schriftl. **1** 276
Klagefrist nach selbständigem Beweisverf. **1** 494 a
Klagegrund 1 253; Änderung **1** 264
Klagenhäufung, objektive **1** 260; subjektive **1** 59 f.
Kläger, formlose Ladung **1** 497; Verzicht auf Anspruch **1** 306
Klageregister 1 609
Klagerücknahme im Zivilprozess **1** 269, wegen mangelnder Sicherheitsleistung **1** 113
Klageschrift 1 253; Ladung **1** 214; Zustellung **1** 253, 271, 498, des Protokolls statt **1** 498
Kommissarische Vernehmung im Zivilprozess **1** 375
Kommunalverbände, Zwangsvollstr. gegen **1 a** 15
Kompetenzkonflikte 1 a 9, 15; bei Bestimmung des Gerichtsstands **1** 36
Konkurrierende Rechtshängigkeit 5 29
Konsul, Gerichtsstand **1** 15
Kontenpfändung, Beschluss **7** 1, Anerkennung, Vollstreckbarkeit und Vollstreckung **7** 22 ff., Antrag auf Erlass **7** 8, Bedingungen für den Erlass **7** 7, Form und Inhalt **7** 19; vorläufige, grenzüberschreitende **1** 946, Verordnung (EU) **7**
Kontoguthaben, Pfändung **1** 833 a
Kontoinformationen, Antrag auf Einholung, Unionsverfahren zur vorläufigen

Kontenpfändung **7** 14; Ersuchen um Einholung **1** 948
Körperliche Sachen, Anschlusspfändung **1** 826; Versteigerung **1** 814 bis 821; Verwertung **1** 825; Zwangsvollstr. **1** 808 bis 827
Körperschaft, Zwangsvollstr. **1** 882 a; **1 a** 15
Körperschaft des öffentlichen Rechts, Vorschlagsrecht für Zwangsverwalter **4** 150 a
Korporationen, Gerichtsstand **1** 17, 22
Korrespondentreeder, Zustellung des Pfändungsbeschlusses **1** 858
Kostbarkeiten, Schätzung **1** 813
Kosten, Anfechtung der Entscheidung über K. im Zivilprozess **1** 99; des Ausbleibens der Sachverständigen **1** 409; Beschwerde gegen Entscheidungen über **1** 567; Entscheidung über Justizverwaltungsakte **3 a** 30; Erinnerung gegen Ansatz von **9** 66, gegen K. des Gerichtsvollziehers **1** 766; bei Erledigung der Hauptsache **1** 91 a; Erlöschen der Zahlungspflicht **9** 30; Festsetzung durch Beschluss **1** 103 bis 107; **8** 21, 23, auf Urteil **1** 105; GerichtskostenG **9** 1; der Hinterlegung **1** 75; Höhe der Gerichtsk. **9** 3; der Klagerücknahme **1** 269; des Mahnverf. **1** 696; als Nebenforderungen **1** 4; der Prozessführung, Prozesskostenhilfe **1** 114 bis 127; bei Räumungsklagen **1** 93 b; Rechtsbehelfsbelehrung **9** 5 b; für Rechtshilfe **3** 164; der Rechtsmittel **1** 97; des Rechtsstreits **1** 91; des Sühneversuchs **1** 91; Teilung bei teilweisem Obsiegen **1** 92; Verjährung, Verzinsung **9** 5; Verordnung Brüssel II a (EheVO) **6** 49; des Versäumnisurteils **1** 344; der Versäumung **1** 95; des Verteilungsverfahrens **1** 874; bei Verweisung des Rechtsstreits **9** 4, wegen Unzuständigkeit **1** 281, 506; Vollmacht zum Empfang der **1** 81; der Wiedereinsetzung **1** 238; der Zeugen **1** 380; der Zeugnisverweigerung **1** 390; im Zivilprozess **1** 91 bis 107; der Zurücknahme des Rechtsmittels **1** 516, 565; der Zwangsverw. **4** 155; der Zwangsvollstr. **1** 788, 803, 811 a
Kostenansatz 9 19; dieselbe Angelegenheit, Rechtsanwaltsgebühren **10** 16; Nachforderung **9** 20; Nichterhebung wegen unrichtiger Sachbehandlung **9** 21
Kostenberechnung für Feststellungsbeschluss **1** 105
Kostenentscheidung ohne Antrag **1** 308; Fälligkeit der Rechtsanwaltsvergütung **10** 8; Vollstreckbarkeit **1** 708
Kostenerstattung trotz Prozesskostenhilfe **1** 123
Kostenfestsetzung, dieselbe Angelegenheit, Rechtsanwaltsgebühren **10** 16; Rechtsanwaltsgebühr **10** 19; Zuständigkeit des Rechtspflegers **8** 21
Kostenfestsetzungsbeschluss 1 103 bis 107; als Vollstreckungstitel **1** 795 a
Kostenfreiheit 9 2
Kostenhaftung 9 22 bis 33; Gesamtschuldner **9** 31; Streitgenossen und Beigeladene **9** 32
Kostensachen, Erinnerung **9** 66
Kostenübernahme, Rechtsanwaltsgebühr für Antrag auf K. **10** 19
Kostenvorauszahlung 9 10 ff.; Ausnahmen **9** 14; Beschwerde gegen Anordnung **9** 67
Kostenvorschriften, anfechtbare Verwaltungsakte **3 a** 30 a
Kostenvorschuss 9 10 ff.; Ausnahmen **9** 14; Fortdauer der Vorschusspflicht **9** 18; im Zwangsversteigerungs- und Zwangsverwaltungsverfahren **9** 15
Kraftloserklärung von Grundpfandbriefen **4** 136
Krieg, Stillstand des Verf. **1** 245
Kündigung der Grundschuld **4** 54; der Hypothek **4** 54; der Prozessvollmacht **1** 87; der Rentenschuld **4** 54
Künftige Leistungen, Klagen auf **1** 257 f.
Kunstgeheimnis, Zeugnisverweigerung **1** 384

Ladung, allg. Vorschr. im Zivilprozess **1** 214, 216; von Amts wegen **1** 214, 389; im amtsgerichtl. Verf. **1** 497 f.; zur Aufnahme des Rechtsstreits **1** 239; im Beweisverfahren **1** 377, 389, 491; zur mündl. Verhandlung **1** 214, 321; der Parteien **1** 274, wegen Einigung **1** 492; zum persönl. Erscheinen **1** 141; Rechtshilfe **3** 160; zur Verhandlung über Berichtigung des Tatbestandes **1** 320; zur Vernehmung **1** 450; von Zeugen und Sachverständigen **1** 377, 379
Ladungsfrist, Abkürzung **1** 226; im Wechselprozess **1** 604; im Zivilprozess **1** 217, 239
Lage der Akten **1** 251 a
Länder, Zwangsvollstr. gegen **1** 882 a
Landesgesetze, prozessrechtl. Vorschr. **1 a** 14 f.; den L. vorbehaltene Bestimmungen **1** 871
Landesjustizverwaltung, Dienstaufsicht **3** 22; Einrichtung einer Geschäftsstelle **3** 153; Pfändungsbestimmungen **1** 813; Vertretung der Gerichtsmitglieder **3** 70
Landesrechtliche Schuldtitel, Vollstreckung **1** Anm. zu 801

Landesregierungen, Mitglieder, Vernehmung **1** 376, 382, Verweigerung der Vernehmung **1** 408
Landgerichte **3** 12, 59 bis 78; Anwaltszwang **1** 78; ausschließl. Zuständigkeit **3** 71; Beschwerdegericht bzgl. Betreuungsgerichtsentscheidungen **3** 72, in Freiheitsentziehungssachen **3** 72; Einrichtung spezialisierter Spruchkörper **3** 72 a; Verf. vor **1** 253 bis 494; Verweisung **1** 281, vom Amtsgericht an **1** 506; Zuständigkeiten **3** 71 bis 74 b
Landtag, Mitglieder, Vernehmung **1** 382
Landwirtschaft, Pfändung des Geräts **1** 813
Landwirtschaftliche Erzeugnisse, Forderungen aus Verkauf, bedingte Pfändbarkeit **1** 851 a
Landwirtschaftliche Grundstücke, Zwangsverst. **4** 21; Zwangsverw. **4** 149
Landwirtschaftssachen, Zuständigkeit des Amtsgerichts **3** 23 a
Lasten, Übergang bei Zwangsverst. **4** 56
Lebenspartner, Rechtsstellung bei Zwangsvollstr. gegen den anderen **1** 739 bis 745
Lebenspartnerschaftssachen, dieselbe Angelegenheit, Rechtsanwaltsgebühren **10** 16; Kosten **9** 1; Rechtsanwaltsgebühr für beigeordneten R. **10** 39; Rechtsanwaltsgebühren **10** 48; Richtervorbehalt **8** 14; Zuständigkeit des Rechtspflegers **8** 25
Lebenspartnerschaftsverträge, Wertberechnung für Rechtsanwaltsgebühren **10** 23
Leichenschau, Honorar **11** Anl. 2 Nr. 100 ff.
Leistung, Zwangsvollstr. in Ansprüche auf **1** 846, körperl. Sachen **1** 883 bis 886
Leistungsklage **1** 253, 257 ff.
Lohnpfändung bei Heimarbeitern und Hausgewerbetreibenden **1** 850 mit Anm.; Pfändungsschutz **1** 850 bis 850 i
Lohnpfändungstabelle **1** 850 c, Anlage
Lohnschiebungsverträge **1** 850 h
Lokaltermin **1** 219, 375
Löschung einer Eintragung im Schuldnerverzeichnis **1** 882 e; **2** 4; von Grundpfandrechten nach Befriedigung bei Zwangsverw. **4** 158; im Schuldnerverzeichnis, Rechtsanwaltsgebühr **10** 18; des Versteigerungsvermerks **4** 34
Luftfahrzeuge, Kosten der Zwangsverst. **9** 56

Mahnantrag, Inhalt **1** 690; Zurückweisung **1** 691
Mahnbescheid **1** 688, 690, 692; Abschriften **1** 695; Gebührenvorschuss **9** 12; Kraftloswerden **1** 701; Scheck-M. **1** 703 a; Urkunden-M. **1** 703 a; versch. Angelegenheiten, Rechtsanwaltsgebühren **10** 17; Verweisung **1** 696; Wechsel-M. **1** 703 a; Widerspruch **1** 694; Zuständigkeit **8** 20; Zustellung **1** 693
Mahnverfahren **1** 688 bis 703; Begründung des Anspruchs **1** 697; nach FamFG, Kosten **9** 1; Formulare **1** 703 c; Gebührenvorschuss **9** 12; Kosten **1** 699; Verf. nach Widerspruch **1** 696; Verfahrensablaufplan bei Anwendung der EDV **1** 703 b; Verfahrensvorschr. **1** 702; versch. Angelegenheiten, Rechtsanwaltsgebühren **10** 17; Vollstreckungsbescheid **1** 699; Zuständigkeit bei Antragsgegner ohne allg. inländ. Gerichtsstand **1** 703 d, des Rechtspflegers **8** 20
Mangel der Parteifähigkeit **1** 56; der Prozessfähigkeit **1** 56; einer Urkunde **1** 419
Markengesetz **9** 51; Kosten **9** 1
Maschinelle Bearbeitung von Mahnverf. **1** 703 c; Zuständigkeit **8** 20
Mediation **1 d** 18; Rechtsanwaltsgebühr **10** 34; Verfahren **1 c** 2
Mediationsgesetz **1 c**
Mediator, Aufgaben **1 c** 2; Aus- und Fortbildung **1 c** 5; Offenbahrungspflichten **1 c** 3; Verschwiegenheitspflicht **1 c** 4; zertifizierter **1 c** 5
Mehrheit bei Abstimmungen und Beschlüssen **3** 196; von Ansprüchen **1** 260; von Gerichtsständen **1** 35; von Prozessbevollmächtigten **1** 84
Meineid **1** 452
Meistgebot im Zwangsversteigerungsverf. **4** 49, 73 f., 81, 85, 114 a
Mess- und Marktsachen, Ladungsfrist **1** 217
Miete, Räumungsfrist **1** 721; Zwangsverst. des Grundstücks **4** 57 ff.
Mietstreitigkeiten, Gerichtsstand **1** 29 a; Schiedsvertrag **1** 1030; Vollstreckbarkeit des Urteils in **1** 708, 721; Zuständigkeit **3** 23
Mietverhältnis, Streitwert **1** 8; Streitwertberechnung **9** 41; Vollstreckungsschutz **1** 721
Mietverträge, Änderung durch Gericht **1** 308 a
Mietzins, beschränkte Zwangsvollstr. in **1** 851 b
Mikrofilm, Wiedergabe von Prozessakten **1** 299 a
Minderjährige, Vernehmung als Partei **1** 455, als Zeugen **1** 393

Mindestgebot 1 817 a; bei Versteigerung gepfändeter Sachen **4** 44, 85
Minister, Vernehmung **1** 376, 382
Missbräuchliche Geltendmachung von Ansprüchen **1 b** 2 b
Miterbe, Zwangsvollstr. in den Anteil **1** 859
Mitteilungen von Amts wegen **3 a** 12
Mittelbarer Besitz, Streitverkündung an **1** 76
Mittelbares Arbeitseinkommen, Pfändung **1** 850 h
Mobiltelefon, Entschädigung für Standortabfrage **11** Anl. 3 Nr. 400
Mündliche Verhandlung, Aussetzung **1** 148 bis 155; Entscheidungen ohne **1** 926; vor erkennendem Gericht **1** 128 bis 165; Fortsetzung nach Beweisaufnahme **1** 370; Inhalt der Ladung **1** 215; vor ordentl. Gericht **1** 136 ff.
Musterentscheid, Feststellungswirkung **1** 325 a
Musterfeststellungsklage 1 606 ff.; Anmeldung von Ansprüchen oder Rechtsverhältnissen **1** 608; Bekanntmachung **1** 607; Besonderheiten **1** 610; Vergleich **1** 611; Zulässigkeit **1** 606
Musterfeststellungsurteil 1 612 ff.; Bindungswirkung **1** 613; Rechtsmittel **1** 614
Musterfeststellungsverfahren, ausschl. Gerichtsstand **1** 32 c; Zuständigkeit **3** 119
Musterverfahren nach KapMuG, Rechtsanwaltsgebühren **10** 16, Wertberechnung, Rechtsanwaltsgebühren **10** 23 b; Oberlandesgericht **3** 118; Vergütung **11** 13

Nachbarrecht, Einigungsversuch vor Gütestelle **1 a** 15 a
Nacherbe, Beschränkung der Pfändung wegen Einsetzung eines **1** 863; Eintritt in den Prozess **1** 242; vollstreckbare Ausfertigung für und gegen **1** 728; Widerspruch gegen Zwangsvollstr. in Vorerbschaft **1** 773; Wirksamkeit des Urteils für und gegen den **1** 326
Nachlass, Pfändung des Anteils eines Miterben **1** 859; Zwangsvollstr. in **1** 747 f., 778 bis 785
Nachlassgläubiger, Gerichtsstand für Klagen der **1** 27
Nachlassinsolvenzverfahren 1 782, 784; Aufnahme eines unterbrochenen Verf. **1** 243
Nachlasspfleger bei Unterbrechung des Verf. infolge Todes der Partei **1** 243; Zwangsvollstr. **1** 779 f.
Nachlasssachen des Rechtspflegers **8** 16; Zuständigkeit des Amtsgerichts **3** 23 a
Nachlassverwalter, keine Vergütung nach RVG **10** 1
Nachlassverwaltung, Anordnung während eines Rechtsstreits **1** 241, 784
Nachprüfungsverbot über Sachentscheidung eines Mitgliedstaats **6** 26; über Zuständigkeit des Gerichts des Ursprungsmitgliedstaats **6** 24
Nachteil, Ausschluss der Vollstreckbarkeit bei nicht zu ersetzendem **1** 712
Nachträgliche Vernehmung von Zeugen **1** 398
Nachtzeit, Bestimmung bei Zwangsvollstreckung **1** 758 a
Namenspapiere, Umschreibung **1** 822
Namensunterschrift, Erklärung über Echtheit **1** 439
Naturalleistungen als Arbeitseinkommen **1** 850 e
Nebenforderungen 1 4; Entscheidung nur auf Antrag **1** 308; Erweiterung oder Beschränkung des Klageantrags **1** 264; Streitwertberechnung **9** 43; im Urteil übergegangene **1** 321; im Wechselprozess **1** 605
Nebenintervenient, Beitritt **1** 70
Nebenintervention 1 66 bis 71, 265; Kosten **1** 101; als Wirkung der Streitverkündung **1** 74; Zulassung **1** 71; Zurückweisung **1** 71
Negative Feststellungsklage 1 256
Neue Tatsachen und Beweismittel im Beschwerdeverf. **1** 571
Neugliederung der Gerichte in Baden-Württemberg **8** 36
Nichterfüllung, Fristbestimmung für Schadensersatz **1** 255
Nichterscheinen des Sachverständigen **1** 409; im Verhandlungstermin **1** 330 bis 333
Nichtigkeitsklage und Restitutionsklage, Verwerfung **1** 589; Verf. **1** 585 bis 591, Wiederaufnahme **1** 578 f.; Zulässigkeit **1** 583 f.
Nichtrechtsfähige Vereine, Parteifähigkeit **1** 50
Nichtverhandeln 1 333
Nichtwissen, Erklärung mit **1** 138, 439
Niederlassung, Gerichtsstand **1** 21
Nießbrauch an Grundstücken im Zwangsversteigerungsverf. **4** 92, 121; an Vermögen, Zwangsvollstr. **1** 737 f.
Nießbraucher, Zwangsvollstr. gegen **1** 750
Notanwalt 1 78 b
Notar, vollstreckbare Urkunden des **1** 797; Vollstreckbarerklärung **1** 796 c
Notariatsurkunden, vollstreckbare **1** 797
Notfrist, Berufung **1** 517; Einspruch **1** 339; Nichtigkeits- und Restitutionsklage **1**

586; Revision **1** 548; Ruhen des Verf. **1** 251; sofortige Beschwerde **1** 569; keine Verkürzung durch Vereinbarung **1** 224; keine Verlängerung durch Vereinbarung **1** 224; Wiedereinsetzung wegen Versäumung einer **1** 233 bis 238
Notfristzeugnis, Rechtsanwaltsgebühr **10** 19
Nutznießer eines Wirtschaftsgutes, Gerichtsstand **1** 21
Nutzung, -en eines Grundstücks, Bestreitung der Kosten der Zwangsverw. **4** 155; als Nebenforderungen **1** 4; Übergang bei Zwangsverst. **4** 56; Wert bei Streit über wiederkehrende **1** 9
Nutzungsverhältnis, Streitwertberechnung **9** 41

Obduktion, Honorar **11** Anl. 2 Nr. 100 ff.
Oberlandesgericht **3** 12, 115 bis 122; Anwaltszwang **1** 78; Besetzung **3** 122; Entscheidung über Justizverwaltungsakte **3 a** 25 ff.; Musterfeststellungsverfahren **3** 119; Musterverfahren **3** 118; obligatorische Einrichtung spezialisierter Senate **3** 119 a; Vollstreckbarkeit der Urteile **1** 708, 717; Zivil- und Strafsenate **3** 116; Zuständigkeit **3** 119 ff., des Obersten Landesgerichts an Stelle des OLG **3 a** 8 f., bei Rechtshilfe **3** 159, bei Schiedsverf. **1** 1062
Oberste Gerichtshöfe **3** 12
Oberstes Landesgericht **3 a** 8 bis 10; Einlegung der Revision **1 a** 7; Entscheidung über Justizverwaltungsakte **3 a** 25
Oberverwaltungsgericht, Rechtsanwaltsgebühren **10** 17
Obligatorischer Einzelrichter **1** 348 a
Offenkundige Tatsachen im Prozess **1** 291
Öffentlich bestellte Sachverständige **1** 404, 407, 410
Öffentliche Urkunden **5** 58; Bescheinigungen über **5** 60; Beweiskraft **1** 415, 417 f., 437 f.; Echtheit **1** 437 f.; Gegenbeweis **1** 415, 418; in Zivil- und Handelssachen, Rechtsanwaltsgebühren **10** 16; in der Zwangsvollstr. **1** 726, 751
Öffentliche Verhandlung **3** 169; Ausschluss der Öffentlichkeit in Familiensachen **3** 170
Öffentliche Versteigerung gepfändeter Sachen **1** 814
Öffentliche Zustellung bei Forderungspfändung **1** 829
Öffentliches Recht, jur. Personen, Zwangsvollstr. gegen **1** 882 a; **1 a** 15
Öffentlichkeit der Gerichtsverhandlungen **3** 169 bis 175; der Urteilsverkündung **3** 169 bis 175
Öffentlich-rechtliche Sondervermögen, Gerichtsstandsvereinbarung **1** 38
Opferschutz **3** 171 b
Ordentliche Gerichtsbarkeit **3** 12
Orderpapiere als Sicherheit **4** 69
Ordnungsgeld gegen ausgebliebene Zeugen **1** 380; bei Nichtbefolgen der Anordnung persönl. Erscheinens **1** 141; Rechtsanwaltsgebühr **10** 18 f.; gegen Sachverständige **1** 409; gegen Zeugen **1** 390
Ordnungshaft gegen ausgebliebene Zeugen **1** 380; gegen Zeugen **1** 390
Ordnungsmittel **1** 890; Aufhebung gegen ausgebliebene Zeugen **1** 381; gegen Sachverständige und Zeugen **1** 380, 390
Ordnungswidrigkeiten, Kosten nach Gesetz über **9** 1; Kostenansatz durch Staatsanwaltschaft **9** 19; Zeugnisverweigerungsrecht **1** 384
Originärer Einzelrichter **1** 348
Ort der Termine **1** 219

Pacht, Zwangsverst. des Grundstücks **4** 57 ff.
Pächter eines Wirtschaftsgutes, Gerichtsstand **1** 21
Pachtstreitigkeiten, Gerichtsstand **1** 29 a
Pachtverhältnis, Streitwert **1** 8; Streitwertberechnung **9** 41
Pachtzins, Aufhebung der Pfändung **1** 851 b
Partei kraft Amtes, Prozesskostenhilfe **1** 116; Angriffs- und Verteidigungsmittel **1** 282; Anhörung in Güteverhandlung **1** 278; Anordnung des persönl. Erscheinens **1** 278; Einigung über Sachverständige **1** 404; Erklärungsfrist **1** 283; Feststellung von P.-Erklärung im Protokoll **1** 510 a; formlose Mitteilung von Beschlüssen und Verfügungen **1** 329; Fragen der **1** 397; Insolvenzverf. **1** 240; Ladung **1** 274; Rechte neben Bevollmächtigtem oder Beistand **1** 90; Rüge der Klageunzulässigkeit **1** 532; Tod **1** 239, 243; Vereinbarung über Gerichtsstand **1** 38 bis 40; Verlust der Prozessfähigkeit **1** 241; Verzicht auf Tatbestand und Entscheidungsgründe **1** 313 a; Wiedereinsetzung bei Fristversäumung **1** 233
Parteibetrieb, Beweisaufnahme durch Ersuchen einer ausländischen Behörde **1** 364
Parteifähige Vereinigung, Prozesskostenhilfe **1** 116
Parteifähigkeit **1** 50; Mangel **1** 56
Parteiprozess **1** 79; Ladungsfrist **1** 217
Parteivernehmung, Beweis durch **1** 359, 445 bis 455, 510 a, 536, 581, 595, 605
Parteivorbringen **1** 137 ff.; Beurteilung des Revisionsgerichts **1** 559; Beweis **1** 314

Partnerschaftsgesellschaften, Vergütung für anwaltl. Tätigkeit **10** 1
Patentgericht, Zuständigkeit des Rechtspflegers **8** 23
Patentgesetz 9 51; Kosten **9** 1
Pauschalvergütung bei außergerichtl. Tätigkeit eines Rechtsanwalts **10** 4
Persönlicher Arrest 1 918, 933
Persönliches Erscheinen, Anordnung des p. E. des Sachverständigen **1** 411
Pfandlokal, Wegschaffung von Sachen durch den Gerichtsvollzieher **1** 885
Pfandrecht Dritter **1** 805; Pfändungspfandrecht **1** 804, 832; Streitwert **1** 6; bei Zwangsvollstr. in übriges Vermögen des Schuldners **1** 777
Pfandsiegelmarke, Anbringung zur Pfändung **1** 808
Pfändung, Änderung des Betrages **1** 850 f.; Anschlusspfändung **1** 826 f.; eines Anspruchs **1** 803 bis 807, ein Schiff betreffend **1** 847 a; des Arbeitseinkommens **1** 850 bis 850 i; eines Bankguthabens **1** 835; von bewegl. Vermögen **1** 720 a; einer Forderung **1** 829 bis 834, 930; körperl. Sachen **1** 808 ff.; für mehrere Gläubiger **1** 853 bis 856; einer noch nicht pfändbaren Sache **1** 811 d; Schätzung des Verkaufswertes **1** 813; einer Schiffshypothekenforderung **1** 830 a; Übergangsvorschr. für Freigrenzen **1 a** 20; unzulässige **1** 811; von Vermögensrechten **1** 857; Vollziehung des Arrestes durch **1** 930; Vorpfändung **1** 845; von Wechseln und indossablen Papieren **1** 831
Pfändungs- und Überweisungsbeschluss, Formular **1** 829
Pfändungsbeschluss, Änderung **1** 850 g
Pfändungsfreigrenze 1 850 c
Pfändungsfreigrenzenbekanntmachung 1 Anlage
Pfändungspfandrecht 1 804, 832, 930
Pfändungsschutz 1 811 ff.; bei Altersrenten **1** 851 c; für Arbeitseinkommen **1** 850 bis 850 i; Ausnahmefälle **1** 851; Rechtsanwaltsgebühren **10** 18; bei steuerl. geförd. Altersvorsorgevermögen **1** 851 d
Pfändungsschutzkonto 1 850 k; Anordnung der Unpfändbarkeit von Kontoguthaben auf dem **1** 850 l
Pfandverkauf in der Zwangsvollstr. **1** 814 bis 825
Pfleger, keine Vergütung nach RVG **10** 1; Vernehmung der vom Pfl. vertretenen Partei **1** 455
Pflegschaft, Richtervorbehalt **8** 14
Pflicht, -en zur Vorlegung einer Urkunde **1** 432
Pflichtteilsanspruch, Gerichtsstand **1** 27; Pfändung **1** 852; Zwangsvollstr. wegen eines **1** 748
Polizei, Hilfe bei Zwangsvollstr. **1** 758 f.
Post, Übersendung von Vollstreckungsmitteilungen **1** 763; Zustellung **1** 176, durch Aufgabe zur **1** 829
Postspareinlagen, Pfändung **1** Anm. zu 831
Präsentation des Wechsels zur Zahlung **1** 605
Präsident des Amtsgerichts **3** 22 a; Aufsicht, Dienstaufsicht über Amtsgerichte **3** 22; des BGH **3** 124; des Landgerichts **3** 59; des OLG **3** 115
Präsidium des Amtsgerichts, Vorsitz **3** 22 a
Prätendentenstreit 1 75
Privatklage, dieselbe Angelegenheit, Rechtsanwaltsgebühren **10** 16
Privatsphäre, Ausschluss der Öffentlichkeit zum Schutz der **3** 171 b
Privaturkunden, Beweiskraft **1** 416; Echtheit **1** 439 f.
Protokoll, Abgabe der eidesstattlichen Versicherung **1** 883; Feststellungen von Parteierklärungen **1** 510 a; im Zivilprozess **1** 159 bis 165; Zustellung des P. über Klageschrift **1** 498; über Zwangsverst. **4** 78, 80, 127; über Zwangsvollstr. **1** 762 f., 826
Provision bei Wechselansprüchen **1** 4
Prozess- oder Verfahrenskostenhilfe gemäß JVEG **9** 13
Prozessakten, Archivierung **1** 299 a; Einforderung **1** 541, 565; Rücksendung **1** 541, 565; Wiedergabe auf Bildträgern **1** 299 a
Prozessbevollmächtigter 1 78 bis 89; Klagen **1** 34
Prozessfähigkeit 1 51 bis 58, 79; Mangel **1** 56; Nichtigkeitsklage wegen mangelnder **1** 586; Parteivernehmung des gesetzl. Vertreters **1** 455; Verlust während Prozess **1** 241
Prozessführung, Beanstandung **1** 140
Prozessgericht, Beweisaufnahme **1** 355, 370, vor Mitglied des **1** 370; Streitigkeiten über Beweisaufnahme **1** 366; Tätigkeit **1** 376, 398, 887 bis 890, 893; Urkundsbeamter der Geschäftsstelle **1** 362; Zuständigkeit **1** 260, für Wiedereinsetzung **1** 237
Prozesshandlungen, Befugnis der Prozessbevollmächtigten zur Vornahme von **1** 81 bis 85; Versäumung von **1** 230 f.
Prozesshindernde Rüge vor Amtsgericht **1** 504
Prozesskosten 1 91 bis 107; Beschwerde gegen Entscheidungen über **1** 99; Entscheidung über P. ohne Antrag **1** 308;

Festsetzung der zu erstattenden **1** 103 bis 107; Haftung, mehrerer für Erstattung **1** 100; Pflicht zur Erstattung **1** 91 bis 98, zur Tragung **1** 91 bis 98; Sicherheitsleistung **1** 110 ff.
Prozesskostenhilfe 1 114 bis 127; Änderung der Bewilligung **1** 120 a; Entscheidungen **1** 127; in der Europäischen Union **1** 1076 bis 1078; Festsetzung von Ratenzahlungen **1** 120; Rechtsanwaltsgebühren **10** 50; für Rechtsbeschwerde **3 a** 29; Verfahren, Wertberechnung, Rechtsanwaltsgebühren **10** 23 a; Vergütung für beigeordnete Rechtsanwälte **10** 12; Verordnung Brüssel II a (EheVO) **6** 50; Wirkung **1** 122; Zuständigkeit des Rechtspflegers **8** 20
Prozesskostenhilfeverfahren, dieselbe Angelegenheit, Rechtsanwaltsgebühren **10** 16
Prozessleitung durch Gericht **1** 139 bis 158; durch Vorsitzenden **1** 136
Prozessleitungsanordnung, Entfernung vom Verhandlungsort **1** 158
Prozessordnung in der Sitzung **1** 158
Prozesspfleger, Bestellung **1** 57; bei herrenlosem Grundstück oder Schiff **1** 58; Rechtsanwaltsgebühr **10** 41; Rechtsanwaltsvergütung **10** 1
Prozessrechtliche Vorschriften der Landesgesetze **1 a** 14 f.
Prozessteilnehmer, Entfernungsanordnung **1** 158
Prozessunfähigkeit 1 53, 455
Prozessverschleppung 1 530 ff.
Prozessvollmacht 1 78 bis 89; Aufhebung **1** 86 f.; Einreichung **1** 80; Mangel der **1** 88 f.; Umfang **1** 81 bis 85; Vertretung ohne **1** 89
Prozessvorschrift, Rüge der Verletzung einer **1** 295; Verletzung im Berufungsrechtszug **1** 534

Qualifiziertes Geständnis 1 289
Quittung des Schuldners **1** 757
Quoten der Prozesskosten **1** 106

Radierungen in Urkunde **1** 419
Rahmengebühren, Rechtsanwaltsgebühren **10** 14
Rangordnung bei Zwangsverst. und Zwangsverw. **4** 10 ff., 110
Rangverhältnis für Pfändbarkeit von Unterhaltsansprüchen **1** 850
Rasterfahndung, Entschädigung **11** 23
Ratenlieferungsverträge, Unterlassungsanspruch **1 b** 2
Räumung bewohnter Schiffe **1** 885; unbewegl. Sachen **1** 885; Vollstreckbarkeit eines Urteils auf **1** 708; von Wohnraum durch einstweilige Verfügung **1** 940 a; Zuständigkeit des Amtsgerichts für Klagen **3** 23
Räumungsfrist, Bestimmung im Urteil **1** 721; Verlängerung **1** 721
Räumungsklage 1 257; Kosten **1** 93 b; Sicherungsanordnung **1** 283 a
Räumungsschutz 1 765 a
Reallasten, Gerichtsstand für Klagen **1** 24 f.; Urteile über Ansprüche aus **1** 325; Wertersatz bei Zwangsverst. **4** 92, 121
Rechnungsfehler im Urteil, Berichtigung **1** 319
Rechnungslegung des Zwangsverwalters **4** 154
Recht, -e, Erlöschen durch Zuschlag **4** 91 f.
Rechtliches Gehör, Verletzung des Anspr. **1** 321 a; **9** 69 a, Abhilfe **10** 12 a; **11** 4 a
Rechtsanwalt, Aufforderung zur Bestellung **1** 215; Auswahl bei Beiordnung **1** 78 c; Beauftragung mehrerer R., Vergütung **10** 6; Beiordnung **1** 78 b, 121; Berechnung der Vergütung **10** 10; Bestellung **1** 271; Fragen des **1** 397; mehrere Auftraggeber, Gebühren und Auslagen **10** 7; Mitteilung von Urkunden zwischen **1** 135; Pauschalvergütung **10** 4; Prozesskosten **1** 91; als Prozesspfleger, Vergütung **10** 1; Tod während eines Prozesses **1** 244; Vergütung **10** 1; Vergütungsvereinbarung **10** 4; Vollmacht für Rechtsreferendar **1** 157; Vollstreckbarerklärung durch **1** 796 a; Vorschuss der Vergütung **10** 9; Zeitvergütung **10** 4
Rechtsanwaltsgebühren, Anrechnung **10** 15 a, von Vorschüssen **10** 58; für beigeordnete oder gerichtlich bestellte R. **10** 44 ff.; Berechnung des Gegenstandswertes **10** 22; Beschwerde gegen Wertfestsetzung **10** 33; besondere Angelegenheiten **10** 18; dieselbe Angelegenheit **10** 15 f.; Festsetzung aus der Staatskasse **10** 55 f.; kein Anspruch bei Verschulden **10** 54; mit Verfahren zusammenhängende Tätigkeiten **10** 19; Tabelle der Wertgebühren **10** 13, 49; Übergang v. Anspr. auf die Staatskasse **10** 59; Übergangsvorschriften **10** 60 f.; Umfang bei Beiordnung **10** 48; Umfang der Tätigkeiten pro Rechtszug oder Verf. **10** 19; Vergütungsverzeichnis **10** 2; verschiedene Angelegenheiten **10** 17; von Amts wegen beigeordneter Rechtsanwalt **10** 39
Rechtsanwaltskammer, Festsetzung der Vergütung **10** 4; Gutachten bei Herabsetzung der Vergütung **10** 4; Vergütung **10** 1

Rechtsanwaltsvergütung 10 1; Ablehnung der Festsetzung **10** 11
RechtsanwaltsvergütungsG, Feststellungsantrag, Rechtspfleger **8** 22
Rechtsbehelf, -e gegen Ablehnung des Antrags auf vorläufige Kontenpfändung **7** 21; gegen Beschluss zur vorläufigen Kontenpfändung **7** 33 ff.; gegen Entscheidung über Antrag auf Vollstreckbarerklärung **6** 33; gegen Entscheidungen des Rechtspflegers **8** 11; gegen Kostenentscheidung **1** 91 a, 99; in Kostensachen **9** 66; im Mahnverf. **1** 694 ff.; im Zivilprozess, Berufung **1** 511 bis 541, Beschwerde **1** 567 bis 577, Revision **1** 542 bis 566
Rechtsbehelfsbelehrung 1 232; Kostenrechnung **9** 5 b; RVG **10** 12 c
Rechtsberater, Gleichstellung **1** 25
Rechtsbeschwerde 1 574 bis 577; Aufnahme durch Rechtspfleger **8** 24; gegen Beschluss über Zulässigkeit der Berufung **1** 522; internationales Familienrechtsverfahren **6 a** 28 ff.; bei Schiedsverf. **1** 1065; gegen Zurückweisung der Berufung **1** 522
Rechtsbschwerde gegen Beschluss des OLG **3 a** 29
Rechtshängigkeit, doppelte **6** 19; Einrede der **1** 261; Eintritt **1** 261; im Mahnverf. **1** 696 f.; nach Verweisung **3** 17 b; Wirkungen, prozessuale **1** 261 f., 506
Rechtshilfe 3 156 bis 168; Ablehnung **3** 158; unter Behörden verschiedener deutscher Länder **3** 164
Rechtshilfeersuchen 3 158
Rechtskraft ausländischer Urteile **1** 328; formelle **1** 705; **1 a** 19; materielle **1** 322; objektiver Umfang **1** 322; subjektiver Umfang **1** 325 ff.; Zeugnis **1** 706
Rechtskraftzeugnis, Rechtsanwaltsgebühr **10** 19
Rechtsmittel, Berechnung des Streitwerts **1** 4; Berufung **1** 511 bis 541; Beschwerde **1** 567 bis 577; **3** 104, 133; gegen Entscheidung des Einzelrichters **1** 350, über Prozesskostenhilfe **1** 127, des Schiedsgerichts **1** 1065, des Vorsitzenden für Handelssachen **1** 350; Hemmung der Rechtskraft **1** 705; Kosten **1** 97; Musterfeststellungsurteile **1** 614; Rechtsanwaltsgebühr **10** 19; Revision **1** 542 bis 566; Streitwertberechnung bei wechselseitigen R. **9** 45; Verwerfung wegen mangelnder Sicherheitsleistung **1** 113; im Zivilprozess **1** 511 bis 577; Zwischenurteil als Endurteil **1** 280
Rechtsmittelverfahren vor dem BGH nach dem DesignG **9** 1, nach dem GebrauchsmusterG **9** 1, nach dem HalbleiterschutzG **9** 1, nach dem MarkenG **9** 1, nach dem PatentG **9** 1, nach dem SortenschutzG **9** 1; dieselbe Angelegenheit, Rechtsanwaltsgebühren **10** 16; Kosten beim BGH **9** 1; Rechtsanwaltsgebühren **10** 17; Streitwertberechnung **9** 47
Rechtsnachfolge im Rechtsstreit **1** 265 f., 325, 799 f., Vollstreckungsklausel **1** 727 bis 730
Rechtsnachfolger, Aufnahme des Rechtsstreits **1** 239; Wirkung eines rechtskräftigen Urteils **1** 325
Rechtsnormen 1 a 12; Beweis im Prozess **1** 293; Revision wegen Verletzung **1** 545 f., 560, 563
Rechtspflege, Überleitungsvorschr. zur Entlastung **1 a** 32
Rechtspfleger, Ablehnung **8** 10, Rechtsanwaltsgebühr **10** 19; allg. Stellung **8** 1; Amtshilfe **8** 24 b; Ausschließung **8** 10; Beratungshilfe **8** 24 a; Bezeichnung **8** 12; Erinnerung gegen Entscheidungen des **8** 11; gerichtl. Geschäfte im Straf- und Bußgeldverf. **8** 22; Geschäfte im intern. Rechtsverkehr **8** 29; in Hamburg **8** 36 a; Hinterlegungssachen **8** 30; Kostenfestsetzung **1** 104 bis 107; Patentsachen **8** 23; Rechtsbehelfe gegen Entscheidungen des **8** 11, 21, 23; dem Richter vorbehaltene Geschäfte **8** 3, 14 bis 18; übertragene Geschäfte **8** 3 f., 20 bis 24; Übertragung des schifffahrtsrechtl. Verteilungsverf. **8** 19 b; Übertragung von Aufgaben auf Urkundsbeamte **8** 36 b; Unzuständigkeit **8** 4; Verhältnis zum Urkundsbeamten der Geschäftsstelle **8** 26; Vorbereitungsdienst **8** 2; Vorlage übertragener Geschäfte **8** 5, 11; Weisungsfreiheit **8** 9; Zuständigkeit in Straf- und Bußgeldverf. **8** 3, 31
Rechtspflegergesetz 8
Rechtsreferendar als bevollmächtigter Vertreter **1** 157
Rechtsschutz bei überlangen Gerichtsverfahren **3** 198 ff.; vorläufiger R. im Schiedsverf. **1** 1041
Rechtsstreit, Abgabe von Amts wegen **1** 700; Güteverhandlung **1** 278; Rechtsanwaltsgebühren für Tätigkeiten am Ende e. R. **10** 19; Übernahme durch Urheber und mittelbaren Besitzer **1** 76; Übertragung auf Einzelrichter durch Kammer **1** 348 a
Rechtsverhältnis, Anmeldung **1** 608; Klage auf Feststellung **1** 506
Rechtsverletzung, Revision **1** 545 f., 560, 563
Rechtsweg, Beschwerde gegen Beschluss bezüglich **3** 17 a; Bindung an Beschluss

bezüglich **3** 17 a, an Entscheidung über Zulässigkeit des **3** 17; gegen Justizverwaltungsakte **3 a** 23 ff.; Kosten der Verweisung **3** 17 b; keine Überprüfung der Zulässigkeit bei Rechtsmittel **3** 17 a; Verweisung **3** 17 b, bei Unzulässigkeit **3** 17 a; Wahl **3** 17 a; Zulässigkeit **1 a** 4; **3** 17
Rechtszug, Begriff für Rechtsanwaltsgebühren **10** 19; Rechtsanwaltsgebühren im Einzelnen **10** 16
Referendar, Anwesenheit bei Beratung des Gerichts **3** 193; als Rechtspfleger **8** 2; Übertragung von richterl. Aufgaben **3** 10
Register, Eintragung in öffentl. R. auf Grund eines Urteils **1** 896
Registersachen **3** 23 a; Richtervorbehalt **8** 17
Reisekosten der Gegenpartei **1** 91; des Rechtsanwalts **1** 91
Reiseverträge, Unterlassungsanspruch **1 b** 2
Rente, Anspruchspfändung wegen Unterhaltsr. **1** 850 d; Pfändungsschutz **1** 850
Rentenanwartschaften, Rechtsanwaltsgebühren für Festsetzung von Beträgen **10** 19
Rentenschuld, Urkundenprozess **1** 592; Urteil über Ansprüche aus **1** 325; Verurteilung zur Bestellung einer **1** 897; im Zwangsversteigerungsverf. **4** 50, 53, 64, 67, 83, 126 f., 131, 136; bei Zwangsverw. **4** 158, 158 a
Restitutionsklage **1** 1059; nach Nichtigkeitsklage **1** 578; Verf. **1** 585 bis 591; Zulässigkeit **1** 580 bis 583
Revision **1** 542 bis 566; Anschlussrevision **1** 554; Anträge **1** 551; Begründung **1** 545, 551; keine Begründung bei Rügen von Verfahrensmängeln **1** 564; Berechnung des Streitwerts **1** 4; Beschluss über Verwerfung **1** 552; Einlegung **1** 549; Einstellung der Vollstreckung nach Einlegung **1** 719; Kosten **1** 97; materielle Voraussetzungen **1** 545 ff.; beim OLG **1 a** 7; Prüfung von Parteianträgen **1** 557; Sprungrevision **1** 566; Unzulässigkeit gegen vorzeitige Besitzeinweisung **1** 542; Verf. **1** 555 bis 565; Verwerfung wegen Unzulässigkeit **1** 552; Zulässigkeit **1** 542, 552; Zulassung, Bindung des Revisionsgerichtes **1** 543; Zurückweisungsbeschluss **1** 552 a; Zuständigkeit des BGH **3** 133
Revisionsbegründungsfrist **1** 551; Wiedereinsetzung **1** 233
Revisionsfrist im Zivilprozess **1** 548
Revisionsgericht, Bindung an Zulassung **1** 543; Umfang Der Nachprüfung **1** 557
Revisionsgründe **1** 545 ff., 551
Revisionsschrift **1** 549 ff.; Zustellung **1** 550
Richter, Ablehnung, Rechtsanwaltsgebühr **10** 19, nach ZPO **1** 42 bis 48; am Amtsgericht als Einzelrichter **3** 22, Gültigkeit der Handlungen **3** 22 d, als Vorsitzender der Kammer für Handelssachen **3** 106; Anwesenheit des erkennenden R. während der Verhandlung **1** 309; Aufhebung von Richtervorbehalten **8** 19; Ausschließung und Ablehnung im Zivilprozess **1** 41 bis 48; Bereitschaftsdienst **3** 22 c; am Familiengericht **3** 23 b; gesetzl. **3** 16; als Sachverständige **1** 408; unaufschiebbare Amtshandlungen des abgelehnten **1** 47; Unterschrift auf Urteil **1** 315; Verf. vor beauftragtem o. ersuchten R., Rechtsanwaltsgebühr **10** 19; Vernehmung als Zeuge **1** 376; Vertretung **3** 22 b, 70, 117; Wahrnehmung von Geschäften des Rechtspflegers **8** 6 bis 8, 28; Zuständigkeit für schifffahrtsrechtl. Verteilungsverf. **8** 19 b
Richter auf Probe, Beiordnung **3** 70
Richter kraft Auftrags, Beiordnung **3** 70
Richterliche Durchsuchungsanordnung, Rechtsanwaltsgebühr **10** 19
Richterliche Fristen **1** 224
Richterliche Gewalt **3** 1
Richterwahlausschuss **3** 125
Rückgabe einer Sicherheit, Rechtsanwaltsgebühr **10** 19
Rückgabe des Kindes, Entscheidungen über, Vollstreckbarkeit **6** 42
Rücknahme der Klage **1** 269; des Versteigerungsantrags **4** 30
Rüge, nachträgl. Vorbringen **1** 532; im Revisionsrechtszug **1** 565; der Verletzung einer Prozessvorschrift **1** 295, 534, 556; der Verletzung des Anspruchs auf rechtliches Gehör **1** 321 a, Rechtsanwaltsgebühren **10** 19; verspätetes Vorbringen **1** 296
Ruhegehalt, Pfändung **1** 850
Ruhen des Prozessverf. **1** 251, 251 a; des Verfahrens **10** 8
Rundfunk, Aufnahme von Gerichtsverhandlungen **3** 169

Sachen, unpfändbare bewegl. **1** 811
Sachliche Zuständigkeit der Amtsgerichte **3** 23; der Gerichte **1** 1 bis 11
Sachverständige, Ablehnung **1** 406, Rechtsanwaltsgebühr **10** 19; Anordnung der Begutachtung **1** 3, 144, 287; Auswahl **1** 404 f.; Beeidigung **1** 410; Benennung im Beweisbeschluss **1** 359 f.; besondere Leistungen **11** Anl. 2; Beweis durch **1** 402 bis 414; im Beweissicherungsverf. **1** 485;

Gebühren **1** 413; Honorar **11** 9 f., Anl. 1; Justizvergütungs- und -entschädigungsgesetz **11;** landwirtschaftl. **1** 813; Leitung der Tätigkeit **1** 404 a; öffentl. bestellte **1** 407; Pflichten **1** 407 a; Schätzung von gepfändeten Sachen **1** 813; schriftl. Begutachtung durch **1** 411; Schriftvergleichung **1** 442; Vergütung **1** 413; **11** 1, 8 ff.; Verurteilung zu Ordnungsstrafen **1** 411; Verweigerung des Gutachtens **1** 407 ff.; Verwertung von gerichtl. Gutachten **1** 411 a; Verzicht auf Beeidigung **1** 402 mit 391; Zuziehung beim Augenschein **1** 372

Sachverständige Zeugen 1 414

Sachverständigenbeweis 1 402 bis 414

Sachverständigenrecht, Übergangsvorschr. **1 a** 41

Sachwalter, keine Vergütung nach RVG **10** 1

Sachzusammenhang, Gerichtsstand **1** 25

Satzung, Ermittlung im Prozess **1** 293

Schaden, Ermittlung **1** 287

Schadensersatz wegen Nichterfüllung **1** 255; vorläufige grenzüberschreitende Kontenpfändung **1** 958

Schadensersatzpflicht des Gläubigers bei Arrest **1** 945, bei einstweiliger Verfügung **1** 945; bei Vollstreckung aus Urkunden durch andere Gläubiger **1** 799 a; für Vollstreckung von Urteilen **1** 717

Schätzung des Schadens, Parteivernehmung **1** 287; des Verkaufswerts gepfändeter Sachen **1** 813; im Zwangsversteigerungsverf. **4** 74 a

Scheckprozess 1 605 a

Scheidungssachen, dieselbe Angelegenheit, Rechtsanwaltsgebühren **10** 16; Folgekosten **9** 1; Rechtsanwaltsgebühr für beigeordneten R. **10** 39

Schiedsgericht in Arbeitssachen, Rechtsanwaltsgebühren **10** 16; außervertragl. **1** 1066; Bildung **1** 1034 bis 1039; dieselbe Angelegenheit, Rechtsanwaltsgebühren **10** 16; Rechtsanwaltsgebühr **10** 36; Rechtsanwaltsgebühren **10** 17; vorläufige oder sichernde Maßnahmen, Rechtsanwaltsgebühren **10** 16; Zuständigkeit **1** 1040

Schiedsrichter, Ablehnung **1** 1036; Ablehnungsverf. **1** 1037; Bestellung **1** 1035; Ende durch Untätigkeit oder Unmöglichkeit der Tätigkeit **1** 1038; Ersatzschiedsrichter **1** 1039; keine Vergütung nach RVG **10** 1

Schiedsrichterliches Verfahren 1 1025 bis 1066; dieselbe Angelegenheit, Rechtsanwaltsgebühren **10** 16; Rechtsanwaltsgebühr **10** 36

Schiedsspruch 1 1051, 1056; Aufhebungsantrag **1** 1059; Form und Inhalt **1** 1054, 1058; Rechtsbehelf gegen **1** 1059; durch Stimmenmehrheit **1** 1052; Vergleich **1** 1053; Vollstreckbarerklärung **1** 1060 f.; Vollstreckbarkeit **1** 1064

Schiedsvereinbarung, Begriff **1** 1029

Schiedsverfahren 1 1025 bis 1066; Beendigung **1** 1052, 1056; Beweisaufnahme **1** 1050; Durchführung **1** 1042 bis 1050; Gleichbehandlung der Parteien **1** 1042; Klage und Klagebeantwortung **1** 1046; Kosten **1** 1057; mündl. Verhandlung **1** 1047; Ort **1** 1043; rechtl. Gehör **1** 1042; Rechtsmittel **1** 1065; Sachverständige **1** 1049; Säumnis **1** 1048; schriftl. Verf. **1** 1047; Überleitungsvorschr. **1 a** 33; Vergleich **1** 1053; Widerklage **1** 1046

Schiedsvertrag 1 1029 bis 1033; prozesshindernde Einrede **1** 1032

Schiffahrtsrechtl. Verteilungsverfahren, Richtervorbehalt **8** 19 b

Schiffe, Anspruch auf **1** 855 a; herrenlose, Zwangsvollstr. **1** 787; Kosten der Zwangsverst. **9** 56; Pfändung **1** 931; Rechte an herrenlosen **1** 58; Rechtsstreit über **1** 266; Vollziehung des Arrestes in **1** 931; Zwangsvollstr. **1** 847 a, 864, 870 a, 885

Schiffer, Zuständigkeit des Gerichts **3** 23

Schifffahrtsrechtliche Verteilungsordnung, Kosten **9** 1

Schifffahrtsrechtliches Verteilungsverfahren, Gebührenberechnung gemäß festges. Haftungssumme **9** 59; Kostenhaftung **9** 25; Kostenvorschuss **9** 13; Rechtsanwaltsgebühren **10** 18; Wertberechnung, Rechtsanwaltsgebühren **10** 29

Schiffsbauwerke, Kosten der Zwangsverst. **9** 56; Zwangsvollstr. **1** 800 a, 864, 870 a

Schiffshypothek, Anspruch im Urkundenprozess **1** 592; Eintragung **1** 720 a, 870 a; Pfändung **1** 830 a; Überweisung einer Forderung bei bestehender **1** 837 a; mit Unterwerfungsklausel **1** 800 a; Wirkung des Urteils gegen Erwerber des Schiffs **1** 325; Zwangsvollstr. **1** 864

Schiffspart, Zwangsvollstr. **1** 858

Schiffsregister, Eintragung **1** 895, 941 f.

Schiffsregistersachen, Zuständigkeit des Amtsgerichts **3** 23 a

Schlichtungsverfahren 1 b 14; Rechtsanwaltsgebühren **10** 17

Schlichtungsvorschlag 1 d 19

Schöffen, Beratung und Abstimmung **3** 192; Reihenfolge der Stimmabgabe **3** 197; keine Verweigerung der Abstimmung **3** 195

Schöffengericht, Abstimmung **3** 197; erweitertes **3** 196

Schreibfehler, Berichtigung im Urteil **1** 319
Schriftliches Verfahren 1 128
Schriftsatz, Berufungs- und Revisionsbegründung durch Einreichung eines **1** 519, 551; Einlegung eines Rechtsmittels durch Einreichung eines **1** 516, 519; Verlesung der Anträge und Bezugnahme auf einen **1** 297; vorbereitender **1** 130, 130 a, 131, 519, Übermittlung **1** 130 d; für Wiederaufnahmeverfahren **1** 588; Zustellung **1** 270
Schriftstücke, Bezugnahme auf Sch. bei mündl. Verhandlung und Vorlesung von **1** 137
Schriftvergleichung, Echtheitsbeweis **1** 441 f.
Schuldfrage, Entscheidung über **3** 196
Schuldner, Abwendung der Zwangsvollstr. durch Sicherheitsleistung **1** 711, 720 a; Ermittlung des Aufenthaltsorts **1** 755; bei Geldinstitut gepfändetes Guthaben **1** 835; Pfändungsfreigrenze **1** 850 c; Vermögensauskunft **1** 802 c ff.; als Zwangsverwalter **4** 150 b, 150 d
Schuldnerverzeichnis, Abdruck **2 a;** Abdrucke **1** 882 g; Ausgestaltung **1** 882 h; Einsicht **1** 882 f; **2** 5 ff.; Eintragung **1** 882 c; **2** 2, Löschung **1** 882 e; **2** 4; Führung **2;** Inhalt **1** 882 b; **2** 1; Rechte der Betroffenen **1** 882 i; Rechtsanwaltsgebühr für Löschung der Eintragung **10** 18
Schuldnerverzeichnisabdruckverordnung 2 a
Schuldnerverzeichnisführungsverordnung 2
Schuldtitel, vollstreckbarer **1** 795, 801; Vollstreckbarerklärung ausl. Titel, Rechtsanwaltsgebühren **10** 16
Schuldübernahme bei Zwangsverst. **4** 53
Schüler, Gerichtsstand **1** 20
Schutzschriftenregister 1 945 a
Seemannsamt, Rechtsanwaltsgebühren **10** 17
Seerechtl. Haftungsbeschränkung 1 786 a; Urteil unter Vorbehalt **1** 305 a
Selbständige Angriffs- oder Verteidigungsmittel 1 146
Selbständiges Beweisverfahren 1 485 bis 494; Klagefrist **1** 494 a
Senate beim BGH **3** 130, Besetzung **3** 139; der OLG **3** 122
Senatsmitglieder, Vertretung **3** 117
Sequester, Herausgabe unbewegl. Sachen an einen **1** 848, 855; Rechtsanwaltsgebühr **10** 19
Sequestration, Anordnung **1** 938
Sicherheitsarrest, dingl. **1** 917; persönl. **1** 918, 933
Sicherheitsbestellung, Rechtsanwaltsgebühr **10** 18
Sicherheitsleistung, Abwendung der Vollstreckung **1** 720, 868; Arrest gegen **1** 921 f., 925; Art und Weise **1** 108; Aufhebung des Arrestes gegen **1** 923, 927, 934; Befreiung bei Prozesskostenhilfe **1** 122; vor Beginn der Zwangsvollstr. **1** 751; Einstellung der Vollstreckung gegen **1** 732, 769; bei einstweiliger Verfügung **1** 939; Klage auf **1** 324; für künftig entstehenden Schaden **1** 890; für Prozesskosten, Rückgabe **1** 715; **8** 20; wegen Prozesskosten **1** 110; bei Teilbetrag **1** 752; Verordnung Brüssel II a (EheVO) **6** 51; bei Verurteilung zur Zahlung einer Geldrente **1** 324; vorläufige Vollstreckbarkeit von Urteilen **1** 709; im Zivilprozess **1** 108 bis 113; bei Zwangsversteigerung von Grundstücken **4** 67 bis 70; bei Zwangsvollstr. aus Versäumnisurteil **1** 719
Sicherstellung, Wert bei Streit über **1** 6
Sicherungsanordnung, Räumungsklage **1** 283 a
Sicherungshypothek, Eintragung **1** 720 a; Entstehung **1** 848; Pfändung **1** 830; im Zwangsversteigerungsverf. **4** 128 f.; Zwangsvollstr. durch Eintragung einer **1** 866 f.
Sicherungsmaßnahmen 5 35, 40; im Zwangsversteigerungsverf. **4** 25
Sicherungsverwahrung, Verf. über im Urteil vorbeh. S., Rechtsanwaltsgebühren **10** 17
Siedlungsunternehmen, Vorschlagsrecht für Zwangsverwalter **4** 150 a
Siegel, Anlegung von **1** 808
Sitzungspolizei 3 176
Sitzungsprotokoll 1 159 bis 165; Feststellungen zum **1** 297, 389, 510 a; Gegenbeweis gegen den Tatbestand **1** 314
Sofortige Beschwerde 1 567 bis 573; Ablehnung des Sachverständigen **1** 406; gegen Aufhebung des Arrestes **1** 934; gegen Aussetzung des Verfahrens **1** 252; Berichtigung des Urteils **1** 319; gegen einstweil. Einstellung der Zwangsverst. **4** 30 b; bei Klagerücknahme **1** 269; gegen Kostenentscheidungen **1** 91 a, 99; gegen Kostenfestsetzung **1** 104; bei Prozesskostenhilfe **1** 127; Räumung von Wohnraum **1** 721; gegen Rückgabe einer Sicherheitsleistung **1** 109; gegen verhängte Ordnungsmittel **1** 380, 390, 409; nach ZPO **1** 569; gegen Zurückweisung des Antrags auf Versäumnisurteil **1** 336, eines Mahnantrags **1** 691;

im Zwangsvollstreckungsverf. **1** 793; gegen Zwischenurteile **1** 71, 135, 387
Sofortige weitere Beschwerde im Zwangsvollstreckungsverf. **1** 793
Sorgeverhältnis, Wiederherstellung **6 a** 33
Sortenschutzgesetz 9 1, 51
Sozialgericht, Streitwertberechnung des Verfahrens **9** 52
Sozialgerichtsbarkeit, Rechtsanwaltsgebühren **10** 3
Sozialgerichtsgesetz, Kosten **9** 1
Spruchverfahren, Wertberechnung, Rechtsanwaltsgebühren **10** 31
Sprungrevision 1 566; Einwilligung, Rechtsanwaltsgebühr **10** 19
Staatsanwaltschaft, Einrichtung einer Geschäftsstelle **3** 153; Kosten nach JGG, OWiG, StPO **9** 1
Staatsgerichtshof, Rechtsanwaltsgebühren **10** 37
Standortabfrage eines Mobiltelefons, Entschädigung **11** Anl. 3 Nr. 400
Statut, Ermittlung **1** 293
Steuersachen, Hilfeleistung, Rechtsanwaltsgebühr **10** 35
Stiftungen, Gerichtsstand **1** 17; öffentl.-rechtl., Zwangsvollstr. **1** 882 a
Stillstand der Rechtspflege **1** 245
Stimmengleichheit 3 196
Stimmenmehrheit der Richter **3** 196
Strafandrohung 1 890; gegen Sachverständige **1** 411
Strafe, Festsetzung gegen Sachverständige **1** 411
Straffrage, Entscheidung über **3** 196
Strafgerichtliche Verfolgung, Zeugnisverweigerung **1** 384
Strafkammern 3 60
Strafprozess, Kosten **9** 1
Strafsachen, Ausschließung der Gerichtsvollzieher **3** 155; Gerichtsbarkeit **3** 13; **3 a** 3; Kostenansatz durch Staatsanwaltschaft **9** 19; Rechtshilfe **3** 156 f.; Zuständigkeit für Wiederaufnahmeverf. **3** 140 a
Strafsenate beim BGH **3** 130; der OLG **3** 116
Strafurteile, Restitutionsklage bei Aufhebung des dem Zivilurteil zugrundeliegenden **1** 580
Strafverfahren, Aussetzung des Rechtsstreits bis zur Erledigung des **1** 149; Rechtsanwaltsgebühren **10** 17; Zuständigkeit des Rechtspflegers **8** 22
Strafverfolgung, Entschädigung Dritter **11** 23
Strafvollstreckung durch Rechtshilfe **3** 162 f.
Strafvollzugsgesetz, Kosten **9** 1
Streitbefangenheit der Sache **1** 265, 325
Streitbeilegungsverfahren 1 d 11 ff.
Streitbeilegungsvorschlag, Verfahrensdauer **1 d** 20
Streitgegenstand, Höhe des St. für Zuständigkeit der Amtsgerichte **3** 23; Wert **1** 2 bis 9, 107, 253; **9** 34 ff.
Streitgenossen 1 59 bis 63, 856; bei Drittwiderspruchsklage **1** 771; Gerichtsstand **1** 36; Haftung für Prozesskosten **1** 100; bei Klage auf vorzugsweise Befriedigung **1** 805; Kostenhaftung **9** 32; notwendige **1** 62; Vernehmung **1** 449
Streitgenossenschaft 1 59 bis 63
Streitiges Verfahren nach Mahnverf. **1** 696
Streitmittler, Amtsdauer **1 d** 8; Unabhängigkeit und Unparteilichkeit **1 d** 7; Verbraucherschlichtungsstelle **1 d** 6
Streitverkündung 1 72 bis 77, 841
Streitwert 9 34 Anl. 2; Änderung, Kostenfestsetzung **1** 107; Bemessung der Gebühr **9** 34; Berechnung **1** 2 bis 9; **9** 39 ff.; Beschwerde gegen Festsetzung **9** 68; Festsetzung **1** 3; Rechtsanwaltsgebühren **10** 23; Wertfestsetzung **9** 61 bis 65
Streitwertfestsetzung, Rechtsanwaltsgebühr **10** 19
Studierende, Gerichtsstand **1** 20
Stufenklage 1 254; Streitwertberechnung **9** 44
Summen, Abstimmung über **3** 196

Tabelle für Lohnpfändung **1** Anl. zu 850 c
Tatbestand, Berichtigung, Rechtsanwaltsgebühr **10** 19; des Urteils **1** 314, 559, Berichtigung **1** 320; Weglassen oder Verzicht **1** 313 a
Tatsachen, nachträgliches Vorbringen **1** 531; Parteivernehmung **1** 445
Tatsächliche Feststellungen, Bindung des Revisionsgerichts **1** 559
Teilleistungen, Aufrechnung an Gerichtsvollzieher **1** 757
Teilung der Prozesskosten **1** 92, 106
Teilungsklage, Gerichtsstand **1** 24
Teilungsmasse im Zwangsversteigerungsverf. **4** 106, 113 bis 132, 137 bis 141; im Zwangsverwaltungsverf. **4** 157 ff.
Teilungsplan 4 106, 113 bis 132, 137, 156 bis 159; in der Zwangsvollstr. **1** 874 bis 877, 878 f.
Teilungssachen, Zuständigkeit des Amtsgerichts **3** 23 a, des Rechtspflegers **8** 16
Teilurteil 1 301; Übertragung auf Einzelrichter **1** 348 a; Zurückverweisung in ersten Rechtszug **1** 538
Teilverhandeln, kein Versäumnisurteil **1** 334

Teilvollstreckung 6 36
Teilzeit-Wohnrechteverträge, Unterlassungsanspruch **1 b** 2
Telekommunikation, Entschädigung für die Nutzung bei der Strafverfolgung **11** 23; Entschädigung für Überwachung **11** Anl. 3 Nr. 100 ff.
Telekommunikationsunternehmen, Entschädigung Dritter **11** 23
Termin, -e, Abhaltung **1** 219; im amtsgerichtl. Verf. **1** 497; Aufhebung **1** 227; vor beauftragtem und ersuchtem Richter **1** 229; im Berufungsrechtszug **1** 523; zur Beweisaufnahme **1** 219; nach Einspruch gegen Versäumnisurteil **1** 341 a; bei Entscheidung nach Lage der Akten **1** 251 a; im Revisionsrechtszug **1** 553; zur Verkündung einer Entscheidung **1** 251 a; Verlegung **1** 227; Versäumung **1** 220; Vertagung aus erhebl.Gründen **1** 227; im Verteilungsverf. **1** 875 ff.
Terminsbestimmung von Amts wegen **1** 216, 366, 368, 370, 523, 553, 924; im amtsgerichtl. Verf. **1** 497; im Mahnverf. **1** 697; im Zwangsversteigerungsverf. **4** 36 ff.
Terminvorbereitung 1 273
Terroristische Vereinigungen, Kontaktsperre **3 a** 30 ff.
Testament, Wertberechnung für Rechtsanwaltsgebühren **10** 23
Testamentsvollstrecker, keine Vergütung nach RVG **10** 1; bei Unterbrechung des Verf. infolge Todes der Partei **1** 243; Wirkung des Urteils gegenüber T. für und gegen Erben **1** 327; bei Zwangsvollstr. in Nachlass **1** 728, 748 f., 779 f.
Tiere, Unpfändbarkeit **1** 811 c; Vollstreckungsschutz **1** 765 a
Titel, Bestätigung durch Rechtspfleger **8** 20; Kostenschuldner zu inländ. T. **9** 22
Tod des gesetzl. Vertreters **1** 241; der Partei **1** 86, 239, 243; des Rechtsanwalts **1** 244; des Schuldners nach Beginn der Vollstreckung **1** 779
Tonaufnahme von Gerichtsverhandlungen **3** 169
Trennung von Justiz und Verwaltung **3** 13; der Verhandlung über Gegenansprüche **1** 145
Treuhänder, Herausgabe eines Schiffes an **1** 855 a; keine Vergütung nach RVG **10** 1

Überfahrtsgelder, Streitigkeiten mit Reisenden, Zuständigkeit des Gerichts **3** 23
Übergebot im Zwangsversteigerungstermin **4** 72
Überlange Gerichtsverfahren, Rechtsschutz **3** 198 ff.; **9** 12 a
Übermittlung personenbezogener Daten **3 a** 13 bis 22
Übernahme des Rechtsstreits durch Rechtsnachfolger **1** 265 f.
Übersetzer, Justizvergütungs- und -entschädigungsgesetz **11;** Vergütung **11** 1, 8 ff.
Übersetzung, bes. Aufwendungen **11** 12
Übertragung von Aufgaben auf Rechtspfleger **8** 4
Überwachung der Telekommunikation, Entschädigung **11** Anl. 3 Nr. 100 ff.
Überweisung des Anspruchs auf Herausgabe körperl. Sachen **1** 886; einer Forderung bei bestehender Schiffshypothek **1** 837 a; von Geldforderungen **1** 835 bis 840, 853; Verzicht auf Rechte aus **1** 843
Überweisungsbeschluss 1 836 f.
Überzeugung, freie Ü. des Gerichts bei Entscheidungen **1** 442, 446; richterl. **1** 286 f.
Umfang der Rechtsanwaltsgebühren **10** 15
Umgangsrecht, Entscheidungen über, Vollstreckbarkeit **6** 40 f.; Regelung in Ehesachen, Rechtsanwaltsgebühr **10** 48
Umlegungsverfahren, keine Revision **1** 542
Umwelthaftungssachen, Gerichtsstand **1** 32 a
Unbekannte, Berechtigte in der Zwangsverst. **4** 126, 135
Unbewegliche Sache, Arrest in **1** 923; Gerichtsstand **1** 24; Zwangsvollstr. **1** 810, 864 bis 871, Herausgabeansprüche **1** 848, 855, 885
Unehre, Fragen, die zur U. gereichen **1** 384
Unerlaubte Handlungen, Gerichtsstand **1** 32
Ungebühr in der Sitzung **8** 31
Unionsverfahren zur vorläufigen Kontenpfändung **7** 5 ff., Gerichtsgebühren **7** 42, Haftung des Gläubigers **7** 13, Sicherheitsleistung des Gläubigers **7** 12, Verhältnis zum nationalen Prozessrecht **7** 46
Universalschlichtungsstelle 1 d 29 ff.
Unpfändbare Bezüge 1 850 a
Unpfändbare Forderungen 1 850 a, 851 f., 859 bis 863
Unpfändbare Sachen, Pfändung **1** 811 mit Anm., 811 a bis 811 c
Unpfändbarkeit von Kontoguthaben auf dem Pfändungsschutzkonto **1** 850 l
Unrichtigkeit, offenbare U. im Urteil **1** 319 f.
Unterbrechung des Laufs der Fristen **1** 249; des Prozessverf. **1** 239 bis 245, 249 f.
Unterbringungssachen, Zulässigkeit einer Vertrauensperson **3** 170; Zuständigkeit **3** 23 d, des Amtsgerichts **3** 23 a

Unterhalt Minderjähriger im vereinfachten Verf., Rechtsanwaltsgebühren **10** 17; Regelung in Ehesachen, Rechtsanwaltsgebühr **10** 48
Unterhaltsanspruch, beschränkter Pfändungsschutz **1** 850 d; Pfändbarkeit des Arbeitseinkommens **1** 850 d; Rangverhältnis für Pfändbarkeit **1** 850; Vollstreckbarkeit **1** 708
Unterhaltspflicht, besonders umfangreiche gesetzliche, Pfändungsschutz **1** 850 f; erweiterter Pfändungsschutz **1** 850 c; Vollstreckbarkeit von Urteilen **1** 708
Unterhaltsrecht, Überleitungsvorschrift **1 a** 36
Unterhaltssachen, Zuständigkeit des Rechtspflegers **8** 25
Unterhaltstitel, Bezifferung e. dyn. U. im Ausland, Rechtsanwaltsgebühren **10** 19
Unterlassung, Zwangsvollstr. zur Erwirkung von **1** 890 ff.
Unterlassungsansprüche im Urheberrecht **1 b** 2 a; bei verbraucherschutzgesetzwidrigen Praktiken **1 b** 2
Unterlassungsklagen, anspruchsberechtigte Stellen **1 b** 3; keine Anwendung im Arbeitsrecht **1 b** 15; Einigungsstelle **1 b** 12; Einwendung wegen abweichender Entscheidung **1 b** 10; Klageantrag und Anhörung **1 b** 8; qualifizierte Einrichtungen **1 b** 4; Urheberbenennung **1** 77; Urteilsformel **1 b** 9; Urteilswirkung **1 b** 11; Verfahren **1 b** 5
Unterlassungsklagengesetz 1 b; Aufhebung des AGB-Gesetzes **1 b** 16; missbräuchliche Geltendmachung von Ansprüchen **1 b** 2 b
Unternehmensrechtliche Verfahren, Zuständigkeit des Amtsgerichts **3** 23 a, des Rechtspflegers **8** 17
Unternehmer, Informationspflichten nach dem Verbraucherstreitbeilegungsgesetz **1 d** 36 f.
Unterschrift des Rechtspflegers **8** 12
Untersuchung, -en, Duldung zum Zwecke der Blutgruppenuntersuchung **1** 372 a; Honorar **11** Anl. 2 Nr. 200 ff.
Untervertretung in der Verhandlung, Referendar **1** 157
Unterwerfung unter sofortige Zwangsvollstr. **1** 799 f.
Unterwerfungsklausel in Urkunden **1** 799 ff.
Unzulässigkeit der Beschwerde **1** 572; von Gerichtsstandvereinbarungen **1** 40
Unzumutbare Härte bei Maßnahme der Zwangsvollstr. **1** 765 a
Unzuständigkeit in Berufungsinstanz **1** 513; Einrede der **1** 39; Erklärung der U. durch Gericht **1** 11, 36, 506; des Rechtspflegers, Rechtswirkung **8** 8; Verweisung wegen **1** 281, 506
Urheber, Benennung bei Besitz (laudatio auctoris) **1** 76
Urheberbenennung 1 76
Urheberrecht, Unterlassungsanspruch **1 b** 2 a
Urkunde, ausländische, Beweis der Echtheit **1** 1118 ff.
Urkunde, -n, Anerkennung **5** 61; Anordnung der Vorlegung **1** 142; Beibringung einer U. über Beweisaufnahme **1** 364; Beweis durch **1** 415 bis 444; Echtheit **1** 437 ff.; Erklärung über **1** 510; Fälschung **1** 444; Herausgabe der U. über überwiesene Forderungen **1** 836; zur Klage im Wechselprozess **1** 593, auf Wiederaufnahme **1** 588; Klage auf Abänderung **1** 323 a; Mitteilung der U. an Gegner **1** 135; Niederlegung auf Geschäftsstelle **1** 134, 364, 411; öffentl. **1** 415; über Schiedsvertrag **1** 1031; Unterdrückung **1** 444; Vernichtung **1** 444; Verordnung Brüssel II a (EheVO) **6** 37 f., 45 f.; Verwahrung auf Geschäftsstelle **1** 443; vollstreckbare **1** 797; Vorlagepflicht der Partei oder Dritter **1** 142; Vorlegung **1** 420 bis 436
Urkundenmahnbescheid 1 703 a
Urkundenprozess 1 592 bis 605; Abstandnahme **1** 596; Beweismittel **1** 592, 595; Klageabweisung **1** 597; Mahnverf. **1** 703 a; Rechtsanwaltsgebühren **10** 17; Verf. im **1** 593 bis 598; Vollstreckbarkeit der Urteile **1** 708; Vorbehalt der Ausführung der Rechte des Unterliegenden **1** 599; Zulässigkeit **1** 592; Zurückverweisung in ersten Rechtszug **1** 538
Urkundsbeamter 3 153; Abgabe von Anträgen und Erklärungen **1** 129 a; Ablehnung oder Ausschließung **1** 49, Rechtsanwaltsgebühr **10** 19; kein Anwaltszwang vor **1** 78; als Dolmetscher **3** 190; Erinnerung gegen Entscheidungen des **1** 573; Erteilung der Vollstreckungsklausel **1** 724 f.; Protokollführung **1** 159; Verhältnis zum Rechtspfleger **8** 26; Verkündungsvermerk **1** 315
Urkundsperson, Aufnahme von Urkunden **1** 415, 418
Urschrift, öffentl. Urkunden, Vorlegung **1** 435
Urteil, Abfassung **1** 315; abgekürzte Form **1** 313 b, im Mahnverf. **1** 697; des Amtsgerichts **1** 495 a; Aufhebung durch Revisionsgericht **1** 562; Ausfertigungen, Aus-

züge **1** 317; Berichtigung **1** 319f.; im bürgerl. Rechtsstreit **1** 300 bis 328; Entwürfe **1** 299; Ergänzung **1** 321, 716; erkennende Richter **1** 309; Gründe **1** 313; Inhalt **1** 313; Klage auf Abänderung **1** 323; Rechtskraft **1** 322, 705; Tatbestand **1** 313f.; über Teilungsplan **1** 880; Unterschriften der Richter **1** 315; Verf. bis zum **1** 253 bis 299; Verkündung **1** 310ff.; Vollstreckungsabwendung durch Sicherheitsleistung **1** 711f.; unter Vorbehalt der seerechtl. Haftungsbeschränkung **1** 305a; vorläufige Vollstreckbarkeit ohne Sicherheitsleistung **1** 710
Urteilsausfertigungen, Auszüge **1** 317
Urteilsergänzung **1** 518
Urteilsgründe, Revision wegen unrichtiger **1** 561

Vaterschaft, Anfechtung der Anerkennung **1** 153
Veränderung des Streitgegenstandes **1** 264, 268
Veräußerung einer gepfändeten Sache, Gewährleistung **1** 806; eines Grundstücks während des Rechtsstreits **1** 266; des Streitgegenstandes **1** 265, 325
Veräußerungsverbot bei einstweiliger Verfügung **1** 938; Widerspruchsklage bei Zwangsvollstr. trotz **1** 772; in Zwangsversteigerungsverf. **4** 23, 26
Verbindung mehrerer Ansprüche in einem Prozess **1** 60, 260, Berufungen **1** 518, Prozesse **1** 147
Verbraucherdarlehensverträge, Unterlassungsanspruch **1 b** 2
Verbrauchersachen, Zuständigkeit **5** 17ff.
Verbraucherschlichtungsstellen **1 d** 2; behördliche **1 d** 28; Entgelt **1 d** 23; Informationspflichten **1 d** 10; private **1 d** 3ff., Anerkennung **1 d** 24ff.; Streitmittler **1 d** 6; Verfahrensordnung **1 d** 5; Zuständigkeit **1 d** 4
Verbraucherschutz, Unterlassungsklagen bei Verstößen **1 b**
Verbraucherschutzdurchsetzungsgesetz der EG, Kosten **9** 1
Verbraucherstreitbeilegungsgesetz **1 d;** Anwendungsbereich **1 d** 1; Bußgeldvorschriften **1 d** 41
Verbrauchsgüterkauf, Unterlassungsanspruch **1 b** 2
Verdienstausfallentschädigung für ehrenamtl. **11** 18; für Zeugen **11** 22
Vereidigung von Sachverständigen **1** 391
Vereine, Gerichtsstand **1** 17, 22; Parteifähigkeit **1** 50; Zwangsvollstr. gegen nicht rechtsfähige **1** 735
Vereinfachtes Verfahren, Überleitungsvorschr. **1 a** 34; über den Unterhalt Minderj., Rechtsanwaltsgebühren **10** 17
Vereinigte Große Senate beim BGH **3** 132
Verfahren bei Abnahme von Eiden **1** 478 bis 484; Abwicklungstätigkeiten, Rechtsanwaltsgebühren **10** 19; vor Amtsgericht **1** 495 bis 510; Aufnahme des unterbrochenen oder ruhenden **1** 250f.; Aussetzung **1** 246 bis 250; **6** 27, 35; Begriff für Rechtsanwaltsgebühren **10** 19; vor Berufungsgericht **1** 525ff.; vor Beschwerdegericht **1** 572; der Bewilligung von Prozesskostenhilfe **1** 118; im ersten Rechtszug **1** 253 bis 510; gerichtl. V. bei Schiedsverf. **1** 1062 bis 1065; vor Großen Senaten beim BGH **3** 138; Nebentätigkeiten, Rechtsanwaltsgebühren **10** 19; über Prozesskostenhilfe, Zuständigkeit des Rechtspflegers **8** 20; vor Revisionsgericht **1** 555 bis 565; Ruhen **1** 251, 251a; Unterbrechung **1** 239 bis 245, 249f.; im Urkunden- und Wechselprozess **1** 602 bis 605; Verletzung einer Vorschrift **1** 534, 562f.; Vorbereitungstätigkeiten, Rechtsanwaltsgebühren **10** 19; nach Widerspruch gegen Mahnbescheid **1** 696; Wiederaufnahme **1** 578 bis 591
Verfahrenskostenhilfe, Zuständigkeit des Rechtspflegers **8** 25a
Verfahrenspfleger, keine Vergütung nach RVG **10** 1
Verfassungsgerichte, Rechtsanwaltsgebühren **10** 37
Verfügung, Entwürfe **1** 299; Verkündung der **1** 329
Vergleich **1** 611; gerichtlicher **5** 59; vor Gütestellen **1 a** 15a, Zwangsvollstr. **1** 797a; Klage auf Abänderung **1** 323a; Kosten **1** 98; sofort vollstreckbarer **1** 797; Vollmacht **1** 81, 141; Vollstreckbarerklärung des gerichtl. V. **1** 795b; in Zivil- und Handelssachen, Rechtsanwaltsgebühren **10** 16
Vergleichsverfahren, schwebendes **1** 251
Vergütung, Anspruch nach JVEG **11** 2; des Anwalts, Festsetzung **8** 21; eines beigeordneten Rechtsanwalts **10** 4; Berechnung durch Rechtsanwalt **10** 10; bes. Vereinbarung **11** 13; Dolmetscher **11** 8, Anl. 1; Fälligkeit der Rechtsanwaltsvergütung **10** 8; gerichtl. Festsetzung **11** 4; Höhe der Anwaltsgebühren **10** 2; nach JVEG **11** 8; im Musterverfahren nach KapMuG **11** 13; Prozesskosten- oder Verfahrenskostenhilfe **11** 13; des Rechtsanwalts **10** 1, 11; eines Rechtsanwaltsver-

treters **10** 5; Sachverständige **11** 8ff., Anl. 1; Sachverständige, Dolmetscher, Übersetzer **11** 1; Übersetzer **11** 8ff.; für unentgeltl. Leistungen eines Schuldners, Pfändung **1** 850h; Vereinbarung der obersten Landesbehörde **11** 14; Verjährung nach JVEG **11** 2; Vorauszahlung **11** 13; Vorschuss **11** 3; des Zwangsverwalters **4** 150a, 150e, 153
Vergütungsanspruch, Umfang bei Bestellung oder Beiordnung eines R. **10** 48
Vergütungsvereinbarung für Rechtsanwaltsgebühren **10** 4
Verhaftung in einem anderen Land des Bundes **3** 167
Verhandlung durch Bild- und Tonübertragung **1** 128a; mündl., Haupttermin **1** 272; Öffentlichkeit **3** 169; des Rechtsstreits vor Berufungsgericht **1** 529
Verhinderung der Zeugen am Erscheinen **1** 375
Verjährung der Kosten **9** 5; Rechtsanwaltsvergütung **10** 8; der Rechtsanwaltsvergütung **10** 11; Unterbrechung der Anspruchsverjährung **1** 167
Verkaufswert, Schätzung von gepfändeten Sachen **1** 813
Verkehrsdaten, Entschädigung für Auskünfte **11** Anl. 3 Nr. 300ff.
Verkehrswert eines Grundstücks, Schätzung im Zwangsversteigerungsverf. **4** 74a
Verkündung von Entscheidungen **1** 136, 329; Termin zur V. nach Lage der Akten **1** 251a, 331a; von Terminen **1** 218; des Urteils, Öffentlichkeit **3** 169; des Zuschlags bei Zwangsverst. **4** 89
Verkündungstermin **1** 310
Verkündungsvermerk **1** 315
Verlängerung der Fristen zur Revisionsbegründung **1** 551
Verletzung der Eidespflicht **1** 452; einer Prozessvorschrift **1** 534, 538, 556, 562; des Rechtes **1** 546
Vermächtnis, Gerichtsstand für Klagen aus **1** 27
Vermittlungsverfahren, Rechtsanwaltsgebühren **10** 17
Vermögen, Gerichtsstand **1** 23; Übernahme **1** 729; Übertragung **1** 729; vollstreckbare Ausfertigung für und gegen Rechtsnachfolger **1** 729; Zwangsvollstr. in bewegl. **1** 803 bis 863, in unbewegl. **1** 864 bis 871
Vermögensauskunft nach Pfändungsversuch **1** 802f, 807
Vermögensmasse, Gerichtsstand **1** 17
Vermögensrechte, Zwangsvollstr. in **1** 857 bis 863
Vermögensrechtliche Ansprüche im Zivilprozess **1** 20, 23, 511, 708
Vermögensverwaltung, Gerichtsstand **1** 31
Vermögensverzeichnisse **1** 802k; **2b**
Vermögensverzeichnisverordnung **2b**
Vermögensvorteil der Echtheit **1** 437, 440; der Einwilligung in Klageänderung **1** 267; gesetzl. V. einer Tatsache **1** 292; rechtl. **1** 440
Vernehmung des gesetzl. Vertreters **1** 455; der Partei im Zivilprozess **1** 445 bis 455; wiederholte **1** 398; von Zeugen und Sachverständigen **1** 394 bis 400
Veröffentlichungsbefugnis, Rechtsanwaltsgebühr **10** 18
Verordnung Brüssel Ia (EuGVO), allgemeiner internationaler Gerichtsstand **5** 4; Anwendungsbereich **5** 1; Begriffsbestimmungen **5** 2; Gericht **5** 3; Neufassung **5;** Übergangsvorschriften **5** 66; Verhältnis zu anderen Rechtsinstrumenten **5** 67ff.; Zuständigkeit **5** 4ff.
Verordnung Brüssel IIa (EheVO) 6; einstweilige Maßnahmen **6** 20; Kosten **6** 49; Prozesskostenhilfe **6** 50; sachlicher Anwendungsbereich **6** 1; Sicherheitsleistung **6** 51; Urkunden **6** 37f., 45f.; Verhältnis zu anderen Übereinkünften **6** 59ff.; Zentrale Behörden **6** 53ff.
Verordnungsermächtigung **1** 609
Verpflichtung zur Streitverkündung **1** 841
Versagung der Vollstreckung **5** 46ff.; des Zuschlags bei Zwangsverst. **4** 74a, 74b, 83, 85 bis 86
Versäumniskosten im Zivilprozess **1** 344
Versäumnisurteil **1** 330 bis 347, 539; abgekürzte Form **1** 313b; Aufhebung **1** 343; Aufrechterhaltung **1** 343; gegen Beklagten **1** 331; Berufung **1** 514; Einspruch **1** 338 bis 347; Gerichtsstandsvereinbarungen **1** 331; gegen Kläger **1** 330; im Mahnverf. **1** 697; Rechtsmittel **1** 336; Revision **1** 565; im Urkundenprozess **1** 600; Verkündung **1** 311; Vertagung **1** 337; Vollstreckbarkeit **1** 708; bei Widerspruch gegen Teilungsplan **1** 881; Wiedereinsetzung bei Versäumung der Einspruchsfrist **1** 233; Zurückverweisung in ersten Rechtszug **1** 538; Zurückweisung des Antrags **1** 335; Zustellung **1** 339, statt Verkündung **1** 310; im Zwischenstreit **1** 347
Versäumnisverfahren im Berufungsrechtszug **1** 539; im ersten Rechtszug **1** 330 bis 337; im Revisionsrechtszug **1** 555
Versäumniszwischenurteil **1** 347
Versäumung, Folgen **1** 230f.; der Frist zur schriftl. Begutachtung durch Sachverstän-

dige **1** 411; des Termins im Zivilprozess **1** 330 bis 347
Verschleiertes Arbeitseinkommen, Pfändung **1** 850 h
Versicherung unter Berufung auf Diensteid **1** 386, auf geleisteten Eid **1** 386, 398; an Eides Statt zur Ablehnung von Sachverständigen **1** 406, zur Glaubhaftmachung **1** 294
Versicherungssachen, Zuständigkeit **5** 10 ff.
Versorgungsausgleich, Richtervorbehalt **8** 14
Versorgungsbezüge, Pfändung **1** 850
Versteigerung mit Arrest belegter Sachen **1** 930; der Früchte auf dem Halm **1** 824; gepfändeter Sachen **1** 814 bis 827; von Grundstücken, Verf. **4** 66 bis 78
Versteigerungsantrag, Rücknahme **4** 29 f., 76
Versteigerungsbedingungen, Zwangsverst. **4** 44 bis 65
Versteigerungserlös, Verteilung **4** 105 bis 145
Versteigerungstermin im Zwangsversteigerungsverf. **4** 30, 35 bis 43, 85
Versteigerungsvermerk, Eintragung in Grundbuch **4** 19; Löschung **4** 34
Vertagung beim Ausbleiben beider Parteien **1** 251 a; aus erhebl.Gründen **1** 227
Verteidigung, Rechtsanwaltsgebühr **10** 19; Vorbereitung für Hauptverhandlung **1** 282
Verteidigungsmittel, Kosten erfolgloser **1** 96; verspätetes Vorbringen **1** 296, 530; Zulassung neuer V. in der Berufung **1** 531
Verteilung des Versteigerungserlöses, außergerichtl. **4** 143 ff.
Verteilungsstreitigkeiten in der Zwangsvollstr. **1** 879, 882
Verteilungstermin in der Zwangsverst., Verf. **4** 105, 107, 109
Verteilungsverfahren, Hinterlegung des Erlöses **1** 930; Rechtsanwaltsgebühren **10** 18; in der Zwangsvollstr. **1** 872 bis 882; **4** 105 bis 145
Verträge, schiedsfähige **1** 1030
Vertretbare Handlungen, Zwangsvollstr. **1** 887
Vertretbare Sachen, Anspruch auf Leistung **1** 592, 884
Vertreter, Bestellung eines besonderen V. für herrenloses Grundstück **1** 58, für nicht prozessfähige Partei **1** 57; im Beweissicherungsverf. **1** 494; eines Rechtsanwalts, Vergütung **10** 5; Rechtsanwaltsgebühr für gemeinsam best. V. **10** 40; Tod **1** 241
Vertretung, außergerichtl., Rechtsanwaltsgebühr **10** 34; mangelnde V., Wiederaufnahme des Verf. **1** 586; der Parteien durch Rechtsanwalt **1** 78 ff.
Verurteilung in Verfahrenskosten **1** 91 ff.
Verwahrung von Urkunden auf Geschäftsstelle **1** 443
Verwaltung, Anordnung einer **1** 255; Gerichtsstand der geführten **1** 31, des Sitzes der **1** 17; Trennung der V. von Justiz **3** 13
Verwaltungsakt, -e, Abänderung oder Aufhebung, Rechtsanwaltsgebühren **10** 16; bei Kostenvorschr., Anfechtbarkeit **3 a** 30 a; Rechtsweg gegen Justizverwaltungsakte **3 a** 23 ff.
Verwaltungsbehörden, Aussetzung des Rechtsstreits bis zur Entscheidung der **1** 148; Kompetenzkonflikte mit **1 a** 15; Zuständigkeit **3** 13
Verwaltungsgerichte, Kompetenzkonflikt **1 a** 15; Rechtsanwaltsgebühren **10** 17; Streitwertberechnung des Verfahrens **9** 52; Zuständigkeit **3** 13
Verwaltungsgerichtsordnung, Kosten **9** 1
Verwaltungsverfahren, dieselbe Angelegenheit, Rechtsanwaltsgebühren **10** 16; versch. Angelegenheiten, Rechtsanwaltsgebühren **10** 17
Verwaltungsvollstreckungsverfahren, Rechtsanwaltsgebühren **10** 18; versch. Angelegenheiten, Rechtsanwaltsgebühren **10** 17
Verwaltungszwangsverfahren, Rechtsanwaltsgebühren **10** 18; versch. Angelegenheiten, Rechtsanwaltsgebühren **10** 17
Verwandte, Arbeit des Schuldners für **1** 850 h
Verweigerung der Aussage durch eine Partei **1** 536; des Eides **1** 536; der Herausgabe des Pfandes **1** 838; der Vorlegung von Urkunden durch Behörden **1** 432
Verweisung an anderes Gericht, Rechtsanwaltsgebühr **10** 20; Kosten **9** 4; des Prozesses an andere Kammer **3** 96 bis 104, an zuständiges Gericht **1** 281, 506; bei Widerspruch gegen Mahnbescheid **1** 696
Verwertung von Forderungen **1** 844; körperl. Sachen **1** 825, 847; Rechtsanwaltsgebühren **10** 18
Verzicht auf Anspruch **1** 306; auf Rechte aus Pfändung einer Geldforderung **1** 843; auf Revision **1** 565; auf Tatbestand und Entscheidungsgründe **1** 313 a; auf Urkunden als Beweismittel **1** 436; Urteile auf Grund eines **1** 311; Vollmacht zum **1** 81; auf Zeugen **1** 399
Verzichtsurteil, abgekürzte Form **1** 313 b
Verzinsung der Kosten **9** 5

Verzögerungsgebühr, Beschwerde **9** 69
Verzögerungsrüge 3 198
Vieh, Entgelt für Fütterung bei Zwangsverw. **4** 153 a; Streitigkeiten **3** 23
Völkerrecht, Befreiung von diplomatischen Vertretern von deutscher Gerichtsbarkeit **3** 18
Vollmacht, Beschränkung **1** 83; für Mahnverf. **1** 703; im Prozess **1** 78 ff.; vorläufige Zulassung ohne **1** 89
Vollstreckbare Ausfertigung 1 724 bis 750, 799, 894; Auslieferung an den Schuldner **1** 754; Erteilung durch Rechtspfleger **8** 20; gerichtl. und notarieller Urkunden **1** 797; bei Gütergemeinschaft **1** 742, 744; Legitimation des Gerichtsvollziehers durch **1** 754 f.; Rechtsanwaltsgebühr **10** 18; Vermerk der Erteilung auf Urteil **1** 734; weitere **1** 733, 797
Vollstreckbare Urkunden 1 797
Vollstreckbarerklärung, Antrag auf, Entscheidungen über die elterliche Verantwortung **6** 28, örtlich zuständiges Gericht **6** 29, Rechtsbehelf **6** 33, Verfahren **6** 30; durch Berufungsgericht **1** 537; des gerichtl. Vergleichs **1** 795 b; durch Notar **1** 796 c; durch Rechtsanwälte **1** 796 a; durch Revisionsgericht **1** 558; Teilvollstreckung **6** 36; Zuständigkeit **1** 796 b
Vollstreckbarkeit, Aufhebung der V. gegen Sicherheitsleistung **1** 769; der Endurteile **1** 704; von Entscheidungen **5** 39; von Kostenentscheidungen **1** 708; Schadensersatzpflicht **1** 717; von Schiedssprüchen **1** 1064
Vollstreckung, Antrag auf Versagung **5** 44; Aussetzung **1** 570; der Erzwingungshaft **8** 4; gerichtl. Entscheidungen, Rechtsanwaltsgebühren **10** 16; Rechtshilfe **3** 160; mit Risikobegrenzung **1 a** 37; der Schuldnervorauszahlung, Rechtsanwaltsgebühren **10** 18; der Strafen **8** 31; nach Verordnung (EU) Nr. 1215/2012 **1** 1110 ff.; Versagung **5** 46 ff.
Vollstreckung in Zivil- und Handelssachen, Verordnung Brüssel I a (EuGVO) **5**
Vollstreckung zur Unzeit, Rechtsanwaltsgebühr **10** 19
Vollstreckungsabwehrklage 1 767 f., 785 f., 1117; örtl. Zuständigkeit **1** 1086
Vollstreckungsaufschub bei Zahlungsvereinbarung **1** 802 b
Vollstreckungsbeamte 1 753
Vollstreckungsbescheid 1 699 ff.; Aufhebung **1** 700; Kostenhaftung **9** 22; Übermittlung **1** 699; vereinfachter Vollstreckungsauftrag **1** 754 a; Wiederaufnahme gegen **1** 584; Wirkung **1** 700; Zwangsvollstr. **1** 794, 796
Vollstreckungsgericht 1 813, 828; Amtsgericht **1** 764 f., 858; **4** 1; Anordnung und Durchführung der Zwangsverst. **4** 15, 35; Arrestvollziehung **1** 930; Aufgebotsverf. **4** 140; Austauschpfändung **1** 811 a; Entscheidung über Erinnerungen **1** 766
Vollstreckungshandlungen des Gerichtsvollziehers **1** 762
Vollstreckungsklausel 1 724 f.; **4** 132 f.; der Arrestbefehle **1** 929; Einwendungen gegen Zulässigkeit **1** 732, 797, 797 a; Einwendungen gegen Zul., Rechtsanwaltsgebühr **10** 18; Klage auf Erteilung **1** 731, 796 f., wegen Unzulässigkeit **1** 768; Rechtsanwaltsgebühr **10** 19
Vollstreckungskosten 1 788
Vollstreckungsmaßnahmen, Aufhebung **1** 765 a; Einstellung **1** 765 a; Kosten **1** 788; Rechtsanwaltsgebühr **10** 18 f.; Untersagung **1** 765 a
Vollstreckungsschutz 1 765 a, 811; Rechtsanwaltsgebühren **10** 18
Vollstreckungstitel 1 704, 794; Zuschlag in der Zwangsverst. **4** 93, 132
Vollstreckungsurteil für Urteil eines ausländischen Gerichts **1** 722 f.
Vollziehung, Aufhebung oder Anordnung der sof.V.e.Verwaltungsakts, Rechtsanwaltsgebühren **10** 16
Vorabentscheidung 1 304; Zurückverweisung in ersten Rechtszug **1** 538
Vorauszahlung der Kosten der Vornahme einer Handlung **1** 887
Vorbehalt, Aufhebung von Richtervorbehalten **8** 19
Vorbehaltsklausel für Anerkennung eines ausländischen Urteils **1** 328
Vorbehaltsurteil 1 302, 599; Erbenhaftung **1** 780; Fortsetzung des Rechtsstreits nach Verkündung **1** 707; Übertragung auf Einzelrichter **1** 348 a
Vorbereitung der mündl. Verhandlung **1** 273, 282
Vorbereitungsdienst, Anwesenheit von Referendaren bei Beratung **3** 193
Vorerbe, vollstreckbare Ausfertigung für und gegen Nacherben **1** 728
Vorführung ausbleibender Zeugen **1** 380
Vorlagepflicht von Gegenständen **1** 144; von Urkunden **1** 142
Vorläufige Austauschpfändung 1 811 b
Vorläufige Kontenpfändung, ausgenommene Beträge **7** 31; Gemeinschafts- und Treuhandkonten **7** 30; grenzüberschreitende **1** 946; Unionsverfahren **7** 1; Verordnung (EU) **7,** Anwendungsbereich **7** 2

Vorläufige Vollstreckbarkeit **1** 704 ff.; Antrag auf **1** 714; Außerkraftsetzen **1** 717; im Berufungsrechtszug **1** 537, 718; im ordentl. Verf. **1** 708 bis 720; im Revisionsrechtszug **1** 558; gegen Sicherheitsleistung **1** 709; Zurückweisung eines Antrags **1** 712 f.
Vorlegung, Pflicht zur **1** 422 f., 429, 432
Vormerkung, Eintragung einer V., Zuständigkeit **1** 942; Verurteilung zur Bewilligung **1** 895; Wegfall der Wirkung **4** 130 a
Vormund, keine Vergütung nach RVG **10** 1
Vormundschaft, Richtervorbehalt **8** 14
Vorpfändung **1** 845
Vorschuss, gerichtl. Festsetzung **11** 4; der Kosten der Fortdauer des Arrestes **1** 934; Rechtsanwaltsgebühren **10** 47; der Rechtsanwaltsvergütung **10** 9; einer Vergütung nach JVEG **11** 3; für Zeugen und Sachverständige **1** 379
Vorsitzender, Bestimmung des schriftl. Vorverf. **1** 276; der Kammer, alleinige Entscheidung **1** 944, für Handelssachen **1** 349; **3** 105 f., am OLG **3** 122; Leitung der Beratung **3** 194; Richter am BGH **3** 124; Terminsbestimmung **1** 272; Veranlassung des schriftl. Vorverf. **1** 272, 276
Vorverfahren, schriftl. **1** 272, 276; versch. Angelegenheiten, Rechtsanwaltsgebühren **10** 17
Vorzugsrechte in der Zwangsvollstr. **1** 804 f.
Vorzugsweise Befriedigung, Klage auf **1** 805

Wahl des Gerichtsstandes **1** 35
Wahrheitspflicht im Zivilprozess **1** 580
Wechsel, Pfändung **1** 831
Wechselklagen, Zuständigkeit für **1** 603
Wechselprozess **1** 592; Klagefrist **1** 586; Mahnverf. **1** 703 a; Rechtsanwaltsgebühren **10** 17; Verf. **1** 602 bis 605; Vollstreckbarkeit der Urteile **1** 708; Zurückverweisung in ersten Rechtszug **1** 538
Wegegeld für ehrenamtl. Richter **3** 107
Wegnahme bei Austauschpfändung **1** 811 a
Weigerung des Gerichtsvollziehers **1** 766
Weihnachtsgratifikation, Pfändbarkeit **1** 850 a
Weitere Beschwerde, Aufnahme durch Rechtspfleger **8** 24
Wert des Beschwerdegegenstandes im Berufungsrechtszug **1** 520; des Gegenstandes der Verurteilung **1** 708
Wertberechnung **9** 40; im Beschwerdeverfahren nach GWB **9** 50; im Finanzgerichtsverf. **9** 52; für Rechtsanwaltsgebühren **10** 22; im Sozialgerichtsverf. **9** 52; des Streitgegenstandes **1** 4; in Streitsachen und Rechtsmittelverf. des gewerbl. Rechtsschutzes **9** 51; im Verwaltungsgerichtsverf. **9** 52
Wertfestsetzung **1** 3; **9** 61 bis 65; bei Austauschpfändung **1** 811 a; für die Rechtsanwaltsgebühren **10** 33
Wertgebühren, Tabelle der Rechtsanwaltsgebühren **10** 13, 49
Wertgrenze für Zuständigkeit der Amtsgerichte **3** 23
Wertpapiere, Anspruch auf Leistung von **1** 884; Pfändung **1** 808; Sicherheitsleistung durch **4** 69; Umschreibung auf den Namen lautender **1** 822; Unpfändbarkeit von in Hypotheken- und Deckungsregister eingetragenen **1** Anm. zu 811; Verkauf gepfändeter **1** 821
Wertpapiererwerbs- und Übernahmegesetz, Ausschlussverfahren, Gegenstandswert **10** 31 a; Kosten **9** 1; Streitwertberechnung im Beschwerdeverf. **9** 50
Wertvorschriften zur Berechnung der Rechtsanwaltsgebühren **10** 23
Wettbewerbsbeschränkungen, Kosten nach Gesetz über **9** 1; Streitwertberechnung im Beschwerdeverf. **9** 50
Widerklage vor Amtsgericht **1** 506; Berechnung des Wertes **1** 5; in Berufungsinstanz **1** 533; dieselbe Angelegenheit, Rechtsanwaltsgebühren **10** 16; auf Feststellung **1** 256, 506; Gerichtsstand **1** 33; vor Kammer für Handelssachen **3** 97 bis 99; kein Kostenvorschuss **9** 12; Rechtskraft **1** 322; Streitwertberechnung **9** 45; Teilurteil **1** 301; Trennung der Verhandlung **1** 145; Unstatthaftigkeit bei Nebenintervention **1** 67; nicht im Urkundenprozess **1** 595; Versäumnisverf. auf **1** 347; Vollmacht zur **1** 81
Widerruf der Erklärungen des Beistandes **1** 90; des Geständnisses **1** 290; der Prozessvollmacht **1** 87
Widerspruch, Abschriften **1** 695; gegen Arrestbeschluss **1** 924 ff.; Berichtigung im Tatbestand **1** 320; Bewilligung der Eintragung **1** 895; Dritter gegen Zwangsvollstr. **1** 771, 773 f.; des Ehegatten **1** 774; als Einspruch **1** 694; gegen Mahnbescheid **1** 692, 694 f.; im Mahnverf., Rechtsanwaltsgebühren **10** 17; des Nacherben **1** 773; gegen Pfändung **1** 805, 810; gegen die Richtigkeit des Schiffsregisters **1** 942; des Schuldners gegen Zwangsvollstr. **1** 777; gegen Teilungsplan **1** 876 bis 881; **4** 115, 124; Verf. nach **1** 696

Widerspruchsklage (Zwangsvollstr.) **1** 771 ff.
Widerstand, Brechen von W. gegen Gerichtsvollzieher **1** 892
Wiederaufnahme, Einstellung der Vollstreckung wegen beantragter **1** 707; des Verf. **1** 578 bis 591; **8** 24, bei Bußgeldentscheidung **8** 24, als Hilfsklage **1** 582, Zulässigkeitsprüfung **1** 589, Zuständigkeit **1** 584
Wiederaufnahmeverfahren gegen Bußgeldbescheid **8** 24; Rechtsanwaltsgebühren **10** 17; Zuständigkeit in Strafsachen **3** 140 a
Wiedereinsetzung, Antrag auf **1** 236; Einstellung der Zwangsvollstr. wegen beantragter **1** 707; bei Fristversäumnis **1** 233 bis 238; Unanfechtbarkeit **1** 238
Wiedereröffnung der Verhandlung **1** 156
Wiederkehrende Leistungen, Abänderungsklage **1** 323; Streitwert **1** 9; Streitwertberechnung **9** 42; in der Zwangsverst. **4** 13, 30 a, 46 f.
Wildschaden, Streitigkeiten **3** 23
Willenserklärung, Verurteilung zur Abgabe einer **1** 894 bis 898
Wirte, Streitigkeiten mit Reisenden **3** 23
Wohn- und Betreuungsverträge, Unterlassungsanspruch **1 b** 2
Wohnraum, Belassung des W. des Schuldners bei Zwangsverw. **4** 149; Kosten der Räumungsklage **1** 93 b; Räumung durch einstweilige Verfügung **1** 940 a
Wohnsitz, Bestimmung **5** 62; als Gerichtsstand **1** 13, 15 f.; letzter **1** 16
Wohnungseigentümer, Zuständigkeit des Amtsgerichts **3** 23
Wohnungseigentümergemeinschaft, Zuständigkeit des Amtsgerichts **3** 23
Wohnungseigentumssachen, Streitwertberechnung **9** 49 a
Würdigung, freie W. des Parteivorbringens **1** 446

Zahlung, Anspruch auf Z. einer Geldsumme **1** 592, Mahnverf. **1** 688; Verurteilung zur Z. einer Entschädigung **1** 510 b
Zahlungs Statt, Überweisung an **1** 835, 849
Zahlungsort, Gerichtsstand **1** 603
Zahlungsvereinbarungen, Vollstreckungsaufschub **1** 802 b; Wertberechnung, Rechtsanwaltsgebühren **10** 31 b
Zeitpunkt der Zwangsvollstr. gegen jur. Personen des öffentl. Rechts **1** 882 a
Zeitvergütung bei außergerichtl. Tätigkeit eines Rechtsanwalts **10** 4
Zentrale Behörde 6 a 3
Zession, Prozesskosten bei unterlassener Mitteilung **1** 94
Zeugen, Ausbleiben der **1** 380; Benennung im Beweisbeschluss **1** 359 f.; Beweis durch **1** 373 bis 401; Eid **1** 391 ff.; Entschädigung **11** 1, 19; Gegenüberstellung **1** 394; Justizvergütungs- und -entschädigungsgesetz **11;** kommissarische Vernehmung **1** 375; Ladung **1** 377; Ordnungsmittel **1** 380, 390; sachverständige **1** 414; schriftl. Erklärung der Z. anstelle der Vernehmung **1** 377; unbeeidigt zu vernehmende **1** 393; Unterlagen zur Aussageerleichterung **1** 378; Vernehmung **1** 394 bis 400, im Ausland **1** 363; Zuziehung von Z. bei Zwangsvollstr. **1** 759
Zeugenbeweis 1 373 bis 401
Zeugengebühren 1 401
Zeugnispflicht trotz Zeugnisverweigerungsrecht **1** 385
Zeugnisverweigerungsrecht 1 383 bis 390
Zinsen als Nebenforderungen **1** 4; für Prozesskosten **1** 104; Zubilligung von Z., Antrag **1** 308
Zivilkammern 3 60, 71; Berufungs- und Beschwerdegericht **3** 72; Besetzung **3** 75; Übertragung auf Einzelrichter **1** 348 a
Zivilprozess, Angriffs- und Verteidigungsmittel **1** 282; Antragstellung **1** 297; Güteverhandlung **1** 278; Klagezustellung nach Zahlung der Gerichtskosten **9** 12; Prozesskostenhilfe **1** 114 bis 127; Verfahren bei Zustellung **1** 166; verspätetes Vorbringen von Angriffs- und Verteidigungsmitteln **1** 296, 296 a; Zuständigkeit des Rechtspflegers **8** 20
Zivilprozessordnung 1; EinführungsG **1 a;** Gerichtskosten **9** 1; Übergangsvorschr. **1 a** 26
Zivilsachen, Berufung **3** 119; Beschwerde **3** 119, 133; Rechtshilfe **3** 156 f.; Revision **3** 133; Zuständigkeit des BGH **3** 133, der OLG **3** 119; Zuständigkeit der Amtsgerichte **3** 23
Zivilsenate beim BGH **3** 130; beim OLG **3** 116
Zubehör, keine Pfändung des Z. von Grundstücken **1** 865; bei Zwangsverst. **4** 55
Zug um Zug, Vollstreckung von Urteilen auf Leistung Zug um Zug **1** 756, 765; Vollstreckungsklausel **1** 726
Zugewinn, Pfändbarkeit des Anspruchs auf Ausgleich **1** 852
Zulässigkeit der Klage, Rüge **1** 282, Verhandlung über **1** 280, verspätete Rüge der **1** 296, Zurückverweisung bei Entschei-

dung über **1** 538; Prüfung der **6** 18; des Rechtswegs **3** 13; von verspätetem Vorbringen **1** 296
Zulassung, Verf. über Z. eines Rechtsmittels, Rechtsanwaltsgebühren **10** 16
Zumutbarkeit der einstweil. Einstellung der Zwangsverst. **4** 30 a
Zurückbehaltungsrecht des Gläubigers (Zwangsvollstr.) **1** 777; Zuständigkeit bei Streit über **3** 23
Zurücknahme des Antrags auf streitiges Verf. **1** 696; der Revision **1** 565
Zurückverweisung an ein Gericht, Rechtsanwaltsgebühr **10** 21; in ersten Rechtszug **1** 538; in zweiten Rechtszug **1** 563, 566
Zurückweisung von Angriffs- und Verteidigungsmitteln **1** 296, 296 a; der Berufung **1** 522; eines Gebotes bei Zwangsverst. **4** 71
Zusammenhang des Anspruchs mit Gegenanspruch **1** 302
Zusammenrechnung des Werts mehrerer Ansprüche **1** 5
Zuschlag, Beschwerde gegen Erteilung **4** 95; Gefahrübergang auf Ersteher **4** 56; Kosten des Beschlusses **4** 58; Versagung **4** 74 a, 74 b, 83, 85 f.; im Zwangsversteigerungstermin **4** 74, 79 ff., 90; bei Zwangsvollstr., Versagung **4** 85 a
Zuständiges Gericht, Bestimmung **1** 36; **1 a** 9
Zuständigkeit, Arbeitsverträge **5** 20 ff.; ausschließliche **5** 24; für Beschluss zur vorläufigen grenzüberschreitenden Kontenpfändung **1** 946; Beschluss zur vorläufigen Kontenpfändung **7** 6; für einstweilige Verfügung **1** 943; für Entscheidungen betreffend die elterliche Verantwortung **6** 8 ff.; für Entscheidungen über die Ehescheidung **6** 3 ff.; internationales Familienrechtsverfahren **6 a** 10 ff.; der ordentl. Gerichte **3** 13; örtliche, Antrag auf Vollstreckbarerklärung **6** 29; Prüfung der Z. durch Gericht eines Mitgliedstaats **6** 17; Rechtsbehelfe wegen Fehlens der **1** 513; der Rechtspfleger **8** 3, in Straf- und Bußgeldsachen **8** 31; des Schiedsgerichts **1** 1040; bei Schiedsverf. **1** 1062; Verbot der Nachprüfung der Z. des Gerichts des Ursprungsmitgliedstaats **6** 24; Verbrauchersachen **5** 17 ff.; Vereinbarung über **5** 25 f.; Versicherungssachen **5** 10 ff.
Zuständigkeitskonzentrationen 3 17 c
Zuständigkeitsvereinbarung 1 38 ff.
Zustellung von Amts wegen **1** 166 bis 195, 270, 693; des Anerkenntnisurteils **1** 310; durch Aufgabe zur Post **1** 184; durch Aushändigung **1** 173; im Ausland **1** 183; gegen automatisierte Eingangsbestätigung **1** 174; Beglaubigung **1** 169; Begriff **1** 166; der Berufungsschrift und -begründung **1** 521; von Beschlüssen **1** 329; auf Betreiben der Parteien **1** 191 ff.; an Bevollmächtigte **1** 171; Bewilligung der, Zuständigkeit des Rechtspflegers **8** 20; durch Einschreiben **1** 175; gegen Empfangsbekenntnis **1** 174; einer Entscheidung, Rechtsanwaltsgebühr **10** 19; Erteilung der Erlaubnis **8** 20; in der Europäischen Union **1** 1067 bis 1069; Geschäftsstelle **1** 168; der Klageschrift **1** 271, 274, 498; der Ladung **1** 274; öffentl. **1** 185 bis 188, 829, 841, 875; Ort **1** 177; durch Post **1** 184; an Prozessbevollmächtigte **1** 172; Rechtshilfe **3** 160; im Revisionsrechtszug **1** 550; Rückwirkung **1** 167; des Urteils **1** 317, 517 f.; unter Vermittlung des Urkundsbeamten der Geschäftsstelle **1** 133, 829; des Versäumnisurteils **1** 310; an Vertreter **1** 170; bei verweigerter Annahme **1** 179; von Vollstreckungstiteln u. ä., Rechtsanwaltsgebühr **10** 19; im Zivilprozess **1** 166 bis 190; in der Zwangsverst. **4** 3 bis 8, 32, 41, 88
Zustellungsanträge ausländischer Gerichte, Zuständigkeit **8** 29
Zustellungsauftrag 1 176
Zustellungsbeamte 3 154 f.
Zustellungsbevollmächtigte 1 184; Bestellung durch Rechtspfleger **8** 20; Klagen des **1** 34
Zustellungsformulare 1 190
Zustellungsmängel 1 189
Zustellungsurkunde 1 182
Zwangsgeld 5 55; zur Erwirkung einer Handlung **1** 888; gegen Zwangsverwalter **4** 153
Zwangshaft zur Erwirkung einer Handlung **1** 888; zur Erzwingung des Zeugnisses **1** 390
Zwangshypothek 1 867; Rechtsanwaltsgebühren **10** 18
Zwangsliquidation einer Bahneinheit **9** 57
Zwangsmittel 1 888; Zuständigkeit des Rechtspflegers **8** 31
Zwangsversteigerung, Anordnung der Versteigerung **4** 15 bis 27; Aufhebung und einstweil. Einstellung des Verf. **4** 28 bis 34, 75 ff., 86; Ausführung des Teilungsplans **4** 117 f.; wegen bedingter Ansprüche **4** 14; Beschwerde **4** 95 bis 104; bestehen bleibende Rechte **4** 52; erneute Einstellung **4** 30 c; Ersteher eines Grundstücks in der Z. als Rechtsnachfolger **1** 325; Fälligkeit der Gebühren **9** 7; Gefahrübergang **4** 56; Gesamt-

ausgebot mehrerer Grundstücke **4** 112; eines Grundstücks **4** 15 bis 145, Eintragung des Schuldners **4** 17; Kosten **9** 1; Kostenhaftung **9** 26; Kostenvorschuss **9** 15; mehrerer Grundstücke **4** 18; Rangordnung **4** 10 bis 12; von Schiffen und Schiffsbauwerken **1** 931; Streitwertberechnung bei Grundstücken **9** 54; Versagung des Zuschlags **4** 33; Versteigerung **4** 66 bis 78; Versteigerungsbedingungen **4** 44 bis 65, 82; Verteilung des Erlöses **4** 105 bis 145; Verwaltung des Grundstücks durch Schuldner **4** 24; Wertbestimmung, Rechtsanwaltsgebühren **10** 26; wiederkehrende Leistungen **4** 46 f.; Zustellung des Beschlusses über Aufhebung oder Einstellung des Verf. **4** 32; Zwangsvollstr. durch **1** 866, 869, 870 a

Zwangsverwalter **4** 150, 150 a, 152, 152 a; keine Vergütung nach RVG **10** 1

Zwangsverwaltung, Anordnung nach versuchter Zwangsversteigerung **4** 77; Aufhebung **4** 161, der einstweil. Einstellung **4** 153 c; außergerichtl. Verteilung **4** 160; Fälligkeit der Gebühren **9** 7; eines Grundstücks **1** 866, 869; **4** 146 bis 161; Kosten **9** 1; Kostenhaftung **9** 26; Kostenvorschuss **9** 15; Rangordnung **4** 10 bis 12; Streitwertberechnung **9** 55; Wertbestimmung, Rechtsanwaltsgebühren **10** 27

Zwangsvollstreckung **1** 704 bis 945; allg. Vorschriften **1** 704 bis 802; Aussetzung nach FGG, Rechtsanwaltsgebühr **10** 19; Beschränkungen **1** 765 a, 775, 811, 811 b, 811 d, 851 a, 851 b; in bewegl. Vermögen, Beschränkung **1** 811; in Bruchteil eines Grundstücks oder Schiffs **1** 864; gegen jeweiligen Eigentümer des Grundstücks **1** 800, des Schiffes **1** 800 a; gegen eine jur. Person des öff. Rechts, Rechtsanwaltsgebühr **10** 19; Einstellung **1** 707, 769, 775 f.; Einwendungen gegen Art und Weise **1** 766; zur Erwirkung der Herausgabe von Sachen und Handlungen oder Unterlassungen **1** 883 bis 898; zur Erwirkung von Duldungen, Rechtsanwaltsgebühren **10** 18; zur Erwirkung von Handlungen, Rechtsanwaltsgebühren **10** 18; zur Erwirkung von Unterlassungen, Rechtsanwaltsgebühren **10** 18; aus dem Europäischen Zahlungsbefehl **1** 1093 ff.; in Forderungen und andere Vermögensrechte **1** 828 bis 863; bei fortgesetzter Eigentums- und Vermögensgemeinschaft **1** 744 a; Fortsetzung **1** 751; wegen Geldforderungen **1** 803 bis 882; in ein gepfändetes Vermögensrecht durch Verwaltung, Rechtsanwaltsgebühren **10** 18; Gerichtsstand **1** 802; bei geringfügigen Forderungen **1** 1105 bis 1109; mit Gewalt, Rechtsanwaltsgebühren **10** 18; Grundsätze **1** 802 a; gütliche Erledigung **1** 802 b; in eine Heimstätte **1** Anm. zu 866; internationales Familienrechtsverfahren **6 a** 16 ff.; gegen jur. Personen des öffentl. Rechts **1** 882 a; **1 a** 15; in körperl. Sachen **1** 808 bis 827; Kosten und Gebühren **1** 788; Kostenvorschuss **9** 12; bei Leistung Zug um Zug **1** 756; nachträgl. Vollstreckbarerklärung, Rechtsanwaltsgebühr **10** 19; aus Räumungsvergleich **1** 794 a; Rechtsanwaltsgebühren **10** 18; in Schiffe **1** 847 a, 864, 870 a; in die Schiffspart **1** 858; ohne Sicherheit **1** 720 a; sofortige Beschwerde **1** 793; Überleitungsvorschr. **1 a** 22; in unbewegl. Vermögen **1** 864 bis 871; zur Unzeit **1** 758 a; Vermögensauskunft des Schuldners **1** 802 c ff.; Versagung des Zuschlags **4** 85 a; Verteilungsverf. **1** 872 bis 882; Vollstreckungsabwehrklage **1** 786 a; aus Vollstreckungsbescheid **1** 794; Vollstreckungsklausel **1** 724 f.; Voraussetzungen des Beginns **1** 750 f.; vorläufige Aufhebung, Rechtsanwaltsgebühr **10** 19; vorläufige Beschränkung, Rechtsanwaltsgebühr **10** 19; vorläufige Einstellung, Rechtsanwaltsgebühr **10** 19; Wartefrist vor Beginn **1** 798; Wertbestimmung, Rechtsanwaltsgebühren **10** 25; wiederkehrende Leistungen bei Z. in unbewegl. Vermögen **4** 13, 30 a; in Wohnraum **1** 721; Zuständigkeit des Rechtspflegers **8** 20, des Richters **8** 20

Zwischenstreit bei der Beweisaufnahme **1** 366; Rechtsanwaltsgebühr **10** 19; Versäumnisurteil über **1** 347

Zwischenurteil **1** 71, 135, 280, 303; Bindung des Gerichts **1** 318; über Grund **1** 304; Übertragung auf Einzelrichter **1** 348 a; über Zeugnisverweigerungsrecht **1** 387

Prozesse und Verfahren

ZPO · Zivilprozessordnung
Textausgabe TOPTITEL
62. Aufl. 2020. 850 S. NEU
€ 11,90. dtv 5005
Neu im März 2020

Mit MediationsG und SchuldnerverzeichnisVO, GerichtsverfassungsG mit EG (Auszug), ZwangsversteigerungsG (Auszug), EuGVO und EuEheVO, RechtspflegerG, Kostenrecht (Auszüge) u. a.

SGG · Sozialgerichtsgesetz, SGB X
Textausgabe
4. Aufl. 2018. 398 S.
€ 14,90. dtv 5778

Mit Sozialverwaltungsverfahren und Sozialdatenschutz (SGB X), GerichtsverfassungsG, Deutsches RichterG, ZPO, VerwaltungszustellungsG, VerwaltungsvollstreckungsG sowie weitere Vorschriften.

FG · Freiwillige Gerichtsbarkeit
Textausgabe TOPTITEL
22. Aufl. 2020. 596 S. NEU
€ 16,90. dtv 5527
Neu im März 2020

FamFG, Gerichts- und Notarkostengesetz (GNotKG), Gesetz über Gerichtskosten in Familiensachen (FamGKG), Beurkundungsgesetz (BeurkG), Bundesnotarordnung (Auszug), GBO, Grundbuchverfügung (GBV), Grundbuch-MaßnahmenG (GBMaßnG), Gesetz über das Erbbaurecht (ErbbauRG), Grundstücksverkehrsgesetz (GrdstVG), Rechtspflegergesetz (RPflG), Internationales Erbrechtsverfahrensgesetz (IntErbRVG) (Auszug).

Einstieg

RVG · Rechtsanwaltsvergütungs-gesetz
Textausgabe TOPTITEL
13. Aufl. 2020. Rd. 300 S. NEU
ca, € 12,90. dtv 5762
Neu im April 2020

Rechtsanwaltsvergütungsgesetz, Gerichtskostengesetz, Justizvergütungs- und -entschädigungsgesetz.

Loos
Recht: verstanden!
So funktioniert unser Rechtssystem.
Juristische Grundlagen einfach erklärt.
Beck im dtv
2. Aufl. 2015. 186 S.
€ 12,90. dtv 50764
Auch als **ebook** erhältlich.

Warum gibt es Recht? Wer macht die Gesetze? Warum bekommt der, der Recht hat, nicht immer Recht. Mit vielen Beispielen.

Haft
Aus der Waagschale der Justitia
Eine Reise durch 4000 Jahre Rechtsgeschichte.
Beck im dtv
4. Aufl. 2009. 335 S.
€ 18,90. dtv 5690

Europa

EuR · Europa-Recht
Textausgabe TOPTITEL
27. Aufl. 2017. 767 S.
€ 12,90. dtv 5014

Vertrag über die Europäische Union und Vertrag über die Arbeitsweise der Europäischen Union in der Fassung des Vertrages von Lissabon, Charta der Grundrechte mit Erläuterungen, Rechtsstellung des Unionsbürgers, Integrationsverantwortungsgesetz, Verfahrensordnungen von EuGH und EuG, Satzung des Europarates, Menschenrechtskonvention, Europäisches Zivilverfahrensrecht, Währungsunion.

Schrötter
Kleines Europa-Lexikon
Geschichte · Politik · Recht.
Beck im dtv
2. Aufl. 2016. 623 S.
€ 24,90. dtv 50782
Auch als **ebook** erhältlich.

Über 200 praxisnahe Stichworte von der Agrarpolitik bis hin zur Zypernfrage. Die rechtlichen und politischen Hintergründe des modernen Europa werden in diesem Lexikon klar und verständlich dargestellt.

Weltweit

Völkerrechtliche Verträge
Vereinte Nationen, Zwischenstaatliche Beziehungen, Menschenrechte, See-, Luft- und WeltraumR, UmweltR, Streitbeilegung, KriegsverhütungsR, KriegsR, Internationale Strafgerichtsbarkeit.
Textausgabe TOPTITEL
15. Aufl. 2019. 886 S.
€ 19,90. dtv 5031

Europäisches Beihilfenrecht
Textausgabe
1. Aufl. 2017. 407 S.
€ 15,90. dtv 5784

WTO · Welthandelsorganisation
Textausgabe
6. Aufl. 2020. 448 S. NEU
€ 25,90. dtv 5752
Neu im Februar 2020
Mit WTO-Übereinkommen, GATT 1947/1994, Landwirtschaftsübereinkommen, Übereinkommen über Handelserleichterungen (TFA), Übereinkommen über gesundheitspolizeiliche Maßnahmen (SPS), Übereinkommen über technische Handelshemmnisse (TBT), Subventionsübereinkommen, Antidumping-Übereinkommen, Dienstleistungsabkommen (GATS), Übereinkommen über geistiges Eigentum (TRIPS), Streitbeilegungsvereinbarung (DSU), Übereinkommen über das öffentliche Beschaffungswesen (GPA)

Menschenrechte – Ihr internationaler Schutz
Menschenrechtspakte, EU-Grundrechtecharta, Flüchtlinge, Folter/Todesstrafe, Antidiskriminierung, Biomedizin/Genomforschung, Internationaler Strafgerichtshof, Verfahrensordnungen.
Textausgabe
7. Aufl. 2018. 759 S.
€ 28,90. dtv 5531

Ehe, Familie und Partnerschaft

FamR · Familienrecht
Zu Ehe, Scheidung, Unterhalt, Versorgungsausgleich, Lebenspartnerschaft und internationalem Recht.
Textausgabe **TOPTITEL**
19. Aufl. 2019. 938 S.
€ 14,90. dtv 5577

Die 19. Auflage der Textausgabe ist umfassend aktualisiert und bietet ein ausführliches Sachverzeichnis für den schnellen, gezielten Zugriff sowie eine aktualisierte Einführung von Universitätsprofessorin Dr. Dagmar Coester-Waltjen.

Schwab/Görtz-Leible
Meine Rechte bei Trennung und Scheidung
Unterhalt · Ehewohnung · Sorge · Zugewinn- und Versorgungsausgleich.
Rechtsberater **TOPTITEL**
9. Aufl. 2017. 326 S.
€ 15,90. dtv 51208
Auch als **ebook** erhältlich.

Ratgeber zu allen Rechtsfragen bei Trennung und Scheidung.

Dahmen-Lösche
Ehevertrag – Vorteil oder Falle?
So finden Sie Ihre perfekte Regelung.
Rechtsberater
3. Aufl. 2017. 164 S.
€ 13,90. dtv 51216
Auch als **ebook** erhältlich.

Mit zahlreichen Mustern und Beispielen.

Peyerl
Vermögensteilung bei Scheidung
So sichern Sie Ihre Ansprüche.
Rechtsberater
3. Aufl. 2016. 132 S.
€ 11,90. dtv 50786
Auch als **ebook** erhältlich.

Lütkehaus/Matthäus
Guter Umgang für Eltern und Kinder
Ein Ratgeber bei Trennung und Scheidung
Rechtsberater TOPTITEL
2018. 249 S.
€ 18,90. dtv 51227
Auch als **ebook** erhältlich.

Beispielsfälle aus der langjährigen Praxis der Autoren, Erfahrungsberichte, Info-Kästen, Checklisten, Übungen und Muster bieten **konkrete Hilfestellungen** an und gestalten den Ratgeber alltagstauglich und praxisnah.

Heiß/Heiß
Die Höhe des Unterhalts von A–Z
Mehr als 400 Stichwörter zum aktuellen Unterhaltsrecht.
Rechtsberater TOPTITEL
12. Aufl. 2018. 536 S.
€ 21,90. dtv 51217
Auch als **ebook** erhältlich.

Dieser Rechtsberater klärt verständlich von A bis Z **in mehr als 400 Stichwörtern** alle in der Praxis relevanten Unterhaltsfragen.

Grziwotz
Rechtsfragen zur Ehe
Voreheliches Zusammenleben, Ehevermögensrecht, Unterhalt, Vereinbarungen
Rechtsberater TOPTITEL
5. Aufl. 2019. 201 S.
€ 14,90. dtv 51214

Dieser aktuelle Ratgeber informiert **allgemeinverständlich und praxisnah** über alle Rechtsfragen rund um die Eheschließung, Eintragung der Lebenspartnerschaft, Vollmachten in der Ehe, Familienunterhalt, Namensrecht und Güterrecht. Mit ausführlichen Erläuterungen zu Zugewinngemeinschaft, Gütertrennung und Gütergemeinschaft sowie einer Übersicht zu den üblichen Regelungen in Verträgen inklusive Musterformulierungen.

Zahlreiche Beispiele und praktische Tipps machen die Ausführungen anschaulich.

Grziwotz/Kappler/Kappler
Trennung und Scheidung richtig gestalten
Getrenntleben, Scheidung, Lebenspartnerschaftsaufhebung, Vermögensauseinandersetzung und Unterhalt.
Rechtsberater
9. Aufl. 2018. 301 S.
€ 14,90. dtv 51229
Auch als **ebook** erhältlich.

Informiert über die gesetzlichen Regelungen und zeigt Vereinbarungsmöglichkeiten.

Strecker
Versöhnliche Scheidung
Trennung, Scheidung und deren Folgen einvernehmlich regeln.
Rechtsberater
5. Aufl. 2014. 349 S.
€ 16,90. dtv 50759
Auch als **ebook** erhältlich.

Bietet Hilfe bei der Suche nach einvernehmlichen Lösungen während Trennung und Scheidung. Berücksichtigt sind auch psychologische Aspekte.

Schlickum
Scheidungsberater für Männer
Meine Rechte und Ansprüche bei Trennung und Scheidung.
Rechtsberater
4. Aufl. 2018. 194 S.
€ 14,90. dtv 51220
Auch als **ebook** erhältlich.

Dieser Rechtsberater speziell für Männer bietet umfassend und verständlich Hilfe **bei allen wichtigen rechtlichen Fragen** bei Trennung und Scheidung.

Mit zahlreichen **Beispielen, Mustern, Hinweisen und Praxistipps**.

Berücksichtigt sind die aktuelle Düsseldorfer Tabelle und die Süddeutschen Leitlinien.

Dahmen-Lösche
Scheidungsberater für Frauen
Ihre Rechte und Ansprüche bei Trennung und Scheidung.
Rechtsberater
3. Aufl. 2016. 166 S.
€ 11,90. dtv 50753
Auch als **ebook** erhältlich.

Dieses Buch berät umfassend mit vielen Beispielen, Mustern und Checklisten.

Lindemann-Hinz
Elternunterhalt
Das müssen Kinder für ihre Eltern zahlen.
Rechtsberater
3. Aufl. 2016. 181 S.
€ 13,90. dtv 50780

Alles Wichtige zum Unterhalt für Eltern: Ansprüche, Höhe, Vermögen, Überleitung, Verfahren u.v.m.

Wernitznig
Meine Rechte und Pflichten als Vater
Vaterschaft, Sorgerecht, Umgang, Namensrecht, Unterhaltsfragen, erbrechtliche und steuerrechtliche Fragen.
Rechtsberater
2. Aufl. 2014. 148 S.
€ 11,90. dtv 50756
Auch als **ebook** erhältlich.

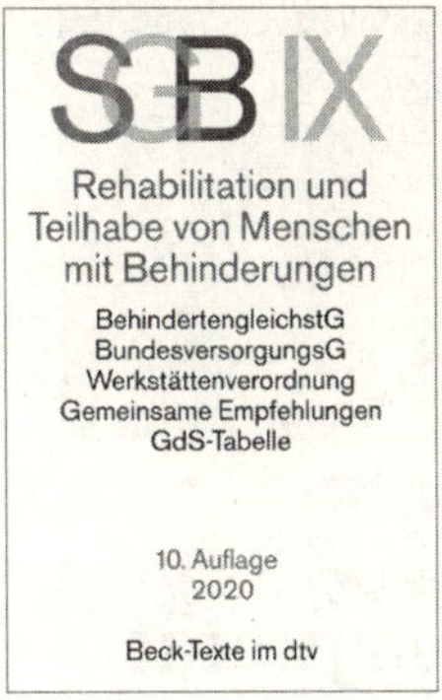

Behinderung

SGB IX · Rehabilitation und Teilhabe behinderter Menschen
Textausgabe
10. Aufl. 2020. Rd. 900 S. NEU
ca. € 18,90. dtv 5755
Neu im April 2020

Mit Behindertengleichstellungsgesetz, Leitfaden zur Selbsthilfeförderung, Schwerbehinderten-Ausgleichsabgabeverordnung, Werkstättenverordnung, Versorgungsmedizinverordnung, ICF-Praxisleitfaden, Kinderhilfebehandlung- und Chroniker-Richtlinie, Bundesversorgungsgesetz und weiteren wichtigen Vorschriften.

Greß
Recht und Förderung für mein behindertes Kind
Elternratgeber für alle Lebensphasen – Sozialleistungen, Betreuung und Behindertentestament.
Rechtsberater TOPTITEL
3. Aufl. 2018. 328 S.
€ 19,90. dtv 51232
Auch als **ebook** erhältlich.